Die Haftung Internationaler Organisationen

Kölner Schriften zu Recht und Staat

Herausgegeben von
Prof. Dr. Hartmut Schiedermair und
Prof. Dr. Bernhard Kempen

Band 18

PETER LANG
Frankfurt am Main · Berlin · Bern · Bruxelles · New York · Oxford · Wien

Kirsten Schmalenbach

Die Haftung Internationaler Organisationen

im Rahmen von Militäreinsätzen und Territorialverwaltungen

PETER LANG
Europäischer Verlag der Wissenschaften

Bibliografische Information Der Deutschen Bibliothek
Die Deutsche Bibliothek verzeichnet diese Publikation in der Deutschen Nationalbibliografie; detaillierte bibliografische Daten sind im Internet über <http://dnb.ddb.de> abrufbar.

ISSN 1433-0253
ISBN 3-631-51380-1
US-ISBN 0-8204-6479-1

www.peterlang.de

Meinen Eltern

Vorwort

Das vorliegende Werk wurde im Wintersemester 2002/2003 von der Rechtswissenschaftlichen Fakultät der Universität zu Köln als Habilitationsschrift angenommen. Vor Drucklegung konnten die haftungsrechtlich relevanten Militäreinsätze Internationaler Organisationen bis Ende 2003 berücksichtigt werden.

Mein besonderer Dank gilt meinem akademischen Vater, Professor Dr. Hartmut Schiedermair, der mir am Institut für Völkerrecht der Universität zu Köln viel Freiraum für die Forschung bot und immer als Diskussionspartner zur Verfügung stand. Auch seinem Nachfolger als Direktor des Instituts, Professor Dr. Bernhard Kempen, danke ich für seine Gesprächsbereitschaft und Rücksichtnahme auf mein Forschungsprojekt.

Ebenso schulde ich Professor Dr. Georg Brunner für seine Anregungen und die Erstellung des Zeitgutachtens Dank. Sein plötzlicher Tod überschattete die Freude über den erfolgreichen Abschluß des Habilitationsverfahrens.

Graz, Januar 2004 *Kirsten Schmalenbach*

Inhaltsübersicht

Inhaltsverzeichnis

Abkürzungsverzeichnis

a. D.	außer Dienst
a.a.O.	am angegebenen Ort
abgedr.	abgedruckt
ABl.EG	Amtsblatt der Europäischen Gemeinschaften
ABl.RegKom	Amtsblatt der Regierungskommission des Saargebiets
Abs.	Absatz
Abt.	Abteilung
Acc.	Account
AcP	Archiv für civilistische Praxis
ADL	Armistice Demarcation Line
Adm. Comm.	Administrative Commission
ADSP	Annales de Droit et de Sciences Politiques
AEMR	Allgemeine Erklärung der Menschenrechte vom 10. Dezember 1948
AETR	European Agreement concerning the Work of Crews of Vehicles engaged in International Road Transport
AFDI	Annuaire Français de Droit International
AFSOUTH	Allied Force South
ägypt.	ägyptische(s)
AIDI	Annuaire de l'Institut de Droit International
AJCL	American Journal of Comparative Law
AJIL	American Journal of International Law
All ER	The All England Law Reports
ANC	Armée Nationale Congolaise
AnnIDI	Annuaire de l'Institut de Droit International
Art.	Artikel
ASIL	American Society of International Law
AVR	Archiv des Völkerrechts
AWACS	Airborne Warning and Control System
B.W.	Buegerlijk Wetboek
BAG	Bundesarbeitsgericht
bay AG BGB	Bayerisches Ausführungsgesetz zum Bürgerlichen Gesetzbuch
Bd.	Band
BDGV	Berichte der Deutschen Gesellschaft für Völkerrecht
Betr.	Betreff
BGB	Bürgerliches Gesetzbuch
BGBl.	Bundesgesetzblatt
BGHZ	Entscheidungen des Bundesgerichtshofs in Zivilsachen

BT-Drs.	Drucksachen des Deutschen Bundestages
BVerfGE	Entscheidungen des Bundesverfassungsgerichts
BYIL	The British Year Book of International Law
bzw.	beziehungsweise
CENTCOM	United States Central Command
d. h.	das heißt
DenJIL	Denver Journal of International Law and Policy
ders.	derselbe
DÖV	Die Öffentliche Verwaltung
dt.	deutsch
ECHR	European Court of Human Rights
ECOMOG	ECOWAS Cease-fire Monitoring Group
ECOSOC	Economic and Social Council
ECOWAS	Economic Community West African States
ed.	edition
EG	Europäische Gemeinschaft
EGBGB	Einführungsgesetz zum Bürgerlichen Gesetzbuch
EGKSV	Vertrag über die Gründung der Europäischen Gemeinschaft für Kohle und Stahl
EGMR	Europäischen Gerichtshofs für Menschenrechte
EGV	Vertrag zur Gründung der Europäischen Gemeinschaft
ELR	European Law Review
EMBL	European Molecular Biology Laboratory
EMRK	Konvention zum Schutz der Menschenrechte und Grundfreiheiten (Europäische Menschenrechtskonvention)
engl.	englisch
EOKA	National Organization of Cypriot Fighters
EPIL	Encyclopedia of Public International Law
EPO	European Patent Organization
ESA	European Space Agency
ESO	European Southern Observatory
ESRO	European Space Research Organization
et al.	et alii (und andere)
ETS	European Treaty Series
EUF	European Force
EuGH	Gerichtshof der Europäischen Gemeinschaften
EuGRZ	Europäische Grundrechte Zeitschrift
EUMETSAT	European Organization for the Exploitation of Meteorological Satellites
EuR	Europarecht
EUROCONTROL	Europäische Organisation zur Sicherung der Luftfahrt
EUV	Vertrag über die Europäische Union
EWO	Europäische Weltraumorganisation
F. Supp.	Federal Supplement

f./ ff.	folgende Seite/ Seiten
FAO	Food and Agriculture Organizations of the UN
FAZ	Frankfurter Allgemeine Zeitung
Fn.	Fußnote
FRY	Federal Republic of Yugoslavia
FS	Festschrift
GA	General Assembly
GAOR	General Assembly Official Records
GA-Res.	General Assembly Resolution
GATT	General Agreement on Tariffs and Trade
GG	Grundgesetz
GK	Genfer Konvention
GVBl.	Gesetz- und Verordnungsblatt
GYIL	German Yearbook of International Law
HLKO	Haager Landkriegsordnung (Abkommen, betreffend die Gesetze und Gebräuche des Krieges)
HRLJ	Human Rights Law Journal
Hrsg.	Herausgeber
HStR	Handbuch des Staatsrechts
HYIL	Hague Yearbook of International Law
i. H. v.	in Höhe von
i. V. m.	in Verbindung mit
IAEO	International Atomic Energy Organization
IAPF	Inter-American Peace-Force
IBRD	International Bank for Reconstruction and Development
ICEM	International Council for Educational Media
ICJ	International Court of Justice (s. auch IGH)
ICLQ	International and Comparative Law Quarterly
ICRC	International Committee of the Red Cross
ICTY	International Tribunal for the Prosecution of Persons Responsibility for Serious Violations of International Humanitarian Law Committed in the Territory of the Former Yugoslavia since 1991
IFOR	Implementation Force
IGH	Internationaler Gerichtshof
IGH-Statut	Statut des Internationalen Gerichtshofs
IJIL	Indian Journal of International Law
ILC	International Law Commission
ILM	International Legal Materials
ILO	International Lobour Organisation
ILQ	The International Law Quarterly
ILR	International Law Reports
IMF	International Monetary Fund
Indon./Nl.-Abk.	Indonesisch-Niederländisches Abkommen vom 15. August 1962

INMARSAT	International Maritime Satellite Organization
insb.	insbesondere
INTELSAT	International Telecommunications Satellite Organization
INTERSPUTNIK	International Organisation of Space Communication
IntGesR	Internationales Gesellschaftsrecht
IP	International Peacekeeping
IPBPR	Internationaler Pakt über bürgerliche und politische Rechte
IPR	Internationales Privatrecht
Iprax	Praxis des Internationalen Privat-und Verfahrensrechts
IPRspr	Die deutsche Rechtsprechung auf dem Gebiete des internationalen Privatrechts
ISAF	International Security Assistance Force
ISS	Institute for Security Studies
IUCN	International Union for the Conversation of Nature (heute: The World Conservation Union)
IYIL	Italian Yearbook of International Law
J.O.	Journal Official de la Société des Nations
JA	Juristische Arbeitsblätter
JAIL	Japanese Annual of International Law
JCSL	Journal of Conflict and Security Law
JöR	Jahrbuch des öffentlichen Rechts der Gegenwart
JuS	Juristische Schulung
JW	Juristische Wochenschrift
KB	King's Bench Devision
KFOR	Kosovo Force
KSZE	Konferenz über Sicherheit und Zusammenarbeitin Europa
l'OTAN	l'Organisation du Traité de l'Atlantique Nord
lit.	littera
LJIL	Leiden Journal of International Law
LoN	League of Nations
m.w.N.	mit weiteren Nennungen
M. Planck UNYB	Max Planck Yearbook of United Nations Law
MJIL	Michigan Journal of International Law
Modell-SOFA	Modellstatusabkommen (Model status-of-forces agreement for peace-keeping operations)
n. n. i. Slg.	noch nicht in der amtlichen Sammlung veröffentlicht
NAC	North Atlantic Council
NATO	North Atlantic Treaty Organization
NGO	Non Governmental Organisations
NILR	Netherlands International Law Review
NJW	Neue Juristische Wochenschrift
NL	niederländisch
No.	numéro
NorTIR	Nordisk Tidsskrift for International Ret

Nov.	November
Nr.	Nummer
NYIL	Netherlands Yearbook of International Law
NZWehrr	Neue Zeitschrift für Wehrrecht
OAS	Organization of American States; Organisation Amerikanischer Staaten
OAU	Organisation of African Unity
OGH	Oberster Gerichtshof (Österreich)
OLA	Office of Legal Affairs
OLG	Oberlandesgericht
ONUC	Opération des Nations Unies au Congo
ONUMOZ	United Nations Mission in Mozambique
OPEC	Organization of the Petroleum exporting Countries
OSCE	Organization for Security and Cooperation in Europe
Österr.	Österreich
Österr. OGH	Österreichische Oberste Gerichtshof
OSZE	Organisation für Sicherheit und Zusammenarbeit in Europa
OVG	Oberverwaltungsgericht
ÖzöR	Österreichische Zeitschrift für öffentliches Recht
ÖzöRV	Österreichische Zeitschrift für öffentliches Recht und Völkerrecht
P.C.I.J.	Permanent Court of International Justice
PDS	Partei Deutscher Sozialisten
PFP	Partnership for Peace
PYIL	Polish Yearbook of International Law
RabelsZ	Rabels Zeitschrift für ausländisches und internationales Privatrecht
RBDI	Revue Belge de Droit International
RdC	Recueil des Cours de l'Académie de droit internatioanl de la Haye
RDH	Revue des droits de l'homme
RDI	Rivista di Diritto Internazionale
RDIC	Revue de Droit international et de Droit Comparé
RDILC	Revue de Droit International et de Législation Comparé
Rdirl	Rivista di Diritto Internationale
REDI	Revue Egyptienne de Droit International
Reg.	Registriernummer
Res.	Resolution
RevICR	Revue International de la Croix Rouge
RGBl	Reichs-Gesetzblatt
RGDIP	Revue générale de droit international public
Rn.	Randnummer
Rs.	Rechtssache
s.	siehe
s.o.	siehe oben
SACEUR	Supreme Allied Commander Europe

SACLANT	Supreme Allied Commander Atlantic
SCOR	Security Council Official Records
SC-Res.	Security Council Resolution
Sec.	Section
Sess.	Session
SFOR	Stabilization Force
SHAPE	Supreme Headquarters Allied Powers Europe
SJIR	Schweizerisches Jahrbuch für Internationales Recht
SOFA	Status-of-Force-Agreement
sog.	sogenannte
SSt.	Saarstatut
StIGH	Ständiger Internationaler Gerichtshof
Suppl.	Supplement
SZIER	Schweizerische Zeitschrift für internationales und europäisches Recht
u.a.	unter anderem
U.S.C.	United States Congress
u.U.	unter Umständen
UK	United Kingdom
UN	United Nations
UNAMIR	United Nations Assistance Mission for Rwanda
UNCRO	United Nations Conficence Restoration Operation in Croatia
UNCURK	United Nations Commission for the Unificiation and Rehabilitation of Korea
UN-Doc.	United Nations Document
UNDOF	United Nations Disengagement Observer Force
UNEF	United Nations Emergency Force
UNESCO	United Nations Educational, Scientific and Cultural Organization
UNFICYP	United Nations Peace-keeping Force in Cyprus
UNHCR	Office of the United Nations High Commissioner for Refugees
UNICEF	United Nations
UNIDROIT	International Institute for the Unification of Private Law
UNIFIL	United Nations Interim force in Lebanon
UNITAF	Unified Task Force
UNJYB	United Nations Juridical Yearbook
UNMIK	United Nations Interim Administration Mission in Kosovo
UNOSOM	United Nations Operation in Somalia
UNPF	United Nations Peace Force
UNPREDEP	United Nations Preventive Deployment Force
UNPROFOR	United Nations Protection Force
UNSCR	United Nations Security Council Resolution
UNSF	United Nations Security Force in West New Guinea (West Iran)
UNTAC	United Nations Transitional Administration for East Slavonia, Baranja and Western Sirmium

UNTAES	United Nations Transistional Authority in Cambodia
UNTAET	United Nations Transitional Administration in East Timor
UNTEA	United Nations Temporary Executive Authority
UNTS	United Nations Treaty Series
UNTSO	United Nations Truce Supervison Organization
UNYB	Yearbook of the United Nations
US	United States
UST	United States Treaties
v.	versus, von, vom
VBS	Völkerbundsatzung
Verf.	Verfasserin
VerwArch	Verwaltungsarchiv
VGHE Bay	Sammlung von Entscheidungen des Bayerischen Verwaltungsgerichtshofs
vgl.	vergleiche
VJIL	Virginia Journal of International Law
VN	Vereinte Nationen
VO	Verordnung
Vol.	Volume
VV	Friedensvertrag von Versailles
VVDStRl	Veröffentlichungen der Vereinigung der Deutschen Staatsrechtslehrer
W.L.R.	Weekly Law Report
WEU	Westeuropäische Union
WHO	World Health Organization; Weltgesundheitsorganisation
WMO	World Meteorological Organization
WTO	World Trade Organization
WVRK	Wiener Vertragsrechtskonvention (Wiener Übereinkommen über das Recht der Verträge)
YBIO	Yearbook of International Organizations
YECHR	Yearbook of the European Convention on Human Rights
YIHL	Yearbook of International Humanitarian Law
YILC	Yearbook of the International Law Commission
YJWPO	The Yale Journal of World Public Order
z. B.	zum Beispiel
z. T.	zum Teil
z. Zt.	zur Zeit
ZaöRV	Zeitschrift für ausländisches öffentliches Recht und Völkerrecht
ZfP	Zeitschrift für Politik
ZfV	Zeitschrift für Völkerrecht
ZGB	Zivilgesetzbuch
Ziff.	Ziffer
ZVglRWiss	Zeitschrift für Vergleichende Rechtswissenschaft

Teil 1: Einleitung

A. Problemstellung

Internationalen Organisationen eilt der Ruf voraus, in internationalen Konfliktsituationen Neutralität zu wahren und Gemeinwohlinteressen zu verfolgen. Insofern verwundert es nicht, dass die Staaten in wachsendem Maße die Friedenssicherungskapazitäten Internationaler Organisationen in Anspruch nehmen. Peace-keeping-, Peace-building- und Peace Enforcement- Maßnahmen unter der Authorität Internationaler Organisationen zählen heute zu den bedeutendsten Entwicklungen des Völkerrechts. Auch wenn den Operationen in der Vergangenheit nicht immer der gewünschte Erfolg beschieden war, ist das militärische Engagement Internationaler Organisationen heute ein unverzichtbares Element der internationalen Friedensordnung. Dies soll aber nicht den Blick auf die Kehrseite der Medaille verstellen: Jede friedenssichernde Militärmaßnahme führt zwangsläufig zu Schäden in der Zivilbevölkerung – auch wenn es nicht zu bewaffneten Auseinandersetzungen kommt. Folgender fiktiver Fall steht exemplarisch für die alltäglichen Probleme eines internationalen Peace-keeping-Einsatzes: Eine Internationale Organisation engagiert sich in einem zwischenstaatlichen Konflikt, indem sie neutrale Militäreinheiten als Puffer zwischen die kriegsführenden Parteien stellt. Fünfzehn nationale Kontingente bilden die internationalen Streitkräfte, die unter dem operativen Kommando der Internationalen Organisation stehen. Eines Tages hält ein übermüdeter Wachposten einen Passanten für einen Angreifer und schießt ohne Vorwarnung – mit tödlichen Folgen. Für die Hinterbliebenen ist die Rechtslage kaum durchschaubar: Haftet der Aufenthaltsstaat, der der Stationierung des handelnden Soldaten zugestimmt hat oder der Entsendestaat, der den handelnden Soldaten der Internationalen Organisation zur Verfügung gestellt hat? Kann die Internationale Organisation haftbar gemacht werden oder ist nur der handelnde Soldat schadensersatzpflichtig, der nach dem Vorkommnis sofort in seinen Heimatstaat abkommandiert wurde?

Die Beantwortung der Frage bereitet Schwierigkeiten – nicht nur den Hinterbliebenen sondern auch den Juristen. Die Vielzahl potentieller Haftungssubjekte, das Zusammentreffen internationaler und nationaler Rechtsordnungen und der besondere Status Internationaler Organisationen in ihrem Aufenthaltsstaat verschleiern den Blick auf die Rechtslage. Hinzu kommt, daß Hinterbliebene und Juristen kaum schriftlich niedergelegte Antworten auf ihre Fragen finden werden. Der Fokus der wissenschaftlichen Abhandlungen liegt auf dem Recht der *Staaten*verantwortlichkeit und -haftung. In diesem Bereich steht ein verhältnismäßig gesicherter Kanon an internationalen Regeln zur Verfügung, geformt durch eine reichhaltige Staatenpraxis, aufgedeckt durch die Kodifikationsbemühungen der International Law Commission und die Werke von Völkerrechtsgelehrten.[1] Für Internationale Organisationen fehlt dergleichen.

Schon die haftungsrechtlich relevanten Primärverpflichtungen Internationaler Organisationen liegen oft im Dunkeln. Internationale Organisationen sind sehr zurückhaltend, wenn es um den Beitritt zu multilateralen Verträgen geht, die das Verhalten der Völkerrechtssubjekte untereinander und in Bezug auf Individuen regeln.[2] Der Grund für diese Zurückhaltung mag unter anderem in der fehlenden Beitrittsberechtigung – beispielsweise zu Menschenrechtskodifikationen – liegen.[3] Allerdings ist nicht zu verkennen, daß Internationale Organisationen durchaus bereitwillig die rechtlichen Unsicherheiten über ihre konkreten Verhaltenspflichten hinnehmen, um sich nicht in derselben exponierten Pflichtenposition wiederzufinden wie die Staaten. Die juristischen Leerfelder werden noch größer, wenn die völkerrechtliche Verantwortlichkeit einer Internationalen Organisation für die Verletzung einer Primärpflicht in Frage steht. Die literarischen Bemühungen zum Thema „Verantwortlichkeit Internationaler Organisationen" sind – verglichen mit den Schriften zur Staatenverantwortlichkeit – eher spärlich.[4] Auch die Vereinten Nationen haben das Thema lange Jahre ver-

---

[1] Siehe die jüngsten Kodifikationsbemühungen der International Law Commission vom November 2001, UN-Doc A/56/10, GAOR 56th Sess. Suppl. No. 10.

[2] Sog. Primärnormen: zur Terminologie s. J. COMBACAU/D. ALLAND, „Primary" and „Secondary" Rules of Law of State Responsibility Categorising International Obligations, in: NYIL 16 (1985), S. 81 ff.

[3] Vgl. Art. 48 IPBPR.

[4] Monographien: M. HIRSCH, The Responsibility of International Organizations towards Third Parties, 1995; P. KLEIN, La responsabilité des organisations internationales, 1998; K. GINTHER, Die völkerrechtliche Verantwortlichkeit internationaler Organisationen, 1969; größere Abhandlungen: M. H. ARSANJANI, Claims Against International Organizations, YJWPO, 7 (1981), S. 131 ff.; A. DI BLASE, Sulla Responsabilita' Internazionale per Attivita' Dell'ONU, RDI 1974, S. 250ff.; C. EAGLETON, International Organization and the Law of Responsibility, RdC 76 (1950I), S. 323 ff.; W. MENG, Internationale Organisationen im völkerrechtlichen Deliktsrecht, ZaöRV 45 (1985), S. 325 ff.; P. DE VISSCHER, Observations sur le Fondement et la Mise en Oeuvre du Principe de la Responsabilité de l'Organisation des Nations Unies, RDIC, 1963, S. 165 ff.

nachlässigt. So hat die Generalversammlung erst im Dezember 2001 beschlossen, daß sich die International Law Commission nun auch der Verantwortlichkeit Internationaler Organisationen annehmen solle,[5] nachdem sich die Kommission von 1955[6] bis 2001 mit dem Recht der Staatenverantwortlichkeit abgemüht hatte. Im August 2003 beschloß die International Law Commission nun den Entwurf der ersten drei grundlegenden Artikel (Art. 1: Scope of the Present Draft Articles; Art. 2: Use of Terms; Art. 3: General Principles).[7] Art. 3 des Entwurfes der International Law Commission faßt das fundamentale Grundprinzip – die prinzipielle Verantwortlichkeit Internationaler Organisationen im internationalen Recht – in einfache Worte:

> „1. Every internationally wrongful act of an international organization entails the international responsibility of the international organization."

Die Formulierung hat der ILC wenig Kopfzerbrechen bereitet, greift sie doch die Parallelregelung im Recht der Staatenverantwortlichkeit (Art. 1 des Entwurfs[8]) *mutatis mutandis* auf. Im Hinblick auf die dogmatische Fundierung des Prinzips verweist der Kommentar der ILC zu Art. 3 des Entwurfs schlicht auf eine entsprechende Stellungnahme des UN-Generalsekretärs im Zusammenhang mit den UN-Peace-keeping Operationen.[9]

Etwas differenzierter sind die Versuche der Völkerrechtsliteratur, die prinzipielle Verantwortlichkeit Internationaler Organisationen für Rechtsbrüche im Völkerrecht dogmatisch befriedigend zu verankern. Hervorgehoben wird hier vor allem ihre Völkerrechtspersönlichkeit: Wer Träger von internationalen Rechten und Pflichten ist, muß unter bestimmten rechtlichen Voraussetzungen für die Verletzung dieser Pflichten auf internationaler Ebene verantwortlich sein.[10] Andere Autoren verankern die Verantwortlichkeit in den allgemeinen

---

5 GA-Res. 56/82 vom 12. Dezember 2000, Ziff. 8.

6 Aus dem Jahr 1955 datiert der Bericht des ersten Berichterstatters der ILC, GARCIA AMADOR, YILC 1956, 173 ff..

7 Report of the International Law Commission on the work of its 55th Session 5 May – 6 June and 7 July – 8 August 2003, UN-Doc A/58/10; siehe hierzu auch den Bericht des Special Rapporteur GIORGIO GAJA zum Thema „Responsibility of International Organizations", UN-Doc A/CN.4/532.

8 Draft acticles on Responsibility of States for internationally wrongful acts, UN-Doc. A/56/10, GAOR 56th Session, Suppl. No. 10.

9 Die ILC-Kommentierung zu Art. 3 (Fn. 7) verweist in Ziff. 2 auf UN-Doc. A/51/389, S. 4 Ziff. 6.

10 K. GINTHER, International Organizations, in: EPIL Bd. 2, International Organizations, Responsibility, S. 1336; KLEIN (Fn. 4), S. 3; I. PERNICE, Die Haftung internationaler Organisationen und ihrer Mitarbeiter, AVR 286 (1988), S. 406, 418; I. SEIDL-HOHENVELDERN, Die völkerrechtliche Haftung für Handlungen internationaler Organisa-

Rechtsgrundsätzen: Alle nationalen Rechtsordnungen haben gemein, daß Rechtspersonen – mit einigen fallspezifischen Ausnahmen – für die Verletzung der Rechte Dritter verantwortlich sind.[11] Aber auch auf der Basis der internationalen Praxis läßt sich nachweisen, daß zwischenstaatliche Organisationen ihre internationale Verantwortlichkeit gegenüber anderen Völkerrechtssubjekten in stetiger Übung und mit Rechtsüberzeugung akzeptiert haben; die Haftungspraxis, die das entsprechende Völkergewohnheitsrecht formt, wird in dieser Schrift eingehend behandelt. Hier soll der Hinweis genügen, daß es weder Staaten noch Internationale Organisationen hingenommen haben, daß sich ein aktives Mitglied der internationalen Rechtsgemeinschaft bei der Erfüllung seiner Pflichten im rechtsfreien Raum bewegt.[12] Die prinzipielle Verantwortlichkeit Internationaler Organisationen für völkerrechtswidrige Akte ist heute im Grundsatz unbestritten.

Die Zuweisung der völkerrechtlichen Verantwortlichkeit ist allerdings nur ein Aspekt des Rechts Internationaler Organisationen, die Regeln, die die Verantwortlichkeit ausformen, ein anderer. Hier wird in der Wissenschaft oft darauf verwiesen, daß die Regeln der Staatenverantwortlichkeit *mutatis mutandis* auf Internationale Organisationen anwendbar seien. Wann aber ist die Wesensverschiedenheit von Organisationen und Staaten so schwerwiegend, daß die pauschale Übertragung der Regeln, die *von* Staaten *für* Staaten entwickelt worden sind, nicht mehr möglich ist? Vor allem die partielle Völkerrechtssubjektivität Internationaler Organisationen verlangt hier besondere Vorsicht, z.B. im Bereich der ultra vires-Handlungen von Organen und Organwaltern. Die vorliegende Schrift hat es sich zur Aufgabe gemacht, das Recht der internationalen Verantwortlichkeit anhand der Praxis zu erarbeiten. Sie gliedert sich in einen allgemeinen Teil, der die haftungsrechtlichen Fundamente beleuchtet, und einen besonderen Teil, der sich auf die Haftungspraxis konzentriert. Der besondere Teil wird die Sekundärnormen – die Haftungsregeln – unter Einbeziehung der Primärnormen – den verletzten Verhaltenspflichten – betrachten. Darin liegt eine bewußte Abkehr von der Vorgehensweise der International Law Commission,

---

tionen im Verhältnis zu Nichtmitgliedstaaten, in: ÖZOR 11 (1961), S. 497, 502; VISSCHER (Fn. 4), S. 166 f.; kritisch F. SEYERSTED, Is the International Personality of Intergovernmental Organizations valid vis-à-vis Non-Members, IJIL 4 (1964), S. 233, 249.

[11] E. JIMENEZ DE ARÉCHAGA, International Responsibility, in: Sørensen, Manual of Public International Law 1968, S. 533; auf die allgemeinen Rechtsprinzipien als Rechtsquelle der Verantwortlichkeit verweist auch D. HAMMARSKJÖLD, Letter dated 6 August from the Secretary General to the representative of the Union of Soviet Socialist Republics concerning the payment of indemnities to Belgian Citizens residents of the Democratic Republic of the Congo, UN-Doc S/6597, SCOR 20th Year, Suppl. July – Sept. 1965, S. 156, 157.

[12] HIRSCH (Fn. 4), S. 8.

die einen „horizontalen“[13] Schnitt durch die Normen des Völkerrechts vornimmt, und sich unter Ausblendung der Verhaltenspflichten allein auf die Sekundärnormen konzentriert. Zur Sicherstellung der „Bodenhaftung“ nimmt die vorliegende Schrift einen „vertikalen“ Schnitt durch das internationale Recht vor, d.h. sie konzentriert sich ausschließlich auf die Verhaltenspflichten im Rahmen der internationalen Friedenssicherung und betrachtet die daran anknüpfenden Regeln der Verantwortlichkeit und Haftung. Diese Vorgehensweise hat im internationalen Recht eine lange Tradition. Die Teilnehmer der Kodifikationskonferenz in Den Haag haben sich 1930 ausschließlich mit der „Verantwortlichkeit der Staaten für die Schäden von Person und Vermögen fremder Staatsangehöriger auf ihrem Gebiet“ befaßt, also mit dem internationalen Fremdenrecht.[14] Für zwischenstaatliche Organisationen ist dieser materiellrechtliche Teilausschnitt freilich mangels originärer Territorialgewalt wenig ergiebig. Hier wird daher an einen speziellen Funktionsbereich Internationaler Organisationen angeknüpft, der besonders schadensgeneigt ist und daher eine ergiebige Haftungspraxis verspricht. Gegenstand der Untersuchung ist die Verantwortlichkeit für Schäden, die durch Maßnahmen der militärischen Friedenssicherung und Friedensschaffung entstehen. Primärrechtlicher Bezugspunkt ist deshalb in erster Linie das humanitäre Völkerrecht.

Eine Abhandlung über die Haftung Internationaler Organisationen wäre nicht vollständig, wenn sie sich ausschließlich auf die Verletzung internationaler Normen konzentrieren würde. Zwischenstaatliche Organisationen operieren in der Regel auf dem Territorium eines Aufenthaltsstaates. Die Wahrnehmung militärischer Funktionen führt im Aufenthaltsstaat zu (Dritt-) Schäden, die innerhalb der nationalen Rechtsordnung die rechtliche Verantwortlichkeit der Internationalen Organisation gegenüber dem Geschädigten nach sich ziehen. Die umfassende Jurisdiktionsimmunität der Organisation vor nationalen Gerichten und Behörden hat dazu geführt, daß Internationale Organisationen eine normative „Subkultur“ des internationalen Haftungsrechts entwickelt haben, weitgehend unbeachtet von der Wissenschaft. Die Haftungspraxis setzt hier bei zivilrechtlichen Ansprüchen von Geschädigten an, die – durch die Jurisdiktionsimmunität

---

[13] ILC, Report on State Responsibility (Working Paper prepared by R. AGO), YILC 1963 II, S. 252: „A division was not made 'horizontally' between the rules of substance laying down the international rights and duties of States in the various fields and the aspects and consequences of the violation, by States, of the obligation deriving from these rules.“

[14] 1955 hatte sich der erste Berichterstatter der ILC, GARCIA AMADOR, dafür ausgesprochen, das Vorhaben nach dem Vorbild des Völkerbundes auf die „Responsibility of the State for injuries caused in its territory to the person or property of aliens“ zu begrenzen (YILC 1956, 173, 219); hierzu s. D. RAUSCHNING, Verantwortlichkeit der Staaten für völkerrechtswidriges Verhalten, in: BDGV 24 (1983), S. 8 f.

ihres Rechtsschutzes beraubt – ein alternatives Streitbeilegungsverfahren benötigen. Die vorliegende Untersuchung widmet sich zum einen den verfahrensrechtlichen Besonderheiten des praktizierten „Ersatzrechtsschutzes", zum anderen den materiellen Regeln, die im Streitbeilegungsverfahren die außervertragliche Haftung Internationaler Organisationen beherrschen. Schließlich wird die Haftungspraxis von internationalen Territorialverwaltungen analysiert. Diese unterliegen zwar grundsätzlich einem haftungsrechtlichen Sonderregime, sind aber funktional den Friedenssicherungsaufgaben Internationaler Organisationen zuzuordnen.

B. Quellenmaterial

Die fehlende wissenschaftliche Durchdringung der Haftungspraxis Internationaler Organisationen ist kein Zufall; Forschungsvorhaben scheitern schnell an der hohen Hürde der Informationsbeschaffung. So läßt die Haftungspraxis Internationaler Organisationen jede Publizität vermissen. Es existieren weder Entscheidungssammlungen noch öffentlich zugängliche Dokumentationen. Auch die Geschädigten werden von den Organisationen in der Regel über die rechtlichen Gründe der Abweisung ihres behaupteten Ersatzanspruchs im Dunkeln gelassen. Aufschluß über die Details der Schadensregulierung geben in erster Linie organisationsinterne Akten, darunter die Korrespondenz der Rechtsabteilungen, inoffiziell erhobene Statistiken und die Gutachten der vor Ort arbeitenden Schadenssachbearbeiter. Die Haftungspraxis Internationaler Organisationen wird in weiten Teilen durch dieses „inoffizielle" Material dokumentiert, das mehr oder weniger zugänglich in den Archiven der Organisationen begraben liegt.

Die vorliegende Untersuchung stützt ihre Erkenntnisse vor allem – aber nicht ausschließlich – auf dieses organisationsinterne Archivmaterial. Der Ansatz, die *internen* Erwägungen einer Internationalen Organisation zu Umfang und Grenzen ihrer Haftung einer wissenschaftlichen Analyse zuzuführen, findet dabei seine „natürliche" Grenze in der Zugänglichkeit der Unterlagen. 60 Jahre Sperrfrist für unveröffentlichte Dokumente des Völkerbundes sind heute kein Hindernis mehr; die Materialien sind im Genfer UN-Archiv uneingeschränkt zugänglich. Die von den Vereinten Nationen verhängte 20jährige Sperrfrist für unveröffentlichte UN-Dokumente erweist sich dagegen als Problem, da gerade Anfang der 90er Jahre die Zahl der haftungsrechtlich interessanten UN-Einsätze explosionsartig angestiegen ist. Bei den zugänglichen Akten wird die Kennzeichnung einiger Dokumente als „strictly confidential" zum Hindernis auf dem Weg zur wissenschaftlichen Erkenntnis. Die Problematik liegt dabei weniger in dem Umstand, daß diese speziellen Dokumente aus Gründen des Datenschutzes – z.B. in Fällen von Straftaten – der Öffentlichkeit verschlossen bleiben. Vielmehr führt das Vorhandensein nur eines „gebrandmarkten" Dokuments zur Unzugänglichkeit der gesamten Akte. Darüber hinaus sind die einsehbaren Akten weder zeitlich noch sachlich sortiert. Das verwertbare Archivmaterial kann insofern nicht dem Anspruch gerecht werden, alle historischen Haftungsfälle vollständig zu dokumentieren. Trotz dieser Quellenlage ist das einsehbare Material durchaus geeignet, über die Haftungspraxis der Vereinten Nationen in wissenschaftlich verwertbarer Weise Aufschluß zu geben. Vor allem die UN-internen Memoranden, Aide-Mémoires und Stellungnahmen innerhalb des Office of Legal Affairs dokumentieren die angewandten Haftungsregeln und die Kontinuität der Haftungspraxis im Außenverhältnis. Darüber hinaus haben Gespräche mit den zuständigen Stellen innerhalb der Internationalen Organisationen und in den Mitgliedstaaten (z.B. dem Bundesamt für Wehrverwaltung) die vorhandenen Informationslücken im Rahmen des Möglichen geschlossen.

C. Terminologie

I. Völkerrechtliches Delikt

Verletzt ein Völkerrechtssubjekt internationale Verhaltenspflichten – niedergelegt in sog. Primärnormen des Völkerrechts (primary rules)[1] – wird dies im deutschen Sprachraum oft als „völkerrechtliches Delikt"[2], „unerlaubte Handlung"[3] oder „völkerrechtliches Unrecht"[4] bezeichnet. Vor allem die Kennzeichnung des völkerrechtswidrigen Aktes als „völkerrechtliches Delikt" erfreut sich mit Blick auf das vertraute deutsche Zivilrecht großer Popularität. Allerdings werden in Anlehnung an entsprechende Erwägungen der International Law Commission im Bereich der Staatenverantwortlichkeit[5] auch vermehrt Bedenken gegen diese Bezeichnung vorgebracht.[6] In der Tat ist das „internationale Delikt" als Rechtsbegriff in hohem Maße durch ein nationales Vorverständnis belastet. Die Übertragung des Terminus aus dem nationalen Zivilrecht in das Völkerrecht verleitet dazu, rechtliche Wertungsparallelen dort zu suchen, wo die Wesensverschiedenheit der beiden Rechtsordnungen sie nicht zuläßt.[7] Schließlich ist der

---

[1] Vgl. Commantaries to the draft articles of Responsibility of States for internationally wrongful acts, 2001, UN-Doc A/46/10, GAOR 56th Sess., Suppl. 10, S. 60, Rn. 77.

[2] G. DAHM, Völkerrecht, Bd. 3, 1961 § 38, Rn. 2 ff.; I. v. MÜNCH, Das völkerrechtliche Delikt, 1963, S. 11 ff.; H.-J. SCHLOCHAUER, Die Entwicklung des völkerrechtlichen Deliktsrechts, AVR 16 (1974/75) S. 239, 242 ff.; A. SCHÜLE, in: Strupp/Schlochauer, Wörterbuch des Völkerrechts, Bd. 1, Stichwort: Delikt, S. 326 f.; W. MENG, Internationale Organisationen im völkerrechtlichen Deliktsrecht, ZaöRV 45 (1985), S. 325 ff.

[3] F. KLEIN, Die mittelbare Haftung im Völkerrecht, 1941, S. 2 ff.; P. SCHOEN, Die völkerrechtliche Haftung der Staaten aus unerlaubter Handlung, Zeitschrift für Völkerrecht, Ergänzungsband zu Bd. 10 (1917), S. 1 ff.

[4] H. F. KÖCK/P. FISCHER, Das Recht der Internationalen Organisationen, 1997, S. 590; I. SEIDL-HOHENVELDERN/T. STEIN, Völkerrecht, 2000, Rn. 1645.

[5] R. AGO (ILC Special Rapporteur), Second Report on State Responsibility, YILC 1970 II, S. 186, Rn. 27; vgl. auch Report of the ILC to the General Assembley, State responsibility, YILC 1973/II, S. 176, Rn. 14.

[6] M. SCHRÖDER, in: Vitzthum, Völkerrecht, 2001, 7. Abschnitt, Rn. 5.

[7] Vgl. SCHÜLE (Fn. 2), Abschnitt C. Die ILC hat im Hinblick auf die Benutzung des Begriffs „Delikt" ihre Auffassung geändert: Anfänglich sollten nach dem Willen der ILC völkerrechtswidrige Akte als „internationales Delikt" bezeichnet werden, wenn sie qualitativ nicht die Schwelle zum „internationalen Verbrechen" (international crime) überschritten; vgl. Art. 19 Draft Article on State Responsibility, YILC 1976 II/2, S. 95 (ILC-Beschluß 1980); nachdem im neuesten Entwurf von 2001 die Kategorie „international crime" entfallen ist,

Begriff des völkerrechtlichen Delikts gerade im Recht der Internationalen Organisationen irreführend. Denn Internationale Organisationen agieren in der Regel auf staatlichem Territorium, d.h. sie handeln oft „deliktisch" im Sinne des nationalen Zivilrechts ihres Aufenthaltsstaates. Darüber hinaus kennen Internationale Organisationen organisationsinterne Haftungsregeln, haben also ein auf ihre Belange zugeschnittenes eigenes „Deliktsrecht" entwickelt, das die Voraussetzung ihrer Verantwortlichkeit sowie Inhalt, Umfang und Ausschluß ihrer Haftung regelt. Es besteht also gerade im Bereich der Haftung Internationaler Organisationen ein ausgeprägtes Bedürfnis nach einer exakten Bezeichnung der verschiedenen juristischen Sachverhalte. Im folgenden wird daher auf den Begriff des „völkerrechtlichen Delikts" verzichtet und der Ausdruck „Völkerrechtsverletzung" ausschließlich dann eingesetzt, wenn die Verletzung völkerrechtlicher Primärnormen in Rede steht. Auf diese Weise soll die Verletzung völkerrechtlicher Verhaltensregeln terminologisch von der Verletzung nationaler bzw. organisationsinterner Verhaltensregeln abgegrenzt werden.

II. Völkerrechtliche Verantwortlichkeit bzw. Haftung

Soweit die rechtlichen Folgen einer Völkerrechtsverletzung behandelt werden – Regelungsgegenstand der sog. Sekundärnormen des Völkerrechts (secondary rules)[8] –, verwendet die deutsche Literatur die Begriffe „völkerrechtliche Verantwortlichkeit" und „völkerrechtliche Haftung.[9] Auffallend ist dabei, daß über das inter se-Verhältnis der beiden Termini keine letztverbindliche Klarheit besteht. So werden die Begriffe „Verantwortlichkeit" und „Haftung" mancherorts als Synonyme aufgefaßt,[10] mancherorts mit unterschiedlichen Rechtsinhalten aufgeladen.[11] Betrachtet man nun den enzyklopädisch erfaßten allgemeinen Sprachgebrauch, dann ist zu lesen, daß der Begriff der „Verantwortung" die Bereitschaft eines Menschen bezeichnet, für ein Verhalten und dessen Folgen als

---

spricht sich die Kommission nun generell gegen die Übertragung der Begriffe „Delikt", „délit" oder „tort" aus, Commentaries to the draft articles on Responsibility of States, GAOR 56th Sess. Suppl. No. 10 (ILC-Beschluß Nov. 2001).

[8] Vgl. Commantaries to the draft articles of Responsibility of States for internationally wrongful acts, 2001 (Fn. 1) Rn. 77.

[9] Siehe statt vieler G. DAHM/J. DELBRÜCK/R. WOLFRUM, Völkerrecht Bd. I/3, 2002, § 173 Rn. VII.1.

[10] K. IPSEN, in: Ipsen (Hrsg.), Völkerrecht, 1999, Vor § 39, Rn. 2; F. BERBER, Völkerrecht, Bd. 3, 1977, S. 2 f.: „Haftung ist Verantwortlichkeit", wobei Berber allerdings offen läßt, ob Verantwortlichkeit immer auch Haftung ist.

[11] Siehe hierzu ausführlich K. GINTHER, Die völkerrechtliche Verantwortlichkeit internationaler Organisationen, 1969, S. 81 ff.

Person einzustehen.[12] Die „Verantwortlichkeit" wäre dann – als passives Pendant zur aktiven „Verantwortung" – die moralische, politische oder rechtliche Zuordnung eines Verhaltens und seiner Folgen zu einer Person. Der Begriff „Haftung" ist im Gegensatz zur „Verantwortlichkeit" ein reiner Rechtsbegriff.[13] Im nationalen Zivilrecht wird mit ihm die Rechtspflicht zum Einstehen für Verbindlichkeiten (z.B. Erbenhaftung) bzw. Schäden (z.B. deliktische Haftung) beschrieben. Vom deutschen Deliktsrecht werden die Rechtsbegriffe „Verantwortlichkeit" und „Haftung" zum Teil synonym verwendet, z.B. in § 831 Abs. 2 und § 832 Abs. 2 BGB,[14] zum Teil mit unterschiedlichen rechtlichen Wertungen verknüpft. So kann ein Minderjähriger kraft seiner Einsichtsfähigkeit für seine schadensstiftende Handlung verantwortlich sein (§ 829 BGB), aber mangels Verschulden oder aufgrund eines Haftungsausschlusses dennoch nicht für den Schaden haften. Verantwortlichkeit im Sinne des deutschen Bürgerlichen Gesetzbuches ist also die rechtliche Zuordnung eines Verhaltens und seiner Folge zu einer Person,[15] die in einem weiteren Schritt zu einer Schadenshaftung führen kann, aber nicht muß.

Freilich läßt sich die Wortwahl des deutschen Zivilrechts nicht ohne weiteres für die Interpretation internationaler Verträge fruchtbar machen. Derartigen Bestrebungen steht schon entgegen, daß völkerrechtliche Verträge in der Regel mehrere authentische Sprachen kennen, die deutsche Fassung also selten alleinverbindlich ist. Aber auch eine vergleichende Betrachtung der Vertragsprache „deutsch" mit den dominierenden Arbeitssprachen des Völkerrechts – englisch, französisch und spanisch – hilft bei der Ergründung des Verhältnisses der „Verantwortlichkeit" zur „Haftung" nur begrenzt weiter. So herrscht auch in der englischen Sprache erhebliche Konfusion um die exakte Bedeutung der Rechtsbegriffe „responsibility" und „liability" und ihr Verhältnis zueinander.[16] Der

---

[12] Der Brockhaus, 1999, Stichwort „Verantwortung".

[13] J. WOLF, Die Haftung der Staaten für Privatpersonen nach Völkerrecht, 1997, S. 43.

[14] H. DREIER, Verantwortung im demokratischen Verfassungsstaat, in: Neumann/Schulz, Verantwortung in Recht und Moral, 2000, S. 9, 13.

[15] In der Literatur wird „Verantwortlichkeit" einer Person als Beschreibung ihrer (1.) „Zurechnungsfähigkeit", vgl. E. WAIBEL, Die Verschuldensfähigkeit des Minderjährigen im Zivilrecht, 1970, S. 14, (2.) „Verschuldensfähigkeit", vgl. H. KÖTZ, Deliktsrecht 1994, Rn. 318, oder (3.) „Deliktsfähigkeit" bzw. „Geschäftsfähigkeit" verstanden; vgl. ZEUNER, in: Soergel, BGB, Vor § 829, Rn. 1.

[16] Für das Common Law System setzt das Oxford Companion to Law von D. M. WALKER die Ausdrücke „liability" und „responsibility" in ein Verhältnis vergleichbar mit dem Sprachgebrauch des deutschen BGB: „In general, liability attaches only to persons who are legally responsible (Stichwort: Liability)". Bei SALMOND heißt es jedoch: „He who commits a wrong is said to be liable or responsible for it. Liability or responsibility is the

internationale Sprachgebrauch weist lediglich die Gesetzmäßigkeit auf, daß in internationalen Verträgen der Begriff „responsibility“ amtlich ausschließlich mit „Verantwortlichkeit“, „liability“ hingegen mit „Haftung“ übersetzt wird, obwohl diese Zuordnung semantisch nicht zwingend ist.[17] Im romanischen Sprachraum steht wiederum für die internationale Diktion der Verträge nur ein Begriff zur Verfügung: „responsabilité“ (franz.)/„responsabilidad“ (span.) stehen sowohl für „Verantwortlichkeit“/ „responsibility“ als auch „Haftung“/„liability“.

So wenig das Verhältnis der Begriffe „Verantwortlichkeit“ und „Haftung“, sowie „responsibility“ und „liability“ aus sich heraus verständlich sind, so wenig trägt eine kontextbezogene Analyse des internationalen Rechtslebens zur Klärung des Problems bei. Im Hinblick auf die rechtstechnische Verwendung der Begriffe sind den völkerrechtlichen Verträgen, dem Sprachgebrauch der internationalen Spruchkörper[18] und der Nomenklatur der internationalen Organe[19] nur schwer allgemeingültige Regeln abzuringen. Die Begriffe „responsibility“ und „liability“ werden teils synonym verwendet, teils mit unterschiedlichem rechtlichen Gehalt aufgeladen.[20] Die Bedeutungsvielfalt des Wortes „responsibility“ spiegelt sich anschaulich in der Diktion internationaler Verträge wider. So dient der Begriff „responsibility“ unter anderen der Bezeichnung von Primär-

---

bond of necessity that exists between the wrongdoer and the remedy of the wrong.“ SALMOND on Jurisprudence, 12th ed. P. J. Fitzgerald, 1966, S. 80.

17 Zur amtlichen Übersetzung der Begriffe in der UN-Seerechtskonvention vgl. AUSWÄRTIGES AMT (Sprachendienst), Terminologie des Seerechtsübereinkommens, 1992.

18 Z.B. im Namibia-Gutachten des IGH, Legal Consequences for States of the Continued Presence of South Africa in Namibia (South West Africa) notwithstanding Security Council Resolution 276 (1970), Advisory Opinion, I.C.J. Reports 1971, S. 16, 54, Rn. 118: „ (...) South Africa incurs international responsibility arising from a continuing violation of an international obligation. (...) Physical control of a territory, not sovereignty or legitimacy of title, is the basis of State liability for acts affection other States.“

19 Im Bericht des UN-Generalsekretärs an die UN-Generalversammlung vom 20. September 1996 über die Haftung der Vereinten Nationen für sog. third-party claims heißt es: „(...) damage caused in breach of an international obligation (...) entails the international responsibility of the State (or of the Organisation) and its liability in compensation.“ UN-Doc. A/51/389, Rn. 6.

20 Zur terminologischen Konfusion im Völkerrecht vgl. A. E. BOYLE, State Responsibility and International Liability for Injurious Consequences of Acts not Prohibited by International Law, in: ICLQ 39 (1990), S. 1, 8 ff.; N. L. J. T. HORBACH, The Confusion about State Responsibility and International Liability, LJIL 4 (1991), S. 47, 48 ff.; M. C. W. PINTO. Reflections on International Liability for Injurious Consequences arising out of acts not prohibited by International Law, NYIL 16 (1985), S. 17, 24 ff.; A. REST, International Protection of the Environment and Liability, 1978, S. 107.

rechten und Kompetenzen, z.B. in Art. 107 UN-Charta[21] und Art. 57 UN-Charta[22]. Die Präambel des Viermächte-Abkommens über Berlin vom 3. September 1971 verwendet dagegen den Begriff „responsibility“ als Hinweis auf die Primär*pflichten* aus dem Vertrag:

> „Acting on the basis of their quadripartite rights and responsibilities, (...).“[23]

Terminologisch ist hier „responsibility“ bedeutungsgleich mit dem Wort „obligations“. In diesem Sinne ist auch Art. 139 der UN-Seerechtskonvention vom 10. Dezember 1982 auszulegen:

> „States Parties shall have the ***responsibility*** to ensure that activities in the Area (...) shall be carried out in conformity with this Part.“ [24]

Im übrigen zeichnet sich gerade die UN-Seerechtkonvention mit ihren vielfältigen Haftungsregelungen durch ein besonders buntes terminologisches Bild aus. Während einige Normen auf einen synonymen Gebrauch der Begriffe „responsibility” und „liability” hinweisen (Art. 235 Abs. 3: „... responsibility *and* liability...“), zeugen andere Vorschriften von einem differenzierten Verständnis:

> Art. 22 Satz 2 Annex III: „... the Authority shall have responsibility ***or*** liability for any damage arising out of wrongful acts in the exercise of its powers and functions, ...“[25]

Das hier zum Ausdruck kommende Alternativverhältnis zwischen responsibility und liability beruht auf der vertragsspezifischen Eigenheit, den Begriff „liability“ vor allem in Zusammenhang mit der Wiedergutmachung von Schäden zu benutzen (s. Art. 139 und Art. 232 der Konvention; Art. 22 Satz 3 des III. Annexes). Mit „responsibility“ knüpft die UN-Seerechtskonvention hingegen an völkerrechtlichen Primärpflichten an und bringt auf dieser Basis die rechtliche Zuordnung einer Pflichtverletzung und ihrer Folgen zum Ausdruck. In diesem Sinne kennt die Seerechtskonvention eine Schadenshaftung ohne Verantwort-

---

21 Art. 107 UN-Charta: „Nothing in the present Charter shall invalidate or preclude action ... taken or authorized as a result of that war by the Government having responibility for such action.“ s. hierzu B. KEMPEN, Die deutsch-polnische Grenze nach der Friedensregelung des Zwei-Plus-Vier-Vertrages, 1997, S. 228 f.

22 Art. 57 UN-Charta: „The various specialized agencies, established by intergovernmental agreement and having wide international responsibilities ... in economic, cultural, health, and related fields ...“.

23 UNTS Bd. 880, S. 116 ff.; zur Interpretation vgl. H. SCHIEDERMAIR, Der völkerrechtliche Status Berlins nach dem Viermächte-Abkommen vom 3. September 1971, 1975, S. 4 und 49 ff.

24 UNTS Bd. 1833, S. 3 ff., BGBl. II 1994, S. 1799 ff. (Hervorhebungen durch Verf.).

25 UNTS Bd. 1833, S. 3 (Hervorhebung durch Verf.).

lichkeit für die schadensverursachende Pflichtverletzung (z.B. Art. 6 Abs. 3 des IX. Annexes).

Im Bereich des internationalen Umweltrechts findet sich schließlich eine weitere bemerkenswerte Facette des Umgangs mit den Begriffen „liability“ und „responsibility“, wie das Protokoll zum Baseler Vertrag über die Kontrolle grenzüberschreitenden Mülls exemplarisch veranschaulicht. Während dort in Art. 4 Abs. 1 zu lesen ist

> „The person (...) shall be *liable* for damage until the disposer has taken possession of the hazardous wastes and other wastes.“[26],

heißt es in Art. 16 desselben Vertrages:

> „The protocol shall not affect the rights and obligations of the Contracting Parties under the rules of general international law with respect to *State responsibility*.“

Hier steht „liability“ für eine Haftung nach nationalem Recht („civil liability“), während „responsibility“ auf die Verantwortlichkeit und Haftung nach internationalem Recht Bezug nimmt.[27] Mit dem Verweis auf die „State responsibility“ bezieht sich das Baseler Protokoll auf ein völkergewohnheitsrechtlich geformtes und damit terminologisch ungesichertes Rechtsgebiet. Die langjährige Arbeit der ILC hat jedoch gerade auf diesem Sektor den internationalen Sprachgebrauch entscheidend geprägt. Die Kommission mußte sich zur Erreichung der notwendigen terminologischen Präzision ihrer Vorschläge mehrmals mit dem Verhältnis von „responsibility“ und „liability“ auseinandersetzen.[28] Bei einer dieser Gelegenheiten stellte der Special Rapporteur QUENTIN-BAXTER fest, daß die englischen Begriffe „responsibility“ und „liability“ lediglich zwei Facetten *eines* Konzepts darstellten.[29] Im Sprachgebrauch des Rechts der Staatenverantwortlichkeit soll „responsibility“ nach dem Willen der Kommission nur im Hinblick auf das Einstehen für Völkerrechtsverletzungen und die Wiedergutmachung der dadurch entstandenen Schäden genutzt werden, während

---

[26] Basel Protocol on Liability and Compensation for Damage resulting from Transboundary Movement of Hazardous Wastes and their Disposal, 10 December 1999 (z. Zt. noch nicht in Kraft) Quelle: http://www.basel.int/ bzw. UN-Doc. UNEP/CHW.1/WG/1/3/2 (Hervorhebung durch Verf.).

[27] Commission on Environmental Law of IUCN, Art. 48 of the Draft of the International Convenant on Environment and Development 1995, Environmental Policy and Law Paper No. 31, S. 143; vgl. auch BOYLE (Fn. 20), S. 9.

[28] AGO (Fn. 5), S. 185, Rn. 26 f.; ders., Third Report on State Responsibility, YILC 1971 II/1, S. 211, Rn. 44 f.; ILC, Report on State Responsibility, YILC 1970 II, S. 308, Rn. 76, YILC 1973 I, S. 211, Rn. 37 und YILC 1973 II, S. 176, Rn. 14.

[29] ILC, Report on International Liability, YILC 1980 II/1, S. 250 f.

„liability" das Einstehen für Schäden durch völkerrechtsgemäße Handlungen bezeichnet.[30] „Liability" ist hiernach immer eine Primärpflicht, da ihr keine Völkerrechtsverletzung vorausgeht.[31]

Bereits diese ausgewählten Schlaglichter auf die internationale Vertragspraxis zeigen, daß das Völkerrecht keine klaren Strukturen im Hinblick auf den Umgang mit den Begriffen „responsibility" und „liability" erkennen läßt. So wird „Verantwortlichkeit" („responsibility") in internationalen Verträgen zur Bezeichnung von völkerrechtlichen Rechten und Pflichten der Primärrechtsbeziehung eingesetzt. Aber auch der Begriff „Haftung" („liability") erlangt eine spezifische Bedeutung als primäre Rechtspflicht, und zwar als vertraglich begründete Schadensersatzpflicht, die keinen Völkerrechtsbruch voraussetzt. Im Kontext von sekundären Rechtsbeziehungen – die in Folge eines Völkerrechtsbruch entstehen – werden die Begriffe „responsibility" und „liability" je nach völkerrechtlicher Quelle teils synonym verwendet, teils mit unterschiedlichen Inhalten besetzt.[32] Die vorliegende Untersuchung folgt einem differenzierten Begriffsverständnis: Während die „Verantwortlichkeit" nach dem hier zugrundegelegten Verständnis die rechtliche *Zuordnung* eines Unrechts zu einer Internationalen Organisation bezeichnet, benennt der Begriff „Haftung" die Rechtspflicht zur Wiedergutmachung dieses Unrechts. Die Verwendung des Begriffs „Haftung" soll dabei nicht präjudizieren, welches Recht die Haftung der Internationalen Organisation beherrscht – das internationale Recht, das nationale Recht des Aufenthaltsstaates oder das innerorganisatorische Recht der Organisation selbst. Im übrigen ist Vorsicht dabei geboten, dem Begriff der „völkerrechtlichen Haftung" die exklusive Bedeutung beizumessen, auf die Wiedergutmachung der Verletzung *völkerrechtlicher* Normen gerichtet zu sein. Denn das völkerrechtliche Haftungssystem kann durchaus an die Verletzung von nationalen Rechtsvorschriften des Aufenthaltsstaates anknüpfen, ohne daß dadurch das Haftungsrecht seinen internationalen Charakter verlieren würde. Darüber hinaus ist die Haftung einer Internationalen Organisation nach ihren eigenen innerorganisatorischen Haftungsregeln im weitesten Sinne eine völkerrechtliche Haftung, da der Geltungsgrund dieser Haftungsregeln in der internationalen Rechtsordnung liegt. Aus diesem Grunde wird im Titel der vorliegenden Schrift neutral von der „Haftung" Internationaler Organisationen gesprochen. In welchem der genannten Rechtssysteme sich die untersuchten Internationalen Organisationen haftungsrechtlich bewegen, wird in jedem Einzelfall auf Grundlage der Praxis festzustellen sein.

---

30 ILC, Report on State Responsibility, YILC 1973 I, S. 211, Rn. 37.

31 ILC, Report on International Liability, YILC 1980 II/1, S. 253, Rn. 20 f.

32 Siehe die Beispiele auf S. 38 f.

III. Rechtsfähigkeit und Rechtspersönlichkeit

Die Rechtsfähigkeit bzw. Rechtspersönlichkeit einer Internationalen Organisation in der Rechtsordnung ihres Aufenthaltsstaates und im internationalen Recht ist Dreh- und Angelpunkt ihrer eigenständigen Aufgabenerfüllung und Haftung.[33] Entsprechend häufig finden sich die Begriffe „legal personality"/„legal capacity" bzw. „personnalité juridique"/„capacité juridique" in den Statusklauseln Internationaler Organisationen. Bei der Interpretation dieser völkerrechtlichen Verträge wird allerdings schnell augenfällig, daß die genannten Begriffe durch ein abweichendes nationales Vorverständnis belastet sind.

In der deutschen Rechtsordnung wird unter Rechtsfähigkeit die Fähigkeit verstanden, Träger von gesetzlich zugeordneten Rechten und/oder Pflichten zu sein.[34] Neben dem Begriff der Rechtsfähigkeit finden sich im juristischen Sprachgebrauch die Bezeichnungen „Rechtspersönlichkeit" und „Rechtssubjektivität". Inhaltliche Abweichungen werden mit der Wahl der Termini in der Regel nicht verbunden.[35] Die Teilrechtsfähigkeit bzw. beschränkte Rechtsfähigkeit einer Person[36] liegt vor, wenn diese nach der Wertung des Gesetzes Zuordnungssubjekt nur einzelner, bestimmter Rechte und Pflichten sein kann.[37] Eine Besonderheit des deutschen Rechts ist die strenge Trennung zwischen der Rechts- und Handlungsfähigkeit einer Rechtsperson. Unter Handlungsfähigkeit wird allgemein die Fähigkeit verstanden, durch eigene Handlungen Rechtswirkungen hervorzurufen.[38] Sie bezeichnet damit nichts anderes als die juristische Zurechnungsfähigkeit, die sich je nach zurechenbarer Handlung in verschiedenen rechtstechnischen Typisierungen realisiert, z.B. in der Vertrags-, Verfügungs-, Geschäfts-, Willens- und Deliktsfähigkeit. Während die Rechtsfähigkeit also eine rein *passive* personale Eigenschaft ist, wird mit der Handlungsfähigkeit die *aktive* Fähigkeit bezeichnet, durch eigene Handlung

---

[33] Zur Völkerrechtssubjektivität ausführlich S. 55 ff., zur innerstaatlichen Rechtspersönlichkeit s. S. 69 ff.

[34] Statt vieler H. HEINRICHS, in: Palandt, BGB, Überbl. v. § 1, Rn. 1; H. FAHSE, in: Soergel, BGB Bd. 1, § 1, Rn. 1.

[35] Anders H. J. WOLFF/O. BACHOF/R. STOBER, Verwaltungsrecht, Bd. I, 1999, § 32, Rn. 4, die zwischen Rechtssubjektivität (Zuordnung auch *fremder* Rechte und Pflichten, z.B. beim Vertreter) und Rechtsfähigkeit (Zuordnung nur *eigener* Rechte und Pflichten) unterscheiden.

[36] Im deutschen Recht wird die Teilrechtsfähigkeit beim nasciturus und bei der juristischen Person des öffentlichen Rechts diskutiert; juristische Personen des Privatrechts und natürliche Personen sind immer in vollem Umfang rechtsfähig, s. hierzu K. SCHMIDT, Gesellschaftsrecht, 1997, § 8 V, S. 223.

[37] F. FABRICIUS, Relativität der Rechtsfähigkeit, 1963, S. 235 f.

[38] HEINRICHS (Fn. 34), Rn. 3.

Rechte und Pflichten zu begründen.[39] Die Rechtsfähigkeit einer Person ist dabei immer notwendige Voraussetzung ihrer juristischen Handlungsfähigkeit: Das Gesetz kennt keine Handlungsfähigkeit ohne Rechtsfähigkeit, wohl aber die Rechtsfähigkeit ohne Handlungsfähigkeit. Die konzeptionelle Trennung zwischen Rechtsfähigkeit und Handlungsfähigkeit wirkt sich auch auf juristische Personen aus, soweit sie durch Gesetz oder durch Satzung in ihrem Verbandszweck begrenzt sind. In Anknüpfung an die anglo-amerikanische ultra vires-Lehre[40] wird hier über die spezifisch deutsche Rechtsfrage gestritten, ob Rechtsgeschäfte außerhalb des Aufgabenbereichs einer juristischen Person des öffentlichen Rechts wegen fehlender Rechtsfähigkeit oder wegen fehlender Handlungsfähigkeit rechtsunwirksam sind.[41] Die Rechtsprechung neigt dazu, den zweiten Aspekt herauszustellen. So urteilte der Bundesgerichtshof in Zivilsachen, daß eine Körperschaft des öffentlichen Rechts, soweit sie außerhalb ihres satzungsrechtlich festgelegten Wirkungskreises rechtsgeschäftlich agiert, mangels rechtlichen Könnens keine *Handlungsfähigkeit* besitze.[42] Die Frage der Teilrechtsfähigkeit hat das Gericht ausdrücklich offengelassen. Die Anhänger der Lehre von der Teilperson bestreiten hingegen die Rechtsfähigkeit der juristischen Person außerhalb ihres Wirkungskreises, was zwangsläufig ihre Handlungsunfähigkeit in eben diesem Bereich zur Folge hat.[43]

Die dogmatische Trennung zwischen Rechtsfähigkeit und Handlungsfähigkeit hat seit der Schaffung des BGB die deutsche Rechtswissenschaft immer wieder beschäftigt, ohne daß sich die gegenläufige Lehre von der Identität von Rechts- und Handlungsfähigkeit unter der Herrschaft des Bürgerlichen Gesetzbuches

---

[39] W. HEFERMEHL, in: Soergel, BGB Bd. 1, Vor § 104, Rn. 2.

[40] Grundlegend hierzu die Entscheidung des House of Lords, Ashbury Railway Carriage and Iron Co v. Riche von 1875, The Law Times Report Bd. 33, S. 450. Siehe hierzu auch in der Literatur F. BECKER, Die Bedeutung der ultra vires-Lehre als Maßstab richterlicher Kontrolle öffentlicher Gewalt in England, ZaöRV 61 (2001), S. 85 ff.

[41] Zum Streit über die Teilrechtsfähigkeit juristischer Personen des Zivilrechts s. SCHMIDT (Fn. 36), S. 223.

[42] BGHZ 20, 119, 126 (Teilrechtsfähigkeit).

[43] Grundlegend G. LASSAR, Zur Lehre der beschränkten Handlungsfähigkeit öffentlich-rechtlicher juristischer Personen nach preußischen Recht, VerwArch 38 (1933), S. 31, 34; G. HUSSERL, Rechtssubjekt und Rechtsperson, AcP 127 (1927), S. 129, 193, Fn. 100; in der neueren Literatur: J. BURMEISTER, Verträge und Absprachen zwischen Verwaltung und Privaten, VVDStRL 52 (1993), S. 190, 220; L. ENNECCERUS/H. C. N. NIPPERDEY, Allgemeiner Teil des Bürgerlichen Rechts, 1. Hb., 1959, S. 624 f.; D. REUTER, in: Münchener Kommentar, Bd. 1, 2001, Vor. § 21, Rn. 12; WOLFF/BACHOF/STOBER, (Fn. 35), § 32 Rn 9; kritisch E.-W. FUß, Die Überschreitung des Wirkungskreises juristischer Personen des öffentlichen Rechts, DÖV 1956, 566, 567; M. OLDIGES, Die Verbandskompetenz, DÖV 1989, S. 873, 883.

bisher durchsetzen konnte.[44] Darin liegt der wesentliche Unterschied zum anglo-amerikanischen Rechtskreis. Im britischen Common Law ist eine Person mit „legal personality" ausgestattet. In SALMOND ON JURISPRUDENCE, ein bis heute vielzitiertes Werk auf dem Gebiet der Rechtstheorie, wird der Begriff der Person im Rechtssinne wie folgt definiert: „So far as legal theory is concerned, a person is any being whom the law regards as capable of rights and duties."[45] Der Begriff „legal personality" kann gleichwohl nicht in jedem Kontext mit der deutschen „Rechtspersönlichkeit" gleichgesetzt werden. Die Bedeutungsvielfalt des englischen Terminus bringt PATON zum Ausdruck, wenn er beklagt: „It is unfortunate perhaps that we use the same word 'personality' to indicate that an entity is recognized by the law as a legal person and also to indicate the differences in the capacities between legal entities."[46] Es ist vor allem die hier angesprochene „legal capacity", die im englischen Recht eine entscheidende Rolle bei der Frage der personalen Konstitution, dem Rechtsstatus[47] eines Subjekts, spielt. Ihr vielschichtiger Bedeutungsgehalt läßt sich den Worten JENKS entnehmen: „The expression 'legal capacity' is used in English law to cover two different notions – the notion of ability to acquire rights (which may be called „passive capacity") and the notion of the ability to transact legal business („active capacity"). The former may be said to date from the time of birth, the latter is only completely acquired on the attainment of full age."[48] Der englische Terminus „legal capacity" kann angesichts dieser Begriffsbestimmung weder ausschließlich mit „Rechtsfähigkeit", noch allein mit „Handlungsfähigkeit" übersetzt werden, ohne ihm ein deutsches Rechtsverständnis aufzuzwingen.[49] Nicht zu verkennen ist allerdings, daß das englische Recht „capacity" vor allem zur Erfassung der aktiven Fähigkeiten einer Rechtsperson eingesetzt wird. In diesem Sinne steht der Begriff oft synonym für „powers", also Rechtsmacht oder Kompetenz. So heißt es bei SALMOND: „Powers is either ability to determine the legal relations of other persons, or ability to determine one's own. (...) (T)he second – powers over oneself – is usually termed *capacity*."[50] In der

---

[44] W. SAUER, Juristische Methodenlehre, 1940, S. 466; vgl. auch FABRICIUS (Fn. 37), S. 44; W. GITTER, in: Münchener Kommentar, BGB Bd. 1, § 1, Rn. 5; in der Völkerrechtslehre auch KLEIN (Fn. 3), S. 33.

[45] SALMOND on Jurisprudence, 11th ed by G. Williams, 1957, S. 350.

[46] G. W. PATON, A Text-book of Jurisprudence, 1963, 3rd ed by D. P. Derham, S. 356.

[47] Zum Konzept des „Legal Status" im englischen Recht vgl. AUSTIN on Jurisprudence, Bd. II, 5th ed. by R. Campbell, 1885, S. 687; G. W. PATON, A Text-book of Jurisprudence, 1963, 3rd ed by D. P. Derham, S. 356; SALMOND (Fn. 45), S. 292 f.

[48] E. JENKS, A Digest of English Civil Law, Bd. I, 1938, S. 1 Nr. 1.

[49] G. SCHIRRMEISTER, Das Bürgerliche Recht Englands, Bd. 1, 1906, S. 2.

[50] SALMOND on Jurisprudence, 8th ed. by Manning, 1930, § 76 S. 249 (Hervorhebung dort).

rechtsvergleichenden deutschen Literatur wird „legal capacity" vor allem der deutschen „Handlungsfähigkeit" zugeordnet.[51]

Etwas näher steht das französische Recht dem deutschen Begriffsverständnis. Allerdings ist auch hier der Begriff „la capacité juridique" keineswegs gleichbedeutend mit der deutschen Vorstellung von „Rechtsfähigkeit". In Anlehnung an die deutsche Unterscheidung zwischen Rechtsfähigkeit und Handlungsfähigkeit hat sich in der französischen Lehre das Begriffspaar „capacité de jouissance" im Sinne der deutschen Rechtsfähigkeit und „capacité d'exercice" im Sinne der deutschen Handlungsfähigkeit herausgebildet. Eine Person im Rechtssinne zeichnet sich durch die erstgenannte Fähigkeit aus: „Les personnes, au juridique du terme, sont les êtres capables de jouir de droit; ce sont, d'une expression équivalente, les sujets de droit."[52] Da in der Literatur regelmäßig verkürzt von „capacité" gesprochen wird, läßt sich jedoch oft nur aus dem Sachzusammenhang erschließen, ob konkret die Handlungsfähigkeit einer Person oder ihre Rechtsfähigkeit angesprochen ist.

Betrachtet man nun die Diktion im Völkerrecht, dann lassen die geschriebenen Rechtsquellen – wie so oft – kein einheitliches Bild erkennen. Ein Beispiel für eine differenzierte Wortwahl, die dem deutschen Juristen vertraut ist, gibt Art. VIII des WTO-Abkommens:

> Art. VIII: „The WTO shall have *legal personality*, and shall be accorded by each of its Members such *legal capacity* as may be necessary for the exercise of its functions." [53]

In diesem Kontext verdeutlicht der Verweis auf die „legal personalitiy"[54], daß die Internationale Organisation von den Mitgliedstaaten auf völkerrechtlicher Ebene als eine eigenständige Rechtsperson kreiert worden ist. Ihr wird damit eine abstrakte personale Eigenschaft zugewiesen, die in der mitgliedstaatlichen und in der internationalen Rechtsordnung Wirkung entfaltet. Der Begriff „legal

---

[51] HUSSERL (Fn. 43), S. 198; J. MANTELL, Wirkungsgrenzen juristischer Personen im Deutschen und anglo-amerikanischen Recht, 1972, S. 4.

[52] J. CARBONNIER, Droit civil, Bd. 1 Les Personnes, 1992, S. 11.

[53] ILM 33 (1994), S. 15 (Hervorhebung hier).

[54] Der Begriff „legal personality" ist dogmatisch nicht unbelastet, da er in der Rechtswissenschaft mit einem rechtstheoretischen Streit um die fiktive oder die reale „legal personality" von juristischen Personen (corporate bodies) verbunden wird. Entsprechend kritisch fragte JENKS im Jahr 1945, ob es denn notwendig sei, die Entwicklung des Rechts der Internationalen Organisationen mit einem Konzept zu belasten, das in den nationalen Rechtsordnungen zu rechtsdogmatischen Streitigkeiten veranlasse, C. W. JENKS, The Legal Personality of International Organizations, BYIL 22 (1945), S. 267, 271; mit diesem Problem hat sich auch die International Law Commission beschäftigt, vgl. YBIL 1962 I, S. 63, Rn. 70; YILC 1972 II, S. 182, Rn. 37.

capacity“ konkretisiert dann, wozu die Internationale Organisationen als Rechtsperson rechtlich in der Lage ist, d.h. in welche Rechtsbeziehungen sie kraft eigenen Wollens und Wirkens eintreten kann. Angesprochen sind vor allem ihre konkrete Handlungsfähigkeit, die zur aktiven Verwirklichung der andernorts zugewiesenen materiellen Kompetenzen notwendig ist. Statusverträge anderer Internationaler Organisationen orientieren sich dagegen eher am angloamerikanischen Rechtsverständnis und unterscheiden nicht klar zwischen Rechts- und Handlungsfähigkeit. Eine Vielzahl von ihnen rekurriert lediglich auf die „legal capacity“ der betreffenden Organisation und verwenden den Begriff zur Bezeichnung der *passiven* Rechtsfähigkeit der Organisation im Sinne der rechtsordnungsgemäßen Zuordnung von Rechten, z.B. von Eigentumsrechten [„... hold (...) immovable and movable property ...“[55]]. Daneben wird mit dem Begriff die *aktive* Handlungsfähigkeit im Sinne des rechtsgeschäftlichen Erwerbs von Rechten und ihre verfahrensrechtliche Durchsetzung bezeichnet [„... to enter into contracts (...) and to make loans and grants and to institute legal proceedings.“ [56]].

Es liegt auf der Hand, dass eine derartige Verwendung des Begriffs „legal capacity“ bei der amtlichen deutschen Übersetzung zu Problemen führen muß, will diese dem überkommenen deutschen Rechtsverständnis Rechnung tragen. Lösungsversuche wie die Übersetzung von „legal capacity“ bzw. „capacité juridique“ mit „Rechts- und Geschäftsfähigkeit“ (z.B. Art. 282 EGV) können allerdings kaum überzeugen. Mit dieser Wortwahl wird eine einschränkende rechtliche Wertung vorgenommen, die weder auf der Basis der englischen noch der französischen Wortwahl zwingend geboten ist. Im Rahmen dieser Untersuchung wird zur Sicherstellung der notwendigen rechtlichen Präzision dem Sprachgebrauch des deutschen Zivilrechts gefolgt. Die Termini „Rechtspersönlichkeit“, „Rechtssubjektivität“ und „Rechtsfähigkeit“ werden synonym eingesetzt. Mit ihnen soll die personale Eigenschaft einer Internationalen Organisation zum Ausdruck gebracht werden, nämlich ihre von der internationalen bzw. nationalen Rechtsordnung anerkannte *passive* Fähigkeit, Träger von Rechten und Pflichten zu sein. Dementgegen bezeichnet die Handlungsfähigkeit der Internationalen Organisation ihre *aktive* Fähigkeit, durch eigene Handlungen Rechtswirkungen in der Völkerrechtsordnung und in den innerstaatlichen Rechtsordnungen hervorzurufen, d.h. eigene Rechte und Pflichten zu erwerben und auszuüben.[57]

---

[55] Art. 2 der Satzung der West Africa Riche Developlment Association, ILM 10 (1971), S. 653, 655.

[56] Nachweis siehe Fn. 55.

[57] PH. SANDS/P. KLEIN, BOWETT's Law of International Institutions, 2001, S. 473 Rn. 15-009 f.

VI. Internationale Organisationen

1. Begriffshistorie

Heute, im beginnenden 21. Jahrhundert, nimmt der Begriff der Internationalen Organisation im internationalen Sprachgebrauch einen festen Platz ein. Im unüberschaubaren Geflecht der internationalen Kooperationen und Konferenzen wird eine Vielzahl von Gebilden als Internationale Organisationen bezeichnet, ohne daß mit diesem Prädikat eine spezifische völkerrechtliche Qualität angesprochen wäre. Im „Yearbook of International Organizations" werden beispielsweise unter der Bezeichnung „Internationale Organisation" insgesamt 19.184 international aktive Gebilde aufgelistet, grob kategorisiert in 1.820 zwischenstaatliche und 17.354 nicht kommerzielle private Vereinigungen.[58] Seit 1954 ist die Zahl der international aktiven Gebilde damit um das 17fache gestiegen.[59] Allein dieser statistische Befund zeigt die Bedeutung, die heute dem grenzüberschreitenden Zusammenwirken privater und zwischenstaatlicher Institutionen zukommt.

Der Begriff „Internationale Organisation" ist ein Begriff des 20./21. Jahrhunderts, auch wenn er schon in der zweiten Hälfte des 19. Jahrhundert vereinzelt als Terminus eigener Art im wissenschaftlichen Diskurs Erwähnung findet. PITMAN B. POTTER, einer der wenigen Autoren, die sich mit der Begriffsgeschichte näher befaßt haben, meint JAMES LORIMER als Wortschöpfer identifizieren zu können.[60] LORIMER, ein schottischer Rechtsgelehrter, sprach bereits 1871 von „deux siècles d'insuccès dans nos efforts d'organisation internationale"[61] und entwickelte daran anknüpfend seine Idee von einem internationalen Kongreß in Genf, ausgestattet mit der Entscheidungsbefugnis über das Recht der staatliche Kriegsführung.[62]

---

[58] YBIO 37 (2000/2001), Bd. 1b, S. 2406 (Typen A-G).

[59] 116 zwischenstaatliche Internationale Organisationen und 1073 nicht kommerzielle private Vereinigungen: YBIO (Fn. 58), S. 2407 (Typen A-G).

[60] P. B. POTTER, Origin of the Term International Organization, AJIL 39 (1945), S. 803, 805.

[61] J. LORIMER, Proposition d'un congrès international, basé sur le principe de facto, RDILC Bd. III (1871), S. 1, 4.

[62] LORIMER (Fn. 61), S. 10: „VIII. - Les représentants de tout État qui ferait la guerre sans la sanction du Congrès, seraient exclus de sa réunion suivante et la conduite de cet État serait jugée en l'absence de ses représentants (...) par le Congrès." Zum Werk Lorimers s. J. TER MEULEN, Der Gedanke der Internationalen Organisation in seiner Entwicklung, Bd. 2, Zweites Stück; 1867-1889, 1940, S. 207 ff.

In seiner historischen Verwendung steht die Wendung „internationale Organisation" bis in die Zeit des Völkerbundes regelmäßig für „Ordnung der internationalen Verhältnisse".[63] Diese Ordnung konnte in verschiedenen Organisationsformen privater oder zwischenstaatlicher Natur zum Ausdruck kommen.[64] Zwischenstaatliche Einrichtungen wurden gemeinhin unter dem Oberbegriff „Staatenverbindungen"[65] erörtert, oftmals auch als gemeinsame[66] bzw. kollektive[67] Organe bezeichnet. GEORG JELLINEK teilte 1882 die Staatenverbindungen in zwei Gattungen ein: die nichtorganisierten Bündnisse, in denen der Wille der kontrahierenden Staaten getrennt in Erscheinung trete, und die organisierten Bündnisse. Letztgenannte seien mit einem Organ ausgestattet, „in welchem der gemeinsame Wille als ein geeinigter zum Ausdruck kommen soll."[68] Zu den durch völkerrechtlichen Vertrag geschaffenen „bleibenden internationalen Institutionen" – der Begriff der „Internationalen Organisation" fällt in diesem Zusammenhang nicht – zählt JELLINEK u.a. die internationalen Verwaltungsunionen: „Hier auf dem Gebiet der Verwaltung entwickelt sich in Folge der immer steigenden Solidarität der Staaten mit zwingender Kraft eine Organisation, welche nicht mehr auf dem Willen und der Kraft des Einzelstaates, sondern auf dem der Gemeinschaft beruht."[69]

Vor allem im deutschsprachigen Raum erfreute sich die Wendung „internationale Organisation" im beginnenden 20. Jahrhundert wachsender Popularität. So änderte 1909 die Zeitschrift „Friedens-Warte" ihren Untertitel in „Blätter für

---

[63] Vgl. z.B. P. OTLET, Les Associations internationales. Leur rôle dans l'organisation internationale, Annuaire de la vie internationale, 2nde série, Bd. 1, 1908 – 1909, S. 29.

[64] In der französischen Literatur oft als „associations internationales" bezeichnet, vgl. OTLET (Fn. 63); M. N. POLITIS, Condition juridique des associations internationales, AIDI 30 (1923), S. 97 ff.

[65] J. L. KUNZ, Die Staatenverbindungen, in: Stier-Somlo, Handbuch des Völkerrechts, 1929, S. 378.

[66] Die sog. Lehre von den „gemeinsamen Organen" („organes communs", „organi comuni") rechnet die Willensäußerung der Organe von Staatenverbindungen jedem einzelnen Mitgliedstaat zu: D. ANZILOTTI, Gli organi comuni nelle società di Stati, RDirI 1914, S. 156 ff.; A. CAVAGLIERI, Lezioni di Diritto Internazionale, 1925, S. 246 f.

[67] Von ANZILOTTI im Anschluß an die „Lehre von den gemeinsamen Organen" weiterentwickelt zur „Lehre von den Kollektivorganen": Die Willensäußerung der Kollektivorgane sollte zwar den einzelnen Mitgliedstaaten zugerechnet werden; den Kollektivorganen konnte aber im Gegensatz zu den internationalen Konferenzen dennoch Völkerrechtspersönlichkeit zukommen. D. ANZILOTTI, Lehrbuch des Völkerrechts, Bd. 1 (dt. Übersetzung) 1929, S. 212 ff., 243 f.

[68] G. JELLINEK, Die Lehre von den Staatenverbindungen, 1882, S. 108.

[69] JELLINEK (Fn. 68), S. 110. Zu den von JELLINEK angesprochenen Verwaltungsunionen zählen z.B.die Internationale Fernmeldeunion von 1847 oder Weltpostverein von 1865.

internationale Verständigung und *für zwischenstaatliche Organisation*".[70] Allein, die Etablierung des Begriffs führte noch nicht dazu, daß sich die Mehrzahl der deutschen Autoren abstrakt mit den konstitutiven Merkmalen einer „Internationalen Organisation" auseinander gesetzt hätten.[71] Organisatorisch verselbständigte, universelle Organe mit einem allgemein-politischen, friedenssichernden Auftrag und eigenem Willen waren noch Vision, z.B. von JAMES LORIMER oder JOHANN CASPAR BLUNTSCHLI[72]. Die existenten internationalen Gebilde – die grenzüberschreitenden Verbände Privater[73], die zwischenstaatlichen Verwaltungsunionen[74], die Flußkommissionen von Rhein, Donau, Oder und Elbe[75] sowie diverse politische Staatenbünde[76] – wurden weniger aus dem Blickwinkel eines rechtlich determinierten Topos „Internationale Organisation" betrachtet, als unter dem speziellen Problemkreis einer etwaigen Völkerrechtssubjektivität erörtert.[77] Den Durchbruch erlangte der Begriff „Internationale Organisation" als *terminus technicus* für internationale Zusammenschlüsse erst mit der Gründung des Völkerbundes. Ausgangspunkt war die Verfahrensordnung des StIGH, in der es in Art. 74 hieß:

> Art. 74: „Advisory opinions shall be read in open Court, notice having been given to the representatives (...) of international organizations immediately concerned." [78]

Es war der italienische Völkerrechter ANZILOTTI, Präsident des StIGH, der sich mit der Terminologie der Verfahrensregel unzufrieden zeigte. Der Begriff „international organization" sei – so ANZILOTTI – eine unglückliche Bezeich-

---

70 Hervorhebung durch Verf.

71 In der französischsprachigen Literatur s. aber OTLET (Fn. 63), S. 37 ff.; POLITIS (Fn. 64), S. 97 ff.

72 J. C. BLUNTSCHLI, Die Organisation des europäischen Staatenvereins, Gesammelte kleine Schriften, 1879-1881, Bd. II, S. 299 ff.

73 S. hierzu die Beispiele bei W. KAUFMANN, Moderne nicht-staatliche internationale Verbände und Kongresse und das internationale Recht, Zeitschrift für Völkerrecht und Bundesstaatsrecht, Bd. 2 (1908), S. 419, 427 ff.

74 P. S. REINSCH, Public international Unions, 1906, passim.

75 S. hierzu P. SCHOEN, Zur Lehre von den Subjekten des Völkerrechts, ZfV 23 (1939), S. 411, 431 ff.

76 Vor allem der deutsche Zollverein, der Rheinbund und der Deutsche Bund.

77 M. L. v. BAR, Condition Juridique des Associations Internationales, AIDI 25 (1913), S. 466 ff.; SCHOEN (Fn. 75), S. 411 m.w.N.; z.B. war Rechtssubjektivität der Europäischen Donaukommissionen in der Wissenschaft allgemein anerkannt, teils mit Hinweis auf ihren territorialen Charakter (F. v. HOLTZENDORFF, Les Droits riverains de la Roumanie sur le Danube, 1884, S. 107), teils mit Hinweis auf die durch die Gründungsverträge zugewiesenen völkerrechtlichen Rechte und Pflichten, SCHOEN (Fn. 75), S. 432.

78 Rules of Court, adopted on March 24th 1922, revised on July 31st 1926 and amended on September 7th 1927 and February 21th 1931, Series D. No. 1, 2nd ed. (1931), S. 48.

nung („malheureuse expression“), die lediglich gewählt worden sei, um die direkte Bezugnahme auf das International Labour Office (ILO) zu vermeiden.[79] Seine Bemühungen, dem Begriff allgemeingültige Konturen zu verleihen, stellt ANZILOTTI allerdings frühzeitig mangels praktischer Relevanz ein.[80] Da die Kontaktaufnahme mit den „internationalen Organisationen“ auf der Intitiative des StIGH beruhte, konnte es kraft freien Ermessens entscheiden, wem die Qualität einer Internationalen Organisation i.S.d. Art. 74 zukommen sollte. In der Praxis maß der StIGH nur dem Adjektiv „international“ Bedeutung zu. Organisationen mit rein nationalem Charakter waren von den Informations- und Teilnahmerechten ausgeschlossen, während zwischenstaatliche Organisationen und nicht-staatliche internationale Organisationen unter Art. 74 subsumiert wurden.[81]

2. Zwischenstaatliche und nicht-staatliche Organisationen

Der Begriff „Internationale Organisation“ wird bis heute je nach den praktischen Bedürfnissen des Einzelfalls in der internationalen Rechtsordnung flexibel eingesetzt. Im Rahmen der rein politischen Beziehungspflege geht die Sprache der völkerrechtlichen Verträge teilweise von einem weiten, allumfassenden Begriff der Internationalen Organisation aus. So verpflichtet Art. 302 Abs. 2 EGV die EG-Kommission, zweckdienliche Beziehungen „zu allen internationalen Organisationen“ zu unterhalten, ohne damit internationale Konferenzen oder nichtstaatliche internationale Organisationen (auch: Nichtregierungsorganisationen, im folgenden kurz: NGO) aus dem Geflecht internationaler Kontakte auszugrenzen.[82] Verdichtet sich die Beziehungspflege zu Internationalen Organisationen hingegen zu einem konkreten völkervertraglichen Rechtsverhältnis, dann verengt sich der Begriff der Internationalen Organisation ausnahmslos auf zwischenstaatliche Zusammenschlüsse. In diesem Kontext gewinnt die definitorische Unterscheidung zwischen den zwischenstaatlichen Internationalen

---

[79] StIGH, Serie D, Acts and Documents concerning the Organization of the Court, Addendum to No. 2, (1926), S. 290; s. hierzu M. O. HUDSON, The Permanent Court of International Justice, 1943, S. 400.

[80] HUDSON (Fn. 79), S. 400.

[81] StIGH, Series C, No. 1 (1922), First Public Sitting on June 15th, 1922, S. 5 und S. 449 (Document No. 16); z.B. International Organization of Industrial Employers; International Federation of Trade Union; Art. 74 der Verfahrensordnung (Rules of the Court) wurde 1936 im Rahmen einer Revision gestrichen und in Art. 66, 67 des Statuts des StIGH integriert; StIGH Serie D, No. 1, 4th ed. (1940), S. 27 f.

[82] K. SCHMALENBACH, in: Calliess/Ruffert, EUV/EGV, Art. 302, Rn. 4. Siehe aber auch Art. 57 UN-Charta, Art. 69 Abs. 4 Verfahrensordnung des IGH.

Organisationen[83] und den NGOs an Bedeutung. In Art. 2 Abs. 1 lit. i der Wiener Vertragsrechtskonvention (WVRK) vom 23. Mai 1969 heißt es hierzu lakonisch:

> Art. 2 (1) lit. i: „For the purpose of the present Convention (...)
> i) international organization means an intergovernmental organization."[84]

Mit dem Begriff „intergovernmental organization" verbindet die WVRK den völkerrechtlichen Vertrag als Gründungsakt und konstitutionelle „Verfassung" der zwischenstaatlichen Internationalen Organisation (Art. 4 WVRK; vgl. auch Art. 57 UN-Charta[85]). In konsequenter Abgrenzung definiert der Economic and Social Council der UN im Wege des Umkehrschlusses die Nichtregierungsorganisationen:

> „Any international organization which is not established by international agreement shall be considered as a non-governmental organization for the purpose of these agreements."[86]

Mit dieser Definition ist das Wesen der NGOs allerdings keineswegs abschließend beschrieben.[87] Die Zahl und Variationsbreite der wissenschaftlichen Versuche, sich qua definitionem der NGO zu nähern, verhält sich proportional zur steigenden Anzahl der international aktiven NGOs. Für den hier verfolgten Zweck reicht der Verweis auf den völkervertraglichen Gründungsakt als entscheidendes Abgrenzungskriterium zur zwischenstaatlichen internationalen Organisation. Im Anschluß an den internationalen Sprachgebrauch wird im Rahmen dieser Untersuchung die zwischenstaatliche Internationale Organisation verkürzt mit dem Begriff „Internationale Organisation" bezeichnet.

---

[83] Z.T. im deutschen Sprachraum auch öffentliche internationale Organisationen oder völkerrechtliche internationale Organisationen genannt; engl.: public international organizations (vgl. Art. 34 IGH-Statut; Art. 69 Abs. 4 Verfahrensordnung des IGH) bzw. intergovernmental organizations (vgl. Art. 2 WVRK).

[84] BGBl. 1985 II, S. 926 ff.; wortgleich auch Art. 2 der WVRKIO vom 21. März 1986, BGBl. 1990 II, S. 1413 ff.; Art. 1 der Anlage IX der UN-Seerechtskonvention vom 10. Dezember 1982, BGBl. 1994 II, S. 1798 ff.

[85] Art. 57 UN-Charta bezieht sich auf „(...) specialised agencies, established by intergovernmental agreement (...)" im Sinne von funktional spezialisierten zwischenstaatlichen Organisationen. Die Erwähnung des Elements des völkerrechtlichen Gründungsvertrages dient auch hier vor allem der Abgrenzung zu NGOs; vgl. W. MENG, in: Simma (Hrsg.), The Charter of the United Nations, Bd. 2, 2002, Art. 57, Rn. 1.

[86] ECOSOC Resolution 288 B (X) vom 27. Februar 1950; erweitert durch ECOSOC Res. 1296 (XLIV) vom 23. Mai 1968.

[87] ST. HOBE, Der Rechtsstatus der Nichtregierungsorganisationen nach gegenwärtigem Völkerrecht, AVR 37 (1999), S. 152, 153 ff.; M. HEMPEL, Die Völkerrechtssubjektivität internationaler nichtstaatlicher Organisationen, 1999, S. 19 ff.

Teil 2: Grundlagen des Haftungsrechts

A. Rechtsnatur Internationaler Organisationen

Dem bunten Strauß an Formen zwischenstaatlicher Kooperation und Koordination nähert sich die Wissenschaft regelmäßig im Wege der Klassifizierung.[1] EL-ERIAN, Berichterstatter der ILC von 1962 bis 1971 für das Kodifikationsvorhaben „Relations between States and inter-governmental Organizations", teilt die Internationalen Organisationen im wesentlichen in folgende Kategorien ein: universelle und regionale, offene und geschlossene, generelle und spezielle, politische und technische, internationale und supranationale Organisationen.[2] Diese keineswegs abschließende Typologie mag ihre Stütze im empirischen Befund des internationalen Lebens finden; sie enthält allerdings keine Aussage darüber, welche Wesensmerkmale die Internationale Organisation erfüllen muß, um als solche bezeichnet werden zu können.

Trotz zahlreicher Bemühungen in Wissenschaft[3] und Praxis[4] gibt es bis heute keine anerkannte Definition der Internationalen Organisation, auch wenn sich die verschiedenen Ansätze gerade in der jüngeren Literatur im wesentlichen angenähert haben.[5] An dieser Stelle soll nicht der Versuch unternommen werden, eine weitere „allgemeingültige" Definition dem wissenschaftlichen Meinungsspektrum hinzuzufügen. Für den hier verfolgten Untersuchungszweck genügt es, sich mit den konstitutiven Charakteristika der Internationalen Organisation aus-

---

1 R. AGO, Communauté internationale et organisation internationale, in: Dupuy, A Handbook on International Organizations, 1988, S. 3, 14 ff.

2 A. EL-ERIAN, (ILC Special Rapporteur), First Report on Relations between States and Inter-Governmental Organizations, YILC 1963 II, S.167, Rn. 61 ff.

3 Statt vieler: M. VIRALLY, Definition and classification: a legal approach, International Social Science Journal 29 (1977), S. 58, 59 ff.; H. SCHIEDERMAIR, Staatenintegration, in: Staatslexikon, 1970, S. 294 („integrierte Staatenverbindungen").

4 Hier vor allem die Definitionsbemühungen der ILC: G. G. FITZMAURICE (ILC Special Rapporteur), Law of Treaties, YILC 1956 II, S. 108 [Art. 3]; EL ERIAN (Fn. 2), Rn. 60.

5 Zu den Definitionsbemühungen der älteren Literatur vgl. EL ERIAN (Fn. 2), Rn. 38 ff.

einanderzusetzen, die für ihre rechtliche Verantwortlichkeit und Haftung von zentraler Bedeutung sind. Die konstitutiven Elemente der Internationalen Organisation haben die französischen Rechtswissenschaftler REUTER und CAMBACAU auf die griffige Formel gebracht[6]:

> „Une organisation internationale est un être créé par traité entre plusieurs Etats pour gérer leur coopération dans un certain domaine, et doté d'organes propres chargés de mener une action autonome."

I. Völkerrechtlicher Gründungsakt

Der völkerrechtliche Vertrag bildet die bereits angesprochene[7] konstitutionelle Basis einer Internationalen Organisation, oftmals als ihre „Verfassung" bezeichnet.[8] Die formalen Anforderungen an den Gründungsvertrag und den Kreis der zulässigen Gründungsmitglieder dürfen allerdings im Lichte der Entwicklung des Völkerrechts nicht überspannt werden. Verfehlt wäre es also, einen zwischen*staatlichen* Vertrag zu verlangen. In diesem Zusammenhang sei darauf verwiesen, daß die EG stimmberechtigtes Gründungsmitglied der WTO ist, ohne daß dies der internationalen Anerkennung der WTO als Internationale Organisation im Wege gestanden hätte. In der Literatur wird deshalb das Kriterium des zwischenstaatlichen Vertrages dahingehend modifiziert, daß der Gründungsvertrag hauptsächlich, aber nicht ausschließlich von Staaten geschlossen werden muß.[9] Ob die Entwicklung des Völkerrechts bei dieser akademisch anmutenden Grenzziehung stehen bleibt, ist durchaus fraglich.

Die völkerrechtliche Willenseinigung, die regelmäßig aber nicht zwingend durch förmlichen Vertragsschluß erfolgt,[10] impliziert eine gemeinsame Interessenlage und den Kooperationswillen der Parteien; darin unterschieden sich die Gründungsurkunden Internationaler Organisationen nicht von sonstigen

---

6 P. REUTER/J. COMBACAU, Institutions et Relations Internationales, 1988, S. 278.

7 Siehe S. 49 f.

8 Statt vieler: H. MOSLER, Die Erweiterung des Kreises der Völkerrechtssubjekte, ZaöRV 22 (1962), S. 1, 36.

9 L. DÍAZ GONZÁLES (ILC Special Rapporteur), 2nd Report on Relations between States and International Organizations, YILC 1985 II/1, S. 106, Rn. 25 mit Verweis auf YILC 1974 II/1, S. 295, Rn. 7; AMERICAN LAW INSTITUTE, Restatement of the Law Third, The Foreign Relations Law of the United States, Bd. 1, § 221, S. 134; ohne Angaben einer Gewichtung EPPING, in: Ipsen (Hrsg.), Völkerrecht, 1999, § 6, Rn. 3.

10 Beispiel für eine konkludente Willenseinigung ist die Gründung des Nordic Council, s. hierzu A. BERG, Nordic Council, in: EPIL Bd. 3, S. 639 ff.

völkerrechtlichen Verträgen. Für das Wesen der Internationalen Organisation ist vielmehr entscheidend, daß die Vertragsparteien zur Erreichung ihrer gemeinsamen Ziele eine Rechtsperson kreieren wollen, die sich von derjenigen der Mitgliedstaaten unterscheidet.[11] Dazu bedarf es der Einsetzung zumindest eines Organs, das die Handlungsfähigkeit dieser neuen Rechtsperson zum Zwecke der Aufgabenerfüllung herstellt.

II. Organ und seine Aufgaben

Allein, die Etablierung eines Organs schafft noch keine Internationale Organisation. Eine Reihe von völkerrechtlichen Verträgen, z.B. die Assoziierungsabkommen der EG[12], setzen Organe ein, durch die die Vertragsparteien gemeinsam und einvernehmlich handeln. Die rechtlich verbindlichen Beschlüsse dieser „Vertragsorgane“[13] sind nach ihrer Rechtsnatur nichts weiter als fortlaufende völkerrechtliche Übereinkünfte zwischen den Vertragsparteien.[14] Entscheidend ist daher, daß das Organ nach dem Gründungsvertrag kompetent ist, rechtlich *unabhängig*, d.h. von dem Willen der Mitgliedstaaten losgelöst, im Rahmen der zugewiesenen Aufgaben tätig zu werden.[15] Dieser eigene Organwille darf nicht nur der Bewältigung rein technischer Verwaltungstätigkeit dienen,[16] sondern muß mit der Verwirklichung der materiellen Vertragsziele im Beziehung stehen. Die zur eigenständigen Wahrnehmung übertragenen Aufgaben können im politischen, technischen, administrativen oder justiziellen[17] Bereich anzusiedeln sein.

---

[11] AL-QAYSI (Mitglied der ILC), 2179th meeting, 22, Juni 1990, YILC 1990 I, S. 222, Rn. 15.

[12] Z.B. das Assoziierungsabkommen EG-Türkei vom 12. September 1963, ABl.EG 1964 Nr. L 217/3685.

[13] „Vertragsorgane“ (Treaty Organs) können allerdings auch durch internationalen Vertrag eingesetzt und einer dritten Internationalen Organisation organisatorisch angegliedert werden; in diesem Fall treten sie als Organe dieser Internationalen Organisation rechtlich in Erscheinung, s. hierzu H. G. SCHERMERS/N. M. BLOKKER, International Institutional Law, 1995, § 387.

[14] K. SCHMALENBACH, in: Calliess/Ruffert (Hrsg.), EUV/EGV, Art. 310, Rn. 26.

[15] Auf Basis des fehlenden eigenen Willens vereinte der IGH die Völkerrechtspersönlichkeit des „Administrating Authority for Nauru“, Certain Phosphate Lands in Nauru (Nauru v. Australia), Preliminary Objections, I.C.J. Reports 1992, S. 240, 258, Rn. 47.

[16] Kein Organ einer Internationalen Organisation ist daher das KSZE-Sekretariat, vgl. das Zusatzdokument zur Durchführung der Charta von Paris vom 21. November 1990; abgedr. in: U. FASTENRATH, Dokumente der Konferenz über Sicherheit und Zusammenarbeit in Europa, A. 3, S. 3.

[17] Aus diesem Grunde fallen auch internationale (Schieds-) Gerichte in den definitorischen Rahmen der Internationalen Organisation, G. PERRIN, Les Privilèges et

Soweit die autonome erwerbswirtschaftliche Betätigung zur Erreichung des Vertragszieles notwendig ist, sind diese „zwischenstaatlichen Unternehmen" immer zugleich Internationale Organisationen, wenn das Vertragsziel nach dem Willen der Gründungsmitglieder primär einem internationalen öffentlichen Zweck dient.[18]

Wann ein Organ bei der Aufgabenwahrnehmung lediglich den übereinstimmenden Willen der einzelnen Mitgliedstaaten zum Ausdruck bringt, und wann der Organbeschluß den selbständigen Willen der Organisation repräsentiert, läßt sich oft nur schwer dem Wortlaut der konstituierenden Verträge entnehmen. Im Rahmen des Interpretationskanons der Art.31, 32 i.V.m. Art. 5 der Wiener Vertragsrechtskonvention wird hier besonders auf den Willen der Mitgliedstaaten zu achten sein, auch wenn er nur im Rahmen der travaux préparatoires, durch vertragsschlußbegleitende gemeinsame Erklärungen[19] und im Wege der nachfolgenden konsensualen Praxis zum Ausdruck kommt.[20] Eine Analyse des Materials ergibt hier nicht selten, daß eine Vielzahl nomineller „Internationaler Organisationen" nichts weiter sind als Vehikel zwischenstaatlicher Kooperation. Dagegen bestehen keine Zweifel an dem eigenen, von den Mitgliedstaaten losgelösten Willen der Organisation, wenn eine Organbefugnis zur Beschlußfassung nach dem Mehrheitsprinzip besteht.[21] Freilich wird man Internationalen Organisationen, deren Organe nach dem Konsensprinzip entscheiden, nicht per se den eigenen Willen absprechen können.[22] In diesen Fällen kann als Indiz für einen organisationseigenen Willen die Aufnahme von selbständigen Außenbeziehungen dienen. Allerdings lassen Drittstaaten gerade in juristischen Zweifels-

---

Immunités des Représentants des États auprès des Organisations Internationales, RGDIP 60 (1956), S. 195; für das Iran-US Claims Tribunal s. die Auskunft des Außenministers der Niederlande vom 28.10.1982, NYIL 15 (1984), S. 356 und die sich darauf beziehende Entscheidung des Hoge Raad (Niederlande), A.S. v. Iran-US Claims Tribunal, 20.12.1985, ILR 94 (1994), S. 327 ff.

[18] So das Schweizerische Bundesgericht in bezug auf die Rechtsnatur der Eurofirma: Italian Republic v. Beta Holding SA, 22. Juni 1966, ILM 65 (1984), S. 394, 403; a. A. J. A. BARBERIS, Nouvelles Questions concernant la personnalité juridique internationale, RdC 179 (1983-I), S. 145, 234; zur Abgrenzung s. auch I. SEIDL-HOHENVELDERN, Gemeinsame zwischenstaatliche Unternehmen, FS Aubin, 1979, S. 193 ff.

[19] Z.B. für die der Rechtspersönlichkeit der Europäischen Union siehe die mitgliedstaatliche „Erklärung zu den Artikeln J.14 und K.10 des Vertrags über die Europäische Union" (nach neuer Zählung Art. 24 und Art. 38 EUV).

[20] Zur Bedeutung der späteren Praxis als Auslegungsfaktor s. W. KARL, Vertrag und spätere Praxis im Völkerrecht, 1983, S. 123 ff.

[21] Note du Département politique fédéral (23. November 1977), abgedr. in: L. CAFLISCH, La Pratique Suisse, SZIER 34 (1978), S. 46, 93 (D).

[22] Beispielsweise entscheiden die NATO-Organe einstimmig, s. hierzu S. 540 ff.

fällen bei der Kontaktaufnahme Vorsicht walten, um nicht den entgegengesetzten Willen der Vertragsstaaten zu konterkarieren. Ein anschauliches Beispiel geben die Verhandlungen des Generaldirektors des GATT'47 mit der Schweiz über den Abschluß eines Sitzabkommens. Der Vertragsschluß wurde von der Schweiz auf Basis rechtlicher Überlegungen abgelehnt, die vor allem vor dem Hintergrund diplomatischer Erwägungen verständlich werden: „(...) le GATT est devenu en fait, une organisation internationale de caractère rudimentaire, grâce à la création d'organes, et notamment d'un secrétariat permanent. En droit cependant, le GATT n'a pas encore acquis une réalité distincte, détachée de celle des Etats, et ne possède pas de volonté juridique propre.“[23]

III. Völkerrechtssubjektivität

1. Objektive Voraussetzungen der Völkerrechtssubjektivität

a) Kompetenzen im Innen- und/oder Außenverhältnis

Da es zum Charakteristikum der Internationalen Organisationen gehört, gemäß ihrem völkerrechtlichen Gründungsvertrag die zugewiesenen Aufgaben eigenständig wahrzunehmen,[24] liegt die Annahme nahe, die *Völkerrechtssubjektivität* als ein konstitutives und unverzichtbares Wesenselement der Internationalen Organisation zu werten. Denn die völkervertragliche Aufgabenzuweisung bedeutet nichts weiter als die Zuweisung von völkerrechtlichen Rechten und Pflichten gegenüber den Mitgliedstaaten. Dies wiederum führt zwangsläufig zur Völkerrechtssubjektivität, die als Fähigkeit verstanden wird, Träger von völkerrechtlichen Rechten und/oder Pflichten zu sein.[25] Für das Attribut der Völkerrechtssubjektivität ist dabei unerheblich, wie viele Rechte oder Pflichten die Internationale Organisation konkret besitzt.[26] Völkerrechtssubjektivität verlangt nicht Quantität, sondern Qualität der zugewiesenen Rechte und Pflichten. In qualitativer Hinsicht ist für die Völkerrechtssubjektivität erforderlich, daß sich die Rechte und/oder Pflichten der Internationalen Organisation aus der Völkerrechtsordnung ergeben, diese also nicht aus-

---

[23] Note du Département politique fédéral (18. April 1977), abgedr. in: CAFLISCH (Fn. 21), S. 83, 86.

[24] Siehe S. 53 ff.

[25] EPPING, in: Ipsen (Hrsg.) Völkerrecht, 1999, Vor § 4; K. HAILBRONNER, in: Vitzthum, Völkerrecht, 1997, 3. Abschnitt, Rn. 2.

[26] Offen gehalten: YILC 1974 II/1, S. 295.

schließlich dem nationalen Recht eines Gründerstaates unterstellt ist.[27] Ob darüber hinaus das Qualitätsmerkmal „Kompetenz im Außenverhältnis" ein konstitutives Merkmal der Völkerrechtssubjektivität einer Internationalen Organisation darstellt, ist umstritten. Kann ein zwischenstaatliches Gebilde ein Völkerrechtssubjekt sein, wenn es seinen Willen nicht nach außen vertreten darf? In der Literatur wird diese Frage oft negativ beschieden. Entscheidend für die Völkerrechtssubjektivität soll die durch den völkerrechtlichen Vertrag verliehene Fähigkeit der Organisation sein, als selbständiges, internationales Handlungssubjekt im völkerrechtlichen Verkehr für und anstelle ihrer Mitglieder in Erscheinung zu treten.[28] Die Betonung der Außenbeziehungen (Vertragsschlußkompetenz, aktives und passives Gesandtschaftsrecht) findet ihre Stütze in der Staatenpraxis. Dort lassen sich einige Beispiele finden, in denen die Völkerrechtspersönlichkeit einer Organisation von den Vertragsparteien mit der Begründung verneint wird, die Organisation besitze nicht die Fähigkeit, nach außen aufzutreten. So formulierte die Regierung Österreichs vor der ILC prägnant: „An international organization lacking the capacity to conclude treaties would not be a subject of international law."[29] Auf diesen Standpunkt stellten sich auch die Gründerstaaten der Benelux-Union. Deren Völkerrechtssubjektivität verneinten sie mit der Begründung, im Verhältnis zu Drittstaaten müßten die Beschlüsse der Union als übereinstimmende Beschlüsse der Mitgliedstaaten vertreten werden (Art. 10 des Gründungsvertrages der Benelux-Union.).[30] Die Vertragsparteien der EGV haben diesen Rechtsstandpunkt respektiert und in Art. 306 EGV lediglich von „den regionalen Zusammenschlüssen zwischen (...)

---

[27] Zum Sonderfall der durch völkerrechtlichen Vertrag gegründeten, privatrechtlich organisierten internationalen Unternehmung s. I. SEIDL-HOHENVELDERN/G. LOIBL, Das Recht der Internationalen Organsationen, 2000, Rn. 0335 ff.

[28] Die Literatur bezieht oft nur indirekt Stellung; die Notwendigkeit der Eigenständigkeit in den Außenbeziehungen bejahen W. BENEDEK, Die Rechtsnatur des GATT aus völkerrechtlicher Sicht, 1990, S. 251; W. J. FELD/R. S. JORDAN, International Organizations, 1988, S. 8 f.; G. FITZMAURICE (ILC Special Rapporteur), Law of Treaties, S. 108; D. VIGNES, L'absence de personnalité juridique de l'Union européenne: Amsterdam persiste et signe, FS Seidl-Hohenveldern, 1998, S. 757, 768 f.; J. W. WICHARD, in: Calliess/Ruffert (Hrsg.), EUV/EGV, Art. 1 EGV, Rn. 6. Völkerrechtssubjektivität im Innenverhältnis bejahend: C. EAGLETON, International Organizations and the Law of Responsibility, RdC 1950-I. S. 323, 329; H. F. KÖCK/P. FISCHER, Grundzüge des Rechts der Internationalen Organisationen, 1981, S. 387; CH. HILLGRUBER, Die Rechtsnatur der Europäischen Union nach dem Amsterdamer Vertrag, in: Kluth, Die Europäische Union nach dem Amsterdamer Vertrag, 2000, S. 15, 21.

[29] Abgedr. in: YILC 1966 II, S. 281.

[30] Stellungnahme der Regierungen, abgedr. in: A. BLECKMANN, Die Benelux-Wirtschaftsunion, ZaöRV 22 (1962), S. 239, 293, dort Fn. 324; SEIDL-HOHENVELDERN/LOIBL (Fn. 27), Rn. 0111.

Belgien, Luxemburg und den Niederlanden" gesprochen. Jüngstes Beispiel für die Bedeutung der Völkerrechtsfähigkeit einer Organisation nach außen ist die Europäische Union (EU) . Auch hier waren die Mitgliedstaaten nach dem Gründungsvertrag von Maastricht darauf bedacht, die Völkerrechtspersönlichkeit der EU zu verneinen; die britische Regierung begründete diese Haltung mit der fehlenden Kompetenz im Außenverhältnis: „... it (EU) may not, for example, enter into legal obligations, or send or receive legations".[31]

Die Rechtsauffassung des Vereinigten Königreichs aus dem Jahr 1996 steht in einer gewissen Kontinuität zu der Position, die der Staat Jahre zuvor vor dem IGH im Reparation-for-injuries-Fall vertreten hatte. Der IGH mußte sich 1949 auf Initiative der UN-Generalversammlung mit der Frage auseinandersetzen, ob Schädigungen des UN-Personals die Vereinten Nationen dazu berechtigten, internationale Schadensersatzansprüche gegen den verantwortlichen Staat zu erheben. Damit war zwangsläufig auch die Frage nach der Völkerrechtssubjektivität der Vereinten Nationen gestellt. In dem Verfahren vor dem IGH bejahte das Vereinigte Königreich die Völkerrechtspersönlichkeit der Vereinten Nationen mit Hinweis auf ihre Kompetenzen im Verhältnis zu den Mitgliedstaaten (Art. 43 UN-Charta), aber auch im Verhältnis zu Nichtmitgliedern (Art. 62 und Art. 81 UN-Charta).[32] Der IGH greift dagegen in seinem Gutachten lediglich den erstgenannten Aspekt zur Begründung der Völkerrechtssubjektivität der Vereinten Nationen auf: „In order to answer this question, the Court must first enquire whether the Charter has given the Organization such a position that it possesses, *in regard to its Members*, rights which it is entitled to ask them to respect. In other words, does the Organization possess *international personality*?"[33] Dem Gericht bereitet es im folgenden kaum Probleme, eine Vielzahl von Kompetenzen und Rechte der Organisation gegenüber den Mitgliedstaaten nachzuweisen und daraus zu schließen: „Accordingly, the Court has come to the conclusion that the Organization is an international person."[34] Mit etwas mehr Begründungsaufwand bejaht der IGH in einem zweiten Schritt die spezielle Kompetenz der Vereinten Nationen, Schäden *seiner Organwalter* gegenüber dem schädigenden Mitgliedstaat geltend zu machen. In diesem Zusammenhang

---

[31] Weißbuch der britischen Regierung zur Regierungskonferenz „A Partnership of Nations", 1996, S. 4, zitiert nach: Ch. HILLGRUBER, Das Verhältnis der Europäischen Gemeinschaft und der Europäischen Union zu ihren Mitgliedstaaten, AVR 34 (1996), S 347, 354 dort Fn. 27.

[32] Reparations for injuries suffered in the service of the United Nations, Oral Agreements, Documents, Pleadings, I.C.J. Reports 1949, S. 29.

[33] Reparation for injuries suffered in the service of the United Nations, Advisory Opinion, April 11th, 1949, I.C.J. Reports 1949, S. 174, 178 (Hervorhebung hier).

[34] IGH (Fn. 33), S. 179.

kommt das Gericht auf die „implied powers" der Vereinten Nationen zu sprechen, also auf ihre ungeschriebenen Befugnisse, die notwendige Voraussetzung zur Erfüllung zugewiesener Aufgaben sind.[35] In einem dritten und letzten Schritt klärt das internationale Gericht schließlich die Rechte der Vereinten Nationen im Außenverhältnis, also gegenüber Nichtmitgliedern.[36]

Der differenzierte Umgang des IGH bei der Herleitung der „international personality" überzeugt. Die Völkerrechtssubjektivität einer Internationalen Organisation entsteht zuvörderst im Innenverhältnis gegenüber den Mitgliedstaaten, und zwar im Zeitpunkt ihrer völkerrechtlichen Gründung. Mit diesem Befund ist aber noch keine Aussage darüber getroffen, ob die Internationale Organisation auch Rechtssubjekt im Außenverhältnis ist. Hier ist zu unterscheiden zwischen der bloßen satzungsgemäßen *Fähigkeit* der Organisation, Träger von Rechten und/oder Pflichten im Außenverhältnis zu werden, der *Anerkennung* dieser Fähigkeit durch dritte Völkerrechtssubjekte und der tatsächlichen *Zuordnung* von Rechten und Pflichten im Außenverhältnis im Konsens mit den Dritten. Die von der Literatur und von einzelnen Staaten für die Völkerrechtssubjektivität geforderte Fähigkeit, auch im Außenverhältnis Träger von Rechten und Pflichten zu ein, findet keine Stütze im IGH-Diktum. Es besteht im übrigen auch keine rechtliche Notwendigkeit, die Völkerrechtssubjektivität einer Internationalen Organisation an das Vorhandensein von Außenkompetenz zu knüpfen. Dies gilt zumindest dann, wenn eine nach dem Gründungsvertrag auf das Innenverhältnis beschränkte Völkerrechtssubjektivität auch in der späteren Praxis auf die Rechtsbeziehungen zu den Mitgliedstaaten beschränkt bleibt.

b) Basic Capacity-Lehre

Der Befund, daß die Völkerrechtspersönlichkeit einer Internationalen Organisation mit der Zuweisung von eigenen Aufgaben im Verhältnis zu den Mitgliedstaaten entsteht, ist unproblematisch, ja geradezu unspektakulär, solange dem Begriff der Völkerrechtspersönlichkeit kein juristisches Eigenleben zugestanden wird. In der völkerrechtlichen Literatur und in der Praxis gibt es allerdings die Tendenz, dem Attribut der Völkerrechtspersönlichkeit eine „Mindestausstattung" von völkerrechtlichen Rechten gerade im Außenverhältnis zuzuschreiben, insbesondere das Vertragsschlußrecht und das Gesandtschaftsrecht (sog. basic capacity-Lehre).[37] Auch die britische Regierung hat sich im Rahmen des IGH-

---

[35] IGH (Fn. 33), S. 182.

[36] Im diesem Zusammenhang thematisiert der IGH die sog. „objektive" Völkerrechtspersönlichkeit der Vereinten Nationen, s. hierzu (Fn. 33), S. 185.

[37] C. F. AMERASINGHE, Principles of the Intitutional Law of International Organizations, 1996, S. 101; D. W. BOWETT, The Law of International Institutions, 1982, S. 341 f.;

Gutachtenverfahrens im Reparation-for-injuries-Fall in diese Richtung geäußert: „On this basis, the governing factors appear to be, first, that an entity possessed of juridical personality must be deemed, as an *inherent* and *necessary* attribute of its personality, to possess the capacity to protect its interests and (...) those of its servants in the exercise of their functions (...).“[38] Aus dem Blickwinkel der basic capacity-Lehre erklärt sich dann auch die oben erwähnte Zurückhaltung der britischen Regierung im Hinblick auf die Zuerkennung von Völkerrechtspersönlichkeit an die Europäische Union.[39]

Die Befürchtung der Gründerstaaten, mit der formalen Zuerkennung von Völkerrechtssubjektivität entstünde ein unerwünschtes Eigenleben der Internationalen Organisation im Außenverhältnis, ist jedoch gerade auf Basis des IGH-Gutachtens unbegründet. Hiernach dürfte außer Frage stehen, daß die Völkerrechtspersönlichkeit den Kompetenzen folgt, nicht umgekehrt.[40] Die wachsende kompetentielle Verselbstständigung Internationaler Organisationen, von SCHERMERS und BLOKKER treffend als institutionalisierte Version von Goethes Zauberlehrling beschrieben[41], wurzelt also nicht in dem abstrakten Attribut der Völkerrechtspersönlichkeit, sondern vor allem in der Lehre von den *implied po-*

C. DOMINICÉ, Immunité de juridiction et d'exécution des organisations internationales, RdC 189 (1984-IV), S. 145, 164; J. W. SCHNEIDER, Treaty-Making Power of International Organizations, 1959, S. 133; H. LAUTERPACHT (ILC Special Rapporteur): „The capacity to conclude treaties is both a corollary of international personality and a condition of the effective fulfilment of there functions on the part of the international organizations.“ in: Doc. A/CN.4/L.161 (nicht im YILC abgedruckt), zit. nach P. REUTER (ILC Special Rapporteur), YILC 1972 II, S. 179, Fn. 74; vgl. auch die Äußerung der Regierung Österreichs, abgedr. in: YILC 1966 II, S. 281.

38 IGH (Fn. 32), S. 34, Rn. 15 (Hervorhebung durch Verf.).

39 Siehe S. 57.

40 B. FAßBENDER, Die Völkerrechtssubjektivität internationaler Organisationen, ÖZöRV 37 (1986/87), S. 17, 28; MOSLER (Fn. 8), S. 37; A. S. MULLER, International Organizations and their Host State, 1995, S. 116; K. ZEMANEK, Das Vertragsrecht der Internationalen Organisation, 1957, S. 23; a.A. Europäisches Parlament der EG in einer Entschließung vom 19. November 1960: „Das Europäische Parlament - in der Meinung auf Grund des Berichts seines zuständigen Ausschusses, daß die Europäischen Gemeinschaften durch ihre Rechtspersönlichkeit das aktive und passive Gesandtschaftsrecht haben (...)“ Europäisches Parlament, Protokoll der Sitzung vom 19. November 1960, ABl.EG 1960 Nr. 1495/60; hingegen hat das Schweizerische Auswärtige Amt das aktive Gesandtschaftsrecht einer regionalen Organisation von dem Befund abhängig gemacht, daß sich die Kompetenz zu diplomatischen Kontakten explizit oder implizit aus dem Gründungsvertrag ergibt, vgl. SCHERMERS/BLOKKER (Fn. 13), § 1834.

41 SCHERMERS/BLOKKER (Fn. 13), § 207.

wers.[42] Auf Basis dieser Doktrin läßt sich der Kompetenzumfang Internationaler Organisationen unter dem Blickwinkel der unmittelbaren Ziele und Aufgaben der Organisation erweitern, dem Grundsatz folgend: Wo ein Ziel ist, da ist auch ein Mittel.[43] Internationale Organisationen werden so auch ohne ausdrückliche Kompetenznormen in die Lage versetzt, in den Außenbeziehungen mit weitgehender Eigenständigkeit zu operieren. Die Rechtsprechung des EuGH zu den impliziten Außenkompetenzen der Europäischen Gemeinschaft steht sinnbildlich für diese Entwicklung.[44] Die funktionsbezogenen ungeschriebenen Kompetenzen einer Internationalen Organisation sind seit dem richtungsweisenden Reparation-for-injuries-Gutachten des IGH[45] in der internationalen Praxis[46] allgemein anerkannt und finden ihren Niederschlag in einer Reihe von Grün-

---

[42] S. zum Konzept der funktionalen Notwendigkeit im internationalen Recht: P. H. F. BEKKER, The Legal Position of Intergovernmental Organizations, 1995, S. 43 ff.; M. VIRALLY, De la Classification des Organisations Internationales, in: Miscellanea Bd. I, 1972, S. 373 ff.; ders., La Notion de Fonction dans la Théorie de l'Organisation Internationale in: Mélanges Offertes à Charles Rousseau - La Communauté Internationale, 1974, S. 277, 281 ff.

[43] H. F. KÖCK, Die „implied powers" der Europäischen Gemeinschaft als Anwendungsfall der „implied powers" internationaler Organisationen selbst, in: FS Seidl-Hohenveldern, 1988, S. 279, 282.

[44] Vgl. EuGH, Rs. 22/70, 31.3.1971, Slg. 1971, 261, Rn. 22 (AETR); zur weiteren Rechtsprechung s. K. SCHMALENBACH, in: Calliess/Ruffert (Hrsg.), EUV/EGV, 1999, Art. 300, Rn. 5 ff.

[45] IGH (Fn. 33), S. 183 f.; ders., Effects of Awards of Compensation made by the United Nations Administrative Tribunal, Advisory Opinion, July 13th, 1954, I.C.J. Reports 1954, S. 47 ff.; s. bereits der StIGH, Competence of the ILO to Regulate Incidentally the Personal Work of the Employer, Advisory Opinion of 23 July 1926, P.C.I.J. Series B, No. 13, S. 18; ders., Jurisdiction of the European Commission of the Danube, Advisory Opinion, December 8th, 1928, P.C.I.J, Series B No. 14, S. 64.

[46] Bereits auf der Gründungskonferenz der Vereinten Nationen in San Francisco wurde diese Auffassung vertreten; s. z.B. die Bemerkung des Vorsitzenden der Delegation der USA: „No other issue of 'international personality' requires mention in the Charter. Practice will bring about the evolution of appropriate rules so far as necessary.", zit. nach C. W. JENKS, The Legal Personality of International Organizations, BYIL 22 (1945), S. 267, 270; das Komitee IV/2 (legal problems) in San Francisco teilte diese Auffassung: „As regards the question of international juridical personality, the Committee has considered it superfluous to make this the subject of a text. In effect, it will be determined implicitly from the provisions of the Charter taken as a whole.", United Nations Conference on International Organization, Bd. 13, 1945, S. 710; kritisch zur implied power Lehre in der Literatur: I. BROWNLIE, Principles of Public International Law, 1990, S. 690 f. ; P. MITTMANN, Die Rechtsfortbildung der Europäischen Gemeinschaften, 2000, S. 127 ff.; G. SCHWARZENBERGER, International Law, Bd. 3, 1976, S. 52 f.

dungsverträgen, z.B. Art. VIII des WTO Abkommens[47]. Allerdings unterliegen sie immer der kritischen Nachprüfung durch die Mitgliedstaaten, denen es als „Herren der Verträge" obliegt, rechtsgestaltend in die wachsenden (Außen-) Aktivitäten ihrer Organisation einzugreifen, nicht zuletzt um ihre eigene Souveränität vor ultra vires-Akten ihrer internationalen Schöpfungen zu schützen.[48]

c) Abgeleitete Völkerrechtssubjektivität

Der Grund für die auf bestimmte vertraglich zugewiesene Rechte und Pflichten begrenzte – d.h. partielle – Völkerrechtssubjektivität Internationaler Organisationen liegt in dem Umstand begründet, daß diese lediglich abgeleitete Völkerrechtssubjekte sind. Sie werden von den Gründungsmitgliedern durch Rechtsakt mit Rechtspersönlichkeit ausgestattet, sind also anders als ihre Mitgliedsstaaten keine geborenen, originären Völkerrechtssubjekte. Die Lehre von der abgeleiteten Völkerrechtssubjektivität ist heute völkerrechtliches Gemeingut, wurde aber in den 60er Jahren nachdrücklich von FINN SEYERSTED in Frage gestellt.[49] SEYERSTEDs Überlegungen zur Völkerrechtssubjektivität Internationaler Organisationen, etwas verkürzt als „objektive Theorie" bezeichnet, gehen von der unbestrittenen Prämisse aus, daß die jeweilige Rechtsordnung ihre Subjekte definiert. Die einschlägige Rechtsquelle der Völkerrechtsordnung findet SEYERSTED jedoch nicht im jeweiligen völkerrechtlichen (Gründungs-) Vertrag, sondern im Völkergewohnheitsrecht. Bereits die Etablierung der genannten objektiven Mindestkriterien durch zwei „souveräne Gemeinschaften"[50] genüge, um eine Internationale Organisation zu schaffen, der – eine mit der Rechtsstellung der Staaten vergleichbare – *originäre* Völkerrechtssubjektivität durch Völkerge-

---

[47] Art. VIII: „The (Multilateral Trade Organization) shall have legal personality, and shall be accorded by each of its Members such leagl capacity as may be necessary for the exercise of its funcitons." ILM 33 (1994), S. 15, 18.

[48] Zur Problematik der ultra vires-Akte Internationaler Organisationen s. E. LAUTERPACHT, The Legal Effect of Illegal Acts of International Organisations, in: Essays on Honour of Lord McNair, 1965, S. 88 ff.; E. OSIEKE, Ultra Vires Acts in International Organizations, BYIL 48 (1976), S. 260 ff.; ders., Legal Validity of Ultra Vires Decisions of International Organizations, AJIL77 (1983), S. 239 ff.; R. Y. JENNINGS, Nullity and Effectiveness in International Law, in: Essays on Honour of Lord McNair, 1965, S. 64 ff.

[49] F. SEYERSTED, International Personality of Intergovernmental Organizations, IJIL 4 (1964), S. 1 ff.; ders., Objective International Personality of Intergovernmental Organizations, NorTIR 34 (1964), S. 1 ff.; ders., The Legal Nature of International Organizations, NorTIR 51 (1982), S. 203 ff.; etwas modifiziert auch M. RAMA-MONTALDO, International Legal Personality and Implied Powers of International Organisations, BYIL 44 (1979), S. 111 ff.; kritisch zu diesem Ansatz M. HARTWIG, Die Haftung der Mitgliedstaaten für Internationale Organisationen, 1993, S. 36.

[50] SEYERSTED (Fn. 49) IJIL 4 (1964), S. 66: „souvereign Communities".

wohnheitsrecht zugewiesen wird. Diese Völkerrechtssubjektivität könne – so SEYERSTED – von dem Gründungsvertrag lediglich eingeschränkt werden. Die originäre Völkerrechtssubjektivität Internationaler Organisationen sei darüber hinaus zugleich eine *objektive*, d.h. gegenüber Dritten wirkende Völkerrechtssubjektivität, da das Völkergewohnheitsrecht der Internationale Organisation eine „(...) inherent legal capacity to perform any type of sovereign or international acts (...)“ zuweise.[51]

SEYERSTEDS Ansatz hat sich weder in der Wissenschaft noch in der internationalen Praxis durchsetzen können.[52] Es sind vor allem die Gründerstaaten, die darauf bedacht sind, ihre rechtsschöpferische Funktion bei der Zuweisung der Völkerrechtssubjektivität zu betonen und damit ihr Monopol auf originäre Völkerrechtspersönlichkeit in der internationalen Rechtsordnung zu verteidigen. Diese Position wird auch vom IGH in seinem Reparation-for-injuries-Gutachten[53] unterstützt. Die dort angesprochene objektive Völkerrechtssubjektivität der Vereinten Nationen basiert nach der Konzeption des IGH auf dem Willen der 50 Gründungsmitglieder, findet also auf diesem Wege seine implizite Verankerung in der UN-Charta als Gründungsdokument: „On this point, the Court's opinion is that fifty States, representing the vast majority of the members of the international community had the power, in conformity with international law, to bring into being an entity possessing objective international personality, and not merely personality recognized by them alone, together with capacity to bring international claims.“[54] Die Völkerrechtssubjektivität einer Internationalen Organisationen ist also auch nach Auffassung des IGH immer eine abgeleitete Völkerrechtssubjektivität, d.h. ihre Entstehung ist konstitutiv von dem Willen der Gründungsmitglieder abhängig. Vom Aspekt der *abgeleiteten* Völkerrechtssubjektivität ist indes die Frage zu trennen, ob der Organisation *objektive* Völ-

---

[51] SEYERSTED (Fn. 49) IJIL 4 (1964), S. 67.

[52] Statt vieler I. SEIDL-HOHENVELDERN, The Legal Personality of International and Supranational Organizations, Revue Egyptienne de Droit International 21 (1965), S. 35, 61 f.; s. aber auch die Entscheidung des Schweizerischen Bundesgerichts vom 25.1.1999, in der von Seyersteds Ansatz ausgegangen wird, ohne daraus jedoch die „objektiven“ Konsequenzen für die Nichtmitglieder zu ziehen: „Acquérant leur personnalité juridique interne par une disposition de leur actes constitutifs, les organisations interétatiques disposent de la personnalité juridique internationale en vertu d'une règle de droit international général, à condition cependant de réunir un ensemble de critères objectifs. En particulier, il appartient aux Etats membres de dire si une telle organisation possède la personnalité juridique international; pour l'Etats hôte, la reconnaissance de la personnalité juridique internationale d'une organisation trouvera son fondement dans l'accord de siège.“ X v. La Ligue des Etats Arabes, 25.1.1999, IPrax 1999, S. 257, 258.

[53] IGH (Fn. 33), S. 174 ff.

[54] IGH (Fn. 33), S. 185.

kerrechtspersönlichkeit im Verhältnis zu Nichtmitgliedern zukommt. Hat eine Internationale Organisation explizite oder implizite Kompetenzen im Außenverhältnis, dann ist ihr von den Mitgliedstaaten die *Handlungsfähigkeit* im Außenverhältnis zuerkannt worden. Völkerrechtssubjektivität erlangt sie in den Rechtsbeziehungen zu Nichtmitgliedern allerdings erst durch deren ausdrückliche oder konkludente Anerkennung.[55] Die Doktrin des IGH von der abgeleiteten *objektiven* Völkerrechtspersönlichkeit der Vereinten Nationen durchbricht diesen Grundsatz. Ihre Tragfähigkeit muß jedoch an dieser Stelle nicht erörtert werden, da die verweigerte Anerkennung im Außenverhältnis den Rechtsstatus einer Internationalen Organisation als Völkerrechtssubjekt zwar spaltet, nicht aber gänzlich beseitigt. Der rechtsschöpferische Akt der Anerkennung *durch die Mitgliedstaaten* liegt immer systemimmant im Abschluß des Gründungsvertrages und bedarf insofern keiner gesonderten Aufmerksamkeit. Zumindest in dieser Hinsicht ist SEYERSTED zuzustimmen: Die objektiven Wesensmerkmale einer Internationalen Organisation (eigene Organe und eigene Aufgaben) sind die entscheidenden Elemente für ihre Völkerrechtspersönlichkeit, zumindest im Verhältnis zu den Mitgliedstaaten. Quelle dieser Wesensmerkmale ist allerdings der Gründungsvertrag, der immer auch unter Berücksichtigung des übereinstimmenden Willens der Vertragspartner interpretiert werden muß.

2. Subjektive Voraussetzungen der Völkerrechtssubjektivität: Anerkennung im Innen- und Außenverhältnis

So klärend das Reparation-for-injuries-Gutachten des IGH[56] im Hinblick auf das Grundkonzept der Völkerrechtssubjektivität ist, so problematisch sind seine Ausführungen zur „objektiven" Völkerrechtssubjektivität der Vereinten Nationen.[57] Die These von der Völkerrechtspersönlichkeit der Vereinten Nationen auch ohne die völkerrechtliche Anerkennung durch Drittstaaten steht *prima facie* der bedeutendsten Grundregel des Völkerrechts entgegen, dem Konsensprinzip. Das Völkerrecht ist im Grundsatz keine objektive Rechtsordnung, sondern stellt die Gesamtheit der *subjektiven* Rechts- und Pflichtenbeziehungen zwischen den Völkerrechtssubjekten dar. Der Gründungsvertrag einer Internationalen Organisation, der eine neue Völkerrechtspersönlichkeit schafft, entfaltet in diesem Sinne seine rechtliche Wirkung primär zwischen den beteiligten Vertragsparteien; die Leugnung der Völkerrechtssubjektivität einer Internationalen Organisation durch einen Mitgliedstaat wäre eine Verletzung des Vertrages und mithin völkerrechtswidrig. Im Innenverhältnis wird die Frage der Anerkennung

---

55 Siehe hierzu das anschließende Kapitel.

56 IGH (Fn. 33), S. 174 ff.

57 IGH (Fn. 33), S. 185, zentrale Passage hier wiedergeben S. 62.

der Rechtspersönlichkeit einer Internationalen Organisation entsprechend selten aktuell.[58]

Wesentlich konfliktreicher ist die Nichtanerkennung der Völkerrechtspersönlichkeit einer Internationalen Organisation durch Nichtmitglieder. Diese Verweigerungshaltung ist gerade im Bereich der völkerrechtlichen Verantwortlichkeit von erheblicher praktischer Bedeutung. Wenn nämlich eine nicht anerkannte Internationale Organisation die Rechte des Nichtmitgliedes verletzt, stellt sich die Frage, wem die völkerrechtliche Verantwortlichkeit im Verhältnis zu dem verletzten Nichtmitglied zukommt: der Organisation oder der Gesamtheit ihrer Mitgliedstaaten. Ausgehend von der oben aufgestellten Prämisse – Völkerrecht als Konsensordnung – ist der Gründungsvertrag immer eine *res inter alios acta*; auch die Vorschriften, die Völkerrechtssubjektivität zuweisen, entfalten keine Rechtswirkung gegenüber Dritten.[59] Es kann dabei nicht darauf ankommen, ob der Gründungsvertrag im Einzelfall den Nichtmitgliedern durch den Kompetenzwechsel im Außenverhältnis besondere Lasten aufbürdet.[60] Auch wenn der Gründungsvertrag Dritte begünstigt, z.B. durch die ausdrückliche Festschreibung einer Verdoppelung der Haftungssubjekte, entfaltet er nach den Regeln des allgemeinen Völkerrechts keine unmittelbare Rechtswirkung im Außenverhältnis.[61] Diesen Standpunkt nimmt nicht nur zu Recht der Großteil der Völkerrechtslehre ein, er wird auch durch die wenigen Präzedenzfälle der internationalen Praxis bestätigt. Das in diesem Zusammenhang oft bemühte, heute jedoch nicht mehr aktuelle Beispiel aus den 60er Jahren ist die langjährige Weigerung der osteuropäischen Staaten und der Sowjetunion, die Europäischen Gemeinschaften als eigenständiges Völkerrechtssubjekt anzuerkennen.[62]

---

[58] Problematisch sind vor allem die Fälle, in denen sich die Rechtspersönlichkeit einer Organisation faktisch entwickelt, ohne daß diese sich bereits aus den Gründungsdokumenten ergeben würde, z.B. im Falle des GATT'47; s. hierzu BENEDEK (Fn. 28), S. 255 ff.

[59] Vgl. Art. 34 WVRK, BGBl. 1985 II, S. 936.

[60] So aber SEIDL-HOHENVELDERN/LOIBL (Fn. 27), Rn. 0701.

[61] Vgl. StIGH, Case of the free Zones of Upper Savoy and the District of Gex, Judgment, 7.6.1932, P.C.I.J. Serie A/B, No. 46, S. 147 f.

[62] Hierzu ausführlich SCHERMERS/BLOKKER (Fn. 13), § 1773; J. GROUX/P. MANIN, Die Europäischen Gemeinschaften in der Völkerrechtsordnung, 1985, S. 19 ff.; das von KÖCK/FISCHER (Fn. 28), S. 566, angeführte Beispiel der Nichtanerkennung der OPEC ist hingegen in diesem Zusammenhang nicht einschlägig: Die Verweigerungshaltung der transnationalen Erdölgesellschaften gegenüber der OPEC ist den Heimatstaaten der multinationalen Unternehmen wohl nicht zuzurechnen. Als weiteres Beispiel für eine Nichtanerkennung Internationaler Organisationen durch Nichtmitglieder nennt SINGER die Entscheidung des britischen House of Lords im Fall Arab Monetary Fund v. Hashim, 21.2.1991 All ER 1991, Bd. 1, S. 871, 881 (a); M. SINGER, Jurisdictional Immunity of International Organisation, VJIL 36 (1995), S. 53, 69. Das House of Lords, das dem Arab

Aus der allgemeinen Überzeugung, daß Internationale Organisationen im Außenverhältnis der expliziten oder impliziten Anerkennung ihrer eigenständigen Rechtspersönlichkeit bedürfen, hebt sich das Gutachten des IGH zum Reparation-for-injuries-Fall ab. Die dort statuierte „objektive Völkerrechtssubjektivität" der Vereinten Nationen beruht auf der Überlegung, daß die überwältigende Mehrheit der Mitglieder der internationalen Gemeinschaft ein Gebilde mit objektiver Völkerrechtspersönlichkeit ohne Verstoß gegen das allgemeine Völkerrecht schaffen kann.[63] Diese etwas ergebnisorientiert anmutende Durchbrechung des Konsensprinzips ist vielfach unter dem Aspekt der unzulässigen Mehrheitsentscheidung kritisiert worden.[64] Zweifelsohne ist die Entscheidung des IGH im Kontext seiner Zeit am besten zu würdigen. Nach dem Zweiten Weltkrieg war die Bereitschaft besonders ausgeprägt, die Hegemonie einer Staatengruppe zugunsten einer nachhaltigen Friedensordnung zu akzeptieren. Heute hat die These von der objektiven Völkerrechtssubjektivität der Vereinten Nationen an Brisanz verloren: Nur ein Staat von insgesamt 192 Staaten der Welt – die Vatikanstadt – ist den Vereinten Nationen bisher fern geblieben, ohne ihnen jedoch die Anerkennung als Völkerrechtssubjekt zu verweigern.[65]

Das IGH-Gutachten hat trotz seiner dogmatischen Schwächen nachhaltige Wirkung in der Völkerrechtslehre entfaltet. Es ist u.a. Ausgangspunkt für die These, daß nur universelle Internationale Organisationen mit großem Mitgliederkreis objektive Völkerrechtssubjektivität genössen, die übrigen jedoch der Anerkennung durch Nichtmitglieder bedürften. Das American Law Institute stellte in seinem Restatement of the Law (third) lapidar zum Verhältnis Internationaler Organisationen zu Nichtmitgliedern fest: „An international organization with a substantial membership is a person in international law even in relation to states not members of the organization. However, a state does not have to recognize the legal personality of an organization of which it is not a member, which has few members, or is regional in scope in a region to which the state

---

Monetary Fund Rechtspersönlichkeit nach *englischem Recht* absprach, mußte sich allerdings nicht mit der Frage auseinandersetzten, ob die Organisation durch das Nichtmitglied Vereinigtes Königreich *völkerrechtlich* anerkannt worden ist.

[63] Zitat s. S. 62; zum Zeitpunkt der Gründung der Vereinten Nationen im Jahr 1945 gab es 51 Gründungsmitglieder i.S.d. Art. 3 UN-Charta (inklusive vier abhängige Gebilde ohne Staatsqualität: Ukraine, Weißrußland, Philippinen und Indien) im Verhältnis zu ca. 35 Nichtmitglieder (unabhängige Staaten).

[64] R. L. BINDSCHEDLER, Die Anerkennung im Völkerrecht, AVR 9 (1961/62), S. 377, 387 ff.; P. CAHIER, Le problème des effets des traités à l'égard des Etats tiers, RdC 1974 III, S. 589, 705; ZEMANEK (Fn. 40), S. 27, der allerdings der Anerkennung durch Nichtmitglieder nur deklaratorische Wirkung beimißt, weil seines Erachtens die Rechtspersönlichkeit einer Organisation nicht spaltbar sei.

[65] Stand Dezember 2003.

does not belong."[66] Eine derartige allgemeingültige Regel ließe sich freilich nur auf Basis eines entsprechenden völkergewohnheitsrechtlichen Satzes rechtfertigen.[67] Den aber verneint der britische High Court in der Rechtssache Arab Monetary Fund v. Hashim (1990): Da sich das IGH-Gutachten nur auf den speziellen Fall der Vereinten Nationen beziehe, verstoße die britische Regierung gegen *keine* völkergewohnheitsrechtliche Verpflichtung, wenn sie den Arab Monetary Fund[68] nicht als Völkerrechtssubjekt anerkenne.[69] Die britische Regierung hat wiederum auf eine Anfrage aus dem Jahr 1978 signalisiert, daß sie gewillt sei, die im Vereinigten Königreich aktiven internationalen Banken und andere durch völkerrechtlichen Vertrag gegründeten Einheiten offiziell anzuerkennen.[70] In der Tat läßt sich heute feststellen, daß die bewußte Nichtanerkennung universeller, aber auch regionaler Organisationen in der internationalen Praxis praktisch nicht vorkommt. Der Schritt zur Bejahung einer völkergewohnheitsrechtlichen *Verpflichtung* zur Anerkennung fällt indes schwer. Der erforderliche Nachweis, daß die Nichtmitglieder die Organisation in dem Rechtsbewußtsein anerkennen, hierzu rechtlich verpflichtet zu sein, läßt sich kaum erbringen. Diese Beweisschwierigkeit vermeidet ZEMANEK, indem er der Anerkennung Internationaler Organisationen durch Nichtmitglieder – in bewußter Anlehnung an die Doktrin der Staatenanerkennung[71] – rein deklaratorische Bedeutung beimißt. Wie bei Staaten schaffe der Akt der Anerkennung weder ein neues Rechtssubjekt noch eine neue Organisation.[72] Ihm hat sich ein Teil der Völkerrechtslehre angeschlossen und auf die objekive Existenz Internationaler Organisationen verwiesen, die sich durch Büros, Angestellte und rechtserhebliche Aktivitäten manifestiere und insofern – vergleichbar mit Staaten – eine nicht zu ignorierende Realität darstelle.[73] Nun wird Rechtspersönlichkeit jedoch immer durch

---

66 AMERICAN LAW INSTITUTE, Restatement of the Law Third, The Foreign Relations Law of the United States, Bd. 1 § 223 (e).

67 Sehr vorsichtig M. BOTHE, Die Stellung der Europäischen Gemeinschaften im Völkerrecht, ZaöRV 37 (1977), S. 122, 125; SEIDL-HOHENVELDERN/LOIBL (Fn. 27), Rn.0702, der in der objektiven Rechtspersönlichkeit der UN eine völkergewohnheitsrechtliche Ausnahme von dem Prinzip der konstitutiven Anerkennung sieht.

68 Der Monetary Fund wurde 1977 von 20 arabischen Staaten und der PLO gegründet.

69 High Court, Chancery Division, Arab Monetary Fund v. Hashim, 14.11.1989, All ER 1990, Bd. 1, S. 685, 689 Rn. a/b (Hoffmann J).

70 G. MARSTON, United Kingdom Materials on International Law 1978, BYIL (1978), S. 347 f.

71 K. DOEHRING, Völkerrecht, 1999, Rn. 942 f. m.w.N.

72 ZEMANEK (Fn. 40), S. 27; s. auch J.-F. LALIVE, L'immunité de juridiction des états et des organisations internationales, RdC 1953 III, S. 204, 304.

73 G. BALLADORE PALLIERI, La personalita' delle organizzazioni internazionali, Diritto Internationale 14 (1960), S. 230, 239; KÖCK/FISCHER (Fn. 28), S. 567 f.; R. HIGGINS, Problems and Process, 1994, S. 47 f. und S. 207; die Theorie SEYERSTED's kommt zu dem-

die spezifische Rechtsordnung zugewiesen bzw. versagt, je nach den vorherrschenden Bedürfnissen der jeweiligen Rechtsgemeinschaft. Reale Gebilde haben sich den entsprechenden rechtlichen Wertungen unterzuordnen, nicht umgekehrt. Insofern ist LORD DONALDSON zuzustimmen, der im Fall Arab Monetary Fund v. Hashim konstatierte: „As I see it, absent an Order in Council, an international organisation is something which, in the eye of English law, is as much a fact as a tree, a road or a hill. But it is not a person and the law can only deal in the rights and liabilities of persons."[74]

Auch ein Analogieschluß zum Recht der Staatenanerkennung kann die These von der objektiven Rechtspersönlichkeit Internationaler Organisationen kraft faktischer Existenz nicht stützen. Die Zulässigkeit dieser Rechtsgewinnungsmethode ist bereits wegen der verschiedenartigen Tatbestände fragwürdig. Internationale Organisationen mögen zwar wie Staaten real existierende Gebilde des internationalen Lebens sein; ihre rechtliche Struktur und ihre abgeleitete Rechtspersönlichkeit unterscheiden sich jedoch grundlegend von Staaten. Vor allem stehen hinter jeder Internationalen Organisation immer auch ihre Mitglieder als eigenständige Völkerrechtssubjekte. Aus der Perspektive des Nichtmitglieds wirft gerade diese doppelschichtige Organisationsstruktur die Frage auf, ob sich Dritte den gewillkürten Kompetenzwechsel mit seinen haftungsrechtlichen Auswirkungen gefallen lassen müssen.[75] Mit Recht weist SEIDL-HOHENVERLDERN darauf hin, daß nicht nur die Haftungsmasse regelmäßig geringer sein dürfte als bei Staaten, sondern auch die klassischen völkerrechtlichen Durchsetzungsmechanismen bei Internationalen Organisationen weit weniger Angriffsflächen finden.[76] Im übrigen käme eine Übertragung des Rechts der Staatenanerkennung wohl nicht zwangsläufig zu dem Ergebnis, die Anerkennung Internationaler Organisationen durch Nichtmitglieder sei rechtlich überflüssig. HILLGRUBER hat anhand der internationalen Praxis nachgewiesen, daß die Anerkennung von Staaten keineswegs nur deklaratorische Geste ist.[77] Die internationale Gemeinschaft hat es bei völkerrechtlich problematischen Gebilden – z.B. Rhodesien 1965 und Nordzypern 1983 – regelmäßig nicht bei der

---

selben Ergebnis, da nach seiner Auffassung bereits die Rechtspersönlichkeit der Internationalen Organisation *im Innenverhältnis* gegenüber den Mitgliedstaaten auf einem völkergewohnheitsrechtlichen Satz beruht, (Fn. 49) IJIL 4 (1964), S.66 f.

74 Court of Appeal, Arab Monetary Fund v. Hashim, 9.4.1990, All ER 1990, Bd. 2, S. 769, 775 Rn. e.

75 I. SEIDL-HOHENVELDERN, Die völkerrechtliche Haftung für Handlungen internationaler Organisationen im Verhältnis zu Nichtmitgliedern, ÖZöRV 1961, S. 497, 502.

76 SEIDL-HOHENVELDERN (Fn. 75), S. 502.

77 CH. HILLGRUBER, Die Aufname neuer Staaten in die Völkerrechtsgemeinschaft, 1998, passim.

Feststellung von Staatsvolk, Staatsgebiet und Staatsgewalt bewenden lassen. Die Motive, die in den genannten Fällen zur Nichtanerkennung geführt haben, mögen sich zwar von denjenigen unterschieden, die zur Nichtanerkennung einer Internationalen Organisation führen. Zumindest aber zeigt die internationale Anerkennungspraxis, daß das Völkerrecht gerade bei der Identifizierung seiner Rechtssubjekte noch weit von den Anforderungen einer objektiven Rechtsordnung entfernt ist. Gerade weil die Durchsetzung eigener Rechte im Völkerrecht mit erheblichen rechtlichen wie tatsächlichen Unsicherheiten belastet ist, bleibt der Kreis der Völkerrechtssubjekte im derzeitigen Stadium der Rechtsentwicklung noch „handverlesen". Der Hinweis des IGH im Reparation-for-injuries-Gutachten, die Entwicklung des internationalen Rechts sei immer durch die Bedürfnisse des internationalen Lebens und der internationalen Rechtsgemeinschaft beeinflußt worden, spricht daher gerade *für* die konstitutive Anerkennung von Internationalen Organisationen als Völkerrechtssubjekte,[78] auch wenn der IGH diese Bedürfnisse im speziellen Fall der Vereinten Nationen weitestgehend objektiviert hat.

[78] IGH (Fn. 33), S. 178; vgl. auch H. SCHIEDERMAIR, Effektive Herrschaftsgewalt und Rechtsfähigkeit im Völkerrecht, JA 1984, S. 638, 639.

B. Innerstaatliche Rechtsfähigkeit und Jurisdiktionsimmunität

I. Innerstaatliche Rechtsfähigkeit

Die Rechtsfähigkeit ist die rechtsordnungsgemäße Eignung einer Person bzw. Organisation, im Verhältnis zu anderen Rechtspersonen in einem Rechtssystem selbst Träger von eigenen Rechten und Pflichten zu sein.[1] Internationale Organisationen können gleich in zwei wesensverschiedenen Rechtssystemen Zuordnungssubjekt von Rechten und Pflichten werden: in der internationalen Rechtsordnung und in der staatlichen Rechtsordnung. Die internationale Rechtsfähigkeit (Völkerrechtsfähigkeit) versetzt die Internationale Organisation in die Lage, im Verhältnis zu anderen Völkerrechtssubjekten Träger von Rechten und Pflichten nach Maßgabe der Völkerrechtsordnung zu sein.[2] Die Rechtsfähigkeit in den nationalen Rechtsordnungen hat hingegen zur Folge, daß die Internationale Organisation auch am Rechtsverkehr eines staatlichen Rechtssystems teilnehmen kann. Mit anderen Worten, die Internationale Organisation ist auch in *völkerrechtsfremden* Rechtsbeziehungen ein eigenständiges, von den Mitgliedstaaten zu unterscheidendes Rechtssubjekt.

Die Völkerrechtsfremdheit einer Rechtsbeziehung läßt sich an verschiedenen Punkten verifizieren. Sie ergibt sich zum einen aus dem spezifischen *Rechtssystem*, das die Rechte und Pflichten der Rechtssubjekte beherrscht. So können beispielsweise die Rechtsbeziehungen zwischen einer Internationalen Organisation und einem Mitgliedstaat – also zwischen zwei Völkerrechtssubjekten – auch solche des nationalen Rechts sein, z.B. im Falle der zivilrechtlichen Übereignung eines Grundstücks durch den Sitzstaat.[3] Unverzichtbare Voraussetzung für die Teilnahme der Internationalen Organisation an dieser Rechtsbeziehung ist ihre innerstaatliche Rechts- und Handlungsfähigkeit, die sie in die Lage versetzt, Eigentum an dem Grundstück zu erwerben und zu halten. Die Völkerrechtsfremdheit einer Rechtsbeziehung kann sich darüber hinaus aus der Rechtsnatur des *anderen* Rechtsträger ergeben, in dessen Verhältnis die Rechte bzw. Pflichten entstehen. So bedarf es immer der innerstaatlichen Rechts- und Handlungsfähigkeit der Internationalen Organisation, wenn diese in Rechtsbeziehungen zu

---

[1] Vgl. zum Begriff der Rechtsfähigkeit S. 41 ff.

[2] Vgl. hierzu die Ausführungen auf S. 55 ff.

[3] F. SEYERSTED, Applicable Law in Relations between Intergovernmental Organizations and Private Parties, RdC 1967 III, S. 427, 440.

natürlichen und juristischen Personen der nationalen Rechtsordnung eintreten will, z.B. als Partei von zivilrechtlichen Werk-, Dienst- und Kaufverträgen. Auch wenn die Internationale Organisation und ihre Vertragspartner die Rechtsgeschäfte kraft ihres Parteiwillens den Regeln des Völkerrechts als „proper law" unterstellen,[4] ist es eine Frage des nationalen Rechts, ob die Parteien fähig sind, kraft Vertrages eigene Rechte zu erwerben bzw. Pflichten zu begründen.

Um die Wesensverschiedenheit der Völkerrechtsfähigkeit von der Rechtsfähigkeit in den staatlichen Rechtsordnungen hervorzuheben, wird letztere Eigenschaft oft als „Zivilrechtsfähigkeit" bezeichnet.[5] Diese Bezeichnung wirkt im Hinblick auf die Vielzahl der denkbaren „völkerrechtsfremden" Rechtsbeziehungen einer Internationalen Organisation verkürzend. Internationale Organisationen können durchaus an nationalen *öffentlichen* Rechtsbeziehungen (z.B. als Polizeipflichtige) teilnehmen oder Beteiligte eines Verwaltungsverfahren sein. Auch öffentlich-rechtliche Rechtsbeziehungen verlangen die innerstaatliche Rechtsfähigkeit in der betreffenden nationalen Rechtsordnung. Im folgenden soll daher in Abgrenzung zu Völkerrechtsfähigkeit neutral von der *innerstaatlichen Rechtsfähigkeit* einer Internationalen Organisation gesprochen werden.

1. Zuweisung der innerstaatlichen Rechtsfähigkeit

Während die völkerrechtlichen Gründungsverträge in ihrer Mehrheit kein Wort über die Völkerrechtssubjektivität der Internationalen Organisation verlieren, enthalten sie durchweg Klauseln über die innerstaatliche Rechtsfähigkeit der Organisation in den Rechtsordnungen ihrer Mitgliedstaaten. Der Wortlaut des Art. 104 UN-Charta dient dabei einer Vielzahl von Gründungsverträgen Internationaler Organisationen als Vorbild:

> Art. 104: „The Organization shall enjoy in the territory of each of its Members such legal capacity as may be necessary for the exercise of its functions and the fulfilment of its purposes."[6]

---

[4] Studie des UN-Generalsekretärs, The practice of the United Nations (...) concerning their Status, privileges and immunities, YILC 1985 II/1, S. 145, 155 [II (d)].

[5] Der Begriff wurde von BEITZKE geprägt, in: Zivilrechtsfähigkeit von auf Staatsvertrag beruhenden internationalen Organisationen und juristischen Personen, BDGV 1969, S. 77; kritisch im Hinblick auf die Terminologie auch B. SIMMA/CH. VEDDER, in: Grabitz/Hilf, Das Recht der Europäischen Union, Art. 282, Rn. 2.

[6] Vgl. auch Art. XII Satzung der UNESCO, BGBl. 1971 II, S. 471; Art. 66 Satzung der WHO, BGBl. 1974 II, S. 43; Art. 27 lit. a Satzung der WMO, BGBl. 1990 II. S. 171; Art. 103 Satzung der OAS, UNTS Bd. 119, S. 3 ff.; Art. II Abs. 1 Constitution of the West Africa Rice

In anderen Gründungsverträgen heißt es schlicht: „Die Organisation ist eine juristische Person (...)“[7] oder „Die Organisation besitzt Rechtspersönlichkeit.“[8] Wie der innerstaatlichen Rechtsfähigkeit in den nationalen Rechtsordnungen Geltung verschafft wird, bleibt – wie im Völkerrecht üblich – den jeweiligen Mitgliedstaaten überlassen.[9] Weder das allgemeine Völkerrecht, noch die spezifischen Statusklauseln enthalten hierzu besondere Vorgaben.[10] Einige Staaten haben Gesetze erlassen, die generell Internationalen Organisationen unter speziellen Bedingungen innerstaatliche Rechtsfähigkeit einräumen, z.B. unter der Bedingung der Mitgliedschaft. Ein Beispiel für diese Vorgehensweise ist der US-amerikanische „International Organizations Immunities Act“ von 1945.[11]

In dualistisch geprägten Rechtssystemen wird die Statusklausel in das nationale Rechtssystem durch Legislativakt transformiert. Dies kann durch ein Zustimmungsgesetz erfolgen (vgl. Art. 59 Abs. 2 Satz 1 GG), oder der Gesetzgeber „gießt“ die Statusklausel im Wege eines Enabling Act's in Gesetzesform, so z.B. der britische „International Organisations Act“ von 1968[12] und der irische „Diplomatic Relations and Immunity Act“ von 1967:

> „The Organization shall have the legal capacity of a body corporate.“ [13]

Development Association, ILM 10 (1971), S. 653; Art. VIII Satzung der WTO, ILM 33 (1994), S. 15, 18; Art. 27 Satzung der WMO, UNTS Bd. 77, S. 144.

[7] Z.B. Art. 8 der INTERSPUTNIK Satzung, BGBl. 1998 II, S. 2348.

[8] Z.B. Art. 10 des Protokolls über die Rechtsstellung der auf Grund des Nordatlantikvertrages errichteten internationalen militärischen Hauptquartiere, BGBl. 1969 II, S. 2000; Art. VIII Abs. 1 der Satzung der WTO (Fn. 6).

[9] Vgl. hierzu allgemein F. Berber, Lehrbuch des Völkerrecht, Bd. 1, 1975, S. 96 ff.; A. Bleckmann, Völkerrecht und Landesrecht, 1975, S. 273 ff.

[10] Dies wurde vom Berichterstatter des Komitees IV/2 der Konferenz von San Francisco ausdrücklich hervorgehoben, Documents of the United Nations Conference on International Organizations, Bd. 13, 1945, S. 817.

[11] Title 1 Section 2 (a) of the International Organization Immunity Act, 22 U.S.C Section 288. Die eigenständige Bedeutung des Gesetzes ist allerdings gering. Das Bezirksgericht Northern District of California stellte 1950 in der Rechtssache Balfour, Guthrie & Co v. United States fest, daß die UN-Charta als *self executing treaty* keines weiteren legislativen oder exekutiven Durchführungsaktes bedurft hätte, um die Rechtsfähigkeit der Vereinten Nationen in der amerikanischen Rechtsordnung herbeizuführen; US-District Court for the Northern District of California, Balfour, Guthrie & Co. Lim. et al v. United States et al, Urteil vom 5. Mai 1950, ILR 17 (1950), S. 323, 324.

[12] International Organisations Act 1968 Section 1 (2a): „confer on the organisation the legal capacities of a body corporate.“, in: Statutes in Force, International Relations.

[13] Dieses und weitere Beispiele nationaler Gesetzgebung in: United National Legislative Series, Legislative Texts and Treaty Provisions Concerning Legal Status, Privileges and Immunities of International Organizations, Bd. 1 (1959) und Bd. 2, (1961). Zum Begriff

Die deutsche Rechtsordnung verlangt neben dem Zustimmungsgesetz zum völkerrechtlichen Gründungsvertrag (Art. 59 Abs. 2 Satz 1 GG) keinen weiteren Durchführungsakt zur Herstellung der innerstaatlichen Rechtsfähigkeit Internationaler Organisationen. Die transformierte Statusklausel ist in der Bundesrepublik Deutschland auf dem Boden der self executing-Lehre unmittelbar in der deutschen Rechtsordnung anwendbar: Die staatlichen Organe und der Einzelne können bereits aus dem Wortlaut der völkerrechtlichen Statusklausel Rechtsfolgen für den konkreten Streitfall ableiten. Einer Änderung des Bürgerlichen Gesetzbuches und der Zivilprozeßordnung bedarf es nicht.[14]

In der Bundesrepublik Deutschland besteht im Hinblick auf die Rechtspersönlichkeit Internationaler Organisationen eine doppelte Absicherung. Der bundesdeutsche Verordnungsgeber wurde durch Art. 3 des Gesetzes zum Beitritt der Bundesrepublik Deutschland zum Abkommen über Vorrechte und Befreiungen der Sonderorganisationen der Vereinten Nationen (1947) ermächtigt, „im Interesse der Pflege zwischenstaatlicher Beziehungen" auch anderen Internationalen Organisationen die Rechtspersönlichkeit nach deutschem Recht zu gewähren.[15] Von diesem Recht hat die Bundesregierung 1996 im Falle des Internationalen Seegerichtshofs mit Sitz in Hamburg Gebrauch gemacht,[16] ohne dazu durch das UN-Seerechtsübereinkommen explizit verpflichtet zu sein.[17] Die völkerrechtliche Pflicht zur Gewährung der innerstaatlichen Rechtspersönlichkeit wird sich aber bereits konkludent aus der Anlage VI des UN-Seerechtsübereinkommens ergeben, dem Gründungsstatut des Gerichtshofs. Es ist zweifelsohne unter funktionalen Gesichtspunkten für eine Internationale Organisation unverzichtbar, in den Mitgliedstaaten aus eigener rechtlicher Kraft diejenigen zivilrechtlichen Geschäfte zu tätigen, die Voraussetzungen zur Erfüllung ihrer völkerrechtlichen

---

„body corporate" vgl. L. DÍAZ GONZÁLEZ (Special Rapporteur), Second Report in Relations between States and International Organizations, YILC 1985 II/1, S. 108, Rn. 44.

[14] TH. RENSMANN, Internationale Organisationen im Privatrechtsverkehr, AVR 36 (1998), S. 305, 307.

[15] BGBl. 1954 II, 639.

[16] Verordnung über Vorrechte und Immunitäten des Internationalen Seegerichtshofs vom 10. Oktober 1996, BGBl. 1996 II, S. 2517. Am 23. Mai 1997 haben die Mitgliedstaaten der Un-Seerechtskonvention das „Agreement on the Privileges and Immunities of the Tribunal" angenommen; in Art. 2 des Übereinkommens wird dem Tribunal Rechtspersönlichkeit verliehen; s. hierzu J. AKL, The Legal Status, Privileges and Immunities of the International Tribunal for the Law of the Sea, M. Planck UNYB Bd. 2, 341, 344 ff.

[17] Anlage VI des UN-Seerechtsübereinkommen vom 10. Dezember 1982 (Statut des Internationalen Seegerichtshofs), BGBl. 1994 II, S. 1996 ff.; am 23. Mai 1997 haben die Mitgliedstaaten der UN-Seerechtskonvention das Abkommen über Privilegien und Immunitäten des Gerichtshofs unterzeichnet (Doc. SPOS/WP. 2/Rev. 1); das Abkommen ist zur Zeit noch nicht in Kraft.

Aufgaben sind (sog. implied powers). Denn es liegt gerade im Wesen einer Internationalen Organisation, in ihrer rechtlichen Handlungsfähigkeit von dem Willen der Mitgliedstaaten unabhängig zu sein. Die innerstaatliche Rechtsfähigkeit einer Internationalen Organisation ist damit auf dem Boden der implied powers-Lehre die zwingende Folge aus ihrer Völkerrechtspersönlichkeit im Verhältnis zu ihren Mitgliedstaaten.[18] Der Einwand BEITZKEs, die völkerrechtliche und innerstaatliche Rechtsfähigkeit beträfen völlig verschiedene Rechtsgebiete und stünden insofern beziehungslos nebeneinander, überzeugt nicht.[19] Die Kompetenz der Internationalen Organisation, Träger von Rechten und Pflichten in den innerstaatlichen Rechtsordnungen zu werden, ist eine völkerrechtliche Rechtsposition der Organisation gegenüber ihren Mitgliedstaaten. Der akademische Streit[20] um die Frage, ob der Ursprung der innerstaatlichen Rechtsfähigkeit Internationaler Organisationen das Völkerrecht oder das nationale Recht ist, muß insofern im Sinne der ersten Position beantwortet werden. Die innerstaatliche Rechtsfähigkeit einer Internationalen Organisation wird auf der völkerrechtlichen Ebene von allen Mitgliedstaaten gemeinschaftlich zugesprochen. Allein die Völkerrechtsordnung hält das Personalstatut der Internationalen Organisation bereit.[21] Der niederländische Außenminister führte entsprechend zum Rechtsstatus des Iran-US-Claims Tribunal mit Sitz in Den Haag aus: „The Arbitral Tribunal is therefore a joint institution of the two States involved, and has legal personality derived from international law."[22] Damit die international begründete, jedoch nur innerstaatlich wirkende Rechtspersönlichkeit der Internationalen Organisationen in den Rechtsordnungen der Mitgliedstaaten gilt, bedarf es als weiteren Schritt der *Anerkennung*[23] – nicht der Kreation[24] – der Rechtspersönlichkeit durch die nationalen Rechtsordnungen. Diese

---

18 I. SEIDL-HOHENVELDERN/G. LOIBL, Das Recht der Internationalen Organisationen, 2000, Rn. 0327; W. BENEDEK, Die Rechtsnatur des GATT aus völkerrechtlicher Sicht, 1990, S. 251; a.A: G. BEITZKE, Zivilrechtsfähigkeit von auf Staatsvertrag beruhenden internationalen Organisationen und juristischen Personen, in: BDGV 1969, S. 77, 86; EBENROTH, IntGesR, in: MünchKomm, Bd. 11, Rn. 737.

19 BEITZKE, (Fn. 18), S. 86.

20 Vgl. hierzu P. H. F. BEKKER, The Legal Position of Intergovernmental Organizations, 1995, S. 74.

21 So auch L. DÍAZ GONZÁLEZ (Fn. 13), S. 110, Rn. 59; C. W. JENKS, The Proper Law of International Organisations, 1962, S. 270; I. SEIDL-HOHENVELDERN, The Legal Personality of International and Supranational Organizations, Revue Egyptienne de Droit International 21 (1965), S. 35, 63; a.A. BEITZKE, (Fn. 18), S. 93: pluri-nationale Rechtsfähigkeit.

22 NYIL 15 (1984), S. 356.

23 Im Hinblick auf die „Anerkennung" der Rechtspersönlichkeit der UN s. Documents (Fn. 10), S. 817.

24 So jedoch High Court, Maclaine Watson & Co Lrd v. Department of Trade and Industry, Urteil vom 29. Juli, ILM 80 (1989), S. 39, 46, Rn. 715 (sog. Tin Council-Fall);

Anerkennung ist nichts weiter als der innerstaatliche Vollzug bzw. die Inkorporation des völkerrechtlichen Gründungsvertrages inklusive der Statusklausel.

Das Verständnis von einer international begründeten und innerstaatlich wirkenden Rechtspersönlichkeit hat sich auch in der Spruchpraxis nationaler Gerichte durchgesetzt.[25] So urteilte das höchste Zivilgericht in den Niederlanden: „The question whether such a body must be recognized as a legal entity in an action in Holland did not depend on any provision of Netherlands law (hier: Art. 1690 Burgerlijk Wetboek van de Nederlandse)."[26] Auch die britische Rechtsprechung hat ihre Rechtsauffassung zum Ursprung der Rechtspersönlichkeit Internationaler Organisationen geändert. Noch im Tin Council-Fall[27] und im Arab Monetary Fund-Fall[28] war von der „Kreation" der Internationalen Organisation als „body corporate" durch den „International Organizations Act von 1968" die Rede. Im Fall Westland Helicopters Ltd. v. Arab Organisation for Industrialisation stellte nun der High Court unter ausdrücklicher Bezugnahme auf die oben genannte, abweichende Rechtsprechung fest: „It followed that the proper law governing the existence, constitution and representation of the AOI was public international law and not Egyptian domestic law."[29]

Kommt ein Mitgliedstaat seiner völkerrechtlichen Pflicht zur Anerkennung der innerstaatlichen Rechtsfähigkeit der Internationalen Organisation nicht nach, oder findet sich keine ausdrückliche völkerrechtliche Statusregel, kann dies für

---

gehalten durch House of Lords, Urteil vom 26. Oktober 1989, ILR 81 (1990), S. 671, 708, Rn. 1008.

[25] Für die Schweiz: Schweizerisches Bundesgericht, Arab Organizations for Industrializations v. Westland Helicopters, 19.7.1988, ILR 80 (1989), S. 652, 657; Schweizerisches Bundesgericht, Emirates Arabs v. Westland Helicopters, 19.4.1994, abgedr. in: F. KNOEPFLER/PH. SCHWEIZER, Jurisprudence suisse en matière d'arbitrage international, SZIER 5 (1995), S. 547, 569; für Belgien: Tribunal Civil de Bruxelles, United Nations and UNRRA v. B, 27.3.1952, ILR 19 (1952), S. 490.

[26] Hoge Raad, United Nations Relief and Rehabilitation Administration v. Daan, 19.5.1950, ILR 16 (1949), S. 337, 338 (Einschub durch Verf.); in den Niederlanden sind Statusklauseln in Gründungsverträgen „self-executing" und werden unmittelbar vom Gericht angewendet.

[27] Nachweis in Fn. 24.

[28] Chancery Division, Arab Monetary Fund v. Hashim: High Court, 14. November.1989, All ER 1990 Bd. 1, S. 685, 690 Rn. g ff. (Hoffmann J); House of Lords, 21. Februar 1991, All ER 1991 Bd. 1, S. 871, 880 Rn. h/j (Lord Templeman).

[29] High Court, Westland Helicopters Ltd. v. Arab Organisation for Industrialisation, 3.8.1994, All ER 1995, Bd. 2, S. 387, 388 (h/j). Im zu beurteilenden Fall war das Vereinigte Königreich allerdings kein Mitglied der Arab Organisation for Industrialisation; im Falle der Mitgliedschaft in der Organisation kann aber nichts anderes gelten.

Angestellte und Vertragspartner der Organisation weitreichende Folgen haben. Mit dem Problem der drohenden rechtlichen „Nichtexistenz“ einer Internationalen Organisation sah sich das Bundesarbeitsgericht 1993 im Fall des Internationalen Suchdienstes konfrontiert. Die innerstaatliche Rechtsfähigkeit der Organisation war zum Zeitpunkt des Urteils weder explizit im Gründungsstatut genannt, noch hatte der Sitzstaat Bundesrepublik Deutschland sie ausdrücklich durch Legislativakt anerkannt. Das Gericht suchte den Ausweg u.a. in Sachgerechtigkeits- und Rechtsscheinserwägungen, abgeleitet aus der realen Existenz des Internationalen Suchdienstes und seinen laufenden Vertragsbeziehungen in der Bundesrepublik Deutschland.[30] Im Rahmen der deutschen Rechtsordnung mußte dieser Weg jedoch nicht beschritten werden. Das Gericht hätte sich auf implied power-Erwägungen stützen können, da die innerstaatliche Rechtsfähigkeit vor allem im Sitzstaat zwingend notwendig ist, um die völkerrechtlich zugewiesenen Aufgaben zu erfüllen. Daß auch *ungeschriebene* Völkerrechtsnormen unmittelbar – also ohne weiteren innerstaatlichen Umsetzungsakt – von deutschen Gerichten im Streitfall angewendet werden können, zeigt der Wortlaut des Art. 25 GG. Diese Verfassungsvorschrift hätte dem Bundesarbeitsgericht darüber hinaus den Weg zur einer *völkergewohnheitsrechtlich* hergeleiteten innerstaatlichen Rechtsfähigkeit des Internationalen Suchdienstes weisen können.[31] Die homogene internationale Vertragspraxis läßt keinen Zweifel daran, daß die innerstaatliche Rechtsfähigkeit Internationaler Organisationen von der Rechtsüberzeugung der Mitgliedstaaten getragen wird.[32]

---

[30] BAG, 24.8.1993 – 3 AZR 183/93 (Internationaler Suchdienst), abgedr. in: IPrax 1994, S. 445 f.; auf die reale Existenz einer Internationalen Organisation verweisen auch BEKKER (Fn. 20), S. 63.

[31] I. SEIDL-HOHENVERLDERN, Rechtsfähigkeit des Internationalen Suchdienstes, IPrax 1994, S. 420 mit Verweis auf eine Note des Bundesaußenministers vom 9.5.1960. Dort bringt das Ministerium seine Rechtsüberzeugung zum Ausdruck, daß es nicht notwendig gewesen sei, dem Internationalen Suchdienst „ein besonderes Statut im Rahmen der deutschen Gesetzgebung zu geben.“

[32] Laut H. G. SCHERMERS/N. M. BLOKKER, International Institutional Law, 1995, § 1596, ist nur ein einziger Fall bekannt, in dem einer Internationalen Organisation die innerstaatliche Rechtspersönlichkeit verweigert wurde. Der „International Commission for the Northwest Atlantic Fisheries“ mit Sitz in Canada war durch den Gründungsvertrag nicht ausdrücklich Völkerrechtssubjektivität zugesprochen worden. Daraufhin hatten die kanadischen Behörden 1967 der Organisation mitgeteilt, sie könne Verträge nur über eine von Kanada einzurichtenden Gesellschaft kanadischen Rechts abschließen, vgl. J. E. CARROZ/A. G. ROCHE, The proposed International Commission for the Conversation of Atlanic Tunas, AJIL 61 (1967), S. 673, 698.

2. Umfang der innerstaatlichen Rechtsfähigkeit

a) Funktionale Grenzen der Rechts- und Handlungsfähigkeit[33]

Die Statusklauseln, die Internationalen Organisationen Rechtspersönlichkeit („legal personality") zuweisen, enthalten regelmäßig auch Hinweise auf den Umfang der potentiellen Rechts- und Handlungsfähigkeit („legal capacities") in den nationalen Rechtsordnungen. Nur wenige Gründungsverträge verzichten auf diese Ergänzung und belassen es bei dem apodiktischen Hinweis auf die Rechtspersönlichkeit der Organisation.[34] Verbreiteter sind Klauseln, die zur sachlichen Umgrenzung der innerstaatlichen Rechts- und Handlungsfähigkeit auf die satzungsgemäß zugewiesenen Aufgaben und Ziele der Organisation verweisen (z.B. Art. 104 UN-Charta: „... as may be necessary for the exercise of its functions and the fulfilment of its purposes."). Andere Gründungsverträge enthalten sog. gegliederte Statusklauseln, die hinsichtlich des Umfangs der Rechts- und Handlungsfähigkeit konkreter werden und z.T. in Kombination mit der oben zitierten Funktionsklausel auftreten:

> „The [Organization] shall possess juridical personality. It shall have the capacity:
> (1) To contract;
> (2) To acquire and dispose of immovable and movable property;
> (3) To institute legal proceedings."[35]

Die enumerative Aufzählung von potentiellen Handlungsfähigkeiten in den gegliederten Statusklauseln wird in einer Reihe mitgliedstaatlicher Legislativakte aufgegriffen.[36] Daneben finden sie sich in völkerrechtlichen Verträgen zwi-

---

[33] Zur Problematik der Unterscheidung zwischen Rechts- und Handlungsfähigkeit im internationalen Sprachgebrauch vgl. S. 41 ff.

[34] Z.B. Art. IX des Abkommens über die Errichtung einer Europäischen Organisation für kernphysikalische Forschung vom 1. Juli 1953, BGBl. 1954 II, S. 1013; zur Bedeutung des Begriffs „legal personality" s. S. 41 ff.

[35] Für die UN s. Art. 104 UN-Charta i.V.m. Art. 1 Section 1 of the Convention on the Privileges and Immunities of the United Nations, BGBl. 1980 II, S. 941; s. auch die gegliederte Statusklausel für die Sonderorganisationen der UN in Art. 2 Section 3 of the Convention on the Privileges and Immunities of the Specialized Agencies, UNTS Bd. 33, S. 262.

[36] US-amerikanischer International Organizations Immunities Act vom 29. Dezember 1945, 22 U.S.C. Section 288; weitere Beispiele in: Legislative Texts and Treaty Provisions (Fn. 13).

schen der Internationalen Organisation und Nichtmitgliedern, z.B. in sog. Technical Assistance Agreements.[37]

Es sind vor allem die Funktionsklauseln (z.B. Art. 104 UN-Charta), die das Konzept der innerstaatlichen Rechts- und Handlungsfähigkeit am anschaulichsten verdeutlichen. Eine Internationale Organisation hat nur in dem Umfang Rechts- und Handlungsfähigkeit, der notwendig ist, um die durch den Gründungsvertrag zugewiesenen Aufgaben eigenständig zu erfüllen. Dieser Grundsatz, den der IGH im Reparation-for-injuries-Gutachten für die internationale Handlungsfähigkeit der Vereinten Nationen aufgestellt hat („capacity to bring international claims"), gilt uneingeschränkt auch für die innerstaatliche Handlungsfähigkeit Internationaler Organisationen. In der Wissenschaft herrscht im Kontext der sog. functional necessity-Doktrin Streit über die Frage, ob eine Internationale Organisation nur im Rahmen dessen handeln kann, was strikt und unabdingbar zur Aufgabenerfüllung notwendig ist,[38] oder ob ihre Handlungsfähigkeiten in einem großzügigeren Kontext zu begreifen sind.[39] Diese Problematik läßt sich indes kaum losgelöst von den Vorschriften der speziellen Gründungsverträge beantworten. Im Rahmen dieser Untersuchung soll deshalb die Feststellung genügen, daß sich die Grenzen der völkerrechtlichen Handlungsbefugnisse (Kompetenzen) – und damit zugleich die Grenzen der innerstaatlichen Rechts- und Handlungsfähigkeit – aus den Aufgaben der Organisation ergeben. Innerhalb dieser Grenzen bleiben die sog. fiskalischen Hilfsgeschäfte, die die Existenz und Arbeitsfähigkeit der Organisation sichern, z.B. Materialbeschaffung, Publikation von Dokumenten oder Einstellungen von Angestellten. Unter funktionalen Gesichtspunkten kann beispielsweise die über die bloße Kostendeckung hinausgehende, erwerbswirtschaftliche Betätigung einer Organisation problematisch werden, soweit die Rechtsgeschäfte nicht mehr der Erfüllung des satzungsgemäßen Organisationszweckes dient.[40]

---

[37] Vgl. Model Text of Basic Agreement concerning Technical Assistance between the United Nations, the International Labour Organisation, (...) and the Government of (...), abgedr. in: United Nations Legislative Series (Fn. 13), Bd. 1, S. 369, 372.

[38] So vor allem BEKKER (Fn. 20), S. 75 ff. insb. S. 83: „*strictly necessary or essential* to achieve these aims." (Hervorhebung dort).

[39] Gegen eine eng verstandene funktionale Rechtsfähigkeit M. SINGER, Jurisdictional Immunity of International Organizations, VJIL 36 (1995), S. 53, 116 ff., 123; RENSMANN (Fn. 14), S. 308.

[40] S. z. B. Schiedsgerichtsurteil, European Molecular Biology Laboratory v. Germany, ILR 105 (1997), S. 1, 45; s. hierzu die Anmerkung von H. P. KUNZ-HALLSTEIN, Privilegien und Immunitäten internationaler Organisationen im Bereich nichthoheitlicher Privatrechtsgeschäfte, NJW 1992, S. 3069 ff.

Die aufgabenorientierte Teilrechtsfähigkeit Internationaler Organisationen erlangt auch im Rahmen der gegliederten Statusklauseln Bedeutung, und zwar unabhängig davon, ob diese explizit in Kombination mit einer Funktionsklausel auftreten.[41] Soweit gegliederte Statusklauseln die wichtigsten Ausprägungen der innerstaatlichen Handlungsfähigkeiten nennen, nämlich die Vertrags-, Verfügungs- und die Prozeßfähigkeit, ist diese Aufzählung unter funktionalen Gesichtspunkten keineswegs abschließend.[42] Beispielsweise dürfte eine Internationale Organisation grundsätzlich erbfähig sein, es sei denn, ihre Haushaltssatzung beschränkt den Mittelzufluß ausdrücklich auf Mitgliedsbeiträge.[43] Auf der anderen Seite führt die gegliederte Statusklausel nicht dazu, daß eine Internationale Organisation unabhängig vom konkreten Vertragsgegenstand rechtswirksam zivilrechtliche Verträge abschließen kann.[44] Obwohl also der internationalen Rohstofforganisation für Kakao von 1993 gem. Art. 21 ihrer Satzung[45] pauschal die Fähigkeit zugewiesen wird, zivilrechtliche Verträge zu schließen, dürfte sie mit dem Abschluß eines Kaufvertrages über Kaffee wohl ihren Aufgaben- und Kompetenzbereich überschreiten, mit der Folge, daß ihr für das Rechtsgeschäft die notwendige innerstaatliche Rechts- und Handlungsfähigkeit fehlt. Die Satzung der Internationalen Kaffeeorganisation von 1994 trägt diesem Gedanken explizit Rechnung und stellt damit eine Rechtssicherheit her, die viele Grün-

---

[41] Vgl. auch Art. 5 des Entwurfs der ILC: „They shall have the capacity, to the extent compatible with the instrument establishing them, to: (a) contract (...)", YILC 1989 II/1, S. 157.

[42] A. REINISCH, International Organizations before National Courts, 2000, S. 73; SEIDL-HOHENFELDERN/LOIBL (Fn. 18), Rn. 0334; K. ZEMANECK, Das Vertragsrecht der Internationalen Organisationen, 1957, S. 132.

[43] Im Fall des Völkerbundes hat ein englisches Gericht 1950 entschieden, daß der Völkerbund als juristische Person fähig war, bewegliches und unbewegliches Eigentum im Vereinigten Königreich zu erwerben und zu halten sowie gemäß seiner Haushaltssatzung die Fähigkeit hatte, Geschenke von Privatpersonen – auch durch Vermächtnis – entgegenzunehmen, berichtet durch A. B. LYONS, Was the League of Nations a Charity, BYIL 27 (1950), S. 434 f.; zur Erbfähigkeit Internationaler Organisationen s. auch: JENKS (Fn. 21), S. 203.

[44] SEIDL-HOHENVELDERN (Fn. 21) S. 63; so auch das Kantonsgericht Den Haag, A. S. v. Iran-United States Claims Tribunal, 8.6.1983, NYIL 1984 (15), S. 429, 431; vgl. aber auch die Stellungnahme der UN zum Umfang ihrer Fähigkeit, zivilrechtliche Verträge zu schliessen: „So far as is known, no State has placed any express limitations upon its recognition of the contractual capacity of the United Nations. The Organizations may therefore use its contractual powers, subject to the limitations imposed by its own structure (...), for the same purposes as any other legal entity recognized by particular municipal systems.", abgedr. in: Relations between States and International Organizations, The practice of the United Nations (...), YILC 1985 II/1, S. 153.

[45] UNTS Bd. 1446, S. 104, 113.

dungsverträge vermissen lassen.[46] Während Art. 8 die gängige gegliederte Statusklausel wiedergibt, formuliert Art. 24 Abs. 1:

> Art. 24 (1): „The Organizations, functioning as specified in Paragraph (3) of Article 7, shall not have power to incur any obligations outside the scope of this Agreement, and shall not be taken to have been authorized by the Members to do so; in particular shall not have the capacity to borrow money (...).“[47]

Mit dieser Konzeption funktional limitierter Rechts- und Handlungsfähigkeit folgt das internationale Recht der anglo-amerikanischen ultra vires-Doktrin.[48]

Die funktionale Begrenzung innerstaatlicher Rechts- und Handlungsfähigkeit wird auf der völkerrechtlichen Ebene aufgegeben, wenn der Gründungsvertrag der Internationalen Organisation „full juridical personality“ zuspricht.[49] Diese Deutung erscheint auf den ersten Blick systemwidrig, da Handlungsmacht außerhalb des völkerrechtlichen Aufgabenkreises zumindest auf völkerrechtlicher Ebene unbekannt ist.[50] Die Zuweisung innerstaatlicher Vollrechtsfähigkeit läßt sich jedoch aus dem Blickwinkel der Mitgliedstaaten als Zugeständnis an das allgemeine Verkehrsinteresse deuten. Full personality-Klauseln finden sich da-

---

[46] Internationale Kaffee-Übereinkommen von 1994, BGBl. 1996 II, S. 171 ff.; s. auch Art. XV Abs. 1 der Satzung der FAO, UNYB 1946 – 1947, S. 693.

[47] Art. 24 des Internationalen Kaffee-Übereinkommens von 1994 (Fn. 46) steht entstehungsgeschichtlich in einem engen Zusammenhang mit der Zahlungsunfähigkeit des Zinnrates des 6. Internationalen Zinnübereinkommens vom 26.6.1981.

[48] Vgl. J. MANTELL, Wirkungsgrenzen juristischer Personen im deutschen und im angloamerikanischen Recht, 1972, S. 21 ff.; das deutsche Recht kennt keine Begrenzung der Rechtsfähigkeit juristischer Personen des Zivilrechts, vgl. K. SCHMIDT, Gesellschaftsrecht, 1997, § 8 V S. 221 ff.; der Bundesgerichtshof für Zivilsachen hat im Hinblick auf die Teilrechtsfähigkeit juristischer Personen des öffentlichen Rechts das Zivilrechtsgeschäft außerhalb des Satzungszwecks aufgrund der *objektiv* gegebenen Rechtslage für nichtig erklärt, BGHZ 20, 119 ff. (Teilrechtsfähigkeit).

[49] Art. IX Absatz 2 Satzung des IMF, BGBl. 1952 II, S. 638 ff.; Art. VII Absatz 2 Satzung des IBRD, BGBl. 1952 II, S. 664 ff.; Art. VI Absatz 2 Satzung der IFC, BGBl. 1956 II, S. 149 ff.

[50] Diese Interpretation gilt auch im Rahmen der Art. 282 EGV, Art. 185 EAGV und Art. 6 Abs. 3 EGKSV („weitestgehende Rechts- und Geschäftsfähigkeit“), A. KALLMAYER, in: Calliess/Ruffert (Hrgs.), EUV/EGV, Art. 282, Rn. 3; SIMMA/VEDDER, in: Grabitz/Hilf (Fn. 5), Art. 282, Rn. 9; J. GRUNEWALD, in: Groeben/Thiesing/Ehlermann, EWGV, Art. 211, Rn. 8; a.A: SEIDL-HOHENVELDERN (Fn. 21), S. 63 f. mit dem anschaulichen Beispiel, daß die EGKS wohl kaum kompetent sein dürfte, eine Lotterie zur Rettung nubischer Monumente zu veranstalten. R. GEIGER (in: EG-Vertrag, Art. 211, Rn. 1) will die innerstaatliche Rechtsfähigkeit der EGen nicht auf völkerrechtliche Ebene funktional beschränken, sondern nach Maßgabe der deutschen Rechtsordnung gemäß den Regeln der Teilrechtsfähigkeit juristischer Personen des öffentlichen Rechts.

her vor allem in Gründungsverträgen, deren operatives Mandat funktionierende Geschäftsbeziehungen mit „Privaten" voraussetzt. Die Deutung der Klauseln als aufgabenunabhängige Vollrechtsfähigkeit wird von Art. 47 des Abkommens über die Internationale Zivilluftfahrt-Organisation (ICAO) gestützt, insbesondere von dem Zusammenspiel der Sätze 1 und 2:

> Art. 47: „The Organization shall enjoy in the territory of each contracting State such legal capacity as may be necessary for the performance of its functions. Full juridical personality shall be granted wherever compatible with the constitution and laws of the State concerned." [51]

Die innerstaatliche „full juridical personality" der ICAO (Satz 2) geht hiernach in ihrem Umfang weiter als der Aufgabenkreis der Organisation (Satz 1). Das Mehr an innerstaatlicher Handlungsmacht wird durch ein Zugeständnis an etwaige nationale Besonderheiten aufgefangen. Bedeutung kann Art. 47 Satz 2 insofern für das anglo-amerikanische Zivilrecht erlangen (ultra vires-doctrine), aber beispielsweise auch für die Verfassung Venezuelas, die das Recht Internationaler Organisationen zum Erwerb von unbeweglichem Eigentum unter Gesetzesvorbehalt stellt.[52] Die ICAO genießt damit in den genannten Rechtsordnungen lediglich eine innerstaatliche Teilrechtsfähigkeit, umgrenzt durch Völkerrecht (Art. 47 Satz 1) und durch nationales Recht (Art. 47 Satz 2).[53]

b) Rechtsfähigkeit in den Rechtsordnungen von Nichtmitgliedern

Nicht selten agieren Internationale Organisationen zur Erfüllung ihres Mandates auch im Hoheitsgebiet von Nichtmitgliedstaaten. Das damit akut werdende Problem der Handlungsfähigkeit in „fremden" nationalen Rechtsordnungen folgt in seiner Argumentationslinie der bereits erörterten Problematik der Völkerrechtsfähigkeit Internationaler Organisationen.[54] Da der Gründungsvertrag inklusive der Statusklausel für außenstehende Staaten eine *res inter alios acta* darstellt, bedarf es grundsätzlich der ausdrücklichen oder konkludenten Anerkennung der innerstaatlichen Rechtsfähigkeit der betreffenden Internationalen Organisation durch den Nichtmitgliedstaat. Ein völkergewohnheitsrechtlicher

---

51 BGBl. 1956 II S. 411; UNTS Bd. 15, S. 295.

52 Art. 8 Abs. 2 Satz 2 der Verfassung Venezuelas von 1983: „The acquisition of real property by international organizations may be authorized only in accordance with conditions and restrictions established by law." (Übersetzung s. BLAUSTEIN/FLANZ, Constitutions of the Countries of the World, Bd. XX).

53 Kritisch hierzu JENKS (Fn. 21), S. 271.

54 Hierzu S. 55 ff.

Satz, der die Nichtmitgliedstaaten zur Anerkennung der innerstaatlichen Rechtsfähigkeit verpflichten würde, hat sich bisher noch nicht herausgebildet.[55]

Die Anerkennung der innerstaatlichen Rechtspersönlichkeit durch Nichtmitgliedstaaten erfolgt in der Regel durch den Abschluß von völkerrechtlichen Statusabkommen[56] oder durch innerstaatliche Legislativakte[57]. Ob allerdings bereits aus der Anerkennung der Völkerrechtspersönlichkeit eine Pflicht des Nichtmitglieds folgt, die innerstaatliche Rechtspersönlichkeit der Organisation innerhalb seiner Rechtsordnung ebenfalls anzuerkennen, ist zweifelhaft.[58] Nichtmitglieder sind grundsätzlich nicht gezwungen, jeden kompetentiellen Teilaspekt der Rechtsfähigkeit einer „fremden" Internationalen Organisation gegen sich gelten zu lassen. Dieser Rechtsauffassung folgt zumindest die Staatenpraxis. So stellte das ILC-Mitglied SUCHARITKUL in Bezug auf die Rechtsfähigkeit der Europäischen Gemeinschaft fest: „Indeed, while States always recognized the Community's legal personality under international law, they did not always recognize it under their internal law."[59] In diesem Zusammenhang verdient die konkludente Anerkennung der innerstaatlichen Rechtspersönlichkeit einer Internationalen Organisation besondere Aufmerksamkeit. Das bloße Dulden der Geschäftstätigkeit einer „fremden" Internationalen Organisation wird allerdings nur in Extremfällen – z.B. bei umfangreichen und für den Nichtmitgliedstaat offenkundigen Geschäftstätigkeiten im Inland – als konkludente Anerkennung gewertet werden können.

Soweit eine Anerkennung der innerstaatlichen Rechtsfähigkeit nicht erfolgt, stellt sich für das streitentscheidende Gericht des Nichtmitgliedstaates die Frage, ob die innerstaatliche Rechtsfähigkeit der „fremden" Internationalen Organisation aus einem kollisionsrechtlichen Verweis auf den *völkerrechtlichen Gründungsvertrag* abzuleiten ist. Diesen Weg hat der britische High Court im Fall Westland Helicopters Ltd. v. Arab Organisation for Industrialisation beschritten.[60] Mit dieser Entscheidung hat die englische Gerichtsbarkeit von ihrer bisherigen Spruchpraxis Abstand genommen, über das Kollisionsrecht auf die

---

55 RENSMANN (Fn. 14), S. 309.

56 Für die Schweiz im Verhältnis zur UN: Interim Arrangement on Privileges and Immunities of the United Nations vom 1. Juli 1946, UNTS Bd. 1, S. 164.

57 Für die Bundesrepublik Deutschland s. die Ermächtigung des Verordnungsgebers in Art. 3 des Gesetzes vom 22. Juni 1954 über den Beitritt der Bundesrepublik Deutschland zum Abkommen über die Vorrechte und Befreiungen der Sonderorganisationen der Vereinten Nationen vom 21. November 1947, BGBl. 1954 II, S. 639.

58 So aber SIMMA/VEDDER (Fn. 5), Art. 282, Rn. 22.

59 YILC 1979 I, S. 97, Rn. 10.

60 Westland Helicopters Ltd v. Arab Organisations for Industrialisation (Fn. 29), S. 408.

Rechtsordnung eines Mitgliedstaates der fraglichen Internationalen Organisation zu verweisen.[61] Der High Court hat in seinen Entscheidungsgründen allerdings nicht thematisiert, ob die Anerkennung der Arab Organisation for Industrialisation als *Völkerrechtssubjekt* notwendige Voraussetzung für den kollisionsrechtlichen Verweis auf den völkerrechtlichen Gründungsvertrag ist. Das Gericht konnte diese Frage offen lassen, da die britische Regierung zuvor ihre Auffassung vom Verhältnis zwischen völkerrechtlicher Anerkennung und innerstaatlicher Rechtsfähigkeit dargelegt hatte: „It is considered that the legal personality and capacity in this country of such a bank or other entity would be acknowledged by the English courts, and the Foreign and Commonwealth Office would welcome such a finding by the courts. (...) I am advised that the capacity of such a bank or other legal entity to enter into loan or other contracts and to sue and be sued on them in this country does not depend upon the entity's being recognised by the United Kingdom Government."[62] Soweit sich die britische Regierung mit dem Begriff „entity" auf Internationale Organisationen mit partikularer Völkerrechtssubjektivität bezieht, folgt sie mit ihrem Verzicht auf eine vorherige völkerrechtliche Anerkennung *mutatis mutandis* der kollisionsrechtlichen Spruchpraxis britischer Gerichte, die das Zivilrecht nicht anerkannter Staaten anwenden.[63] Darüber hinaus verdeutlicht die Stellungnahme der britischen Regierung, daß die Anerkennung der innerstaatlichen Rechtsfähigkeit einer Internationalen Organisation keinen Schluß auf die Anerkennung ihrer Völkerrechtssubjektivität erlaubt.

c) Innerstaatliche Deliktsfähigkeit

Die dargestellten Grundsätze der innerstaatlichen Rechts- und Handlungsfähigkeit Internationaler Organisationen werden haftungsrechtlich vor allem im Rahmen von Vertragsobliegenheiten relevant. Aber die Berührungspunkte zwischen Internationalen Organisationen und Zivilpersonen erschöpfen sich nicht in

---

[61] So noch im Fall Arab Monetary Fund v. Hashim, House of Lords, 21. Februar 1991, All ER 1991, Bd. 1, S. 871, 878 f.; Umfassend zu der englischen Rechtsprechung RENSMANN (Fn. 14), S. 308 ff.; REINISCH (Fn. 42), S. 64 ff.

[62] Abgedr. in BYIL 49 (1978) S. 347 (Hervorhebung hier); auf diese Äußerung beruft sich auch Judge Hoffmann im Fall Arab Monetary Fund v. Hashim, High Court, 14. November 1989, All ER 1990, Bd. 1, S. 685, 690.

[63] Internationale Beispiele in: G. KEGEL/K. SCHURIG, Internationales Privatrecht, 2000, § 1 IV, S. 19 f.; für das Vereinigte Königreich s. vor allem House of Lords (Lord Denning), Hesperides Hotels Limited v. Aegean Turkish Holidays Limited, 23.5.1977, W.L.R. 1977, Bd. 3, S. 656, 663; anders noch der Court of Appeal, Carl-Zeiss-Stiftung v. Rayner & Keeler Ltd. 17.12.1964, All ER 1965, Bd. 1, S. 300 ff. im Hinblick auf die Nichtanerkennung der DDR; zu den Besonderheiten dieser Entscheidung s. J. FROWEIN, Die Entscheidung des britischen Court of Appeals, ZaöRV 25 (1965), S. 517 ff.

Geschäftsbeziehungen. Gerade in Zusammenhang mit friedenssichernden Maßnahmen stehen deliktische Verletzungen von Personen und Eigentum im Zentrum von Haftungsfragen. Die Vielzahl von Autounfällen im Rahmen von Peacekeeping-Einsätzen, die Zerstörung von Eigentum, die Besetzung von Häusern und Grundstücken sowie die Verletzung bzw. Tötung von Personen durch vorsätzlichen oder fahrlässigen Schußwaffengebrauch sind nur einige Beispiele für potentielle deliktische Rechtsbeziehungen zwischen Internationalen Organisationen und Zivilpersonen.

Im Hinblick auf den Organwalter der Internationalen Organisation – also das schadensverursachende Individuum – läßt sich die Frage der Deliktsfähigkeit dieser Person auf Basis des nationalen Kollisionsrechts des Aufenthaltsstaates und des daran anknüpfenden Deliktstatuts beantworten.[64] An das schädigende Verhalten des Organwalters schließen sich allerdings Folgefragen an: Ist sein deliktische Verhalten im Verhältnis zur Anstellungskörperschaft – der Internationalen Organisation – *ex lege* immer ultra vires? Oder kann sie unter bestimmten rechtlichen Voraussetzungen der Internationalen Organisation zugerechnet werden. Eine rechtliche Zurechnung würde voraussetzen, daß die Internationale Organisation im Aufenthaltsstaat deliktsfähig bzw. unrechtsfähig ist. Die Deliktsfähigkeit regelt sich dabei nicht nach nationalem Recht des Aufenthaltsstaates, sondern nach dem Personalstatut der Internationalen Organisation, also vor allem ihrem völkerrechtlichen Gründungsvertrag sowie den speziellen völkerrechtlichen Statusabkommen.[65] Diese Abkommen unterliegen ausschließlich dem internationalen Rechtsregime.

Das Gros der statusbezogenen Abkommen einer Internationalen Organisation zeichnet sich durch eine Gemeinsamkeit aus: Die Deliktsfähigkeit der Internationalen Organisation (delictual capacity[66]) wird trotz der Schadensgeneigtheit mancher internationaler Mandate nicht explizit in den Rechtsfähigkeitsklauseln der Status- und Immunitätsabkommen herausgestellt. Dies liegt vor allem daran, daß der Rechtsbegriff der Deliktsfähigkeit dogmatisch primär im deutschen und italienischen Zivilrecht beheimatet ist, nicht hingegen im anglo-amerikanischen Rechtsraum. Trotz des Fehlens von ausdrücklichen delicutal capacity-Klauseln kann die Deliktsfähigkeit einer Internationalen Organisation mit gutem Grund als immanenter Teil der ausdrücklich zuerkannten innerstaatlichen Handlungsfähigkeit betrachtet werden (legal capacity, capacité juridique[67]). Einen Beleg

---

64 B. v. HOFFMANN, in: Staudinger (1998), Art. 38 EGBGB, Rn 170 ff.

65 RENSMANN (Fn. 14), S. 309; SEIDL-HOHENVELDERN/LOIBL (Fn. 18), Rn. 0721.

66 ILC, Report on State responsibility, YILC 1973 II, S. 177.

67 Zur Terminologie s. S. 41 ff.

hierfür bietet das Protokoll über die Vorrechte und Immunitäten der Europäischen Organisation für die Nutzung von meteorologischen Satelliten (EUMETSAT). Das Abkommen enthält neben der üblichen Rechts- und Handlungsfähigkeitsklausel (Art. 2) eine Regelung (Art. 4), die besagt, daß die Organisation im Rahmen ihrer amtlichen Tätigkeit Immunität genießt, außer:

> Art. 4: „... in respect of civil action by a third party for damages arising from an accident caused by a vehicle or other means of transport belonging to or operated on behalf of EUMETSAT ...“[68]

Für die Fälle, in denen EUMETSAT Jurisdiktionsimmunität von den Gerichten des Sitz- oder Aufenthaltsstaates genießt, regelt Art. 22 die Beilegung von Streitigkeit:

> Art. 22: „(...)
> a) arising out of damage caused by EUMETSAT
> b) involving any other non-contractual responsibility of EUMETSAT.“

Die hier nur exemplarisch herausgestellten Regeln des EUMETSAT-Protokolls, die sich in gleichem oder ähnlichem Wortlaut in anderen Statusabkommen finden[69], setzen die innerstaatliche Deliktsfähigkeit der Organisation im Aufenthaltsstaat voraus. Auch besondere Streitbeilegungsklauseln – z.B. im Statusabkommen zwischen den Vereinten Nationen und Ägypten für UNEF I[70] – lassen indirekt Schlüsse auf die Deliktsfähigkeit der Internationalen Organisation zu:

> Art. 38: „Disputes or Claims of a private law nature shall be settled in accordance with the following provisions: (...)[71]
> (b) any claim made by

---

[68] Protocol on the Privileges and Immunities of the European Organisation for the Exploitation of Meteorological Satellites, BGBl. 1989 II, S. 702.

[69] Internationale Abkommen über Zusammenarbeit zur Sicherung der Luftfahrt „EUROCONTROL“ (Art. 25), BGBl. 1962 II, S. 2274, 2290; Protocol on INTELSAT Privileges, Exemptions and Immunities (Art. 2), BGBl. 1980 II, S. 706, 708; Protocol on the Privileges and Immunities of the International Maritime Satellite Organization, IMMARSAT (Art. 2), BGBl. 1984 II, S. 597, 598; Protocol on Privileges and Immunities of the European Patent Organisation (Art. 3), UNTS Bd. 1065, S. 500.

[70] Zu der Bedeutung des Art. 38 UNEF-Statusabkommen ausführlich S. 226 ff.

[71] Exchange of letters constituting an agreement between the United Nations and the Government of Egypt concerning the status of the United Emergency Force in Egypt, 8 February 1957, UNTS Bd. 260, S. 61.; vgl. auch den identischen Wortlaut im Status of Force Abkommen der UNFICYP vom 31. März 1964, UNTS Bd. 492, S. 58; vgl. auch Report of the Secretary-General, model status-of-force agreement for peace-keeping operations, UN-Doc. A/45/594, 9. Oktober 1990.

(i) an Egyptian citizen in respect of any damages alleged to result from an act or omission of a member of the Force relating to his official duties; (...)."

Aber selbst wenn die Streitbeilegungsklauseln in den Gründungs- und Statusabkommen Internationaler Organisationen nicht derart explizit von „Schäden Privater" sprechen, sondern lediglich pauschal auf „disputes of privat (law) character" verweisen,[72] haben Internationale Organisationen in der Praxis die deliktischen Ansprüche von Zivilpersonen immer dann akzeptiert, wenn sie auf Basis konkreter Haftungsregeln als begründet erachtet wurden.[73] So hat beispielsweise die UN-Generalversammlung bereits in ihrer ersten Sitzungsperiode die prinzipielle rechtliche Verantwortlichkeit der Vereinten Nationen für schadensverursachende Dienstfahrten anerkannt und UN-Generalsekretär TRYGVE LIE aufgefordert, den Abschluß einer Haftpflichtversicherung für alle Fahrer von UN-Dienstfahrzeugen sowie für das übrige UN-Personal sicherzustellen.[74] Mit dieser versicherungstechnischen Vorsorge erfüllen die Vereinten Nationen ihre völkerrechtliche Verpflichtung aus Art. VIII § 29 lit. a UN-Immunitätenkonvention, angemessene Vorkehrungen zur Beilegung von „disputes of a private law character" zu treffen.[75] Schließlich hat auch der IGH in seinem jüngsten Gutachten zur Immunität eines UN-Expert on Mission in einem *obiter dictum* die prinzipielle Fähigkeit der Vereinten Nationen betont, für deliktische Handlungen in ihren Aufenthaltsstaaten rechtlich verantwortlich zu zeichnen: „Finally, the Court wishes to point out that the question of immunity from legal process is distinct from the issue of compensation for any damages incurred as a result of acts performed by the United Nations or by its agent acting in their official capacity. The United Nations may be required to bear responsibility for

---

[72] Siehe Art. IX Abs. 31 Convention on the Privileges and Immunities of the Specialized Agencies, 21. November 1947, UNTS Bd. 33, S. 262; s. hierzu auch C. W. JENKS, International Immunities, 1961, S. 42 f.

[73] M. H. ARSANJANI, Claims Against International Organizations, YJWPO 7 (1981), S. 131, 138.

[74] Resolution relating to the insurance against third partiy risks of motor-cars of the Organizations and of Members of the Staff, GA-Res. 22 (I) E, GAOR, 1st Sess., Resolutions Jan./Feb. 1946, S. 33. Die Sitzabkommen anderer Internationaler Organisationen (z.B. EUMETSAT, EMBL, ESO und EWO) statuieren eine explizite völkerrechtliche Pflicht der betreffenden Organisationen zum Abschluß von Haftpflichtversicherungen für Risikobereiche, um die Jurisdiktionsimmunität der Organisationen für Dritte – auch unter rechtsstaatlichen Gesichtspunkten – verträglich zu gestalten. Die Versicherer genießen im Gegensatz zu den Internationalen Organisationen und ihren Bediensteten keine Immunität vor nationalen Gerichten, vgl. M. WENCKSTERN, Die Immunität internationaler Organisationen, Handbuch des Internationalen Zivilverfahrensrechts, Bd. II/1, 1994, Rn. 472; D. HUG, Die Rechtsstellung der in der Schweiz niedergelassenen internationalen Organisationen, 1984, S. 84 f.

[75] Convention on the Privileges and Immunities of the United Nations, 13. Februar 1946, UNTS Bd. 1, S. 16 ff.

damage arising from such acts. However, as is clear from Art. VIII, Section 29, of the General Convention, any such claims against the United Nations shall not be dealt with by national courts but shall be settled in accordance with the appropriate modes of settlement that '(t)he United Nations shall make provisions for' pursuant to Section 29.“[76]

Festzuhalten bleibt, daß auf Basis der Gründungsverträge, Statusabkommen und der daran anknüpfenden Praxis die Zuweisung von innerstaatlicher Deliktsfähigkeit zu Internationalen Organisationen durch ihr internationales Personalstatus bejaht werden muß. Allerdings sagt die Deliktsfähigkeit einer Internationalen Organisation innerhalb des Aufenthaltsstaates noch nichts darüber aus, welches Recht die Voraussetzungen der Haftung sowie die Art und Höhe des Schadensersatzes regelt (sog. Deliktsstatut). Dabei kann nicht ohne weiteres unterstellt werden, daß die Gründungsverträge und Statusabkommen von Internationalen Organisationen hier immer pauschal auf das nationale Deliktsrecht des Aufenthaltsstaates verweisen (lex loci delicti commissi). Diese Annahme würde vor allem bei speziellen operativen Mandaten der besonderen Stellung der Internationalen Organisation im Aufenthaltsstaat nicht gerecht.[77] Zwar entspricht es auch im Rahmen spezieller Mandate nicht der Praxis, eine deliktische Haftung für Privatschäden kategorisch zurückzuweisen, allerdings können die konkreten Umstände, unter denen eine Internationale Organisation Schäden verursacht, die rechtlichen Voraussetzungen ihrer Haftung erheblich beeinflussen. Dies gilt besonders für die schadensintensive Tätigkeit Internationaler Organisationen im Rahmen von Militäreinsätzen und Territorialverwaltungen, wie in Teil 3 der Untersuchung gezeigt wird.[78]

II. Jurisdiktionsimmunität

Der Rechtsstatus Internationaler Organisationen in den Rechtsordnungen der Staaten – primär geprägt von den oben behandelten Rechtsfähigkeitsklauseln – wird durch Immunitätsvorschriften komplettiert. Der innere Zusammenhang zwischen Rechtsfähigkeit und Immunität[79] ist offenkundig: Soweit der Organi-

---

[76] IGH, Difference Relating to Immunity from Legal Process of a Special Rapporteur of the Commission on Human Rights, I.C.J. Reports 1999, S. 62, 88 f., Ziff. 66.

[77] Siehe hierzu S. 226 ff. (UNEF).

[78] ARSANJANI (Fn. 73), S. 143.

[79] Immunität ist der Oberbegriff für Gerichtsfreiheit im Sinne von Jurisdiktionsimmunität im Erkenntnisverfahren und Vollstreckungsimmunität im Vollstreckungsverfahren.

sation die Fähigkeit zugewiesen ist, innerhalb der nationalen Rechtsordnung in rechtserheblicher Weise zu agieren, etabliert die nachfolgende Immunitätsklausel ein prozessuales Verfahrenshindernis, das die Organisation vor nationalen Gerichtsverfahren schützt.[80] Für das Haftungsrecht Internationaler Organisationen ist die Frage der Immunität von besonderer Bedeutung: Nicht zuletzt ist es diesem Status zu verdanken, daß das internationale Haftungsrecht in verfahrensrechtlicher und materiellrechtlicher Hinsicht für geschädigte Zivilpersonen undurchsichtig bleibt. Da der vertraute Gang vor die heimatstaatlichen Gerichte durch die Jurisdiktionsimmunität der Internationalen Organisation regelmäßig erfolglos bleiben muß, stellen sich für das geschädigte Individuum eine Reihe ungewohnter Rechtsfragen: Kann eine Zivilperson auf internationaler Ebene Inhaber von Sekundäransprüchen sein und wird ihm von der schädigenden Internationalen Organisation ein *ius standi* vor den zuständigen Organen eingeräumt? Soweit die Internationale Organisation letztere akzeptiert, sind für die Zivilperson die ungeschriebenen haftungsrechtlichen Anspruchsgrundlagen und -voraussetzungen wenig transparent. Dazu trägt die Praxis Internationaler Organisationen bei, Ansprüche geschädigter Zivilpersonen organisationsinternen Streitschlichtungsgremien zu überantworten, die unter Ausschluß der Öffentlichkeit judizieren.[81] Die Immunität Internationaler Organisationen vor nationalen Gerichten birgt insofern für den Geschädigten erhebliche Probleme.

Trotz der praktischen Relevanz des Themas „Immunität Internationaler Organisationen" wird derzeit kein Kodifikationsbedarf gesehen. Die Verweigerungshaltung der Staaten und der Internationalen Organisationen führte dazu, daß die International Law Commission der Vereinten Nationen ihre Bemühungen zum Thema „Status, Privilegien und Immunitäten Internationaler Organisationen" 1992 vorläufig eingestellt hat.[82]

1. Herleitung der Jurisdiktionsimmunität

Die Befreiung Internationaler Organisationen von der staatlichen Gerichtsbarkeit ist in der Regel in völkerrechtlichen Abkommen verankert: Gründungsver-

---

Gegenstand der nachfolgenden Ausführungen ist ausschließlich die Immunität einer Internationalen Organisation im Erkenntnisverfahren.

[80] Die Juridiktionsimmunität Internationaler Organisationen ist ein Teilausschnitt aus dem Recht der Internationalen Organisationen, der in der Wissenschaft und in der nationalen Rechtsprechung viel Beachtung findet. In der jüngeren Literatur s. BEKKER (Fn. 20), passim; SINGER (Fn. 39), S. 53 ff.; WENCKSTERN (Fn. 74), passim. Eine umfassende Übersicht über die einschlägige Rechtsprechung nationaler Gerichte bietet REINISCH (Fn. 42), S. 169 ff.

[81] Siehe hierzu ausführlich S. 238 ff. (UNEF) und S. 455 ff. (UN-Praxis nach 1990).

[82] YILC 1992 II/2, S. 53, Rn. 359 ff.

träge, bilaterale und multilaterale Sitz- oder Statusabkommen vermitteln den Eindruck, daß an der Jurisdiktionsimmunität Internationaler Organisationen im Grundsatz kein Zweifel bestehen kann. Soweit geschriebene völkerrechtliche Grundlagen in dieser Dichte existieren, erscheint jeder dogmatische Disput über die Rechtfertigung der Immunität Internationaler Organisationen überflüssig. Dennoch wird in der Literatur und der nationalen Rechtsprechung die Frage nach der rechtlichen Basis und der Rechtfertigung der Jurisdiktionsimmunität Internationaler Organisationen immer wieder aufgeworfen, um die Lücken in der Vertragspraxis methodisch aufzufüllen. Die vertretenen Standpunkte in der gerichtlichen und behördlichen Praxis sowie in der Literatur sind dabei äußerst facettenreich.

Einem klar rechtspositivistischen Ansatz folgt das Schweizerische Bundesgericht in ständiger Rechtsprechung. In seiner jüngsten Entscheidung vom 25. Januar 1999 stellte es zur Jurisdiktionsimmunität Internationaler Organisationen fest: „L'immunité de juridiction des organisations internationales ne découle pas directement de leur personnalité juridique internationale. N'étant pas, contrairement aux Etats, des sujets pléniers du droit international, ces organisations tiennent toujours leur immunité d'un instrument de droit international public, que ce soit de conventions multilatérales entre les Etats membres d'une organisation ou d'accords bilatéraux, les accords de siège avec l'Etat hôte venant au premier rang.“[83] Dieser Rechtsauffassung steht die Rechtsprechung des italienischen Corte di Cassazione diametral gegenüber. Das italienische Gericht vertritt den Standpunkt – ebenfalls in ständiger Rechtsprechung –, die Immunität Internationaler Organisationen korreliere mit ihrer internationalen Rechtspersönlichkeit.[84] Soweit also keine innerstaatlich geltende Vertragsnorm Italien zur Gewährung von Immunitäten verpflichte, sei die Immunität aus der Rechtspersönlichkeit der Organisation in Verbindung mit dem gewohnheitsrechtlichen Grundsatz *par in parem non habet iuridictionem* abzuleiten.[85] Die Immunität Internationaler Organisationen verhalte sich dementsprechend analog

[83] Urteil vom 25. 1. 1999, abgedr. in: IPrax 1999, S. 257, 259, s. auch das Urteil vom 22. Juni 1995, abgedr. in: CAFLISCH, La pratique suisse en matière de droit international public 1995, SZIER 4 (1996), S. 597; aufgegriffen von: l'Autorité de surveillance de Genève en matière de poursuite pour dettes et de faillite, Entscheidung vom 9. April 1997, abgedr. in: CAFLISCH (a.a.O.).

[84] Kritisch: CH. DOMINICE, La nature et l'étendue de l'immunité de juridiction des organisations internationales, in: FS Seidl-Hohenveldern, 1988, S. 77, 92.

[85] Corte di Cassazione (Italien), Cristiani v. Italian Latin-American Institute, 25. November 1995, ILR 87 (1992), S. 20, 24; Corte di Cassazione, FAO v. INPDAI, 18. Oktober 1982, ILR 87 (1992), S. 1, 6 f.; ders., Bari Institute of International Centre for Advanced Mediterranean Agronomic Studies v. Jasbez, 21.10.1977, ILR 77 (1988), S. 602, 604.

zu derjenigen der Staaten. Das Heranziehen des Grundsatzes *par in parem non habet iuridictionem* durch die italienische Rechtsprechung ist insofern mißverständlich, als er gerade im Bereich der Staatenimmunität keine uneingeschränkte Geltung mehr beansprucht. Der Konnex zwischen staatlicher Souveränität und Staatenimmunität ist zumindest im Bereich des kommerziellen Handelns der Staaten (sog. acta iure gestionis) durch abweichendes Völkergewohnheitsrecht aufgehoben.[86] Das räumte auch der Corte de Cassatione in seinem Urteil *Mininne v. Bari Institute* vom 4. April 1986 ein.[87] Die Staatenimmunität diene – so das Gericht – nicht mehr der ultimativen Autorität des Monarchen, sondern dem internationalen Bedürfnis nach Autonomie und notwendiger Unabhängigkeit der Staaten bei der Ausübung ihrer souveränen Funktionen; gleiches gelte für Internationale Organisationen.[88]

Die Urteilsgründe des Corte de Cassatione im Mininni-Fall, die sich von den früheren und späteren Entscheidungen des Gerichts argumentativ abheben, findet breiten Rückhalt im Schrifttum: Eine Analogie zur Staatenimmunität lehnen eine Reihe von Autoren mit dem Hinweis ab, Internationale Organisationen seien keine souveränen Einheiten, denen Immunität inhärent sein könne.[89] Die Jurisdiktionsimmunität Internationaler Organisationen wird vielmehr mit Blick auf den Wortlaut des Art. 105 Abs. 1 UN-Charta[90] unter dem Gesichtspunkt gerechtfertigt, diese sei notwendig, um die Unabhängigkeit und Autonomie der Organisation bei der Ausübung der zugewiesenen Aufgaben im Verhältnis zu den Staaten zu gewährleisten (sog. functional necessity-Doktrin).[91] Diese funktionale Notwendigkeit der Immunitätsgewährung ergebe sich vor allem aus dem Umstand, daß Internationale Organisationen mangels eigenem Hoheitsgebiet immer auf dem Territorium eines Staates operieren müßten. Damit seien sie

[86] Ausführlich hierzu BVerfGE 16, 27 ff. (Staatenimmunität); s. auch das Europäische Übereinkommen über die Staatenimmunität, ILM 11 (1972), S. 420.

[87] Corte di Cassazione, Mininni v. Bari Institute of the International Centre for advanced Mediterranean Agronomic Studies, 4. April 1986, ILR 84 (1992), S. 29, 34 f.

[88] Auf die Ausübung von übertragener staatlicher Souveränität durch Internationale Organisationen stellen auch niederländische Gerichte ab: Rechtbank Maastricht, Eckhardt v. Organizations for the Safety of Air Navigation (Eurocontrol), 12. Januar 1984, ILR 94 (1994), S. 331, 337: „Since (...) the Parties to the Convention established a public international organization to whom they transferred a limited amount of sovereignty for the safety of air navigation over their territories, it follows that the Organizations is entitled to immunity from jurisdiction in the grounds of customary international law to the extent that is necessary for the operation of its public service."

[89] RENSMANN (Fn. 14), S. 313 f.; R. HIGGINS, Problems and Process, 1994, S. 93.

[90] Wortlaut hier abgedr. S. 91.

[91] WENCKSTERN (Fn. 74), Rn. 54; M. GESTER/D. ROTENBERG, in: Simma (Hrsg.), Charter of the United Nations, Bd. 2, 2002, Art. 105 Rn. 7.

durch parteiische oder divergierende Entscheidungen staatlicher Organe in ihrer funktionalen Unabhängigkeit bedroht.[92] In den wenigen Fällen, in denen eine explizite Immunitätsklausel in den Gründungsverträgen fehlt, bereitet der angeführte Rechtfertigungsansatz – die funktionale Notwendigkeit – den Weg zu einer *implizit* in den Gründungsverträgen verankerten Jurisdiktionsimmunität. Diesem Ansatz folgte beispielsweise der französische Cour de Cassation, als er im Rechtsstreit *International Institute of Refrigeration v. Elkaim* die unterinstanzlichen Urteile wegen impliziter Jurisdiktionsimmunität der Organisation aufhob.[93]

Soweit staatliche Gerichte zur Herleitung der Immunität Internationaler Organisationen nicht wie der Cour de Cassation den Weg der erweiternden Auslegung des Gründungsvertrages beschreiten wollen, bleibt ihnen als Rechtsgrundlage nur das Völkergewohnheitsrecht. Der niederländische Hoge Raad bejahte diese Rechtsgrundlage und sprach auf ihrer Grundlage dem Iran-United States Claims Tribunal Juridiktionsimmunität vor niederländischen Gerichten zu.[94] Den Nachweis des Völkergewohnheitsrechts anhand der internationalen Praxis bleibt das Gericht zwar schuldig, angesichts der eingangs angesprochenen Dichte der völkerrechtlichen Immunitätsvorschriften ist seine Annahme jedoch gut begründbar.[95] Zwingende Voraussetzung für die Anwendbarkeit einer immunitätsbegründenden gewohnheitsrechtlichen Norm ist allerdings, daß die Internationale Organisation *innerstaatliche* Rechtspersönlichkeit genießt, da ohne eine solche Rechtspersönlichkeit die Organisation gar nicht fähig wäre, vor einem nationalen Gericht als Partei verklagt zu werden.

---

[92] CH. DOMINICE, Immunité de juridiction et d'exécution des organisations internationales, RdC 189 (1984-IV), S. 145, 161; JENKS (Fn. 72), S. 17 f.; RENSMANN (Fn. 14), S. 315; so auch die Einlassung der UN als amicus curiae im Rechtsstreit Broadbent v. OAS, UNYB 1980, S. 229 f.

[93] Cour de Cassation (Frankreich), International Institute of Refrigeration v. Elkaim, 8. November 1988, Annuaire français de droit international 35 (1989), S. 875 ff.

[94] Hoge Raad (Niederlande), Iran-United Sates Claims Tribunal v. A.S., ILR 94 (1994), S. 321, 323 (4) und S. 329.

[95] Siehe die umfassende Analyse der Praxis in WENCKSTERN (Fn. 74), Rn. 315 ff.; für eine gewohnheitsrechtliche Geltung auch I. SEIDL-HOHENVERLDERN, Die Immunität internationaler Organisationen im Dienstrechtsstreitfällen, 1981, S. 97; F. SEYERSTED, Objective International Personality of Intergovernmental Organizations, NorTIR. 34 (1964), S. 52 ff.; gegen eine völkergewohnheitsrechtliche Geltung A. BLECKMANN, Internationale Beamtenstreitigkeiten vor nationalen Gerichten, 1980, S. 38 ff. m.w.N.

2. Umfang der Jurisdiktionsimmunität

So zwanglos sich eine Norm des Gewohnheitsrechts finden läßt, um die Immunität Internationaler Organisationen rechtlich zu begründen, so problematisch ist es, eine gewohnheitsrechtlich fundierte Aussage über den Umfang der Jurisdiktionsimmunität zu gewinnen.[96] Schon die expliziten Immunitätsklauseln in den Gründungsstatuten, Sitzabkommen und Statusverträgen bieten ein wenig kohärentes Bild. Eine Gesamtschau der Verträge läßt drei Gruppen von Klauseln erkennen: Eine Vielzahl von Status- und Sitzabkommen enthält Bestimmungen, die jede Handlung der betreffenden Internationalen Organisationen scheinbar absolut von der staatlichen Jurisdiktion befreit. Für die Vereinten Nationen heißt es in Art. II Abs. 2 der Konvention über Privilegien und Immunitäten:

> Art. II Abs. 2: „The United Nations, its property and assets wherever located and by whomsoever held, shall enjoy immunity from every form of legal process (...)."[97]

Derartige Klauseln müssen jedoch nicht selten in Zusammenhang mit der zweiten Normgruppe interpretiert werden, die sich in den korrespondierenden Gründungsverträgen findet, z.B. Art. 105 UN-Charta:

> Art. 105 (1): „The Organization shall enjoy in the territory of each of its Members such privileges and immunities as are necessary for the fulfilment of its purposes."

Jüngere Abkommen variieren den Satz mit der Formulierung, daß die Organisationen im Rahmen ihrer „amtlichen Tätigkeit" (official activities) Privilegien und Immunitäten in Anspruch nehmen können.[98] Mit der Wahl dieser Terminologie müssen keine inhaltlichen Abweichungen von den funktionalen Immunitätsklauseln (vgl. Art. 105 Abs. 1 UN-Charta) intendiert sein. So definiert beispielsweise Art. 9 des Sitzabkommens der EMBL[99] als „amtliche Tätigkeit" den Verwaltungsbetrieb der Organisation und jede Betätigung zur Erreichung des Organisationsziels, also alle operativen und administrativen Akte der

---

[96] Das Urteil des IGH vom 29. April 1999, Differences Relating to Immunity from Legal Process of a Special Rapporteur of the Commission on Human Rights, I.C.J. Reports 1999, S. 62 ff., betrifft nicht den Umfang der Immunität der Vereinten Nationen als Internationale Organisation, sondern eines „Experts on Mission" gem. Art. VI Abschnitt 22 der UN-Immunitätenkonvention, und damit die Abgrenzung zwischen privaten Akten und Diensthandlungen (IGH a.a.O., Rn. 52: „The determination whether an agent of the Organization has acted in the course of the performance of his mission defends upon the facts of a particular case.").

[97] UNTS Bd. 1, S. 15 ff.

[98] Art. XI der Satzung des EMBL, BGBl. 1973 II, S. 1005; Art. 3 des Immunitätenprotokolls der EPO, BGBl. 1976 II, S. 647, 938, 985; Art. 2 des Immunitätenprotokolls INMARSAT, BGBl. 1984 II, S. 597.

[99] BGBl. 1975 II, S. 933, 938.

EMBL.[100] Wenn davon abweichend Art. 3 Abs. 4 des Immunitätenprotokolls der EPO unter „amtlicher Tätigkeit" diejenigen Handlungen versteht, die für die Organisationsarbeit *unbedingt* erforderlich sind („strictly necessary"), dann erscheint diese Formulierung nur auf den ersten Blick ein Spiegel des Bemühens der Mitgliedstaaten, die Grenzen der funktionalen Immunität enger zu ziehen. Im Falle des Immunitätenprotokolls der EPO ergibt sich allerdings aus dem Motivbericht, daß die Mitgliedstaaten der EPO das Maß an Immunität gewähren wollten, das für andere zwischenstaatliche Organisationen üblich ist.[101] Der Wortlaut des Art. 4 bietet den österreichischen Gerichten letztlich jedoch genügend Anlaß, die EPO-Immunität restriktiv zu interpretieren.[102]

Eine dritte Gruppe von Immunitätsklauseln billigt schließlich den Internationalen Organisationen die Immunität zu, die Staaten gewährt wird; der US-amerikanische „International Organizations Immunities Act" von 1945 regelt die Immunität der Vereinten Nationen im Verhältnis zu den USA wie folgt:

> § 288a: „International organizations, their property and their assets, wherever located and by whomsoever held, shall enjoy the same immunity from suit and every form of juridical process as is enjoyed by foreign governments, (...)"[103]

Diese staatenorientierte Variante muß vor allem in ihrem historischen Kontext gesehen werden. In der Gründungsphase vieler bedeutender Internationaler Organisationen nach Ende des 2. Weltkrieges dominierte der Gedanke, daß von Staaten geschaffene Internationale Organisationen nicht weniger Immunität genießen dürften als die Gründerstaaten selbst.[104] Als die Vereinten Nationen ge-

---

[100] Die Definition der amtlichen Tätigkeit bezieht sich hier allerdings nicht auf die Immunität, sondern auf die Privilegien des EMBL (Art. 7 und 8 des Abkommens). In der Literatur wird Art. 9, mit der sich das EMBL-Schiedsgerichtsurteil vom 29.6.1990 eingehend beschäftigt (ILR 105, S. 1 ff.), auch für Fragen des Immunitätsumfangs fruchtbar gemacht; s. KUNZ-HALLSTEIN (Fn. 40), S. 3070; BEKKER (Fn. 20), S. 168 ff.

[101] SEIDL-HOHENVELDERN, Anmerkung zum Beschluß des Österr. OGH vom 11. Juni 1992, RIW 1993, S. 237, 238.

[102] S. aber den Schiedsspruch EMBL v. Germany vom 29. Juni 1990 zur Steuerprivilegierung der EMBL in Deutschland für Einkäufe, die für die Aufgabenerfüllung „unbedingt erforderlich" sind (Art. 7 Abs. 2 des EMBL-Sitzabkommens, BGBl. 1975 II, S. 933), ILR 105, S. 1, 44 ff.

[103] US-International Organizations Immunities Act 1945, 22 U.S.C., § 288a (1994); vgl. auch Art. II, Abschnitt 3 Agreement between the International Civil Aviation Organization and the Government of Canada, 14. April 1951, UNTS Bd. 96, S. 156.

[104] Noch im 19. Jahrhundert und im beginnenden 20. Jahrhundert stellten sich die Mitgliedstaaten auf den Standpunkt, nicht die Organisation selbst, sondern ihre Mitglieder genössen *diplomatische* Immunität (vgl. Art. 7 Abs. 4 der Satzung des Völkerbundes). Bei den Vorbereitungsarbeiten zur Gründung der Vereinten Nationen wurde die Beschränkung auf

schaffen wurden, bedeutete diese Parallelwertung eine umfassende Immunität: Staaten genossen absolute Jurisdiktionsimmunität vor ausländischen Gerichten, und zwar unabhängig davon, ob sich die gerichtlich angegriffene staatliche Handlung als Betätigung im privaten Rechtsverkehr darstellte (commercial acts/acta iure gestionis) oder hoheitlicher Rechtsnatur war (governmental acts/acta iure imperii).

In der zweiten Hälfte des 20. Jahrhunderts hat das Völkergewohnheitsrecht im Hinblick auf die Staatenimmunität eine Wandlung erfahren, die auch für die Rechtsstellung der Internationalen Organisationen nicht ohne Bedeutung geblieben ist. Die allgemeine Regel des Völkerrechts, nach der ausländische Staaten von der inländischen Gerichtsbarkeit schlechthin befreit sind, wurde durch die sog. restriktive Theorie verdrängt. Ein heute unbestrittener völkergewohnheitsrechtlicher Satz unterscheidet zwischen *acta iure imperii* und *acta iure gestionis* und nimmt letzteres von der Jurisdiktionsimmunität der Staaten aus.[105] Maßgebend für die Unterscheidung zwischen *acta iure imperii* und *acta iure gestionis* ist nach einhelliger nationaler Rechtsprechung die Rechtsnatur der fraglichen Handlung.[106] Es kommt mit anderen Worten für die Bejahung der Staatenimmunität darauf an, ob der ausländische Staat in Ausübung der ihm zustehenden Hoheitsgewalt, also öffentlich-rechtlich, oder wie eine Privatperson, also privatrechtlich, tätig geworden ist. Zu dem allgemein völkerrechtlich anerkannten Bereich hoheitlicher Tätigkeit zählt die staatliche Betätigung im Rahmen der auswärtigen und militärischen Gewalt, der Gesetzgebung sowie die Ausübung der Polizeigewalt und der Rechtspflege.[107] Jenseits dieser völkerrechtlich determinierten Fälle können für die Abgrenzung zwischen *acta iure imperii* und *acta iure gestionis* die Kriterien des nationalen Rechts herangezogen werden.[108]

Mit der Einschränkung der Staatenimmunität auf *acta iure imperii* begann die nationale Rechtsprechung im Hinblick auf die Immunität Internationaler Organi-

---

einen diplomatischen Status als ungenügend erachtet und ein institutioneller Status der Organisation eingeführt; s. United Nations Conference on International Organizations, 1945, S. 704; zur Entwicklung s. R. ZACKLIN, The Ways and Means of International Organizations, in: Dupuy, A Handbook on International Organizations, 1988, S. 179, 178.

[105] Ausführlich zur internationalen Spruchpraxis im Hinblick auf eine restriktiv verstandenen Staatenimmunität BVerfGE 16, 27, 34 ff.

[106] BVerfGE 16, 27, 62 (Staatenimmunität) unter Berufung auf eine ähnliche Rechtsprechung in Italien, Belgien, Schweiz, Österreich und Ägypten.

[107] G. DAHM, Völkerrecht, Bd. 1, 1958, S. 235 f.

[108] BVerfGE 16, 27, 63 (Staatenimmunität); BVerfGE 46, 342, 393 f. (Botschaftskonten); kritisch im Hinblick auf den Rückgriff auf das nationale Recht G. RESS, Entwicklungstendenzen der Immunität ausländischer Staaten, ZaöRV 1980, S. 217, 258.

sationen diejenige Stimmigkeit zu verlieren, die sie im Bereich der Staatenimmunität bis heute aufweist. Die Gerichtsentscheidungen, die vor allem Arbeits- und Mietverträge zum Streitgegenstand haben, lassen schematisch zwei Hauptrichtungen erkennen: die restriktive und die absolute Immunität Internationaler Organisationen.[109]

Es sind vor allem die italienischen Gerichte, die – analog zur Staatenimmunität – eine restriktive Interpretation des Immunitätsumfangs vertreten: Immunität genießt die in Italien agierende Internationale Organisation lediglich für ihre *acta iure imperii*, nicht jedoch für ihre *acta iure gestionis*. Eine derartige Differenzierung findet sich auch in verschiedenen Entscheidungen niederländischer[110] und französischer Zivilgerichte[111]. Die amerikanische Rechtsprechung, die in einzelnen Urteilen die Immunität Internationaler Organisationen nur für *acta iure imperii* bejaht, muß im Kontext des International Organizations Acts von 1945 gesehen werden, der ausdrücklich auf den Umfang der Staatenimmunität Bezug nimmt.[112] Auch die italienischen Gerichte konnten sich in einigen Fällen auf den ausdrücklichen Vorbehalt Italiens berufen, Immunität nur analog zu derjenigen der Staaten zu gewähren.[113] Abseits dieser nationalen Besonderheiten sind an der restriktiven Rechtsprechungspraxis zwei Elemente bemerkenswert: Zum einen unterscheidet die italienische Jurisprudenz auch dann zwischen *acta iure imperii* und *acta iure gestionis*, wenn eine nach dem Wortlaut schranken-

[109] Einen umfassenden Überblick über die relevanten Fälle und ihre Einordnung in die beiden Gruppen bietet REINISCH (Fn. 42), S. 185 ff.; in der Literatur wird der Umfang der Immunität oft funktional bestimmt: BEKKER (Fn. 20), S. 152 ff.; J. F. LALIVE, L'immunité de juridiction des états et des organisations internationales, RdC 1953 III, S. 204, 304; SINGER (Fn. 39), S. 101 ff.; SEIDL-HOHENVELDERN (Fn. 21), S. 137 ff.

[110] Kantonsgerecht Den Haag, Iran-United States Claims Tribunal v. A.S., 8.6.1983, IRR 94 (1994), S. 325; auch noch die 2. Instanz Rechtbank Den Haag, 9.7.1984, a.a.O. S. 326; gänzlich aufgehoben in der letzten Instanz Hoge Raad, 20.12.1985, a.a.O. S. 329.

[111] Cour d'Appel de Bordeaux, Agence de Cooperation Culturelle et Technique v. Housson, 18.11.1982, Lexis File No. 3665; vgl. zu dem Urteil REINISCH (Fn. 42), S. 189.

[112] US-District Court DC, Morgan v. IBRD, 13.9.1990, F. Supp., Bd. 752, S. 492; in der Mehrzahl der Fälle lassen die US-amerikanischen Gerichte eine Entscheidung für die restriktive oder absolute Immunität dahinstehen, vgl. Court of Appeals, Tuck v. Pan American Health Organizations, 13.11.1981, UNJY 1981, S. 177, 178; US-District Court, Askir v. Boutros-Ghali, 29.7.1996, F. Suppl., Bd. 933, S. 368, 371 ff.

[113] Italien hat diesen Vorbehalt bei dem Gründungsstatut des „Bari Institute of International Centre for Advanced Mediterranean Agronomic Studies“ und der „UN Convention on the Privileges and Immunities of the Untied Nations“ angebracht. In diesem Kontext ist die restriktive Immunitätsrechtsprechung des Corte di Cassazione in den Fällen „Bari Institute of International Centre for Advanced Mediterranean Agronomic Studies v. Jasbez“ (Fn. 85) und „FAO v. INPDAI“ (Fn. 85) zu verstehen.

lose Immunitätsklausel die Grundlage der Entscheidung bildet.[114] Zum anderen stellen die Gerichte bei der Unterscheidung zwischen *acta iure imperii* und *acta iure gestionis* auf den Zweck der streitigen Handlungen bzw. der Rechtsverhältnisse ab. Die konkrete Rechtsnatur des Aktes, die im Bereich der Staatenimmunität von entscheidender Bedeutung ist, tritt vor allem in der jüngeren Rechtsprechung in den Hintergrund.[115] Die Notwendigkeit, die Parameter bei der Unterscheidung zwischen hoheitlichen und nichthoheitlichen Handlungen den spezifischen Bedürfnissen Internationaler Organisationen anzupassen, ist für die nationalen Gerichte kaum zu ignorieren. Das operative Mandat vieler Internationaler Organisationen läßt sich oft nur durch zivilrechtliche Verträge verwirklichen. In diesem Sinne betont auch das ILC Mitglied MALANDA: „The fact that an international organization is engaged in commercial activities did not, however, mean that it was not performing an international public service, and it was precisely because it performed such a service that it required protection."[116] In der Tat zeigt die Analyse der Immunitätsrechtsprechung, daß sich die gerichtlichen Divergenzen bei der Bestimmung des Umfangs der Jurisdiktionsimmunität grundsätzlich nicht auf operative – d.h. mandats*erfüllende* – Akte Internationaler Organisationen beziehen, auch wenn diese zivilrechtlicher Natur sind. Es sind allein die administrativen Akte – also diejenigen Akte, die dem laufenden Verwaltungsbetrieb der Internationalen Organisation dienen – die nach der Rechtsauffassung der restriktiven Immunitätsrechtsprechung außerhalb der Jurisdiktionsimmunität einer Internationalen Organisation liegen können. Da die Unterteilung der administrativen Handlungen in *acta iure imperii* und *acta iure gestionis* dabei regelmäßig auf Basis des Differenzierungsmerkmals „Zweck der

---

[114] Z.B. Corte di Cassazione, ICEM v. Chiti, 7.11.1973, IYIL 2 (1976), S. 348, 350; ausführlich zu dieser Rechtsprechung REINISCH (Fn. 42), S. 186, 189 f.; A. CASSESE, L'immunité de juridiction civile des organisations internationales dans la jurisprudence italienne, AFDI 30 (1984), S. 556 ff.

[115] Auf die Rechtsnatur hat der Corte di Cassationi noch abgestellt im Fall Branno v. Ministry of War, 14.6.1954, ILR 22 (1955), S. 756; s. jedoch ders., ICEM v. Di Banella Schirone 8.4.1975, ILR 77 (1988), S. 572 f., S. 573: „The only employment relationships which did not disclose any element of a public nature and which did not entail cooperation in the pursuit the organization's institutional aims with persons providing irregular or casual services (...)." In der niederländischen Rechtsprechung hat das Kantonsgerecht Den Haag, Iran-United States Claims Tribunal v. A.S., 8.6.1983, noch zur Qualifizierung als acta iure imperii/gestiones auf die Rechtsnatur der Anstellungsvertrages abgestellt, die nächste Instanz Rechtbank Den Haag, 9.7.1984, auf den Zweck der Handlung, während die letzte Instanz Hoge Raad, 20.12.1985, von der absoluten Immunität Internationaler Organisationen ausgeht (Nachweise s. Fn. 110); auf die Rechtsnatur stellt ebenfalls ab: US-States District Court, Askir v. Boutros-Ghali (Fn. 112), S. 372 mit Verweis auf die amerikanische Rechtsprechung zur Staatenimmunität.

[116] YILC 1985/I, S. 294, Rn. 44.

Handlung“ erfolgt,[117] nähert sich die restriktive Immunitätsrechtsprechung zwangsläufig einem funktionalen Immunitätsverständnis an, wie er in Art. 105 Abs. 1 UN-Charta zum Ausdruck kommt.[118] Die Besonderheit dieser restriktiv-funktionalen Rechtsprechung liegt allein darin, daß nicht *jede* administrative Handlung einer Internationalen Organisation notwendigerweise Bezüge zu ihrem satzungsgemäßen Aufgabenkreis haben soll.[119] Soweit sich beispielsweise die Frage der Aufgabenbezogenheit bei Arbeitsverträgen stellt, qualifiziert der Corte de Cassatione dauerhafte Anstellungsverhältnisse mit gänzlicher Integration in die Organisationsstruktur als *acta iure imperii*, nicht hingegen zeitlich begrenzte Arbeitsverträge zur Erfüllung untergeordneter Hilfstätigkeiten.[120] Im Falle von Mietverträgen mit einer Internationalen Organisation ordnet das Gericht die Anmietung von Räumen zu logistischen Zwecken den Akten *iure gestionis* zu, soweit die Anmietung nicht den Zweck verfolge, die *innere* Funktionsfähigkeit der Organisation aufrechtzuerhalten.[121]

Dieser funktional-restriktiven Grenzziehung müssen die Internationalen Organisationen naturgemäß widersprechen. So haben die Vereinten Nationen in einem Gerichtsverfahren gegen die OAS als *amicus curiae* betont, die funktionale Immunität sei immer zugleich eine absolute: „... those (immunities) of international organizations are functional and thus reflect their needs, which require *complete* protection from national jurisdiction.“[122] Gestützt wird diese Rechtsauffassung von den schweizerischen Gerichten, die in ständiger Rechtsprechung an der absoluten Immunität Internationaler Organisationen festhalten.[123] Einzelne Entscheidungen österreichischer[124], deutscher[125] und amerika-

---

[117] S. aber Rechtsprechung in Fn. 115.

[118] So explizit der Corte di Cassazione, FAO v. INPDAI (Fn. 85), S. 8; s. auch das Rechtbank Den Haag, Iran-United States Claims Tribunal v. AS, (Fn. 110), S. 326.

[119] Rechtbank Den Haag, Iran-United States Claims Tribunal v. A.S., (Fn. 110), S. 326. „... since these services (translating and interpreting services) are essential for the Tribunal to perform its tasks.“; s. auch Rechtbank Maastricht, Eckhardt v. Organizations for the Safety of Air Navigation (Fn. 88), S. 337.

[120] Corte di Cassazione, Cristiani v. Italian-Latin American Institute, 15. November 1985, ILM 87 (1992), S. 20, 27; ders., ICEM v. Di Banella Schirone (Fn. 115), S. 572 f.; a.A. Broadbent v. OAS, Court of Appeal DC, 8.1.1980, ILR 63 (1980), S. 337, 345.

[121] Corte di Cassazione, FAO v. INPDAI, (Fn. 85), S. 9.

[122] Brief for the United Nations as *amicus curiae* (Fn. 92), S. 230 lit. g (Hervorhebung hier).

[123] Vgl. nur das jüngste Urteil des Schweizerischen Bundesgericht Bern, La Ligue des Etats Arabes, 25. 1.1999, IPrax 1999, S. 257, 259.

[124] Österr. OGH, E-GmbH v. Europäische Patentorganisation, 11.6.1992, Österr. JZ 1992, S. 661.

[125] Bayrischer VGH, Europäische Schule, 15.3.1995, bay VGHE Bd. 49, S. 35 ff.

nischer[126] Gerichte folgen diesem Grundsatz. Funktionale Einzelerwägungen werden in den einschlägigen Entscheidungen in der Regel nicht mehr vorgenommen.

Die Analyse der bipolaren Rechtsprechung zeigt, daß der Disput zwischen funktional-restriktiver und absoluter Immunität im Grundsatz die Frage betrifft, welches Ausmaß an Immunität für Internationale Organisationen im Bereich ihrer administrativen Akte erforderlich ist, um das operative Mandat unabhängig und unbeeinträchtigt von staatlichen Organen erfüllen zu können. Es ist zugleich ein Streit um das Verhältnis zwischen funktionaler Immunität und funktionaler (Teil-) Rechtspersönlichkeit einer Internationalen Organisation. Nach den Vorstellungen der Vertreter der restriktiv-funktionalen Immunität gibt es nämlich rechtlich relevante Handlungen, die zur Aufgabenerfüllung der Organisationen nicht notwendig sind, aber gleichwohl noch von der Rechts- und Handlungsfähigkeit der Organisation umfaßt werden. Die Vertreter der restriktiv-funktionalen Immunität bejahen damit in einer Grauzone zwischen funktionaler Autonomie und funktionaler Teilrechtsfähigkeit die Jurisdiktionsgewalt staatlicher Gerichte, ohne die intra vires-Qualität der streitigen Handlung in Frage zu stellen. Für Vertreter der absoluten Immunitätstheorie steht dementgegen die Handlung einer Internationalen Organisation allenfalls dann außerhalb des Kreises der Jurisdiktionsimmunität, wenn sie mangels Rechts- und Handlungsfähigkeit der Organisation ultra-vires ist.[127] Das streitentscheidende Gericht wird sich freilich schnell in einem Dilemma wiederfinden: Die Unterscheidung zwischen intra vires- und ultra vires-Akten verlangt im Vorfeld eine materiellrechtliche Auseinandersetzung über Inhalt und Grenzen der Organisationssatzung. Kommt das Gericht hier zu dem Ergebnis, daß die streitige Handlung intra-vires ist, hat es bereits mit dieser Feststellung gegen die völkerrechtliche Jurisdiktionsimmunität der Organisation verstoßen.[128] Von amerikanischen Gerichten wird daher in ständiger Rechtsprechung vertreten, daß die klägerische Behauptung der Satzungswidrigkeit des fraglichen Aktes nicht geeignet ist, die betreffende Inter-

---

[126] Broadbent v. OAS (Fn. 120), S. 162, 337.

[127] Ausdrücklich bayVGH, X v. Europäische Schule (Fn. 125), S. 39 f., in diesem Sinne auch SEIDL-HOHENVELDERN (Fn. 21), S. 238, der jede nichtamtliche Tätigkeit als „private" und damit von der Satzung nicht gedeckte Tätigkeit ansieht.

[128] Der bayerische Verwaltungsgerichtshof erkannte in der Rechtssache „Europäische Schule" die Problematik und suchte einen verfahrensrechtlichen Ausweg: Der ultra vires-Akt müsse – so der Verwaltungsgerichtshof – dem streitentscheidenden Gericht „offenkundig" sein, d.h. es muß sich aus dem *Sachvortrag* der beklagten Organisation über ihre formellen und materiellen Kompetenzgrenzen ergeben, daß die Befugnisse der Organisation überschritten worden sind; bayVGH, Europäische Schule (Fn. 125), S. 41.

nationale Organisation vor nationalen Gerichten von ihrer Jurisdiktionsimmunität zu entheben.[129]

Die Gegensätze der dargestellten Immunitätsrechtsprechung nationaler Gerichte zeigen deutlich, daß die eingangs gestellte Frage nach dem gewohnheitsrechtlichen Umfang der Jurisdiktionsimmunität nur mit äußerster Zurückhaltung beantwortet werden kann. Eine gemeinsame Rechtsüberzeugung der Staaten und Internationalen Organisationen läßt sich allenfalls im Hinblick auf einen kleinsten gemeinsamen Nenner erkennen: Die Internationalen Organisationen genießen völkergewohnheitsrechtlich Immunität für alle operativen, d.h. mandatserfüllenden Akte. Darüber hinaus kommt ihnen gewohnheitsrechtliche Immunität zumindest für diejenigen administrativen Handlungen zu, die im engeren Sinne notwendig sind, um die Grundlagen und das Umfeld für die Mandatserfüllung zu schaffen.[130] Was im einzelnen zu den gewohnheitsrechtlich abgedeckten, „notwendigen" Verwaltungshandlungen gehört, fällt in die Jurisdiktionskompetenz der nationalen Gerichte. Die Frage muß individuell auf der Basis des völkervertraglich zugewiesenen operativen Mandats der Internationalen Organisation entschieden werden. Allerdings ist die Sachkompetenz der nationalen Gerichte in diesem Punkt auf eine Schlüssigkeitsprüfung beschränkt, vorzunehmen auf Basis des Parteivortrages der beklagten Internationalen Organistion.[131]

---

[129] US-District Court (USA), Askir v. Boutros-Ghali, 29.7.1996, Federal Supplement, Bd. 933, S. 368, 373 m.w.N.

[130] WENCKSTERN (Fn. 74), Rn. 396 ff., 404 ff.

[131] BayVGH, Europäische Schule (Fn. 125), S. 41; a.A. BEKKER (Fn. 20), S. 178.

C. Streitkräfte Internationaler Organisationen: de iure-Organ, de facto-Organ und Organleihe

Wie Staaten handeln auch Internationale Organisationen ausschließlich durch ihre Organe. Mit anderen Worten: Das kompetenzkonforme und rechtmäßige Handeln des Organs wird dem Verband, dem es institutionell angehört, ohne weiteres zugerechnet. Ob diese Zurechnung auch bei rechtswidrigen Organhandlungen erfolgreich ist, gehört zu den zentralen Fragestellungen des internationalen Haftungsrechts, im Bereich der Staatenverantwortlichkeit durch eine reichhaltige und vielschichtige Praxis untermauert. Logisch vorrangig vor der Zurechnung eines Organverhaltens zum Verband ist allerdings die Identifizierung einer Person oder einer Einheit als „Organ" einer Internationalen Organisation. Vor allem im Bereich des Militärpersonals, deren Handeln im Rahmen dieser Untersuchung von zentraler Bedeutung ist, kann dies durchaus rechtlichen Schwierigkeiten begegnen.

Die Qualifizierung der *regulären*, d.h. im Rahmen der nationalen Wehrverfassungen organisierten Streitkräfte[1] als *Staats*organe befindet sich auf rechtlich gesichertem Boden.[2] Nach innerstaatlichem Recht dienen Militärverbände der Erfüllung von Staatsaufgaben, vor allem der Landesverteidigung. In dieser Funktion sind sie als Teil der Exekutive in die Staatsorganisation eingebunden.[3] Das internationale Recht knüpft mit seinen Tatbeständen primär an diesen innerstaatlich zugewiesenen Rechtsstatus an und leitet aus ihm spezielle Rechtsfolgen

---

[1] Eine völkerrechtlich verbindliche Definition der „regulären Streitkräfte" findet sich in Art. 4 A Genfer Konvention über die Behandlung von Kriegsgefangenen vom 12. August 1949, BGBl. 1954 II, S. 838, sowie im Zusatzprotokoll I des Genfer Abkommens über den Schutz der Opfer internationaler bewaffneter Konflikte vom 8. Juni 1977, BGBl. 1990 II, S. 1551. Zur Definition der „Streitkräfte" im Sinne des Grundgesetzes K. IPSEN, in: Bonner Kommentar, Art. 87a, Rn. 13; allgemein A. A. STEINKAMM, Die Streitkräfte im Kriegsvölkerrecht, 1967, S. 77, 121 ff. m.w.N.

[2] I. BROWNLIE, State Responsibility Part I, 1983, S. 140; L. OPPENHEIM/H. LAUTERPACHT, International Law, Bd. 1: Peace, 1955, S. 846 § 443.

[3] H. ACCIOLY, Principes Généraux de la Responsabilité Internationale d'après la Doctrine et la Jurisprudence, RdC 96 (1959 I), S. 349, 373; F. BERBER, Lehrbuch des Völkerrechts, Bd. 3, 1977, S. 13; I. v. MÜNCH, Das völkerrechtliche Delikt, 1963, S. 199; K. STRUPP, Das völkerrechtliche Delikt, in: Stier-Somli (Hrsg.) Handbuch des Völkerrechts, Bd. 3, 1920, S. 87 f.

ab.[4] In Friedenszeiten partizipieren ausländische Streitkräfte kraft Völkergewohnheitsrechts auf fremdem Territorium an der völkerrechtlichen Immunität ihres Heimatstaates.[5] Auch die reichhaltige internationale Praxis im Bereich der Staatenverantwortlichkeit läßt keine Zweifel daran, daß Akte der regulären Streitkräfte Staatsakte sind und als solche zu den Hauptursachen der Staatenhaftung gehören (vgl. Art. 3 Abs. 2 Haager Landkriegsordnung[6]).[7]

Die Schwierigkeiten der organschaftlichen Zuordnung beginnen, wenn die militärischen Verbände nicht durch förmliche Bestellung – d.h. durch Rechtsakt – den Organstatus erlangen.[8] In diesen Fällen kommt das *de facto-Organ* ins Spiel, das in Art. 8 des ILC-Entwurfes zur Staatenverantwortlichkeit (2001) als eine „in fact on the instruction of, or under the directions or control of, that state" handelnde Person beschrieben wird.[9] Die in Literatur und Praxis gebräuchliche Bezeichnung eines Handelnden als de facto-Organ (de facto official) eines Staates ist als Rechtsbegriff überaus unglücklich, da er einen innerstaatlichen Rechtsstatus der in öffentlichen Funktionen tätigen Person suggeriert, obwohl dieser Rechtsstatus nach innerstaatlichem Recht gerade nicht besteht. Letztlich ist jedoch der Begriff des de facto-Organs nichts weiter als die schlagwortartige Erfassung einer völkerrechtlichen Zurechnungsregel. Wird einem Staat aufgrund gewisser rechtserheblicher Umstände das Handeln von Privaten zugerechnet („act of a state"), dann können diese Private als de facto-Organe bezeichnet werden, ohne daß diesem Begriff eine über die bloße völkerrechtliche Zurechnung hinausgehende Bedeutung zukommt.

Das zentrale zurechnungsbegründende Merkmal in Zusammenhang mit de facto-Organen ist das Handeln des „Privaten" im staatlichen Auftrag („acting

---

[4] Art. 5 Draft Article on State Responsibility, YILC 1973 II, S. 191.

[5] G. DAHM/J. DELBRÜCK/R. WOLFRUM, Völkerrecht, Bd. I/1, 1989, S. 480; D. FLECK, in: Fleck, The Handbook of The Law of Visiting Forces, 2001, S. 5; A. KING, Jurisdiction over Friendly Armed Forces, AJIL 36 (1942), S. 539 ff.; OPPENHEIM/LAUTERPACHT (Fn. 2), S. 846 § 445; vorsichtig A. V. FREEMAN, Responsibility of States for Unlawful acts of their Armed Forces, RdC 88 (1955 II), S. 88, 274.

[6] RGBl. 1910, S. 107 ff.

[7] Zu den Beispielen aus der internationalen Praxis s. G. DAHM, Völkerrecht, Bd. 3, 1961, S. 187 f.; zur völkerrechtlichen Verantwortlichkeit der Staaten für Militärakte s. insb. FREEMAN (Fn. 5), S. 267 ff.

[8] Siehe hierzu A. DE HOOGH, , Articles 4 und 8 of the 2001 Articels on State Responibility, BYIL LXXII (2001), S. 255, 277 ff..

[9] Art. 8 ILC-Entwurf zur Staatenverantwortlichkeit (ILC-Beschluß Nov. 2001) GAOR 56th Sess. Suppl. No. 10 (Art. 8 des Entwurfs von 1980), s. hierzu ausführlich G. TOWNSEND, State responsibility of acts of De Facto Agents, Arizona Journal of International and Comparative Law 4 (1997), S. 638 ff.

on behalf of"). Ein ausdrückliches oder konkludentes Auftragsverhältnis diente beispielsweise dem IGH als Zurechnungsprämisse im Teheraner Geisel-Fall. In seinem Urteil hatte der Gerichtshof ein entsprechendes Auftragsverhältnis zwischen dem Iran und den Geiselnehmern vermißt und aufgrund dessen die Haftung des Iran für aktives Tun abgelehnt.[10] Gerade in den Fällen von *militärischen* Aktivitäten „Privater" – z.B. in Hilfstruppen oder paramilitärischen Verbänden – wird das Erfordernis des staatlichen Auftrags ergänzt um das Element der effektiven Kontrolle. Schon im Jahr 1925 bildete dieses Element die Grundlage des Schiedsgerichtsurteils im ZAFIRO-Fall.[11] Der vom Vereinigten Königreich und den Vereinigten Staaten eingerichtete Schiedsgerichtshof erachtete das zivile britische Handelsschiff Zafiro als der US-Kriegsmarine zugehörig auf Basis der Aussage, ein US-Marineoffizier „... exercised control over all the movements of the ship and gave all orders concerning her." Der Internationale Gerichtshof verfeinerte 1986 im Nicaragua-Fall das Zurechnungskriterium der effektiven Kontrolle: „What the Court has to determine at this point is whether or not the relationship of the *contras* to the United States Government was so much one of dependence on the one side and control on the other that it would be right to equate the *contras*, for legal purposes, with an organ of the United States Government, or as acting on behalf of that Government."[12] Im Hinblick auf die Haftung der Vereinigten Staaten für paramilitärische Aktivitäten stellt der IGH auf die Kontrolldichte bei einzelnen Einsätzen ab: Das Finanzieren, Organisieren, Trainieren, Versorgen und Ausrüsten von Streitkräften, das Aussuchen der militärischen Ziele und die strategische Planung der Gesamtheit der Operationen war im konkreten Fall für den Gerichtshof nicht ausreichend, um die effektive Kontrolle der Vereinigten Staaten über die paramilitärischen

---

[10] IGH, United States Diplomatic and Consular Staff in Tehran, Judgment, I.C.J. Reports 1980, S. 3, 29 Rn. 58.

[11] Arbitral Tribunal Decisions, S. Earnshaw et al. (Great Britain) v. United States, Zafiro case, November 30, 1925, abgedr. in: Reports of International Arbitral Award, Bd. VI, S. 160 ff. Instruktiv ist das Schreiben des schweizerischen Botschafters an die spanische Regierung vom 12. Januar 1937 im Fall ZEHR. In dem Schreiben macht die Schweiz die spanische Regierung für Bürgerkriegsschäden verantwortlich, die von republikanischen Freiwilligenverbänden verursacht worden waren: „Comme l'immeuble de M. Zehr se trouve dans la 'zone de guerre' à laquelle, en conséquence, ont seuls accès les corps ou organisations qui sont au service direct du Gouvernement espagnol et de son Conseil délégué de défense de Madrid, notre Législation est d'avis que le citoyen suisse susmentionné a droit à ce que lui soit concédée par l'État l'indemnité correspondante ...", abgedr. in: Répertoire Suisse de Droit International Public, Bd. III, 1975, S. 1698, Nr. 8.12. Weitere Beispiele aus der Praxis in: IPSEN, in: Ipsen (Hrsg.), Völkerrecht, 1999, § 40, S. 556, Rn. 16.

[12] IGH, Military and Paramilitary Activities in and against Nicaragua (Nicaragua v. United States of America), Merits, Judgment, I.C.J. Reports 1986, S. 14, 62 Rn. 109 (Hervorhebung dort).

Verbände als erwiesen anzusehen: „All the forms of the United States participation mentioned above, and even the general control by the respondent State over a force with a high degree of dependency on it, would not in themselves mean, without further evidence, that the United States directed or enforced the perpetration of the acts contrary to human rights and humanitarian law alleged by the applicant State.“[13] Das Nicaragua-Urteil, das für die Begründung eines Zurechnungzusammenhangs staatliche Kontrolle über *spezifische* völkerrechtswidrige Akte von paramilitärischen Verbänden verlangt, ist gerade in jüngster Zeit kritisiert worden. Das UN-Tribunal für das ehemalige Jugoslawien hat in seinem Tadic-Urteil vom 15. Juli 1999 die hohen Anforderungen des IGH als nicht überzeugend verworfen.[14] Unter Berufung auf die Rechtsprechung der U.S.-Mexican Claims Commission[15], des Iran-U.S.-Claims Tribunal[16] und des European Court of Human Rights[17] stellt das Jugoslawientribunal fest, daß das internationale Recht für die Qualifizierung von Privaten als de facto-Organ nicht immer das gleiche Maß an staatlicher Kontrolle verlange: „In order to attribute the acts of a military or paramilitary group to a State, it must be proved that the State wields *overall control* over the group, not only by equipping and financing the group, but also by coordinating or helping in the general planning of its military activity. Only then can the State be held internationally accountable for any misconduct of the group.“[18]

Irreguläre Milizen und paramilitärische Verbände sind bisher – soweit ersichtlich – auf der Seite militärisch aktiver Internationaler Organisationen nicht in Erscheinung getreten. Die dargestellen Zurechnungskriterien der Staatenverantwortlichkeit sind zumindest unter diesem Gesichtspunkt für Internationale Organisationen bislang ohne praktische Relevanz. Allerdings gewinnen sie unter einem anderen Blickwinkel an Bedeutung: So wie einige Staaten außerhalb ihres Staatsapparates „zivile“ Kombattanten für ihre militärischen Ziele einsetzen, sind auch Internationale Organisationen auf verbandsfremde Militärpersonen angewiesen. Internationalen Organisationen fehlt die originäre Fähigkeit des staatlichen Souveräns, militärische ad hoc-Operationen aus eigenen Ressourcen

---

13 IGH (Fn. 12), S. 64, Rn. 115.

14 ICTY, Appeals Chamber, Urteil vom 15. Juli 1999, Prosecutor v. Tadic, abgedr. in: ILM 38 (1999), S. 1518, Rn. 115 ff.

15 Sog. Stephens-Case, Report of International Arbitral Awards, Bd. 4, S. 266 ff.

16 Sog. Kenneth P. Yeager Case, Iran-U.S. Claims Tribunal Reports 1987, Bd. 4, S. 92 ff.

17 ECHR, Loizidou v. Turkey, Urteil vom 18. Dezember 1996, Rn. 63, Reports of Judgements and Decisions 1996 VI, S. 2216, 2235, Rn. 56.

18 ICTY (Fn. 14), Rn. 131 (Hervorhebung hier), bestätigt noch einmal in ICTY, Appeals Chamber, Judgment, 20. Februar 2001, Prosecutor v. Celebići, ILM 40 (2001), S. 630 ff., Rn. 13 ff.

zu bestreiten, d.h. kraft Personalhoheit Streitkräfte innerhalb des eigenen Verbandes auszuheben. Da verteidigungs- und sicherheitspolitisch tätige Internationale Organisationen nach dem heutigen Stand der Rechtsentwicklung über keine individuell rekrutierte, ausschließlich in ihren Diensten stehenden Streitkräfte verfügen,[19] sind sie bei der Durchführung ihrer Mandate auf die Kooperation ihrer Mitgliedstaaten angewiesen. Aus deren militärischen Beständen werden die internationalen Streitkräfte zusammengefügt. Im Mittelpunkt des Haftungsrechts militärisch aktiver Internationaler Organisationen steht damit nicht die Inanspruchnahme irregulär kämpfender „Zivilisten", sondern die Eingliederung regulärer, organisationsfremder Truppenkontingente in das institutionelle Gefüge der Internationalen Organisation: Hier erlangt das Rechtsinstitut der internationalen *Organleihe* Bedeutung.[20]

Das Rechtsinstitut der Organleihe (engl.: transferred servants; franz.: organes prêtés) ist primär in den nationalen Rechtsordnungen beheimatet. So faßt das deutsche Recht unter den Rechtsbegriff der Organleihe diejenigen Fälle, in denen ein bestimmtes Organ neben den Aufgaben seines Verwaltungsträgers auch oder ausschließlich Aufgaben eines anderen Verwaltungsträgers wahrnimmt und insofern funktionell und organisatorisch *auch* als dessen Organ tätig wird.[21] Von der Organleihe unterscheidet die deutsche Verwaltungsrechtsdogmatik den bloßen *Auftrag* eines Verwaltungsträgers an einen anderen Verwaltungsträger: Hier agiert das beauftragte Organ ausschließlich als Organ seines ursprünglichen Verwaltungsträgers.[22] Auch dem internationalen Recht ist die Rechtsfigur der Organleihe bekannt, wenn auch in weit beschränkterem Umfang. Als ROBERTO AGO in den 70er Jahren das Institut der internationalen Organleihe der Internationale Law Commission vorstellte und die entsprechende Zurechnungsregel als Art. 9 in den Entwurf zur Staatenverantwortlichkeit einfügte[23], mußte er in seinem Bericht einräumen, daß dieser Bereich nur wenig zwischenstaatlichen

---

[19] Zu dem niederländischen Konzept einer „United Nations Rapid Deployment Brigade" als permanent bestehende geschlossen stationierte UN-Truppe ähnlich der Fremdenlegion s. J. CH. HILDENBRAND, Zur Krisenreaktionsfähigkeit der Friedenstruppe der VN, 2001, S. 81 ff.

[20] W. STRASSER, Die Beteiligung nationaler Kontingente an Hilfseinsätzen internationaler Organisation, ZaöRV 34 (1974), S. 689, 699 ff.

[21] Grundlegend für das deutsche Recht: BVerfGE 63, 1, 31 f. (Organleihe).

[22] H. MAURER, Allgemeines Verwaltungsrecht, 1999, Rn. 54 f.; H. VIETMEIER, Die staatliche Aufgabe der Kommunen und ihrer Organe, 1992, S. 178 f.; zur historischen Entwicklung des Instituts in Deutschland s. P. LODDE, Rechtsfragen der Organleihe im Bund-Länder-Verhältnis, 1990, S. 31 ff.

[23] Entwurf zur Staatenverantwortlichkeit von 1980, YILC 1980, Bd. II/2, S. 31; s. den fast unveränderten Wortlaut von Art. 6 des aktuellen ILC-Entwufts zur Staatenverantwortlichkeit von 2001, hier abgedr. S. 104.

Konfliktstoff – und damit nur wenig Präzedenzfälle – biete.[24] Daran anknüpfend mag es zweifelhaft sein, ob im Recht der Staatenverantwortlichkeit die Haftung des Empfangsstaates für Akte eines geliehenen Organs – zum Beispiel bei nachbarstaatlicher Katastrophenhilfe – zum gesicherten Bestand des Völkergewohnheitsrechts zählt.[25] In unserem Kontext soll die Frage speziell und ausschließlich für das Recht Internationaler Organisationen auf Basis der Praxis beantwortet werden. Die von AGO herausgestellten Modelle der internationalen Organleihe sind dabei eine gute Ausgangsbasis für die Analyse der Praxis in Teil 3 der Untersuchung: Wesenselement der internationalen Organleihe ist nach dem Konzept der ILC, daß das entliehene Organ seine Tätigkeit im Auftrag und auf Weisung des Empfangsstaates vornimmt („... have genuinely been placed under the authority and orders of that other State to be used for some time...“[26]). Im weiteren ist im Sinne AGOs zu unterscheiden zwischen dem Fall, in dem der Empfangsstaat das entliehene Organ formell als sein Organ integriert, und dem Fall, in dem das entliehene Organ keinen förmlichen Status im Empfangsstaat erhält („... have in fact been placed at the disposal of another State ...“).[27] In der ersten Fallvariante ist das entliehende Organ aufgrund des formalen Bestellungsaktes in doppelter Hinsicht ein de iure-Organ, nämlich im Verband seines Heimat- bzw. Entsendestaates und im Verband des Empfangsstaates. Das entliehende Organ handelt in dieser Konstellation entweder für den einen oder für den anderen Staat, niemals aber für beide Staaten gleichzeitig. Darin liegt der entscheidende Gegensatz zum gemeinsamen Organ zweier Staaten (joint organ). Welchem der beiden Staaten das Handeln des entliehenen Organs rechtlich zuzurechnen ist, kann auf Basis des formalen Rechtsstatus nicht geklärt werden. Art. 6 des ILC-Entwurfs von 2001, der den Wortlaut des alten Art. 9 mit nur geringfügigen Modifikationen aufgreift, enthält deswegen – wie seine Vorgängernorm – keinen Hinweis auf einen etwaigen formalen Rechtsstatus des Organs im Empfangsstaat. Die Vorschrift knüpft vielmehr die Zurechnung an die wahrgenommene Aufgabe:

> „The conduct of an organ placed at the disposal of a State by another State shall be considered an act of the former State under international law if the organ is acting in the exercise of *elements of the governmental authority of the State* at whose disposal it has been placed.“[28]

---

[24] R. AGO (ILC Special Rapporteur), 3rd Report on State Responsibility, YILC 1971 II/1, S. 269, Rn. 203.

[25] Verneinend IPSEN, in: Ipsen (Fn. 11), S. 557, Rn. 22.

[26] AGO (Fn. 24), S. 268, Rn. 201.

[27] AGO (Fn. 24), S. 268, Rn. 201.

[28] Art. 6 des ILC-Entwurfs zur Staatenverantwortlichkeit (ILC-Beschluß 2001), GAOR 56th Sess., Suppl. No. 10 (Hervorhebung hier).

Das Rechtsinstitut der Organleihe ist für Internationale Organisationen von großer praktischer Bedeutung, wenn auch in der Praxis nicht immer leicht als solche zu erkennen. Eine gute Ausgangsposition für die Qualifizierung einer Militärperson bzw. eines Militärverbandes als Organ einer Internationalen Organisation bieten die Fälle, in denen die Internationale Organisation als Empfänger eines mitgliedstaatlichen Militärverbandes dieses förmlich in ein de iure-Organ der Organisation eingliedert.[29] Diesen Weg haben beispielsweise die Vereinten Nationen beschritten, als sie die nationalen Kontingente in ihre Peacekeeping-Streitkräfte eingliederten (UNFICYP: „The Force as a subsidiary organ of the United Nations ..."[30]).[31] Ihrem Beispiel ist die Arabische Liga bei der Arab League Security Force gefolgt. Durch den förmlichen Gründungs- und Bestellungsakt wird der Militärverband rechtlich existent, organisatorisch in die Internationale Organisation eingegliedert und mit konkreten Aufgaben betraut. Freilich bleibt auch bei einer rechtsförmlichen Bestellung der Streitkräfte zum Organ der Internationalen Organisation von Fall zu Fall klärungsbedüftig, ob die eingegliederten nationalen Kontingente, aus denen sich die Streitkräfte zusammensetzen, eine Doppelorganstellung einnehmen, d.h. ob sie gleichzeitig Staatsorgan ihres Entsendestaates *und* Organ der Internationalen Organisation sind. Abgesehen davon, daß nur dann von einer internationalen Organleihe gesprochen werden kann, wenn das entliehene Organ seinen ursprünglichen Status im Entsendestaat behält,[32] ist die Identifizierung einer doppelten de iure-Organstellung wegen der daran anknüpfenden besonderen Zurechnungsregeln haftungsrechtlich unverzichtbar. Kann eine Doppelorganstellung der entliehenen nationalen Kontingente im konkreten Fall festgestellt werden, bleibt die Frage, ob die militärischen Handlungen der nationalen Kontingente und ihrer Mitglieder als „act of a state" zu qualifizieren sind, oder ob sie als „act of an International Organisation" völkerrechtlich in Erscheinung treten. Über die damit angesprochene *Zurechnung* von Militärakten bei doppelter de iure-Organstellung gibt die inter-

---

[29] Zur Bedeutung des Gründungs- und Berufungsaktes für die Organeigenschaft einer Person oder einer Personengruppe s. UN-Doc. E/4994, Bericht des Generalsekretärs, Anm. III Ziff. 2, UNJYB 1971, S. 187.

[30] Art. 23 Agreement between the United Nations and the Government of Cyprus concerning the status of the United Nations Peace-Keeping Force in Cyprus, 31. März 1964, UNTS Bd. 492, S. 58.

[31] S. zu UNFICYP ausführlich S. 407 ff.; BOTHE erachtete die Bezeichnung als „Subsidiary organ of the United Nations" als wesentliches *Indiz* für die Organeigenschaft, M. BOTHE, Streitkräfte internationaler Organisationen, 1968, S. 37.

[32] Report of the Commission to the General Assembly, Kommentierung zu Art. 9, Rn. 2, YILC 1974 II/1, S. 286.

nationale Haftungspraxis Auskunft, auf die in Teil 3 dieser Untersuchung detailliert eingegangen wird.[33]

Fehlt eine ausdrückliche oder auch eine durch Abzeichen dokumentierte konkludente[34] völkerrechtliche Bestellung einer internationalen Truppe zum rechtsförmigen Organ einer Internationalen Organisation, bleibt nur der Verweis auf ein etwaiges *faktisches* Handeln der entliehenen nationalen Truppenkontingente zugunsten der Internationalen Organisation. Im Falle der völkerrechtlichen Zurechnung dieser Handlungen zur Internationalen Organisation ließe sich das nationale Kontingent dann durchaus als de facto-Organ der Internationalen Organisation bezeichnen. Davon wäre die gleichzeitige de iure-Organstellung im Heimatstaat zu unterscheiden, die ebenfalls eine völkerrechtliche Zurechnung des Militärakts zum Heimatstaat zur Folge haben kann. Auch hier kann die Frage nach dem Zurechnungssubjekt nur mit Blick auf die internationale Praxis beantwortet werden.

---

33 Zu UNEF s. S. 205 ff. und S. 249 f.

34 Die Problematik wurde im Fall der Korea-Streitkräfte aktuell, s. hier S. 181.

D. „Command & Control“ bei Militäreinsätzen

Die Konzentration auf Haftungsfragen in Zusammenhang mit friedenssichernden Militäreinsätzen verlangt einige Erläuterungen zur militärischen Befehlsgewalt. Das Kommando über die Truppenverbände und die Kontrolle bzw. Leitung der militärischen Operationen ist ein entscheidendes Zurechnungskriterium in haftungsrechtlichen Sekundärrechtsbeziehungen, wie die Praxisanalyse des Teils 3 zeigen wird.

Es ist ein althergebrachter Grundsatz der Militärwissenschaft, daß Kommandostrukturen und Kontrollmechanismen bedeutende Faktoren eines Militäreinsatzes darstellen.[1] Dies gilt für nationale Armeen, aber auch und im besonderen für internationale Streitkräfte, die sich aus verschiedenen nationalen Kontingenten zusammensetzen. Von seiner theoretischen Konzeption her weisen die Prinzipien *command & control* eine politische und eine militärische Dimension auf. In diesem Zusammenhang sei darauf hingewiesen, daß die militärische Fachsprache die Begriffe je nach nationalem bzw. internationalem Bezugsrahmen inhaltlich abweichend besetzt. Im Streit um den Auslandseinsatz der Bundeswehr erlangten die inhaltlichen Divergenzen zwischen UN-Terminologie und NATO-Terminologie im Bereich des *command & control* im Rahmen des Art. 24 Abs. 1 GG eine gewisse verfassungsrechtliche Bedeutung.[2] Neben den organisationsspezifischen Umgang mit den Begriffen tritt das staatliche Verständnis von der Befehls- und Kommandogewalt über die nationalen Streit-

---

[1] D. W. BOWETT, United Nations Forces, 1964, S. 359; J. M. BOYD, United Nations Peacekeeping Operations, 1971, S. 138.

[2] Die Beschwerdeführer trugen in einem Verfahren der Verfassungsbeschwerde vor dem Bundesverfassungsgericht vor, die Übertragung des „operational command & control“ über Militäreinheiten auf eine Internationale Organisation sei eine Hoheitsrechtsübertragung i.S.d. Art. 24 Abs. 1 GG; Antragsschrift der Bundesländer Hessen, Niedersachsen, Nordrhein-Westfalen, Schleswig-Holstein und des Saarlandes vom 11. Januar 1993 im Adria/AWACS/Somalia-Verfahren vor dem Bundesverfassungsgericht, abgedr. in: K. DAU/G. WÖHRMANN (Hrsg.), Der Auslandseinsatz deutscher Streitkräfte, 1996, S. 405, 446. Das Bundesverfassungsgericht geht nur im Rahmen seines Urteils vom 12. Juli 1994 auf das Prinzip command & control inhaltlich ein, BVerfGE 90, 286, 308 (Adria/AWACS/Somalia); in den mündlichen Verhandlungen zum 2. Somalia-Verfahren [BVerfGE 89, 38 ff. (Somalia)] war das Prinzip Gegenstand von Erläuterungen durch die Streitparteien, vgl. K. DAU/G. WÖHRMANN (a.a.O.), S. 266 ff.; im AWACS-Verfahren [BVerfGE 88, 174 ff. (AWACS-Entscheidung)] spielte das Verständnis der Begriffs command & control weder im mündlichen Verfahren noch in den Urteilsgründen eine Rolle.

kräfte. Die englischen Fachtermini *command & control* können angesichts dieser Ausgangslage nicht ohne Verzerrung ihres Sinngehaltes in die deutsche Sprache übertragen werden; die Bundeswehr verwendet aus diesem Grunde im Rahmen ihrer internationalen Einsätze ausschließlich die englischen Begriffe (vgl. die Zentrale Dienstvorschrift 1/50[3]). Das Bundesverfassungsgericht hat sich in seiner Einscheidung zum Adria-Einsatz der Bundeswehr ebenfalls für Verwendung der fremdsprachlichen Terminologie entschieden.[4] Wenn hier im Rahmen der Praxisanalyse (Teil 3) auf die deutschen Begriffe Kommando, Kontrolle bzw. Leitung zurückgegriffen wird, dann dient die Begriffswahl allein dem besseren sprachlichen Verständnis; inhaltlich folgen die deutschen Begriffe der im folgenden dargestellten internationalen Bedeutung.

Im Rahmen von Militäreinsätzen lassen sich verschiedene Bereiche und Grade von *command & control* verifizieren. Unter politischer Kontrolle bzw. Leitung (political control/political direction) wird im Grundsatz die zivile Kompetenz verstanden, über den Einsatz militärischer Gewalt konstitutiv zu entscheiden, die politischen Ziele des Militäreinsatzes festzulegen, in personeller Hinsicht die strategische Ebene (Stabschefs) und die operative Ebene (Befehlshaber der Streitkräfte) zu besetzen, die Umsetzung der politischen Vorgaben in die militärisch-strategische Sprache zu überwachen sowie den Militäreinsatz unter Vorgabe der politischen Bedingungen zu beenden.[5] Die Peace-keeping Operationen der Vereinten Nationen unterstehen der politischen Gesamtleitung (overall political direction) des Sicherheitsrates, d.h. ihm obliegt die politische und die strategische Leitung des Einsatzes. Die administrative Leitung der Militäreinsätze wird durch den Generalsekretär wahrgenommen (executive direction and control).[6] Es fällt in seinen Aufgabenbereich, das politische Mandat und die strategischen Positionen des Sicherheitsrates in einen operativen Plan umzusetzen.[7]

Eng verwoben mit der politischen Leitung des Militäreinsatzes ist die militärische Kommandostruktur desselben. Die operativen Kompetenzen eines Befehlshabers der Streitkräfte (operational command & control) sind im Idealfall der

---

3 Abgedr. in: BVerfGE 90, 286, 308 (Adria/AWACS/Somalia).

4 BVerfGE 90, 286 ff. (Adria/AWACS/Somalia).

5 H. MacDougall, United Nations operations: Who should be in Charge?, Revue de droit militaire et de droit de la Guerre 33 (1994), S. 20, 27.

6 Comprehensive Review of the Whole Question of Peace-Keeping Operations in all Their Aspects, UN-Doc. A/49/681, 21. November 1994, GA 48th Sess., S. 2.

7 A. T. Abraszewski/R. V. Hennes/B. P. Krasulin/K. I. Othman (Joint Inspection United): Military Component of United Nations Peace-Keeping Operations, 1995, veröffentlicht als UN-Doc. A/50/576, S. 5.

politischen Leitung untergeordnet, d.h. sie umfassen ohne entsprechende politische Direktiven weder das Recht, einen bewaffneten Angriff zu initiieren, noch das Recht, einen Einsatz zu beenden, außer im Rahmen der unmittelbar notwendigen Verteidigungsmaßnahmen zum Schutz der Streitkräfte.[8] Auf der militärisch-strategischen Ebene wird über den Einsatz der militärischen Ressourcen zur Erreichung der politischen Ziele entschieden (vgl. z.B. Art. 46 und 47 Abs. 3 UN-Charta).[9] Hieran schließt sich die operative Ebene an, auf der die Befehlshaber gemäß dem strategischen Gesamtkonzept die Militäroperationen befehligen und leiten. Während *operational command* (operatives Kommando) die Bewegung von Truppenteilen, die Festlegung der konkreten Mission sowie deren Änderung umfaßt, wird unter *operational control* (operative Kontrolle) die Leitung von zeitlich, örtlich und operativ begrenzten Einsätzen in den vom *operational command* gestecken Grenzen verstanden.[10] *Operational control* ist damit ein graduelles Minus zum *operational command*[11], wie die Direktive des US-Präsidenten vom 3. Mai 1994 für die US-Kontingente in UN-Einsätzen zum Ausdruck bringt:

> „Operational control is a subset of command. It is given for a specific time or mission and includes the authority to assign tasks to U.S. units led by U.S. officers. Within the limits of operational control, a foreign UN commander cannot: Change the mission or deploy U.S. forces outside the area of responsibility agreed to by the President (...).“[12]

Bundeswehrgeneral NAUMANN beschrieb für die NATO ein identisches Verständnis von *operational command* und *operational control*.[13] Operational command umfaßt danach die Befugnis des Befehlshabers, im Rahmen eines NATO-Einsatzes in den Grenzen des Gesamtkonzepts Einsatzaufträge zu erteilen, zu-

---

[8] BOWETT (Fn. 1), S. 353; vgl. auch im Fall der Saarforce 1934/35 die Notfallkompetenz des Commander-in-Chief, S. 142.

[9] Vgl. „The Levels of Conflict“, in: UK Army Doctrine Publications, Bd. 1 1993, S. 3, abgedr. in: J. WHITMAN/I. BARTHOLOMEW, Collective Control of UN Peace Support Operations, Security Dialogue 25 (1994), S. 77, 79.

[10] MACDOUGALL (Fn. 5), S. 27, für die NATO vgl. Glossary of Terms and Definitions, Allied Administrative Publications 6, 1989, 2-0-2.; s. auch die Zentrale Dienstvorschrift 1/50 der Bundeswehr, abgedr. in: BVerfGE 90, 286, 308 (Adria/AWACS/Somalia).

[11] In der US-amerikanischen Militärsprache wird nicht nur von „operational command“, sondern auch von „combatant command“ gesprochen. Inhaltliche Abweichungen sind mit der Begriffswahl nicht verbunden. Siehe K. ALLARD, Somalia Operation: Lessons Learned, 1995, S. 29.

[12] Presidential Decision Directive 13, Introduction: The Role of peace operations in U.S. Foreign Policy, ILM 23 (1994), S. 808.

[13] Aussage NAUMANNS vor dem Bundesverfassungsgericht, abgedr. in: DAU/WÖHRMANN (Fn. 2), S. 268; s. hierzu auch D. FLECK, The Handbook of The Law of Visiting Forces, 2001, S. 39 ff.

rückzuziehen und zu modifizieren. Dagegen darf im Falle der operational control-Kompetenz nicht der Einsatzauftrag geändert werden; der Befehlshaber kann lediglich im Rahmen eines festgelegten Einsatzspektrums den Truppenteil anweisen, den gebilligten Auftrag durchzuführen. Der speziell für UN-Einsätze geprägte Begriff vom „United Nations Command"[14] steht dem allgemein anerkannten militärischen Konzept des *operational command* sehr nahe, ohne allerdings deckungsgleich zu sein.[15] Der UN-Generalsekretär unterscheidet zwischen drei Ebenen des Kommandos über Peace-keeping-Streitkräfte:

> „(1) overall political direction in the purview of the Security Council, (2) executive direction and control, provided by the Secretary-General; and (3) command in the field, residing in the chief of mission, i.e. the Special Representative of the Secretary-General or, where no Special Representative is approved, the Force Commander or the Chief Military Observer."[16]

„Command in the field" unter Punkt 3 wird vom UN-Generalsekretär mit dem Begriff „operational command" gleichgesetzt. Es beinhaltet die volle Autorität zur Erteilung operativer Anweisungen an die Streitkräfte, und zwar in den sachlichen Grenzen des vom Sicherheitsrat erteilten Mandats sowie im vereinbarten zeitlichen und territorialen Rahmen der Mission.[17] Das United Nations Command ist kein *full command*, da der UN-Kommandeur weder Disziplinargewalt noch sonstige dienstrechtliche Befugnisse über die einzelnen Mitglieder der nationalen Kontingente besitzt.[18] *Full command* existiert als militärische Kategorie derzeit nur in den nationalen Armeen. Auf der internationalen Ebene wird unter dem Kommando einer Internationalen Organisation – z.B. der Vereinten Nationen und der NATO – immer nur das operative Kommando oder die operative Kontrolle verstanden.[19] Die von der NATO und ihren Mitgliedstaaten gepflegte Unterscheidung zwischen operativem Kommando und operativer Kontrolle wird

---

[14] Zu den Bemühungen der Vereinten Nationen, das Konzept des United Nations Command zu stärken s. General Assembly Resolution 48/42 vom 10. Dezember 1993, GAOR 48th Sess, Suppl. No. 42, sowie Resolution 49/37 vom 6. Dezember 1994, GAOR 49th Sess, Suppl. No. 37; Report des UN-Generalsekretärs UN-Doc. A/49/681 vom 21. November 1994 und UN-Doc. A/49/621 vom 28. November 1994.

[15] Zur Problematik der Übertragung der mitgliedstaatlichen (NATO) Terminologie auf das Konzept „United Nations Command" siehe für den Fall Somalia S. 478 ff.

[16] Comprehensive Review of the Whole Question of Peace-Keeping Operations in all Their Aspects, UN-Doc. A/49/681, 21 November 1994, GA 48th Sess., S. 2 f. Ziff. 4.

[17] UN-Doc. A/49/681 (Fn. 16).

[18] Full Command wird nach den NATO Richtlinien definiert als: „The military authority and responsibility of a superior officer to issue orders to the subordinates. It covers every aspect of military operations and administration and exists only in national services." NATO Publications AAP-6, abgedruckt in WHITMAN/BARTHOLOMEW (Fn. 9), S. 88.

[19] NATO Publications AAP-6, abgedruckt in WHITMAN/BARTHOLOMEW (Fn. 9), S. 88.

vom UN-Generalsekretär unter dem oben zitierten Punkt 3 nicht nachvollzogen. In der UN-Praxis erlangte die Untergliederung der militärischen Kommandogewalt allerdings im Rahmen der Einsätze nach 1990 Bedeutung, in denen einige Entsendestaaten ihre Truppen nur unter der Bedingung zur Verfügung stellten, die Leitlinien ihres konkreten Einsatzes selbst festzulegen (z.B. bei UNOSOM II[20]).

Die eingeschränkteste Form der Befehlsgewalt über Truppenteile ist „tactical control", von der NATO definiert als:

> „The authority delegated to a commander to assign tasks to forces under his command for the accomplishment of the mission assigned by higher authority." [21]

Es ist Teil der Befugnisse des Befehlshabers, im Rahmen von *operational command & control* zu entscheiden, ob er *tactical control* über einzelne Truppenteile selbst ausübt oder die Befugnis nachgeordneten Kommandeuren überträgt. Im Hinblick auf die UN-Terminologie ist zu beachten, daß sich der von den Vereinten Nationen verwendete Begriff „tactical level" („command in the field")[22] auf das operative Kommando über die Peace-keeping-Streitkräfte im Einsatzgebiet bezieht, also nicht mit dem tactical control-Konzept der NATO gleichgesetzt werden kann.

---

20 Siehe hierzu S. 478 ff.

21 NATO Publications AAP-6, abgedruckt in WHITMAN/BARTHOLOMEW (Fn. 9), S. 88.

22 ABRASZEWISKE/HENNES/KRASULIN/OTHMAN (Fn. 7), S. 5.

Teil 3: Haftungspraxis universeller Organisationen

A. Völkerbund

I. Einleitung: Rechtsnatur des Völkerbundes

Der Völkerbund (League of Nations, Société des Nations) ist nicht die erste „Internationale Organisation“ im Sinne des modernen Begriffsverständnisses.[1] Seine historische Bedeutung liegt also weniger in seinem rechtlichen Wesen als in seiner politischen Aufgabe, der internationalen Friedenssicherung.[2] Mit der Gründung des Völkerbundes am 28. Juni 1919 unternahm ein Teil der Staatengemeinschaft den Versuch, das alte Ziel der Friedenssicherung auf neuem Wege zu verwirklichen: Die Ära der zwischenstaatlichen Konsultation wurde mit dem Völkerbund durch das Modell der internationalen Kooperation ersetzt. Nach einem langen ideengeschichtlichen Vorlauf sollte der Völkerbund die erste institutionalisierte „Rechts- und Friedensgemeinschaft“[3] werden – ein Anspruch, dem der Völkerbund während seiner 26jährigen Existenz nur begrenzt gerecht werden konnte.

In rechtlicher Hinsicht bot der Völkerbund der zeitgenössischen Völkerrechtswissenschaft viel Raum für Meinungsverschiedenheiten. Bei der dogmatischen Bewältigung des neuen internationalen Phänomens neigte die Völkerrechtslehre dazu, den Völkerbund in überkommene Rechtskategorien einzuordnen, insbesondere in die Rechtsform des Staatenbundes bzw. der administrativ-technischen Verwaltungsunion. Dabei argumentierten diejenigen Vertreter der deutschen Völkerrechtslehre, die den Völkerbund zu einer administrativ-technischen Einrichtung degradieren wollten, nicht immer frei von politischen Erwä-

---

[1] Zur Begriffsgeschichte s. S. 46 ff.; zu den Wesenselementen der Internationalen Organisation s. S. 51 ff.

[2] S. die Präambel der Völkerbundssatzung: „The High Contracting Parties, In order to promote international co-operation and to achieve international peace and security (...) agree to this Covenant of the League of Nations.“

[3] W. SCHÜCKING/H. WEHBERG, Die Satzung des Völkerbundes, Bd. 1, 1931, S. 56.

gungen. CARL SCHMITT, vehementer Gegner eines bündisch konzipierten Völkerbundes, brachte die spezifisch deutschen Bedenken der Nachkriegszeit zum Ausdruck: „Ist er ein echter Bund, so legitimiert er den *status quo* von Versailles – eine folgenreiche, unabsehbare Konsequenz."[4] Diese Befürchtung wurde von WALTER SCHÜCKING und HANS WEHBERG, Verfechter der Staatenbund-These und Verfasser des bedeutendsten deutschsprachigen Kommentars zur Völkerbundssatzung, nicht geteilt. Der Völkerbund erfülle, so die Autoren, die von JELLINEK aufgestellten Kriterien des Staatenbundes, d.h. er verkörpere eine dauernde Verbindung von Staaten zum Zwecke des Schutzes des Bundesgebietes nach außen.[5] Aus dieser formalen Zuordnung ließen sich dann dogmatisch fundierte Aussagen über Fragen der Völkerrechtssubjektivität und andere Statusfragen finden. Trotz dieser Vorzüge konnte sich die Staatenbund-These in der internationalen Literatur nicht durchsetzen. Im akademischen Streit um die Rechtsnatur des Völkerbundes dominierte letztlich das Meinungsfeld, das im Völkerbund einen „neuen Typus" sah, ein Gebilde *sui generis*, das sich den überkommenen Rechtsbegriffen der Staatslehre versperre.[6]

Das Bemerkenswerte an der Diskussion der 20er Jahre, die an die heutige Diskussion um den adäquaten Rechtstitel der Europäischen Gemeinschaft („Staatenverbund") erinnert, ist der breite Konsens in der Wissenschaft in bezug auf die Völkerrechtssubjektivität des Völkerbundes.[7] Zu den wenigen Gegnern einer eigenständigen internationalen Rechtspersönlichkeit des Völkerbundes gehören allerdings namhafte Vertreter wie MAX HUBER[8], RENÉ BRUNET[9] und CARL

---

[4] C. SCHMITT, Die Kernfrage des Völkerbundes, 1926, S. 15 (Hervorhebung dort).

[5] SCHÜCKING/WEHBERG (Fn. 3), S. 83 f.; ebenso: P. E. COBETTE, What is the League of Nations, BYIL 5 (1924), S. 119, 147.

[6] Führend hier F. LARNAUDE, La Société des Nations, 1920, S. 5, im folgenden: M. HUBER, Besprechung von Schücking/Wehberg, Die Satzung des Völkerbundes, ZfV 12 (1923), S. 369, 371; C. EAGLETON, The Responsibility of States in International Law, 1928, S. 39.

[7] A. CAVAGLIERI, I soggetti del diritto internazionale, RDI 4 (1925), S. 18, 30; P. FAUCHILLE, Traité de droit international public, 1922, Bd. 1, S. 215; O. GÖPPERT, Der Völkerbund 1938, S. 27 f.; T. J. LAWRENCE, The Principles of International Law, 1923, S. 79; L. OPPENHEIM, Le caractère essentiel de la Société des Nations, Revue générale de droit international public 26 (1919), S. 234, 239; J. RAY, Commentaire du Pacte de la Société des Nations, 1930, S. 63 f.; R. REDSLOB, Théorie de la Société des Nations, 1927, S. 43; K. STRUPP, Theorie und Praxis des Völkerrechts, 1925, S. 115.

[8] M. HUBER, Die allgemeinen politischen Grundlagen des Völkerbundsvertrages, Zeitschrift des Bernischen Juristenvereins 56 (1920), S. 97, 112; ders. (Fn. 6), S. 371.

[9] R. BRUNET, La Société des Nations et la France, 1921, S. 126 („un organisme de travail international").

SCHMITT[10]. Letzterem erschien der Völkerbund lediglich als „... eine nützliche und praktische Einrichtung, ein Zweckverband, eine Verwaltungsgemeinschaft großen Stils, ein Büro für gute Dienste und Vermittlungen, eine angenehme Konferenzgelegenheit, ein 'clearing office for international disputes', wie der englische Premierminister BALDWIN sich ausdrückt."[11] In der Tat hat sich das Vereinigte Königreich – und damit einer der wichtigsten Mitglieder des Völkerbundes – konstant gegen eine Völkerrechtspersönlichkeit des Völkerbundes ausgesprochen. Als 1929 anläßlich der Revision des Statuts des Ständigen Internationalen Gerichtshofs der Vorschlag gemacht wurde, dem Völkerbund ein Klagerecht einzuräumen, widersprach der britische Vertreter im Völkerbundsrat mit dem Argument, ein *ius standi in iudicio* mache den Völkerbund zu einer selbständigen politischen Einheit, was im Ergebnis eine fundamentale Änderung seiner Satzung bedeute.[12]

Daß sich diese Auffassung nicht in der Wissenschaft durchsetzen konnte, wurzelt nicht zuletzt in der wachsenden Bereitschaft der Völkerrechtslehre, das Attribut der Völkerrechtssubjektivität von den vorgefundenen Figuren der klassischen Staatenverbindungen (Staatenbund, Bundesstaat) zu abstrahieren und statt dessen dem objektiven Inhalt der Völkerbundssatzung zu entnehmen. Während MAX HUBER noch 1923 bedauerte, allein das von ihm abgelehnte Konzept des Staatenbundes biete eine klare Lösung für die Frage der Rechtspersönlichkeit des Völkerbundes,[13] konstatierte PAUL SCHÖN 16 Jahre später: „Allein es braucht auf die Frage, ob der Völkerbund schlechthin als Staatenbund angesehen werden kann (...) hier nicht weiter eingegangen zu werden. Ist dem Völkerbund (...) doch schon dann die völkerrechtliche Rechtssubjektivität zuzusprechen, wenn völkerrechtliche Normen ihm unmittelbar völkerrechtliche Rechte und Pflichten beilegen."[14] Der Befund mußte angesichts der Funktion des Völkerbundes als Schutzmacht Danzigs[15], als Treuhänder des Saargebiets[16], als Kon-

---

10 SCHMITT (Fn. 4), S. 14; s. auch P. MÜLLER, Die Rechtsnatur des Völkerbundes, 1926, S. 161.

11 SCHMITT (Fn. 4), S. 14.

12 C. HURST (United Kingdom), Committee of Jurists on the Statute of the Permanent Court of International Justice: „The League had been defined in England as a better method of conducting the foreign relations of States. If the idea that it was a political unit were accepted, the League would be exposed to the criticism that it was becoming not an association of States but a super-State." LoN, Documents du Conseil, C. 166 M. 66 1929. V, S. 59.

13 HUBER (Fn. 6), S. 371.

14 P. SCHOEN, Zur Lehre von den Subjekten des Völkerrechts, ZfV 23 (1939), S. 411, 446.

15 Art. 102 Satz 2 VV: „It will be placed under the protection of the League of Nations."

16 Art. 49 VV: „... in the capacity of trustee ...".

trollinstanz im Mandatssystem[17] und als Patron von Minderheiten[18] positiv ausfallen. Die Völkerrechtssubjektivität des Völkerbundes wurde in der Wissenschaft zwar mit Vorsicht begegnet, aber letztlich nicht nachhaltig angezweifelt („une certaine personnalité internationale“[19]).

Angesichts dieses breiten Konsenses mußte eine überlieferte Selbsteinschätzung des Völkerbundes zu akademischen Irritationen führen: „C'est évidemment parce que la Société n'est pas personne de droit international et ne possède pas de capacité juridique.“[20] Anlaß für diese Stellungnahme soll die an den Völkerbund herangetragene Bitte der alliierten Großmächte gewesen sein, ein Treuhandmandat über die Republik Armenien zu übernehmen. Das ablehnende Memorandum des Völkerbundsrates vom 11. April 1920, das in der Literatur als Quelle des Zitats angegeben wird, enthält jedoch nur einen Hinweis auf die fehlende Staatlichkeit des Völkerbundes.[21] Im übrigen argumentiert der Rat: „Le Conseil ne doit pas se dissimuler que les dispositions mêmes de l'Article 22 ne prévoient pas, pour la Société des Nations, la faculté d'accepter et d'exercer un mandat.“[22] In der Tat läßt Art. 22 Abs. 2 die Deutung zu, daß nach dem Willen der Gründungsmitglieder *nur* („The best method ...“) ein Staat („advanced nations“) Mandatar sein sollte. Das Memorandum des Völkerbundsrates vom 11. April 1920 ist in diesem Sinne lediglich als Hinweis auf die *begrenzte* Völkerrechtssubjektivität des Völkerbundes zu verstehen. Eine umfassende Verneinung der Völkerrechtssubjektivität durch den Völkerbund wäre im übrigen kaum mit Art. III des *modus vivendi* zwischen der Schweiz und dem Völkerbund vom 19. Juni 1921 in Einklang zu bringen. In dem heißt es:

---

17 Art. 22 Abs. 2 VBS „... should be exercised by them as Mandatories on behalf of the League.“

18 P. DE AZCARATE, The League of Nations and National Minorities, 1945; J. STONE, International Guarantees of Minority Rights: Procedures of the Council of the League of Nations in Theory and Practice, 1932; H. V. TRUHART, Der Völkerbund und Minderheitenpetitionen, 1931.

19 FAUCHILLE (Fn. 7), S. 215.

20 Zitiert in MÜLLER (Fn. 10), S. 160; siehe hierzu: SCHÜCKING/WEHBERG (Fn. 3), S. 94; REDSLOB (Fn. 7), S. 46, dort Fn. 6.

21 Mémorandum adopté par le Conseil de la Société des Nations siégeant à Paris le 11 avril 1920, Le Statut Futur de l'Arménie, J.O. 1920, S. 85, 86.

22 Nachweis Fn. 21, vgl. auch F. P. WALTERS, A History of the League of Nations, Bd. 1, 1952, S. 109.

> Art. III: „... la Société des Nations peut revendiquer, en sa faveur, la personnalité internationale et la capacité juridique, qu'elle a droit, en conséquence, à un statut analogue à celui d'un État.“ [23]

Die vom Sitzstaat Schweiz anerkannte innerstaatliche Rechts- und Handlungsfähigkeit findet – ebenso wie die Völkerrechtssubjektivität – keine explizite Verankerung in der Völkerbundssatzung, obwohl das Gründungsabkommen als Personalstatut des Völkerbundes der richtige Ort für eine derartige Regelungen gewesen wäre.[24] SCHÜCKING/WEHBERG, die die innerstaatliche Rechts- und Handlungsfähigkeit des Völkerbundes ohne Begründungsnot aus ihrer These von der „staatenbündischen“ Rechtsnatur *ipso iure* ableiten konnten, empfanden die Unvollständigkeit der Völkerbundssatzung unter einem anderen Aspekt als problematisch: Die fehlende Regelung eines gerichtlichen Forums für zivilrechtliche Individualansprüche sei, so die Autoren, „eine böse Lücke in der Rechtsordnung“.[25] Obwohl die Völkerbundssatzung in Art. 7 Abs. 4 nur die Immunität der Völkerbundsbediensteten thematisiert, akzeptierte die Schweiz von Anbeginn die Jurisdiktionsimmunität des Völkerbundes als juristische Person. Diese Jurisdiktionsimmunität war darüber hinaus absolut, d.h. sie erstreckte sich auf alle *acta iure imperii* und *acta iure gestionis* des Völkerbundes. Im damaligen Stadium der Völkerrechtsentwicklung war die umfassende Freistellung des Völkerbundes die logische Konsequenz der von der Schweiz befürworteten Analogie zur Rechtsstellung fremder Staaten.[26] Der verfahrensrechtlich privilegierte Völkerbund reagierte zumindest partiell auf das entstehende justitielle Vakuum: Um dem Bedürfnis der Völkerbundsbeamten nach Individualrechtsschutz bei dienstrechtlichen Streitigkeiten nachzukommen, wurde am 26. September 1927 von der Bundesversammlung ein besonderes Verwaltungsgericht des Völkerbundes ins Leben gerufen, das allerdings ausschließlich über Anträge der Angestellten („officials“) des VB-Sekretariats und des International Labor Office zu befinden hatte.[27] Sonstigen Personen blieb der Zugang zu diesem Ge-

---

[23] Abgedr. in: United Nations Legislative Series, Legislative Texts and Treaty Provisions, Bd. 2, 1961, S. 131 f.; s. auch den 2. modus vivendi vom 18. September 1926, J.O. 1926, S. 1422 f.; United Nations Legislative Series a.a.O. S. 134 f.

[24] H. LIERMANN, Der Völkerbund als Privatrechtssubjekt, ZfV 15 (1929), S. 20, 24 ff.; vgl. die Resolution der VB-Versammlung vom 29. September 1922 zu den von der Schweiz und dem Kanton Genf geschenkten Grundstücken: „D'autoriser le Secrétaire Général à agir au nom de la Société des Nations pour opérer le transfert des droits de propriété.“ zitiert nach: D. SCHINDLER, Die Verbindlichkeit der Beschlüsse des Völkerbundes, 1927, S. 29 Fn. 4.

[25] SCHÜCKING/WEHBERG (Fn. 3), S. 162.

[26] Zu der bis heute von der Schweiz vertretenen absoluten Immunität Internationaler Organisationen siehe S. 96 f.

[27] Statute and Rules of Court of the Administrative Tribunal of the League of Nations, abgedr. in: B. M. DE VUYST, Statutes and Rules of Procedure of International Administrative

richt verwehrt.[28] Entsprechend konstatierten SCHÜCKING/WEHBERG: „Auch der Vorschlag, daß der Völkerbund in seinen Verträgen, z.B. bei Ausführung von Bauten, sich kontraktlich den schweizerischen Gerichten unterwirft, (...) kann nicht für alle Möglichkeiten des Lebens ausreichend sein, da unter Umständen auch eine außerkontraktliche Haftung des Völkerbundes in Frage kommen kann."[29]

Ausweislich der Akten im Genfer Völkerbundsarchiv hat die außervertragliche Haftung des Völkerbundes gegenüber Privatpersonen entgegen der Befürchtungen von SCHÜCKING/WEHBERG keinen Anlaß zu rechtlichen Auseinandersetzung in der Schweiz gegeben. Schadensereignisse wie Pkw-Unfälle bei Dienstfahrten wurden regelmäßig über die Versicherung des Völkerbundes abgewickelt.[30] Angesichts der einvernehmlichen Regulierung von Schadensfällen am Verwaltungssitz bleibt die Frage nach einer etwaigen außervertraglichen Haftung des Völkerbundes bei der Erfüllung seiner operativen Mandate. Da unter der Ägide des Völkerbundes keine militärischen Kampfeinsätze stattgefunden haben,[31] sind vor allem diejenigen „zivilen" Tätigkeitsfelder des Völkerbundes von haftungsrechtlichem Interesse, die zu einem unmittelbaren Kontakt der Organisation mit der Zivilbevölkerung geführt haben, z.B. bei der Verwaltung von Territorien. Während der ersten Tagung des Völkerbundsrates in Paris am 16. Januar 1920 hob der französische Vorsitzende LEON BOURGEOIS in seiner Eröffnungsrede dieses zentrale Aufgabenfeld des Völkerbundes hervor: „En Europe, un certain nombre de territoires qui, soit par leur place géographique, soit

---

Tribunals Bd. I, Hrsg: World Bank Administrative Tribunal, Office of Exekutive Secretary, 1981, S. 2 ff.; zum Gerichtshof s. P. SIRAUD, Le Tribunal Administratif de la Société des Nations, 1942, passim.

[28] In einem Memorandum des Rechtsabteilung des Sekretariats (Mc Kinnon Wood) vom 28. Juli 1926 wurde die Frage erörtert, ob auch Personen, die nicht beim Völkerbund angestellt sind, ein Klagerecht vor dem Verwaltungsgericht zur Durchsetzung ihrer Schadensersatzansprüche gegen den Völkerbund eingeräumt werden sollte. Es sollte sich bei diesen Personen um Experten in den beratenden Kommissionen, unabhängige, vom Völkerbund eingeladene Experten sowie um die Angehörigen der Verwaltungskommissionen (z.B. Saarregierung, Hochkommission von Danzig) handeln. Der Vorschlag, der auf eine Anregung der Aufsichtskommission des Sekretariats (Session Juni 1926) zurückgeht, wurde nicht umgesetzt; LoN, Archives Geneva, 1926, Finance and Accounts, Classement No. 31, Doss. No. 52637, Box R 1531.

[29] SCHÜCKING/WEHBERG (Fn. 3), S. 162.

[30] S. das Budget für Auto- und Unfallversicherungen im Haushalt des Völkerbundes, z.B. J.O. 1921, S. 1047.

[31] Siehe zu den geplanten Streitkräften des Völkerbundes (sog. Vilmar-Truppen) und zu den Letitia-Truppen M. BOTHE, Streitkräfte internationaler Organisationen, 1968, S. 71 ff. Zu den Streitkräften im Saargebiet zur Überwachung des Plebiszits siehe hier S. 140 ff.

par la diversité de leurs populations, pourraient devenir une cause de troubles internationaux, ont été placés plus ou moins complètement sous l'autorité de la Société des Nations; il en est ainsi pour le Territoire de la Sarre, dont nous aurons aussitôt la délimitations achevée, à nommer le Gouvernement; pour la Ville de Dantzig, dont la Société des Nations doit assurer la protectorat; (...).[32]

Das von BOURGEOIS erwähnte Engagement des Völkerbundes in der Freien Stadt Danzig kann im Rahmen des hier behandelten Untersuchungsgegenstandes vernachlässigt werden, da es keine verwertbaren Haftungsfälle hervorgebracht hat. Am 10. Januar 1920 war mit Inkrafttreten des Versailler Vertrages die territoriale Souveränität über das ca. 1951 km^2 große Gebiet[33] um Danzig vom Deutschen Reich an die Alliierten und Assoziierten Mächte abgetreten worden. Durch den Friedensvertrag hatten sich wiederum die Siegermächte verpflichtet, das in Art. 100 VV bezeichnete Gebiet als Freie Stadt zu errichten und unter den Schutz des Völkerbundes zu stellen (Art. 102 VV). Der vom Völkerbund gem. Art. 103 VV eingesetzte Hohe Kommissar agierte in Danzig primär als Streitschlichtungsinstanz, d.h. als Richter oder Mediator für die Völkerrechtssubjekte Polen und Freie Stadt Danzig (Art. 103 Abs. 2 VV). Mangels eigener hoheitlicher Funktionen neben dem Stadtstaat erschöpften sich die direkten Kontakte des Hohen Kommissars zur Bevölkerung in der Entgegennahme von Petitionen und Beschwerden über Verfassungsbrüche durch Polen bzw. Danzig.[34] Die völkerrechtliche Protektionsfunktion des Völkerbundes im Hinblick auf die Gewährleistung der Verfassung und des Status Danzigs kann bereits *ratione materiae* keine Anknüpfungspunkte für eine etwaige außervertragliche Haftung des Völkerbundes gegenüber Privatpersonen bieten.

Haftungsrechtlich bedeutsamer war dagegen die *hoheitliche Verwaltung* von bewohnten Territorien durch den Völkerbund. Die einjährige Verwaltung des wirtschaftlich wichtigen Amazonashafens Letitia (1933 – 1934) mit seinen ca. 200 Bewohnern übernahm der Völkerbund, um den Streit zwischen Kolumbien und Peru um die Territorialhoheit über das trapezförmige Hafengelände einer friedlichen Lösung zuzuführen.[35] Das völkervertraglich Kolumbien zugesprochene Gebiet war am 1. September 1932 durch peruanisches Militär besetzt

32 Procès-Verbal de la Première Réunion du Conseil de la Société des Nations, 16 Janvier 1920, Doc 27A/2764/2764, S. 6.

33 Vgl. H. V. BÖTTCHER, Die völkerrechtliche Lage der freien Stadt Danzig seit 1945, 1958, S. 21.

34 J.O. 1925, S. 863, 950.

35 Zur Vorgeschichte und Verlauf des Letitia Konflikts s. L. H. WOOLSEY, The Letitia Dispute between Colombia and Peru, AJIL 27 (1933), S. 317 ff., 525 ff. und AJIL 29 (1935), S. 94 ff.

worden. Nachdem der Völkerbundsrat die Wirksamkeit des kolumbianischen Gebietstitels festgestellt hatte, setzte er eine dreiköpfige neutrale Kommission[36] ein, um die öffentliche Ordnung bis zur Wiedereinsetzung der kolumbianischen Zivilverwaltung aufrechtzuerhalten. Die Kommission führte die Operation mit großem Erfolg durch und konnte Leticia termingerecht am 19. Juni 1934 den Behörden Kolumbiens übergeben.[37] Die Abwicklung von Schadensfällen in der Zeit der Völkerbundsverwaltung betrafen primär Besetzungsschäden durch die peruanische Invasoren.[38] Andere Haftungsfälle, die in hoheitlichen Handlungen der Völkerbundskommission gründen, sind nicht dokumentiert. Dagegen bietet – im Gegensatz zur Erfolgsgeschichte „Letitia" – die konfliktreiche 15jährige Verwaltung des Saargebietes (1920 – 1935) eine Fülle Anschauungsmaterial aus der haftungsrechtlichen Praxis des Völkerbundes.

---

[36] Bestehend aus einem brasilianischen, einem US-amerikanischen und einem spanischen Mitglied, Entschließung des Völkerbundsrates vom 18. März 1934, J.O. 1933, S. 533, 944, 1117.

[37] H. MEYER-LINDENBERG, Leticia-Konflikt, in: Strupp/Schlochauer, Wörterbuch des Völkerrechts, Bd. 2, 1961, S. 414 f.

[38] WOOLSEY (Fn. 35), AJIL 29 (1935), S. 94, 96.

II. Territorialverwaltung des Saargebietes 1920 – 1935

In der Geschichte der Internationalen Organisationen war der Völkerbund die erste Staatenverbindung mit allgemein-politischem Auftrag, deren völkerrechtliche Aufgabe u.a. in der hoheitlichen Verwaltung eines größeren bewohnten Gebietes bestand.[1] Das Mandat für die Verwaltung des Saarbeckengebietes ergab sich nicht aus der Völkerbundssatzung, sondern aus den Art. 45 bis 50 des Friedensvertrages von Versailles. Am 27. März 1919 waren die Teilnehmer der Friedenskonferenz mit einem Memorandum Frankreichs konfrontiert worden, in dem Frankreich – gestützt auf historische und wirtschaftliche Argumente – die territoriale Souveränität über einen Teil des Saarbeckens in den Grenzen von 1814 beanspruchte. Aufgrund des Widerstandes von US-Präsident WILSON, der ein zweites Elsaß-Lothringen befürchtete,[2] wurde das Saarbeckengebiet als Kompromiß der treuhänderischen Verwaltung des Völkerbundes unterstellt (Art. 49 Abs. 1 VV: „in the capacity of trustee"). Diese Lösung erschien den Siegermächten der geeignete Weg, die Ausbeutungsrechte der Französischen Republik an den saarländischen Kohlegruben auch ohne französische Territorialgewalt zu sichern.[3] Aufgrund der Einbindung des hochindustrialisierten Saarbeckens in den allgemeinen Reparationsplan der Siegermächte stand das Engagement des Völkerbundes im Saargebiet von Anbeginn in dem Verdacht, ausschließlich den Sonderinteressen Frankreichs zu dienen. Die Zweifel an der Neutralität des Völkerbundes brachte der Leiter der deutschen Delegation in Versailles, GRAF BROCKDORFF-RANTZAU, in einem Protest vom 13. Mai 1919 zum Ausdruck:[4] Die deutsche Regierung halte es für unzulässig, „... daß durch den Friedensvertrag zu dem Zwecke, finanzielle oder wirtschaftliche Forderungen der Gegner

---

[1] Zu erwähnen sind in diesem Zusammenhang allerdings auch die internationalen Flußschiffahrtskommissionen, die von den Anrainerstaaten für ein bestimmtes Flußgebiet mit eigenen Hoheitsrechten ausgestattet wurden: Die Europäische Donaukommission, errichtet durch die Schiffahrtsakte von 1865; die Zentralkommission der revidierten Rheinschiffahrtsakte vom 17. Oktober 1869 (fakultative Rechtsprechungsbefugnis in zweiter Instanz); die Flußkommission für den Po und den Pruth vom 3. Juli 1849; die Donaukommission, errichtet durch die endgültige Donauakte vom 23. Juli 1921; s. hierzu P. SCHOEN, Zur Lehre von den Subjekten des Völkerrechts, ZfV 23 (1939), S. 411, 431 ff.; F. MÜNCH, Internationale Organisationen mit Hoheitsrechten, in: FS Wehberg, 1956, S. 301, 302 f.

[2] A. TARDIEU, La Paix, 1921, S. 291.

[3] Mantelnote zur Antwort der alliierten und assoziierten Mächte auf die Bemerkung der deutschen Delegation zu den Friedensbedingungen. Vom 16. Juni 1919, WEIßBUCH DER DEUTSCHEN REGIERUNG, Das Saargebiet unter der Herrschaft des Waffenstillstandsabkommens und des Vertrages von Versailles, 1921, S. 68.

[4] W. SIMONS, Die völkerrechtliche Stellung des Saargebietes, in: Grabowsky/Stante, Die Grundlagen des Saarkampfes, 1934, S. 91, 99.

Deutschlands zu sichern, deutsche Bevölkerungen und Gebiete von der bisherigen Souveränität zu einer anderen verschachert werden, als ob sie bloße Gegenstände oder Steine in einem Spiel wären. Dies gilt insbesondere von dem Saarbecken."[5]

1. Status des Saargebietes nach dem Versailler Frieden

Vor dem 10. Januar 1920[6] war das Saarbecken als Teil des Deutschen Reichs weder geographisch noch landsmannschaftlich eindeutig definiert. Staatsrechtlich gehörte der größte Teil des Territoriums zur preußischen Rheinprovinz, ein kleiner Teil zur bayerischen Pfalz. Das Saarbecken mit seinen reichen Kohlevorkommen stand also unter keiner einheitlichen staatlichen Verwaltung, bis es als Folge des verlorenen Weltkrieges in Art. 48 VV territorial umgrenzt und der Kontrolle des Völkerbundes unterstellt wurde. Unter diesem internationalen Regime sollte die 1913 km^2 große Region mit ihren 825.000 Einwohnern[7] bleiben, bis sich die ortsansässige „Saar-" Bevölkerung im Jahr 1935 in einem Volksentscheid mit 90,8% für die staatliche Zugehörigkeit zum Deutschen Reich aussprach.[8] Das Plebiszit beendete nicht nur das Engagement des Völkerbundes in der Region, sondern auch den juristischen Streit um die staats- und völkerrechtliche Stellung des Saarbeckengebietes.

Die zentrale Aussage des Versailler Friedensvertrages zum Status des Saarbeckengebietes findet sich in Art. 49 VV:

> „(1) Germany renounces in favour of the League of Nations, in the capacity of trustee, the government of the territory defined above.
> (2) At the end of fifteen years from the coming into force of the present Treaty the inhabitants of the said territory shall be called upon to indicate the sovereignty under which they desire to be placed."

---

[5] Die Note ist abgedr. in: Materialien betreffend die Friedensverhandlungen, Der Notenkampf um den Frieden von Versailles Teil I, 1919, S. 33; zu den Pariser Saarverhandlungen s. H. W. V. TEMPERLEY, A History of the Peace Conference of Paris, 1920, Bd. 2, passim.

[6] Datum des völkerrechtlichen Inkrafttretens des Versailler Friedensvertrages auch für das Deutsche Reich.

[7] Von diesen Einwohnern deutscher Nationalität haben nach Angaben des Deutschen Reichs 0,05% Französisch als Muttersprache angegeben, s. Jahrbuch für das Deutsche Reich, 1928, S. 28.

[8] 0,4 % der gültigen Stimmen sprachen sich für eine Zugehörigkeit zu Frankreich, 8,8 % für die Beibehaltung des Völkerbundsregimes aus, s. O. GÖPPERT, Der Völkerbund, 1938, S. 62.

Das Saarstatut, dem Versailler Vertrag als Annex beigefügt, ergänzt in § 35:

> „The League of Nations shall decide on the sovereignty under which the territory is to be placed, taking into account the wishes of the inhabitants as expressed by the voting: (a) If (...) the League of Nations decides in favour of the maintenance of the régime established by the present Treaty and this Annex, Germany hereby agrees to make such renunciation of her sovereignty in favour of the League of Nations as the latter shall deem necessary. (...)"

Das Zusammenspiel von Art. 49 und § 35 (a) verdeutlicht die rechtliche Beziehung, die nach dem Willen der Alliierten und Assoziierten Mächte zwischen dem Saargebiet und dem Deutschen Reich bestehen soll: Das Deutsche Reich behält die „Souveränität" („sovereignty", „souveraineté") über das Territorium, im kürzesten Fall für weitere 15 Jahre bis zum Plebiszit.[9] Von dieser Souveränität unterscheidet der Versailler Vertrag rechtstechnisch die „Regierung" („government", „gouvernement") des Saargebietes. Die Gegenüberstellung der beiden Begriffe in Art. 49 VV und § 35 SSt. sowie die Gesamtkonzeption des Saarstatuts zeigen deutlich, daß der Vertrag die Regierungsgewalt als *aliud* zur Souveränität begreift.[10] Dieser eigenwillige Umgang mit staats- und völkerrechtlich vorgeprägten Begriffen führte in der zeitgenössischen deutschen Rechtswissenschaft zu erheblichen Interpretationsschwierigkeiten.[11] Der akademische Meinungsstreit um den Souverän des Saargebiets wurde durch den Bericht des französischen Generalbevollmächtigten bei den Pariser Friedensverhandlungen, ANDRÉ TARDIEU, genährt. Der wußte zu berichten, daß US-Präsident WILSON seine Frage, „La souveraineté allemande sera-t-elle suspendue?", bejaht habe.[12] Auf Basis dieser Auskunft sei dann – so TARDIEU – das Saarstatut in 22 Stunden erarbeitet worden.

Der Begriff „sovereignty"/„souveraineté" dient im englischen und französischen Rechtsraum als Bezeichnung für „Staatsgewalt" (z.B. legislative sover-

---

9 Als Ausdruck der Souveränitätsaufgabe, z.B. im Fall der deutschen Kolonien, wählte der Versailler Vertrag in Abgrenzung zum Rechtsstatus des Saargebiets die Formel: „Das Deutsche Reich verzichtet zu Gunsten der Alliierten und Assoziierten Hauptmächte auf alle seine Rechte und Ansprüche in bezug auf die überseeischen Besitzungen (Art. 119)."

10 A.A. die zeitgenössische Literatur, die „Regierung" auch nach der Diktion des Versailler Vertrages als Teilausschnitt der „Souveränität" auffaßt: O. ANDRES, Grundlagen des Rechts im Saargebiet, 1926, S. 37, 39; J. M. GÖRGEN, Kompetenzregelung zwischen Völkerbundsrat und Saarregierung, ZfP 19 (1930), S. 81, 84.

11 Vgl. statt vieler die Interpretationsbemühungen von W. HAMEL, Die staatsrechtliche Stellung des Saargebietes, in: Grabowsky/Stante, Die Grundlagen des Saarkampfes, 1934, S. 129, 131 ff.

12 TARDIEU (Fn. 2), S. 304, in der dt. Übersetzung abgedruckt in: WEIßBUCH DER DEUTSCHEN REGIERUNG (Fn. 3), S. 14.

eignty).[13] Ebenso faßt die deutsche Rechtslehre die innere Souveränität eines Staates als formalen Ausdruck seiner obersten Herrschaftsgewalt auf, setzt also Souveränität und Staatsgewalt in eine untrennbare Beziehung zueinander.[14] Dieses rechtstheoretische Vorverständnis führt im Fall des Saarstatuts zu einer weitgehenden materiellen Deckungsgleichheit von „sovereignty" und „government". Denn die Wahl des Begriffs „government" bzw. „gouvernement" – vor allem in der anglo-amerikanischen, teils auch in der französischen Rechtslehre die Bezeichnung für die Gesamtheit der Staatsfunktionen[15] – deutet bereits an, daß die Alliierten die Staatsgewalt des Deutschen Reichs über das Saargebiet umfassend beseitigen wollten. Diese Absicht spiegelt sich dann auch in den einzelnen kompetentiellen Normen des Saarstatuts wider. Das durch den Verzicht Deutschlands entstehende Herrschaftsvakuum wird vollständig durch eine fünfköpfige, vom Völkerbund international zu besetzende Regierungskommission (§§ 17, 18 Abs. 1 SSt.) ausgefüllt:

> Art. 19 Abs. 1 SSt.: „Within the territory of the Saar Basin the Government Commission shall have all the powers of government hitherto belonging to the German Empire, Prussia, or Bavaria (...)"

In diesem Sinne weist das Saarstatut der Regierungskommission – „representing the League of Nations" (§ 16 Satz 1 SSt.) – neben einer umfassenden Verwaltungs[16]- und Steuererhebungskompetenz (§§ 19, 26 SSt.) auch das Recht zur Gesetzgebung zu (§ 23 Abs. 2 SSt.).[17] Die gerichtlichen Entscheidungen der Zivil-, Straf- und Verwaltungsgerichte ergehen nach § 25 SSt. im Namen der Regierungskommission; auch die Justizverwaltung obliegt ihrer Verantwortung (§ 25 Abs. 3 SSt.). In auswärtigen Angelegenheiten räumt § 21 SSt. der Regierungskommission partielle Völkerrechtssubjektivität zur Wahrung der Interessen der Saareinwohner im Ausland ein.

---

13 vgl. SALMOND on Jurisprudence, 11th edition by G. Williams, 1957, S. 518;

14 Vgl. G. JELLINEK, Allgemeine Staatslehre, 1914, S. 486.

15 Die Bedeutung der authentischen Sprachfassungen des Saarstatuts wird in der zeitgenössischen deutschen Literatur weitgehend ignoriert; statt dessen gründen eine Vielzahl von Autoren ihre Überlegungen auf dem spezifisch deutschen Verständnis einer „Regierung" i.S.v. Staatsleitung und -lenkung; s. statt vieler ANDRES (Fn. 10), S. 47 ff., vgl. aber auch E. BERGEMANN, Die Gesetzgebung im Saargebiet, 1924, S. 17 f.

16 Zu den einzelnen Ressorts der Regierungskommission s. K. BARTH, Die Verwaltungsorganisation des Saargebietes unter der Völkerbundsregierung, in: Grabowsky/ Stante, Die Grundlagen des Saarkampfes, 1934, S. 257 ff.

17 A.A. W. GIERSBERG, Gesetzgebungsgewalt und richterliches Nachprüfungsrecht, JW 1926, S. 304, 306; ANDRES (Fn. 10) S. 47.

Für das Deutsche Reich und die Bundesstaaten Preußen und Bayern blieb angesichts dieser Kompetenzfülle *de lege lata* kein Raum für die Ausübung eigener Staatsgewalt, auch wenn das Deutsche Reich diese Rechtslage nicht immer strikt beachtet hat.[18] Der Streit um den Rest an deutscher Staatsgewalt im Saargebiet entzündete sich vor allem an der Beamtenfrage. Bei Dienstantritt der Regierungskommission im Februar 1920 stellte sich für die neue Obrigkeit im Saargebiet die Frage, auf welche Amtswalter sie als Trägerin der öffentlichen Verwaltung zurückgreifen kann. Zum Zeitpunkt der Übergabe des Saargebiets waren die vor Ort tätigen Beamten ihren ursprünglichen Dienstherren – d.h. dem Deutschen Reich, Bayern, Preußen oder den Kommunalverbänden – durch öffentlich-rechtliches Dienstverhältnis und durch Treueid verpflichtet. Als Übergangsregel verfügte die Regierungskommission am 17. April 1920 zur Sicherstellung ihrer Handlungsfähigkeit die vorläufige Übernahme der deutschen Beamten und Angestellten, allerdings unter der Voraussetzung, daß die betreffenden Personen von ihren bisherigen Dienstherren zur Verfügung gestellt würden. Zugleich unterstrich die Kommission ihre Eigenschaft als neuer Dienstherr:[19]

> § 1 Satz 3: „Die Beamten werden in Zukunft ihren Dienst unter der Staatshoheit der Regierungskommission ausüben, einem ihrer Vertreter den Diensteid leisten, wodurch sie geloben, ihren Amtspflichten nach den ihnen von der Regierung gegeben Weisungen, wie dies im Friedensvertrag vorgesehen ist, getreulich nachzukommen."

Die Beamtenfrage sollte das gesamte politische Leben des Jahres 1920 beherrschen, insbesondere nachdem die Regierungskommission durch die Verordnung den Beamtenstatuts für die „Beamten der Regierung des Saatgebiets" (Art. 2 des Statuts) neu geregelt hatte.[20] Auch die Weigerung der Regierungskommission, eine Reihe von deutschen Beamten endgültig in ihre Dienste zu übernehmen, führte zu Verstimmungen in der Saarbeamtenschaft und im Deutschen Reich. Während sich das Deutsche Reich auf den Rechtsstandpunkt stellte, die Regierungskommission sei im Hinblick auf die Entlassungsgründe an die deutschen Beamten- und Disziplinargesetze gebunden,[21] entschied der Zivilsenat des

[18] So wies beispielsweise der Reichsminister des Inneren im Januar 1921 die „Staatliche Polizeiverwaltung Saarbrücken" an, den zur Volksabstimmung in Oberschlesien reisenden Personen unentgeltlich Ausweiskarten auszustellen: WEIßBUCH DER DEUTSCHEN REGIERUNG (Fn. 3), S. 327. Die deutsche Regierung entschuldigte den Vorfall gegenüber der Regierungskommission mit einem „administrativen Versehen", a.a.O. S. 328.

[19] Verfügung der Regierungskommission des Saargebiets über die Beamten im Saargebiet, ABl.RegKom. 1920, S. 3.

[20] Verordnung vom 29. Juli 1920, ABl.RegKom. 1920, S. 51 ff.

[21] Vgl. statt vieler W. SCHÜCKING, Rechtsstellung der Saarbeamten, Deutsche Juristen-Zeitung 1925, S. 285 ff.

Obersten Gerichtshofs in Saarlouis zugunsten eines freien Übernahmerechts der Regierungskommission und gegen den Eintritt in die personellen Verpflichtungen der früheren Regierungsgewalt ex lege: „Durch den Friedensvertrag hat Deutschland auf Regierung des Saargebiets zu Gunsten des Völkerbundes verzichtet und die Regierungsbefugnisse, die früher dem Deutschen Reich, Preußen oder Bayern zustanden, sind an die Regierungskommission übergegangen. Die Regierungskommission ist demnach nicht ein ausführendes Organ der früheren auf das Saargebiet sich beziehenden Staatsgewalten, sondern sie ist ihnen gegenüber ein ihnen ebenbürtiger, selbständiger Träger einer neuen Regierungsgewalt. Aus diesem Begriff der höchsten Gewalt im Staate geht hervor, daß die Regierungskommission dem Wesen nach in der Auswahl der Personen, durch welche die Geschäfte der Regierung besorgt werden sollen, durch Ernennung oder Bestätigung anderen Regierungen nicht beschränkt werden kann.“[22]

Angesichts der restlosen Verdrängung der deutschen Staatsgewalt aus dem öffentlichen Leben des Saargebietes läßt sich das Saarstatut mit seinem Hinweis auf die unangetastete „Souveränität“ Deutschlands nicht im Sinne des tradierten Verständnisses von „Souveränität“ als höchste Herrschaftsmacht erklären. Für Art. 49 VV und § 35 SSt. bleibt angesichts der Kompetenzfülle der Regierungskommission nur noch der Bedeutungsgehalt, die territoriale Souveränität des Deutschen Reichs im Saargebiet zu gewährleisten.[23] Während das Deutsche Reich nach dem Willen der Alliierten bis 1935 einen unangefochteten völkerrechtlichen Gebietstitel für das Saarbecken besitzen soll, wird die davon abstrahierte Gebietshoheit, also die Herrschaft im Saarbeckengebiet, für eben diesen Zeitraum aufgegeben. Völkerrechtlich kann diese Konstruktion des Versailler Vertrages als eine Form der Verwaltungszession[24] eingeordnet werden.[25] Das

---

[22] Zivilsenat des Obersten Gerichtshofs in Saarlouis, Urteil vom 19. März 1924, Rs. 1924 1 U 369/20, Entscheidungssammlung des Obersten Gerichtshofs und des Verwaltungsgerichts des Saargebiets in Saarlouis 1924, S. 5 f.

[23] Zur Unterscheidung zwischen territorialer Souveränität und Gebietshoheit s. A. VERDROSS, Völkerrecht, 1964, S. 267 f.

[24] Zur völkerrechtlichen Verwaltungszession VERDROSS (Fn. 23), S. 290; K. IPSEN, in: Ispen (Hrsg.), Völkerrecht, 1999, § 23 Rn. 13.

[25] Im Streit um die Rechtsstellung des Deutschen Reichs im Hinblick auf das Saargebiet wurde in der deutschen Literatur absolut vorherrschend von Deutschland als Inhaberin der Souveränität ausgegangen [statt vieler W. SCHÜCKING/H. WEHBERG, Die Satzung des Völkerbundes, Bd. 1, 1931, S. 108]. Einige Autoren sprachen dem Deutschen Reich eine Souveränität *de iure* zu, während der Völkerbund Souveränität *de facto* besäße [GÖRGEN (Fn. 10), S. 83 f.]; andere erachteten das Saargebiet als „Schöpfung sui generis“ [H. KATSCH, Regierung und Volksvertretung im Saargebiet, 1930, S. 30]. Vor allem die angloamerikanische und französische Literatur befand, daß die Souveränität des Deutschen Reichs in der Schwebe sei [A. ALLOT, Le Bassin de la Sarre, 1924, S. 75; W. R. BISSCHOP, The Saar

Auseinanderfallen von territorialer Souveränität und Gebietshoheit im Saargebiet fügt sich im übrigen nahtlos in § 22 Abs. 1 SSt. ein. Dort wird der Regierungskommission die volle Nutznießung („full right of user") an dem gesamten öffentlichen und privaten Staatseigentum eingeräumt, nicht jedoch das Eigentum selbst.

Die friedensvertraglich gewährleistete territoriale Souveränität des Deutschen Reichs über das Saarbeckengebiet führt im weiteren zu dem Schluß, daß die Alliierten und Assoziierten Mächte auf der Pariser Friedenskonferenz keinen „Saarstaat" unter Auspizien des Völkerbundes errichten wollten.[26] Zu einem souveränen Staat im völkerrechtlichen Sinne hat sich das Saargebiet auch in den 15 Jahren unter Völkerbundsverwaltung nicht entwickelt.[27] Sogar die Regierungskommission, die mit mehrdeutigen Aktivitäten wie Grenzsteinsetzung und Beitritten zu völkerrechtlichen Verträgen oft den gegenteiligen Schein erweckt hatte, hat gegenüber Drittstaaten nie die Eigenstaatlichkeit des Saargebietes proklamiert.[28] So erklärte die Regierungskommission gegenüber der portugiesischen Regierung anlässig ihres Ersuchens um Aufnahme in die Internationale Telegraphenunion: „Wenn auch mit Rücksicht auf die im Friedensvertrag für das Bestehen des Saargebiets vorgesehene Dauer von 15 Jahren dieses Gebiet nicht die Merkmale eines Staates erhalten hat, so steht doch fest, daß

Controversy, 1924, S. 23; TEMPERLEY (Fn. 5), S. 180]. Redslob stellte sich auf den Standpunkt, die 50 Mitgliedstaaten des Völkerbundes hielten gemeinsam die „souverains du pays", R. REDSLOB, Le Statut International de la Sarre, Revue de Droit International 1925, S. 283, 300 f.

26 S. aber auch den Bericht des griechischen Mitgliedes des Rates des Völkerbundes, CACLAMANOS über die Regierungskommission des Saarbeckens, J.O. 1920, S. 45, 49: „The appointment of a Governing Commission of a state created under the auspices of the League of Nations will be the fist characteristic act of the League after leaving its theoretic existence to enter upon practical life."

27 S. hierzu M. SCHWALB, Die „Staatlichkeit" des Saargebietes, in: Grabowsky/Stante, Die Grundlagen des Saarkampfes, 1934, S. 160 ff. Zu einem Saarstaat unter der Herrschaft des Völkerbundes wäre es allerdings gekommen, wenn sich die Saarbevölkerung nach § 35 lit. a (Wortlaut auf S. 122 abgedr.) für die Beibehaltung des internationalen Regimes ausgesprochen hätte.

28 S. auch die Erklärung der Regierungskommission: „Bien que la Sarre ne constitue pas un Etat, l'Allemagne n'y a l'exercice d'aucun des droits de la souveraineté (...) . L'exercice de tous les droits de la souveraineté appartient à la Société des Nations, représentée par sa Commission, qui agit en qualité d'Etat souverain." Rapport de M. Wellington Koo, J.O. 1921, S. 1076; zum Beitritt des Saargebietes zu völkerrechtlichen Verträgen, vgl. auch J.O. 1921, S. 1167 f.; dem Sonderstatut des Saargebiets wurde durch den Passus im Vorspruch „die in Gegenwart und unter Beteiligung des Deligierten der Regierungskommission des Saargebiets, ..." Rechnung getragen, RGBl. 1925 II, S. 184.

die Regierung dieses Gebietes vollkommen selbständig ist (Art. 49 des Vertrages)."[29]

2. Haftung der Regierungskommission im Saargebiet

a) Rechtsordnung des Saargebiets

Der Versailler Friedensvertrag und das ihm angehängte Saarstatut enthalten keine expliziten Regelungen über die Haftung des neu etablierten Saarregimes für etwaige Schäden der Saarbewohner. Vielmehr findet das „Staats"-Haftungsrecht des Saargebietes seinen normativen Ausgangspunkt in einer Generalklausel, in § 23 Abs. 1 SSt.:

> „The laws and regulations in force on November 11, 1918, in the territory of the Saar Basin (except those enacted in consequence of the state of war) shall continue to apply."

Mit § 23 Abs. 1 SSt. hatten sich die Generalbevollmächtigten der Alliierten 1919 für größtmögliche Rechtskontinuität im Saargebiet entschieden, und zwar auch in bezug auf öffentlich-rechtliche Gesetze. Diese Interpretation des § 23 Abs. 1 wird bestätigt durch eine entsprechende Stellungnahme der Alliierten und Assoziierten Mächte vom 16. Juni 1919: „It is expressly provided that the whole system of administration of criminal and civil law and of taxation shall be maintained."[30] Die Weitergeltung des deutschen Rechts im Saargebiet nach § 23 Abs. 1 SSt. kreiert für das Saargebiet eine *eigene*, aufgrund ihres Geltungsgrundes – des Versailler Vertrages – *internationale* Rechtsordnung. Ohne unter die Normkategorien des klassischen Völkerrechts[31] oder des nationalen Rechts zu fallen, läßt sich diese Rechtsordnung wertungsneutral als Recht einer internationalen Territorialverwaltung bezeichnen. Die im Zeitpunkt des Waffenstillstandes (11. November 1918) im Saargebiet geltenden Normen, die ihren Ursprung in der Jurisdiktionsgewalt des Deutschen Reichs und seinen Monarchien Bayern und Preußen haben, werden durch § 23 Abs. 1 SSt. generell zu einer neuen Rechtsordnung transformiert, deren Verfassung der Versailler Vertrag samt Saarstatut bildet. Der Friedensvertrag behält in der Rechtsordnung des Saargebiets seine Rechtsnatur als völkerrechtlicher Vertrag – nicht zuletzt weil er in

---

[29] In der Übersetzung abgedruckt in WEIßBUCH DER DEUTSCHEN REGIERUNG (Fn. 3), S. 107.

[30] A. LUCKAU, The German Delegation at the Paris Peace Conference, 1914, S. 411, 426.

[31] Vgl. Art. 38 der Satzung des StIGH, J.O. 1921, S. 14; dt. Übersetzung RGBl. 1927 II, S. 229; F. KNIPPING/H. V.MANGOLDT/V. RITTBERGER, Das System der Vereinten Nationen und seine Vorläufer, Bd. II, 1996, Nr. 28 (a).

der Fassung des deutschen Zustimmungsgesetzes vom 10. Januar 1920 schon *ratione temporis* nicht unter den Anwendungsbereich des § 23 Abs. 1 SSt. fällt.

Innerhalb der autonomen Rechtsordnung des Saargebiets übt die Regierungskommission nach Maßgabe des § 23 Abs. 2 SSt. Gesetzgebungsgewalt aus; sie ist kraft Völkerrechts zur Änderung und Ergänzung des transformierten deutschen Rechts sowie zur eigenständigen Rechtssetzung ermächtigt.[32] In der 15jährigen Praxis hat die Regierungskommission die von § 23 Abs. 1 nicht erfaßten „jüngeren" deutschen Gesetze regelmäßig durch Verordnung in das Saargebiet eingeführt und – je nach Bedürfnis – den Besonderheiten des Saarregimes angepaßt.[33] Die Gesamtheit dieser saarländischen Rechtsordnung – bestehend aus dem Versailler Vertrag (Saarstatut), dem transformierten alten und neuen deutschen Recht und den Verordnungen der Regierungskommission – bildet die normative Grundlage der Rechtsprechung im Saargebiet.

b) Öffentlich-rechtliche Haftung im Saargebiet 1920 – 1935

Die einzige publizierte Gerichtsentscheidung zur Haftung eines Trägers öffentlicher Gewalt während der Saarverwaltung entstammt dem 2. Zivilsenat des Obersten Gerichtshofs. Der Oberste Gerichtshof in Zivil- und Strafsachen wurde 1920 durch Verordnungen der Regierungskommission als Berufungsinstanz mit Sitz in Saarlouis errichtet (§ 25 Abs. 2 SSt.).[34] Unterinstanzlich blieben nach Maßgabe des § 25 Abs. 1 SSt. die zehn ehemals preußischen und drei ehemals bayerischen Amtsgerichte sowie das Landgericht Saarbrücken erhalten. Mit den Urteilen des OLG endete der Instanzenzug der ordentlichen Gerichtsbarkeit im Saargebiet. Als Institution zeichnete sich der Oberste Gerichtshof, dessen Entscheidungen im Namen der Regierungskommission ergingen (§ 25 Abs. 4 SSt.), vor allem durch seine internationale Besetzung aus.[35] Trotzdem blieben die Urteile in weiten Teilen der Rechtsprechung des deutschen Reichsgerichtes verhaftet. Ein eigenes Rechtsprechungsprofil entwickelte der OGH im Laufe der

---

[32] Zum eigenständigen Gesetzgebungsrecht der Regierungskommission s. Entscheidung des OVG des Saargebiets vom 27. April 1931, Rs. A 7/31, Entscheidungssammlung 1932, S. 31 f.

[33] Z.B. Verordnung betreffend die Einführung der Reichsabgabenordnung vom 13. Dezember 1919 im Saargebiet, ABl.RegKom. 1920, S. 94.

[34] ABl.RegKom. 1920, S. 2; der Gerichthof nahm am 9. August 1921 seine Arbeit auf, Neuvième Rapport périodique de la Commission de Gouvernement, Août, Septembre, Octobre 1921, J.O. 1922, S. 40, 48.

[35] Im Jahr 1923 bestand das Richterkollegium – je fünf Richter pro Zivil- und Strafsenat – aus einem Saarländer, vier Franzosen, zwei Schweizern, einem Belgier, einem Tschechen und einem Holländer, vgl. KATSCH (Fn. 25), S. 92, Fn. 3.

15 Jahre seines Bestehens nur vereinzelt, insbesondere in Zusammenhang mit saarspezifischen Fragen wie dem Beamtenrecht.[36]

Der 2. Zivilsenat des OGH mußte sich 1930 in einem Amtshaftungsprozeß als Berufungsinstanz mit der Klage eines Hauseigentümers gegen eine Gemeinde des Saargebiets befassen. Dem Kläger war ein finanzieller Schaden durch Mietausfall entstanden, nachdem das Wohnungsamt die Zwangseinweisung eines Mieters angeordnet hatte. Die zentrale Aussage des OGH-Urteils zur Amtshaftung liegt in dem Hinweis auf das im Saargebiet anwendbare Haftungsrecht: „Nach EG Art. 77 zu BGB kann die Beamtenhaftung aus § 839 BGB auf den Staat übergeleitet werden. Für das Saargebiet gilt das Gesetz über die Haftung des Staates und anderer öffentlicher Verbände für Amtspflichtverletzungen von Beamten in Ausführung der öffentlichen Gewalt vom 1. August 1909."[37] Die Weitergeltung aller im November 1918 geltenden deutschen Rechtsvorschriften führte für das verhältnismäßig kleine Saargebiet im Bereich des Haftungsrechts zu einer starken Rechtszersplitterung: Als Reichsgesetz blieb für das Saargebiet das Bürgerliche Gesetzbuch von 1900 mit seinen Haftungsnormen § 839 BGB und – für fiskalisches Handeln – § 89 i.V.m. § 31 BGB in Kraft. Die Beamtenhaftung nach § 839 Abs. 1 BGB wurde im deutschen Reich durch Art. 131 Weimarer Reichsverfassung übergeleitet. Da die „junge" Reichsverfassung aus dem Jahr 1919 *ratione temporis* aus dem Anwendungsbereich des § 23 Abs. 1 SSt. hinaus fiel, entfaltete die „ältere" Kompetenzregelung des Art. 77 EGBGB für das Saargebiet besondere Bedeutung:

> Art. 77: „Unberührt bleiben die landesgesetzlichen Vorschriften über die Haftung des Staates, der Gemeinden und anderer Kommunalverbände (...) für den von ihren Beamten in Ausübung der diesen anvertrauten öffentlichen Gewalt zugefügten Schaden ..."

Art. 77 EGBGB erlaubte die Geltung des in der Entscheidung des OGH zitierten preußischen Staatshaftungsgesetz vom 1. August 1909 für die preußischen Teile des Saargebiets. Vom OLG unerwähnt, aber gleichwohl in den bayerisch-pfälzischen Bezirken St. Ingbert und Homburg geltendes Staatshaftungsrecht, waren die Art. 60, 61 des bayerischen Ausführungsgesetzes zum BGB vom 9. Juni 1899.[38]

Nach diesen Vorschriften hafteten seit Dienstantritt der Regierungskommission im Saargebiet nicht nur die im OGH-Urteil angesprochenen Gemeinden im

36 Vgl. hierzu E. HOFMANNSTHAL, Saarurteile, JW 1926, S. 1931.
37 Urteil des 2. Zivilsenats vom 3. Juni 1930, Rs. L.U. 122/28, in: Entscheidung des Obersten Gerichtshofs und des Oberverwaltungsgerichtes des Saargebiets in Saarlouis, 1930, S. 14.
38 Beilage zum bayerischen GVBl. 1899, Nr. 28, S. 1.

Saargebiet, sondern auch die Regierungskommission als davon zu unterscheidendes Rechtssubjekt. Die Regierungskommission hat ihren umfassenden Eintritt in die Pflichtenstellung des Deutschen Reichs, Bayerns und Preußens nie bestritten, vielmehr im Wege der Rechtsangleichung ausdrücklich klargestellt. In ihrem 8. Bericht an den Völkerbundsrat berichtete die Regierungskommission: „Les jurisconsultes appellés à composer la Cour de Justice de Sarrelouis ont reconnu la nécessité de procéder à certaines modifications des codes allemands pour les mettre en accord avec les dispositions du Traité de Versailles. Il était en effet impossible de conserver certaines dispositions où il est fait allusion à l'Empereur, au Conseil fédéral, ou bien où il est par exemple parlé 'des ressortissants allemands' et non pas des habitants du Territoire de la Sarre. La Cour de Justice s'est livrée à l'examen minutieux de 15,000 articles des Codes et des Lois."[39] Die Regierungskommission hat das Ergebnis der richterlichen Untersuchung in einem Dekret zusammengefaßt und in erster Lesung gem. § 23 Abs. 2 SSt. beschlossen, so daß sie dem Völkerbundsrat im Oktober 1921 in Aussicht stellen konnte: „Le droit local aura été mis en accord avec les dispositions du traité de Paix de Versailles."[40] Soweit Gesetze nicht durch Verordnung ausdrücklich auf den neuen Rechts- und Pflichtenträger im Saargebiet umgestellt wurden, ordnete die Regierungskommission ihre analoge Anwendung durch die Behörden an.[41]

Die umfassende Rechtsangleichung hatte nicht nur rechtlich die Passivlegitimation der Regierungskommission in Amtshaftungsprozessen zur Folge, sondern führte auch faktisch zur Geltendmachung einer Vielzahl von Schadensersatzansprüchen gegen den saarländischen Fiskus.[42] Rechtliche Probleme bereiteten diese Ansprüche in der Regel nicht, zumal regelmäßig auf die elaborierte Dogmatik des deutschen Staatshaftungsrechts zurückgegriffen wurde. Die Besonderheit des Saarregimes brachte allein die spezielle Rechtsfrage hervor, ab welchem Zeitpunkt Amtspflichtverletzungen solche der neuen *Saar*beamten –

---

39 Rapport périodique de la Commission de Gouvernement J.O. 1921, S. 843.

40 Nachweis Fn. 39; zum Zeitpunkt des Berichts der Regierungskommission fehlte noch das Gutachten der Volksvertretung gem. § 23 Abs. 2 SSt., daß jedoch mangels Entscheidungsbefugnis der Volksvertretung auf das in Kraft treten des Dekrets keinen Einfluß haben konnte.

41 Neuvième Rapport périodique de la Commission de Gouvernement (Fn. 34), S. 46.

42 Ein Teil der Amtshaftungsprozesse gegen den Fiskus der Saarregierung sind dokumentiert in: General-Akten der Regierungskommission, Abt. Justizverwaltung, Betr. Zivilprozesse einschließlich Prozesse gegen den Fiskus, LoN Archives Geneva, Commission du Gouvernement de la Sarre, Justice 1920 – 1935, Box C 493.

nicht mehr der *Reichs*beamten – sein sollten.[43] Als maßgeblicher Zeitpunkt wurde von der Oberpostdirektion Trier und der Oberpostdirektion für das Saargebiet der 10. Januar 1920 in Betracht gezogen – also der Zeitpunkt der Ratifizierung des Versailler Vertrages durch das Deutsche Reich – obwohl die Saarregierung erst am 26. Februar 1920 ihr Amt im Saargebiet angetreten hatte. Die Reichseisenbahndirektion Trier wiederum einigte sich mit der Saarbahn unter Beteiligung des Reichsverkehrsministers und des „Reichskommissars für die Übergabe des Saargebiets" auf den 1. April 1920, den Zeitpunkt der Errichtung einer eigenen Finanzverwaltung für das Saargebiet. Im Prozeß *Werner ./. Justizfiskus* vom 11. Oktober 1921 berief sich der Prozeßvertreter der Regierungskommission ebenfalls auf den 1. April 1920 als maßgeblicher Stichtag für die Passivlegitimation der Saarregierung; die Rechtsfrage wurde in dem klageabweisenden Urteil des Landgerichts Saarbrücken offen gelassen.[44]

Die sonstigen dokumentierten Einlassungen der Regierungskommission zu Schadensersatzansprüchen zwischen 1920 und 1935 zeigen, daß sich die Regierungskommission die Eigenheiten des deutschen Staatshaftungsrechts umfänglich zu eigen gemacht hat. Dieses Vorgehen ist unter der Herrschaft des Versailler Vertrages konsequent. Denn aufgrund der Bindung der Regierungskommission an die transformierten preußischen bzw. bayerischen Staatshaftungsgesetze konnte die haftungsrechtliche Position der Völkerbundskommission in Abwesenheit saarspezifischer Regelungen nicht weiter reichen als diejenige der Staaten Preußen und Bayern. Die Entscheidung der Alliierten und Assoziierten Mächte für eine weitgehende Rechtskontinuität im Saargebiet schuf für die Regierungskommission und ihre Saarbeamten eine haftungsrechtliche Lage mit all ihren „deutschen" Besonderheiten.

Seit dem Inkrafttreten des Bürgerlichen Gesetzbuches am 1. Januar 1900 galt im gesamten Deutschen Reich rechtseinheitlich die zivilrechtliche Haftung des Beamten für Schäden aus Amtspflichtverletzungen (§ 839 BGB). Zugleich räumte Art. 77 EGBGB den Bundesstaaten die Möglichkeit ein, es bei der zivilrechtlichen Haftung des Beamten zu belassen oder eine Staatshaftung einzuführen. Hinsichtlich der Ausgestaltung der öffentlich-rechtlichen Staatshaftung machte der Reichsgesetzgeber keine Vorgaben; sie konnte im Außenverhältnis gegenüber der zivilrechtlichen Beamtenhaftung primär oder subsidiär sein; der

---

43 Die nachfolgenden Informationen entstammen aus einem Rechtsgutachten des Landgerichtspräsidenten MAGNUS, Saarbrücken, vom 12. März 1921, LoN Archives Geneva, Commission du Governement de la Sarre, Justice 1920 – 1922, Box C 520.

44 Im Fall Werner./.Justizfiskus ging es um Schadensersatzansprüche aus §§ 839 BGB i.V.m. § 12 preußische Grundbuchordnung wegen verspäteter Eintragung eines Grundstücks in das Grundbuch.

Staat konnte unmittelbar für eigenes rechtswidriges Verhalten haften oder nur mittelbar für fremde Amtspflichtverletzungen. In Preußen entschied sich der Gesetzgeber für das Modell der mittelbaren Staatshaftung, d.h. für eine gesetzlich angeordnete befreiende Schuldübernahme[45] durch den Staat:

> § 1: „Verletzt ein unmittelbarer Staatsbeamter in Ausübung der ihm anvertrauten öffentlichen Gewalt vorsätzlich oder fahrlässig die ihm einem Dritten gegenüber obliegende Amtspflicht, so trifft die im § 839 des Bürgerlichen Gesetzbuchs bestimmte Verantwortlichkeit an Stelle des Beamten den Staat."

Das preußische Staatshaftungsgesetz vom 1. August 1909 vereinheitlichte das Haftungsrecht für alle Provinzen Preußens und beendete in den Rheinprovinzen die vor 1909 geltende unmittelbare Staatshaftung für staatliches Unrecht nach Art. 89 Ziff. 2 des preußischen AGBGB i.V.m. Art. 1384 Abs. 3 Code Civil. Wie im Königreich Preußen gestaltete sich die Rechtslage im Königreich Bayern: Auch hier entschied sich der Gesetzgeber für eine mittelbare Staatshaftung (Art. 60, 61 bay AG BGB).

Die rechtliche Besonderheit des von Preußen und Bayern favorisierten Staatshaftungsmodels liegt in der fehlenden Zurechnung der schadensverursachenden Amtspflichtverletzung zur Verbandsperson „Staat". Die Staatshaftungsgesetze führten lediglich dazu, daß die Passivlegitimation, die § 839 BGB zivilrechtlich für den Beamten begründet, kraft gesetzlicher Anordnung auf den Staat verschoben wird.[46] Ideengeschichtlich ist das Konzept der privaten Haftung des Beamten im römischen Recht der Postglossatoren verwurzelt.[47] Das Dienstverhältnis zwischen dem Herrscher und seinen Bediensteten wurde noch bis zum Ende des 18. Jahrhunderts als rein zivilrechtlicher Mandatskontrakt verstanden; für außerhalb der Vollmacht liegendes Verhalten war allein der Mandatar haftbar (sog. Mandatstheorie).[48] Obwohl sich im 19. Jahrhundert die Auffassung vom Staatsdienstverhältnis als öffentlich-rechtliches Beamtenverhältnis durchsetzten konnte, blieb die positive Rechtsordnung zumindest im haftungsrechtlichen Be-

---

[45] Die Haftung des Staates für Amtspflichtverletzungen im Zustand der Bewußtlosigkeit oder der geistigen Störung beruhte mangels Verantwortlichkeit des Beamten weder in Bayern noch in Preußen auf dem Konzept der Schuldübernahme sondern auf Billigkeitserwägungen, vgl. § 1 Abs. 1 preußisches Staatshaftungsgesetz, Art. 61 Abs. 2 bayerisches AG BGB.

[46] F. OSSENBÜHL, Staatshaftungsrecht, 1998, S. 10 f.; U. STELKENS, Verwaltungshaftungsrecht, 1998, S. 141.

[47] J. G. BLUNTSCHLI, Gutachten für den 6. Deutschen Juristentag 1867, Verhandlungen, Bd. 1, 1865, S. 45 ff.; E. LOENING, Die Haftung des Staates aus rechtswidrigen Handlungen seiner Beamten nach deutschem Privatrecht und Staatsrecht, 1879 S. 7 ff., 34 ff.

[48] S. PFAB, Staatshaftung in Deutschland, 1997, S. 4 f.

reich der Mandatstheorie treu: *Si excessit, privatus est.*[49] In sich konsequent konnte der Staat seine eigene Haftung als Wiedergutmachung eines fremden Unrechts ausgestalten. Diesem Haftungskonzept stand die unbestrittene Bindung des Staates an das Recht nicht im Wege. Der staatliche Auftrag zur Führung der Amtsgeschäfte war gerade wegen der Rechtsbindung immer auf rechtmäßiges Verhalten ausgerichtet. Diese staatstheoretische Grundeinstellung und ihre Auswirkungen auf die Amtsführung des Mandatars kommt normativ im Preußischen Allgemeinen Landrecht zum Ausdruck:

> § 88: „Wer ein Amt übernimmt, muß auf pflichtgemäße Führung desselben die genaueste Aufmerksamkeit wenden."

> § 89: „Jedes dabei begangene Versehen, welches bei gehöriger Aufmerksamkeit, und nach den Kenntnissen, die bei der Verwaltung des Amtes erforderlich werden, hätte werden vermieden können und sollen, muß er vertreten."

Auf dieser normativen Grundlage läßt sich mit LORENZ V. STEIN und anderen deutschen Rechtsgelehrten argumentieren: „Es ist aber wenig denkbar, weshalb der Staat die Haftung für eine Handlung seines Beamten übernehmen sollte, welche er nicht nur nicht befohlen oder veranlaßt, sondern welche er direkt verboten und für strafbar erklärt hat."[50]

Es wäre allerdings verfehlt, von den Besonderheiten des Staatshaftungsrechts auf eine prinzipielle Unrechtsunfähigkeit der deutschen Staaten im beginnenden 20. Jahrhundert zu schließen. Die Frage, ob und mit welcher staatstheoretischen Begründung ein (Rechts-) Staat als Verband gegen Recht verstoßen kann, mochte zu diesem Zeitpunkt rechtsdogmatisch noch umstritten gewesen sein.[51] Sie läßt sich allerdings mit Blick auf die Existenz einer Verwaltungsgerichtsbarkeit zumindest im Ergebnis beantworten. Denn die Idee von der notwendigen Richtigkeit staatlichen respektive hoheitlichen Handelns fügt sich nicht in die Praxis der verwaltungsgerichtlichen Rechtmäßigkeitskontrolle von öffentlichrechtlichen Rechtsakten. Der verwaltungsgerichtliche Rechtsschutz ist das zentrale Instrumentarium zur positiv-rechtlichen Bewältigung von hoheitlichem Unrecht. Im Hinblick auf die Unrechtsfähigkeit des *internationalen* Hoheitsträgers

---

49 A. W. HEFFTER, Beiträge zum deutschen Staats- und Fürstenrecht, Bd. 1, 1829, S. 161 f.; R. COESTER, Die Haftung des Staates für Amtsdelikte bei Ausübung der öffentlichen Gewalt nach preußischem Recht, JöR 5 (1911), S. 285, 289 f.

50 L. V. STEIN, Die Verwaltungslehre, 1869, S. 369; s. auch LOENING (Fn. 47), S. 108; siehe aber auch die Kritik H. ZOEPFLS, in: Grundsätze des gemeinen und des constitutionell-monarchischen deutschen Staatsrechts, 1846, S. 379 f. („wahrhaft skandalös"); H. DELIUS, Die Beamtenhaftpflicht, 1909, S. 16 („Die Lösung, welche unsere Frage im Deutschen Reich gefunden hat, darf eine befriedigende nicht genannt werden.").

51 S. hierzu J. KOHL, Die Lehre von der Unrechtsunfähigkeit des Staates, 1977, passim.

im Saargebiet ist in diesem Zusammenhang auffällig, daß das Saarstatut weder die Übernahme der bestehenden bayerischen bzw. preußischen Verwaltungsgerichte anordnet, noch die Regierungskommission zur Schaffung einer neuen Verwaltungsgerichtsbarkeit verpflichtet.[52] Aufgrund des künstlichen Zuschnitts des Saarbeckens blieben für das Saargebiet faktisch nur die untersten Instanzen einer Verwaltungsrechtsprechung bestehen: Die vormals preußischen Kreis- bzw. Stadtausschüsse sowie für die Bezirke St. Ingbert und Homburg die vormals bayerischen Bezirksverwaltungsbehörden. Für diese Behörden war die Rechtsprechungsfunktion nur ein Teilausschnitt aus ihrer exekutiven Zuständigkeit. Die Oberverwaltungsgerichte, die einzige gewaltenteilige Gerichtsbarkeit in den Staaten Bayern und Preußen, hatten ihren Sitz in München bzw. Berlin; eine rechtsprechende Tätigkeit für das Saargebiet wäre hier nur im Wege einer Organleihe denkbar gewesen – eine rechtliche Konstruktion, die dem Geist des Saarstatuts erkennbar widerspricht. Die fehlende völkerrechtliche Verpflichtung, eine unabhängige Verwaltungsgerichtsbarkeit im Saargebiet zu schaffen, ist besonders augenfällig, da die Alliierten und Assoziierten Mächte der Zivil- und Strafgerichtsbarkeit besondere Aufmerksamkeit geschenkt haben (§ 25 SSt.). Zumindest weist das partielle Schweigen des Saarstatuts darauf hin, daß die Siegermächte dem Völkerbund keine Vorgaben im Hinblick auf die Kontrolle der internationalen Hoheitsgewalt *außerhalb* des eigenen Völkerbundssystems machen wollten.[53] Die dadurch entstehende Rechtsschutzlücke für die Saarbevölkerung wurde allerdings von der Regierungskommission frühzeitig geschlossen. Durch Verordnung vom 28. Juli 1920 schuf sie unter Bezugnahme auf § 23 SSt. eine Verwaltungsgerichtsbarkeit für das Saargebiet.[54] Hervorzuheben ist in diesem Zusammenhang die Etablierung eines unabhängigen Oberverwaltungsgerichts in Saarlouis, das im Laufe seiner Tätigkeit auch Rechtsakte der Regierungskommission auf ihre Gesetzmäßigkeit überprüft hat – auch auf ihre Vereinbarkeit mit dem Versailler Vertrag.[55] Die Fähigkeit der Regierungskommission, im Rahmen ihrer hoheitlichen Tätigkeit in zurechenbarer Weise gegen die Rechtsordnung des Saargebiets zu verstoßen, ergibt sich inzident aus dieser

[52] Vgl. in Preußen § 7 Abs. 1 Satz 1 des Gesetzes vom 30. Juli 1883 über die allgemeine Landesverwaltung.

[53] Zur Kontrolle der Regierungskommission durch den Völkerbund s. die Note der Alliierten und Assoziierten Mächte vom 16. Juni 1919, abgedr. in: WEIßBUCH DER DEUTSCHEN REGIERUNG (Fn. 3), S. 59 f.

[54] Verordnung betreffend die Errichtung von Verwaltungsgerichten für das Saargebiet vom 28. Juli 1920, ABl.RegKom. 1920, S. 47.

[55] S. vor allem die Entscheidung des OVG des Saargebiets vom 27. November 1922, Rs. A 26/22, Entscheidungssammlung 1924, S. 23: „Dagegen ist, entgegen der Ansicht des Präsidenten der Regierungskommission, das Oberverwaltungsgericht zweifellos befugt und auch verpflichtet, zu prüfen, ob die Feststellungsverfügung zu Recht ergangen ist oder nicht."

Rechtsprechungstätigkeit des Oberverwaltungsgerichts. Lediglich die Haftungssanktion entfiel nach Maßgabe des transformierten deutschen öffentlich-rechtlichen Haftungsrechts.

c) Zivilrechtliche Haftung des Fiskus im Saargebiet 1920 – 1935

Während die Verfasser des Bürgerlichen Gesetzbuches die Staatshaftung aufgrund kompetentieller Erwägungen bewußt der einzelstaatlichen Gesetzgebung überließen,[56] etablierten sie mit §§ 89, 31 BGB eine Haftungsregel für zivilrechtliches Verhalten, die einem organischen Staatsverständnis[57] entspricht: Die juristischen Personen des öffentlichen Rechts sollen bei privatem Handeln für diejenigen Schäden verantwortlich zeichnen, die ein verfassungsmäßig berufener Vertreter in Ausführung der ihm zustehenden Verrichtung begangen hat. Die Zurechnung von schädigenden Organhandlungen, die im Bereich des öffentlich-rechtlichen Handelns durch die einzelstaatlichen Staatshaftungsgesetze abgeschnitten wird, erfolgt mit §§ 89, 31 BGB problemlos im Bereich des zivilrechtlichen Staatshandelns. Das BGB nähert sich mit der Normierung einer Verbandshaftung den Erkenntnissen OTTO V. GIERKES an, ohne allerdings seine Theorie der realen Verbandspersönlichkeit im Detail zu folgen:[58] „Durch das Organ offenbart sich die unsichtbare Verbandsperson als wahrnehmende und urteilende, wollende und handelnde Einheit. Die juristische Person unseres Rechts ist kein des gesetzlichen Vertreters bedürftiges unmündiges Wesen, sondern ein selbständig in der Außenwelt eingreifendes Subjekt. Sie ist geschäftsfähig. Sie ist auch (...) deliktsfähig und für ihr Verschulden verantwortlich.“[59]

Die Verbandshaftung der Regierungskommission des Saargebietes als juristische Person des öffentlichen Rechts[60] (§ 89 BGB) richtet sich für ihre fiskalischen Handlungen nach den transformierten §§ 89, 31 BGB. In der Zeit der Saarverwaltung wurden eine Reihe von Haftungsprozessen wegen schädigender privatrechtlicher Akte gegen den Fiskus des Saargebiets geführt, die von den

---

56 STELKENS (Fn. 46) S. 139.

57 Zur organischen Staatslehre s. U. HÄFELIN, Die Rechtspersönlichkeit des Staates, I. Teil, 1959, S. 72 ff.; KOHL (Fn. 51), S. 57 ff.

58 W. FLUME, Allgemeiner Teil des Bürgerlichen Rechts, Bd. I/2, 1983, S. 377.

59 O. V. GIERKE, Das Wesen menschlicher Verbände, 1902, S. 30.

60 Die Regierungskommission hatte unter Berufung auf ihr Auslegungsrecht nach § 33 SSt. am 6. Februar 1923 durch Verordnung öffentlich-rechtliche und privatrechtliche juristische Persönlichkeit verliehen, ABl.RegKom. 1923, S. 32.

saarländischen Zivilgerichten mit entsprechenden Reverenzen an die deutsche Rechtsprechung entschieden wurden.[61]

d) Haftung der Regierungskommission für die Streitkräfte im Saargebiet

aa) Französische Garnisonstruppen 1920-1927

Nach § 30 SSt. bestand im Saarbeckengebiet weder eine allgemeine Wehrpflicht, noch ein freiwilliger Heeresdienst (Abs. 1). Eine örtliche Gandarmerie sollte aufgebaut werden (Abs. 2). Abs. 3 verlangte darüber hinaus:

> „It will be the duty of the Governing Commission to provide in all cases for the protection of persons and property in the Saar Basin."

Auf Basis dieses Abs. 3 wurden von der Regierungskommission – abgesichert durch die anfängliche Billigung des Völkerbundsrates[62] – die 10.000 Mann starke französische Besatzungstruppe aus der Nachkriegszeit als „Garnisonstruppen" im Saargebiet belassen.[63] Die Mitglieder der Streitkräfte waren der Jurisdiktion eines französischen Kriegsgerichts unterworfen. Dem heftigen Protest der deutschen Reichsregierung und der einheimischen Bevölkerung stand das positive Echo in der französischen Presse diametral entgegen. Im „Le Journal" war am 17. September 1920 zu lesen (Übersetz.): „Die französische Regierung (...) richtete sich als 'Soldat des Völkerbundes' im Saargebiet ein. So wurde der grundlegende Mangel des Völkerbundes, der alle Rechte besitzt, ihnen aber nicht Achtung verschaffen vermag, weil er über keine Militärmacht verfügt, unterstrichen, sobald die Regierung des Saargebiets sich der Wirklichkeit gegenüber sah. Man hat gesehen, wie diesem Mangel abgeholfen worden ist."[64] In der Praxis waren die Garnisonstruppen allerdings keine Truppen des

---

[61] General-Akten der Regierungskommission, Abt. Justizverwaltung, Betr. Zivilprozesse einschließlich Prozesse gegen den Fiskus, LoN Archives Geneva, Commission du Gouvernement de la Sarre, Justice 1920 – 1935, Box C 493.

[62] CACLAMANOS, Report on the Saar Basin: „It will be (the Governing Commission's) duty, by the terms of paragraph 30, to provide in all cases for the protection of persons and property in the Saar Basin. Consequently it will have the power to demand the maintenance or return of all or part of the troops called up to preserve order, if necessary, till the establishment of a gendarmerie of the Saar, as provided for in paragraph 30." J.O. 1920, S. 45, 47. Schon 1921 drängte der Völkerbundsrat auf den Ausbau der örtlichen Gendarmerie, J.O. 1923, S. 361, Annex 463, LoN, Documents C. 108.M.60.1923.I.

[63] Premier Rapport de la Commission de Gouvernement du Territoire du Bassin de la Sarre, J.O. 1920 S. 104.

[64] Le Journal, Nr. 10197 vom 17. September 1920 „Die Regierung des Saargebiets, verwirklicht vom Völkerbund" von Fernand Hauser, dt. Übersetzung im WEIßBUCH DER DEUTSCHEN REGIERUNG (Fn. 3), S. 133, 134.

Völkerbundes, sondern blieben französische Militäreinheiten, die dem Oberbefehl des Kriegsministeriums unterstellt waren und nur auf Anforderung der Regierungskommission dieser zur Verfügung gestellt wurden.[65] Die Kosten der Garnisonstruppen, für die der französische Staat aufkam, wurden haushaltsrechtlich in das außerordentliche Budget des Kriegsministeriums eingestellt. Der Finanzausschuß des Senats begründete die Kostenlast u.a. mit der Nutzung der Kohlegruben durch Frankreich.[66]

Die Haftung für Schäden durch französische Soldaten folgte in der Praxis der Zuordnung der Kommandogewalt. Haftungsrechtlich trat allein der französische Staat in Erscheinung[67]; weder der Völkerbund, noch die Regierungskommission sah die rechtliche Verantwortlichkeit für Schäden durch französisches Militär auf der Seite der Saarverwaltung. Die Rechtsauffassung der beteiligten Parteien verdeutlicht exemplarisch der Fall AU. Die Beschwerdeführerin aus Neunkirchen wandte sich im Juni 1921 an den Völkerbundsrat wegen der Tötung ihrer Tochter durch einen französischen Soldaten. Sie ersuchte im Wege einer Petition den Völkerbundsrat, die französische Regierung zu den Kompensationszahlungen zu veranlassen, die ihr bereits zugesagt worden waren. Der Völkerbundsrat verwies den Vorgang an die Regierungskommission, bei der er die Zuständigkeit zu Verhandlungen mit der französischen Regierung sah.[68]

In Anbetracht der Praxis der französischen Regierung, Schadensersatz nach Maßgabe der französischen Rechtsordnung zu versprechen bzw. zu leisten, überrascht die Stellungnahme der Regierungskommission vor dem Generalsekretär des Völkerbundes zum Fall JENNEWEIN.[69] Die Beschwerdeführerin, deren Ehemann durch einen französischen Soldaten im Oktober 1921 getötet worden war, hatte sich an General BRISSAUD-DESMUILLET, den Kommandanten der Garnisonstruppen im Saargebiet, mit dem Ersuchen um Zahlung einer Hinterbliebenenrente gewandt. Der Antrag wurde mit der Begründung abgelehnt, der Täter sei zum Zeitpunkt der Tat außer Dienst gewesen. Daraufhin wandte sich die Beschwerdeführerin mit der Bitte um Schadensersatz an die Regierungs-

---

65 J. M. BUMILLER, Die völkerrechtliche Stellung der fremden Truppen im Saargebiet, 1928, S. 31; KATSCH (Fn. 25), S. 89 f.

66 WEIßBUCH DER DEUTSCHEN REGIERUNG (Fn. 3), S. 166.

67 S. vgl. auch BUMILLER (Fn. 65), S. 72 mit Verweis auf die in der DENKSCHRIFT DER POLITISCHEN PARTEIEN vom 6. August 1924, Anlage I, genannten 10 Todesopfer, LoN Documents du Conseil, C.414.M.153.1924.I.

68 Der Fall AU, LoN, Archives Geneva, Adm. Comm.: Saar Bassin, Classement No. 3, Doss. No. 13216, Box R. 103.

69 Die Einzelheiten des Sachverhalts sind LoN, Documents du Conseil C./44.1922.I, entnommen; über diesen und andere Fälle berichtet auch BUMILLER (Fn. 65), S. 72.

kommission, ebenfalls ohne Erfolg. Nachdem die Liberale Volkspartei zugunsten von Frau JENNEWEIN eine Petition an den Generalsekretär des Völkerbundes gerichtet hatte und dieser die Regierungskommission um Stellungnahme bat, erläuterte die Regierungskommission ihren Rechtsstandpunkt: „The Governing Commission, like the French Governing could not admit that it incurred any responsibility through the regrettable incident which deprived Frau Jennewein of her husband. It need only be pointed out that, if the Governing Commission had appeared to accept such a suggestion, it would have been obliged in future to compensate all victims of any damage whatever which might be caused by its officials and agents *when not on duty*."[70] Mit der Argumentation der Liberalen Volkspartei, die Regierungskommission sei für alle Vorgänge verantwortlich, die aus der völkerrechtswidrigen Anwesenheit der französischen Truppen im Saargebiet resultierten, setzte sich der Vorsitzende der Regierungskommission RAULT nicht auseinander.[71] Trotz der zweideutigen Einlassung der Regierungskommission gegenüber dem Völkerbund ist aus der Praxis kein Fall bekannt, in dem die Regierungskommission für schädigende Handlungen der französischen Ganisonssoldaten nach den Vorschriften der saarländischen Rechtsordnung gehaftet hätte.

bb) Alliierte Bahnschutztruppe 1927 – 1930

Die französischen Truppen wurde 1927 endgültig aus dem Saargebiet abgezogen.[72] Bis zum Ende der alliierten Besetzung des Rheinlandes 1929/1930 blieb allerdings eine sog. Bahnschutztruppe mit 630 französischen, 100 britischen und 68 belgischen Soldaten im Saargebiet.[73] Gemäß der konstituierenden Ratsresolution vom 12. März 1927 bestand die alleinige Aufgabe der Bahnschutztruppe in der Sicherung der durch das Saargebiet geführten Truppentransporte der rheinischen Besatzungsarmee.[74] Die Mitglieder der Bahnschutztruppe, die innerhalb des Saargebietes Jurisdiktionsimmunität genossen[75], unterstanden

[70] Letter from the Chairman of the Governing Commission to the Secretary-General, LoN, Documents du Conseil C./44.1922.I (Hervorhebung dort).

[71] Der Völkerbundsrat, dem die Stellungnahme der Regierungskommission am 23. November 1922 vom Generalsekretär zur Information vorgelegt wurde, äußerte sich nicht zu dem Vorgang.

[72] SCIALOJA, J.O. 1927, S. 403; Trentième Rapport de la Commission de Gouvernement, J.O. 1927, S. 1045.

[73] Trentième Rapport (Fn. 72), S. 1045. Belgien und das Vereinigte Königreich räumten das Rheinland am 30. November 1929, Frankreich zog sich am 30. Juni 1930 zurück.

[74] Resolution des Völkerbundsrates vom 12. März 1927, J.O. 1927, S. 417.

[75] Trentième Rapport (Fn. 72), S. 1045: „A la demande des commandements militaires intéressés, et conformément aux principes du droit international public, la Commission de

dem Einsatzbefehl der Regierungskommission und waren dieser gegenüber für ihre militärischen Maßnahmen verantwortlich.[76] Bei den Verhandlungen über die Errichtung der Bahnschutztruppe wies die Regierungskommission im Völkerbundsrat darauf hin, daß für das Saargebiet keine Kosten entstehen dürften.[77] SIR AUSTEN CHAMBERLAIN, Vertreter des Vereinigten Königreichs im Völkerbundsrat, griff die Kostenfrage auf und argumentierte auf ihrer Basis gegen den Vorschlag GUSTAV STRESEMANNS, internationale Streitkräfte zusammenzustellen: „The budget of the Saar has not been an easy one to balance. One reason why we have to consider this question is that the revenue of the Saar was insufficient to support as many gendarmes as were required for the maintenance of order in all circumstances. The problem, therefore, before the Council and the Governing Commission of the Saar was to supplement the gendarmerie by another force which would impose no charge upon the revenue of the Saar, and that is the proposal of the representative of the Governing Commission. But who is going to pay for this international force? Not the Council, not the Saar, not, I imagine, the Governments of all the different countries for which it may be recruited. When we have got our force together there will be no means to pay for it.“[78] Als pragmatische Lösung schlug CHAMBERLAIN vor, die notwendigen Soldaten aus der alliierten Rheinlandarmee zu rekrutieren. Die sog. Bahnschutztruppe trat fiskalisch weder im Haushalt des Völkerbundes noch im Haushalt des Saargebietes in Erscheinung; die Kostenlast trugen allein die Nutznießer der Bahnschutztruppe, die Besatzungsmächte des Rheinlandes. Aufgrund des sehr beschränkten Aktionsradius der Bahnschutztruppe gab es keine mandatsbezogenen Kontakte mit der Zivilbevölkerung; Schäden von Privatpersonen, verursacht durch Mitglieder der Bahnschutztruppe, sind weder in den Akten der Saarkommission noch des Völkerbundes überliefert.

---

gouvernement a reconnu au personnel de la Commission de réseau et aux forces de protection, ainsi qu'aux troupes transitant par le Territoire, le caractère de l'exterritorialité.“

[76] Resolution des Völkerbundsrates vom 12. März 1927, J.O. 1927, S. 417: „The Railway Committee and the Railway Defence Force will be under the orders of the Governing Commission and will be responsible to the Governing Commission.“

[77] Rapport de la Commission de gouvernement du Territoire de la Sarre soumis au Conseil le 12 mars 1927, 18. Februar 1927, J.O. 1927, S. 600 No. 5: „Il ne devra résulter, pour le Territoire de la Sarre, aucune charge financière du fait de l'organisation et de l'entretien de la Commission de réseau et de forces de protection des chemins de fer.“

[78] J.O. 1927, S. 413.

cc) Internationale Saarstreitkräfte 1934 – 1935

Gemäß den Vorgaben des Versailler Vertrages fand im letzten Jahr der internationalen Saarverwaltung ein Plebiszit statt,[79] auf dessen Basis der Völkerbundsrat über das weitere staatsrechtliche Schicksal des Saargebietes entscheiden sollte.[80] Da die Regierungskommission mit ihrer überkommenen Aufgabe im Saargebiet vollkommen ausgelastet war, setzte der Völkerbundsrat eine zivile „Volksabstimmungskommission des Völkerbundes“ ein, bestehend aus vier „neutralen“ d.h. nicht mit den Unterzeichnerstaaten des Versailler Vertrages in Verbindung stehenden Mitgliedern.[81] Als Organ des Völkerbundes wurde die Plebiszitkommission mit allen für die Durchführung des Plebiszits notwendigen Kompetenzen ausgestattet. Sie verfügte über ein eigenes Budget[82] und agierte organisatorisch völlig getrennt von der Regierungskommission.[83] Der Plebiszitkommission unterstanden ca. 1000 zivile Angestellte verschiedener Nationalität.[84] Die Regierungskommission beschloß – mit vorheriger Billigung des Völkerbundsrates[85] – im November 1934 zur Sicherstellung der öffentlichen Sicherheit während des Plebiszits die Ergänzung der saarländischen Polizei- und Landjäger um 120 internationale Personen als Teil einer sog. „Abstimmungspolizei“. Die internationalen Polizisten wurden auf individueller Basis von der Regierungskommission eingestellt, nachdem der Völkerbund formal bei den Mitgliedstaaten um Zustimmung zu diesem Vorgehen angefragt hatte.[86] Der Völkerbundsrat entschied sich darüber hinaus im Dezember 1934 für das Ausheben

---

79 Zur politischen Situation im Saargebiet nach 1933, insbesondere zum drohenden Putsch der Nationalsozialisten und der damit verbundenen Gefahr einer französischen Intervention s. L. L. FABIAN, Soldiers without Enemies, 1971, S. 39 ff.

80 Decision taken by the Council as a Result of the Plebiscite, J.O. 1935, 84th Session of the Council, Procès-Verbal, 17. Januar 1935, S. 10.

81 Bericht von G. G. KNOX, Präsident der Regierungskommission, „La Question du Plebiscite du Saar, vom 29. Januar 1934, LoN Archives Geneva, Doc 2c, Doc No. 2745, Doss. No. 5425, Box R 3713.

82 Die Kosten der Plebiszitkommission wurde aus dem allgemeinen Plebiszitfonds bestritten (s. hierzu S. 142 f.), League of Nations, Financial Committee, Saar, 24. April 1934 (Strictly Confidential) No. 94, Serial No 22, LoN Archives Geneva, Doc 2c, Doc. No. 9902, Doss. No. 5425, Box. R 3732.

83 Z.B. besaß die Plebiszitkommission die Kompetenz der Einrichtung eines speziellen Plebiszit-Gerichtshofes, der über individuelle Beschwerden bezüglich der Volksabstimmung entscheiden sollte.

84 FABIAN (Fn. 79), S. 51.

85 Resolution des Völkerbundsrates vom 4. Juni 1934, J.O. 1934, S. 654 f.

86 Information Section, League of Nations, Bericht No. 7106 vom 25. September 1934, LoN Archives Geneva, Doc 2c, Doc. No. 12744, Doss. No. 5425, Box R 3734.

von internationalen Streitkräften für das Saargebiet:[87] Eine aus britischen, italienischen, niederländischen und schwedischen Soldaten bestehende „international Saarforce"[88] von insgesamt 3300 Mann wurde vom Völkerbund Anfang 1935 in das Saargebiet entsandt, um die öffentliche Sicherheit vor, während und nach dem Plebiszit – auch unter Anwendung von Waffengewalt – aufrechtzuerhalten.[89] Konzeptionell waren die internationalen Saarstreitkräfte weitgehend identisch mit den heutigen Peace-keeping-Streitkräften der Vereinten Nationen: Die internationale Saartruppe – im Volksmund „Knox-Truppe"[90] genannt – setzte sich aus vier nationalen Kontingenten zusammen, befehligt von ihren nationalen Offizieren.[91] Alle Einheiten und ihre Offiziere standen unter dem militärischen Oberkommando des Commander-in-Chief JOHN EDWARD SPENCER BRIND,[92] der auf Wunsch des Saar Committee of Council[93] mit der Zustimmung der übrigen Entsendestaaten von der britischen Regierung ernannt wurde.[94] BRIND stand ein Hauptquartiersstab in Saarbrücken zu Seite, bestehend aus 101 britischen Offizieren und je einem schwedischen, italienischen und niederländischen Liaisonoffizier. Die nationalen Kontingente blieben verwaltungstechnisch geschlossene Einheiten, koordiniert durch einen Administrative Staff Officer im Hauptquartier. Die Saarstreitkräfte, ihr Kommando und die einzelnen Soldaten genossen Jurisdiktionsimmunität vor den saarländischen Gerichten.[95] Die kommandierenden Offiziere der nationalen Kontingente waren für das Ergreifen von Disziplinarmaßnahmen zuständig, die einzelnen Soldaten blieben der heimat-

---

[87] Resolution des Völkerbundsrates vom 11. Dezember 1934, LoN, Documents du Conseil C.545.1934.VII, J.O. 1934, S. 1762 f.

[88] Saarforce Order No. 1 by Major-General BRIND, Commander-in-Chief: „The international Force assembled in the Saar for the period before, during and after the Plebiscite, will be known by the short title of *Saarforce.*", J. E. S. BRIND, Report by the Commander-in-Chief, International Force in the Saar. For the Information of the Council of the League of Nations, Appendix 1, LoN Achives, Registry No. 2c, 21560, 15223; Box R 3741 (Hervorhebung dort); veröffentlicht im Reprint: International Information Center on Peacekeeping, Documentation 1968, No. 29.

[89] Saar Territory: Preparatory in view of the Plebiscite: Maintenance of Order in the Territory, J.O. 1934, S. 1705 ff. und S. 1729 f.; die Zusagen des Vereinigten Königreichs, Italien, der Niederlande und Schwedens, a.a.O. S. 1762 f. und S. 1840.

[90] Sir Geoffrey George Knox war 1932 bis 1935 Präsident der Regierungskommission des Saargebietes.

[91] BRIND (Fn. 88).

[92] Saarforce Order No. 1 (Fn. 88), Ziff. 2.

[93] Das Saar Committee of Council war ein Unterausschuß des Völkerbundsrates, der vom Rat zur Vorbereitung des Saarplebiszits eingesetzt wurde.

[94] LoN, Documents du Conseil C.548. M.251.1934.VII, J.O. 1934, S. 1849, Annex 1525.

[95] Resolution des Völkerbundrates vom 11. Dezember 1934 (Fn. 87), J.O. 1934, S. 1762, 1763 Ziff. 4.

staatlichen Militärgerichtsbarkeit unterworfen.[96] Commander-in-Chief BRIND unterstand nach Vorgabe des Völkerbundes der Amtsgewalt („authority“)[97] der Regierungskommission: „The Governing Commission of the Saar Territory shall continue to bear the responsibility for the maintenance of law and order in the Territory. Subject to the military requirements of the situation, and without prejudice to any immediate action which may be necessary in the event of emergency, the Commander-in-Chief will comply with such requests as may be made to him by the Chairman of the Governing Commission for the intervention of the force for the purpose of maintaining or restoring order.“[98] Die direkte Beziehung des Commander-in-Chief zum Völkerbundsrat erschöpfte sich in einem abschließenden Bericht über die Erfahrungen des erfolgreich beendeten Einsatzes.[99]

Die Kosten der internationalen Saarstreitkräfte wurden aus verschiedenen Quellen bestritten. Den landesüblichen Sold für die Truppenmitglieder der nationalen Kontingente zahlten die Entsendestaaten. Etwaige Rentenansprüche wegen Invalidität oder Tod als Folge des Militärdienstes im Saargebiet wurden nach den heimatstaatlichen Gesetzen berechnet und mußten gemäß der Ratsresolution vom 11. Dezember 1934 vom Gewinner des Plebiszits – dem Deutschen Reich – aufgebracht werden.[100] Auch die Schadensersatzforderungen der Entsendestaaten wegen etwaiger Verluste und Beschädigungen der Kontingentsausrüstung waren ausschließlich vom Gewinner des Plebiszits zu begleichen. Die restlichen finanziellen Posten – auch die Kosten der internationalen Polizei – wurden von einem allgemeinen Plebiszitfonds bestritten, verwaltet vom Sekretariat des Völkerbundes.[101] Die Erstfinanzierung des Fonds übernahmen Frank-

---

[96] C. A. H. S. BURNE, The International Force in the Saar, The New Commonwealth, Series A, No. 8, 1936; vgl. auch die Entscheidung des italienischen Militärgerichts vom 15. April 1935, Tribunale Militare di Roma, Foro Italiano 60 (1935), S. 382 f.

[97] J.O. (Fn. 89), S. 1730: „Invites the Governments of the United Kingdom, Italy, the Netherlands and Sweden to take part in the establishment of an international force to be charged, under the *Governing Commission's authority*, with the maintenance of order in the Territory ...“ (Hervorhebung hier); der britische Army Council gab ebenfalls Richtlinien an das Hauptquartier des Saarkommandos aus, die den Einsatz näher definierten und insbesondere herausstellten, daß die Streitkräfte im Verhältnis zur zivilen Polizei nur subsidiär tätig werden dürften, BRIND (Fn. 88), Ziff. 5.

[98] Report of the Sub-Committee provided for under the Council Resolution of December 8th 1934, Approved by the Committee of the Council on December 12th 1934, J.O. 1934, Annex 1523a, S. 1841.

[99] BRIND (Fn. 88).

[100] J.O. (Fn. 87), S. 1763.

[101] Abgesehen von der Verwaltung des Fonds war das Sekretariat nicht in den Vollzug des Plebiszits und die Verwaltung der internationalen Saarstreitkräfte involviert. In einem

reich, das Deutsche Reich und – mit einem kleineren Betrag[102] – die Regierungskommission. Nach der baldigen Erschöpfung dieser Mittel waren nur noch Frankreich und das Deutsche Reich zahlungspflichtig.[103] Zu den Standardausgaben, die der Fonds zu begleichen hatte, zählten die Transport- und Unterbringungskosten, sowie die außerordentlichen Unterhaltskosten für Truppenmitglieder (z.B. Trennungsgelder), die durch die Ausgliederung der nationalen Kontingente aus den heimatstaatlichen Truppenverbänden entstanden waren. Die Entsendestaaten meldeten ihre Forderungen bzgl. ihrer Kontingente periodisch zur Erstattung dem Völkerbundssekretariat. Ebenso verfuhr die Landeskasse des Saargebiets[104], die für die plebiszitbezogenen Ausgaben der Regierungskommission und – nach dem Plebiszit – des Deutschen Reichs in Vorleistung trat. Der Völkerbund erstattete aus dem Plebiszitfonds die geltend gemachten Beträge und präsentierte nach dem Eingang der letzten Forderungen im Jahr 1937 der französischen und deutschen Regierung die Bilanz ihrer Zahlungsrückstände.[105] Der Völkerbund selbst war nicht bereit, irgendeine finanzielle Last in Zusammenhang mit dem Plebiszit und der internationalen Saartruppe zu übernehmen. Diese Haltung verdeutlichte der Völkerbundsrat in seiner Resolution vom 11. Dezember 1934: „The resources proper of the League of Nations shall in no case be drawn upon either for payments which are not reimbursable, or for advances from the Working Capital Fund.“[106]

---

internen Papier vom 7. Dezember 1934 an den Generalsekretär AVENOL über die Organisation der Streitkräfte stellte T. AGHNIDES, leitender Direktor des Sekretariats, heraus: „My attention has been particularly drawn to the importance of not involving the Secretariat in the matter of responsibility which should be rest, entirely and solely with the Governing Commission.“, LoN, Archives Geneva, Doc Registry No. 2 C, Doc. No. 15223/ Doss. No. 15223, Box R 3741.

[102] Frankreich und Deutsches Reich je 5 Millionen Francs, die Regierungskommission 1 Millionen Francs, Communiqué au Conseil, 2 Juin 1934, LoN, Documents du Conseil C.209.1934.VII.

[103] Resolution des Völkerbundsrates vom 11. Dezember 1934 (Fn. 87), J.O. 1934, S. 1762 f.; vgl. auch O. LANGENFELDER, Die völkerrechtliche Rückgliederung der Saar, 1936, S. 45.

[104] Nach der Rückgliederung ins Deutsche Reich: „Oberkasse des Saarlandes“.

[105] Schreiben von P. WELPS, Internal Control Office LoN an den Schatzmeister vom 31. Oktober 1935, LoN Archives Geneva, Doc. Registry No 2. C, Doc. No. 15408/ Doss. No. 15223, Box R 3741. Allenfalls unter dem zeitlichen Aspekt ist zu erklären, warum COLONEL BURNE im Jahr 1936 als ehemaliges Mitglied der internationalen Saartruppe feststellte: "The principle followed was that the League would bear the cost of everything in excess of the normal expenditure on the contingents. Each contingent make out its own claims on the League, but they submitted through Force Headquarters." BURNE (Fn. 96), S. 7 f.

[106] Resolution des Völkerbundsrates vom 11. Dezember 1934 (Fn. 87), J.O. 1934, S. 1763 Ziff. 2 Abs. 3; das Kapital des Working Capital Fund stand einer Reihe autonomen Völkerbundsorganisationen zur Verfügung, u.a. auch dem Völkerbundssekretariat, das aus diesem Fonds u.a. den Hohen Kommissiar in Danzig sowie Untersuchungskommissionen und

Während der Stationierung der internationalen Streitkräfte im Saargebiet blieben die Verhältnisse im Saargebiet ruhig.[107] Zu Schäden in der Zivilbevölkerung kam es nur durch Verkehrsunfälle, verursacht durch Truppenmitglieder der Saarstreitkräfte. Über die Kostentragungspflicht für Heilbehandlungen und Sachschäden kam es zu Unstimmigkeiten zwischen dem Völkerbund, dem Deutschen Reich und den Entsendestaaten. Der Völkerbund erklärte gegenüber dem Deutschen Reich, die *Saartruppe* selbst sei nicht schadensersatzpflichtig.[108] Das Internal Control Office des Völkerbundes leitete diese Rechtsauffassung aus der Ratsresolution vom 11. Dezember 1934 (Ziff. 3) ab: „In virtue of paragraph 34 of the Annex of Article 50 of the Treaty of Versailles, the Government Commission is authorised to enact the legislation necessary to exempt the international force and its members from all responsibility for any act accomplished in the performance of their mission ..."[109] Nach Auffassung des Völkerbundes gewährte die Ratsresolution der Saartruppe und ihren Mitgliedern nicht nur *ipso iure* Jurisdiktionsimmunität (Ziff. 4), sondern auch einen materielle Haftungsfreistellung (Ziff. 3).

Die Einwände des Deutschen Reichs, die Regierungskommission habe von ihrem Recht, eine gesetzliche Haftungsfreistellung zu normieren, keinen Gebrauch gemacht, akzeptierte der Völkerbund nicht. Damit hatte sich der Völkerbund der Möglichkeit versperrt, die Schadensersatzzahlungen als Kosten der internationalen Staatsstreitkräfte direkt aus dem Plebiszitfonds zu begleichen. Schließlich vereinbarten das Internal Control Office des Völkerbundes und das Deutsche Reich, daß die Schadensersatzforderungen von der Oberkasse des Saarlandes[110] vorläufig beglichen werden sollten, allerdings unter dem Vorbehalt der späteren Erstattung durch den Entsendestaat des unfallverursachenden Truppenmitgliedes.[111] Bemerkenswert ist in diesem Zusammenhang, daß das Deutsche Reich diese Erstattung nicht als Rechtspflicht der Entsendestaaten an-

---

Beobachtermissionen finanzierte, LoN Documents du Conseil, C.26.1937 X, S. 5, 11. Januar 1937, 1937.

[107] F. SEYERSTED, United Nations Forces. Some Legal Problems, BYIL 37 (1961), S. 351, 358; F. P. WALTERS, A History of the League of Nations Bd. 2, 1952, S. 593.

[108] Bericht von P. WELPS, Internal Control Office, 22. Juni 1935, LoN Archives Geneva, Doc 2c, Doc No. 17456, Doss. No. 5425, Box R 3738.

[109] Resolution des Völkerbundsrates vom 11. Dezember 1934 (Fn. 87), J.O. 1934, S. 1763 Ziff. 3. Diese Resolution kann als Vorläufer des von den Vereinten Nationen entwickelten operational necessity-Grundsatzes gesehen werden, s. hierzu im Rahmen von UNEF S. 267 ff., im Rahmen von UNFICYP S. 415 ff.

[110] Vor der Rückgliederung des Saargebiets „Landeskasse des Saargebiets".

[111] Schreiben des Reichskommissionars für die Rückgliederung des Saargebietes an das Auswärtige Amt vom 3. August 1935, LoN Archives Geneva, Doc Registry No. 2 C, Doc. No. 15408/ Doss. No. 15223, Box R 3741.

sah, sondern als „voluntary gesture".[112] Sie sollten – so die Vorstellung des Deutschen Reichs – mit ex gratia-Zahlungen dem Beispiel des Commander-in-Chief BRIND folgen, der in zwei Fällen aus moralischen Gründen die Kosten aus Autounfällen freiwillig beglichen hatte.[113] Im übrigen einigte sich das Deutsche Reich mit dem Völkerbund, „that the League Secretariat should bear no civil responsibility."[114] Eine etwaige Haftung der Regierungskommission stand zum Zeitpunkt der Einigung zwischen dem Deutschen Reich und dem Völkerbund im Juli 1935 nicht zur Debatte, da die Regierungskommission sich nach der Übergabe des Saargebiets an das Deutsche Reich am 1. März 1935 aufgelöst hatte und damit juristisch nicht mehr existent war. Trotz der Aufforderung zur freiwilligen Zahlung weigerten sich alle Entsendestaaten, ex gratia-Zahlungen zur Deckung der Kosten aus den schuldhaft verursachten Verkehrsunfällen ihrer Kontingentsmitglieder zu leisten. Die vom Deutschen Reich in Vorleistung erbrachten Kompensationszahlungen fielen letztlich doch dem Plebiszitfonds zur Last, wurden also am Ende zu gleichen Teilen von Frankreich und dem Deutschen Reich getragen.[115]

Betrachtet man die Debatte um die Unfallschäden in ihrem Gesamtzusammenhang, dann lassen sich einige Rückschlüsse auf das haftungsrechtliche Verhältnis zwischen den Geschädigten, der internationalen Saartruppe und der Regierungskommission ziehen. Die Ratsresolution vom 11. Dezember 1934 geht in Ziff. 3[116] erkennbar davon aus, daß sich die materielle Haftung für die von der Saartruppe verursachten Schäden grundsätzlich nach der Rechtsordnung des Staatsgebiets richtet, nicht nach internationalem Recht. Nur so läßt sich erklären, daß nach dem Wortlaut der Resolution die Regierungskommission durch Gesetzgebungsakt die Haftungsfreistellung herbeiführen sollte. Unklar ist, ob dem Geschädigten ohne Haftungsfreistellung ein Amtshaftungsanspruch (§ 839 BGB i.V.m. Art. 77 EGBGB[117]) zur Seite gestanden hätte – was eine organschaftliche Verbindung zwischen Regierungskommission und den Saarstreitkräften voraus-

---

[112] P. WELPS, Internal Control Office, Schreiben an das War Office London vom 2. August 1935, LoN Archives Geneva, Doc Registry No. 2 C, Doc. No. 15408/ Doss. No. 15223, Box R 3741. Zur finanziellen Regulierung des Plebiszitfonds bis ins Jahr 1938 s. LEAGUE OF NATIONS, LoN Archives Geneva, Doc 2c/Doc No. 17456, Doss. No. 5425, Box 3738.

[113] Die Kosten der ex gratia-Zahlung wurden als Kosten der internationalen Streitkräfte in den Plebiszitfonds eingestellt.

[114] P. WELPS, Internal Control Office, 22. Juni 1935 (Fn. 108).

[115] Schreiben von P. WELPS 17. Oktober 1935, LoN Archives Geneva, Registry No 2. C, Doc. No. 15408/ Doss. No. 15223, Box R 3741; Schreiben des WAR OFFICE LONDON an den Secretary-General, League of Nations vom 4. September 1935, a.a.O.

[116] Im Wortlaut abgedr. S. 144.

[117] Siehe zu den „staatshaftungsrechtlichen" Normen des Saargebiets S. 128 ff.

setzen würde – oder ein deliktischer Anspruch gegen die juristische Person „Saartruppe" nach §§ 823, 31 BGB. Die vom Völkerbund behauptete Haftungsfreistellung vereitelt jeden Rückschluß auf das materielle Recht. Allerdings sprechen einige Indizien gegen eine organschaftliche Zuordnung der internationalen Saartruppe zur Regierungskommission – und damit gegen die Einschlägigkeit von § 839 BGB i.V.m. Art. 77 EGBGB. So blieben die Saarstreitkräfte auch nach der Auflösung der Regierungskommission bestimmungsgemäß für eine gewisse Zeit im Saargebiet stationiert. Auch die Argumentation des Völkerbundes, die Saartruppe sei ohne weiteren Gesetzgebungsakt *unmittelbar* aus Ziff. 3 der Ratsresolution vom 11. Dezember 1934 von der Haftung für Zivilschäden freigestellt,[118] verdeutlicht, daß der Saartruppe ein internationaler Rechtsstatus im Saargebiet zukommen sollte. Dies wiederum stützt die Annahme, daß die Saartruppe im Verhältnis zur Regierungskommission als eigenständige Rechtsperson agiert hat. In dieses Konzept fügen sich die eigenständigen ex gratia-Zahlungen des Truppenkommandeurs. Nur mit der fehlenden organschaftlichen Verbindung der Saartruppe zur Regierungskommission läßt sich schließlich erklären, warum in den Akten der Regierungskommission jeder Hinweis auf die Bearbeitung von Unfallschäden fehlt, die durch die internationalen Saarstreitkräfte verursacht worden sind.

Die nach Auffassung des Völkerbundes durch die Ratsresolution vom 11. Dezember 1934 bewirkte Haftungsfreistellung der Saarstreitkräfte und ihrer Mitglieder führte letztlich dazu, daß die Geschädigten keine deliktischen Ansprüche gegenüber den Schädiger geltend machen konnten. Darüber hinaus verhinderte die umfassende Jurisdiktionsimmunität der Streitkräfte und ihrer Mitglieder jede gerichtliche Überprüfung der Rechtswirksamkeit der Haftungsfreistellung innerhalb der Rechtsordnung des Saargebiets.

3. Haftung des Völkerbundes für rechtswidrige Akte der internationalen Saarkräfte 1934 – 1935

Wie im vorangegangen Kapitel dargelegt, hat das Deutsche Reich als Gewinner des Plebiszits diplomatischen Schutz zugunsten geschädigter Saarbewohner ausgeübt und auf internationaler Ebene Entschädigungsansprüche gegenüber dem Völkerbund geltend gemacht. In den Verhandlungen setzte sich allerdings der Völkerbund mit der Position durch, daß er nicht für Unfallschäden zu haften habe, die durch die internationalen Saarstreitkräfte verursacht worden waren („the League Secretariat should bear no civil responsibility" [119]). Auf Basis der

---

[118] Siehe S. 144.
[119] Nachweis Fn. 114.

überlieferten Berichte läßt sich die rechtliche Begründung des Völkerbundes heute nicht mehr nachvollziehen. So ist unklar, ob die materielle Haftungsfreistellung der Saartruppe im Zentrum der Argumentation stand oder eine fehlende rechtliche Beziehung zwischen Völkerbund und Saartruppe.[120] Die Einigung des Völkerbundes mit dem Deutschen Reich gibt insofern keine direkte Antwort auf die Frage, ob der Völkerbund die Handlungen der internationalen Saartruppe kraft organschaftlicher Zurechnung prinzipiell als eigene betrachtete. Es spricht einiges dafür, daß der Völkerbund die Frage der Organstellung der internationalen Saartruppe bewußt in der Schwebe gehalten hat. So konnte er seine Haftungsverweigerung auf mehrere rechtliche Argumente stützen, u.a. auf die materielle Haftungsfreistellung der Saartruppe und ihrer Mitglieder innerhalb der Rechtsordnung des Saargebiets, abgeleitet aus der Ratsresolution vom 11. Dezember 1934.

Da der Völkerbund eine endgültige Festlegung vermieden hat, läßt sich eine etwaige Organstellung der Saartruppe im institutionellen Gefüge des Völkerbundes heute nur noch auf objektive Indizien gründen:[121] So haben die Entsendestaaten ihre Kontingente unmittelbar dem Völkerbund zur Verfügung gestellt – nicht der Regierungskommission. Der Oberbefehl über die internationalen Saarstreitkräfte wurde vom Völkerbundsrat lediglich an die Regierungskommission delegiert, die wiederum für jeden konkreten Einsatzbefehl dem Völkerbundsrat verantwortlich war.[122] Im Gegensatz dazu standen die internationalen Abstimmungspolizisten und Saarbeamten in einem direkten Anstellungsverhältnis zur Regierungskommission. Die Zurechnung der schädigenden Akten der einzelnen Saartruppen*kontingente* zu ihren jeweiligen Entsendestaaten wurde von keiner Seite behauptet, weder vom Völkerbund noch vom Deutschen Reich. Auf der anderen Seite sprechen die überaus rudimentären Kontakte zwischen der militärischen Führung der Saarstreitkräfte und dem Völkerbundesrat gegen eine organschaftliche Beziehung zwischen Saartruppe und Völkerbund. Diese Kontakte beschränken sich auf den Abschlußbericht des Commander-in-Chief der Saartruppe nach dem Ende des Militäreinsatzes im Saargebiet. Insofern bleibt der Organstatus der Saarstreitkräfte letzten Zweifeln ausgesetzt.

---

[120] Siehe S. 144.

[121] Eine Organeigenschaft bejaht auch M. BOTHE, Streitkräfte internationaler Organisationen, 1968, S. 74.

[122] Siehe die Berichte der Regierungskommission im fraglichen Zeitraum: J.O. 1935, S. 20 ff. und 504 ff.

4. Haftung des Völkerbundes für rechtswidrige Akte der Regierungskommission

a) Organstatus der Regierungskommission

Es entspricht der Rechtsnatur Internationaler Organisationen, im Völkerrechtsverkehr durch Organe ihre Funktionen zu erfüllen. Dementsprechend heißt es in Art. 2 der VB-Satzung:[123]

> „The action of the League under this Convenant shall be effected through the instrumentality of an Assembly and of a Council, with a permanent Secretary."

Der Völkerbund handelte vor allem – aber nicht ausschließlich – durch die in Art. 2 genannten Hauptorgane. Spezielle Aufgaben konnten spezielle Organe erfordern, vor allem wenn die betreffende Aufgabe, wie z.B. die Verwaltung des Saargebietes, ihren Ursprung nicht in der Völkerbundssatzung nahm. Da die internationale Saarverwaltung durch den Versailler Vertrag bzw. das Saarstatut vereinbart wurde, kann schon aus diesem Grunde die Frage nach der Organeigenschaft der Regierungskommission nicht auf Basis der Völkerbundssatzung beantwortet werden. Ausgangspunkt der Analyse der innerorganisatorischen Stellung der Regierungskommission muß vielmehr der Versailler Vertrag bzw. das Saarstatut sein, völkerrechtliche „Verfassung" der Saarverwaltung. Art. 49 VV[124] bestimmt, daß der Völkerbund Inhaber der Regierungsgewalt im Saargebiet ist. Zu seinen Gunsten hat Deutschland auf seine Staatsgewalt im Saargebiet verzichtet („in favour of the League"). Diese völkervertraglich gesicherte Rechtsposition verblieb – trotz der Einsetzung einer Regierungskommission – während der gesamten Zeit der Verwaltung in den Händen des Völkerbundes:

> § 16 SSt.: „The Government of the territory of the Saar Basin shall be entrusted to a Commission representing the League of Nations."

Bereits die Verwendung der Begriffs „entrusted" zeigt, daß der Völkerbund – anders als Deutschland (Art. 49 VV: „renounces") – nicht zugunsten der Regierungskommission auf seine Rechtsposition verzichten mußte; die Verwaltung des Saargebietes sollte eine Aufgabe des Völkerbundes sein, d.h. seine eigene völkerrechtliche Verpflichtung gegenüber den Vertragsstaaten des Versailler Vertrages. Ob sich der Völkerbund zu diesem Zweck der Regierungskommission als Organ bedienen sollte (der Völkerbund handelt *durch* die Regierungs-

---

[123] Infolge dieser Regelung faßte das Organ „Völkerbundsrat" seine Beschlüsse „pour le compte de la Société des Nations" bzw. „on behalf of the League of Nations", z.B. J.O. 1920, S. 81, 84.

[124] Wortlaut der Norm S. 121.

kommission) oder als eigenständiges Rechtssubjekt (die Regierungskommission handelt *für* den Völkerbund), läßt das Saarstatut offen.

Die zeitgenössische Wissenschaft geht nahezu einhellig von einem Organstatus der Regierungskommission aus.[125] Diese Rechtsauffassung teilte auch das britische Unterhaus, das sich im Rahmen einer Aussprache über die Einschränkung der Meinungs- und Pressefreiheit durch eine Notverordnung der Regierungskommission am 10. Mai 1923 eingehend mit der Saarregierung befaßte.[126] Der Abgeordnete SIR JOHN SIMON, auf dessen Anregung die Debatte stattfand, klassifizierte die Regierungskommission als „body constituted by the League", deren Aufgabe allein darin bestünde, die dem Völkerbund auferlegte Treuhänderschaft auszuführen.[127] Dieser rechtlichen Einschätzung schloß sich der Abgeordnete ASQUITH an und zog zugleich die entsprechenden Schlüsse im Hinblick auf die völkerrechtliche Verantwortlichkeit des Völkerbundes: „The Members of this Commission are the representatives, agents[128] and servants of the League of

---

[125] P. BARANDON, in: Strupp/Schlochauer (Hrsg.), Wörterbuch des Völkerrechts, Stichwort: Völkerbund, 1961, S. 603 (Hilfsorgan für besondere politische Aufgaben); C. EAGLETON, International Government, 1982, S. 269 (adminitrative body); H. F. KÖCK/P. FISCHER, Das Recht der Internationalen Organisationen, 1997, S. 156 (Hilfsorgan); C. RÜHLAND/ V. BÖHMERT, Die rechtliche Unzulässigkeit der Verwendung französischer Truppen im Saargebiet, 1934, S. 21; SCHÜCKING/WEHBERG (Fn. 25), S. 409; SIMONS (Fn. 4), S. 112 f.; K. STRUPP, Theorie und Praxis des Völkerrechts, 1925, S. 117 (Verwaltungsorgan); für Stellvertretung GÖRGEN (Fn. 10), S. 94; KATSCH (Fn. 25), S. 33.

[126] Hintergrund der Debatte im britischen Unterhaus war eine „Notverordnung über die Aufrechterhaltung der Ordnung und Sicherheit im Saargebiet unter entsprechender Anwendung der Vorschriften des deutschen Reichsgesetzes zum Schutze der Republik", erlassen von der Regierungskommission am 7. März 1923. Nach dieser Notverordnung sollte mit Gefängnis bis zu fünf Jahren und Geldstrafe geahndet werden, wer öffentlich die Regierungskommission, ihre Organe und Farben beschimpft oder den Versailler Vertrag, seine Unterzeichner, den Völkerbund oder eines seiner Mitglieder verächtlich macht. Zu den Einzelheiten der Gesetzgebung und der Reaktion im Völkerbundsrat vgl. R. DONALD, A Danger Spot in Europe, 1925, S. 55 ff, 105 ff.; C. GROTEN, Die Kontrolle des Völkerbundes über die Tätigkeit der Regierungs-Kommission des Saargebietes, 1929, S. 43 ff.

[127] House of Commons, „Saar Vally and Ruhr District", Parliamentary Debates, Fifth Series Bd. 163, S. 2623, 2627.

[128] Der Begriff „agent" ist der anglo-amerikanischen Rechtssprache weitaus geläufiger als der Begriff „organ", s. statt vieler Black's Law Dictionary (1951). „Agent: One who represents and acts for another under the contract or relation of agency". Das Verhältnis zwischen „agent" und „organ" in der internationalen Rechtssprache ist weitgehend unklar: Die ILC entschied sich in Zusammenhang mit dem Entwurf zur Staatenverantwortlichkeit für den Begriff „organ" (Art. 5 des Entwurfs) mit der Erwägung: „The term 'agent' would seem to denote, especially in English, a person acting on behalf of the State rather than a person having the actual status of an organ." YILC 1973 II, S. 165, 193 Rn. 13. C. EAGLETON verwendet den Begriff „agent" synonym für „organ", in: The Responsibility of States in

Nations. They are nominated by, and derive all their authority from, the League, and the League is responsible to the world at large for acts of theirs which are not repudiated by the Council of the League."[129] LORD ROBERT CECIL, Vertreter des Vereinigten Königreichs im Völkerbundsrat, widersprach in der Unterhausdebatte allein der Forderung nach mehr Rechtskontrolle durch den Völkerbundsrat: „(The Saar experiment) is one of the exceptional instances of administrative power given to the organs of the League. I doubt very much whether (the submission of every Decree) is a desirable thing to do. The League is not constituted for administrative action. When I say the League I mean the Council and the Secretariat and the Assembly of the League. They are constituted for consultative and advisory purpose. That is nine-tenths of their duties under the Convenant, if not more."[130]

Eine organschaftliche Stellung der Regierungskommission im Gefüge des Völkerbundes ist allerdings keineswegs zwingend. Vor allem ist zu bedenken, daß die Bildung der Regierungskommission durch das Saarstatut als Teil des Versailler Vertages angeordnet wurde, also durch einen völkerrechtlichen Vertrag, an dem der Völkerbund nicht beteiligt war und der auch von Nichtmitgliedern des Völkerbundes (z.B. Deutsches Reich, Vereinigte Staaten) ratifiziert worden ist. Allein das Saarstatut – nicht die Völkerbundssatzung – bestimmte die Kompetenzen der Regierungskommission, die Grenzen ihrer funktionalen Selbständigkeit sowie das Ausmaß der Kontrollbefugnisse des Völkerbundsrates. Diese rechtliche Konstruktion läßt an die Figur des Vertragsorgans (treaty organ) denken. Ein Vertragsorgan wird zwar durch eine internationale Konvention geschaffen, kann aber funktional und organisatorisch eng mit einer „dritten" Partei – einer bestehenden Internationalen Organisation – verbunden sein.[131] Bei einer derartigen organisatorischen Integration treten Vertragsorgane als Organe der Internationalen Organisation völkerrechtlich in Erscheinung. In der Praxis bereitet allerdings die innerorganisatorische Zuordnung eines Vertragsorgans zu einer bestehenden Internationalen Organisation erhebliche Schwierigkeiten, weil der notwendige Grad an funktionaler und organisatorischer Verbundenheit zur

---

International Law, 1928, S. 44 ff.; so auch der IGH im Teheraner Geiselfall, United States Diplomatic and Consular Staff in Tehran, Judgment, I.C.J. Reports 1980, S. 3, 29 Rn. 58; im Reparation-for-injuries-Gutachten, I.C.J. Reports 1949 S. 174, 177 subsumierte der IGH unter „agent" das Individuum (Organwalter oder Amtswalter), unter „organ" hingegen die Institution; diese Unterscheidung scheint auch dem englischen Begriffsverständnis – wie es in der britischen Unterhausdebatte zum Saargebiet zum Tragen kommt – weitgehend zu entsprechen.

129 House of Commons (Fn. 127), S. 2645.

130 House of Commons (Fn. 127), S. 2650.

131 H. G. SCHERMERS /N. M. BLOKKER, Internationale Institutional Law, 1997, § 386 f.

Internationalen Organisation völkerrechtlich nicht klar umrissen ist.[132] Insofern bleibt auch im Fall der Regierungskommission fraglich, welchen Kriterien mehr Gewicht beikommt – dem Recht des Völkerbundsrates zur Ernennung und Entlassung der Kommissionsmitglieder und zur Einforderung von Berichten, oder die völlige haushaltsrechtliche und administrative Unabhängigkeit der Regierungskommission von den Hauptorganen des Völkerbundes. Abseits des Aspektes der organisatorischen Verbundenheit wird in jedem Fall die Kreation eines Vertragsorgans von der nachträglichen ausdrücklichen oder konkludenten Zustimmung der betroffenen Internationalen Organisation abhängig sein.[133] Das gebietet das völkerrechtliche Konsensprinzip gerade dann, wenn die Internationale Organisation nicht an dem internationalen Vertragsschluß beteiligt war, der das fragliche Gremium geschaffen und mit Kompetenzen ausgestattet hat.

Der Völkerbund selbst hat sich während der 15jährigen Saarverwaltung nicht explizit zur rechtlichen Stellung der Regierungskommission im Gefüge des Völkerbundes geäußert. Die im Völkerbundsrat gepflegte Terminologie – soweit sie nicht lediglich den Wortlaut des Versailler Vertrages wiedergibt – ist vor allem der Ausdruck eines ambivalenten Verhältnisses zur Regierungskommission. Je nach den behandelten Sachfragen und nationalen Interessen zeugen die Stellungnahmen im Rat von einer engen innerorganisatorischen Anbindung der Regierungskommission an den Völkerbund [„The Saar (is) under the direct administration of the League,...“[134]] oder von einer weitgehenden Eigenständigkeit der Regierungskommission bei der Erfüllung ihrer Aufgaben. Die letztgenannte Grundeinstellung dominierte in den Anfangsjahren der Saarverwaltung. So stellt der griechische Berichterstatters CACLAMANOS in der ersten Verhandlung des Völkerbundsrates zum Saargebiet fest: „Finally, it must not be forgotten that the League of Nations, which will have so many different responsibilities, should not go too deeply into details; it would run the risk of becoming too material and of compromising the lofty moral authority which it should preserve as the *Supreme Court of Appeal*.“[135] Diese Selbstbeschränkung auf generelle Auf-

---

[132] Vgl. für die UN: Memorandum to the Director, Division of Human Rights, Privileges and Immunities of the Members of the Committee on the Elimination of Racial Discrimination, UNJYB 1969, S. 207, Ziff. 5 und 7; s. auch: Memorandum to the Officer-in-charge, Department of Conference Services, UNJYB 1976, S. 200, Rn. 3.

[133] Vgl. G. JAENICKE, in: Simma (Hrsg.), The Charter of the United Nations, Bd. 1, 2002, Art. 7 Rn. 40 f.

[134] E. WOOD (President of the Council; British Empire), Minutes of the 24th Session of the Council, J.O. 1923, S. 595, 597.

[135] CACLAMANOS, Report on the Saar Basin, J.O. 1920, S. 45, 48 Punkt 3 (Hervorhebung hier); ders. in der 9. Ratssitzung vom 20. September 1920, J.O. 1920, S. 403; so auch die Instruktionen des Völkerbundsrates an die Regierungskommission, J.O. 1920, S. 50 ff.

sichtsfunktionen entsprach weitgehend den Vorstellungen der Alliierten und Assoziierten Mächte, wie sie in der Stellungnahme gegenüber der Deutschen Regierung vom 16. Juni 1919 zum Ausdruck kamen: „It is true that the Governing Commission, *with which the final control rests*, will not be directly responsible to a parliamentary assembly, but it will be responsible to the League of Nations and not to the French Government. The arrangement made will afford an ample guarantee against the misuse of the power which is entrusted to it; ...“[136] Der hohe Grad an Unabhängigkeit in den ersten Jahren der Saarverwaltung wurde erst ab 1923 – also mit dem Konflikt um die saarländischen Notverordnung[137] – vom Völkerbundsrat eingeschränkt. Erst jetzt machte der Rat gegenüber der Regierungskommission phasenweise verstärkt von seinem Zitierrecht Gebrauch, befaßte sich inhaltlich mit konkreten Rechtsakten und erließ in Einzelfällen auch Weisungen. Das stärkste Ausmaß institutioneller Abhängigkeit vom Völkerbundsrat erfuhr die Regierungskommission im Zeitraum des Plebiszits 1934 – 1935. Während sie im Rahmen der alltäglichen Regierungsgeschäfte weiterhin sehr autonom agierte, ergriff sie Maßnahmen in Zusammenhang mit dem Plebiszit nur mit vorheriger Zustimmung des Völkerbundsrates.[138]

Der stetig schwankende Statuts der Regierungskommission zwischen Autonomie und Abhängigkeit ist ein Beispiel für die noch heute gängige Praxis Internationaler Organisationen, den juristischen Grat zwischen Organeigenschaft und eigenständiger Rechtspersönlichkeit von fachspezifischen Kommissionen und Gremien nicht immer trennscharf zu ziehen.[139] Oft wird der juristische Schwebezustand erst beendet, wenn ein Konfliktfall – vor allem Kompetenz- und Haftungsstreitfragen – die Klärung des innerorganisatorischen Verhältnisses notwendig macht. Nicht anderes verhält es sich im Fall des Völkerbundes. Erst konkrete Schadensersatzforderungen von Individuen zwangen die Organisation dazu, sich nach dem Ende der Saarverwaltung mit der *Zurechnung* von rechtswidrigen Herrschaftsakten der Regierungskommission im Saargebiet – und damit zugleich mit der Rechtsstellung der Regierungskommission im institutionellen Gefüge des Völkerbundes – auseinanderzusetzen.

---

[136] Nachweis Fn. 30 (Hervorhebung hier).

[137] Vgl. Fn. 126.

[138] Die strikte Trennung zwischen den Regierungsgeschäften des Saargebiets und dem Plebiszit läßt sich auch haushaltstechnisch dokumentieren: Die Kosten der Regierungskommission in Zusammenhang mit dem Plebiszit fielen nicht dem Saarhaushalt zur Last, sondern dem Plebiszitfonds.

[139] S. auch SCHERMERS/BLOKKER (Fn. 131), § 37 mit weiteren Beispielen.

b) Zurechnung von Verstößen gegen das Recht des Saargebiets

Innerhalb der 15jährigen Verwaltung des Saargebietes erwies sich die saarländische Rechtsordnung als ein in sich geschlossenes Rechtssystem. Individualansprüche, die auf rechtswidrigen Akten der Regierungskommission bzw. ihrer Beamte gründeten, wurden innerhalb dieses Systems administrativ und/oder gerichtlich abschließend behandelt und entschieden. Eine direkte Appellationsmöglichkeit der geschädigten Individuen beim Völkerbund in Genf lehnte der Völkerbundsrat im Zeitraum zwischen dem 16. Januar 1920 (1. Sitzung des Völkerbundsrates) und dem 1. März 1935 (Übergabe des Saargebiets an das Deutsche Reich) ohne Ausnahme ab.[140] In ständiger Praxis verwies er alle Petitionen der Saarbewohner – auch die wenigen, die einen Kompensationsanspruch gegen die Regierungskommission zum Gegenstand hatten[141] – ohne eine eigene Sachentscheidung zuständigkeitshalber an die Regierungskommission.[142] Dieses Vorgehen mußte sich zwangsläufig zu dem Zeitpunkt ändern, an dem sich die Regierungskommission am 1. März 1935 nach der Übergabe des Saargebiets an das Deutsche Reich auflöste.

aa) Haftungsfälle

Nach der Auflösung der Regierungskommission mußte sich der Völkerbund mit der Abwicklung der Schäden durch die internationalen Saarstreitkräfte beschäftigen. Die Haftungsfrage wurde – wie dargelegt[143] – in direkten Verhandlungen mit dem Deutschen Reich auf internationaler Ebene erörtert und beigelegt. Im übrigen ist nur ein Vorgang aktenkundig, in dem sich Individuen – fünf ehemalige Beamte der Saarregierung – nach der Auflösung der Regierungskommission mit Schadensersatzforderungen direkt an den Völkerbund als Anspruchsgegner gewendet haben. Der Mangel an Eingaben der Zivilbevölkerung beim Völkerbund läßt sich mit der förmlichen Vereinbarung zwischen der Reichsregierung und der Regierungskommission vom 18. Februar 1935 erklären, durch die sich Deutschland verpflichte hatte, „... alle Aktiven und Passiven der Regierungskommission des Saargebiets einschließlich aller Sonderfonds und aller Forderungen und Verpflichtungen“ mit dem 1. März 1935 zu übernehmen.[144] Unbehelligt von Individualansprüchen aus dem Saargebiet beschäftigte

---

[140] Procès-Verbal de la Cinquième Session du Conseil de la Société des Nations, J.O. 1920, Doc 20/29/11, S. 24, Annex 53, S. 191.

[141] Z.B. Petition des M. LAUER, LoN, Archives Geneva, Administrative Commission: Saar Bassin, Classement No. 3, Doss. No. 19356, Box R. 107.

[142] Zum Petitionsverfahren ausführlich S. 163.

[143] Zu den Haftungsfällen siehe S. 144 ff.

[144] Art. 2 der Abrede zwischen der Deutschen Regierung und der Regierungskommission des Saargebiets über die Überleitung der Verwaltung, RGBl. 1935 II, S. 158.

sich der Völkerbundsrat zwischen 1936 und 1946 periodisch mit dem Präzedenzfall der fünf ehemaligen Saarbeamten. Die Beschwerdeführer waren bis 1933 im Dienste des Deutschen Reichs tätig gewesen. Nach der Machtergreifung der nationalsozialistischen Partei waren sie in das Saargebiet übergesiedelt, wo sie von der Regierungskommission im August 1933 zu Beamten des Saargebiets ernannt wurden.[145] Nachdem der Völkerbundsrat am 17. Januar 1935 die Rücktragung der Staatsgewalt über das Saargebiet auf das Deutsche Reich beschlossen hatte,[146] einigte sich die Saarkommission mit dem Deutschen Reich auf eine Reihe von Überleitungsabkommen. Unter diesen Abkommen befand sich auch die „Abrede zwischen der Deutschen Regierung und der Regierungskommission des Saargebiets über die Beamtenfragen" vom 31. Januar 1935.[147] Nach § 1 Abs. 4 dieses Abkommens sollten diejenigen Saarbeamten, die das Deutsche Reich nicht übernehmen wollte, eine Pension oder ein Übergangsgeld vom Deutschen Reich erhalten. Bei den Verhandlungen zu diesem Abkommen lehnte es die Reichsregierung allerdings ab, irgendwelche Verpflichtungen im Hinblick auf „deutsche Auswanderer" einzugehen. Im Interesse der Verhandlungen gab die Regierungskommission nach und räumte gegenüber dem deutschen Unterhändler mündlich ein, das Abkommen gelte nicht für diesen Personenkreis. Nachfolgend entließ die Regierungskommission die fünf Beschwerdeführer aus ihren Diensten und zahlte eine Abfindung zwischen 24.000 und 45.000 französische Francs pro Person. Die ehemaligen Beamten wandten sich nach der Auflösung der Regierungskommission an den Völkerbund: Ihre Entlassung durch die Regierungskommission habe, so die Beschwerdeführer, ihre Rechte verletzt; die daraus resultierende Schadensersatzpflicht der Regierungskommission – gerichtet auf Pensionszahlung – sei nach deren Auflösung auf den Völkerbund übergegangen.

Der Völkerbundsrat beauftragte im Jahr 1936 eine neutrale Sachverständigenkommission, den Anspruch der Beschwerdeführer gegen den Völkerbund zu prüfen. Die Mitglieder DE RUELLE (Rechtsberater des belgischen Außenministeriums und Mitglied des Ständigen Schiedsgerichtshofs), DONNER, (Mitglied des niederländischen Hoge Raad), sowie IM HOF (Mitglied des Kantonsrats der Stadt Basel) verfaßten ein Rechtsgutachten[148], dessen Ergebnisse sich der Völker-

---

[145] Die Ernennung hatte im Januar 1934 eine Petition vor dem Völkerbundsrat zur Folge, die sich gegen die Ernennung von „Flüchtlingen" im Saargebiet – nämlich den fünf Beschwerdeführern – wendete (LoN, Documents du Conseil, C.46.M.1934). Der Völkerbund hat sich sachlich nie mit der Petition auseinander gesetzt.

[146] J.O. 1935, S. 124.

[147] RGBl. 1935 II, S. 53 f.

[148] LoN Doc C.394.2936.VII, abgedr. in: J.O. 1936, S. 1240, Annex 1614.

bundsrat am 25. September 1936 zu eigen machte.[149] In diesem Rechtsgutachten stellten die Sachverständigen fest, daß die Regierungskommission mit ihrer Zustimmung zum Vorbehalt der Reichsregierung die Rechte der Beschwerdeführer verletzt habe. Da der Vertrag zwischen dem Deutschen Reich und der Saarkommission in die saarländische Rechtsordnung transformiert worden sei, hätten die Beschwerdeführer seit dem 11. Februar 1935, dem Tag des Inkrafttretens des Abkommens, einen Anspruch auf Pension. Diese sei vom Deutschen Reich aufgrund des mündlichen Vorbehalts, dem die Regierungskommission zugestimmt habe, nicht erfüllt worden. Nach Feststellung der Rechtsverletzung und des daraus resultierenden Schadens wirft die Sachverständigenkommission die zentrale Frage auf:

> „If an irregularity was committed, is it legally incumbent on the League to make good the resultant injury?“

Die Sachverständigenkommission verneinte diese Frage auf Basis des Wortlauts von § 16 SSt. („a Commission representing the League of Nations“): „One cannot find any rule of law under which representation as here understood would involve the League of Nations in obligations of the kind in question.“[150] Aufgrund der außergewöhnlichen Rolle, die der Völkerbund in seinem Verhältnis zur Saarkommission gespielt habe, hätte es – so die Sachverständigen – einer ausdrücklichen Haftungsnorm im Saarstatut bedurft, um die Haftung des Völkerbundes zu begründen. Eine *Vermutung* zugunsten einer Haftung des Völkerbundes würde wiederum in Konflikt geraten mit den satzungsgemäßen Grenzen der Rechte und Pflichten des Völkerbundes, also letztlich gegen die Satzung des Völkerbundes verstoßen.

In der Sitzung des Völkerbundsrats am 25. September 1936 wurde das Rechtsgutachten beraten, wobei sich einzig der Vertreter Frankreichs, PAUL-BONCOUR, zu dem Fall äußerte. Ohne die rechtliche Begründetheit der Ansprüche gegen den Völkerbund behaupten zu wollen, machte PAUL-BONCOUR den Vorschlag, eine ex gratia-Geldleistung an die Beschwerdeführer zu erbringen. Bemerkenswert ist vor allem seine Argumentation: „In the first place, these officials had, during a period of eighteen month, served very loyally – under circumstances which were often very difficult – the Governing Commission, an *organ* of the League.“[151] Der Völkerbundsrat nahm in derselben Sitzung das Rechtsgutachten an und entsprach zugleich dem Vorschlag PAUL-BONCOURS.

---

[149] J.O. 1936, S. 1154.

[150] Nachweis Fn. 148.

[151] J.O. 1936, Minutes of the Council 93th Session Sept. 18th – Sept. 26th 1936, S. 1155 (Hervorhebung hier).

Allerdings akzeptierten nur zwei der fünf Beschwerdeführer die ex gratia-Zahlung von 5.000 Schweizer Franken zur endgültigen Beilegung der Streitigkeit. Es folgten in den Jahren 1938 und 1939 weitere Zahlungen an die verbleibenden drei Beschwerdeführer, immer mit dem Hinweis auf ihre Natur als ex gratia-Zahlungen, geleistet ohne Anerkennung einer Rechtspflicht aufgrund humanitärer Erwägungen.[152] Der Versuch eines Beschwerdeführers, 1939 ein Verfahren vor dem Verwaltungsgerichtshof des Völkerbundes zu führen, scheiterte. Der Gerichtshof erklärte sich durch Urteil vom 4. August 1939 für unzuständig.

In einem Memorandum vom 23. Mai 1941 vertrat der Generalsekretär des Völkerbundes schließlich einen neuen Ansatz:[153] Entscheidend für die Verneinung der finanziellen Ansprüche der Beschwerdeführer sei, daß zwischen dem Völkerbund und den Beschwerdeführern keine *vertraglichen* Beziehungen bestünden. Damit fehle es nach Ansicht des Generalsekretärs in jedem Fall an einer Rechtsgrundlage für etwaige finanzielle Verpflichtungen des Völkerbundes, und zwar auch dann, wenn der Völkerbund die Rechte der Beschwerdeführer auf Pension – wie behauptet – nicht erfolgreich geschützt habe. Mit dem Verweis auf fehlende Vertragsbeziehungen versuchte der Generalsekretär etwaigen Individualansprüchen entgegenzuwirken, die auf dem Verhalten des *Völkerbundsrates* – nicht der Regierungskommission – gründeten. Denn dieser hatte in einer Resolution vom 27. Mai 1933 noch erklärt:[154]

> „The Council, conscious of the obligations laid upon it by the Treaty of Versailles in this connection, affirms the principles that the rights of the officials of the Saar Territory will, in all circumstances, be safeguarded. It will decide later as to the details of application of this principle, including the fixing of equitable pecuniary compensation to be granted to those of the officials who cannot be taken over by the successor Governments, basing itself on any agreements which may have been concluded between the Governing Commission and the Governments concerned."

Zu der in Aussicht gestellten späteren Entscheidung ist es in der Folgezeit nicht mehr gekommen.

Die Absicht des Völkerbundsrates, den Fall der fünf ehemaligen Saarbeamten dem StIGH vorzulegen, wurde durch den 2. Weltkrieg vereitelt; erst 1945 ge-

---

[152] Report by the Supervisory Commission, LoN, Documents du Conseil A.15.1946.V.

[153] Report by the Supervisory Commission, LoN, Documents du Conseil A.15.1946.V., S. 4; s. auch: LoN Secretariat, Memorandum „Claims of the five Former Saar Officials", LoN Archives Geneva, Section files, Legal Section, Box S. 584: In diesem Memorandum wird u.a. die Rechtspersönlichkeit des Völkerbundes in Frage gestellt – eine Argumentationslinie, die in den offiziellen Dokumenten des Völkerbundes nicht aufgegriffen wurde.

[154] J. O. 1935, S. 489.

langte der Vorgang vor die Kontrollkommission des Völkerbundes, die ebenfalls einen Rechtsanspruch gegen den Völkerbund verneinte.[155] Auf eine erneute Vorlage vor dem StIGH wurde angesichts der baldigen Einstellung seiner Tätigkeit und der bereits erfolgten großzügigen Zahlungen an die Beschwerdeführer verzichtet.

bb) Analyse: Eigenständige Rechtspersönlichkeit der Regierungskommission innerhalb der Rechtsordnung des Saargebiets

Die gesamte Diskussion innerhalb des Völkerbundes ist durch eine gewisse Unsicherheit bei der Bewertung institutioneller Zusammenhänge geprägt, die zweifelsohne auch damit zusammenhängt, daß der Völkerbund auf keine älteren Präzedenzfälle blicken konnte. Ein elaboriertes „Recht der Internationalen Organisationen" war zur Zeit des Völkerbundes noch nicht vorhanden. Bei aller terminologischer Wirrnis, die die Diskussion prägt (agent, organ, representative), ist allerdings eines augenfällig: Der Völkerbund stellt in erster Linie darauf ab, daß die Form der *Repräsentation* des Völkerbundes im Saargebiet keine Haftung des Völkerbundes für Akte der Regierungskommission nach sich zieht. Diese Einlassung läßt sich im Ergebnis nur als Absage an die Organeigenschaft der Regierungskommission begreifen. Ein unveröffentlichtes internes Memorandum aus dem Völkerbundssekretariat zur Problematik der fünf Saarbeamten bringt diese Grundeinstellung plastisch zum Ausdruck – wenn auch auf Basis rechtlich eher zweifelhafter Erwägungen: „Equally absurd is the argument which has been based on the statement that the Governing Commission was an 'organ' of the League of Nations. Such plausibility as this argument has seemed to some persons to possess due to its fallaciously suggesting that the Governing Commission was an 'organ' of the League in the same sense as the Council. Assembly and Secretary may be called 'organs', i.e. a part of the permanent structure of the League itself. The Commission was, of course, no part of the structure of the League. To call it an 'organ' – an expression justified by nothing in the treaty or any other official document and devoid in itself of any precise legal meaning – is merely a way of confusing the issue and evading a proper examination of the effect of the provisions of the treaty." [156]

Auch wenn das interne Memorandum keine erkennbaren Spuren in der offiziellen Begründung des Völkerbundes hinterlassen hat, zeigt die gesamte Argumentationslinie eines mit aller Deutlichkeit: Der Völkerbund hat die Regierungskommission zumindest im Nachklang der Saarverwaltung als eigenstän-

[155] Report by the Supervisory Commission, LoN, Documents du Conseil A.15.1946.V, S. 3.

[156] LoN Secretariat, Memorandum „Claims of the five Former Saar Officials" (Fn. 153).

dige Rechtsperson betrachtet. Hinter dieser Rechtsauffassung stehen zweifelsohne taktische Überlegungen: Der Völkerbund wollte in erster Linie der Gefahr entgegentreten, einer Flut von Forderungen im Nachlauf der Saarverwaltung ausgesetzt zu sein. Der Fall der fünf entlassenen Saarbeamten war insofern der entscheidende Präzedenzfall, mit dem der Völkerbund sein Verhältnis zur Regierungskommission auch für alle Folgefälle klären wollte. Der Verweis auf die getrennte Rechtspersönlichkeit der Regierungskommission war dabei das schlüssigste Konzept zur Vermeidung einer Haftung des Völkerbundes. Wäre nämlich die Regierungskommission *ohne* eigene Rechtspersönlichkeit im Saargebiet aufgetreten, hätte sie das Saargebiet mithin als *Organ* des Völkerbundes regiert, dann wäre der Völkerbund das eigentliche Zuordnungssubjekt der dienstrechtlichen Beziehung zu den Saarbeamten gewesen. Diese Dienstbeziehung hätte die Regierungskommission kraft der ihr von dem Völkerbund übertragenen Kompetenzen mit Wirkung für den Völkerbund kündigen dürfen, allerdings nur ihm Rahmen des geltenden saarländischen Dienstrechts.

Abseits aller Zweckdienlichkeit fügt sich die vom Völkerbund herausgestellte institutionelle Distanz zwischen Regierungskommission und Völkerbund in das Gesamtkonzept der Saarverwaltung. Denn in den Jahren 1920 bis 1935 hatte die Regierungskommission in der Tat innerhalb des Saargebietes als eigenständige juristische Person des Öffentlichen Rechts agiert. Schon die Ersetzung des Begriffs „Deutsches Reich" durch „Regierungskommission" in den lokalen Gesetzen zeigt, daß die Regierungskommission – nicht der Völkerbund – nach der Rechtsordnung des Saargebietes das Zuordnungssubjekt von hoheitlichen Rechten und Pflichten war.[157] Völlig konsequent wurde während der gesamten Regierungszeit in keinem einzigen Fall erwogen, Verstöße der Regierungskommission gegen das einfache lokale Recht als rechtswidrige Akte des Völkerbundes zu werten.[158] War aber die Regierungskommission nach dem öffentlichen Recht des Saargebietes eine eigenständige Rechtsperson, dann war sie auch nach dem lokalen Dienstrecht die Anstellungskörperschaft ihrer Amtswalter. Im Fall der fünf rechtswidrig entlassenen Saarbeamten mußte folglich die Auflösung der Regierungskommission im März 1935 – und damit ihr Untergang als Rechtsperson – zum gleichzeitigen Untergang aller primären und sekundären Ansprüche der Amtswalter gegen die Regierungskommission führen, soweit für diese Ansprüche nicht das Deutsche Reich nach Maßgabe des Überleitungsabkommens aufzukommen hatte.[159]

---

[157] Siehe hier S. 129 f.

[158] Etwas anderes galt, wenn die Verstöße gegen das Recht des Saargebietes zugleich als völkerrechtswidrige Akte im internationalen Raum Rechtswirkung entfalteten, insbesondere gegenüber den Alliierten Mächten, s. hierzu das nachfolgende Kapitel.

[159] Quellennachweis Fn. 144.

c) Zurechnung von völkerrechtswidrigen Regierungsakten zum Völkerbund

aa) Verletzung des Versailler Vertrages durch die Regierungskommission

Während der Völkerbund – wie im vorangegangenen Kapitel dargelegt – die rechtliche Verantwortung für die finanziellen Obliegenheiten der Regierungskommission gegenüber ihren Beamten ablehnte, stand die *völkerrechtliche* Verantwortlichkeit des Völkerbundes für die ordnungsgemäße Regierung des Saargebiets von Anbeginn außer Frage. Bereits zu Beginn der Saarverwaltung stellte der Berichterstatter CACLAMANOS im Rat fest: „It must be observed that the League of Nations always possesses, *as a guarantee that its responsibility shall not be involved against its will*, the power of annual appointment and of replacement of the members of the Commission.“[160] Im Streit um die Notverordnung im Saargebiet[161] wies GABRIEL HANOTAUX, Vertreter Frankreichs im Rat, nachdrücklich auf die mögliche völkerrechtliche Verantwortlichkeit des Völkerbundes gegenüber Frankreich hin, sollte der Völkerbundsrat die Regierungskommission dazu veranlassen, die „Notverordnung über die Aufrechterhaltung der Sicherheit und Ordnung im Saargebiet“ zurückzuziehen: „It must not be forgotten that the Mines of the Saar had, from the legal point of view, been given as compensation to France for the destruction done in Northern France. If the League sought to escape the duty imposed on it in this respect, its responsibility would be gravely prejudiced.“[162] Die Regierung des Vereinigten Königreichs, die sich aufgrund der Kritik des britischen Unterhauses am Notverordnungsrecht genötigt sah, eine Untersuchung im Rat anzuregen, verwies im Gegenzug auf die moralische Verantwortung des Völkerbundes vor der öffentlichen Meinung hin: „I hope we stand always before (the bar of public opinion) ready to justify our acts in every respect. I think we can only do so if we show that we are not in the least afraid to bring all *our actions or actions of our agents* into the light of day – that we are prepared to stand by our agents, if they are right, or that we are prepared to correct anything wrong which they may have done.“[163]

---

[160] CACLAMANOS, Report on the Saar Basin. J.O. 1920, S. 45, 48 Punkt 2 (Hervorhebung hier).

[161] Siehe zum Sachverhalt Fn. 126.

[162] Saar Basin: Provisional Decree of March 7th, 1923, for the Maintenance of Public Order and Security, J. O. June 1923, S. 595, 597.

[163] R. CECIL, Saar Basin: Enquiry into the Administration of the Territory, J.O. 1927, S. 864 (Hervorhebung hier); zur vielfältigen Verwendung des Begriffs “agent” in der englischen Rechtsprache s. Fn. 128.

bb) Analyse: Die Regierungskommission als internationaler Stellvertreter sui generis

Auch unter der Prämisse, daß der der Völkerbund die Regierungskommission in der Retrospektive nicht als ihr Organ angesehen hat,[164] lassen sich die zitierten Stellungnahmen durchaus schlüssig in ein völkerrechtliches Gesamtkonzept einbinden. Die Verantwortlichkeit des Völkerbundes gegenüber den Alliierten kann unter Berücksichtigung aller rechtlicher Besonderheiten der Saarverwaltung als internationale Stellvertretung[165] *sui generis* eingeordnet werden.[166] Es gehört zu den Charakteristika der internationalen Stellvertretung, daß der Stellvertreter eigene Völkerrechtspersönlichkeit besitzt, also nicht als Organ des Vertretenen im internationalen Verkehr auftritt.[167] Die Amtswalter des internationalen Stellvertreters sind kraft ihres Anstellungsverhältnisses allein diesem gegenüber verantwortlich; auch wenn sie im Namen des Vertretenen handeln, bleiben sie Amtswalter des Stellvertreters.[168] In dieses Konzept fügt sich, daß die Saarbeamten in der 15jährigen Verwaltungspraxis nur der Regierungskommission, niemals aber dem Völkerbundsrat für ihr Handeln verantwortlich waren.[169] Auf Basis der Rechtsfigur der internationalen Stellvertretung *sui generis* ist dann auch die Verweigerung des Völkerbundes schlüssig, für ausstehende Verbindlichkeiten der Regierungskommission gegenüber den Saarbeamten zu haften.

Auch die Regierungskommission scheint ihre Funktion als „Vertretung“ des Völkerbundes aufgefaßt zu haben. So lautete der Amtseid der Saarbeamten: „Ich schwöre der Regierungskommission als Vertreterin des Völkerbundes Treue, Gehorsam den Gesetzen und gewissenhafte Erfüllung meiner Dienstobliegenheiten.“[170] In einigen Fällen trat die Regierungskommission auch offiziell „im Namen des Völkerbundes“ auf, so z.B. in der ersten Bekanntmachung an die

---

[164] Siehe hier S. 157 ff.

[165] S. hierzu A. P. SERENI, La Représentation en Droit International, RdC 73 (1948 II), S. 69, 80 ff., 85 ff.; ders. Agency in International Law, AJIL 34 (1940), S. 638, 639; H. THEVENAZ, La Suisse, Etat mandataire, SJIR 6 (1944), S. 9 passim. ; VERDROSS (Fn. 23), S. 346 f.

[166] Gewisse Parallelen weist das Saarregime mit dem Mandatssytem des Völkerbundes auf, auch wenn dem Saarregime der Vormundschaftsgedanke des Art. 22 VB-Satzung fehlt; s. KATSCH (Fn. 25), S. 25 f.; vgl. auch das Memorandum des Völkerbundssekretariats (Fn. 153), Rn. 81.

[167] SERINI (Fn. 165), AJIL 34 (1940), S. 410.

[168] Vgl. zum Organhandeln der Schutzmacht, K. DOEHRING, Schutzmacht, in: Strupp/Schlochauer (Hrsg.) Wörterbuch des Völkerrechts, 1962, S. 220.

[169] Beamtenstatut vom 20. Juli 1920, ABl.RegKom. 1920, S. 51.

[170] Beamtenstatut vom 20. Juli 1920, ABl.RegKom. 1920, S. 51.

Bewohner des Saargebiets: „Im Namen des Völkerbundes, der (die Regierungskommission) eingesetzt hat, wird sie das Gebiet des Saarbeckens verwalten...".[171] Als Argument für die Einordnung der Regierungskommission als völkerrechtliche Stellvertreterin *sui generis* läßt sich schließlich § 16 des Saarstatuts anführen („The Government of the territory of the Saar Basin shall be *entrusted* to a Commission *representing* the League of Nations."[172]). Nach dieser Norm sollte die Regierungskommission im Saargebiet anvertraute („entrusted"), d.h. *fremde* internationale Rechte wahrnehmen. Das internationale Recht bzw. die internationale Pflicht zur Saarverwaltung hatte der Versailler Vertrag durch Art. 49 dem Völkerbund zugewiesen („Germany renounces in favour of the League of Nations, in capacity of trustee, the government of the territory defined above").[173] Der Völkerbund selbst konnte allerdings die vertraglich zugewiesene Regierungsausgabe mangels eigener satzungsrechtlicher Handlungskompetenz nicht ausführen. So erklärt es sich, warum der Völkerbundesrat die Regierungskommission lediglich anwies, bestimmte Regierungsmaßnahmen zu treffen oder zu unterlassen, die beanstandeten Maßnahmen aber nie selbst aufhob – z.B. die umstrittene „Notverordnung über die Aufrechterhaltung der Sicherheit und Ordnung im Saargebiet".[174]

Unter Zugrundelegung der Rechtsfigur der *internationalen Stellvertretung sui generis* hat die Regierungskommission zwischen 1920 und 1935 das Saargebiet für den Völkerbund verwaltet. Die Rechtsbeziehungen zwischen Völkerbund und Regierungskommission sind dadurch gekennzeichnet, daß das Saarstatut die Regierungskommission mit *eigenen* völkerrechtlichen Rechten und Pflichten ausgestattet hat; die Regierungskommission agierte also *im Verhältnis zum Völkerbund* als partielles und partikulares Völkerrechtssubjekt. Während sie dem Völkerbund für ihre Regierungsarbeit international verantwortlich war, kontrollierte der Völkerbund die Regierungsakte der Kommission und intervenierte gegebenenfalls auf internationaler Ebene. Gegenüber den Vertragsstaaten des Versailler Vertrages traten die Regierungsakte der Regierungskommission rechtlich als Akte des originären Rechtsinhabers und Vertretenen, also des Völkerbundes, in Erscheinung.[175] Mit anderen Worten: Gegenüber dritten Völker-

---

[171] Bekanntmachung vom 26. Februar 1920, ABl.RegKom. 1920, S. 1.

[172] Hervorhebung hier.

[173] GÖRGEN (Fn. 10), S. 94.

[174] Hierzu siehe Fn. 126.

[175] Allgemein: SERENI (Fn. 165), RdC 73 (1948 II), S. 99 f.; R. AGO, La responsabilità indiretta nel diritto internazionale, Archivio di diritto pubblico 1 (1936), S. 33 f.; A. VERDROSS, Theorie der mittelbaren Staatshaftung, ÖzöR 1 (1948), S: 388, 410.

rechtssubjekten, vor allem den Alliierten und Assoziierten Mächten[176], galt die Saarverwaltung der Regierungskommission in ihrer Gesamtheit *und* in ihren Einzelakten als Saarverwaltung des Völkerbundes. Die Regierungskommission trat folglich nur im Innenverhältnis gegenüber dem Völkerbund als eigenständiges Völkerrechtssubjekt in Erscheinung, nicht aber gegenüber den Vertragsparteien des Versailler Vertrages. Innerhalb der Völkerrechtsordnung verwischt in diesem Sinne im Außenverhältnis der rechtliche Unterschied zwischen Organhandeln und internationaler Stellvertretung.[177] Gegenüber den Alliierten und Assoziierten Mächten zeichnete der Völkerbund für die völkerrechtskonforme Verwaltung des Saargebiets verantwortlich.

cc) Verletzung von Individualrechten durch die Regierungskommission

Auf die völkerrechtliche Verantwortlichkeit des Völkerbundes für die Saarverwaltung konnte sich allerdings nur der erlesene Kreis traditioneller Völkerrechtssubjekte berufen; Individuen fehlte es in der ersten Hälfte des 20. Jahrhunderts noch weitgehend an materiellen Rechtspositionen und einem *ius standi* auf internationaler Ebene, wie auch das Beispiel der Saarverwaltung zeigt. Die Argumentation des Völkerbundes zum Fall der ehemaligen Saarbeamten[178] enthält hier einige zentrale Grundaussagen zu Individualansprüchen im System des Völkerrechts: Die unabhängige Sachverständigenkommission ging von dem abschließenden Charakter der Völkerbundssatzung im Hinblick auf eine etwaige finanzielle (Sekundär-) Pflicht des Völkerbundes aus. Aufgrund der Weite dieser Aussage verneinte sie in einem weiteren Schritt zumindest die potentielle Anspruchsinhaberschaft von *Individuen*: „Even if – which is not the case – the League of Nations were under any legal obligation in the matter, the obligation could not be an obligation towards the complainants. Between the complainants and the League there exists no legal relationship that could imply the existence of obligations enforceable by them against the League“.[179] Da der Völkerbund – wie dargelegt[180] – im System der saarländischen Rechtsordnung bereits *ratione personae* nicht Beteiligter öffentlich-rechtlicher Rechtsbeziehun-

---

[176] Eine gleichgeartete Rechtsposition gegenüber dem Völkerbund bestand für das Deutsche Reich als Verlierer des Weltkrieges naturgemäß nicht, obwohl auch das Deutsche Reich zu den Unterzeichnern des Saarstatuts gehörte. Zu der Weigerung des Völkerbundes, das Deutsche Reich über seine Erwägungen zum Saargebiet in Kenntnis zu setzten, s. Procès-Verbal de la Neuvième Session du Conseil de la Société des Nations, Septembre 1920, LoN Doc 20/29/15, Annexe 96b, S. 49.

[177] D. ANZILOTTI, Corso di diritto internationale, 1928, S. 227 f.; in dt. Übersetzung: Lehrbuch des Völkerrechts, Bd. 1 1929, S. 189.

[178] Siehe S. 153 ff.

[179] Nachweis Fn. 148.

[180] Siehe S. 129 ff. und S. 153 ff.

gen war, argumentierten die Sachverständigen mit dieser Feststellung vor allem gegen etwaige Individualansprüche im System des Völkerrechts. Sie konnten sich im Jahr 1936 auf den in Wissenschaft und Praxis unbestrittenen Rechtssatz stützen, daß Individuen nicht Träger originärer völkerrechtlicher Sekundäransprüche sein können. Das geschädigte Individuum wurde auf internationaler Ebene durch seinen Heimatstaat mediatisiert, d.h. der Heimatstaat konnte die Verletzung *eigener* völkerrechtlicher Rechte gegenüber dem schädigenden Völkerrechtssubjekt geltend machen.[181] Für die durch die internationalen Saarstreitkräfte geschädigten Saarbewohner hat das Deutsche Reich diesen diplomatischen Schutz ausgeübt.[182] Im Falle der fünf ehemaligen Saarbeamten mußte ein Verweis auf diplomatischen Schutz durch das Deutsche Reich zwangsläufig ins Leere laufen. Dieser Umstand hat maßgeblich zu dem Zugeständnis einer moralischen Verantwortlichkeit auf Seiten des Völkerbundes geführt.

Die traditionelle Mediatisierung des Individuums durch den Heimatstaat erfuhr allerdings gerade in der Ära des Völkerbundes eine bemerkenswerte Modifikation, die von der Wissenschaft als erstes Zeichen einer Entwicklung hin zur Völkerrechtssubjektivität des Individuums interpretiert wird: das Petitionsrecht von Individuen vor dem Völkerbundsrat.[183] Auch im Falle des Saargebiets akzeptierte der Völkerbund von Anbeginn Petitionen aus der Bevölkerung.[184] Die Denkschrift des Saarbrücker Anwaltsvereins betreffend die staatsrechtlichen Grundlagen der im Saargebiet einzuführenden Verwaltungsordnung vom 6.April 1920[185], die erste kritische Eingabe aus dem Saargebiet, veranlaßte den Völkerbundsrat, Fragen des Verfahrens im Umgang mit den Petitionen zu klären. Die Mehrheit der Ratsmitglieder entschied sich gegen ein Appellationsrecht der Saarbewohner vor dem Völkerbundsrat. Das zentrale Argument gegen einen völkerrechtlichen Individualanspruch war die Autorität der Regierungskommission, die nach Auffassung der Ratsmitglieder vom Völkerbund nicht untergraben werden sollte. BOURGEOIS, der Vertreter Frankreichs im Rat, untermauerte sein ablehnendes Votum mit der Warnung, daß andernfalls der Eindruck entstehen könnte, der Völkerbund konkurriere gegen die immense Machtfülle der Regie-

---

[181] J. D. DE BEUS, The Jurisprudence of the General Claims Commission, 1938, S. 33 f.; E. M. BORCHARD, The Diplomatic Protection of Citizens Abroad, 1915 (Neudruck 1928) § 139, S. 357; H. WALDOCK, General Course on Public International Law, RdC 106 (1962 II), S. 1, 193.

[182] Siehe hierzu S. 144 ff.

[183] M. SIOTTO-PINTOR, Les Sujets du Droit International autres que les États, RdC 41 (1932 III), S. 245, 355; C. A. NØRGAARD, The Position of the Individual in International Law, 1962, S. 99.

[184] Report on the Saar Basin, J.O. 1920, S. 45, 49.

[185] LoN Doc D.C.O. 1.20/4/115; auch abgedr. in: Juristische Wochenschrift 1920, S. 627.

rungskommission.[186] Der Völkerbundsrat akzeptierte schließlich einstimmig am 15. Mai 1920 den Vorschlag des Berichterstatters COROMILAS, Petitionen aus der Saarbevölkerung an die Regierungskommission weiterzuleiten; die Regierungskommission sollte dann die Petitionen mit oder ohne Stellungnahme an den Generalsekretär des Völkerbundes zurücksenden.[187] Es war die Aufgabe des Generalsekretärs, dem Völkerbundsrat die Petitionen zu übermitteln, was in der Praxis regelmäßig mit dem Vermerk „Zur Information" geschah.[188] Im Völkerbundsrat fand eine Auseinandersetzung mit dem Vorbringen des Beschwerdeführers in der absoluten Mehrheit der Fälle nicht mehr statt. Nur von einigen wenigen Petitionen wird berichtet, der Völkerbundsrat habe auf ihrer Basis konkrete Maßnahmen gegen die Regierungskommission ergriffen. Eine gewisse Bekanntheit erlangte in diesem Zusammenhang der Fall FABER, der sich wegen seiner zwangsweisen Ausweisung aus dem Saargebiet im Februar 1921 nach Genf begab, um sein Anliegen dem Völkerbundsrat direkt vorzutragen.[189] Auch wenn die ungehinderte Wiedereinreise FABERS ins Saargebiet von der deutschen Wissenschaft als Einlenken der Regierungskommission gegenüber dem Völkerbundsrat angesehen wird,[190] kann der Vorgang nicht als Präzedenzfall für einen etwaigen subjektiven Anspruch eines Beschwerdeführers auf Behandlung seines Anliegens gewertet werden. Die Petitionen – auch im Fall FABER – dienten dem Völkerbundsrat allein als Informationsquelle, die die Quartalsberichte der Regierungskommission über die politische, wirtschaftliche und rechtliche Entwicklung des Saargebiets ergänzten und auf deren Basis der Völkerbundsrat seine völkerrechtlichen Kontroll- und Weisungsrechte gegenüber der Regierungskommission ausüben konnte. Durch den Fall FABER wurde der Völkerbundsrat beispielsweise auf die Massenausweisung von Saarbewohnern in den Jahren 1920 und 1921 aufmerksam. Der Präsident der Regierungskommission RAULT wurde in dieser Angelegenheit nach Genf zitiert und mußte vor dem Völkerbundsrat den Tatbestand erläutern, der zu der Massenausweisung geführt hatte, sowie die von der Regierungskommission eingeleiteten Schritte zur Befriedung der Situation darlegen.[191] Die Funktion des Petitionswesens im Saargebiet erschöpfte sich damit allein in der Unterstützung des innerorganisatorischen

[186] Procès-Verbal de la Cinquième Session du Conseil de la Société des Nations, 1920, LoN Doc 20/29/11, S. 24, 25 f.

[187] Procès-Verbal (Fn. 186), Annexe 53, S. 191.

[188] Statt vieler s. die Petition JENNEWEIN (Fn. 69).

[189] Petition from Dr. Faber protesting against his Expulsion from the Saar Territory, LoN, Documents du Conseil C.73.M.51.1921.I.

[190] S. vor allem GROTEN (Fn. 126), S. 38 ff., der seine Informationen zum Fall FABER aus einem persönlichen Gespräch mit dem Betroffenen gezogen hat.

[191] Procès-Verbal de la Treizième Session du Conseil de la Société des Nations, Juin 1921, No. 383, S. 19.

Willensbildungsprozesses im Völkerbund. Als Rechtsinstitut implizierte es weder eine völkerrechtliche Rechtsposition des einzelnen Saarbewohners, noch eine Rechtsposition des saarländischen Volkes als Ganzes.

III. Zusammenfassung

Die Rechtsbeziehung der Regierungskommission zum Völkerbund zeichnete sich durch die eigenständige Rechtspersönlichkeit der Regierungskommission im Verhältnis zum Völkerbund aus. In diesem Sinne kann ihre Tätigkeit im Saargebiet als völkerrechtliche Stellvertretung *sui generis* bezeichnet werden. Im System des Völkerrechts hatte die Rechtsbeziehung zwischen dem Völkerbund und der Regierungskommission zur Folge, daß Verstöße der Regierungskommission gegen das internationale Saarstatut zur völkerrechtlichen Verantwortung des Völkerbundes führte. Diese völkerrechtliche Verantwortung traf den Völkerbund vor allem gegenüber den Alliierten und Assoziierten Mächten, die den Völkerbund durch den Versailler Friedensvertrag als Trustee des Saargebietes eingesetzt hatten. Auf völkerrechtlicher Ebene hatten die Bewohner des Saargebietes keine subjektiven Rechte gegenüber dem Völkerbund. Das Petitionswesen diente dem Völkerbund ausschließlich als Informationsquelle, um die Arbeit der Regierungskommission kontrollieren, bewerten und gegebenenfalls einschreiten zu können. Die Verbesserung der Rechtspositionen einzelner durch die Intervention des Völkerbundes war in diesem Sinne lediglich ein Rechtsreflex. Individuelle Ansprüche auf Ersatz von Schäden, verursacht durch die internationalen Saarstreitkräfte im Plebiszitjahr 1935, wurden vom Deutschen Reich im Wege des diplomatischen Schutzes auf internationaler Ebene gegen den Völkerbund vorgebracht. Der Völkerbund konnte seine Haftung und die Haftung der Saartruppe mit dem Hinweis auf eine Haftungsfreistellung durch die Ratsresolution vom 11. Dezember 1934 erfolgreich verweigern. Innerhalb der Rechtsordnung des Saargebietes wurden etwaige rechtswidrige Akte der Regierungskommission nicht dem Völkerbund zugerechnet. Auch nach der Auflösung der Regierungskommission verweigerte der Völkerbund gegenüber geschädigten Individuen jede Haftung.

B. Vereinte Nationen

I. Peace-keeping und Peace Enforcement

Die zahlreichen friedenssichernden Maßnahmen der Vereinten Nationen seit ihrer Gründung 1945 nehmen ihren satzungsrechtlichen Ausgangspunkt in der Aufgabenbeschreibung des Art. 1 UN-Charta:

> „The Purposes of the United Nations are:
> 1. to maintain international peace and security, and to that end: to take effective collective measures ...“

Die kollektiven Maßnahmen der Vereinten Nationen zur Beseitigung und Verhütung von Friedensbedrohungen werden im Hinblick auf Mittel und Wirkungen in den Kapiteln VI und VII der Charta näher umrissen. Der große Entwurf eines kollektiven Sicherheitssystems, 1945 in der Euphorie des gerade überwundenen 2. Weltkrieges gefeiert, scheiterte in der Praxis schnell am Ost-West-Gegensatz des Kalten Krieges. Vor allem das VII. Kapitel, das die Vereinten Nationen zum Einsatz von militärischem Zwang ermächtigt („use of armed forces“), fand kaum praktische Anwendungsfelder, da die Krisenherde der Welt immer auch die Interessenssphären der Großmächte tangierten.[1] In dieser politischen Situation verstrich auch die satzungsrechtlich eingeräumte Möglichkeit, eine permanente UN-Truppe nach Art. 43 UN-Charta aufzustellen. Die in Art. 43 UN-Charta anvisierten Sonderabkommen zwischen den Mitgliedstaaten und dem Sicherheitsrat, nach deren Maßgabe die Mitgliedstaaten ihre nationalen Truppenkontingente dem Kommando des Sicherheitsrates unterstellen sollten, sind trotz Ende des Kalten Krieges bis heute nicht abgeschlossen worden. Auch die vom UN-Generalsekretär 1992 in der „Agenda for Peace“ ausgesprochene Empfehlung, Art. 43 angesichts der neuen politischen Gegebenheiten zu aktivieren, hat bisher keine Wirkung gezeitigt.[2] Die Vereinten Nationen blieben statt dessen bei dem bewährten militärischen Konzept, das sich in den letz-

---

[1] Die Bilanz zwischen 1945 und 1990 sind insgesamt 279 Vetos im Sicherheitsrat, United Nations: Report of the Secretary-General on a Agenda for Peace – Preventive Diplomacy, Peacemaking and Peace-keeping, UN-Doc. A/47/277 bzw. S/24111 vom 17. Juni 1992, Ziff. 14, abgedr. in: ILM 31 (1992), S. 953, 958. S. auch die umfassende Analyse der Sicherheitsratspraxis im Rahmen des VII. Kapitels der UN-Charta U. FINK, Kollektive Friedenssicherung, Teil 1 und 2, 1999 passim.

[2] Agenda for Peace (Fn. 1), Ziff. 43.

ten 50 Jahren als weitgehend effektiv und aus Sicht der Mitgliedstaaten überaus praktikabel erwiesen hat: die Aufstellung von multinationalen ad hoc-Streitkräften auf Aufforderung des Sicherheitsrates bzw. – in Ausnahmefällen – der UN-Generalversammlung. Diese ad hoc-Streitkräfte wurden in der Geschichte der Vereinten Nationen im Rahmen von militärischen Kampfeinsätzen nach dem VII. Kapitel eingesetzt, wesentlich öfter jedoch in der Rolle der neutralen Instanz bei Peace-keeping-Operationen. In der Zeit der Ost-West-Paralyse von 1945 bis 1988 standen insgesamt 15 Peace-keeping-Einsätze nur zwei militärischen Peace Enforcement-Aktionen nach dem VII. Kapitel gegenüber (Korea 1950 – 1953 und Südrhodesien 1966). Die Operation im Kongo (1960 – 1964) entwickelte sich von einem klassischen Peace-keeping-Einsatz zu einer Peace Enforcement-Operation und nimmt in diesem Sinne eine Zwitterstellung ein.

Das Ende des Kalten Krieges im Jahr 1988 veränderte nicht nur die politische Landschaft, sondern auch das Profil der UN-Charta. Das VII. Kapitel – bisher primär von akademischem Interesse – erhielt durch die wiedergewonnene Handlungsfähigkeit des Sicherheitsrates neue Anwendungsfälle, z.B. im Irak-Kuwait-Konflikt 1990/91. Am 31. Januar 1992 demonstrierte schließlich der Sicherheitsrat auch institutionell das Ende des Kalten Krieges: Das Gremium trat das erste Mal auf der Ebene der Staats- und Regierungschefs zusammen und beauftragte den Generalsekretär BOUTROS-GHALI, eine Analyse des bestehenden kollektiven Sicherheitssystems zu erstellen und Vorschläge zu seiner Stärkung zu unterbreiten. Im Juni 1992 präsentierte der Generalsekretär dem Sicherheitsrat und der Weltöffentlichkeit „An Agenda for Peace“[3]. Das Positionspapier beginnt mit einer Definition des klassischen Peace-keeping-Konzepts:

> „Peace-keeping is the deployment of a United Nations presence in the field, hitherto with the consent of all the parties concerned, normally involving United Nations military and/or police personnel and frequently civilians as well. Peace-keeping is a technique that expands the possibilities for both the prevention of conflict and the making of peace.“[4]

Peace-keeping ist nach der „Agenda for Peace“ ein Teil von vier Aktionskreisen der Vereinten Nationen: (1) der *präventiven Diplomatie*, die dazu dient, einen aufkommenden Konflikt zu verhindern, den Konzepten (2) *peacemaking* und (3) *peace-keeping*, die den ausgebrochenen Konflikt beilegen und den ge-

---

[3] UN-Doc. A/47/277 bzw. S/24111 vom 17. Juni 1992, abgedr. in: ILM 31 (1992), S. 953 ff; Supplement to an Agenda for Peace: Position Paper of the Secretary-General of the Occasion of the Fiftieth Anniversary of the United Nations, 2. Januar 1995 UN-Doc. A/50/50 bzw. S/1995/1 vom 3. Januar 1995.

[4] ILM 31 (1992), S. 953, 960.

fundenen Konsens stabilisieren sollen. Daran schließt sich (4) das sog. *post-conflict peace-building* als langfristige Strategie zur Sicherung des Friedens an.

Das Konzept des *peacemaking* wird vom Generalsekretär definiert als „action to bring hostile parties to agreement, essentially through such peaceful means as those foreseen in Chapter VI of the Charter of the United Nations“.[5] Unter diese Definition fallen Maßnahmen der Mediation und der Verhandlungen mit den Konfliktparteien, die Tätigkeit des IGH, wirtschaftliche Sanktionen, aber auch – als ultima ratio – der Einsatz von Waffengewalt, autorisiert durch den Sicherheitsrat auf Basis des VII. Kapitels. *Peace-keeping*, traditionell auf dem Konsens der Konfliktparteien basierend und im ursprünglichen Sinne ein *aliud* zur militärischen Zwangsmaßnahme, beginnt, wenn mit den Mitteln des *peacemaking* ein Basiserfolg erzielt wurde. Peace-keeping-Maßnahmen lassen sich schematisch in zwei Kategorien[6] unterteilen: (1) die Beobachtermissionen, bestehend aus einzelnen unbewaffneten oder nur geringfügig bewaffneten[7] Militärpersonen, sowie (2) die bewaffneten Peace-keeping-Streitkräfte, bestehend aus verschiedenen nationalen Truppenkontingenten mit Bataillonsstärke.[8] Auch wenn die Peace-keeping-Streitkräfte ihre Waffen nur zur Selbstverteidigung einsetzen dürfen, sind ihre Aufgaben militärischer Natur. Dazu gehören die Aufrechterhaltung von Sicherheit und Ordnung in der Krisenregion, die Überwachung von Waffenstillständen, die Sicherung der Grenzen. In einigen Peace-keeping-Einheiten waren bzw. sind zivile Polizeieinheiten integriert (z.B. ONUC, UNTEA, heute noch UNICYP); z.T. erhalten sie externe Unterstützung durch örtlich nahe positionierte UN-Beobachtermissionen (z.B. UNEF II und heute UNIFIL durch UNTSO).

Die erste Peace-keeping-Mission der Vereinten Nationen ist auf das Jahr 1948 zu datieren,[9] als der Sicherheitsrat die bis heute operierende United Nations

---

5 ILM 31 (1992), S. 953, 960.

6 In zwei Kategorien unterteilt M. BOTHE, in: Simma (Hrsg.), The Charter of the United Nations, Bd. 1, 2002, Peace-keeping, S. 660 f., Rn. 2, 5 ff.; acht Kategorien: O. SCHACHTER, Authorized Uses of Forces by the United Nations and Regional Organizations, Fisler/Scheffer (Hrsg.), Law and Force in the New International Order, 1991, S. 65, 80.

7 D. W. BOWETT, United Nations Forces, 1964, S. 61, 71; I. J. RIKHYE/M.HARBOTTLE/ B. EGGE, The Thin Blue Line, 1974, S. 120 ff.

8 Zur weiteren Unterscheidung s. BOTHE (Fn. 6), Rn. 48 ff.

9 Vgl. UNITED NATIONS (Hrgs.), The Blue Helmets, A Review of United Nations Peace-keeping, 1996, S. 4; vor der UNTSO hat es zwei Missionen unter Beteiligung von militärischem Personal gegeben: 1946 im Balkankonflikt zwischen Griechenland und seinen nördlichen Nachbarn Albanien, Bulgarien und Jugoslawien, vgl. hierzu R. HIGGINS, United Nations Peacekeeping, Bd. IV, Europe, 1981, S. 1 ff.; 1947 – 1950 die UN-Beobachter in

Truce Supervision Organizations (UNTSO) ins Leben rief.[10] UNTSO ist eine unbewaffnete Beobachtermission, deren Aufgabe in der Überwachung der Waffenstillstandsabkommen zwischen Israel und seinen vier arabischen Nachbarstaaten Ägypten, Jordanien, Libanon und Syrien besteht. Die Beobachtermission wurde als Nebenorgan des Sicherheitsrates etabliert und erregte in der Weltöffentlichkeit noch wenig Aufmerksamkeit. Der eigentliche Disput um die Rechtsgrundlage der Peace-keeping-Missionen begann mit der Schaffung der ersten bewaffneten Peace-keeping-Truppe UNEF I. Zur Befriedung des internationalen Konfliktes um die freie Passage durch den Suez Kanal schuf die UN-Generalversammlung im Jahr 1956 durch die Resolution 1000 die United Nations Emergency Force (UNEF I). Die UNEF-Mission hat die Standards gesetzt, die noch heute mit dem traditionellen Peace-keeping verbunden werden: Die bewaffneten UNEF-Streitkräfte waren angehalten, strikte Neutralität zu wahren, d.h. sie sollten keinen Einfluß nehmen auf die militärische und politische Balance in der Region; die Anwendung von Waffengewalt war den Mitgliedern der UNEF-Streitkräfte trotz des militärischen Charakters ihres Mandats nur in Fällen der Notwehr erlaubt.[11] UNEF I agierte auf Basis eines breiten politischen Konsenses der UN-Mitgliedstaaten und eines konkreten Konsenses des Aufenthaltsstaates Ägypten.[12] In der völkerrechtlichen Literatur hat sich die Meinung herausgebildet, die satzungsrechtliche Grundlage der Peace-keeping-Einsätze sei das VI. und/oder das VII. Kapitel der UN-Charta, bzw. – mit den Worten DAG HAMMARSKJÖLDS[13] – das Kapitel VI ½. Heute entscheidet allein der Sicherheitsrat über die Aufstellung von Peace-keeping-Missionen, während die Generalversammlung nur noch in Fragen der Einsatzfinanzierung ihre Entscheidungskompetenz ausübt.[14] Ihre Einsetzungsbeschlüsse zu UNEF I (1956) und UNSF/UNTEA (1962) sind insofern historische Einzelfälle geblieben.

Ingesamt 54 weltweite Peace-keeping-Einsätze haben in der Zeit zwischen 1948 und 2002 stattgefunden; der längste Einsatz auf der Insel Zypern währt bereits über 35 Jahre (UNFICYP), ohne daß ein baldiges Ende in Sicht wäre. Angesichts dieser langen Praxis wird heute die Rechtmäßigkeit der friedens-

---

Indonesien (Good Offices Committee), s. hierzu R. HIGGINS, United Nations Peacekeeping, Bd. II, Asia, 1970, S. 1 ff.

[10] SC-Res. 50 (1948), SCOR, Resolutions and Decisions 1948, S. 20; siehe zu UNTSO: UNITED NATIONS, Blue Helmet, 1996, S. 17 ff.

[11] Siehe S. 205 ff.

[12] S. zum Element des Konsenses P. BARDEHLE, Soldaten für den Frieden, Europa-Archiv 43 (1988), S. 591, 596 f.

[13] M. STOPFORD, Peace-Keeping of Peace-Enforcement: Stark Choices for Grey Areas, University of Detroit Mercy Law Review 73 (1996), S. 499, 502.

[14] Siehe das Kapitel Haftungslimitierung S. 496 ff.

sichernden Maßnahme nicht mehr bestritten. Die Vereinten Nationen sind heute mit konzeptionellen Problemen des Peace-keeping konfrontiert, die in der neuen Dimension bewaffneter Konflikte wurzeln. Der klassische zwischenstaatliche Streit, an die das Friedenssicherungskonzept der UN-Charta anknüpft, ist als Quelle bewaffneter Auseinandersetzung in den Hintergrund getreten.[15] Gewaltsame innerstaatliche Konflikte sowie auseinander- bzw. zusammenbrechende Staatsgebilde dominieren die internationalen Krisenherde. In dieser Situation entwickelte sich das sog. Peace-keeping der zweiten Generation, das durch eine Multifunktionalität des Mandats geprägt ist, bestehend aus politischen, humanitären, sozialen und wirtschaftlichen Komponenten.[16] Vor allem die Übernahme von administrativen Funktionen anstelle des handlungsunfähigen Staatswesens sowie der Aufbau von neuen Infrastrukturen stehen im Zentrum dieser Einsätze. Die abgeschlossenen Peace-keeping-Missionen mit Verwaltungsmandat in Kambodscha (UNTAC) und im ehemaligen Jugoslawien (UNPROFOR), sowie die noch laufenden Einsätze in Ost Timor (UNTAET), Bosnien-Herzegowina (UNMIBH) und im Kosovo (UNMIK) lassen sich angesichts des zu bewältigenden Aufgabenspektrums durchaus als neue Variante des UN-Treuhandsystems (Art. 75 ff., 81 UN-Charta) begreifen. In den englischsprachigen Mitgliedstaaten hat sich die Bezeichnung „wider Peace-keeping" eingebürgert.[17]

Die veränderte Ausgangsposition der Peace-keeping-Missionen – die Bewältigung innerstaatlicher Bürgerkriege mit irregulären Armeen und fehlender effektiver Staatsgewalt – führt zu einer weiteren Abweichung von dem traditionellen Peace-keeping-Konzept: Die Peace-keeping-Truppen bewegen sich heute nicht selten in einer Grauzone zwischen klassischem Peace-keeping und Peace Enforcement. Diese Entwicklung hatte ihren Präzedenzfall bereits in den 60er Jahren im Rahmen der Kongo-Operation (ONUC); heute stehen die Einsätze in Somalia (UNOSOM II) und im ehemaligen Jugoslawien (UNPROFOR) für Peace-keeing-Einsätze mit Kampfauftrag. Das sog. „robuste" Peace-keeping unterscheidet sich konzeptionell von den klassischen Peace Enforcement-Maßnahmen nach dem VII. Kapitel, wie sie z.B. im Korea-Konflikt (1950 – 1953) und im zweiten Golfkrieg (1991) praktiziert wurden. Letztere dienen der Wiederherstellung des internationalen Friedens mit Waffengewalt und zählen insofern zu den vom UN-Generalsekretär als *peacemaking* bezeichneten Operationen. Im Rahmen des *robusten* Peace-keeping flankieren die militärischen

---

15 Supplement to an Agenda for Peace (Fn. 3), Rn. 8 ff. mit Statistiken seit 1988; K. IPSEN, in: Ipsen, Völkerrecht, 1999, § 64 Rn. 1.

16 UNITED NATIONS (Fn. 9), S. 5.

17 F. J. HAMPSON, States' military operations authorized by the United Nations, in: Les Nations Unies et le Droit International Humanitaire, 1996, S. 371, 375; J. CH. HILDENBRAND, Zur Krisenreaktionsfähigkeit der Friedenstruppe der VN, 2001, S. 59.

Zwangsmaßnahmen lediglich die Durchsetzung des Peace-keeping-Mandats, z.B. zur Ermöglichung humanitärer Hilfeleistungen. Die Besonderheit dieser dritten Variante der militärischen Friedenssicherung liegt in der Beibehaltung der Neutralität der Vereinten Nationen innerhalb des Konflikts.[18] Darin liegt der wesentliche Unterschied zur reinen Peace Enforcement-Maßnahme, auch wenn in der Praxis der Übergang vom robusten Peace-keeping zum reinen Peace Enforcement fließend ist. Eine weitere Abweichung zwischen Peace Enforcement und robustem Peace-keeping ist die Organisation der Streitkräfte, zumindest nach dem derzeitigen Stand der Rechtsentwicklung. Während die Peace-keeping-Streitkräfte auch bei flankierender Anwendung von Waffengewalt (robustes Peace-keeping) unter dem ausschließlichen operativen Kommando der Vereinten Nationen stehen (z.B. im Fall der ONUC-Truppen), wurden in der Geschichte der UN-Charta die reinen militärischen Zwangsmaßnahmen nach Art. 42 UN-Charta als Ermächtigung an vollzugsbereite Mitgliedstaaten ausgestaltet; die Streitkräfte standen dementsprechend unter nationaler Kommandogewalt.

Beide Konzepte – Peace Enforcement der Mitgliedstaaten im Auftrag des Sicherheitsrates und Peace-keeping durch die Vereinten Nationen – treffen aufeinander, wenn der Sicherheitsrat die Mitgliedstaaten autorisiert, mit Waffengewalt die Erfüllung eines Peace-keeping-Mandats zu unterstützen. Derartige Kooperationsmodelle dienen vor allem dem präventiven Schutz des UN-Personals, aber auch zur Durchsetzung repressiver Maßnahmen nach Übergriffen auf Peace-keeping-Einheiten;[19] sie sind sinnvoll und notwendig in Operationsgebieten, in denen keine effektive Staatsgewalt die Mandatserfüllung der Peace-keeping-Streitkräfte sicherstellt. Eine Ermächtigung zur Anwendung von Waffengewalt zur Unterstützung der Peace-keeping-Operation hatte der Sicherheitsrat beispielsweise im Fall von Somalia (Quick Reaction Force[20] zur Unterstützung von UNOSOM II) und des ehemaligen Jugoslawiens (Rapid Reaction Force[21] zur Unterstützung von UNPROFOR) ausgesprochen. Bei der militärischen Kooperation zwischen den Mitgliedstaaten und den Vereinten Nationen im Rahmen von Peace-keeping-Operationen ist das operative Kommando und die Kontrolle über die Peace-keeping-Streitkräfte und die hilfeleistenden mitgliedstaatlichen Streitkräfte nicht notwendigerweise getrennt. Während die Rapid Reaction Force im ehemaligen Jugoslawien einen integrierten Teil von UNPROFOR dar-

---

18 HILDENBRAND (Fn.17), S. 70.

19 D. SHRAGA, The United Nations as an Actor Bound by International Humanitarian Law, International Peacekeeping 5 (1998), S. 64, 72 f.

20 Die „Quick Reaction Force“ wurde von den Vereinigten Staaten gestellt.

21 Die „Rapid Reaction Force“ bestand aus nationalen Kontingenten aus Frankreich, dem Vereinigten Königreich und den Niederlanden.

stellte und unter dem operativen Kommando und der Kontrolle der Vereinten Nationen stand,[22] blieb die Quick Reaction Force in Somalia eine organisatorisch und militärisch eigenständige Einheit unter dem ausschließlichen Kommando der Regierung der Vereinigten Staaten.[23]

Im Hinblick auf die Haftung der Vereinten Nationen bietet sich zur Erschließung der Haftungsregeln die Unterscheidung zwischen den vier dargestellten Formen des militärischen Engagements an: Peace Enforcement, durchgeführt durch die Mitgliedstaaten auf Basis einer Ermächtigung nach dem VII. Kapitel (Korea, S. 173), folgt haftungsrechtlich anderen Regeln als die klassischen Peace-keeping-Einsätze, die nachfolgend am Beispiel der Einsätze von UNEF I/II und UNFICYP dargestellt werden (S. 205 ff. und S. 403 ff.). Das „robuste" Peace-keeping als dritte Kategorie militärischer Operationen der Vereinten Nationen (z.B. ONUC, S. 295) und das multifunktionale Peace-keeping der jüngeren Generation sind aufgrund der verschiedenen Facetten des Mandats – und damit zugleich der Haftungsfälle – getrennt zu untersuchen. Die nachfolgend dargestellten UN-Einsätze nehmen im Rahmen der genannten vier Kategorien eine Schlüsselrolle für die Entwicklung des Haftungsrechts der UN ein, beispielsweise im Hinblick auf den Zusammenhang zwischen militärischer Kommandogewalt und Haftung (Korea), der verfahrensrechtlichen Bewältigung von Individualansprüchen (ONUC), sowie dem Umgang mit dem Recht des Aufenthaltsstaates (UNEF). Kein gesonderter Raum wird bei der Untersuchung der Praxis der Vielzahl von Beobachtermissionen der Vereinten Nationen eingeräumt. Die wenigen Schäden im Rahmen der zahlenmäßig sehr kleinen und in der Regeln unbewaffneten Beobachtermissionen unterscheiden sich substantiell nicht von denjenigen Haftungsfällen der klassischen Peace-keeping-Einsätze. Die Praxis der Vereinten Nationen bei der Regulierung von Schadensersatzforderungen gegen Mitglieder von Beobachtermissionen fließt daher in die Darstellung der Peace-keeping-Haftungsregeln ein.

---

[22] Brief des Generalsekretärs an den Sicherheitsrat vom 9. Juni 1995, inkorporiert in die SC-Res. 998 (1995), SCOR, 50th Year, 3543rd Meeting, 17. Juni 1995.

[23] SHRAGA (Fn. 19), S. 72; siehe ausführlich hier S. 478 ff.

II. Peace Enforcement: Korea (1950-1953)

1. Historischer Hintergrund

Der 38. Breitengrad, der bis heute Korea in zwei Staaten teilt, wurde im letzten Jahr des 2. Weltkrieges von den USA und der Sowjetunion als temporäre Demarkationslinie festgelegt: Für den Fall der Kapitulation Japans, dem Inhaber der territorialen Souveränität über Korea seit 1910, sollte der Breitengrad die amerikanische von der russischen Besatzungszone trennen.[1] Nach der Kapitulation Japans am 14. August 1945 wurde Korea gemäß der sowjetisch-amerikanischen Abrede in zwei Besatzungszonen aufgeteilt, begleitet von der bekundeten Absicht, zügig eine demokratische Regierung für Korea einzurichten.[2] Doch die ideologischen Gegensätze der beiden Siegermächte führten in der Nachkriegszeit dazu, daß sich die UN-Generalversammlung auf Initiative der Vereinigten Staaten mit der noch ungelösten politischen Zukunft Koreas beschäftigen mußte. In der Resolution 112 (II) vom 14. November 1947 sprach sich die Generalversammlung für freie Wahlen in Gesamtkorea aus und ordnete zugleich die Bildung einer *United Nations Temporary Commission on Korea* zur Vorbereitung und Beobachtung der Wahlen an.[3] Aufgrund der Verweigerungshaltung der Sowjetunion konnten die Wahlen am 10. Mai 1948 allerdings nur südlich des 38. Breitengrades stattfinden; der Wahlkommission blieb der Zutritt zum Norden des Landes verwehrt. Aus den Wahlen im Süden ging noch im Mai 1948 eine demokratisch legitimierte Nationalversammlung hervor, dessen Vorsitzender RHEE zum Staatspräsident der „Republik Korea" gewählt wurde; im Norden war bereits im Februar 1948 unter der Schirmherrschaft der Sowjetunion die „Demokratische Volksrepublik Korea" ausgerufen worden. Die Bemühungen der UN-Generalversammlung, eine friedliche Wiedervereinigung des geteilten Landes zu erreichen, wurden durch den Ausbruch des Korea-Konflikts am 25. Juni 1950 vorzeitig beendet.

Der Korea-Konflikt begann, als am frühen Morgen des 25. Juni nordkoreanische Streitkräfte den 38. Breitengrad überschritten und in das Territorium der Republik Korea eindrangen. Der Sicherheitsrat, von den Vereinigten Staaten alarmiert, reagierte noch am selben Tag. In seiner Resolution 82 vom 25. Juni

---

[1] A. L. GREY Jr., The Thirty-Eighth Parallel, Foreign Affairs 29 (1950/51), S. 482, 483 f.

[2] Vereinbarung einer vorläufigen Regierung für Korea durch die Alliierten auf der Moskauer Außenministerkonferenz im Dezember 1945, zur Vereinbarung s. L. M. GOODRICH, Korea. A Study of U.S. Policy in the United Nations, 1956, S. 18 ff.

[3] GA-Res. 112 (II), GAOR 2nd Sess, Resolutions, S. 16 f.

1950 stellt er fest, daß der Einfall der nordkoreanischen Truppen in Südkorea einen Friedensbruch darstelle.[4] Er forderte die sofortige Einstellung der Feindseligkeiten und den Rückzug der nordkoreanischen Streitkräfte hinter den 38. Breitengrad. Die Resolution, die im Sicherheitsrat aufgrund der planmäßigen Abwesenheit des sowjetischen Repräsentanten[5] und der Enthaltung Jugoslawiens zustande kam, zeitigte keine Wirkung. Berichte der United Nations Temporary Commission dokumentierten statt dessen eine Eskalation des Konflikts, die den UN-Sicherheitsrat am 27. Juni 1950 zur Resolution 83 veranlaßte:[6]

> „*Having noted* the appeal from the Republic of Korea to the United Nations for immediate and effective steps to secure peace and security.
>
> *Recommends* that the Members of the United Nations furnish such assistance to the Republic of Korea as may be necessary to repel the armed attack and to restore international peace and security in the area."

Diese Resolution wurde im Hinblick auf die operative Durchführung des internationalen Beistands durch eine dritte Sicherheitsratsresolution 84 vom 7. Juli 1950 konkretisiert, die auf einen Vorschlag des Vereinigten Königreichs und Frankreichs zurückgeht:[7]

> „3. *Recommends* that all Members providing military forces and other assistance pursuant to the aforesaid Security Council resolutions make such forces and other assistance available to a unified command under the United States;
>
> 4. *Requests* the United States to designate the commander of such forces;
>
> 5. *Authorizes* the unified command at its discretion to use the United Nations flag in the course of operations against North Korea forces concurrently with the flags of the various nations participation;
>
> 6. *Requests* the United Sates to provide the Security Council with reports as appropriate on the course of action taken under the unified command."

Kurz nach dieser Resolution endete die Handlungsfähigkeit des Sicherheitsrates; die Sowjetunion nahm seit dem 1. August 1950 wieder an den Sicherheitsratssitzungen teil und machten mit ihrem Vetorecht weitere Maßnahmen im Korea-Konflikt unmöglich. Die bereits angelaufene Militäroperation konnte die Sowjetunion allerdings nicht mehr verhindern: Die Regierung der Vereinigten Staaten hatte bereits am 7. Juli das ihnen angetragene *Unified Command* angenommen und US-General MACARTHUR zum „Commanding General of the military forces which the members of the United Nations place under the unified

---

4 SC-Res. 82 (1950), SCOR, Resolutions and Decisions 1950, S. 4.

5 Die Abwesenheit sollte den Protest der Sowjetunion gegen die Repräsentation Chinas im Sicherheitsrat durch die Kuomintang Gruppe zum Ausdruck bringen.

6 SC-Res. 83 (1950), SCOR, Resolutions and Decisions 1950, S. 5.

7 SC-Res. 84 (1950), SCOR, Resolutions and Decisions 1950, S. 5 f.

command of the United States" ernannt.[8] Am 25. Juli 1950 errichtete MacArthur das *United Nations Command* in Tokio, dem Sitz des Far East Commands der Vereinigten Staaten. Das United Nations Command, die militärische Kommandozentrale unter der Leitung General MacArthurs, lenkte den Militäreinsatz in Korea.[9] Den Streitkräften der insgesamt 17 Nationen – offiziell als United Nations Forces bezeichnet – gelang es am 7. Oktober 1950, die nordkoreanischen Truppen hinter den 38. Breitengrad zurückzudrängen; wenig später eroberten sie unter Überschreitung des 38. Breitengrades die nordkoreanische Hauptstadt Pjöngjang. Die Volksrepublik China erklärte daraufhin am 7. November offiziell ihre militärische Unterstützung Nordkoreas und griff aktiv in die Kämpfe ein.[10] Spätestens zu diesem Zeitpunkt wuchs auf Seiten der Vereinigten Staaten das Bedürfnis, das weitere militärische Vorgehen politisch abzusichern. Da der Sicherheitsrat aufgrund der Anwesenheit der Sowjetunion als politisches Kontrollgremium ausfiel, wurde auf Initiative der Vereinigten Staaten ein „Komitee der Sechzehn" eingerichtet, bestehend aus den Staaten, die ihre Truppen unter das *Unified Command* gestellt hatten. Die Republik Korea blieb als Nichtmitglied der Vereinten Nationen von der Konferenz ausgeschlossen. Das Komitee, das einmal wöchentlich in Washington zusammentrat, hatte lediglich beratende Funktion auf einer rein politischen Ebene;[11] Einfluß auf die militärisch-strategische Leitung der Kriegsführung war mit der Teilnahme nicht verbunden.[12]

Die UN-Streitkräfte mußten sich aufgrund der chinesischen Militäroffensive Ende Dezember 1950 hinter den 38. Breitengrad zurückziehen. Bereits im Januar 1951 begannen unter der Schirmherrschaft der UN-Generalversammlung die Vorbereitungen zu einer Waffenstillstandsvereinbarung, allerdings ohne konkrete Ergebnisse. Erst im Juni 1951, zwei Monate nach der Ablösung MacArthurs durch den US-Präsidenten Truman, liefen die Friedensverhand-

---

8 Statement by the President, 8. Juli 1950, abgedr. in: United States Policy in the Korean Crises, Doc. 100, Department of State Publication, 1950, S. 67.

9 In der Literatur wird nicht immer zwischen dem Unified Command in Washington (US-Regierung) und dem United Nations Command in Tokio (MacArthur) getrennt, vgl. D. A. Timm, in: Fleck (Hrsg.), The Handbook of The Law of Visiting Forces, 2001, S. 449, dort Fn. 34. Siehe statt dessen das Department of State Bulletin 33 (1955), No. 837, S. 76: „The United Nations Command – the military authority in the field – acted as the capturing force. The United Sates Government as the Unified Command – which exercised political authority over the United Nations Command – acted as the detaining power."

10 Hierzu R. Higgins, United Nations Peacekeeping, Bd. II, Asia, 1970, S. 180 f.

11 D. W. Bowett, United Nations Forces, 1964, S. 42.

12 W. R. Frye, A United Nations Peace Force, 1957, S. 56 f.

lungen des Unified Commands[13] mit China und Nordkorea an, die am 24. Juni 1953 unter anderem in der Einigung über eine entmilitarisierte Zone am 38. Breitengrad mündeten.[14] Die Generalversammlung, die aufgrund der Widerstände des Unified Commands nicht in die Verhandlungen einbezogen wurde, billigte die Waffenstillstandsvereinbarungen nachträglich durch die Resolution 711 (VII) vom 28. August 1953.[15]

2. Der Korea-Einsatz als friedenssichernde Maßnahme der Vereinten Nationen

Das Aktionsspektrum der UN-Generalversammlung blieb bis zum Ende der Korea-Krise weitgehend auf symbolische Gesten beschränkt.[16] Die aus der Not der Ost-West-Paralyse geborene „Uniting for Peace"-Resolution 377 (V) vom 3. November 1950 entfaltete im Fall Korea nur begrenzte Wirkung.[17] Dennoch befaßte sich die Generalversammlung kontinuierlich mit der Korea-Problematik, z.B. in der Resolution 498 (V) vom 1. Februar 1951:

> „The General Assembly,
> *Noting* that the Security Council, because of lack of unanimity of the permanent members, has failed to exercise primary responsibility for the maintenance of international peace and security in regard to Chinese Communist intervention on Korea, (...)
> 3. Affirms the determination of the United Nations to continue its action in Korea to meet the aggression;
> 4. Calls upon all States and authorities to continue to lend every assistance to the United Nations action in Korea; ..."

Das von der Generalversammlung verwendete Schlagwort „United Nations Action" fällt in nahezu allen Entscheidungen und Diskussionen um den Korea-

---

[13] Die Delegation des Unified Commands setzte sich zusammen aus Vice-Admiral JOY (US Navy), Major-General CRAIGIE (US Air Force), Major-General HODES (US Eighth Army), Rear-Admiral BURKE (US Navy) and Major-General PARK SAN YUP (Armee der Republik Korea). Weder die übrigen 15 Teilnehmerstaaten noch die UN-Generalsekretär waren an den Verhandlungen beteiligt, GOODRICH (Fn. 2), S. 184 f.; HIGGINS (Fn. 10), S. 184.

[14] Special Report of the United Nations Command on the Armistice in Korea, abgedr. in: HIGGINS (Fn. 10), S. 281, 286.

[15] GA-Res. 711 (VII), GAOR, 7th Sess., Supp. No. 20 b, Resolutions, S. 1 ff.

[16] S. z.B. die Resolution über die Ehrung ehemaliger aktiver Teilnehmer des Koreakrieges mit UN-Abzeichen, GA-Res. 483 (V), GAOR 5th Sess, Suppl. No. 20, Resolutions, S. 76.

[17] GA-Res. 377 (V), GAOR 5th Sess, Suppl. No. 20, Resolutions, S. 10.

Konflikt.[18] Geprägt wurde der Begriff durch den Präsidenten des Sicherheitsrates ARNE SUNDE, der bei den Beratungen zur dritten und entscheidenden Sicherheitsratsresolution 84 ausrief: „This is a United Nations action."[19] In derselben Sitzung unterstrich die Regierung der Vereinigten Staaten, daß sie ihre Aufgaben als Unified Command als Mitglied der Vereinten Nationen erfüllen werde.[20] Die letzte Sicherheitsratsresolution vor der Rückkehr der Sowjetunion vom 31. Juli 1950 bringt eben diesen Gedanken in dem Passus zum Ausdruck: „... responsibilities carried out by the Unified Command on behalf of the Security Council."[21]

Die völkerrechtliche Zurechnung des Militäreinsatzes zu den Vereinten Nationen, die in den zitierten Passagen zum Ausdruck kommt, knüpft sachlich an die wichtigste Aufgabe der Vereinten Nationen an: die Bewahrung und Wiederherstellung des internationalen Friedens mit dem Mittel der Kollektivmaßnahmen (Art. 1 Abs. 1 der UN-Charta). Zu diesen Maßnahmen zählt nach dem VII. Kapitel der UN-Charta (Art. 39 ff.) auch der Einsatz von Waffengewalt, allerdings unter der Voraussetzung, daß der Sicherheitsrat als zuständiges Organ zuvor gem. Art. 39 UN-Charta die Bedrohung oder den Bruch des Friedens oder eine Angriffshandlung festgestellt hat. Dementsprechend formulierte der Sicherheitsrat in seiner ersten Resolution nach dem Einfall nordkoreanischer Truppen in Südkorea: „determines that this action constitutes a breach of the peace; ..."[22] In den nachfolgenden Resolutionen 83 und 84 wiederholte der Sicherheitsrat diese Feststellung. Geht man von der formellen Rechtmäßigkeit der Resolution trotz Abwesenheit eines ständigen Mitgliedes aus, dann war im Falle des Korea-Konflikts der Anwendungsbereich des VII. Kapitels dem Grunde nach eröffnet.[23]

---

[18] Vgl. auch „... the men and women who have served on behalf of the United Nations ..." GA-Res. 483 (V), GAOR 5th Sess, Suppl. No. 20, Resolutions, S. 76. Vgl. auch die Formulierung „... died for the Untied Nations ...", GA-Res. 699 (VII), 7th Sess, Supp. 20 a, Resolutions, S. 72.

[19] A. SUNDE (Norway), SCOR 5th year, 476th meeting, 7. Juli 1950, Procès-Verbaux No. 18, S. 2.

[20] AUSTIN (United States of America), SCOR 5th Year, 476th Meeting, 7. Juli 1950 Procès-Verbaux No. 18, S. 11.

[21] SC-Res 85 (1950), UN-Doc. S/1657, SCOR 5th Year, 478th Meeting, 28. Juli 1950, Procès-Verbaux No. 20, S. 3.

[22] SC-Res. 82 vom 25. Juni 1950 (Fn. 4).

[23] Zur Reaktion der Sowjetunion auf die Beschlüsse des Sicherheitsrates in ihrer Abwesenheit („no legal vality") s. UN-Doc. S/1517, SCOR 5th Year, Supp. June – August 1950, S. 29 f.; für die formelle Rechtmäßigkeit der Sicherheitsratsbeschlüsse: M. S. MCDOUGAL/ R. N. GARDNER, The Veto and the Charter, Yale Law Journal 1951, S. 258, 269 ff.; ablehnend L. GROSS, Voting in the Security Council, Yale Law Journal 1951, S. 209, 256 f.;

Der satzungsrechtlich relevante Hinweis des Sicherheitsrates auf den Bruch des internationalen Friedens (Art. 39 UN-Charta) ist freilich nur eine rechtliche Facette des Militäreinsatzes in Korea. Aufgrund des Einfalls nordkoreanischer Truppen in das Territorium der Republik Korea südlich des 38. Breitengrades war neben dem VII. Kapitel für die Mitgliedstaaten der Anwendungsbereich des Art. 51 UN-Charta eröffnet. Allen am Korea-Einsatz teilnehmenden Mitgliedstaaten der Vereinten Nationen räumte Art. 51 UN-Charta das Recht auf kollektive Selbstverteidigung im Falle eines bewaffneten Angriffs auf einen dritten Staat ein.[24] Die Regierung der Republik Korea[25] hatte einen entsprechenden Hilferuf an die Vereinten Nationen gerichtet.[26] Die junge Republik konnte sich als Nichtmitglied der Vereinten Nationen zwar nicht auf Art. 51 UN-Charta berufen, wohl aber auf ihr gewohnheitsrechtlich verankertes Recht auf Selbstverteidigung rekurrieren und sich in die kollektive Nothilfemaßnahme der UN-Mitgliedstaaten eingliedern.[27] Angesichts der offiziellen Bezeichnung als „Republic of Korea“ durch den Sicherheitsrat – bei Abwesenheit der Sowjetunion – war auch an der völkerrechtlich anerkannten Staatlichkeit Südkoreas nicht zu zweifeln.[28] Alle 17 Teilnehmerstaaten der UN-Streitkräfte konnten sich somit zu Beginn der Militäroffensive aus eigenem Recht an der Operation beteiligten, ohne daß es einer konkreten Ermächtigung seitens des Sicherheitsrates bedurft hätte.[29] Aber schon zu Beginn des Militäreinsatzes am 7. Juli 1950 stand die Maßnahme aus Sicht der Vereinten Nationen und ihrer Mitgliedstaaten rechtlich auf zwei Pfeilern: Der Korea-Einsatz ist ein Beispiel dafür, daß das Recht auf kollektive

---

FINK erachtet das Problem der Rechtsgültigkeit trotz Abwesenheit eines ständigen Sicherheitsratsmitgliedes mangels aussagefähiger Praxis als satzungsrechtlich nicht endgültig geklärt, U. FINK, Kollektive Friedenssicherung, Teil 1, 1999, S. 227.

[24] Kritisch zur Berufung auf die kollektive Selbstverteidigung im Korea-Fall BOWETT (Fn. 11), S. 34.

[25] Die Regierung war von den Vereinten Nationen bereits Ende 1948 als rechtmäßig gewählt Regierung der „Republik Korea“ anerkannt worden, GA-Res. 195 (III), 12. Dezember 1948, GAOR, 3rd Session, Resolutions, S. 25 f.

[26] CHANG (Republic Korea), SCOR 5th Year, 476th Meeting, Procès-Verbaux No. 18, S. 8.

[27] Vgl. Letter from President Rhee to General MacArthur (15 July 1950), UN-Doc. S/1627, abgedr. in: SCOR, 5th Year, 477th Meeting, 25. Juli 1950, Procès-Verbaux No. 19, S. 2.

[28] S. aber auch die Bezeichnung „authorities in North Korea“, aus dem eine klare Ablehnung der Staatlichkeit Nordkoreas spricht; vgl. die Resolution des Sicherheitsrates 82 vom 25. Juli 1950 (Nachweis Fn. 4); s. auch FINK (Fn. 23), S. 241; H. KELSEN, Recent Trends in the Law of the United Nations, 1951, S. 934.

[29] Beispielsweise bezeichnete die britische Regierung das militärische Engagement der USA in Korea nach der 2. Sicherheitsratsresolution vom 27. Juni 1950 in einem Communiqué vom 28. Juni noch als „United States action“, SCOR 5th Year, 476th Meeting, 7. Juli 1950, Procès-Verbaux No. 18, S. 11.

Selbstverteidigung der Staaten und eine kollektive Zwangsmaßnahme der Vereinten Nationen gleichwertig nebeneinander stehen können.[30] Diese Rechtsauffassung brachte der französische Repräsentant im Sicherheitsrat CHAUVEL in seiner Erläuterung zu dem Entwurf der Resolution 84 vom 7. Juli 1950 zum Ausdruck: „The time has come for the sum of these efforts to be given a well-defined character which will show, as is proper, the moral authority of the United Nations, certain individual responsibilities and the co-ordination between the two."[31]

Diese rechtliche Ausgangsbasis änderte sich allerdings mit der Ausdehnung des Kriegszieles auf die militärische Vernichtung des nordkoreanischen Regimes zum Zwecke der Wiedervereinigung Koreas. Solange die politischen Vorgaben der internationalen Streitkräfte auf die militärische Befreiung Nordkoreas beschränkt waren, bedurfte es – wie dargelegt – unter völkerrechtlichen Gesichtspunkten keiner Legalisierung des Streitkräfteeinsatzes durch ein Mandat des UN-Sicherheitsrates.[32] Die Ausweitung des politischen Zieles auf die militärische Befreiung Koreas nördlich des 38. Breitengrades verlangte hingegen unter der Herrschaft der UN-Charta zwingend das Tätigwerden des UN-Sicherheitsrates nach dem VII. Kapitel der UN-Charta.[33] Denn nach Maßgabe der UN-Charta darf jenseits des Selbstverteidigungsrechts nur der Sicherheitsrat zur Anwendung von Waffengewalt ermächtigen, mit dem Ziel, den internationalen Frieden wiederherzustellen (Peace Enforcement).[34] Dieser Auffassung waren auch die Vereinigten Staaten, wie ihre Bemühungen um eine Verankerung des militärischen Vorgehens nördlich des 38. Breitengrades in einer der drei Sicherheitsratsresolutionen zur Korea-Krise veranschaulichen. Während die erste Sicherheitsratsresolution 82 angesichts eines klar definierten politischen Zieles – Rückzug der Invasoren hinter den 38. Breitengrad – wenig Interpretationsspielraum bot, enthielt die zweite Resolution 83 einen Ansatzpunkt: „Recommends

---

30 S. auch FINK (Fn. 23), S. 236 f.

31 CHAUVEL (France), SCOR 5th year, 476th Meeting, 7. Juli 1950, Procès-Verbaux No. 18, S. 5.

32 FINK (Fn. 23), S. 231.

33 So auch GOODRICH (Fn. 2), S. 127; Q. WRIGHT, The Prevention of Aggression, AJIL 50 (1956), S. 514, 531 f.; den Aspekt der Ausdehnung des Kriegszieles sieht nicht J. A. FROWEIN/N. KRISCH, in: Simma (Hrsg.), The Charter of the United Nations, Bd. 1, 2002, Art. 39, Rn. 30; generell zu der Völkerrechtmäßigkeit des Korea-Krieges auf Basis der UN-Charta FINK (Fn. 23), S. 237 ff.

34 Der Sicherheitsrat hat in einem ähnlich gelagerten Fall 1966 nach dem VII. Kapitel der UN-Charta das Vereinigte Königreich zur Durchsetzung eines wirtschaftlichen Embargos im Fall Südrhodesiens zur militärischen Gewaltanwendung ermächtigt, s. SC-Res. 221 (1966), UN-Doc. S/Inf/21/Rev. 1, SCOR 21st Year, 1277th Meeting, 9. April 1966, zu den Parallelen des Korea-Krieges s. FINK (Fn. 23), S.352.

(...) to repel the armed attack *and restore international peace and security in the area.*"[35] In diesem Passus sahen die Vereinigten Staaten die Ermächtigung der Vereinten Nationen zur Ausdehnung des politischen Kriegsziels auf die Vernichtung der nordkoreanischen Armee nördlich des 38. Breitengrades.[36] Ob der Wortlaut der Sicherheitsratsresolution diese Interpretation trägt oder ob in Übereinstimmung mit der Rechtsauffassung des UN-Generalsekretärs TRYGVE LIE[37] die Resolution 376 der UN-Generalversammlung vom 7. Oktober 1950[38] die entscheidende Ermächtigung bereit hielt, ist im Rahmen dieser haftungsrechtlichen Untersuchung unerheblich. Entscheidend ist, daß die Mitgliedstaaten spätestens mit der Ausdehnung des Kriegsziels eine entsprechende Ermächtigung durch den Sicherheitsratsbeschluß benötigt und auch gesucht haben. Damit handelte es sich im Ergebnis bei dem Korea-Einsatz unter Berücksichtigung der Auffassung der Vereinten Nationen und der Mehrheit ihrer Mitgliedstaaten um eine Maßnahme der kollektiven Sicherheit und damit zugleich um die Erfüllung einer exklusiven Aufgabe der Vereinten Nationen.[39] Die Zurechnung der kollektiven Zwangsmaßnahme zu den Vereinten Nationen sollte nicht zuletzt in der Bezeichnung der Streitkräfte als „United Nations Action" zum Ausdruck kommen. Die Position Nordkoreas, der Volksrepublik China und der Sowjetunion zum Urheber der Militäraktion war naturgemäß weniger klar definiert. Die Sowjetunion erachtete den Militäreinsatz durchweg als einen der Vereinigten Staaten. Die Regierung adressierte ihre Beschwerden über die Verletzung ihres Territoriums zwar auch an die Vereinten Nationen, allerdings nur zur Vorbereitung einer Verurteilung der Vereinigten Staaten durch den Sicherheitsrat.[40] Die Volksrepubliken China und Nordkorea verfolgten nicht durchgängig den Kurs der Sowjetunion. Vor allem während der Waffenstillstandsverhandlungen

---

[35] Quellennachweis siehe Fn. 6 (Hervorhebung hier).

[36] Military Situation in the Far East, Hearings before the Committee on Armed Services and the Committee of Foreign Relations United States Senate, 1951, Teil 1, S. 245 (General MacArthur); s. auch GOODRICH (Fn. 2), S. 127 und S. 134.

[37] T. LIE, In the Cause of Peace, 1954, S. 344 f.

[38] GA-Res. 376 (V), GAOR 5th Sess. Supp. 20, Resolutions, S. 9. Der entscheidende Passus der Resolution lautet: „1 (b) All constituent acts be taken, including the holding of elections, under the auspices of the United Nations, for the establishment of a united, independent and democratic government in the sovereign State of Korea."

[39] T. LIE, A Report on the United Nations, in: Public Papers of the Secretaries General of the United Nations, Bd. 1, 1969, S. 347, 351; B. BRAMMER, in: Wolfrum (Hrsg.), Handbuch des Vereinten Nationen, 1991, S. 462, 466; FINK (Fn. 23), S. 233 ff.; D. FRANKE, Streitkräfte der Vereinten Nationen, AVR 1979/80, S. 149, 154; GOODRICH (Fn. 2), S. 114; HIGGINS (Fn. 10), S. 178; a.A. KELSEN (Fn. 28), S. 936 ff.

[40] Vgl. z.B. MALIK (Union of Soviet Socialist Republics), GAOR 9th Sess, 508th Plenary Meeting, 10 December 1954, S. 464; UN-Doc. S/1722; S/1743; S/1808, S/1857; S/1870; S/1876, SCOR 5th Year, Suppl. June – Aug. 1950 und Suppl. Sept. – Dec. 1950.

und der nachfolgenden Konferenz in Genf im Jahr 1954 sprachen beide Parteien von den Vereinten Nationen als Konfliktpartei: „... the United Nations has been placed on the position of a belligerent on the Korean War and has lost its competence and moral authority to deal impartially with the Korea question.“[41]

3. United Nations Forces – ein Organ der Vereinten Nationen?

Der oben zitierte Vorwurf des nordkoreanischen Delegierten, vorgebracht während der Genfer Korea-Konferenz von 1954, ist im Hinblick auf die Rolle der Vereinten Nationen im Koreakrieg vieldeutig. Zweifelsohne zeigt die Bezeichnung der Vereinten Nationen als Kriegspartei, daß die Militäraktion vom ehemaligen Kriegsgegner den Vereinten Nationen zugerechnet wurde. Anknüpfungspunkte dieser Zurechnung sind die Sicherheitsratsresolution vom 27. Juni und 7. Juli 1950, die zur Anwendung von Waffengewalt autorisierten. Allerdings läßt der Begriff „belligerent“ darüber hinaus auch die Deutung zu, daß nach Ansicht Nordkoreas die einzelnen Militärakte der UN-Streitkräfte völkerrechtlich Akte der Vereinten Nationen gewesen sind. Diese Zurechnung wäre zweifelsohne unter völkerrechtlichen Gesichtspunkten gerechtfertigt, wenn die UN-Streitkräfte in Korea als Organe der Vereinten Nationen aufgetreten sind.

Die institutionelle Zuordnung der *United Nations Forces* gehört zu den zentralen Fragen, die in Zusammenhang mit dem Koreakrieg die Wissenschaft beschäftigen.[42] Der offizielle Name der Streitkräfte[43] täuscht: Eine förmliche Einsetzung der UN-Streitkräfte als UN-Nebenorgan durch den Sicherheitsrat gem. Art. 29 UN-Charta ist nicht erfolgt. Die entscheidende Sicherheitsratsresolution vom 7. Juli 1950[44] spricht nur neutral von den Streitkräften der Mitgliedstaaten. Das „Agreement on the Status of UN Forces“ zwischen Japan – Sitzstaat des United Nations Command –, den Vereinigten Staaten – „acting as

[41] GAOR 9th Sess, Annexes, Agenda item 17 (The Korea question), S. 2. Die Beispiele von BOWETT (Fn.11), S. 46, überzeugen allerdings nicht: Die Verwendung der Namen „United Nations Forces“, „United Nations Command“ etc. durch die Kriegsgegner folgte dem gängigen Sprachgebrauch und läßt bereits deshalb keine rechtlichen Schlüsse zu.

[42] Literaturnachweise in nachfolgender Fn. 58.

[43] Insgesamt 17 Staaten stellten in unterschiedlichen Größenordnungen Bodentruppen zur Verfügung: Australien, Belgien, Kanada, Kolumbien, Kuba, Äthiopien, Frankreich, Griechenland, Luxemburg, Niederlande, Neuseeland, die Philippinen, Thailand, Türkei, das Vereinigte Königreich, die Vereinigten Staaten und – als einziges Nichtmitglied der Vereinten Nationen – Südkorea, zu den Details UN-Doc. S/2897, 54th Report of the UN Command in Corea, 4. Januar 1953, S. 2; abgedr. in: HIGGINS (Fn. 10), S. 198 ff.

[44] Wortlaut der Sicherheitsratsresolution Nr. 84 vgl. S. 174.

the Unified Command" – sowie acht weiteren Teilnehmerstaaten definiert die UN-Streitkräfte ganz im Geiste dieser Sicherheitsratsresolution:[45]

> Art. 1 lit. d „'United Nations forces' means those forces of the land, sea or air armed services of the sending States which are sent to engage in action pursuant to the United Nations Resolutions."

Art. 1 lit. d Statusabkommen verdeutlicht, daß nach der Grundkonzeption der kollektiven Zwangsmaßnahme die nationalen Kontingente während ihres Einsatzes in Korea im Dienste ihrer Entsendestaaten geblieben sind. Dieser Befund schließt freilich nicht aus, daß die Entsendestaaten ihre Truppenkontingente den Vereinten Nationen im Wege einer völkerrechtlichen Organleihe zur Verfügung gestellt haben, mit der Folge, daß die UN-Streitkräfte völkerrechtlich auch als Organ der Vereinten Nationen in Erscheinung getreten sind.[46] Mangels förmlicher Einsetzung der UN-Streitkräfte als UN-Organ ließe sich ihre de iure-Organstellung im System der Vereinten Nationen allerdings nur mit einem *konkludent* eingeräumten Rechtsstatus begründen. Entsprechende Anhaltspunkte bieten die gängige Bezeichnung der Streitkräfte als *United Nations Forces* sowie ihrer militärischen Leitung als *United Nations Command* durch die Vereinten Nationen und ihre Mitgliedstaaten. Die Namen verdeutlichen zweifelsohne, daß der Korea-Einsatz nach Ansicht der Teilnehmerstaaten auf einer Initiative der Vereinten Nationen beruht, d.h. seine Legitimität und nach Überschreitung des 38. Breitengrades auch Legalität von der Weltorganisation ableitet. Ob die Bezeichnung *United Nations Forces* darüber hinaus die innerorganisatorische Zugehörigkeit der Streitkräfte und ihres Kommandos zu den Vereinten Nationen für dritte Parteien erkennbar dokumentieren sollte, läßt sich nicht abstrakt auf Basis von Titeln und Namen beurteilen. Klarheit über die Intention der Mitgliedstaaten bei der Wahl der Namen bringt die Erläuterung des britischen Repräsentanten im Sicherheitsrat GLADWYN JEBB zu einer vergleichbar interpretationsoffenen Geste der Vereinten Nationen, der Verleihung des UN-Flaggenführungsrechts.[47]

Ziff. 5 der Sicherheitsratsresolution vom 7. Juli 1950 ermächtigte das Unified Command, die Streitkräfte während des Militäreinsatzes in Korea mit der UN-Flagge auszustatten. Das Führen von Flaggen und Emblemen erfüllt in Zeiten bewaffneter Auseinandersetzungen verschiedene völkerrechtliche Funktionen:

---

[45] Agreement regarding the Status of the United Nations forces in Japan, 19. Februar 1954, UNTS Bd. 214, S. 148 ff.

[46] S. zur Organleihe ausführlich S. 103 ff.

[47] GLADWYN JEBB, Repräsentant des Vereinigten Königreichs im Sicherheitsrat, SCOR, 5th Year, 476th Meeting, 7. Juli 1950, Procès-Verbaux No. 18, S. 3.

Es dient der Unterscheidung zwischen Kombattanten und Nichtkombattanten,[48] dokumentiert die Zugehörigkeit der Kombattanten zu einem (Staats-) Verband und legitimiert in diesem Kontext den einzelnen zum Kampfeinsatz.[49] Bei regulären multinationalen und internationalen Truppen steht naturgemäß die Dokumentations- und Legitimationsfunktion des Tragens von Hoheitszeichen und anderen Abzeichen im Vordergrund der Kennzeichnungspflicht.[50] Um ihre Zugehörigkeit zum Heimatstaat zu dokumentierten, trugen alle nationalen Kontingente der UN-Streitkräfte in Korea ihre nationalen Abzeichen, obwohl sie organisatorisch in die Divisionen der US-Armee eingegliedert waren und zum Teil sogar US-Uniformen trugen.[51] Die ebenfalls mitgeführte UN-Flagge hatte dagegen eine rein symbolische Bedeutung.[52] Bereits der Wortlaut von Ziff. 5 der Sicherheitsratsresolution vom 7. Juli 1950 zeigt, daß die Ermächtigung zur Führung der UN-Flagge die institutionelle Distanz zwischen den Vereinten Nationen und den UN-Streitkräften nicht überbrücken sollte: Der Umstand, daß die Flaggenführung im strategischen *Ermessen* („at its discretion") des Unified Commands stand, widerspricht der Idee, daß es in der Absicht des Sicherheitsrates gelegen haben könnte, mit der UN-Flagge im Außenverhältnis den Organstatus der Streitkräfte auf rechtlich relevante Weise herauszustellen. Das Vereinigte Königreich, neben Frankreich der Initiator der Sicherheitsratsresolution, unterstrich dann auch die rein symbolische Bedeutung des Flaggenführungsrechts nach Ziff. 5: Die Verwendung der Flagge neben den nationalen Flaggen diene dazu, die Geschlossenheit der UN-Mitgliedstaaten nach außen zu doku-

---

[48] Art. 1 Haager Landkriegsordnung von 1907, Art. 4 Abs. 2 lit. b Genfer Konvention über die Behandlung von Kriegsgefangenen vom 12. August 1949, BGBl. 1954 II, S. 838.

[49] A. A. STEINKAMM, Die Streitkräfte im Kriegsvölkerrecht, 1967, S. 214, 217; J. S. PICTET, Les Conventions de Genève, Commentaire, Bd. III, 1958, S. 67 f.

[50] Vgl. die Argumentation des britischen Court of Appeals im Nissan-Fall, Civil Division, Nissan v. Attorney-General, 29.6.1967, All E.R. 1967 II, S. 1238, 1244 (G/H): „They were under the command of the United Nations commander. They flew the United Nations flag. They wore the berets and arm-flashes to denote that they were no longer the soldiers of the Queen, but the soldiers of the United Nations." Die Entscheidung wurde vom House of Lords allerdings aufgehoben vgl. House of Lords, Attorney-General v. Nissan, 11.2.1969, All E.R 1969 II, S. 639, 647 (G).

[51] F. SEYERSTED, United Nations Forces in the Law of Peace and War, 1966, S. 36.

[52] Der UN-Flaggen Code vom 19. Dezember 1947 in seiner Fassung vom 11. November 1952, angenommen vom UN-Generalsekretär, regelt nunmehr die Nutzung der UN-Flagge durch UN-Organe, aber auch durch dritte Einheiten ohne Organstatus: Ziff. 4 (2): „The flag shall be used by any united acting in behalf of the United Nations such as any Committee or Commission or other entity established by the United Nations in such circumstances not covered in this Code as may become necessary in the interests of the United Nations."; zur Interpretation dieses Passus s. Legal opinions of the Secretariat of the United Nations, UNJYB 1971, S. 185, 188.

mentieren, und „... to indicate that they are acting in accordance with a higher law than one which is dictated merely by narrow national interests."[53] Die indirekte Absage des Vereinigten Königreichs an den Organstatus der Streitkräfte im System der Vereinten Nationen ist die konsequente Folge seiner Rechtsauffassung zu den Kompetenzgrenzen des Sicherheitsrates. Der Sicherheitsrat könne, so GLADWYN JEBB, im Rahmen des Art. 39 UN-Charta lediglich eine *Empfehlung* an die Mitgliedstaaten richten, militärisch tätig zu werden. Eigene militärische Zwangsmaßnahmen nach Art. 42 UN-Charta seien mangels entsprechender Sonderabkommen (Art. 43 UN-Charta) satzungsrechtlich nicht zulässig: „In any event, since we believe the Security Council is acting under Article 39 of the Charter, its function is not an operative one; all it should do is to make sure that the individual efforts of the Members concerned are properly co-ordinated."[54] Auch wenn die restriktive britische Interpretation der Art. 39, 42 UN-Satzung angesichts der späteren Sicherheitsratspraxis heute als überholt gelten darf, dokumentieren die Beratungen zur UN-Flaggenführung die im konkreten zeitlichen Kontext stehende Fixierung der Staaten auf ihre uneingeschränkte militärische Handlungsfreiheit: Das UN-Flaggenführungsrecht sollte in diesem Sinne die moralische Autorität der Vereinten Nationen im Bereich der Friedenssicherung herausstellen, ohne damit eine etwaige operative Autorität der Organisation dokumentieren zu wollen.[55] In der Praxis des Korea-Einsatzes trat das UN-Emblem dann auch eher sporadisch in Erscheinung. Während die UN-Flagge neben den Flaggen der Teilnehmerstaaten während des gesamten Einsatzes geführt wurde,[56] zeigten die UN-Streitkräfte im Hinblick auf ihre Uniformabzeichen keine Geschlossenheit. Von den 17 nationalen Kontingenten trugen nur die Bodentruppen aus Griechenland, den Niederlanden und Thailand Oberarmabzeichen mit dem UN-Emblem. Die kanadischen und französischen Einheiten kombinierten den UN-Kranz mit den nationalen Abzeichen, während die Vereinigten Staaten, die den weitaus größten Anteil der Soldaten stellten,

---

[53] GLADWYN JEBB, Repräsentant des Vereinigten Königreichs im Sicherheitsrat, SCOR, 5th Year, 476th Meeting, 7. Juli 1950, Procès-Verbaux No. 18, S. 3.

[54] JEBB (Fn. 53), S. 4.

[55] Vgl. JEBB (Fn. 53), S. 4; CHAUVEL, Repräsentant Frankreichs im Sicherheitsrat, SCOR, 5th Year, 476th Meeting, 7. Juli 1950, Procès-Verbaux No. 18, S. 5. Ende 1952 regelte der Generalsekretär LIE schließlich im UN-Flaggen Code rechtsförmlich, daß die UN-Flagge auch von Einheiten geführt werden kann, die einen von den Vereinten Nationen getrennten Rechtsstatus haben, aber dennoch „on behalf of the United Nations" handeln. Vgl. die Stellungnahme des Generalsekretärs zur Nutzung der UN-Flagge, UNJYB 1971, S. 188, der Wortlaut der einschlägigen Vorschrift des UN-Flaggen Code ist abgedr. in: Fn. 52.

[56] Anordnung des US-Präsidenten TRUMAN an General MACARTHUR vom 8. Juli 1950, s. GOODRICH (Fn. 2), S. 120.

nur das 2. logistische Kommando mit einem Oberarmabzeichen mit UN-Kranz ausstatteten.[57]

Die Betonung der Legitimationsfunktion der UN-Flagge durch das Vereinigte Königreich und die Kennzeichnungspraxis vor Ort entziehen jeder Argumentation zugunsten einer *konkludenten* de iure-Organstellung der UN-Streitkräfte die Grundlage. Die Bezeichnung der Streitkräfte als *United Nations Forces* erhält in diesem Kontext eine rein politische Bedeutung, nämlich die nach außen sichtbare Dokumentation des Militäreinsatzes als *United Nations Action*. Beim Korea-Einsatz handelte es sich nach alledem um eine kollektive Zwangsmaßnahme der Vereinten Nationen gegenüber Nord-Korea, durchgeführt durch die militärischen Organe der Mitgliedstaaten. Ein ausdrücklicher bzw. konkludenter de iure-Organstatus der UN-Streitkräfte im System der Vereinten Nationen war mit der Mandatierung der Mitgliedstaaten nicht verbunden.[58] Diese rechtliche Konstellation schließt freilich nicht aus, daß die nationalen Truppenverbände in Korea trotz ihres formellen Organstatus im Rechtssystem der einzelnen Mitgliedstaaten in ihrer Gesamtheit *faktisch* wie ein UN-Organ aufgetreten sind. Die damit angesprochene Figur des de facto-Organs[59] bezeichnet im internationalen Recht keinen speziellen Rechtsstatus eines Verbandes. Es handelt sich vielmehr um die schlagwortartige Bezeichnung eines haftungsrechtlichen Zurechnungstatbestandes, dessen Existenz anhand der internationalen Haftungspraxis nachgewiesen werden muß. Im Fall des Korea-Einsatzes ist die Einlassung der Beteiligten zum konkreten Haftungssubjekt kriegsrechtswidriger Vorgänge von erheblichen Widersprüchen geprägt. Als erste Peace Enforcement Maßnahme einer Internationalen Organisation nach dem 2. Weltkrieg fehlte es an aussagekräftigen Präzedenzfällen, die das Haftungssubjekt auf einer gesicherten gewohnheitsrechtlichen Basis verifiziert hätten. Im übrigen müssen die Debatten im Sicherheitsrat und in der Generalversammlung immer auch im Kontext des Ost-West-Gegensatzes gesehen werden, der jede rechtliche Position zum „richtigen“ Haftungssubjekt in das Licht konkreter politischer Interessen stellt.

---

[57] United Nations Bulletin 11 (1951), S. 342; SEYERSTED (Fn. 51), S. 36.

[58] So auch die allgemeine Auffassung in der Literatur: R. R. BAXTER, Constitutional Forms and some Legal Problems of International Military Command, BYIL 29 (1952), S. 325, 335; KELSEN (Fn. 28), S. 940; M. BOTHE, Streitkräfte internationaler Organisationen, 1968, S. 64; F. SEYERSTED, United Nations Forces. Some Legal Problems, BYIL 37 (1961), S. 351, 431; a.A. G. WEISSBERG, The International Status of the United Nations, 1961, S. 29 wohl auch BOWETT (Fn. 11), S. 45 ff.; der allerdings nicht explizit von der Organstellung der Streitkräfte spricht, sondern sie nur als „United Nations Forces“ in einer „United Nations action“ bezeichnet.

[59] Zum de facto-Organ ausführlich S. 100 ff.

4. Wiedergutmachungsansprüche von Drittstaaten

a) Primärrecht

Die zahlreichen Beschwerden Nordkoreas, Chinas und der Sowjetunion über die Kriegsführung der UN-Streitkräfte betrafen eine Vielzahl von Tatbeständen des internationalen Kriegsrechts und des humanitären Völkerrechts.[60] Der Vorwurf der mangelnden Differenzierung zwischen Kombattanten und Nichtkombattanten bei der Bombardierung von zivilen nordkoreanischen Gebieten knüpft an Art. 25 Haager Landkriegsordnung vom 18. Oktober 1907 an,[61] der das Angreifen unverteidigter Städte ausnahmslos untersagt. Der von China und der Sowjetunion behauptete Gebrauch bakteriologischer Waffen durch die UN-Streitkräfte[62] hätte gegen das Protokoll über das Verbot der Verwendung von erstickenden, giftigen oder ähnlichen Gasen sowie von bakteriologischen Mitteln im Kriege vom 17. Juni 1925 verstoßen. Die angebliche Massentötung von nordkoreanischen und chinesischen Kriegsgefangenen widerspricht im Falle ihres Nachweises evident dem Geiste der Art. 4 ff. der Haager Landkriegsordnung und dem Genfer Abkommen über die Behandlung der Kriegsgefangenen vom 12. August 1949.

Der Vorwurf, die UN-Streitkräfte hätten die genannten kriegsrechtlichen Normen verletzt, führt zu der haftungsrechtlich zentralen Frage nach den völkerrechtlichen Primärrechtsbeziehungen zwischen den Beteiligten des Korea-Konflikts. Waren die Normen des Kriegsrechts *ratione materiae* auf den UN-Einsatz anwendbar? Wenn ja, welche Teilnehmer des UN-Einsatzes waren *ratione personae* an die Normen rechtlich gebunden? Die erste Frage läßt sich auf Basis der Praxis schnell beantworten. Weder die Teilnehmerstaaten des UN-Einsatzes noch das Unified Command, die Vereinten Nationen oder die Kriegsgegner haben zu irgendeinem Zeitpunkt bestritten, daß im Grundsatz die kriegsrechtlichen Normen auf die bewaffneten Feindseligkeiten in Korea Anwendung finden sollen. Für die Parteien war die Frage, ob es sich bei dem Korea-Konflikt um einen „Krieg" im traditionellen Sinne handelt, von keiner tragenden Bedeutung.[63] Dieser Punkt wurde erst später vor nationalen Gerichten akut, die über Versiche-

---

60 Siehe hierzu J. G. VERPLAETSE, The ius in bello and Military Operations in Korea 1950 – 1953, ZaöRV 23 (1963), S. 679, 688 ff.

61 Zu den Vorwürfen s. UNYB 1950, S. 23.

62 UN-Doc. S/2142/Rev. 1, SCOR 6th Year, Suppl. April – June 1951, S. 118.

63 Vgl die Kriegserklärung der Vereinigten Staaten, in: Military Situation in the Far East (Fn. 36), Teil 5, S. 3233 f.; der Außenminister Australiens sagte gegenüber australischen Gerichten aus, es hätte sich im Falle Koreas um einen de facto-Krieg gehandelt, Verhandlung abgedr. in: L. C. GREEN, The Nature of the War in Korea, ILO 1951, S. 462, 466 ff.

rungspolicen mit einer Kriegsausnahmeklausel zu befinden hatten. Die Rechtsprechung in den verschiedenen Teilnehmerstaaten spiegelt die grundsätzliche Zurückhaltung wider, eine Peace Enforcement-Aktion der Vereinten Nationen mit einem gewöhnlichen, aus nationalen Interessensgegensätzen geborenen, zwischenstaatlichen Krieg gleichzusetzen.[64]

Bei der Identifizierung der kriegsrechtlich verpflichteten Parteien des Korea-Konfliktes ist die Kommunikation des Internationalen Komitees vom Roten Kreuz aufschlußreich. Einen Tag nach dem Ausbruch der Feindseligkeiten schickte das Internationale Komitee die Anfrage an Nord- und Südkorea, ob sie *de facto* die Prinzipien der noch nicht ratifizierten vier Genfer Konventionen von 1949 befolgen würden, insbesondere den in allen Abkommen identischen Art. 3 über die Mindeststandards in nicht-internationalen bewaffneten Konflikten.[65] Süd- und Nordkorea erklärten sich zur Befolgung der Grundsätze bereit.[66] Das Internationale Komitee vom Roten Kreuz befragte auch die Teilnehmerstaaten des UN-Einsatzes nach ihrer Intention, die Genfer Konventionen von 1949 *de facto* anzuwenden.[67] Während das Vereinigte Königreich auf die Geltung der völkergewohnheitsrechtlichen Standards verwies,[68] reagierten die Vereinigten Staaten positiv: Sie würden sich unabhängig von der rechtlichen Anwendbarkeit der Genfer Konventionen von den humanitären Prinzipien der Konventionen leiten lassen.[69] Ähnliche Stellungnahmen gaben die Niederlande,

---

[64] Zu den innerstaatlichen Gerichtsurteilen s. HIGGINS (Fn. 10), S. 190, Fn. 27 mit Nachweisen; im akademischen Streit um die Qualifizierung des Korea-Einsatzes als „Krieg“ siehe G. EL DIN ATTIA, Les Forces Armées des Nations Unies en Corée et au Moyen-Orient, 1963, S. 143 ff.; gegen die Qualifizierung als Krieg L. OPPENHEIM/H. LAUTERPACHT, International Law, Bd. 2, 1952, S. 224 f.; O. SCHACHTER, The Place of Law in the United Nations, Annual Review of United Nations Affairs 1950, S. 205, 228.

[65] Le Comité International de la Croix-Rouge et le conflit de Corée, Recueil de Documents, Bd. 1, 1950 – 1951, S. 4 f., Doc No. 1 und S. 6 f., Doc No. 3.

[66] Le Comité International (Fn. 65), S. 15 f., Doc No. 15 und 16.

[67] Als der Korea-Konflikt am 25. Juni 1950 ausbrach, waren die vier Genfer Konventionen vom 12. August 1949 noch von keinem Teilnehmerstaat ratifiziert. Völkerrechtliche Geltung beanspruchte statt dessen: IV. Hager Abkommen betreffend die Gesetze und Gebräuche des Landkrieges nebst Annex (nicht ratifiziert von den Teilnehmerstaaten Kanada, Kolumbien, Griechenland, Neuseeland, Philippinen und der Türkei); Genfer Konvention vom 27. Juli 1929 zur Verbesserung des Loses der Verwundeten und Kranken der Heere im Felde (nicht ratifiziert von den Teilnehmerstaaten Äthiopien, Frankreich, Griechenland, Luxemburg und der Türkei); Genfer Konvention vom 27. Juli 1929 über die Behandlung von Kriegsgefangenen (nicht ratifiziert von den Teilnehmerstaaten Äthiopien, Frankreich, Griechenland, Luxemburg und der Türkei).

[68] Le Comité International (Fn. 65), S. 14, Doc No. 13.

[69] Le Comité International (Fn. 65), S. 13, Doc No. 12.

Luxemburg, die Türkei und die Philippinen ab.[70] Kanada, Thailand, Frankreich, Australien und Neuseeland verwiesen darüber hinaus auf ihre Bindung an die Genfer Konventionen von 1929.[71] Südafrika, das Vereinigte Königreich, Griechenland, Australien, Neuseeland und Kanada erklärten:

> „... to observe any undertakings in regard to humane treatment of prisoners of war and sick and wounded entered into on behalf of United Nations forces by the United Nations Commander in Chief."[72]

Die Vereinten Nationen selbst sahen sich zu Beginn des Korea-Konflikts weniger in der Rolle des an die Genfer Konventionen gebundenen Kriegsteilnehmers, als in der Rolle des neutralen Beobachters, der kraft seiner moralischen Autorität die Beachtung der Prinzipien von den Parteien einfordern konnte. Das Internationale Komitee vom Roten Kreuz adressierte am 6. Februar 1951 an den UN-Generalsekretär die Anfrage, ob die Organisation gegenüber dem Unified Command die Empfehlung aussprechen könnte, die Anwendbarkeit der vier Genfer Konventionen anzuerkennen sowie Inspektionen der Kriegsgefangenenlager und Hospitäler zuzustimmen.[73] Eine Antwort des UN-Generalsekretärs gegenüber dem Roten Kreuz oder etwaige Maßnahmen der Vereinten Nationen gegenüber dem Unified Command sind nicht bekannt.[74] Allerdings zeigt bereits die Anfrage, daß eine Bindungserklärung *der Vereinten Nationen* an die Normen des Kriegsrechts weder angestrebt noch erwartet wurde.

b) Haftungsfälle

Zu den ersten haftungsrechtlichen Vorwürfen im Rahmen des Koreakrieges gehört der Abschuß eines sowjetischen Militärflugzeuges durch ein Flugzeug der United States Air Force im internationalen Luftraum über der hohen See.[75] Die Sowjetunion protestierte im September 1950 durch eine Note, gerichtet an die US-amerikanische Botschaft in Moskau. Eine Kopie dieser Note wurde zur Kenntnisnahme an den Sicherheitsrat geschickt.[76] Die Sowjetunion stellte sich auf den Rechtsstandpunkt, es handele sich bei dem Vorfall um eine Frage der Staatenverantwortlichkeit zwischen den Vereinigten Staaten und der Sowjet-

---

[70] Le Comité International (Fn. 65), S. 18, Doc No. 20.
[71] Le Comité International (Fn. 65), S. 22 ff., Doc No. 8, 22, 27, 29.
[72] Le Comité International (Fn. 65), S. 25 ff., Doc No. 30, 31, 33, 36, 38, 40.
[73] Le Comité International (Fn. 65), S. 84, Doc No. 112.
[74] SEYERSTED (Fn. 51), S. 188, Fn. 53.
[75] Zum Sachverhalt s. SCOR 5th year, 495th Meeting, 5. September 1950, Procès-Verbaux No. 37, S. 5; SCOR 5th year, 496th Meeting, 5. September 1950, Proces Verbaux No. 38, S. 2.
[76] SEYERSTED (Fn. 51), S. 111.

union: „This question is an intern-governmental one and not a matter for discussion by the Security Council."[77] Im Oktober 1950 brachten die Vereinigten Staaten dem Sicherheitsrat den Beschuß eines russischen Militärflugplatzes durch US-amerikanische Kampfjets zur Kenntnis.[78] Auch in diesem Fall war die sowjetische Protestnote an die Vereinigten Staaten gerichtet. Im Fall der Verletzung des Territoriums der Volksrepublik China durch die US Air Force unterbreitete die Sowjetunion dem Sicherheitsrat einen Resolutionsentwurf, in dem es hieß:

> „(1) condemning the illegal acts of the United States Government ...
> (2) placing on the United States Government full responsibility for those acts and the whole of the damage caused to the People's Republic of China ..."[79]

Der Resolutionsentwurf wurde bei 8 Gegenstimmen, bei einer Enthaltung (Jugoslawien) und der Abwesenheit Chinas (Formosa) abgewiesen.

Die amerikanische Botschaft in Moskau und das Department of State in Washington verweigerten regelmäßig die Annahme der sowjetischen Protestnoten mit dem Hinweis, richtiger Adressat sei der Sicherheitsrat.[80] Im Sicherheitsrat räumten die Vereinigten Staaten die völkerrechtswidrige Verletzung des sowjetischen Territoriums durch den Beschuß des sowjetischen Flugplatzes ein: „In connexion with the above report of the Commander-in-Chief of the United Nations Command, the United States Government desires to express publicly its regret that American forces under the United Nations Command should have been involved in this violation of the Soviet frontier. As evidence of its good faith the United States Government is prepared to supply funds for payment of any damages determined by a United Nations commission or other appropriate procedure to have been inflicted upon Soviet property."[81] Auch gegenüber ähnlich gelagerten Vorwürfen der Volksrepublik China[82] blieben die Vereinigten

---

77 SCOR 5th year, 496th Meeting, 5. September 1950, Proces Verbaux No. 38, S. 3.

78 UN-Doc. S/1856, SCOR 5th year Suppl. Sept/Dec. 1950, S. 81; SEYERSTED (Fn. 51), S. 111; H. J. TRAUBENFELD, International Armed Forces and the Rules of War, AJIL 45 (1951), S. 671, 675.

79 Annual Report of the Secretary-General of the Work of the Organization, July 1950 – June 1950, GAOR 6th Sess, Suppl. No. 1, S. 76.

80 Vgl. die Erwiderung des Vertreters der USA im Sicherheitsrat AUSTIN auf den Vorwurf des Abschusses des sowjetischen Flugzeuges, SCOR 5th year, 496th Meeting, 5. September 1950, Proces Verbaux No. 38, S. 4; zu den gleichen Einwänden der Vereinigten Staaten im Fall der Bombardierung des sowjetischen Flugplatzes s. New York Times, 11. Oktober 1950, S. 8, Spalte 3: „Washington bars Russian Protest"; TRAUBENFELD (Fn. 78), S. 675.

81 UN-Doc. S/1856, SCOR 5th Year, Suppl. Sept. – Dec. 1950, S. 82.

82 UN-Doc. S/1722; S/1743; S/1808; S/1857; S/1870; S/1876 (Nachweis Fn. 40).

Staaten bei dieser verfahrensrechtlichen Bedingung: Conditio sine qua non für Reparationsleistungen sollte die vorgegangene Tatsachenerforschung sein. Im Hinblick auf das konkrete Haftungssubjekt im Außenverhältnis vertraten die Vereinigten Staaten eine wenig konsequente Linie. Im Falle der Verletzung chinesischen Territoriums stellten sie fest: „If it is found that an attack did in fact occur, my Government is prepared to make payment to the Secretary-General, for appropriate transmission to the injured parties, ...“[83] Im Schreiben vom 26. September 1950 ergänzte die Regierung der Vereinigten Staaten ihr Vorbringen um die bemerkenswerte Feststellung: „My Government remains willing in the case of the present charges, as well as the past charges, *to assume responsibility for* and pay compensation through the United Nations, for damages which an impartial, on-the-spot investigation might show to have been caused by United Nations planes. My Government considers such an investigation wholly reasonable and an essential prerequisite to ascertaining responsibility and assessing damages.“[84] Der Hinweis auf die eigene Verantwortlichkeit entfällt in der Stellungnahme der Vereinigten Staaten zu völkerrechtswidrigen Verletzungen von Individuen: „We have ever expressed our readiness to deposit with the United Nations a sum of money *for the United Nations payment* to any persons who may be found to have suffered loss by reason of the action of United Nations forces supplied by the United States.“[85]

Ausgangspunkt einer Analyse der zitierten Stellungnahmen ist die Unterscheidung zwischen der Haftung im Außenverhältnis und dem finanziellen Ausgleich im Innenverhältnis der Vereinten Nationen. Die Vereinigten Staaten haben in erster Linie den Innenausgleich thematisiert, d.h. die Erstattung der Kosten, die den Vereinten Nationen im Außenverhältnis erwachsen. Ein derartiger Innenausgleich steht ganz im Zeichen der allgemeinen Finanzierungsmodalitäten des Korea-Einsatzes: Jeder Teilnehmerstaat hatte die Kosten seines Truppenkontingents zu tragen,[86] während das Budget der Vereinten Nationen im ganzen unbelastet blieb.[87] Der finanzielle Ausgleich von UN-Schadensersatzzahlungen durch die Vereinigten Staaten wäre daher die konsequente Folge der gesamten Finanzierungspolitik des Korea-Einsatzes gewesen. Die völkerrecht-

---

83 AUSTIN (United States of America), SCOR 5th Year, 493rd Meeting, 31. August 1950, Proces-verbaux No. 35, S. 26.

84 UN-Doc. S/1813, SCOR 5th Year, Suppl. Sept – Dec. 1950, S. 61.

85 AUSTIN (United States of America), 5th Year, 400th Meeting, 11. September 1950, Procès-Verbaux No. 41, S. 11 (Hervorhebung hier).

86 Vgl. vor allem das Finanzierungsabkommen zwischen der Regierung der Vereinigten Staaten und der Regierung der Republik Korea vom 28. Juli 1950, UNTS Bd. 140, S. 56 ff.

87 HIGGINS (Fn. 10), S. 246; R. SIMMONDS, Legal Problems arising from the United Nations Military Operations in the Congo, 1968, S. 250.

liche Aussagekraft der von den Vereinigten Staaten angebotenen Prozedur liegt insofern weniger in den Ausgleichszahlungen im Innenverhältnis, als in der Person des Ersatzleistenden im Außenverhältnis. Nach Auffassung der Vereinigten Staaten sollten die Schadensersatzzahlungen unmittelbar von den Vereinten Nationen erbracht werden („United Nations payment"). Auch wenn die Vereinigten Staaten ihre eigene Verantwortlichkeit für die Völkerrechtsverstöße angedeutet haben, so stellten sie doch fast durchgängig die Vereinten Nationen als Ersatzleistende heraus. Den Vereinigten Staaten wird an dieser Stelle kaum vorzuhalten sein, sie hätten *venire contra factum proprium* gehandelt, weil sie Reparationsleistungen gegenüber Drittstaaten in Aussicht gestellt haben, über deren Berechtigung sie als Völkerrechtssubjekt – in Konsequenz ihrer eigenen Rechtsauffassung – gar nicht befinden durften.[88] Die Diskussionen im Organ „Sicherheitsrat" dienen in erster Linie der Willensbildung der Vereinten Nationen; die Stellungnahmen der Vereinigten Staaten im Sicherheitsrat konnten damit allenfalls im Verhältnis zur Sowjetunion – in ihrer Doppelstellung als Sicherheitsratsmitglied und Geschädigte – in die Nähe einer Außenwirkung kommen.

Dennoch: Letzte Zweifel über die tatsächliche Einstellung der Vereinigten Staaten zu ihrer Haftung lassen sich auf Basis der vorhandenen Quellen nicht ausräumen. Es spricht einiges dafür, daß die Position der Vereinigten Staaten in diesem Punkt nicht endgültig festgelegt war. Geht man davon aus, daß sich die Vereinigten Staaten trotz ihrer widersprüchlichen Einlassungen im Sicherheitsrat *nicht* als völkerrechtliches Haftungssubjekt im Außenverhältnis angesehen haben, kann diese Einstellung auf zwei verschiedenen Rechtsauffassungen gründen: Die Vereinten Nationen sollten im Außenverhältnis haften, weil die Vereinigten Staaten in ihrer Funktion als Teilnehmerstaat eine *Maßnahme des Sicherheitsrates* nach dem VII. Kapitel durchgeführt haben („The action now being taken by the United States and other loyal Members of the United Nations in Korea is being conducted in accordance with and under the mandate of the United Nations."[89]). Oder: Die Vereinten Nationen sollten im Außenverhältnis haften, weil die Vereinigten Staaten in ihrer Funktion als „Unified Command" das militärische Kommando über die Streitkräfte *im Namen der Vereinten Nationen* ausgeübt haben.

[88] So RISSE mit dem ergänzenden Hinweis, daß die Entschuldigung durch die USA wegen der Bombardierung des sowjetischen Flughafens allenfalls aus Courtoisie hätte erfolgen dürfen. H. RISSE, Der Einsatz militärischer Kräfte durch die Vereinten Nationen und das Kriegsvölkerrecht, 1988, S. 66.

[89] UN-Doc. S/1722, SCOR 5th Year, Suppl. June – Aug. 1950, S. 146.

Im Hinblick auf den ersten Erklärungsansatz ist festzustellen, daß die Vereinigten Staaten die Verknüpfung zwischen der Ermächtigungsgrundlage der Militärmaßnahme – das VII. Kapitel der UN-Charta – und der rechtlichen Verantwortlichkeit für Kriegsschäden nie explizit vertreten haben. Dagegen weiß TRAUBENFELD zu berichten, die Vereinigten Staaten hätten ihre völkerrechtliche Verantwortlichkeit mit dem Argument abgelehnt, die UN-Streitkräfte – und damit auch die US-amerikanischen Truppenkontingente – stünden unter der *Kontrolle* der Vereinten Nationen.[90] Im Gegensatz dazu konstatierte JOSEPH H. ROUSE (Assistant Chief U.S. Army Claim Service) im Jahr 1967 vor der Inter-American Bar Association, die Vereinten Nationen hätten ihre rechtliche Verantwortlichkeit mit dem Argument verneint, die Streitkräfte seien unter dem Kommando einer einzigen Nation – genauer der Vereinigten Staaten – gewesen.[91] Eine Vielzahl von Autoren geht mit einem rechtsvergleichenden Blick auf die späteren UN-Peace-keeping-Missionen davon aus, daß das entscheidende Zurechnungsmerkmal für die Haftung im Korea-Krieg die dortige Umsetzung des militärischen Prinzips von command & control gewesen sei.[92]

c) Operatives Kommando des Unified Commands

Die militärische Kommandogewalt[93] ist im Recht der Staatenverantwortlichkeit von zentraler Bedeutung, wenn es um die Zurechnung von Akten irregulär kämpfender Personen und paramilitärischer Verbände geht.[94] In bezug auf die Zurechnung von Akten einer staatlichen Armee zu einem alliierten Staat stellt JEAN-PIERRE RITTER fest: „... un Etat demeure responsable des actes de ses forces armées, pour autant qu'il en a conservé le commandement et s'en est réservé le contrôle, même si, dans le cadre d'une alliance ou d'une intervention sollici-

---

90 TRAUBENFELD (Fn. 78), S. 675 f.

91 J. H. ROUSE, Claims arising from Acts or Omissions of a Multinational Peacekeeping Force, Paper to be Presented to the Inter-American Bar Association, Meeting at San Jose, Costa Rica 9. – 15. April 1967 (unveröffentlicht).

92 B. AMRALLAH, The International Responsibility of the United Nations for Activities Carried out by the U.N. Peace-Keeping Forces, Revue Egyptienne de Droit International 32 (1976), S. 57, 66 f.; C. F. AMERASINGHE, Principles of Institutional Law of International Organizations, 1996, S. 243; M. HIRSCH, The Responsibility of International Organizations toward Third Parties, 1995, S. 68 f.; SEYERSTED (Fn. 58), S. 431 und 433; D. SHRAGA, The United Nations as an Actor Bound by International Humanitarian Law, International Peacekeeping 5 (1998), S. 64, 70 f.; P. DE VISSCHER, Les conditions d'application des lois de la guerre aux opérations militaires des Nations Unies. AnnIDI 54 (1971), Bd. 1, S. 1, 17 ff.

93 Zur Terminologie und zum Konzept von „command & control" s. S. 107 ff.

94 S. hierzu S. 100 ff.

tée, il les a mises au service des intérêts d'une puissance amie."[95] Nicht der nationale Organstatus der Streitkräfte, sondern die effektive Herrschaft über die Streitkräfte steht im Mittelpunkt dieser Zurechnungsregel.

Der Inhaber des operativen Kommandos und der Kontrolle über die UN-Streitkräfte in Korea wurde durch die Sicherheitsratsresolution vom 7. Juli 1950 bestimmt. Durch diesen Rechtsakt hatten sich die Mitgliedstaaten auf ein einheitliches Kommando unter der Autorität der Vereinigten Staaten festgelegt („... unified command under the United States."). Dieses Konzept steht ganz im Zeichen der Erfahrungen des 2. Weltkrieges, vor allem im Hinblick auf die damals äußerst erfolgreiche anglo-amerikanischen Militärkooperation gegen die Kriegsgegner. 1942 war von den Vereinigten Staaten und dem Vereinigten Königreich die Institution der „Combined Chiefs of Staffs" ins Leben gerufen worden, deren strategische Planungen durch die alliierten internationalen Kommandos im Feld ergänzt wurden.[96] Die Hauptverantwortlichkeit für diese alliierten Kommandos lag im Nahen Osten beim Vereinigten Königreich, im Pazifik und in Teilen des Fernen Osten bei den Vereinigten Staaten. Fünf Jahre nach dem Ende des 2. Weltkrieges wurde im Korea-Konflikt der Oberbefehl über den Militäreinsatz wieder den Vereinigten Staaten zugewiesen. Die Übertragung des Unified Commands auf die Vereinigten Staaten verlief innerhalb der Vereinten Nationen nicht völlig konfliktfrei. Am 3. Juli 1950 hatte der UN-Generalsekretär TRYGVE LIE den informellen Vorschlag unterbreitet, ein „Committee on Co-ordination of Assistance for Korea" ins Leben zu rufen, mittels dessen die Vereinten Nationen die Militäraktion kontrollieren sollten.[97] Die Vereinigten Staaten reagierten auf diesen Vorschlag mit klarer Ablehnung, so daß Frankreich und das Vereinigte Königreich ihre ursprüngliche Zustimmung zurückzogen und statt dessen das „unified command under the United States" im Sicherheitsrat initiierten. Dieses Unified Command war personell identisch mit der TRUMAN-Administration der Vereinigten Staaten.[98] Dagegen entsprach das vom United Command zu unterscheidende United Nations Command personell und organisatorisch weitgehend dem Far East Command der Vereinigten Staaten, das seit dem Ende des 2.

---

[95] J.-P. RITTER, La Protection Diplomatique à l'égard d'une Organisation Internationale, AFDI 1962, S. 426, 445.

[96] BAXTER (Fn. 58), S. 326.

[97] LIE (Fn. 37), S. 334.

[98] S. z.B. die Präambel des Abkommens zwischen der Republik Korea und dem Unified Command vom 24. Mai 1952: „Therefore, the Republic of Korea and the United States of America acting pursuant to the resolutions of the Security Council of the United Nations of 7 and 31 July 1950 (hereinafter referred to as the Unified Command) have entered into this agreement ...", UNTS Bd. 179, S. 32; vgl. auch GOODRICH (Fn. 2), S. 121.

Weltkrieges sein Hauptquartier in Tokio hatte.[99] Auch die strategische Direktionsebene des Korea-Einsatzes – der Generalstab (Joint Chiefs of Staff) – war personell durchweg mit amerikanischem Führungspersonal besetzt. Erst Mitte 1952 – also nach der militärischen Stabilisierung der Situation in Korea – trat ein britischer Generalstabschef (Commonwealth Deputy Chief of Staff) in Erscheinung. Die militärische Kommandostruktur war damit in den ersten zwei Jahren des Militäreinsatzes nahezu ausschließlich in US-amerikanischer Hand.[100] Die militärische Befehlshierarchie verlief vom Präsidenten der Vereinigten Staaten, über den US Secretary of Defence, zum United States Joint Chiefs of Staff und endete schließlich im United Nations Command mit General MACARTHUR an der Spitze, gefolgt von den Kommandeuren der einzelnen Divisionen.[101] Während die Joint Chiefs of Staff vor allem die politischen Vorgaben der amerikanischen Regierung in Washington in strategische Konzepte übersetzten, oblag dem United Nations Command die operative Kontrolle[102] vor Ort, im weitesten Sinne also die Steuerung der Truppeneinsätze nach strategischen Vorgaben des Generalstabs.

Insgesamt 16 Staaten stellten neben den Vereinigten Staaten ihre Truppen unter das Unified Command.[103] Ihre Angebote zur Teilnahme an den internationalen Streitkräften wurden über den UN-Generalsekretär TRYGVE LIE an die Regierung der Vereinigten Staaten geleitet, die mit den einzelnen Teilnehmerstaaten in direkte Verhandlungen trat. Die unter das Unified Command gestellten Bodentruppen, Marine- und Luftwaffeneinheiten wurden als Kontingente in die Divisionen der US-amerikanischen Streitkräfte integriert (8. US-Army, 7. US-Navy, Far Eastern Air Force) und dem Befehl der US-amerikanischen Divisionsoffiziere unterstellt.[104] Eine Ausnahme machten allein die Einheiten des British Commonwealth, die am 27. Juli 1951 zu einer eigenen Division zusammengefaßt wurden, eingegliedert in die 8. US-Army.[105] Neben den Vereinigten Staaten waren weder die 16 Teilnehmerstaaten noch die Vereinten Nationen an der strategischen Planung des Militäreinsatzes oder dem operativen

---

[99] BOWETT (Fn.11), S. 50.

[100] Military Situation in the Far East (Fn. 36) Teil 1, S. 158 f. (MacArthur).

[101] HIGGINS (Fn. 10), S. 196; GOODRICH (Fn. 2), S. 121.

[102] Zur Definition von operational command & control s. S. 107 ff.

[103] 16 Mitgliedstaaten der Vereinten Nationen: Australien, Belgien, Kanada, Kolumbien, Äthiopien, Frankreich, Griechenland, Luxemburg, Niederlande, Neuseeland, Philippinen, Thailand, Türkei, Südafrika, das Vereinigten Königreich und die Vereinigten Staaten, sowie das Nichtmitglied Südorea; vgl. UN-Doc. S/2897, 6. Januar 1953, 54th Report of UN Command in Korea, S. 2.

[104] FRYE (Fn. 12), S. 190.

[105] SEYERSTED (Fn. 51), S. 35 f.

Kommando beteiligt. Die ranghöchsten militärischen Repräsentanten der nicht-amerikanischen Einheiten hatten zwar die Möglichkeit, sich direkt an General MACARTHUR zu wenden, „... on matters of major policy affecting the operational capacities of the Forces concerned ...“[106], konkrete Auswirkungen auf das operative Kommando sind allerdings nicht dokumentiert. Die Organe der Vereinten Nationen – vor allem der Sicherheitsrat und der UN-Generalstabsausschuß (Art. 47 UN-Charta) – wurden bereits aus taktischen Gründen nicht in die strategische und operative Planung der Militäreinsätze einbezogen, da in beiden Gremien Vertreter der Sowjetunion anwesend waren. Die US-Regierung berichtete zwar regelmäßig dem Sicherheitsrat, gab aber aus strategischen Gründen nur gefilterte Informationen preis, die oft bereits über die Presse bekannt waren.[107] Generalsekretär TRYGVE LIE unterhielt einen eigenen Liaisonoffizier zum Unified Command, um das Informationsbedürfnis der UN-Verwaltung zu befriedigen. Entsprechend konstatierte General MACARTHUR im Rückblick vor dem US-Senat: „... my connection with the United Nations was largely nominal. (...) I had no direct connection with the United Nations whatsoever.“[108]

Auch wenn das operative Kommando über die Streitkräfte ausschließlich bei der Regierung der Vereinigten Staaten in ihrer Funktion als Unified Command gelegen hat, kann die militärische Leitung des Korea-Einsatzes rechtlich durchaus den Vereinten Nationen zugeordnet werden. Voraussetzung wäre allerdings, daß das *Unified Command* seine operative Tätigkeit als Organ oder Vertreter der Vereinten Nationen ausgeübt hat. Anhaltspunkte für eine derartige völkerrechtliche Konstellation finden sich vor allem in US-amerikanischen Quellen.[109] So sagte General MACARTHUR vor dem US-Senat aus: „The agreement that was apparently made between the United Nations and the United States Government was that the Government should be the agent for the United Nations in the campaign in Korea.“[110] Die Feststellung MACARTHURs fügt sich in die Vertragspraxis der Vereinigten Staaten. Das „Utilities Claim Settlement Agreement between the Unified Command and the Republic of Korea“ vom 18. Dezember 1958 wurde unterzeichnet von „the Government of the United States of America, in its capacity as the Unified Command and on its own behalf and on behalf of the governments of those nations furnishing military forces or field hospitals to the

---

106 Report of the Collective Measures Committee UN-Doc. A/1891, GAOR 6th Sess., Supp. No. 13, S. 46.

107 HIGGINS (Fn. 10), S. 179.

108 Military Situation in the Far East (Fn. 36) Teil 1, S. 10.

109 Von den Vereinigten Staaten als „agent of the United Nations“ spricht vor allem GOODRICH (Fn. 2), z.B. auf S. 147.

110 Military Situation in the Far East (Fn. 36) Teil 1, S.14; vgl. dort auch S. 154 („authoritative agent for the United Nations“) und S. 158 f.

Unified Command."[111] Aus dem Passus geht deutlich hervor, daß die Regierung der Vereinigten Staaten in zwei verschiedenen Funktionen aufgetreten ist: als Organ der Vereinigten Staaten, Teilnehmerstaat des Korea-Einsatzes, und als Unified Command, dem Leitungsorgan des Korea-Einsatzes. Zugleich spricht die oben zitierte Vertragsunterschrift gegen die in der Literatur vertretene Auffassung, es handele sich bei dem Unified Command um ein gemeinsames Organ der alliierten Teilnehmerstaaten.[112] In diesem Fall hätte es keiner besonderen Hervorhebung des Handelns im Namen der anderen Teilnehmerstaaten bedurft. Näher liegt es, daß zumindest die Vereinigten Staaten das Unified Command als Organ oder Vertreter der Vereinten Nationen angesehen haben („agent for the United Nations in the campaign in Koreas"[113]).[114] Auf dieser Basis läßt sich dann schlüssig erklären, warum sich die Vereinigten Staaten – nach Aussage TAUBENFELDS[115] – in der Haftungsfrage auf den Standpunkt zurückgezogen haben, der Militäreinsatz sei unter der Kontrolle der Vereinten Nationen gewesen. Dieser Standpunkt kann angesichts der unbestreitbaren Bündelung des operativen Kommandos bei der Regierung der Vereinigten Staaten in ihrer Funktion als Unified Command nur im Sinne einer völkerrechtlichen Zurechnung der operativen Entscheidungen des Unified Commands zu den Vereinten Nationen verstanden werden. Die nationalen Kontingente der UN-Streitkräfte – de iure-Organe ihrer jeweiligen Entsendestaaten – wären auf Basis der Zuordnung des operativen Kommandos zu den Vereinten Nationen *faktisch* wie ein militärisches Organ der Vereinten Nationen aufgetreten, mit der Folge der völkerrechtlichen Zurechnung ihrer Handlungen zu den Vereinten Nationen.

Die Vereinten Nationen haben das institutionelle Verhältnis zwischen dem Unified Command und den Vereinten Nationen zweifelsohne anders bewertet.

---

111 UNTS Bd. 325, S. 240 ff.; vgl. auch das Status of UN-Forces-Abkommen mit Japan vom 19. Februar 1954 (UNTS Bd. 214, S. 149 ff.), unterzeichnet mit „For the Government of the United States of America acting as the Unitied Command"; anderen noch beim „Agreement on Economic Co-ordination Between the Republic of Korea and the Unified Command" vom 24. Mai 1952, unterzeichnet von der Regierung der Vereinigten Staaten; UNTS Bd. 179, S. 32.

112 BOTHE (Fn. 58), S. 68; KELSEN (Fn. 28), S. 936, 949; J. STONE, Legal Controls of International Conflict, 1959, S. 236.

113 MACARTHUR, siehe Fn. 110.

114 Vgl. auch Art. IV Agreement between the United States of America and the Republic of Korea relating to economic Co-ordination between the Unified Command of the United Nations and the Republic of Korea, 24. Mai 1952: „The parties recognize that all or any portion to the responsibilities of the Unified Command may be assumed from time to time by *another* agency or agencies of the United Nations.", UNTS Bd. 179, S. 32 (Hervorhebung hier).

115 TRAUBENFELD (Fn. 78), S. 675.

Auch wenn es zu der konkreten Frage keine offizielle Stellungnahme gibt, läßt sich die distanzierte Haltung der Vereinten Nationen aus Indizien erschließen. So wurde das Korea-Abkommen über Privilegien und Immunität der Vereinten Nationen vom 21. September 1951 ausschließlich mit Blick auf die „United Nations Commission for the Unification and Rehabilitation of Korea" und die „United Nations Reconstruction Agency" geschlossen. Das Unified Command wurde, trotz des offenen Wortlauts des Abkommens („The United Nations, as represented in the territory of the Republic of Korea by its various organs ..."[116]), in der Praxis von keiner Partei unter den Anwendungsbereich des Abkommens subsumiert.[117] Auch der administrative Umgang mit den Folgeproblemen des Korea-Einsatzes durch das Executive Office of the Secretary-General zeigt, daß zwischen den United Nations und dem Unified Command keine Rechtsbeziehung bestand, die über den diplomatischen Kontakt zweier Völkerrechtssubjekte hinausgegangen wäre.[118] Alle Anfragen von Angehörigen vermißter oder getöteter Soldaten der UN-Streitkräfte in Korea wurden von den Vereinten Nationen mit dem Standardsatz beantwortet, die Vereinten Nationen hätten die Verantwortlichkeit zur Ausführung der Militäraktion den Vereinigten Staaten übertragen; etwaige Petitionen seien daher an die dort zuständigen Stellen zu richten. In einem internen Memorandum vom 19. Mai 1955 setzte sich das Executive Office of the Secretary-General schließlich mit der Frage auseinander, ob die Vereinten Nationen dem Unified Command zumindest die Untersuchung der Tötung eines Offiziers des United Nations Command antragen könne. Die Antwort fiel negativ aus: „It does not seem appropriate for the Secretary-General to suggest that the Unified Command should take up the matter through either of the Commissions established under the Armistice Agreement. Nor does it seem appropriate for us to suggest to the United States Mission that the Unified Command may wish to investigate the incident."[119] Konkreten Vorwürfen aus der Bevölkerung über die Kriegsführung in Korea begegnete das Büro des Execu-

---

[116] UNTS Bd. 104, S. 325.

[117] Die Privilegien und Immunitäten des Unified Commands ergaben sich aus einer speziellen Vereinbarung zwischen den Vereinigten Staaten und der Republik Korea: Art. III Ziff. 13 Agreement relation to Economic Co-operation Between the Unified Command of the United Nations and the Republic of Korea: „The Republic of Korea undertakes to grant to individuals and agencies of the Unified Command, except Korean nationals, such privileges, immunities, and facilities as are necessary for the fulfillment of their functions within the Republic of Korea and the above-cited resolutions of the United Nations, or as have been heretofore granted by agreement, arrangement or understanding or as my be agreed upon formally or informally hereafter by the parties or their agencies." UNTS Bd. 179, S. 32.

[118] Korrespondenz Executive Assistant to the Secretary General (1946 - 1961 A. Cordier) UN Archives N.Y., Series 18, Box 3, File 1, Acc. A/85.

[119] Memorandum from L. MALANIA, Executive Office of the Secretar-General of C. A. Stavropoulos, Legal Counsel, 19. Mai 1955, UN Archives N.Y., (Fn. 118).

tive Assistant of the Secretary-General mit dem Hinweis: „... the United Nations never had any direct authority over the members of the Armed Forces in the United Nations action on Korea."[120] Diese Stellungnahme fügt sich in den Standpunkt von JOSEPH H. ROUSE ein, die Vereinten Nationen hätten ihre völkerrechtliche Haftung für die Verletzung kriegsrechtlicher Normen mit Verweis auf ihr fehlendes operatives Kommando über die UN-Streitkräfte in Korea abgelehnt.[121]

Im Ergebnis treffen folglich zwei verschiedene Rechtsauffassungen über die institutionelle Zuordnung des Unified Commands – Inhaber der militärischen Kommandos über die UN-Streitkräfte – aufeinander. Diese verschiedenen Rechtsauffassungen schlagen sich in den verschiedenen Positionen über das internationale Haftungssubjekt nieder. In der Praxis mußte der Streit nicht endgültig geklärt werden. Die Verweigerung der Sowjetunion, eine unabhängige Untersuchungskommission zuzulassen, machte die Verifizierung des internationalen Haftungssubjekts überflüssig. Wiedergutmachungsleistungen der Vereinigten Staaten oder der Vereinten Nationen an die Sowjetunion, China oder Nordkorea sind nicht bekannt.[122]

5. Individualansprüche

a) Republik Korea

Die UN-Streitkräfte waren während des Korea-Einsatzes 1950 – 1953 in zwei Staaten stationiert, in Japan, dem Hauptsitz des United Nations Commands, und – naturgemäß – in der Republik Korea. Trotz der Regelungsbedürftigkeit vieler potentieller Souveränitätskonflikte, die mit dem Aufenthalt multinationaler Streitkräfte in Drittstaaten verbunden sind, hat das Unified Command kein formales Statusabkommen mit Südkorea abgeschlossen. Am 13. Juli 1950, also kurz nach der Errichtung des Unified Commands durch die US-amerikanische Regierung, vereinbarten die Vereinigten Staaten und die Republik Korea im Wege des Austausches diplomatischer Noten das „Agreement Concerning Jurisdiction over Offenses by the United States Forces".[123] Dieses Abkommen

[120] Schreiben von A. W. CORDIER, Executive Assistant of the Secretary-General, an Sam J. Ervin, United States Senat, 1. Februar 1956, UN-Doc. PO/240/KOR (19), UN Archives N.Y. (Fn. 118).

[121] ROUSE (Fn. 91), S. 3.

[122] SEYERSTED (Fn. 51), S. 112; RISSE (Fn. 88), S. 66; die von den Vereinigten Staaten geforderte UN-Untersuchungskommission kam aufgrund des Widerstandes der Sowjetunion im Sicherheitsrat nicht zustande, UNYB 1951, S. 262.

[123] UST Bd. 5, S. 1408.

räumte den Vereinigten Staaten „exclusive jurisdiction over Members of the United States Military Establishment in Korea“ ein. Erst am 24. Mai 1952 kam es zu einem „Agreement on Economic Coordination Between the Unified Command and the Republic of Korea“, dessen Immunitätsklausel in Art. III Ziff. 13 besagt:

> Art. III Ziff. 13: „The Republic of Korea undertakes to grant to individuals and agencies of the Unified Command, except Korean nationals, such privileges, immunities, and facilities as are necessary for the fulfillment of their functions within the Republic of Korea under the above-cited resolutions of the United Nations, or as have been heretofore granted by agreement, arrangement or understanding or as may be agreed upon formally or informally hereafter by the parties or their agencies.“

Diese Immunitätsklausel bezieht sich – wie sich aus dem Kontext des gesamten Abkommens ergibt – ausschließlich auf die in Korea eingerichteten Organe und das Personal des Unified Commands, nicht jedoch auf die UN-Streitkräfte selbst.[124] Diese Auffassung vertrat auch die Regierung der Republik Korea, die geltend machte, daß die nicht-amerikanischen Kontingente der UN-Streitkräfte *ratione personae* weder unter die Immunitätsregel der diplomatischen Note vom 13. Juli 1950 fallen, noch ihre Jurisdiktionsimmunität aus dem Kooperationsabkommen von 24. Mai 1952 ableiten könnten.[125] Das Unified Command hielt der Position Südkoreas entgegen, die Immunitätsgewährung durch die diplomatische Note vom 13. Juli 1950 umfasse nach ihrem Sinn und Zweck *alle* Kontingente der UN-Streitkräfte.[126] Der Streit zwischen dem Unified Command und der Republik Korea hatte während der bewaffneten Auseinandersetzung in den Jahren 1950 bis 1953 keine praktische Relevanz, da das kriegsgeschüttelte Land bereits faktisch nicht in der Lage war, zivilrechtliche oder strafrechtliche Jurisdiktion über Mitglieder der UN-Streitkräfte auszuüben. Etwaige zivilrechtliche Schadensersatzansprüche südkoreanischer Staatsangehöriger wegen materieller Schäden, verursacht durch die UN-Streitkräfte, hatten damit bereits aufgrund des kriegsbedingten Zusammenbruchs der zivilen Verwaltung kein gerichtliches Forum in Südkorea. Eine völkerrechtliche Absprache zwischen den Teilnehmerstaaten und den Vereinigten Staaten[127] in den Truppen- und Beistandsabkommen

---

[124] A.A. wohl TIMM, in: Fleck (Fn. 9), S. 464 ff.

[125] TIMM, in: Fleck (Fn. 9), S. 465.

[126] TIMM, in: Fleck (Fn. 9), S. 466.

[127] Die Abkommen wurden ausweislich der Registrierung bei den Vereinten Nationen (Art. 102 UN-Charta) zwischen den Vereinigten Staaten und dem jeweiligen Teilnehmerstaat geschlossen, wenn auch in den Präambeln einiger Abkommen der rechtlich äußerst mißverständliche Klammerzusatz zu lesen ist: „This agreement between the Government of the United States of America (the executive agent of the United Nations Forces in Korea) and the Government of ...“. Unterzeichnet wurden die Truppenverträge von der Regierung der

eröffnete allerdings – quasi als *Rechtsreflex* – dem Geschädigten den Weg zu den Behörden der einzelnen Teilnehmerstaaten:

> Art. 4 Satz 2: „Claims of any other Government or its nationals against the Government or nationals of the Government of the Netherlands or vice versa shall be a matter for disposition between the Government of the Netherlands and such third government or its nationals."[128]

Die Entsendestaaten der einzelnen Truppenkontingente haben sich durch diese Klausel gegenüber den Vereinigten Staaten verpflichtet, im Außenverhältnis über etwaige Drittansprüche *zu verhandeln*; rechtlich wird durch die Klausel also nur das Verfahren geregelt, nicht die materiellrechtliche Haftung. Den Entsendestaaten bliebt es in diesem Sinne unbenommen, nach dem Vorbild der Vereinigten Staaten die Vereinten Nationen als Haftungssubjekt gegenüber geschädigte Drittstaaten oder Individuen in den Vordergrund zu stellen.

Für die Personen, die durch Mitglieder der US-amerikanischen Streitkräfte geschädigt worden waren, wies die oben zitierte Klausel den Weg zum „Claim Service" der 8. US-Army.[129] Die Vereinigten Staaten, die mit Zweidritteln den weitaus größten Anteil der UN-Streitkräfte stellten, regelten die Ersatzansprüche des Staates Südkorea und seiner Einwohner[130] auf der Basis des „Foreign Claims Act" vom 2. Januar 1942[131]: Wurden Schäden und Verletzungen im Rahmen von *nicht-kampfbezogenen* Handlungen („non-combat activities") von einem US-amerikanischen Truppenmitglied verursacht, war der Anwendungsbereich des Foreign Claims Act eröffnet, da die Republik Korea aus US-amerikanischer Sicht zu den „friendly nations" i.S.d. Gesetzes zählte. Schäden aus Kampfhandlungen und kampfbezogenen Handlungen – z.B. Unfälle auf dem Weg zum Einsatzort[132] – waren nicht ersatzfähig. Unter dem Foreign Claims Act wurde in Südkorea ein „United States Armed Forces Claims Service" eingerichtet, dem

---

Vereinigten Staaten. Andere von der US-Regierung abgeschlossene Abkommen enthalten im Kontrast dazu den Signaturzusatz „in its capacity as the Unified Command and on its own behalf", siehe z.B. Utilities Claims Settlement Agreement Between the Unified Command and the Republic of Korea, 18. Dezember 1958, UNTS Bd. 325, S. 240 ff.

[128] UNTS Bd. 177, S. 234 ff.

[129] Siehe den jüngst in den Medien diskutierten Fall einer erfolglosen Petition an den United States Armed Forces Claims Service (Korea) wegen eines „Massakers" von US-Soldaten an südkoreanischen Flüchtlingen an der Brücke bei No Gun Ri im Juli 1950.

[130] Unter den Begriff „inhabitant of a foreign country" i.S.d. Foreign Claims Act fallen nicht nur die Staatsangehörigen des Aufenthaltsstaates. Entscheidend ist, „whether the claimant dwells in and has assumed a definite place in the economic and social life of the foreign country", Army Regulation 27-20, Claims, Ziff. 10-7 (28. Februar 1990).

[131] United States Code Title 10, Armed Forces § 2734.

[132] Bulletin of the Judge Advocate General of the Army, Bd. VII (1948), S. 42.

die Regelung von Individualansprüchen gegen die US-Streitkräfte oblag. Die Kommission wendete südkoreanisches Recht und lokale Sitten als materielles Haftungsrecht an, um die Haftung der Vereinigten Staaten dem Grunde und seiner Höhe nach festzulegen; die Ersatzleistungen erfolgten in lokaler Währung. Die Entscheidung der Foreign Claims Commission war endgültig.

Der Foreign Claims Act ist nach der Intention des US-amerikanischen Gesetzgebers kein innerstaatlicher Umsetzungsakt einer etwaigen völkerrechtlichen Verpflichtung zur Wiedergutmachung von Truppenschäden.[133] Das Gesetz dient allein dem Zweck, „to promote and to maintain friendly relations through the prompt settlement of meritorious claims“ im Aufenthaltsstaat der US-Streitkräfte. Damit läßt die Regulierungspraxis der Vereinigten Staaten unter diesem Gesetz grundsätzlich keine Rückschlüsse darauf zu, ob die Vereinigten Staaten ihre völkerrechtliche Verantwortlichkeit für nicht-kampfbezogene schädigende Akte ihrer nationalen Kontingente in Südkorea akzeptiert haben.

b) Japan

Ein detailliertes „Status of United Nations Forces Agreement“ existierte für den Aufenthalt der UN-Streitkräfte in Japan, geschlossen am 17. Februar 1954 zwischen Japan einerseits und dem Unified Command, Kanada, Neuseeland, dem Vereinigten Königreich, Südafrika, Australien, den Philippinen, Frankreich und Italien andererseits.[134] Für die Vereinigten Staaten, die nicht Vertragspartei dieses Abkommens waren, galt das Sicherheitsabkommen mit Japan vom 8. September 1951[135] und – daran anknüpfend – das Verwaltungsabkommen mit Japan vom 28. Februar 1952[136]. Das Statusabkommen vom 17. Februar 1954 gibt detailliert Auskunft über die Modalitäten der Haftung für schädigende Akte der UN-Streitkräfte; das für die US-Streitkräfte einschlägige Verwaltungsabkommen vom 28. Februar 1952 enthält – mutatis mutandis – eine identische Vorschrift.[137] Die Haftungsklauseln (Art. XVIII) der beiden Abkommen wurden

---

[133] A. V. FREEMAN, Responsibility of States for Unlawful Acts of their Armed Forces, RdC 88 (1955 II), S. 350, dort Fn. 1.

[134] UNTS Bd. 214, S. 146 ff.

[135] Agreed Official Minutes Relation to the Agreement regarding the Status of the United Nations forces in Japan, Re: Art. 1, UNTS Bd. 214, S. 186; Abkommen abgedr. in: UNTS Bd. 136, S. 204 ff., 216 ff.

[136] UST Bd. 3, S. 3352 ff.

[137] Aufgrund der Haftungsregeln im Verwaltungsabkommen sind Ersatzansprüche nach dem US-amerikanischen Foreign Claims Act ausgeschlossen (vgl. Internationale Agreement Act, U.S.C. Title 10, § 2734a).

exakt nach dem Vorbild des Art. VIII NATO-Truppenstatuts[138] konzipiert: Sie umfassen nach ihrem Wortlaut vor allem außervertragliche Ersatzansprüche von Privatpersonen, aber auch von Drittstaaten (third party), soweit die Ansprüche auf japanischem Territorium entstanden sind. Über die Begründetheit der Ansprüche entscheidet der japanische Staat nach japanischem Recht, allerdings nach folgenden völkervertraglichen Maßgaben: Jeder Entsendestaat ist verantwortlich für die Schäden, die aus offiziellen Akten seiner Truppenkontingente erwachsen (Art. XVIII Ziff. 3 lit. d (i) „Where one sending State alone is responsible, ..."); Haftungssubjekt ist neben dem Entsendestaat auch Japan als Aufenthaltsstaat („... the amount agreed upon or adjudged shall be shared in the proportion of 75% chargeable to the sending State and 25% chargeable to Japan."). Für schädigende Akte außerhalb des Dienstes sieht Art. XVIII Ziff. 5 ex gratia-Zahlungen des Entsendestaates vor. Im Verhältnis der Vertragspartner untereinander regelt Art. XVIII den antizipierten Verzicht auf alle gegenseitigen völkerrechtlichen und sonstigen Ansprüche.

6. Zusammenfassung und Ausblick

Die United Nations Forces in Korea waren – trotz ihres mißverständlichen Namens – kein de iure-Organ der Vereinten Nationen; die nationalen Kontingente blieben ausnahmslos Exekutivorgane der jeweiligen Teilnehmerstaaten. Die internationale Verantwortlichkeit der Vereinten Nationen für völkerrechtswidrige Kampfhandlungen der UN-Streitkräfte konnte damit nur auf Basis von zwei Zurechnungsmodellen behauptet werden: (1) Die Vereinten Nationen hätten über das Unified Command das operative Kommando über die UN-Streitkräfte in Korea ausgeübt, oder (2) die Zurechnung sei Folge des Umstandes, daß es sich bei dem Korea-Einsatz um eine kollektive Zwangsmaßnahme nach dem VII-Kapitel der UN-Charta gehandelt habe.

Die Regierung der Vereinigten Staaten hat sich nie offiziell auf das letztgenannte Zurechnungsmodell zurückgezogen. Die nachfolgende Praxis der Vereinten Nationen bestätigt diese Haltung in aller Deutlichkeit: Allein der Umstand, daß eine militärische Maßnahme auf einer Ermächtigung nach dem Kapitel VII. beruht, führt auf der Seite der Vereinten Nationen zu keiner Haftung für kampfbezogene Akte der Streitkräfte. Ein Beispiel hierfür gibt die Befreiung Kuwaits von den irakischen Invasoren (Operation „Desert Storm" von 1990/1991). Die Vereinten Nationen hatten hier unter Bezugnahme auf das

[138] Art. 24 NATO-Statusabkommen vom 20. September 1951 (UNTS Bd. 200, S. 3 ff.) i.V.m. Art. VIII NATO-SOFA vom 19. Juni 1951 (UNTS Bd. 200, S. 340 ff.); näheres hierzu S. 537 ff.

VII. Kapitel der UN-Charta die Mitgliedstaaten autorisiert, militärisch mit Kuwait zu kooperieren, hatten aber – anders als in Korea – keine Unterordnung unter ein Unified Command empfohlen.[139] Ein militärischer Oberbefehl der Vereinten Nationen am Persischen Golf scheiterte – wie schon in Korea – am Widerstand der Vereinigten Staaten.[140] Die SC-Res. 665 sah lediglich die Zusammenarbeit der alliierten Teilnehmerstaaten mit dem Generalstabsausschuß (Military Staff Committee) vor, einem Organ der Vereinten Nationen nach Art. 47 UN-Charta.[141] Die völkerrechtliche Verantwortlichkeit der Vereinten Nationen für das Verhalten der alliierten Truppen am Persischen Golf wurde von keiner Partei behauptet.[142] Der Generalsekretär konnte dementsprechend 1996 in seinem Haftungsbericht an die Generalversammlung konstatieren: „Where a Chapter VII-authorized operation is conducted under national command and control, international responsibility for the activities of the force is vested in the State or States conducting the operation."[143]

Damit bleibt im Fall Korea – im Vergleich zum Kuwait-Einsatz – die Besonderheit, daß die UN-Streitkräfte unter dem operativen Kommando eines Unified Commands standen. Die Regierung der Vereinigten Staaten übte in ihrer Funktion als Unified Command den militärischen Oberbefehl über die UN-Streitkräfte aus. Mangels Abwicklung kriegsbedingter Schadensfälle fehlt es im Fall des Korea-Einsatzes an dem notwendigen Anschauungsmaterial, um das internationale Haftungssubjekt zweifelsfrei zu bestimmen. Die Vereinigten Staaten verwiesen auf die Vereinten Nationen, die allem Anschein nach diese Position nicht geteilt haben. Die wenigen überlieferten Stellungnahmen zeigen, daß der Dissens im Kern um die ungeklärte institutionelle Anbindung des Unified Commands rankte. Als Ergebnis kann hier festgehalten werden, daß im Korea-Einsatz ein zentraler Grundsatz der Staatenverantwortlichkeit angewendet worden ist: Dem Inhaber der militärischen Kommandogewalt über die Streitkräfte

---

139 SC-Res. 678 (1990), SCOR, Resolutions and Decisions 1990, S 27 f.

140 Zum Militärischen Kommando im Golfkrieg s. J. W. HOUCK, The Command and Control of United Nations Forces in the Era of „Peace Enforcement", Duke Journal of Comparative & International Law 4 (1993), S. 1, 17 ff.

141 Vgl. hierzu F. BÖHMER, Die Ermächtigung zu militärischer Gewaltanwendung durch den Sicherheitsrat, 1997, S. 23; U. FINK, Der Konflikt zwischen Irak und Kuwait und die internationale Friedensordnung, AVR 29 (1991), S. 452, 472.

142 Die von den Vereinten Nationen durch die SC-Res. 687 am 3. April 1991 eingesetzte United Nations Compensation Commission beschäftigt sich ratione personae nur mit der völkerrechtlichen Verantwortlichkeit des Iraks, und ratione materiae mit „direct loss, damage, including environmental damage and the depletion of national resources, or injury to foreign Governments, nationals and corporations, as a result of Iraq's unlawful invasion and occupation of Kuwait." SCOR 46th Year, 2981st Meeting, S. 11 ff.

143 UN-Doc. A/51/369 vom 20. September 1996.

werden die Verletzungen des internationalen Rechts durch diese Streitkräfte zugerechnet. Das Kriterium „command & control“ sollte auch in der Folgezeit für die Vereinten Nationen zum entscheidenden Zurechnungsmerkmal in Haftungsfragen werden, z.B. im Rahmen des UNITAF- und UNSOM II-Einsatzes in Somalia (1992 - 1995).[144] Während UNITAF unter dem Unified Command der Vereinigten Staaten stand, wurde UNOSOM II von einem UN-Kommandeur befehligt. Die Vereinten Nationen ersetzten nur Schäden aus der UNOSOM II-Operation.[145]

144 Siehe ausführlich zum UNITAF und UNOSOM II-Einsatz S. 478 ff.
145 Siehe S. 486 ff.

III. Peace-keeping: Ägypten (1956 – 1967 und 1973 – 1979)

1. Historischer Hintergrund: UNEF I und UNEF II

Seit der Gründung des Staates Israel im Jahr 1948 hatte sich der Nahe Osten zu einem Quell permanenter zwischenstaatlicher Konflikte entwickelt. Die Waffenstillstandsvereinbarungen zwischen Israel und seinen vier arabischen Nachbarn Ägypten, Libanon, Jordanien und Syrien aus dem Jahr 1949 erwiesen sich als überaus fragile Gebilde; ein dauerhafter Friedensvertrag existierte nicht. Trotz des Generalwaffenstillstandsabkommens zwischen Israel und Ägypten vom 24. Februar 1949 tolerierte Ägypten die Überfälle der palästinensischen Fedayeen auf israelisches Territorium entlang der 37 Meilen-Grenze zwischen Israel und dem ägyptisch kontrollierten Gazastreifen; Israel antwortete mit militärischen Vergeltungsschlägen. Die von Ägypten verhängte Blockade des Suez Kanals und des Golfs von Aqaba für israelische Schiffe entwickelte sich zu einem weiteren Konfliktherd. Die Schließung der beiden Wasserstraßen – die direkten Verbindungen zu den Handelsplätzen am Indischen Ozean und des Fernen Osten – war für Israel mit erheblichen ökonomischen Folgen verbunden. Entsprechende Beschwerden vor dem Sicherheitsrat führten zwar zur Verurteilung Ägyptens und zu verschiedenen Vermittlungsbemühungen des Stabschefs der United Nations Truce Supervision Organization (UNTSO[1]), jedoch ohne langfristige Erfolge. Als schließlich US-Präsident EISENHOWER Ägypten jede finanzielle Unterstützung für das Projekt des Assuan Stausees entzog, antwortete der ägyptische Präsident NASSER mit der Ankündigung der Nationalisierung des Suez-Kanals und der Suez Canal Company. Der Versuch des UN-Sicherheitsrates, die Suez-Frage einvernehmlich zugunsten des internationalen Regimes des Kanals zu regeln, scheiterte. Seine Resolution 118 vom 12. Oktober 1956[2] wurde von den Ereignissen überholt, als israelische Streitkräfte am 29. Oktober 1956 auf die Sinai-Halbinsel – also ägyptisches Territorium – einrückten. Zwei Tage später schalteten sich Frankreich und das Vereinigte Königreich auf der Seite Israels in das Geschehen ein. Mit ihrer Luftwaffe griffen sie militärische Ziele in Ägypten an, gefolgt von der Landung französischer und britischer Bodenstreitkräfte am nördlichen Ende des Suez Kanals in der Nähe von Port Said. Während Israel seine militärische Invasion mit den Fedayeen-Übergriffen rechtfertigte, konzentrierten sich die militärischen Ziele des Vereinigten Königreichs auf den Suez-Kanal: Die britische Regierung besaß 44 % der Anteile an der

[1] Zur United Nations Truce Supervision vgl. R. HIGGINS, Untied Nations Peacekeeping 1946 – 1967, Bd. I, 1969, S. 5 ff.
[2] SC-Res. 118 (1956), SCOR, Resolution and Decisions 1956, S. 7.

Suez Canal Company, deren Konzession für die Leitung des Kanals erst 1968 auslaufen sollte. Frankreichs Motivation für sein Engagement war dagegen eher generalpräventiver Natur: Die Regierung sah ihre vitalen Interessen in Algerien durch die arabische Staatenwelt gefährdet, die die nationale algerische Bewegung nicht nur moralisch sondern auch materiell erheblich unterstützte.[3]

Die militärische Aktion des Vereinigten Königreichs, Frankreichs und Israels führte zu einer Welle von Verurteilungen, auch durch die Regierung der Vereinigten Staaten. Die Sowjetunion schlug im Sicherheitsrat vor, im Rahmen des Art. 42 UN-Charta die Sowjetunion und die Vereinigten Staaten zu autorisieren, militärisch zum Schutze Ägyptens in den Konflikt einzugreifen. Die Vereinigten Staaten sprachen sich gegen eine Einmischung aus und warnten die Sowjetunion, daß sie auf jeden Einmischungsversuch seitens der Sowjetunion reagieren würden.[4] Angesichts der Lähmung des Sicherheitsrates durch die konträren Interessen von vier seiner fünf ständigen Mitgliedern wurde die Angelegenheit am 1. November 1956 der UN-Generalversammlung überantwortet, und zwar nach dem Verfahren, wie es von der Generalversammlung in der „Uniting for Peace" Resolution 377 (V)[5] 1950 festgelegt worden war.[6] Noch am selben Tag verabschiedete die Generalversammlung die Resolution 997 (ES-I), in der sie Einstellung der Gefechte, den Rückzug der Truppen hinter die Waffenstillstandslinien und die Wiedereröffnung des Kanals für den Schiffahrtsverkehr forderte. Zu diesem Zeitpunkt befand sich der Repräsentant Kanadas, Außenminister PEARSON, bereits in Verhandlungen mit Generalsekretär HAMMARSKJÖLD über die Etablierung einer Polizeitruppe der Vereinten Nationen für die Krisenregion. Auf Basis des kanadischen Vorschlages verabschiedete die Generalversammlung am 4. November 1956 die Resolution 998 (ES-I), in der sie dem Generalsekretär den Auftrag erteilte,

> „... to submit to it within forty-eight hours a plan for the setting up, with the consent of the nations concerned, of an emergency international United Nations Force to secure and supervise the cessation of hostilities in accordance with all the terms of the aforementioned resolution 997 (ES-I);..."[7]

---

[3] G. ROSNER, The United Nations Emergency Force, 1963, S. 13.

[4] United States Policy in the Middle East, Department of State Publications, Sept. 1956 – June 1957, S. 182.

[5] GA-Res. 377 (V), GAOR 5th Sess, Suppl. No. 20, Resolution, S. 10 ff.

[6] SCOR 11th Year, 751th Meeting, 31. Oktober 1956, Ziff. 141, S. 21 f.

[7] GA-Res. 998 (ES-I), GAOR 1st Emergency Special Sess., Supp. No. 1 S. 2.

Auf Basis des ersten Berichts des UN-Generalsekretärs[8] folgte die Resolution 1000 (ES-I), der Kreationsakt der United Nations Emergency Force (UNEF):

> "1. *Establishing* a United Nations Command for an emergency international Force to secure and supervise the cessation of hostilities in accordance with all the terms of General Assembly resolution 997 (ES-I) of 2 November 1956:
> 2. *Appoints*, on an emergency basis, the Chief of Staff of the United Nations Truce Supervision Organizations, Major-General E.L.M. Burns, as Chief of the Command; ..." [9]

Basierend auf den von der Generalversammlung vorgegebenen Eckpunkten erarbeitete HAMMARSKJÖLD einen zweiten und letzten Bericht über die Konzeption und den Charakter von UNEF I: „The Force obviously should have no rights other than those necessary for the execution of its function, in co-operation with local authorities. It would be more than an observers' corp, but in no way a military force temporary controlling the territory in which it is stationed."[10]

Generalsekretär DAG HAMMARSKJÖLD kam bei der Aufstellung von UNEF die Schlüsselrolle zu. Am 15. November 1956, acht Tage nach der Billigung seines zweiten Berichts durch die UN-Generalversammlung[11], landete die erste Gruppe von UN-Soldaten in Ägypten. Der Konsens aller beteiligten Parteien lag zu diesem Zeitpunkt vor. Israel hatte – wie auch Frankreich und das Vereinigte Königreich[12] – in einen Waffenstillstand eingewilligt.[13] Nach intensiven Verhandlungen des UN-Generalsekretärs mit der ägyptischen Regierung war diese mit der Stationierung der UNEF-Truppen auf ägyptischem Hoheitsgebiet einverstanden.[14] Die Positionierung der Streitkräfte an den neuralgischen Punkten der Krisenregion verlief reibungslos. Bereits Mitte Dezember 1956 kontrollierte UNEF das gesamte Gebiet des Suez Kanals. Zeitgleich mit der Stationierung

---

8 UN-Doc.-A/3289, 1st report of the Secretary-General on the plan for an emergency international United Nations Force, 4. November 1956, GAOR, First Emergency Special Session, Annexes, Agenda item 5, S. 14

9 GA-Res 1000 (ES-I), GAOR 1st Emergency Special Sess., Supp. No. 1, S. 3.

10 UN-Doc. A/3302, 2nd and final report of the Secretary-General of the plan for an emergency international UN force, 6. November 1956, GAOR, 1st Emergency Special Sess., Annexes, S. 19 ff.

11 GA-Res. 1001 (ES-I) vom 7. November 1956, GAOR 1st Emergency Special Sess., Supp. No. 1, S. 5.

12 UN-Doc. A/3306 und UN-Doc. A/3307, 6. November 1956, GAOR (Fn. 8), S. 27 f.

13 UN-Doc. A/3279 und A/3301.

14 UN-Doc. A/3375, Report of the Secretary-General on basic points for the presence and functioning in Egypt of the United Nations Emergency Force, 20. November 1956, GAOR 11th Session, Annexes, Agenda item 66, S. 9.

begann der Abzug der britischen und französischen Truppen.[15] Israel zog im März 1957 seine Streitkräfte im Gaza-Streifen hinter die Demarkationslinie des ägyptisch-israelischen Waffenstillstandsabkommens vom 24. Februar 1949 zurück. Insgesamt 24 Nationen hatten dem Generalsekretär ihre Unterstützung bei der Aufstellung der UNEF-Streitkräfte angeboten; letztlich wurden nur die nationalen Kontingente von zehn Mitgliedstaaten mit Zustimmung Ägyptens vom Generalsekretär für UNEF in Anspruch genommen, strikt orientiert an dem Kriterium der Neutralität des Entsendestaates: Brasilien, Kanada, Kolumbien, Dänemark, Finnland, Indien, Indonesien, Norwegen, Schweden und Jugoslawien nahmen an der UNEF-Operation teil, allerdings zum Teil nur für die Dauer eines Jahres.[16] Den höchsten Personalstand erreichte UNEF im September 1957 mit insgesamt 6.000 Mann.[17] Im Jahr 1967 – kurz vor Beendigung des Mandats von UNEF I – war die Stärke der Truppe auf 3.378 Mann geschrumpft.[18]

Das Ende von UNEF I begann mit den wachsenden Spannungen zwischen Syrien und Israel um die israelischen Siedlungen innerhalb der demilitarisierten Zone zwischen den Staaten. Am 7. April 1967 eskalierte die Situation in eine bewaffnete Auseinandersetzung, die weder von der UNTSO noch vom UN-Generalsekretärs U THANT befriedet werden konnte. Der Konflikt beeinflußte unmittelbar die Haltung Ägyptens – seit 1958 mit Syrien zur Vereinten Arabischen Republik zusammengeschlossen[19] – und wirkte sich damit auch auf die UNEF-Operation aus. Am 16. Mai 1967 erhielt UNEF-Kommandeur RIKHYE von dem Oberbefehlshaber der ägyptischen Streitkräfte die Aufforderung, alle UN-Truppen von den Beobachterposten entlang der Grenze zu Israel abzuziehen. Generalsekretär U THANTs erteilte an den Kommandeur von UNEF die Instruktion, auf den Positionen zu bleiben, bis eine formale Aufforderung zum Abzug seitens der ägyptischen Regierung vorläge. Als schließlich der ägyptische Außenminister die Repräsentanten der Entsendestaaten von UNEF davon informierte, daß die Zustimmung Ägyptens zum Aufenthalt von UNEF nicht länger bestehe, hinderten zeitgleich ägyptische Soldaten die UNEF-Truppen daran, ihre Posten zu beziehen. Die Bemühungen U THANTs, Ägypten von dem Verbleib der Truppen zu überzeugen und Israel zur Erlaubnis der Stationierung auf israelischem Terri-

---

[15] UN-Doc. A/3384 Annex I und III, 21. November 1956, GAOR 11th Session, Annexes, Agenda item 66, S. 16 f.

[16] Gem GA-Res. 1000 (ES-I), Ziff. 3 sollte UNEF I nur aus Kontingenten von Staaten bestehen, die nicht ständiges Mitglied des Sicherheitsrates sind (Fn. 9).

[17] UN-Doc. A/4210, Progress Report of the Secretary-General, 10. September 1959.

[18] UN-Doc. A/6672, Annual Report of the Secretary-General on UNEF, 12. Juli 1967.

[19] Die Vereinigte Arabische Republik – d.h. die Union zwischen Ägypten und Syrien – währte von 1958 bis 1961; Ägypten hielt den Staatsnamen „Vereinigte Arabische Republik" bis 1971 bei. Im folgenden wird durchgängig der Staatsname „Ägypten" verwendet.

torium zu motivieren, scheiterten an der ablehnenden Haltung beider Staaten. Angesichts dieser Umstände befahl der Generalsekretär am 18. Mai 1967 den Rückzug, ohne zuvor die Generalversammlung zu konsultieren oder den Sicherheitsrat nach Art. 99 UN-Charta zusammenzurufen.[20] Kurze Zeit später, am 5. Juni 1967, brach der Sechs-Tage Krieg zwischen Israel und Ägypten aus, nachdem Ägypten die Straße von Tiran für Israel gesperrt hatte. Die letzten UNEF-Truppen und ihr Kommandeur verließen Ägypten am 17. Juni 1967.

In den folgenden sechs Jahren kam der Beobachtermission UNTSO die zentrale Rolle im Krisengebiet des Nahen Osten zu, insbesondere bei der Überwachung des Waffenstillstands zwischen Israel und seinen Kriegsgegnern Ägypten, Jordanien, Syrien und dem Libanon nach Beendigung des Sechs-Tage-Krieges.[21] Die politische Lage in der Folgezeit des Sechs-Tage-Krieges blieb allerdings nur bis 1973 stabil. Am 6. Oktober 1973 überquerten überraschend ägyptische Streitkräfte den Suez-Kanal, während zeitgleich syrische Truppen israelische Positionen auf den Golanhöhen angriffen. Während der Sicherheitsrat in seiner Paralyse verharrte, wurde die Situation für Ägypten militärisch kritisch, nachdem es den israelischen Truppen gelungen war, die 3. Armee Ägyptens auf der East Bank zu isolieren. Der Sicherheitsrat konnte sich angesichts dieser Entwicklung auf die Resolution 338 (1973) vom 22. Oktober 1973 einigen, die die Konfliktparteien zu einem sofortigen Waffenstillstand aufrief.[22] Der Konsens der Großmächte im Sicherheitsrat endete allerdings, als Ägypten sowohl die Vereinigten Staaten als auch die Sowjetunion um die Entsendung von Truppen zur Durchsetzung eines Waffenstillstandes bat.[23] Während die Vereinigten Staaten dieses Ansinnen ablehnten, erklärte sich die Sowjetunion zu einem militärischen Engagement bereit. Die drohende Konfrontation der Großmächte konnte durch den Vorschlag neutraler Sicherheitsratsmitglieder verhindert werden, die Peace-keeping-Truppe UNEF II ins Leben zu rufen. Die Umsetzung des Vorschlages erfolgte mit der Sicherheitsratsresolution 340 (1973).[24] Die ersten Truppenteile von UNEF II entstammten der Peace-keeping-Truppe UNFICYP aus dem nahegelegenen Zypern.[25] Später hinzustoßende Kontingente

---

[20] Zur Rechtfertigung dieses Vorgehens s. U THANT, UN-Doc. A/6730/Add. 3, GAOR 5th Emergency Special Sess., Agenda item 5.

[21] Zur den verschiedenen Einsatzgebieten von UNTSO s. SC-Res. 236 (1967), SCOR, Resolutions and Decisions 1967, S. 4 (Golan Höhen); SCOR, 22nd Year, 1366th Meeting, 9./10. Juli 1967, S. 13 (Suez Kanal).

[22] SC-Res. 338 (1973) SCOR, Resolutions and Decisions 1973, S. 10.

[23] SCOR 28th Year, 1749th Meeting, 24. Oktober 1973, S. 7 ff.

[24] SC-Res. 340 (1973), SCOR, Resolutions and Decisions 1973, S. 10: 14 Befürworter, keine Gegenstimme, keine Enthaltung; China war bei der Abstimmung nicht anwesend.

[25] UN-Doc./11049, 25. Oktober 1973, SCOR 28th Year, Suppl. Oct. – Dec. 1973, S. 89.

wurden nach einem ausbalancierten geographischen Verteilungsmodus ausgewählt.[26] UNEF II blieb mit der Einwilligung Ägyptens[27] und Israels[28] bis zum Juli 1979 auf der Sinai Halbinsel: In der ersten Phase ihres Aufenthalts überwachte sie die Einhaltung des Waffenstillstands zwischen Israel und Ägypten. Von 1974 bis 1975 kontrollierte UNEF II eine Disengagement-Zone zwischen den Streitparteien, etablierte strategische Beobachterposten und entsendete mobile Patrouillen.[29] In der dritten und letzten Phase des UNEF II Einsatzes sicherten die Truppen eine Pufferzone[30] zwischen Ägypten und den von Israel besetzten Gebieten im Sinai. Das Mandat von UNEF II wurde insgesamt achtmal vom Sicherheitsrat verlängert. Der Einsatz endete 1979 anläßlich des Friedensvertrags zwischen Israel und Ägypten und des Rückzuges der israelischen Truppen.

2. UNEF: Organstatus, Befehlsgewalt und Immunität

Die Schaffung von UNEF I im Jahr 1956 war für die Vereinten Nationen ein innovativer Akt von weitreichender Bedeutung. Bei der Ausarbeitung des Plans einer ersten Peace-keeping-Force mit militärischen Aufgaben konnte Generalsekretär HAMMARSKJÖLD im Hinblick auf den Rechtsstatus dieser „friedlichen" Streitkräfte auf keine UN-Praxis zurückgreifen.[31] Während bei der seit 1948 im Nahen Osten aktiven Beobachtermission UNTSO die Beobachter auf individueller Basis für die Dienste der Vereinten Nationen herangezogen wurden,[32] verlangte UNEF I komplexe Arrangements mit den Entsendestaaten und dem Aufenthaltsstaat Ägypten. Die in kürzester Zeit von Generalsekretär HAMMARSKJÖLD ausgehandelte diplomatische Balance zwischen der Souveränität Ägyp-

---

[26] UN-Doc. S/11056 Add. 1 – 16 und UN-Doc. S/11072 (1973), SCOR 28th Year, Suppl. Oct – Dec. 1973, S. 93 ff. und S. 208 f.

[27] UN-Doc. S/11055, SCOR 28th Year, Suppl. Oct. – Dec. 1973, S. 92.

[28] In der ersten ägyptisch-israelischen Waffenstillstandsvereinbarung vom 18. Januar 1974 erkannten beide Parteien die Existenz von UNEF II an und stellten einen Pufferzone auf der Sinai-Halbinsel für die Stationierung der Truppen zur Verfügung, UN-Doc. S/11198 Annex (1974), SCOR 29th Year, Supp. Jan. – March 1974, S. 84 f.

[29] Interimsabkommen zwischen Ägypten und Israel vom 18. Januar 1974, UN-Doc. S/11198, Annex.

[30] Interimabkommen zwischen Ägypten und Israel vom 2. September 1975, UN-Doc. S/11818, Add. 1 Annex.

[31] Vgl. aber die ähnlich konzipierte internationale Saartruppe des Völkerbundes (1934 – 1935), hierzu ausführlich S. 140 ff.

[32] Die militärischen Beobachter sind – abgesehen von einigen Kommandeuren der Missionen – keine Angehörige des UN-Sekretariats, sondern der mitgliedstaatlichen Streitkräfte; sie haben sich i.d.R. als Freiwillige individuell den Vereinten Nationen zur Verfügung gestellt, F. SEYERSTED, United Nations Forces in the Law of Peace and War, 1966, S. 23.

tens und dem internationalen Mandat der Peace-keeping-Streitkräfte hat bis heute Vorbildcharakter. Die rechtlichen Rahmenbedingungen des Aufenthalts von UNEF I in Ägypten basieren auf mehreren Dokumenten: Von zentraler Bedeutung ist das Statusabkommen zwischen den Vereinten Nationen und der Regierung von Ägypten, geschlossen in New York am 8. Februar 1957 (im folgenden SOFA).[33] Es galt rückwirkend mit dem Eintreffen der ersten UNEF I-Kontingente in Ägypten im November 1956.[34] Die Konvention über Privilegien und Immunitäten der Vereinten Nationen von 1945, der Ägypten im 1948 beigetreten war, ergänzt die Lücken dieses Statusabkommens als lex generalis. Zeitgleich mit dem Statusabkommen entwarf der UN-Generalsekretär – nach Konsultation des Advisory Committee der Generalversammlung – die „Regulations for the United Nations Emergency Force“[35]. Als sekundäres Organisationsrecht war dieses Truppenstatut für UNEF I, seine Kontingente und deren Mitglieder rechtlich verbindlich.[36] Inhaltlich ist es in weiten Teilen identisch mit dem UNEF-Statusabkommen zwischen den Vereinten Nationen und Ägypten. Die Inkorporation des Statusabkommens und des Truppenstatuts in die Truppenabkommen[37] zwischen den Vereinten Nationen mit den Entsendestaaten der nationalen Kontingente führte schließlich im Verhältnis der drei beteiligten Parteien – UNEF I, Entsendestaaten und Aufenthaltsstaat – zu einem Gleichklang an Rechten und Pflichten. Im Hinblick auf die Verhaltensregeln der einzelnen UNEF-Mitglieder ist zwischen zivilem und militärischem Personal zu unterscheiden: Für das zivile UN-Personal von UNEF I galt auch während des Einsatzes in Ägypten weiterhin das allgemeine UN-Personalstatut (Staff regulations). Das militärische Personal, also die Mitglieder der nationalen Kontingente, hatte sein Verhalten primär nach dem Truppenstatut und den darauf basie-

[33] UNTS Bd. 260, S. 61 ff.; s. aber auch der Vorläufer, das Aide-mémoire der ägyptischen Regierung und des UN-Generalsekretärs vom 20. November 1956, UN-Doc. A/3375 (Annex), 20. November 1956, GAOR 11th Sess, Annexes, Agenda item 66, S. 9 f.

[34] UN-Doc. A/3943, Summary Study of the experience derived from the establishment and operation of the Force: Report of the Secretary-General, GAOR 13th Sess, Annexes, Agenda item 65, S. 8, 25, Ziff. 134.

[35] „Regulations for the United Nations Emergency Force“ (im folgenden: UNEF-Truppenstatut) vom 20. Februar 1957, UNTS Bd. 271, S. 168, abgedr. in: R. C. R. SIEKMANN, Basic Documents on United Nations and Related Peace-keeping Forces, 1989, S. 37 ff.

[36] Die Veröffentlichung des UNEF-Truppenstatuts in der United Nations Treaty Series kann angesichts der Rechtsnatur als internes Organisationsrecht allenfalls mit dem Argument der Öffentlichkeit und Transparenz erklärt werden.

[37] Finnland: UNTS Bd. 271, S. 135; Schweden: UNTS Bd. 271, S. 187; Norwegen: UNTS Bd. 271, S. 223; Kanada: UNTS Bd. 274, S. 42; Dänemark: UNTS Bd. 274, S. 81; Brasilien: UNTS Bd. 274, S. 199; Indien: UNTS Bd. 274, S. 233; Jugoslawien: UNTS Bd. 277, S. 191.

renden Instruktionen („Standing Orders“[38]) auszurichten. Im übrigen stellte Generalsekretär HAMMARSKJÖLD zu dieser Teilnehmergruppe fest: „Military personnel employed by the United Nations in paramilitary operations are, of course, not under the same formal obligations in relation to the Organization as staff members of the Secretariat. However, the position must maintain that the basic rules of the United Nations for international service are applicable also to such personnel, particularly as regards full loyalty to the aims of the Organizations and to abstention from acts in relations to their country or origin or to other countries which might deprive the operation of its international character and create a situation of dual loyalty.“[39]

Im Fall von UNEF II fehlen weitgehend schriftlich niedergelegte Vereinbarungen, die die rechtlichen Modalitäten des Einsatzes auf der Sinai-Halbinsel mit Ägypten und Israel einvernehmlich regeln. Die Grundprinzipien des UNEF II-Einsatzes legte UN-Generalsekretärs KURT WALDHEIM in einem Bericht an den Sicherheitsrat vom 27. Oktober 1973 fest (sog. guidelines), inhaltlich aufbauend auf den Erfahrungen der vergangenen Peace-keeping-Operationen im Nahen Osten und auf Zypern.[40] Diese Richtlinien mit ihren prägnanten Ausführungen zur Freizügigkeit der Truppe, ihren Immunitäten und Privilegien, Kommandostrukturen sowie Rechten und Pflichten wurden in die Sicherheitsratsresolution 341 (1973) inkorporiert und damit nach Art. 25 UN-Charta für die Mitgliedstaaten und die Organisation selbst verbindlich.

Flankierend zu den einseitig von den Vereinten Nationen festgelegten rechtlichen Rahmenbedingungen von UNEF II führte das UN-Sekretariat mit den ägyptischen Behörden Verhandlungen über den Abschluß eines detaillierten Statusabkommens. Die Einigung scheiterte an substantiellen Vorbehalten Ägyptens;[41] dennoch erklärte sich Ägypten bereit, im Fall von UNEF II die Prinzipien

[38] STANDING ORDERS (1962/1967), Military Personnel Section, Headquarters United Nations Emergency Force, UN Archives, N.Y., Series No. DAG-13/3.11.1.1. Box No. 45.

[39] UN-Doc. A/3943 (Fn. 34), Ziff. 168.

[40] UN-Doc. S/11052/Rev. 1, Report of the Secretary-General on the implementation of SC-Res. 340 (1973), SCOR 28th Year, Suppl. Oct – Dec. 1973, S. 91.

[41] R. SOMMEREYNS, United Nations Peace-keeping Forces in the Middle East, Brooklyn Journal of International Law 6 (1980), S. 1, 42; SOMMEREYNS sieht die Ursache für das Scheitern einer neuen Statusabrede in der Befürchtung Ägyptens, ein neues Statusabkommen könne den falschen Eindruck von einem permanenten Charakter der Truppe erwecken, a.a.O. S. 42, dort Fn. 186. RZYMANEK geht davon aus, daß die arabischen Staaten ein Statusabkommen mit Israel verhindern wollten, J. RZYMANEK, Legal Problems of United Nations Peacekeeping, Polish Yearbook of International Law XVI (1987), S. 85, 99.

des UNEF I-Statusabkommens von 1957 zu beachten.[42] Diese Vereinbarung wurde in der Praxis durch eine Vielzahl von Einzelfallabreden mit den Vereinten Nationen umgesetzt. Das ägyptische Zugeständnis, das UNEF I-Statusabkommen analog anzuwenden, erfuhr in der Praxis eine Bewährungsprobe, als Ägypten gegenüber den Vereinten Nationen die Erstattung der Mieten für die von UNEF II beanspruchten Gebäude verlangte. Die Vereinten Nationen verweigerten die Zahlungen unter Berufung auf Art. 19 des UNEF I-Statusabkommens, nach der die ägyptische Regierung verpflichtet war, UNEF-I Gelände zur Verfügung zu stellen.[43] Der Verzicht auf den Abschluß eines Statusabkommens mit Israel machte sich für das Mandat von UNEF II besonders negativ bemerkbar. Trotz der in der Resolution 341 (1973) enthaltenen Verpflichtung, UNEF II die zur Erfüllung ihres Mandats notwendige Bewegungsfreiheit zu gewähren, verweigerte Israel all denjenigen Truppenkontingenten den Zutritt zu den von ihm besetzten Gebieten, zu deren Entsendestaaten Israel keine diplomatischen Kontakte pflegte. Trotz der Proteste des Generalsekretär und des Sicherheitsrates führte die Haltung Israels dazu, daß die Kontingente aus Ghana, Indonesien, Polen und dem Senegal die israelisch besetzten Gebiete des Sinai nicht betreten durften.[44]

a) Organstatus von UNEF

Anders als im Fall der UN-Streitkräfte in Korea[45] kann an dem Organstatus der UNEF I von Anbeginn kein Zweifel bestehen. Die Peace-keeping-Streitkräfte wurden vom Generalsekretär HAMMARSKJÖLD als Nebenorgan der Generalversammlung konzipiert und von dieser durch die Resolution 1000 (ES-I) auf Grundlage des Art. 22 UN-Charta eingesetzt. Entgegen der sonstigen UN-Praxis wurde der Organstatus von UNEF-I auch für Dritte erkennbar öffentlich dokumentiert, z.B. in Art. 6 des UNEF-Truppenstatuts und in Art. 23 des Statusabkommens mit Ägypten:

---

[42] N. A. ELARABY, UN Peacekeeping: The Egyptian Experience, in: Wisemann, Peacekeeping-Appraisal and Proposals, 1983, S. 65, 82: ELARABY war zur Zeit des UNEF II Einsatzes Rechtsberater der ägyptischen Regierung und führte in dieser Funktion die Verhandlungen mit den Vereinten Nationen, a.a.O dort Fn. 55.

[43] Hierzu ausführlich S. 267 ff.

[44] UNITED NATIONS, The Blue Helmets, 1996, S. 63 f.; SOMMEREYNS (Fn. 41), S. 43.

[45] Siehe Ausführungen S. 181 ff.

Art. 23: „The United Nations Emergency Force, as a subsidiary organ of the United Nations established by the General-Assembly, ...“[46]

Generalsekretär HAMMARSKJÖLD und der Vertreter Kanadas LESTER PEARSON hatten von vornherein UNEF I als UN-Organ geplant, um die notwendige politische Unabhängigkeit der Streitkräfte von den partikularen Interessen der Mitgliedstaaten sicherzustellen.[47] In seinem ersten Bericht an die Generalversammlung brachte der Generalsekretär seine Vorstellungen durch die Empfehlung zum Ausdruck, die geplante internationale Truppe unter ein „United Nations Command“ zu stellen. Die entsprechende Anordnung der Generalversammlung in der Resolution 1000 (ES-I) wertete der Generalsekretär in seinem zweiten Bericht als eine Entscheidung zugunsten von Streitkräften, „... set up on the basis of principles reflected in the constitution of the United Nations itself.“[48] Aufschlußreich ist in diesem Zusammenhang der Verweis auf die historischen Erfahrungen des Korea-Einsatzes von 1950[49]: Die internationalen UN-Streitkräfte in Korea unter dem Unified Command sei – so HAMMARSKJÖLD – ein alternatives, eher den mitgliedstaatlichen Sonderinteressen zugewandtes Modell gewesen, das im Falle des Nahen Osten bewußt nicht wiederholt werden sollte.[50]

Die Entscheidung, UNEF-I als Nebenorgan der Generalversammlung zu konzipieren, provozierte unter den Mitgliedstaaten und in der wissenschaftlichen Literatur einige Fragen zur Kompetenzmäßigkeit der GA-Resolution 1000 (ES-I). Stellt man sich mit KELSEN[51], GOODRICH und HAMBRO[52] auf den Standpunkt, daß ein Organ seine Hilfs- bzw. Nebenorgane nur mit den Kompetenzen versehen könne, die es selbst habe, ließ sich im Falle von UNEF-I durchaus an der Kompetenz der Generalversammlung zur Initiierung einer militärisch gestützten Friedensinitiative zweifeln. Der Generalsekretär war sich der besonderen Problematik gerade im Hinblick auf das Interorganverhältnis von Sicherheitsrat und Generalversammlung bewußt, als er den Rechtsstatus von UNEF ausarbeitete. Die von ihm im UNEF-Truppenstatut gewählte Formulierung ist bewußt neutral: „The United Nations Emergency Force is a subsidiary organ of the United Na-

---

46 Statusabkommen, Kapitel II, Art. 23, (Fn. 33); vgl. auch die Präambel des Statusabkommens der Vereinten Nationen mit dem Libanon vom 1. Mai 1957 (sog. UNEF-Urlaubsabkommen), UNTS Bd. 266, S. 126.

47 PEARSON hatte zu Anfang eine UN-Polizeitruppe bestehend aus britischen und französischen Mitgliedern anvisiert, allerdings ebenfalls unter der ausschließlichen Kontrolle der Vereinten Nationen, ROSNER (Fn. 3), S. 130.

48 UN-Doc. A/3302 (Fn. 10), S. 20 Ziff. 4 (a).

49 Hierzu ausführlich S. 173 ff.

50 UN-Doc. A/3302 (Fn. 10), S. 20 Ziff. 4 (b).

51 H. KELSEN, The Law of the United Nations, 1950, S. 137.

52 L. M. GOODRICH/E. HAMBRO, Charter of the United Nations, 1949, Art. 22, S. 193 f.

tions ..."[53] Auch in Fragen der operativen Entscheidungsbefugnisse ließ HAMMARSKJÖLD erkennbar Vorsicht walten: „... its chief responsible officer should be appointed by the United Nations, and (...) he, in his function, should be responsible ultimately to the General Assembly and/or the Security Council."[54]

Die umstrittene Kompetenz der Generalversammlung, UNEF-I als Nebenorgan zu etablieren, sollte im Jahr 1962 – also noch während des Einsatzes von UNEF I – auf Anfrage der Generalversammlung den Internationalen Gerichtshof beschäftigen. Anlaß war die an Kompetenzfragen anknüpfende Weigerung Frankreichs und der Sowjetunion, die Ausgaben der Peace-keeping-Mission UNEF-I und der vom Sicherheitsrat autorisierten Peace-keeping-Mission ONUC[55] anteilig zu tragen, wie sie von der Generalversammlung durch verbindliche Resolutionen gem. Art. 17 Abs. 2 UN-Charta festgelegt worden waren. Der Internationale Gerichtshof vertrat in seinem Certain-Expenses-Gutachten die Auffassung, die Kosten für UNEF I und ONUC seien Ausgaben der Vereinten Nationen im Sinne des Art. 17 Abs. 2 UN-Charta.[56] Im Hinblick auf die Satzungsgemäßheit[57] der Errichtung beider Peace-keeping-Missionen stellte der Gerichtshof fest, daß es sich bei beiden Einsätzen aufgrund des Einverständnisses Ägyptens und der Republik Kongo um keine Zwangsmaßnahmen nach dem VII. Kapitel gehandelt habe. Die Kompetenz zur *Empfehlung* friedenssichernder Maßnahmen verortete der Gerichtshof schließlich beim Sicherheitsrat *und* bei der Generalversammlung.[58] Daß die Generalversammlung – im Gegensatz zum Sicherheitsrat – im Rahmen der UN-Charta selbst keine militärischen Befugnisse hat, problematisierte der IGH nicht.[59] Der Gerichtshof ging ersicht-

---

53 UNEF-Truppenstatut (Fn. 35), Art. 6 und Art. 10.

54 UN-Doc. 3302 (Fn. 10), Ziff. 4 (a).

55 Die ONUC-Streitkräfte im Kongo 1960 – 1964 wurden vom Sicherheitsrat eingesetzt; die Zahlungsverweigerung seitens der Sowjetunion und ihrer Verbündeter knüpfte daher nicht an der Kompetenzmäßigkeit ihrer Einsetzung an, sondern an der Kompetenz des Generalsekretärs durch selbständigen Führung der Operation, IGH, Certain Expences of the United Nations, I.C.J. Reports 1962, Pleadings, S. 270 f.

56 IGH, Certain Expenses of the United Nations, Advisory Opinion of July 20th, 1962: I.C.J. Reports 1962, S. 150, 171 f.

57 Zum Konnex zwischen Kostenlast und Legalität der kostenverursachenden Maßnahme in der Argumentation des IGH s. M. BOTHE, Certain Expenses of the United Nations (Advisory Opinion), EPIL Bd. 1, 1992, S. 557.

58 Der IGH favorisierte Art. 14 UN-Charta als Rechtsgrundlage für UNEF I; IGH a.a.O., S. 172; vgl. zum Gutachten auch A. SHEIKH, UN-Peace-keeping Forces. A Reappraisal of Relevant Charter Provision, Revue belge de droit international 1971, S. 469.

59 ICTY-Appeals Chamber bezeichnete im Tadic-Fall die Einwände des Angeklagten Tadic, der Sicherheitsrat habe nicht die Kompetenz, ein Rechtsprechungsorgan zu kreieren, „a fundamental misunderstanding of the constitutional set-up of the Charter", Prosecutor v.

lich davon aus, daß dem UN-Organ bei der Wahl der friedenssichernden Maßnahmen – solange sie nur keine Zwangsmaßnahmen sind – ein großer politischer Entscheidungsspielraum zusteht.[60] Trotz des positiven IGH-Gutachtens hielten einige Mitgliedstaaten an ihrer Rechtsauffassung zur Kompetenz der Generalversammlung fest und verweigerten weiterhin die Erstattung der UNEF I-Kosten.[61] Die operative Arbeit von UNEF I blieb vom diesem Konflikt allerdings unberührt. Die nach UNEF I wiedereinsetzende Handlungsfähigkeit des Sicherheitsrates in Fragen der Peace-keeping-Einsätze brachte schließlich die endgültige Lösung des Kompetenzproblems.[62] Als Nebenorgan des Sicherheitsrates war die Legalität von UNEF II unbestritten.

Innovativ an UNEF I war aber nicht nur im Hinblick auf ihre organschaftliche Anbindung der internationalen Truppe an die Generalversammlung, sondern auch im Hinblick auf den fortbestehenden organschaftlichen Status der einzelnen UNEF-Kontingente in ihren Entsendestaaten: Die Entscheidung der Generalversammlung zugunsten eines militärischen UN-Nebenorgans führte für Generalsekretär DAG HAMMARSKJÖLD zu der zentralen Folgefrage, wie das notwendige militärische Personal für die Peace-keeping-Streitkräfte gewonnen werden sollte. Die individuelle Rekrutierung war angesichts der benötigten Truppenstärke in der Kürze der Zeit nicht realisierbar und wurde – soweit ersichtlich – vom Generalsekretär auch nicht erwogen. Der Entschluß, nationale Kontingente vom Entsendestaat zu empfangen und als verwaltungstechnisch und militärisch geschlossene Einheiten innerhalb des UNEF-Truppenverbandes einzusetzen, wurde laut HAMMARSKJOLD von der Notwendigkeit getragen „... to avoid the loss of time and efficiency which is unavoidable when new units are set up through joining together small groups of different nationalities."[63] Mit der Entscheidung zugunsten von integrierten Unterverbänden innerhalb von UNEF I wurde die Harmonisierung der nationalen Identität der Truppenkontingente mit

---

Tadic, Appeals Chamber, Urteil vom 2. Oktober 1995, Ziff. 37, abgedr. in: HRLJ 16 (1995), S. 437, 444. Das Berufungsgericht ging in seiner Argumentation ausdrücklich auf den Kreaktionsakt von UNEF I durch die Generalversammlung ein, a.a.O. Ziff. 38.

[60] Zur Kompetenz der Generalversammlung, ein rechtsprechendes Nebenorgan einzusetzen: IGH, Effects of awards of compensation made by the U.N. Administrative Tribunal, Advisory Opinion of July 13th, 1954, I.C.J. Reports 1954, S. 47, 56, 58; in der Literatur H. J. PRIESS, Internationale Verwaltungsgerichte und Beschwerdeausschüsse, 1989, S. 87 ff.

[61] Vgl. hierzu CH. TOMUSCHAT, Die Beitragsverweigerung in internationalen Organisationen, FS Mann, 1977, S. 439 ff.

[62] Im UN-Sonderausschuß für friedenserhaltende Maßnahmen wurde die Entscheidung getroffen, daß die Einleitung und Durchführung von Peace-keeping-Einsätzen nur vom Sicherheitsrat beschlossen werden darf, UN-Doc. A/9236 GAOR, 28th Sess., Annex, Agenda item 44, S. 5.

[63] UN-Doc. A/3302 (Fn. 10), Ziff. 14; s. UN-Doc. 3943 (Fn. 34), Ziff. 17.

dem internationalen Organstatus der Peace-keeping-Streitkräfte zur vordringlichsten Aufgabe des Generalsekretärs.[64] Hinzu kam, daß die Mitglieder der nationalen Kontingente und ihre unmittelbaren Vorgesetzten im Militärdienst des Entsendestaates blieben, d.h. nicht von ihren nationalen Dienstpflichten beurlaubt oder freigestellt wurden.[65] Die nationale Dienstpflicht bestand vielmehr darin, die militärischen und sonstigen Fähigkeiten nunmehr den Vereinten Nationen im Rahmen von UNEF zur Verfügung zu stellen.[66] Die einzelnen Mitglieder der nationalen Kontingente traten im Gegenzug nicht in den Dienst der Vereinten Nationen respektive des UN-Sekretariats (Art. 101 UN-Charta), sondern blieben trotz ihrer internationalen Aufgaben und ihrer Bezeichnung als „international personnel“[67] während der gesamten Zeit bei UNEF I ein Teil der heimatstaatlichen Armee:

> Art. 1 SOFA: „For the purpose of these arrangements the term 'member of the Force' refers to any person, other than a person resident in Egypt, *belonging to the military service of a State* serving under the Command of the United Nations Emergency Force either in the United Nations Command (Headquarters Staff) or with a national contingent; ...“[68]

Der Verbleib im heimatstaatlichen Dienst bedeutete in rechtlicher Hinsicht zweierlei: Bezogen auf den formalen Rechtsstatus blieben die nationalen Kontingente und ihre Mitglieder trotz ihrer weitgehenden organisatorischen Ausgliederung aus dem heimatstaatlichen Truppenverband de iure-Organe ihres Heimatstaates. Die nationalen Militäreinheiten wurden vom Entsendestaat lediglich zur Erfüllung internationaler Aufgaben an die Vereinten Nationen „ent-

---

64 UN-Doc. 3943 (Fn. 34), Ziff. 127.

65 Von einem Verbleib in der österreichischen Bundesarmee geht beispielsweise Art. 1 des „Gesetzes über die Entsendung österreichischer Einheiten zur Hilfeleistung in das Ausland auf Ersuchen internationaler Organisationen“ aus; österr. BGBl. 1965, S. 933 f. Auf Basis dieses Gesetzes wurden österreichische Kontingente z.B. UNFICYO und UNEF II zur Verfügung gestellt.; vgl. auch in Anwendung dieses Gesetzes: Oberlandesgericht Wien, Rs. 14 R 31/79, Entscheidung vom 26. Februar 1979, ÖZöR 31 (1980), S. 310, 313.

66 Die verbleibende dienstrechtliche Verbindung zum Entsendestaat wirkt sich auf die Begründung bei der Bestrafung von Dienstvergehen durch nationale Militärgerichte aus. So erachtete das schwedische Militärgericht den Waffenschmuggel von schwedischen UN-Soldaten für türkische Zyprioten als Verletzung „schwedischer Interessen“; kritisch hierzu M. BOTHE, Streitkräfte internationaler Organisationen, 1968, S. 48 f.

67 Art. 6 des UNEF-Truppenstatuts (Fn. 35).

68 Quellennachweis Fn. 33 (Hervorhebung hier); s. auch Art. 5 lit. d und Art. 6 des Truppenstatuts (Fn. 35).

liehen“ (sog. internationale Organleihe[69]). Im Verhältnis zu den Vereinten Nationen hatte die unangetastete dienstrechtliche Beziehung[70] des Entsendestaates zu seinen Soldaten zur Folge, daß der Entsendestaat – ungeachtet einer gegenläufigen völkerrechtlichen Verpflichtung – seinem Kontingent auch ohne Mitwirkung der Vereinten Nationen *intern* den Rückzug befehlen konnte.[71] Im Fall von UNEF I verzichtete der Generalsekretär auf die ausdrückliche Festschreibung einer völkerrechtlichen Verpflichtung des Entsendestaates, die nationalen Kontingente nicht einseitig zurückzuziehen. In seinem Schreiben an die Entsendestaaten statuierte er lediglich eine Notifikationspflicht: „I should, therefore, appreciate your assurance that the national contingent provided by your Government will not be withdrawn without adequate prior notification to the Secretary-General ...“[72]

Das Charakteristikum des UN-Organs UNEF I lag nach alledem in dem *doppelten* Rechtsstatus der nationalen Kontingente innerhalb der Peace-keeping-Truppe: Während UNEF I förmlich als Nebenorgan der Generalversammlung eingesetzt wurde und auf internationaler Ebene auch nur als Organ der Vereinten Nationen in Erscheinung trat, behielten ihre organisatorischen Untergliederungen – die einzelnen Kontingente und ihre Mitglieder – ihre ursprüngliche nationale de iure-Organstellung bei.[73] Die zwangsläufige Folge, die doppelte de iure-Organstellung der nationalen Kontingente und ihrer Mitglieder, sollte das rechtliche Grundkonzept aller späteren Peace-keeping-Streitkräfte werden, auch wenn diese – wie im Fall von UNEF II – als Nebenorgan des Sicherheitsrates gem. Art. 29 UN-Charta eingesetzt wurden.

---

[69] S. zum Begriff und Inhalt der internationalen Organleihe S. 103 ff.

[70] Vgl. auch Ziff. 9.01 Standing Order 1962 (Fn. 38): „(2) National Duty is defined as followed: Any duty which may have to be performed by a member of the Force purely in the interest of the contingent/unit, the expenses for which be met by the national government.“ (Hervorhebung dort).

[71] Die Problematik des von Mitgliedstaaten angeordneten Rückzugs stellt sich daher nicht bei individuell durch die UN rekrutierten Soldaten, vgl. D. W. BOWETT, United Nations Forces, 1964, S. 386.

[72] Das UNEF-Truppenstatut besteht aus diesem Schreiben des Generalsekretärs und den positiven Antworten der Entsendestaaten, Nachweis Fn. 35.

[73] A.A M. BOTHE, in: Simma (Hrsg.), The Charter of the United Nations, Bd. 1, 2002, Peace-Keeping,S. 691, Rn. 109.

b) Militärische Kommandogewalt[74]

Die durch den doppelten Organstatus notwendige Harmonisierung der nationalen Identität der Truppenkontingente mit dem internationalen Charakter von UNEF I findet ihre normative Grundlage in Art. 6 des UNEF-Truppenstatus:

> Art. 6: „The members of the Force, although remaining in their national service, are during the period of their assignment to the Force, international personnel under the authority of the United Nations and subject to the instructions of the (United Nations) Commander through the chain of command."[75]

In Art. 11 heißt es weiter:

> Art. 11: „The Commander has full command authority over the Force. He is operationally responsible for the performance of all functions assigned to the Force by the United Nations, and for the deployment and assignment of troops placed at the disposal of the Force."

Der Kommandeur von UNEF I (Chief of the Command, später: Commander of the Force[76]) wurde von der Generalversammlung auf Vorschlag des Generalsekretärs ernannt.[77] Die Verantwortlichkeit des Kommandeurs gegenüber der Generalversammlung wurde in der Praxis durch den Generalsekretär vermittelt. Als dessen Organwalter trat der Kommandeur *de facto* auf, wie DAG HAMMARSKJÖLD in seinem Bericht an die Generalversammlung feststellt: „In practice, from the inception of the Force, the Commander has functioned as the principle agent of the Secretary-General in the area of operation, within the limits of his post."[78] Die absoluten Machtbefugnisse des Generalsekretärs im Rahmen von UNEF I rührten von einer auffallenden Passivität der Generalversammlung im Hinblick auf die Leitung und Kontrolle ihres Nebenorgans UNEF I. Von Beginn an hatte sie alle verwaltungstechnischen, operativen und militärischen Entscheidungsbefugnisse an den Generalsekretär delegiert: DAG HAMMARSKJÖLD übernahm im Vorbereitungsstadium die allgemeine strategische Planung, die Verhandlungen mit den teilnahmewilligen Mitgliedstaaten

---

[74] Zu der Konzeption von „Command & Control" im allgemeinen und in bezug auf Peace-keeping-Einsätze s. S. 107 ff.

[75] Nachweis Fn. 35.

[76] Umbenannt durch GA-Res. 1122 (XI) vom 26. November 1956, GAOR, 11th Sess., Suppl. No. 19, Resolutions, S. 61 f.

[77] Die Generalversammlung ernannte in der Res. 1000 (ES-I) den Chief of Staff der United Nations Truce Supervision Organization, Major-General E. L. M. BURNS zum ersten Chief of Command von UNEF I (Nachweis Fn. 9); zur Person von Burns s. UN-Doc. A/3317, GAOR, 1st Emergency Special Session, 1956, Annexes, Agenda item 5, S. 31 f.

[78] UN-Doc. A/3943 (Fn. 34), Ziff. 76.

und Ägypten sowie die Auswahl der letztlich teilnehmenden Kontingente. Während der aktiven Zeit von UNEF I erarbeitete der Generalsekretär die internen rechtlichen Rahmenbedingungen des Einsatzes (UNEF-Truppenstatut). In seiner Person bündelte sich die zivile und militärische Gesamtleitung des Einsatzes. Ein Advisory Committee, von der Generalversammlung durch die Resolution 1001 (ES-I) eingesetzt, diente dabei als Verbindungsstelle zwischen der Generalversammlung, dem Generalsekretär und den Entsendestaaten.[79] Im Hinblick auf die militärischen, logistischen und organisatorischen Entscheidungen wurde der Generalsekretär im ersten Jahr von einem „Committee of Military Representatives from Contributing Nations“ (auch: „Military Advisory Committee“) unterstützt.[80]

Der Kommandeur von UNEF operierte gemäß den Instruktionen und unter der Führung des Generalsekretärs. Die Position des „Commander of the Force“ beschrieb HAMMARSKJÖLD als eine Kombination von Truppenleitung und Repräsentation der Vereinten Nationen;[81] in seiner Person vereinigten sich militärische und zivile Kompetenzen.[82] Die Befugnisse des Kommandeurs wurden im Truppenstatut so definiert, daß er in völliger Unabhängigkeit gegenüber den politischen Interessen einzelner Nationen operieren konnte.[83] Er trug die Hauptverantwortung für die UNEF-Militärpolizei[84] (Art. 14 UNEF-Truppenstatuts) und für die Aufrechterhaltung von Ordnung und Disziplin innerhalb der Streitkräfte (Art. 13 UNEF-Truppenstatuts), auch wenn das Recht zur Ergreifung disziplinarischer Maßnahmen bei den kommandierenden Offizieren der nationalen Kontingente lag. Die Truppenmitglieder blieben dem Militär- und Disziplinarrecht des Entsendestaates unterworfen, soweit dieses nicht dem Truppenstatut bzw. der davon abgeleiteten Order widersprach (Art. 34 lit. d UNEF-Truppenstatuts). Die nationalen Einheiten und ihr kommandierender Offizier erhielten ihre Instruktionen und Befehle ausschließlich vom Truppenkommandeur, unterstützt durch seinen Stab im Missionshauptquartier (Chief of Staff[85], Chief Administrative Officer[86], Senior Adviser, Political-Legal Adviser,

79 HIGGINS (Fn. 1), S. 274.

80 UN-Doc. A/3943 (Fn. 34), Ziff. 31.

81 UN-Doc. A/3943 (Fn. 34), Ziff. 77.

82 I. J. RIKHYE/M. HARBOTTLE/B. EGGE, The Thin Blue Line, 1974, S. 58.

83 UN-Doc. A/3302 (Fn. 10), Ziff. 4.

84 Daneben gab es eine Militärpolizei innerhalb der nationalen Kontingente, die das Recht zur Verhaftung eigener Kontingentsmitglieder hatte, A.-L. M. ZEIDAN, The United Nations Emergency Force 1956 – 1967, 1976, S. 114.

85 Stellvertreter des Kommandeurs; Hauptberater des Kommandeurs in militärischen Angelegenheiten; Vorgesetzter des militärischen Personals von UNEF.

Public Information Officer). Die kommandierenden Offiziere der nationalen Kontingente – die im Militärdienst des jeweiligen Entsendestaates standen – waren gegenüber dem Kommandeur verantwortlich für die Befehlserfüllung und die Disziplin der einzelnen Soldaten. Trotz der Kommandogewalt des Kommandeurs hielten die Offiziere der nationalen Kontingente fortlaufend Kontakt mit ihren Regierungen.[87] Einige Entsendestaaten unterhielten zu diesem Zweck Liaisonoffiziere vor Ort, die allerdings nicht in die Organisation von UNEF eingebunden waren.[88] Die Kommunikation zwischen UNEF, Ägypten und den benachbarten Staaten wurde ebenfalls durch Liaisonoffiziere mit Sitz in Beirut, Kairo, Gaza, Pisa und Tel Aviv gewährleistet.

Die militärische Kommando- und Kontrollstruktur von UNEF I war Leitbild für alle nachfolgenden Peace-keeping-Einsätze.[89] Auch UNEF II baute auf den positiven Erfahrungen der Vereinten Nationen mit einem einheitlichen UN-Kommando und der ausschließlichen UN-Kontrolle auf. In den Richtlinien zu UNEF II faßte Generalsekretär WALDHEIM die grundlegende Kommando- und Kontrollstruktur noch einmal zusammen:

> „4. Having in mind past experience, I would suggest the following guidelines for the proposed Force:
> (a) The Force will be under the command of the United Nations, vested in the Secretary-General, under the authority of the Security Council. The command in the field will be exercised by a Force Commander appointed by the Secretary-General with the consent of the Security Council. The Commander will be responsible to the Secretary-General."[90]

Auf der Basis des so umrissenen einheitlichen UN-Kommandos, der geschlossenen militärischen Kommandokette und der auf die Vereinten Nationen konzentrierten Kontrollmechanismen wurde aus der Vielfalt der nationalen Teilverbände ein integrierter UN-Truppenverband.

---

[86] Vorsitzender des zivilen Personals von UNEF, insb. Vorsitzender des UNEF Claims Review Board, hierzu ausführlich S. 238 ff.

[87] UN-Doc. A/3943 (Fn. 34), Ziff. 127.

[88] ZEIDAN (Fn. 84), S. 116 f.

[89] Vgl. Model Agreement between the United Nations and Member States Contributing Personnel and Equipment to United Nations Peace-Keeping Operations, UN-Doc. A/46/185, 23. Mai 1991, Item 74, Art. V (Authority), Ziff. 7.

[90] UN-Doc. S/11052/Rev. 1 (Fn. 40).

c) Jurisdiktionsimmunität

Die Schaffung der Peace-keeping-Streitkräfte UNEF I und II als Nebenorgane der Generalversammlung respektive des Sicherheitsrats hatte zur Folge, daß beide Peace-keeping-Streitkräfte an der Immunität und den Privilegien der Vereinten Nationen partizipierten, wie sie durch Art. 105 UN-Charta und der „Convention on the Privileges and Immunities of the United Nations“[91] vom 13. Februar 1946 völkerrechtlich verbindlich festgelegt wurden. Art. 23 des Statusabkommens mit Ägypten bekräftigte mit seinem Verweis auf die UN-Immunitätenkonvention diese Rechtslage. Auch im Hinblick auf den Umfang der Immunität konnte für UNEF nichts anderes gelten als für die Vereinten Nationen: Die gem. Art. 105 UN-Charta funktional ausgerichtete Immunität der Vereinten Nationen wurde von den Vereinten Nationen seit Anbeginn als absolute Immunität verstanden, die sich auf alle operativen und administrativen Akte der Organisation sowie ihrer Haupt- und Nebenorgane bezieht.[92]

Auch für die in Ägypten tätigen Bediensteten des UN-Sekretariats – „staff“ i.S.d. Art. 101 UN-Charta – und die anderen hauptberuflichen Mitarbeiter der Vereinten Nationen[93] reichte ein deklaratorischer Verweis des Art. 24 des Statusabkommens auf die Art. V und VII der UN-Immunitätenkonvention. Den UN-Bediensteten („officials“) gewährte die UN-Immunitätenkonvention Jurisdiktionsimmunität für alle in amtlicher Funktion vorgenommenen Handlungen. In der Praxis haben die Vereinten Nationen seit jeher für sich in Anspruch genommen, die exklusive Instanz für die Feststellung des amtlichen Charakters einer strittigen Handlung zu sein.[94] Im Rahmen von UNEF I waren vor allem die zivilen Mitglieder des Kommandostabes dienstrechtlich mit dem UN-Sekretariat verbunden, insbesondere der Chief Administrative Officer, Chief of Personnel and Logistics, Chief Procurement Officer, Chief Finance Officer, Political-Legal Adviser und der Public Information Officer.[95] Aus UN-Personal bestanden auch die UN-eigenen Serviceeinrichtungen für Dienste, die nicht aus den militärischen Ressourcen der nationalen Kontingente erbracht werden konnten, z.B. der

[91] Beitritt Ägyptens am 17. September 1948.

[92] Allgemein zum Umfang der Immunität von Internationalen Organisationen S. 91 ff.

[93] Unter die Immunitätsvorschrift Art. 105 UN-Charta fällt nicht nur das administrative Personal, das für das UN-Sekretariat tätig ist, sondern auch das Personal aller Haupt- und Nebenorgane der Vereinten Nationen („officials“), M. GERSTER/D. ROTENBERG, in: Simma (Fn. 73), Art. 105 Rn. 23.

[94] Relations between States and International Organisations, Supplementary study prepared by the Secretariat, YILC 1985 II/1, S. 145, 171 Ziff. 56 f.

[95] Vgl. UN-Doc. A/3943 (Fn. 34), Ziff. 84 ff.

United Nations Field Operations Service[96]. Dem lokal rekrutierten UN-Personal räumte das Statusabkommen eine weniger umfassende Rechtsstellung ein als ihren nicht-ägyptischen Kollegen: Als ägyptische Staatsangehörige genossen sie zwar Immunität für ihre Diensthandlungen nach Art. V § 18 lit. a UN-Immunitätenkonvention, konnten sich allerdings nicht auf eine Reihe von Privilegien berufen (Art. V § 18 lit. b bis g). Diese eingeschränkte Rechtsposition spiegelt einen bis heute ungelösten Streit zwischen den Vereinten Nationen und ihren Mitgliedstaaten über den Status von UN-Bediensteten in ihrem Heimatstaat wider, der im Fall des Statusabkommens mit Ägypten zum Nachteil der ägyptischen Bediensteten entschieden wurde.[97]

Der UNEF-Kommandeur stand als „international civil servant“ ebenfalls in einer dienstrechtlichen Beziehung zu den Vereinten Nationen.[98] Ihm sollte aufgrund seiner operativen Schlüsselposition erhöhter Schutz von der Jurisdiktionsgewalt des Gaststaates zuteil werden. Gemäß Art. 25 SOFA fanden auf den UNEF-Kommandeur *mutatis mutandis* Art. V § 19 UN-Immunitätenkonvention Anwendung: Er und seine Familienangehörigen genossen in Ägypten diplomatische Immunität nach Maßgabe des internationalen Rechts, d.h. zum Zeitpunkt des UNEF I-Einsatzes vor allem nach Maßgabe des Völkergewohnheitsrechts, später kodifiziert durch die Wiener Diplomatenrechtskonvention.[99] In diesem Sinne kam dem UNEF-Kommandeur in gleichem Maße wie dem Generalsekretär und den höchsten Beamten der Vereinten Nationen („senior officials“) diplomatische Immunität für seine amtlichen *und* privaten Handlungen zu.[100] Die Offiziere des UN-Kommandos (insb. Chief of Staff und Military Adviser), die der Kommandeur aus den Kontingenten der Entsendestaaten rekrutiert hatte, wurden nach Art. 25 SOFA den Experten der Vereinten Nationen („experts of mission“) gleichgestellt, deren Immunität sich nach Art. VI der UN-Immunitätenkonvention richtet. Im Gegensatz zum Kommandeur beschränkte sich die Immunität des militärischen Kommandostabes damit auf ihre Diensthandlungen.

---

[96] Die Aufgaben des UN-Field Service umfassen Wach- und Schutzdienste sowie technische Hilfsdienste, s. im Detail UN-Doc. A/959, GAOR 4th Sess. Suppl. No. 13; BOTHE (Fn. 66), S. 69; SEYERSTED (Fn. 32), S. 21 f.

[97] Relations between States and International Organisations, Supplementary study prepared by the Secretariat, YILC 1985 II/1, S.175 Ziff. 71 ff.

[98] UN-Doc. A/3943 (Fn. 34), Ziff. 169.

[99] Die Wiener Diplomatenrechtskonvention vom 18. April 1961, in Kraft getreten 1964, BGBl. 1964 II, S. 959 ff.

[100] So zumindest J. L. KUNZ, Privileges and Immunities of International Organizations, AJIL 14 (1947), S. 828, 855 f., ihm folgend ROSNER (Fn. 3), S. 145; ZEIDAN (Fn.84), S. 172; für die Rechtslage seit Inkrafttreten der Diplomatenrechtskonvention s. dort (Fn. 99), Art. 31 mit den Ausnahmen der Jurisdiktionsimmunität für private Akte (lit a- c).

Das UNEF-Statusabkommen behandelte die Immunität der Kontingentsmitglieder und ihrer nationalen Kommandeure unter der Überschrift „Jurisdiction" (Art. 25 Satz 3 i.V.m. Art. 10 bis 12 SOFA).[101] Die Normierung spezieller Immunitätsregeln war notwendig, weil die UNEF-Truppenmitgliedern aufgrund ihrer organisatorischen Stellung nicht unter den Anwendungsbereich der UN-Immunitätenkonvention fielen.[102] Zum einen blieben sie während des gesamten Einsatzes im Dienste ihrer Heimatstaaten, zum anderen waren sie organisatorisch weder „staff members" noch „officials" der Vereinten Nationen. Die dadurch entstehende Lücke sollte das Statusabkommen schließen. Art. 10 SOFA stellte einleitend fest, daß die Beschränkungen der strafrechtlichen und zivilrechtlichen Jurisdiktionsbefugnisse Ägyptens allein im Hinblick auf die spezielle Funktion von UNEF getroffen werden, nicht jedoch zum persönlichen Vorteil der einzelnen Truppenmitglieder. In Anlehnung an Art. 20 der UN-Immunitätskonvention sollte diese Klausel speziell für UNEF verdeutlichen, daß sich die Jurisdiktionsimmunität der einzelnen Truppenmitglieder von den Vereinten Nationen ableitet – nicht etwa von den Entsendestaaten – und allein der ungestörten Aufgabenerfüllung der Organisation in Ägypten dient.[103] Im Hinblick auf strafrechtliche Verfahren unterstanden Truppenmitglieder ohne Ausnahme der ausschließlichen Jurisdiktion ihrer Heimatstaaten.[104] Art. 12 lit. a SOFA verlieh ihnen im Hinblick auf zivilrechtliche Verfahren Jurisdiktionsimmunität für dienstbezogene Handlungen:

> Art. 12 (a): „Members of the Force shall not be subject to the civil jurisdiction of Egyptian courts or to other legal process in any matter relating to their official duties."

Die hochsensible Entscheidung über den dienstlichen bzw. privaten Bezug einer Handlung wurde durch Art. 13 SOFA explizit der Entscheidungskompetenz ägyptischer Gerichte entzogen, und dem UNEF-Kommandeur überantwor-

---

[101] PH. DEWAST, Quelques Aspects du Statut des „Casques Bleus", Revue Générale de Droit International Public 81 (1977), S. 1007, 1022 f.

[102] Vgl. Art. 30 des Truppenstatuts: „Members of the Force are entitled to the legal protection of the United Nations and shall be regarded as agents of the United Nations for the purpose of such protection."; wie hier: R. H. HARPIGNIES, Settlement of Disputes of a private law character to which the United Nations is a Party, Revue belge de droit international, 1971 S. 451, 460; K. RUDOLF, in: Wolfrum, Handbuch der Vereinten Nationen, 1991, Stichwort: Friedenstruppen, S. 180, Rn. 19; a.A. W. HERMSDÖRFER, Zur Immunität der Angehörigen einer Friedenstruppe der Vereinten Nationen, NZWehrr 1997, S. 100, 104 f.

[103] K. H. KIESGEN, Sachliche Indemnität der Staaten, internationaler Organisationen und ihrer Organe, 1970, S. 140; M. WENCKSTERN, Die Immunität internationaler Organisationen, 1994, Rn. 525.

[104] Im Verhältnis zu den Vereinten Nationen haben sich die Entsendestaaten verpflichtet, dieses strafrechtliche Jurisdiktionsbefugnis auch auszuüben; vgl. die verschiedenen Truppenabkommen (Fn. 37) bzw. UN-Doc. A/3943 (Fn. 34), Annex I, S. 33 Ziff. 5.

tet. Entschied letzterer gegen einen dienstlichen Bezug, blieb dem Kläger bzw. Antragsteller die Möglichkeit, sich für das spezielle Verfahren der Standing Claims Commission nach Art. 38 lit. b SOFA zu entscheiden (Art. 12 lit. c SOFA). In der Praxis wurden auch Streitigkeiten über Privathandlungen von UNEF-Mitgliedern außerhalb der ägyptischen Gerichte in einem speziellen UN-Streitbeilegungsverfahren[105] verhandelt und beigelegt, nicht zuletzt weil der Antragsteller ein persönliches Interesse daran hatte, die Vereinten Nationen als liquiden Schuldner zu gewinnen.[106]

In Zusammenhang mit der Jurisdiktionsimmunität der Truppenmitglieder ist bemerkenswert, daß das Statusabkommen den Vereinten Nationen nicht die Möglichkeit eingeräumt hat, auf die Immunität eines Truppenmitglieds zu verzichten („waiver"). Aufgrund des Dienstverhältnisses der Truppenmitglieder zum Entsendestaat wird das Recht des einseitigen Verzichts der Vereinten Nationen auf den Immunitätsschutz politisch gegenüber den Mitgliedstaaten nicht durchsetzbar gewesen sein.[107] Dagegen hatte der Generalsekretär aufgrund des Verweises des Statusabkommens auf die einschlägigen Vorschriften der UN-Immunitätenkonvention die Möglichkeit, auf die Immunität des Kommandostabs sowie auf die Immunität der zivilen UN-Bediensteten zu verzichten. In der Praxis hat der Generalsekretär von diesem Recht – soweit ersichtlich – keinen Gebrauch gemacht.

Im Falle von UNEF II ist mangels Abschlusses eines Statusabkommens die Rechtslage weit weniger transparent. Während das UN-Nebenorgan UNEF II sowie das für UNEF II tätige zivile UN-Personal unproblematisch von den UN-Immunitätskonvention abgedeckt wurde, fehlte es für die Mitglieder der nationalen Truppenkontingente und die militärischen Mitglieder des Kommandostabes an einer ausdrücklichen Immunitätsregelung. In den Richtlinien des UNEF II-Einsatzes forderte Generalsekretär WALDHEIM pauschal: „The force and its personnel should be granted all relevant privileges and immunities provided for by the Convention on the Privileges and Immunities of the United Nations".[108] Diese Richtlinien, die in einen offiziellen Beschluß des Sicherheitsrates[109] eingebunden wurden, waren für die Mitgliedstaaten – speziell Israel und

---

[105] Zum Verfahren der Praxis s. S. 238 ff.

[106] J. H. ROUSE, Claims arising from Acts or Omissions of a Multinational Peacekeeping Force, Paper to be Presented to the Inter-American Bar Association, 1967, S. 6 Ziff. 3 (unveröffentlicht).

[107] Nach ROUSE (Fn. 106), S. 3, entspricht es der UN-Praxis, nur in Absprache mit dem Entsendestaat auf die Immunität eines Truppenmitglieds zu verzichten.

[108] UN-Doc. S/11052/Rev. 1 (Fn. 40), Ziff. 4 lit b.

[109] SC-Res. 341 (1973), 27. Oktober 1973, SCOR, Resolutions and Decisions 1973, S. 11.

Ägypten – rechtlich nach Art. 25 UN-Charta verbindlich.[110] In der Praxis wurde der Immunitätsstandard des Statusabkommens von UNEF II auf die Truppenmitglieder von UNEF I analog angewendet.

3. Streitbeilegung nach Maßgabe des Statusabkommens

a) Art. 38 Statusabkommen: Die Standing Claims Commission

Die zentrale haftungsrechtliche Vorschrift des UNEF I-Statusabkommens zwischen Ägypten und den Vereinten Nationen von 1957 ist tituliert „Settlement of Disputes or Claims". Es handelt sich bei der Norm um eine für Status- und Immunitätsabkommen typische Streitbeilegungsklausel. Als Korrelat zur Jurisdiktionsimmunität dient sie der verfahrensrechtlichen Sicherung von Ansprüchen gegen den internationalen Rechtsträger:

> Art. 38: „Disputes or claims of a private law character shall be settled in accordance with the following provisions:
>
> (a) The United Nations shall make provisions for the appropriate modes of settlement of disputes or claims arising out of contract or other disputes or claims of a private law character to which the United Nations is a party other than those covered in subparagraphs (b) and (c) following.
>
> (b) Any claim made by
>
> > (i) an Egyptian citizen in respect of any damages alleged to result from an act or omission of a member of the Force relating to his official duties;
> >
> > (ii) the Government of Egypt against a member of the Force; or
> >
> > (iii) the Force to the Government of Egypt against one another that is not covered by paragraphs 39 or 40 of these arrangement,
>
> shall be settled by a Claim Commission established for that purpose. One member of the Commission shall be appointed by the Secretary-General, one member by the Government of Egypt and a chairman jointly by the Secretary-General and the Government of Egypt. (...)"[111]

Art. 38 lit. b (i) SOFA bezieht sich – trotz des mißverständlichen Wortlauts – („Egyptian citizen") – auf alle außervertraglichen Streitigkeiten UNEFs mit Privatpersonen, soweit diese den Schaden auf ägyptischem Territorium erlitten haben (vgl. Art. 3 SOFA[112]). Vom Anwendungsbereich des Art. 38 lit. b SOFA

---

[110] SC-Res. 341 (Fn. 109).

[111] UNTS Bd. 260, S. 61 ff.

[112] Art. 3 SOFA: „„Egyptian citizen' includes a person of Egyptian citizenship and a person resident or present in the territory of Egypt other than one associated with the Force."

ausgenommen sind nur Personen, die UNEF organisatorisch angeschlossen sind. Speziell für das örtliche von UNEF rekrutierte Personal bestimmt Art. 38 lit. c SOFA, daß arbeitsrechtliche Streitigkeiten nach einem UN-internen Verwaltungsverfahren beizulegen sind („administrative procedure").

Soweit der Staat Ägypten Streitbeteiligter ist, unterscheiden Art. 38 bis 40 SOFA konzeptionell zwischen „claims of a private law character" und „differences arising out of the interpretation or application of these arrangements".[113] Für Meinungsverschiedenheiten der letztgenannten Art gelten die speziellen Verfahrensvorschriften der Art. 39, 40 SOFA: Streitigkeiten zwischen Ägypten und den Vereinten Nationen über die Auslegung und Anwendung des Statusabkommens sind als *ultima ratio* schiedsgerichtlich zu entscheiden. Fragen von grundsätzlicher Bedeutung über die Auslegung und Anwendung derjenigen Teile des UNEF-Statusabkommens, die zugleich die UN-Immunitätenkonvention betreffen, sollen – ebenfalls als *ultima ratio* – dem IGH vorgelegt werden (Art. VIII § 30 UN-Immunitätenkonvention). Art. 39 und 40 SOFA befassen sich in diesem Sinne nur mit einem Teilausschnitt der denkbaren internationalen Streitigkeiten zwischen den Völkerrechtssubjekten Ägypten und Vereinte Nationen. So fallen beispielsweise nur dann mandatsbezogene Unstimmigkeiten unter den Anwendungsbereich des Art. 40 SOFA, wenn diese Streitigkeiten zugleich den Inhalt des Statusabkommen betreffen. Ebensowenig regeln Art. 38 ff. SOFA das Verfahren bei etwaigen internationalen Ansprüchen von Drittstaaten bzw. Entsendestaaten gegen die Vereinten Nationen, die aus dem UNEF-Einsatz in Ägypten resultieren: Eine derartige Regelung wäre für die betreffenden Staaten eine *res inter alios acta* und damit zumindest im Rahmen des Statusabkommens ohne rechtliche Wirkung. Soweit allerdings Drittstaaten und Entsendestaaten auf ägyptischem Territorium als Folge des UNEF-Einsatzes materiellen Schaden erleiden, unterscheidet sich ihre Rechtsposition als Anspruchsinhaber im System der ägyptischen Rechtsordnung nicht wesentlich von derjenigen von Zivilpersonen. Auch Drittstaaten sind von der Jurisdiktionsimmunität der Vereinten Nationen unmittelbar betroffen, der Weg vor ägyptische Gerichte bleibt ihnen versperrt. Freilich besteht aus der Perspektive Ägyptens keine Notwendigkeit, detaillierte Regelungen zur Sicherung der Rechtsposition von Drittstaaten bzw. Entsendestaaten vorzunehmen. Letztere können ihre Schadensersatzansprüche gegen die Vereinten Nationen immer auch auf der internationalen Ebene geltend machen. Das Statusabkommen trägt diesem Umstand Rechnung: Art. 38 lit. a SOFA stellt die verfahrensrechtliche Bewältigung von „zivilrechtlichen" Streitigkeiten mit Drittstaaten nach dem Vorbild des

---

[113] Siehe zu der Unterscheidung zwischen „claims of a private law character" und internationalen Ansprüchen ausführlich S. 230 ff.

Art. VIII § 29 der UN-Immunitätenkonvention zur Disposition der Vereinten Nationen („appropriate modes of settlement"). Das UNEF-Truppenstatut knüpft an diese Vorschrift an und verleiht durch Art. 15 i.V.m. Art. 34 lit. a dem Generalsekretär die Kompetenz, die notwendigen Regelungen für die Streitbeilegung zu erlassen, z.B. eine Claims Commission zu bilden und deren Jurisdiktionsbefugnisse gerade in Abgrenzung zur Standing Claims Commission nach Art. 38 lit. b SOFA festzulegen. Die Entsendestaaten haben dieser Kompetenzzuweisung durch die Inkorporation des Truppenstatuts in die Truppenabkommen konkret zugestimmt;[114] für Drittstaaten führt Art. VIII § 29 UN-Immunitätenkonvention zu einer vergleichbaren Rechtsbindung.

Die von Art. 38 lit. b SOFA zum Zwecke der Streitbeilegung konzipierte gemischte Kommission – die sog. „Standing Claims Commission"[115] – steht konzeptionell in der Tradition der amerikanischen und europäischen „Mixed Claims Commissions" des 19. und frühen 20. Jahrhunderts. Die historischen Mixed Claims Commissions wurden bilateral auf Basis eines völkerrechtlichen Vertrages eingesetzt und paritätisch besetzt; den Kommissionsvorsitzenden bestimmten beide Parteien einvernehmlich oder akzeptierten die Personalentscheidung eines neutralen Dritten. Als internationale richterliche Instanzen hatten die Mixed Claims Commissions in der Regel über den Grund und die Höhe von Entschädigungen der Staatsangehörigen eines Staates durch den anderen Staat zu befinden. Zu den bekanntesten zählten die amerikanisch-mexikanischen Kommissionen, die nach 1839, 1868 und 1923 über revolutions- und kriegsbedingte Schadensersatzansprüche amerikanischer Staatsangehöriger gegen Mexiko letztverbindlich zu entscheiden hatten.[116] Die zivilrechtlichen Ersatzansprüche der Privatpersonen wurden allerdings als völkerrechtliche Ansprüche der Vereinigten Staaten gegen Mexiko vor die Mixed Claim Commissions gebracht.[117] Dagegen kannten die ähnlich konzipierten Gemischten Schiedsge-

[114] BOWETT (Fn. 71), S. 112, HIGGINS (Fn. 1), S. 328. Kolumbien und Indonesien haben auf den Brief des Generalsekretärs nicht geantwortet, so daß in diesen Fällen kein Truppenabkommen zustande gekommen ist. Beide Staaten zogen bereits Ende 1957 bzw. Ende 1958 ihre Truppen ab, s. HIGGINS, a.a.O. S. 303.

[115] Als „Standing Claims Commission" bezeichnet in Art. 51 des Modell-Statusabkommen, UN-Doc. A/45/594, 9. Oktober 1990. Seitdem die offizielle Bezeichnung, vgl. UN-Doc. A/51/389, Administrative and budgetary aspects of the financing of the United Nations peacekeeping operations, Report of the Secretary-General, 20. September 1996, Agenda Item 129 ans 140 (a), S. 7 Rn. 21.

[116] A. H. FELLER, The Mexican Claims Commissions, 1935, S. 2 f.

[117] J. D. DE BEUS, The Jurisprudence of the Generals Claims Commission, 1938, S. 33 f. Nach diesem Vorbild funktionierten auch die zahlreichen anderen Mixed Claim Commissions, die auf einer Einigung von verschiedenen europäischen und amerikanischen Staaten mit Peru, Bolivien und Venezuela basierten.

richte des Versailler Friedensvertages (1919), des Friedens von Saint Germain (1919), des Neuilly-Friedens (1920), des Trianon-Friedens (1920) und des Lausanner Friedens (1923) ein Klagerecht von kriegsgeschädigten Staatsangehörigen der alliierten Mächte.[118] Ob in der Tradition dieser Tribunale die Standing Claims Commission des UNEF-Statusabkommens nach den Vorstellungen der Vertragsparteien die Qualität eines internationalen Gerichtes haben sollte, ist ungewiß. Die Standing Claims Commission des Art. 38 lit. b SOFA wurde weder im Rahmen von UNEF I noch in den nachfolgenden Peace-keeping-Missionen eingesetzt. Bereits deswegen läßt sich nicht ohne Spekulation sagen, ob die Kommission mit der notwendigen richterlichen Unabhängigkeit agiert hätte. Die Konzeption des Art. 38 lit. b SOFA zeigt allerdings, daß die ägyptischen Staatsbürger eine auf internationalem Recht gründende, eigene verfahrensrechtliche Rechtsposition zur Durchsetzung ihrer subjektiven Ansprüche besitzen sollten. Einen aus dem Statusabkommen fließenden *völkerrechtlichen* Anspruch auf Errichtung der Standing Claims Commission hatten die Geschädigten freilich nicht.[119]

b) Das „Proper Law" der deliktischen Rechtsbeziehungen nach Art. 38 Statusabkommen

Es gehört zu den Charakteristika eines juristischen Streitbeilegungsgremiums, eine für die Streitparteien verbindliche Entscheidung auf Basis von Rechtsnormen zu treffen. Um allerdings im konkreten Fall die *richtigen* Rechtsnormen („proper law") anzuwenden, muß zuerst die maßgebende Rechtsordnung bestimmt werden. Ist eine Internationale Organisation Partei des Rechtsstreits, erweist sich dieses Unterfangen als besonders schwierig.[120] Es liegt in der Rechtsnatur Internationaler Organisationen, mit vielen verschiedenen Rechts-

---

[118] C. F. Ophüls, in: Strupp/Schlochauer, Wörterbuch des Völkerrechts, Stichwort: Schiedsgerichte, Gemischte, Bd. 3 1962, S. 174. Schiedsgerichtlich zu entscheidende Ansprüche wurden in der zeitgenössischen Literatur oft als völkerrechtliche Ansprüche der Heimatstaaten angesehen, die lediglich aus Gründen der Verfahrenserleichterung von den geschädigten Individuen geltend gemacht werden durften, W. Schätzel, Privatparteien vor den Gemischten Schiedsgerichten, JW 55 (1926), S. 1934 Ziff. 3. So bewertet auch heute noch der Iran das *ius standi* von Privatparteien vor dem Iran-U.S. Claims Tribunal (seit 1981), vgl. hierzu A. Mouri, The International Law of Expropriation as reflected in the Work of the Iran-U.S. Claims Tribunal, 1994, S. 23 m.w.N.

[119] Zur etwaigen innerstaatlichen Verpflichtung des Heimatstaates, zum Schutz seiner Staatsangehörigen auf die Realisierung einer Streitbeilegungsinstanz für zivilrechtliche Ansprüche hinzuwirken, vgl. Wenckstern (Fn. 103), Rn. 481 ff.; zu der entsprechenden völkerrechtlichen Verpflichtung des Aufenthalts- bzw. Heimatstaates hier S. 471 ff.

[120] Grundlegend hierzu immer noch das Werk von C. W. Jenks, The Proper Law of International Organisations, 1962.

ordnungen in Berührung zu kommen. Internationale Organisationen operieren bestimmungsgemäß auf der internationalen Ebene, deren Rechtsverhältnisse durch das internationale Recht beherrscht werden. Territorial betrachtet werden sie – zumindest in der Regel – auf staatlichem Hoheitsgebiet tätig, so daß sie zugleich dem Herrschaftsanspruch ihres Aufenthaltsstaates ausgesetzt sind. Die Rechtsverhältnisse Internationaler Organisationen können in diesem Sinne auch dem nationalen Recht des Aufenthaltsstaates unterliegen. Daneben haben Internationale Organisationen ihre eigene Rechtsordnung entwickelt, die nach eigenem Anspruch das Rechtsverhältnis zu den Organisationsbediensteten („officials") abschließend beherrscht („staff regulations/rules"). Unter diesem Blickwinkel mußte sich auch für die Vertragsparteien Vereinte Nationen und Ägypten bei der Ausarbeitung des Statusabkommens die Frage der Rechtswahl bei außervertraglichen Ansprüchen gegen UNEF stellen.

aa) Rechtsnatur der Ansprüche gegen UNEF

Das UNEF-Statusabkommen äußert sich nicht direkt zu der Frage, welches Recht die außervertraglichen Rechtsbeziehungen von UNEF in Ägypten beherrschen soll.[121] Nur die verfahrensrechtliche Streitbeilegungsklausel Art. 38 SOFA bietet eine indirekte Hilfestellung. Ansatzpunkt ist die dort gewählte Formulierung „claims of a private law character". Die anglo-amerikanische Jurisprudenz mißt dem Rechtsbegriff „private law" – trotz geringer praktischer Relevanz – weitgehend dieselbe Bedeutung bei wie der kontinentaleuropäische Rechtskreis. Dies verdeutlicht exemplarisch die Definition von Black's Law Dictionary: „As used in contradiction to public law, the term (private law) means all that part of the law which is administered between citizen and citizen, or which is concerned with the definition, regulation, and enforcement of rights in cases where both the person in whom the right inheres and the person whom the obligation is incident are private parties."[122] Die Betonung der zivilrechtlichen Rechtsnatur von Streitigkeiten mit Internationalen Organisationen und ihren Organen ist für Status- und Immunitätsabkommen nicht ungewöhnlich. Auch Art. VIII § 29 (a) der

---

[121] So auch die Rechtsauffassung von HASSOUNA, Director of Legal Affairs of the Gaza Administration, Schreiben vom 26. April 1958, UN Archives N.Y., Akte Stavropoulos, OLA, UNEF, Death and disability cases, DAG 3, Box 46; grundsätzlich zustimmend die Vereinten Nationen, Memorandum von B. SLOAN (UN-Legal Counsel) vom 5. Juni 1958, „Claims against UNEF: Assessment of Compensation in Death and Disability Cases", UN Archives N.Y., Akte Stavropoulos, OLA, UNEF, Death and disability cases, DAG 3, Box 46.

[122] So die Definition für das US-amerikanische Rechtssystem in Black's Law Dictonary, 4th ed. 1951, Stichwort: „private law"; nur noch auf die Abgrenzung zu „public law" stellt die 7th ed., 1999, ab. Für das englische Recht s. EARL JOWITT, The Dictionary of English Law, Bd. 2, Stichwort: „law", 1959; P. S. JAMES, Introduction to English Law, 1966, S. 6 f.

UN-Immunitätenkonvention von 1946 spricht von „claims of a private law character to which the United Nations is a party (...)".[123] Der Hinweis erfüllt primär den Zweck, diese zivilrechtlichen Ansprüche von *völkerrechtlichen* Ansprüchen abzugrenzen. Internationale Organisationen sind als gekorene Völkerrechtsubjekte vor allem in der internationalen Rechtsordnung beheimatet.[124] Im Rahmen dieses Rechtsystems können sie Adressaten von internationalen Ansprüchen anderer Völkerrechtssubjekte sein, auch wenn sie ihr Mandat auf dem Territorium eines Staates erfüllen. Der IGH hat in seinem Reparation-for-injuries-Gutachten die Wesensmerkmale des „international claims" gerade in Abgrenzung zur staatlichen Rechtsordnung näher umschrieben: „As the claim is based on the breach of an international obligation on the part of the Member held responsible by the Organization, the Member cannot contend that this obligation is governed by municipal law, and the Organization is justified in giving its claim the character of an international claim." [125] Diese Aussage gilt in gleichem Maße für Ansprüche *gegen* Internationale Organisationen.

Art. 38 lit. b (iii) UNEF-SOFA zieht aus dem Reparation-for-injuries-Gutachten rechtspraktische Konsequenzen: Streitigkeiten zwischen der ägyptischen Regierung und UNEF, Organe zweier Völkerrechtssubjekte, werden von Art. 38 SOFA unter der Überschrift „claims of a private law character" behandelt. Die Titulierung verdeutlicht, daß die gegenseitigen Ansprüche dann keine internationalen Ansprüche sind, wenn die Streitparteien ihren Disput *ratione materiae* vor der Standing Claims Commission des Art. 38 SOFA austragen dürfen (s. aber Art. 39, 40 SOFA!) und diesen Weg auch beschreiten. Freilich bleibt es den Parteien unbenommen, nach der ratio des IGH dem Streit einen internationalen Charakter zu geben und ihn auf den traditionellen Wegen der internationalen Streitbeilegung zu lösen – eine Möglichkeit, die ein geschädigter ägyptischer Staatsangehöriger nicht hat. Die „claims of a private law character" des Art. 38 SOFA betreffen also private Rechtsverhältnisse, an denen zwar grundsätzlich der ägyptische Staat oder UNEF beteiligt sein können, allerdings nicht in ihrer Eigenschaft als Hoheitsträger oder internationale Rechtsperson.

---

[123] Vgl. auch § 31 lit. a UN-Sonderorganisationsabkommen vom 21. November 1947, UNTS Bd. 33 S. 261 ff.; § 33 lit. a IAEO-Immunitätsabkommen, vom 1. Junli 1959, UNTS Bd. 374, S. 147 ff.; Art. 24 lit. a NATO-Statusabkommen vom 20. September 1951, UNTS Bd. 200, S. 3 ff.; Art. 26 lit. a WEU-Statusabkommen vom 11. Mai 1955, UNTS Bd. 1258, S. 305 ff.

[124] Zur Völkerrechtsfähigkeit Internationaler Organisationen siehe S. 55 ff.

[125] Reparation for injuries suffered in the service of the United Nations, Advisory Opinion: I.C.J. Reports 1949, S. 174, 180.

Sicher ist also, daß die durch Art. 38 SOFA begründete Zuständigkeit der Standing Claims Commission nicht an den internationalen *Status* von UNEF in Ägypten anknüpft (Art. 23 SOFA: „a subsidiary organ of the United Nations“). Weniger klar ist dagegen, ob Art. 38 SOFA auch die konkrete *Funktion* ignoriert, die UNEF bzw. seine Organwalter in Zusammenhang mit der schädigenden Handlung erfüllt. Der Wortlaut des Art. 38 SOFA läßt es durchaus zu, zum Zwecke der Streitbeilegung alle schädigenden Diensthandlungen von UNEF als zivilrechtliche Handlung zu klassifizieren. Diese Auslegung ignoriert freilich die eigentliche Rechtsnatur der UNEF-Akte. Einziger Zweck des Aufenthaltes von UNEF in Ägypten ist die Erfüllung seines internationalen Mandats. Dieses Mandat wird in den Einsetzungsbeschlüssen der Generalversammlung (UNEF I) bzw. des Sicherheitsrates (UNEF II) formuliert, durch Festlegung von Zweck, Funktion, Einsatzgebiet und Zeitdauer der Peace-keeping-Mission. Durch entsprechende Referenzen werden darüber hinaus die technischen Implementierungs- und Durchführungsberichte des Generalsekretärs in das Mandat inkorporiert. Zur Erfüllung des so konkretisierten internationalen Mandats ist UNEF in vielfältiger Weise operativ und administrativ in Ägypten tätig geworden, beginnend mit der Errichtung von Quartieren und Wachposten bis hin zu einfachen Dienstfahrten. Einige von diesen operativen bzw. administrativen Akten konnten dabei durchaus Zwangscharakter gegenüber Zivilpersonen annehmen, wie UN-Generalsekretär DAG HAMMARSKJÖLD in seinen Bericht an die Generalversammlung herausstellte: „UNEF is authorized to apprehend infiltrators and persons approaching the demarcation line in suspicious circumstances. In practice, this applies to a zone extending up to 500 meters from the demarcation line; after interrogation, the person apprehended are handed over to the local police.“[126] Darüber hinaus nahm UNEF ohne Einwilligung der Privateigentümer eine Reihe von strategisch günstig positionierten Grundstücken an der ägyptisch-israelischen Demarkationslinie für operative Zwecke in Anspruch.[127] Hätte der ägyptische Staat diese Zwangsmaßnahmen vorgenommen, wären sie zweifelsohne als Ausübung von exekutiver Hoheitsgewalt einzustufen. Dagegen erscheint eine solche Qualifizierung für entsprechende UNEF-Akte auf den ersten Blick unpassend. Die Organe der Vereinten Nationen werden nicht unmittelbar durch die UN-Charta ermächtigt, Rechtsakte mit unmittelbarer Individualwirksamkeit in ihren Mitgliedstaaten zu erlassen; die Vereinten Nationen sind keine „supranationale“ Organisation.[128] Dieser Befund vernachlässigt allerdings die Zustimmung des Aufenthaltsstaates in die Erfüllung des konkreten

[126] UN-Doc. A/3943 (Fn. 34), Ziff. 70.

[127] Ausführlich zur Problematik der Besetzung von Privatgrundstücken S. 271 ff.

[128] Kritisch zur Einordnung der Vereinten Nationen als klassische Internationale Organisation im Kontrast zur Supranationalen Organisation M. MARTIN MARTINEZ, National Sovereignty and International Organizations, 1996, S. 70 ff.

UN-Mandats und die speziellen Handlungsbefugnisse, die den Vereinten Nationen zur Erfüllung ihrer Aufgaben implizit durch die UN-Charta zugewiesen werden. Die Respektierung der Souveränität des Aufenthaltsstaates durch die Peace-keeping-Streitkräfte steht in diesem Sinne unter dem Vorbehalt der Erfüllung des – von der UN-Charta *und* dem Konsens des Aufenthaltsstaates getragenen – internationalen Mandats. Die auf dem internationalen Mandat beruhenden funktionsbezogenen Handlungen von UNEF – z.B. die einseitige Inbesitznahme von Grundstücken – werden auch von den Vereinten Nationen nicht als zivilrechtliche Akte eingestuft, wie eine Stellungnahme des UNEF-Legal Advisers COX gegenüber dem ägyptischen Liaisonbüro zeigt: „UNEF, of course is on the Armistice Demarcation Line (ADL) at the invitation of the Government of Egypt. The latter possesses the right of a sovereign State necessary for the military defence of territory under its control. General principles of law (and no doubt the internal Egyptian law as applicable in the Gaza Strip) recognize that such sovereign authority includes the right to make temporary use of immovable private property if and as required by military necessity. (...) In so far as concerns this specific matter of the right of use real property on or near the ADL, UNEF stands on the same footing as the Egyptian Army which occupied the ADL before it."[129]

Wenn UNEF im Rahmen der Mandatserfüllung Akte mit Individualwirksamkeit vornimmt, dann sind diese Handlungen grundsätzlich internationaler Rechtsnatur, da die entsprechende Handlungsbefugnis von UNEF und ihren Organwaltern im internationalen Recht fußt. Art. 6 UNEF-Statusabkommen spricht in diesem Zusammenhang explizit von „the international nature of their duties". Welche Rechtsnatur aber haben diejenigen Akte, die nicht vom internationalen Mandat gedeckt sind? An dieser Stelle ließe sich analog zur nationalen Rechtsdogmatik argumentieren, allein die Rechtswidrigkeit einer Maßnahme ändere nichts an deren hoheitlicher Rechtsnatur, wenn die Maßnahme trotz ihrer Rechtswidrigkeit dem Hoheitsträger auf Basis von Rechtsregeln zugerechnet werden kann. Übertragen auf Rechtsakte von UNEF bedeutet dies: Auch wenn ein konkretes Organverhalten nicht vom UNEF-Mandat gedeckt ist, bleibt im Falle der Zurechnung des schädigenden Verhaltens zu den Vereinten Nationen die internationale Rechtsnatur der schädigenden Handlung erhalten. Auf dieser Grundlage ließe sich mit BOTHE fordern, funktionsbezogene deliktische Schadensersatzansprüche gegen eine Internationale Organisation einem speziellen internationalen Amtshaftungsrecht zu unterstellen, mit eigenen, dem internatio-

---

[129] W. W. COX (UN Legal Adviser), Memorandum an Captain Khamis (Legal Officer, Egyptian Liaison Headquarters) vom 26. Juni 1957, „Claims re land adjacent to ADL", Ziff. 5, UN Archives N.Y., File No. S-0530-0107 (Legal), Box DAG-13/3.11.0.0.-107.

nalen Status der Organisation angemessenen Regeln.[130] So berücksichtigt auch das deutsche Streitkräfteaufenthaltsgesetz die „hoheitliche" Rechtsnatur von dienstlichen Akten ausländischer Militärpersonen und ordnet im Fall von Schädigungen die analoge Anwendung des deutschen Staatshaftungsrechts an.[131]

Das UNEF-Statusabkommen hat indes mit Art. 38 SOFA einen anderen Weg beschritten. Soweit die Verursachung von Drittschäden nicht mit der Erfüllung des internationalen Mandats zu rechtfertigen ist (operational necessity[132], Selbstverteidigungsrecht[133]), sind etwaige Ersatzansprüche gegen die Vereinten Nationen zivilrechtlicher Natur. Art. 38 SOFA nimmt diese Einordnung durch den Passus „claims of a private law character" vor. Anders gewendet: Mandatswidrige Akte – darunter fallen auch Verletzungen von UNEF-Dienstpflichten und andere Formen der Schlechterfüllung des Mandates mit drittschädigender Wirkung – sind zum Zwecke der Streitbeilegung nach Art. 38 lit. b SOFA als zivilrechtliche Delikte zu betrachten. Bei dem Sonderfall von schadensverursachenden Zwangsmaßnahmen, die von UNEF zur Erfüllung des internationalen Mandats vorgenommen werden, ist für die Anwendbarkeit des Art. 38 SOFA allerdings Voraussetzung, daß derartige Akte unstreitig *nicht* vom internationalen Mandat gedeckt sind. Im Fall einer Meinungsverschiedenheit zwischen den Vereinten Nationen und Ägypten über Inhalt und Grenzen des Mandats – z.B. dem Recht zur einseitigen Inbesitznahme von Grundstücken – ist die Standing Claims Commission *ratione materiae* nicht befugt, die Vorfrage der Mandatswidrigkeit inzident im Rahmen des Streitbeilegungsverfahrens nach Art. 38 lit. b SOFA zu entscheiden. Dies verdeutlicht bereits Art. 40 SOFA: Streitigkeiten zwischen den Vereinten Nationen und Ägypten über die Interpretation des UNEF-Statusabkommens, in weiten Teilen eine Konkretisierung des internationalen Mandats, werden einer besonderen internationalen Schiedskommission zugewiesen. Steht dagegen die Mandatswidrigkeit einer schädigenden Handlung auf internationaler Ebene außer Streit – z.B. im Falle eines Schußwaffeneinsatzes gegen friedliche Zivilisten – dann ist der Anwendungsbereich des Art. 38 SOFA eröffnet, die Standing Claims Commission ist zuständig. Da der schädigende Akt unstreitig nicht vom internationalen Mandat gedeckt ist, sind die Vereinten Nationen – um die Formulierung COXs aufzugreifen[134] – nicht mehr dem ägyptischen Staat, sondern den geschädigten Zivilpersonen gleichgestellt. Das für die Beurteilung von individuellen Ersatzansprüchen maßgebende Recht ist

[130] M. BOTHE, Internationale Organisationen und das Rechtsstaatsprinzip, FS Partsch, 1989, S. 493, 505 ff.
[131] BGBl. 1995 II S. 554; siehe § 16 Abs. 3 des Gesetzes
[132] Siehe hierzu S. 267 ff.
[133] Siehe hierzu S. 262 ff.
[134] Zitat s. S. 233.

nach der Wertung des Art. 38 SOFA das Recht der privaten Rechtsbeziehungen. Darunter fallen nicht nur zivilrechtliche Sachnormen, sondern auch kollisionsrechtliche Bestimmungen, die den Anwendungsbereich verschiedener Privatrechtsordnungen gegeneinander abgrenzen.[135]

bb) Lex loci delicti commissi

Ein internationales Streitschlichtungsgremium wie die Standing Claims Commission des Art. 38 SOFA kann auf mindestens zwei Kollisionsrechte zurückgreifen: das Kollisionsrecht des Aufenthaltsstaates der Konfliktparteien oder – nach Ansicht JENKS für internationale Tribunale angemessener[136] – die durch Rechtsvergleichung gewonnenen allgemeinen Rechtsgrundsätze des Internationalen Privatrechts. Für das hier interessierende Recht der unerlaubten Handlung (law of torts) verweisen die allgemeinen kollisionsrechtlichen Rechtsprinzipen auf den Satz *lex loci delicti commissi.* Bis heute folgt die absolute Mehrheit der staatlichen Rechtsordnungen dem Tatortprinzip, wenn auch mit gewissen nationalen Einschränkungen (z.B. ordre public).[137] Auch die einschlägige kollisionsrechtliche Vorschrift des ägyptischen Zivilgesetzbuches von 1948 folgt dem Tatortprinzip:

> Art. 21 (1): „Les obligations non contractuelles seront soumises à la loi de l'Etat sur le territoire duquel se produit le fait générateur de l'obligation."[138]

Das „proper law" der deliktischen Rechtsbeziehungen von UNEF ist nach den allgemeinen Grundsätzen des IPR und nach ägyptischem Kollisionsrecht das Recht des Begehungsortes.[139] Soweit also ein UNEF-Soldat einen Dritten auf ägyptischem Staatsgebiet fahrlässig verletzt, ist nach dem Grundsatz lex loci delicti commissi das maßgebende Recht das ägyptische Deliktsrecht, das methodisch und inhaltlich weitgehend dem französischen Code Civil und der daran

---

135 J. KROPHOLLER, Internationales Privatrecht, 1997, S. 8; WENCKSTERN (Fn. 103), Rn. 447.

136 JENKS (Fn. 120), S. 16.

137 G. KEGEL/K. SCHURIG, Internationales Privatrecht, 2000, § 18 IV, S. 624; einen Überblick über das Tatortprinzip in den einzelnen nationalen Rechtsordnungen gibt R. K. KURATOWSKI, Torts in Private International Law, ILQ 1 (1947), S. 172, 174 ff.; C. G. J. MORSE, Choice of Law in Tort: A Comparative Survey, AJCL 32 (1984), S. 51 ff.

138 Journal Officiel du Gouvernement Egyptien, Jeudi 29 Juillet 1948; s. auch J. KROPHOLLER/H. KRÜGER/W. RIERING/J. SAMTLEBEN/K. SIEHR (Hrsg.), Außereuropäische IPR-Gesetze, 1999, S. 14, 16.

139 So auch allgemein JENKS (Fn. 120), S. 211; PH. SANDS/P. KLEIN: BOWETT's Law of International Institutions, 2001, S. 466, Rn. 14-054; F. A. MANN, International Corporations and Nations Law, BYIL 42 (1967), S. 145, 164, speziell für UNEF offen: D. W. BOWETT, United Nations Forces, 1964, S. 150 (lex loci oder allgemeine Rechtsgrundsätze).

anknüpfenden französischen Rechtsprechung folgt.[140] Ist dagegen der Begehungsort der unerlaubten Handlung der Gazastreifen – Standort des UNEF I-Hauptquartiers[141] – müßte nach dem Grundsatz *lex loci delicti commissi* das palästinensische Deliktsrecht britischer Prägung gelten.

Das spezielle deliktische Rechtsregime des Gazastreifens, des 40 km langen Küstenrandgebiets zwischen Israel und Ägypten, ist das Produkt der wechselvollen Geschichte Palästinas. Nachdem das Osmanische Reich nach vierhundert Jahren Herrschaft 1917 die Territorialhoheit über das Gebiet an das Vereinigte Königreich verloren hatte, stand der Gazastreifen bis 1948 unter britischer Mandatsverwaltung. Nach dem Rückzug des Vereinigten Königreichs aus Palästina wurde der Gazastreifen im Zuge des Konflikts um die israelische Staatsgründung militärisch von Ägypten besetzt, allerdings ohne das Gebiet förmlich ins ägyptische Staatsgebiet zu integrieren.[142] Das Waffenstillstandsabkommen zwischen Israel und Ägypten vom 24. Februar 1949 ließ die ägyptische Fremdherrschaft des Gazastreifens grundsätzlich unberührt, stellte das Gebiet allerdings unter die *zivile* ägyptische Verwaltung.[143] Das Deliktsrecht im Gazastreifen war im Zeitraum von 1956 bis 1967 – trotz Ausübung ägyptischer Hoheitsgewalt – immer noch das Recht der britischen Mandatszeit: Im Jahr 1944 hatte der britische High Commissioner für Palästina den Civil Wrongs Ordinance No. 36 erlassen.[144] Dieses Gesetz regelte für die palästinensische Rechtsordnung in enger Anlehnung an das britische *law of torts* die zivilrechtlichen Folgen deliktischen Verhaltens in überaus detailfreudiger Weise. Ergänzend trat zum Civil Wrongs Ordinance (1944) der Palestine Order in Council (1922) hinzu. Art. 46 des Palestine Order in Council ordnete die Geltung des Common Law und der Equity-Doctrine für Palästina an.[145] Das ungeschriebene Recht wurde speziell für das Mandatsgebiet durch die örtlichen Gerichte weiterentwickelt, allerdings in sehr enger Anlehnung an die englische Rechtsprechung.

---

[140] H. KRÜGER, Das Zivilrecht der Staaten des ägyptischen Rechtskreises, in: Recht van de Islam, Bd. 14 (1997), S. 67, 75.

[141] Während des UNEF II Einsatzes war der Gazastreifen bereits israelisch besetztes Gebiet und mangels Einwilligung der israelischen Regierung nicht Teil des Einsatzgebietes von UNEF II.

[142] So auch die Rechtsprechung des ägyptischen Verwaltungsgerichts, vgl. MEIR (Israel), GAOR 11th Sess, 638th Plenary Meeting, Agenda item 66, Ziff. 151.

[143] Die Vereinten Nationen erkannten das völkervertraglich zugesicherte Recht Ägyptens auf Kontrolle und Verwaltung des Gazastreifens während des UNEF I Einsatzes an: UN-Doc. A/3563, GAOR 11th Sess. Annexes, Agenda item 66, S. 71.

[144] Supplement No. 1, The Palestine Gazette No. 1380 of 28th December, 1944, S. 129 ff.

[145] Palestine Order in Council, veröffentlicht in: Statutory Rules and Orders No. 1282, Jahrgang 1922, S. 362 ff.

Das so ausgestaltete palästinensische Recht des Gazastreifens entfaltet neben dem ägyptischen Recht seine Verpflichtungskraft gegenüber allen im jeweiligen Gebiet befindlichen natürlichen und juristischen Personen – also auch gegenüber den UNEF-Mitgliedern, wie Art. 6 des UNEF-Statusabkommen herausstellt:

> „Members of the Force and United Nations officials serving with the Force shall respect the laws and regulations of Egypt (...). The Commander shall take all appropriate measures to ensure the observance of these obligations."

Die in Art. 6 gewählte Formulierung „respect" kann nicht darüber hinwegtäuschen, daß die UNEF-Mitglieder im eigentlichen Sinne dem örtlichen Recht „unterworfen" sind. Mit anderen Worten: Die Verkehrsrichtigkeit des Verhaltens der UNEF-Mitglieder während des Einsatzes bestimmt sich nach der ägyptischen bzw. palästinensischem Rechtsordnung. Über den Wortlaut des Art. 6 SOFA hinaus gilt diese Rechtsbindung auch für UNEF bzw. die Vereinten Nationen als internationale Verbände. Es entspricht der allgemeinen Rechtsüberzeugung im Völkerrecht, daß Internationale Organisationen und ihre Organe zwar verfahrensrechtlich Jurisdiktionsimmunität im Aufenthaltsstaat genießen, materiellrechtlich aber an die Gesetze ihres Aufenthaltsstaates gebunden sind.[146] Das exklusive Recht des Aufenthaltsstaates, innerhalb ihres Territoriums alle Lebensverhältnisse zu regeln, ist ein wesentlicher Bestandteil der staatlichen Souveränität. Daß Internationale Organisationen von diesem Herrschaftsanspruch grundsätzlich nicht ausgenommen sind, verdeutlicht die Praxis auf anschauliche Weise: So müssen beispielsweise die Kfz-Versicherungen von Internationalen Organisationen die Unfallschäden nach Maßgabe des Unrechtsurteils der nationalen Rechtsordnung ersetzen, auch wenn der Fahrer selbst durch seine Immunität vor staatlichen Zugriffen geschützt ist.[147] Im übrigen räumt ein Aufenthaltsstaat Internationalen Organisationen regelmäßig Privilegien für die Zeit des Aufenthalts auf dem Staatsgebiet ein. Die Aussetzung des Geltungsanspruchs bestimmter nationaler Normen setzt freilich voraus, daß die Internationale Organisation im Grundsatz an das materielle Recht des Aufenthaltsstaates gebunden ist. Schließlich bestreiten auch die Internationalen Organisationen

---

[146] R. BATSTONE, in: Fleck (Hrsg.), The Handbook of The Law of Visiting Forces, 2001, S. 63; K. HEITMANN, Die Benutzung von Liegenschaft durch ausländische Streitkräfte in der Bundesrepublik Deutschland, NJW 1989, S. 432, 434; I. SEIDL-HOHENVELDERN, Functional Immunity of International Organizations, in: FS Ginther, 1999, S. 137, 139; WENCKSTERN (Fn. 103), Rn. 444 ff.; A. S. MULLER, International Organizations and their Host States, 1995, S. 131.

[147] Dickinson v. Del Solar, King's Bench Division, Urteil vom 31. Juli 1929, Law Reports KB, Bd. 1, S. 376 ff. (Vereinigtes Königreich).

nicht ihre prinzipielle Bindung an das nationale Recht des Aufenthaltsstaates,[148] auch wenn sie sich im staatlichen Verfahren regelmäßig hinter ihre Jurisdiktionsimmunität zurückziehen. So erklärte die ILO bereits im Jahr 1926: „Such immunity is not a franchise to break the law, but a guarantee of complete independence from interference by national authorities with the discharge of official international duties."[149]

4. Streitbeilegung in der Praxis

a) UNEF-Claims Review Board

Die verfahrensrechtlich komplexe Lösung des Art. 38 lit. b SOFA erachteten sowohl Ägypten als auch die Vereinten Nationen als ultima ratio einer Streitbeilegung.[150] Bereits im Frühjahr 1957 kam es zu einer Einigung über ein Interimsverfahren zur einvernehmlichen Erledigung der individuellen Schadensersatzforderungen.[151] Die Vereinten Nationen setzten vor Ort einen UNEF-Ausschuß ein, das sog. Claims Review Board, bestehend aus dem Chief Administrative Officer[152], dem Chief Finance Officer und einem Legal Adviser.[153] Aufgabe des Claims Review Boards war es, Sachverhaltsaufklärung zu betreiben sowie eine Empfehlung über die Begründetheit und die Höhe des zu zahlenden Scha-

---

[148] Die materiellrechtliche Bindung UNEFs an ägyptisches Recht wurde von UNEF selbst nie in Zweifel gezogen. Nur im Hinblick auf örtlich angeworbene Arbeiter („locally-recruited personnel") vertrat UNEF explizit den Rechtsstandpunkt, nicht an ägyptisches Arbeitsrecht gebunden zu sein. Vermerk von A. E. COBUS (Wing-Commander, Legal) – unter Bezugnahme auf Stravropoulos (OLA, N.Y., Headquarter) – vom 19. Januar 1957, UN Archives N.Y., File No. S-0530-0102 (Legal), Box DAG – 13/3.11.0.0.-102. Mit dieser Rechtsauffassung folgt UNEF der generellen Politik der Vereinten Nationen im Hinblick auf Arbeitsverträge, s. YILC 1985 II/1, S. 154 II (b).

[149] Zitiert nach C. W. JENKS, International Immunities, 1961, S. 42.

[150] UN-Doc. A/3943 (Fn. 34), Ziff. 141.

[151] UNEF-Administrative Report No. 37, Item 23, Gaza 11. April 1958, Anhang eines Interoffice Memorandum von G. Lansky, Chief, Field Operations Service, an O. Schacher, General Legal Devision, vom 22. April 1958, UN Archive N.Y., Akte Sloan, OLA, Box 66.

[152] UN-Doc. A/3943 (Fn. 34), Ziff. 85 (Secretariat staff): „Officers, such as the Chief Administrative Officer, with responsibility for the financial affairs of the Force and for the application of United Nations rules and procedures. The Chief Administrative Officer reports directly to the Commander and works closely with him, but also has a direct reporting link with United Nations Headquarters, as the senior Secretariat official who is designated by Secretary-General and in that capacity is responsible to him. He is assisted by a Chief Procurement Officer, a Chief Finance Officer and a Personnel Officer."

[153] Die Zusammensetzung der Local Claims Review Boards variierte von Einsatz zu Einsatz, UN-Doc. A/51/389 (Fn. 115), dort Fn. 6.

densersatzanspruches abzugeben. Darüber hinaus führte das Gremium die entsprechenden Güteverhandlungen mit dem ägyptischen Liaisonstab oder direkt mit der geschädigten Privatperson. Die von den Vereinten Nationen gewählte Form der informellen Streitbeilegung durch ein Local Claims Review Board ist in der Völkerrechtsgeschichte kein Novum. Schon zu Beginn des 1. Weltkrieges hatte das Vereinigte Königreich für kurze Zeit ein vergleichbares Gremium im verbündeten Frankreich errichtet, um vor Ort die durch britische Truppen verursachten Schäden zu regulieren; auch hier wurde die Einigung mit dem geschädigten Individuum angestrebt.[154] Für die Vereinten Nationen sind die vor Ort operierenden, in die jeweilige Peace-keeping-Streitkräfte integrierten Local Claims Review Boards bis heute unverzichtbarer Bestandteil aller Peace-keeping-Einsätze.[155]

Während der UNEF-Einsätze wurden nicht nur die deliktischen Ansprüche von Privatpersonen, sondern auch die Schadensersatzforderungen des ägyptischen Staates gegen UNEF I/II und *vice versa* im Wege des informellen Streitbeilegungsverfahrens erfolgreich erledigt: In der Regel erhielt das Claims Review Board durch die UNEF-Militärpolizei oder den ägyptischen Liaisonoffizier Kenntnis von einem Schadensfall. Die Kurzgutachten des UNEF-Claims Review Boards umfaßten die Sachverhaltsdarstellung sowie eine Stellungnahme zur rechtlichen Verantwortlichkeit der Vereinten Nationen. Die in der Regel sehr knapp gefaßte, auf das Tatsächliche konzentrierte Beurteilung des Legal Adviser von UNEF wurde vom Chief Administrative Officer als Vorsitzender des Claims Review Board beglaubigt und vom Chief Finance Officer gebilligt, bevor sie dem ägyptischen Liasionbüro zur Kenntnis gebracht wurde. Soweit der zuständige Liaisonoffizier gegen das Streitschlichtungsangebot – insbesondere der Höhe der angebotenen Kompensation – keine Einwände erhob, unterbreitete dieser das Angebot dem Antragsteller; die informelle Streitschlichtung hing entscheidend von dem Einverständnis des Geschädigten ab.[156] Im Falle der Zustimmung wurde der Antragsteller aufgefordert, innerhalb einer Woche im UNEF-Hauptquartier zu erscheinen und die Kompensationsleistung der Vereinten Nationen entgegenzunehmen. Die Auszahlung der Entschädigungssumme erfolgte

---

[154] S. zu dieser Claims Commission ausführlich S. LAZAREFF, Status of Military Forces under Current International Law, 1971, S. 272; die Claim Commission wurde abgelöst durch ein Abkommen zwischen dem Vereinigten Königreich und Frankreich, nachdem Frankreich an Stelle vom Vereinigten Königreich im Prozeß vor französischen Gerichten passivlegitimiert war. Diese Lösung entspricht heute der Haftungsregelung des Art. VIII NATO-Truppenstatuts aus dem Jahr 1951, s. S. 537 f.

[155] Zu den Kritikpunkten an dem Verfahren aufgrund umfangreicherer Peace-keeping-Operationen, sowie höherer Schadensersatzforderungen siehe S. 455 ff.

[156] UN-Doc. A/3943 (Fn. 34), Ziff. 141.

Zug um Zug gegen den schriftlich erklärten Verzicht auf die Geltendmachung weiterer Forderungen aus dem konketen Schadensereignis („release of claim form“).[157] Mit der Unterzeichung dieser Verzichtserklärung kam zwischen den Vereinten Nationen und dem geschädigten Individuum ein Vergleichsvertrag zustande. Die Vereinten Nationen haben dabei ihre Vertragsschlußfähigkeit auf ihre *innerstaatliche* Rechtsfähigkeit in Ägypten gestützt.[158] Die Frage, welchem materiellen Recht der zivilrechtliche Vertrag unterliegen sollte, mußte in der Praxis nicht letztverbindlich beantwortet werden. Es ist kein Fall bekannt, in dem das schriftlich fixierte Einvernehmen zwischen den Parteien nachträglich von den Vereinten Nationen oder den geschädigten Privatpersonen in Frage gestellt worden wäre.

Das Claims Review Board hatte die Kompetenz, ohne Rücksprache mit dem Controller im UN-Hauptquartier dem Geschädigten Schadensersatz bis zu einer Höhe von 500 US-Dollar zuzusprechen.[159] Alle darüber hinausgehenden Summen – seien es nun ex gratia-Zahlungen oder Zahlungen unter Anerkennung einer Rechtspflicht – mußten vom UN-Controller in New York bestätigt werden.[160] In den Fällen, in denen der ägyptische Liaisonoffizier den Vorschlag des Claims Review Board ablehnte, wurden die unerledigten Forderungen auf die „Tagesordnung“ der noch zu errichtenden Standing Claims Commission (Art. 38 lit. b SOFA) gesetzt. Zur Abwicklung dieser Restfälle erwogen die Vereinten Nationen u.a. eine globale Ausgleichszahlung an Ägypten auf Basis eines Globalentschädigungsabkommens (lump sum agreement).[161] Letztlich konnten jedoch alle streitigen Fälle im Wege von inoffiziellen Verhandlungen erledigt werden. Hatte der Geschädigte schon vor einer Einigung mit dem Claims Review Board auf die weitere Verfolgung seiner Ansprüche ausdrücklich oder

[157] UN-Doc. A/51/389 (Fn. 115), Rn. 23; UNEF-Claims Review Board, File No. AD 442/A-5-476/2007, 10. Juni 1966, UN Archives N.Y., Akte Cuenca, Vehicle Accidents 1964 – 1966, Box 4. Es ist nicht ersichtlich, daß ein Fristversäumnis zum Untergang des Anspruches geführt hätte. Soweit sich der Claims Review Board und der ägyptische Liaisonoffizier auf die Ersatzpflicht eines ägyptischen Staatsangehörigen einigen konnten – z.B. wegen Verschuldens an einem Unfall mit UNEF-Beteiligung – oblag den ägyptischen Behörden die Geltendmachung des Anspruchs von UNEF I gegenüber dem Schädiger.

[158] Allgemein zur innerstaatlichen Rechtsfähigkeit Internationaler Organisationen s. 69 ff.

[159] UNEF-Administrative Report No. 99, Item 7, 26. Oktober 1957, UN Archives N.Y., File No. S-0530-0105 (Legal), Box DAG-13/3.11.0.0.-105.

[160] Der Grenzwert, bis zu dessen Höhe das Claims Review Board eigenständig Streitigkeiten beilegen kann, ergibt sich aus der „delegation of authority“ des UN-Controllers, s. Review of the efficiency of the administrative and financial functioning of the United Nations, Report of the Secretary-General, 24. April 1995, UN-Doc. A/C.5/49/65, Ziff. 17.

[161] UNEF-Adminsitrative Report No. 37 (Fn. 151) Ziff. 23; zu den ONUC-Globalentschädigungsabkommen s. S. 314 ff.

konkludent verzichtet, wurde das Verfahren weder vom Claims Review Board noch vom ägyptischen Liaisonbüro weiter betrieben.

Der Erfolg des Claims Review Boards von UNEF I beruhte vor allem auf der überschaubaren Zahl der Schadensereignisse, der Konsensbereitschaft der Geschädigten und dem verhältnismäßig geringen Interesse der Bevölkerung an der Verfolgung ihrer Ansprüche. So wurden beispielsweise im Zeitraum zwischen November 1956 und April 1958 insgesamt 193 Schadensereignisse mit UN-Beteiligung registriert, denen nur 47 Kompensationsforderungen gegenüberstanden.[162] Auch im Rahmen von UNEF II wurde das Gremium erfolgreich eingesetzt. In institutioneller Hinsicht ist das UNEF-Claims Review Board ein *aliud* zur Standing Claims Commission des UNEF-Statusabkommens: Während die Standing Claims Commission des Art. 38 lit. b SOFA zumindest nach ihrer theoretischen Konzeption die notwendigen Voraussetzungen für ein unabhängiges, internationales Rechtsprechungsorgan gehabt hätte,[163] sollte und konnte das Claims Review Board diese Funktion nicht erfüllen. Die Mitglieder des Ausschusses waren bei ihrer Willensbildung den Weisungen des UN-Hauptquartiers unterworfen; ihre tatsächliche und rechtliche Arbeit diente allein der internen Willensbildung der Vereinten Nationen. Als Administrativorgan von UNEF war das Claims Review Board im übrigen immer *Partei* im Rechtsstreit.[164] Von Seiten der Vereinten Nationen war der Ausschuß mit diplomatischen Handlungskompetenzen und der Fähigkeit ausgestattet, die Vereinten Nationen im Außenverhältnis rechtlich zu verpflichten.[165] Die eigentliche Streitbeilegung erfolgte durch eine vertragliche Einigung zwischen den Vereinten Nationen – organschaftlich vertreten durch das UNEF-Claims Review Board – und dem geschädigten Individuum. Gegenstand des Vergleichsvertrages war die Höhe der von den Vereinten Nationen zu erbringenden Entschädigungssumme auf der einen Seite und der Forderungsverzicht des Geschädigten auf der anderen Seite. Der Rechtsgrund der UNEF-Zahlungen wurde nicht vertraglich fixiert. Für den Geschädigten war daher nicht ohne weiteres erkennbar, ob die Vereinten Nationen

---

[162] UNEF-Administrative Report No. 37 (Fn. 151) Ziff. 23.

[163] Zu den allgemeinen Kriterien eines internationalen Gerichtes gehört die Unabhängigkeit der Richter, die ausschließliche Bindung der Richter an das objektive Recht und die Rechtsverbindlichkeit der Entscheidung für die streitenden Parteien; vgl. H. MOSLER, in: Mosler/Bernhard (Hrsg.), Juridical Settlement of International Disputes, 1974, S. 9.

[164] Siehe Report of the Secretary-General, 21. Mai 1997, UN-Doc. A/51/903, Ziff. 10, im Wortlaut abgedruckt hier S. 459 ff.

[165] Innerhalb der Verwaltung der Vereinten Nationen hat der UN-Controller des UN-Sekretariats die Kompetenz zur Streitschlichtung auf das Claims Review Board delegiert, UN-Doc. A/C.5/49/65 (Fn. 160), S. 7, Ziff. 17.

ihre rechtliche Verantwortung für den Schaden akzeptiert haben oder ob die Zahlungen lediglich auf ex gratia-Basis erbracht wurden.

Die von UNEF I zur Schadensregulierung geleisteten Beträge fielen ausnahmslos einem Sonderkonto der Vereinten Nationen zu Last, entsprechend dem Beschluß der UN-Generalversammlung:

> „1. *Decides* that the expenses of the United Nations Emergency Force, other than for such pay, equipment, supplies and services as may be furnished without charge by Governments of Member States, shall be born by the United Nations ...“[166]

Darauf basierend stellte DAG HAMMARSKJÖLD in seinem Bericht an die Generalversammlung vom 9. Oktober 1958 fest: „Other costs assumed by the United Nations are: (...) (b) (...) claims against the United Nations for personal injury, property damage and loss of income arising from traffic accidents and other effects of the operation of the Force.“[167] Im Rahmen des UNEF II-Einsatzes wurde auf gleiche Weise verfahren.

b) Ägyptisches Liaisonbüro

Die Aufgabe des ägyptischen Liaisonbüros bestand primär darin, die eingehenden Beschwerden der geschädigten Individuen zu verwalten und sie – soweit notwendig – zur weiteren Veranlassung an das UNEF Claims Review Board weiterzuleiten. In der absoluten Mehrzahl der Fälle führte das Liaisonbüro die nachfolgenden Verhandlungen mit dem UNEF-Claims Review Board. Der Liaisonstab war organisatorisch dem ägyptischen Verteidigungsministerium angegliedert, operierte also als Exekutivorgan des ägyptischen Staates. Durch dieses Organ gewährte Ägypten seinen Staatsangehörigen und den staatenlosen Palästinensern des ägyptisch verwalteten Gazastreifens im weitesten Sinne *diplomatischen Schutz*. Der Rechtsbegriff des diplomatischen Schutzes löst sich allerdings in Zusammenhang mit dem Liaisonbüro von den überkommenen Vorstellungen des allgemeinen Völkerrechts.

---

[166] GA Res 1089 (XI) vom 21. Dezember 1956. GAOR 11th Sess. Suppl. No. 17 (A/3572), S. 46.

[167] UN-Doc. A/3943 (Fn. 34), Ziff. 120; die Aufteilung der Kosten zwischen den Vereinten Nationen und den Entsendestaaten wurde von letzteren akzeptiert. Dagegen war die Verteilung des von den Vereinten Nationen zu tragenden Kostenanteils unter den Mitgliedstaaten äußerst umstritten. Ausgangspunkt des Streits war die bestrittene Kompetenz der Generalversammlung, eine Friedenstruppe wie UNEF I als UN-Nebenorgan zu schaffen; die Streitfrage endete schließlich auf Antrag der Generalversammlung vor dem IGH, Certain-Expenses-Gutachten, Nachweis Fn. 56.

Unter diplomatischem Schutz wird im traditionellen Sinne vor allem der repressive Schutz eigener Staatsangehöriger gegenüber völkerrechtswidrigen Akten einer fremden Hoheitsgewalt verstanden und ist damit systematisch dem Recht der völkerrechtlichen Verantwortlichkeit zuzuordnen.[168] Die Frage des konkreten Anspruchsinhabers gehört dabei zu den umstrittensten Fragen dieses Rechtsgebiets. Während die Literatur hierzu eine Vielzahl von Theorien entwickelt hat[169], fällt die internationale Praxis ein verhältnismäßig eindeutiges Urteil[170]: Der Staat, der den diplomatischen Schutz ausübt, macht eigene Rechte gegenüber dem schädigenden Völkerrechtssubjekt geltend; er ist in der Person der Staatsangehörigen selbst verletzt. Der schutzgewährende Staat erlangt folglich einen eigenen Anspruch auf Schadensersatz gegen das schädigende Völkerrechtssubjekt, der allerdings in Art und Höhe inhaltsgleich ist mit dem Anspruch des geschädigten Individuums und auch dessen Schicksal teilt.[171] Diese Vorstellung von der Rechtsnatur des diplomatischen Schutzes spiegelt sich besonders anschaulich in der Judikatur des Ständigen Internationalen Gerichtshofs wider: „By taking up the case of one of its subjects and by resorting to diplomatic action or international judicial proceedings on his behalf, a State is in reality asserting its own rights – its right to ensure, in the person of its subjects, respect for the rules of international law. The question, therefore, whether the present dispute originates in an injury to a private interest, which in point of fact is the case in many international disputes, is irrelevant from this standpoint.“[172]

Angesichts dieser internationalen Rechtsprechung ist folgende schriftliche Äußerung des UN-Legal Adviser COX gegenüber dem ägyptischen Liaisonbüro

---

[168] M. RUFFERT, Diplomatischer und konsularischer Schutz zwischen Völker- und Europarecht, AVR 35 (1997), S. 459, 460; CH. GLORIA, in: Ipsen, Völkerrecht 1999, § 24, Rn. 32.

[169] Vertretungstheorie: F. V. GARCIA AMADOR, State Responsibility, RdC 94 (1958 II), S. 365, 472; A. VERDROSS, Völkerrecht, 1964, S. 406 (Staat tritt im Namen eines anderen, handlungsunfähigen Völkerrechtssubjekts auf); Individuum als Anspruchsinhaber: K. DOEHRING, Die Pflicht des Staates zur Gewährung diplomatischen Schutzes, 1959, S. 19 f.; ders., Der diplomatische Schutz im Völker- und Europarecht, Ress/Stein (Hrsg.), 1996, S. 13, 16 f.; Staat als Inhaber kraft eigener internationaler Schutzrechte; Individuum als Anspruchsinhaber: G. DAHM, Völkerrecht, Bd. 3, 1961, S. 257.

[170] StIGH, The Mavrommatis Palestine Concessions, Judgment of August 30th, 1924, P.C.I.J., Series A, No. 2, S. 12; The Panevezys-Saldutiskis Railway Case, Judgment of February 28th, 1939, P.C.I.J., Series A/B, No. 76, S. 16; IGH, Nottebohm Case (second phase), Judgment of April 6th, 1955, ICJ Reports 1955, S. 4, 24.

[171] StIGH, Chorzów Factory (Merits), Judgment of September 13th, 1928, P.C.I.J. Series A, No. 13, S. 28.

[172] P.C.I.J., The Mavrommatis Palastine Consessions, Judgment of August 30th, 1924, Series A, No. 2, S. 12.

bemerkenswert: „The Egyptian Government is not an interested party in any claim by a private individual, so that I trust that there is no implication that UNEF and the Egyptian Government represent opposite sides in a dispute. While your Liaison Headquarters may serve as a channel for claims in appropriate instances, and in helping us arrive at disinterested estimates of any case, it would be a serious matter if it were to take a partisan stand in pressing claims against us."[173] Diese scharf formulierte Kritik an der Arbeit des Liaisonbüros zu Beginn des UNEF I-Einsatzes hat allerdings zu keinem Zeitpunkt dazu geführt, daß UNEF das ägyptische Liaisonbüro nicht als Verhandlungspartner akzeptiert hätte. Das Recht des ägyptischen Staates, seine Staatsangehörigen und Schutzbefohlenen im Völkerrechtsverkehr auf diplomatischem Wege zu schützen, wurde von den Vereinten Nationen nie bestritten. Die materiellrechtliche Inhaberschaft des Ersatzanspruchs verorteten die Vereinten Nationen allerdings ausschließlich bei dem geschädigten Individuum, von dessen Zustimmung die einvernehmliche Streitbeilegung abhing und das im übrigen auch direkt mit dem Claims Review Board verhandeln konnte.[174] Die Rolle des ägyptischen Liaisonbüros im Streitbeilegungsverfahren war dagegen – zumindest aus Sicht der Vereinten Nationen – rein formaler Natur: Der ägyptische Staat vertrat durch das Liaisonbüro die Interessen des geschädigten Individuums vor den Organen der Vereinten Nationen. Dieses eigenständige Recht Ägyptens auf diplomatischen Schutz seiner Bürger verhielt sich dabei inhaltlich streng akzessorisch zum Individualrecht. Hatte also ein Geschädigter auf die Geltendmachung seiner Ansprüche gegenüber den Vereinten Nationen ausdrücklich oder konkludent verzichtet, wurde auch die Schutzfunktion Ägyptens gegenstandslos. Von den anfänglichen Unstimmigkeiten abgesehen, akzeptierte das ägyptische Liaisonbüro in der Folgezeit die prinzipielle Verfügungsbefugnis des geschädigten Individuums über seine Ansprüche gegen UNEF I und II.

5. Deliktische Individualansprüche

Das Gros der Arbeit des UNEF-Claims Review Boards bildeten die Schadensersatzansprüche von Privatpersonen gegen die Vereinten Nationen.[175] Die in

---

[173] W. W. COX (UN Legal Adviser) an Captain Khamis El Shafay (Legal Officer, Egyptian Liaison Staff Headquarter, GAZA), Schreiben vom 24. August 1957, UN Archives N.Y., File No. S-0530-0102, (Legal), Box DAG – 13/3.11.0.0.-102.

[174] Das von den Vereinten Nationen vertretene Konzept des diplomatischen Schutzes im Rahmen von UNEF entspricht damit dem Schutzrechtskonzept von DAHM (Fn. 169), S. 255 ff.

[175] Auch die zivilrechtlichen Ansprüche des ägyptischen Staates gegen UNEF wurden zwischen dem ägyptischen Liaisonbüro und dem UNEF-Claims Review Board reguliert; siehe in diesem Zusammenhang das knock-for-knock-Abkommen zwischen den Vereinten Natio-

der UNEF-Fallpraxis überlieferten Individualansprüche lassen sich in zwei Kategorien aufteilen: Ein Teil der Kompensationsansprüche betraf Personenschäden, in erster Linie verursacht durch Verkehrsunfälle und – wesentlich seltener – durch Schußwaffeneinsätze. Daneben wurden Kompensationsansprüche wegen schädigender Eingriffe in Privateigentum erhoben, ebenfalls in der Mehrzahl verursacht durch Verkehrsunfälle, aber auch durch die Inanspruchnahme von Immobilien durch UNEF-Kontingente ohne Einwilligung des Privateigentümers.

Schadensursache Nr. 1 waren Verkehrsunfälle mit UNEF-Beteiligung. Anders als in späteren Missionen – insbesondere von ONUC und UNEF II[176] – existierte im Rahmen von UNEF I kein Versicherungsschutz für UNEF-Fahrzeuge. Dementsprechend nahm die Regulierung von Unfallschäden einen breiten Raum in der Arbeit des UNEF-Claims Review Boards ein. Im Rahmen des UNEF II-Einsatzes dominiert dagegen die Bearbeitung von Ansprüchen auf Nutzungsentgelt bzw. Schadensersatz wegen der Inanspruchnahme bzw. Schädigung von Privateigentum durch UNEF II. Aufgrund des grundsätzlich friedlichen Verlaufs der Missionen konnten sowohl UNEF I als auch UNEF II nur wenige Anträge auf Ersatz von Personenschäden verzeichnen, die durch den Schußwaffeneinsatz von UNEF-Soldaten verursacht worden waren. Für UNEF I weist eine UN-interne Aufstellung im Jahr 1957 sechs Todesfälle[177] durch Schußwaffengebrauch aus in einem Gesamtrahmen von insgesamt 193 Schadensereignissen.

6. Materielle Haftungsregeln

Die internen Kurzgutachten des UNEF-Claims Review Boards zur Begründetheit der individuellen Schadensersatzansprüche enthalten in der absoluten Mehrheit der Fälle keine Hinweise auf etwaige entscheidungserhebliche Rechtsnormen oder Rechtsgrundsätze. Die scheinbare Vernachlässigung des Rechts bei der Entscheidungsfindung ist zweifelsohne auf einen gewissen Pragmatismus bei der alltäglichen Schadensregulierung zurückzuführen. Zudem war das

---

nen und Ägypten über den gegenseitigen Verzicht auf die Geltendmachung von Sachschäden aus Verkehrsunfällen: UNTS Bd. 388, S. 144 ff. Zur Praxis in Zusammenhang mit der Durchführung der Abkommen s. UNEF-Claims Review Board, UN-Archives, Akte Cuenca, Vehicle Accidents 1964 – 1966, Box 4.

[176] Es entsprach der Praxis der Vereinten Nationen, vor nationalen Gerichten auf die Immunität ihrer Bediensteten zu verzichten, damit diese im Prozeß der Versicherungsgesellschaft gegen den Unfallgeschädigten als Zeugen vernommen werden konnten; vgl. ROUSE (Fn. 106); S. 11.

[177] UNEF-Claims Review Board, Death Claims: Accidental Shootings involving Egyptian and Palestinian Fatalities, UN Archives, N.Y., Akte Sloan, OLA, Traffic accidents – fatal injuries, Property Damage, March – June 1958, Box 66.

Claims Review Board nicht als neutrales Rechtsprechungsorgan in Ägypten tätig. Sein Arbeitsauftrag bestand in der Vorbereitung der UN-internen Willensbildung und dem anschließenden Führen von Vergleichsverhandlungen. Allerdings bedeutet dies nicht, daß die Willensbildung des Claims Review Boards frei von haftungsrechtlichen Regeln, also willkürlich erfolgt wäre. Das Claims Review Board hat bei der Bearbeitung von Individualansprüchen durchaus allgemeingültige Regulierungsstandards entwickelt, die Gegenstand der Billigung des UN-Sekretariats in New York waren. Allerdings wurden diese Standards nur sehr selten auf anerkannte Rechtsquellen gestützt. Diese Vorgehensweise ist der Transparenz der UN-internen Willensbildung in Haftungsfragen äußerst abträglich. Selbst ein intimer Kenner der Materie, CONSTANTIN STAVROPOULOS – Rechtsberater des UN-Sekretariats während des UNEF I-Einsatzes – konnte die Frage nach dem angewendeten Recht nur äußerst vage beantworten: „In the informal negotiation I believe that it would be correct to say that the local law was taken as a guideline in reaching an equitable settlement and it has not been necessary to reach definitive conclusions whether the lex loci or general principles of law are to be applied."[178]

a) Geschützte Rechtsgüter

Die Verletzungserfolge, die in der Praxis von UNEF entscheidungserheblich geworden sind, erschöpften sich in der Beeinträchtigung der Rechtsgüter Leben, Körper, Gesundheit, Eigentum und Besitz. Das vorhandene Aktenmaterial läßt nicht erkennen, ob Schäden an anderen Gütern – z.B. Freiheit oder Ehre – an UNEF herangetragen wurden. Insofern bleibt offen, ob der Kreis der Verletzungstatbestände von UNEF bewußt in Anwendung konkreter Rechtsnormen eingegrenzt worden ist oder ob lediglich entsprechende Berührungspunkte mit der Zivilbevölkerung fehlten.[179] Die interne Korrespondenz des UNEF-Claims Review Boards läßt allerdings den Befund zu, daß etwaige *internationale* Verpflichtungen der Vereinten Nationen im Bereich der Menschenrechte nicht zum Anknüpfungspunkt einer Haftung für Individualschäden ge-

[178] Schreiben von C. A. STAVROPOULOS (Legal Counsel) an Michael Bothe, Max-Planck-Institut in Heidelberg, vom 17. Juni 1966, UN Archives N.Y., Akte Sloan, Claims, Box 32.

[179] Grundsätzlich nimmt das UNEF-Claims Review Board im Rahmen seiner Beurteilungen keine Systematisierung nach geschützten Individualinteressen vor. Ansatzpunkt ist immer das konkrete (Fehl-) Verhalten, d.h. der Schußwaffengebrauch, die Nutzung von Kraftfahrzeugen und die Inanspruchnahme von Grundeigentum. Die Herangehensweise entspricht sowohl dem französischen als auch dem englischen Deliktsrecht: Für das französische Recht s. P. GOTTHARDT, Frankreich, in: v. Bar (Hrsg.), Deliktsrecht in Europa, Landesberichte Frankreich, Griechenland, 1993, S. 17, 22; für das englische Deliktsrecht s. J. SHAW, England and Wales, in: v. Bar (Hrsg.), Deliktsrecht in Europa, Landesberichte Dänemark, England und Wales, 1993, S. 13.

macht worden sind. Der Kanon der fundamentalen Menschenrechte, wie er beispielsweise in der Allgemeinen Erklärung der Menschenrechte von 1948 Ausdruck findet, wurde nicht zum unmittelbaren Schutzgut der UNEF-Haftungspraxis erhoben. Ebenso fehlt jede Bezugnahme auf die Schutzgüter des ägyptischen Deliktsrechts. Weder die sehr weit verstandene Generalklausel des Art. 163 ägypt. Zivilgesetzbuch („Toute faute qui cause un dommage …") noch die Deliktstatbestände des Civil Wrongs Ordinance No. 36/1944 finden in den Kurzbeurteilungen des Claims Review Boards Erwähnung.[180] Die bewußte Begrenzung der deliktisch erfaßten Verletzungserfolge auf die individuellen Kerninteressen Leben, Gesundheit, Eigentum und Besitz findet ohnehin ein rechtliches Fundament nur in den allgemeinen Rechtsgrundsätzen der nationalen Deliktsrechte. Der Schutz des privaten Interesses an der physischen Unversehrtheit der Person und der ungestörten Nutzung des Eigentums ist als Mindeststandard allen nationalen Deliktsrechten gemein. Nur hinsichtlich der darüber hinausgehenden Schutzbereiche weisen die einzelnen Rechtsordnungen erhebliche Divergenzen auf.

b) Kausalität zwischen Verhalten und Individualschaden

Fragen der Kausalität zwischen dem Verhalten eines UNEF-Mitgliedes und dem Individualschaden wurden vom UNEF-Claims Review Board in der Regel nicht gesondert thematisiert. Die meisten Schadensfälle boten auf Basis der ermittelten Tatsachen kaum Zweifel an dem Bestehen eines Zurechnungszusammenhanges, z.B. bei Schußwaffeneinsätzen und Eigentumsschädigungen. Daß das UNEF-Claims Review Board dennoch das Erfordernis einer Kausalität in seine Erwägungen einbezog – insbesondere bei Verkehrsunfällen – zeigt folgende interne Anweisung des UN-Hauptquartiers: „Under principles found in many systems of law, legal responsibility for this accident would rest with the United Nations (a) if the car was owned and/or operated by the Organization; and (b) if the car was being driven in a reckless or negligent fashion; and (c) *provided that the negligence or recklessness of the driver was the substantial cause of the (damage).*"[181] Die Einbindung des Kausalitätskriteriums in den Tatbestand der Fahrlässigkeit – zu verstehen als Delikt, nicht als bloße Schuldform – ist vor allem eine Verbeugung vor dem britischen „law of torts",[182] weniger vor den allgemeinen Rechtsgrundsätzen der nationalen Deliktsrechte. In der

---

180 Zum Deliktsrecht in Ägypten und im besetzten Gazastreifen s. S. 235 ff.

181 SCHREIBER, MARC (UN-General Legal Devision, OLA), Schreiben an G. Lansky (UN-Field Operation Service), UNCURK, 12. August 1956, UN-Archives N.Y., Akte Scott, Claims, Box 25 (Hervorhebung hier).

182 R. A. BUCKLEY, The Modern Law of Negligence, 1993, S. 37, Ziff. 2.12; M. A. JONES, Textbook on Torts, 1993, S. 137.

UNEF-Praxis wurden die oben umrissenen Anforderungen an den Zurechnungszusammenhang zwischen Sorgfaltspflichtverletzung und Schadenseintritt in folgendem Fall praktisch relevant: Eine mit erhöhter Geschwindigkeit innerhalb einer Ortschaft fahrende UNEF-Ambulanz hatte eine Frau angefahren, die direkt nach dem Aufprall spasmische Anfälle erlitt und kurz darauf an diesen Symptomen verstarb. Das UNEF-Claims Review Board stellte fest, daß ein Ambulanzfahrer in der gegebenen Situation ein besonderes hohes Maß an Sorgfalt in bezug auf Fahrweise und Erste-Hilfe-Leistung hätte walten lassen müssen. Auf dieser Grundlage kam CARLOS CUENCA, UNEF-Legal Adviser und Mitglied des Claims Review Borads, zu dem Schluß „... that (the driver) acted recklessly and that the damage he caused was a consequence of his gross negligence."[183] Die Bejahung des Zurechnungszusammenhanges zwischen der sorgfaltswidrigen Fahrweise des UNEF-Fahrers und dem Tod der Frau – trotz ihrer zum Schaden geneigten Konstitution – hat im Ergebnis dazu geführt, daß die Vereinten Nationen die rechtliche Verantwortlichkeit für den Todesfall übernahmen.

c) Zurechenbarkeit des schadensverursachenden Verhaltens zu den Vereinten Nationen

Die Zurechenbarkeit eines individuellen Fehlverhaltens zu einer Internationalen Organisation ist das zentrale Bindeglied zu ihrer rechtlichen Verantwortlichkeit. Als abstrakte Einheiten handeln Internationale Organisationen – ebenso wie Staaten – durch ihre Organe und Organwalter. Die Frage nach der einschlägigen Zurechnungsregel zur Identifizierung einer Handlung als „act of an International Organization" ist für das Haftungsrecht der Internationalen Organisation von entsprechend zentraler Bedeutung. Die Zurechnungsregeln, wie sie im Rahmen des UNEF-Einsatzes zutage treten, haben zwei verschiedene Anknüpfungspunkte, die gesondert nach dem jeweils zugrundgelegten Recht zu untersuchen sind. Anknüpfungspunkt der Zurechnung eines Aktes zu UNEF bzw. den Vereinten Nationen ist zum einen (aa) der rechtliche Status des handelnden Individuums innerhalb der Vereinten Nationen, zum anderen (bb) die Rechtsnatur der schädigenden Handlung, die zugerechnet werden soll.

aa) Haftung für entliehene Organe

Der erste Anknüpfungspunkt der Zurechnungsregel – der Status des handelnden Individuums – wirft im Hinblick auf UN-Bedienstete, die im Rahmen von UNEF in Ägypten eingesetzt worden sind, keine größeren Probleme auf. Art. 100 der UN-Charta stellt klar heraus, daß die Bediensteten des UN-Sekreta-

---

[183] UNEF-Claims Review Board, File No. AD 442/A-5-442/5001, 22. April 1966, UN Archives N.Y., File No. S-0530-0151, Casualties, Box DAG-13/3.11.1.0-17.

riats („international civil servants“) in völliger Unabhängigkeit von den Mitgliedstaaten den Interessen der Vereinten Nationen dienen. Sie sind als Angestellte des UN-Sekretariats ausschließlich Organwalter der Vereinten Nationen (Art. 7 i.V.m. Art. 97 UN-Charta). Auf der engen institutionellen und funktionalen Verbindung zwischen den UN-Bediensteten und den Vereinten Nationen basiert die Zurechnung ihrer dienstlichen Handlungen zur Weltorganisation.[184] Wesentlich differenzierter ist der Rechtsstatus der UNEF-Soldaten innerhalb der Vereinten Nationen. Wie dargelegt[185], wurden den Vereinten Nationen von den Entsendestaaten nationale Truppenkontingente für UNEF zur Verfügung gestellt. Die einzelnen Soldaten blieben während ihres gesamten Einsatzes in ihren ursprünglichen nationalen Dienstverhältnissen. Diese rechtliche Konstellation führt zu einer doppelten Organstellung der einzelnen Soldaten im Gesamtgefüge von UNEF: Sie sind kraft förmlicher Bestellung Organwalter ihres Entsendestaates und zeitgleich – als Mitglied des UN-Organs UNEF – Organwalter der Vereinten Nationen (sog. internationale Organleihe[186]). An diesem rechtlichen Status – der doppelten de iure-Organstellung der UNEF-Soldaten – knüpft die Zurechnung etwaiger schädigender Akte von UNEF-Soldaten an.

Die völkerrechtliche Literatur, die sich mit der Problematik der Zurechnung im Rahmen von Peace-keeping-Einsätzen eingehend befaßt hat, befindet unisono: Den Vereinten Nationen ist das Handeln der Peace-keeping-Soldaten zuzurechnen, da sie während des Einsatzes unter dem operativen Kommando[187] der Vereinten Nationen stehen.[188] Die Auffassung von PAUL DE VISSCHER, die Entsendestaaten müßten aufgrund des freiwilligen Bereitstellens der Kontingente parallel neben den Vereinten Nationen haften, konnte sich im wissen-

---

[184] Ausführlich hierzu E. BUTKIEWICZ, The Premisses of International Responsibility of Inter-governmental Organizations, PYIL 11 (1981/82), S. 117, 129.

[185] Siehe die allgemeinen Ausführungen zur Organleihe S. 103 ff.

[186] S. hierzu ausführlich S. 103 ff.

[187] Allgemein zum Begriff und zur Bedeutung des operativen Kommandos s. S. 107 ff.

[188] B. AMRALLAH, The international Responsibility of the United Nations for activities carried out by U.N. Peace-keeping Forces, REDI 32 (1976), S. 57, 66; A. DI BLASE, Sulla Responsabilita' internazionale per attivita' dell'ONU, Rivista di Dritto Internazionale 1974, S. 250, 268; BOTHE (Fn. 66), S. 40; M. P. GONZALES, Les Organisations Internationales et le Droit de la Responsabilité, RGDIP 63 (1988), S. 63, 81 f.; M. HARTWIG, Die Haftung der Mitgliedstaaten für Internationale Organisationen, 1993, S. 230; M. HIRSCH, The responsibility of International Organisations toward Third Parties, 1995, S. 64 f.; D. SHRAGA, The United Nations as an Actor Bound by International Humanitarian Law, IP 5 (1998), S. 64, 70 f.; P. DE VISSCHER, Observations sur le fondement et la mise en oeuvre du principe de la responsabilité de l'Organisation des Nations Unies, RIDC 1963, S. 165, 166 f.; bereits im Vorfeld der ersten Peace-keeping-Einsätze C. EAGLETON, International Organizations and the Law of Responsibility, RdC 76 (1950 I), S. 323, 386.

schaftlichen Meinungsspektrum nicht durchsetzen.[189] Eine parallele Haftung von Entsendestaaten und Vereinten Nationen wird in der Literatur nur dann bejaht, wenn die Entsendestaaten und die Vereinten Nationen *gemeinsam* das operative Kommando über die Peace-keeping-Kontingente ausüben.[190] Eine derartige militärische Kooperation wurde weder bei UNEF I noch bei UNEF II praktiziert. Die Kopplung des faktischen Elements des operativen Kommandos mit dem rechtlichen Element der Zurechnung wird in der Literatur überwiegend aus dem Recht der Staatenverantwortlichkeit abgeleitet.[191] In diesem Normenkomplex stellt die effektive operative Kontrolle über militärische Einheiten oder kämpfende Privatpersonen ein durch Rechtsprechung und Praxis gesichertes Zurechnungskriterium dar.[192] Anläßlich des ersten UN-Peace-keeping-Einsatzes wurde die im Grundsatz unbestrittene Zurechnungsregel aus dem Recht der Staatenverantwortlichkeit auch von den Vereinten Nationen als Anknüpfungspunkt ihrer eigenen Haftung akzeptiert. War während des Korea-Krieges die Zurechnung von Militärakten auf Basis des effektiven operativen Kommandos noch von erheblichen rechtlichen und tatsächlichen Unsicherheiten geprägt,[193] tritt im Fall des UNEF-Einsatzes die Anwendung des Zurechnungskriteriums klar zutage. Die Vereinten Nationen haben in keinem Fall ihre eigene rechtliche Verantwortlichkeit mit dem Argument abgelehnt, es handele sich bei den schadensverursachenden UNEF-Soldaten um de iure-Organe der Entsendestaaten.

Trotz des Akzepts der eigenen Verantwortung machten die Vereinten Nationen regelmäßig Regreßforderungen gegenüber dem Entsendestaat des Schädigers geltend: Soweit ein Verkehrsunfall auf grobe Fahrlässigkeit eines UNEF-Truppenmitglieds zurückzuführen war, stellte die UNEF I-Military Personnel Standing Order 8.03-2-20[194] dem Schädiger den Rückgriff auf seinen Entsendestaat in Aussicht. Ebenso verhielt es sich in bezug auf Schäden, die durch den fahruntüchtigen Zustand eines UNEF-Fahrzeuges – insbesondere durch defekte Bremsen – entstanden waren. Im letztgenannten Fall warfen die Vereinten Nationen dem kommandierenden Offizier grob fahrlässiges Verhalten vor, da er die Nutzung des defekten Fahrzeuges erlaubt hatte, obwohl er über seine diesbe-

---

[189] P. DE VISSCHER, Le Fondement du Principe de la Responsabilité de l'ONU, ADSP 23 (1963), S. 134, 136.

[190] AMRALLAH (Fn. 188), S. 68; HIRSCH (Fn. 188), S. 65; SHRAGA (Fn. 188), S. 72.

[191] Statt viele SHRAGA (Fn. 188), S. 70, dort insb. Fn. 24; AMRALLAH (Fn. 188), S. 66.

[192] Ausführlich hierzu S. 101 f.

[193] Siehe hierzu S. 185 ff.

[194] „The UN will ask the participation states to compensate for losses or damages willfully or by gross negligence of members of their contingent."

zügliche Sorgfaltspflicht vom UN-Kommando aufgeklärt worden war.[195] Die von den Vereinten Nationen an den Geschädigten geleisteten Zahlungen wurde als sog. „latente Ansprüche“ gegen den Entsendestaat verbucht, um sie später mit finanziellen Forderungen des Entsendestaates aufrechnen zu können. Allerdings gingen die Vereinten Nationen nicht davon aus, dass ihnen ein Ersatz*anspruch* gegen den Entsendestaat zur Seite stünde. Im Rahmen des UNEF II-Einsatzes wurde dies noch einmal ausdrücklich betont. So instruierte das Office of Legal Affairs im UN-Hauptquartier in New York das UNEF II-Property Survey Board[196], die Haftung des Entsendestaates für den verursachten Schaden nur dann zu bejahen, wenn:

> „a) the Person was acting on behalf of the government when he or she caused the damage – which is normally not the case where he or she was performing „UN“ as distinct from „national“ duties; or
> b) The government has agreed to be responsible for the damage.“[197]

Im übrigen stellten sich die Vereinten Nationen auf den Rechtsstandpunkt, daß der Entsendestaat grundsätzlich nicht für das schuldhafte Handeln der Mitglieder seines Kontingents rechtlich verantwortlich sei. Soweit in der UNEF-Praxis die Kosten eines grob fahrlässig oder vorsätzlich verursachten Schadens an UN-Eigentum dazu genutzt wurden, gegen Forderungen des Entsendestaates aufzurechnen, betonten die Vereinten Nationen auch in diesem Kontext die fehlende rechtliche Verantwortung des Entsendestaates für die Schädigung des UN-Eigentums: „The amounts included in the records of the Property Survey Boards could not be construed to represent payments due from the governments but could only be utilized for the purpose of indicating to Government negotiation-representatives that, when comparing usage of property, certain excessive losses had accrued to the United Nations for reasons other than 'fair wear and tear'.“[198] Gerade weil den Entsendestaat keine Rechtspflicht traf, diejenigen Schäden am UN-Eigentum zu ersetzen, die ein nationales Kontingentsmitglied grob fahr-

---

[195] UNEF-Claims Review Board, File No. 1015-1/156, 21. Februar 1964 (unveröffentlicht), UN Archives N.Y., Akte Cuenca, Vehicle accident claims 1964, Box 4.

[196] Das Property Survey Board war personell weitgehend identisch mit dem Claims Review Board; seine Aufgabe bestand in der Untersuchung von Verlusten und Schäden an UN-Eigentum, sowie der Begutachtung von Ansprüchen der Teilnehmerstaaten gegen die UN wegen Verlusten und Schäden an staatlichem Eigentum.

[197] Die nachfolgenden Informationen stammen aus dem Dokument: A. E. WEIL (OLA), Schreiben an O. Hagerbrant, Proposed Claims against Governments, 12. Oktober 1979, UN Achives N.Y., Akte James M. Simpson, 1979 – 1980, Box 10.

[198] A. E. WEIL (OLA), Schreiben an P. Ruedas, Assistant Secretary-General, Office of Financial Services, 30. Juni 1981, Peacekeeping: Liability of Governments for gross negligence of members of national contingents, UN Archives N.Y., Akte James M. Simpson, Gross Negligence, Box 10.

lässig oder vorsätzlich verursacht hatte, erfolgte die Aufrechnung der Vereinten Nationen mit Gegenforderungen der Entsendestaaten nur auf Basis und im Rahmen eines entsprechender Akzepts durch den Entsendestaat.[199]

Die Rechtsauffassung der Vereinten Nationen zur Regreßpflicht der Entsendestaaten verdeutlicht anschaulich die Zurechnungsproblematik, die aus der doppelten Organstellung der UNEF-Kontingente und Soldaten resultiert.[200] Grundsätzlich ist das Verhalten der nationalen Kontingente und ihrer Mitglieder den Vereinten Nationen zuzurechnen, da die Organisation das militärische Kommando über UNEF und damit über die nationalen Kontingente ausübt. Diese Zurechnungsregel haben die Vereinten Nationen in der Peace-keeping-Praxis als Rechtssatz akzeptiert und entsprechend angewendet. Die einzige von den Vereinten Nationen geltend gemachte Ausnahme von der Regel[201] berücksichtigt den Umstand, daß die nationalen Kontingente und ihre Mitglieder während des UNEF-Einsatzes durch ein dienstrechtliches Verhältnis mit ihrem Entsendestaat verbunden sind, der Entsendestaat also – entgegen seiner völkerrechtlichen Verpflichtungen gegenüber den Vereinten Nationen – Dienstweisungen an seine nationalen Kontingente ausgeben kann. Handelt das nationale Kontingent nach der Order des Entsendestaates, z.B. bei einem Ortswechsel innerhalb des Aufenthaltsstaates, dann trifft den Entsendestaat die rechtliche Verantwortung für die in diesem Zusammenhang verursachten Zivilschäden. Eine etwaige Ersatzpflicht Ägyptens kraft Zustimmung zum Aufenthalt der UNEF-Truppen wurde zu keinem Zeitpunkt erwogen.[202] Die Vereinten Nationen haben auch in diesem Punkt die völkergewohnheitsrechtlich anerkannten Normen der internationalen Staatenverantwortlichkeit ihrer eigenen Praxis zugrundegelegt.[203]

---

[199] WEIL (Fn. 198), Hervorhebung dort.

[200] Zur doppelten Organstellung siehe S. 103 ff.

[201] S. das Memorandum von WEIL (Fn. 197), Wortlaut abgedruckt S. 251.

[202] Zu diesem Aspekt s. in der Literatur AMRALLAH (Fn. 188), S. 69; HIRSCH (Fn. 188), S. 77 ff.; J. P. RITTER, La protection diplomatique à l'égard d'une organisation internationale, AFDI 8 (1962), S. 427, 441; I. SEIDL-HOHENVELDERN, Responsibility of Member States of an International Organization for Acts of that Organization, in: FS Roberto Ago, 1987, S. 415, 416.

[203] Vgl. Art. 12 des ILC-Entwurfs zur Staatenverantwortlichkeit von 1980: „The conduct of an organ of a State acting in that capacity which takes place in the territory of another State or in any other territory under its jurisdiction shall not be considered as an act of the latter State under international law." Siehe auch die umfangreichen Nachweise aus der Staatenpraxis in der ILC-Kommentierung, YILC 1975 II, S. 83 ff. (im Entwurf von November 2001 fortgefallen); übereinstimmende Auffassung auch in der Literatur (Nachweise Fn. 202) und in der internationalen Rechtsprechung, s. z.B. die Entscheidungen der Europäischen Kommission für Menschenrechte, in: YECHR 1958, S. 256 f. und YECHR 1965, S. 272 f.

bb) Haftung für private oder unautorisierte Akte

Zurechnungsregeln, die an der Rechtsnatur des schädigenden Verhaltens anknüpfen, unterscheiden allgemein zwischen zwei Tatbeständen: Das rein außerdienstliche, d.h. private Verhalten eines Organwalters in seiner Freizeit („off duty") steht seinen Diensthandlungen („on duty") gegenüber. Innerhalb der letzteren Kategorie ist zwischen denjenigen Akten zu unterscheiden, die ein Organwalter in seiner dienstlichen Funktion innerhalb seiner internen Befugnisse ausübt, und denen, die unter Überschreitung der dienstlichen Kompetenzgrenzen erfolgen. Letztere werden im folgenden als unautorisierte Akte oder – gleichbedeutend – ultra vires-Akte bezeichnet.[204]

(1) Fallpraxis

Die Kurzgutachten des Claims Review Boards zeichnen sich durch ein weitgehendes Fehlen von sog. off duty-Fällen aus, also von Drittschäden, die durch UNEF-Soldaten oder UNEF-Bedienstete im Rahmen ihrer Freizeitaktivitäten verursacht worden sind.[205] In dem Fall eines UNEF-Bediensteten, der im Gazastreifen auf der Rückfahrt von einer privaten Festivität mit seinem Privatwagen grob fahrlässig einen Unfall mit tödlichen Folgen für die Beifahrerin verursacht hatte, stellte sich UNEF auf den Standpunkt, die Vereinten Nationen seien unter keinem rechtlichen Aspekt in diesen Fall involviert.[206] Zumindest für diesem Fall ist die Auffassung von JOSEPH ROUSE unzutreffend, die Vereinten Nationen hätten nicht zwischen dienstlich und außerdienstlich verursachten Schäden unterschieden und die rechtliche Verantwortlichkeit für *beide* Kategorien übernommen.[207]

Die haftungsrechtliche Differenzierung zwischen autorisierten und unautorisierten Diensthandlungen läßt sich anhand der Fallkategorien „Verkehrsunfälle" und „Schußwaffengebrauch" veranschaulichen. Gemäß Ziff. 9.02 Standing Or-

---

[204] Von UNEF als „unauthorized duty" bezeichnet.

[205] Wenn die UNEF-Verwaltung offiziell sportliche Freizeitaktivitäten für ihre Soldaten organisiert hatte, übernahmen die Vereinten Nationen für Drittschäden – z.B. in Zusammenhang mit Fahrradrennen – die rechtliche Verantwortlichkeit, UNEF Claims Review Board, File No. PE 000/C-1-GEN vom 25. März 1967, UN Archives N.Y., File No. S-0530-0151, Traffic Accidents E-52 (1966-1967), Box DAG-13/3.11.1.0-17.

[206] R. GORGÉ (UN Legal and Political Adviser, UNEF), Schreiben an C. A. Stavropoulos (UN-Legal Counsel) vom 2. April 1959, UN Archives N.Y., File No. S-0530-0149, A. Stavropoulos 1958-1959, Box DAG-13/3.11.1.0.-15.

[207] ROUSE (Fn. 106), S. 4. Vgl. aber den Präzedenzfall einer schädigenden off duty-Handlung bei ONUC, S. 368 ff.

ders durften Transportmittel, die im Dienste von UNEF betrieben wurden,[208] nur zu Dienstzwecken genutzt werden.[209] Bei der Feststellung der rechtlichen Verantwortlichkeit der Vereinten Nationen wurde in der Regel weder intern noch gegenüber dem ägyptischen Liaisonbüro explizit zwischen Dienstfahrten und dienstrechtswidriger Nutzung von UNEF-Fahrzeugen – sog. Schwarzfahrten – differenziert. Die Darstellung der Verkehrsunfälle durch das Claims Review Board spricht dafür, daß mit einer pragmatischen Vermutungsregel gearbeitet wurde: Im Falle der Nutzung eines UNEF-Fahrzeuges sprach die Vermutung für eine autorisierte Dienstfahrt. Nur wenn konkrete Umstände – z.B. die Rückkehr von einem Flughafen[210] – Zweifel am Zweck der Fahrt aufkommen ließen, wurde in dem Kurzgutachten des Claims Review Boards der Hinweis eingefügt, daß es sich im konkreten Fall um eine autorisierte Dienstfahrt eines UNEF-Soldaten gehandelt habe. Der Hinweis auf die unautorisierte Nutzung eines UNEF-Fahrzeuges hatte vor allem disziplinarrechtliche Bedeutung; die Unfallschäden wurden gleichwohl von UNEF beglichen, z.B. im Fall einer Rückfahrt vom Einsatzort trotz der Dienstanweisung, dort zu übernachten.[211] Das UNEF-Claims Review Board bejahte immer dann die rechtliche Verantwortung gegenüber dem Geschädigten, wenn der Unfall auf den schlechten Zustand des UNEF-Fahrzeugs und/oder auf ein (Mit-) Verschulden des UNEF-Fahrers zurückzuführen war. Dies galt auch für Trunkenheitsfahrten während des Dienstes.[212] Der übermäßige Genuß von Alkohol während des Dienstes war gemäß UNEF-Standing Order verboten. Die durch eine Trunkenheitsfahrt fahrlässig verursachten Schäden wurden jedoch mit Verweis auf den dienstlichen Charakter der Fahrt von UNEF ersetzt.

---

[208] Die Fahrzeuge des UNEF-Fuhrparks standen entweder im Eigentum der Vereinten Nationen oder wurden von den Entsendestaaten UNEF zur Verfügung gestellt, UN-Doc. A/3943 (Fn. 34), Ziff. 102. Alle Transportmittel waren anhand des UN-Emblems und des speziellen UNEF-Kfz-Kennzeichens leicht als UNEF-Fahrzeuge zu identifizieren, UNEF-Truppenstatut (Fn. 35), Ziff. 9.

[209] Quellennachweis Fn. 38. Ziff. 9.02 (1) a.E.: „Under no circumstances will UNEF vehicles be used for liberty or leave trips."

[210] Insb. bei Fahrten vom Gaza Airport zum Hauptquartier hebt das UNEF-Claims Review Board hervor, daß der unfallverursachende Fahrer „on official duty" gewesen war, vgl. R. B. STEDMAN (Chief Administrative Officer) an B. Sloan (UN Legal Adviser), Schreiben vom 15. Januar 1958, Traffic Accident Claims: Injury to 2 ½ year old Boy by UNEF 519, UN Archives N.Y., File No. S-0530-0102 (Legal), Box DAG-13/3.11.0.0-102.

[211] A. KOZEZA (Chief of Military Personnel) Brief for closing of Case by Commander, No. 1015-11-2-1/62, 12. März 1992, UN Archives N.Y., File No. S-0530-0105, Box DAG-13/3.11.0.0.-105.

[212] LT. GENERAL GYANI (Commander UNEF), Military Personelle Section, Traffic Accident major involving UNEF Vehicle No. 972, UN Archives, File No. S-0530-0102 (Legal), Box DAG-13/3.11.0.0-102.

Der unautorisierte Einsatz von Schußwaffen war kein zentrales Haftungsthema für das UNEF-Claims Reveiw Board. Lediglich ein singulärer Fall vermittelt eine Vorstellung von den haftungsrechtlichen Maßstäben, die das UNEF-Claims Review Board dem unautorisierten Waffeneinsatz zugrundegelegt hat: Das Claims Review Board lehnte die rechtliche Verantwortlichkeit der Vereinten Nationen im Falle eines wachhabenden UNEF-Soldaten ab, der mit Warnschüssen spielende Kinder vertreiben wollte (im folgenden: EL BAKKA-Fall).[213] Die Kinder hatten mit Kabeln innerhalb des Sektors gespielt, dessen Bewachung dem UNEF-Soldaten oblag. Nach erfolglosen Aufforderungen, sich zu entfernen, gab der UNEF-Soldat einen Schuß ab und tötete dabei den unbeteiligten Arbeiter ISMAIL J. EL BAKKA. Das UNEF-Claims Review Board argumentierte hier, der UNEF-Soldat sei durch die UNEF-Dienstvorschriften über die Grenzen des Selbstverteidigungsrechts informiert gewesen, hätte also in dieser Situation keine Schußwaffe einsetzen dürfen. Die moralische Verantwortung von UNEF I wurde durch eine ex gratia-Zahlung zum Ausdruck gebracht.[214] Dagegen akzeptierten die Vereinten Nationen ihre rechtliche Verantwortlichkeit im Fall eines UNEF-Soldaten, der bei dem Versuch, drei Araber von seinem Wachturm zu vertreiben, ohne Absicht das Gewehr auslöste und dabei eine Person tötete.[215] Die rechtliche Verantwortlichkeit wurde mit Blick auf den fahrlässigen Umgang mit einer geladenen Waffe übernommen.[216] Die haftungsrechtliche Quintessenz der beiden Entscheidungen zum Schußwaffengebrauch läßt sich wie folgt zusammenfassen: Für die Folgen des *dienstlichen* Schußwaffeneinsatzes übernahmen die Vereinten Nationen die rechtliche Verantwortung, auch wenn der han-

---

[213] E. ROSENGRON (Acting Commander UNEF), Memorandum vom 8. Oktober 1957, Report on fatal shooting incident in Gaza, 16. März 1957, Legal Implications, File No. S-0530-0102 (Legal), Box DAG-13/3.11.0.0.-102.

[214] Insofern zu pauschal F. SEYERSTED, United Nations Forces, BYIL 37 (1961), S. 350, 420: „This (payment by the United Nations) has been done, even in cases where no official function or superior order required the member to fire and where he was therefore prosecuted in his home country for having shot the person in question.“

[215] B. SLOAN (UN Legal Adviser, UNEF), Memorandum an R. B. Stedman (UNEF-Chief Adminstrative Officer) vom 20. Dezember 1957, „Fatal Shooting of Rafeek Mahmoud Adwan on 5 June 1957“, UN Archives N.Y., File No. S-0530-0102, Box DAG-13/3.11.0.0.-102.

[216] Keine rechtliche Verantwortlichkeit für eine schwere Körperverletzung wurde in einem Fall übernommen, in dem es bei einem Massenauflauf zu einem Handgemenge kam und in diesen Zusammenhang die Schußwaffe ausgelöst wurde („UNEF does not appear to be legally liable, although there may have been some failure to take adequate precaution for dealing with the crowd. However, we would recommend an ex gratia payment.“), UNEF-Administrative Reports No. 39 vom 13. April 1958, “Claims by Hassan Sirhan Ghannam for injuries suffered in accidental shooting“, UN Archives N.Y., File No. S-0530-0102, Box DAG-13/3.11.0.0.-102.

delnde UNEF-Soldat bei der Ausführung seiner Dienstaufgaben rechtswidrig und schuldhaft einen Schaden herbeigeführt hat. Entscheidend für den dienstlichen Gebrauch der Schußwaffe war, daß die Dienstvorschrift den Schußwaffen-*einsatz* in der gegebenen Situation erlaubt. Die UNEF-Standing Orders gestattete den Einsatz von Waffen zur Vertreibung von Personen von einem UNEF-Stützpunkt allerdings nur, wenn der Menschenauflauf einen bedrohlichen Charakter für UNEF-Einrichtungen und Mitglieder annahm.[217] Auch bei der Verfolgung von Dieben und Plünderern waren die UNEF-Soldaten zur Anwendung von Waffengewalt nur berechtigt, wenn der Flüchtende bewaffnet war und eine Gefahr für die UNEF-Soldaten darstellte.[218] Dagegen war der Einsatz von Schußwaffen zur Vertreibung von friedfertigen Personen gemäß militärischer Order verboten, selbst wenn diese Personen sich unbefugt in der Nähe von UNEF-Positionen aufhielten. Soweit in fahrlässiger Weise gegen diese Dienstanweisung verstoßen wurde – wie im Fall der Vertreibung der drei Araber – führte dies zur rechtlichen Verantwortlichkeit und finanziellen Haftung der Vereinten Nationen. Nur im Falle der *vorsätzlichen* Überschreitung der militärischen Order zum Schußwaffeneinsatz lehnte das UNEF-Claims Review Board die rechtliche Verantwortung ab. Diese Entscheidung im EL BAKKA-Fall steht allerdings im Kontrast zur Haftung für die alkoholisierte Dienstfahrt. In beiden Fällen wurden durch den handelnden Soldaten *vorsätzlich* die Grenzen des dienstlichen Auftrags überschritten und dabei *fahrlässig* ein Schaden verursacht.

(2) Analyse: Der El Bakka-Fall

Die Verneinung der rechtlichen Verantwortlichkeit im EL BAKKA-Fall erfolgte seitens des Claims Review Boards wie üblich ohne Angabe des zugrundegelegten Rechts. Allerdings legt der Fall eine Beurteilung analog des Rechts der Staatenverantwortlichkeit nahe. Die Staatenpraxis hat für militärisches Handeln – differenziert nach Friedens- oder Kriegszeiten – besondere internationale Regeln der Zurechnung entwickelt, die den Sachverhalten im Rahmen von Peace-keeping-Einsätzen vor allem dann gleichen, wenn sie sich auf militärische Handlungen in Friedenszeiten beziehen. Fälle des vorsätzlichen oder fahrlässigen Mißbrauchs von Schußwaffen außerhalb kriegerischer Auseinandersetzun-

---

[217] V. G. JOAG (Chief Operations Officer, UNEF Headquarter), Memorandum vom 9. Juli 1965, Firing incident in Camp Rafah 23 May 1965, File No. S-0530-0150, Firing accidents – C 25 (1965), Box DAG-13/3.11.1.0.-16.

[218] C. CUENCA (Legal and Political Adviser UNEF), Memorandum vom 22. Juli 1965, Incident at Deir al Balah,14. April 1965, Ziff. 5, UN Archives N.Y., File No. S-0530-0150, Firing accidents – C-25 (1965), Box DAG-13/3.11.1.0.-16.

gen wurden vor allem in den historischen Mixed Claims Commissions[219] behandelt. Das erste Rechtsproblem, mit dem sich die Tribunale auseinandersetzen mußten, war das vom Heimatstaat der Soldaten vorgebrachte Argument, letztere hätten als *Privatpersonen* gehandelt, weil kein weisungsbefugter Offizier zum Zeitpunkt der Tat anwesend war. So lehnte die kanadische Regierung ihre rechtliche Verantwortung in einem Fall ab, in dem kanadische Soldaten im Dienst zwei US-Amerikaner bei der illegalen Entenjagd antrafen und erschossen. Da sich die Soldaten aus dem Einflußbereich ihrer kommandierenden Offiziere gelöst hatten, bestand im konkreten Einzelfall keine militärische Kontrolle über das schadensverursachende Verhalten.[220] Aus moralischen Gesichtspunkten wurden seitens Kanadas ex gratia-Zahlungen erbracht. Dagegen hat die U.S.-Mexican General Claims Commission im LILLIE S. KLING-Fall 1931 das Argument der fehlenden Aufsicht rigoros verworfen: „Whether or not it be a fact that the soldiers were under the command of a captain is not a vital point in connection with the determination of the question of responsibility for acts of soldiers. Men on patrol duty are not acting in their private capacity, even though an officer may not be present on the spot when acts of soldiers alleged to be wrongful are committed."[221] Auf das Argument der fehlenden Aufsicht über den UNEF-Wachsoldaten hätten sich die Vereinten Nationen im EL-BAKKA-Fall ohnehin kaum zurückziehen können, da sich der UNEF-Soldat zum Zeitpunkt des tödlichen Schusses auf seinem Dienstposten innerhalb des UNEF-Hauptquartiers befunden hatte. Insofern stellt sich der Fall als typisches Beispiel einer unautorisierten Diensthandlung dar: Der UNEF-Soldat hat zwar innerhalb seiner Dienstzeit in der Ausübung einer dienstlichen Funktion gehandelt, aber außerhalb seiner durch die Dienstvorschriften konkretisierten Befugnisse.

Der Umstand, daß der Soldat zur Vornahme der schädigenden Handlung nicht autorisiert war, ist im Recht der Staatenverantwortlichkeit ein oft vorgebrachter Einwand gegen eine völkerrechtliche Zurechnung militärischer Akte in Friedenszeiten. Die U.S.-Mexican General Claims Commission ließ diesen Einwand allerdings nicht gelten. Im YOUMANS-Fall vom 23. November 1926 hatten mexikanische Soldaten entgegen den Befehl, eine Gruppe amerikanischer Staatsbürger zu schützen, diese getötet. Das Argument der mexikanischen Regierung, die Soldaten hätten „outside the scope of competency" gehandelt, hätte – so die Kommission – die nicht hinnehmbare Folge, daß individuelles Fehlverhalten

---

[219] Zu den Mixed Claims Commission hier S. 228 f. m.w.N.

[220] Diese Rechtsauffassung wurde vom IGH im Nicaragua-Urteil geteilt, als es die Verantwortlichkeit der USA für Akte der paramilitärischen Contras mit dem Argument verneinte, die USA habe keine Kontrolle über die spezifische völkerrechtswidrige Operation gehabt; hierzu und zu der entgegenstehenden Auffassung des ICTY ausführlich S. 101 f.

[221] Zitiert nach G. H. HACKWORTH, Digest of International Law, Bd. V, 1943, S. 575.

von Soldaten niemals dem Heimatstaat zugerechnet werden könne.[222] Dieser Rechtsgedanke wurde von der französisch-mexikanischen Claims Commission im CAIRE-Fall vom 7. Juni 1929 aufgegriffen: „In order, however to justify the admission of this ‚responsabilité objective' of the State for acts committed by its officers outside the limits of their competencies, it is necessary either that they should have acted, at least apparently, as authorised officers, or that, in acting, they should have exercised powers or measures connected with their official character."[223] Im Falle eines objektiven äußeren Anscheins einer Diensthandlung („apparently") akzeptieren auch die Staaten ihre völkerrechtliche Verantwortung für den betreffenden unautorisierten Militärakt.[224] So äußerte sich im Jahr 1900 der US-amerikanische Secretary of State ADEE gegenüber Italien: „The general rule of international law observed by the United States is that sovereigns are not liable in diplomatic procedure for damages occasioned by the misconduct of petty officials and agents acting out of the range of not only their real but their *apparent* authority."[225]

Auf Basis der dargelegten internationalen Grundsätze läßt sich die Negierung der Zurechnung im EL BAKKA-Fall kaum begründen. Als Wachposten hatte der handelnde UNEF-Soldat zumindest den Eindruck vermittelt, er sei in der konkreten Situation befugt gewesen, einen Warnschuß abzugeben. Das Recht der Staatenverantwortlichkeit kann damit die Entscheidung des UNEF-Claims Review Boards nicht stützen. Allerdings ist gerade im Fall eines unautorisierten Organhandelns Vorsicht dabei geboten, die dargelegten Zurechnungsprinzipien aus dem Recht der Staatenverantwortlichkeit analog auf Sachverhalte mit UN-Beteiligung zu übertragen: Der unautorisierte Akt eines Staatsorgans im Ausland mag sich nach internationalem Recht als contra legem-Akt des Heimatstaates darstellen, keinesfalls aber handelt der Staat als Verband ultra vires. Staaten sind als geborene Völkerrechtssubjekte allzuständig, d.h. niemals in ihrem rechtlichen *Können* eingeschränkt, sondern allenfalls in ihrem rechtlichen

---

[222] Reports of International Arbitral Awards, Bd. 4, S. 110, 116 f.; so auch in jüngerer Zeit unter Berufung auf den Youmans-Fall der ICTY, Appeals Chamber, Urteil vom 15. Juli 1999, Prosecutor v. Tadic, abgedr. in: ILM 38 (1999), S. 1518, Rn. 123.

[223] Caire-Fall, (franz.-mexikanischen Claims Commission), abgedr. in: Lauterpacht (Hrsg.), Annual Digest of Public International Law, Bd. 5 (1929 – 1930), S. 146, 147 f. (Übersetzung), die vollständige Entscheidung ist abgedruckt in Reports of International Arbitral Awards, Bd. 5, S. 516 ff.

[224] Siehe auch den Kommentar des ILC zu Art. 7 Entwurf zum Recht der Staatenverantwortlichkeit (Fassung 2001) S. 102 Ziff. 8: „In short, the question is whether they were acting with apparent authority." GAOR 56th Sess. Suppl. No. 10 (A/56/10).

[225] Zitiert nach J. B. MOORE, A Digest of International Law, Bd. 6, 1906, S. 743; so auch A. VERDROSS, Völkerrecht, 1964, S. 397, der diese Regel auf die Verantwortlichkeit Internationaler Organisationen analog anwendet (Hervorhebung hier).

Dürfen. Darin liegt der wesentliche Unterschied zu der Rechtsstellung einer Internationalen Organisation im System des Völkerrechts. Als gekorenes Völkerrechtssubjekt beschränkt sich die Rechts- und Handlungsfähigkeit einer Internationalen Organisation auf die durch völkerrechtlichen Vertrag zugewiesenen Kompetenzen. Unter diesem Gesichtspunkt könnte der ultra vires-Akt einer Internationalen Organisation u.U. keine Rechtswirkung entfalten, also null und nichtig sein.[226] Der ultra vires-Akt des Organs einer Internationalen Organisation kann also – seine Zurechnung unterstellt – unmittelbar zur Folge haben, daß die Internationale Organisation als Verband ultra vires, d.h. außerhalb ihrer internationalen Kompetenzen, handelt. Eben diese Rechtslage tritt im Falle der Zurechnung des mißbräuchlichen Schußwaffeneinsatzes von Peace-keeping-Soldaten ein. Das UNEF-Mandat – konkretisiert durch die UNEF-Standing Order – erlaubt den Einsatz von Waffen in Gefahrensituationen zur Warnung und zur Verteidigung. Der darüber hinausgehende Schußwaffengebrauch als Mittel des Zwangs gegenüber Personen ist weder von dem Konsens zwischen Ägypten und den Vereinten Nationen umfaßt, noch von Art. 14 UN-Charta gedeckt, der satzungsrechtlichen Ermächtigungsgrundlage des UNEF I-Einsatzes.[227] Im Falle der Zurechnung der schädigenden Handlung des UNEF-Soldaten im EL BAKKA-Fall hätten also die Vereinten Nationen im Verhältnis zu ihren Mitgliedstaaten, speziell Ägypten, *ultra vires* gehandelt.

Es ist überaus schwer, im Bereich des internationalen Rechts eine Norm zu finden, die die Zurechnung von ultra vires-Organakten zu Internationalen Organisationen regelt. Im Jahr 1962, also fünf Jahre nach dem UNEF-Votum im EL BAKKA-Fall, widmet sich der IGH in seinem Certain-Expenses-Gutachten nur am Rande dieser Problematik: „Both national and international law contemplate cases in which the body corporate or politic may be bound, as to third parties, by an ultra vires act of an agent.“[228] In bezug auf die Zurechnung des *deliktischen* Handelns eines Organwalters kann vor allem die nationale Rechtsordnung als Rechtserkenntnisquelle für völkerrechtliche Zurechnungsregeln dienen. Denn die juristische Person des Zivilrechts ähnelt in ihrer rechtlichen Konzeption der Internationalen Organisation. Im französischen Recht wird im Falle

---

[226] Zu den entsprechenden Einwendungen der Staaten gegen kompetenzüberschreitende Maßnahmen und Entscheidungen Internationaler Organisationen s. P. MITTMANN, Die Rechtsfortbildung durch den EuGH und die Rechtsstellung der Mitgliedstaaten in der Europäischen Union, 2000, S. 354 ff.

[227] Siehe zur Ermächtigungsgrundslage des UNEF I-Einsatzes S. 215 f. und Fn. 56.

[228] Certain Expenses-Gutachten, IGH (Fn. 56), S. 168. Bereits die Formulierung zeigt, daß es sich hierbei primär um eine Erwägung des Gutglaubensschutzes handelt; s. hierzu M. H. ARSANJANI, Claims Against International Organizations, YJWPO 7 (1981), S. 131, 153.

des kompetenzwidrig und deliktisch handelnden Organs vor allem das Vertrauen des Geschädigten geschützt. Konnte der Geschädigte die Kompetenzüberschreitung nicht erkennen, haftet die *personne morale* für den deliktisch verursachten Schaden (théorie de l'apparence).[229] Auch das deutsche Recht folgt mit § 31 BGB diesem Ansatz: Das deliktische Verhalten des Organs einer juristischen Person ist insbesondere dann nicht mehr „in Ausführung der ihm zustehenden Verpflichtung ergangen", wenn die Überschreitung des übertragenen Aufgabenkreises für Außenstehende erkennbar ist.[230] Hier endet die durch § 31 BGB angeordnete rechtliche Zurechnung einer deliktischen Organhandlung zur einer juristischen Person. Die common law-Rechtsordnungen, in denen die ultra vires-Lehre in den 50er/60er Jahren noch ungebrochene Bedeutung hatte, behandelt die Frage der Zurechnung deliktischer Handlungen unter der Überschrift „vicarious liability".[231] Die Problematik der rechtlichen Verantwortlichkeit einer Korporation für deliktische ultra-vires Akte ihrer Organwalter hat in der anglo-amerikanischen Wissenschaft zu Kontroversen geführt[232], aber in der Rechtsprechung kaum Präzedenzfälle gefunden. Die Gesamtschau der amerikanischen Rechtsprechung zeigt, daß die Gerichte den ultra vires-Einwand bei deliktischen Ansprüchen gegen eine juristische Person selbst dann nicht zulassen, wenn sie ihn im Streit um vertragliche Ansprüche akzeptiert hat.[233] Auch in Neuseeland wurde eine juristische Person ausdrücklich für deliktische Akte haftbar gemacht, die das Organ im Rahmen einer ultra vires-Handlung begangen hatte.[234] Die britische Rechtsprechung ist dagegen widersprüchlich. Die oft zitierte, wenn auch sehr alte Entscheidung *Poulton v. London* (1867) verneint die Haftung einer juristischen Person für deliktische ultra vires-Handlungen seiner Organe, während die ebenso alte Entscheidung *Brownlow v. Metropolitan Board of Works* (1864) die Haftung gerade unter dem Gesichtspunkt des ultra vires-Charakters der deliktischen Handlung bejaht.[235]

---

[229] G. VINEY, Le Déclin de la Responsabilité Individuelle, 1965, No. 38.

[230] BGHZ, NJW 1980, S. 115 f. (ultra-vires).

[231] Unter dem Begriff „vicarious liability" verbirgt sich nicht nur die Haftung des Geschäftsherrn für seinen Verrichtungsgehilfen, d.h. die stellvertretende Haftung des Geschäftsherrn ohne Zurechnung des schädigenden Aktes, sondern auch die Haftung juristischer Personen für Organhandlungen, d.h. die unmittelbare Haftung kraft Zurechnung des schädigenden Aktes. Siehe hierzu G. EÖRSI, in: International Encyclopedia of Comparative Law, Bd. XI Torts, Chapter 4, S. 12.

[232] S. statt vieler E. H. WARREN, Torts by Corporations in Ultra Vires Undertakings, Cambridge Law Journal 2 (1924 – 1926), S. 180 ff.

[233] American Jurisprudence, 2d (1965), Bd. 18b, 1985 Corporations § 2133.

[234] P. S. ATIYAH, Vicarious Liability in the Law of Torts, 1967, S. 386.

[235] ATIYAH (Fn. 234), S. 230 und S. 384.

Im Ergebnis wird sich nach alledem kein allgemeiner Rechtsgrundsatz finden lassen, der die Zurechnung eines deliktischen ultra vires-Aktes zur juristischen Person prinzipiell ausschließt. Die Lösung des EL BAKKA-Falls kann sich daher weder auf das Recht der Staatenverantwortlichkeit noch auf allgemeine Rechtsgrundsätze der nationalen Deliktsrechte stützen. Die Verneinung der Zurechnung eines deliktischen ultra vires-Aktes mit Verweis auf die Grenzen des internationalen Mandats wird insofern als vorbildslose UN-Haftungsregel aufgefaßt werden müssen, die in dieser Form wohl nur aufgrund der ex gratia-Zahlungen von Ägypten und den Hinterbliebenen widerspruchslos akzeptiert wurde. Im Ergebnis wirkt sich die Haftungsregel auch auf die Immunität des UNEF-Soldaten aus: Art. 12 lit. b SOFA geht in Abgrenzung zu Art. 12 lit. a von einer verbleibenden Jurisdiktionsbefugnis ägyptischer Zivilgerichte in den Fällen aus, in denen ein Bezug zu den Dienstpflichten des Truppenmitglieds nicht besteht.[236] Indem die Vereinten Nationen im EL BAKKA-Fall die Zurechnung verneinten, also die schädigende Handlung als *privaten* Akt eines Truppenmitglieds qualifizierten, wäre den Hinterbliebenen der Gang vor die ägyptischen Zivilgerichte gem. Art. 12 lit. b UNEF-SOFA offen gewesen. In dieser Konsequenz offenbart sich die gesamte Problematik des Falles: Denn es läßt sich kaum übersehen, daß nach dem Wortlaut des Art. 12 lit. a UNEF-SOFA („in *any* matter relating to their official duties") die Handlung eines wachhabenden Soldaten gegenüber Zivilpersonen, die sich unbefugt in seinem Sektor aufhalten, objektiv in einem dienstlichen Kontext stehen. Damit legt zumindest der Wortlaut des Statusabkommens nahe, ultra vires-Akte von Peace-keeping-Soldaten während der Dienstzeit den Vereinten Nationen zuzurechnen, soweit die Handlung ihrem äußeren Anschein nach Bezüge zu den Dienstaufgaben aufweist. Freilich wird der Wortlaut des Art. 12 lit. a SOFA von dem Beurteilungsspielraum des Truppenkommandeurs überlagert, der nach Art. 13 SOFA die Dienstbezogenheit der schädigenden Handlung für das ägyptische Zivilgericht verbindlich feststellt.[237] Mit Art. 13 SOFA erklärt sich dann auch der Spielraum für die freie Rechtschöpfung im EL BAKKA-Fall: Die Abgrenzung zwischen unautorisierten Diensthandlungen und privaten Akten während der Dienstzeit obliegt in erster Linie den Vereinten Nationen.[238]

---

[236] Siehe den Wortlaut von Art. 12 lit. a SOFA hier S. 224.

[237] Art. 13: „If any civil proceeding is instituted against a member of the Force before any Egyptian court having jurisdiction, notification shall be given to the Commander. The Commander shall certify to the court whether or not the proceeding is related to the official duties of such member."

[238] Die Abgrenzungsbefugnis der UN im Rahmen des UNEF-Einsatzes, die im UNEF-SOFA wurzelt, läßt sich nicht ohne weiteres für alle UN-Aktivitäten verallgemeinen; siehe nur das Urteil des IGH, Differences relating to Immunity from Legal Process of a Special Rapporteur of the Commission on Human Rights: I.C.J. Reports 1999, S. 62, Rn. 56.

Der EL-BAKKA-Fall ist, soweit ersichtlich, in der UN-Peace-keeping-Praxis einzigartig geblieben. Daß die Vereinten Nationen in bezug auf unautorisierte Dienstakte durchaus eine andere Politik verfolgen können, zeigt ihre Reaktion auf das Urteil eines New Yorker Strafgerichts im Rechtstreit *People v. Weiner* vom 19. Januar 1976. Der Angeklagte WEINER war bei dem Versuch, die Mauer des UN-Hauptquartiers zu besprayen, von einem diensthabenden UN-Wachmann festgenommen und mißhandelt worden. Die vom Angeklagten WEINER im Rahmen seines Strafverfahrens erhobene Gegenbeschwerde gegen den UN-Wachmann (cross complain) führte dazu, daß sich das Strafgericht mit der Immunität der UN-Bediensteten auseinandersetzten mußte.[239] Das Gericht befand, daß der Wachmann seine Dienstpflichten überschritten habe (abuse of police authority) und daher nach Art. V § 18 lit. a UN-Immunitätenkonvention der Jurisdiktionsgewalt amerikanischer Gerichte unterläge. Die Vereinten Nationen wandten gegen diese Einscheidung ein, daß es in die ausschließliche Kompetenz des Generalsekretärs falle, über die dienstliche oder private Rechtsnatur der Handlungen eines UN-Bediensteten zu befinden.[240] Im übrigen habe der Generalsekretär nicht auf die Immunität des Wachmannes gem. Art. V § 20 UN-Immunitätenkonvention verzichtet. Gerade letzterer Einwand verdeutlicht, daß die Vereinten Nationen im WEINER-Fall die vorsätzliche Überschreitung dienstlicher Befugnisse eines Wachmannes noch unter die Kategorie „acts performed by them in their official capacity“ (Art. V § 18 lit. a UN-Immunitätenkonvention) subsumiert haben. Der direkte Vergleich zwischen dem EL-BAKKA-Fall und dem WEINER-Fall zeigt, daß die Frage, wann eine unautorisierte Diensthandlung die Rechtsnatur einer privaten Handlung annimmt, je nach konkretem Immunitäts- bzw. Zurechnungsinteresse der Vereinten Nationen durchaus unterschiedlich beantwortet werden kann.

d) Rechtmäßigkeit des schadensverursachenden Verhaltens: Selbstverteidigungsrecht

Das UNEF-Claims Review Board hat im Gros der Fälle die Rechtswidrigkeit einer schadensverursachenden Handlung – z.B. bei Kfz-Unfällen – nicht gesondert thematisiert. Der Schaden an einem Individualrechtsgut indizierte in der Regel die Rechtswidrigkeit der schadensverursachenden Handlung. In der Schadenskategorie „Schußwaffeneinsätze“ kannte die Regel eine in der Praxis sehr bedeutende Ausnahme, das Recht auf Selbstverteidigung.

---

[239] People v. Weiner, Criminal Court of the City of New York, Urteil vom 19. Januar 1976, abgedr. in: UNJY 1976, S. 249 f.

[240] Letter to the Permanent Representative of a Member State, 11. Februar 1976, abgedr. in: UNJY 1976, S. 236 ff.

Die UNEF I und II-Truppen waren zum Zweck der Selbstverteidigung während ihres Dienstes mit leichten Waffen ausgerüstet.[241] Die begrenzte Funktion der Bewaffnung, die bis heute ein Charakteristikum des traditionellen Peace-keepings[242] darstellt, wurde in der konzeptionellen Aufbauphase des UNEF I-Einsatzes keineswegs explizit formuliert. Das Statusabkommen mit Ägypten regelt das Waffenführungsrecht, nicht das Waffeneinsatzrecht. Auch das UNEF-Truppenstatut schweigt zu den rechtlichen Grenzen des Schußwaffengebrauchs. Daß die UNEF I-Streitkräfte nicht die Kompetenz besitzen sollten, sich in bewaffnete Auseinandersetzungen aktiv als Partei zu engagieren, verdeutlicht allerdings das Mandat der Generalversammlung[243]: Alleinige Aufgabe der UNEF I-Streitkräfte sollte es sein, nach Abzug aller nicht-ägyptischer Truppen von ägyptischem Territorium den Frieden in der Region zu sichern und zu überwachen.[244] Die militärischen Kompetenzen und Funktionen von UNEF I waren dementsprechend beschränkt – ein Umstand, der DAG HAMMARSKJÖLD dazu veranlaßte, von einer paramilitärischen Natur[245] der Peace-keeping-Truppe zu sprechen: „Thus (…) as apparent from the description of the new body, the decision relating to UNEF, which was to be implemented by the Secretary-General, qualified the operation as being one of a paramilitary nature, while the absence of an explicit authorization for the Force to take offensive action excluded the organization by the Secretary-General of units for such action, and consequently, the units generally were equipped only with weapons necessary for self-defence."[246]

Mit Verweis auf das Selbstverteidigungsrecht der UNEF-Soldaten übernahmen die Vereinten Nationen keine rechtliche Verantwortung für Schadensfälle an der ägyptisch-israelischen Demarkationslinie, wenn sich die von UNEF-Soldaten verletzte oder getötete Zivilperson mit Gewalt der Kontrolle der Patrouille hatte entziehen wollen, indem sie sich z.B. aggressiv dem Stützpunkt näherte.[247] Für die rechtliche Beurteilung waren nachträgliche Erkenntnisse, die die verhältnismäßige Ungefährlichkeit der Situation dokumentierten, unerheblich. So verneinte das UNEF-Claims Review Board in einem Fall die rechtliche Verantwortlichkeit der Vereinten Nationen für die Tötung eines Zivilisten, obwohl sich

241 ROSNER (Fn. 3), S. 123 f.

242 Zu den verschiedenen Formen des Peace-keepings siehe S. 166 ff.

243 So ausdrücklich UN-Doc. A/3943 (Fn. 34), Ziff. 176.

244 GA-Res. 1000 (ES-I), Nachweis Fn. 9.

245 S. auch UN-Doc. A/3302 (Fn. 10), Ziff. 10.

246 UN-Doc. A/3943 (Fn. 34), Ziff. 175.

247 Die nachfolgenden Informationen entstammen folgender Quelle: UNEF-Claims Review Board, Death Claims, UN Archives, N.Y., Akte Sloan, OLA, Traffic accidents – fatal injuries, Property Damage, March – June 1958, Box 66.

das aus weiter Distanz geschleuderte Angriffsobjekt nachträglich als Messer herausstellte. Der Notwehrexzeß oder Fälle der Putativnotwehr wurden als rechtmäßige Selbstverteidigungshandlungen angesehen, soweit der UNEF-Soldat bei der Einschätzung der Lage nicht fahrlässig gehandelt hatte.[248] Überschritt ein UNEF-Soldat in einer Selbstverteidigungssituation die Grenzen der zulässigen Gewalt, übernahm UNEF die rechtliche Verantwortung für den Schaden.[249] Im Hinblick auf die individuelle Einschätzung einer Selbstverteidigungssituation wurde der allgemeine Verschuldensmaßstab zugrundegelegt.[250] Bei Vorfällen an der israelisch-ägyptischen Demarkationslinie wurde aufgrund der dort herrschenden besonderen Bedingungen im Zweifel zugunsten einer rechtmäßig ausgeübten Selbstverteidigungshandlung entschieden.[251]

Den Selbstverteidigungseinwand brachte das UNEF-Claims Review Board gegenüber dem ägyptischen Liaisonbüro bei einer vorangegangenen physischen Bedrohung von UNEF-Soldaten vor. So selbstverständlich die Berufung auf das Selbstverteidigungsrecht in diesen Fällen erscheint, so unklar ist seine Rechtsgrundlage. Handelt es sich bei dem Selbstverteidigungsrecht von UNEF um eine internationale Rechtsposition der Vereinten Nationen, der Entsendestaaten oder um ein individuelles Recht des einzelnen Soldaten? Die Entsendestaaten von Peace-keeping-Soldaten haben in der Praxis Angriffe auf ihre nationalen Kontingente nie als einen gegen sie gerichteten Angriff i.S.d. Art. 51 UN-Charta gewertet. Die darin zum Ausdruck kommende Rechtsauffassung ist konsequent, da die nationalen Kontingente durch ihre Integration unter das operative Kommando der Vereinten Nationen nicht mehr als „Außenposition" des Entsendestaates angesehen werden können.[252] Einem Selbstverteidigungsrecht der Vereinten Nationen analog Art. 51 UN-Charta steht die völkerrechtliche Litera-

---

[248] B. SLOAN (UN-LEGAL ADVISER) Memorandum an R. B. Stedman (Chief Administrative Officer UNEF I) vom 13. Januar 1958, Ziff. 4, UN-Archives N.Y. File No. S-0530-0102 (Legal), Box DAG-13/3.11.0.0-012: „The investigation officer concluded that the shooting had been a reasonable act of self-defence: The soldiers were unable to tell if the man was armed with firearms and it was impossible to tell the nature of the abject thrown at the patrol."

[249] Vgl. CUENCA (Fn. 218), Ziff. 5.

[250] S. hierzu S. 280 f.

[251] SLOAN (Fn. 248), Ziff. 6.

[252] Zu den durch Art. 51 UN-Charta geschützten „Außenpositionen" eines Staates siehe Art. 3 lit. d Aggressionsdefinition der Generalversammlung, Annex zu GA-Res. 3314 (XXIX) vom 14. Dezember 1974, s. auch K. SCHMALENBACH, Die Beurteilung von grenzüberschreitenden Militäreinsätzen gegen den internationalen Terrorismus, NZWehrR 5 (2000), S. 177, 183 f.

tur kritisch gegenüber.[253] Zu Recht, da bei Internationalen Organisationen von einem „inherent right" auf Selbstverteidigung schon aufgrund ihrer begrenzten Völkerrechtssubjektivität nicht gesprochen werden kann. Allerdings läßt sich nicht leugnen, daß die „Außenpositionen" einer Internationalen Organisation – ihre integrierten Streitkräfte und Bediensten im Einsatzgebiet – durchaus Objekte eines bewaffneten Angriffs von Staaten sein können und gerade im Fall der Vereinten Nationen regelmäßig gewesen sind.[254] Die Frage nach den Reaktionsrechten der Vereinten Nationen im Falle eines bewaffneten Angriffs auf ihre Beamten wurde gerichtlich bisher nur unter dem Gesichtspunkt des Rechts auf Geltendmachung eines internationalen Kompensationsanspruchs behandelt. Die vom IGH im Reparation-for-injuries-Gutachten getroffene Entscheidung zugunsten eines Sekundärrechts der Organisation läßt sich *mutatis mutandis* auf ein internationales Recht auf Selbstverteidigung übertragen: „... the rights and duties of an entity such as the Organization (United Nations) must depend upon its purposes and functions as specified or implied in its constituent documents and developed in practice."[255] In diesem Sinne ließe sich argumentieren, das Recht auf Selbstverteidigung der Vereinten Nationen ergebe sich implizit aus ihrem allgemeinen Friedenssicherungsauftrag bzw. aus dem konkreten internationalen Mandat. Mit anderen Worten: Die Mitgliedstaaten haben den Vereinten Nationen kompetentiell das Recht auf Selbstverteidigung zur Abwehr eines bewaffneten Angriffs auf ihre Peace-keeping-Streitkräfte zugewiesen, damit die Weltorganisation ihre Funktionen auf dem Gebiet der Friedenssicherung effektiv ausüben kann. Vor allem während des ONUC-Einsatzes (1960-64) erlangte dieses weite, funktionsbezogene Verständnis eines Selbstverteidigungsrechts Bedeutung.[256] Besonders klar wurde es vom Generalsekretär 1964 im Rahmen des UNFICYP-Einsatzes herausgestellt.[257]

Während der UNEF I und II-Einsätze kam es lediglich zu vereinzelten bewaffneten Angriffe von Privatpersonen auf Peace-keeping-Soldaten. Insofern stand bei den Beurteilungen des Claims Review Boards die potentielle oder re-

---

[253] H. McCoubrey/N. D. White, The Blue Helmets: Legal Regulations of United Nations Military Operations, 1996, S. 84; A. P. V. Rogers, in: Fleck (Fn. 146), S. 546.

[254] Die „Convention on the Safety of United Nations and Associated Personnel" vom 9. Dezember 1994 ist die Reaktion der Vereinten Nationen und ihrer Mitgliedstaaten auf die wachsende Zahl der Angriffe, Mißhandlungen und Tötungen von Personen, die im Dienste der Vereinten Nationen in Krisengebieten tätig werden. UN-Doc. A/49/49 (Annex), abgedr.: ILM 34 (1995), S. 484 ff.; die Konvention ist seit dem 15.12.1999 in Kraft.

[255] Reparation for injuries suffered in the service of the United Nations, Advisory Opinion: I.C.J. Reports 1949, S. 174, 180.

[256] Hier ausführlich S. 384 ff.

[257] Text abgedr. S. 417 f.

ale Gefährdung des einzelnen Soldaten im Vordergrund, also sein persönliches Recht auf Selbstverteidigung. Die Frage, welche Rechtsordnung dieses Recht regelt, ist damit freilich noch nicht beantwortet. Art. 166 ägypt. ZGB, der das Notwehrrecht explizit nennt, wurde ebensowenig vom Claims Review Board zitiert, wie das einschlägige britische Recht des Gazastreifens.[258] Auch eine Bezugnahme auf die allgemeinen Rechtsgrundsätze der nationalen Deliktsrechte, die das verhältnismäßig ausgeübte Selbstverteidigungsrecht zweifelsohne anerkennen, findet sich nicht in den Kurzgutachten. Die völkerrechtliche Literatur favorisiert die genannten Rechtsquellen – das Recht des Aufenthaltsstaates und/oder die allgemeinen Rechtsgrundsätze – als normative Grundlage des Selbstverteidigungsrechts von „internationalen" Soldaten, soweit nicht völkervertragliche Absprachen ein spezielleres Rechtsregime begründen.[259] Dagegen rücken die Vereinten Nationen das Selbstverteidigungsrecht der Peace-keeping-Soldaten in den Kontext des internationalen Mandats, wie der UNEF I-Bericht des UN-Generalsekretärs an die Generalversammlung zeigt: Die von der Generalversammlung auf den Generalsekretär übertragene exekutive Befugnis umfasse – so DAG HAMMARSKJÖLD – die Entscheidungskompetenz über den Einsatz der Peace-keeping-Streitkräfte unterhalb der Schwelle des Kampfeinsatzes: „(...) There will always remain, of course, a certain margin of freedom for judgement, as, for example, on the extent and nature of the arming of the units and of their right of self-defence."[260] Angesichts der Grauzone zwischen klassischer Selbstverteidigung und Kampfeinsatz sah der UN-Generalsekretär die Notwendigkeit, die Selbstverteidigungsbefugnis der Peace-keeping-Soldaten speziell für den UNEF-Einsatz inhaltlich zu konkretisieren: „UNEF troops have a right to fire in self-defence. They are never to take the initiative in the use of arms, but may respond with fire to an armed attack upon them, even though this may result from a refusal on their part to obey an order from the attacking party not to resist; a proper refusal, since they are to take orders only from the Commander."[261] Auch bei nachfolgenden Peace-keeping-Einsätzen, z.B. UNFICYP, legte der UN-Generalsekretär Inhalt und Grenzen des Selbstverteidigungsrechts fest.[262] Diese UN-spezifische Definition, die letztlich nur das internationale Mandat konkretisiert, bildet die rechtliche Grundlage für die Beurteilung von Schußwaffeneinsätzen durch Peace-keeping-Soldaten.

---

[258] Zum örtlichen Recht s. S. 235 ff.

[259] Allgemeine Rechtsgrundsätze: E. HETH, in: Fleck (Fn. 146), S. 93 f.; das nationale Recht des Aufenthaltsstaates: LAZAREFF (Fn. 154), S. 126; a.A. BOTHE (Fn. 130), S. 503.

[260] UN-Doc. A/3943 (Fn. 34), Ziff. 178.

[261] UN-Doc. A/3943 (Fn. 34), Ziff. 70, s. auch Ziff. 179.

[262] Z.B für UNFICYP S. 417.

e) Rechtmäßigkeit des schadensverursachenden Verhaltens: Operational Necessity

aa) Ausgangspunkt: Kostentragungspflicht für die Nutzung von Grundstücken

Auf Basis von Art. 19 UNEF I-Statusabkommen hat die ägyptische Regierung den Vereinten Nationen eine Reihe von staatseigenen Grundstücken auf der Sinai-Halbinsel und im Gazastreifen ohne Entgelt zur Verfügung gestellt:

> Art. 19: „The Egyptian Government shall provide, in agreement with the Commander, such areas for headquarters, camps, or other premises as may be necessary for the accommodation and the fulfillment of the functions of the Force. ..."

Soweit kein staatliches Gelände in strategisch geeigneter Lage vorhanden war, griff UNEF I mit Einverständnis der Privateigentümer auf eine Reihe von Privatgrundstücken und -gebäuden zurück. Zwischen den Vereinten Nationen und der ägyptischen Regierung entbrannte daraufhin ein Streit über die Kostenlast.

In einem unveröffentlichten Memorandum an den ägyptischen Außenminister vom 8. November 1957 stellte Generalsekretär HAMMARSKJÖLD die Leitlinien der UN-Politik in der Streitfrage dar:

> „(a) The United Nations will continue (…) to pay rent to the owners of all property used by UNEF simply as a matter of comfort and convenience, rather than from necessity.
>
> (b) As for property provided for UNEF by Egypt which is necessary for the accommodation and the fulfilment of the functions of the Force, paragraph 19 of the Status Agreement of 8 February 1957 applies, with the result that claims for the use of such property are claims against the Egyptian Government rather than against UNEF. No provision of the Agreement gives any right to Egypt to claim that the United Nations should reimburse or share the expense of compensation for use of such property." [263]

Im Rahmen des Streits um die Anmietung von Privateigentum führte Generalsekretär DAG HAMMARSKJÖLD das Rechtsprinzip „operational necessity"[264] in

[263] SECRETARY-GENERAL OF THE UNITED NATIONS, Aide-mémoire handed to the Foreign Minister of Egypt am 8. November 1957, UN Archives N.Y., Akte Stavropoulos, OLA, UNEF-Sloan, Legal Adviser 1951-1958, Box 45; vgl. auch die Zusammenfassung der Rechtsposition des Generalsekretärs in UN-Doc. A/3943 (Fn. 34), Ziff, 142 ; So ersetzten die Vereinten Nationen beispielsweise Schäden, die durch die Errichtung eines Fußballfeldes durch UNEF-Soldaten entstanden waren, B. SLOAN (UN Legal Adviser), Schreiben an R. B. Stedman (Chief Administrative Officer UNEF) vom 24. März 1958, Land Claims: Playing fields, File No. S-0530-0107 (Legal), Box DAG-13/3.11.0.0-107.

[264] Vgl. z.B. UN-Doc. A/3943 (Fn. 34) Ziff. 142.

die Diskussion ein: Immer wenn der Rückgriff auf Privatbesitz operativ notwendig sei, sollten die entstehenden Mietkosten unter den Anwendungsbereich des Statusabkommens fallen, mit der entsprechenden Kostentragungspflicht des Aufenthaltsstaates der Peace-keeping-Streitkräfte.

Unter dem Vorbehalt, daß die ägyptische Regierung später die Auslagen der Vereinten Nationen ersetzt, zahlte UNEF I den Eigentümern Entgelt für die Nutzung ihres Grundbesitzes. Eine Anerkennung einer Rechtspflicht gegenüber Ägypten sollte mit den Zahlungen nicht verbunden ein, wie UNEF-Rechtsberater RÉMY GORGÉ gegenüber dem ägyptischen Liaisonbüro unterstrich: „The reservation of UNEF rights in regard to operational land claims (...) was made upon specific instructions from New York Headquarters. The reservation, which is self-explanatory, applies to your Government and is not addressed to the individual claimants.“[265] Obwohl die ägyptische Regierung nach einem Treffen mit Generalsekretär HAMMARSKJÖLD am 23. Juni 1958 den Standpunkt der Vereinten Nationen zur Erstattungspflicht Ägyptens nach Art. 19 Statusabkommen offiziell akzeptierte,[266] wurden die vorgestreckten Leistungen auch nach Ende des UNEF I-Einsatzes nicht erstattet.[267]

Der ungelöste Konflikt zwischen den Vereinten Nationen und Ägypten schwelte während des UNEF II-Einsatzes weiter. UNEF II hatte 1979 u.a. Gebäude der Suez Canal Authority, der Eastern Petroleum Company, der General Petroleum Company, der El Nasr Petroleum Company und der Suez Oil Company in Besitz genommen.[268] Nur im Fall der General Petroleum Company existierte ein schriftlichen Vertrag mit UNEF II, der allerdings Mietzinszahlungen nicht thematisierte. Alle fünf Firmen wandten sich mit ihren Mietzinsforderungen direkt an die ägyptische Regierung, die die Forderungen umgehend an die Vereinten Nationen weiterleitete. In einem Schreiben vom 11. April 1980 erläuterten die Vereinten Nationen erneut ihren Rechtsstandpunkt zur Kostenlast

[265] R. GORGÉ (UN Legal and Political Adviser, UNEF), Schreiben an Captain Kandil (Legal Officer, Egyptian Liaison Staff Headquarters), vom 20. Juni 1958, UN Archives N.Y., File No. S-0530-0107, Box DAG-13/3.11.0.0.-107.

[266] R. GORGÉ (UN-Legal and Political Adviser), Memorandum an C. A. Stavropoulos (UN-Legal Counsel) vom 12. August 1958, „Operational Land and Premises“ Ziff. 4, UN Archives N.Y., File No. S-0530-0107, Box DAG-13/3.11.0.0.-107.

[267] C. CUENCA (Legal Officer, OLA), Memorandum an B. Sloan (General Legal Division) vom 14. Februar 1968, „UNEF-Claims Against States“, UN Archives, N.Y., Akte Cuenca, UNEF Claims 1968 – 1969, Box 1.

[268] Nachfolgende Informationen entstammen dem Dokument: P. RUEDAS (Assistant Secretary-General for Financial Service, UN) Schreiben an den ägyptischen Botschafter bei den Vereinten Nationen, N. A. Elaraby, vom 11. April 1980, UN Archives N.Y., Akte J. P. Simpson, UNEF 1979 – 1980, Box 10.

bei der Nutzung von privaten Immobilien. Sie stützten sich diesmal auf die Erfahrungen mit UNEF I sowie auf die Praxis der Peace-keeping-Einsätze auf Zypern (UNFICYP) und im Libanon (UNIFIL). Während im Fall von UNFICYP das Statusabkommen[269] mit der zypriotischen Regierung explizit in Art. 19 herausstellt, daß die Regierung Gelände „without cost to the Force" zur Verfügung stellt, hatte die libanesische Regierung ihre Verpflichtung in diesem Punkt mündlich anerkannt.[270] Aufgrund dieser Praxis stellten sich die Vereinten Nationen auf den Standpunkt, daß es sich bei der Kostentragungspflicht des Aufenthaltsstaates auch bei der Beschaffung privater Grundstücke um ein allgemeines Rechtsprinzip der Peace-keeping-Einsätze handele. An diesen Rechtssatz *und* an den analog anzuwendenden Art. 19 des UNEF I-Statusabkommen[271] sei die ägyptische Regierung im Rahmen des UNEF II-Einsatzes gebunden. Die Vereinten Nationen konkretisierten die Rechtspflicht des Aufenthaltsstaates auf Basis von vier Grundkonstellationen:[272] (1) Soweit staatseigene Grundstücke zur Verfügung stünden, müsse der Aufenthaltsstaat diese kostenfrei der Peace-keeping-Truppe zur Verfügung stellen. (2) In den Fällen, in denen keine staatseigenen Grundstücke und Gebäude in dem Operationsgebiet vorhanden seien, bestünde die Verpflichtung des Aufenthaltsstaates, die Nutzung von Privatbesitz zu ermöglichen. Die Frage des Mietzinses bzw. der Nutzungsentschädigungen sei eine Angelegenheit zwischen dem Aufenthaltsstaat und der Privatpartei und führe zu keiner rechtlichen Verantwortlichkeit der Vereinten Nationen. (3) Soweit die Vereinten Nationen aufgrund einer besonderen Notsituation nicht in der Lage seien, ein Tätigwerden der lokalen Behörden abzuwarten, könnten die Vereinten Nationen die notwendigen Schritte selbst veranlassen, allerdings mit der Zustimmung oder unter der Leitung des Aufenthaltsstaates. Die vertragliche Verpflichtung der Vereinten Nationen gegenüber dem privaten Grundstückseigentümer binde zwar rechtlich die Vereinten Nationen, entstünde aber unbeschadet des Rechts der Vereinten Nationen, Erstattung von dem Aufenthaltsstaat zu verlangen. Von diesen Regeln machten die Vereinten Nationen (4) eine Ausnahme: „The United Nations should not expect to be reimbursed by the host Government if the United Nations choose to approach private and commercial owners and itself directly enters into agreements to pay rent *without requesting*

---

[269] Exchange of letters constitution an agreement between the United Nations and the Government of the Republic of Cyprus concerning the status of the United Nations Peace-keeping Force in Cyprus, 31. März 1964, UNTS Bd. 492, S. 58 ff.

[270] A. E. WEIL (OLA), Interoffice Memorandum vom 29. Februar 1980, „UNEF – Claims presented by the Government of Egypt", S. 1, UN Archives N.Y., Akte J. P. Simpson, UNEF 1979 – 1980, Box 10.

[271] Zur entsprechenden Anwendung des UNEF I-Statusabkommens aufgrund des Akzepts Ägyptens siehe S. 212 ff.

[272] RUEDAS (Fn. 268).

the involvement of the host country authorities or implicitly or expressly invoking the Government's obligation.“[273]

Die Anerkennung von gewissen verfahrensrechtlichen Anforderungen an den Rückgriff auf Privateigentum knüpft an eine Praxis an, die noch aus der Zeit von UNEF I stammte:[274] Die UNEF-Accommodation Section und die ägyptischen Behörden hatten vor Anschluß eines Mietvertrages regelmäßig das von UNEF beanspruchte Gelände gemeinsam untersucht, um Ägypten die Möglichkeit der Interessenwahrung einzuräumen.[275] Dieses Vorgehen kann in rechtlicher Hinsicht als Ausprägung des völkerrechtlichen Verhältnismäßigkeitsgrundsatzes („principle of proportionality“) angesehen werden. Ziel des Kooperationsverfahrens sollte es sein, die verschiedenen Interessen – staatliche Souveränität auf der einen Seite und Erfüllung des internationalen Mandats auf der anderen Seite – in Ausgleich zu bringen.[276] Allerdings lief die Kooperationspflicht der Vereinten Nationen bezogen auf die rechtlichen Folgen ihrer Verletzung weitgehend ins Leere: Ohne daß die ägyptischen Behörden an der Anmietung der Gebäude der Suez Canal Authority etc. erkennbar beteiligt gewesen wären, verweigerten die Vereinten Nationen die Begleichung der Mietzinsansprüche: Die Nutzung der Gebäude sei – so die Einlassung der Vereinten Nationen – mit der *konkludenten* Zustimmung der ägyptischen Behörden erfolgt. Ägypten habe bei der Inbesitznahme der Gebäude durch UNEF II nicht protestiert, hätte dies aber angesichts seiner völkerrechtlichen Verpflichtung zur Bereitstellung von Gebäuden tun müssen, um seiner Kostentragungspflicht aus Art. 19 UNEF I-SOFA zu entgehen.[277]

---

[273] RUEDAS (Fn. 268), S. 3 (Hervorhebung hier).

[274] UN-Doc. A/3943 (Fn. 34) Ziff. 142.

[275] UNEF I hatte sich allerdings aus Gründen der operativen Unabhängigkeit gegen einen gemeinsamen Ausschuß ausgesprochen, in dem über die operative Notwendigkeit der Nutzung bestimmter privater Parzellen entschieden werden sollte, R. GORGÉ (UN Legal and Political Adviser, UNEF), Memorandum an C. A. Stavropoulos (Legal Counsel, OLA), „Operational Land and Premises“, Ziff. 4, UN Archives N.Y., File No. S-0530-0107, Box DAG-13/3.11.0.0.-107.

[276] Eine positiv-rechtliche Ausprägung des internationalen Verhältnismäßigkeitsgrundsatzes im Verhältnis zwischen Internationaler Organisation und ihren Mitgliedstaaten ist Art. 5 Abs. 3 EGV: „Die Maßnahmen der Gemeinschaft gehen nicht über das für die Erreichung der Ziele dieses Vertrages erforderliche Maß hinaus.“

[277] RUEDAS (Fn. 268). Siehe hierzu auch: Memorandum to the Assistant Director for Peace-keeping-Matters and Special Assignments, Office of Financial Services, 16 May 1980: „Question whether the United Nations is liable for the payment of rent for premises occupied by a United Nations Peace-keeping Force stationed in a Member State with the Latter's Consent“, UNJYB 1981, S. 183 f.

bb) Nichtkonsensuale Inanspruchnahme von Privateigentum

(1) Rechtmäßigkeit der Maßnahmen

In zahlreichen Fällen – vor allem der ägyptisch-israelischen Demarkationslinie – kam es zur Besetzung von Privatgrundstücken ohne Kenntnis bzw. Einwilligung des Eigentümers.[278] Beispielsweise übernahmen die UNEF I-Kontingente im Gazastreifen von der abziehenden israelischen Armee bereits okkupierte Grundstücke und Gebäude. Auf der Sinai-Halbinsel errichtete UNEF I an der Demarkationslinie Kompaniequartiere, Beobachtungsposten und Verbindungsstraßen ohne Erforschung der Eigentumsverhältnisse, vor allem wenn es sich um scheinbar unkultiviertes Gelände handelte. UNEF I erlaubte Privateigentümern darüber hinaus nur eine eingeschränkte wirtschaftliche Nutzung ihrer Grundstücke in dem ca. 500 Meter breiten Streifen zwischen der UNEF-Linie und der ägyptisch-israelischen Demarkationslinie.[279]

In Zusammenhang mit dem operativen Zugriff auf Privatgrundstücke ohne Einwilligung des Eigentümers wurden von privater Seite eine Vielzahl von Entschädigungsansprüchen gegen die Vereinten Nationen erhoben, vermittelt durch das ägyptische Liaisonbüro.[280] Mit dem Hinweis auf die operative Notwendigkeit des Zugriffs auf diese Grundstücke bestritt UNEF gegenüber Ägypten jede Pflicht zur Begleichung dieser sog. *operational claims*. Für die Qualifizierung eines individuellen Ersatzanspruchs als operational claim war aus Sicht der Vereinten Nationen entscheidend, daß die Nutzung des konkreten Geländes zur effektiven Mandatserfüllung unumgänglich war. Diente die Nutzung allerdings nur den Annehmlichkeiten der UNEF-Truppen, dann fiel sie aus dem eng gesteckten Rahmen des operativ Notwendigen heraus, wie z.B. im Fall der vom Eigentümer nicht gebilligten „Umwidmung" eines Feldes zum Sportplatz durch das indische UNEF-Kontingent (sog. *convenience claims*).[281] Zur Untermauerung der Rechtmäßigkeit der operativ notwendigen Inbesitznahme von Privatgrundstücken verwiesen die Vereinten Nationen auf die Einwilligung der ägyp-

---

[278] Informationen entstammen dem Dokument: E. L. M. BURNS (Commander-in-Chief UNEF), Memorandum vom 23. Oktober 1957 an R. J. Bunche (Under-Secretary, United Nations), Claims against UNEF for the use of land, Ziff. 1 und 4, UN Archives N.Y., File No. S-0530-0107 (Legal), Box DAG-13/3.11.0.0-107.

[279] W. W. COX (UN Legal Adviser), Memorandum an Captain Khamis (Legal Officer, Egyptian Liaison Headquarters) vom 26. Juni 1957, „Claims re land adjacent to ADL", Ziff. 3, UN Archives N.Y., File No. S-0530-0107, Box DAG-13/3.11.0.0.-107.

[280] UN-Doc. A/3943 (Fn. 34), Ziff. 142.

[281] L. ATACK (Chief Logistic Officer UNEF) Memorandum an das indische Bataillon [AD 632 (2)(Logs)] vom 25. Februar 1966, UN Archives N.Y., File No. S-0530-0106, Box DAG-13/3.11.0.0.-103.

tischen Regierung in den Aufenthalt von UNEF I.[282] Dem widersprach die ägyptische Regierung: „The Egyptian Government's consent does not in any way deprive landowners, who had suffered any damage caused to them by action carried out by the Force, from their legitimate right to claim compensation for such damage as hitherto provided by the general legal principle that compensation is due to pay for damage. Moreover, there is no stipulation that the Egyptian Government replace UNEF in that respect, especially when UNEF had actually acted independently in choosing locations in the absence of the Egyptian Government (...).“[283] Ohne dies ausdrücklich hervorzuheben, erachtete die ägyptische Regierung die nichtkonsensuale Inbesitznahme von Privatgrundstücken durch UNEF als rechtswidrig, mit der Folge, daß die Privateigentümer einen gewöhnlichen deliktischen Anspruch auf Schadensersatz gegen die Vereinten Nationen haben sollten. Die Vereinten Nationen gingen dagegen von der Rechtmäßigkeit ihres Handelns aus, soweit die Nutzung der besetzten Grundstücke zur Erfüllung des Mandats operativ notwendig war.

(2) Entschädigungspflicht der Vereinten Nationen

Trotz der nachdrücklich vertretenen Rechtsposition der Vereinten Nationen zur Rechtmäßigkeit der einseitigen Inbesitznahme der Privatgrundstücke entschädigte UNEF I die Privateigentümer. Rückwirkend zum ersten Tag der Besetzung zahlten sie für die Nutzung den marktüblichen Pacht- bzw. Mietzins, wenn auch ohne Anerkennung einer Rechtspflicht gegenüber Ägypten.[284] In rechtlicher Hinsicht ist dabei bemerkenswert, daß die Vereinten Nationen ihre *eigene* Kompensationspflicht im Verhältnis zum geschädigten Eigentümer mit Blick auf das öffentliche ägyptische Entschädigungsrecht akzeptiert haben.[285]

---

[282] COX (Fn. 279), Ziff. 5. Siehe auch das UN-interne Memorandum von UNEF-Kommandeur E. L. M. BURNS an Ralf Bunche (Under Secretary) vom 23. Oktober 1957, hier zitiert S. 273.

[283] ÄGYPTISCHE REGIERUNG, Aide-mémoire vom November 1957 (übersetzt aus dem Arabischen durch die Vereinten Nationen), UN Archives N.Y., Akte Stavropoulos, UNEF-Sloan, Legal Adviser 1951-1958, OLA, Box 45.

[284] GORGE (Fn. 266), S. 2.

[285] Anfänglich hat der Generalsekretär einen direkten Entschädigungsanspruch der Privateigentümer gegen die Vereinten Nationen verneint, vgl. das unveröffentlichte Aide-mémoire an den ägyptischen Außenminister vom 8. November 1957 (Fn. 263): „Nevertheless, there might be considerations which would lead the United Nations, as a matter of grace rather than of legal duty, to consider paying a portion of the expense of compensation. It would be important to know whether the Egyptian Government is under a legal obligation to reimburse owners for public use of land in the Gaza Strip for purposes similar to these of UNEF.“ Ein Jahr später, in seinem Bericht an die Generalversammlung vom 9. Oktober 1958,

Die im Gazastreifen und auf der Halbinsel Sinai stationierte ägyptische Armee hatte vor der Stationierung UNEFs Landbesitzern einen finanziellen Ausgleich für die militärische oder administrative Nutzung ihrer Gelände gezahlt.[286] Daran anknüpfend stellte DAG HAMMARSKJÖLD als Leitlinie für UNEF I und für alle künftigen Peace-keeping-Einsätze fest: „Concerning the claims of private citizens in the host country, the applicable rule is that the United Nations should pay compensation for the use of their property or services whenever the host Government would have been obligated to pay for similar services or uses. The question whether the United Nations, in its turn, should be reimbursed by the host Government for such outlays would properly be settled through negotiations, in the light of the circumstances in each separate case."[287] Diesen Ausführungen liegt der Gedanke zugrunde, daß sich die Entschädigungspflicht der Vereinten Nationen akzessorisch zu derjenigen des Aufenthaltsstaates verhält, wenn die Vereinten Nationen individualwirksame Handlungen vornehmen, die nach der völkerrechtlichen Abrede eigentlich dem Aufenthaltsstaat oblegen hätte (Art. 19 Satz 1 UNEF-Statusabkommen). Im Fall von Ägypten konnten die Vereinten Nationen – wie dargestellt – bei der Besetzung von Grundstücken und Gebäuden an eine entsprechende staatliche Entschädigungspraxis anknüpfen. Der direkte Entschädigungsanspruch des Eigentümers gegen die Vereinten Nationen sollte dabei die Rechtsnatur teilen, die ein inhaltsgleicher *öffentlich-rechtlicher* Entschädigungsanspruch des Eigentümers gegen Ägypten gehabt hätte. Auf diese Weise wollen die Vereinten Nationen die Einklagbarkeit des Entschädigungsanspruches vor der Standing Claims Commission des Art. 38 SOFA ausschließen („claims of a private law character"). Ein Memorandum des UNEF-Commander-in-Chief Major-General BURNS an Under-Secretary RALPH J. BUNCHE faßt den gegenüber Ägypten vertretenen Rechtsstandpunkt zusammen: „Paragraph 38 (...) appears to contemplate the use of Claims Commission procedures only for the settlement of 'disputes or claims of a private law character'. The land reparation complaints, however, are asserted against the United Nations for the inevitable consequences of the presence of a quasi-military force on the ADL, and relate to the inherent functions of UNEF itself. UNEF, of course, is on the ADL at the invitation of the Egyptian Government. The latter possesses the right of a sovereign State necessary for the military defence of territory under its control, and general principles of law would recognize that this sovereign authority includes the right to make temporary use of immovable pri-

erkennt der Generalsekretär den vollen Entschädigungsanspruch der Privateigentümer gegen die Vereinten Nationen an, UN-Doc. A/3943 (Fn. 34) Ziff. 192.

[286] Brigade-Generals A. HILMY II (Leiter des ägyptischen Liaison Headquarter in Gaza), Schreiben an Rémy Gorgé (UN Legal and Political Adviser UNEF) vom 28. April 1958, UN Archives N.Y., File No. S-0530-0107 (Legal), Box DAG 13/3.11.0.0-107.

[287] UN-Doc. A/3943 (Fn. 34), Ziff. 192.

vate property if and as required by military necessity. A State may of its own volition, or by constitutional mandate, offer compensation for such use, but it is not believed that any private law right of action arises against the Force for such legitimate military use.“[288]

Auch wenn die Vereinten Nationen ihre Entschädigungspflicht gegenüber den Privateigentümern ausdrücklich anerkannt haben, so lassen die entsprechenden offiziellen und inoffiziellen Stellungnahmen die rechtliche Grundlage dieser Pflicht im Dunkeln. Die von DAG HAMMARSKJÖLD vertretene Akzessorietät zwischen der Entschädigungspflicht der Vereinten Nationen und der innerstaatlichen Entschädigungspflicht des Aufenthaltsstaates weist allerdings auf eine Selbstverpflichtung gegenüber dem Geschädigten hin, gestützt auf Billigkeitserwägungen:[289] Dem Privateigentümer soll nicht das finanzielle Risiko der Meinungsverschiedenheit über die Rechte und Pflichten aus dem internationalen Mandat aufgebürdet werden. Dieses finanzielle Risiko besteht freilich nur in dem Maße, in dem der Aufenthaltsstaat bei der Durchführung seiner internationalen Verpflichtungen aus dem Statusabkommen seinerseits nach nationalem Recht dem Privateigentümer eine Entschädigung zahlen müßte. Aber selbst wenn der Aufenthaltsstaat einer innerstaatlichen Entschädigungspflicht unterliegt, hat der Privateigentümer weder nach nationalem Recht noch nach internationalem Recht einen Anspruch *gegen die Vereinten Nationen* auf Entschädigung nach Maßgabe des innerstaatlichen Rechts. Hier gilt zunächst, daß die Vereinten Nationen *ratione personae* nicht unmittelbar an die öffentlich-rechtlichen Entschädigungsgesetze ihres Aufenthaltsstaates gebunden sind. Aber auch das Völkerrecht begründet im konkreten Fall keinen Individualanspruch auf Entschädigung nach Maßgabe der innerstaatlichen Entschädigungsgesetze: Das internationale Diskriminierungsverbot (Art. 7 AEMR, Art. 26 Satz 1 IPBPR) verpflichtet den Hoheitsträger zur Gleichbehandlung vor dem Gesetz und durch das Gesetz *innerhalb* seines Herrschaftsbereichs. Die Vereinten Nationen, ein von Ägypten getrenntes Völkerrechtssubjekt, müssen folglich Gleichheit innerhalb ihrer eigenen Jurisdiktionssphäre gewähren, nicht jedoch Gleichheit in bezug auf die Gesetze eines anderen Hoheitsträgers. Mit anderen Worten: Die Vereinten Nationen dürfen im Rahmen ihrer eigenen Entschädigungspraxis nicht diskriminierend zwischen Privateigentümern differenzieren.

---

[288] BURNS (Fn. 278), Ziff. 6.

[289] Siehe auch Report of the Secretary-General, Administrative and budgetary aspects of the financing of the United Naitons peacekeeping operations“, 21. Mai 1997. GA 51st Sess., UN-Doc. A/51/903 Ziff. 30: „Although taking of possession in such circumstances is justified, the Organization nevertheless considers itself liable to pay the private owner adequate compensation ...“.

Abseits einer Selbstverpflichtung der Vereinten Nationen ließe sich allerdings an einen originären völkerrechtlichen Entschädigungsanspruch des Privateigentümers gegen die Vereinten Nationen denken, unabhängig vom Recht des Aufenthaltsstaates. Die Vereinten Nationen greifen auf Grundlage eines eigenen internationalen Rechtstitels wie ein staatlicher Hoheitsträger in eigentumsrechtliche Positionen von Individuen ein. Dieser Eingriff stellt sich nicht als Enteignung im engeren Sinne dar, da die formale Rechtsinhaberschaft des Privateigentümers durch die Peace-keeping-Streitkräfte nicht entzogen wird. Der völkerrechtliche Eigentumsschutz geht freilich über die rechtsförmliche Beanspruchung des Eigentumstitels – also den Totalentzug – hinaus.[290] Auch bei hoheitlichen Eigentumsstörungen, z.B. Grundstücksnutzungen, kennt das Völkerrecht internationale Entschädigungspflichten und -ansprüche.[291] In diesem Zusammenhang ist bemerkenswert, daß Generalsekretär KOFI ANNAN in seinem Bericht über die Haftung der Vereinten Nationen vom 20. September 1996 nur pauschal von der „liability to pay adequate compensation" spricht, also von der Akzessorietät der Entschädigungspflichten der Vereinten Nationen und des Aufenthaltsstaates endgültig Abstand nimmt.[292] Diese jüngste offizielle Stellungnahme zur Haftungsproblematik weist darauf hin, daß die Vereinten Nationen ihre völkerrechtlich verankterte Rechtspflicht zur Entschädigung von Privateigentümern anerkannt haben.

Die internationale Rechtspflicht der Vereinten Nationen, Privateigentümer zu entschädigen, findet ihr Korrelat in der internationalen Verpflichtung des Aufenthaltsstaates, den Vereinten Nationen kostenfrei das operativ notwendige Gelände zu Verfügung zu stellen (Art. 19 UNEF-Statusabkommen).[293] Der Regreß-

---

[290] Siehe die enge Definition der Enteignung von I. SEIDEL-HOHENVELDERN, Internationales Konfiskations- und Enteignungsrecht, 1952, S. 5 und 173; von einem weiteren Begriff geht CH. GLORIA, in: Ipsen, Völkerrecht 1999, § 47 Rn. 16. Siehe die Untersuchung der internationalen Fallpraxis in: R. DOLZER, Eigentum, Enteignung und Entschädigung im geltenden Völkerrecht, 1985, S. 186 ff.

[291] M. M. WHITEMAN, Damages in International Law, Bd. 2, 1937, S. 1372 ff.; im Rahmen der EMRK wird die faktische Enteignung wegen jahrelanger Besetzung von Grundstücken unter Art. 1 des 1. Zusatzprotokolls (Schutz des Eigentums) subsumiert; ECHR, Loizidou v. Turkey, Urteil vom 18. Dezember 1996, Rn. 63, Reports of Judgements and Decisions 1996 VI, S. 2216, 2237; vgl. auch W. PEUKERT, in: Frowein/Peukert, EMRK-Kommentar, 1996, Art. 1 des 1. ZP. Rn. 26 ff. Nur ergänzend sei darauf hingewiesen, daß das Recht der kriegerisch besetzten Gebiete in Art. 52 Abs. 3 HLKO Annex die Verpflichtung der Besatzungsmacht zur Zahlung eines Entgelts für Naturalleistungen – also auch für die vorübergehende Requisition von Privatgelände – verpflichtet. Zur Anwendung des Rechts der besetzten Peace-keeping-Missionen s. hier S. 354 ff.

[292] UN-Doc. A/51/389 vom 20. September 1996, Ziff. 12.

[293] CUENCA (Fn. 267), S. 3.

anspruch der Vereinten Nationen gegen den Aufenthaltsstaat entsteht in der Höhe ihrer tatsächlich geleisteten Entschädigung, die den Entschädigungsanspruch des Eigentümers nach nationalem Recht durchaus überschreiten kann. Im Fall des UNEF-Einsatzes blieb der Verweis auf Art. 19 UNEF-SOFA allerdings fruchtlos: Ägypten hat die Vorleistungen der Vereinten Nationen nie erstattet.

cc) Schädigung von Privateigentum

Eng verknüpft mit der nichtkonsensualen Inanspruchnahme von Privatgelände ist die Beschädigung von Privateigentum, z.B. in den Fällen der Zerstörung von Ernten durch das Anlegen von Verbindungsstraßen und Stützpunkten. Die Vereinten Nationen unterschieden hier zwischen operativ notwendiger – besser: unvermeidbarer – Beschädigung von Privateigentum und gewöhnlicher deliktischer Eigentumsbeschädigung. Die Abgrenzung erfolgte auf einer objektiven und einer subjektiven Ebene: Schäden an Privateigentum wurden seitens der Vereinten Nationen dann als operative Schäden eingestuft, wenn (1) der Grund der Schadensverursachung objektiv in der Mandatserfüllung wurzelte, und (2) auf kein schuldhaftes Verhalten von UNEF-Soldaten zurückzuführen war.[294] Auf Basis dieser Kriterien wurde von UNEF I beispielsweise ein abgebranntes Feld an der Demarkationslinie als *operational damage* bzw. die daran anknüpfende Schadensersatzforderung als *operational claim* qualifiziert: Der Brand war durch den Warnschuß eines UNEF-Wachsoldaten verursacht worden, der eine unbefugte Person an der Überquerung der Demarkationslinie hindern wollte. RÉMY GORGÉ, UN-Legal and Political Adviser für UNEF I, stellte in einem Memorandum an den Truppenkommandeur von UNEF I diesbezüglich fest: „The Investigation Report (...) makes it clear that the fire was not due to the negligence of the UNEF soldier concerned: it occurred in the line of his duty when he was attempting to fulfil, to the best of his ability, one of UNEF's varied functions in the prevention of ADL violations and incidents. For the purposes of the Aide-mémoire (of the Secretary-General)[295], the fire can be termed 'operational'."[296] Mit Verweis auf die Mandatserfüllung verneinten die Vereinten Nationen regelmäßig ihre rechtliche Verantwortlichkeit für die Zerstörung von Ernten bei der Anlegung von Wachposten und Verbindungswegen. An die *operative Notwendigkeit* der Inanspruchnahme von kultiviertem Privatgelände wurden allerdings hohe Anforderungen gestellt, beispielsweise im Fall eines Transportweges durch ein bewirtschaftetes Feld: „The very fact that (the Danish Company Commander) issued order that the onion field should no longer be

---

[294] GORGE (Fn. 266), S. 1.

[295] Hier teilweise abgedr. S. 267 f.

[296] R. GORGÉ, Memorandum vom 5. Mai 1958 an den UNEF I-Kommandeur Burns, „Fire in Israel field", UN Archives N.Y., File No.S-0530-0105 (Legal), Box DAG-13/3.11.0.0-105.

crossed by his vehicles indicates that military necessity did not justify the damage."[297] Die Inanspruchnahme des Feldes als Verbindungsstraße war damit vom Mandat nicht gedeckt, mit entsprechenden haftungsrechtlichen Konsequenzen für die Vereinten Nationen.

In der Praxis haben die Vereinten Nationen die Schadensersatzansprüche der Eigentümer auch dann ausgeglichen, wenn derartige Schäden als *operational damages* klassifiziert werden konnten.[298] Der gegenüber der ägyptischen Regierung vorgebrachte Vorbehalt des Regresses blieb auch hier folgenlos. Ägypten hat seine Rechtspflicht zum Ausgleich der erbrachten Vorleistungen auch in den Fällen operativer Schäden nie anerkannt. Wie schon bei der einseitigen Inbesitznahme von Grundstücken stellte sich Ägypten auf den Rechtsstandpunkt, die Schädigung von Privateigentum sei rechtswidrig und begründe daher einen gewöhnlichen deliktischen Schadensersatzanspruch gegen UNEF.[299]

dd) Analyse: Operational Necessity

Der operational necessity-Grundsatz wurde von den Vereinten Nationen im Zuge des UNEF I-Einsatzes erstmalig zum Rechtsprinzip erhoben. Dem internationalen Recht bisher unbekannt, lehnt es sich in seinem Grundgedanken an den überkommenen kriegsrechtlichen Grundsatz *military necessity* an: Ein schädigendes aber zur Zielerreichung militärisch notwendiges Verhalten, das nicht gegen die positiven Normen des Völkerrechts verstößt, ist rechtmäßig.[300] Ebenso wie der military necessity-Grundsatz begründet der Einwand der operativen Notwendigkeit die Rechtmäßigkeit der schadenverursachenden Handlung.

Der operational necessity-Grundsatz wird von den Vereinten Nationen in verschiedenen Kontexten bemüht. In erster Linie dient er der Organisation als Schlagwort zur Beschreibung ihrer *impliziten* Handlungskompetenz aus dem internationalen Mandat. Es ist das Wesenselement des klassichen Peace-keeping, daß das internationale Mandat so weit reicht, wie der Konsens des Aufenthaltsstaates es trägt. Der *explizite* Konsens in die Eckpunkte des internationalen Mandats kann sich allerdings auch *implizit* auf spezifische Handlungskompetenzen erstrecken, wenn ohne sie die Mandatserfüllung unmöglich wird (sog.

---

[297] W. W. COX, Memorandum vom 15. Oktober 1957 an R. B. Stedman (Chief Administrative Officer, UNEF), UN Archives N.Y., File No. S-0530-0107 (Legal), Box DAG-13/3.11.0.0-107.

[298] GORGÉ (Fn. 265) mit Annex.

[299] Aide-mémoire (Fn. 283).

[300] Hierzu S. 386 ff.

implied consent[301]). So kann das Vorgehen UNEFs, die Nutzung von Privatgrundstücken an der ägyptisch-israelischen Demarkationslinie zu untersagen, im impliziten Konsens Ägyptens verankert werden. Derartige Nutzungsbeschränkungen waren angesichts der Aufgabe UNEEFs objektiv notwendig, was schon darin zum Ausdruck kommt, daß auch die ägyptische Armee derartige Maßnahmen angeordnet hatte, bevor UNEF an ihre Stelle getreten ist. Auch im Fall der operativ notwendigen Beschädigung von Privateigentum, z.B. durch den Bau von Wachtürmen, ist der operational necessity-Grundsatz nichts weiter als die Konkretisierung der impliziten Handlungsbefugnisse von UNEF. Grundsätzlich räumt das internationale Mandat und die daran anknüpfende Zustimmung Ägyptens UNEF nicht die Befugnis ein, unbeteiligte Dritte zu schädigen. Der operational necessity-Grundsatz verdeutlicht an dieser Stelle die implizit im Mandat enthaltene Ausnahme von der Regel: Führt eine operativ notwendige – nicht schon eine kompetentiell erlaubte – Handlung zu unvermeidbaren Drittschäden, dann wird auch diese schädigende Handlung vom Rechtmäßigkeitsdiktum des Mandats umfaßt. Der Grund hierfür liegt im *impliziten Konsens* des Aufenthaltsstaates Ägypten: Es wäre zweifelsohne widersprüchlich, wenn Ägypten den Vereinten Nationen die Erfüllung des internationalen Mandates auf dem staatlichen Territorium gestattet, zugleich aber die durch die Erfüllung des Mandates unvermeidbar entstehenden Schäden als mandatswidrig und folglich als rechtswidrig im Sinne der internationalen bzw. der nationalen Rechtsordnung ansieht. Einer entsprechenden Argumentation Ägyptens könnten die Vereinten Nationen mit dem Estoppel-Einwand begegnen.

Allerdings kennt auch der implizite Konsens des Aufenthaltsstaates seine Grenzen. Ein Beispiel hierfür ist die einseitige Inbesitznahme von Privateigentum durch UNEF. Die Frage, ob entsprechende Maßnahmen vom internationalen Mandat und dem Konsens Ägyptens gedeckt waren, muß zuvörderst auf Basis des UNEF-Statusabkommen beantwortet werden. Art. 19 Satz 1 SOFA geht unmißverständlich davon aus, daß die ägyptische Regierung als Inhaber der Territorialgewalt das zur Durchführung des Mandates notwendige Gelände zur Verfügung stellt. Ob sich die Vereinten Nationen allerdings *eigenständig* das operativ notwendige Gelände beschaffen dürfen, bleibt auf Basis des Normtextes offen. Ein entsprechendes Recht kann daher allenfalls *implizit* im internationalen Mandat verankert werden. Aber selbst eine extensive Auslegung des Konsens zwischen den Vereinten Nationen und Ägyprten führt hier nicht zum Ziel: Die fragliche Handlungskompetenz von UNEF wird nämlich nur dann notwen-

[301] Zum „implied consent" des Aufenthaltsstaates zur Jurisdiktionsbefugnis des Entsendestaates über seine Streitkräfte s. G. P. BARTON, Foreign Armed Forces: Immunity from Supervisory Jurisdiction, BYIL 26 (1949), S. 380, 412; BOTHE (Fn. 57), S. 96 ff.

dig, wenn Ägypten seinen Verpflichtungen aus dem Statusabkommen nicht nachkommt. Das Recht, Privatgrundstücke auf ägyptischem Territorium zu besetzen, ist insofern nichts weiter als die Rechtsfolge aus der Verletzung einer internationalen Verpflichtung Ägyptens. Die Rechtsposition der Vereinten Nationen läßt sich folglich nur auf einem Wege begründen: Das internationale Mandat, das auf die effektive Durchführung durch die Peace-keeping-Streitkräfte ausgerichtet ist, impliziert das Recht auf *Selbsthilfe*, wenn der Aufenthaltsstaat seinen Verpflichtungen gegenüber den Vereinten Nationen nicht nachkommt. Der operational necessity-Grundsatz konkretisiert in diesem Kontext die *Reichweite* des Sekundärrechts auf Selbsthilfe: Nur die zur Mandatserfüllung operativ notwendigen Selbsthilfemaßnahmen sind im Verhältnis zum Aufenthaltsstaat rechtmäßig. Der operational necessity-Grundsatz begründet also auch hier kein eigenständiges Recht, er konkretisiert lediglich die Grenzen des mandatsbezogenen Sekundärrechts auf Selbsthilfe. Die Problematik der von den Vereinten Nationen vertretene Rechtsauffassung liegt auf der Hand: Für Peace-keeping-Einsätze auf Basis von Art. 14 Charta (UNEF I) bzw. nach dem VI. Kapitel (UNEF II) ist das zentrale Element der Konsens des Aufenthaltsstaates. Dieses Element wird im Wege eines sekundärrechtlichen Selbsthilferechts in dem sensiblen Bereich innerstaatlicher Hoheitsbefugnisse aufgelöst. Unter diesem Gesichtspunkt verwundert es nicht, daß Ägypten die von den Vereinten Nationen vertretene Rechtsposition nie akzeptiert hat.

f) Haftungsausschluß: Gefälligkeitsfahrten

Der einzige Fall eines Haftungsausschlusses trotz rechtswidrigen Fehlverhaltens eines UNEF-Soldaten betrifft die unautorisierte Mitnahme von Dritten in UNEF-Dienstfahrzeugen.[302] Die rechtliche Grundlage für den Haftungsausschluß fand das Claims Review Board in den allgemeinen Rechtsgrundsätzen der nationalen Deliktsrechte. In einem Schreiben an das ägyptische Liaisonbüro vertrat RÉMY GORGÉ, Rechtsberater von UNEF I, die Auffassung: „It is the accepted view in most jurisdictions that hitch-hikers travel on their own responsibility and that the owner or driver of the vehicle is not responsible to them in case of accident. Some laws provide that responsibility may exist in case of gross negligence of the owner or driver."[303] Im konkreten Fall hatte auf Basis der Polizeiberichte festgestanden, daß dem UNEF-Fahrer, der die Anhalter mit-

---

[302] R. GORGÉ (UN Legal and Political Adviser, UNEF), Schreiben an Captain Kandil. (Legal Officer Egyptian Liaison Staff Headquarter), 18. April 1958, UN Archives N.Y., File No. S-0530-0102 (Legal), Box DAG-13/3.11.0.0.-102.

[303] GORGÉ (Fn. 302). Auch das deutsche Zivilrecht kennt den stillschweigenden Haftungsausschluß je nach Verschuldensgrad des Fahrers, siehe H. HIRTE/M. HEBER, Haftung bei Gefälligkeitsfahrten im Straßenverkehr, JuS 2002, S. 241, 243 ff.

genommen hatte, kein grob fahrlässiges Verhalten vorgeworfen werden konnte. Aus dem Schreiben GORGÉs geht allerdings nicht hervor, ob im Falle eines höheren Grades an Fahrlässigkeit das UNEF-Claims Review Board die Haftung für die getöteten Anhalter akzeptiert hätte.[304]

g) Verschulden

Wurde durch ein UNEF-Mitglied ein Drittschaden verursacht, erforschte das UNEF-Claims Review Board den Grad des individuellen Verschulden bei der Herbeiführung des Verletzungserfolges. Nur in den Fällen schuldhaften Individualverhaltens akzeptierte UNEF die eigene Haftung.[305] In einigen Fällen wurden – trotz erwiesener Schuldlosigkeit des schadensverursachenden UNEF-Mitglieds – als Zeichen einer moralischen Verantwortung ex gratia-Zahlungen geleistet, insbesondere bei Unfällen mit Kindern.[306]

Der Verschuldensmaßstab ist einer der wenigen Punkte, in denen sich die Vereinten Nationen explizit zu den von ihnen angewendeten rechtlichen Grundlagen äußern: „In determining liability in an automobile accidents involving UNEF personnel, UNEF applies widely accepted principles of responsibility for damages to others. A primary consideration, according to such principles, is whether in the particular set of circumstances in which the accident occurred, the UNEF driver acted as a reasonable man of ordinary experience would have acted. If the UNEF driver did not so act, he is determined to be negligent in his mode of driving. (...) Under ordinary law, the degree of negligence in injury cases is assessed in direct proportion to the risk to life or limb. Since a moving vehicle is capable of causing death or grievous injury, failure to exercise care (...) will provide a basis for a finding of gross negligence."[307] Die Qualifizierung eines Verhaltens als grob fahrlässig beeinflußte nicht die Höhe der Ersatzleistungen. Der Hinweis des Kommandeurs SARMENTO auf die erhöhte

---

[304] Im Rahmen von UNFICYP wurde im Falle eines verletzten zivilen Passagiers in einem UN-Fahrzeug darauf hingewiesen, daß die meisten Rechtsordnungen – auch die zypriotische – eine Haftung des Fahrers für seine freiwillig mitreisenden Passagiere nur bei grober Fahrlässigkeit kennen; J. F. SCOTT (Acting Director General Legal Division), Schreiben an G. Lansky (Director Field Operations Service) vom 7. November 1978 „UNFICYP Property Survex Board", UN Archives N.Y., File No. S-0465-0115, UNFICYP-Claims 1975 – 1980, Box LA 28.3.1 (a) PT.1.

[305] Zur umstrittenen Frage der Erfolgs- oder Verschuldenshaftung Recht der internationalen Staatenverantwortlichkeit im Kontext von ONUC, S. 397 ff.

[306] Für UNEF I z.B. UNEF-Claims Review Board, File No. AD 442/A-5-375/1445, 16. Juli 1964, UN Archives N.Y., Akte Cuenca, Vehicle Accidents 1964 – 1966, Box 4.

[307] UNEF I-Kommandeurs SARMENTO, Rundschreiben an alle UNEF-Einheiten, 1965, S. 1, UN Archives N.Y., Akte Cuenca, Vehicle Accidents 1964 – 1966, Box 4.

Sorgfaltspflicht hatte vor allem UNEF-interne Bedeutung, da die Vereinten Nationen bei grob fahrlässigen Akten die Erstattung der Kosten durch den Entsendestaat des schadensverursachenden UNEF-Soldaten anstrebten.[308]

Bei der Beurteilung, ob das schadensverursachende Verhalten grob fahrlässig war, wurden nicht nur die allgemeinen Rechtsprinzipien der nationalen Deliktsrechte herangezogen, sondern auch der besondere Status der UNEF-Soldaten berücksichtigt: „(The) immunity carries of course an obligation of the highest order to respect a legally protected interest which if violated by persons not entitled to immunity, would make them liable to legal sanctions in the courts of the country where UNEF is deployed. Units are warned that these criteria will be taken into account in considering (...) the degree of negligence involved, which may have to be regarded as gross negligence."[309] Der objektivierte Sorgfaltsmaßstab, basierend auf allgemeinen Rechtsgrundsätzen, verschärft durch den besonderen Status der UNEF-Mitglieder, wurde vom UNEF-Claims Review Board in allen Fällen individuellen Fehlverhaltens mit deliktischen Folgen angewandt.

h) Rechtsfolge: Schadensersatz

Soweit die Vereinten Nationen ihre rechtliche Verantwortlichkeit für Unfallschäden akzeptierten, ersetzten sie alle materiellen Schäden in der Landeswährung, insbesondere Kosten der Heilbehandlung, Ausgleich für bleibende Körperschäden, Hotelkosten, Reparaturkosten sowie den Minderwert des gegnerischen Fahrzeugs. Entgangener Gewinn wurde ebenfalls ausgeglichen, wenn er spezifiziert werden konnte.[310]

Zu den zentralen Streitpunkten zwischen den Vereinten Nationen und Ägypten gehörte die Frage, nach welchem Recht sich die Höhe der Schadensersatzleistungen bestimmen sollte. Die Problematik wurde vor allem in den Fällen des fahrlässig herbeigeführten Todes Dritter im Gazastreifen akut.[311] Sowohl die Vereinten Nationen als auch Ägypten gingen übereinstimmend davon aus, daß sich die Höhe der zu zahlenden Ersatzleistung allein nach nationalem Recht auszurichten habe. Die Zivilgerichte des Gazastreifens konnten sich bei der Festlegung der Höhe eines Ersatzanspruches auf den Civil Wrong Ordinance von 1944 als geltendes Recht stützen.[312] Dessen Art. 55 bestimmte, daß das Gericht die

308 S. hierzu die Fallpraxis S. 250 ff.

309 SARMENTO (Fn. 307), S. 3.

310 Verneint im Fall eines Taxifahrers: UNEF-Claims Review Board (Fn. 157).

311 Vgl. UN-Doc. A/3943 (Fn. 34), Ziff. 141.

312 Quellennachweis Fn. 144.

Höhe des Schadensersatzes für den Tod einer Person festlegen soll, und zwar unter Einrechnung der konkreten Beerdigungskosten aber ohne Berücksichtigung der erlittenen Trauer. Weitere Aussagen über die Höhe des Entschädigungsanspruchs enthielt das Gesetz nicht; die Festlegung blieb dem Ermessen der einzelnen Zivilgerichte überlassen. Der Streit zwischen dem UNEF-Claims Review Board und dem ägyptischen Liaisonbüro in Gaza bezog sich auf die Frage, ob die Zivilgerichte des Gazastreifens in der Praxis dem System des „Mohammedan Diyet" gefolgt sind.[313] Der Diyet (Diya), eine Art Blutpreis (Sühnegeld, Strafschadensersatz) des islamischen Gewohnheitsrechts, wurde maßgebend von den moslemischen Sharia-Gerichten entwickelt.[314]

Der Ursprung des Streites zwischen dem ägyptischen Liaisonbüro und dem UNEF-Claims Review Board liegt in dem Umstand begründet, daß zum Zeitpunkt des UNEF I-Einsatzes die ägyptischen Gerichte – basierend auf Art. 221, 222 des ägypt. ZGB – den Hinterbliebenen eines tödlich Verunglückten in der Regel eine wesentlich höhere Summe zusprachen als die Gerichte des Gazastreifens in vergleichbaren Fällen. Um hier kein Gefälle innerhalb des UNEF-Einsatzgebietes entstehen zu lassen, forderte Ägypten die einheitliche Anwendung ägyptischer Standards auf der Sinai-Halbinsel und im Gazastreifen.[315] Nachdem Versuche der Vereinten Nationen gescheitert waren, durch eine analoge Anwendung des ägyptischen Staatshaftungsrechts eine einheitliche Lösung zu finden,[316] blieb es bei der Anwendung lokaler Standards. Das UNEF-Claims Review Board orientierte sich bei tödlichen Unfällen im Gazastreifen strikt am Diyet und seinem System pauschalierter Kompensationsansprüche, gestuft nach

---

[313] Ägypten stellte sich auf den Standpunkt, die Gerichte des Gazastreifens würden auch nach Ende der britischen Mandatszeit in der Praxis nach den Vorgaben des britisches Common Law die Höhe des Ersatzanspruchs berechnen, vgl. das Memorandum von MOHAMED ESAM EL-DIN HASSOUNA (Director of Legal Affairs of the Gaza Adminsitration) vom 26. April 1958, UN Archives N.Y., Akte Stavropoulos, UNEF-Death and Disability, Box 46.

[314] H. KRÜGER, Vermögensrechtliches Privatrecht und Shari'a am Beispiel der Vereinigten Arabischen Emirate, ZVglRWiss 97 (1998), S. 360, 371; ENCYCLOPAEDIA OF ISLAM, Stichwort: Diya, Bd. 2, 1965, S. 340 ff.

[315] Schreiben von R. B. STEDMAN (Chief Administrative Officer UNEF I) an B. Sloan (UN Legal Adviser) vom 22. März 1958, UN Archives N.Y., File No. S-0530-0102 (Legal), Box DAG-13/3.11.0.0-102.

[316] Das ägyptische Liaisonbüro hielt einer analogen Anwendung des ägyptischen Staatshaftungsrechts das Argument entgegen, daß die ägyptische Bevölkerung aus Gründen der Sympathie von der ägyptischen Armee nur unterobligatorisch Schadensersatz verlangen würde, SLOAN (Fn. 121), Ziff. 8.

Geschlecht, Alter, Jahresgehalt, Beruf und sozialem Status des Getöteten.[317] Die dadurch entstehenden Divergenzen zwischen Ersatzleistungen auf der Sinai-Halbinsel und im Gazastreifen wurden in Kauf genommen. So zahlte UNEF als Höchstsumme für einen fahrlässig im Gazastreifen erschossenen, berufstätigen Mann 333.330 ägyptische Pfund, während vergleichbare Fälle auf der Sinai-Halbinsel zu einem Streitbeilegungsangebot von 450.000 ägyptischen Pfund führten.[318]

7. Analyse der UNEF-Haftungsregeln

In den vorangegangenen Kapiteln wurden anhand der Praxis des UNEF-Claims Review Boards die Haftungsregeln herausgearbeitet, auf deren Basis die Vereinten Nationen über die Grenzen ihrer rechtlichen Verantwortlichkeit und finanziellen Haftung entschieden haben. Wenn in diesem Zusammenhang der Begriff des „UNEF-Haftungsrechts“ fällt, so werden mit dieser Bezeichnung einige grundlegende Fragestellungen aufgeworfen: Haben die dargestellten materiellen Haftungsregeln überhaupt die Qualität von Rechtsnormen? Wenn ja: Beanspruchen die Regeln nur gegenüber UN-Organen oder auch gegenüber dem Geschädigten Rechtsverbindlichkeit?

a) Rechtsnatur und Rechtsverbindlichkeit der Haftungsregeln

Die rechtstheoretische Analyse der UNEF-Haftungsregeln muß mit dem Rechtsgrund ihrer Entstehung beginnen. Ursprung der Haftung der Vereinten Nationen für Schäden von Zivilpersonen ist das nationale Recht des Aufenthaltsstaates. Wie dargestellt, war UNEF materiellrechtlich an ägyptische Normen gebunden, an die Verhaltensnormen und die daran anknüpfenden Sanktionsnormen.[319] Die geschädigten Individuen (oder der geschädigte ägyptische Staat) konnten folglich aus diesen nationalen Vorschriften Ansprüche gegen UNEF ableiten, seien sie nun auf ein konkretes Verhalten seitens UNEF gerichtet oder auf die Wiedergutmachung eines erlittenen Schadens. Der Durchsetzung dieser subjektiven Rechte gegen UNEF stand allerdings das Verfahrenshindernis „Jurisdiktionsimmunität“ entgegen. Da die Jurisdiktionsimmunität den alleinigen Zweck verfolgt, die Vereinten Nationen von der Jurisdiktionsgewalt der

[317] S. auch den Bericht des UN-Generalsekretärs vom 9. Oktober 1958, UN-Doc. A/3943 (Fn. 34), Ziff. 141.

[318] UNEF-Claims Review Board, Death Claims: Accidental Shootings involving Egyptian and Palastinian Fatalities, UN Archives N.Y., Akte Sloan, Traffic Accidents, Fatal Injuries, Property Damages, Box 66.

[319] Hierzu S. 237 ff.

Staatsorgane zu befreien, sieht die UN-Immunitätenkonvention die völkerrechtliche Verpflichtung der Vereinten Nationen vor, für zivilrechtliche Ansprüche ein alternatives Streitbeilegungsverfahren zur Verfügung zu stellen (Art. VIII § 29 UN-Immunitätenkonvention: „disputes of a private law character“).[320] Die Vereinten Nationen sind dieser völkerrechtlichen Verpflichtung im Verhältnis zu Ägypten durch die Implementierung von Art. 38 UNEF-Statusabkommen nachgekommen (Standing Claims Commission), vor allem aber durch das vorgelagerte informelle Verfahren der einvernehmlichen Streitbeilegung (UNEF Claims Review Board).

Die Problematik um die Rechtsnatur der vom Claims Review Board angewendeten UNEF-Haftungsregeln liegt in dem Umstand begründet, daß diese Regeln gerade nicht an die subjektiven Rechte anknüpfen, die der Geschädigte nach nationalem Deliktsrecht erworben hat. Statt dessen entwickelte das UNEF-Claims Review Board in Abstimmung mit dem UN-Sekretariat spezielle UNEF-Haftungsregeln, die bei der einvernehmlichen Streitbeilegung der eigenen Willensbildung zugrundegelegt wurden. Die Existenz von speziellen UNEF-Haftungsregeln führt zu der eingangs aufgeworfene Frage, ob es sich hierbei um allgemeinverbindliche *Rechtsnormen* handelt.[321] Die Frage nach der Normqualität wird man nur dann bejahen können, wenn die Vereinten Nationen die Kompetenz und den Willen besessen haben, im Rahmen des UNEF-Einsatzes *rechtsverbindliche* Haftungsregeln zu schaffen.[322] Beide Elemente – Kompetenz und Willen – lassen sich leicht im System der Vereinten Nationen verankern. Die Kompetenz zur Entwicklung von Haftungsregeln für die Bereinigung von außervertraglichen Ansprüchen Dritter im Rahmen des Peace-keeping-Einsatzes ist implizit in der Verbandskompetenz der Vereinten Nationen enthalten, Peace-keeping-Streitkräfte aufzustellen und einzusetzen.[323] Die Organkompetenz im Bereich des Haftungsrechts liegt beim UN-Generalsekretär, dem die entsprechende Befugnis von der Generalversammlung (UNEF I) bzw. vom Sicherheits-

---

[320] KLEIN ist der Auffassung, aufgrund ihrer herausragenden Bedeutung für den Individualrechtsschutz gelten Streitbeilegungsklauseln i.S.d. Art. VIII § 29 auch ohne ausdrückliche Nennung in den Gründungs- und Statusverträgen für *jede* Internationale Organisation mit Juridsdiktionsimmuntität, P. KLEIN, La responsabilité des organisations internationales dans les ordres juridiques internes et en droit des gens, 1998, S. 248.

[321] Zur rechtstheoretischen Diskussion um die Definition des Rechts s. P. KOLLER, Theorie des Rechts, 1997, S. 19 ff.

[322] Spezielle für institutionelle Akte Internationaler Organisationen C. F. AMERASINGHE, Principles of the Institutional Law of International Organizations, 1996, S. 197.

[323] Siehe zur Verbandskompetenz der Vereinten Nationen S. 166 ff.

rat (UNEF II) als Teil des Durchführungsauftrags zugewiesen worden ist.[324] Aufbauend auf dieser Kompetenzzuweisung bestimmt Art. 15 des vom Generalsekretär erlassenen UNEF-Truppenstatuts:

> Art. 15: „The Secretary General of the United Nations shall have authority for all administrative, executive and financial matters affecting the Force and shall be responsible for the negotiation and conclusion of agreements with Governments concerning the Force. *He shall make provisions for the settlement of claims arising with respect to the Force.*“[325]

In Zusammenhang mit der UN-Haftungspraxis im Kongo (ONUC) wies Generalsekretär U THANT ausdrücklich auf seine Organkompetenz im Bereich der rechtlich verbindlichen Regulierung von Drittschäden hin: „In making these arrangements (lump sum agreements), the Secretary-General has acted in his capacity of chief administrative officer of the Organization, consistently with the established practice of the United Nations under which claims addressed to the Organization by private individuals are considered and settled under the authority of the Secretary-General.“[326] Den *Willen* des Generalsekretärs, mit den UNEF-Haftungsregeln rechtsverbindliche Normen zu schaffen, verdeutlicht das Kreationsverfahren innerhalb der Vereinten Nationen: Das UNEF-Claims Review Board entwickelte vor Ort anhand von konkreten Schadensfällen seine Regulierungsvorschläge, die wiederum Gegenstand einer rechtlichen Überprüfung und Bestätigung durch das UN-Sekretariat waren – dort das Office of Legal Counsel.[327] Wollte das Claims Review Board von ihrer bisherigen Regulierungspraxis abweichen, dann bedurfte dies ebenfalls der Genehmigung durch das UN-Sekretariat. Die UNEF-Haftungsregeln waren folglich für das UNEF-Claims Review Board rechtlich verbindlich. Normqualität entfalteten sie also in erster Linie im innerorganisatorischen Verhältnis zwischen dem normsetzenden Generalsekretär und den vollziehenden UN-Organen innerhalb einer Peace-keeping-Mission. Als UN-internes Recht konkretisierten die UNEF-Haftungsregeln die rechtlichen Grenzen der *innerorganisatorisch* akzeptierten rechtlichen Verantwortlichkeit der Vereinten Nationen.

---

[324] Im Intraorganverhältnis hat der UN-Generalsekretär sein Office of Legal Counsel mit der Entwicklung von Haftungsregeln für Peace-keeping-Einsätze betraut.

[325] Quellennachweis Fn. 35 (Hervorhebung hier); durch die Inkorporation des Truppenstatuts in die Truppenabkommen mit den Entsendestaaten (Fn. 37) erlangte der zitierte Art. 15 im Außenverhältnis gegenüber den Entsendestaaten der Truppenkontingente Rechtsverbindlichkeit.

[326] UN-Doc. S/6597, SCOR 20th Year, Suppl. July – Sept. 1965, S. 156, 158.

[327] Das Office of Legal Counsel ist eine von sechs Unterabteilungen des OLA (Einsetzungsbeschluß GA-Res. 13 (I) vom 13. Februar 1946; bis 1955 als Legal Department bezeichnet). Das Office of Legal Affairs ist Teil des UN-Sekretariats.

Im Außenverhältnis traten die UNEF-Haftungsregeln gegenüber dem Geschädigten in Form eines konkreten Streitschlichtungsangebotes in Erscheinung. Dies führt zu der zweiten Fragestellung: War das UNEF-Haftungsrecht auch im Außenverhältnis gegenüber dem Geschädigten verbindliches Recht? Bestand also eine rechtliche Kompensations*pflicht* der Vereinten Nationen gegenüber dem Geschädigten nach Maßgabe der UNEF-Haftungsregeln bzw. hatte der Geschädigte einen entsprechenden Kompensations*anspruch* gegen die Vereinten Nationen? Die gesamte Entschädigungspraxis im Rahmen von UNEF I und II zeigt, daß die Vereinten Nationen grundsätzlich von einer Kompensations*pflicht* gegenüber den geschädigten Individuen ausgehen. U THANT brachte diese Rechtsauffassung in Zusammenhang mit dem ONUC-Einsatz im Kongo deutlich zum Ausdruck: „It has always been the policy of the United Nations, acting through the Secretary-General, to compensate individuals who have suffered damages for which the Organization was legally liable. This policy is in keeping with generally recognized legal principles and with the Convention on the Privileges and Immunities of the United Nations."[328] Der Wille des Generalsekretärs, mit der Schaffung des UNEF-Haftungsrechts eine nach außen wirkende Rechtspflicht zur Kompensation zu begründen, kommt auch dadurch zum Ausdruck, daß das UN-Sekretariat keine politischen Erwägungen in seine konkrete Kompensationsbereitschaft einfließen ließ, wenn auf Basis des UNEF-Haftungsrechts die rechtliche Verantwortlichkeit der Vereinten Nationen festgestellt worden war.[329]

Die normative Pflicht der Vereinten Nationen zur Wiedergutmachung von Schäden verlangt freilich nicht zwingend ein korrelierendes subjektives Recht des Geschädigten auf Wiedergutmachung. Die Problematik des Rechtsanspruchs des Geschädigten aus dem UNEF-Haftungsrecht liegt in erster Linie in dem Umstand begründet, daß die Kompensationsleistungen an den Geschädigten auf Basis eines zivilrechtlichen Vergleichsvertrags erfolgen. Die einvernehmliche Streitbeilegung legt die Annahme nahe, daß der Anspruch des Geschädigten auf Zahlung allein aus der vertraglichen Einigung mit den Vereinten Nationen erwächst, da diese Einigung eben eine Zahlungspflicht zum Gegenstand hat. Diese Argumentation greift allerdings zu kurz. Denn ein Vertrag kann zweifelsohne einen aus anderer Rechtsquelle entstammenden Rechtsanspruch zum Gegenstand einer Einigung machen, insbesondere um auf diesem Wege Rechtssicherheit herzustellen.[330] Die Frage, ob der Geschädigte direkt aus dem UNEF-Haf-

[328] UN-Doc. S/6597 (Fn. 326), S. 157.

[329] Siehe aber im Fall des ONUC-Einsatzes die Regulierungspraxis bei kongolesischen Staatsangehörigen, S. 321.

[330] Ein gängiges Beispiel hierfür ist in der internationalen Praxis der Abschluß von Globalentschädigungsabkommen, s. hierzu S. 314 ff.

tungsrecht berechtigt wird, ob er also Inhaber eines Anspruchs aus dem UNEF-Haftungsrecht ist, muß in erster Linie auf Basis der Kompetenz und des Willens des Normgebers beantwortet werden. Eine Kompetenz der Vereinten Nationen, Rechtsakte mit unmittelbarer Wirkung gegenüber Staatsangehörigen ihrer Mitgliedstaaten zu setzten, erscheint auf den ersten Blick fragwürdig. Allerdings sind die Vereinten Nationen nach Art. VIII § 29 der UN-Immunitätenkonvention völkerrechtlich verpflichtet, zum Ausgleich ihrer Immunität alternative Streitbeilegungsmethoden anzubieten. Den Vereinten Nationen stehen nach ihrer Satzung *implizit* diejenigen Kompetenzen zu, die notwendig sind, um ihre Funktionen und ihre immunitätsbezogenen völkerrechtlichen Pflichten sachgerecht erfüllen zu können. Die Kompetenz zur Schaffung alternativer Streitbeilegungsverfahren umfaßt nicht nur den Abschluß von zivilrechtlichen Vergleichsverträgen, sondern auch die Schaffung von speziellen Haftungsregeln mit Außenwirkung (sog. „external administrative rules“[331]).

Den Organisations*willen*, durch das UNEF-Haftungsrecht Individualansprüche gegen die Vereinten Nationen zu begründen, hat das UN-Sekretariat gegenüber dem ägyptischen Liaisonbüro klargestellt:[332] Nach Auffassung der Vereinten Nationen ist nicht der Staat Ägypten Beteiligter einer sekundären (deliktischen) Rechtsbeziehung zu den Vereinten Nationen, sondern das geschädigte Individuum. Dies setzt freilich voraus, daß schon *vor* Abschluß des Streitbeilegungsvertrages zwischen den Vereinten Nationen und dem geschädigten Individuum eine sekundäre Rechtsbeziehung besteht, die Kompensationsansprüche des Individuums gegen die Vereinten Nationen zum Gegenstand hat. Diese subjektiven Rechte sind nach ihrem Rechtsgrund nicht identisch mit denjenigen subjektiven Rechten, die der Geschädigte aus dem ägyptischen Recht ableitet. Sie sind noch nicht einmal inhaltsgleich, was die vom Geschädigten geforderte schriftliche Verzichtserklärung auf die Geltendmachung weiterer Ansprüche gegen die Vereinten Nationen besonders notwendig macht.[333] Rechtsgrund des Kompensationsanspruchs gegen die Vereinten Nationen ist nach dem Selbstverständnis des Normgebers das UNEF-Haftungsrecht mit seinem engen Kanon der

[331] AMERASHINGHE (Fn. 322), S. 194. Ein Beispiel für derartige „external administrative rules“ ist die Haftungslimitierungsresolution der Generalversammlung für den Hauptquartiersdistrikt. Das Headquarter-Agreement zwischen den USA und den Vereinten Nationen ermächtigt letzte in Abschnitt 8 „to make regulations, operative within the headquarters district“. Auf Basis dieser Ermächtigung hat die UN-Generalversammlung in ihrer 41st Sess. am 11. Dezember 1986 in der Res. 41/210 eine summenmäßige Begrenzung ihrer Haftung (auch) für Schäden externer Personen eingeführt, UN-Doc. A/Res/41/210.

[332] Zitat S. 244.

[333] Zur Verzichtserklärung siehe S. 239 f.

geschützten Rechtsgüter und seinen besonderen Bezügen zum Recht des internationalen Mandats.

Auch die Durchsetzungsmöglichkeiten, die dem Geschädigten zur Seite stehen, untermauern die Annahme eines subjektiven Rechts des Geschädigten aus den UNEF-Haftungsregeln. Das zentrale Hilfsmittel für die Durchsetzung der Ansprüche gegen die Vereinten Nationen war der diplomatische Schutz durch Ägypten, insbesondere das völkerrechtlich begründete Recht Ägyptens, die Einsetzung einer Standing Claims Commission nach Art. 38 UNEF-Statusabkommen zu verlangen. Allerdings ist im Zusammenhang mit der Standing Claims Commission zu beachten, daß der Geschädigte vor diesem Streitschlichtungsorgan keine Ansprüche aus UNEF-Haftungsrecht hätte durchsetzen können. Die von Art. 38 UNEF-SOFA anvisierte und für künftige Peace-keeping-Einsätze von Art. 51 Modell-SOFA[334] aufgegriffene Standing Claims Commission wäre im Falle ihrer Errichtung – da kein UN-Organ – in keinem Fall an das UN-Haftungsrecht gebunden. Die paritätisch besetzte Streitschlichtungskommission hätte im Rahmen ihrer Rechtswahlfreiheit ägyptisches Zivilrecht anwenden können, unter vorrangiger Berücksichtigung des Rechts des internationalen Mandats.[335] Denkbar wäre allerdings auch die Anwendung internationalen Rechts, z.B. der Rückgriff auf allgemeine Rechtsgrundsätze (Art. 38 lit. c IGH-Statut) oder auf das Recht der Staatenverantwortlichkeit in analoger Anwendung. Hier schließt sich der Kreis zum UNEF-Haftungsrecht. Die Vereinten Nationen mußten bei der Kreation ihres UNEF-Haftungsrechts in erster Linie höherrangiges internationales Recht beachten, vor allem die UN-Charta und das spezielle Recht des Internationalen Mandats (hierzu unter b). Soweit diese internationalen Normen rechtliche Spielräume für die Schaffung von spezifischen Haftungsregeln lassen, haben die Vereinten Nationen bei ihrer Rechtsschöpfung mit Bedacht die klassischen Mittel der Erweiterung des völkerrechtlichen Regelwerkes aufgegriffen, die von internationalen Spruchkörpern zur Vermeidung von *non liquet*-Situationen herangezogen werden (allgemeine Rechtsgrundsätze und Analogie; hierzu unter c und d). Auf diese Weise haben die Vereinten Nationen für eine weitgehende Deckungsgleichkeit gesorgt zwischen den Individualansprüche nach UNEF-Haftungsrecht, feststellbar durch das UNEF-Claims Review Board, und der Individualansprüche nach internationalem Recht, feststellbar durch die künftige Standing Claims Commission.

334 UN-Doc. A/45/594 vom 9. Oktober 1990.

335 S. hierzu S. 229 ff.

b) Internationales Mandat

Weder die UN-Charta noch das allgemeine Völkerrecht haben als höherrangige Rechtsquellen bei der Kreation des UNEF-Haftungsrechts eine herausragende Rolle gespielt. Im Fall der UN-Charta fehlte es schon an entsprechenden Berührungspunkten. Durchaus bemerkenswert ist allerdings das weitgehende Ignorieren der menschenrechtlichen Mindeststandards des internationalen Rechts, die von den Vereinten Nationen weder im Rahmen der materiellen Haftungsregeln noch bei der Festlegung des Streitbeilegungsverfahrens problematisiert wurden. Das Ausblenden der internationalen Menschenrechte ist vor allem mit dem Umstand zu erklären, daß sich die Vereinten Nationen nicht in der rechtlichen Ausgangsposition eines Staats gesehen haben, der Hoheitsgewalt über die Einwohner seines Territoriums ausübt und dabei an menschenrechtliche Mindeststandards gebunden ist. Stattdessen sahen sich die Vereinten Nationen zumindest im haftungsrechtlichen Kontext prinzipiell auf der Ebene der Gleichordnung mit den geschädigten Individuen („claims of a private law character“[336]). Innerhalb dieses Rechtsverhältnisses kommt den internationalen Menschenrechten naturgemäß keine Bedeutung zu. Eine Ausnahme von der Regel der Gleichordnung machten die Vereinten Nationen nur dann, wenn das internationale Mandat den UNEF-Streitkräften eine andersgeartete Rechtsposition innerhalb des Aufenthaltsstaates zuwies, an der sich dann auch das UNEF-Haftungsrecht normativ auszurichten hatte (Selbstverteidigungsrecht[337], operational necessity[338]).

c) Allgemeine Rechtsgrundsätze

Soweit das Recht des internationalen Mandats Spielraum für Rechtsschöpfung läßt, lehnt sich die UNEF-Haftungsrecht in vielen Bereichen an die allgemeinen Rechtsgrundsätze der nationalen Deliktsrechte an. So heißt es in einem Schreiben des UNEF-Kommandeurs an alle UNEF-Einheiten: „In determining liability in automobile accident involving UNEF personnel, UNEF applies widely accepted principles of responsibility for damages to other.“[339] Auch gegenüber dem ägyptischen Liaisonbüro wurde auf die allgemeinen Rechtsgrundsätze der nationalen Deliktsrechte verwiesen – ohne Beanstandung seitens Ägypten. So lehnte das UNEF-Claims Review Board die Haftung für einen getöteten Anhalter in einem UNEF-Fahrzeug mit dem Argument ab: „It is the accepted view in

---

336 Art. 38 UNEF-Statusabkommen, hierzu S. 231 ff.

337 Auführung zur Selbstverteidigung s. S. 262 ff.

338 Ausführungen zum operational necessity-Prinzip S. 267 ff.

339 SARMENTO (Fn. 307).

most jurisdictions that hitch-hikers travel on their own responsibility (...).“[340] Der Hinweis auf die allgemeinen Rechtsgrundsätze erklärt sich vor allem mit dem Bedürfnis, ein einheitliches Rechtssystem bei der Bewältigung von UN-Schadensfällen zugrunde legen zu können.[341] Im Rahmen von UNEF I war dieses Bedürfnis besonders ausgeprägt, da nach dem *lex loci*-Prinzip innerhalb eines Einsatzes zwei grundverschiedene Rechtssysteme – das französisch geprägte ägyptische Recht und das britisch geprägte palästinensische Recht – Anwendung gefunden hätten.[342]

Auf die allgemeinen Rechtsgrundsätze der innerstaatlichen Rechtsordnungen nimmt schon Art. 38 Abs. 1 lit. c IGH-Statut Bezug, der die Rechtsquelle explizit dem internationalen Recht zuordnet („The Court, whose function is to decide *in accordance with international law* ...“[343]).[344] Die allgemeinen Rechtsgrundsätze sind vor allem zum Zwecke der Lückenfüllung in den Rechtsquellenkanon des Art. 38 IGH-Statut aufgenommen worden, mit dem Ziel, eine *non liquet*-Situation im streitigen Gerichtsverfahren zu vermeiden.[345] Der IGH hat zur Lösung der vielfältigen Probleme um Art. 38 Abs. 1 lit. c IGH-Statut wenig beigetragen.[346] In den Fällen, in denen er sich apodiktisch auf die Rechtsquelle beruft, fehlt es völlig an einer Herleitung oder Einordnung der Rechtsquelle in das internationale Recht. Freilich wird man im Rahmen des Art. 38 Abs. 1 lit. c IGH-Statuts von dem Internationalen Gericht keinen detaillierten Vergleich aller nationaler Normen verlangen können, wohl aber die Herausarbeitung von tragenden Leitgedanken zentraler Rechtssysteme.[347] SIR ARNOLD MACNAIR hat in seinem Sondervotum zum Südwestafrika-Fall eine prägnante und vielzitierte Analyse der allgemeinen Rechtsgrundsätze vorgenommen: „The way in which international law borrows from this source is not by means of importing private law institutions ‘lock, stock, barrel’, ready-made and fully equipped with a set of

---

340 R. GORGÉ (UN Legal and Political Adviser, UNEF), Schreiben an Captain Kandil, Egyptian Liaison Staff Headquarter, vom 18. April 1958, File No. S-0530-0102, Box DAG-13/3.11.0.0-102.

341 Zur Anwendung der allgemeinen Rechtsgrundsätze auf die vertraglichen Beziehungen der Vereinten Nationen s. YILC 1985 II/1, S. 155 II (d).

342 Siehe hier S. 235 ff.

343 Hervorhebung hier.

344 So auch H. MOSLER, Völkerrecht als Rechtsordnung, ZaöRV 36 (1976), S. 6, 42; U. FASTENRATH, Lücken im Völkerrecht, 1991, S. 101.

345 SH. ROSENNE, The Law and Practice of the International Court, Bd. 3, 1997, S. 1902.

346 Siehe die Kritik der nicht dargelegten Rechtsvergleichung bei M. BOTHE, Die Bedeutung der Rechtsvergleichung in der Praxis internationaler Gerichte, ZaöRV 36 (1976), S. 280, 283 ff.

347 H. MOSLER, Rechtsvergleichung vor völkerrechtlichen Gerichten, Internationale FS Verdross, 1971, S. 381, 404.

rules. It would be difficult to reconcile such a process with the application of 'general principles of law'. In my opinion, the true view of the duty of international tribunals in this matter is to regard any features or terminology which are reminiscent of the rules and institutions of private law as an indication of policy and principles rather than as directly importing these rules and institutions."[348] Der IGH gründet einige seiner wichtigsten verfahrensrechtlichen und materiellrechtlichen Regeln auf den allgemeinen Rechtsgrundsätzen, z.B. die Kompetenzergänzung durch *implied powers* und die Zulässigkeit des indirekten Beweises im streitigen Verfahren. Auch internationale Schiedsgerichte[349], Claims Tribunals[350] und Verwaltungsgerichte[351] berufen sich in ihren Entscheidungen regelmäßig auf die allgemeinen Rechtsgrundsätze nationaler Rechtsordnungen, wenn und soweit das Völkerrecht keine spezielleren Regeln kennt. So greift der UN-Verwaltungsgerichtshof auf die allgemeinen Rechtsgrundsätze der staatlichen Anstellungsverhältnisse zurück, wenn das UN-interne Recht – das Personalstatut und die daran anknüpfenden Durchführungsbestimmungen (staff regulations/staff rules) – keine Lösung für die konkrete Rechtsfrage bereithält.[352] Welche innerstaatlichen Normenkomplexe vom UN-Verwaltungsgericht zur Rechtsvergleichung herangezogen werden, hängt von der Vergleichbarkeit der zu regelnden nationalen und internationalen Sachverhalte ab. Die durch Rechtsanalogie[353] gewonnenen allgemeinen Rechtsgrundsätze werden in das interne Organisationsrecht inkorporiert, d.h. sie verlieren ihre Natur als nationales Recht und werden Bestandteil des internen Organisationsrechts.

Die allgemeinen Rechtsgrundsätze der nationalen Deliktsrechte sind als Rechtserkenntnisquelle für die Vereinten Nationen von besonderer Bedeutung. Sie reflektieren allgemeine Gerechtigkeitsgedanken[354], die – da sie den nationalen Rechtsordnungen gemein sind – auch für die Organisation gelten sollen. Zugleich ist der Rückgriff auf die allgemeinen Rechtsgrundsätze im Hinblick auf den Tiefgang der praktizierten Rechtsvergleichung durchaus ein Problem. In

---

[348] International Status of South-West Africa, Advisory Opinion: I.C.J. Reports 1950, S. 128 ff., Seperate Opinion by Sir Arnold McNair, S. 148.

[349] Vgl. F. SEYERSTED, Applicable Law in Relations between Intergovernmental Organizations and Private Parties, RdC 1967 III, S. 427, 526 mit Beispielen.

[350] Z.B. das Iran-U.S. Claims Tribunal, MOURI (Fn. 118), S. 30.

[351] M. AKEHURST, The Law Governing Employment in International Organizations, 1967, S. 72 F. SEYERSTED, Jurisdiction over Organs and Officials of States, The Holy See and Intergovernmental Organizations (2), ICLY 14 (1965), S. 493, 515.

[352] AKEHURST (Fn. 351), S. 73 f.

[353] G. DAHM/J.DELBRÜCK/R. WOLFRUM, Völkerrecht I/1, 1989, S. 81.

[354] A. BLECKMANN, Die Verbindlichkeit des allgemeinen Völkerrechts für internationale Organisationen, ZaöRV 37 (1977), S. 107, 109; A. VERDROSS, Die Quellen des universellen Völkerrechts, 1973, S. 120 f.

der Praxis des UNEF-Claims Review Boards steht die Rechtsvergleichung unter dem Primat der vertrauten nationalen Rechtsordnung, also vor allem des angloamerikanischen Rechtssystems.[355] Nicht anders als beim IGH bleibt die Herleitung der allgemeinen Rechtsgrundsätze regelmäßig ganz im Dunkeln. Insofern sind die im Jahr 1963 geäußerten Bedenken der Ligue Belge Pour la Défense des Droit de l'Homme durchaus berechtigt: „La responsabilité d'une organisation international doit-elle être considérée comme une responsabilité de droit international ou de droit interne ? Dans ce dernier cas selon quels critères ? Tortious liability n'est pas responsabilité civile. Que dire des concepts de droit asiatique, arabe et autres ? Comme choisir entre ces divers concepts ?“[356]

d) Analogie: Recht der Staatenverantwortlichkeit und ägyptisches Deliktsrecht

Lückenfüllende Funktion hat auch die vom Claims Review Board vorgenommene Analogie aus dem internationalen Recht, die allerdings einen verhältnismäßig kleinen Bereich im Rahmen der rechtsschöpfenden Tätigkeit der Vereinten Nationen einnimmt. Die Analogie, d.h. die Anwendung einer Rechtsnorm auf einen ähnlichen Sachverhalt, ist dem Völkerrecht nicht unbekannt. In der internationalen Spruchpraxis werden Analogien zur Rechtsfindung ebenso bemüht wie in der völkerrechtlichen Doktrin.[357] Die in der Literatur kontrovers behandelte Frage, ob das Völkerrecht als Konsensrecht die Analogie zur Erweiterung des internationalen Regelwerks überhaupt zuläßt,[358] stellt sich freilich im Rahmen der Praxis der Vereinten Nationen nicht: Dem Rechtssetzer bleibt es zweifelsohne unbenommen, bei der Ausgestaltung der eigenen Rechtsordnung anderorts festgelegte Rechtsregeln in das eigene System *mutatis mutandis* zu inkorporieren.[359] Das UNEF-Haftungsrecht macht sich das Recht der internationalen Staatenverantwortlichkeit in dem schmalen aber bedeutsamen Bereich der Zurechnung eines Organwalterverhaltens zum Völkerrechtssubjekt zu eigen. Darüber hinaus integriert das UNEF-Haftungsrecht Teile des nationalen Delikts-

---

[355] Siehe z.B. für die Kausalitätsproblematik S. 247 f.

[356] LIGUE BELGE POUR LA DÉFENSE DES DROITS DE L'HOMME, Commission Scientifique pour l'O.N.U., Mai 1963, Expose des Motifs, S. 5, Mai 1963 (unveröffentlicht); kritisch gegenüber der Vergleichbarkeit der nationalen Rechtsordnungen auch K. KELSEN, Principles of International Law, 1967, S. 539 f.; G. J. TUNKIN, General Principles of Law' in International Law, in: Internationale FS Verdross, 1971, S. 523, 527.

[357] Siehe die Nachweise in FASTENRATH (Fn. 344), S. 136 f. Der IGH verneinte die Übertragung des Rechts des diplomatischen Schutzes von Staatsangehörigen auf Internationale Organisationen in seinem Reparation-for-injuries-Gutachten (Fn. 255), S. 182.

[358] Verneinend vor allem K. STRUPP, Les Règles Générales du Droit de la Paix, RdC 47 (1934 I), S. 263, 337.

[359] FASTENRATH (Fn. 344) spricht hier von „gewillkürter“ Analogie, S. 137.

rechts zur Verifizierung der Schadenshöhe. Durch die Analogie verliert das ägyptische bzw. palästinensische Recht seine innerstaatliche Rechtsnatur und wird – wie schon die allgemeinen Rechtsgrundsätze und das Recht der Staatenverantwortlichkeit – Teil des speziellen UNEF-Haftungsrechts.

8. Zusammenfassung und Ausblick

Die UNEF-Haftungsregeln sind von den Vereinten Nationen als anspruchsbegündendes Individualrecht entwickelt worden, durchsetzbar im Wege von Verhandlungen mit dem UNEF-Claims Review Board, einem UN-Organ. Das UNEF-Haftungsrecht legt den Haftungstatbestand, etwaige Haftungsausschlußgründe, sowie Inhalt und Umfang des Schadensersatzanspruches fest. Die Erfüllung des Haftungstatbestandes setzt die Verletzung eines absoluten Rechtsguts (Leben, Körper, Eigentum), die Kausalität zwischen schuldhaftem Verhalten des Organwalters und Schaden, sowie die Zurechenbarkeit des schädigenden Verhaltens zu den Vereinten Nationen voraus. Grundsätzlich bejahten die Vereinten Nationen auf Basis ihrer militärischen Kommandogewalt über UNEF, seine nationalen Kontingente und Mitglieder ihre (völker-) rechtliche Verantwortlichkeit für alle schädigenden Militärakte. Die Zurechenbarkeit wurde verneint bei privaten Handlungen außerhalb der Dienstzeit (off duty). Auch im Fall einer vorsätzlichen Überschreitung der Grenzen des internationalen Mandats – d.h. bei vorsätzlichem Schußwaffeneinsatz ohne Selbstverteidigungssituation (EL BAKKA-Fall) – lehnen die Vereinten Nationen die Zurechenbarkeit der Verletzungshandlung ab. Ein weiteres Merkmal des Haftungstatbestandes ist die Rechtswidrigkeit des schädigenden Aktes. Schäden, die in Ausübung des Selbstverteidigungsrechts UNEFs und seiner Organwalter entstanden sind, werden mangels rechtlicher Verantwortung nicht ersetzt. Zu den rechtmäßigen Verletzungshandlungen zählen auch die operativ notwendige Besetzung von Privatimmobilien und die operativ unvermeidbare Beschädigung von Privateigentum (operational necessity-Grundsatz). Die nichtkonsensuale Inbesitznahme von Immobilien stellt sich auf internationaler Ebene als Selbsthilfemaßnahme der Vereinten Nationen gegenüber dem Aufenthaltsstaat Ägypten dar. Die internationale Sekundärrechtsbeziehung entsteht, wenn Ägypten seine internationale Verpflichtung aus dem Statusabkommen (kostenlose Bereitstellung von Immobilien) nicht erfüllt.

Der UNEF I-Einsatz stellt als erster klassischer Peace-keeping-Einsatz die Weichen für alle nachfolgenden Peace-keeping-Missionen, auch im Hinblick auf die Regulierung außervertraglicher Individualansprüche gegen die Vereinten Nationen. Die Eigenheiten des UNEF-Haftungsrechts – seine Tatbestände,

Rechtfertigungsgründe und Verschuldensmaßstäbe – prägen bis heute die Rechtsposition der Peace-keeping-Geschädigten im Verhältnis zu den Vereinten Nationen.

IV. Robustes Peace-keeping: Kongo (1960-1964)

1. Historischer Hintergrund: ONUC

Die Republik Kongo, geographisch gelegen an der Westküste des afrikanischen Kontinents am Mündungsdelta des gleichnamigen Flusses, wurde von der Kolonialmacht Belgien am 30. Juni 1960 in die Unabhängigkeit entlassen. Dieses Datum vereinbarten die belgische Regierung und Vertreter der beiden kongolesischen Unabhängigkeitsbewegungen „Association du Bas-Kongo" und „Mouvement National Congolais" am 19. Februar 1960 in Brüssel. Am 29. Juni 1960, einen Tag vor der Unabhängigkeitserklärung, schlossen das Königreich Belgien und die demokratisch gewählte Regierung der Republik Kongo einen Freundschaftsvertrag, in dem sich die belgische Regierung verpflichtete, die im Kongo stationierten belgischen Truppen nur auf das ausdrückliche Verlangen des kongolesischen Verteidigungsministers militärisch im Kongo einzusetzen (Art. 6). Bereits fünf Tage nach der Unabhängigkeitserklärung, am 5. Juli 1960, brachen Unruhen bei der militärisch organisierten Polizei des Kongo aus. Die Aufständischen verlangten die Absetzung der belgischen Offiziere, die gemäß des Freundschaftsvertrages (Art. 2) noch immer die Polizeikräfte leiteten, aber der Autorität der kongolesischen Regierung unterstellt waren. Trotz unmittelbarer Notmaßnahmen des Präsidenten KASAVUBU und des Premierministers LUMUMBA weiteten sich die Gewalttätigkeiten aus und richteten sich schließlich gegen alle europäischen Ausländer. Die einsetzende Massenflucht europäischer und US-amerikanischer Staatsbürger aus der Republik Kongo veranlaßte die belgische Regierung, deren Evakuierung militärisch sicherzustellen. Am 10. Juli 1960 landeten trotz Protestes der kongolesischen Regierung belgische Fallschirmjäger im Kongo. Am 11. Juli 1960 eröffnete sich ein zweiter innenpolitischer Krisenherd: Der Präsident der östlichen Provinz Katanga, TSHOMBÉ, erklärte das rohstoffreiche Gebiet für unabhängig. Zugleich ersuchte er Belgien um militärische Hilfe.

Weniger die innenpolitischen Turbulenzen als die belgischen Militärmaßnahmen veranlaßten die kongolesische Regierung, sich am 12. Juli hilfesuchend an die Vereinten Nationen zu wenden: „The essential purpose of the requested military aid is to protect the national territory of the Congo against the present external aggression which is threat to international peace."[1] UN-Generalsekretär HAMMARSKJÖLD rief am 13. Juli 1960 den Sicherheitsrat zu einer Dringlichkeitssitzung zusammen (Art. 99 UN-Charta) und empfahl dem Rat, der Bitte der

---

[1] UN-Doc. S/4382, SCOR 15th Year, Suppl. July – Sept. 1960, S. 11.

kongolesischen Regierung zu entsprechen, ohne sich in die inneren Angelegenheiten des Landes einzumischen.[2] Am 14. Juli 1960 verabschiedete der Sicherheitsrat seine erste Resolution 143 zur Kongo-Krise, dessen operativer Teil lautet:

> „1. *Calls upon* the Government of Belgium to withdraw their troops from the territory of the Republic of the Congo;
> 2. *Decides* to authorize the Secretary-General to take the necessary steps, in consultation with the Government of the Congo, to provide the Government with such military assistance as may be necessary, until, through the efforts of the Congolese Government with the technical assistance of the United Nations, the national security may be able, in the opinion of the Government, to meet fully their tasks; (...)"[3]

Die Resolution wurde im Sicherheitsrat mit acht Ja-Stimmen – inklusive der Sowjetunion und der Vereinigten Staaten – bei drei Stimmenthaltungen verabschiedet. Innerhalb von 24 Stunden die ersten 600 Soldaten aus Ghana, Tunesien, Marokko und Äthiopien auf dem Weg nach Leopoldville, der Hauptstadt des Kongo.[4] Zu der UN-Truppe, ONUC genannt, stießen einige Tage später Soldaten aus Guinea und ein schwedisches UNEF I-Bataillon aus Ägypten. Am 19. Juli 1960 erklärte sich Belgien bereit, seine Streitkräfte innerhalb von vier Tagen zurück in die Militärbasen zu ordern.[5] Zu diesem Zeitpunkt befanden sich bereits 8.396 ONUC-Soldaten im Kongo.[6] Am Ende des Monats war ihre Zahl auf 11.000 gestiegen, stationiert in jeder Provinz des Kongo mit Ausnahme Katangas.[7] Da die belgische Regierung den Rückzug ihrer Truppen von der Bedingung des sofortigen Einrückens von ONUC abhängig machte, kündigte Generalsekretär HAMMARSKJÖLD am 2. August den Einmarsch der ONUC-Truppen in Katanga an.[8] HAMMARSKJÖLD nahm die heftigen Proteste der Provinzregierung und die militärische Mobilmachung der katangesischen Polizeikräfte zum Anlaß, noch einmal auf den Umfang des ONUC-Mandats hinzuweisen: „The United Nations military units are not entitled to act except in self-defence. This rule categorically prohibits the troops participating in the operation from taking the

---

2 SCOR, 15th Year, 873rd Meeting, 13/14 July 1960, S. 5.

3 SC-Res. 143, UN-Doc. S/4387, 14. Juli 1960, SCOR 15th Year, Suppl. July – Sept. S. 16.

4 R. SIMMONDS, Legal Problems arising from the United Nations Military Operations in the Congo, 1968, S. 36

5 First Report of the Secretary-General on the implementation of Security Council Resolution S/4387 of 14 July 1960, UN-Doc. S/4389, SCOR 15th Year, Suppl. July – Sept. 1960, S. 16 ff.

6 R. HIGGINS, United Nations Peacekeeping, Bd. III, Africa, 1980, S. 87.

7 SIMMONDS (Fn. 4), S. 38.

8 UN-Doc. S/4417, Ziff. 4, SCOR 15th Year, Suppl. July – Sept. 1960, S. 45, 46.

initiative or resorting to armed forces, but permits them to reply by force to an armed attack, in particular to any attempts to resort to force which might be made with the object of compelling them to evacuate positions which they occupy under the orders of their commander."[9] Nachdem sich HAMMARSKJÖLD gegen den Vorschlag der Sowjetunion ausgesprochen hatte, die ONUC-Truppen zur Anwendung von bewaffneten Zwangsmaßnahmen gegen die belgischen Truppen in Katanga zu autorisieren,[10] verabschiedete der Sicherheitsrat am 9. August 1960 die Resolution 146:

> „3. *Declares* that the entry of the Untied Nations Force into the province of Katanga is necessary for the full implementation of the Council's resolutions;
> 4. *Reaffirms* that the United Nations Force in the Congo will not be a party to or in any way intervene in or be used to influence the outcome of any internal conflict, constitutional of otherwise;
> 5. *Calls upon* all Member States, in accordance with Articles 25 and 49 of the Charter of the United Nations, to accept and carry out the decisions of the Security Council and to afford mutual assistance in carrying out measures decided upon by the Security Council. (...)"[11]

Am 12. August 1960 rückten die ersten 220 schwedischen ONUC-Soldaten nach Katanga ein – mit Einwilligung TSHOMBÉs. Über dieses Einvernehmen kam es zum Bruch zwischen Premierminister LUMUMBA und HAMMARSKJÖLD: Der UN-Generalsekretär habe – so der Vorwurf – mit Sezessionisten verhandelt und damit die Sicherheitsratsresolution verletzt.[12] Gegen Ende August initiierte LUMUMBA eine bewaffnete Auseinandersetzung mit TSHOMBÉ, um die Abspaltung Katangas zu verhindern. Die ONUC-Truppen schlossen daraufhin alle kongolesischen Flughäfen für den Luftverkehr und besetzten zeitweilig die Radiostation von Leopoldville.[13] Da LUMUMBA durch diese Maßnahmen die Nutzung seiner sowjetischen Maschinen unmöglich wurde, endeten die bewaffneten Kämpfe um Katanga noch im September 1960.

Das Verhalten LUMUMBAs führte zu einer schweren Verfassungskrise, die in der Absetzung des Premierministers durch den Präsidenten KASAVUBU sowie der entsprechenden Gegenabsetzung des Präsidenten durch den Premierminister LUMUMBA gipfelte. Darüber hinaus wurde der Anführer der Armée Nationale Congolaise (ANC), General MOBUTU, aus eigenen politischen Machtbestrebungen aktiv. HAMMARSKJÖLD, der angesichts dieser Eskalation den Sicherheitsrat

---

9 UN-Doc. S/4417, Ziff. 6 (Fn. 8). S. 49.

10 UN-Doc. S/4425, inkorporiert in SCOR 15th Year, 885th Meeting, Ziff. 119.

11 SC-Res. 146, UN-Doc S/4426, 9. August 1960, SCOR 15th Suppl. July – Sept., S. 91 f.

12 UN-Doc. S/4417, Add. 7, SCOR 15th Year, Suppl. July – Sept. 1960, S. 71 f.

13 UN-Doc. S/4531, Ziff. 20, SCOR 15th Year, Suppl. July – Sept. 1960, S. 167, 181.

um die Konkretisierung des ONUC-Mandats ersuchte, scheiterte an der Paralyse der ständigen Mitglieder. Das Übergreifen des Ost-West-Gegensatzes auf den Kongo hatte bisher durch die Wahl „neutraler" Entsendestaaten für ONUC verhindert werden können. Nun zog mit der kongolesischen Verfassungskrise der kalte Krieg im Kongo ein, stellvertretend repräsentiert durch LUMUMBA als östlich orientiertem Premierminister und KASAVUBU als Anhänger des Westens. Am 17. September 1960 nahm der Sicherheitsrat einen Vorschlag der Vereinigten Staaten an, die Kongo-Frage der UN-Generalversammlung zu übertragen,[14] die seit der „Uniting for Peace"-Resolution als Ersatzgremium für friedenssichernde Maßnahmen zur Verfügung stand.[15] Aber auch die Generalversammlung konnte sich nicht auf eine Ausweitung des Mandats der ONUC-Truppen einigen, obwohl sich die innerkongolesische Lage verschärft hatte, nachdem LUMUMBA in die Gewalt der Truppen MOBUTUS geraten war. Letztlich konnte man sich nur darauf verständigen, die bestehenden Ermächtigungen des Generalsekretärs zu bestätigen.[16]

Die Präsenz von ONUC im Kongo konnte nicht verhindern, daß General MOBUTU den inhaftierten LUMUMBA im Januar 1961 an Katanga auslieferte, wo er kurz darauf in der Haft ermordet wurde. Diese dramatischen Entwicklungen reaktivierten den UN-Sicherheitsrat. In den entscheidenden Passagen seiner detaillierten Resolution 161 vom 21. Februar 1961 heißt es:

> „A. The Security Council,
> having considered the situation in the Congo (…)
> 1. *Urges* that the United Nations take immediately all appropriate measures to prevent the occurrence of civil war in the Congo, including arrangement for cease-fires, the halting of all military operations, the prevention of clashes, and the use of force, if necessary, in the last resort;
> 2. *Urges* that measures be taken for the immediate withdrawal and evacuation from the Congo of all Belgian and other foreign military and paramilitary personnel and political advisers not under the United Nations Command, and mercenaries; (…)."[17]

---

[14] UN-Doc. S/4526, SCOR 15th Year, Suppl. July – Sept. 1960, S. 174.

[15] GA-Res. 377 (V) vom 3. November 1950, GAOR 5th Sess. Suppl. 20, S. 10 f.

[16] GA-Res. 1474 (ES-IV) vom 20. September 1960, A/P.V. 958th Meeting, Ziff. 137 – 141.

[17] SC-Res. 161 vom 21. Februar 1961, UN-Doc. S/4741, SCOR 16th Year Suppl. Jan. – March 1961, S. 147. Zur Diskussion im Sicherheitsrat über diesen Passus s. U. FINK, Kollektive Friedenssicherung Teil 1, 1999, S. 290 f.

In Folge dieser Sicherheitsratsresolution begannen in Katanga heftige Kämpfe zwischen den ONUC-Truppen und den Streitkräften TSHOMBÉS.[18] Einen Rückschlag erlitt die Mission der Vereinten Nationen, als Generalsekretär HAMMARSKJÖLD im Kongo bei einem Flugzeugabsturz am 18. September 1961 ums Leben kam. Der drei Tage später geschlossene Waffenstillstand des ONUC-Kommandos mit TSHOMBÉ wurde schon im November 1961 von ONUC mit dem Hinweis außer Kraft gesetzt, Katanga habe den Waffenstillstand gebrochen. In der Resolution 169 vom 24. November 1961[19] faßte der Sicherheitsrat noch einmal das Mandat von ONUC im Kongo zusammen:

> "(a) To maintain the territory integrity and the political independence of the Republic of the Congo,
> (b) To assist the Central Government of the Congo in the restoration and maintenance of law and order,
> (c) To prevent the occurrence of civil war in the Congo,
> (d) To secure the immediate withdrawal and evacuation from the Congo of all foreign military, paramilitary and advisory personnel not under the United Nations Command, and all mercenaries, (…)"

Im übrigen autorisiert der Sicherheitsrat den neuen Generalsekretär U THANT im operativen Teil der Resolution:

> "4. (...) to take vigorous action, including the use of requisite measure of force, if necessary, for the immediate apprehension, detention pending action and/or deportation of all foreign military and paramilitary personnel and political advisers not under the United Nations Command (…)"

Die daran anschließende militärische Großoffensive der Peace-keeping-Streitkräfte im Dezember 1961 blieb allerdings ohne Erfolg. Die gesamte Zeit nach der Verabschiedung der Sicherheitsresolution 169 war geprägt durch bewaffnete Konflikte zwischen ONUC und der Gendarmerie der Provinz Katanga sowie einer Vielzahl von Söldnern. Erst eine weitere Großoffensive von ONUC im Dezember 1962/Januar 1963 führte zur Kapitulation TSHOMÉS.[20] Nachdem er als „Präsident" Katangas offiziell die Sezessionsbestrebungen für beendet erklärte und den ONUC-Truppen Bewegungsfreiheit in Katanga zusicherte, fand

---

[18] Zu den Vorgängen s. Annual Report of the Secretary-General in the Work of the Organizations, UN-Doc. A/5201, GAOR 17th Sess., Suppl. No. 1, S. 13 ff.

[19] SC-Res. 169, 24. November 1961, SCOR 16th Year, Suppl. Oct. – Dec. 1961, S. 148.

[20] UN-Doc. A/5201 (Fn. 18), S. 14 f. und 18 f.; detailliert zu den Ergebnissen s. den Bericht des „Officer-in-Charge of the United Nations Operation in the Congo" (vormals: Special Representative of the Secretary-General), UN-Doc. S/4940/Add. 16, SCOR 16th Year, Suppl. Oct. – Dec. 1961, S. 37 ff.; UN-Doc. S/5053/Add. 14, SCOR 18th Year, Suppl. Jan. – March 1963, S. 13 ff.

der kampfbezogene Teil der ONUC-Operation sein Ende. Im Februar 1963, nachdem Katanga wieder in das Staatsgebiet der Republik Kongo reintegriert war, begann die Phase des Rückzugs der ONUC-Truppen, die bis zum Ende des Jahres 1963 abgeschlossen sein sollte. Auf Anfrage der kongolesischen Regierung ermächtigte die UN-Generalversammlung den Kommandeur der ONUC-Streitkräfte, mit einem stark reduzierten Kontingent noch weitere sechs Monate im Lande zu bleiben. Die ONUC-Streitkräfte zogen sich endgültig am 30. Juni 1964 aus dem Kongo zurück.

2. ONUC: Organstatus, Befehlsgewalt und Immunität

Ermächtigt durch die Sicherheitsratsresolution 143[21] formierte Generalsekretär DAG HAMMARSKJÖLD für den Kongo eine Peace-keeping-Truppe nach dem Vorbild von UNEF I. Da der Sicherheitsrat keinerlei Vorgaben über die Art und Weise der Truppenaushebung gemacht hatte, operierte HAMMARSKJÖLD nach den bewährten Konzepten. In seinem ersten Bericht vom 14. Juli 1960 informierte der Generalsekretär den Sicherheitsrat, daß er alle afrikanischen UN-Mitgliedstaaten nördlich des Kongo sowie das Nicht-Mitglied Mali gebeten habe, Truppenkontingente für die Peace-keeping-Streitkräfte zur Verfügung zu stellen.[22] Nicht die Internationalität der Truppe stand im Vordergrund der ersten Auswahl, sondern der regionale Bezug der Entsendestaaten zum Kongo.[23] Nicht-afrikanische Teilnehmerstaaten wurden unter dem Gesichtspunkt strikter Neutralität ausgesucht; die ständigen Mitglieder des Sicherheitsrates blieben bereits unter diesem Gesichtspunkt außen vor. Major-General CARL VON HORN aus dem neutralen Schweden – vormals Stabschef von UNSTO – wurde am 18. Juli 1960 Oberster Kommandeur von ONUC.[24]

a) Organstatus und militärische Kommandogewalt

Kurz nachdem die ersten ONUC-Truppenverbände im Kongo eingetroffen waren, schlossen die Vereinten Nationen und die kongolesische Regierung ein provisorisches Statusabkommen („accord de base").[25] Am 27. November 1961 wurde diese erste Einigung durch ein detailliertes Statusabkommen[26] ersetzt, das

---

21 Text S. 296.

22 UN-Doc. S/4389 (Fn. 5), Ziff. 22.

23 R. C. R. SIEKMANN, National Contingents in United Nations Peace-keeping Forces, 1991, S. 25 f.

24 UN-Doc. S/4389 (Fn. 5), Ziff. 29; v. Horn amtierte als „Supreme Commander of Force" vom 18. Juli 1960 bis zum 31. Dezember 1960.

25 Abkommen vom 19. Juli 1960, UN-Doc. S/4389 (Fn. 5), Add. 5.

26 UNTS Bd. 414, S. 231 ff.

erkennbar auf den positiven wie negativen Erfahrungen mit dem UNEF-Statusabkommen aufbaut. Auch die UN-internen Richtlinien für die Peace-keeping-Streitkräfte und ihre Mitglieder – das ONUC-Truppenstatut vom 15. Juli 1963[27] – orientierten sich am UNEF-Vorbild. Aus dem ONUC-Truppenstatut ergibt sich in aller Deutlichkeit der Organstatus der Peace-keeping-Streitkräfte:

> Art. 5 (b): „The United Nations Operation in the Congo (ONUC) is the subsidiary organ of the United Nations established by the authority of the Security Council resolution of 13 July 1960 and of which the United Nations Force in the Congo is an integral part."

Unabhängig von dem organschaftlichen Verhältnis des Truppenverbandes ONUC zu den Vereinten Nationen blieben die einzelnen nationalen Truppenkontingente Exekutivorgane ihrer Entsendestaaten. Innerhalb von ONUC kam ihnen insofern ein doppelter Organstatus zu. Diese Konstellation war bereits im Rahmen von UNEF I erprobt worden und wurde wegen ihrer organisatorischen Vorteile für ONUC beibehalten.[28] Die nationalen Kontingente standen als integrierte Bestandteile von ONUC unter dem militärischen Kommando des ONUC-Kommandeurs, der – im Gegensatz zum übrigen militärischen Personal – als Senior Officer des UN-Sekretariats ausschließlich im Dienste der Vereinten Nationen stand. Im ONUC-Truppenstatut heißt es zur militärischen Kommandogewalt des ONUC-Kommandeurs:

> Art.12: „(...) the Commander has full and exclusive authority with respect to all assignments of members of his Headquarters staff and, through the chain command, of all members of the Force, including the deployment and movement of all contingents in the Force and units thereof (…)."[29]

Im Fall von ONUC realisierte sich die Gefahr, die mit dem doppelten Organstatus der einzelnen nationalen Kontingente innerhalb eines Peace-keeping-Verbandes verbunden ist:[30] Im Januar 1961, ein halbes Jahr nach der Stationierung der ONUC-Verbände im Kongo, erklärte die marokkanische Regierung das ope-

---

[27] UN-Doc. ST/SGB/ONUC/1, 15. Juli 1963; zum UNEF-Truppenstatut siehe S. 211.

[28] Zur doppelten Organstellung, bedingt durch eine internationale Organleihe, siehe S. 99 ff.

[29] Zum militärischen Kommando über ONUC s. auch UN-Doc. S/44417 (Fn. 8), Ziff. 6.

[30] E. W. LEFEVER/W. JOSHUA, United Nations Peacekeeping in the Congo: 1960 – 1964, Bd. 2, 1966, S. 309, 318, berichten, daß alle nationalen Kontingente direkt und regelmäßig mit ihren nationalen Regierungen kommunizierten, und die Entsendestaaten auf Basis dieser Informationen bei den Vereinten Nationen in New York vorstellig wurden, um Kritik an der Kongo-Operation zu üben. Diese Praxis steht in offenem Widerspruch zu Art. 6 des ONUC-Truppenstatuts („The function of the Force are exclusively international and members of the Force shall discharge these function and regulate their conduct with the interest of the United Nations only in view"), wurde allerdings nie offen von den Vereinten Nationen beanstandet.

rative Kommando der Vereinten Nationen über ihr Kontingent für beendet, wollte aber zugleich die marokkanischen Truppen zur Durchführung unabhängiger Aktionen im Kongo belassen.[31] HAMMARSKJÖLD erließ daraufhin die Instruktion, daß die ausscheidenden Kontingente so lange unter dem Befehl des UN-Kommandeurs zu bleiben haben, bis sie das Land verlassen hätten. Auch wenn Marokko die Unterordnung unter das ONUC-Kommando letztlich akzeptiert hat,[32] zeigt der Vorfall, daß das Gleichgewicht zwischen der Verpflichtung der nationalen Kontingente auf das internationale Mandat und ihrem verbleibenden nationalen Organstatus durchaus labil sein kann, nicht zuletzt weil der doppelte Organstatus für einen militärischen Verband eine – wie DAG HAMMARSKJÖLD formuliert – „ziemlich anormale" Situation schafft.[33]

Erstmalig in der Geschichte des UN-Peace-keeping wurde der UN-Generalsekretär vor Ort durch den „Special Representative of the Secretary-General"[34] (im folgenden: Sonderbeauftragter) vertreten, der die direkte politische Kontrolle über den Peace-keeping-Einsatz ausübte.[35] Der gesamte militärische Einsatz stand unter seiner Aufsicht, mit der Folge, daß sämtliche Befehle des ONUC-Kommandeurs Gegenstand der Überprüfung durch den Generalsekretär und/oder durch seinen Sonderbeauftragten waren.[36]

b) Immunität und Disziplinargewalt

Art. 15 ONUC-SOFA regelt die Immunität und die Privilegien der Vereinten Nationen und ihres Nebenorgans ONUC im Kongo. Allein in der Ausführlichkeit des Art. 15 ONUC-SOFA – nicht in seinem Inhalt – liegt der Unterschied zum UNEF-SOFA. Die Vertragsparteien entschieden sich aus Gründen der

---

31 SIMMONDS (Fn. 4), S. 146 f.

32 UN-Doc. S/4668, SCOR 15th Year, Suppl. July – Sept., S. 208 f.

33 UN-Doc. A/3943 vom 9. Oktober 1958, GAOR 13th Sess., Annexes, S. 8 ff., Ziff. 139. HAMMARSKJÖLD bezog sich im konkreten Kontext auf das Disziplinarsystem von UNEF: Die nationalen Kommandeure hatten im Rahmen von UNEF – und von ONUC – die Kompetenz des militärischen Kommandos und Strafgewalt, während der ONUC bzw. UNEF-Kommandeur nur zum militärischen Kommando befugt war. Grund für diese Regelung war die Vermeidung spezieller Legislativakte in den Entsendestaaten (Art. 24 GG: Hoheitsrechtsübertragung).

34 Später umbenannt in „Officer-in-Charge".

35 Im Juni 1964 wurde die Position ersetzt durch einen „Office-in-Charge of ONUC", R. HIGGINS, United Nations Peacekeeping, Bd. III, Africa, S. 62.

36 Vgl. Art. 4 des ONUC-Truppenstatuts; das kompetentielle Verhältnis zwischen dem militärischen Truppenkommandeur und dem zivilen Sonderbeauftragten des Generalsekretärs bot die meisten Konfliktpunkte während der Kongo-Operation, vgl. LEFEVER/JOSHUA (Fn. 30), S. 309 ff.

Rechtssicherheit für eine detaillierte Regelung, weil die junge Republik Kongo zum Zeitpunkt des ONUC-Einsatzes noch nicht der UN-Immunitätenkonvention beigetreten war.[37] Auch hinsichtlich der Jurisdiktionsimmunität der UN-Bediensteten und Truppenmitglieder bleibt das ONUC-Statusabkommen weitgehend seinem Vorbild, dem UNEF-SOFA, treu. Art. 29 ONUC-SOFA bestimmt:

> Art. 29: „Members of the Force shall be subject to the exclusive jurisdiction of their respective national State in respect of any criminal offences which may be committed by them in the Congo. Officials serving under the United Nations in the Congo shall be immune from legal process in respect of all acts performed by them in their official capacity. They shall be immune from any form of arrest or detention.“

Im Bereich der militärischen Disziplin spielten die Kommandeure der nationalen Kontingente eine Schlüsselrolle, da ONUC auf kein eigenes Disziplinar- bzw. Militärrecht zurückgreifen konnte. Die „Staff Rules and Regulations“ der Vereinten Nationen waren auf die militärische ONUC-Mitglieder nicht anwendbar. Letztere traten zwar als Organwalter der Vereinten Nationen („agent“) im Kongo auf, standen allerdings in keinem individuellen Anstellungsverhältnis zu den Vereinten Nationen. Jeder einzelne Soldat und Offizier blieb daher während seiner Integration in den ONUC-Verband dem heimatstaatlichen Strafrecht und den nationalen militärischen Disziplinarregeln unterworfen. Bei individuellem Fehlverhalten oder Befehlsverweigerung wurde der Betreffende auf Veranlassung der ONUC-Kommandantur dem Kommandeur des Kontingents überantwortet, der die entsprechenden disziplinarischen Maßnahmen zu ergreifen hatte. Auch wenn dieses System grundsätzlich funktionierte, konstatierte der militärische Berater des UN-Generalsekretärs General INDAR RIKHYE im Rückblick: „There were a few cases, including major crimes, in which the governments concerned were not disposed to make necessary investigations and to take suitable disciplinary action against the culprits. The impact of this attitude on the reputation, discipline, and morale of ONUC and on the host government was a serious matter.“[38]

Bei strafrechtsrelevantem Verhalten von zivilen ONUC-Bediensteten bestimmt Art. 10 lit. a ONUC-SOFA, daß die Vereinten Nationen und der Kongo eine Vereinbarung über disziplinarische Maßnahmen der UN treffen sollen oder ein schiedsgerichtliches Verfahren zur Klärung dieser Frage einzuleiten sei. Die Jurisdiktionsimmunität der Truppenmitglieder und UN-Bediensteten im zivilrechtlichen Verfahren regelte indirekt die Streitbeilegungsklausel Art. 10 lit. b

---

[37] BOWETT, United Nations Forces, 1964, S. 238.

[38] Abgedr. in: Adelphi Paper No. 9, Institute for Strategic Studies, London 1964, S. 7.

und c ONUC-SOFA: Anders als bei UNEF[39] sollte über etwaige deliktische Ansprüche kongolesischer Staatsangehöriger oder von Ausländern ausschließlich im Wege der gütlichen Streitbeilegung oder spezieller Streitbeilegungsverfahren entschieden werden, und zwar unabhängig davon, ob der Schaden durch einen privaten Akt oder eine Diensthandlung eines ONUC-Mitglieds verursacht worden war. Im Hinblick auf die Immunität der ONUC-Truppenmitglieder und der UN-Bediensteten bleibt damit festzuhalten, daß Art. 10 lit. b und c ONUC-SOFA für eine etwaige Jurisdiktionskompetenz kongolesischer Zivilgerichte keinen Raum läßt. Die Jurisdiktionsimmunität von ONUC und seinen Mitgliedern war damit innerhalb des Kongo umfassend und ausnahmslos.

3. Streitbeilegung

a) Art. 10 lit. b und c ONUC-Statusabkommen

Soweit schädigende Handlungen von ONUC-Mitgliedern oder UN-Bediensteten im Rahmen ihrer Dienstpflichten vorgenommen worden sind, regelt Art. 10 lit. b ONUC-SOFA:

> Art. 10 (b): „ If as a result of any act performed by a member of the Force or an official in the course of his official duties, it is alleged that loss or damages that give rise to civil proceedings has been caused to a citizen or resident of the Congo, the United Nations shall settle the dispute by negotiations or any other method agreed between the parties; if it is not found possible to arrive at an agreement in this manner, the matter shall be submitted to arbitration at the request of either party; ...“

Im Kontext des Art. 10 lit. b ONUC-SOFA ist auffällig, daß das Statusabkommen den Begriff „party“ nicht definiert. Der Wortlaut läßt insofern offen, ob die Vereinten Nationen oder das deliktisch handelnde ONUC-Mitglied „Partei“ des Rechtsstreits sind, ob also Art. 10 lit. b die rechtliche Zurechnung der schadensverursachenden *Dienst*handlung zu den Vereinten Nationen tatbestandlich voraussetzt, oder nicht. Daß die Vereinten Nationen nicht zwingend „Partei“ eines jeden Rechtstreits sein müssen, der an die Handlung eines ONUC-Mitglieds anknüpft, zeigt die Verwendung des Begriffs „party“ in Art. 10 lit. c ONUC-SOFA. Die Vorschrift bestimmt für zivilrechtliche Rechtspflichten von ONUC-Mitgliedern („obligations at civil law binding“), die keinen Bezug zu ONUC-Dienstpflichten aufweisen:

> Art. 10 (c): „... the United Nations shall use its good offices to assist the parties in arriving at a settlement. If the dispute cannot be settled in this manner, or by any other

[39] Vgl. Ausführungen S. 226 ff.

agreed mode of settlement, it shall be submitted to arbitration at the request to either party."

Hier stehen die Vereinten Nationen als bloße Vermittler („good offices") erkennbar außerhalb des streitigen vertraglichen oder außervertraglichen Rechtsverhältnisses zwischen dem ONUC-Mitglied und seinem Anspruchsgegner.

Eine bemerkenswerte Abweichung des Art. 10 lit. b ONUC-SOFA von der Steitbeilegungsvorschrift des UNEF-Statusabkommens liegt in der Ersetzung der Formulierung „claims of a private law character"[40] (Art. 38 UNEF-SOFA). Ohne sich auf die konkrete Rechtsnatur etwaiger Ansprüche gegen ONUC zu beziehen, verweist Art. 10 lit. b ONUC-SOFA statt dessen auf das innerstaatliche Gerichtsverfahren, das ohne Immunitätshindernis einzuschlagen wäre („damages that may give rise to civil proceedings"). Es spricht einiges dafür, daß diese neutrale Formulierung potentielle Konflikte um die „wahre" Rechtsnatur von administrativen und operativen ONUC-Akten vermeiden sollte. Die Wortwahl des ONUC-SOFA konnte sich allerdings in der nachfolgenden Peace-keeping-Praxis nicht durchsetzen; die jüngeren Statusabkommen und das Modell-Statusabkommen von 1990 sprechen wieder von „claims of a private law character" nach dem Vorbild des Art. 38 UNEF-Statusabkommens.[41]

b) ONUC-Claims Review Board

Art. 10 lit. b und c ONUC-SOFA sind im Hinblick auf die mögliche Form der Streitbeilegung sehr offen: Die Vorschriften überlassen es den streitenden Parteien – Anspruchssteller wie Antragsgegner –, sich über die Methode der Streitbeilegung zu verständigen. Kommt eine Einigung nicht zustande, ist auf Antrag von einer Partei ein schiedsgerichtliches Verfahren einzuleiten. Art. 11 ONUC-SOFA autorisiert den Sonderbeauftragten des Generalsekretärs, zusammen mit der kongolesischen Regierung ein Schiedsgericht einzurichten oder eine „claims commission" zu konstituieren.[42] Vorgaben über die Ausgestaltung dieser Kommission macht Art. 11 ONUC-SOFA im Unterschied zum UNEF-Statusabkommen nicht. Letzteres bringt klare Vorstellungen von einer paritätisch gemischten Schiedskommission zum Ausdruck (sog. „Standing Claims Commission"[43]). Es

[40] Ausführlich zur Bedeutung dieses Passus S. 231 ff.

[41] Vgl. z.B. Art. 38 UNFICYP-Statusabkommen und Art. 51 Modell-Statusabkommen („claims of a private law character"), UN-Doc. A/45/594 vom 9. Oktober 1990.

[42] Eine entsprechende Vorschrift enthält auch Art. 29 Abs. 4 ONUC.

[43] S. hierzu S. 226 ff. Das ONUC-SOFA greift das Modell der paritätisch besetzten Standing Claims Commission explizit in Art. 46 Satz 2 auf, der die Beilegung von *internationalen* Streitigkeiten zwischen der Republik Kongo und den Vereinten Nationen regelt.

ist wohl mit den Erfahrungen des UNEF I-Einsatzes[44] und dem verhältnismäßig späten Abschluß des ONUC-Statusabkommens zu erklären, daß Art. 10 lit. b und c ONUC-SOFA die Streitbeilegung durch eine Standing Claims Commission vernachlässigen und statt dessen die einvernehmliche Streitbeilegung in den Vordergrund stellen. Denn zum Zeitpunkt der Unterzeichnung des Abkommens Ende 1961 war ein ONUC-Claims Review Board seit über einem Jahr damit beschäftigt, individuelle Schadensersatzansprüche vor Ort zu begutachten. Die Bearbeitung von Individualansprüchen gegen die Vereinten Nationen durch einen UN-internen Ausschuß[45] hatte sich schon während des ersten Peace-keeping-Einsatzes in Ägypten (UNEF I[46]) bewährt und wurde nun im Rahmen der zweiten Peace-keeping-Mission in der Geschichte der Vereinten Nationen (ONUC) erneut zum Einsatz gebracht.

Das ONUC-Claims Review Board konstituierte sich am 26. Januar 1961 und tagte ab diesem Zeitpunkt in regelmäßigen Abständen in Leopoldville[47], Hauptstadt der Republik Kongo und zugleich Sitz des ONUC-Hauptquartiers. Den Vorsitz im Ausschuß hatte der Chief Administrative Officer von ONUC. Darüber hinaus bestand das ONUC-Claims Review Board aus einem zivilen und einem militärischen Legal Adviser, dem Chief Finance Officer und – von Fall zu Fall – einem Vertreter des UN-General Service. In den Aufgabenbereich des Claims Review Boards fielen *ratione materiae* vertragliche und außervertragliche Ansprüche Dritter gegen ONUC sowie Schadensersatzansprüche des UN-Personals gegen die Vereinten Nationen. Im Zuge der verschärften militärischen Auseinandersetzungen um Katanga und der stetig wachsenden Zahl an kriegsbedingten Schadensersatzforderungen errichteten die Vereinten Nationen Anfang 1963 ein sog. Claims Office in Leopoldville, dessen Aufgabe vor allem darin bestand, den Rückstau unbearbeiteter Anträge zu bewältigen. Dieses Büro wurde geleitet von einem Senior Claims Officer und seinem Stab.[48] Eine Zweigstelle des Claims Office befand sich in Elisabethville – Provinzhauptstadt von Katanga und Zentrum des militärischen Einsatzes von ONUC. Das Claims Office war sachlich ausschließlich für außervertragliche Ansprüche Dritter gegen

---

[44] Die Standing Claims Commission wurde nicht errichtet, siehe S. 226 ff.

[45] Zur Stellung des Claims Review Boards innerhalb der Vereinten Nationen und innerhalb des Rechtsstreits siehe S. 238.

[46] Siehe S. 238 ff.

[47] Später Kinshaga.

[48] Vgl. UN-internes Memorandum, Draft Terms of Reference of the Senior Officer at ONUC, UN Archives N.Y., Akte Vickers, OLA, Personal injury and property loss on damage claim against the UN – 1962, Box 106.

die Vereinten Nationen zuständig.[49] Seine Aufgabe bestand in der Erfassung aller Schadensersatzansprüche von dritter Seite, d.h. außerhalb ONUCs, und der Erforschung der zugrundeliegenden Sachverhalte. Sodann erfolgte die erste Trennung zwischen offensichtlich unbegründeten Beschwerden und Beschwerden, die zumindest *prima facie* eine rechtliche Verantwortlichkeit der Vereinten Nationen nach sich ziehen konnten.[50] Rechtlich einfach gelagerte Sachverhalte mit geringfügigen finanziellen Auswirkungen wurden vom Claims Office abschließend erledigt, anfänglich unter ständiger Rücksprache mit dem Legal Adviser von ONUC, später eigenständig auf Basis der bereits entschiedenen Präzedenzfälle. Das Claims Review Board fungierte im Verhältnis zum Claims Office als zweite Instanz für die rechtlich problematischen Fälle (reviewing body). Der Senior Claims Officer arbeitete unter der direkten Aufsicht des Chief Administrative Officer, Vorsitzender des ONUC-Claims Review Board, dem er auskunfts- und berichtspflichtig war. Der Chief Administrative Officer leitete die Berichte über die Arbeit der ONUC-Claims Units an das Büro des UN-Legal Counsel[51] im New Yorker Hauptquartier weiter. Von dort aus griff das UN-Sekretariat regulierend in die Praxis des Claims Office und des Claims Review Boards ein. Anders als im Fall von UNEF trat das kongolesische Liaisonbüro (Art. 41 ONUC-SOFA) nicht als Interessenvertreter der Geschädigten in Erscheinung.[52]

Das ONUC-Claims Office und das ONUC-Claims Review Board bearbeiteten noch bis 1967 vor Ort die individuellen Schadensersatzforderungen gegen die Vereinten Nationen, drei Jahre länger als der ONUC-Einsatz im Kongo währte. Nach Auflösung der Claims Units im Kongo übernahm das UN-Sekretariat in New York die direkten Verhandlungen mit den Geschädigten. Bis in die späten 70er Jahre reichte die Bearbeitung von ONUC-bezogenen deliktischen Individualansprüchen, die nicht durch völkerrechtliche Globalentschädigungsabkommen (lump sum agreement) mit den Heimatstaaten der Geschädigten abgedeckt worden waren.[53] Diese individuellen Streitfälle wurden konsensual mit jedem

[49] B. Vickers (Legal Officer), Draft Directive for the Guidance of the Proposed Claims Office in Leopoldville, 9. Juli 1962, UN Archives, N.Y., Akte Stavropoulos, OLA, Congo-Claims, Box 26. Bestätigt durch Dokument: „Terms of Reference of the Legal claims Office at Elisabethville“, UN Archives N.Y., Akte Stavropoulos a.a.O.

[50] Vickers (Fn. 49), Ziff. 20.

[51] Das Büro des UN-Legal Counsel ist eine Unterabteilung des Office of Legal Affairs, seit 1955 geleitet durch den Under-Secretary-General.

[52] Siehe zur Aufgabe des ägyptischen Liaisonbüros während der beiden UNEF-Einsätze S. 242 ff.

[53] Dazu zählten u.a. französische Staatsangehörige (hier S. 320 f.) und 31 Antragsteller verschiedenster Nationalität, C. A. Stavropoulos (Under-Secretary, Legal Counsel)

einzelnen Geschädigten beigelegt, wenn die Vereinten Nationen ihre rechtliche Verantwortlichkeit ganz oder teilweise akzeptierten oder ihre moralische Verantwortung durch ex gratia-Zahlungen zum Ausdruck bringen wollten.[54]

c) Schadensregulierung durch völkerrechtliche Abkommen

aa) Deliktische Individualansprüche gegen ONUC

Im den ersten Monaten des ONUC-Einsatzes unterschieden sich die durch ONUC-Mitglieder verursachten Schäden bei der Zivilbevölkerung nicht wesentlich von denjenigen, die während des UNEF I-Einsatzes zu verzeichnen waren. Auch im Kongo waren schuldhaft verursachte Verkehrsunfälle – zumindest anfänglich – Schadensursache Nr. 1. Im Unterschied zum UNEF I-Einsatz hatten die Vereinten Nationen allerdings eine Versicherung zur Abdeckung der aus Verkehrsunfällen mit ONUC-Beteiligung resultierenden Ersatzansprüche abgeschlossen. Die rechtliche Beurteilung und Regulierung dieser Drittschadensfälle lag im Verantwortungsbereich der Versicherungsgesellschaft, so daß das ONUC Claims Office mit diesen Routine-Fällen nicht belastet wurde.[55]

Die besondere Schadensgeneigtheit des ONUC-Einsatzes aufgrund der verstärkten Anwendung von Waffengewalt offenbarte sich schon früh. Im Zeitraum zwischen Februar und April 1961 waren ONUC-Soldaten und Zivilisten in Matadi, Leopoldville und Stanleyville den Angriffen der ANC-Truppen ausgesetzt, die zu erheblichen Opfern auch unter der Zivilbevölkerung führten. Die militärische Situation eskalierte mit dem Einmarsch ONUCs in Katanga. Die zivilen Schadensfälle, die dem ONUC-Claims Office im Zuge der bewaffneten Auseinandersetzung um Katanga in großer Zahl gemeldet wurden, lassen sich sachlich in sieben Kategorien einteilen: (1) Personenschäden, (2) Sachschäden sowie Schäden durch (3) Beschlagnahme von Waffen und Fahrzeugen, (4) Besetzung von Grundstücken und Gebäuden, (5) Verhaftungen, (6) Ausweisung und (7) Plünderungen. Das Gros der zivilen Personenschäden war direkt auf die Kampfhandlungen in Elisabethville zurückzuführen, aber auch Folge des allgemeinen Zusammenbruchs der öffentlichen Ordnung im Kongo. Bis April 1964 wurden

---

Memorandum an B. Turner (Under-Secretary, Controller) vom 4. Mai 1966, „Settlement of claims filed by French national for damage to persons and property arising our of the operation of ONUC“, UN Archives N.Y., Akte Stavropoulos, OLA, Claims-ONUC, Box 26.

[54] So bereits die Praxis des UNEF-Claims Review Boards, hierzu ausführlich S. 238 ff.

[55] In den Aufgabenbereich des ONUC-Claims Office fielen allerdings Schäden und Verkehrsunfälle durch PKW, die von ONUC-Mitgliedern ohne Einwilligung des Eigentümers in Besitz genommen worden waren, da diese Schadensfälle nicht unter die Versicherungspolice fielen, ONUC-Claims Review Board, Meeting 6 April 1967, UN Archives N.Y., Akte Vickers DAG 3.27.2.0., Box 5.

bei den Vereinten Nationen 40 Anzeigen wegen Tötung von Zivilisten durch ONUC registriert, davon betrafen 30 Todesfälle belgische Staatsangehörige. Die Ursache für die Personenschäden war verschieden. Einige Einwohner hatten sich in umkämpfte Gebiete begeben, andere waren der Aufforderung ONUCs, ihre Gebäude zu verlassen, nicht nachgekommen. Innerhalb von Katanga waren viele Sachschäden auf die zerstörerische Wirkung der allseits eingesetzten Mörser, Granaten und Maschinengewehre zurückzuführen, aber auch auf die Beschlagnahme von Privateigentum und seine anschließende Nutzung durch Militärpersonen. In bezug auf die Plünderung verlassener Besitztümer standen in der Mehrzahl der Fälle Baluba-Flüchtlinge unter Verdacht, aber auch ONUC-Soldaten, die sich z. T. ohne Absprache mit der ONUC-Accommodation Section und ohne Einwilligung der Eigentümer in verlassene Villen einquartiert hatten. Im Fall der Verhaftung von mutmaßlichen Söldnern durch ONUC-Einheiten und ihrer anschließenden Ausweisung machten die Antragsteller neben materiellen Schäden – bedingt durch ihre unfreiwillige Abwesenheit von ihren Besitzungen – auch immaterielle Schäden[56] gegen ONUC geltend.[57]

bb) Verhandlungen mit Belgien: Beweislast, Schadensberechnung

Mit ca. 1.400 Antragstellern stellte die belgische Gemeinde im Kongo den weitaus größten Kreis von Privatpersonen, der deliktische Ansprüche gegen ONUC wegen Personen- und Sachschäden etc. geltend machte. Vor allem in der rohstoffreichen Provinz Katanga beherrschten die belgischen Einwohner das wirtschaftliche Leben; ihnen gehörten Minen, Fabriken und die Mehrzahl der Villen, die ONUC zu eigenen Zwecken besetzt hielt.[58] Die meisten belgischen Staatsangehörigen wandten sich mit ihren Schadensersatzforderungen direkt und ausschließlich an die Vereinten Nationen, in der Regel ohne konkrete Beweise für etwaige schädigende Akte der ONUC-Truppen anzubieten.[59] Das ONUC-Claims Office erklärte dieses Verhalten mit der besonderen Einstellung der Europäer zum ONUC-Einsatz: „Requests for additional information were met with suggestions that the burden of rebutting evidence rests on ONUC since the

---

[56] Allgemein zu immateriellen Schäden im internationalen Recht s. ILC, Commentaries to the draft articles on responsibility of States for internationally wrongful acts, Nov. 2001, Art. 36 S. 252, UN-Doc. A/56/10, GAOR 56th Sess. Suppl. No. 10.

[57] Vgl. die Zusammenstellung der Claims Unit, „Katanga Claims", UN Archives N.Y., Akte Vickers, OLA, Personal injury and property loss and damage claims against the UN – 1962, Box 106.

[58] Zu den Ereignissen siehe S. 299 f.

[59] I. LORENZO (Claims Officer, ONUC), Schreiben an O. Schachter (Director of the General Legal Division) vom 8. Juli 1963, „Claims arising out of death and injury", UN Archives N.Y., Akte Vickers, OLA, Personal injury and property loss on damage claims against the UN – 1963, Box 106.

claimants consider that the sole raison être of U.N. operations in the Congo was, and continues to be, the protection of European lives and property. This is the reason why not a single claimant ever considered seeking redress from the Katangese authorities at the time."[60]

Die Erfolglosigkeit vieler Antragsteller vor dem ONUC-Claims Office führte zu einer erhöhten Frequentierung heimatstaatlicher Hilfe. Über die ständige Vertretung Belgiens bei den Vereinten Nationen versuchte die belgische Regierung, die Frage des Schadensersatzes über diplomatische Kanäle einvernehmlich zu regeln, allerdings ohne Erfolg. Der Generalsekretär hielt an der gegenüber den Geschädigten vertretenen Politik der fehlenden rechtlichen Verantwortlichkeit ONUCs für Kriegsschäden fest. Nach der Beruhigung der politischen und militärischen Lage in Katanga wurde schließlich für alle Beteiligten erkennbar, daß die Zahl der geschädigten belgischen Privatpersonen ein außergewöhnliches Ausmaß angenommen hatte. In einem Schreiben vom 8. März 1963 wandte sich der Ständige Vertreter Belgiens bei den Vereinten Nationen an den UN-Generalsekretär, um das Problem der Schadensregulierung durch die Einleitung eines schiedsgerichtlichen Verfahrens nach Art. 10, 11 ONUC-SOFA zu lösen.[61] Die Vereinten Nationen befanden sich angesichts dieser Bitte in einem politischen Zwiespalt: Auf der einen Seite erachteten die Vereinten Nationen die Errichtung eines Schiedsgerichts nach Art. 11 ONUC-SOFA als zwingend,[62] sobald eine Partei die Einleitung des schiedsgerichtlichen Verfahrens nach Art. 10 ONUC-SOFA verlangt. Auf der anderen Seite befürchteten die Vereinten Nationen die Beschädigung ihres Ansehens, sollten die individuellen Schadensersatzforderungen gerichtlich – und damit öffentlich – beigelegt werden. Der UN-General-

---

[60] LORENZO (Fn. 59), Hervorhebung dort.

[61] Zuvor hatten die Vereinten Nationen den Vorstoß Belgiens abgelehnt, pauschal 50% der Verantwortlichkeit für Personenschäden (außer Todesfälle) zu übernehmen. Die Ablehnung basierte auf der Erwägung, daß die absolute Mehrzahl an Verletzungen durch Granatsplitter oder Streubomben verursacht worden ist, also weder der Verursacher noch die Rechtswidrigkeit unter dem Gesichtspunkt der militärischen Notwendigkeit feststünde; vgl. LORENZO (Fn. 59), S. 3.

[62] R. J. BUNCHE (Under-Secretary for Special Political Affairs), Memorandum an R. K. A. Gardiner, Officer-in-Charge, ONUC) vom 22. März 1963 „Establishment of the arbitral procedure provided for in paragraph 11 of the Status Agreement" UN Archives N.Y., Akte Vickers, OLA, Personal injury and property loss on damage claims against the UN, 1963, Box 106. BUNCHE stützt die Interpretation des Art. 11 ONUC-SOFA als „zwingende" Vorschrift vor allem auf dem französischen – authentischen – Wortlaut des Statusabkommens: „Le Représentant spécial du Secrétaire général et le Gouvernement institueront la procédure d'arbitrage qui sera nécessaire pour prendre connaissance et décider des différends devant être soumis à l'arbitrage aux termes de l'article 10." Zur Frage der „Partei" i.S.d. Art. 10 lit. b ONUC-SOFA s. auch den Fall MANDERLIER, hier erörtert S. 327 ff.

sekretär bevorzugte deshalb den Abschluß eines sog. Globalentschädigungsabkommens (lump sum agreement), und vertrat diese Position auch nachdrücklich gegenüber Belgien.[63] Im Juni 1964 begannen Vertreter Belgiens und des ONUC-Claims Office eine gemeinsame Sichtung der einzelnen Ansprüche gegen ONUC.[64] Im Oktober 1964 schloß sich eine Phase intensiver Verhandlungen im UN-Hautquartier an, die Ende 1964 mit einer vorläufigen Einigung auf den Abschluß eines völkerrechtlichen Globalentschädigungsabkommens endete.

Drei Problemkreise nahmen bei den Verhandlungen zwischen Belgien und den Vereinten Nationen großen Raum ein: materielles Recht, Beweislast und Schadensberechnung. Zu den intensiv diskutierten materiellrechtlichen Fragestellungen gehörte die tatbestandliche Haftungsbegrenzung. In einem UN-internen Verhandlungsprotokoll heißt es zur Position der Vereinten Nationen: „Arguing on the basis of the nature of the United Nations mission in the Congo and the circumstances in which it was carried out, our delegation pressed the Belgian delegation to recognize that the Organization was not liable for injury to persons and damage to property which were the consequence of military operations or which had been caused by third persons who were outside the authority and control of the United Nations. The last category of injury and damage relates principally to the considerable amount of pillaging by Baluba refugees."[65] Auf der anderen Seite verlangte Belgien, daß die rechtliche Verantwortlichkeit der Vereinten Nationen für Schäden belgischer Staatsangehöriger nach Maßgabe des internationalen Kriegsrechts beurteilt werden sollte. In diesen Punkten bereitete die Einigung keine größeren Probleme. Die Vereinten Nationen konnten der Forderung Belgiens nach Anwendung des Haager und Genfer Rechts ohne weiteres nachgeben, da das ONUC-Claims Office ohnehin faktisch seit geraumer Zeit nach diesen Grundsätzen verfuhr. So hieß es in einer internen Anweisung des UN-Legal Office an das ONUC-Claims Office in Leopoldville vom 9.

---

[63] Die belgische Delegation sperrte sich zunächst gegen eine völkervertragliche Streitbeilegung aufgrund der dann notwendigen innerstaatlichen Mitwirkung des belgischen Parlaments und wegen der Gefahr juristischer Verfahren vor belgischen Gerichten gegen die belgische Regierung, s. C. A. STAVROPOULOS (Legal Counsel); B. R. TURNER (Controller), Memorandum an den UN-Generalsekretär U Thant vom 10. Dezember 1964, „Settlement of outstanding United Nations and Belgian claims arising out of the Congo operation", S. 3, Ziff. 8, UN Archives N.Y., Akte Scott, OLA, Financing Peace-keeping Operations, ONUC, Box 25.

[64] UN-LEGAL OFFICE, Note from the File on the settlement with Belgium of question arising out of ONUC operations, 8. März 1965, UN Archives N.Y., Akte Stavropoulos, OLA, Claims – ONUC, Box 28.

[65] UN-LEGAL OFFICE (Fn. 64), Ziff. 4; auf die Problematik der Baluba Flüchtlinge wird in den Globalsummenabkommen mit Luxemburg (Fn. 78) Bezug genommen. Ausführlich zur Zurechnungsproblematik siehe S 374 ff.

Juli 1962: „(...) in the event that there should be well-substantiated charges of damage caused by UN troops in clear violation of the rules and customs of warfare (...), these cases should be investigated as exhaustively as possible. This is on the analogy of Article 3 of the Hague Convention of 1907 concerning the Laws and Customs of War on Land which makes a belligerent liable to pay compensation for violation of the rules on the subject by its armed forces.“ [66]

Während der gemeinsamen Sichtung der einzelnen Ansprüche entwickelte sich die Frage der Beweisanforderung zu einer kritischen Klippe auf dem Weg zur Einigung zwischen Belgien und den Vereinten Nationen. In einem Aide-mémoire vom 12. Juli 1963 legten die Vereinten Nationen den belgischen Vertretern ihre Vorstellungen vom Umfang der Beweislast bei behaupteter Körperverletzung oder Tötung dar:

> „1. Claimant must be able to establish
> a) that the victim was injured or killed by ONUC soldiers
> b) that the soldiers causing the injury or death acted unlawfully.
> 2. It is important that claimants should endeavour to furnish the strongest evidence obtainable (other than and in addition to written statements). The acceptance of a claim will be conditioned in large measure upon the adequacy of the evidence submitted in support of the claim.
> 3. A memorial on every case should be presented, which shall contain a clear and concise statement of the facts upon which the death or injury claim is attributed to unlawful acts committed by ONUC Forces. This should include, in so far as possible, facts regarding military operations in the area and the precise activities of the deceased or injured person at the time.
> 4. Explain the absence thereof. If such proof is available in the U.N., indicate source.
> 5. The sole fact that the victim was injured or killed in an area under exclusive control of U.N. troops is not considered as sufficient evidence in itself." [67]

Es ist auffällig, daß in dem Aide-mémoire der Vereinten Nationen jede Bezugnahme auf die hochumstrittene Frage der Beweiskraft von Munitionsfabrikaten fehlt. Einige Antragsteller hatten die schadensverursachenden Patronen mit der Behauptung vorgelegt, die Handelsmarke werde ausschließlich von ONUC-Soldaten benutzt. Die Zurückhaltung der Vereinten Nationen gegenüber dieser Beweisführung geht auf den Präzedenzfall OLIVET zurück, auf den sich die belgische Delegation im Rahmen der Verhandlungen mit den Vereinten Na-

---

[66] VICKERS (Fn. 49), S. 5, Ziff. 18.

[67] O. SCHACHTER (Director, General Legal Devision), Schreiben an R. Bal (Secretary of Embassy, Permanent Mission of Belgium to the United Nations) vom 12. Juli 1963, Aide-mémoire, UN Archives N.Y., Akte Vickers, Personal injury and property loss on damage claims against the UN, 1963, Box 106.

tionen regelmäßig berief.[68] OLIVET, Leiter des Internationalen Komitees vom Roten Kreuz in Elisabethville, war im Dezember 1961 zusammen mit zwei weiteren Personen tot in einem Rote-Kreuz-Fahrzeug aufgefunden worden. Die nachfolgenden Untersuchungen durch eine unabhängige Kommission hatten ergeben, daß zum fraglichen Zeitpunkt die tödlichen Geschosse bei den katangesischen Milizen nicht in Gebrauch waren; weitere Beweise für eine rechtliche Verantwortlichkeit von ONUC konnten nicht beigebracht werden. Die Vereinten Nationen zahlten aufgrund des Kommissionsberichts eine Pauschalsumme an das Internationale Komitee vom Roten Kreuz, allerdings ohne Anerkennung einer rechtlichen Verantwortlichkeit für den Tod von OLIVET und seinen Begleitern.[69] Wie im Fall OLIVET wurden unsichere Tatsachengrundlagen oft zu haftungsrechtlichen Stolpersteinen für die Vereinten Nationen. Im Rahmen der Einzelfallprüfungen zeigte sich, daß auf Basis der dargebrachten Beweise die rechtliche Verantwortlichkeit ONUCs für die behaupteten Schäden nicht immer zweifelsfrei nachgewiesen werden konnten. Allerdings scheiterten auch die Vereinten Nationen häufig an der Entkräftung der Vorwürfe. Vor allem war es dem ONUC-Claims Office nicht gelungen, die Sachverhaltsdarstellungen der Staatsanwaltschaft in Elisabethville – die in der Regel zugunsten der Antragsteller und gegen ONUC ausfielen – durch eigene Untersuchungsergebnisse zu widerlegen. Da sich die Vereinten Nationen angesichts ihrer eigenen Versäumnisse bei den Ermittlungen in der schwächeren Verhandlungsposition befanden, akzeptierten sie in großem Umfang ihre finanzielle Verantwortlichkeit auch in den Fällen, in denen die tatsächlichen Umstände der Schädigungen nicht abschließend geklärt werden konnten.[70]

Von den 1.400 Anträgen belgischer Staatsangehöriger wurden insgesamt 581 Schadensfällen dem Grunde nach als ersatzfähig anerkannt.[71] Diese 581 Fälle bildeten die rechnerische Grundlage der von den Vereinten Nationen zu zahlenden Pauschalsumme. In diesem Zusammenhang kam es zwischen den Parteien zu einem Dissens über die Berechnung der Schadenshöhe der Einzelansprüche. Während die Vereinten Nationen den Umfang ihrer Haftung auf Sätze gründen wollten, die aus der Praxis kongolesischer Zivilgerichte und Versicherungsunternehmen bekannt waren, beharrte die belgische Delegation auf der Zugrunde-

---

[68] LORENZO (Fn. 59), S. 5, Ziff. 2.

[69] SIMMONDS (Fn. 4), S. 191.

[70] UN-LEGAL OFFICE (Fn. 64), Ziff. 5 lit. a.

[71] Letter dated 6 August 1965 from the Secretary-General to the representative of the Union of Soviet Socialist Republics concerning the payment of indemnities to Belgian citizens resident of the Democratic Republic of the Congo, UN-Doc. S/6597, SCOR 20th Year, Suppl. July – Sept. 1965, S. 156, 157. Von den 581 begründeten Ansprüchen waren 34 auf Personenschäden, 547 auf Eigentumsschäden zurückzuführen.

legung der Rechtsprechung belgischer Zivilgerichte.[72] Die unterschiedlichen Berechnungsmaßstäbe führten im Ergebnis zu der von Belgien geforderten Gesamtsumme von 2.260.000 US-Dollar und einem Gegenangebot der Vereinten Nationen i.H.v. lediglich 850.000 US-Dollar.[73] Die schließlich auf 1.500.000 US-Dollar festgelegte Haftungssumme stellt damit im Ergebnis einen Kompromiß dar, der unter dem Gesichtspunkt des gegenseitigen Nachgebens finanziell zugunsten der Vereinten Nationen ausgefallen ist.

cc) Globalentschädigungsabkommen: Belgien, Schweiz, Griechenland, Italien, Luxemburg, Sambia

Am 20. Februar 1965 wurde im Wege des Austausches von Briefen zwischen den Vereinten Nationen und Belgien ein Abkommen abgeschlossen, „relatif au règlement de réclamations présentées contre l'Organisation des Nations unies au Congo par des ressortissants belges."[74] Nach diesem Abkommen verpflichteten sich die Vereinten Nationen, insgesamt 1.500.000 US-Dollar[75] zur Befriedigung der außervertraglichen Schadensersatzansprüche belgischer Staatangehöriger gegen ONUC an Belgien zu zahlen. Nach dem Vorbild des belgischen Abkommens schlossen die Vereinten Nationen in der Folgezeit Verträge mit der Schweiz[76], Griechenland[77], Luxemburg[78], Italien[79] und Sambia[80]. Abgesehen

72 Stavropoulos, Turner (Fn. 63), S. 3 Ziff. 8.

73 UN-Legal Office (Fn. 64), S. 5 lit. b.

74 UNTS Bd. 535, S. 198 ff.; zeitgleich wurde zwischen den Vereinten Nationen und Belgien ein Vertrag über die Verwaltung der ehemaligen belgischen Militärbasen im Kongo durch die Vereinten Nationen geschlossen, durch den auf die Geltendmachung gegenseitiger Forderungen verzichtet wurde. Verträge abgedr. bei J. J. A. Salmon, Les Accords Spaak-U Thant du 20 Février 1965, AFDI 1965, S. 468, 495 f. Darüber hinaus verpflichtete sich Belgien mündlich gegenüber den Vereinten Nationen, seine ausstehenden Mitgliedsbeiträge zu zahlen, a.a.O. S. 468.

75 Bei der praktischen Abwicklung der Zahlungen der 1.500.000 US-Dollar einigten sich die Vereinten Nationen und Belgien mündlich auf ein Verfahren, das vor allem der angespannten finanziellen Situation der Vereinten Nationen Rechnung trug. Belgien kaufte gemäß dieser Vereinbarung Schuldverschreibungen der Vereinten Nationen i.H.v. 1.200.000 US-Dollar, während die Vereinten Nationen die restlichen 300.000 US-Dollar direkt aus dem ad-hoc-Konto „Kongo" an Belgien auszahlten; s. Stavropoulos, Turner, (Fn. 63) S. 4, Ziff. 10.

76 Abkommen mit der Schweiz vom 3. Juli 1966 i.H.v. 28.000 US-Dollar (fünf Entschädigungsberechtigte), UNTS Bd. 564, S. 193 ff.

77 Abkommen mit Griechenland vom 20. Juli 1965 i.H.v. 100.000 US-Dollar (voraussichtlich 32 Entschädigungsberechtigte), UNTS Bd. 565, S. 3 ff.

78 Abkommen mit Luxemburg vom 28. Dezember 1966 i.H.v. 15.000 US-Dollar (voraussichtlich vier Entschädigungsberechtigte) UNTS Bd. 585, S. 147 ff.

von einigen Besonderheiten des schweizerischen Abkommens[81] folgen alle Verträge in den wesentlichen Punkten dem Wortlaut des belgischen Globalentschädigungsabkommens.

Die von den Vereinten Nationen präferierte Schadensregulierung durch bilaterale Globalentschädigungsabkommen kann auf eine lange Tradition zurückblicken.[82] Eine Vielzahl von Globalentschädigungsabkommen wurden in Folge des 2. Weltkrieges abgeschlossen, um die durch Verstaatlichung entstandenen privaten Investitionsschäden auf zwischenstaatlicher Ebene auszugleichen.[83] Die Grundkonzeption dieser historischen Globalentschädigungsabkommen ist weitgehend identisch: Der verstaatlichende Staat zahlt an den Heimatstaat der enteigneten Individuen eine pauschale Summe, die der Heimatstaat sodann – oftmals mittels einer nationalen Claims Commission[84] – an seine geschädigten Staatsangehörigen in eigener Verantwortung verteilt. Diese Form der internationalen Streitbeilegung machte nach Aussage von LILLICH und WESTON in dem Zeitraum zwischen 1945 und 1975 rund 95 % der internationalen Entschädigungspraxis aus.[85] Trotz ihrer quantitativen Bedeutung haben die Globalentschädigungsabkommen im Völkerrecht kaum substantielle Spuren hinterlassen. Im Barcelona Traction-Urteil wurden sie vom Internationalen Gerichtshof als „lex specialis“ bewertet, als völkerrechtliche Abkommen „sui generis“, die aufgrund der einzigartigen Umstände ihres Abschlusses keine Quelle des

---

79 Abkommen mit Italien vom 18. Januar 1967 i.H.v. 150.000 US-Dollar und 2.500.000 kongolesische Francs (voraussichtlich 37 Entschädigungsberechtigte), UNTS Bd. 5, S. 3 ff.

80 Abkommen mit Sambia vom 25. November 1968 i.H.v. 3.000 US-Dollar und 350 Congolese Zaires (voraussichtlich acht Entschädigungsberechtigte), unveröffentlicht.

81 Das schweizerische Abkommen nennt in einem Annex namentlich alle elf Anspruchssteller; davon werden fünf Personen als ersatzberechtigt herausgestellt. Im Globalentschädigungsabkommen festgeschrieben, daß alle Anspruchsteller auf die Geltendmachung weiterer Ansprüche gegen die Vereinten Nationen verzichtet haben und die schweizerische Regierung keine weiteren diplomatischen Schritte zu ihren Gunsten unternehmen wird.

82 Auch die Reparationsabkommen des 1. und 2. Weltkrieges zur Regulierung kriegsbedingter Schäden stellen im Rechtssinne Globalentschädigungen dar. Zur Reparationspraxis des 1. und 2. Weltkrieges s. D. KUBE, Private Kriegsschäden in der völkerrechtlichen Praxis, 1971, S. 59 ff.

83 Eine Zusammenstellung über die bis 1970 geschlossenen Abkommen gibt R. B. LILLICH/B. H. WESTON, International Claims: Their Settlement by Lump Sum Agreement, Bd. 2: Agreements, passim.

84 Siehe hierzu R. B. LILLICH, International Claims: Their Adjudication by National Commissions, 1962, passim.

85 R. B. LILLICH/B. H. WESTON, International Claims: Their Settlement by Lump Sum Agreement, Bd. 1: Commentary, S. 11.

allgemeinen Völkerrechts darstellen.[86] Trotz ihrer begrenzten rechtlichen Bedeutung steht die Praktikabilität einer globalen Streitbeilegung außer Frage. Sie hat letztlich auch die Vereinten Nationen dazu bewogen, diesen Weg der Streitschlichtung zu beschreiten.[87] Die ONUC-Globalentschädigungsabkommen stehen konzeptionell in der Tradition ihrer zwischenstaatlichen Vorbilder, heben sich aber zugleich durch eine detaillierte Darlegung der Grenzen der völkerrechtlichen Verantwortlichkeit von ihnen ab:

> „Exchange of letters constituing an agreement relating to the settlement of claims againt the United Nations in the Congo by Italian nations. New York 18 January 1967 (...).
>
> The claims in question have been examined by United Nations officials assigned to assemble all the information necessary for establishing the facts submitted by the claimants or their beneficiaries and any other available information.
>
> The United Nations has agreed that the claims of Italian nationals who may have suffered damage as a result of harmful acts committed by ONUC officials, not arising from military necessity, should be dealt with in an equitable manner.
>
> It has stated that it would not evade responsibility where it was established that United Nations agents had in fact caused unjustifiable damage to innocent parties.
>
> It is pointed out that, under theses principles, the Organization does not assume liability for damage to persons or property, which resulted solely from military operations or which was caused by third parties; cases based on such claims are therefore excluded from the proposed compensation. (...)“[88]

Vom Anwendungsbereich der Globalentschädigungsabkommen sind *ratione materiae* vertragliche Ansprüche ausgenommen. Das gleiche gilt für Ansprüche, die zum Zeitpunkt des Vertragsschlusses noch vom UN-Sekretariat bearbeitet wurden, z.B. gewöhnliche Beschlagnahmefälle.

Entsprechend dem Sinn und Zweck eines Globalentschädigungsabkommens wird die Verteilung der Mittel an die geschädigten Staatsangehörigen in den Verantwortungsbereich der jeweiligen Heimatstaaten überführt („The distribution to be made of the amount referred to in the preceding paragraph shall be the

---

86 Barcelona Traction, Light and Power Company Ltd., Judgment, I.C.J. Reports 1970, S. 3, 40; kritisch hierzu: R. B. LILLICH, The Rigidity of Barcelona, AJIL 65 (1971), S. 522 ff.; ders., Lump Sum Agreements: Their Continuing Contribution to the Law of International Claims, AJIL 82 (1988), S. 69, 71.

87 Zu den Vorteilen einer Globalentschädigung auch bei künftigen Peace-keeping-Einsätzen siehe: Report of the Secretary-General, 20. September 1996, UN-Doc. A/51/389, Rn. 34 ff.

88 Globalentschädigungsabkommen mit Italien (authentische Sprachfassung: englisch) s. auch Abkommen mit Griechenland; ohne inhaltliche Abweichungen: Abkommen mit Belgien, Schweiz, Luxemburg (authentische Sprache: französisch), Quellennachweise Fn. 76 – 80.

responsibility of the Italian Government"). Bei der Verteilung der Mittel ist der Heimatstaat allerdings an die materiellrechtlichen Vorgaben des Abkommens gebunden, aus denen sich die Grenze der rechtlichen Verantwortlichkeit der Vereinten Nationen ergibt („cases based on such claims are therefore excluded from the proposed compensation"). Es hätte insofern zumindest theoretisch eine Verletzung des Globalentschädigungsabkommens dargestellt, wenn der Heimatstaat Mittel aus dem Fonds an Personen weitergeleitet hätte, deren Schäden im Zuge eines militärisch notwendigen Waffeneinsatzes entstanden waren („unjustifiable damages") oder die als Söldner gegen die Vereinten Nationen gekämpft haben („innocent parties").[89] In der Praxis haben die Vereinten Nationen die konkrete Mittelverteilung durch die Heimatstaaten allerdings nicht nachvollzogen.

Keineswegs klar geht aus dem Wortlaut der Globalentschädigungsabkommen hervor, welche Individualansprüche *ratione temporis* vom Anwendungsbereich der Abkommen erfaßt werden sollen. So heißt es in Absatz 7:

> „Acceptance of the above mentioned payment shall constitute lump-sum and final settlement between Italy and the United Nations of all the claims referred to in this letter."

Problematisch ist in diesem Zusammenhang, daß sich der erste Absatz der Globalentschädigungsabkommen auf diejenigen nationalen Anspruchsinhaber bezieht, die ihre Forderungen gegen die Vereinten Nationen bereits erhoben hatten („A number of Italian nationals have lodged with the United Nations claims..."). Die unklare Verknüpfung führte in der Praxis zu einigen Komplikationen bei der Verteilung der Mittel, vor allem bei der Abwicklung des Pilotabkommens mit Belgien: Der Abschluß des Globalentschädigungsabkommens hatte unweigerlich zu einer erhöhten Publizität der Zahlungswilligkeit der Vereinten Nationen geführt. Das ONUC-Claims Office in Leopoldville sah sich plötzlich mit einer Flut von neuen, bislang unbekannten Anträgen belgischer Staatsangehöriger konfrontiert, die sich auf Anraten der belgischen Behörden direkt an die Vereinten Nationen wandten. Diese verspäteten Antragsteller verwiesen die Vereinten Nationen ohne Ausnahme an das belgische Außenministerium als die zuständige Stelle für die Befriedigung der Kompensationsansprüche.[90] Auf Bitten der Vereinten Nationen zog die belgische Botschaft im Kongo

---

[89] Im Fall des schweizerischen Abkommens (UNTS Bd. 564, S. 193 ff.) wurden die materiellen Haftungsregeln (military necessity etc.) nicht im Abkommen dargelegt. Dies war nicht notwendig, da das schweizerische Abkommen die anspruchsberechtigten Personen namentlich nennt, also für eine eigenständige Bewertung der Ansprüche durch die schweizerischen Regierung bei der Zuweisung der Entschädigung kein Raum bestand.

[90] I. LORENZO (Head ONUC Claims Unit), Memorandum an O. Schachter (Director Division of General Legal Questions, OLA) vom 15. April 1966, „Report on the activities of

ihre Informationsschreiben zurück und versprach, keine weiteren Anspruchsteller an die Vereinten Nationen zu verweisen.[91] Belgien akzeptierte damit die von den Vereinten Nationen favorisierte Auslegung des Globalentschädigungsabkommens: Alle *nach* Inkrafttreten des belgischen Vertrages anhängig gemachte Anträge fallen unter den Anwendungsbereich des Globalentschädigungsabkommens und sind vom belgischen Staat im Falle ihrer Begründetheit finanziell aus dem Fonds zu befriedigen. Dagegen akzeptierten die Vereinten Nationen die nachträgliche Geltendmachung von Individualansprüchen, wenn sie die Behauptung des Antragstellers nicht widerlegen konnten, er habe den Ersatzanspruch schon *vor* Abschluß des Globalsummenabkommens mit seinem Heimatstaat bei den Vereinten Nationen anhängig gemacht, der Antrag sei allerdings nicht bearbeitet worden. Die Vereinten Nationen gingen in diesen Fällen zu ihren Lasten von einem administrativen Fehler des ONUC-Claims Office aus und regulierten die Ansprüche auf individueller Basis.[92]

dd) Sondervereinbarungen: Vereinigte Staaten, Vereinigtes Königreich

Lediglich acht US-amerikanische Staatsangehörige machten Schadensersatzforderungen gegen die Vereinten Nationen in Zusammenhang mit dem ONUC-Einsatz geltend. Nach einer gemeinsamen Untersuchung der Fälle durch die Vereinten Nationen und die Vereinigten Staaten wurden drei Anträge auf der Basis einer fehlenden rechtlichen Verantwortlichkeit der Vereinten Nationen abgelehnt;[93] die verbleibenden fünf Antragsteller sollten insgesamt 22.100 US-Dollar erhalten. Das Anliegen der Vereinten Nationen, ein Globalentschädigungsabkommen nach dem belgischen Muster abzuschließen, stieß allerdings bei den Vereinigten Staaten auf Widerstand: Aus verfassungsrechtlichen Gründen sei es der Regierung verwehrt, durch eine globale Streitbeilegung über die

---

the ONUC Claims Unit during the period 1 April 1965 to 31 March 1966, S. 6, UN Archives N.Y., Akte Vickers, Personal injury and property loss on damage claims against the UN – 1966, Box 105. Siehe auch C. A. STAVROPOULOS (Under-Secretary Legal Counsel), Memorandum vom 6. Oktober 1965 and den UN-Generalsekretär U Thant, „Compensation for damage suffered by Congolese national in the course of ONUC operations": „...it was understood that claims filed subsequently to the coming into force of the Agreement would not be entertained by the United Nations", UN Archives N.Y., Akte Vickers, OLA, Personal injury and property loss on damage claims against UN, 1967, Box 105.

[91] LORENZO (Fn. 90).

[92] LORENZO (Fn. 90).

[93] Diese und die nachfolgenden Informationen stammen aus N. TESLENKO (OLA) Memorandum vom 25. Januar 1967 an C. A. Stavropoulos (Under-Secretary) und B. Sloan (Director of the Legal Devision), „Settlement of claims of U.S. nationals for damage arising out of the operation of ONUC" vom 25. Januar 1967, UN Archives N.Y., Akte Vickers, OLA, Personal injury and property loss on damage claims against the UN – 1967, Box 105.

für unbegründet erachteten Ansprüche von US-Bürgern rechtsverbindlich zu disponieren. Dagegen sei es möglich, für die fünf registrierten und begründeten Ansprüche eine abschließende finanzielle Regelung zu treffen.[94] Die Vereinten Nationen akzeptierten dieses Angebot, entschieden sich aber gegen den Abschluß eines förmlichen Abkommens um ihrer Veröffentlichungspflicht in der United Nations Treaty Series zu entgehen und damit dem drohenden Vorbildcharakter der Einigung entgegen zu wirken. Die Parteien einigten sich schließlich auf folgendes Verfahren: Die Vereinigten Staaten richten an den UN-Generalsekretär ein Schreiben, aus dem die Ersatzpflicht der Vereinten Nationen, die fünf schadensersatzberechtigten Personen und die ihnen zustehenden Summen hervorgehen. Im Gegenzug überweisen die Vereinten Nationen den Vereinigten Staaten die in den Schreiben genannte Summe von 22.100 US-Dollar. Am 14. November 1967 erhielten die Vereinten Nationen das vereinbarte Schreiben von der Ständigen Vertretung der Vereinigten Staaten, in dem es u.a. hieß:

> „(…) 4. The payment of the aforesaid sum will be made subject to the condition that the United Nations thereby fully and effectively discharge from all responsibility arising or resulting in connection with the claims mentioned in paragraph 2 of this letter, and that the United States Government will henceforward not undertake any action on behalf of any other U.S. nationals or other claimants who believe they suffered damage arising from the operation of the United Nations force in Congo. (…).“[95]

Besonders langwierig gestalteten sich die Verhandlungen der Vereinten Nationen mit dem Vereinigten Königreich. Die britische Regierung hatte sich schon sehr früh auf den Standpunkt gestellt, die geschädigten britischen Staatsangehörigen müßten sich direkt an die Vereinten Nationen wenden, um ihre Ersatzansprüche durchzusetzen. In diesem Sinne äußerte sich der Joint Under-Secretary of State for Foreign Affairs am 7. März 1962 vor dem britischen Unterhaus: „Dependent upon the facts of each case there appear to be three parties against whom claims might lie for damage which has taken place in Katanga. (…) These parties are the Central Government, the Provincial Government and the United Nations. With this in mind, Her Majesty's Government have been looking into the various reports by British Subjects who have suffered damage or injury during the fighting. In cases where United Nations responsibility appears to be established, I certainly see no reason why the claims should not be taken up with them by the person concerned.“[96] Gemäß den traditionellen Regeln des

---

[94] TESLENKO (Fn. 93).

[95] UN Archives N.Y., Akte Vickers, OLA, Progress Reports – ONUC, Box 5.

[96] House of Commons, Debates Bd. 655, Columns 551 – 552.

diplomatischen Schutzes erachtete die britische Regierung ihr Engagement auf internationaler Ebene erst nach der Erschöpfung der innerorganisatorischen Rechtsbehelfe als geboten.[97] Dies hätte für die Vereinten Nationen die Aufnahme direkter Verhandlungen mit den insgesamt 27 britischen Antragstellern bedeutet und – im Falle einer fehlgeschlagenen Einigung – erneute Verhandlungen mit der britischen Regierung, sollte diese in dem Ergebnis des UN-internen Verfahrens einen Fall von Rechtsverweigerung (denial of justice) erblicken.[98] Trotz der klar geäußerten britischen Position ließen die Vereinten Nationen die Fälle britischer Staatsangehöriger in Erwartung einer völkerrechtlichen Einigung mit der britischen Regierung bis ins Jahr 1970 ruhen. Eine Wiederaufnahme des Kontaktes mit den einzelnen Anspruchstellern verweigerten die Vereinten Nationen mit dem Hinweis, sie seien nur zu direkten Verhandlungen mit der britischen Regierung bereit.[99] Erst 1971 änderte die britische Regierung ihre Haltung. 1973 einigte sie sich schließlich mit den Vereinten Nationen auf eine Globalsummenentschädigung nach dem Vorbild der US-amerikanischen Vereinbarung. Die Vereinten Nationen zahlten eine Pauschalsummen von 5.150 britische Pfund für insgesamt neun geschädigte britische Staatsangehörige, deren Ansprüche nach Rechtsauffassung der Vereinten Nationen als begründet erachtet werden mußten. Nachdem die britische Regierung das Einverständnis dieser neun Personen in die veranschlagte Entschädigungssumme eingeholt hatte, verzichtete sie förmlich gegenüber den Vereinten Nationen auf die Ausübung des diplomatischen Schutzes zugunsten weiterer Antragsteller.[100]

d) Verhandlungen mit Frankreich

Als fruchtlos erwiesen sich die Verhandlungen der Vereinten Nationen mit Frankreich über den Abschluß eines Globalentschädigungsabkommens. Frankreich hatte sich als ständiges Mitglied des Sicherheitsrates bei der Verabschiedung der Resolutionen 161 und 169 unter Bezugnahme auf die gefährdete Souveränität des neugegründeten Staates Kongo und des Verbots der Einmischung in innere Angelegenheiten der Stimme enthalten.[101] Im Zuge der Kämpfe zwi-

---

[97] Vgl. allgemein zur Anwendbarkeit der „local remedies rule“ auf Internationale Organisationen CH. PITSCHAS, Die völkerrechtliche Verantwortlichkeit der Europäischen Gemeinschaft und ihrer Mitgliedstaaten, 2001, S. 63 f.; J.-P. Ritter, La Protection Diplomatique à l'égard d'une Organisation Internationale, AFDI 8 (1962), S. 427, 454.

[98] SIMMONDS (Fn. 4), S. 238.

[99] C. STAVROPOULOS (Legal Counsel), Memorandum an Kurt Waltheim (UN-Generalsekretär) vom 27. Juni 1973, United Kingdom Congo Claims, UN Archives N.Y., Akte Stavropoulos, OLA, Claims – ONUC, Box 26.

[100] Die diplomatische Unterstützung im Fall Starways v. United Nations lag zeitlich vor dieser völkerrechtlichen Vereinbarung, siehe S. 330.

[101] SCOR, 16th Year, 942nd Meeting, 10. Februar 1961, S. 18 f.

schen ONUC und den katangesischen Truppen verweigerte Frankreich den Vereinten Nationen die Überflugsrechte für ONUC-Militärflugzeuge, um seiner ablehnenden Haltung gegenüber dem ONUC-Kampfeinsatz Ausdruck zu verleihen.[102] Als die Frage der Kosten für den ONUC-Einsatz akut wurde, gehörte Frankreich zu denjenigen Staaten, die ihren Beitrag verweigerten.

Die französische Regierung begründete ihre Weigerung, ein Globalsummenabkommen mit den Vereinten Nationen zur Regulierung der Schadensansprüche ihrer Staatsangehörigen abzuschließen, mit ihrer kritischen Haltung gegenüber dem ONUC-Einsatz.[103] Gleichzeitig äußerte sie den Wunsch, über die Entscheidung der Vereinten Nationen zu den französischen Individualansprüchen bereits im Vorfeld informiert zu werden, um unter Umständen zusätzliche Informationen zur Stützung des Anspruchs beibringen zu können. Die Vereinten Nationen beugten sich nach einigem Zögern dieser Bitte mit Blick auf das völkerrechtlich verankerte Recht eines jeden Staates, im internationalen Verkehr seinen Staatsangehörigen diplomatischen Schutz zu gewähren.[104] Entsprechend der Absprache entschied das Legal Office in New York erst nach vorheriger Information der französischen Vertretung endgültig über die Begründetheit der Anträge von insgesamt 24 französischen Staatsangehörigen, die eine Schädigung durch ONUC behaupteten. In denjenigen Fällen, in denen die Vereinten Nationen ihre rechtliche Verantwortlichkeit für die erlittenen Schäden anerkannten oder auf Basis von ex gratia-Zahlungen ihrer moralischen Verantwortung Ausdruck verliehen, wurde den einzelnen Geschädigten die Summe gegen Unterzeichnung eines Forderungsverzichts („release of claim form") ausgezahlt. Diese Praxis entsprach der individuellen Schadensregulierung, wie sie schon bei UNEF I erfolgreich praktiziert wurde.[105]

e) Schäden kongolesischer Staatsangehöriger

aa) Verhandlungen mit der kongolesischen Regierung

Insgesamt 88[106] kongolesische Staatsangehörige machten bis 1964 Schadensersatzansprüche gegen die Vereinten Nationen geltend. 48 dieser Anträge wur-

---

[102] FINK (Fn. 17), S. 293 f.

[103] B. TURNER (Under-Secretary, Controller), Schreiben an C. A. Stavropoulos (Under-Secretary, Legal Counsel) vom 4. Mai 1966, Settlement of claims filed by French nationals for damage to persons and property out of the operation of ONUC, UN Archives N.Y., Akte Stavropoulos, OLA, Claims ONUC, Box 26.

[104] TURNER (Fn. 103).

[105] Hierzu S. 238 ff.

[106] Insgesamt zehn Ansprüche wegen Tötung eines Angehörigen, vier Schadensersatzforderungen wegen Körperverletzung und 74 Ansprüche auf Ersatz von Sachschäden; fünf

den nach Begutachtung durch das ONUC-Claims Review Board von den Vereinten Nationen als unbegründet abgelehnt. In 22 Fällen von Personenschäden bzw. Eigentumsverletzung empfahl das Claims Review Board die Zahlungen einer Entschädigung, 13 Schadensersatzforderungen blieben unbearbeitet. Zahlungen seitens der Vereinten Nationen wurden in der Folgezeit nicht geleistet.

Am 9. Juni 1965, ein Jahr nach dem Abzug der ONUC-Streitkräfte aus dem Kongo, wandte sich der neue kongolesische Ministerpräsident und Außenminister TSHOMBÉ mit dem Anliegen an Generalsekretär U THANT, zur Regulierung kongolesischer Privatschäden ein Globalentschädigungsabkommen nach dem belgischen Vorbild abzuschließen. In dem unveröffentlichten Schreiben hieß es: „Making this claim, the Government of the Republic of the Congo has not forgotten the assistance furnished by the United Nations to the Congo. This assistance evokes the sincere gratitude of the Congolese Government, but it cannot be regarded as compensation for the losses suffered by Congolese citizens, for the very simple reason that assistance arising out of obligations of international solidarity among States, whereas reparation for damages is a matter of respect for the property rights of individuals.“[107] Der Vorstoß TSHOMBÉs veranlaßte das UN-Sekretariat, die Politik der Vereinten Nationen im Umgang mit kongolesischen Schadensersatzansprüchen zu überdenken. Schon die Nichtumsetzung der Empfehlungen der ONUC-Claims Review Board hatte den prinzipiellen Widerstand der Vereinten Nationen gegen eine Kompensation kongolesischer Staatsangehöriger zum Ausdruck gebracht. Allerdings beruhte die Passivität der UN-Organe bis dato nicht auf einer offiziellen Politik.

In einem internen Memorandum an Generalsekretär U THANT zeigte Under-Secretary CONSTANTIN STAVROPOULOS eine mögliche Argumentationslinie gegen den Abschluß eines Globalentschädigungsabkommens mit der kongolesischen Regierung auf: „... the Government of the Democratic Republic of the Congo is in a juridical position different from that of the Government of other

Schadensersatzforderungen klassifizierte das Claims Review Board als vertragliche Ansprüche und legte den Streit durch Zahlung einer bestimmten Summe einvernehmlich bei; C. A. STAVROPOULOS (Under-Secretary Legal Counsel), Memorandum vom 6. Oktober 1965 an Generalsekretär U Thant, Compensation for damage suffered by Congolese national in the course of ONUC operations, Ziff. 5, UN Archives N.Y., Akte Vickers, OLA, Personal injury and property loss on damage claims against UN-1967, Box 105.

[107] M. TSHOMBÉ (Ministerpräsident der Demokratischen Republik Kongo), Schreiben an U Thant, UN-Generalsekretär vom 9. Juni 1965 (Übersetzung der Vereinten Nationen), UN Archives N.Y., Akte Vickers (OLA), Personal injury and property loss on damage claims against the UN – 1967, Box 105.

States whose nationals also sustained damages in the course of those operations. The Security Council, at the express request of the Congolese Government, instructed ONUC to provide that Government with 'such military assistance, as may be necessary, until (...) the national security force may be able, in the opinion of the Government, to meet fully their task.' This mandate of military assistance in no way affected the juridical responsibility of the Congolese Government as regards events occurring on its territory, and, in particular, its obligations as regards the compensation for damages sustained by private individuals in the course of operations aimed at restoring or maintaining public order."[108] Zugleich äußerte STAVROPOULOS die Sorge, daß diese Position in einem schiedsgerichtlichen Verfahren nach Art. 10 lit. b ONUC-SOFA kaum Bestand haben würde. Generalsekretär U THANT sprach sich trotz dieser Bedenken prinzipiell gegen die Übernahme der rechtlichen Verantwortlichkeit für Schäden von Staatsangehörigen aus, deren Heimatstaat die Hilfe der Vereinten Nationen bei der Aufrechterhaltung von Gesetz und Ordnung erbeten hatte.[109] Ohne diese Position zur offiziellen Politik der Vereinten Nationen zu erklären, blieb die Anfrage TSHOMBÉs unbeantwortet, bis im Januar 1967 der kongolesische Justizminister das Thema erneut aufgriff. Im Zuge weiterer UN-interner Beratung unterbreitete Under-Secretary STAVROPOULOS UN-intern den Vorschlag, das kongolesische Justizministerium mündlich davon in Kenntnis zu setzen, daß die Vereinten Nationen keine rechtliche Verantwortung für die Schäden kongolesischer Staatsangehörige übernehmen könnten, aber zur Zahlung einer globalen Summe auf ex gratia-Basis bereit seien.[110] Dieser Vorschlag wurde von RALF BUNCHE – vormals Sonderbeauftragter des Generalsekretärs im Kongo – unter dem Gesichtspunkt abgelehnt, daß die Vereinten Nationen prinzipiell nicht mit der kongolesischen Regierung über eine globale Streitbeilegung verhandeln sollten.[111] Der Sturz der Tshombé-Regierung beendete schließlich alle weiteren Einigungsbemühungen und bewahrte die Vereinten Nationen davor, eine offizielle Position zu ihrer Schadensersatzpolitik zu beziehen.

---

[108] STAVROPOULOS (Fn. 106) Ziff. 7; dort: Zitat der SC-Res Nr. 143 (Fn. 3).

[109] C. A. STAVROPOULOS (Under-Secretary, Legal Counsel), Memorandum an R. J. Bunche (Under-Secretary for Special Political Affairs) vom 19. Januar 1967, Claims filed by Congolese nationals for damage arising out of the operation of ONUC, Akte Vickers, OLA, Personal injury and property loss on damage claims against the UN, 1967, Box 105.

[110] STARVOPOULOS (Fn. 109), S. 2.

[111] B. VICKERS (Senior Legal Officer, General Legal Division), Memorandum vom 22. Juli 1969, Policy concerning the settlement of claims by Congolese nationals for damage or injury allegedly inflicted by ONUC, Akte Vickers, OLA, Personal injury and property loss on damage claims against the UN, 1967, Box 104.

Die Frage nach der rechtlichen Verantwortlichkeit der Vereinten Nationen wurde erst im Juli 1969 wieder akut, als ein kongolesischer Staatsangehöriger sich direkt an die Vereinten Nationen wandte, um den finanziellen Ausgleich der Schäden an seinem durch ONUC-Soldaten besetzten Hauses in Katanga zu erstreiten. Der Fall KARALIS führte bei den Vereinten Nationen zu einer kritischen Analyse ihrer bisherig vertretenen Rechtsposition: Die Politik der Verweigerung eines Globalentschädigungsabkommens stehe – so die revidierte Auffassung des Office of Legal Affairs – einer individuellen Regulierung der Schadensfälle mit den einzelnen kongolesischen Staatsangehörigen nicht entgegen. Im Fall KARALIS wurden schließlich Zahlungen geleistet, allerdings „(...) without admitting liability and without prejudice to the legal position of the United Nations."[112] Im Hinblick auf die interne Einstellung der Vereinten Nationen zur rechtlichen Grundlage ihrer Schadensersatzleistung an KARALIS ist aufschlußreich, daß der gezahlte Betrag nicht in das UN-Konto für ex gratia-Zahlungen eingestellt wurde. Dies war haushaltsrechtlich nicht möglich, da nach dem UN-Finanzstatut und seinen Durchführungsbestimmungen nur diejenigen Zahlungen auf dem Ex-gratia-Konto verbucht werden durften, die ohne rechtliche Verantwortung der Vereinten Nationen aus moralischen Gründen und im Interesse der Vereinten Nationen erbracht worden waren.[113] In der UN-internen Verbuchung kommt das Zugeständnis einer rechtlichen Verantwortlichkeit auch für Schäden von kongolesischen Staatsangehörigen deutlich zum Ausdruck. Diese UN-interne Rechtsposition wurde allerdings zu keinem Zeitpunkt nach außen publik gemacht.

bb) Analyse: Erfüllung staatlicher Aufgaben durch ONUC

Die Weigerung der Vereinten Nationen, mit der kongolesischen Zentralregierung unter Leitung von TSHOMBÉ über den Abschluß eines Globalentschädigungsabkommens zu verhandeln, hatte primär politische Gründe. TSHOMBÉ hatte sich im Zuge des Konfliktes um Katanga selbst als Hauptkriegsgegner der Vereinten Nationen bezeichnet;[114] seine Mobilmachung war der Grund für die heftigen und schadensreichen Kämpfe in und um Elisabethville zwischen August 1961 und Januar 1962. Unabhängig von der Person TSHOMBÉs hatte sich auch die kongolesische Regierung unter der Führung von LUMUMBA und

---

[112] B. VICKERS (Senior Legal Officer, General Legal Division), Aktennotiz vom 22. Juli 1969, „The Question as to whether any payment offered in Respect of Mr. Karalis' Claims would be on an ex-gratia basis", Akte Vickers, OLA, Karalis Basile 1962 – 1970, Box 7.

[113] VICKERS (Fn. 112), Ziff. 6.

[114] Vgl. Report of the Secretary-General from his Special Representative in the Congo on the situation in the three main sectors of the Congo, UN-Doc. S/4750 Ziff. 11, SCOR 16th Year, Suppl. Jan. – March 1961, S. 164.

KASAVUBU letztlich gegen die von ihnen gerufenen Helfer gestellt und so mittelbar zu den durch ONUC verursachten Kriegsschäden beigetragen.

So verständlich die politisch motivierte Verweigerungshaltung der Vereinten Nationen ist, so bedenklich ist sie unter rechtlichen Gesichtspunkten. In der UN-internen Debatte stand im Vordergrund, daß ONUC auf Initiative der kongolesischen Regierung vorübergehend die Wahrung der öffentlichen Sicherheit und Ordnung im Kongo übernommen hatte. Die Erfüllung dieser Funktion war – neben der Sicherstellung des Abzugs der belgischen Truppen – ein wesentlicher Teil des ersten ONUC-Mandats.[115] Der Vertreter Ceylons, der die entscheidende Sicherheitsratsresolution 143 zusammen mit anderen Staaten in das Plenum eingebracht hatte, erklärte ausdrücklich „... the United Nations is there in the Congo to maintain the security of the people of the Congo and to maintain law and order."[116] In dem anschließenden Durchführungsbericht ergänzte Generalsekretär HAMMARSJKÖLD: „In order to assist the Government of the Republic of the Congo to re-establish its administration, specifically in the field of security, certain decisions had already been taken by me in response to a general appeal from the Government. (...) Thus, the Force introduced is to be regarded as a temporary security force, present in the Republic of the Congo with the consent of the Government for the time and the purpose indicated."[117]

Die temporäre Wahrnehmung staatlicher Funktionen durch ONUC ist der Ausgangspunkt der Konstruktion eines besonderen Rechtsverhältnisses zwischen ONUC und der kongolesischen Regierung, kraft dessen der kongolesische Staat von den Vereinten Nationen – zumindest in der internen Debatte – als eigentliches Haftungssubjekt angesehen wurde. Die Erfüllung staatlicher Aufgaben ist in der Tat für klassische Peace-keeping-Einsätze der ersten Generation atypisch. Beim zeitgleichen UNEF I-Einsatzes – dem Prototyp einer Peace-keeping-Mission – war nur die Sicherung der *internationalen* Pflichten von Ägypten und Israel Gegenstand des Mandats. Die Wahrnehmung *staatlicher* Funktion auf Veranlassung der kongolesischen Regierung wurde deshalb in der UN-internen Debatte zum Anknüpfungspunkt für die Zurechnung der schadensverursachenden Handlungen ONUCs zur kongolesischen Regierung.[118] Diese haftungstechnisch günstige Lösung läßt sich rechtlich nur auf einem Wege unterfüttern: ONUC, ein de iure-Organ der Vereinten Nationen, wird vom Sicherheitsrat zur temporären Erfüllung staatlicher Aufgaben an die kongolesische Regierung

---

115 Sicherheitsratsresolution 143 (Fn. 3).

116 UN-Doc. S/PV.886, S. 21, siehe auch in diesem Sinne China S. 39 f; und das Vereinigte Königreich S. 78.

117 UN-Doc. S/4387 (Fn. 5), Ziff. 6.

118 STAVROPOULOS (Fn. 106) Ziff. 7.

„entliehen".[119] Aufgrund der fehlenden förmlichen Integration ONUCs in den Staatsapparat des Kongo agieren die Peace-keeping-Streitkräfte bei der Sicherstellung der öffentlichen Sicherheit und Ordnung im Kongo als de facto-Organ des Kongo, mit den entsprechenden Zurechnungsfolgen für den Staat. Auch wenn diese Konstruktion zumindest aus Sicht der Vereinten Nationen einen gewissen Charme hat, so ist sie dennoch im Falle des ONUC-Einsatzes völkerrechtlich nicht tragfähig. Dies verdeutlicht schon der erste Bericht des UN-Generalsekretärs zum ONUC-Einsatz: „Although the United Nations Force (...) may be considered as serving *as an arm of the Government* for the maintenance of order and protection of life – task which naturally belong to the national authorities (...) – the Force is necessarily under the exclusive command of the United Nations, vested in the Secretary-General under the control of the Security Council. (...) *The Force is thus not under the orders of the Government* ...".[120] Das zentrale Element der Zurechnung von Militär- oder Polizeiakten zu einem staatlichen Verband ist die operative Kontrolle über den Einsatz der Kräfte.[121] Dieses völkerrechtliche Prinzip haben die Vereinten Nationen zur Grundlage ihrer eigenen Haftung im Rahmen des UNEF I-Einsatzes gemacht.[122] Es ist auch gegenüber den von ONUC geschädigten nichtkongolesischen Zivilisten zum Zuge gekommen, vermittelt durch den Vertragsschluß mit ihren Heimatstaaten.[123] Die Modifizierung der Zurechnungsregel „operative Kontrolle" je nach Staatsangehörigkeit der Geschädigten ist rechtlich haltlos.

Das passive Verhalten der Vereinten Nationen gegenüber den kongolesischen Geschädigten hält nach alledem einer völkerrechtlichen Überprüfung nicht stand. Allerdings waren die Vereinten Nationen keineswegs zum Abschluß eines Globalentschädigungsabkommens mit der Republik Kongo verpflichtet. Weder besteht generell eine entsprechende völkerrechtliche Pflicht, noch kann eine solche Pflicht speziell mit Blick auf die bereits geschlossenen Globalabkommen aus dem völkerrechtlichen Grundsatz *venire contra factum proprium* abgeleitet werden. Dagegen obliegt es den Vereinten Nationen, als Korrelat zu ihrer Jurisdiktionsimmunität im Aufenthaltsstaat gemäß Art. VIII § 29 UN-Immunitätenkonvention ein geeignetes Verfahren zur Beilegung von Streitigkeiten bereitzuhalten (disputes of a private law character).[124] Ein entsprechendes Verfahren

---

[119] Zur Organleihe allgemein siehe S. 103 ff.

[120] UN-Doc. S/4389 (Fn. 5), Ziff. 7 (Hervorhebung hier).

[121] Zum Prinzip Command & Control siehe S. 107 ff.; zu seinen Implikationen auf die Zurechnung im Bereich der Staatenverantwortlichkeit S. 100 ff.

[122] Siehe hierzu S. 248 ff.

[123] Vgl. UN-Doc. S/6597 (Fn. 71), S 157, hier im Wortlaut abgedr. S. 286.

[124] Die Republik Kongo ist am 15. Oktober 1962 der UN-Immunitätenkonvention beigetreten.

wäre die Bewertung der Schadensfälle durch das ONUC-Claims Review Board und nachfolgender Einigung mit den Geschädigten gewesen. Da die Vereinten Nationen allerdings die Kontaktaufnahme mit den geschädigten Kongolesen in der Mehrzahl der Fälle unterlassen haben, wird man den gesamten Vorgang als einen typischen Fall der Rechtsverweigerung einstufen können (denial of justice).[125] Die Passivität der Vereinten Nationen verstößt damit gegen die völkerrechtliche Verpflichtung der Vereinten Nationen aus der UN-Immunitätenkonvention und hätte im übrigen die Republik Kongo zur Ergreifung entsprechender diplomatischer Maßnahmen berechtigt.

f) Der Fall Manderlier v. United Nations: Rechtsschutz vor nationalen Gerichten

Der Abschluß von völkerrechtlichen Globalentschädigungsabkommen mit den Heimatstaaten von deliktisch geschädigten Personen führte nicht in allen Fällen zur endgültigen Beilegung des Streits zwischen den Vereinten Nationen und den geschädigten Individuen. Eine gewisse Berühmtheit erlangte in diesem Zusammenhang der Fall MANDERLIER. Der belgische Staatsangehörige hatte vor belgischen Zivilgerichten ein Verfahren gegen die Vereinten Nationen und den Staat Belgien angestrengt und damit dem schadensintensiven Kongoeinsatz die gefürchtete negative Publizität verschafft.

MANDALIER besaß in Katanga beträchtliches Grundeigentum, das am 29. Januar 1962 durch das äthiopische Kontingent der ONUC-Truppen geplündert und niedergebrannt worden war.[126] Am 10. Januar 1963 machte MANDERLIER seine Ansprüche auf Schadensersatz i.H.v. 3.799.675 kongolesische Francs gegenüber den Vereinten Nationen geltend. Erst nach Intervention der belgischen Regierung erklärten sich die Vereinten Nationen bereit, „to accept financial liability where the damage in the result of action taken by agents of the United Nations in violation of the laws of war and the rules of international law."[127] Kurz nach dem Abschluß des völkerrechtlichen Globalentschädigungs-

[125] Zu den engeren und weiteren Definitionen des Tatbestandsmerkmals der Rechtsverweigerung im Recht des Diplomatischen Schutzes C. F. AMERASINGHE, Local Remedies in International Law, 2003, S. 36 ff.; Rechtsverweigerung im Sinne des Versäumnisses, über behauptete subjektive Rechtspositionen im ordnungsgemäßen Verfahren zu befinden, vgl. A. V. FREEMAN, The International Responsibility of States for Denial of Justice, 1938, S. 84 ff. und S. 403 ff.

[126] Die nachfolgende Tatbestandsdarstellung entstammt dem Urteil des Civil Tribunal of Brussels, 11. Mai 1966, ILM 45 (1972), S. 446 ff.

[127] Zit. nach Manderlier v. Organisation des Nations Unies and Etat Belge (Ministre des Affaires Etrangères) Civil Tribunal of Brussels, 11.5.1966, ILM 45 (1972), S. 446.

abkommens zwischen Belgien und den Vereinten Nationen am 20. Februar 1965 wurde MANDERLIER vom belgischen Außenministerium davon in Kenntnis gesetzt, daß sich sein Name auf der Liste der Ersatzberechtigen befände und Belgien bereit sei, ihm eine Summe von 140.000 belgische Francs aus dem Pool auszuzahlen. MANDERLIER lehnte dieses Angebot ab: Zum einen lag die Summe erheblich unter seiner ursprünglichen Forderung, zum anderen hätte sein Akzept nach der belgischen Gesetzgebung vom 14. April 1965 bzw. 7. Mai 1965 zur Folge gehabt, daß er *ipso iure* auf die Geltendmachung von Rechten gegen die Vereinten Nationen verzichtet hätte. Statt dessen verklagte MANDERLIER vor einem belgischen Zivilgericht die Vereinten Nationen wegen Schädigung seines Eigentums und den belgischen Staat wegen Verletzung seines Anspruchs auf diplomatischen Schutz auf die Zahlung von insgesamt 6.119.350 kongolesische Francs.

Um den Einwand der Immunität[128] der Vereinten Nationen zu entkräften, machte MANDALIER in der ersten Instanz geltend, die Vereinten Nationen hätten es entgegen ihrer Verpflichtung aus Art. 10 AEMR vom 10. Dezember 1948 und Art. 6 EMRK vom 4. November 1950 versäumt, zur Beilegung des Streits ein unabhängiges internationales Gericht zu etablieren. Aufgrund dieses Versäumnisses sei es den Vereinten Nationen verwehrt, sich vor belgischen Gerichten auf ihre Immunität gem. Art. 105 UN-Charta zu berufen. Trotz des klägerischen Vorbringens akzeptierte das belgische Zivilgericht den Immunitätseinwand der Vereinten Nationen und lehnte die Klage MANDERLIERS gegen die Organisation wegen Unzulässigkeit ab.[129] Die Anwendbarkeit von Art. 10 AEMR, nach dem jeder Mensch einen Anspruch auf ein öffentliches Verfahren vor einem unabhängigen und unparteiischen Gericht hat, verwarf das Gericht auf Basis seiner völkerrechtlichen Unverbindlichkeit.[130] Im Fall von Art. 6 EMRK verwies das Gericht auf den Umstand, daß die Vereinten Nationen keine rechtlich gebundene Vertragspartei dieses regionalen Abkommens seien.[131]

Bemerkenswert an dem erstinstanzlichen Urteil des belgischen Zivilgerichts ist weniger die knappe Auseinandersetzung mit dem international verankerten

---

[128] Zu Herleitung und Umfang der Immunität Internationaler Organisationen und speziell der Vereinten Nationen s. ausführlich S. 86 ff.

[129] Dieses Urteil wurde in zweiter Instanz vom Cour d'appel de Bruxelles bestätigt, Urteil vom 15. September 1969, Revue critique de jurisprudence belge 25 (1971), S. 449 ff.

[130] Manderlier v. Organisation des Nations Unies and Etat Belge (Fn. 127), S. 451.

[131] Manderlier v. Organisation des Nations Unies and Etat Belge (Fn. 127), S. 452. Der Internationale Pakt über bürgerliche und politische Rechte vom 19. Dezember 1966 (dort Art. 14: rechtliches Gehör) ist erst am 23. März 1976 für die Vertragsparteien – zu denen die Vereinten Nationen nicht zählen – in Kraft getreten.

Recht auf rechtliches Gehör, als seine unverhohlene Kritik an der praktizierten Streitbeilegung der Vereinten Nationen: „The (United Nations) considers quite wrongly that the (lump sum) Agreement, reached between the U.N. and Belgium on 20 February 1965, constitutes the appropriate method of settlement provided for by Section 29 (of the Convention on Privileges and Immunities). The defendant had the claims addressed to it, and in particular those of the plaintiff, examined by its own authorities, without argument of any kind. It then took a unilateral decision by which, according to its letter of 20 February 1965, it believed itself bound to limit its spontaneous intervention. *The defendant has thus in reality been judge in its own case.* Such a procedure in no sense constitutes an appropriate method of settlement for deciding a dispute."[132] Die Auseinandersetzung des belgischen Zivilgerichts mit Art. VIII § 29 der UN-Immunitätenkonvention war notwendig, weil der Kläger MANDERLIER geltend gemacht hatte, die Immunitätsregel der Konvention (Art. II Abschnitt 2) entfalte nur dann ihre Rechtswirkung vor belgischen Gerichten, wenn die Vereinten Nationen ihrer Verpflichtung aus Art. VIII § 29 nachgekommen seien. Das Gericht lehnte die Verknüpfung von Immunität und Streitbeilegung trotz seiner grundsätzlichen Kritik am praktizierten Verfahren ab: Den Vereinten Nationen sei von den Vertragsstaaten ein unbedingter Immunitätsstatus eingeräumt worden, der in keinem inneren Zusammenhang mit der Verpflichtung zur Einrichtung von Streitbeilegungsmechanismen stehe.[133] So zutreffend diese Auffassung ist, so wenig verständlich bleibt die enge Auslegung des Art. VIII § 29 der UN-Immunitätenkonvention durch das belgische Zivilgericht. Die Vorschrift erlegt den Vereinten Nationen keine spezielle, sondern nur eine geeignete („appropriate") Form der Streitbeilegung auf, also nicht zwingend eine Streitbeilegung durch ein unabhängiges Gericht.[134] Die von den Mitgliedstaaten unbeanstandete Praxis der Vereinten Nationen, alternative Streitbeilegungsmechanismen vorzuziehen, zeigt vielmehr, daß die Organisation ihrer Verpflichtung aus Art. VIII § 29 der UN-Immunitätenkonvention auf vielfältige Weise nachkommen kann, z.B. durch die Anrufung eines Schiedsgerichts, die direkte Einigung mit der geschädigten Person oder aber durch den Abschluß eines völkerrechtlichen Globalent-

---

[132] Manderlier v. Organisation des Nations Unies and Etat Belge (Fn. 127), S. 452 (Hervorhebung hier).

[133] Manderlier v. Organisation des Nations Unies and Etat Belge (Fn. 127), S. 452; siehe zur Frage des Konnexes zwischen Immunität und Ersatzrechtsschutz ausführlich S. 473 ff.

[134] R. H. HARPIGNIES, Settlement of Disputes of a Private Law Character to which the United Nations is a Party, RBDI 1971, S. 451, 457; M. WENCKSTERN, Die Immunität internationaler Organisationen, 1994, Rn. 503; A. S. MULLER, International Organizations and their Host States, 1995, S. 176, allerdings mit dem Hinweis, daß Internationale Organisationen in Fällen von Steitigkeiten über eine außervertragliche Haftung ein Schiedsverfahren einleiten „sollten".

schädigungsabkommens mit dem Heimatstaat.[135] Vor allem im letzten Fall wird sich der Vorwurf, die Vereinten Nationen hätten als Richter in eigenen Angelegenheiten zu handeln, nicht aufrechterhalten lassen, da Belgien auf das Ergebnis des Vertrages durchaus Einfluß genommen hat.[136]

g) Der Fall Starways Limited v. United Nations: Rechtsschutz durch schiedsgerichtliches Verfahren

Im Jahr 1961 hatten die Vereinten Nationen mit der belgischen Fluglinie Sabena einen Chartervertrag über eine Reihe von Flugzeugen geschlossen, die in der Republik Kongo stationiert waren und von den Vereinten Nationen im Rahmen der ONUC-Mission eingesetzt werden sollten. Eines dieser Flugzeuge stand im Eigentum von Starways Ltd., einem Subunternehmer von Sabena. Im Rahmen von bewaffneten Auseinandersetzungen um den Flughafen Kamina wurde die Maschine am 17. September 1961 durch Feuer zerstört.

Die Vereinten Nationen folgten am 21. März 1966 einer Bitte des Vereinigten Königreichs[137] und schlossen mit Starways Ltd. einen Schiedsvertrag ab. In diesem Vertrag vereinbarten die Parteien, Grund und Umfang der Haftung der Vereinten Nationen für die Zerstörung des Flugzeugs durch Schiedsurteil entscheiden zu lassen, wobei Fragen einer etwaigen *vertraglichen* Haftung ausgeschlossen bleiben sollten. In bezug auf das einschlägige Recht vereinbarten die Parteien die Anwendung der Gesetze der Kolonie Belgisch Kongo, die nach Gründung der Republik Kongo gemäß Art. 2 Loi Fondamental vom 19. Mai 1960 in Kraft geblieben waren.[138] Im Rahmen des schriftlichen Vorverfahrens spezifizierte Starways Ltd. ihre Ansprüche gegen die Vereinten Nationen auf 378.722 US-Dollar inklusive 6% Zinsen. Nach Beginn der mündlichen Verhandlung am 23. September 1969 verneinte Schiedsrichter HOWARD H. BACHRACH allerdings auf Antrag der Vereinten Nationen das *locus standi* von Starways Ltd. vor dem Schiedsgericht: Bereits im November 1963 hatten die Anteilseigner von Starways Ltd. das gesamte Unternehmen an British Eagle International Air Lines Ltd. verkauft. Starways Ltd. nahm unter dem neuen Eigentümer den Namen „British Eagle (Liverpool)" an und war schließlich am 2. Mai 1969 in das Liquidationsverfahren gegangen. Schiedsrichter BACHRACH lehnte den Antrag auf

---

[135] Zu den Implikationen der Menschenrechte (Justizgewährungsanspruch) auf die Wahl des Streitbeilegungsverfahrens siehe hier S. 471 ff.

[136] Zu den Verhandlungen mit Belgien siehe S. 309 ff.

[137] B. SLOAN (Director General Legal Division), Memorandum an B. R. Turner (Assistant Secretary-General, Controller) vom 8. Oktober 1969, „Settlement of Starways Arbitration", UN Archives N.Y., Akte Sloan, Arbitration – Starways, Box 33.

[138] HARPIGNIES (Fn. 134), S. 462.

Abänderung des Namens der Partei in „British Eagle (Liverpool)“ im schiedsgerichtlichen Verfahren aufgrund der Personenverschiedenheit von Starways und British Eagle ab.[139] Da die deliktische Haftung der Vereinten Nationen mangels *ius standi* des Klägers nicht in der Sache entschieden worden war, einigte sich die Organisation noch im gleichen Jahr mit der British Eagle (Liverpool) auf die Zahlung von 10.000 US-Dollar Zug um Zug gegen den Verzicht auf alle Ansprüche von British Eagle (Liverpool) gegen die Vereinten Nationen.

Die außergerichtliche Einigung wurde von den Vereinten Nationen vor allem aufgrund des unkalkulierbaren Prozeß- und Kostenrisikos bevorzugt, nicht zuletzt weil der entscheidende Zeuge der Vereinten Nationen nur unter erheblichem finanziellen Aufwand von seinem neuen Einsatzort nach New York gebracht werden konnte.[140] Da die gütliche Einigung unter diesem Gesichtspunkt nicht ohne weiteres als Anerkennung der rechtlichen Verantwortlichkeit der Vereinten Nationen für die Flugzeugzerstörung interpretiert werden kann, verdient der gesamte Vorgang primär unter verfahrensrechtlichen Gesichtspunkten besondere Beachtung. Zum einen zeigten die Verhandlungen vor Abschluß des Schiedsvertrages die Bedeutung des diplomatischen Schutzes für die Durchsetzung von außervertraglichen Individualansprüchen gegen die Vereinten Nationen. Nicht nur die Einigung über den Abschluß eines Schiedsvertrages, sondern auch der Vergleich i.H.v. 10.000 US-Dollar war auf die Interventionen der britischen Regierung zurückzuführen, die nach dem abweisenden Schiedsurteil ihre Unterstützung des Anspruchs von British Eagle signalisiert hatte.[141] Zum anderen verdeutlicht der Abschluß des Schiedsvertrages, daß die Vereinten Nationen den Weg über Art. 10, 11 ONUC-Statusabkommen[142] in der Praxis gemieden haben, um die notwendige Mitwirkung der kongolesischen Regierung an der Einrichtung eines schiedsgerichtlichen Verfahrens nach Art. 11 ONUC-SOFA zu umgehen. Statt dessen bevorzugten die Vereinten Nationen den Weg über Art. VIII § 29 UN-Immunitätenkonvention, der die vertragliche Vereinbarung eines schiedsgerichtlichen Verfahrens zwischen dem Geschädigten und den Vereinten Nationen ermöglicht und damit für Kompromisse bei der Begrenzung des Streitgegenstandes und der Bestimmung des anwendbaren Rechts offen ist. In materiellrechtlicher Hinsicht ist bemerkenswert, daß der Schiedsvertrag kongolesisches Recht als streitentscheidendes Recht festlegt, obwohl der streitige Schaden an dem Flugzeug im Zuge einer bewaffneten Auseinandersetzung zwischen ONUC und katangesischen Truppen durch Feuer zerstört wurde. Derartige

[139] Schiedsurteil abgedruckt in HARPIGNIES (Fn. 134), S. 466 ff.; Zusammenfassung in: UNJYB 1969, S. 233 f.
[140] SLOAN (Fn. 137) Ziff. 8.
[141] SLOAN (Fn. 137), Ziff. 5, S. 2.
[142] Siehe S. 304 ff.

Fälle von Kriegsschäden wurden außerhalb des schiedsgerichtlichen Verfahrens von den Vereinten Nationen nach Maßgabe der Prinzipien des internationalen Kriegsrechts beurteilt.

4. Analyse der Regulierungspraxis

a) Diplomatischer Schutz durch den Heimatstaat

Die Verhandlung der Vereinten Nationen mit den Heimatstaaten der geschädigten Individuen über Grund und Höhe etwaiger Erschädigungsleistungen ist ein typisches Beispiel für die Ausübung des diplomatischen Schutzes im Völkerrechtsverkehr. Das Recht des diplomatischen Schutzes umfaßt die Befugnis des Heimatstaates, seine Staatsangehörigen im Ausland durch diplomatische oder konsularische Organe zu betreuen. Zum anderen räumt das Recht des diplomatischen Schutzes dem Heimatstaat die Möglichkeit ein, zugunsten seiner Staatsangehörigen auf internationaler Ebene gegenüber anderen Staaten tätig zu werden. Das Rechtsinstitut des diplomatischen Schutzes knüpft traditionell an ein völkerrechtswidriges Verhalten eines Völkerrechtssubjektes an, durch das ein fremder Staatsangehöriger zu Schaden gekommen ist;[143] es läßt sich also systematisch dem Normenkomplex der völkerrechtlichen Verantwortlichkeit zuordnen.[144] Unbestreitbar existiert im Völkergewohnheitsrecht eine Norm, die besagt, daß ein Staat unterhalb der Schwelle der bewaffneten Gewalt seine Staatsangehörigen repressiv gegen völkerrechtswidrige Behandlungen schützen darf. Im weiteren ranken jedoch viele Meinungsverschiedenheiten um das Rechtsgebiet des diplomatischen Schutzes. Zu den bis heute lebhaft diskutierten Problempunkten gehört die Frage, an *welche* Rechtsverletzung das Schutzrecht des Staates anknüpft, oder – anders gewendet – *wessen* Rechte durch den diplomatischen Schutz gesichert und durchgesetzt werden sollen – diejenigen des Heimatstaates oder diejenigen des Individuums.[145] Auch die Globalentschädigungsabkommen zur Regulierung der Individualschäden in Zusammenhang mit dem ONUC-Einsatz führen unweigerlich zu diesem Fragenkomplex.

Fest steht, daß sich in den Kongo-Schadensfällen drei wesensverschiedene Rechtssubjekte gegenübertreten: Die Vereinten Nationen als Schädiger, das In-

---

[143] E. J. DE ARÉCHAGE, in: Max Sørensen (Hrsg.), Manual of Public International Law, 1968, S. 578.

[144] Siehe bereits hierzu im Rahmen von UNEF S. 242 ff.

[145] S. hierzu jüngst M. BENNOUNA, La protection diplomatique, un droit de l'Etat? in: Boutros Boutros-Ghali amicorum discipulorumque liber, 1998, S. 245 ff.; K. DOEHRING, Diplomatischer Schutz, in: Ress/Stein (Hrsg), Der diplomatische Schutz im Völker- und Europarecht, 1996, S. 13 ff.

dividuum als materiell Geschädigter und der jeweilige schutzgewährende Heimatstaat. Die Vereinten Nationen sind mit dieser Dreierkonstellation schon im Rahmen des UNEF-Einsatzes konfrontiert worden;[146] dem allgemeinen Völkerrecht ist sie aus dem Bereich des internationalen Fremdenrechtes hinlänglich bekannt. Der Ständige Internationale Gerichtshof fand in diesem Rahmen eine unmißverständliche und vielzitierte Antwort auf die Frage der Rechtsinhaberschaft: Der Heimatstaat setzt, wenn er gegen einen anderen Staat eine völkerrechtswidrige Schädigung seiner Staatsangehörigen auf internationaler Ebene geltend macht, ausschließlich seinen eigenen internationalen Anspruch auf Wiedergutmachung durch.[147] Dieser internationale Anspruch des Heimatstaates („international claim") knüpft an die Verletzung einer primären Rechtsbeziehung zwischen dem Heimatstaat und dem rechtsverletzenden Völkerrechtssubjekt an. Auch der IGH hat diese Logik im Reparation-for-injuries-Gutachten klar herausgestellt: „(...) only the party to whom an international obligation is due can bring a claim in respect of its breach."[148] Noch bis in die Mitte des 20. Jahrhunderts entsprach es der gefestigten Rechtsüberzeugung, daß nur souveräne politische Einheiten Träger von Rechten und Pflichten aus dem Völkerrecht sein können. Die angeführte Rechtsprechung des Ständigen Internationalen Gerichtshofs ist insofern die konsequente Folgerung aus einem sehr begrenzten Kreis von Völkerrechtssubjekten. Daß dieser klassische Ansatz zumindest im Hinblick auf die Rechtsstellung von Individuen einen langen Nachhall fand, zeigten die Urteile des Internationalen Gerichtshofs im Nottebohm-Fall[149] (1955) und im Barcelona Traction-Fall[150] (1970). Die Rechtsprechung der Vorgängerinstitution wurde hier – trotz der unverkennbaren Weiterentwicklung des Völkerrechts – kritiklos rezipiert. Die Mediatisierung des geschädigten Individuums bei der Geltendmachung eines „international claims" durch den Heimatstaat stieß dagegen in der Völkerrechtslehre auf Widerspruch. Kritische Stimmen empfinden

---

[146] Zum diplomatischen Schutz durch das ägyptische Liaisonbüro siehe S. 242 ff.

[147] P.C.I.J., The Mavrommatis Palastine Concession, Judgment, Series A No. 2, S. 12 (Wortlaut abgedruckt S. 243 mit weiteren Nachweisen); in der Literatur: E. BORCHARD, Diplomatic Protection of citizens abroad, 1915, S. 356 f.; K. STRUPP, Das völkerrechtliche Delikt, in: Stier-Somlo (Hrsg.), Handbuch des Völkerrechts, 1920, S. 219; C.-H. KOLLMEYER, Die Lehre vom Schutzrecht, Diss. Berlin 1940, S. 19; einen zusammenfassenden Überblick gewährt F. V. GARCÍA AMADOR (ILC Special Rapporteur), State responsibility, YILC 1956, Rn. 96 ff.

[148] Reparation for injuries suffered in the service of the United Nations, Advisory Opinion: I.C.J. Reports 1949, S. 174, 181 f.

[149] Nottebohm Case (second phase), Judgment of April 6th, 1955: I.C.J. Reports 1955, S. 4, 24.

[150] Barcelona Traction, Light and Power Company Ltd., Judgment, I.C.J. Reports 1970, S. 3, 45 f.

die auf VATTEL[151] zurückgehende Konstruktion des Staates, der in der Person des geschädigten Staatsangehörigen in *eigenen* Rechten verletzt ist, als überholte Fiktion.[152] In der Tat wird der schutzausübende Staat heute nicht mehr tätig, weil er sich durch die Schädigung seiner Staatsangehörigen als Völkerrechtssubjekt in eigenen Rechten verletzt fühlt, sondern weil er dem Individuum bei der Durchsetzung seiner Rechte einen effektiven Ersatz für das fehlende internationale Forum einräumen will. In der Wissenschaft wird deshalb die Konstruktion einer Vertretung, Beauftragung, eines Treuhandverhältnisses oder einer Prozeßstandschaft durch den Heimatstaat erwogen. All diese Konzepte – mögen sie auch in sich schlüssig sein – scheitern allerdings mit ihrem umfassenden Geltungsanspruch an dem Eigenleben und der Widersprüchlichkeit der internationalen Praxis. Hier gilt noch immer der Befund, daß in der Mehrzahl der Fälle die Staaten und internationalen Streitschlichtungsorgane an dem tradierten Konzept des diplomatischen Schutzes festhalten und dem schutzgewährenden Staat die alleinige Anspruchsinhaberschaft auf internationaler Ebene zusprechen.[153] Auf der anderen Seite zeigt aber die Praxis der Vereinten Nationen im Rahmen des UNEF-Einsatzes, daß auch abweichende Konzepte umgesetzt werden.[154] Bereits unter diesem Gesichtspunkt ist es angebracht, eine fallbezogene Analyse des diplomatischen Schutzkonzeptes im Rahmen des ONUC-Einsatzes vorzunehmen.

Die Einordnung der Schadensersatzansprüche aus dem ONUC-Einsatz geht von dem Befund aus, daß die Globalentschädigungsabkommen weder in Anwesenheit noch im Namen der individuellen Antragsteller abgeschlossen wurden.[155] Vor allem die belgische Regierung war darauf bedacht, dem Anschein einer Bevollmächtigung durch ihre geschädigten Staatsangehörigen entgegenzutreten. In diesem Sinne äußerte sich der belgische Außenminister SPAAK, der die Verhandlungen mit den Vereinten Nationen im wesentlichen geführt hatte: „Je ne me suis pas présenté comme mandataire de Belges individuels en négoci-

---

[151] E. DE VATTEL, Le Droit des Gens ou Principes de la Loi Naturelle, 1758, Buch II, Kapitel 6, § 71.

[152] Statt vieler I. SEIDL-HOHENVELDERN/T. STEIN, Völkerrecht, 2000, Rn. 1705; s. auch P. C. JESSUP, A Modern Law of Nations, 1950, S. 116: „... the old Vattelian fiction of the injury to the state through the injury to its national should, in the ordinary claims case, be abandoned."

[153] Jüngstes Beispiel für diese Rechtsauffassung: Der Iran bestreitet die Rechtsinhaberschaft des Individuums, obwohl es als Partei vor dem Iran-U.S. Claims Tribunal (seit 1981) auftreten kann, vgl. hierzu A. MOURI, The International Law of Expropriation as reflected in the Work of the Iran-U.S. Claims Tribunal, 1994, S. 23 m.w.N.

[154] S. hierzu S. 242 ff.

[155] SALMON (Fn. 74), S. 487.

ant cet arrangement avec l'O.N.U. Je n'avais pas reçu de mandat de le faire. J'ai prêté à mes concitoyens l'appui de mes services diplomatique."[156] Die Position der belgischen Regierung ist in erster Linie als Abwehrmaßnahme gegen mögliche innenpolitische Vorwürfe zu verstehen, die Regierung hätte ohne Auftrag der einzelnen Geschädigten gehandelt oder gegen die Grenzen eines etwaigen Auftrages verstoßen.[157] Aus Sicht des Völkerrechts ist die Einlassung des belgischen Außenministers vor allem für die Person des Vertragspartners der Vereinten Nationen aufschlußreich. Es wäre zumindest theoretisch denkbar, daß ein völkerrechtliches Globalentschädigungsabkommen vom Heimatstaat im Namen derjenigen geschädigten Individuen abgeschlossen wird, denen die Pauschalsumme zugute kommen soll und die mangels völkerrechtlicher Vertragsschlußkompetenz auf internationaler Ebene handlungsunfähig sind. Diesen Eindruck könnte vor allem das schweizerische Abkommen erwecken, das die individuellen Anspruchsteller und Ersatzberechtigten namentlich nennt.[158] Aber auch dieses Globalentschädigungsabkommen spricht – wie alle übrigen Abkommen – ausdrücklich von einer Einigung zwischen den Völkerrechtssubjekten Vereinte Nationen und Heimatstaat und räumt damit jeden Zweifel an der Person des Vertragspartners aus. Im übrigen ist im Hinblick auf eine etwaige *stillschweigende* Vertretung der ONUC-geschädigten Staatsangehörigen auf die Feststellung des britischen House of Lords zu der von Deutschland an das Vereinigte Königreich gezahlten Globalentschädigung nach dem Versailler Vertrag zu verweisen: „(...) When the Crown is negotiating with another Sovereign a treaty, it is inconsistent with its sovereign position that it should be acting as agent for the national of the sovereign State, unless indeed the Crown chooses expressly to declare that it is acting as agent."[159]

Mit der Identifizierung des Heimatstaates als Vertragspartner ist freilich noch nicht die Frage beantwortet, ob mit der Auszahlung der Pauschalsumme etwaige völkerrechtliche Sekundärsprüche des Heimatstaates gegen die Vereinten Nationen befriedigt werden sollten, z.B. wegen Verletzung kriegsrechtlicher Normen durch ONUC. Denkbar ist nämlich auch, daß der *alleinige* Rechtsgrund der Zahlungen an die Heimatstaaten die Erfüllung der Primärrechtspflicht der Vereinten Nationen aus dem Globalentschädigungsabkommen war. Dies wäre dann Ausgangspunkt für folgende rechtliche Argumentation: Die geschädigten Individuen waren Inhaber der Schadensersatzansprüche gegen die Vereinten Nationen;

---

[156] Rede Spaaks vor dem belgischen Senat, zitiert nach SALMON (Fn. 74), S. 488.

[157] SALMON (Fn. 74), S. 488.

[158] UNTS Bd. 564, S. 193 ff..

[159] House of Lords, Civil War Claimants Association v. The King, Urteil vom 19. November 1931, abgedr. in: Lauterpacht, Annual Digest and Reports of Public International Law Cases 6 (1931/32), S. 237, 239 (Lord Atkin).

mangels *ius standi* auf internationaler Ebene hat ihr Heimatstaat diese subjektiven Rechte durch den Abschluß des Globalentschädigungsabkommens im eigenen Namen durchgesetzt. Die Zuordnung des Entschädigungsanspruchs zum geschädigten Individuum bei gleichzeitiger Zugrundelegung eines eigenständigen völkerrechtlichen Schutzrechts des Heimatstaates gegenüber dem Schädiger wird vor allem von KOESSLER[160] und DAHM[161] vertreten.[162] In Anlehnung an die Terminologie der deutschen Prozeßrechtswissenschaft sieht DAHM den Heimatstaat in der Situation einer „Prozeßstandschaft", da er auf internationaler Ebene fremdes Recht in eigenem Namen geltend macht und zugleich ein eigenes schutzwürdiges Interesse an der internationalen Durchsetzung der Individualansprüche hat.[163] Folge dieser Konstruktion ist nach DAHM die Akzessorietät zwischen dem Entschädigungsanspruch des Individuums und dem internationalen Schutzrecht des Heimatstaates: Das Individuum kann auf die Geltendmachung seines Wiedergutmachungsanspruchs verzichten, bis der Heimatstaat ihn sich zu eigen macht und ihn auf internationaler Ebene in eigenem Namen vertritt. Mit diesem Zeitpunkt erlangt der Heimatstaat die Dispositionsbefugnis über den Anspruch.[164]

Aus einem internen Memorandum des UN-Legal Office ergibt sich, daß die Vereinten Nationen ganz im Sinne DAHMs ihre völkerrechtliche Haftung nur für die Verletzung individueller Rechtspositionen akzeptiert haben: „... in the case of Belgian nationals, we compensated individuals who suffered damage and not the Belgian Government while allowing that Government should be fully informed and should be in a position to defend the interests of its nationals to the extent it wishes to do so. We also found it desirable and convenient that the Belgian Government should assume responsibility as to the final distribution of funds and the actual payment to individuals designated by the United Nations."[165] Diese Auffassung wurde auch offiziell nach außen vertreten, und zwar anläßlich eines Protestes der Sowjetunion gegen den Vertragsschluß mit dem

---

160 M. KOESSLER, Government Espousal of Private Claims before International Tribunals, The University of Chicago Law Review 13 (1945-46), S. 180, 189 f.

161 G. DAHM Völkerrecht, Bd. 3, S. 255 ff.

162 Siehe aber auch schon J. KOHLER, Der Savarkar-Streitfall zwischen Frankreich und England, in: Schücking (Hrsg.), Das Werk vom Haag, Serie 2, Bd. I, 3. Teil, 1914, § 10, S. 120 f.

163 DAHM (Fn. 161), S. 256.

164 DAHM (Fn. 161), S. 258. Siehe zu diesem Aspekt ausführlich S. 344 ff.

165 STAVROPOULOS (Fn. 106), Ziff. 3.

„Aggressor" Belgien.[166] In der schriftlichen Rechtfertigung des Generalsekretärs U THANT heißt es: „... As regards to the role of the Belgian Government, it was considered that there was an advantage for the Organization both on practical and legal grounds that payment to the Belgian claimants whose claim has been examined by the United Nations should be effected through the intermediary of their Government. This procedure obviously avoided the costly and protracted proceedings that might have been necessary to deal with the 1,400 cases submitted and to settle in which United Nations responsibility was found. Following consultations, the Belgian Government agreed to act as an intermediary (...)."[167]

Die von den Vereinten Nationen favorisierte Verortung des Entschädigungsanspruchs beim Individuum wirft die Frage nach der Rechtsnatur dieser Individualansprüche auf, ob es sich also um Ansprüche aus internationalem Recht, aus UN-Innenrecht oder nationalem Recht handelt, die der Heimatstaat im Wege des diplomatischen Schutzes geltend macht. Wie eingangs festgestellt, knüpft nach allgemeiner Auffassung auf internationaler Ebene der diplomatische Schutz des Heimatstaates an eine *völkerrechtswidrige* Behandlung von Staatsangehörigen an; eine bloße Mißachtung nationaler Rechtsnormen durch staatliche Behörden bei der Behandlung von Fremden wird allgemein als nicht ausreichend erachtet, um den Heimatstaat zu konkreten Schutzmaßnahmen zu berechtigen.[168] Im Fall von ONUC haben die Heimatstaaten die Verletzung internationaler Kriegsrechtsnormen gegenüber den Vereinten Nationen moniert, nicht dagegen die Verletzung etwaiger kongolesischer Schutzvorschriften. Aber gerade im Rahmen des internationalen Kriegsrechts ist die subjektive Rechtsstellung des Individuums – und damit auch sein internationaler Entschädigungsanspruch – äußerst zweifelhaft. Die fehlende Völkerrechtssubjektivität des Individuums in weiten Teilen des internationalen Rechts ist dann auch der zentrale Einwand gegen die Verortung der Anspruchsinhaberschaft beim Individuum im Rahmen des diplomatischen Schutzkonzeptes. Aber gerade im Fall der Globalentschädigungsabkommen mußten weder die Vereinten Nationen noch die Heimatstaaten der konkreten Rechtsnatur der individuellen Entschädigungsansprüche gegen die Vereinten Nationen größere Beachtung schenken.[169] Das Völkerrecht untersagt nicht per se dem Heimatstaat, sich unterhalb der Schwelle der Verletzung allge-

[166] Letter dated 2 August 1965 from the representative of the Union of Soviet Socialist Republics concerning the payment of indemnities to Belgian citizens residents of the Democratic Republic of the Congo, SCOR 20th Year, Suppl. July – Sept. 1965, S. 151.

[167] Letter dated 6 August 1965 from the Secretary-General to the representative of the Union of Soviet Socialist Republic, SCOR 20th, Suppl. July – Sept. 1965, S. 156.

[168] DOEHRING (Fn. 145), S. 13.

[169] Zur Rechtsnatur der Individualansprüche gegen die Vereinten Nationen im Rahmen von ONUC ausführlich S. 338 ff.

meiner völkerrechtlicher Normen für seine geschädigten Staatsangehörigen einzusetzen, solange der Schädiger die Schutzmaßnahmen akzeptiert.[170] Die Frage nach der Rechtsnatur des verletzten Rechts tritt gänzlich in den Hintergrund, wenn sich das schutzgewährende Völkerrechtssubjekt und sein Kontrahent – hier die Vereinten Nationen – auf internationaler Ebene über die Wiedergutmachungspflicht einigen und diese durch den Abschluß eines Globalentschädigungsabkommens rechtsverbindlich festschreiben. Das Globalentschädigungsabkommen kann aus Sicht des Völkerrechts als *lex specialis* an die unterschiedlichsten individualschützenden Verbotstatbestände oder sekundären Entschädigungspflichten anknüpfen, seien sie nun auf staatlicher, organisationsinterner oder völkerrechtlicher Ebene normiert. Entscheidend ist allein, daß diese Anknüpfung an nicht-völkerrechtliche Normen und die daraus abzuleitenden Rechtsfolgen von dem Konsens der Vertragspartner getragen wird. Dieser rechtliche Befund hat gerade im Fall von ONUC besondere Relevanz. In die Globalentschädigungsabkommen sind nicht nur Ersatzansprüche für kriegsbedingte Schäden eingeflossen, sondern auch solche, die als klassische Peace-keeping-Schäden bezeichnet werden können, weil sie in keiner tatsächlichen Beziehung zu bewaffneten Kampfhandlungen stehen oder nicht unter die Verbotstatbestände des Kriegsrechts zu subsumieren sind (z.B. Schußwaffenunfälle in befriedeten Gegenden, Schäden an besetzten Gebäuden, Autounfälle mit beschlagnahmten PKW). Diese Fälle sind – wie bei UNEF I – auf Basis UN-interner Haftungsregeln entschieden worden.[171] Ihre rechtliche Grundlage finden diese individuellen Ersatzansprüche gegen die Vereinten Nationen folglich nicht in den Normen des allgemeinen Völkerrechts, sondern im Innenrecht der Vereinten Nationen.[172] Unbeschadet dessen sind die Individualansprüche in die Gesamtsumme der Globalentschädigungsabkommen eingestellt worden, waren also Gegenstand des diplomatischen Schutzes durch die Heimatstaaten.

b) Das Individuum als Inhaber internationaler Wiedergutmachungsansprüche

Auch wenn aus dem Blickwinkel der Globalentschädigungsabkommen die jeweilige Rechtsnatur der einzelnen Individualansprüche keine praktische Relevanz hat, ist sie dennoch von rechtlichem Interesse. Die Verortung der Rechtsinhaberschaft bei den geschädigten Individuen wirft nämlich die grundsätzliche Frage auf, ob die Haftungspraxis der Vereinten Nationen – soweit sie ihren

---

[170] W. K. GECK, Der Anspruch des Staatsbürgers auf Schutz gegenüber dem Ausland nach deutschem Recht, ZaöRV 17 (1956/57), S. 476, 491.

[171] Vgl. die Anweisung an das Claims Office in Leopoldville „These cases if based on facts will require evaluation under legal rules of international or contractual of tortious responsibility", VICKERS (Fn. 49).

[172] Siehe im Rahmen von UNEF S. 283 ff.

Ausgang in der Verletzung kriegsrechtlicher Normen nimmt – als Anerkennung der *völkerrechtlichen* Verantwortlichkeit der Vereinten Nationen in die Geschichte der Organisation eingegangen ist.

Die Antwort scheint schnell gefunden: Jede Verletzung einer völkerrechtlichen Primärverpflichtung führt zur völkerrechtlichen Verantwortlichkeit des Rechtsbrechers. Da im Rahmen des ONUC-Einsatzes die Verletzung von Normen des Kriegsrechts bzw. humanitären Völkerrechts im Vordergrund stand, sind die Vereinten Nationen im Sinne der Definition für diese Rechtsverletzungen völkerrechtlich verantwortlich. Zwischen dem Rechtsbrecher – also den Vereinten Nationen – und dem in seinen völkerrechtlichen Rechten verletzten Völkerrechtssubjekt entsteht als Folge des Rechtsbruchs ein Sekundärrechtsverhältnis, das die Wiedergutmachung der Rechtsverletzung und seiner Folgen zum Gegenstand hat. Wer Beteiligter dieses Sekundärrechtsverhältnisses ist, hängt entscheidend von dem verletzten Primärrecht ab. Räumt das Primärrecht – wie im Bereich der Menschenrechte – dem Individuum eine subjektive Rechtsstellung ein, kraft derer es die Beachtung des Völkerrechts verlangen kann, dann ist das Individuum im Fall einer menschenrechtswidrigen Behandlung auch Beteiligter des materiellen Sekundärrechtsverhältnisses. Von der materiellen Rechtsinhaberschaft ist schließlich die verfahrensrechtliche Durchsetzung der Sekundärrechtsfolgen zu trennen, die je nach Ausgestaltung des Primärrechts durch das Individuum auf internationaler Ebene erfolgen kann, aber auch vermittelt durch den diplomatischen Schutz des Heimatstaates.

Diese Grundkonzeption der völkerrechtlichen Verantwortlichkeit führt im Kontext der Haftungspraxis der Vereinten Nationen zu der Frage, ob das Haager und Genfer Recht *Individuen* eine materiellrechtliche Rechtsstellung einräumt . Erster Anknüpfungspunkt für eine materiellrechtliche Position des Individuums im Kriegsrecht ist Art. 3 HLKO, der erstmalig in der Geschichte des Völkerrechts die Pflicht zum Ersatz von Schäden aus Kriegsrechtsverletzungen festschreibt. Der Wortlaut der Norm benennt allerdings nur den Pflichtenträger – die Kriegspartei – nicht den Rechtsträger. Der historische Kontext der Haager Landkriegsordnung spricht grundsätzlich gegen eine Rechtsinhaberschaft des Individuums, da im frühen 20. Jahrhundert die Begrenzung der Völkerrechtssubjekte auf Staaten noch allgemeiner Konsens war. Unter diesem Blickwinkel sind die travaux préparatoires zu Art. 3 HLKO um so bemerkenswerter. Innerhalb der 2. Kommission/1. Unterkommission der Haager Konferenz wurde vor allem das allgemeine zwischenstaatliche Interesse herausgestellt, durch die Schadensersatzpflicht die Einhaltung der kriegsrechtlichen Normen zu begünstigen.[173] Die Debatten lassen aber auch erkennen, daß die Interessen des vom Krieg betroffenen Individuums als schutzwürdig erachtet wurden. Vor allem der von der deutschen Delegation eingebrachte erste Entwurf einer Haftungsklausel spricht – zumindest bezogen auf die Angehörigen neutraler Staaten – für einen unmittelbaren Kompensationsanspruch des Individuums gegen die schädigende Kriegspartei:

> Art. 1: „La Partie belligérante qui violera les dispositions de ce Règlement, au préjudice de personnes neutres, sera tenue de dédommager ces personnes du tort qui leur a été causé. Elle sera responsable de tous actes commis par les personnes faisant partie de sa force armée.
> La fixation du dommage causé et de l'indemnité à payer, à moins qu'une indemnisation immédiate en espèces n'ait été prévue, pourra être remise à plus tard, si la Partie belligérante estime que cette fixation est incompatible, pour le moment avec les opérations militaires."

> Art. 2: „Es cas de violation au préjudice de personnes de la Partie adverse, la question de l'indemnisation sera réglée lors de la conclusion de la paix."[174]

Der deutsche Vorschlag stieß auf die prinzipielle Zustimmung der anderen Delegierten, wurde aber wegen der unterschiedlichen Behandlung von Angehörigen neutraler und feindlicher Staaten letztlich nicht realisiert.[175] Bereits deswegen bietet die Diskussion des ersten Entwurfs nur sehr beschränkt Indizien dafür, daß Art. 3 HILKO in seiner endgültigen Fassung subjektive Rechte jedes einzelnen kriegsgeschädigten Individuums gegen die schädigende Kriegspartei begründen sollte.[176] Dagegen lassen sich durchaus Indizien finden, die *gegen* einen derartigen Willen der Vertragsparteien sprechen. Vor allem ist es auffällig, daß im Rahmen des IV. Haager Landkriegsordnung kein internationales Verfahren zur Durchsetzung etwaiger „Individualrechte" aus Art. 3 angedacht worden ist, obwohl das zeitgleich erarbeitete XII. Haager Abkommen über die Errich-

---

[173] Stellungnahme des deutschen Delegierten von Gündell in der 2. Kommission, 1. Unterkommission vom 31. Juli 1907, abgedr. in: A. MECHELYNCK, La Convention de la Haye, 1915, S. 100; siehe auch A. V. FREEMAN, Responsibility of States for unlawful Acts of Their Armed Forces, RdC 88 (1955 II) S. 267, 332.

[174] Zitiert nach MECHELYNCK (Fn. 173), S. 99 f.

[175] C. HOFER, Der Schadenersatz im Landkriegsrecht, Diss. Zürich 1910, S. 12 f.

[176] A.A. F. KARLSHOVEN, State Responsibility for Warlike Acts of the Armed Forces, ICLQ 40 (1991), S. 827, 830, der allerdings später feststellt, daß nur Zivilisten, nicht jedoch Kriegsgefangene und feindliche Kombattanten zum Kreis der unmittelbar durch Art. 3 HLKO Begünstigten gehören sollen (S. 833).

tung eines Internationalen Prisenhofs dem von der Beschlagnahme betroffenen Individuum ein *ius standi* auf internationaler Ebene einräumt.[177]

Art. 3 HLKO hat als völkerrechtliches Novum viel Aufmerksamkeit in der Wissenschaft gefunden, und zwar auch im Hinblick auf die Frage, ob dem Individuum durch das Regelungswerk subjektive Rechte eingeräumt werden. KARLSHOVEN hat jüngst mit Blick auf die Entstehungsgeschichte einen subjektiven Rechtsanspruch geschädigter Zivilisten aus Art. 3 HLKO bejaht.[178] Mit dieser Rechtsauffassung steht KARLSHOVEN allerdings alleine. MAX HUBER macht vor allem systematische Gründe für die Zwischenstaatlichkeit der Ersatzansprüche geltend: „Eine zweite neue Norm, die, wenn schon sie sich materiell auf die Verhältnisse der Kriegsführenden zu der Bevölkerung bezieht, in erster Linie einen Anspruch von Staat zu Staat begründet, betrifft die Entschädigung, die für Verletzungen des Landkriegsreglements zu leisten ist. Dass die hierdurch begründeten Forderungsrechte als zwischenstaatliche gemeint sind, geht schon aus der systematischen Anordnung der Normen hervor: sie fungiert als neuer Artikel in der Konvention betr. die Regeln und Gebräuche des Landkriegs und nicht in dem dieser angehängten Reglemente."[179] HOFER läßt das subjektive Recht des einzelnen an der fehlenden Möglichkeit der eigenständigen Durchsetzbarkeit scheitern,[180] während FREEMAN den Entwicklungsstand des Völkerrechts im Jahr 1907 hervorhebt: „The responsibility is not one which flows directly to any injured individual, but, consistently with orthodox concept, its runs directly to the State of the person injured"[181]. Im Rahmen des ähnlich strukturierten Art. 29 IV. GK stellt PICTET lapidar fest: „Soulignons encore que la Convention

---

[177] Der internationale Prisenhof sollte als Rechtsmittelinstanz gegen die Entscheidungen der nationalen Prisengerichte dienen, die über die Rechtmäßigkeit der Beschlagnahme privater Schiffe durch eine Kriegspartei zu befinden hatte. Das XII. Haager Abkommen trat mangels ausreichender Ratifizierungen nie in Kraft, vgl. J. STONE, Legal Controls of International Conflict, 1954, S. 109.

[178] KARLSHOVEN (Fn. 176), S. 830.

[179] M. HUBER, Die Fortbildung des Völkerrechts auf dem Gebiete des Prozess- und Landkriegsrechts durch die II. internationale Friedenskonferenz im Haag 1907, JöR 2 (1908), S. 470, 574; im Ergebnis ebenso K. STRUPP, Das internationale Landkriegsrecht, 1914, S. 31 („Verletzt ist in der Sache des Art. 3 der Staat.").

[180] HOFER (Fn. 175), S. 68. Vgl. in diesem Zusammenhang auch *Shimoda et al. v. Japan*, Urteil der 24. Zivilkammer des Landgerichts Tokio vom 7. Dezember 1963: „Individualansprüche auf Grund des Völkerrechts sind jedoch (...) erst dann anerkannt, wenn sie durch einen Vertrag vorgesehen werden und wenn zusätzlich völkerrechtlich durch ein Verfahren gewährleistet ist, etwa in Form eines Klagerechts, daß sie im Namen des Einzelnen geltend gemacht werden können." abgedr. in: ZaöRV 24 (1964), S. 711, 731 (dt. Übersetzung).

[181] FREEMAN (Fn. 173).; so auch G. H. ALDRICH, Individuals as Subjects of International Humanitarian Law, in: Essays in honor of Skubiszewski, 1996, S. 851.

n'attribue pas directement à l'individu un droit à réparation; l'Etat est responsable vis-à-vis d'un autre Etat contractant et non pas vis-à-vis de l'individu. Sur ce point, le système classique n'a pas été modifié en 1949."[182] In der internationalen Reparationspraxis des 1. und 2. Weltkrieges findet die Wissenschaft ihre Bestätigung.[183] Die globalen Reparationszahlungen des Deutschen Reichs nach Maßgabe des Versailler Friedensvertrages wird von KIESSELBACH auf den Gedanken einer „nationalen Gesamtentschädigung" zurückgeführt.[184] Er verweist zur Stützung seiner Auffassung auf die unterschiedlichen Verteilungskriterien innerhalb der Empfangsstaaten. EICHHORN sieht in dem staatlichen Verzicht auf die Geltendmachung von Individualansprüchen das entscheidende Indiz für die Verortung des Rechtsanspruchs beim Staat. So haben Italien, Ungarn, Bulgarien, Rumänien und Japan in den Friedensverträgen gegenüber den Alliierten auf die Geltendmachung von Ansprüchen ihrer Staatsangehörigen gegen die Sieger des 2. Weltkrieges verzichtet; dies sei – so EICHHORN – rechtlich nur dann möglich, wenn die Rechte dem Staat und keinem anderen Völkerrechtssubjekt zustünden.[185] Die Auffassung, kriegsbedingte Individualentschädigungsansprüche würden vom zwischenstaatlichen Reparationsanspruch „absorbiert", verlören also auf internationaler Ebene ihren eigenständigen Charakter, läßt sich allerdings nur schwer aus einer distanziert-dogmatischen Betrachtung der völkerrechtlichen Vertragspraxis ableiten. Rechtliche Konstruktionen wie die von DAHM vertretene internationale „Prozeßstandschaft"[186] sowie verschiedene Vertretungs- und Abtretungsmodelle[187] lassen den rechtlichen Aussagegehalt der Reparationspraxis verschwimmen. Die Identifizierung des Anspruchsinhabers wird im kriegesrechtlichen Kontext zudem dadurch erschwert, daß die Rechtsauffassung der Staaten schwanken. So haben beispielsweise die Vereinigten Staaten im Fall der deutsch-amerikanischen Claims Commission (1923) erklärt, sie mache vor der Kommission die Schadensersatzansprüche aus dem 1. Weltkrieg gegen den ehemaligen Kriegsgegner Deutschland *zugunsten* („on

---

[182] J. S. PICTET, Commentaire IV, La Convention de Genève, 1956, Art. 29, S. 227.

[183] Hierzu ausführlich KUBE (Fn 82), S. 60 ff.

[184] W. KIESSELBACH, Probleme und Entscheidungen der Deutsch-Amerikanischen Schadens-Commission, 1927, S. 14 f.; ihm folgend B. W. EICHHORN, Reparationen als völkerrechtliche Deliktshaftung, 1992, S. 76; B. KEMPEN, Der Fall Distomo: griechische Reparationsforderungen gegen die Bundesrepublik Deutschland, in: FS Steinberger, 2002, S. 179, 187; siehe hierzu das Urteil des BGH vom 26. Juni 2003 (Distomo-Fall), NJW 2003, S. 3488: Das Gericht befand, daß nach der im 2. Weltkrieg gegebenen Rechtslage etwaige Schadensersatzansprüche nach Art. 3 HLKO nicht den einzelnen geschädigten Personen sondern nur deren Heimatstaat zustanden.

[185] EICHHORN (Fn. 184), S. 78.

[186] DAHM (Fn. 161), S. 255 ff.

[187] So z.B. H. J. CAHN, Das Kriegsschadensrecht der Nationen, Bd. I 1, Buch, 1947, S. 7.

behalf of“) der einzelnen Geschädigten geltend.[188] Dem entstehenden Eindruck des Handels der Vereinigten Staaten im Namen seiner Staatsangehörigen – also in Prozeßvertretung – wirkte die Kommission schnell entgegen, indem sie feststellte: „Die Vereinigten Staaten sind Kläger: Obwohl internationale Schiedsgerichtsverfahren zugunsten der betreffenden Staatsangehörigen geführt werden, sind die Regierungen die wirklichen Parteien.“[189] Diese Aussage der deutsch-amerikanischen Claims Commission hilft bei der Interpretation des Art. 3 HLKO allerdings nur bedingt weiter, da im konkreten Fall die Entschädigungsansprüche durch den völkerrechtlichen Vertrag zwischen dem Deutschen Reich und den Vereinigten Staaten vom 25. August 1921 i.V.m. dem Vertrag von Versailles begründet wurden.

Die nahezu einhellige Auffassung, daß weder das Haager noch das Genfer Recht subjektive Individualansprüche gegen die schädigende Kriegspartei begründen, wirft ein besonderes Licht auf die Schadensregulierung der Vereinten Nationen im Rahmen von ONUC. Die Vereinten Nationen hatten ihre völkerrechtliche Verantwortlichkeit für die Verletzung kriegsrechtlicher Normen öffentlich akzeptiert.[190] Beim Abschluß der Globalentschädigungsabkommen konnten sie sich freilich nicht der Erkenntnis verschließen, daß bei klassischem Verständnis der kriegsrechtlichen Kodifikationen nicht das Individuum, sondern der Heimatstaat Inhaber etwaiger völkerrechtlicher Kompensationsansprüche gegen die Vereinten Nationen wäre. Aus diesem Grunde machte die Organisation die völkerrechtliche Aufwertung der Position des Individuums zum Gegenstand einer völkerrechtlichen Abrede mit den Heimatstaaten („Following consultations, the Belgian Government agreed to act as an intermediary“[191]). In dem Einverständnis der Heimatstaaten in die partielle Völkerrechtssubjektivität ihrer Staatsangehörigen liegt zugleich ein Verzicht auf die Geltendmachung *eigener* völkerrechtlicher Ansprüche wegen der völkerrechtswidrigen Schädigung der Staatsangehörigen.[192] Als *lex specialis* überlagert die völkerrechtliche Eini-

---

[188] KIESSELBACH (Fn. 184), S. 14.

[189] Administrative Decision No. II vom 1. November 1923, KIESSELBACH (Fn. 184), S. 177, 179.

[190] Vgl. vor allem die Stellungnahme des Generalsekretärs zur Rechtfertigung des Abschlusses von Globalentschädigungsabkommen: UN-Doc S/6597 (Fn. 71), S. 157; siehe hier auch S. 309 ff.

[191] Siehe Fn. 167.

[192] Soweit Individuen wegen kriegsbedingter Schäden direkt von den Vereinten Nationen befriedigt worden sind, hat der Heimatstaat bereits aus diesem Grunde sein eigenes Recht auf Ausübung diplomatischen Schutzes verloren (sog. „local remedies rule“), siehe A. A. C. TRINDADE, Exhaustion of Local Remedies and the Law of International Organization, Revue de Droit International 57 (1979), S. 81, 84; J. P. RITTER, La Protection Diplomatique à l’égard d’une Organisation Internationale, AFDI 8 (1962), S. 426, 454.

gung zwischen den Heimatstaaten und den Vereinten Nationen etwaige völkerrechtliche Normen klassischen Zuschnitts, die von der Mediatisierung des Individuums auf internationaler Ebene ausgehen. Rechtsgrund der völkerrechtlichen Verantwortlichkeit der Vereinten Nationen *gegenüber Individuen* ist damit die Pflichtenstellung der Vereinten Nationen aus dem internationalen Kriegsrecht i.V.m. der speziellen Abrede mit den Heimatstaaten. Im Bereich des Völkergewohnheitsrechts kann die Regulierungspraxis der Vereinten Nationen und der Heimatstaaten schließlich als beginnende neue Übung (consuetudo) angesehen werden, basierend auf einer sich wandelnden Rechtsüberzeugung (opinio iuris sive necessitatis) im Hinblick auf die partielle Völkerrechtssubjektivität von Individuen in Kriegszeiten.

c) Dispositionsbefugnis der Heimatstaaten über die Individualansprüche

Die Zuweisung eines internationalen Entschädigungsanspruchs an die ONUC-geschädigten Individuen führt im Rahmen des diplomatischen Schutzes zu einem Folgeproblem – der Dispositionsbefugnis der Heimatstaaten über eben diesen Anspruch. Die Schweiz, die Vereinigten Staaten und das Vereinigte Königreich hatten sich auf den Standpunkt zurückgezogen, sie könnten aufgrund ihrer *innerstaatlichen* Rechtslage nicht auf völkerrechtlicher Ebene über die Ansprüche ihrer Staatsangehörigen disponieren. Die genannten Staaten holten vor Abschluß der Globalentschädigungsabkommen das Einverständnis der geschädigten Staatsangehörigen in die Höhe der von den Vereinten Nationen angebotene Entschädigung ein.[193] Zum anderen drangen das Vereinigte Königreich und die Vereinigten Staaten gegenüber den Vereinten Nationen auf eine Sondervereinbarung, die den nicht bedachten Staatsangehörigen die Möglichkeit eröffnete, gegen die Vereinten Nationen auch weiterhin materielle Ansprüche zu erheben, wenn auch ohne flankierenden diplomatischen Schutz.[194]

Nicht nur die Schweiz, das Vereinigte Königreich und die Vereinigten Staaten sprachen sich gegen eine Verfügung über Individualansprüche durch die Globalentschädigungsabkommen aus. Auch Belgien äußert sich in diesem Sinne, wenn auch nicht explizit gegenüber den Vereinten Nationen. Außenminister SPAAK betonte gegenüber dem belgischen Parlament kurz vor Unterzeichnung des Globalabkommens: „C'est une affaire entre l'O.N.U. et les intéressés, lesquels restent absolument libres – c'est en quoi leurs droits n'ont été atteints en rien – de refuser l'indemnité que l'O.N.U. leur offre et de poursuivre l'O.N.U. devant telle ou telle juridiction devant laquelle ils croient possible d'obtenir la

[193] S. hierzu ausführlich S. 318 ff.
[194] Anders im Fall der Schweiz, s. Fn. 81.

réparation de leurs dommages."[195] Die Behauptung SPAAKs, alle Rechte der geschädigten Belgier gegen die Vereinten Nationen würden trotz des Abschlusses des Globalentschädigungsabkommens gültig bleiben, zeigt, daß Belgien grundsätzlich nicht über die materiellen Ansprüche seiner Staatsangehörigen verfügen wollte, daß also der Abschluß des Globalentschädigungsabkommens für sich genommen nicht zum Erlöschen aller materieller Individualansprüche gegen die Vereinten Nationen führen sollte. Diese Grundeinstellung schlägt sich auch im belgischen Durchführungsgesetz vom 14. April und 7. Mai 1965 nieder. Hiernach verzichteten nur diejenigen Individuen *ipso iure* auf jede weitere Inanspruchnahme der Vereinten Nationen, die nach den Vorgaben des Gesetzes eine angebotene Entschädigung auch angenommen hatten.[196] Es spricht einiges dafür, daß die Vereinten Nationen dem belgischen Globalschädigungsabkommen eine anderen Bedeutung beigemessen haben – vor allem seinem siebten Absatz:

> Abs. 7: „L'acceptation du versement susmentionné constitue le règlement forfaitaire et définitif entre la Belgique et les Nations Unies de toutes les questions qui font l'objet de la présente lettre. Il est entendu que ce règlement ne concerne pas les réclamations résultant des liens contractuels entre les requérants et l'Organisation (...)."

Bereits der Wortlaut der zitierten Vertragspassage spricht für eine endgültige materielle Verfügung Belgiens über die Individualansprüche gegen die Vereinten Nationen mit der Folge, daß diese nicht mehr direkt gegen die Vereinten Nationen vorgehen konnten. Im übrigen läßt sich nur auf Basis dieses Verständnisses erklären, warum aus Sicht der Vereinten Nationen eine vom belgischen Modell abweichende Sondervereinbarung mit der Schweiz, den Vereinigten Staaten und dem Vereinigten Königreich nötig war, also mit den Staaten, die eine Verfügung über die Individualansprüche abgelehnt hatten.

Wenn aber das belgische Globalentschädigungsabkommen als materielle Verfügung Belgiens über die Individualansprüche interpretiert werden muß, dann stellt sich zwangsläufig die Folgefrage, ob die belgische Regierung zu dieser Verfügung völkerrechtlich überhaupt befugt war. Diese Frage stellt sich nur dann nicht, wenn der Staat auf internationaler Ebene *eigene* internationale Ansprüche wegen Schädigung seiner Staatsangehörigen geltend macht; die Verfügungsbefugnis über eigene Rechte steht im internationalen Recht außer Diskussion. Aus diesem Grunde schließt die Wissenschaft häufig vom Verzicht eines Staates auf die zwischenstaatliche Geltendmachung von Individualschäden auf

---

195 Zitiert nach SALMON (Fn. 74), S. 489

196 SALMON (Fn. 74), S. 491 (Wortlaut des Gesetzes), s. auch HARPIGNIES (Fn. 134) S. 543, dort Fn. 6 (c).

die Zuordnung des erloschenen Kompensationsanspruchs zum Staat.[197] Einen anderen Weg beschreitet das Landgericht Tokio. Das Gericht mußte sich mit der Frage auseinandersetzen, ob Japan auf die Geltendmachung von Individualschäden verzichten durfte, die durch den Abwurf der Atombomben auf Hiroshima und Nagasaki entstanden waren.[198] Das Gericht führt in der Begründung seines abweisenden Urteils u.a. aus: „Es wird die Auffassung vertreten, der Staat könne nicht auf Ansprüche seiner Staatsangehörigen, die als eigene Rechtssubjekte eine unabhängige Existenz besäßen, verzichten. Wenn die hier erwähnten Ansprüche der Staatsangehörigen Ansprüche auf Grund des Völkerrechts bedeuten, trifft dieser Gedanke zu. Der Staat kann jedoch auf solche Ansprüche verzichten, die auf Grund seines innerstaatlichen Rechts gewährt sind. Der Staat kann nämlich in Ausübung seiner Hoheitsgewalt in einem bestimmten innerstaatlichen Verfahren Rechte und Pflichten seiner Angehörigen begründen, ändern und aufheben."[199] Auf diese innerstaatliche Dispositionsbefugnis des Staates über Vermögenswerte der Staatsangehörigen verweist auch DAHM im Rahmen seiner Theorie von der internationalen „Prozeßstandschaft" des Heimatstaates.[200] Der Hinweis DAHMs auf die Befugnisse der Staaten, einseitig über private Vermögenswerte der Staatsangehörigen auf internationaler Ebene zu verfügen, vermag allerdings im Hinblick auf *internationale* Individualrechte nicht zu überzeugen. Denn im internationalen Recht ist das Individuum als eigenständiges Völkerrechtssubjekt gerade nicht der Hoheitsgewalt seines Heimatstaates unterworfen; das Völkerrecht geht prinzipiell von der Gleichordnung seiner Völkerrechtssubjekte aus. Aus diesem Gleichordnungsverhältnis zieht das Landgericht Tokio die rechtliche Schlußfolgerung, daß der Heimatstaat nicht über die *internationalen* Rechtspositionen seiner Staatsangehörigen zu ihren Lasten verfügen darf.

Im Fall der Globalentschädigungsabkommen zwischen den Vereinten Nationen und den Heimatstaaten ist aber zu bedenken, daß ein subjektives Recht des Individuums auf Kompensation gerade nicht in der Intention der Schöpfer des Haager und Genfer Rechts lag.[201] Die Rechtsstellung der ONUC-geschädigten Individuen basierte ausschließlich auf einer Sondervereinbarung zwischen ihren Heimatstaaten und den Vereinten Nationen.[202] Individuen, die ihre Rechtsstel-

---

197 Siehe die Argumentation EICHHORNs, hier S. 342 mit Quellenachweis.

198 Siehe die Verzichtsklausel des japanischen Friedensvertrages vom 8. September 1951, UNTS Bd. 136, S. 46 ff.

199 Landgericht Tokio (Fn. 180), S. 730. Das Landgericht Tokio lehnte im Ergebnis einen subjektiven internationalen Schadensersatzanspruch der japanischen Staatsbürger mangels Durchsetzbarkeit auf internationaler Ebene ab.

200 DAHM (Fn. 161), S. 260, siehe hier zu seinen Thesen ausführlich S. 336 ff.

201 Siehe S. 339 ff.

202 Siehe S. 343.

lung nur auf Basis des Konsenses rechtsetzungsbefugter Völkerrechtssubjekte erlangen, können bis zur Grenze von *ius cogens* ihre internationale Rechtsstellung durch *actus contrarius* wieder verlieren. Im Rahmen der UN-Globalentschädigungsabkommen entsteht folglich die ungewöhnliche Situation, daß die Sondervereinbarung dem Individuum einen internationalen Anspruch auf Wiedergutmachung gegen die Vereinten Nationen einräumt, dieses subjektive Recht aber durch den Abschluß des Globalentschädigungsabkommens „verbraucht" wird, weil der oben zitierte Abs. 7 des Abkommens[203] eine treuhänderische Verfügung des Heimatstaates über alle individuellen Ersatzansprüche zum Gegenstand hat. Diese Interpretation der Globalentschädigungsabkommen leidet an einer gewissen Widersprüchlichkeit, die Außenminister SPAAK mit seinem Hinweis auf die unangetasteten Rechte der geschädigten belgischen Staatsangehörigen erkennbar vermeiden wollte. Seine Position zum Vertragsschluß Belgiens und zu den „unverbrauchten" Individualrechten läßt sich nur im Sinne einer Verfahrensherrschaft des belgischen Staates schlüssig erklären. Als Heimatstaat durfte Belgien aus eigenem internationalen Recht über den Umfang seiner Schutzleitung disponieren. Im Sinne dieser Verfahrensherrschaft konnte Belgien völkerrechtlich mit den Vereinten Nationen vereinbaren, die internationalen Ansprüche ihrer Staatsangehörigen *nicht* oder nur *teilweise* geltend zu machen.[204] Ein derartiger Verzicht führte zum Erlöschen des internationalen Rechts auf Schutzgewährung, d.h. Belgien war es in Folge seiner Einigung mit den Vereinten Nationen rechtlich verwehrt, auf internationaler Ebene die unberücksichtigten Fälle erneut gegenüber den Vereinten Nationen aufzugreifen. Die Verfahrensherrschaft des belgischen Staats im Rahmen des diplomatischen Schutzes sollte aber keine materiellrechtlichen Auswirkungen auf die Rechtsposition der geschädigten Staatsbürger haben. Nach Auffassung Belgiens waren diese nicht daran gehindert, aus *eigenem* Recht ihre internationalen Ansprüche gegenüber den Vereinten Nationen geltend zu machen. Dazu bedurfte es nur eines materiell begründeten und nicht befriedigten Schadensersatzanspruchs sowie ein internationales Forum zur Durchsetzung dieses Anspruchs gegen die Vereinten Nationen. Das so verstandene Konzept des diplomatischen Schutzes wurde auch vom belgischen Zivilgericht in der Rechtssache MANDERLIER vertreten, unter ausdrücklichem Hinweis auf die entsprechende Rechtsauffassung der belgischen Regierung:[205] „It is open to the plaintiff not to accept the benefit of the international Agreement of 20 February 1965 (…) and to act directly against the U.N.; but in the absence of any appropriate court set up in pursuance of Section 29 of

---

[203] Siehe S. 345.

[204] Vgl. die Sonderabkommen der Vereinten Nationen mit dem Vereinigten Königreich und den Vereinigten Staaten, hier S. 318 ff.

[205] Siehe hierzu S. 327 ff.

the Convention of 13 February 1956, then as the Minister for Foreign Affairs has most judiciously pointed out, one cannot see where the U.N: could be sued, nor how, nor on what legal basis, so long as it shelters behind its immunity from jurisdiction."[206]

5. Primärrecht

a) Anwendbarkeit des Kriegsvölkerrechts

Die Frage, ob und in welchem Ausmaß die Vereinten Nationen an die Normen des Kriegsrechts bzw. humanitären Völkerrechts[207] gebunden sind, gehört zu den kontrovers diskutierten Rechtsfragen in Zusammenhang mit dem weltweiten militärischen Engagement der Vereinten Nationen.[208] Erstmalig wurde der akademische Disput mit dem ONUC-Einsatz im Kongo praktisch relevant. Angesichts der ausgedehnten Kämpfe im Kongo, die von ONUC unter Einsatz

---

[206] Tribunal Civil de Bruxelles, Urteil vom 11. Mai 1966 (Übersetzung), ILR 45 (1972), S. 446, 455.

[207] Der Begriff des humanitären Völkerrechts wird in der Wissenschaft wegen des primär humanitären Charakters des „Genfer Rechts" mit den vier Genfer Konventionen von 1949 und den beiden Zusatzprotokollen von 1977 verbunden. Dagegen wird das „Haager Recht" als Kriegsvölkerrecht bezeichnet, da in diesen Konventionen das Recht der Kriegsführung im Fordergrund steht, J. PICTET, The Principles of International Humanitarian Law, 1966, S. 10. In neuerer Zeit wird diese terminologische Unterscheidung kritisiert: R. BINDSCHEDLER, Die Vereinten Nationen und das Kriegsrecht, FS Andrassy, 1968, S. 78, 84; Nachfolgend werden die Begriffe synonym verwendet, ohne daß mit der einen oder anderen Bezeichnung eine spezielle Konvention angesprochen werden soll.

[208] Ältere Literatur, speziell bezogen auf die Rechtslage zur Zeit des ONUC-Einsatzes: BOWETT (Fn. 37), S. 222 ff, 484 ff.; G. I. A. D. DRAPER, The Legal Limitations upon the Employment of Weapons by the United Nations Force in the Congo, ICLQ 12 (1963), S. 387 ff.; F. SEYERSTED, United Nations Forces, 1966, S. 178 ff.; SIMMONDS (Fn. 4), S. 168 ff. Neuere Literatur: C. EMANUELLE, Les forces des Nations Unies et le droit international humanitaire, in: The United Nations and International Humanitarian Law, Université de Genève (Hrsg.), 1996, S. 345 ff.; R. D. GLICK, Lip service to the law of war, MJIL 17 (1995), S. 53 ff.; CH. GREENWOOD, International Humanitarian Law and United Nations Military Operations, in: YIHL 1 (1998), S. 3 ff.; G. J. VAN HEGELSOM, The Law of Armed Conflict and United Nations Peace-Keeping and Peace-Enforcement Operations, HYIL 6 (1993), S. 45 ff.; H. RISSE, Der Einsatz militärischer Kräfte durch die Vereinten Nationen und das Kriegsvölkerrecht, 1888, passim.; D. SCHINDLER, United Nations and International Humanitarian Law, in: Swinarski (Hrsg.), Etudes et essais sur le droit international humanitaire et sur les principes de la Croix-Rouge en l'honneur de Jean Pictet, 1984, S. 521 ff.; D. SHRAGA, The United Nations as an Actor Bound by International Humanitarian Law, Peacekeeping 5 (1998), S. 64 ff.; auch abgedr. in: The United Nations and International Humanitarian Law, Université de Genève (Hrsg.), 1996, S. 319 ff.

von Mörsern, Panzerfäusten, Luftabwehrgeschützen und Maschinengewehren geführt wurden und mit entsprechenden Folgen für Mensch und Material verbunden waren,[209] stellte sich für alle Beteiligten drängend die Frage nach der Rechtsbindung der Vereinten Nationen an die Regeln des Kriegsrechts.[210] Vor allem die Kampfhandlungen in Katanga Ende 1961 bis Anfang 1963 führten zu einer Vielzahl von Opfern unter der Zivilbevölkerung und zur Zerstörung von zivilen Einrichtungen. Diese Ereignisse nahm der belgische Außenminister zum Anlaß, am 9. Dezember 1961 in einem offenen Telegramm an den UN-Generalsekretär die volle Beachtung der Genfer Konventionen von 1947 durch die Vereinten Nationen zu fordern: „(1) On several occasions, civilians could not be removed from areas of military operations, despite urgent request; in particular, the urgent representations of the delegate of the International Red Cross for the evacuation of persons trapped in the new hospital met with no response. (2) Hospitals have been hit, not by isolated shells, but by mortar fire apparently aimed at them, resulting in the wounding of hospital staff and in heavy damage and leading the protest by Mr. Olivet[211], delegate of the International Red Cross. (3) Civilians not taking part on any military operation have been wounded or even killed in their homes by mortar and machine-gun fire."[212] Die Erwiderung des Generalsekretärs U THANT vom 15. Dezember 1961 zeichnet sich vor allem dadurch aus, daß er die Vereinten Nationen zwar gegen die einzelnen Vorwürfe verteidigt, allerdings auf ihre Bindung an die Genfer Konvention nicht explizit eingeht.[213]

Die Frage nach der Anwendbarkeit kriegsrechtlicher Normen auf den ONUC-Einsatz, der unter dem ausschließlichen militärischen Kommando der Vereinten Nationen stand, berührt zwei Problemkreise: Zum einen stellt sich die Frage, ob die Vereinten Nationen als Internationale Organisation überhaupt fähig sind, Träger von Rechten und Pflichten aus dem Kriegsvölkerrecht zu sein. Zum anderen ist zu klären, ob und in welchem Umfang die Organisation im Verhältnis zu anderen Völkerrechtssubjekten zum Zeitpunkt des ONUC-Einsatzes an kriegsrechtliche Normen gebunden war. Die Feststellung der Kriegsrechtsfähigkeit als Teilbereich der Völkerrechtsfähigkeit bereitet im Fall der Vereinten Nationen keine Probleme. Die Mitgliedstaaten der Vereinten Nationen haben der Organisation durch ihre Satzung partielle Völkerrechtsfähigkeit zugesprochen,

---

209 BOWETT (Fn. 37), S. 222; UNEF I war im Gegensatz dazu lediglich mit leichten Waffen ausgerüstet.

210 Im Rahmen des Korea-Einsatzes wurde die Frage der Bindung an das Kriegsrecht nur im Hinblick auf die Teilnehmerstaaten thematisiert, vgl. hier S. 186 ff.

211 Zum Fall OLIVET siehe S. 313 f.

212 SCOR 16th Year, Suppl. Oct. – Dec. 1961, S. 192.

213 Siehe SCOR (Fn. 212), S. 192 ff.

d.h. die Fähigkeit, im Rahmen ihrer expliziten und impliziten Kompetenzen Träger von Rechten und Pflichten aus dem Völkerrecht zu sein.[214] Zu den Kompetenzen der Vereinten Nationen gehört nach Art. 42 ff. UN-Charta der Einsatz von militärischen Truppen für die Durchführung militärischer Zwangsmaßnahmen. Auch wenn nie ein Sonderabkommen nach Art. 43 UN-Charta abgeschlossen worden ist, besitzen die Vereinten Nationen seit ihrer Gründung die völkerrechtliche Fähigkeit, militärische Streitkräfte unter eigenem militärischen Kommando zu führen. Notwendiger Annex dieser Kompetenz ist die Fähigkeit der Vereinten Nationen, durch Beitritt zu kriegsrechtlichen Kodifikationen, durch Völkergewohnheitsrecht oder durch einseitige Bindungserklärung zum Träger von kriegsrechtlichen Rechten und Pflichten zu werden.[215] Dieser Befund weist den Weg zu der wesentlich komplexeren zweiten Frage: Waren die Vereinten Nationen zum Zeitpunkt des ONUC-Einsatzes im Verhältnis zu anderen Völkerrechtssubjekten an kriegsrechtliche Normen gebunden? Damals wie heute sind die Vereinten Nationen den großen kriegsrechtlichen Kodifikationen ferngeblieben, d.h. zum Zeitpunkt des ONUC-Einsatzes war die Organisation weder Vertragspartei der IV. Haager Landkriegsordnung von 1907 noch der vier Genfer Abkommen von 1949[216].

Es wäre zweifelsohne zu kurz gegriffen, die Passivität der Vereinten Nationen auf mangelndes Problembewußtsein zurückzuführen.[217] Die Organisation war sich der Bedeutung der genannten Konventionen für ihre eigenen friedenssichernden Aktivitäten durchaus bewußt, wie Art. 43 ONUC-Truppenstatut zeigt:

> Art. 43: „The Force shall observe the principles and spirit of the general international Conventions applicable to the conduct of military personnel."

---

[214] Zur Völkerrechtsfähigkeit Internationaler Organisationen S. 55 ff.

[215] RISSE (Fn. 208), S. 73; M. BOTHE, Droit de la Guerre et les Nations Unies. A propos des incidents armés au Congo, in: Etudes et Travaux de L'Institut Universitaire des Hautes Etudes Internationales, No. 5, Genève 1967, S. 135, 191; M. BOTHE/TH. DÖRSCHEL, in: Fleck (Hrsg.), The Handbook of The Law of Visiting Forces, 2001, S. 487, 500.

[216] GASSER konstruiert die Bindung der Vereinten Nationen an die Konvention über die vertragliche Bindung ihrer Mitgliedstaaten: H. P. GASSER, Die Anwendbarkeit des humanitären Völkerrechts auf militärische Operationen der Vereinten Nationen, Revue suisse de droit international et de droit européen 5 (1994), S. 443, 462 ff. Während des ONUC-Einsatzes existierten noch nicht die zwei Zusatzprotokolle zur GK von 8. Juni 1977 über (I) den Schutz der Opfer internationaler bewaffneter Konflikte (UNTS Bd. 1125, S. 3 ff.) und über (II) den Schutz der Opfer nicht internationaler bewaffneter Konflikte (UNTS Bd. 1125, S. 609 ff.).

[217] Die Vereinten Nationen stellen sich auf den Rechtsstandpunkt, der Wortlaut der Konventionen erlaube nicht den Beitritt einer Internationalen Organisation; dem wird in der Literatur widersprochen: P. DE VISSCHER, Les conditions d'application des lois de la guerre aux opérations miliaires des Nations Unies, AnnIDI 54 I (1971), S. 1, 43.

Auch wenn das ONUC-Truppenstatut erst im Juli 1963 vom UN-Generalsekretär ausgegeben worden ist – also zeitlich nach dem militärischen Engagement ONUCs – ist die zitierte Vorschrift keine Reaktion auf etwaige zweifelhafte Kriegsführungspraktiken von ONUC.[218] Art. 43 ONUC-Truppenstatut übernimmt vielmehr wörtlich Art. 44 UNEF-Truppenstatut, ist insofern also eine standardisierte Formel für das Truppenverhalten im Rahmen von Peace-keeping-Einsätzen. Bemerkenswert ist in diesem Zusammenhang, daß das ONUC-Statusabkommen – ebenso wie das UNEF-Statusabkommen – keine vergleichbare Vorschrift enthält.[219] Auch der Sicherheitsrat hat sich bei der Festlegung des internationalen Mandats von ONUC nicht zur Anwendbarkeit der internationalen Normen des Kriegsrechts geäußert, auch nicht im Rahmen der SC-Res. 169, die das Recht ONUCs zur Anwendung von Waffengewalt bei der Durchsetzung des Mandats erheblich erweitert.[220] Dieser Befund ist im Hinblick auf die Bindung der Vereinten Nationen an die Normen des Kriegsrechts zum Zeitpunkt des ONUC-Einsatzes bedeutsam. Das Truppenstatut ist als internes Organisationsrecht ausschließlich an ONUC-Militäreinheiten und einzelne Peace-keeping-Soldaten adressiert. Auch wenn Art. 43 ONUC-Truppenstatut als Selbstverpflichtung der Vereinten Nationen verstanden werden kann, entfaltet diese interne Willenserklärung in der Völkerrechtssphäre gegenüber dritten Parteien – dem militärischen Gegner und den geschädigten Individuen – keine unmittelbare Rechtswirkung.[221] Außenwirkung erlangt das Truppenstatut nur in den Fällen, in dem es in die einzelnen Truppenabkommen integriert wird. Dann sind die Vereinten Nationen zumindest im Verhältnis zum Entsendestaat explizit zur Beachtung des Kriegsvölkerrechts verpflichtet.[222] Der Nachweis dieser völkerrechtlichen Bindung wird allerdings nicht in jedem Einzelfall zu erbringen sein, da die Vereinten Nationen oft keine förmlichen Truppenabkommen mit den Entsendestaaten abschließen, so auch im Fall von ONUC.[223]

---

[218] Der Vorwurf von „Kriegesverbrechen“ seitens ONUC wird z.B. in dem Booklet „46 Angry Men“ erhoben; kritisch hierzu BOWETT (Fn. 37), S. 22, dort Fn. 94.

[219] Erst 1992 haben sich die Vereinten Nationen gegenüber dem ICRC bereit erklärt, die Verpflichtung auf die Beachtung der Genfer Konventionen in die Statusabkommen künftiger Peace-keeping-Streitkräfte einzufügen, SHRAGA (Fn. 208), S. 68; dagegen wurde eine entsprechende Vorschrift im Truppenabkommen mit den Entsendestaaten bereits bei UNFICYP eingefügt.

[220] Wortlaut S. 299.

[221] Wie hier SHRAGA (Fn. 208), S. 68; a.A. RISSE (Fn. 208), S. 121.

[222] M. HESS, Anwendbarkeit des humanitären Völkerrechts, insbesondere in gemischten Konflikten, Zürich 1985, S. 24 dort Fn. 61.

[223] BOWETT, (Fn. 37), S. 205.

Da die Vereinten Nationen den kriegsrechtlichen Konventionen offenkundig ferngeblieben sind, dreht sich der Streit in der Wissenschaft um die Geltung des *völkergewohnheitsrechtlichen* Substrats kriegsrechtlicher Kodifikationen. Problematisch ist in diesem Kontext, daß das einschlägige Völkergewohnheitsrecht – wie schon das inhaltsgleiche Vertragsrecht – nach klassischem Verständnis primär auf bewaffnete Konflikte zwischen Staaten bzw. de facto-Regimen ausgerichtet ist. So ist die Straf- und Disziplinargewalt über die Soldaten der Dreh- und Angelpunkt für die Sicherstellung der Normbeachtung; diese Kompetenzen sind aber bisher bei keinem UN-Einsatz von den Entsendestaaten auf die Vereinten Nationen übertragen worden.[224] Hinzu kommt, daß es mit dem friedenssichernden Charakter der UN-Militäraktionen unvereinbar scheint, der Weltorganisation den Status einer Kriegspartei beizumessen, zumal diese bereits nach ihrer Satzung nur im Gemeininteresse militärisch tätig werden darf, niemals im Eigeninteresse. Getragen von diesen Bedenken stellte die American Society of International Law im Jahr 1952 fest: „The Committee agrees that the use of force by the United Nations to restrain aggression is a different nature from war-making by a state. The purposes for which the laws of war were instituted are not entirely the same as the purposes of regulating the use of force by the United Nations. This we may say without deciding whether United Nations enforcement action is war, police enforcement of criminal law, or *sui generis*. In the present circumstances, then, the proper answer would seem to be, for the time being, that the United Nations should not feel bound by all the laws of war, but should select such of the laws of war as may seem to fit its purpose, ...“[225]

Im Kontext einer bewaffneten Auseinandersetzung erscheint es allerdings unangemessen, einer Partei die Kompetenz der Auswahl aus dem kriegsrechtlichen Normenbestand einzuräumen, wie es die American Society of International Law erkennbar favorisiert. Insofern birgt die Bindung der Vereinten Nationen an das Völkergewohnheitsrecht den Vorteil, daß es auf eine ausdrückliche Unterwerfungserklärung seitens der Vereinten Nationen nicht ankommt. Speziell im Fall der ONUC-Mission erscheint allerdings diese rechtliche Absicherung gegen eine latente „Bindungsunwilligkeit“ der Vereinten Nationen kaum notwendig. Generalsekretär U THANT hat gegenüber dem Internationalen Komitee vom Roten Kreuz anläßlich des ONUC-Einsatzes ausdrücklich erklärt, „que l'Organisation des Nations Unies respecterait les principes des Conventions humanitaires internationales.“[226] Im Einklang mit diesem völkerrechtlich verbindli-

---

224 Siehe S. 303 ff.

225 AMERICAN SOCIETY OF INTERNATIONAL LAW, Proceedings 1952, S. 220.

226 RevICR 43 (1963), S. 593; siehe auch das Memorandum des ICRC vom 10. November 1961, abgedr. in: F. SEYERSTED, United Nations Forces, 1966, S. 191.

chen Versprechen gestatteten die Vereinten Nationen den Vertretern des Internationalen Komitees vom Roten Kreuz als „detaining power" den Zugang zu ihren Kriegsgefangenenlagern.[227] Ebenso konsequent legten die Vereinten Nationen – in Abstimmung mit den Heimatstaaten der ONUC-geschädigten Individuen – die primärrechtlichen Normen der Haager Landkriegsordnung von 1907 und der Genfer Konventionen von 1949 ihrer Haftung zugrunde.[228] An der prinzipiellen völkerrechtlichen Bindung der Vereinten Nationen an die genannten Konventionen, d.h. an ihre Anwendbarkeit *mutatis mutandis* auf den ONUC-Einsatz, kann angesichts der Praxis der Vereinten Nationen kein Zweifel bestehen. Die Vereinten Nationen haben ihre internationale Pflicht auf die Einhaltung der Regeln gegenüber anderen Völkerrechtssubjekten anerkannt und die entsprechenden Haftungsfolgen akzeptiert. Im Hinblick auf die Gegenseitigkeit der Rechte und Pflichten aus den kriegsrechtlichen Konventionen ist im übrigen festzustellen, daß sowohl die Zentralregierung der Republik Kongo als auch die Provinzregierung Katangas gegenüber dem Internationalen Komitee vom Roten Kreuz ihre Bindung an die vier Genfer Konventionen von 1949 schon Anfang 1961 anerkannt haben.[229]

In Anbetracht des auf ONUC-Haftungsfragen begrenzten Untersuchungszwecks soll hier die Erklärung der Vereinten Nationen gegenüber dem Internationalen Komitee vom Roten Kreuz als Rechtsgrund der Bindung der Vereinten Nationen an das humanitäre Völkerrecht während des ONUC-Einsatzes genügen.[230] Bezogen auf den *Umfang* dieser rechtlichen Bindung ist allerdings nicht zu übersehen, daß die Organisation jede Bezugnahme auf konkrete Vorschriften der Konventionen vermieden hat. Generalsekretär U THANT bezog sich lediglich auf die „Prinzipien" und bleibt damit dem unpräzisen Wortlaut des Art. 43 ONUC-Truppenstatuts treu. Bei der Regulierung der konkreten Schadensfälle konnten die Vereinten Nationen freilich nicht bei dieser vagen Aussage stehen bleiben. Grundsätzlich akzeptierte die Weltorganisation ihre Verantwortlichkeit für zivile Personenschäden, Sachschäden sowie Eigentumsverluste durch Diebstähle und Plünderungen. Rechtlich läßt sich die Haftung der Vereinten Nationen auf Art. 23 lit. c Annex HLKO und Art. 32 IV. GK stützen, die die Tötung und Verwundung von Zivilpersonen untersagen. Die Verantwortlichkeit der Vereinten Nationen für zivile Sachschäden ergibt sich aus Art. 23 lit. g Annex

---

[227] SEYERSTED (Fn. 226), S. 196.
[228] Vgl. hierzu S. 348 ff.
[229] SEYERSTED (Fn. 226), S. 192
[230] Im Hinblick auf die neuere Praxis der Vereinten Nationen s. insb. Secretary-General's Bulletin, Observance by United Nations Forces of International Humanitarian Law, 6. August 1999, UN-Doc. ST/SBG/1999/13, abgedr. in: ILM 38 (1999), S. 1656 ff.; s. hierzu BOTHE/DÖRSCHEL (Fn. 215), S. 500 m.w.N.

HLKO. Die Norm verbietet die Zerstörung und die Wegnahme staatlichen wie privaten Eigentums innerhalb des unbesetzten feindlichen Gebietes[231], es sei denn, daß „diese Zerstörung oder Wegnahme durch die Erfordernisse des Krieges dringend erheischt wird“.[232] Ein absolutes Sachbeschädigungsverbot kennt die Haager Landkriegsordnung in bezug auf unverteidigte Stätten (Art. 25). Art. 23 lit. g Annex HLKO enthält zugleich ein Plünderungsverbot, das noch einmal in Art. 28 Annex HLKO und Art. 33 Abs. 2 IV. GK aufgegriffen wird. Es handelt sich dabei um umfassende Verbotsnormen, die nicht nur organisierte Plünderungen untersagen, sondern auch Diebstähle einzelner Soldaten außerhalb der militärischen Order.[233]

b) Anwendbarkeit des Rechts der besetzten Gebiete

aa) UN-Praxis: Verhaftung und Zwangsausweisung aus dem Kongo

Im Rahmen des ONUC-Einsatzes hatten die Vereinten Nationen eine größere Zahl nichtkongolesischer Staatsangehöriger ohne Gerichtsverhandlung aus dem Kongo ausgewiesen, und zwar wegen mutmaßlicher Tätigkeit als politische Berater, Freischärler (franc-tireur) oder als Mitglied der katangesischen Miliz.[234] Die Ermächtigung zur Ausweisung von militärischen und paramilitärischen Personen sowie politischen Beratern hatte der Sicherheitsrat durch die Resolution 161 (1961)[235] erteilt und durch die Resolution 169 (1961)[236] bekräftigt. Zuvor hatten sich die Mitglieder des Sicherheitsrats intensiv über das Für und Wider einer solchen Ermächtigung auseinandergesetzt. Ausweislich der Protokolle wurden die kriegsrechtlichen Mindeststandards besetzter Gebiete allerdings nicht erörtert. Die Sicherheitsratsdebatte war allein von der Sorge beherrscht, den Vereinten Nationen könnte bei friedenssichernden Maßnahmen ohne Zwangscharakter die Komptenz zur Gewaltanwendung – also die Kompetenz zu Zwangsausweisungen – fehlen.[237] Entsprechende Zweifel wurde im Ergebnis verworfen.

---

[231] Dasselbe Verbot der Sachbeschädigung für besetzte Gebiete findet sich in Art. 46 HLKO Annex und Art. 53 IV. GK.

[232] PICTET (Fn. 182) Art. 53, S. 324, Ziff. 2.

[233] PICTET (Fn. 182), Art. 33, S. 344.

[234] Katanga Cases, April 1962, UN Archives N.Y., Akte Vickers, OLA, Personal injury and property loss and damage claims against UN – 1962, Box 106.

[235] Wortlaut der Resolution mit Fundstellennachweis S. 298.

[236] Wortlaut der Resolution mit Fundstellennachweis S. 299.

[237] Vgl. z.B. die Ausführungen des US-amerikanischen Delegierten STEVENSON im Vorfeld der SC-Resolution Nr. 169: „We favour giving the Secretary-General broad authority to rid Congo of foreign mercenaries. However, the use of force by the United Nations is a most serious matter, as we all know, It should only be authorized in as precise terms as the

Unter Berufung auf die Sicherheitsratsresolutionen 161 und 169 führte ONUC eine Reihe von die Verhaftungen, Vernehmungen und Abschiebungen von nichtkongolesischen Personen durch.[238] Die Maßnahmen betrafen vor allem Personen, die speziell für Militärdienste von der katangesischen Regierung angeworben worden waren, und die ONUC bereits am Flughafen abgefangen hatte.[239] Aber auch eine Reihe im Lande ansässiger Ausländer mußte den Kongo unter Bewachung von ONUC-Soldaten auf dem Luftwege verlassen. Dem Gros der Betroffenen kam als Söldner oder Freischärler ein Kombattantenstatus zu; sie waren also im Machtbereich der Vereinten Nationen als „Kriegsgefangene" i.S.d. Art. 5 der III. Genfer Konvention zu qualifizieren, mit der Folge der Unanwendbarkeit der IV. Genfer Konvention (Art. 4 Abs. 4 IV. GK). Nur in einigen wenigen Fällen ist der Kriegsgefangenenstatus der ausgewiesenen Personen zweifelhaft, z.B. bei Technikern und politischen Beratern.[240] Letztere nahmen zum Teil herausragende Stellungen in der katangesischen Regierung ein und betrieben aus ökonomischem Eigeninteresse vehement die Sezession der Provinz.[241] Diese und andere nichtkongolesische Staatsbürger machten wegen ihrer Zwangsausweisung moralische und materielle Schäden gegen die Vereinten Nationen geltend. Rechtlich lassen sich die Schadensersatzforderungen durchaus im Haager und Genfer Recht verankern: Die IV. Genfer Konvention statuiert im Fall der kriegerischen Besetzung eines Gebietes für geschützte Zivilpersonen ein absolutes Deportationsverbot:

> Art. 49 (1) : „Les transferts forcés, en masse ou individuels, ainsi que les déportations de personnes protégées hors du territoire occupé (...) sont interdits quel qu'en soit le motif."

Security Council can possibly state, *for the protection of the Secretary-General and for universal understanding*. For that reason we would favour a drafting change in operative paragraph 4, deleting the ambiguous phrase 'hostile elements' (…) The phase 'hostile elements' could cause needless alarm and uncertainty as to the intentions of the United Nations, creates a very imprecise authority for the United Nations action." SCOR 16th Year, 978th Meeting, S. 3 Ziff. 12.

238 Vgl. Report to the Secretary-General from his acting Special Representative in the Congo concerning the interrogation of thirty mercenaries (Fn. 234) Ziff. 1 und 2.

239 Siehe die Liste von 30 Söldnern aus dem Vereinigten Königreich, Belgien, Südafrika, Griechenland und Italien, aufgegriffen bei ihrer Ankunft am Flughafen vom Kabalo: Report to the Secretary-General from his acting Special Representative in the Congo concerning the interrogation of thirty mercenaries, UN-Doc. S/4790 vom 14. April 1961, SCOR 16th Year, Suppl. April – June 1961, S. 14 f.; s. zu den gesamten Vorgängen: The Blue Helmets (Fn. 285), 1996, S. 190.

240 Siehe aber auch die durch Art. 5 Abs. 2 IV. GK eingeräumte Möglichkeit, diese Personen aus dem Anwendungsbereich der IV. Genfer Konvention auszuschließen, soweit es aus militärischen Sicherheitsgründen unbedingt erforderlich ist.

241 Vgl. The Blue Helmets (Fn. 285), S. 189.

Art. 49 IV. GK – d.h. das Verbot der Zwangsverbringung außer Landes – wird vor allem wegen seines substantiellen Minderheitenschutzes als eine gewichtige Schutznorm eingestuft, deren Mißachtung eine schwere Konventionsverletzung nach Art. 147 IV. GK darstellt. Das Deportationsverbot steht auch heute noch unter dem Eindruck der Massenvertreibungen des 2. Weltkrieges. Aber nicht nur Massenausweisungen verstoßen gegen Art. 49 IV. GK; die Teilnehmer der Genfer Konferenz hatten sich im Rahmen ihrer Beratungen zu Art. 49 Abs. 1 IV. GK einhellig für ein absolutes Verbot von Einzelzwangsverschickung aus besetzten Gebieten ausgesprochen. Sie sind damit etwaigen Eingrenzungsversuchen im Hinblick auf den verfolgten politischen Zweck der Verbringung oder der Zahl der betroffenen Personen bewußt entgegengetreten.[242]

Die Vereinten Nationen haben ihre rechtliche Verantwortlichkeit für die Verhaftung und Ausweisung der nichtkongolesischen Staatsangehörigen in keinem einzigen Fall akzeptiert. Die ausgewiesenen Personen wurden weder im Rahmen des Globalentschädigungsabkommens bedacht, noch im Wege von Einzelfallkompensationen. Die vorhandenen Dokumente lassen die konkreten rechtlichen Erwägungen der Vereinten Nationen für ihre Rechtsposition im Dunkeln, was angesichts der expliziten Ermächtigung zur Ausweisung durch die Sicherheitsratsresolutionen 161 und 169 kaum verwundert. Das Vorhandensein dieser Resolution verlagert allerdings die Frage nach der Rechtmäßigkeit der Zwangsausweisungen lediglich auf eine andere Ebene. Denn auch die Resolutionen des Sicherheitsrates müssen sich an Art. 49 Abs. 1 IV. GK messen, wenn die Vereinten Nationen an das Kriegsvölkerrecht gebunden sind und ihre Organe zu Handlungen ermächtigen, die in den Schutzbereich dieser Norm fallen.

bb) occupatio bellica

Im Hinblick auf die Anwendbarkeit des 3. Abschnitts der IV. Genfer Konvention (Art. 47 ff.) zum Zeitpunkt des ONUC-Einsatzes gilt der Befund, daß die Vereinten Nationen den entsprechenden Konventionen nicht beigetreten sind.[243] Freilich ließe sich auch hier argumentieren, die Vereinten Nationen seien aufgrund ihrer völkerrechtlich verbindlichen Erklärung an das Haager und Genfer Recht gebunden, und zwar in all seinen Teilen. In der Tat hat der UN-Generalsekretär keine substantielle Differenzierung vorgenommen, als er gegenüber dem Internationalen Komitee vom Roten Kreuz eine entsprechende Erklärung abgab.[244] Allerdings steht das Versprechen der Beachtung des Haager

---

[242] O. M. UHLER, Der völkerrechtliche Schutz der Bevölkerung eines besetzten Gebietes gegen Maßnahmen der Okkupationsmacht, 1950, S. 186, 188.

[243] Allgemein zur Anwendung des Kriegsrechts auf ONUC-Sachverhalte S. 348.

[244] Ausführlich S. 350 f.

und Genfer Rechts in dem Kontext des völkerrechtswidrigen Verhaltens einzelner ONUC-Soldaten im Rahmen der bewaffneten Auseinandersetzung. Die Vereinten Nationen akzeptierten insofern im Außenverhältnis die Verantwortlichkeit für militärisches Verhalten, das im Innenverhältnis ein Verstoß des einzelnen Soldaten gegen Art. 43 ONUC-Truppenstatut[245] dargestellt hätte. Das Recht der besetzten Gebiete knüpft im Gegensatz dazu nicht an das Verhalten einzelner Truppenmitglieder an, sondern an die Hoheitsakte des Besatzungsregimes. Eine Unterwerfung der Vereinten Nationen unter das Recht der besetzten Gebiete hätte damit zur Folge, daß das *internationale Mandat* des Sicherheitsrates an den entsprechenden Normen zu messen wäre. Es dürfte dem UN-Generalsekretär schon an der Organkompetenz fehlen, eine entsprechende einseitige, völkerrechtlich verbindliche Erklärung zu Lasten der Vereinten Nationen abzugeben. Vor allem aber läßt der Kontext der UN-Erklärungen nur die Auslegung zu, daß sich die Vereinten Nationen im Rahmen der ONUC-Mission an diejenigen Normen des Haager und Genfer Rechts gebunden gefühlt haben, die das Verhalten des militärischen Personals regeln. Damit kommt eine Bindung der Vereinten Nationen an das Recht der besetzten Gebiete nur noch im Rahmen des Völkergewohnheitsrechts in Betracht.

Die Frage, ob die Vereinten Nationen überhaupt „Besatzungsmacht" im Sinne des allgemeinen Kriegsrechts sein können, unterscheidet sich strukturell nicht wesentlich von der Frage, ob die Vereinten Nationen bei peace-enforcement Einsätzen „Kriegspartei" sind. Beide Fragen lassen sich nur mit Blick auf die tatsächlichen Aktivitäten der Vereinten Nationen sachgerecht beantworten. So mußten sich die Vereinten Nationen schon 1957 im Rahmen des UNEF I-Einsatzes in Ägypten mit der Frage der Anwendbarkeit des Rechts der besetzten Gebiete auseinandersetzen. Damals stand die Frage der UN-Verwaltung des Gazastreifens nach Abzug der israelischen Armee zur Diskussion.[246] Während die Vereinten Nationen die israelische Armee im Gazastreifen als klassische Besatzungsarmee einstuften,[247] verneinten sie eine entsprechende Stellung der einrückenden UNEF-Streitkräfte: „The occupier has a duty (..) of administering the country according to existing laws and existing rules of administration. (…) the forgoing is enough to indicate what the situation would be if the Force were an occupying army – which it is not, and which it has been stated explicitly it is not."[248]

---

[245] Wortlaut S. 350.

[246] Siehe hierzu G. ROSNER, The United Nations Emergency Force, 1963, S. 87 ff.

[247] Siehe hier S. 236 f.

[248] Brief on UNEF Function in the Gaza Strip, 8. August 1957, UN Archives N.Y., File No. S-0530-0101, UN Emergency Force I, Box DAG-13/3.11.0.0-101.

Die ablehnende Haltung der Vereinten Nationen zu einer etwaigen Funktion als „Quasibesatzungsmacht" ist im konkreten Fall des Gazastreifens rechtlich nachvollziehbar, kann aber nicht verallgemeinert werden. Angesichts der Kompetenz der Vereinten Nationen zur Ergreifung von militärischen Zwangsmaßnahmen gegen einen Mitgliedstaat ist es theoretisch durchaus denkbar, daß die Vereinten Nationen im Zuge einer bewaffneten Auseinandersetzung gegen den Willen des unterlegenen Mitgliedstaates Hoheitsgewalt über Teile des Staatsgebietes ausüben.[249] In diesen Fällen wären die begrifflichen Voraussetzungen, die die Haager Landkriegsordnung in Art. 42 des Annexes mit einer „kriegerischen Besetzung" verbindet, mutatis mutandis erfüllt:[250]

> Art. 42 : „Un territoire est considéré comme occupé lorsqu'il se trouve placé de fait sous l'autorité de l'armée ennemie.
> L'Occupation ne s'étend qu'aux territoires où cette autorité est établie et en mesure de s'exercer."

Die klassische Definition der *occupatio bellica* verlangt (a) eine Kriegspartei, die im Zuge einer (b) bewaffneten Auseinandersetzung (c) Teile des gegnerischen Staatsgebiet effektiv in ihrer Gewalt hat.[251] Die Besatzungsmacht zeichnet

---

[249] Die Diskussion um die Anwendung des Rechts der besetzten Gebiete auf UN-Peacekeeping-Missionen wird vor allem in Zusammenhang mit Gebieten ohne effektive Staatsgewalt geführt (sog. failed state), z.B. im Fall von Somalia. Als 1992 UNITAF (mandatiert durch SC-Res. 794 vom 3. Dezember 1992) unter dem militärischen Oberkommando der Vereinigten Staaten in Somalia stationiert wurde, entschieden sich die Vereinigten Staaten gegen die Anwendung des Rechts der besetzten Gebiete, um keine Verantwortlichkeit für den Aufbau einer staatlichen Infrastruktur übernehmen zu müssen, s. F. M. LORENZ, The U.S. Perspective of Operation Restore Hope, in: R. B.Oakley/M. J. Dziedzic/E. M. Goldberg (Hrsg.), Policing the New World Disorder, 1998, S. 433 f.; allgemein gegen die Anwendbarkeit des Rechts der besetzten Gebiete auf UNOSOM II s. auch P. ROWE, Maintaining Discipline in United Nations Peace Support Operations, JCSL 5 (2000), 45, 54 f.; a.A. M.J. KELLY/T. L.H.MCCORMACK, Military Intervention in States Fragmented by Multicultural Conflict, Foreign Policy 89 (1992/93), S. 20 ff. Dagegen hatte sich Australien, ebenfalls Entsendestaat eines UNITAF-Kontingents, für die Anwendbarkeit des Rechts der besetzten Gebiete entschieden, M. J. KELLY, Restoring and Maintaining Order in Complex Peace Operations, 1999, S. 37.

[250] PICTET (Fn. 182), Art. 47, S. 294 stellt sich auf den Standpunkt, daß die Genfer Konvention in Art. 4 eine eigene Definition der „Besetzung" bereithält, so daß für die Anwendung der Definition des Art. 42 HLKO Annex im Rahmen des Genfer Rechts kein Raum bleibt; a. A. KELLY (Fn. 249), S. 149.

[251] Siehe auch die ähnlichen Definitionen von A. ROBERTS, What is Military Occupation, BYIL 55 (1984), S. 249, 261; G. V. GLAHN, The Occupation of Enemy Territory, A Commentary on the Law and Practice of Belligerent Occupations, 1957, S. 28; H. MCCOUBREY, International Humanitarian Law, 1998, S. 199.

sich dadurch aus, daß sie Hoheitsgewalt[252] über das besetzte Gebiet ausübt, wenn auch keine territoriale Souveränität. Im Zuge der Besetzung ersetzt die Besetzungsmacht die ursprüngliche Hoheitsgewalt des Souveräns durch ein eigenes System militärischer und ziviler Verwaltung.[253] Bereits diese rudimentäre Definition der *occupatio bellica* weist den Weg zu den Problemen, die mit der pauschalen Anwendung des Rechts der besetzten Gebiete auf ONUC-Sachverhalte verbunden sind. ONUC befand sich mit Einwilligung der kongolesischen Regierung auf dem Staatsgebiet des Kongo. Die administrativen Aufgaben von ONUC, insbesondere die Aufrechterhaltung von Sicherheit und Ordnung, wurden auf besondere Bitte dieser Regierung übernommen.[254] Die Vereinten Nationen entsprachen dabei der Bitte, ohne den Anspruch zu erheben, die existierende staatliche Infrastruktur zu ersetzen. Zumindest formal war das Mandat von ONUC explizit darauf beschränkt, den kongolesischen Staat bei der Erfüllung seiner Aufgaben zu *unterstützen*.[255] Der Aufenthalt von ONUC auf dem Staatsgebiet wurde im übrigen durch das ONUC-Statusabkommen reguliert, geschlossen zwischen den Vereinten Nationen und der de iure-Regierung der Republik Kongo. All diese Aspekte sprechen gegen eine Anwendung des Rechts der *occupatio bellica* auf ONUC-Sachverhalte. Nur die Vorgänge in Katanga bringen die Vereinten Nationen in die Nähe eines klassigen Besatzungsregimes. Katanga stand zum Zeitpunkt des ONUC-Einmarsches in Katanga unter der de facto-Herrschaft der Provinzregierung THOMBÉs, während sich die zentrale de iure-Regierung in Leopoldville im Stadium der Auflösung befand.[256] Insofern ließe sich durchaus argumentieren, der Aufenthalt ONUCs in Katanga, der nur anfänglich mit Einwilligung THOMBÉs erfolgte und in eine bewaffnete Auseinandersetzung mündete, stelle einen Fall der kriegerischen Besetzung dar. Vor allem ist nicht zu verkennen, daß das Telos des Rechts besetzter Gebiete – die Herbeiführung eines rudimentären Ausgleichs zwischen den Belangen der Bevölkerung und den Interessen des Besatzungsregimes – gerade in der sezessionistischen Provinz Katanga einen geeigneten Rahmen findet.[257]

---

252 Art. 43 HLKO Annex: „gesetzmäßige Gewalt".

253 SHRAGA (Fn. 208), S. 69.

254 Die Peace-keeping-Streitkräfte übernahmen in weiten Teilen des Landes polizeiliche Funktionen, um das Leben und das Eigentum der Einwohner vor Übergriffen Dritter zu schützen. Darüber hinaus wurden sie umfassend im Bereich der Daseinsvorsorge tätig, d.h. sie reparierten vorhandene und errichteten neue Telekommunikationseinrichtungen, sicherten den Flugverkehr und übernahmen die Kontrolle über das Bildungssystem, den Devisenverkehr, den Außenhandel und die Landwirtschaft; SHRAGA (Fn. 208), S. 69.

255 Siehe die Sicherheitsratsresolution 169, hier abgedr. S. 299 („to assist").

256 ROBERTS (Fn. 251), S. 291.

257 BOWETT (Fn. 37), S. 198 geht nicht davon aus, daß der Sezessionsversuch Katangas dem Willen der Bevölkerung entsprach.

Die Problematik der Anwendung des Rechts der besetzten Gebiete auf die ONUC-Mission liegt vor allem in dem Konsens der de iure-Regierung des Kongo in der Ausübung von Hoheitsgewalt auf dem gesamten Staatsgebiet des Kongo, inklusive Katanga. Die Zustimmung stellt eine Ermächtigung zur Ausübung von Hoheitsgewalt durch die Vereinten Nationen dar, kraft derer ONUC *innerstaatlich* befugt war, mit unmittelbarer Wirkung gegenüber Individuen Zwangsmaßnahmen zu ergreifen. Dazu gehörte nicht nur die Beschlagnahme von Waffen, sondern auch die Ausweisung von ausländischen Personen, die die Sicherheit des Landes gefährden:

> Art. 43 (a) ONUC-SOFA: „Full responsibility for the implementation of domestic legislation and regulation shall remain with the Congolese authorities. The United Nations shall be as an international Force and as such its responsibilities shall be exercised for the purposes of maintaining public order, peace and security; in doing so it shall not apply domestic regulations and procedures, but shall act in accordance with its interpretation of the mission assigned to it by the Security Council."

Das entscheidende Argument gegen eine isolierte Anwendung des Rechts der besetzten Gebiete auf die Provinz Katanga liegt in der Zugehörigkeit Katangas zum kongolesischen Staatsgebiet: Die militärisch errungene tatsächliche Kontrolle ONUCs über Gebiete in Katanga führte – zumindest rechtlich betrachtet – nicht zum Übergang der Hoheitsgewalt („l'autorité du pouvoir légal") auf ONUC, wie es Art. 43 HLKO Annex verlangt, sondern auf den kongolesischen Zentralstaat. Dieser Umstand ermöglicht es ONUC, auf dem Boden der erteilten Einwilligung der Zentralregierung und im Einklang mit dem Mandat des Sicherheitsrats, auch in Katanga Hoheitsakte gegenüber Zivilisten vorzunehmen und durchzusetzen. Unter diesem Gesichtspunkt ist auch Katanga kein Beispiel dafür, daß ONUC als Folge einer bewaffneten Auseinandersetzung das „eroberte" Gebiet unter vollständiger Verdrängung der ursprünglichen Staatsgewalt wie eine Besatzungsmacht verwaltet.[258]

cc) occupatio pacifica

Es ist der Konsens zwischen der kongolesischen Zentralregierung und den Vereinten Nationen über den Aufenthalt von ONUC in allen Gebieten des Kongo, der zur völkerrechtlichen Konstruktion einer konsensuellen *occupatio pacifica*[259] führt, und zwar bezogen auf das gesamte Staatsgebiet des Kongo.[260]

---

[258] Wie hier SHRAGA (Fn.208), S. 69 f., GREENWOOD (Fn. 208), S. 30.

[259] Davon ist die sog. „nichtvertragliche friedliche Occupation" zu unterscheiden, die insbesondere bei Einsätzen in Gebieten ohne Staatswesen – z.B. UNOSOM II in Somalia – Bedeutung erlangt; hierzu KELLY (Fn. 250), S. 129 ff. mit Verweis auf die Rechtsauffassung

Die Konkretisierung der rechtlichen Voraussetzungen der konsensuellen *occupatio pacifica* ist angesichts der vielen Varianten einer friedlichen Anwesenheit von fremden Truppen ein schwieriges Unterfangen. Unstreitig dürfte sein, daß nicht schon jede Stationierung von fremden Truppen auf Basis eines Stationierungs- oder Statusvertrages zu einer *occupatio pacifica* führt. Das Charakteristikum einer „Besetzung" ist die eigenverantwortliche Ausübung von Hoheitsgewalt auf fremdem Territorium unter vollständiger Verdrängung des ursprünglichen Hoheitsträgers. Der Unterschied der *occupatio pacifica* zur *occupatio bellica* liegt vor allem in dem Fehlen eines vorangegangenen bewaffneten Konfliktes zwischen der Besatzungsmacht und dem Aufenthaltsstaat, sowie in dem Einverständnis des Aufenthaltsstaates in die Anwesenheit und die Verwaltungstägigkeit der fremden Truppen. In diesem Sinne ist die *occupatio pacifica* nichts weiter als eine Fremdverwaltung, strukturell verwandt mit dem völkerbündischen Mandatssystem nach Art. 22 VB-Satzung und dem UN-Treuhandssystem nach dem Kapitel XIII der UN-Charta. Bemerkenswert ist in diesem Zusammenhang, daß der sowjetische Vertreter im Sicherheitsrat, ZORIN, das administrative Mandat von ONUC im Kongo als „verkappte" Treuhand der Vereinten Nationen über einen unabhängigen Staat gewertet hat.[261]

Die konsensuelle *occupatio pacifica* wird in erster Linie von den speziellen vertraglichen Vereinbarungen zwischen dem Aufenthaltsstaat und dem Entsender der fremden Streitkräfte beherrscht, also von dem konkreten Statusabkommen. Dagegen ist das allgemeine Recht der *occupatio bellica* nicht unmittelbar anwendbar.[262] Die Normen des Haager und Genfer Rechts können allenfalls in analoger Anwendung der Lückenfüllung dienen. Speziell für ONUC gibt Art. 43 lit. a ONUC-Statusabkommen[263] eine Antwort auf die Frage, welches Recht die *occupatio pacifica* des Kongo beherrscht, genauer die dort von ONUC gesetzten Hoheitsakte: Die Rechtmäßigkeit der Funktionsausübung ONUCs im Bereich der öffentlichen Ordnung, des Friedens und der Sicherheit richtete sich nicht nach kongolesischem Recht, sondern nach dem Mandat des Sicherheitsrates, im Falle der Ausweisung nichtkongolesischer Staatsangehöriger nach den Sicherheitsratsresolutionen 161 und 169 (1961)[264]. Da ONUC nicht als Besatzungsmacht i.S.d. Kriegsrecht hoheitlich tätig wurde, mußte der Sicherheitsrat zwar

---

Australiens, die das Recht der besetzten Gebiete im Fall von Somalia (hier: UNITAF) für anwendbar erachteten, a.a.O. S. 37 ff.

260 S. vor allem ROBERTS (Fn. 251), S. 276 ff. Zu dem Begriff der occupatio pacifica s. auch KELLY (Fn. 250), S. 140 ff, S. 177 f.

261 SCOR 15th Year, 903rd Meeting, 15 September 1960, S. 14.

262 V. GLAHN (Fn. 251), S. 27; W. WENGLER, Völkerrecht Bd. 2, 1964 S. 1164.

263 Wortlaut abgedruckt S. 360.

264 Abgedr. S. 298.

keine kriegsrechtlichen Normen berücksichtigten, wohl aber die völkergewohnheitsrechtlich gesicherten Menschenrechte.[265] Die Ermächtigung zur Zwangsausweisung aus dem Kongo widerspricht allerdings nicht den menschenrechtlichen Mindeststandards. Die Normen des internationalen Fremdenrechts kennen kein absolutes Ausweisungsverbot; sie schützen allein vor willkürlicher und ermessensmißbräuchlicher Ausweisung durch den Residenzstaat.[266] Insofern ist die Ermächtigung ONUCs zu Zwangsausweisungen nichtkongolesischer Staatsangehöriger unter völkerrechtlichen Gesichtspunkten nicht zu beanstanden.

c) Anwendbarkeit des Recht der nichtinternationalen Konflikte

Der Abspaltungsversuch der Provinz Katanga aus dem jungen Staatsverband der Republik Kongo führte innerhalb des Staatsgebietes zu einem Bürgerkrieg. Dementsprechend beschränkte sich das Internationale Komitee vom Roten Kreuz auch darauf, die verschiedenen kongolesischen Parteien auf die Anwendbarkeit der Art. 3 der Genfer Konventionen hinzuweisen.[267] Die Einordnung der militärischen Auseinandersetzung um Katanga als rein interner Konflikt bereitet unter zwei Gesichtspunkten Probleme: Zum einen befanden sich belgische Truppen im Kongo, der eigentliche Anlaß für das Tätigwerden der Vereinten Nationen. Vor allem aber könnte die militärische Beteiligung der Vereinten Nationen zu einer Internationalisierung des Konflikts geführt haben (sog. gemischter Konflikt[268]). Trotz des anfänglich herausgestellten Prinzips der Nichteinmischung der Vereinten Nationen in den innerkongolesischen Bürgerkrieg wurde spätestens mit der SC-Res. 169 deutlich, daß das Mandat von ONUC unausgesprochen auch auf die Erhaltung der staatlichen Einheit des Kongo gerichtet war.[269] Mit der vollständigen militärischen Niederschlagung der katangesischen Sezessionsbewegung wurde dieses Ziel erreicht. ONUC ist im Rahmen der militärischen Niederschlagung der katangesischen Miliz zu keinem Zeitpunkt im Auftrag der kongolesischen Zentralregierung tätig geworden, sondern immer nur als Nebenorgan der Vereinten Nationen. Damit war – von Bel-

---

[265] Zur Frage der Bindung des Sicherheitsrates an die Menschenrechte nach Art. 1 Abs. 3 UN-Charta siehe T. D. GILL, Legal and some political Limitations on the Power of the UN Security Council, NYIL 26 (1995), S. 33, 74 ff.; J. HERBST, Rechtskontrolle des UN-Sicherheitsrates, 1999, S. 380 ff.

[266] G. DAHM, Völkerrecht Bd. 1, 1958, S. 498, 527 m.w.N.

[267] Revue International de la Croix Rouge 1961, S. 603.

[268] S. hierzu HESS (Fn. 222), S. 143 ff.; M. BOTHE, in: Vitzthum, Völkerrecht, 2001, 8. Abschnitt, Rn. 126.

[269] U. FINK, Kollektive Friedenssicherung Teil 1, 1999, S. 303 ff., erachtet unter diesem Gesichtspunkt die Resolutionen 161 und 169 des Sicherheitsrates als Verstoß gegen Art. 2 Abs. 7 UN-Charta.

gien abgesehen – neben dem Staat Kongo zumindest ein weiteres Völkerrechtssubjekt militärisch aktiv an dem innerkongolesischen Konflikt beteiligt.

In der Praxis hat die Frage, ob die Vereinten Nationen lediglich an den Mindeststandards der Art. 3 Genfer Konventionen gebunden sind, keiner Beantwortung bedurft. Bereits die Haftungspraxis im Kongo zeigt, daß die Vereinten Nationen die rechtliche Verantwortung auch für Verletzungstatbestände übernommen haben – z.B. Sachschäden und Diebstähle – die über den engen Anwendungsbereich des Art. 3 GK hinausgehen. Insofern ist es vor allem im Hinblick auf künftige Operationen von Interesse, ob sich die Vereinten Nationen auf den Standpunkt zurückziehen könnten, ihr militärisches Engagement führe bei einem innerstaatlichen Konflikt nicht zu dessen Internationalisierung. Dieser Einwand wird im Ergebnis unzulässig sein, da er die eigenständige Völkerrechtspersönlichkeit der Vereinten Nationen innerhalb des Konfliktes außer acht läßt und statt dessen zu einer satzungsrechtlich u.U. problematischen Identifizierung der Vereinten Nationen mit einer Konfliktpartei tendiert. Im übrigen hat der Internationale Gerichtshof im Nicaragua-Fall ausdrücklich festgestellt, daß die Einmischung der Vereinigten Staaten in den Bürgerkrieg von Nicaragua zur Folge hat, daß all jene Rechtsbeziehungen, an denen die Vereinigten Staaten beteiligt sind, vom Recht des internationalen bewaffneten Konfliktes beherrscht werden.[270] Unter der Prämisse, daß die Vereinten Nationen als partielles Völkerrechtssubjekt ebenso wie Staaten in der Rolle einer Kriegspartei stehen können, ist die künstliche Unterscheidung zwischen einer militärischen Intervention durch Staaten und Internationale Organisationen im Hinblick auf das anwendbare Recht kaum begründbar. Aber selbst in den Fällen, in denen die Vereinten Nationen einen sog. *failed state* militärisch und zivil verwalten und in diesem Rahmen auf den organisierten bewaffneten Widerstand von Bevölkerungsteilen stoßen, wird das Recht des *internationalen* Konflikts anwendbar sein, da die Vereinten Nationen als Völkerrechtssubjekt nicht die territoriale Souveränität über das Gebiet erlangen, die Art. 3 Abs. 1 GK voraussetzt („En cas de conflit armé ne présentant pas un caractère international et surgissant sur le territoire de l'une des Hautes Parties contractantes ... ").[271]

[270] IGH, Case concerning Military and Paramilitary Activities in and Against Nicaragua (Nicaragua v. United States), I.C.J. Reports 1986, Merits, Judgment of 27 June 1986, S. 13, 114, Ziff. 219.

[271] A.A. SHRAGA (Fn. 208), S. 74. Seit dem 9. August 1999 ist die Frage zumindest für die Vereinten Nationen abschließend geklärt: Die Richtlinien des UN-Generalsekretärs über die Beachtung der Prinzipien und Regeln des „internationalen" humanitären Völkerrechts durch Streitkräfte, die unter dem Kommando und der Kontrolle der Vereinten Nationen stehen, lassen *de lege lata* für eine Begrenzung des UN-Pflichtenkanons auf die Mindeststandards der Art. 3 GK keinen Raum; Secretary-General's Bulletin, „Observance by

6. Materielle Haftungsregeln

a) Kreis der Anspruchsberechtigten: „innocent parties"

Das Bestreben der Vereinten Nationen, den Kreis der entschädigungsberechtigten Personen zu beschränken, hat seinen Niederschlag in den Globalentschädigungsabkommen gefunden:

> „(The United Nations) has stated that it would not evade responsibility where it was established that United Nations agents had in fact caused unjustifiable damage to *innocent parties.*"[272]

Das Merkmal „innocent parties" bzw. „les innocents" ist den Vertragstexten des Kriegsvölkerrechts unbekannt. Das Haager und Genfer Recht unterscheidet nur zwischen Personen, die an Kampfhandlungen teilnehmen (Kombattanten[273]) und Zivilpersonen (inkl. Nichtkombattanten[274]) – eine Unterteilung, die von der Wissenschaft teils als größter Triumph des internationalen Rechts gefeiert,[275] teils als widerlegte Fiktion eingestuft wird.[276] Eine Aufzählung der Personen mit Kombattantenstatus findet sich in Art. 4 Ziff. 1 – 3 und 6 der III. GK.[277] Zu den Kombattanten zählen danach die Mitglieder regulärer und organisierter irregulärer Streitkräfte sowie die waffentragende Zivilbevölkerung. Zu der problematischen Personengruppe unter den unbewaffneten Zivilisten gehören die sog. „Quasikombattanten"[278], die aufgrund ihrer technischen oder sonstigen Unterstützungshandlungen für den Erfolg einer Kriegshandlung eine bedeutende Rolle spielen, ohne allerdings einen bewaffneten Beitrag zu leisten.[279]

Nations forces of international humanitarian law", 6. August 1999, UN-Doc. ST/SGB/1999/13, ILM 38 (1999), S. 1656 ff.

[272] UNTS Bd. 588, S. 198 (United Nations/Italy) Hervorhebung hier.

[273] Art. 3 HLKO Annex.

[274] Als Nichtkombattanten werden Angehörige der Streitkräfte bezeichnet, die nicht zur Vornahme von Kampfhandlungen befugt sind – z.B. Sanitäts- und Seelsorgepersonal – sowie das zivile Gefolge von Streitkräften, die kraft innerstaatlichem Recht nicht zur Vornahme von Kampfhandlungen befugt sind. Die Kategorie „Nichtkombattanten" ist ein Unterfall des Oberbegriffs „Zivilpersonen": K. IPSEN, in: Fleck (Hrsg.), Handbuch des humanitären Völkerrechts in bewaffneten Konflikten, 1994, S. 56, vor Rn. 301.

[275] J. B. MOORE, International Law and some Current Illusions, 1924, S. VIII; L. NURICK, The Distinction between Combatant and Noncombatant in the Law of War, AJIL 39 (1945), S. 680.

[276] In bezug auf den 2. Weltkrieg siehe R. BUß, Der Kombattantenstatus, 1992, S. 186 f.

[277] So die Def. des Art. 50 des ersten Zusatzprotokolles von 1977, UNTS Bd. 1125, S. 3.

[278] R. STYPMANN, Zivilschutz und Völkerrecht, Bd. 3, 1977, S. 54.

[279] Der zweite Teil der IV. Genfer Konvention, der sich dem allgemeinen Schutz der Zivilbevölkerung vor gewissen Folgen des Krieges verschrieben hat, umfaßt auch Quasikombattanten, soweit sie nicht – z.B. als Kriegsgefangene oder Verwundete – nach den beson-

Die von den Vereinten Nationen präferierte Bezeichnung der Ersatzberechtigten als „innocent parties“ ist eine bemerkenswerte Loslösung von der überkommenen Terminologie des Haager und Genfer Rechts. Allerdings ist der internationalen Entschädigungspraxis die Verwendung von personenbezogenen Merkmalen nicht unbekannt. Schäden, die US-Soldaten bei Einwohnern eines „befreundeten“ Staates außerhalb von Kampfhandlungen verursachen, werden von den Vereinigten Staaten auf Basis des „Foreign Claims Act“erstattet, allerdings unter der Bedingung, daß der Antragsteller gegenüber den Vereinigten Staaten *freundlich* gesinnt ist.[280] Im Fall der militärischen Intervention auf Granada im Jahr 1983 wurden von den Vereinigten Staaten ausnahmsweise auch kampfbezogene Schäden ersetzt. Zu den Ersatzberechtigten gehörten allerdings nicht diejenigen, die am bewaffneten Widerstand gegen die US-Streitkräfte teilgenommen hatten, diesen gefördert oder Dritte zum bewaffneten Widerstand ermutigt haben.[281] In diesem Sinne zielt auch der Begriff „innocent parties“ im Kontext des Globalentschädigungsabkommens auf den Ausschluß von Personen, die gegen ONUC militärisch aktiv waren. In der Praxis wurden diejenigen Antragsteller nicht von den Vereinten Nationen entschädigt, die sich auf der Seite des ANC, der katangesischen Milizen oder verschiedener Söldnergruppen an dem bewaffneten Kampf gegen die Vereinten Nationen beteiligt hatten. Aus dem Kreis der Ersatzberechtigten fielen damit von vornherein diejenigen Personen heraus, die nach der kriegsrechtlichen Terminologie der Kategorie der feindlichen Kombattanten zuzuordnen wären. Völlig konsequent forderten die Vereinten Nationen von den belgischen Antragstellern den Nachweis „(...) in so far as possible, (...) *the precise activities of the deceased or injured person at the time.*“[282] Die eigenen Ermittlungen der Vereinten Nationen führten in diesem Punkt oft zu keinem befriedigenden Ergebnis, wie IRENE LORENZO, Claims Officer in Leopoldville, in ihrem Bericht an das UN-Hauptquartier hervorhob: „In answer to our enquiry, ONUC's military authorities declared that during operations soldiers do not stop to identify or investigate casualties. Since the suffered intense sniping, it was impossible for them to determine whether the activities of the civilians involved, if killed by U.N. Forces, were at the time aimed at the direct furtherance of military operations.“[283] Der Befund, daß Kombattanten bei

---

deren Bestimmungen der I., II. und III. Genfer Konvention zu behandeln sind (Art. 4 Abs. 4 IV. GK); D. FLECK, Neue Ansätze für den völkerrechtlichen Schutz des Menschen in bewaffneten Konflikten, Jahrbuch für Internationales Recht 16 (1973), S. 113, 132 f.

[280] 10 U.S.C. §§ 2734(a), (b) („unfriendly nationals“); der Nachweis kann allerdings individuell erbracht werden, wie der erfolgreiche Ersatzanspruch einer deutschen Staatsangehörigen nach dem 2. Weltkrieg zeigt, FREEMAN (Fn. 173), S. 351 f.

[281] J. L. HARRIS, Grenada – A Claims Perspective, The Army Lawyer 1986, S. 7, 12.

[282] Zitat S. 312, dort Ziff. 3 (Hervorhebung hier).

[283] Lorenzo (Fn. 59), S. 4 Ziff. 1.

erlittenen Personenschäden nicht zu den kompensationswürdigen Personen gezählt werden, ist unter kriegsrechtlichen Gesichtspunkten kaum bemerkenswert: Im Rahmen der bewaffneten Auseinandersetzung gelten für Kombattanten nur die rudimentären Vorschriften des Art. 23 lit. a bis lit. c Annex HLKO[284]. Erst wenn sie sich im Machtbereich des Gegners befinden, profitieren sie von den Schutznormen der II., III. und – in wenigen Ausnahmefällen – der IV. Genfer Konvention (Art. 4 Abs. 1 und 4 IV. GK). Für die Interpretation der Globalentschädigungsabkommen folgt daraus, daß durch die Verwendung des Begriffes „innocent parties" das haftungsrelevante Kriegsvölkerrecht eingegrenzt wird: Nur diejenigen Normen der Haager Landkriegsordnung und des IV. Genfer Abkommens sollen im Rahmen der Globalentschädigungsabkommen die Haftung der Vereinten Nationen begründen, die die Zivilbevölkerung vor den Folgen eines bewaffneten Konfliktes schützen.

Die so gedeutete Wendung „innocent parties" birgt jedoch jenseits der Kombattanten-Fälle eine Fülle von Auslegungsproblemen: Zählt ein ausgewiesener Söldner zu dem kompensationswürdigen Personenkreis, dessen zurückgelassenes ziviles Eigentum von ONUC-Soldaten willkürlich beschädigt wurde? Ebensowenig klar ist, ob dem Personenkreis der „Quasikombattanten" das Attribut der „innocent parties" zukommt. So wurden beispielsweise belgische Unternehmen (z.B. Union Minière du Haut-Katanga[285]) und ihre Mitarbeiter von den Vereinten Nationen beschuldigt, an den Feindseligkeiten gegen die Vereinten Nationen teilgenommen zu haben, und zwar durch das Herstellen von Waffen und Fahrzeugen (Bulldozer, die als Panzer umfunktioniert wurden), oder durch die Erteilung der Erlaubnis zur Errichtung von Gefechtspositionen auf dem Firmengelände.[286] Soweit die Sachwerte dieser Unternehmen im Rahmen eines militärischen Angriffs von ONUC zerstört wurden, erübrigt sich die Frage nach der Kompensationsfähigkeit auf Basis des Einwands der militärischen Notwendigkeit.[287] Aber liegen die Schäden einer nachfolgenden Plünderung allein auf-

---

284 Verbot der Verwendung von Gift und giftigen Waffen (a), Verbot der meuchlerischen Tötung oder Verwundung (b) und Verbot der Tötung oder Verwundung eines die Waffen streckenden oder wehrlosen Feindes, der sich auf Gnade oder Ungnade ergeben hat.

285 Der Konzern mit Hauptsitz in Brüssel/Belgien hatte sich öffentlich zur katangesischen Sezessionsbewegung bekannt, s. zu den Zusammenhängen UNITED NATIONS, The Blue Helmets, 1996, S. 189.

286 D. B. H. VICKERS, Memorandum vom 19. Juni 1992, „Protection of the Organization on Congo against outside claims", UN Archives N.Y., Akte Vickers, Mr. Teslenko's file on Congo Claims 1962 – 1967, Box 5.

287 Nach heftigen Kämpfen flog ONUC im Dezember 1961 Luftangriffe gegen das Union Minière Firmengelände, das von der katangesischen Miliz für Angriffe gegen ONUC genutzt worden war. Zum Prinzip „military necessity" ausführlich S. 386 ff.

grund des unterstützenden Beitrags für die gegnerische Partei außerhalb des Globalentschädigungsabkommens? Die aufgeworfenen Fragen lassen sich auf Basis des vorhandenen Aktenmaterials nicht eindeutig beantworten. Es sprechen einige gewichtige Indizien für die Einbeziehung der genannten Fälle in die Globalentschädigung. So enthalten die UN-internen Anweisungen an das ONUC-Claims Office keine Hinweise darauf, daß zivile Antragsteller auf etwaige unterstützende Beiträge für die Gegner von ONUC zu untersuchen waren. Auch in den Verhandlungen zwischen Belgien und den Vereinten Nationen stand allein das Prinzip „military necessity“ im Zentrum der Debatte, nicht die Person des Antragstellers.[288] Die Haftungspolitik der Vereinten Nationen vermittelt insofern den Eindruck, daß das genannte haftungslimitierende Element als geeignet und ausreichend erachtet wurde, um Kompensationsleistungen nur „innocent parties“ zugute kommen zu lassen.[289]

b) Zurechenbarkeit des schadensverursachenden Verhaltens

aa) Grundregel

Das Haager und Genfer Recht gehört zu den wenigen Kodifikationen, die die Frage der völkerrechtlichen Verantwortlichkeit explizit regeln. Es ist vor allem Art. 3 der Haager Landkriegsordnung, dessen Aussage im Hinblick der Kompensationspflicht der Staaten im Jahr 1907 neue Akzente setzte:[290]

> Art. 3: „La Partie belligérante qui violerait les dispositions dudit Règlement sera tenue à indemnité, s'il y a lieu. Elle sera responsable de tous actes commis par les personnes faisant partie de sa force armée.“

Eine mit Art. 3 HLKO vergleichbare Vorschrift enthält die IV. Genfer Konvention, ohne allerdings die sekundären Rechtsfolgen des Völkerrechtsbruchs explizit zu thematisieren:

---

[288] Siehe S. 308 ff.

[289] Vgl. das Memorandum von STAVROPOULOS an den UN-Generalsekretär vom 6. Oktober 1965 (Fn. 106), Ziff. 3: „... the Agreement with Belgium expressly excluded from compensation various categories of claims, e.g. 'damage to persons and property which are solely the consequence of military operations ... or which was caused by third parties' and in fact limited United Nations liability to the compensation of 'unjustifiable damage to innocent persons', each case having been determined as falling within such a description in a manner satisfactory to the Organization.“

[290] V. GLAHN (Fn. 251), S. 240; R. BIERZANEK, The Responsibility of States in Armed Conflicts, PYIL 11 (1981/82), S. 93, 94.

Art. 29 „La Partie au conflit au pouvoir de laquelle se trouvent des personnes protégées est responsable du traitement qui leur est appliqué par ses agents, sans préjudice des responsabilités individuelles qui peuvent être encourues."

Beide Normen knüpfen an eine völkergewohnheitsrechtlich gesicherte Grundaussage des Rechts der Staatenverantwortlichkeit in Friedenszeiten an: Der Staat ist für das zurechenbare Verhalten seiner Organwalter völkerrechtlich verantwortlich. Dieser Grundsatz beansprucht auch in Kriegszeiten uneingeschränkte Geltung, wie Art. 3 HLKO und Art. 29 IV. GK verdeutlichen.

Es gehört zu den fundamentalen Zurechnungsgrundsätzen des internationalen Rechts, daß einem Völkerrechtssubjekt das Verhalten von Militärpersonen zugerechnet wird, wenn es das militärische Kommando und die faktische Kontrolle über die betreffenden Personen ausübt.[291] Art. 3 HLKO setzt die Einbindung der Kombattanten in die militärischen Kommandostrukturen der Kriegspartei voraus, da er die Verantwortlichkeit der Kriegspartei auf Personen begrenzt, die *zu ihrer bewaffneten Macht* gehören. Die Vereinten Nationen haben sich immer darauf berufen, daß ihre rechtliche Verantwortlichkeit eine entsprechende militärische Kommandogewalt voraussetzt; auch die Haftung der Vereinten Nationen für ONUC-Akte gründet auf diesem Prinzip.[292] Wie schon UNEF I stand auch ONUC unter dem militärischen Kommando der Vereinten Nationen.[293] Damit war das Verhalten der einzelnen ONUC-Soldaten den Vereinten Nationen rechtlich zurechenbar, auch wenn die Soldaten als Teil ihrer nationalen Kontingente im Dienste der Entsendestaaten geblieben waren und damit ihren nationalen Organstatus nie verloren hatten. Nicht die formale Organstellung der ONUC-Soldaten war bei der UN-Haftungspraxis der ausschlaggebende Anknüpfungspunkt, sondern die tatsächliche und ausschließliche Kommandogewalt der Vereinten Nationen über die ONUC-Soldaten.[294]

bb) Haftung für off duty-Akte

Die Frage nach der Zurechenbarkeit von schädigenden Handlungen zu den Vereinten Nationen, die von ONUC-Soldaten außerhalb ihrer Dienstzeit vorgenommen worden sind, wurde im Rahmen des ONUC-Einsatzes nur für Mitglie-

---

291 Zu dem militärischen Konzept „command & control" siehe S. 107 ff.

292 Zur dem Zurechnungskriterium im Rahmen des UNEF-Einsatzes siehe S. 248 ff.

293 Siehe ausführlich S. 300 ff.

294 Siehe auch die Stellungnahme der Vereinten Nationen zum Versorgungsflugzeug der Vereinigten Arabischen Republik für das ägyptische ONUC-Kontingent, das ohne Überflugsgenehmigung in den Luftraum des Kongo geflogen war: „ONUC takes no responsibility for this flight, which (...) was made by an aircraft not under its authority." UN-Doc. S/3724, SCOR 15th Year Suppl. Jan. – March 1961, S. 127 f., Ziff. 7.

der derjenigen Kontingente akut, die – fern von bewaffneten Kämpfen – in den befriedeten Gebieten des Kongo stationiert waren: Der Fall eines off duty-Schadens in Leopoldville im Mai 1962 veranlaßte die Vereinten Nationen, ihre Haltung zu freizeitbezogenen Akten von ONUC-Soldaten festzulegen. Ein Angestellter der belgischen Fluglinie Sabena hatte die Kosten seiner medizinischen Versorgung gegen die Vereinten Nationen geltend gemacht, die auf einen tätlichen Angriff eines kanadischen ONUC-Soldaten zurückzuführen waren. Der handelnde ONUC-Soldat war zum Zeitpunkt des Schadensereignisses außer Dienst und anschließend repatriiert worden. Auf die Frage des ONUC-Claims Office nach der kanadischen Haftungspolitik bei derartigen „off duty"-Fällen erklärte die kanadische Regierung: „Assuming soldier did not commit act in the performance of military duty. Canada would not accept responsibility for the consequences which are a private matter concerning only the two individuals involved."[295] Anläßlich dieser Stellungnahme erbat Chief Claims Officer STEPHEN LANDAU eine grundsätzliche Klärung der off duty-Politik der Vereinten Nationen, da im konkreten Fall nur die Haftung der Vereinten Nationen in Frage stand, nicht jedoch die des Entsendestaates Kanada: „I would be grateful for your opinion whether as a general rule, ONUC should follow the Canadian ruling, which reflects a view widely accepted in the past, or lean more towards the … modern doctrine which goes almost to the point of saying that a serviceman on an overseas draft should be deemed on duty at all time."[296] OSCAR SCHACHTER, Direktor der General Legal Division des UN-Sekretariats, beantwortete die Frage im Sinne der kanadischen Stellungnahme: „... the Organization or a contribution States (unless especially provided for in its laws) is not vicariously liable for the acts of Force members not done in the performance of official duty and which are in the nature of private personal acts."[297] Die fehlende rechtliche Verantwortlichkeit der Vereinten Nationen für private Akte ihrer Soldaten werde – so SCHACHTER – speziell für ONUC durch Art. 10 lit. c des ONUC-Statusabkommens verdeutlicht.[298] In Anlehnung an Art. 8 Abs. 6 des NATO-Statusabkommens (ex gratia-Zahlungen) empfahl SCHACHTER für die Abwicklung des konkreten Falls: „In carrying these responsibilities I would recommend that in cases where the civil liability of a force member is clear and

[295] Zitiert nach S. LANDAU (Chief Claims Officer), Schreiben vom 7. Februar 1963 an Oscar Schachter (Director, General Legal Division), „Claim arising out of common assault by ONUC serviceman",UN Archives N.Y., Akte Vickers, OLA, Personal injury and property loss and damage claims against the UN – 1963, Box 106.

[296] LANDAU (Fn. 295).

[297] Antwort O. SCHACHTER vom 20. März 1963 an S. Landau, Claims arising out of common assault by ONUC serviceman, UN Archives N.Y., Akte Vickers, OLA, Personal injury and property loss and damage claims against the UN – 1963, Box 106.

[298] Wortlaut mit Erläuterungen S. 304.

where due to repatriation or other reason ONUC has been unable to arrange a settlement of the matter, consideration should be given to the making of ex gratia payments to the injured party, taking into account the circumstances of the case including the conduct of the injured party. In this respect relevant considerations will include not only provocation (...) but also the subsequent behavior of the injured party in presenting his claim in time to permit the application of the procedures under Article 10 (c) and his readiness to pursue alternative procedures available in the Force member's country."[299]

Die Stellungnahme SCHACHTERs über die Behandlung von sog. off duty-Fällen ist vor allem unter einem Aspekt aufschlußreich: Er erteilte der rechtlichen Fiktion, Peace-keeping-Soldaten seien in ihrem Einsatzort immer im Dienst, eine Absage. In diesem Zusammenhang ist es bedeutsam, daß der gesamte Vorgang in einer befriedeten Gegend des Kongo stattfand, also einen ONUC-Soldaten betraf, dessen Dienst- und Urlaubszeiten wie bei jeder traditionellen Peace-keeping-Mission fest geregelt waren. Im Unterschied dazu sind Militärpersonen in umkämpften Gebieten unter militärischen Gesichtspunkten immer im Dienst. Die haftungsrechtlich zentrale Frage, wann während eines bewaffneten Militäreinsatzes eine schädigende Handlung „privater" Natur ist und wann sie „dienstlichen" Charakter hat, ist mangels klar umrissener Abgrenzungskriterien (off the post/on leave) in der Praxis hoch umstritten.

cc) Haftung für „private" Akte während des Dienstes

Die fehlende praktische Relevanz von off duty-Fällen im Rahmen von bewaffneten Konflikten reduziert die kriegsrechtliche Zurechnungsdiskussion auf zwei Grundkonstellationen, die mehr oder weniger eng miteinander verwoben sind: Es wird vertreten, daß (1) die konkrete *Situation*, in der der kriegsrechtswidrige Akt vorgenommen wird, einer Zurechnung des Aktes zum Staat entgegen stehen kann. So wird vor allem in der älteren Praxis die völkerrechtliche Verantwortlichkeit eines Staates verneint, wenn sog. versprengte Soldaten kriegsrechtswidrige Handlungen begehen. Das objektive Element der militärischen Kontrolle[300] soll hier in jedem Einzelfall „private" von „hoheitlichen" Akten trennen und damit zum entscheidenden Zurechnungskriterium für den Staat werden. Daneben finden sich Stimmen, die (2) die konkrete *Qualität* der kriegsrechtswidrigen Handlung zum Anknüpfungspunkt der Zurechnung machen. Ist der schädigende Akt „unautorisiert", dann soll der Soldat diese Handlung in privater Eigenschaft vorgenommen haben, also nicht dem Heimatstaat zurechenbar

---

[299] SCHACHTER (Fn. 297) S. 2 (Hervorhebung dort).
[300] Zu dem Begriff siehe S. 107 ff.

sein. Als unautorisierte Akte werden solche Akte bezeichnet, die weder tatsächlich noch ihrem Anschein nach als staatliche Handlungen qualifiziert werden können.

(1) Fehlende militärische Kontrolle über den schädigenden Soldaten

Im Bereich der Staatenverantwortlichkeit ist für Friedenszeiten der haftungsausschließende Hinweis auf die „private" Rechtsnatur des schädigenden Aktes unbestritten.[301] Dagegen vermittelt die in Art. 3 HLKO explizit herausgestellte Verantwortlichkeit des Staates für *alle* Handlungen seiner bewaffneten Macht den Eindruck einer absoluten Staatenverantwortlichkeit in Kriegszeiten.[302] Die Teilnehmer der Haager Konferenz von 1907 waren sich der haftungsrechtlichen Problematik des Art. 3 HLKO durchaus bewußt. Im Bericht des Barons GIESL VON GIESLINGEN im Namen der 2. Kommission/1. Unterkommission heißt es in bezug auf Art. 3 HLKO: „Les dispositions du Règlement des lois et coutumes de la guerre ne devant pas être observées seulement par tous les officiers, sous-officiers et soldats, la Délégation allemande a jugé bon de proposer que la Convention étende au Droit des Gens, dans tous les cas d'infraction au Règlement, le principe du Droit privé, d'après lequel le maître est responsable de ses préposés ou agents. Le principe de la proposition allemande n'a pas soulevé d'objection."[303] Der Hinweis des deutschen Delegierten auf die Haftung des Geschäftsherrn für seinen Verrichtungsgehilfen ist bereits deshalb bemerkenswert, weil sich die zivilrechtliche Haftung des Geschäftsherrn in vielen Rechtssystemen auf Schäden beschränkt, die sich *in Ausführung* der Verrichtung ereignet haben, nicht lediglich bei ihrer *Gelegenheit*.[304] Die deutsche Delegation wird bei ihrem Hinweis auf zivilrechtliche Prinzipien (§ 831 BGB) die haftungsbegrenzenden Folgen kaum übersehen haben, auch wenn ihr Augenmerk auf der Ausdehnung der völkerrechtlichen Haftung lag, die mit der staatlichen Verantwortlichkeit für „jeden" Organwalter verbunden sein würde. Der Wortlaut des Art. 3 HLKO spiegelt allerdings nur letzteres Motiv der deutschen Delegation wider. Für die Haftung der Kriegspartei nach Art. 3 HLKO scheint allein die *förmliche* Integration des handelnden Soldaten in den staatlichen Armeeverband ausschlaggebend zu sein, nicht dagegen die konkrete Situation, in der der kriegsrechtswidrige Akt ausgeführt wurde. Dennoch: Der unklare Wortlaut des Art. 3 HLKO hat in der nachfolgenden Staatenpraxis nicht dazu geführt, daß die

---

[301] Vgl. Art. 11 des ILC-Entwurfs, YILC 1975 Bd. 2, S. 70 ff. (im Entwurf vom Nov. 2001 weggefallen).

[302] So F. BERBER Lehrbuch des Völkerrechts, Bd. 2, 1962, S. 238.

[303] GIESL DE GIESLENGEN, abgedr. in: Mechelynck (Fn. 173), S. 104, Rn. 13.

[304] G. EÖRSI, Private and Governmental Liability for the Torts of Employees and Organs, in: International Encyclopedia of Comparative law, Bd. XI Kapitel 4, S. 42 ff.

kriegsführenden Parteien ihre Verantwortlichkeit auch für alle Akte ihre Soldaten anerkannt hätten. So stellte die türkisch-amerikanische Kommission bei der Abwicklung von Kriegsschäden aus dem ersten Weltkrieg fest: „A nation is responsible for acts of soldiers, officers and men. Liability extends to personal injuries, deaths, thefts, wanton destruction of property, and requisitions. A government is not responsible for malicious acts of soldiers committed in their private capacity, that is when soldiers are not under some form of authority."[305] Außerhalb von Art. 3 HLKO sollen danach vor allem die Akte *versprengter* Soldaten stehen, die getrennt von jeder militärischen Kontrolle durch Offiziere Schäden bei der Zivilbevölkerung verursachen.[306]

Im Hinblick auf die haftungslimitierende Argumentation „fehlende militärische Kontrolle" ist festzustellen, daß die Vereinten Nationen bei der Regulierung von Katanga-Schadensfällen den Aspekt nicht zum Gegenstand ihrer Verhandlungen mit den Heimatstaaten gemacht haben. Die Frage, ob kommandierende nationale Kontingentsoffiziere bei Plünderungen, Sachbeschädigungen oder Mißhandlungen anwesend waren, wird in keinem überlieferten Haftungsfall thematisiert. Insofern läßt sich mit großer Sicherheit sagen, daß die Vereinten Nationen den haftungslimitierenden Einwand des unkontrollierten Soldaten nicht für sich in Anspruch genommen haben. Nicht auszuschließen ist allerdings, daß die Vereinten Nationen ihre Haftung für unkontrollierte Akte im Einzelfall aufgrund der ineffektiven militärischen Kontrolle der ONUC-Führung akzeptierten. Es ist nicht ungewöhnlich für die internationale Haftungspraxis, den Anknüpfungspunkt der Haftung – Unterlassen der militärischen Führung oder aktives Tun der schädigenden Soldaten – offen zu lassen, wie z.B. die amerikanisch-mexikanische Kommission im JEANNAUD-Fall aus dem Jahr 1880: „The evidence shows that the burning was a wanton act of soldiers. (...) it was without justificable excuse, in violation of order and discipline and committed when marching back to camp under the command and in the presence of their officers, who by the usual and ordinary enforcement of military discipline might and would and should have prevented it, but who do not appear to have used any means whatever to prevent it. In such a case we think that an allowance should be made."[307]

---

[305] Zitiert nach FREEMAN (Fn. 173), S. 365.

[306] In der Literatur wird dieser Einwand im Rahmen des Art. 3 HLKO überwiegend abgelehnt, vgl. C. C. HYDE, International Law, Bd. 2, 1947, S. 966; PICTET (Fn. 182) thematisiert im Rahmen der Kommentierung des Art. 29 IV. GK nicht die Frage, ob Soldaten und andere im Dienste einer Kriegspartei stehende Personen auch als „Privatpersonen" handeln können. Insofern geht er von einer absoluten Staatenverantwortlichkeit aus.

[307] Zitiert nach STRUPP (Fn. 147), S. 44 dort Fn. 5.

(2) Unautorisierte Akte

In engem sachlichen Zusammenhang mit dem Kriterium der unmittelbaren militärischen Kontrolle über den schädigenden Soldaten steht sein etwaiges weisungswidriges Verhalten (sog. unautorisierte bzw. ultra vires-Akte). Unstreitig ist, daß der haftungsausschließende Einwand des unautorisierten Verhaltens nicht auf den Verstoß des Soldaten gegen innerstaatliche Normen oder allgemeine Dienstanweisungen abzielen darf. Angesichts der Pflicht jeder kriegsführenden Partei, ihre bewaffnete Armee und andere in ihrem Dienst stehende bewaffnete Personen über die Regeln des Kriegsrechts bzw. humanitären Völkerrechts aufzuklären (Art. 1 HLKO, Art. 144 IV. GK), werden kriegsrechtswidrige Akte einzelner Soldaten in der Regel immer gegen interne Anweisungen verstoßen. Insofern ist es aus Sicht des Kriegsrechts haftungsrechtlich irrelevant, ob die Verletzung von kriegsrechtlichen Vorschriften zugleich eine Verletzung innerstaatlicher Normen darstellt und deshalb außerhalb der dienstlichen Befugnisse liegt.[308] Die Vereinten Nationen haben sich konsequenterweise nicht darauf berufen, daß jeder einzelne ONUC-Soldat durch Art. 43 ONUC-Truppenstatut und durch Dienstanweisungen (Military Standing Order) auf seine Pflicht zur Beachtung des humanitären Völkerrechts hingewiesen worden ist. Im Unterschied dazu hatten die Vereinten Nationen im Rahmen von UNEF I – also außerhalb des Anwendungsbereichs kriegsrechtlicher Normen – ihre Verantwortung für den gewaltsamen Tod einer Person abgelehnt, weil der handelnde Soldat vorsätzlich die Grenzen der UNEF-Dienstpflichten – und zugleich die Grenzen des UNEF-Mandats – überschritten hatte (EL BAKKA-Fall).[309] Unter der Herrschaft des Haager und Genfer Rechts ist dieser haftungsauschließende Einwand nicht zulässig.

Im Rahmen des Kriegsrechts konzentriert sich die haftungsrechtliche Diskussion auf diejenigen unautorisierten Akte, die in keinem erkennbaren Zusammenhang zu den dienstlichen Aufgaben eines Soldaten stehen. So ist beispielsweise bei Sexualdelikten der fehlende Dienstbezug in der Regel offenkundig. Die Formulierung des Art. 27 Abs. 2 IV. GK trägt diesem Umstand Rechnung („Les femmes seront spécialement protégées contre ... le viol ...") und eröffnet explizit die Möglichkeit, die Staatenverantwortlichkeit an etwaigen fehlenden Schutzvorkehrungen und Kontrollen der Soldaten anzuknüpfen.[310] Aber schon bei Mißhandlungen und Plünderungen fällt es argumentativ schwer, den *Anschein* einer dienstlichen Handlung zu verneinen und auf dieser Basis die völkerrechtliche Verantwortung des Staates für „private" Plünderungen und Mißhandlungen ab-

308 A.A. STRUPP (Fn. 147), S. 44.
309 Siehe hierzu S. 255 ff. und S. 253 ff.
310 Kritisch FREEMAN (Fn. 173), S. 342 („suspicion of fictitiousness").

zulehnen. So geht beispielsweise Art. 28 HLKO Annex explizit von einer staatlichen Anordnung der Plünderung ziviler Stätten aus („Il est interdit de livrer au pillage une ville ou localité même prise d'assaut.“). Insofern bleibt im Rahmen des Art. 28 HLKO Annex nur noch der Verweis auf die fehlende Anwesenheit von Offizieren bei der Plünderung durch versprengte Soldaten, wie von BORCHARD dann auch in Zusammenhang mit Art. 3 HLKO herausgestellt: „Unauthorized pillage by uncontrollable soldiery has been almost uniformly considered to be hazard of war and to relieve the government from liability.“[311] Im Fall von ONUC lagen Plünderungen von Privatbesitz nicht nur tatsächlich, sondern auch dem *äußeren Anschein* nach (apparent authority[312]) außerhalb der dienstlichen Befugnisse der ONUC-Soldaten. In der Zivilbevölkerung war es allgemein bekannt, daß zu den zentralen Aufgaben ONUCs der Schutz der Bevölkerung vor Plünderungen und Übergriffen gehörte.[313] Dennoch haben die Vereinten Nationen bei keiner Plünderung durch ONUC-Soldaten die „private“ Natur dieser unautorisierten Akte behauptet. Statt dessen akzeptierte die Organisation ihre rechtliche Verantwortlichkeit für Diebstähle, Plünderungen und Mißhandlungen, soweit nachgewiesen werden konnte, daß ONUC-Soldaten die kriegsrechtswidrigen Handlungen vorgenommen hatten. Im Ergebnis haben die Vereinten Nationen damit – in Abweichung von der älteren kriegsrechtlichen Doktrin – ihre absolute Verantwortlichkeit für alle kriegsrechtswidrigen Akte von ONUC-Soldaten unter der Herrschaft von Art. 3 HLKO und Art. 29 IV. GK akzeptiert.

dd) Haftung für Akte Dritter

Die Globalentschädigungsabkommen stellen unmißverständlich klar, daß die Vereinten Nationen keine Verantwortung für Schäden in der Zivilbevölkerung übernehmen, die durch dritte Parteien verursacht worden sind. Das Abkommen mit Luxemburg bezieht sich in diesem Zusammenhang ausdrücklich auf Akte von Baluba-Flüchtlingen („... la responsabilité de l'Organisation n'est pas engagée du fait des dommages aux personnes et aux biens ... qui ont été causés par des tiers, tel les réfugiés balubas; ...)“.[314] Stammeskämpfe zwischen Baluba und Lulua in der Provinz Kasai hatten schon Ende 1960 zu großen Flüchtlingsströmen der Baluba in Richtung Katanga geführt. Die Flüchtlinge waren dort, teils

[311] E. M. BORCHARD, Private Pecuniary Claims Arising out of War, AJIL 9 (1915), S. 113, 127.

[312] Hierzu ausführlich im Rahmen des UNEF-Einsatzes S. 253 ff.

[313] Siehe die Einlassung LORENZOS (ONUC-Claims Officer) zur Einstellung der nichtkongolesischen Bevölkerung, S. 309.

[314] UNTS Bd. 585, S. 147.

von ONUC-Truppen, teils von örtlichen Behörden, in verschiedenen zivilen Einrichtungen und Lagern untergebracht worden.[315]

Die Rechtsauffassung der Vereinten Nationen – keine Zurechnung von Akten Dritter, die nicht unter dem Kommando oder der tatsächlichen Kontrolle ONUCs stehen[316] – ist isoliert betrachtet kaum bemerkenswert. Dem internationalen Recht ist die Zurechnung von Akten von Privatpersonen zu Staaten oder zu Internationalen Organisationen grundsätzlich fremd. Entsprechend apodiktisch stellte die International Law Commission in ihrer Kommentierung zu Art. 11 des Entwurfs zur Staatenverantwortlichkeit von 1980[317] fest: „The acts of private persons (...) are in no circumstances attributable to the State. (...)".[318] Der Begriff der „Privatperson" enthält die notwendigen Konturen in Abgrenzung zu den Personen, deren Handlungen sich kraft Zurechnung als Handlungen des Verbandes darstellen: „Private" sind Personen, die weder eine de iure- noch eine de facto-Organstellung im Organisationsgefüge des Staates bzw. der Internationalen Organisation einnehmen.[319] Diese negative Definition des Begriffs „Privatpersonen" läßt sich aus der internationalen Rechtsprechung destillieren, die bei der Prüfung einer möglichen Staatenverantwortlichkeit in einem ersten Schritt jedes rechtsförmliche und faktische Bindeglied zwischen dem Handelnden und dem Staat ausschließt, bevor sie – wie im Teheraner Geisel-Fall[320] – die Zurechnung der Privatakte zum Staat verneint. Im Fall der Baluba-Flüchtlinge stand deren „Privatheit" von vornherein außer Frage. Im Vorfeld der Globalentschädigungsabkommen wurde die Haftung der Vereinten Nationen für Baluba-Schäden deshalb unter einem anderen Blickwinkel disku-

---

315 Report on Developments in Katanga during the Period of 9 to 19 January 1962, UN-Doc. S/5053/Add. 1 Ziff. 35, 37, SCOR 17th Year, Suppl. Jan. – March 1962, S. 12.

316 Vgl. den UN-internen Bericht über die Verhandlungen mit Belgien: „Arguing on the basis of the nature of the United Nations mission in the Congo and the circumstances in which it was carried out, our delegation pressed the Belgian delegation to recognize that the Organization was not liable for injury to persons and damage to property which were the consequence of military operations or which had been caused by third persons who were outside the authority and control of the United Nations. The last category of injury and damage relates principally to the considerable amount of pillaging by Baluba refugees." UN-LEGAL OFFICE (Fn. 64), Ziff. 4.

317 Art. 11 wurde von der ILC in der 32. Sitzung der ILC 1980 vorläufig beschlossen; in dem neuen Entwurf vom Nov. 2001 nun Art. 8 [GAOR 56th Sess. Suppl. No. 10 (A/56/19)].

318 YILC 1975 II, S. 70, 71 dort Ziff. 3.

319 A. EPINEY, Die völkerrechtliche Verantwortlichkeit von Staaten für rechtswidriges Verhalten in Zusammenhang mit Aktionen Privater, 1992, S. 106. Siehe hier zum de iure und de facto-Organ S. 99 ff.

320 IGH, United States Diplomatic and Consular Staff in Tehran, Judgment, I.C.J. Reports 1980, S. 3, 29 ff., Ziff. 58.

tiert: Nicht die Zurechnung der Privatakte drohte zum Einfallstor für eine Haftung der Vereinten Nationen zu werden, sondern das Verhalten der ONUC-Truppen in Zusammenhang mit eben diesen Personen. Mit anderen Worten: Es stellte sich die Frage, ob das *Unterlassen* von präventiven und repressiven Maßnahmen gegen Dritte zu einer Quelle völkerrechtlicher Verantwortlichkeit der Vereinten Nationen werden konnte.

ee) Unterlassen objektiv gebotener Schutzmaßnahmen

Erwägenswert ist eine Verantwortlichkeit der Vereinten Nationen für passives Organverhalten in Zusammenhang mit Gewaltakten Dritter in erster Linie aus dem Blickwinkel des internationalen ONUC-Mandats. Der Sicherheitsrat hatte den Peace-keeping-Streitkräften die Aufgabe übertragen, der kongolesischen Regierung bei der Sicherung von Recht und Ordnung im Kongo zu assistieren (im folgenden: Ordnungsmandat). Der Abzug der belgischen Truppen und der damit verbundene Zusammenbruch der staatlichen Ordnung im Kongo ließen ONUC zeitweise als einzige Ordnungsmacht zurück, so daß in der Praxis die Reichweite des auf die innere Sicherheit gerichteten Mandats sehr bedeutsam wurde.[321] Im Fall der Verhaftung des kongolesischen Staatschefs LUMUMBA durch ANC-Truppen im Dezember 1960 und seiner späteren Ermordung in katangesischer Gefangenschaft erlangte die Frage große politische Brisanz. Generalsekretär HAMMARSKJÖLD erklärte in diesem Zusammenhang, ONUC habe grundsätzlich die Pflicht, all jene vor bewaffneten Angriffen Dritter zu schützen, die diesen Schutz benötigten. Allerdings existiere kein Mandat, mit bewaffneter Gewalt LUMUMBA aus den Händen des ANC zu befreien, zumal dieser sich freiwillig aus dem Schutz von ONUC entfernt habe.[322] Mit den Grenzen des Mandats im Hinblick auf den Einsatz von Waffengewalt begründete HAMMARSKJÖLD auch die Passivität ONUCs im Fall von inhaftierten belgischen Militärangehörigen.[323] Aber selbst jenseits dieser politisch hochumstrittenen Einzelfälle kam den Schutzpflichten ONUCs praktische Relevanz zu. Eine große Zahl von Privatpersonen stützte ihre Schadensersatzansprüche gegen die Vereinten Nationen auf den Umstand, daß ONUC faktisch die alleinige öffentliche

---

[321] In den Ruhephasen der bewaffneten Auseinandersetzungen, z.B. im Januar 1962, patrouillierte ONUC zusammen mit der katangesischen Polizei in Elisabethville, vor allem um von Baluba-Flüchtlingen und anderen Stämmen illegal okkupierte Häuser wieder zu räumen, UN-Doc. S/5053/Add. 1, SCOR 17th Year, Suppl. Jan. – March 1962, S. 6, 12 Ziff. 35.

[322] UN-Doc. S/4590 Annex lit. c, SCOR 15th Meeting, Suppl. Oct. – Dec. 1960, S. 95.

[323] SCOR 15th Year, 920th Meeting, Ziff. 85; zur Reaktion Belgiens s. UN-Doc. S/4649 SCOR 16th Year, Suppl. Jan. – March 1961, S. 68.

Gewalt im Kongo war, „the sole body responsible for peace and order“[324]. Das offizielle Antwortschreiben von W. COX, Deputy Director des UN-Office of the Legal Counsel, an einen britischen Antragsteller veranschaulicht die diesbezügliche Rechtsposition der Vereinten Nationen: „While every sympathy is felt for the sufferings and property losses which you incurred, it is clear from your letter that the damage of which you complained was caused by persons over whom the United Nations has no authority and whose acts could in no way engage the responsibility of the Organization. Under resolutions of the Security Council and General Assembly of the United Nations the Organization has a mission 'to assist the Central Government of the Congo in the restoration and maintenance of law and order throughout the territory of the Republic of the Congo'. Every effort is made to provide a maximum protection to all classes of persons in the Congo, but it is in the nature of the peace and security problem in that country that the United Nations has not, and in the circumstances could not have, assumed an absolute responsibility to prevent all acts of violence or to incur financial liability for the acts of third parties. Nothing (...) contradicts the well-established legal principle.“[325]

(1) Staatliche Schutzpflichten nach allgemeinem Völkerrecht

Die unspezifische Bezugnahme COXs auf „anerkannte rechtliche Prinzipien“ ist ergänzungsbedürftig. Im Recht der Staatenverantwortlichkeit kann der Vorwurf des völkerrechtswidrigen Unterlassens gebotener (Schutz-) Maßnahmen auf eine breite internationale Praxis blicken.[326] In den Fällen, in denen die völkerrechtlichen Primärnormen den Staaten konkrete Handlungspflichten im Hinblick auf die Vorgänge auf seinem Territorium auferlegen, erscheint der Unterlassensvorwurf einfach begründbar. Andere Primärnormen verlangen „geeignete“ Maßnahmen, z.B. Art. 22 und Art. 29 der Diplomatenrechtskonvention von 1961[327], die im Teheraner Geisel-Fall zum entscheidenden Anknüpfungspunkt der völkerrechtlichen Verantwortlichkeit des Irans wurde.[328] Das Unterlassen von staatlichen Maßnahmen in Zusammenhang mit schädigendem Privatverhalten hat die internationale Jurisprudenz vor allem im Bereich des internationalen Fremdenrechts beschäftigt. MAX HUBER stellte im Palma-Fall den

---

[324] Summaries of Claims made by United Kingdom Nationals (Roullion-Fall, Annex 21), in: UN Archives N.Y., Akte Vickers, OLA, Box 6.

[325] W.W. COX, Deputy Director, Office of Legal Counsel, Schreiben vom 27. Juli 1962 an Mr. Holland, UN Archives N.Y., Akte Vickers, OLA, Congo Claims 1961 – 1962, Box 5.

[326] Eine umfassende Untersuchung und Würdigung der internationalen Jurisprudenz findet sich in EPINEY (Fn. 319), S. 161 ff.

[327] UNTS Bd. 500, S. 95 ff.

[328] IGH (Fn. 320), Ziff. 62 f.

rechtlichen Anknüpfungspunkt der staatlichen Verantwortlichkeit heraus, wie er schon bei HUGO GROTIUS[329] zu finden ist: „*Territorial sovereignty* (...) involves the exclusive right to display the activities of a State. This right has as a corollary a duty: *the obligation to protect* within the territory the rights of other States, in particular their right of integrity and inviolability in peace and in war, together with the rights which each State may claim for its nationals in foreign territory."[330] Die exklusive effektive Kontrolle über ein Gebiet, auch wenn sie faktisch ist[331], wird zum Ausgangspunkt verschiedener völkerrechtlicher Schutzpflichten gegenüber unterschiedlichen Rechtsträgern – insbesondere gegenüber anderen Staaten, aber auch gegenüber fremden und eigenen Staatsangehörigen.[332] Dennoch gilt der völkerrechtliche Grundsatz, daß auf internationaler Ebene keinem Staat eine allgemeine Garantenstellung für alle auf seinem Territorium stattfindenden privaten Akte aufgebürdet werden kann.[333] Diesen Grundsatz stellte der IGH 1949 im Corfu-Channel-Fall heraus: „But it cannot be concluded from the mere fact of the control exercised by a State over its territory and waters that that State necessarily knew, or ought to have known, of any unlawful act perpetrated therein, not yet that it necessarily knew, or should have known, the authors. This fact, by itself and apart from other circumstances, neither involves prima facie responsibility nor shifts the burden of proof."[334] Im Rahmen der vielfältigen Möglichkeiten, fremde Staatsangehörige und andere Rechtsträger zu schützen, hat der völkerrechtlich verpflichtete Staat diejenigen Maßnahmen zu ergreifen, die nach den Umständen des Einzelfalls objektiv erforderlich erscheinen. In den Fällen eines völkerrechtswidrigen Unterlassens gebotener Maßnahmen zum Schutz von Fremden wird die Verantwortlichkeit des Staates von der internationalen Rechtsprechung regelmäßig auf die Verletzung der erforderlichen Sorgfalt (due diligence) gestützt. Was genau unter diesem primärrechtlichen Tatbestandsmerkmal zu verstehen ist, hängt wesentlich von den Umständen des Einzelfalls ab, läßt sich folglich nicht abstrakt-generell festlegen. Die Anforderungen wurden von der internationalen Rechtsprechung sehr hoch angesetzt, soweit rechtsfreie Enklaven auf staatlichem Territorium zu Schäden bei fremden Staatsangehörigen geführt haben. Im MEAD-Fall machte Mexiko vor der amerikanisch-mexikanischen Claims Commission geltend, die

---

329 H. GROTIUS, De Jure Belli ac Pacis Libri Tres, Amsterdam MDCXLVI, Lib. II, Caput XXI, S. 366, Rn. II.

330 Island of Palma (Netherlands/USA), Schiedsurteil April 1928 (Max Huber), Reports of International Arbitral Awards, Bd. 2, S. 830, 839 (Hervorhebung hier).

331 EPINEY (Fn. 319), S. 207.

332 O. KIMMINICH, Haftung für Privathandlungen im Bereich des internationalen Umweltschutzes, AVR 22 (1984), S. 241, 246 f.

333 EPINEY (Fn. 319), S. 207.

334 Corfu Channel Case, Judgment of April 9th, 1949: I.C.J. Reports 1949, S. 4, 18.

Verfolgung der Mörder des US-Bürgers MEAD in einer gefährlichen Gegend Mexikos sei aufgrund der geringen Zahl der vorhandenen Soldaten unmöglich gewesen. Die Kommission ließ diesen Einwand nicht geltend: „The Commission has taken account of such matters in considering the subject of capacity to give protection. But there are of course limits to the extent to which they can justify a failure to deal with lawlessness. And conditions such as it appears existed in this region may also reveal both the necessity for urgent measures as well as censurable failure of efforts on the part of the authorities to deal with lawlessness."[335] Im Fall von Krawallen und Unruhen in dem britischen Protektorat Sierra Leone stellte die britisch-amerikanische Claims Commission 1920 bezogen auf die „besonderen" Verhältnisse in Afrika fest: „It would be almost impossible for any government to prevent such acts by omnipresence of its forces. (...) A government cannot held as the insurer of live and property under the circumstances presented in this case."[336] In abstrakt-genereller Weise berücksichtigt das Haager Recht die besonderen Umstände in den Zeiten des Krieges. Die *occupatio bellica* hat „nach Möglichkeit" („autant qu'il est possible") die öffentliche Ordnung wiederherzustellen und aufrechtzuerhalten (Art. 43 HLKO Annex). Das US-amerikanische Department of State machte in diesem Zusammenhang amerikanische Staatsbürger darauf aufmerksam, daß die Pflichten der Besatzungsmacht in bezug auf den Schutz Fremder nicht weiter gehen können als die Pflichten ziviler Behörden: „In claims of this character, claimants should endeavor to establish either (a) that the authorities were put on notice with respect to (...) illegal acts of the nature complained of, and negligently failed to take adequate steps to prevent the acts (…). It should be shown, if possible, that sufficient police or soldiers were available to prevent acts (…)."[337]

(2) Schutzpflichten ONUCs im Kongo

Welche Folgerungen aber können aus der wenig konsistenten internationalen Praxis für die konkreten Schutzpflichten ONUCs gezogen werden? Die Passagen der Sicherheitsratsresolutionen zum Ordnungsmandat der Peace-keeping-Truppe enthalten keine ausdrücklichen Hinweise über Umfang und Grenzen der Schutzpflichten ONUCs. Aufgrund des weiten Handlungsspielraumes der UN-

---

[335] Mead (United States) v. United Mexican States, General Claims Commission (1930), abgedr. in: Reports of International Arbitral Awards, Bd. IV, S. 653, 654 f.

[336] Home Frontier and Foreign Missionary Society of the United Brethren in Christ (United States) v. Great Britain, Claims Commission (1930), abgedr. in: Report of International Arbitral Awards, Bd. 6, S. 42, 44.

[337] Statement for the General Information of American Nations Desiring to Present International Pecuniary Claims for Losses or Damages Sustained in Spain, zitiert nach HYDE (Fn. 306), S. 968 dort auch Fn. 14.

Organe bei der Erreichung des Ziels „Wiederherstellung der Sicherheit und Ordnung im Kongo“ ist es allerdings gerechtfertigt, das „due diligence“-Erfordernis als ein ungeschriebenes Tatbestandsmerkmal in die Sicherheitsratsresolutionen hinein zu lesen, ebenso wie die Pflicht zur Wahrung politischer Neutralität. Es statuiert in diesem Sinne in erster Linie eine objektive Rechtspflicht im Hinblick auf die ordnungsgemäße Erfüllung des Mandats, adressiert an die Vollzugsorgane der Vereinten Nationen. Dabei gilt, daß die bloße Existenz eines ungeschriebenen due diligence-Erfordernisses mit ermessensreduzierender Wirkung weder die Justiziabilität des Merkmals präjudiziert, noch den Kreis der Rechtsträger festlegt, denen die UN-Vollzugsorgane die Sorgfalt schulden.

Die völkerrechtliche Verantwortlichkeit der Vereinten Nationen wegen Verletzung der erforderlichen Sorgfalt bei der Ausübung ihrer internationalen Schutzpflichten im Kongo ist unter drei verschiedenen Gesichtspunkten erwägenswert: In Betracht kommt (a) das prinzipielle Unterlassen des Schutzes von Individuen durch ONUC als Verband. Zu denken wäre darüber hinaus an (b) die Schlechterfüllung der öffentlichen Aufgaben durch ONUC und (c) das individuelle mandatswidrige Unterlassen einzelner ONUC-Soldaten.

(a) Der Vorwurf des prinzipiellen Unterlassens notwendiger Schutzmaßnahmen ist im Fall von ONUC haltlos. Zu Beginn der Mission stellt der UN-Generalsekretär in seinem ersten Bericht heraus: „(ONUC) will (...) ensure order and protect the entire population, European and African. The complete protection of all sectors of the population is the primary and most immediate purpose of the United Nations Operation.“[338] Der flächendeckend ausbrechende und an verschiedenen Fronten geführte kongolesische Bürgerkrieg hatte zur Folge, daß der Schutz der Bevölkerung in der Praxis viele Ressourcen von ONUC in Anspruch nahm: ONUC-Soldaten patrouillierten in den Gebieten, die von örtlicher Gewalt und anarchischen Zuständen betroffen waren,[339] richteten „geschützte“ Zonen für politisch Verfolgte[340] ein, bewachten die Wohnhäuser von kongolesischen Politikern und entwaffneten versprengte marodierende ANC-Soldaten[341]. Die fehlende Präsenz ONUCs an einzelnen Brennpunkten kann damit haftungsrechtlich nicht als Nichterfüllung des Ordnungsmandats aufgefaßt werden, sondern allenfalls als seine Schlechterfüllung.

338 UN-Doc. S/4389/Add. 1 Ziff. 2 (Fn. 5).
339 UN-Doc. S/4557, Ziff. 67, SCOR 15th Year, Suppl. Oct. – Dec. 1960, S. 22.
340 UN-Doc. S/4590, SCOR 15th Year, Suppl. Oct. – Dec. 1960, S. 93 ff.
341 UN-Doc. S/4775, SCOR 16th Year, Suppl. Jan. – March 1961, S. 101 f.

(b) Dem Vorwurf der Schlechterfüllung des Ordnungsmandats begegnete COXS mit dem Hinweis, die internationale Mandatserfüllung ONUCs stünde unter dem Vorbehalt des Möglichen. Dieser Einwand ist dem allgemeinen Völkerrecht nicht unbekannt; so hat die Besatzungsmacht im Rahmen der *occupatio bellica* die Pflicht, „nach Möglichkeiten" („autant qu'il est possible") die öffentliche Ordnung wiederherzustellen und aufrechtzuerhalten (Art. 43 HLKO Annex). Im Kongo waren für ONUC die Grenzen des Möglichen schnell erreicht, wie der Sonderbeauftragte des Generalsekretärs für den Kongo, RALF BRUNCH, herausstellte: „In view of the existing tension between the thinly spread United Nations Force and the numerically superior, well-armed ANC bands on the rampage, and in the absence of any effective authority whose co-operation in curbing the violence of troops could be enlisted, the protection that the United Nations can afford to the civilian population is, despite its most strenuous efforts, *limited to the means presently at its disposal.*"[342] Die von BRUNCH gewählte Formulierung erinnert an die due diligence-Regel in Art. 8 der XIII. Haager Konvention von 1907 über die Pflichten der neutralen Staaten im Seekrieg.[343] Die erforderliche Sorgfalt des neutralen Staates besteht hiernach in der Verpflichtung „to employ of the means at its disposal to prevent ... the arming of any vessel within its jurisdiction..." (Art. 8). Dagegen hat die oben zitierte amerikanisch-mexikanische Claims Commission den Einwand der begrenzten Kapazitäten im MEAD-Fall[344] gerade nicht gelten lassen.

Die Einsicht, daß der Grad der notwendigen Sorgfalt im Völkerrecht nicht in jeder Situation identisch sein kann,[345] eröffnet den Weg zu einer speziell auf Peace-keeping-Sachverhalte zugeschnittenen Betrachtungsweise internationaler Schutzpflichten. Anders als bei Staaten, sind die Kapazitäten und Ressourcen von Peace-keeping-Streitkräften aus rechtlichen Gründen beschränkt, die im Wesen der Internationalen Organisation liegen. Die für Peace-keeping-Einsätze zur Verfügung stehenden Personal- und Sachmittel werden durch Mitgliedstaaten zugewiesen, haben also keine originäre, aus eigener Souveränität gespeiste Quelle. Hinzu kommt, daß auch die rechtlichen Befugnisse der Peace-keeping-Truppe zur Ausübung von Hoheitsgewalt – insbesondere der Gewaltanwendung gegenüber Privaten – immer ihre kompetentiellen Grenzen im Sicherheitsratsmandat finden. Insofern sind die zur Verfügung stehenden Ressourcen der Peace-keeping-Streitkräfte und ihre limitierten völkerrechtlichen Kompetenzen

---

[342] Report to the Secretary-General from his Special Representative in the Congo on the situation in Oriental and Kivu Provinces, UN-Doc. S/4745, SCOR 16th Year, Suppl. Jan.-March 1961, S. 154, 159 Ziff. 17 (Hervorhebung hier).

[343] Vertragssammlung Auswärtiges Amt, Bd. 28 A, S. 355 ff.

[344] Hier S. 378.

[345] FREEMAN (Fn. 173), S. 278.

der entscheidende Ausgangspunkt für die Beurteilung der erforderlichen Sorgfalt bei der Erfüllung des internationalen Mandats. Die Bestrafung von Gewaltakten Dritter kann beispielsweise mangels entsprechender Kompetenzen kein Bestandteil der erforderlichen Sorgfalt von ONUC bei der Erfüllung seiner Schutzpflichten sein. Aber auch die begrenzten Personal- und Sachmittel einer Peace-keeping-Truppe in einem Land von der Größe des Kongo rechtfertigen es, die erforderliche Sorgfalt bei der Erfüllung des Mandats nicht auf die Ebene einer gebotenen Omnipräsenz der Truppen zum Schutz der Zivilbevölkerung anzusiedeln. Insofern können die internationalen Anforderungen an eine flächendeckende staatliche Ordnungs- und Schutzfunktion im eigenen Staatsgebiet nicht spiegelbildlich auf Peace-keeping-Streitkräfte übertragen werden, wenn nicht von vornherein die umfassende Übernahme der Territorialverwaltung unter vollständiger Ersetzung der ursprünglichen staatlichen Gewalt das erklärte Ziel des internationalen Mandats ist.[346] Aber selbst bei unterstellter Schlechterfüllung des ONUC-Ordnungsmandats wird aus diesem Vorwurf kein Schadensersatzanspruch des einzelnen gegen die Vereinten Nationen abzuleiten sein. Ein derartiger sekundärrechtlicher Anspruch setzt nämlich voraus, daß der einzelne einen primärrechtlichen Anspruch gegen ONUC auf Vornahme konkreter Schutzmaßnahmen hat, der durch ONUCs Unterlassen verletzt worden ist. Diesen Anspruch begründet das internationale Mandat indes nicht. Das Einrücken ONUCs in den Kongo als alternative Sicherheits- und Ordnungskraft war *conditio sine qua non* für den Abzug der belgischen Truppen, dessen Präsenz vom Sicherheitsrat als Gefährdung des internationalen Friedens angesehen wurde.[347] Diesen Zusammenhang zwischen der internationalen Friedenssicherung und der inneren Sicherheit des Kongo hebt die Sicherheitsratsresolution 145 vom 22. Juli 1960 explizit hervor:

> „*Considering* that the complete restoration of law and order in the Republic of the Congo would effectively contribute to the maintenance of international peace and security".[348]

---

[346] Dies ist der Fall bei UN-Territorialverwaltungen, siehe für UNTEA S. 430 ff. und für UNMIK S. 460 ff.

[347] Siehe die Einlassung Belgiens, hier S 296.

[348] UN-Doc. S/4405, SCOR 15th Year Suppl. July – Sept. 1960, S. 34; so auch IGH, Certain Expenses of the United Nations (Article 17, Paragraph 2, of the Charter), Advisory Opinion, 20 July 1962, I.C.J. Reports 1962, S. 151, 175. Siehe auch M. Correa (Ecuador) im Sicherheitsrat: „It is important to remember that the Untied Nations action in the Congo is not to be used as a precedent for any future requests for military assistance from Governments in circumstances of internal security. It was the effect of internal insecurity on international relations and not the causes of that insecurity which made the Congo a valid case for United Nations action." SCOR 15th Year, 886th Meeting, S. 10, Ziff. 40.

Die faktische Begünstigung des einzelnen durch das Einrücken der neuen internationalen Ordnungsmacht in den Kongo war damit lediglich ein positiver Rechtsreflex aus dem internationalen Mandat. Auch das ONUC-Statusabkommen verdeutlicht, daß das Ordnungsmandat der Peace-keeping-Truppe konzeptionell weder Individualansprüche auf Tätigwerden begründen soll, noch zu entsprechenden Schadensersatzansprüchen wegen Untätigkeit führen kann: Art. 43 lit. a ONUC-SOFA stellt heraus, daß ONUC bei der Erfüllung seiner Funktion als Sicherheitskraft im Kongo nur dem internationalen Mandatsrecht – wie es von den Vereinten Nationen interpretiert wird – unterworfen ist, nicht aber den Gesetzen und Verordnungen des Kongo. Die Streitbeilegungsklausel Art. 10 lit. b ONUC-SOFA knüpft auf der anderen Seite bei der Regulierung von individuellen Schadensersatzansprüchen gegen ONUC an diejenigen Schäden an, die ohne Immunitätsbarriere zu einem Zivilprozeß gegen die Vereinten Nationen führen würden („... that may give rise to civil proceedings ...“). Art. 43 ONUC-SOFA schließt aber gerade den Verfahrensweg vor die Zivilgerichte mit seinem Hinweis auf die ausschließliche internationale Rechtsnatur der ONUC-Handlungen bei der Sicherung von Recht und Ordnung aus.[349]

(c) Subjektive Ansprüche aus der Verletzung von ONUC-Schutzpflichten kommen damit nur noch unter einem dritten und letzten Gesichtspunkt in Betracht, und zwar bei nachgewiesenem individuellem Fehlverhalten von ONUC-Mitgliedern, z.B. durch das Unterlassen von Schutzmaßnahmen in einer konkreten Gefahrensituation trotz allgemeiner Order und bestehender Möglichkeit. Der Wortlaut der Globalentschädigungsabkommen spricht *prima facie* gegen die Haftung der Vereinten Nationen in diesen Fällen („... damage as a result of harmful acts committed by ONUC personnel ...“). Für eine etwaige Verantwortlichkeit wegen Unterlassens scheint hier kein Raum zu bestehen. In der Praxis fehlte es den Antragstellern in der Regel an den erforderlichen Beweisen, um ein vorwerfbares Unterlassen von ONUC-Soldaten im Einzelfall darlegen zu können. Im Fall eines geschädigten britischen Staatsangehörigen wurden von den Vereinten Nationen ex gratia-Zahlungen geleistet, weil sein Haus weniger als 100 Meter entfernt von einem ONUC-Camp von Dritten geplündert und zerstört worden war.[350] Die Frage, ob ONUC-Soldaten die Vorgänge im Nachbarhaus beobachtet haben, wurde vom ONUC-Claims Review Board nicht thematisiert. In einem anderen Fall übernahmen die Vereinten Nationen die rechtliche

[349] Zur sachlichen Unzuständigkeit nationaler Gerichte, die Grenzen eines Mandats zu überprüfen, siehe M. WENCKSTERN, Die Immunität internationaler Organisationen, 1994, Rn. 1000 ff.

[350] Thomas-Fall, U.N. Archives N.Y., Akte Vickers, United Kingdom Claims, Box 6. Wie vom Claims Office empfohlen, wurden die ex gratia-Zahlungen in die Gesamtsumme eingestellt, die an das Vereinigte Königreich ausgezahlt wurde (s. S. 319 f.).

Verantwortung für Akte Dritter, die unter der unmittelbaren Obhut von ONUC standen: Nigerianische ONUC-Truppen hatten das Collège Notre-Dame in Bakavu für eigene Zwecke besetzt und einigen kongolesischen Flüchtlingsfamilien erlaubt, in einem der Gebäude zu übernachten. Die Kinder setzten Teile des Hauses in Brand und zerstörten die Einrichtung. Das ONUC-Claims Review Board empfahl die Zahlung einer Entschädigung auf Basis der Erwägung, daß die Flüchtlinge von ONUC-Truppen einquartiert worden waren.[351] Es liegt nahe, den Rechtsgrund für die Haftung der Vereinten Nationen in einer spezifischen „Garantenstellung" des nigerianischen Kontingents gegenüber dem Eigentümer zu suchen, bedingt durch die Eröffnung einer konkreten und faktisch kontrollierbaren Gefahrenquelle. Allerdings ist auch eine quasi-vertragliche Grundlage der Haftung denkbar, anknüpfend an die Besetzung des Hauses durch ONUC. Die Ersatzansprüche aus der Besetzung von Gebäuden ohne Einwilligung des Eigentümers wurden von ONUC in der Praxis wie vertragliche Ansprüche behandelt.[352] Soweit ONUC in offiziell gemieteten Gebäuden Flüchtlinge einquartiert hat, übernahmen die Vereinten Nationen den Ersatz der von den Flüchtlingen verursachten Schäden auf Grundlage der Vertragsbeziehungen zum Eigentümer.[353]

c) Rechtmäßigkeit des schadensverursachenden Verhaltens

aa) Selbstverteidigungsrecht

Im Kontext des ONUC-Einsatzes entwickelte sich das Recht auf Selbstverteidigung vom individuellen Rechtfertigungseinwand zum allgemeinen Rechtsprinzip. Als allgemeines Rechtsprinzip sollte es die Rechtmäßigkeit der Anwendung von militärischer Gewalt durch ONUC zur Sicherstellung des Mandats begründet. Noch zu Beginn der Mission stand – wie bei UNEF I – das Recht jedes einzelnen Soldaten auf individuelle Selbstverteidigung im Vordergrund, wie die operativen Leitlinien für die ONUC-Soldaten verdeutlichen:

> „At all levels, commanders are to be instructed to the effect that, on no account, are weapons to be used unless in cases of great and sudden emergency and for the purpose of self defence. (…) Firing, even in self-defence, should be resorted to only in extreme instances. Any effort to disarm members of the United Nations Force is to be regarded as a legitimate cause for self-defence."[354]

---

[351] ONUC-Claims Review Board, Case 0040, Minutes of 15th Meeting, 7 August 1961, UN Archives N.Y., Akte: ONUC Claims, OLA 1946 – 1998, Box S-0467-0517.

[352] Siehe hierzu ausführlich S. 392 ff.

[353] Case 0041, ONUC-Claims Review Board (Fn. 351).

[354] UN-Doc. S/4451, SCOR 15th Year Suppl. July – Sept. 1960, S. 113 f.

Auf dieser rechtlichen Basis war es für ONUC ausgeschlossen, initiativ militärische Maßnahmen zu ergreifen, z.B. den Einzug in Katanga mit Waffengewalt durchzusetzen oder die Entwaffnung der verschiedenen militärischen Fraktionen des Bürgerkrieges zu betreiben. Aber bereits die Aufgaben ONUCs, den Schutz der Bevölkerung sicherzustellen, veranlaßten Generalsekretär HAMMARSKJÖLD zu einer argumentativen Gradwanderung zwischen der Betonung des rein passiven Waffennutzungsrechts ONUCs und den praktischen Erfordernissen des Ordnungsmandats („on the outer margin of the mandate of the United Nations"[355]). Im Hinblick auf die bewaffneten Widerstände in der Enklave Katanga hat der Generalsekretär nie eine direkte Beziehung zwischen dem individuellen Selbstverteidigungsrecht und der militärischen Durchsetzung der Truppenbewegungsfreiheit im Kongo hergestellt (sog. aktives Selbstverteidigungsrecht[356]).[357] Für diese Zurückhaltung wurde er vor allem in der Literatur heftig kritisiert.[358] Der Sicherheitsrat hat indes die restriktive Haltung des Generalsekretärs geteilt. Die gegenteilige Äußerung der Sowjetunion vom 8. August 1960 („... the United Nations can and should resort the arms for the purpose of overcoming armed resistance as matter of protection or self-defence."[359]) hat im Hauptorgan der Vereinten Nationen keine Unterstützung erfahren.[360] Erst die Sicherheitsratsresolution 161 vom 21. Februar 1961 führte zur Änderung des Mandats von ONUC und ermöglichte den Peace-keeping-Streitkräften, aktiv Waffen zur Verhinderung eines kongolesischen Bürgerkrieges einzusetzen.[361]

Im haftungsrechtlichen Kontext sind die Grenzen zwischen individueller Selbstverteidigung und aktivem militärischen Kampfeinsatz spätestens mit der Implementierung der Sicherheitsratsresolution 161 fließend. Dies verdeutlicht ein Antwortschreiben des Generalsekretärs auf die Beschwerden Belgiens

---

355 SCOR 16th Year 935th Meeting, Ziff. 27.

356 M. Bothe, in: Simma (Hrsg.), The Charter of the United Nations, Bd. 1, 2002, Peace-Keeping, S. 682, Rn. 80.

357 Second report of the Secretary-General on the implementation of the Security Council resolution S/4387 of 14 July 1960 and of 22 July 1960, UN-Doc. S/4417, SCOR 15th Year, Suppl. July – Sept. 1960, S. 45, 52, Ziff. 10.

358 BOWETT (Fn. 37), S. 204; G. I. A. D. DARPER, The legal limitations upon the employment of weapons by the United Nations Force in the Congo, ICLQ 12 (1963), S. 387, 400 f.; erst nach der Autorisierung zur Anwendung von Waffengewalt durch den Sicherheitsrat haben die Vereinten Nationen die Gewaltanwendung in Katanga auch auf ihr Freizügigkeitsrecht gestützt; vgl. M. BOTHE, Streitkräfte internationaler Organisationen, 1968, S. 124 m.w.N.

359 SCOR 15th Year, 886th Meeting S. 44, Ziff. 227.

360 SIMMONDS (Fn. 4), S. 133.

361 Wortlaut der Resolution Nr. 161 siehe S. 298.

wegen Schäden der belgischen Fluglinie Sabena, verursachte im Rahmen von Kämpfen am Flughafen von Elisabethville im August 1961: „Although the United Nations consistently made every effort to avoid the use of force, nevertheless when confronted with armed attacks against itself and the forcible obstruction of the implementation of the relevant Security Council resolutions, it clearly had the right and the duty to take necessary defensive counter measures, in proportion to the gravity of the threat. In so far as force was used by the United Nations, it was used only in self defence or as a matter of strict military necessity within the limits prescribed by the pertinent Security Council resolutions, and never to a degree more than proportionate to the force directed or threatened against the United Nations."[362] Bei der Regulierung von Personenschäden in der Zivilbevölkerung wurde der Einwand der Selbstverteidigung allerdings weitgehend bedeutungslos, zumindest soweit die geschädigten Personen nicht als Kombattanten mit den Kämpfen in Verbindung gebracht werden konnten. Vermutlich fehlt aus diesem Grund den Globalentschädigungsabkommen, die eine Entschädigung von „innocent parties"[363] anvisieren, der explizite Hinweis auf das Selbstverteidigungsrechts der ONUC-Mitglieder. Statt dessen heißt es in den Abkommen: „The United Nations has agreed that the claims of ... nationals who may have suffered damages as a result of harmful acts committed by ONUC personnel, *not arising from military necessity*, should be dealt with in an equitable manner."[364]

bb) Military Necessity

Eine berühmte Ausprägung des Prinzips der militärischen Notwendigkeit[365] ist die historische Maxime „Kriegsraison geht vor Kriegsmanier", die besagt, daß der Kommandeur auf dem Schlachtfeld die Anwendbarkeit von Regeln des Kriegsrechts je nach den Bedürfnissen der Kriegsführung aussetzen kann.[366] BETHMAN HOLLWEG stützte sich auf die Kriegsraison, um im 1. Weltkrieg den Einmarsch deutscher Truppen in das neutrale Belgien zu rechtfertigen.[367] Im „totalen" 2. Weltkrieg diente die Maxime zur Rechtfertigung von Kriegsverbre-

[362] UN-GENERALSEKRETÄR, Schreiben vom November 1961 an den Ständigen Vertreter von Belgien bei den Vereinten Nationen, UN Archives N.Y., Akte: Accommodation Claims 1961 – 1969, Box S-0467-0517.

[363] Siehe hierzu S. 364 ff.

[364] Hervorhebung hier.

[365] M. HUBER, Die kriegsrechtlichen Verträge and die Kriegsraison, ZfV 7 (1913), S. 351, 368.

[366] Y. SANDOZ/CH. SWINARSKI/B. ZIMMERMANN (Hrsg.), Commentary on the Additional Protocols, 1987, Rn. 1386.

[367] N. C. H. DUNBAR, Military Necessity in War Crime Trials, BYIL 29 (1952), S. 442, 443.

chen, wurde aber vom Nürnberger Tribunal als Rechtfertigungsgrundsatz verworfen.[368] Daß das Prinzip der militärischen Notwendigkeit durchaus moderater aufgefaßt werden kann, verdeutlicht der berühmte „Lieber Code“, die Instruktionen für die US-amerikanische Armee vom 24. April 1863, ausgearbeitet von FRANCIS LIEBER und verkündet von US-Präsident LINCOLN als General Order No. 100:

> Art. 14: „Military necessity, as understood by modern civilized nations, consists in the necessity of those measures which are indispensable for securing the end of the war, and which are lawful according to the modern law and usage of war.“
>
> Art. 15: „Military necessity admits of all direct destruction of life or limb of armed enemies, and of other persons whose destruction is incidentally unavoidable in the armed contest of the war; (...)“[369]

Der Lieber Code – verfaßt zu einer Zeit, in der das internationale Recht der Kriegsführung reines Gewohnheitsrecht war – zählt in Art. 16 jene Kriegshandlungen auf, die auch auf der Grundlage einer behaupteten militärischen Notwendigkeit *nicht* erlaubt sind: Grausamkeiten, Heimtücke, das Einsetzen von Gift und das mutwillige Verwüsten von Landstrichen. Unter dem Eindruck der ersten großen kriegsrechtlichen Kodifikationen von 1899 und 1907 definiert MAX HUBER im Jahr 1913 das Prinzip der militärischen Notwendigkeit ganz im Sinne des Lieber Codes: „Militärische Notwendigkeit in der Kriegsführung ist, soweit eine Berufung auf diese Notwendigkeit zulässig ist und keine speziellere Bestimmung über den Grad der Notwendigkeit in Betracht kommt, einfach Überwiegen des Interesses an der Vornahme oder Unterlassung einer Handlung im Hinblick auf eine kriegerische Operation.“[370] Während sich das Völkergewohnheitsrecht – so HUBER – nur unter dem Vorbehalt der militärischen Notwendigkeit habe entwickeln können, stehe hinter den Kodifikationen der bewußte, überlegte und förmliche Wille der Rechtssetzenden im Hinblick auf die unabdingbaren Pflichten der Kriegsführenden.[371] Spätestens seit dem Ende des 2. Weltkrieges ist allgemeiner Konsens in Wissenschaft und Praxis, daß sich das Prinzip der militärischen Notwendigkeit dem geltenden internationalen Recht unterzuordnen hat. Die Zweischneidigkeit des Einwandes der militärischen Notwendigkeit bleibt aber weithin bestehen: Im Fall LIST verurteilte das Nürnberger Tribunal die Angeklagten am 19. Februar 1948 wegen der Erschießung unschul-

---

[368] BERBER (Fn. 302), S. 166.

[369] Abdruck in: L. FRIEDMAN, The Law of War, Bd. I, 1972, S. 158 ff.; allgemein zum Lieber Code siehe B. M. CARNAHAN, Lincoln, Lieber and the Law of War, AJIL 92 (1998), S. 213.

[370] HUBER (Fn. 365), S. 355 f.

[371] HUBER (Fn. 365), S. 369.

diger Zivilpersonen im Rahmen einer Vergeltungsmaßnahme und stellte fest: „Military necessity or expedience do not justify a violation of positive rules. International Law is prohibitive law“.[372] Zugleich rechtfertigte dasselbe Gericht in einem anderen Fall auf Basis des military necessity-Grundsatz die Zerstörung von Dörfern durch die abziehenden deutschen Truppen.[373]

Weder das Haager noch das Genfer Recht sind gegenüber den Realitäten des Krieges und seiner militärischen Bedürfnisse blind, nicht zuletzt weil das völlige Negieren von militärischen Bedürfnissen den Rechtsbruch heraufbeschwört. Alle Kodifikationen binden den Grundsatz der militärischen Notwendigkeit bis zu einem gewissen Grad in ihr Regelwerk ein.[374] Gemäß der Präambel der Haager Landkriegsordnung basiert die Kodifikation auf dem Wunsch der vertragsschließenden Parteien, die Leiden des Krieges zu mildern, soweit es die militärischen Interessen gestatten. Das Schweigen der Haager Landkriegsordnung zu vielen Aspekten der Kriegsführung ist in weiten Teilen Ausdruck eines konkreten militärischen Interesses. Allerdings gilt nach dem Willen der Vertragsparteien auch für diese Lücken das Völkerrecht, wie es sich aus den Gebräuchen der „gesitteten Völker“ und den „Gesetzen der Menschlichkeit“ ergibt (sog. Martens'sche Klausel[375]). Der Grundsatz der militärischen Notwendigkeit hat im übrigen explizit Eingang in Art. 23 lit. g HLKO Annex gefunden, der die Zerstörung und Wegnahme feindlichen Eigentums verbietet, wo nicht „die Zerstörung oder Wegnahme durch die Erfordernisse des Krieges dringend erheischt ist.“ Das Genfer Recht, das sich ganz den humanitären Belangen verpflichtet fühlt, läßt etwaige militärische Interessen im Rahmen der Kriegsführung in den Hintergrund treten. Anders als in der Haager Landkriegsordnung fehlt einer allgemeinen Anerkennung von militärischen Interessen, z.B. im einleitenden Art. 1 IV. GK.[376] Dennoch erkennt Art. 147 IV. GK eine von militärischer Notwendigkeit geleitete Zerstörung und Aneignung von Eigentum an. Überhaupt läßt das Genfer Recht dem Prinzip der militärischen Notwendigkeit immer dann Raum, wenn seine Gebote unter dem Eindruck des „Möglichen“ stehen und damit keinen absoluten Verbotscharakter haben.

---

372 LIST et al., Urteil vom 19. Februar 1948, abgedr. in: Lauterpacht, Annual Digest and Reports of Public International Law Cases 15 (1948), S. 632, Zitat S. 647; Das Tribunal wiederholt in großen Teilen den Wortlaut des Lieber Codes, ohne allerdings darauf explizit Bezug zu nehmen.

373 W. DOWNEY, The Law of War and Military Necessity, AJIL 47 (1953), S. 251, 256.

374 GREENWOOD, in: Fleck (Fn. 274), Rn. 131.

375 Siehe hier F. MÜNCH, Die Martens'sche Klausel und die Grundlagen des Völkerrechts, ZaöRV 36 (1976), S. 347 ff.

376 G. I. A. D. DRAPER, The Geneva Conventions of 1949, RdC 114 (1965 I), S. 63, 74.

Während des ONUC-Einsatzes erlangte der Grundsatz der militärischen Notwendigkeit als Rechtfertigungsgrund für Schäden in der Zivilbevölkerung besondere Bedeutung. Auf seiner Grundlage lehnten die Vereinten Nationen in der absoluten Mehrzahl der Fälle den Ersatz von Sachschäden ab – ohne auf größeren Widerstand der Heimatstaaten zu stoßen. Die Vereinten Nationen konnten in den Verhandlungen auf Art. 23 lit. g Annex HLKO verweisen, der dem Prinzip „military necessity" im Bereich der Sachschäden genügend Raum läßt. Bezogen auf Personenschäden haben die Vereinten Nationen den Begriff „military necessity" vermieden.[377] Die Globalentschädigungsabkommen sprechen hier diplomatisch von „damage to persons and property which result solely from military operations." Die Verletzung oder Tötung von Zivilisten ist in diesem Sinne nie „militärisch notwendig", wohl aber „unvermeidbar", wie IRENE LORENZO, ONUC-Claims Officer in Leopoldville, herausstellt: „The cases (...) give no strong grounds for concluding that this was a deliberately unlawful act by ONUC Forces, the killing could be attributed to mere accidents unavoidably incidental to the outbreaking of hostilities and which by international law impose no obligation to make recompense."[378] In der Tat kennt das internationale Kriegsrecht keine allgemeine Kompensationspflicht für alle Zivilschäden. RENÉ WORMSER stellte dies 1944 in seinem Werk über „War Damage Claims" fest: „A nation at war is entitled to defend itself without liability for any injury, destruction, or damage which does not arise from wanton acts, negligence, or some similar factors. For injuries which are merely incident to proper military acts, there is no relief."[379] WORMSER konnte diese Aussage auf eine Reihe von Urteilen internationaler Schiedsgerichte stützen, z.B. auf die Feststellung der amerikanisch-türkischen Schiedskommission von 1918: „There is no liability for losses that, within the meaning of international law, are war losses, in the sense that they are incident to the proper conduct of military operations."[380] Auf Basis dieser Erwägungen wurde von den Vereinten Nationen nur in den Fällen die völkerrechtliche Verantwortung übernommen, in denen ONUC-Soldaten durch

---

[377] Da der military necessity-Grundsatz für die Vereinten Nationen eine haftungsrechtlich günstige Ausgangsposition bot, lehnten sie den Vorschlag Belgiens ab, für alle Körperverletzungen ohne Todesfolge pauschal 50% der finanziellen Verantwortung zu übernehmen; s. LORENZO (Fn. 59), S. 2.

[378] LORENZO (Fn. 59), S. 3.

[379] R. WORMSER, Collection of International War Damage Claims, 1944, S. 115; so auch BORCHARD (Fn. 311), S. 122; M. WITHMAN, Damage in International Law, Bd. 2, 1937, S. 845; J. H. RALSTON, The Law and Procedure of International Tribunals, 1926, S. 386, Rn. 703.

[380] Zitiert nach WORMSER (Fn. 379), S. 116 mit weiteren Nachweisen aus der Rechtsprechung internationaler Kommissionen.

mutwillige Zerstörungen, Diebstähle, Plünderungen und Mißhandlungen gegen Normen des Kriegsrechts verstoßen haben.

Die Position der Vereinten Nationen, erst bei *Exzessen* die miltiärische Notwendigkeit bzw. Unvermeidbarkeit von Schäden zu verneinen,[381] ist dennoch nicht unproblematisch. Die Crux liegt in den besonderen Anforderungen des Haager und Genfer Rechts an „the proper conduct of military operation“. So gehört es zu den völkergewohnheitsrechtlich anerkannten, wenn auch oft verletzten Prinzipien des Kriegsrechts, zwischen Kombattanten und Zivilpersonen zu unterscheiden.[382] Auch wenn dieser Grundsatz erst 1977 in den Zusatzprotokollen zur Genfer Konvention explizit Ausdruck gefunden hat,[383] lag er bereits den älteren Konventionen implizit zugrunde.[384] So untersagt Art. 25 Annex HLKO, unverteidigte Stätten anzugreifen und zu beschießen. Ein weiteres Kernelement des Differenzierungsgebots ist die Pflicht, im Rahmen des Kampfeinsatzes Waffen zu wählen, die der kriegführenden Partei eine Unterscheidung zwischen Zivilisten und Kombattanten nicht von vornherein unmöglich machen.[385] Dieser Grundsatz war schon zum Zeitpunkt des ONUC-Einsatzes bekannt. So hatte das Vereinigte Königreich nach Verhandlungen mit den Vereinten Nationen die Bereitstellung von Bomben für ONUC-Flugzeuge verweigert, und zwar explizit aufgrund der Sorge, nichtmilitärische Ziele könnten durch ONUC getroffen werden.[386] Die Vereinten Nationen haben letztlich auf dieses Kampfmittel verzichtet.

Unter haftungsrechtlichen Gesichtspunkten ist allerdings nicht zu verkennen, daß die Unterscheidung zwischen Kombattanten und Zivilpersonen oft unter dem Vorbehalt des Möglichen steht. Dies verdeutlicht die Resolution 2444

---

[381] Vgl. s. C. A. STAVROPOULOS (Legal Counsel); B. R. TURNER (Controller), Memorandum an den UN-Generalsekretär U Thant vom 10. Dezember 1964, „Settlement of outstanding United Nations and Belgian claims arising out of the Congo operation“, S. 3 Ziff. 8, UN Archives N.Y., Akte Scott, OLA, Financing Peace-keeping Operations, ONUC, Box 25.

[382] ST. OETER, Kampfmittel und Kampfmethoden in bewaffneten Konflikten, in: Hasse/Miller/Schneider (Hrsg,), Humanitäres Völkerrecht, 2001, S. 78, 85.

[383] Art. 48 I. Zusatzprotokoll vom 8. Juni 1977, UNTS Bd. 1125, S. 3 ff., Art. 13 II. Zusatzprotokoll vom 8. Juni 1977, UNTS Bd. 1125, S. 609 ff.

[384] OETER, in: Fleck (Fn 274), Rn. 451.

[385] Dieser Punkt wird vor allem in Zusammenhang mit Luftangriffen kontrovers diskutiert, s. R. L. BINDSCHEDLER, Die Unterscheidung zwischen Zivilbevölkerung und bewaffneten Kräften in heutiger Zeit, in: Internationale FS für Alfred Verdross, 1971, S. 55, 58; NURICK (Fn. 275), S. 689 ff.

[386] BOWETT (Fn. 37), S. 222 dort Fn. 86.

(XIII) der Generalversammlung über die Respektierung der Menschenrechte im bewaffneten Konflikt vom 19. Dezember 1968:

> „(c) That the distinction must be made at all times between persons taking part in the hostilities and members of the civilian population to the effect that the latter be spared *as much as possible*.“[387]

Grundsätzlich liegt es im Bereich des Möglichen, militärische Objekte nicht in Gegenden zu installieren, in denen hauptsächlich Zivilisten wohnen;[388] entsprechende Kriegsstrategieren müssen daher grundsätzlich als Verstoß gegen das Differenzierungsgebot angesehen werden.[389] Insofern ist es bemerkenswert, daß ONUC eine Reihe von Camps und Stützpunkten in besiedelten Gebieten errichtet hatte, so daß die Kämpfe zwangsläufig zivile Wohngegenden betreffen mußten. Dennoch wurde diese Stationierungspraxis von Belgien und anderen Heimatstaaten in den Schadensersatzverhandlungen nicht thematisiert. Ein entsprechendes Vorbringen wäre auch kaum erfolgreich gewesen, da das Ordnungsmandat ONUCs – also der Schutz der Zivilbevölkerung – die Anwesenheit von ONUC innerhalb von besiedelten Gebieten verlangte.

Nicht nur das Differenzierungsgebot steht unter dem Vorbehalt des Möglichen, sondern auch die kriegsrechtliche Verpflichtung, durch konkrete Maßnahmen wie Evakuierungen die Folgen von bewaffneten Angriffen für die Zivilbevölkerung zu mildern.[390] Daran anknüpfend erhob Belgien den Vorwurf, ONUC habe – trotz Bitte des Roten Kreuzes – notwendige Evakuierungsmaßnahmen unterlassen.[391] Die dadurch verursachten Personenschäden seien unter Verletzung kriegsrechtlicher Normen herbeigeführt worden, die Vereinten Nationen dementsprechend völkerrechtlich verantwortlich. Die Vereinten Nationen haben sich gegen diese Vorwürfe in der Regel auf tatsächlicher Ebene verteidigt.[392] Dennoch war die Organisation intern darum bemüht, alternative Abwehrstrategien gegen derartig begründete Schadensersatzansprüche zu entwickeln, z.B. die Verweigerung der Evakuierung durch den Geschädigten. Im Fall eines britischen Staatsangehörigen, der mit hoher Wahrscheinlichkeit durch ONUC-Soldaten verwundet worden war, führten die Vereinten Nationen die Ei-

---

[387] UN-Doc. A/7433 (1968), GAOR, 23rd Session, Suppl. No. 18, S. 164 (Hervorherbung hier).

[388] M. BOTHE/K. J. PARTSCH/W. A. SOLF, New Rules for Victims of Armed Conflicts, 1982, S. 284.

[389] Siehe in diesem Zusammenhang Art. 28 der IV. GK.

[390] BOTHE/PARTSCH/SOLF (Fn. 388), S. 284.

[391] Siehe S. 349 f.

[392] S. die Einlassung des UN-Generalsekretärs SCOC 16th Year, Suppl. Oct. – Dec. 1961, S. 199 ff.

gengefährdung des Opfers gegen ihre rechtliche Verantwortlichkeit ins Feld. Der Geschädigte war im Dezember 1961, also zum Höhepunkt der bewaffneten Auseinandersetzungen um Katanga, von Elisabethville nach Rhodesien gereist, obwohl er sich – nach eigener Aussage – des besonderen Risikos seiner Reise bewußt war.[393] Mit Verweis auf das fahrlässige Verhalten des Geschädigten verneinten die Vereinten Nationen ihre völkerrechtliche Verantwortung, erklärten sich aber zu ex gratia-Zahlungen an den Geschädigten bereit. Diese Zahlungen wurden in die Pauschalsumme eingestellt, die die Vereinten Nationen im Jahr 1973 an die britische Regierung zahlte.[394] Überhaupt verschwimmen durch die extensive ex gratia-Praxis der Vereinten Nationen bei Personenschäden die Grenzen der rechtlichen Verantwortlichkeit für die Kriegsführung. Daß die Heimatstaaten die „Flucht" der Vereinten Nationen in die moralische Verantwortung akzeptierten, wird zum großen Teil auf ihre ergebnisorientierte Einstellung zurückzuführen sein. IRENE LORENZO konstatierte diesbezüglich: „However, the trend towards enlargement of responsibility is attested by the attitude adopted by the various countries to receive claims – if only for ex gratia considerations – which in the past they would have rejected out of hand."[395]

cc) Operational Necessity

Die operative Notwendigkeit einer schädigenden Peace-keeping-Maßnahme wurde von den Vereinten Nationen erstmalig im Rahmen des UNEF I-Einsatzes angeführt.[396] Als Rechtsprinzip diente der Einwand vor allem der Darlegung der *Rechtmäßigkeit* eines schädigenden Verhaltens: Eine Handlung ist immer dann operativ notwendig und daher rechtmäßig, wenn sie im Rahmen und zum Zweck der mandatskonformen Aufgabenerfüllung vorgenommen wird.[397] Es ist auffällig, daß während des gesamten ONUC-Einsatzes das Schlagwort „operation necessity" bei der Regulierung von zivilen Schäden nicht fällt. Soweit diese Schäden durch Kampfeinsätze verursacht worden sind, liegt das Schweigen des ONUC-Claims Office auf der Hand: Der Grundsatz „military necessity" ist im

---

[393] Vor dem Magistrates' Court in Salisbury, Südrhodesien, sagte der Geschädigte aus: „I think it should be said that this was a state of war. It was a time when everybody was pretty well shooting at everybody else and I think anybody traveling that road had to bear in mind the possibility of being shot at either by Kangalese or by United Nations.", zitiert nach: Summaries of Claims made by United Kingdom Nationals (Biddulph-Fall Annex 4), in: UN Archives N.Y., Akte Vickers, OLA, Box 6.

[394] Siehe S. 319 ff.

[395] LORENZO (Fn. 59), S. 4.

[396] Zur Bedeutung des Rechtsprinzips während des UNEF-Einsatzes s. S. 267 ff.

[397] Vgl. UN-Doc. A/51/389, Administrative and budgetary aspects of the financing of the United Nations peacekeeping operations, Report of the Secretary-General, 20. September 1996, S. 5, Rn 13.

Verhältnis zu „operational necessity“ der spiegelbildliche Rechtfertigungsgrund im Rahmen von bewaffneten Auseinandersetzungen. Allerdings können nicht alle schädigenden ONUC-Akte mit Kampfhandlungen in Verbindung gebracht werden. Auch zur Erfüllung des ONUC-Ordnungsmandates wurden individualschädigende Zwangsmaßnahmen vorgenommen, insbesondere Verhaftungen und Ausweisungen, Beschlagnahme von Waffen und Fahrzeugen sowie die Besetzung von Privatimmobilien.

(1) Verhaftungen und Zwangsausweisungen

Wie ausgeführt, richtete sich die Rechtmäßigkeit von Verhaftung und Ausweisung nichtkongolesischer Staatsbürger nicht nach dem Recht der besetzten Gebiete (Art. 47 ff. IV. GK), sondern nach den Sicherheitsratsresolutionen 161 (1961) und 169 (1961).[398] Etwaige Ansprüche Betroffener auf Ersatz des materiellen und immateriellen Schadens wurden mit Verweis auf diese Sicherheitsratsresolutionen vom ONUC-Claims Office negativ beschieden. In einer internen Anweisung des UN-Hauptquartiers an das ONUC-Claims Office heißt es hierzu: „In evaluating claims, it is essential to distinguish from the outset between damage which in any event cannot engage the responsibility of the United Nations and other damage which does not, prima facie, necessarily exclude UN responsibility. The first of these categories (which cannot involve UN liability) includes (...) (c) damage resulting from lawful detention and/or expulsion of persons under the relevant Security Council resolution.”[399] Für Antragsteller, die einen konkreten Verstoß gegen das UN-Mandat darlegen konnten – z.B. wegen irrtümlich unterstellter Söldnertätigkeit – galt weiter: „The second category of damage (which does not necessarily exclude UN responsibility) comprises damage alleged to have been caused by unlawful action of ONUC or ONUC personnel not resulting from self-defence or military necessity, such as breach of contract, unprovoked assault, deliberate injury to unarmed civilians, maltreatment, looting, pillage or unnecessary destruction of property etc. *These cases, if based on fact, will require evaluation under legal rules of international or contractual or tortious responsibility.*“ [400] In Anlehnung an die Praxis des UNEF I-Einsatzes[401] ist es naheliegend, in den Fällen mandatswidriger Verhaftung und Ausweisung etwaige Kompensationsansprüche nach speziellen UN-internen Haftungsregeln zu regulieren, die sich beispielsweise durch Analogien des nationalen Staatshaftungsrechts gewinnen lassen. Bezeichnenderweise zie-

[398] Siehe S. 354 ff.

[399] VICKERS (Fn. 49), S. 4.

[400] VICKERS (Fn. 49), S. 4 (Hervorhebung hier).

[401] Siehe insb. die UNEF-Haftungspraxis bei der nichtkonsensuale Inbesitznahme von Privatgrundstücken, S. 271 ff.

hen die oben zitierten UN-internen Anweisungen an das ONUC-Claims Office die Möglichkeit einer rechtswidrigen Verhaftung bzw. Ausweisung durch ONUC gar nicht erst in Betracht. Insofern überrascht es nicht, daß in den UN-Dokumenten keine Fälle von Schadensersatzzahlungen wegen rechtswidrigen Verhaftung und Ausweisungen überliefert sind.

(2) Beschlagnahme von Waffen

Eine besondere Fallkategorie von ONUC-Zwangsmaßnahmen stellt die Beschlagnahme von Waffen in Privatbesitz dar. In einigen Fällen wurde die Übergabe der Waffen durch Vertrag geregelt. ONUC vereinbarte beispielsweise mit Mobil Oil, daß der Konzern die Waffen seiner Arbeiter und Angestellten an ONUC aushändigt. In dem Vertrag heißt es im Hinblick auf mögliche Ersatzforderungen: „Whereas the United Nations Organizations was given full permission to use or dispose of such arms as it thought fit without in any way accepting any liability to compensate the owners thereof in respect of any loss or damage arising out of the use or storage of such arms and ammunition.“[402] Während der Sonderfall der vertraglichen Überführung von Waffen keine besonderen haftungsrechtlichen Probleme bereitet, ist die Haftungspraxis im Hinblick auf beschlagnahmte Waffen rechtlich nur schwer einzuordnen. Als „ordinary requisitions“ fielen die Beschlagnahmeschäden aus dem Anwendungsbereich der Globalentschädigungsabkommen heraus; sie wurden UN-intern bearbeitet und reguliert. Das ONUC-Claims Review Board stellte sich dabei auf den Rechtsstandpunkt, die Vereinten Nationen träfe keine rechtliche Verantwortung für den Verlust oder die Beschädigung von beschlagnahmten Waffen während der Zeit der Verwahrung.[403] Die Rechtmäßigkeit der Beschlagnahme steht in der Tat außer Zweifel, da das Ausheben privater Waffenarsenale durch das internationale Mandat von ONUC gedeckt war (SC-Res. 161, 169[404]). Auf Grundlage der einschlägigen Sicherheitsratsresolutionen erklärte ONUC den Besitz von Waffen im Kongo für illegal; die daran anschließende Beschlagnahme stellt insofern eine operativ notwendige und damit rechtmäßige Maßnahme von ONUC dar. Der Verlust und die Beschädigung der Waffen während der Zeit der Verwahrung durch ONUC fällt freilich aus dem Rahmen der operativ unvermeidbaren Schäden heraus.[405] Soweit – entgegen der hier vertretenen Auffassung[406] –

[402] Vertrag zwischen ONUC und Mobil Oil Congo vom 10.3.1964 rückwirkend für die Übergabe der Waffen durch Mobil Oil im August 1960, „Receipt & Undertaking“, UN Archives N.Y., Akte Vickers, OLA, UK Congo Claims Box 6.

[403] Vgl. ONUC-Claims Review Board, Minutes of 15th Meeting, 7. August 1961, Case 0036, UN Archives N.Y., Akte: ONUC Claims, OLA 1946 – 1998, Box S-0467-0517.

[404] Wortlaut S. 298.

[405] Siehe ausführlich zu den sog. „operational damages“ S. 276 ff.

das Recht der besetzten Gebiete auf den ONUC-Einsatz angewendet wird, wäre die ONUC-Haftungspraxis schon auf dem Boden des Art. 53 Abs. 2 HLKO Annex nicht zu rechtfertigen. Hiernach ist zwar die Beschlagnahme von Waffen in Privatbesitz völkerrechtsgemäß, verlangt aber nach Friedensschluß – analog also nach Beendigung des ONUC-Mandates – die Regelung einer Entschädigung.

(3) Beschlagnahme von Kraftfahrzeugen

Einen etwas anderen Umgang mit individuellen Ersatzansprüchen pflegte das ONUC-Claims Review Board bei der Beschlagnahme von privaten Kraftfahrzeugen. In der Regel wurde die Nutzung von privaten PKW ohne Zustimmung des Eigentümers als rechtswidrige Maßnahme der betreffenden ONUC-Soldaten oder auch des Field Operations Service aufgefaßt. Diese Einschätzung wird auf der Erwägung gründen, daß die Beschlagnahme von privaten Kraftfahrzeugen angesichts eines eigenen ONUC-Fuhrparks weder für die Durchführung der Mission operativ notwendig war, noch auf anderer Basis gerechtfertigt werden konnte. In den Fällen illegaler Requirierung wurden sowohl die Nutzung als auch etwaige Schäden auf einer quasi-vertraglichen Basis reguliert.[407] War das von ONUC genutzte Kraftfahrzeuge allerdings verlassen aufgefunden worden, verweigerten die Vereinten Nationen spätere Kompensationsleistungen an den Eigentümer. Dieser Rechtsstandpunkt gründet erkennbar auf dem Gedanken der Geschäftsführung ohne Auftrag.[408] Das Claims Office stellte in diesen Fällen explizit heraus, daß das Kraftfahrzeug im Interesse des Eigentümers von ONUC sichergestellt wurde.[409]

(4) Besetzung von Grundstücken und Gebäuden

Der Hauptanwendungsfall des Rechtfertigungsgrundes „operational necessity“ war während des UNEF I-Einsatzes die Besetzung von privaten Grundstücken und Gebäuden ohne Erlaubnis des Eigentümers.[410] Im Rahmen von ONUC häufte sich die Zahl der Besetzungen ziviler Gebäude in einem bisher nicht ge-

---

[406] Siehe S. 354 ff.

[407] Schreiben von M. HEENAN (Deputy Director General Legal Devision) an G. Lansky (Chief Field Operations Service) vom 15. August 1967, Claims by Mr. Matala, UN Archives N.Y., Akte Heenan, OLA, Congo Claims 1967 – 1972, Box 32.

[408] Zu der Ausprägung des Rechtsprinzips in den nationalen Rechtsordnungen siehe M. HERDEGEN, Zur Geschäftsführung ohne Auftrag (negotiorum gestio) im Völkerrecht, FS Doehring, 1989, S. 303, 313 ff.

[409] Memorandum von G. LANSKY (Deputy Chief Field Operations Service) an W. MCCAW (Deputy Controller) vom 14. November 1960, UN Archives N.Y., Akte Vickers, OLA, Personal injury and property loss or damage against UN – 1960, Box 60.

[410] Siehe S. 267 ff.

kannten Ausmaß. In der Regel hatten einzelne ONUC-Kontingente ohne Zustimmung der Eigentümer und ohne Kenntnis der ONUC-Accommodation Section die Immobilien – in der Regel Villen – zu eigenen Zwecken genutzt. Die Vereinten Nationen erachteten dieses Verhalten als rechtswidrig. Die Nutzung und die zum Teil erheblichen Schäden an den besetzten Häusern wurden vom ONUC-Claims Review Board auf einer quasi-vertraglichen Basis durch die Zahlung eines ortsüblichen Mietzinses und den pauschalen Ersatz der Schäden geregelt.[411] Anders als bei UNEF I und II[412] wurden die Mietzinszahlungen nicht unter dem Vorbehalt eines späteren Regresses gegen den kongolesischen Staat erbracht. Die Vergeblichkeit dieses Unterfangens konnten die Vereinten Nationen angesichts des desolaten Zustandes des jungen Staates nicht übersehen. Die besondere Situation, daß der Aufenthaltsstaat von ONUC nicht die staatlichen Geldmittel zur Verfügung hatte, um die ausreichende Versorgung ONUCs mit Immobilien sicherzustellen, schlug sich auch im verhältnismäßig spät geschlossenen ONUC-Statusabkommen[413] nieder. Während Art. 24 Abs. 1 im gewohnten Wortlaut die Regierung verpflichtet, den Vereinten Nationen die notwendigen Gebäude und Gelände zur Verfügung zu stellen, heißt es in Art. 25:

> „If the United Nations should take over premises previously occupied by private persons and thus represented a source of income, the Government *shall assist* the United Nations to lease them at a reasonable rental."[414]

Bereits auf Basis dieser Vorschrift konnten die Vereinten Nationen die Privateigentümer nicht an den kongolesischen Staat verweisen. Art. 25 geht erkennbar von einem Vertragsverhältnis zwischen den Vereinten Nationen und den Privateigentümer aus. Der Einsatz von ONUC im Kongo ist ein typisches Beispiel für die Problematik, die mit dem „operational necessity"-Einwand in einem Einsatzgebiet ohne effektive Staatsgewalt verbunden ist.[415]

Soweit ONUC-Grundstücke und Gebäude des kongolesischen Staates bzw. seiner Provinzen genutzt hat, verweigerte das ONUC-Claims Review Board auf dem Boden des Art. 24 Abs. 1 ONUC-SOFA jede Mietzinszahlung.[416] Auch die

---

[411] ONUC-Claims Review Board, Minutes of 17th Meeting, 25. August 1961, S. 4 (Case No. 0010 Remorques Ray-Congo), S. 5 (Case No. 0015 Ferrari), S. 6 (Case No. 0048 Hoel de Fleuve, Bumba) etc., UN Archives N.Y., Akte: ONUC Claims Board, Box S-0467-0517.

[412] Vgl. S. 267 ff.

[413] UN-Doc. S/5004 vom 27. November 1961, Agreement between the UN and the Republic of the Congo relating to the legal status of the UN in the Congo.

[414] Hervorhebung hier.

[415] Siehe hierzu S. 489 f.

[416] Statt vieler: Case No. 0044 (Ecole Primaire, Gemena): „Government authorities in Gemena allege that Liberian and, subsequently UAR troops occupied the Ecole Primaire in

teilweise erheblichen Schäden an den staatlichen Immobilien wurden nicht von den Vereinten Nationen ersetzt.[417] Ob diese Praxis auf Art. 24 Abs. 1 ONUC-SOFA gestützt werden kann, ist zweifelhaft. Sie wurde nach Beendigung der bewaffneten Feindseligkeiten im Kongo von den Vereinten Nationen revidiert,[418] was auf eine primär politische Motivation der anfänglichen Verweigerungshaltung hinweist.

d) Verschulden

Die Frage, ob die völkerrechtliche Verantwortlichkeit das subjektive Element des Verschuldens (culpa & dolus) tatbestandlich voraussetzt, gehört zu den viel und kontrovers diskutierten Problemen des Völkerrechts, wie schon das uneinheitliche Bild der internationalen Spruchpraxis des 19. und 20. Jahrhunderts eindrucksvoll zeigt.[419] Die Spannbreite der Auffassungen ist groß: Die Vertreter der strengen Schuldtheorie können sich auf den „Vater" des Völkerrechts, HUGO GROTIUS, berufen, wenn sie das subjektive Element als Essential der staatlichen Verantwortlichkeit herausstreichen.[420] Umstritten ist innerhalb dieser Gruppe, ob dem Staat im Sinne einer Fiktion Vorsatz oder Fahrlässigkeit angelastet werden muß, oder ob in der Person des Organwalters ein schuldhaftes Verhalten nachzuweisen ist.[421] Den diametralen Standpunkt nimmt die sog. objektive Theorie ein, die ein etwaiges Verschulden des Staates bzw. seiner Organe bei der Beurteilung der völkerrechtlichen Verantwortlichkeit eines Staates völlig ausblen-

---

that city, and upon their departure, removed various household items and damaged the building (…) The Board felt that ONUC should not make payment to the Government for the cost of repairs for damage alleged to have been caused to the building, and recommend that the claim be disallowed." ONUC Claims Review Board Leopoldville, Minutes of 15th Meeting, 7. August 1961 (Fn. 403).

[417] Ebenso hatten sich die Vereinten Nationen anläßlich des Waffenstillstandsvertrages zwischen der UN und Katanga geweigert, die von TSHOMBÉ geltend gemachten Kriegsschäden zu ersetzten, UN-Doc. S/4940/Add. 10, SCOR 16th Year Suppl. Oct. – Dec. 1961.

[418] LORENZO (Fn. 90), S. 3; zwischen 1960 und 1964 wurden von ONUC insgesamt 118 Objekte in staatlichem Eigentum besetzt.

[419] Ein Überblick über die Rechtsprechung gibt GARZIA AMADOR (Special Rapporteurt ILC), State responsibility, YILC 1960, Bd. II, S. 41, 61, Rn. 85 ff.; I. BROWNLIE, State Responsibility Part 1, 1983, S. 42.

[420] GROTIUS (Fn. 329) Lib. 2, Caput XVII, S. 366 § 20.2; ihm folgend VATTEL (Fn. 151), Buch II, Kapitel VI §72.

[421] Vgl. F. V. GARCIA AMADOR (Fn. 419), Rn. 80. Daß es – wenn überhaupt – auf das Verschulden des Organwalters ankommen muß, unterstreicht STRUPP (Fn. 147), S. 46; so auch P. SCHOEN, Die völkerrechtliche Haftung der Staaten aus unerlaubten Handlungen, 1917, S. 50 ff. (Verschulden nur bei positivem Tun, nicht bei Unterlassen).

det.[422] Besonders aktiv hat die International Law Commission die endgültige Überwindung der Schuldtheorie betrieben. Der ILC-Berichterstatter ROBERTO AGO bezog im Jahr 1971 durch schlichtes Ignorieren des Verschuldenselements Stellung zugunsten der objektiven Theorie und legte dadurch wesentlich das Meinungsbild in Wissenschaft und Praxis fest:[423] Nicht das subjektive Element des Verschulden gehört zu dem Tatbestand der völkerrechtlichen Verantwortung, sondern nur der Rechtsbruch, die Zurechnung des Organverhaltens und der kausale Schaden. Dies gilt heute unbestritten im Bereich der staatlichen Verantwortlichkeit für ein aktives Tun der Organwalter. Dagegen bieten die Fälle des Unterlassens einer gebotenen staatlichen Handlung einige Einbruchstellen für subjektive Erwägungen,[424] insbesondere im Rahmen der erforderlichen Kenntnis des Staates von den Vorgängen auf seinem Territorium.[425] Das Verschulden des Iran deutet auch der IGH im Teheraner-Geisel-Fall von 1980 an: „... the failure of the Iranian Government to take such steps was due to more than negligence or lack of appropriate means."[426] Das von der Rechtsprechung herausgestrichene Kriterium der gebotenen Sorgfalt (due diligence[427]) enthält als Fahrlässigkeitsmaßstab objektive wie subjektive Elemente.[428]

Die Haftung der Vereinten Nationen für Schäden aus dem ONUC-Einsatz scheint ganz im Zeichen der objektiven Theorie zu stehen. Diesen Eindruck vermitteln zumindest die Globalentschädigungsabkommen: Die dort anerkannte Verantwortlichkeit der Vereinten Nationen für Schäden Privater knüpft an ein positives Tun der ONUC-Organwalter an („a result of harmful acts"), das nach internationalem Recht rechtswidrig ist („unjustifiable damage"). Ganz im Sinne der objektiven Theorie fehlt in den Verträgen jeglicher Hinweis auf ein etwaiges vorsätzliches oder fahrlässiges Verhalten der ONUC-Organwalter bei der Scha-

---

422 Begründer dieser Auffassung sind D. ANZILOTTI, Teoria generale della responsabilità dello Stato nel diritto internazionale, 1902, S. 28 ff.; und H. TRIEPEL, Völkerrecht und Landesrecht, 1899, S. 338.

423 Kritisch gegenüber der Problemlösungsstrategie der ILC: K. ZEMANEK, Schuld- und Erfolgshaftung im Entwurf über Staatenverantwortlichkeit, FS Bindschedler, 1980, S. 315, 325.

424 BROWNLIE (Fn. 419), S. 45.

425 Siehe hier insbesondere der vielzitierten Corfu-Channal-Urteil des IGH (Fn. 334), S. 18; LAUTERPACHT interpretiert dieses Urteil als Absage an die absolute Staatenverantwortlichkeit, H. LAUTERPACHT The Development of International Law by the International Court, 1958, S. 88 f.; kritisch zu dieser Interpretation BROWNLIE (Fn. 419), S. 43.

426 IGH (Fn. 320) Ziff. 63.

427 Vgl. hierzu S. 377 ff.

428 S. das Sondervotum des Richters AZEVEDO im Corfu-Channal-Fall, IGH (Fn. 334), S. 85; in der Literatur: I. MÜNCH, Das völkerrechtliche Delikt, 1963, S. 162 f.

densverursachung. Der Wortlaut der Globalentschädigungsabkommen spiegelt allerdings nicht die detaillierten Erwägungen der Vereinten Nationen über Umfang und Grenzen ihrer Haftung wider. So verweigerten die Vereinten Nationen die Anerkennung ihrer rechtlichen Verantwortlichkeit in den Fällen, in denen Zivilisten *zufällig* oder *unvermeidbar* Opfer des Waffeneinsatzes geworden waren.[429] In den Verhandlungen mit Belgien räumten die Vereinten Nationen allerdings ein, „there where a number of cases of possible *excesses* by UN-troops resulting in death, injury or property damage ...“[430] In diesem Kontext bezweifelte IRENE LORENZO, ONUC-Claims Officer in Leopoldville, die Möglichkeit „to separate cases of death or injury caused by hostilities from those allegedly caused by *wanton acts*.“[431] Die zitierten UN-internen Memoranden weisen deutlich auf das subjektive Element hin, das mit der Haftung der Vereinten Nationen verknüpft ist: Exzesse und mutwillige Akte von ONUC-Soldaten stehen bei der Beurteilung der rechtlichen Verantwortlichkeit der Vereinten Nationen im Vordergrund; das subjektive Verschulden der handelnden Soldaten bei der Schadensverursachung trennt die ersatzfähigen Schäden von den militärisch unvermeidbaren Kriegsschäden (military necessity). Die Hervorhebung des Schuldelements in der ONUC-Haftungspraxis kann allerdings nicht als bewußte Abkehr von der völkerrechtlichen Erfolgshaftung angesehen werden. Die Einlassungen der Vereinten Nationen stehen vielmehr ganz im Zeichen des verletzten Primärrechts, des *ius in bello*. Das Haager und Genfer Recht setzt in vielen Tatbeständen ein vorsätzliches Verhalten der handelnden Soldaten bzw. ihrer kommandierenden Offiziere voraus, so z.B. bei Plünderungen (Art. 28 HLKO Annex), Mißhandlungen (Art. 27 IV. GK), Folterungen (Art. 32 IV. GK), meuchlerischem Töten und Verwunden (Art. 23 lit. b HLKO Annex). Auf ein hinausgehendes Verschulden der Vereinten Nationen bei der Ausübung der militärischen und politischen Leitungsfunktionen kommt es dagegen – ganz im Sinne der objektiven Theorie – nicht an.[432] Diese Differenzierung zwischen den Organwaltern der obersten Leitungsebene und den ausführenden Organwaltern „im Feld“ wurde von dem deutschen Delegierten VON GRÜNDELL im Rahmen der *travaux préparatoire* zu Art. 3 HLKO besonders anschaulich herausgestellt: „Le cas, le plus fréquent à se produire, sera celui où aucune négligence n'est à la charge du Gouvernement lui-même. Si dans ce cas, les personnes lésées par suite d'une contravention au Règlement, ne pouvaient demander réparation au Gouvernement, et qu'elles fussent obligées à se retourner contre l'officier ou le

---

[429] Vgl. S. 389 f.

[430] STAVROPOULOS/TURNER (Fn. 63), S. 3 (Hervorhebung hier).

[431] LORENZO (Fn. 59), S. 2 (Hervorhebung hier).

[432] Vgl. zur Erfolgshaftung nach Art. 3 HLKO die Stellungnahme des deutschen Delegierten V. GÜNDELL in der 2. Kommission, 1. Unterkommission der Haager Konferenz vom 31. Juli 1971, abgedr. in : Mechelynck (Fn. 173), S. 101.

soldate coupable, elles seraient, dans la majorité des cas, destituées de la faculté d'obtenir l'indemnisation qui leur est due. Nous pensons donc que la responsabilité pour tout acte illicite, commis en contravention du Règlement par les personnes faisant partie de la force armée, doit incomber au Gouvernement dont elles relèvent."[433]

In bezug auf den eingangs dargestellten Streit über die Erfolgs- oder Verschuldenshaftung im internationalen Recht wird man im Hinblick auf die Normen des Haager und des Genfer Rechts folgendes feststellen können: Soweit der Normtext Verschuldenselemente enthält, muß ein Verschulden des Organwalters zur Erfüllung des Haftungstatbestandes vorliegen. Allerdings kennen das Haager und Genfer Recht kein zusätzliches Verschuldenskriterium, das speziell auf den staatlichen Verband und seine Leitungsorgane zugeschnitten ist. Wie die Diskussion der *travaux préparatoire* zu Art. 3 HLKO anschaulich zeigt, wurde 1907 das Kriegsrecht in Abkehr vom zivilrechtlichen Geschäftsherr-Gehilfe-Verhältnis konzipiert (§ 831 BGB).[434] Auf die Normierung einer staatlichen Exkulpationsmöglichkeit durch Verweis auf sorgfaltsgemäße Auswahl, Überwachung und Leitung der Soldaten wurde bewußt verzichtet.[435]

e) Rechtsfolge: Schadensersatz

Soweit festgestellt werden konnte, daß die Vereinten Nationen eine rechtliche Verantwortlichkeit für die Verletzung kriegsrechtlicher Normen traf, ersetzten sie die erlittenen materiellen Schäden. Ob die Vereinten Nationen auch immaterielle Schäden als ersatzfähig erachteten, wie sie vor allem von ausgewiesenen Personen geltend gemacht wurden, läßt sich anhand der überlieferten Quellen heute nicht mehr feststellen. Allerdings übernahmen sie im Interesse des Ansehens der Organisation oft die moralische Verantwortlichkeit für Schadensfälle, in denen die rechtlichen Voraussetzungen einer Haftung nicht zweifelsfrei feststanden. Die in jedem Einzelfall von den Vereinten Nationen festgelegte Haftungssumme wurde entweder in den Pauschalbetrag der Globalentschädigungsabkommen eingestellt oder einzeln an die Antragsteller gezahlt, Zug um Zug gegen einen förmlichen Verzicht auf die Geltendmachung weiterer Ansprüche

[433] V. GÜNDELL, abgedr. in: Mechelynck (Fn. 173), S. 101.

[434] Siehe hierzu S. 371 f.

[435] FREEMAN (Fn. 173), S. 336; siehe auch die Kommentierung des ILC zu Art. 2 (Entwurf) zum Recht der Staatenverantwortlichkeit: „Whether responsibility is 'objective' or 'subjective' in this sense depends on the circumstances, including the context of the primary obligation in question. The articles lay down no general rule in that regard." ILC Commentaries to the draft articles on responsibility of States for internationally wrongful acts, November 2001, UN-Doc. A/56/10, GAOR 56th Session, Suppl. No. 10, Kommentierung zu Art. 2, S. 70.

gegen die Vereinten Nationen. Im Rahmen der Globalentschädigungsabkommen war die Höhe der einzelnen Kompensationsleistungen Gegenstand von Kompromissen zwischen den Heimatstaaten und den Vereinten Nationen.[436] Zu den zentralen Problemen der individuellen Streitbeilegung zählte die Frage, ob die Ersatzleistungen von den Vereinten Nationen in „harten" Währungen wie US-Dollar oder in kongolesischen Francs zu entrichten seien. Sie wurde von den Vereinten Nationen auf einer Fall-zu-Fall-Basis entschieden, wobei die Vereinten Nationen tendenziell einer Begleichung in kongolesischer Währung den Vorzug gaben.[437]

7. Zusammenfassung und Ausblick

Der ONUC-Einsatz im Kongo ist die erste Militäraktion unter dem Kommando der Vereinten Nationen mit begrenzter Befugnis zum Einsatz von Waffengewalt (sog. robustes Peace-keeping). Vor allem die schweren Kämpfe um Katanga hatten zur Folge, daß die Vereinten Nationen in bisher nicht gekanntem Ausmaß mit Schadensersatzforderungen aus der Zivilbevölkerung überzogen wurden. Die daran anknüpfende Haftungspraxis der Vereinten Nationen hat zwei wesensverschiedene, wenn auch gleichwertige Regulierungsmodelle hervorgebracht: Die Wiedergutmachung von Individualschäden erfolgte vor allem durch den Abschluß internationaler Globalentschädigungsabkommen mit den Heimatstaaten. Bei Individuen, deren Heimatstaaten nicht aktiv wurden, verhandelte das ONUC-Claims Office bzw. die höhere Instanz, das ONUC-Claims Review Board, direkt mit dem Geschädigten. Beide Regulierungsvarianten knüpften an das geschädigte Individuum als Anspruchsinhaber an. Der Heimatstaat trat in Ausübung seines Rechts auf diplomatische Schutzgewährung lediglich als Mittler zwischen den Vereinten Nationen und dem Individuum auf. Im Hinblick auf die materiellen Haftungsregeln folgten die Vereinten Nationen den Normen des internationalen Kriegsrechts. Sie akzeptierten die umfassende Zurechnung kriegsrechtswidriger ONUC-Akte, unabhängig davon, ob der Schaden erkennbar auf einer unautorisierten Handlung beruhte. Unerheblich für die Zurechenbarkeit war auch, ob der ONUC-Soldat zum Zeitpunkt der Handlung unter der Kontrolle

[436] Vgl. die Verhandlungen mit Belgien, S. 313 ff.

[437] Vertragliche und außervertragliche Schadensersatzansprüche wurden von den Vereinten Nationen auf individueller Basis i.d.R. in kongolesischen Francs beglichen. Die Vereinten Nationen begründeten in den Verhandlungen ihre Rechtsposition mit einem Verweis auf die zwingenden Vorgaben des kongolesischen Rechts. Dieses verbiete die Begleichung von Schulden in einer fremdländischen Währung; B. VICKERS, Note for the Record, Re: U.K. Congo Claims, 9. Februar 1970, UN Archives N.Y., Akte Heenan, Congo Claims UK Nations 1968 – 1970, Box 32.

eines Offiziers stand oder ob dem ONUC-Führungsstab der Vorwurf eines Sorgfaltsverstoßes gemacht werden konnte. Die Vereinten Nationen akzeptierten in diesem Sinne ihre absolute Verantwortlichkeit für die Verletzung kriegsrechtlicher Normen. Die Schädigung von Individualgütern führt allerdings dann nicht zur rechtlichen Verantwortlichkeit der Vereinten Nationen, wenn der Schaden aus einer militärisch notwendigen Handlung resultiert. Mit dem Hinweis auf den anerkannten kriegsrechtlichen Rechtfertigungsgrund der militärischen Notwendigkeit sprachen sich die Vereinten Nationen in der Mehrzahl der Sachschäden von der völkerrechtlichen Verantwortung frei. Die Vereinten Nationen haben darüber hinaus keine rechtliche Verantwortlichkeit für Akte Dritter akzeptiert. Vor allem bietet der ONUC-Einsatz keinen Beleg dafür, daß die Vereinten Nationen ihr eigenes Unterlassen zum Anknüpfungspunkt einer finanziellen Haftung gemacht hätten. Das spezielle ONUC-Mandat – Sicherstellung der inneren Sicherheit im Kongo – stand unter dem Vorbehalt des Möglichen und eröffnete den Einwohnern des Kongo grundsätzlich kein subjektives Recht auf Vornahme konkreter Schutzmaßnahmen. Die Problematik des Unterlassens wurde genau 30 Jahre nach Ende des ONUC-Einsatzes in äußerst drastischer Form in Ruanda erneut akut, als UNAMIR-Truppen den Genozid an Teilen der ruandischen Zivilbevölkerung nicht verhinderten.[438] Auch hier sind auf Basis des Unterlassensvorwurfs – soweit ersichtlich – keine Kompensationsleistungen an einzelne Geschädigte erbracht worden.

Die Regulierungspraxis des ONUC-Einsatzes ist in der Geschichte der Vereinten Nationen einzigartig geblieben. Die Vorzüge einer globalen Entschädigung auf internationaler Ebene wurden erst in jüngster Zeit von den Vereinten Nationen im Zusammenhang mit dem Bedürfnis nach Haftungslimitierung wiederentdeckt. Generalsekretär ANNAN hob in diesem Zusammenhang unter direkter Bezugnahme auf die Kongo-Erfahrungen hervor: „A lump-sum settlement of claims (...) offers the Organization the advantages of efficiency and expediency of settlement and limitation of its financial liability."[439] Im Fall von ONUC hatte es – trotz Abschlusses der Globalentschädigungsabkommen – allerdings über 15 Jahre gebraucht, bis die letzte Kongo-Schadensakte im UN-Hauptquartier geschlossen werden konnte.

---

[438] Siehe hierzu S. 450 ff.

[439] Report of the Secretary-General, 20. September 1996, UN-Dic A/51/389, Rn. 34, zur Haftungslimitierung siehe hier S. 496 ff.

V. Peace-keeping: Zypern (seit 1967)

1. Historischer Hintergrund: UNFICYP

Zypern, eine 9.251 km^2 große Mittelmeerinsel, ist Schauplatz eines jahrzehntelangen ethnisch-nationalen Konflikts. Die strategisch wichtig positionierte Insel, nur wenige Seemeilen vor der türkischen Küste, stand bis 1878 unter osmanischer Herrschaft. In dieser Periode wuchs der türkisch–zypriotische Bevölkerungsanteil auf 18 %, gegenüber 77 % griechischer Zyprioten. 1878 übernahm das Vereinigte Königreich die administrative und militärische Kontrolle über die Insel unter Zahlung eines jährlichen Tributs an das Osmanische Reich; erst mit dessen Eintritt in den 1. Weltkrieg auf der Seite der Achsenmächte erhielt Zypern 1914 den Status einer britischen Kronkolonie.[1] Beide Bevölkerungsteile fühlten schon zu dieser Zeit eine starke patriotische Verbindung zu ihren jeweiligen Mutterländern, in ihrer Gegensätzlichkeit wesentlich gefördert durch den türkisch-griechischen Krieg von 1920 – 1922. Die Zeit nach dem 2. Weltkrieg war geprägt durch den bewaffneten Widerstand der griechisch-nationalen Unabhängigkeitsbewegung EOKA gegen die britische Administration. Am 16. August 1960 erlangte Zypern schließlich seine staatliche Unabhängigkeit und wurde ein Monat später Mitglied der Vereinten Nationen. Die erste Verfassung Zyperns wurzelte in dem Züricher Abkommen zwischen der Türkei und Griechenland vom 11. Februar 1959 und einem Mantelabkommen mit dem Vereinigten Königreich vom 19. Februar 1959. Dieses sog. Zürich-Londoner-Abkommen wurde zwar mit expliziter Zustimmung der türkisch-zypriotischen und griechisch-zypriotischen Gemeinden abgeschlossen, scheiterte aber schnell an den konträren Vorstellungen der beiden Bevölkerungsgruppen von der Konzeption des neuen Staates. Die griechische Gemeinde drang auf die staatliche Einheit und verlangte strikte Proportionalität bei der Besetzung der zentralen politischen Gremien. Die türkische Gemeinde strebte dagegen mehr Autonomie an, z.B. eigene Steuerhoheit.[2] Am 30. November 1963 veröffentlichte der griechisch-zypriotische Staatspräsident ERZBISCHOF MAKARIOS III. einen 13 Punkte-Plan zur Änderung der Verfassung, der in seiner Umsetzung zur Aufhebung einer Reihe von Schutzvorschriften für die türkische Minderheit geführt hätte (Aufhebung des Vetorechts des türkisch-zypriotischen Vizepräsidenten etc.).[3] Die Türkei lehnte den Plan kategorisch ab, mit der Folge, daß sich auch die türkisch-zypriotische Gemeinde gegen die Verfassungsänderung stellte: Zypern

---

1 R. HIGGINS, United Nations Peacekeeping, Bd. IV, 1981, S. 81.
2 I. J. RIKHYE/M. HARBOTTLE/B. EGGE, The Thin Blue Line, 1974, S. 98.
3 UNITED NATIONS, Blue Helmets, 1996, S. 150.

sollte nach ihrer Vorstellung weiterhin aus zwei getrennten autonomen Gemeinden bestehen und nicht zu einem Zentralstaat mit einer Bevölkerungsmehrheit und einer Bevölkerungsminderheit umgewandelt werden. Am Verfassungsstreit entzündet, eskalierte in der Nacht des 21. Dezember 1963 die Gewalt in der Hauptstadt Nicosia. Die Viertel der griechischen und türkischen Gemeinden wurden zu bewaffneten Widerstandslagern der jeweiligen Volksgruppe.[4] Die griechische und die türkische Armee, deren Aufenthalt auf der Insel durch das Züricher-Londoner-Abkommen erlaubt war, verließen ihre Stützpunkte, um die jeweilige Bevölkerungsgruppe zu unterstützen. Die dritte militärische Macht im Lande, das Vereinigte Königreich, das sich durch das Zürich-Londoner-Abkommen die territoriale Souveränität über die beiden militärischen Stützpunkte Akrotiri und Dhekelia gesichert hatte, wurde nun ebenfalls aktiv. Angesichts des Zusammenbruchs der öffentlichen Ordnung und des drohenden Bürgerkriegs rückten britische Truppen am 26. Dezember 1963 unter dem Kommando von Major-General PETER YOUNG mit dem Einverständnis aller Konfliktparteien in Nicosia ein und stellten sich als Puffer zwischen die befeindeten Lager.[5] Sie übernahmen auf diese Weise für drei Monate die Rolle von Peace-keeping-Streitkräften. In der Hoffnung, die Verantwortlichkeit für den Frieden auf der Insel auf eine breitere internationale Basis zu stellen, schlug das Vereinigte Königreich eine internationale Friedenstruppe der NATO vor, scheiterte allerdings an dem Widerstand des Staatspräsidenten MAKARIOS, den Protesten der Sowjetunion und der Zurückhaltung vieler NATO-Mitglieder.[6]

Am 15. Februar 1964 beantragten das Vereinigte Königreich und Zypern ein Tätigwerden des UN-Sicherheitsrates im Zypernkonflikt.[7] Am 4. März 1964 verabschiedete der Sicherheitsrat die Resolution 186, dessen operativer Teil die Aufstellung einer Friedenstruppe empfiehlt:

> „The Security Council,
> *Noting* that the present situation with regard to Cyprus is likely to threaten international peace and security (...)
> 4. *Recommends* the creation, with the consent of the Government of Cyprus, of a United Nations Peace-keeping Force in Cyprus. (...) The Commander of the Force shall be appointed by the Secretary-General and report to him. The Secretary-General, who shall

---

[4] RIKHYE/HARBOTTLE/EGGE (Fn. 2), S. 99.

[5] M. HARBOTTLE, The Impartial Soldier, 1970, S. 14. Zur Truce Force gehörten auch griechische und türkische Einheiten unter britischem Komando.

[6] J. KER-LINDSAY, The Origins of UN Presence in Cyprus, in: Richmond/Ker-Lindsay (Hrsg.), The Work of the UN in Cyprus, 2001, S. 56 ff.; HIGGINS (Fn. 1), S. 91.

[7] UN-Doc. S/5543 und UN-Doc. S/5545, SCOR 19th Year, Suppl. Jan. – March 1964, S. 66 und 69.

keep the Government providing the Force fully informed, shall report periodically to the Security Council on its operation;
5. *Recommend* that the function of the Force should be, in the interest of preserving international peace and security, to use its best efforts to prevent a recurrence of fighting and, as necessary, to contribute to the maintenance and restoration of law and order and a return to normal conditions; (...).“[8]

Ende März bezog UNFICYP auf Zypern seine Posten, bestehend aus kanadischen und britischen Kontingenten, die später durch schwedische, irische und finnische Kontingente ergänzt wurden. Am 8. Juni 1964 hatten die Streitkräfte eine Stärke von 6.411 Mann erreicht. Hinzu kamen Polizeieinheiten aus Australien, Österreich, Dänemark, Neuseeland und Schweden.[9] Die verschiedenen nationalen UNFICYP-Kontingente wurden als geschlossene Einheiten auf der gesamten Insel verteilt, jeweils in den Grenzen der vorhandenen Verwaltungsdistrikte. Im Unterschied zu den parallel in Ägypten und im Kongo operierenden Peace-keeping-Streitkräften UNEF I und ONUC konnten UNFICYP auf die bereits operierende Peace-keeping-Mission der Briten aufbauen.

Trotz der Anwesenheit von UNFICYP eskalierte der Konflikt auf Zypern durch das militärische Eingreifen der Türkei im August 1964. Nach der Bombardierung verschiedener Ortschaften durch die türkischen Luftwaffen verabschiedete der Sicherheitsrat die Resolution 193, in der er zur sofortigen Einstellung der Kämpfe aufforderte. Die Zeit des UNFICYP-Einsatzes war bis 1968 durch das permanente Aufflackern bewaffneter Auseinandersetzungen gekennzeichnet. Es schloß sich eine Phase der politischen Verhandlungen unter der Schirmherrschaft der Vereinten Nationen an, in deren Verlauf sich die Parteien auf ein ungeteiltes unabhängiges Zypern einigten, bei gleichzeitigem weitreichenden Autonomiestatus der türkischen Gemeinde.[10] Dieser vorläufige Konsens endete am 15. Juni 1974 abrupt durch den Putsch der griechisch-zypriotischen Nationalgarde unter Leitung griechischer Offiziere gegen den Präsidenten MAKARIOS. Angesichts des drohenden Anschlusses Zyperns an Griechenland landeten am 20. Juni 1974 türkische Streitkräfte im Norden Zyperns. Griechenland ordnete daraufhin die Generalmobilmachung an, während das Vereinigte Königreich weitere Truppen zu seinen Militärbasen Akrotiri und Dhekelia entsendete. In der Folge des Putsches sahen sich die Vereinten Nationen mit einer Situation konfrontiert, auf die UNFICYP auf Basis seines bisherigen Mandats nicht adäquat reagieren konnte. Das Sicherheitsratsmandat Nr. 186 war auf die

---

[8] SC-Res. 186 (1964) vom 4. März 1964, SCOR, Resolutions and Decisions 1964, S. 12 ff.
[9] G. BROWN/B. BARKER/T. BURKE, Police as Peace-keepers, 1984, S. 23 ff.
[10] UN-Doc. S/11294, SCOR 29th Year, Suppl. April – June 1974, S. 131 ff., Ziff. 58 ff.

Bewältigung innerer Unruhen ausgerichtet, nicht auf die Befriedung eines breit angelegten internationalen Konfliktes unter Beteiligung der Garantiemächte Türkei, Griechenland und dem Vereinigten Königreich. Insofern mußte sich UNFICYP darauf beschränken, lokale Waffenstillstände auszuhandeln und isolierte Dörfer vor Übergriffen zu schützen.[11] Am 25. Juli 1974 begannen zwischen der Türkei, Griechenland und dem Vereinigten Königreich Verhandlungen in Genf, die am 30. Juli 1974 in der sog. Genfer Deklaration mündeten. Diese Vereinbarung wies UNFICYP neue Aufgaben zu, insbesondere die ausschließliche Kontrolle über eine Sicherheitszone zwischen dem türkisch besetzten Gebiet und dem Rest der Insel. Die Genfer Konferenz scheiterte allerdings am 14. August 1974 an den unüberwindlichen Gegensätzen zwischen Griechenland und der Türkei, mit der Folge des Wiederauflebens der Kämpfe. Allerdings konnte der UN-Generalsekretär schon am 16. August 1974 den Sicherheitsrat darüber informieren, daß die Türkei in einen Waffenstillstand eingewilligt habe.[12]

Unter Berufung auf die Sicherheitsratsresolution 355[13] zog UNFICYP noch im selben Jahr zwei parallele 180 km lange Waffenstillstandslinien, die den türkisch besetzten nördlichen Teil – ca. 37 % des Gesamtgebietes – von dem südlichen Rest der Inseln trennten. Zwischen diesen Linien richteten die Vereinten Nationen eine Pufferzone ein, die ca. 3 % der gesamten Insel in Anspruch nimmt und noch heute ausschließlich von UNFICYP kontrolliert wird.[14] In der Hauptstadt Nicosia ist die Pufferzone besonders schmal (weniger als vier Meter Abstand), so daß sich ernsthafte Zwischenfälle heute fast nur noch in der Hauptstadt ereignen.[15] Innerhalb der Pufferzone befinden sich insgesamt fünf bewohnte Dörfer und verschiedene Gebiete, die zur zivilen Nutzung freigegeben sind. Davon abgesehen sind innerhalb der Pufferzone keine zivilen Aktivitäten und Durchgänge erlaubt, es sei denn, es liegt eine spezielle Erlaubnis von UNFICYP vor.[16] Das Mandat von UNFICYP wird routinemäßig halbjährlich vom Sicherheitsrat verlängert. Jedes Jahr werden von UNFICYP ca. 1000 Zwischenfälle an und in der Pufferzone registriert und berichtet, zum größten Teil

---

[11] Blue Helmets (Fn. 3), S. 162.

[12] SCOR 29th Year, 1794th Meeting, S. 1 ff.

[13] SC-Res. 355 (1974) vom 1. August 1974: „*Requests* the Secretary-General to take appropriate actions in the light of his statement and to present a full report to the Council, taking into account that the cease-fire will be the first step in the full implementation of Security Council resolution 353 (1974).“ SCOR Resolution and Decisions 1974, S. 8.

[14] D. LINDLAY, in: Richmond/Ker-Lindsay (Fn. 6), S. 83.

[15] Blue Helmets (Fn. 3), S. 166.

[16] Blue Helmets (Fn. 3), S. 166.

unerlaubte Bewegungen innerhalb der Pufferzone, aber auch Demonstrationen[17] und Schußwaffeneinsätze[18] mit hohem Eskalationspotential.[19] UNFICYP ist bis heute auf Zypern aktiv.

2. Organstatus, Immunität und Befehlsgewalt

UNFICYP wurde vom Generalsekretär nach bewährtem Muster aufgestellt. In Art. 23 des UNFICYP-Statusabkommens[20], geschlossen zwischen den Vereinten Nationen und der Regierung der Republik Zypern am 31. März 1964, heißt es:

> Art. 23: „The Force as a subsidiary organ of the United Nations, enjoys the status, privileges and immunities of the Organizations in accordance with the Convention on the Privileges and Immunities of the United Nations."[21]

Nach Art. 12 lit. a SOFA sind die Mitglieder von UNFICYP in bezug auf ihre Diensthandlungen („any matter relating to their official duties") von der Jurisdiktionsgewalt der Gerichte und Behörden befreit („civil jurisdiction"). Die Jurisdiktionsbefugnis der zypriotischen Gerichte bleibt bei sog. off duty-Akten nach Art. 12 lit. b SOFA bestehen, allerdings räumt Art. 12 lit. c dem Kläger als Alternative die Möglichkeit einer Streitschlichtung nach Art. 38 lit. b SOFA ein.[22] Das UNFICYP-Statusabkommen folgt in den Punkten „Immunität und Jurisdiktionsbefugnis" den entsprechenden Vorschriften des UNEF-Statusabkommens, so daß auf die dortigen Ausführungen verwiesen werden kann.[23]

Wie schon bei UNEF I und ONUC steht UNFICYP als Nebenorgan der Vereinten Nationen respektive des Sicherheitsrates unter dem militärischen Kommando und der Kontrolle der Vereinten Nationen (Art. 11 Satz 2 des UNFICYP-Truppenstatuts vom 25. April 1964[24]).[25] Generalsekretär U THANT hat in einem

---

17 Vgl. den Bericht des Generalsekretärs UN-Doc. S/26777, 2. November 1993, Ziff. 16, SCOR 48th Year, Suppl. Oct. – Dec 1993.

18 In der absoluten Mehrheit der Fälle handelt es sich um Schußwaffenunfälle (sog. negligent discharges), aber auch ernsthafte Grenzvorfälle, s. hierzu den Bericht des Generalsekretärs UN-Doc. S/25912 vom 9. Juni 1993, Ziff. 14, SCOR 48th Year, Suppl. April – June 1993, S. 314, Ziff. 10 ff.

19 BROWN/BAKER/BURKE (Fn. 9), S. 64.

20 UNTS Bd. 492, S. 58 ff., abgedr. in: R. C. R. SIEKMANN, Basic Documents of United Nations and Related Peace-keeping Forces, 1989, S. 155 ff.

21 Zur Organeigenschaft s. auch Art 6 des UNFICYP-Truppenstatuts, UNTS Bd. 555, S. 132 ff.

22 Siehe zu Art. 38 UNFICYP-SOFA hier S. 410 f.

23 Zu den Immunitäten von UNEF siehe S. 221 ff.

24 UNTS Bd. 555, S. 132 ff.

Aide-mémoire vom 10. April 1964 die Leitlinien des Peace-keeping-Einsatzes auf Zypern festgelegt und betont, die Streitkräfte befänden sich zu jeder Zeit unter dem ausschließlichen militärischen Kommando und der Kontrolle der Vereinten Nationen:[26]

> „7. The contingents comprising the Force are integral parts of it and take their orders exclusively from the Commander of the Force."

Trotz der Integration der nationalen Kontingente in den Verband „UNFICYP" haben die Kontingente und ihre Mitglieder ihren staatlichen Organstatus nicht verloren. Nach bewährter Peace-keeping-Tradition haben die Entsendestaaten ihre Kontingente im Wege der Organleihe den Vereinten Nationen zur Verfügung gestellt, mit der Folge einer doppelten de iure-Organstellung der nationalen Kontingente innerhalb des Peace-keeping-Verbandes. Vor allem im Hinblick auf die britischen UNFICYP-Kontingente bestand die Gefahr, daß trotz förmlicher Integration in die Peace-keeping-Truppe eine starke Verbindung zu den britischen Militärbasen bestehen bleiben würde. U THANT unterstrich diesbezüglich:

> „13. There is a clear distinction between the troops of the British contingent in the United Nations Force and the British military personnel in Cyprus, such as those manning the British bases not included in the United Nations Force."[27]

In der Praxis wurden diejenigen Soldaten des britischen Kontingentes, die in der Zeit vor der Etablierung von UNFICYP in der britischen Armee Peace-keeping-Funktionen auf Zypern wahrgenommen hatten, zügig repatriiert und durch neue britische Einheiten ersetzt.

Mit Ausnahme Irlands haben alle Entsendestaaten zu Beginn des Einsatzes mit den Vereinten Nationen im Wege des Austausches von Briefen Truppenabkommen abgeschlossen.[28] In dem Modellabkommen mit Österreich lenkt der UN-Generalsekretär in seinem Schreiben die Aufmerksamkeit des Vertragspartners auf diejenigen Vorschriften des Truppenstatuts, die für die Rechtsbeziehung

---

[25] Neben dem Kommandeur nimmt der „Special Representative of the Secretary-General" Leitungsfunktionen auf Zypern wahr. Der Sonderbeauftragte ist – wie auch der Kommandeur – direkt dem Generalsekretär verantwortlich und übt vor allem die politische Kontrolle über den Peace-keeping-Einsatz aus.

[26] Aide-mémoire of the Secretary-General concerning some questions relating to the function and operation of the United Nations Peace-Keeping Force in Cyprus, UN-Doc. S/5653, 11. April 1964, SCOR 19th Year, Suppl. April – June 1964, S. 12 ff.

[27] UN-Doc. S/5653 (Fn. 26).

[28] UNTS Bd. 555, S. 119 ff., S. 169 ff. (Kanada, Dänemark, Finnland, Schweden und Vereinigtes Königreich); Abkommen mit Österreich, UNTS Bd. 557, S. 129 ff.

der Vereinten Nationen zu den Entsendestaaten von besonderer Bedeutung sind, z.B. die Disziplinargewalt über die nationalen Truppenkontingente. Während der UNFICYP-Kommandeur die allgemeine Verantwortung für Ordnung und Disziplin in der Truppe inne hat (Art. 13 des Truppenstatuts i.V.m. den Truppenabkommen), obliegt den nationalen Kommandeuren der einzelnen Kontingente die Verantwortlichkeit für das Ergreifen disziplinarischer Maßnahmen in jedem Einzelfall. Ein Verstoß gegen die Bestimmungen des UNFICYP-Truppenstatuts soll gemäß des Truppenabkommens zu disziplinarischen Maßnahmen „in accordance with the military laws and regulations applicable to the national contingent to which the offender belongs“ führen (Art. 2 des Truppenstatuts).

3. Finanzierung von UNFICYP

Die rechtliche Grundlage für die Finanzierung von UNFICYP wird in der Sicherheitsresolution 186 festgelegt:

> „*Recommends* that the stationing of the Force shall be for a period of three months, all costs pertaining to it being met in a manner to be agreed upon by them, by the Governments providing the contingents and by the Government of Cyprus. The Secretary-General may also accept voluntary contributions for that purpose.“[29]

Während UNEF I und ONUC auf Basis eines von der Generalversammlung festgelegten Verteilungsschlüssels von der Gesamtheit der UN-Mitgliedstaaten getragen wurde, im Fall von ONUC beschränkt auf die finanzstärkeren Mitgliedstaaten, entschied sich der Sicherheitsrat im Fall von UNFICYP für ein völlig neuartiges Finanzierungssystem, das die Kostenlast vor allem zwischen den Entsendestaaten und dem Aufenthaltsstaat Zypern verteilte. Eine Reihe von Staaten nahm aufgrund dieser finanziellen Bürde davon Abstand, UNFICYP Kontingente zur Verfügung zu stellen.[30] Aber auch die Entsendestaaten fügten sich nicht uneingeschränkt der Empfehlung des Sicherheitsrates: Einige übernahmen die Besoldung ihrer Soldaten samt Überseezuschläge, weigerten sich allerdings, die Transportkosten zu begleichen (z.B. Irland). Kanada und das Vereinigte Königreich absorbierten die gesamten Kosten ihrer nationalen Kontingente, während sich Schweden und Finnland ihre Extrakosten – insbesondere die Überseezuschläge – aus dem UNFICYP-Sonderkonto erstatten ließen.[31] Eine Reihe von Entsendestaaten beglichen in unregelmäßigen Abständen anteilig die

---

[29] Quellennachweis Fn. 8.

[30] R. C. R. SIEKMANN, National Contingents in United Nations Peace-keeping Forces, 1991, S. 160.

[31] SIEKMANN (Fn. 30), S. 161.

auf dem UNFICYP-Sonderkonto auflaufenden Kosten,[32] während Finnland, Österreich, Dänemark und das Vereinigte Königreich lediglich erklärten, partiell Regreßansprüche anderer Entsendestaaten gegen die Vereinten Nationen zu übernehmen.[33] Trotz dieser Zuwendungen litt die gesamte Operation UNFICYP aufgrund des freiwilligen Leistungssystems an chronischem Geldmangel. Die Generalversammlung hat am 14. September 1993 in ihrer Resolution 47/236 einen neuen Verteilungsschlüssel festgelegt.[34] Seit dem 16. Juni 1993 trägt Griechenland freiwillig 3,5 Millionen US-Dollar per annum zum UNFICYP-Haushalt bei, ein Drittel der jährlichen Gesamtkosten von UNFICYP übernimmt die Republik Zypern. Der Rest wird gem. Art. 17 UN-Charta auf die UN-Mitglieder verteilt – ein offenes Eingeständnis in das Scheitern des Systems der freiwilligen Beiträge.

4. Streitbeilegung: Das UNFICYP-Claims Review Board

Das UNFICYP-Statusabkommen enthält mit Art. 38 eine Vorschrift über das Verfahren zur Beilegung der „claims of a private character". Die Vorschrift gibt *mutatis mutandis* die Parallelvorschrift Art. 38 des UNEF-Statusabkommens wieder: Art. 38 lit. b überantwortet die Beilegung von einer Reihe von Streitigkeiten einer sog. „Standing Claims Commission". Diese betreffen Ansprüche von Zyprioten[35] gegen UNFICYP sowie Ansprüche der zypriotischen Regierung gegen UNFICYP-Mitglieder bzw. gegen UNFICYP und *vice versa.* Am 29. Januar 1973 wurde Art. 38 um einen neuen Absatz lit. c ergänzt, der ein knock-for-knock-Abkommen zwischen den Vereinten Nationen und Zypern in die Streitbeilegungsklausel integriert:

> Art. 38 lit. c: „Any claim made by the Force or the Government against each other arising out of any traffic accident occurring between vehicles belonging to or hired by the Republic of Cyprus used officially at the time of accident and vehicles belonging to or

---

[32] UN-Doc. S/12316, SCOR 32nd Year, Suppl. Jan. – March 1977, S. 78, Annex S. 80 dort Fn. b.

[33] HIGGINS (Fn. 1), S. 287.

[34] UN-Doc. A/Res/47/236 vom 14. September 1993.

[35] Der Begriff „Cypriot citizen" in Art. 38 lit. b SOFA beschränkt sich nicht auf zypriotische Staatsangehörige, sondern umfaßt alle Personen, die ihren Aufenthalt auf Zypern haben und nicht mit den Streitkräften verbunden sind: B. SLOAN (Director General Legal Division), Schreiben an Weinschenk, Anwalt von Mr. Nissan vom 17. September 1976, UN Archives N.Y., File No. S-0465-0116, Peacekeeping Operations UNFICYP – Claims, LA 28.3.I (F) PT.1. („On the basis of precedents, the term ‚citizen' as used in the above paragraph 38 (b) includes also non-Cypriots, provided they were residents of Cyprus when the damage was suffered.").

> hired by the Force or any of its national contingents used officially at the time of accident shall be considered as non-existent.“[36]

Art. 38 lit. b SOFA konzipiert die „Standing Claims Commission“[37] als Schiedsgericht mit dreiköpfiger Richterbank, paritätisch besetzt von Zypern und den Vereinten Nationen mit einem einvernehmlich bestimmten Vorsitzenden. Dieses Gremium war schon im Rahmen von UNEF I und ONUC in den Statusabkommen vorgesehen, aber mangels praktischen Bedürfnisses nicht erreichtet worden. Auch die Standing Claims Commission des UNFICYP-Statusabkommens ist bisher nicht zum Einsatz gekommen. Statt dessen haben die Vereinten Nationen auf das bewährte System der *Local Claims Review Boards* zurückgegriffen, wie es bereits im Rahmen von UNEF I/II und ONUC eingesetzt wurde.[38]

Rechtliche Ausgangsbasis des UNFICYP-Claims Review Boards ist Art. 16 des UNFICYP-Truppenstatuts, der den UN-Generalsekretär in gewohnter Weise ermächtigt, Regeln über die Beilegung von Ansprüchen gegen UNFICYP zu erlassen:

> Art. 16: „(...) Within the limits of available voluntary contributions (the Secretary-General) shall make provisions for the settlement of any claim arising with respect to the Force that are not settled by the Governments providing contingents or the Government of Cyprus.“[39]

Das Primat der Begleichung von „third-party-claims“ durch die Entsendestaaten, von dem Art. 16 des UNFICYP-Truppenstatuts erkennbar ausgeht, wird in den einzelnen Truppenabkommen mit den Entsendestaaten relativiert. In Art. 12 lit. b der Truppenabkommen heißt es:

> Art. 12 (b): „(...) the participating States will, as appropriate, enter into supplementary agreements with the United Nations concerning the settlement of claims arising out of acts committed by a member of their national contingent either within or outside the scope of official functions.“[40]

Die in den Truppenabkommen anvisierte Sondervereinbarung wurde mit Kanada am 25. März 1970 abgeschlossen.[41] Die übrigen Entsendestaaten haben sich mit entsprechenden Vorschlägen seitens der Vereinten Nationen nicht ein-

---

36 Quellennachweis Fn. 20.
37 Siehe zur Standing Claims Commission des UNEF-SOFA hier S. 226 ff.
38 Siehe hierzu S. 238 ff. (UNEF) und S. 305 ff. (ONUC).
39 Quellennachweis Fn. 24.
40 Quellennachweis Fn. 24.
41 UNTS Bd. 723, S. 418 ff. Kanada hat 1993 sein Kontingent endgültig zurückgezogen.

verstanden erklärt und ihre Widerstände gegen Art. 12 lit. b des Truppenabkommens schon beim Abschluß des Vertrages unmißverständlich zum Ausdruck gebracht.[42]

Das UNFICYP-Claims Review Board[43] konstituierte sich im UNFICYP-Hauptquartier in Nicosia am 11. September 1964. Der UNFICYP-interne Ausschuß setzt sich zusammen aus dem Chief Administrative Officer als Vorsitzender, dem Senior Legal Adviser und dem Chief Finance Officer.[44] Zum Aufgabenbereich des Claims Review Boards gehört die Untersuchung der Ansprüche von UNFICYP-Mitgliedern gegen die Vereinten Nationen wegen Verlustes und Schäden an persönlichem Eigentum sowie die Ansprüche Dritter gegen UNFICYP. Das Gremium spricht nach der Untersuchung der Fälle eine Empfehlung darüber aus, ob der Anspruch abgewiesen bzw. ganz oder teilweise befriedigt werden soll. Grundlage der Beurteilung des Claims Review Boards sind die Berichte der zypriotischen Polizei, der UNFICYP-Militärpolizei, des UNFICYP-Inquiry Boards und – falls vorhanden – der Untersuchungskommission des nationalen Kontingents, dem der Schädiger angehört.[45] Jede Empfehlung des Claims Review Boards über die Höhe des einzelnen Schadensersatzanspruchs muß durch den Chief Administrative Officer genehmigt werden. Soweit die Summe der empfohlenen Streitschlichtungsangebote weniger als £ 500 Sterling beträgt, ist das Claims Review Board befugt, ohne Rücksprache mit dem UN-Hautquartier nach entsprechenden Verhandlungen mit dem Anspruchsteller die vereinbarte Summe auszuzahlen.[46] Übersteigt die Kompensationsempfehlung £ 500 Sterling, wird der gesamte Vorgang an das UN-Hauptquartier in New York zur Genehmigung weitergeleitet.

---

[42] B. SLOAN, Memorandum an C. A Stavropoulos (Under-Secretary, Legal Counsel) vom 4. Juni 1964, Akte Sloan, (OLA), Participating States Agreements, Box 51.

[43] Daneben wurde ein UNFICYP-Property Survey Board eingerichtet, ausschließlich zuständig für die Untersuchung von Schäden an UN-Eigentum; es besteht aus denselben Mitgliedern wie das UNFICYP-Claims Review Board, ist aber organisatorisch unabhängig.

[44] 1st Meeting of the Claims Review Boards, Ziff. 3b of the Minutes, B. SLOAN (Director General Legal Division) Interoffice Memorandum an G. Issaevitch (Assistant Director for Peace-keeping Matters) vom 23. März 1977, „UNFICYP Claims Review Board, Traffic Accident – 16 October 1975", UN Archives N.Y., Akte CYP/FIN/D-5 1977, UK – Canada Third Party Claims, DAG 22/1.6 Box 72, File 6. (An den Sitzungen nimmt ein Claims Officer als Schriftführer teil).

[45] R. S. HAUSNER (Chief Administrative Officer), Schreiben am 2. Oktober 1969 an George Lansky (Chief, Field Operations Service, Office of General Service), UN Archives N.Y., Akte CYP/B-2, Local Claims Board 1969, DAG 22/1.6. Box 47, File No. 11.

[46] UNFICYP-Administrative Report No. 46, 16. November 1978, S. 8 (Punkt V No. 16); UN Archives N.Y., Akte Cyp/ADM/B 1978, Local Claims Board, DAG 22/116, Box 78, File 1.

Das Claims Review Board unterbreitet dem Geschädigten das vom UN-Hauptquartier genehmigte Angebot einer Streitschlichtung. Soweit der Geschädigte sich mit der angebotenen Summe einverstanden erklärt, wird der Betrag Zug um Zug gegen Ausfertigung einer allgemeinen Verzichtserklärung ausgezahlt. In dieser Erklärung erkennt der Empfänger der Schadensersatzzahlung die Tatsachen an, die der Einigung zugrundegelegt worden sind und verzichtet auf jeden weiteren rechtlichen Schritt gegen UNFICYP bzw. gegen das schadensverursachende UNFICYP-Mitglied.[47] Das im Rahmen von UNFICYP eingeschlagene Streitbeilegungsverfahren ist weitgehend mit dem Verfahren des UNEF-Claims Review Boards identisch. Die Streitbeilegung erfolgt durch die vertragliche Einigung zwischen den Vereinten Nationen und den Geschädigten, also im Wege eines außergerichtlichen Vergleichs. Im Hinblick auf die Einflußmöglichkeiten des Geschädigten auf das Ergebnis der Einigung ist allerdings zu berücksichtigen, daß aufgrund der Jurisdiktionsimmunität von UNFICYP und seinen Mitgliedern der Einigungsdruck sehr zu Lasten des Geschädigten geht. Das Liaisonbüro der Republik Zypern ist – im Gegensatz zum ägyptischen Liaisonbüro (UNEF)[48] – im Rahmen der Streitschlichtung nicht erkennbar in Erscheinung getreten. Das von ägyptischer Seite ausgeübte Druckmittel – die Errichtung einer Standing Claims Commission für die Fälle, in denen das UN-Angebot unter den Erwartungen zurückbleibt – wird seitens der zypriotischen Regierung nicht ausgespielt. Gerade im Fall von UNFICYP zeigt sich deutlich die Wandlung des Claims Review Boards von einem Verhandlungspartner zu einem Streitentscheidungsorgan der Vereinten Nationen, das im Außenverhältnis gegenüber Privatpersonen zur Adjudikation befugt ist.

5. Regulierungspraxis

a) Verkehrsunfälle: Angewendetes Recht

Das absolute Gros der Schadensfälle auf Zypern betrifft Verkehrsunfälle mit Personen- und/oder Sachschäden. Anders als im Fall von ONUC und UNEF II wurde für die Fahrzeuge von UNFICYP von den Vereinten Nationen keine Kfz-Versicherung zur Abdeckung von Drittschäden von den Vereinten Nationen abgeschlossen.[49] Einen entsprechend breiten Raum nehmen Verkehrsunfälle in der

---

[47] M. HEENAN (Acting Director, General Legal Devision), Schreiben an G. Issaevitch (Administrative Officer for Peace-keeping Matters) vom 31. März 1971, Akte Heenan, UNFICYP-Claims 1967 – 1972, Box 34.

[48] Siehe hierzu S. 242 ff.

[49] Zumindest bis zum Jahr 1980: Siehe die Empfehlung zum Abschluß einer Kfz-Versicherung zur Abdeckung von Drittschäden: Memorandum to the Director, Field Operations Division, Office of General Service vom 12. August 1981, „United Nations Peace-

Arbeit des Claims Review Boards ein. Die Verkehrsunfälle werden in der Praxis in vier Kategorien verschiedener Verschuldensgrade eingeteilt.[50] Die Klassen A und B betreffen Fälle, in denen den UN-Fahrer kein Verschulden trifft und daher eine Haftung der Vereinten Nationen nicht in Betracht kommt. Bei Unfällen der Klasse C trifft den UN-Fahrer ein leichtes Verschulden,[51] während der Klasse D diejenigen Unfälle zugewiesen werden, in denen gegen den UN-Fahrer der Vorwurf grober Fahrlässigkeit erhoben werden kann („includes all cases in which it is decided that the responsibility rests chiefly or wholly upon the UN driver, including violation of traffic regulations and Local Transportation Section instructions, unsafe or bad conduct and other acts of similar character"). Die Zuordnung der Unfallschäden zur Kategorie D durch das UNFICYP-Claims Review Board hat zur Folge, daß die Vereinten Nationen die Entsendestaaten des unfallverursachenden Kontingentmitglieds in Regreß nehmen, und zwar auch diejenigen Entsendestaaten, die grundsätzlich jede Kostenübernahme verweigern. Die Mehrheit der Entsendestaaten hat aufgrund der speziellen Fallkonstellation – Vorwurf des grob fahrlässigen Verhaltens ihres Kontingentmitgliedes – der Erstattung von UN-Kompensationsleistungen zugestimmt.

UNFICYP-Claims Review Board macht grundsätzlich keine Angaben zu dem von ihm angewendeten Recht. Die dargestellten Kategorien verschiedener Verschuldensgrade sind vom Field Operation Service der Vereinten Nationen für *alle* Peace-keeping-Einsätze und andere UN-Missionen entwickelt worden, lehnen sich also in keinem Fall an zypriotisches Recht an. Prinzipiell tendierte auch das UNFICYP-Claims Review Board dazu – wie auch die Local Claims Review Boards andere Missionen[52] – das Recht des Aufenthaltsstaates nur bei der Festlegung der Höhe der Ersatzleistungen zu berücksichtigen. So entschied das UNFICYP-Claims Review Board mit Billigung des UN-Sekretariats auf eine geringfügige ex gratia-Zahlung für den unfallgeschädigten ACHILLEAS auf Basis der Erwägung, daß *beiden* Unfallteilnehmern – ACHILLEAS und dem UN-Fahrer – kein Verschulden zur Last gelegt werden konnte. Diese Entscheidung ist unter dem Gesichtspunkt beachtlich, daß der Oberste Gerichtshof Zyperns kurz zuvor in einer ähnlich gelagerten Fallkonstellation je 50 % Mitverschulden auf beiden

---

keeping Force in Cyprus", „Liability insurance for contingent-owned Vehicles", UNJYB 1981, S. 159.

[50] Administrative Rules and Instructions Covering the Use of UN Vehicles (Accidents), 20. Januar 1954 (Field Service General Instruction), UN Archives N.Y., Akte CYP/ADM/C Local Claims Board, DAG-22/1116, Box 59, File 1.

[51] „This class includes all cases in which it is believed that the UN operator failed to exercise preventive measures within his control".

[52] Siehe für den UNEF-Einsatz S. 281 ff.

Seiten angenommen hatte.[53] Hätten sich die Vereinten Nationen an das nationale Recht bzw. die lokale Rechtsprechung gebunden gefühlt, wäre eine ex gratia-Zahlung an den Geschädigten nach UN-internem Haushaltsrecht aufgrund der 50 % *rechtlichen* Verantwortlichkeit von UNFICYP nicht zulässig gewesen.

b) Besetzung von Grundstücken

Im Rahmen des UNEF-Einsatzes hatte sich der Streit zwischen den Vereinten Nationen und Ägypten über die Kosten aus der Besetzung und Anmietung privater Grundstücke an dem unklaren Wortlaut des Art. 19 UNEF-Statusabkommen entbrannt.[54] Aus dieser Erfahrung zogen die Vereinten Nationen Konsequenzen und fügten in Art. 19 UNFICYP-Statusabkommen den Passus ein:

> Art. 19: „The Government shall provide *without cost* to the Force and in agreement with the commander such areas for headquarters, camps ... as may be necessary for the accommodation and the fulfilment of the functions of the Force."[55]

Im Gegensatz zum UNEF-Einsatz verläuft die Zusammenarbeit zwischen UNFICYP und der zypriotischen Regierung beim Aussuchen und Anmieten operativ geeigneter Grundstücke ohne Komplikationen. Die Republik Zypern übernimmt als Aufenthaltsstaat alle Kosten für die Unterbringung und Stationierung der UNFICYP-Kontingente, auch wenn auf Privatgrundstücke Rückgriff genommen werden muß.[56]

c) Beschädigung von Privateigentum

Im Rahmen des UNFICYP-Einsatzes kommt der Rechtfertigungsgrundsatz „operational necessity" vor allem in Zusammenhang mit Schäden an Privateigentum zum Einsatz.[57] Mit Verweis auf die einförmige Praxis bei Peace-keeping-Missionen, insbesondere von UNIFIL, verneint das UNFICYP-Claims Re-

---

[53] Diese Rechtsprechung hat innerhalb des UN-Sekretariats zu einer Debatte geführt, ob das UNFICYP-Claims Review Board angewiesen werden müsse, in derartigen Fällen gemäß des zypriotischen Rechts auf Mitverschulden und damit auf rechtliche Verantwortlichkeit der Vereinten Nationen zu erkennen; M. HEENAN, Acting Director General Legal Division, UN-OLA sprach sich gegen die Berücksichtigung der zypriotischen Rechtsprechung aus, Schreiben von HEENAN an G. Issaevitsch (Administrative Officer für Peace-keeping Matters, Office of the Controller) vom 31. März 1971, Akte Heenan, UNFICYP – Claims 1967 – 1972, Box 34.

[54] Siehe hierzu ausführlich S. 267 ff.

[55] Hervorhebung hier.

[56] Siehe im Nissan-Fall S. 421.

[57] Siehe die Praxis im Rahmen von UNEF S. 279 ff.

view Board die rechtliche Verantwortung der Vereinten Nationen für Schäden, die im Zuge von operativ notwendigen Maßnahmen entstanden sind: „The United Nations has maintained in other missions that claims for damage or loss suffered by a citizen of a host country as a result of operational requirements of the United Nations to carry out its tasks should be directed to the host government unless there was an element of obvious negligence.“[58] Auf dieser Grundlage verweigerte das Claims Review Board Schadensersatzzahlungen an einen Bauern, der Teile seiner Ernte durch das Aufstellen von Zelten in einem Peacekeeping-Camp verloren hatte. Dagegen akzeptierten die Vereinten Nationen ihre rechtliche Verantwortlichkeit für Brandschäden an einem Kornfeld, die durch autorisierte Schießübungen entstanden waren: „The Board found that the damage could not be classed as one of operational necessity simply but that the major cause of the damage was negligence since the practice of firing, whilst part of operational training and routine, is not necessary in the sense that damage to crops is unavoidable.“ [59] Soweit Schäden an privatem Eigentum bei der Erfüllung von operativ notwendigen Peace-keeping-Funktionen unvermeidbar sind, d. h. nicht auf persönlicher Fahrlässigkeit eines Kontingentsmitgliedes beruhen, liegt die Befriedigung dieser „operational claims“ im Verantwortungsbereich des Aufenthaltsstaates.[60] Ob der Aufenthaltsstaat den betroffenen Privateigentümern eine Entschädigung für die durch die Vereinten Nationen erlittenen Schäden zahlt, entscheidet sich nach nationalem Recht. Eine internationale Rechtspflicht Zyperns gegenüber den Vereinten Nationen, den Ausgleich operativ unvermeidbarer Schäden vorzunehmen, besteht nicht.

Der operational necessity-Grundsatz, der die rechtliche Verantwortlichkeit der Vereinten Nationen für operativ unvermeidbare Schäden gegenüber den betroffenen Privatpersonen und dem Aufenthaltsstaat einschränkt, hat im Rahmen des UNFICYP erstmalig auch indirekt Anerkennung seitens der Entsendestaaten erfahren. In dem Regreßabkommen zwischen Kanada und den Vereinten Nationen vom 25. März 1970 heißt es in Art. 2 lit. b:

---

[58] G. D'ANGELO (OLA), Memorandum an J. M. Simpson (Principal Legal Officer, General Legal Division) vom 4. Dezember 1980, „UNFICYP Claims Review Board“, UN Archives N.Y., Akte Simpson, OLA, 1973 - 1981, Box 10. Die in dem Memorandum wiedergegebenen Fälle bezogen sich nicht auf UNFICYP, sondern auf den Paralleleinsatz im Libanon, UNIFIL.

[59] D'ANGELO (Fn. 58).

[60] A. E. WEIL (Director General Legal Division), Memorandum an G. Issaevitch (Assistant Director, Peace-keeping Matters) vom 23. Dezember 1980, „UNFICYP Claims Review Board - 142th Meeting“, UN Archives N.Y., Akte Simpson, OLA, 1973 - 1981, Box 10.

Art. 2: „Nothing in this supplementary agreement is intended to imply in any way:
(b) the liability of the United Nations regarding claims for damages for acts undertaken by members of UNFICYP as a result of operational necessity."[61]

Das Vereinigte Königreich hat sich im Rahmen seiner Erstattungspraxis[62] ausdrücklich vorbehalten, Zahlungen der Vereinten Nationen auf sog. *operational claims* nicht auszugleichen. Als Begründung führte die britische Regierung an, die Vereinten Nationen seien nicht rechtlich verpflichtet, derartige Schäden an Privateigentum zu ersetzen.[63]

d) Schußwaffeneinsatz: Selbstverteidigungsrecht

In den zugänglichen UNFICYP-Akten der Vereinten Nationen finden sich keine Haftungsfälle, die auf den mißbräuchlichen Einsatz von Schußwaffen durch UNFICYP-Mitglieder zurückzuführen sind. Im Hinblick auf die Grenzen des Selbstverteidigungsrechts von UNFICYP und seinen Mitgliedern hat Generalsekretär U THANT in bemerkenswerter Deutlichkeit das Recht UNFICYPs zum Schußwaffeneinsatz umrissen:

„16. Troops of UNFICYP shall not take the initiative in the use of armed force. The use of armed force is permissible only in self-defence. The expression 'self-defence' includes:
(a) The defence of United Nations posts, premises and vehicles under armed attack;
(b) The support of other personnel of UNFICYP under armed attack;

17. No action is to be taken by the troops of UNFICYP which is likely to bring them into direct conflict with either community in Cyprus, except in the following circumstances:
(a) Where members of the Force are compelled to act in self-defence;
(b) Where the safety of the Force or of members of it is in jeopardy;
(c) Where specific arrangements accepted by both communities have been, in the opinion of the commander on the spot are about to be, violated, thus risking a recurrence of fighting or endangering law and order.

18. When acting in self-defence, the principle of minimum force shall always be applied, (…) The decision as to when force may be used under these circumstances rests with the commander on the spot, (…). Examples in which troops may be so authorized

---

61 Hierzu ausführlich S. 422 ff.
62 Hierzu ausführlich S. 426 ff.
63 UNFICYP-Claims Review Board, Case No. 9/0619/B/PROP (1 bis 5), Akz. UNFICYP/CRB/MINS/142, S. 3; „Notes of the Secretary", UN Archives N.Y., Akte Simpson, 1973 – 1981, Box 10.

> are:
> (a) Attempts by force to compel them to withdraw from a position which they occupy under orders from their commanders, or to infiltrate and envelop such positions as are deemed necessary by their commanders for them to hold, thus jeopardizing their safety;
> (b) Attempts by force to disarm them;
> (c) Attempts by force to prevent them from carrying out their responsibility as ordered by their commander;
> (d) Violation by force of United Nations premises and attempts to arrest or abduct United Nations personnel, civil of military.
>
> 19. Should it be necessary to resort to the use of arms, advance warning will be given whenever possible. Automatic weapons are not to be used except in extreme emergency and fire will continue only as long as is necessary to achieve its immediate aim."[64]

Die detaillierte Definition des Begriffs „Selbstverteidigung" steht zweifelsohne unter dem Eindruck der negativen Erfahrungen der Vereinten Nationen im Kongo (ONUC).[65] Der von U THANT formulierte Katalog zulässiger und unzulässiger Verteidigungsmaßnahmen verdeutlicht, daß die Vereinten Nationen spätestens mit ONUC Abschied vom erklärt gewaltfreien Peace-keeping-Konzept genommen haben, nach dem der Einsatz von Waffen auf das persönliche Selbstverteidigungsrecht jedes einzelnen Soldaten beschränkt ist (UNEF I[66]). Die Möglichkeit, das internationale Mandat bei bewaffnetem Widerstand notfalls mit Waffengewalt durchzusetzen, läßt UNFICYP in die Nähe des Konzept des robusten Peace-keepings rücken. Allein der Umstand, daß UNFICYP diese Kompetenz bisher nicht wahrnehmen mußte, läßt eine Klassifizierung von UNFICYP als traditionellen Peace-keeping-Einsatz zu.

In haftungsrechtlicher Hinsicht bieten die Angaben des Generalsekretärs über Umfang und Grenzen der Selbstverteidigung einen klaren rechtlichen Rahmen für die Beurteilung von Schadensfällen, die auf Schußwaffeneinsatz zurückzuführen sind. Der gescheiterte Entwurf eines Regreßabkommens zwischen den Vereinten Nationen und dem Vereinigten Königreich[67] nahm auf das Aide-mémoire des Generalsekretärs vom 11. April 1964 Bezug, um in diesem Bereich die Erstattungspflicht des Vereinigten Königreichs auszuschließen. Im Regreßabkommen mit Kanada[68] findet sich dagegen kein Hinweis auf das Selbstvertei-

---

[64] UN-Doc. S/5653 vom 11. April 1964 (Fn. 26).

[65] Hierzu S. 384 ff.

[66] Zum Selbstverteidigungsrecht während des UNEF-Einsatzes siehe S. 262 ff.

[67] Siehe S. 426 ff.

[68] UNTS Bd. 723, S. 418 ff., siehe im Detail die Ausführungen des nachfolgenden Kapitels.

digungsrecht von UNFICYP und seinen Mitgliedern. Dies ermöglichte den Vereinten Nationen, bis zum Abzug des kanadischen Kontingents im Jahr 1993 etwaige ex gratia-Zahlungen an Schußwaffenopfer oder ihre Hinterbliebenen im Regreß gegen Kanada geltend zu machen – trotz Rechtmäßigkeit des Schutzwaffeneinsatzes auf Basis des weit verstandenen Selbstverteidigungsrechts. Im übrigen verzichten die Vereinten Nationen auch aus strategischen Gründen auf die Erwähnung des Selbstverteidigungsrechts im kanadischen Regreßabkommen: Die haftungsrechtliche Position der Vereinten Nationen bezüglich sog. „hostility claims" sollte nicht im Außenverhältnis durch das Abkommen festgelegt werden.[69] Allerdings waren durch den ONUC-Einsatz im Kongo ohnehin genügend Präzedenzfälle geschaffen worden, um eine Ersatzpflicht der Vereinten Nationen im Rahmen von UNFICYP auf Basis der vergangenen Praxis rechtlich beurteilen zu können. Insofern kann die Zurückhaltung der Vereinten Nationen in bezug auf „hostiliy claims" nur dahingehend gedeutet werden, daß sie sich im Rahmen von UNFICYP eine Revision ihrer ONUC-Praxis vorbehalten haben. Mangels militärischer Verwicklungen von UNFICYP ging die Vorsichtsmaßnahme für die Vereinten Nationen ins Leere.

6. Nationale Rechtsprechung: Der Nissan-Fall

Zu den bekanntesten Haftungsfällen im Rahmen des UNFICYP-Einsatzes gehört der sog. NISSAN-Fall, in dessen Rahmen sich britische Gerichte mit der Verteilung der Verantwortlichkeit zwischen den Vereinten Nationen und dem Vereinigten Königreich befaßt haben.

Im Zuge der Dezember-Unruhen im Jahr 1963 stellte das Vereinigte Königreich auf Bitten der zypriotischen Regierung eine Schutztruppe unter britischem Kommando zusammen. Diese britische Truce Force erfüllte Peace-keeping-Funktionen auf der Insel,[70] bis sie am 27. März 1964 in UNFICYP integriert wurde. Im Zeitraum vom 29. Dezember 1963 bis zum 5. Mai 1964 hatten die britischen Truppen das Hotel Cornaro nahe Nicosia besetzt, anfänglich als Truce Force, später als britisches Kontingent von UNFICYP. Der Pächter des Hotels, der britische Staatsbürger NIAN NISSAN, machte 1966 vor britischen Gerichten Schadensersatz gegen die britische Regierung geltend, wegen Beschädigung und Verlust von Eigentum, Nutzungsausfall und Vertragsverletzung. JUDGE STEPHEN (Queen's Bench Division) stellte in erster Instanz fest, daß in der Zeit zwischen

---

[69] D. HO (Office of Legal Affairs), Guidelines on Claims against Members of the United Kingdom Contingent, Note for the File, 4. August 1967, UN Archives N.Y., Akte Heeman, UNFICYP-Claims 1967 – 1972, Box 34.

[70] Siehe zu den historischen Hintergründen S. 404.

dem 26. Dezember und dem 27. März die britischen Truppen in eigenem Namen und nicht als Vertreter („agent“) der zypriotischen Regierung gehandelt hätten. Die Besetzung des Hotels Cornaro sei daher bis zum 27. März der britischen Regierung zurechenbar, in der Folgezeit den Vereinten Nationen.[71] Im Berufungsverfahren bestätigten die Richter des Court of Appeal das erstinstanzliche Urteil: „On March 27, 1964, the British troops became part of the United Nations Force. They were under the command of the United Nations commander. They flew the United Nations flag. (...) They were acting as agents for the United Nations.“[72] Das Berufungsurteil, das in vollem Umfang der Zurechnungsregel „command & control“[73] folgt, wurde am 11. Februar 1969 vom House of Lords in letzter Instanz aufgehoben, und zwar beschränkt auf den Zeitabschnitt 27. März bis zum 5. Mai 1964. So befand LORD PEARCE: „The functions of the force (UNFICYP) as a whole are international. But its individual component forces have their own national duty and discipline and remain in their own national service. (...) Nowhere is there a suggestion that the United Nations are primarily liable for anything in respect of the payment or provisioning or accommodation of the forces.“[74] LORD MORRIS untermauerte die These von der haftungsentscheidenden Organverbindung zwischen dem britischen UNFICYP-Kontingent und der britischen Regierung mit einem Verweis auf die konkreten Finanzierungsmodalitäten, nämlich der Finanzierung durch Beiträge der Entsendestaaten.[75] Das Urteil des House of Lords ist nicht nur in der Literatur auf Kritik gestoßen,[76] es hinterließ auch in der nationalen Rechtsprechung anderer Entsendestaaten keine Spuren. So hat sich beispielsweise das Oberlandesgericht Wien gegen die Dominanz des institutionellen Bindeglieds zwischen Entsendestaat und Peace-keeping-Kontingent entschieden und statt dessen die effektive militärische Kontrolle der Vereinten Nationen als entscheidendes Zurechnungskriterium herausgestellt. Dem Berufungsurteil aus dem Jahr 1979 lag die Amtshaftungsklage eines UNDOF-Mitglieds gegen den Entsendestaat Österreich zugrunde: „Gemäß Punkt 6 (des UNDOF-Truppenstatuts) sind die Angehörigen der Streitkräfte, obwohl sie im Dienst ihres Staates verbleiben, für die Dauer ihrer Zuteilung zu den Streitkräften ein internationales

---

[71] All. ER 2 (1967), S. 220 (Judge Stephen).

[72] Nissan v. Attorney-General, Court of Appeal, Civil Division, Urteil vom 29. Juni 1967, All. E.R 2 (1967), S. 1238, 1244 H (Lord Denning).

[73] Siehe hierzu S. 107 ff.

[74] House of Lords, Attorney-General v. Nissan, Urteil vom 11. Februar 1969, All E.R. 1 (1969), S. 629, 647 G (Lord Pearce).

[75] House of Lords (Fn. 74), S. 646 G-H (Lord Morris of Borth-Y-Gest).

[76] M. HIRSCH, The Responsibility of International Organizations towards Third Parties, 1995, S. 76; s. aber auch A. DI BLASE, Sulla Responsabilita' Internazionale per Attivita'Dell' ONU, RDI 57 (1974), S. 250, 278.

Personal unter der Befehlsgewalt der Vereinten Nationen, das über den Befehlsweg den Weisungen des (...) vom Generalsekretär ernannten Kommandanten untersteht. (...) der Gefreite E (hat), als er den ihm erteilten Befehl nachkommend in der Truppenunterkunft einheizte, seine Tätigkeit als Organ der Vereinten Nationen nicht aufgegeben.“[77]

In der Folge des NISSAN-Urteils des House of Lords legte die britische Regierung den Streit mit NISSAN im Jahr 1969 durch eine außergerichtliche Zahlung i.H.v. £ 25.000 Sterling bei, ca. die Hälfte der gerichtlich geltend gemachten Summe. Dabei legt die britische Regierung nicht ausdrücklich fest, ob die Kompensationszahlungen auch den umstrittenen Zeitraum (27. März – 5. Mai) mitumfassen sollten. Statt dessen einigte sich der Treasury Solicitor mit NISSAN auf folgende Formel: Die Zahlung der britischen Regierung erfolge „without prejudice to the rights that Mr. Nissan may have against the United Nations and the foreign government whose contingents occupied the hotel.“[78] In der Folgezeit hat NISSAN seine Ansprüche aus der Besetzung des Hotels gegen die Vereinten Nationen betrieben. Die Vereinten Nationen verweigerten 1975 jede Zahlung mit dem Hinweis auf Art. 19 UNFICYP-Statusabkommen: Die zypriotische Regierung sei nach dem Statusabkommen für die Zahlung der Miete verantwortlich. Gemäß dieser Rechtspflicht habe Zypern an den Eigentümer des Hotels – also nicht an den Pächter NISSAN – Miete gezahlt, der im Gegenzug auf alle weiteren Ansprüche aus der Zeit der Hotelbesetzung durch UNFICYP-Truppen verzichtet habe.[79] Ausweislich der Korrespondenz zwischen NISSAN und den Vereinten Nationen sind letztere zu keinem Zeitpunkt auf die Erkenntnisse des House of Lords eingegangen, ein klares Zeichen dafür, daß die Vereinten Nationen die Entscheidung als eklatantes Fehlurteil eingeschätzt haben.

---

77 Oberlandesgericht Wien 14 R 31/79, Entscheidung vom 26. Februar 1979, ÖZaöRV 31 (1980), S. 310, 313.

78 B. SLOAN (Director General Legal Division), Memorandum an J. M. Simpson vom 11. Dezember 1976, „Cornaro Hotel Cyprus claim by Mr. Nian Nissan“, UN Archives N.Y., Peacekeeping Operations UNFICYP – Claims, LA 28.3.I (F) PT.1., Box S-0465-0116.

79 B. SLOAN (Director General Legal Division), Schreiben an F. Weinschenk, Anwalt von Nissan, vom 19. September 1975, UN Archives N.Y., Peacekeeping Operations UNFICYP – Claims, LA 28.3.I (F) PT.1., Box S-0465-0116.

7. Regreßansprüche der Vereinten Nationen

a) Regreßabkommen mit Kanada

Am 25. März 1970 wurde auf Basis von Art. 12 lit. b des Truppenabkommens[80] eine Regreßvereinbarung zwischen den Vereinten Nationen und Kanada geschlossen.[81] Der durch den Austausch von Briefen zustande gekommene völkerrechtliche Vertrag ist einzigartig in der Geschichte der Peace-keeping-Einsätze geblieben. Seine Existenz ist dem besonderen Finanzierungsmodalitäten UNFICYPs zu verdanken, d.h. dem System freiwilliger Beitragszahlungen. Die zentrale Vorschrift des Regreßabkommens lautet:

> Art. 1 (a): „The Government of Canada shall reimburse the United Nations for all expenses incurred by the United Nations in meeting claims by third parties settled in accordance with the procedures outlined below and which are in respect of tortious acts of members of the Canadian contingent when such acts occur on duty periods either in the course of the performance of their official functions or outside the course thereof, or during off duty periods."[82]

Der zitierte Absatz enthält drei Grundaussagen: (1) Kanada erstattet die Kosten der Ersatzzahlungen durch die Vereinten Nationen, ist aber als Staat nicht rechtlich verantwortlich für die Schäden, die kanadische Kontingentsmitglieder bei Dritten verursachen. (2) Regreßfähig sind alle schädigenden Akte kanadischer Kontingentsmitglieder, unabhängig von ihrer konkreten Rechtsnatur. (3) Der Regreßanspruch der Vereinten Nationen gegen Kanada setzt ein deliktisches Fehlverhalten der kanadischen Kontingentsmitglieder voraus.

(1) Die erste Aussage, die fehlende rechtliche Verantwortlichkeit Kanadas für das schädigende Verhalten seiner Kontingentsmitglieder, wird durch Art. 2 lit. a unterstrichen:

> Art. 2: „Nothing in this supplementary agreement is intended to imply in any way:
> (a) the liability of the Canadian Government regarding claims for damages resulting from acts undertaken by members of its contingent except for the responsibility to reimburse the United Nations in respect of those claims described in Article 1; (...)."[83]

Art. 2 gibt den gefestigten Grundsatz der Peace-keeping-Praxis wieder, daß Entsendestaaten von Peace-keeping-Kontingenten nicht für die Handlungen ihrer Kontingentsmitglieder rechtlich verantwortlich sind, solange und soweit sie

---

80 Wortlaut siehe S. 411.

81 UNTS Bd. 723, S. 418 ff.

82 Quellennachweis Fn. 81.

83 Quellennachweis Fn. 81.

unter dem ausschließlichen militärischen Kommando und der militärischen Kontrolle der Vereinten Nationen stehen. „Operational command & control“[84] ist auch im Fall UNFICYP das entscheidende Zurechnungskriterium, das die unangetastete de iure-Organstellung der Kontingente in ihren Entsendestaaten haftungsrechtlich überlagert. Diese Grundregel, die schon im Rahmen von UNEF und ONUC zu der entsprechenden Haftung der Vereinten Nationen geführt hat, soll in ihrer Grundsätzlichkeit nicht durch das kanadische Regreßabkommen in Frage gestellt werden. Insbesondere soll durch Art. 2 der Eindruck einer abweichenden neuen Haftungspraxis vermieden werden. In diesem Sinne haben die Vereinten Nationen auch in Zusammenhang mit dem UNFICYP-Einsatz immer wieder herausgestrichen, daß die Organisation der richtige Adressat für Ersatzansprüche Dritter sei, wenn und soweit die Schäden durch UNFICYP-Mitglieder unter UN-Kommando verursacht worden sind.[85]

(2) Die zweite zentrale Aussage des Art. 1 lit. a ist die Ausdehnung der Kostenübernahme für *alle* Akte kanadischer Kontingentsmitglieder, seien es autorisierte Diensthandlungen, unautorisierte Diensthandlungen (ultra vires-Akte) oder Privathandlungen (off duty-Akte). Der weite Rahmen der regreßfähigen Kosten ist schon in Art. 12 lit. b Truppenabkommen angelegt.[86] Die Ersatzfähigkeit von off duty-Schäden und Schäden durch unautorisierte Handlungen führt unweigerlich zu der Frage, ob aus dem Umfang der Regreßpflicht Kanadas auf den Umfang der rechtlichen Verantwortlichkeit der Vereinten Nationen geschlossen werden kann. Das Abkommen setzt nämlich voraus, daß die Vereinten Nationen die Begleichung von Ansprüchen Dritter aus den bezeichneten Handlungen vornimmt und diese Ersatzleistungen als Kosten der Vereinten Nationen in Erscheinung treten („The Government of Canada shall reimburse the United Nations for all expenses incurred by the United Nations in meeting claims by third parties ...“). Hinzu kommt, daß die Vereinten Nationen im Regreßabkommen nicht klargestellt haben, daß die Regreßpflicht keine Schlüsse auf die rechtliche Verantwortlichkeit der Vereinten Nationen zuläßt. Einen entsprechenden Zusatz haben die Vereinten Nationen dagegen im Hinblick auf die Haftung für operativ notwendige Schäden eingefügt:

---

[84] Siehe hierzu allgemein S. 107 ff.

[85] Siehe auch: Memorandum to the Officer-in-Charge, Field Operations Divisions, Office of General Service vom 16. Mai 1980; „Liability of the United Nations in cases of Accidents involving British-owned Helicopters“, UNJYB 1980, S. 184 f.; Memorandum to the Director, Field Operations Division (Fn. 49), S. 158 f.

[86] Wortlaut siehe S. 411.

Art. 2: „Nothing in this supplementary agreement is intended to imply in any way: (...) (b) the liability of the United Nations regarding claims for damages for acts undertaken by members of UNFICYP as a result of operational necessity.“[87]

Der Hinweis auf den haftungsbeschränkenden Rechtfertigungseinwand „operational necessity“ zeigt, daß die Regreßpflicht Kanadas im Grundsatz an Umfang und Grenzen der Haftung der Vereinten Nationen anknüpft und nicht darüber hinausgeht. Allerdings ginge es zu weit, den umfassenden Regreßanspruch der Vereinten Nationen gegen Kanada als Änderung der bisherigen Haftungspraxis zu interpretieren.[88] So unterscheidet Art. 38 lit. b (i) UNFICYP-SOFA[89] in gewohnter Manier zwischen „acts or omission of a member of the Force relating to his official duty“ einerseits und off duty bzw. privaten Akten andererseits. Im übrigen entsprach es sowohl bei ONUC also auch bei UNEF der UN-Praxis, auf Basis einer moralischen Verantwortlichkeit durch ex gratia-Zahlungen die Ansprüche der Geschädigten zu befriedigen, auch wenn eine Zurechnung der Akte zu den Vereinten Nationen aufgrund rechtlicher Erwägungen verneint wurde. Art. 1 lit. a des kanadischen Regreßabkommens kann in diesem Sinne als Ausdruck einer generalisierten ex gratia-Praxis der Vereinten Nationen angesehen werden, die als Kosten des UNFICYP-Einsatzes dem Sonderkonto zur Last fallen und daher durch freiwillige Zahlungen getilgt werden müssen.[90] Trotz dieses Erklärungsmodells lassen sich die rechtlichen Unsicherheiten, die mit der weitreichenden Regreßpflicht Kanadas und einer nicht offengelegten ex gratia-Praxis verbunden sind, kaum übersehen. Aus diesem Blickwinkel erklärt sich, warum sich die Kompensation von off duty-Akten zu einem unüberbrückbaren Dissens zwischen den Vereinten Nationen und dem Vereinigten Königreich entwickelt hat, an dem letztlich der Abschluß eines Regreßabkommens mit der britischen Regierung gescheitert ist.[91]

(3) Die dritte haftungsrechtliche Aussage, die aus Art. 1 lit. a des kanadischen Regreßabkommens abgeleitet werden kann, betrifft die Beschränkung der Regreßpflicht Kanadas auf Kompensationsleistungen, die an ein *deliktisches* Verhalten von kanadischen Kontingentsmitgliedern anknüpfen. Völlig konsequent schließt das Abkommen in Art. 1 lit. b die Ersatzleistungen für alle Ansprüche aus:

---

[87] Quellennachweis Fn. 81.

[88] Siehe den off duty-Fall im Rahmen von ONUC S. 368 ff., und den Fall unautorisierten Schußwaffeneinsatzes im Rahmen von UNEF, S. 253 ff.

[89] Siehe auch Art. 12 lit. a UNFICYP-SOFA.

[90] Ob der Entsendestaat Kanada den Soldaten für die an die UN erbrachten Leistungen in Regreß nehmen kann, ist wiederum eine Frage des nationalen (Dienst-) Rechts.

[91] Siehe S. 426 ff.

> Art. 1 lit. b (i): „arising directly out of specific operational orders of the UNFICYP Commanders; … ."[92]

Diese Ausnahmeklausel ist weitgehend deckungsgleich mit dem Hinweis des Art. 2 lit. b auf die fehlende Haftung der Vereinten Nationen für Schäden aus operativ notwendigen Handlungen. Derartige Schäden – z.B. Ernteausfälle durch das Errichten eines Peace-keeping-Camps – sind im Rahmen der Befehlskette immer auf eine Order des UNFICYP-Kommandeurs zurückzuführen. Eine eigenständige Bedeutung erlangt Art. 1 lit. b (i) daher nur in den Fällen, in denen der UNFICYP-Kommandeur den Befehl zur Vornahme einer schädigenden Handlung gibt, die nicht operativ notwendig und daher rechtswidrig ist.[93] Anknüpfungspunkt der rechtlichen Verantwortlichkeit der Vereinten Nationen ist hier der Befehl des UNFICYP-Kommandeurs, nicht die unmittelbar schädigende Handlung des kanadischen Soldaten. Art. 1 lit. b (i) betont diesen haftungsrechtlichen Anknüpfungspunkt und nimmt derartige Schäden aus dem Anwendungsbereich des Regreßabkommens heraus.

Das Regreßabkommen mit Kanada regelt in Art. 5 das Verfahren, das einzuschlagen ist, wenn über schadensverursachende Handlungen von kanadischen UNFICYP-Mitglieder zu befinden ist. Dieses Verfahren unterscheidet sich in keiner Weise von dem Streitbeilegungsverfahren, das in allen übrigen Haftungsfällen von dem UNFICYP-Claims Review Board eingeschlagen wird. Die einzige Abweichung liegt in der engen Kooperation zwischen dem UNFICYP-Claims Office und dem Kommandeur des kanadischen Kontingents bei der Untersuchung des Schadensereignisses und bei der Festlegung der zu zahlenden Kompensation:

> Art. 5: „The UNFICYP Claims Office and the Commander of the Canadian contingent shall then agree on whether the claimant is entitled to payment and the quantum of compensation. Where the agreed sum of compensation does not exceed £ 500 Sterling, UNFICYP, after obtaining a general release from the claimant, shall make the necessary payment and debit the Government of Canada. Where the agreed sum of compensation exceeds £ 500 Sterling, the relevant file and information shall be forwarded to the United Nations Headquarters, New York, for consultation between the United Nations and the Canadian Mission to the United Nations on questions of liability and final settlement."[94]

---

92 Quellennachweis Fn. 81.

93 Zu den Ermessensgrenzen des Kommandeurs bei der Vornahme operativer Handlungen mit schädigenden Folgen s. Report of the Secretary-General, 20. September 1996, UN-Doc. A/51/389, Rn. 14; hierzu detailliert S. 491 ff.

94 Quellennachweis Fn. 81.

In den Fällen, in denen sich der kanadische Kommandeur mit der Zahlung einer Entschädigung aus rechtlichen oder tatsächlichen Überlegungen nicht einverstanden erklärt, greift subsidiär die Regelung des Art. 38 UNFICYP-Statusabkommen i.V.m. Art. 16 Truppenstatut ein. Der Schaden wird gemäß der Empfehlungen des UNFICYP-Claims Review Boards von UNFICYP beglichen; die dadurch entstehenden Kosten fallen dem Sonderkonto von UNFICYP zur Last.[95]

Seit dem Rückzug der kanadischen Kontingente aus Zypern im Jahr 1993 entfaltet das Regreßabkommen zwischen Kanada und den Vereinten Nationen rechtlich keine Wirkung mehr.

b) Regreßabrede mit dem Vereinigten Königreich

Im Gegensatz zu Kanada hat das Vereinigte Königreich – wie auch die anderen Entsendestaaten – kein förmliches Regreßabkommen mit den Vereinten Nationen abgeschlossen. Die intensiven Verhandlungen der britischen Regierung mit den Vereinten Nationen sind an der Frage des Ersatzes von off duty-Schäden gescheitert: „The United Kingdom does not want an agreement on grounds that the United Kingdom authorities do not have anything to do with off-duty claims against members of their armed forces stationed overseas."[96] Im übrigen standen die Verhandlungen mit den Vereinten Nationen zumindest in ihrer Endphase unter dem Eindruck der Entscheidung des House of Lords vom 11. Februar 1969.[97] Nachdem das Gericht die rechtliche Verantwortlichkeit der britischen Regierung für Akte seiner UNFICYP-Kontingentsmitglieder auf Basis der unangetasteten Organbeziehung bejaht hatte, enthielt das geplante Regreßabkommen zwischen dem Vereinigten Königreich und den Vereinten Nationen eine neue haftungsrechtliche Dimension: Die Kompensationsleistungen der Vereinten Nationen (Art. 1 lit. a) hätten – zumindest nach britischer Rechtslage – unter dem Eindruck der rechtlichen Verantwortlichkeit des Vereinigten Königreichs erbracht werden müssen. Das geplante *Regreß*abkommen wäre damit im Zuge des Nissan-Urteils zu einem *Haftungs*abkommen geworden, das die Entscheidung über Umfang und Höhe der Ersatzleistungen den Vereinten Nationen überläßt. Unter diesem Gesichtspunkt ist es verständlich, daß das Vereinigte Königreich die Grenzen seiner staatlichen Verantwortlichkeit in dem Abkommen mit den Vereinten Nationen gewahrt wissen wollte.

---

95 SLOAN (Fn. 44).

96 D. HO (Legal Officer), Interoffice Memorandum an B. Sloan (Director, General legal Division) vom 1. März 1971, „UNFICYP: Draft agreement with the United Kingdom on Settlement of Third Party Claims", Akte Heenan, UNFICYP – Claims 1967 – 1972, Box 34.

97 Zum NISSAN-Fall siehe S. 419 ff.

Auch ohne Abschluß eines förmlichen Regreßabkommens übernimmt das Vereinigte Königreich bis heute die Kosten für alle Drittschäden, die durch Mitglieder des britischen Kontingents verursacht worden sind und die Bezüge zu ihren Dienstpflichten aufweisen (on duty-Akte). Die sog. Britcon-Fälle werden zur ersten Beurteilung dem UK-Claims Officer zugeleitet, der eine Stellungnahme über die Ersatzfähigkeit der Schäden aus Sicht des Vereinigten Königreichs abgibt. Sodann befaßt sich das UNFICYP-Claims Review Board mit dem Schadensfall, in der Regel in Anwesenheit des UK-Claims Officer. Das Kooperationsverfahren zwischen dem UK-Claims Officer und UNFICYP verläuft exakt in denselben Bahnen, die Art. 5 des kanadischen Regreßabkommens vorsieht.[98] In materiellrechtlicher Hinsicht kommt das Vereinigte Königreich für Schäden aus dienstlichen Handlungen auf, wenn diese Handlungen nicht operativ notwendig waren. Darüber hinaus ersetzt das Vereinigte Königreich Schäden aus unautorisierten Akten seiner Britcon-Mitglieder: Im Jahr 1979 hatte beispielsweise ein britischer UNFICYP-Soldat während des Dienstes Müll verbrannt; das außer Kontrolle geratene Feuer zerstörte mehrere Zitronen- und Olivenbäume. Nachdem der UK-Claims Officer die Erstattung der Schäden mit dem Hinweis verweigert hatte, es handele sich um einen sog. „operational claim“[99] („the soldier had been instructed by the Force Commander, UNFICYP, to be present at the Observation Post to carry out operational duties“[100]), verwies das UNFICYP-Claims Review Board auf das Verbot der Verbrennung von Müll durch die UNFICYP-Standing orders.[101] Als unautorisierte Diensthandlung fiel der Schaden unter die mündliche Regreßabrede zwischen den Vereinten Nationen und dem Vereinigten Königreich; die Kompensationsleistungen der Vereinten Nationen an den Geschädigten wurden vom Vereinigten Königreich ersetzt. Da das Vereinigte Königreich seine Regreßpraxis strikt an der internationalen Verantwortlichkeit ausrichtet, ist der Müllverbrennungs-Fall im Hinblick auf die haftungsrechtliche Einordnung von unautorisierten Akten durchaus aufschlußreich. Während die Vereinten Nationen Jahre zuvor im EL BAKKA-Fall[102] (UNEF I) ihre rechtliche Verantwortlichkeit für einen ähnlich gelagerten ultra vires-Akt verneint hatten, bejaht das Vereinigte Königreich die Zurechnung, auch wenn der handelnde Soldat vorsätzlich gegen dienstliche Weisung verstoßen hat.

---

[98] Wortlaut S. 425.

[99] Siehe Art. 1 lit. b (i) des Regreßabkommens UN-Kanada, UNTS Bd. 723, S. 420.

[100] UNFICYP-Claims Review Board, Case No. 9/0619/B/PROP (1) et al., UN Archives N.Y., Akte Simpson, 1973 – 1981, Box 10.

[101] Nachweis Fn. 100.

[102] Siehe S. 255 ff.

Auch bei off duty-Schäden überprüfen die Vereinten Nationen in Abstimmung mit dem UK-Claims Officer die Ansprüche in rechtlicher und tatsächlicher Hinsicht. Soweit eine Entschädigungssumme für begründet erachtet wird, nimmt UNFICYP gegen eine allgemeine Verzichtserklärung die Zahlungen an den Geschädigten vor. Der Fall wird im Anschluß daran dem UN-Hauptquartier zur Regreßverhandlung mit dem Vereinigten Königreich weitergeleitet.[103] Soweit ersichtlich, hat das Vereinigte Königreich seine Politik im Hinblick auf off duty-Akte seiner Kontingentsmitglieder nicht revidiert. Die von den Vereinten Nationen erbrachten Leistungen fallen daher dem UNFICYP-Sonderkonto zur Last.

8. Zusammenfassung und Ausblick

Die bis 1993 andauernde Finanzierung der UNFICYP-Streitkräfte durch freiwillige Beiträge hat dazu geführt, daß die außervertragliche Haftung der Vereinten Nationen gegenüber Dritten zum Gegenstand eines Regreßabkommens wurde. Der Vertrag mit Kanada bestätigt die fundamentalen Haftungsregeln, die die Vereinten Nationen schon im Rahmen von UNEF I und II angewendet haben. Die Zurechnung des schädigenden Verhaltens zu den Vereinten Nationen setzt an ihrer militärischen Kontrolle an. Ein Schaden, der die unvermeidbare Folge einer operativ notwendigen und damit rechtmäßigen Handlung ist, wird mangels rechtlicher Verantwortlichkeit der Vereinten Nationen nicht ersetzt. Eine Besonderheit des UNFICYP-Einsatzes ist die Bereitschaft der Vereinten Nationen, Schäden aus off duty-Handlungen zu ersetzen, ohne die Zahlungen nach außen als ex gratia-Zahlungen zu kennzeichnen. An diesem Punkt ist die Einigung der Vereinten Nationen mit dem Vereinigten Königreich über den Abschluß eines Regreßabkommens gescheitert. Das Vereinigte Königreich hat sich hier auf die allgemeine Regel des Völkerrechts berufen, wonach Völkerrechtsubjekte – auch die Vereinten Nationen – nicht für Akte Privater haften. Abgesehen von der Erstattungspraxis in off duty-Fällen ist der UNFICYP-Einsatz vor allem ein Beispiel dafür, daß die Vereinten Nationen ihre Haftungsregeln ohne größere Abweichungen missionsübergreifend anwenden.

---

[103] R. H. HAUSNER (Chief Administrative Officer UNFICYP), Memorandum an G. Lansky (Chief Field Operations Service) vom 3. Januar 1969, „UNFICYP Claims Review Board", UN Archives N.Y., Akte CYP/B2 Local Claims Board 1969, DAG-22/1.6. Box 47 File 11.

VI. Territorialverwaltung: West Neuguinea 1962 – 1963

1. Historischer Hintergrund

Das nördlich von Australien gelegene Neuguinea – nach Grönland die zweitgrößte Insel der Welt – erhielt seinen Namen 1546 durch den spanischen Seefahrer INIGO ORTIZ DE RETES, der die Insel für Spanien reklamierte. 1660 beanspruchte die niederländische East India Company die Westküste von Neuguinea für die Niederlande, scheiterte allerdings am Aufbau eines profitablen Handelsnetzes. Im 19. Jahrhundert erwachte erneut das Interesse der Europäer an Neuguinea. Die Niederlande proklamierten im Jahr 1828 und 1848 die territoriale Souveränität über die westliche Hälfte der Insel.[1] Östlich des 141sten Meridians wurde das Gebiet „Papua Neuguinea" zwischen den Kolonialmächten Deutsches Reich (Norden) und dem Vereinigten Königreich (Süden) aufgeteilt. Als die Niederlande Ende 1949 Indonesien in die Unabhängigkeit entließen, blieb der Status von Niederländisch West Neuguinea[2] ungeklärt. Das Souveränitätsabkommen zwischen Indonesien und den Niederlanden verschob lediglich die Klärung dieser Frage um ein Jahr. Während Indonesien auf Basis des Souveränitätsankommens die territoriale Souveränität über Niederländisch West Neuguinea Ende 1950 für sich reklamierte, erachteten die Niederlande ihre Souveränität über das Gebiet trotz Ablauf der Jahresfrist als unangetastet. Angesichts der ungeklärten Territorialfrage verschlechterte sich das Verhältnis der beiden Staaten zusehends. Eine einvernehmliche Lösung kam erst in Sicht, als UN-Generalsekretär U THANT im Dezember 1961 seine guten Dienste zur Beilegung des Konflikts anbot. Die von den Vereinten Nationen initiierten Gespräche zwischen den Konfliktparteien gerieten allerdings Anfang 1962 ins Stocken, als paramilitärische Truppen aus Indonesien in Niederländisch West Neuguinea eindrangen. Trotz der gespannten Lage gelang es Generalsekretär U THANT, die Parteien am Verhandlungstisch zu halten. Am 15. August 1962 unterzeichneten die Niederlande und Indonesien ein Abkommen über den künftigen Status von West Neuguinea, das den Übergang der territorialen Souveränität von den Niederlanden auf Indonesien regelt.[3] Als „Puffer" sollte eine UN-Interimsverwaltung in West Neuguinea dienen. In Artikel I dieses Abkommens vereinbarten die Parteien, gemeinsam einen Resolutionsentwurf in der UN-Generalversammlung

---

1 West Neuguinea wurde vom Vereinigten Königreich und vom Deutschen Reich in den Verträgen von 1885 und 1895 als niederländische Kolonie anerkannt.

2 Die indonesische Sprache kennt für die Insel viele Namen: West Papua, West Jaya, Irian Barat, West Irian.

3 UNTS Bd. 437, S. 273 ff.

einzubringen. Gemäß dieser Resolution sollte die Generalversammlung die Durchführung des Abkommens in die Hände des UN-Generalsekretärs legen:

> Art. II: „After the adoption of the resolution referred to in article I, the Netherlands will transfer administration of the territory to a United Nations Temporary Executive Authority (UNTEA) established by and under the jurisdiction of the Secretary-General upon the arrival of the United Nations Administrator appointed in accordance with article IV. The UNTEA will in turn transfer the administration to Indonesia in accordance with article XII."[4]

2. UNTEA und UNSF

a) United Nations Temporary Executive Authority (UNTEA)

Im Zuge der Annahme des niederländisch-indonesischen Resolutionsentwurfs durch die UN-Generalversammlung[5] konnte Generalsekretär U THANT feststellen, daß die Vereinten Nationen mit UNTEA zum ersten Mal in ihrer Geschichte die effektive Verwaltung eines Territoriums übernehmen würden.[6] Da die Generalversammlung durch die Resolution 1752 (XVII) den Generalsekretär zur Konstituierung von UNTEA ermächtigt hat, wird UNTEA allgemein als Nebenorgan der Generalversammlung angesehen (Art. 22 UN-Charta).[7] Es ist allerdings auffällig, daß an keiner Stelle die Qualität von UNTEA als UN-Organ herausgestellt wird, weder im niederländisch-indonesischen Abkommen, noch in den Rechtsakten der Vereinten Nationen. Der Grund für diese Zurückhaltung mag in dem Umstand begründet liegen, daß die Sowjetunion und andere UN-Mitgliedstaaten die Befugnis der Generalversammlung zur Einsetzung des Organs UNEF I vehement bestritten hatten.[8] Es war daher zweifelsohne opportun, die Aufmerksamkeit nicht auf ein weiteres Nebenorgan der Generalversammlung zu lenken. Ausweislich der Diskussion in der Generalversammlung spielten kompetentielle Erwägungen im Vorfeld der Einsetzung von UNTEA keine Rolle.[9] Die Frage nach der Befugnis der Generalversammlung, ein UN-Organ mit quasi-staatlichen Funktionen zu schaffen, wurde angesichts des von den

---

4 Quellennachweis Fn. 3.

5 Siehe GA-Res. 1752 (XVII), 21. September 1962, GAOR 17th Sess. Suppl. No. 17, S. 70.

6 GAOR 17th Sess. Plenary Meeting, 21 September 1962, S. 53, Ziff. 200.

7 R. HIGGINS, United Nations Peacekeeping, Bd. II Asia, 1970, S. 120; allgemein als UN-Organ: M. BOTHE, Streitkräfte internationaler Organisationen, 1968, S. 60.

8 Siehe hierzu S. 214 ff.

9 Die 14 UN-Mitglieder, die sich bei der Verabschiedung der GA-Res. 1752 der Stimme enthalten hatten, zeigten sich besorgt über die Verwirklichung des Selbstbestimmungsrechts des Volkes von West Neuguinea.

Niederlanden und Indonesien entworfenen Friedensplans und der von vornherein feststehenden kurzen Dauer der Interimsverwaltung zurückgestellt.[10] UNTEA ist insofern ein typisches Beispiel für eine bewußt in einer satzungsrechtlichen Schwebe gehaltene UN-Mission. Dennoch ist an der Organeigenschaft von UNTEA letztlich nicht zu zweifeln.[11] Nicht nur die enge institutionelle Anbindung der UNTEA-Mitglieder an die Vereinten Nationen (UN-Bedienstete), sondern auch die politische Leitung[12] der gesamten Mission durch den Generalsekretär lassen kein anderes Ergebnis zu:

> Art. V: „The United Nations Administrator, as chief executive officer of UNTEA, will have full authority *under the direction of the Secretary-Generals* to administer the territory for the period of the UNTEA administration on accordance with the terms of the present Agreement."[13]

Generalsekretär U THANT ernannte am 7. September 1962 JOSÉ ROLZ-BENNET zum „Representative of the Secretary-General in West New Guinea" (Art. III Indon./Nl.-Abk.) und zum Übergangsadministrator (Art. V Indon./Nl.-Abk.). Ihm kam die Aufgabe zu, die vorbereitenden Maßnahmen für den Transfer der Verwaltung von den Niederlanden auf UNTEA zu organisieren. Am 1. Oktober 1962 begann UNTEA seine Funktionen auf West Neuguinea. Circa drei Wochen später, am 22. Oktober 1962, ernannte U THANT den Iraner Dr. DJALAL ABDOH zum UN-Administrator von West Neuguinea (West Irian). ABDOH trat am 15. November 1962 nach vorherigen offiziellen Besuchen in den Niederlanden und in Indonesien seinen Dienst in West Neuguinea an.[14]

Gem. Art. IX des niederländisch-indonesischen Abkommens mußte der UN-Administrator insgesamt 18 leitende Direktorenposten der wichtigsten Ressorts

---

[10] Dagegen war die Kompetenz des Sicherheitsrates bzw. Generalsekretärs zur Leitung einer internationalen UN-Verwaltung von Triest und Palästina hoch umstritten, s. O. SCHACHTER, The Development of International Law through the Legal Opinions of United Nations Secretariat, BYIL 25 (1948), S. 90, 96 ff.

[11] Bemerkenswert ist in diesem Zusammenhang die Rechtsauffassung des Administrators ABDOH zur Rechtsnatur von UNTEA: „I consider the UNTEA as a ‚distinct territorial entity.' I believe that if not a fully sovereign State, it is, at least, a quasi sovereign State. Such a position might be of special interest to the United Nations, should it be charged in future with responsibilities, similar to those of the UNTEA, to administer a territory in the cause of world peace." ABDOH, Report an den Generalsekretär für den Monat März 1963, 6. April 1963, UN Archives N.Y., Report of the Administrator II, Subject-files 1962 – 1964, Box S-0075-0004.

[12] Der UN-Administrator hat einen monatlichen Bericht an den Generalsekretär geliefert, in dem minutiös über die Aktivitäten der Verwaltung und des Administrators berichtet wird.

[13] Quellennachweis Fn. 3 (Hervorhebung hier).

[14] Annual report of the Secretary-General on the Work of the Organization, 16 June 1992 – 15 June 1963, GAOR 18th Sess. Suppl. No. 1 (A/5501), S. 35, 36.

der niederländischen West Neuguinea-Administration durch neutrales Personal besetzen.[15] Darüber hinaus waren eine Reihe von Vakanzen durch die plötzliche Abreise vieler niederländischer Verwaltungsbeamter entstanden. Die Stellen wurden mit international rekrutiertem, vor allem aber mit einheimischem (Papua) und indonesischem Personal besetzt. Im Amt blieben auch die niederländischen Beamten, die sich zur Weiterführung ihrer Ämter bereit erklärt hatten. Der UN-Administrator ernannte, entließ und beförderte das Personal von UNTEA gemäß Art. 32 und 34 des niederländischen Verwaltungsgesetzes „Bewindsregeling Nieuw-Guinea".[16] Das gesamte Personal von UNTEA hatte den Status von internationalen Beamten der Vereinten Nationen, wie auch ihr Diensteid herausstellt: „... exercising in all loyalty, discretion and conscience the functions entrusted to me as an international civil servant of the United Nations, to discharge these functions and regulate my conduct with the interests of the United Nations only in view, and not to seek or accept instructions in regard to the performance of my duties from any government or other authority external to the Organization."[17]

Art. XXVI des niederländisch-indonesischen Abkommens regelt die Privilegien und Immunitäten von UNTEA und seinem Personal durch einen Verweis auf die UN-Immunitätenkonvention.[18] Die Anerkennung der Immunität von UNTEA durch Indonesien und die Niederlande war notwendig, weil die Vereinten Nationen zu keinem Zeitpunkt die territoriale Souveränität über West Guinea erlangt hatten.[19] Die territoriale Souveränität der Niederlande ist am 31. Dezember 1962 direkt auf Indonesien übergegangen, angezeigt durch den Wechsel der jeweiligen nationalen Flagge, die während der gesamten Zeit der UN-Administration neben der UN-Flagge gehißt blieb.[20] Art. XXVI Indon./Nl.-Abk. i.V.m. Art. V UN-Immunitätenkonvention gewährt den UNTEA-Bediensteten im Bereich ihrer Diensthandlungen Jurisdiktionsimmunität vor indonesischen und niederländischen Staatsorganen. Besondere praktische Relevanz er-

---

[15] Niederländisch-indonesisches Abkommen Annex A.

[16] J. R. Hommes (UNTEA, Head Personnel Affairs), Memorandum an Ramirez de la Vega (UNTEA, Director of Finance) vom 11. Oktober 1962, UN Archives N.Y., File No. S-0491-0025, UN Temp. Executive Authority in West Irian (UNTEA) 1962 – 1969, Box DAG-13/2.1.0.1-22.

[17] Zitiert nach: Memorandum von G. J. Janecek (UNTEA, Executive Secretary) an alle Direktoren von UNTEA vom 30. November 1962, „UNTEA-Personnel", UN Archives N.Y., File No. S-0491-0025, UN Temp. Executive Authority in West Irian (UNTEA) 1962 – 1969, Box DAG-13/2.1.0.1-22.

[18] UNTS Bd. 1 (1946/47), S. 16 ff.

[19] D. W. Bowett, United Nations Forces, 1964, S. 260.

[20] Siehe Aide-mémoire des Acting Secretary-General vom 15. August 1962, GAOR 17th Sess., Annexes, Aganda item 89, S. 7.

langte damit Art. XXVI in der Zeit vor dem 1. Oktober 1962 und nach dem 1. Mai 1963, aber auch bei Dienstbesuchen von UNTEA-Mitgliedern auf indonesischem und niederländischem Staatsgebiet.[21] Dagegen kam den UNTEA-Mitgliedern weder für Diensthandlungen noch für private Akte Immunität vor den lokalen Gerichten West-Neuguineas zu, wie das Beispiel eines UNTEA-Fahrers zeigt, der sich für ein Verkehrsdelikt während einer Dienstfahrt vor dem Strafgericht (Landschapsrechtbank) verantworten mußte.[22] Die lokalen Gerichte des Territoriums waren, obwohl in ihrer Struktur von den Niederlanden übernommen, organisatorisch Teil der UNTEA-Verwaltung und damit keine Staatsorgane der Niederlande oder Indonesiens.

An der Spitze des Gerichtssystems von Niederländisch West Neuguinea stand das Berufungsgericht in Zivil- und Strafsachen „Hof van Justitie“ in der Hauptstadt Hollandia. Zwei Distriktgerichte in Hollandia und Manokwari („Landschapsrechtbank“) urteilten als erste Instanz in allen Zivil- und Strafsachen, die nicht in die Zuständigkeit des Polizeigerichts („Politiegerecht“[23]) oder der Papua-Gerichte[24] für die einheimische Bevölkerung fielen. Die Zuständigkeitsaufteilung zwischen den Distriktgerichten/Polizeigerichten und den Papua-Gerichten entschied sich nach dem Personalstatut des Rechtsuchenden bzw. Angeklagten.[25] Ende Oktober 1962 hatten alle niederländischen Richter des „Hof van Justitie“ und der „Landschapsrechtbank“ West Neuguinea verlassen. Auf Basis eines Einstellungsplans, der in Absprache mit der indonesischen Regierung erstellt wurde, ernannte der UN-Administrator vier neue Richter für West Neuguinea:[26] Der Präsident und ein weiterer Richter des „Hof van Justitie“, sowie je ein Richter für die Distriktgerichte traten Ende Dezember

---

[21] HIGGINS (Fn. 7), S. 129.

[22] M. A. MARIN (UNTEA, Director of Social Affairs and Justice), Memorandum an G. J. Janecek (Chief Administrative Officer) vom 6. Februar 1963, „Accident involving UNTEA vehicle, which occurred on 20 October 1962”, UN Archives N.Y., File No. S-0491-0021, UN Temp. Executive Authority in West Irian (UNTEA) 1962 – 1969, Box 13/2.1.0.1-18.

[23] Untere Instanz in Strafsachen mit Strafgewalt für Freiheitsstrafen bis zu 3 Monaten.

[24] Diese Papua-Gerichte (von UNTEA als „Indigenous Courts“ bezeichnet) wendeten ein indigenes *adat*-Recht an. Zu den Plänen UNTEAs gehörte die Abschaffung dieses besonderen Rechtssystem für die einheimische Bevölkerung, s. UNTEA-Report on New Guinea II, UN Archives N.Y., File No. S-0075-0003, Subject-Files 1962-1964.

[25] D. B. H. VICKERS (UNTEA, Legal Adviser), Memorandum an D. ABDOH (UN-Administrator) vom 30. Dezember 1962, Report on the legal and juridical functions of UNTEA (1 Oct. 1962 to 31 Dec. 1962), Annex A S. 9, UN Archives N.Y., File No. S-0491-0001, UN Temp. in Executive Authority West Irian (UNTEA) 1962 – 1969, Box-13/2.1.0.1-1.

[26] VICKERS (Fn. 25), S. 2.

1962 ihren Dienst an. Gemäß eines Dekrets des UN-Administrators wurden die Urteile nicht mehr „in naam des Konings", sondern „in naam von het Recht" oder „in the name of justice" gesprochen.[27]

UNTEA übte während der siebenmonatigen UN-Verwaltung sämtliche staatliche Funktionen in West Neuguinea aus, d.h. Gesetzgebung, Rechtsprechung und Verwaltung. Am 1. Mai 1963 übergab UN-Administrator ABDOH die volle Regierungsgewalt dem Vertreter der Republik Indonesien.

b) United Nations Security Force (UNSF)

Art. VII des niederländisch-indonesischen Abkommens regelt die äußere und innere Sicherheit von West Neuguinea:

> Art. VII: „The Secretary-General will provide the UNTEA with such security forces as the United Nations Administrator deems necessary; (...) The Netherlands armed forces will be repatriated as rapidly as possible and while still in the territory will be under the authority of the UNTEA."[28]

In Art. 7 des Waffenstillstandsabkommens zwischen den Niederlanden und Indonesien vom 15. August 1962 wird die Zusammensetzung von UNSF festgelegt[29]: Ein Infanteriebataillon (insgesamt 1485 Militärpersonen), ausgerüstet mit leichten Waffen, wurde von Pakistan zur Verfügung gestellt. Hinzu kamen 12 kanadische und 99 US-amerikanische Air-Force-Soldaten mit insgesamt fünf Kampfflugzeugen.[30] Das pakistanische Kontingent übernahm von der niederländischen Kriegsmarine neun Schiffe und formte damit die erste UN-Flotte in der Geschichte der Vereinten Nationen.[31] Das Kommando über UNSF wurde vom Generalsekretär U THANT dem pakistanischen Brigadegeneral SAID UDDIN KHAN übertragen.

Am 18. April 1963 schlossen die Vereinten Nationen und Pakistan ein Truppenabkommen.[32] Es inkorporiert im wesentlichen das vom Generalsekretär U THANT erlassene UNSF-Truppenstatut („General Directive").[33] Im Hinblick

---

27 UNTEA, „Ordinance concerning the Administration of Justice and modification of legal forms", UN-Administrator, UN Archives N.Y., File No. S-0491-0028, UN Temporary Executive Authority in West Irian (UNTEA) 1962 – 1969, Box DAG-13/2.1.0.1-25.

28 Quellennachweis Fn. 3.

29 UN-Doc. A/5170 & Add. 1 Annex A, GA 17th Sess. Agenda item 89, S. 5 (Ziff. 7).

30 BOWETT (Fn. 19), S. 259.

31 HIGGINS (Fn. 7), S. 126.

32 UNTS Bd. 503, S. 26 ff.

33 UNTS Bd. 503, S. 32 ff.

auf die militärische Kommandogewalt bestimmt Art. 4 des UNSF-Truppenstatuts:

> Art. 4 (a): „The overall responsibility for the maintenance of law and order throughout the territory rests with the Administrator ..."
> (b) „The United Nations Commander, designated by the Secretary-General, exercises overall command authority at all times over the contingent specified in section 3a. "

Das in Art. 4 lit. b zugewiesene militärische „overall command"[34] des UNSF-Kommandeurs über UNSF umfaßt nicht das Recht auf Ergreifung disziplinarischer Einzelmaßnahmen gegen Soldaten. Dieses Recht blieb den Offizieren des nationalen Kontingents vorbehalten (Art. 5 lit. b des Truppenstatuts). Die Ausübung der militärischen Kontrolle durch den UNSF-Kommandeur stand unter der direkten Leitung des UN-Administrators, der wiederum dem UN-Generalsekretär verantwortlich war. Als integrierter Teil von UNTEA war UNSF in organisatorischer Hinsicht ebenfalls Nebenorgan der Vereinten Nationen.[35] Zu den Aufgaben von UNSF gehörten in erster Linie die Sicherung von Recht und Ordnung im Territorium, die Überwachung der niederländischen und indonesischen Truppenverbände in West Neuguinea inbegriffen.[36]

Die Immunität der Mitglieder von UNSF regelt Art. 7 lit. e des Truppenstatuts:

> Art. 7 (e): „All members of the United Nations Security Force shall be granted immunity for official acts performed in the course of their official duties. In all other respects they shall be subject to the exclusive criminal jurisdiction of their national authorities. They shall be subject to local civil jurisdiction for acts performed outside the course of their duties."[37]

Im Gegensatz zu den zivilen UNTEA-Bediensteten erstreckt sich damit die Juridiktionsimmunität der UNSF-Mitglieder auf die Zivil- und Strafgerichte von West Neuguinea. UNTEA konnte allerdings für die deliktischen Diensthandlungen seiner militärischen UNSF-Organwalter nach § 1365 B.W. vor den UNTEA-Zivilgerichten haftbar gemacht werden.[38]

---

[34] Siehe hierzu S. 102 und S. 107 ff.

[35] BOTHE (Fn. 7), S. 60.

[36] Siehe Art. 7 des Waffenstillstandsabkommens zwischen den Niederlanden und Indonesien vom 15. August 1962, GAOR 17th Sess., Annexes, Agenda item 89, S. 5 f.

[37] Quellennachweis Fn. 33.

[38] Siehe hierzu S. 443 ff.

3. Rechtssystem

a) Rechtsordnung West Neuguineas im Zeitraum der UN-Verwaltung

Die Rechtsordnung West Neuguineas in der Zeit vom 1. Oktober 1962 bis zum 1. Mai 1963 setzt sich aus Rechtsquellen verschiedener Rechtsnatur zusammen: Die „Verfassung“ der UN-Verwaltung formt das niederländisch-indonesische Abkommen, für UNTEA rechtsverbindlich durch die Resolution 1752 (XVII) der Generalversammlung. Art. XI Indon./Nl.-Abk. regelt die Frage des von UNTEA anzuwendenden nachrangigen Rechts:

> Art. XI: „To the extent that they are consistent with the letter and spirit of the present Agreement, existing laws and regulations will remain in effect. The UNTEA will have power to promulgate new laws and regulations or amend them within the spirits of the present Agreement.“[39]

Die niederländischen Verfassungs- und die Verwaltungsvorschriften für West Neuguinea waren zum Zeitpunkt des Übergangs der Verwaltung im „Bewindsregeling Nieuw-Guinea“ geregelt, in Kraft gesetzt 1955 und ergänzt 1960. Darüber hinaus legte die „Indische Staatsregeling“ vom 2. September 1854 die koloniale Selbstorganisation West Neuguineas fest. Auch das Zivil- und Strafrecht von West Neuguinea geht zurück auf niederländisch-ostindische Gesetzgebung: Im Jahr 1962 galt das Buegerlijk Wetboek vom 30. April 1847, das Handelsgesetzbuch Wetboek von Koophandel vom 30. April 1847 und das Wetboek von Strafrecht voor Indonesie vom 15. Oktober 1915.[40]

UNTEA hat die vorgefundenen niederländischen Gesetze für West Neuguinea nach einer vorherigen Überprüfung auf ihre Konformität mit dem niederländisch-indonesischen Abkommen im Rahmen ihrer Rechtsprechungs- und Verwaltungstätigkeit angewendet. UNTEA-Legal Adviser BURNELL VICKERS informierte diesbezüglich UN-Administrator ABDOH: „There are (…) a not inconsiderable number of legislative provisions which, by virtue of their evident inconsistency with the Agreement, are automatically invalidated and of no effect. (…) In (some) cases, however, there is a practical need to replace the former inconsistent provision by a new provision consistent with the Agreement.“[41] Gemäß der Rechtssetzungskompetenz von UNTEA (Art. XI Indon./Nl.-Abk.) hat UN-Administrator ABDOH eine überschaubare Zahl von Dekreten und Verordnungen erlassen. In dem Einweisungsschreiben des Generalsekretärs U THANT

---

[39] Quellennachweis Fn. 3.

[40] Die Gesetze sind in der Gesetzessammlung abgedr.: ENGELBRECHT, De wetbroeken wetten en verordeningen benevens de grondwet van 1945 van de Republiek Indonesie, 1960.

[41] VICKERS (Fn. 25), S. 5.

an Administrator ABDOH vom 1. November 1962 hatte U THANT um Zurückhaltung im Bereich der Legislative gebeten: „The United Nations is only in West New Guinea (West Irian) for a brief period, and for the purpose of a smooth transfer. In these conditions, it is not for the United Nations to attempt to introduce legislative reforms or long range programmes.“[42] Zu den ersten Rechtsakten des UN-Administrators gehörte der Erlaß von insgesamt drei Amnestiegesetzen für politische Strafgefangene.[43] Weitere Verordnungen betrafen die Urteilsformel der Justiz („In the Name of Justice“), die Steuergesetzgebung, Änderungen im Erziehungswesen und Zollvorschriften. Gemäß der Vorgaben von Art. XI Indon./Nl.-Abk. erließ der UN-Administrator die Dekrete und Verordnungen nach vorheriger Konsultation des New Guinea Representative Council[44]. Die Rechtsakte wurden anschließend förmlich in der UNTEA-Offical Gazette veröffentlicht.

Das niederländisch-indonesische Abkommen hat sich mit Art. XI zugunsten einer weitgehenden Rechtskontinuität innerhalb West Neuguineas entschieden. Dieses Konzept ist typisch für eine internationale Territorialverwaltung, wie die Beispiele der Völkerbundsverwaltung des Saargebiets (1920–35)[45] und die UN-Verwaltung des Kosovo (seit 1999)[46] verdeutlichen. Der Geltungsgrund für die niederländische Rechtsordnung nach dem 1. Oktober 1962 liegt in der GA-Res. 1752 (XVII) i.V.m. Art. XI des niederländisch-indonesischen Abkommens, nicht dagegen in der territorialen Souveränität der Niederlande, die ohnehin spätestens am 31. Dezember 1962 – dem Tage des Flaggenwechsels[47] – durch einen indonesischen Souveränitätstitel abgelöst wurde. Hinzu tritt das von UNTEA gesetzte Recht, das mit dem transformierten Recht zu einem Konglo-

---

[42] U THANT (UN-Generalsekretär), Schreiben an ABDOH (UNTEA-Administrator) vom 1. November 1962, S. 2, UN Archives N.Y., „Legal Policy Correspondence“, Subject-Files 1962 – 1964, Box S-0045-0002.

[43] Das 1. Amnestiegesetz vom 7. Oktober 1962 betraf 121 Strafgefangene, verurteilt nach Art. 169 Wetboek van Strafrecht wegen Mitgliedschaft in einer verbotenen Vereinigung. Das 2. Amnestiegesetz vom 11. Oktober 1962 betraf einen Strafgefangenen, verurteilt wegen Spionage (Art. 118 Wetboek van Strafrecht). Unter das dritte Amnestiegesetz vom 23. Dezember 1962 fielen zwei Gefangene, ehemalige Mitglieder der indonesischen Armee, verurteilt wegen allgemeiner Delikte, die allerdings mit einer politischen Zielsetzung verfolgt wurden. VICKERS (Fn. 25), S. 4.

[44] Der New Guinea Representative Council fungierte im kolonialen West Neuguinea als Volksvertretung, allerdings ohne Gesetzgebungskompetenzen; siehe Art. XXIII des niederländisch-indonesischen Abkommens.

[45] Siehe hierzu ausführlich S. 120 ff.

[46] Hierzu S. 462 ff.

[47] Aide-mémoire from the Acting Secretary-General vom 15. August 1962, UN-Doc. 5170 (IV), (Fn. 29), S. 7.

merat verschmilzt und *eine* neue territoriale Rechtsordnung bildet.[48] Diese Rechtsordnung West Neuguineas kann für den Zeitraum zwischen dem 1. Oktober 1962 und dem 1. Mai 1963 neutral als Rechtsordnung einer internationalen Territorialverwaltung bezeichnet werden, oder aber – der Begrifflichkeit SEYERSTEDs folgend – als *UN-interne Rechtsordnung*.[49] Die von SEYERSTED favorisierte Bezeichnung als „internal law of the organization“ soll vor allem die strukturelle Verwandtheit des UN-Rechts mit dem innerstaatlichen Recht hervorheben. Wie bei einem Staat fußt die Beziehung der Internationalen Organisation zu den Bewohnern des Territoriums auf einer nach innen gerichteten Herrschaftsgewalt („relations iure imperii“). Nur vordergründig scheint die Rechtsordnung West Neuguineas aus dem Rahmen heraus zu brechen, der gemeinhin für die Normengattung „internes Organisationsrecht“ gesteckt wird.[50] *Normgeber* sind allein die Vereinten Nationen: Die GA-Res. 1752 (XVII) ist der Rechtsgrund für die unmittelbare Geltung des niederländisch-indonesischen Abkommens und des transformierten kolonialen Rechts innerhalb West Neuguineas. Die Generalversammlung hat darüber hinaus die Gesetzgebungskompetenz über den Generalsekretär an den UN-Administrator delegiert. Die *Normadressaten* des neuen Rechts – die Bewohner von West Neuguinea – sind Beteiligte eines internationalen Gewaltverhältnisses, begründet durch UN-Rechtsakte; sie sind damit im weitesten Sinne dem Organisationsverband der Vereinten Nationen zugeordnet. Das Recht der UNTEA-Administration in West Neuguinea teilt damit die Rechtsnatur der UN-internen Statuten und Vorschriften für Organisationsbedienstete. Allerdings gilt der eine Normenkomplex für die Organisationsadministration als Ganzes, der andere lediglich für die Territorialadministration und die von ihr beherrschten Individuen.

b) Bindung an Menschenrechte

Das niederländisch-indonesische Abkommen verlangt von UNTEA als Hoheitsträger nicht nur die Beachtung des transformierten niederländischen Kolonialrechts, sondern auch die Respektierung wesentlicher Menschenrechte:

> Art. XXII: „The UNTEA and Indonesia will guarantee fully the rights, including the rights of free speech, freedom of movement and of assembly, of the inhabitants of the

---

[48] M. RUFFERT, The Administration of Kosovo and East-Timor by the International Community, ICLQ 50 (2001), S. 613, 624.

[49] F. SEYERSTED, Applicable Law in Relations between Intergovernmental Organizations and Private Parties, RdC 122 (1967 III), S. 427, 448 und 457.

[50] Siehe die Definition von R. BERNHARD, in: EPIL Bd. 2, 1995, S. 1315: „The norms for the internal order of the organizations contained in the basic treaty as well as the 'secondary' rules enacted by the organization constitute the internal law of the organizations.“

area. These rights will include the existing rights of the inhabitants of the territory at the time of the transfer of administration to the UNTEA."[51]

In seinem Einweisungsschreiben an Administrator ABDOH vom 1. November 1962 hob Generalsekretär U THANT diesbezüglich hervor: „As this is a United Nations operation, it will of course be of particular concern to you to see that these rights (of Art. XXII) are scrupulously observed."[52] Der Hinweis veranlaßte ABDOH, bei der Einsetzung der neuen UNTEA-Richter die menschenrechtlichen Verpflichtungen von UNTEA ausdrücklich hervorzuheben: „(...) in administering justice within the terms of the Agreement, the UNTEA courts will be constantly called upon to uphold the rule of law and the principles of the Charter of the United Nations, to ensure respect for human rights, and to preserve intact, as a public trust, the rights and liberties of the people of the Territory."[53] Einen Monat später erstattete UNTEA-Legal Adviser VICKERS dem UN-Administrator ABDOH Bericht über die Beachtung der Menschenrechte im Rahmen der UNTEA-Gesetzgebung: „None of the legislative acts of UNTEA have diminished or affected the rights of the inhabitants of the territory which continue to be guaranteed in accordance with Article XXII of the Agreement. Although there are certain relevant provisions in the Bewindsregeling, very few such rights appear to be guaranteed by, or referred to in existing territorial law. But more important than this, references have been made to the charter obligation to respect and observe human rights and fundamental freedom for all, and to the relevant principles in the Declaration of human rights."[54] Das klare Bekenntnis von UNTEA zu den Menschenrechten ist schon deswegen beachtlich, weil angesichts eines unterentwickelten einfachgesetzlichen Menschenrechtsstandards in der ehemaligen Kolonie der normative Befehl zur Beachtung der Menschenrechte in der UN-Charta verankert wird, genauer Art. 1 Abs. 3 der UN-Charta.[55] Die Territorialverwaltung von West Neuguinea ist in diesem Sinne ein früher Beleg für ein weites Verständnis des Art. 1 Abs. 3 UN-Charta: Die Organe der Vereinten Nationen trifft nicht nur eine Pflicht, *ihre Mitgliedstaaten* zur Beachtung der Menschenrechte anzuhalten; sie werden durch Art. 1 Abs. 3 UN-Charta selbst zur Beachtung der Menschenrechte verpflichtet, wenn sie sich in einer mit den Mitgliedstaaten vergleichbaren Rechtsposition befinden.

---

[51] Quellennachweis Fn. 3.
[52] U THANT (Fn. 42), S. 4.
[53] Zitiert nach: Annual Report of the Secretary-General (Fn. 14), S. 37.
[54] VICKERS (Fn. 25), S. 7.
[55] Für das humanitäre Völkerrecht s. H. P. GASSER, Die Anwendbarkeit des humanitären Völkerrechts auf militärische Operationen der Vereinten Nationen, SZIER (1994), S. 443, 463.

4. Der Sorong-Haftungsfall

Die Haftung von UNTEA für das rechtswidrige Verhalten ihrer Organe knüpft gem. Art. XI Indon./Nl.-Abk. an die niederländische Rechtsordnung West Neuguineas aus der Zeit vor 1962 an, die wiederum ganz in der Rechtstradition des Mutterlandes steht. Ausgangpunkt der Staatshaftung in West Neuguinea ist § 1365 Burgerlijk Wetboek von 1847:

> § 1365: „Jede rechtswidrige Handlung, durch welche einem anderen Schaden zugefügt wird, verpflichtet denjenigen, durch dessen Schuld der Schaden verursacht worden ist, denselben zu ersetzen."
>
> § 1366: „Jedermann ist nicht nur für den Schaden verantwortlich, den er durch seine Handlung verursacht hat, sondern auch für denjenigen, den er durch seine Nachlässigkeit und Unvorsichtigkeit verursacht hat." [56]

§ 1365 B.W. – im Wortlaut identisch mit § 1401 B. W. der Niederlande – ist wie im Mutterland der normative Ausgangspunkt des durch die zivilgerichtliche Rechtsprechung entwickelten lokalen Staatshaftungsrechts.[57]

In der kurzen Periode der UNTEA-Verwaltung sind ausweislich der vorhandenen Akten kaum Haftungsfälle überliefert, die auf ein rechtswidriges Verhalten von UNTEA-Organwaltern zurückzuführen sind. Eine Privatperson wandte sich an das Justizdepartment wegen des Ersatzes von Schäden, die auf die unerlaubte Handlung eines Organs des niederländischen Gouverneurs zurückzuführen waren. Mit dem Argument, UNTEA wäre als Rechtsnachfolger der Niederlande passivlegitimiert, machte der Antragsteller seine Ansprüche aus § 1365 B.W. nunmehr gegen UNTEA geltend. Derartige Ansprüche wurden im Verhandlungswege einer praktischen Lösung zugeführt, „which protects UNTEAs essential interests"[58], ohne daß UNTEA eine über Art. XXII Indon./Nl.-Abk.[59] hinausgehende Rechtsnachfolge in Altforderungen gegen die niederländische Administration akzeptiert hätte.

---

[56] ENGELBRECHT (Fn. 40), S. 576 (Übersetzung d. Verf.).

[57] W. F. PRINS, Länderbericht Niederlande, in: Haftung des Staates für rechtswidriges Verhalten seiner Organe, v. Bar (Hrsg.), Länderberichte und Rechtsvergleichung, 1967, S. 487, 488; G. E. LANGEMEIJER, Der gerichtliche Rechtsschutz des Einzelnen gegenüber der vollziehenden Gewalt in den Niederlanden, in: Gerichtsschutz gegen die Exekutive, Bd. 2, Länderberichte, 1970, S. 793, 810.

[58] VICKERS (Fn. 25), S. 5.

[59] „The UNTEA will take over existing Netherlands commitments in respect of concessions and property rights."

Am 12. Dezember 1962 kam es zu haftungsrechtlich bedeutsamen Unruhen in Sorong, einer Stadt im Nordwesten Neuguineas in der Nähe der Insel Doom.[60] Die Unruhen entbrannten an der Befragung einer Gruppe indonesischer Soldaten durch einen Papua-Polizeioffizier wegen der Beschädigung einer Fähre. Die Befragung endete in einem handgreiflichen Streit, der zur Verhaftung des Wortführers der Gruppe führte. Zwei Stunden später erschien eine größere bewaffnete Einheit der indonesischen Armee (sog. Patimura Bataillon) und griff das Polizeicamp an. Nach einem zweistündigen Feuergefecht und der nachfolgenden vollständigen Besetzung der Polizeistation gelang es UNSF die Situation zu befrieden und die indonesischen Soldaten zum Abrücken zu bewegen. Die Kämpfe um die Polizeistation hatten zu einer Reihe von Opfern unter den Polizisten geführt, aber auch zu schweren Verletzungen zweier Zivilisten, den niederländischen Staatsangehörigen ROUSSIER und VAN DE BOS. Letztere waren als unbeteiligte Passanten in die Schußlinie der indonesischen Soldaten geraten.

Die Ereignisse in Sorong wurden nicht nur zu einem Politikum zwischen UNTEA und Indonesien, sie führten auch zu einigen kontroversen Überlegungen über die haftungsrechtliche Behandlung des Falles. UNTEAs erste Reaktion war das Abstreiten jeder rechtlichen Verantwortung für die schädigenden Handlungen. In dem Entwurf eines Schreibens an die Geschädigten führte UNTEA-Legal Adviser VICKERS aus: „(...) it should be mentioned that the soldier (...) did not form part of the United Nations Security Force and were not under the command of the United Nations Security Force, (these military personnel not being within the responsibility of UNTEA except only when expressly called upon by the latter to assist in the maintenance of law and order).“[61] Auf Basis des Zurechnungskriteriums „command & control“[62] kam VICKERs zu dem Ergebnis, daß es sich bei den Sorong-Unruhen um Akte Privater gehandelt habe, für die eine Territorialverwaltung nach internationalem Recht rechtlich nicht verantwortlich sei. Dies gelte vor allem unter dem Gesichtspunkt, daß die Antragsteller ROUSSIER und VAN DE BOS den Nachweis einer Sorgfaltspflichtverletzung UNTEAs („lack of due diligence“) nicht erbracht hätten. Gegen die Rechtsauffassung VICKERs wurden innerhalb des UNTEA-Justizdepartments rechtliche Bedenken geäußert: „UNTEA has to administer supra this territory with good faith care diligence of a ‘pater familias’, so it has to pay permanent attention to the fact whether lifes and goods of the inhabitants

---

[60] Sachverhalt aus UNTEA-Report vom 14. Dezember 1962, File No. S-0491-0021, UN Temp. Executive Authority in West Irian 1962 – 1969, Box DAG-13/2.1.0.1-18.

[61] B. VICKERS (UNTEA Legal Adviser), Entwurf eines Schreibens an die Anwälte des Geschädigten VAN DEN BOS vom 18. März 1963, UN Archives N.Y., File No. S-0491-0021, UN Temp. Executive Authority in West Guinea 1962 – 1969), Box DAG-13/2.1.0.1-18.

[62] Siehe zu den Begriffen S. 107 ff.

of this territory are protected in a proper way. (...) it is not disputable in my opinion that the fact that these forces were permitted by UNTEA to stay in this territory, puts responsibility on UNTEA for their behavior in the same way as UNTEA is responsible for its own force."[63]

Ungeachtet der kritischen Stellungnahme empfahl MIGUEL MARIN, Direktor des Justizdepartments, das Bestreiten jeder rechtlichen Verantwortlichkeit seitens UNTEA bei gleichzeitiger Beilegung des Streits durch ex gratia-Zahlungen an die Geschädigten. UN-Administrator ABDOH erbat die Genehmigung der vorgeschlagenen Streiterledigung durch den Generalsekretär: „Although this would seem to result in a satisfactory settlement, bearing in mind the obligation of the UNTEA and the responsibilities of the Untied Nations as a whole I deemed it necessary to consult the Headquarters."[64] Das UN-Sekretariat erklärte sich mit einer ex gratia-Lösung einverstanden, wies aber darauf hin, daß die Vereinten Nationen die Zahlungen nicht als „ex gratia payment under United Nations Financial Rules but a payment by UNTEA under the applicable laws and regulations of the territory"[65] auffassen würden. Am 14. April 1963 stimmte auch das niederländische Liaisonbüro bei UNTEA dem Streitschlichtungsangebot zu: „(...) I have the honour to inform you that I agree that in accordance with existing laws and regulations, it is the practice in the Netherlands as well as it was in this territory in similar cases to make ex-gratia payments for moral reasons. On behalf of Mr. J.W. Russche and Mr. Maarten van de Bos, I accept the amount of NG fl. 10.000 for Mr. Russche and NG fl. 6.000 for Mr. Van den Bos as an ex-gratia payment in their case. (...)."[66]

---

[63] UNTEA Head of Legal Branch (Department of Social Affairs and Justice), Memorandum an M. A. Marin (Director of Social Affairs and Justice) vom 28. März 1963, „Indicents at Doom in Sorong on 12 December 1962", UN Archives N.Y., File No. S-0491-0021, UN Temp. Executive Authority in West Guinea 1962 – 1969), Box DAG-13/2.1.0.1-18.

[64] ABDOH (Fn. 11), S. 28.

[65] C. A. STAVROPOULOS (Legal Counsel, OLA), Interoffice Memorandum an Rolz-Bennett (Under Secretary-General, UN Hauptquartier) vom 4. April 1963, „Ex gratia payment to two persons injured at Sarong on 12 December 1962", UN Archives N.Y., Legal Political Correspondence, Box S-0045-0002; gleichlautendes Telegramm an UN-Administrator ABDOH ebenda.

[66] L. J. GOEDHART (Chief of the Netherlands Liaison Mission to UNTEA), Schreiben an Marin (UNTEA, Director of the Department of Justice) vom 16. April 1963, UN Archives N.Y., File No. S-0491-0021, UN Temp. Executive Authority in West Irian 1962 – 1969, Box DAG/2.1.0.1-18.

5. Analyse der Regulierungspraxis

Die Regulierung des Sorong-Haftungsfalls ist vor allem unter dem Gesichtspunkt des angewendeten Rechts aufschlußreich. Für die internationale Territorialverwaltung gelten nicht die allgemeinen UN-internen Haftungsgrundsätze, sondern das lokale Amtshaftungsrecht des früheren Inhabers der Staatsgewalt. Dieses überkommene Amtshaftungsrecht ist als integraler Bestandteil der neuen *internationalen* Rechtsordnung des Territoriums auf UNTEA-Haftungsfälle anwendbar. UNTEA ist hiernach nicht nur für rechtswidrige schädigende Akte seiner zivilen Bediensteten verantwortlich; die Territorialverwaltung haftet auch für Schäden, die durch seine militärischen Organe verursacht worden sind. Im Sorong-Fall fehlte es nach Auffassung der Vereinten Nationen an den tatbestandlichen Voraussetzungen für eine Haftung UNTEAs nach §§ 1365 ff B.W. Diese Rechtsauffassung wurde vom niederländischen Liaisonbüro akzeptiert, wahrscheinlich in Anlehnung an die haftungsrechtliche Situation in den Niederlanden, die beim Aufenthalt von Truppen befreundeter Staaten (z.B. von NATO-Mitgliedstaaten) nach §§ 1401 ff. des niederländischen B. W. entsteht. Allerdings ist gerade im Fall der indonesischen Truppen der Verweis auf die niederländische Praxis kaum ausreichend, um die haftungsrechtliche Dimension des Sorong-Falls zu erfassen.

§ 1365 B.W. setzt eine rechtswidrige, schädigende Handlung der Territorialverwaltung voraus, verlangt also die Zurechnung des schädigenden Verhaltens – hier der indonesischen Soldaten – zum Hoheitsträger. Rechtlicher Ausgangspunkt für eine etwaige Zurechnung ist Art. VII Satz 2 und 3 des niederländisch-indonesischen Abkommens, also die „Verfassung" der UNTEA-Administration:

> Art. VII: „The Papuan Volunteer Corps, which on the arrival of the United Nations Administrator will cease being part of the Netherlands armed forces, *and the Indonesian armed forces in the territory will be under the authority of, and at the disposal of, the Secretary-General for the same purpose*. The United Nations Administrator will, to the extent feasible, use the Papuan (West Irianese) police as a United Nations security force to maintain law and order and, *at his discretion, use Indonesian armed forces*."[67]

Art. VII weist dem UN-Generalsekretär die Rechtsmacht zu, über die Armeeteile in West Neuguinea zu befehlen bzw. über sie zu verfügen („under the authority"/„at the disposal"). Diese Kompetenz hat er auf den UN-Administrator delegiert, wie Art. 4 lit. e Satz 1 und 2 des UNSF-Truppenstatuts verdeutlicht:

> Art. 4 (e) Satz 1 und 2: „The Indonesian Forces (...) are under the authority and at the disposal of the Administrator at all times. He shall designate the respective spheres of

[67] Quellennachweis Fn. 3 (Hervorhebung hier).

competence over these Forces of the United Nations Commander and of the commanding officer of the Indonesian Forces."[68]

Art. 4 lit. e Satz 3 des Truppenstatuts bestimmt im Hinblick auf den *aktiven* Einsatz der indonesischen Truppen:

Art. 4 (e) Satz 3: „The Administrator may place the Indonesian Forces, or certain elements comprising them, under the overall command authority of the United Nations Commander, when, in the opinion of the Administrator, the active deployment of these Forces, or certain elements comprising them, is rendered necessary in the interests of the maintenance of law and order."[69]

Art. VII Indon./Nl.-Abk. in Verbindung mit Art. 4 des Truppenstatuts unterscheidet erkennbar zwischen politischer Herrschaft über die passiv im Land befindlichen Truppen und militärischer Kommandogewalt im Falle eines aktiven „hoheitlichen" Einsatzes. Der UN-Administrator hat in den sieben Monaten seiner Amtszeit die indonesische Armee nicht zur Erfüllung staatlicher Funktionen in Anspruch genommen; die Truppen blieben folglich unter dem militärischen Kommando ihrer nationalen Offiziere, die über gelegentliche Kooperations- und Informationskontakte hinaus in keiner militärischen Beziehung zu UNSF standen.[70] Art. VII des niederländisch-indonesischen Abkommens kann freilich auch im Sinne einer von Rechts wegen bestehenden organschaftlichen Beziehung der inaktiven Truppen interpretiert werden, die allerdings in der Praxis nicht genutzt wurde.

Die Problematik des unklaren Wortlauts von Art. VII Indon./Nl.-Abk. verdeutlicht anschaulich der Fall der Papua Volunteer Corps. Art. VII. Indon./Nl.-Abk.[71] gestaltet deren rechtliche Beziehung zu UNTEA in gleicher Weise wie die rechtlichen Beziehungen der indonesischen Truppen zu UNTEA. Die Papuan Volunteer Corps standen nach Abzug der niederländischen Offiziere unter dem Kommando von indonesischen Offizieren. Anläßlich einer Meuterei der Papuan Volunteer Corps am 17. Februar 1963 erklärte der UN-Administrator: „However I also informed (the Commander of UNSF) that under Article VII of the Agreement of 15 August 1962 I doubted if the UNTEA had the authority to disband the Papuan Volunteer Corps; I thought the UNTEA had to keep the Papuan Volunteer Corps as a separate entity until the transfer of administration on 1 May 1963. I had also suggested to the Commander UNSF that all that the UNTEA could do to prevent any further trouble would be to keep the Papuan

68 Quellennachweis Fn. 33.
69 Quellennachweis Fn. 33.
70 UN-Doc. A/5501 (Fn. 14), S. 37.
71 Siehe auch Art. 4 des UNSF-Truppenstatut.

Volunteer Corps unarmed and to release those members of the Papuan Volunteer Corps who refused to adjust themselves to the changed circumstances and who refused to serve under Indonesian officers (...).“[72] Darüber hinaus autorisierte der UN-Administrator den Kommandeur von UNSF zur Ergreifung disziplinarischer Maßnahmen gegen die meuternden Mitglieder der Papuan Volunteer Corps – ehemals Militärorgane der Niederlande – nach Maßgabe des niederländischen Militärgesetzbuches.[73] Im Unterschied dazu wurden im Sorong-Fall die Disziplinarmaßnahmen gegen die gewalttätigen indonesischen Truppen auf Bitten des UN-Administrators von indonesischen Staatsorganen nach Maßgabe des indonesischen Rechts vorgenommen. Auch wenn die Disziplinar- und Strafgewalt über die Truppen isoliert betrachtet nichts über die organschaftliche Zuordnung der Truppenverbände aussagt,[74] verdeutlicht die unterschiedliche Behandlung der Papuan Volunteer Corps und der indonesischen Truppen die größere organisatorische und politische Distanz zwischen UNTEA und den Militärorganen des künftigen Souveräns von West Neuguinea. Auch Generalsekretär U THANT war darauf bedacht, nur im Wege der diplomatischen Beziehungen auf Zusammensetzung und Stationierung der indonesischen Truppen in West Neuguinea Einfluß zu nehmen. In seinem Jahresbericht an die Generalversammlung heißt es: „Agreement was reached with the Indonesian authorities to replace a large number of these troops with fresh territorial troops from Indonesia. It was also agreed that the number of Indonesian troops in the territory would not exceed the strength of the Pakistan contingent of UNSF, except with the prior consent of the UNTEA administration.“[75] Diese Abrede ist nach ihrem Inhalt nichts weiter als eine klassische Vereinbarung zweier Völkerrechtssubjekte über den Status von fremden Streitkräften auf fremdem Territorium.[76]

Unter diesem Gesichtspunkt ist eine Haftung der Vereinten Nationen für das schädigende Verhalten der indonesischen Truppen zumindest nach internationalem Recht nicht zu begründen. Die „Amtshaftung“ von UNTEA nach lokalem Recht könnte dagegen an Art. VII des niederländisch-indonesischen Abkommens anknüpfen („The Indonesian Forces ... are under the authority of the Administrator at all times.“). Ob aus Art. VII Indon./Nl.-Abk. allerdings eine Rechtspflicht zur Ausübung der Herrschaftsgewalt über die im Land befindli-

---

[72] D. ABDOH (UN-Administrator), Memorandum an C. V. Narasimhan (UN-Chef de Cabinet) vom 27. Februar 1963, „Papuan Volunteer Corps“, Ziff. 4, UN Archives N.Y., File No. S-0491-0008, UN Temp. Executive Authority in West Irian 1962 – 1969, Box DAG-13/2.1.0.1.-5.

[73] ABDOH (Fn. 72), Ziff. 7.

[74] Siehe zur Disziplinar- und Strafgewalt bei UNSF, S. 435.

[75] UN-Doc. A/5501 (Fn. 14), S. 36.

[76] So im Ergebnis auch BOTHE (Fn. 7), S. 61.

chen indonesischen Truppen abgeleitet werden kann – mit entsprechenden haftungsrechtlichen Konsequenzen nach § 1366 B.W.[77] – ist Auslegungsfrage. Die Niederlande und die Vereinten Nationen haben sich erkennbar gegen eine derartige Interpretation des Art. VII Indon./Nl.-Abk. entschieden. Angesichts der schlecht definierten rechtlichen Beziehungen zwischen den „fremden" Truppen und den Vereinten Nationen kritisiert ROSALYN HIGGINS zu Recht Art. VII als „an article so poorly drafted that only the fortuitous calmness of the political situation prevented its ambiguities from being exposed."[78]

6. Zusammenfassung und Ausblick

Die UN-Interimsverwaltung von West Neuguinea ist aufgrund ihrer kurzen Dauer haftungsrechtlich nur begrenzt ergiebig. Allerdings verdeutlicht die rechtliche Konzeption von UNTEA, daß internationale Territorialverwaltungen einem bewährten Muster folgen: Die Rechtsordnung West Neuguineas setzt sich in der Phase der internationalen Verwaltung aus dem niederländisch-indonesischen Abkommen – der Verfassung der Territorialverwaltung –, den international anerkannten Menschenrechten, den UNTEA-Rechtsverordnungen und dem transformierten „alten" Kolonialrecht zusammen. Normative Grundlage der Haftung von UNSF ist das transformierte „alte" Staatshaftungsrecht (§ 1365 Burgerlijk Wetboek). Die organschaftliche Beziehung, die § 1365 Burgerlijk Wetboek im Verhältnis zwischen Staatsverband und Schädiger tatbestandlich voraussetzt, wird für UNTEA durch das internationale Recht festgelegt, d.h. durch das niederländisch-indonesische Abkommen, UN-Organisationsrecht und, subsidiär, das allgemeine Völkerrecht. Auf Basis des letztgenannten Rechts hat die UNTEA-Verwaltung ihre Verantwortlichkeit für Akte der indonesischen Armee (Sorong-Fall) mangels effektiver militärischer Kommandogewalt abgelehnt.

Den zivilen UNTEA-Organwaltern kam – im Gegensatz zu UNSF-Mitgliedern – keine Jurisdiktionsimmunität vor lokalen Gerichten zu. Ob ihnen eine inoffizielle UNTEA-Politik faktisch Immunität gewährt hat, läßt sich auf Basis der vorhandenen Quellen nicht mehr feststellen. Der dokumentierte Fall eines Strafverfahrens gegen ein UNTEA-Mitglied spricht dagegen. Gerade in jüngster Zeit ist die absolute Immunität von UN-Interimsverwaltungen und ihren Mitgliedern zu einem Konfliktfall geworden. Die faktische Immunitätsgewährung

---

[77] Wortlaut S. 440.

[78] HIGGINS (Fn. 7), S. 127.

für UNTAET in Ost Timor[79] und die rechtliche Immunitätsgewährung für UNMIK im Kosovo[80] hat zur Kritik an den Vereinten Nationen geführt, und zwar gerade im Hinblick auf die menschenrechtlichen Verpflichtungen einer internationalen Territorialverwaltung gegenüber den Einwohnern des Territoriums, zu denen auch eine effektive Justizgewährung gehört.

---

[79] AMNESTY INTERNATIONAL, East Timor, Justice past, present and future, 27. Juli 2001, AI-Index: ASA 57/001/2001, Ziff. 5.5.

[80] Siehe hier S. 468 ff.

VII. Entwicklung der UN-Haftungspraxis seit 1990: Zugleich eine Zusammenfassung der bisherigen Ergebnisse

1. Einleitung: UN-Peace-keeping in der Kritik

Mit der Auflösung des Ost-West-Konflikts Anfang der 90er Jahre stieg die Zahl der Peace-keeping-Missionen der Vereinten Nationen sprunghaft an. Die plötzliche Konsensfähigkeit des Sicherheitsrates führte zu einer Reihe von Einsätzen, die mit dem traditionellen Peace-keeping-Konzept kaum etwas gemein haben.[1] Die humanitäre Intervention der Vereinten Nationen in Somalia im Jahr 1992, ein von Hungersnöten und Anarchie zerrissener „failed state", bildete nur den Anfang einer Reihe von politisch und militärisch problematischen UN-Missionen. Mit der wachsenden Zahl der internationalen Krisenherde stieg auch die Zahl der weltweit eingesetzten Peace-keeping-Soldaten. Waren es Anfang 1988 noch ca. 9.500 Soldaten, so wiesen die UN-Statistiken Ende 1994 ca. 74.000 aktive Militärpersonen aus.[2] Der in quantitativer und qualitativer Hinsicht geänderte Charakter der UN-Missionen lenkte die öffentliche Aufmerksamkeit auf den politischen und militärischen Erfolg bzw. Mißerfolg der „neuen" Peace-keeping-Generation. Aber auch das Verhalten der einzelnen Peace-keeping-Soldaten gegenüber der lokalen Zivilbevölkerung geriet in die Schlagzeilen. Die britische Nichtregierungsorganisation „African Rights" berichtete 1993, daß es in Somalia im Rahmen des UNITAF-Einsatzes[3] und der nachfolgenden UNOSOM II-Operation[4] zu einer Reihe von Menschenrechtsverletzungen durch Truppenmitglieder gekommen sei.[5] Eine umfangreiche Studie von Amnesty International von 1994 enthielt dezidierte Anschuldigungen, die zu einer erhöhten Publizität des Themas „Menschenrechtsverletzungen durch Peace-keeping-Soldaten" führte.[6] Im Juni 1997, drei Jahre nach Ende der UNOSOM II-Operation, veröffentlichte das italienische Magazin „Panorama" mehrere Photographien, die Mißhandlungen von Einheimischen durch Mitglieder des italienischen UNOSOM II-Kontingents zeigten. Die

---

[1] Siehe Kapitel S. 166 ff.

[2] Report of the Secretary-General, Supplement to an Agenda for Peace, UN-Doc. A750/60 bzw. UN-Doc. S/1995/1 vom 3. Januar 1995, Ziff. 11.

[3] Der Einsatz von UNITAF erfolgte unter militärischem US-Kommando, siehe S. 479.

[4] Der Einsatz von UNOSOM II erfolgte unter dem militärischen Kommando der Vereinten Nationen, siehe S. 481 ff.

[5] African Rights (Hrsg.) Somalia: Human Rights abuses by the United Nations Forces, 1993.

[6] AMNESTY INTERNATIONAL, Peace-Keeping and Human Rights, Januar 1994, AI-Index IOR 40/01/94.

daraufhin von der italienischen Regierung eingerichtete Untersuchungskommission – nach ihrem Vorsitzenden, dem Verfassungsrichter a. D. ETTORE GALLO, „Gallo-Kommission" genannt – präsentierte am 8. August 1997 ihren Abschlußbericht „Conclusive Report on the Events Occurred in Somalia".[7] In diesem Bericht stellte die Kommission fest: „Some isolated cases of torture and racism did occur, but they didn't compromises either the humanitarian spirit of the mission or the entire Italian contingent."[8] Im Juni 1997 wurden vor einem belgischen Militärgericht zwei Peace-keeping-Soldaten des belgischen UNOSOM II-Kontigents beschuldigt, sie hätten einen somalischen Jungen über ein offenes Feuer gehalten. Das Gericht sprach die Angeklagten von dem Vorwurf der Folter frei, weil es sich lediglich um ein „Spiel" gehandelt habe, um den Jungen von künftigen Diebstählen abzuhalten.[9] Auch die kanadischen UNITAF-Einheiten in Somalia blieben vom Vorwurf der Menschenrechtsverletzung nicht verschont.[10] In Zusammenhang mit dem gewaltsamen Tod von vier einheimischen Somali, darunter ein von kanadischen Soldaten mißhandelter 16jähriger Junge, wurde vom kanadischen Verteidigungsministerium eine Untersuchungskommission unter dem Vorsitz des Richters GILLES LETOURNEAU einberufen.[11] In ihrem Abschlußbericht „Dishonored Legacy" erhob die Kommission schwere Vorwürfe gegen die Militärorganisation. Vor allem die schlechten Führungsqualitäten einiger Kommandeure des kanadischen UNITAF-Kontingents seien die Ursache für die Verfehlungen der Soldaten gewesen: „We have concluded that ordinary soldiers were, in a very real sense, victimized

---

[7] N. LUPI, Report by the Enquiry Commission on the Behaviour of Italian Peacekeeping Troops in Somalia, YIHL 1 (1998), S. 375 ff.; G. SCHOTTEN, Der aktuelle Fall: Verbrechen italienischer UN-Soldaten in Somalia – who guards the guards, Humanitäres Völkerrecht 4 (1997), S. 222 ff.

[8] Zitiert nach CNN, World News „Italian army cleared of widespread abuse in Somalia", Artikel vom 9. August 1997 (http://www.cnn.com/). Kritik an dem Gallo-Report übte die UN-Committee against Torture, Summary Record of the first part of the 374th meeting, UN-Doc. CAT/C/SR.374 vom 18. Oktober 1999, Ziff. 23 f.: „(23) ...The Gallo Commission had also found a number of the cases reported – application of electric shocks, collective rape, attempted rape, ill-treatment resulting in serious injury /concerning which the armed forces had falsified documents in an attempted cover-up) – to be credible and probably true. (24) However, the Gallo Commission had not made one visit to Somalia to conduct an inquiry and gather testimony ...".

[9] CNN, World News vom 9. August 1997 (http://www.cnn.com/).

[10] R. M . YOUNG/M. MOLINA, IHL and Peace Operations, Sharing Canada's lessons learned from Somalia, YIHL 1 (1998), S. 362, 363.

[11] India Express News „UN men treated captured Somalians as mere trophies", Artikel vom 24. August 1997 (http://exressindia.com).

by the systemic and leadership failure that plagued the Somalia mission".[12] Die Vorwürfe führten den Vereinten Nationen einmal mehr die Problematik vor Augen, die mit ihrer fehlenden Disziplinar- und Strafgewalt über Peace-keeping-Soldaten verbunden ist. BERNHARD MIYET, Under-Secretary-General for Peacekeeping Operations, kündigte eine Überarbeitung der Verhaltensstandards („code of conduct") für die zivilen und militärischen Mitarbeiter der Organisation an: „The United Nations was bound in whatever it did, whatever it proposed, and however its representatives behaved, by the Principles of the U.N. charter and the Universal Declaration of Human Rights."[13]

Aber auch nach dem Ende des Somalia-Einsatzes riß die öffentliche Kritik an dem Verhalten von UN-Peace-keeping-Einheiten nicht ab. Im Rahmen des UN-Einsatzes in Bosnien-Herzegowina wurden UNPROFOR-Soldaten Verwicklungen in Schwarzmarkthandel und Prostitution vorgeworfen.[14] Die norwegische Nichtregierungsorganisationen „Redd Barna" veröffentlichte 1995 einen detaillierten Report über die Förderung von Kinderprostitution durch ONUMOZ-Soldaten in Mozambique (1992 – 1994).[15] Eine UN-Untersuchungskommission bestätigte die Vorwürfe; die schuldigen ONUMOZ-Soldaten wurden repatriiert.[16] Aber nicht nur das kriminelle „private" Fehlverhalten einzelner Peace-keeping-Soldaten entwickelte sich zu einem ernstzunehmenden Imageproblem der Vereinten Nationen. Auch die militärischen Führungsqualitäten der Weltorganisation bei der Durchführung der Peace-keeping-Mandate rückte ins Zentrum der öffentlichen Kritik, z.B. im Fall Ruanda.

Als es 1994 in Ruanda zum schwersten Genozid seit Ende des 2. Weltkrieges kam, waren UNAMIR-Truppen im Land stationiert. Die Peace-keeping-Streitkräfte waren am 3. Oktober 1993 durch die Sicherheitsratsresolution 872 (1993) eingesetzt worden. Die Truppe hatte das Mandat, den Waffenstillstand zwischen der Regierung von Ruanda und der Ruandischen Patriotischen Front zu überwachen. Die Vorwürfe gegen die Vereinten Nationen in Zusammenhang mit dem

---

[12] Zitiert nach Canadian News Digest „Somalia report castigates military brass", Artikel vom 2. Juli 1997 (Http://www.canoe.ca); zum teilweisen Freispruch der kanadischen Soldaten durch das Militärgericht s. K. BOUSTANY, Brocklebank: A Questionable Decision of the Court Martial Appeal Court of Canada, YIHL 1 (1998), S. 371 ff.

[13] Zitiert nach T. DEEN, A hard look at UN peace keeping, Artikel vom 3. Juli 1997, in: Mail & Guardian (http://www.mg.co.za).

[14] DEEN (Fn. 13).

[15] E. SCHADE, Experiences with regard to the U.N. Peace-keeping Forces in Mozambique, Redd Barna 1995.

[16] Note by the Secretary-General, Promotion and Protection of the right of Children, Impact of armed conflict on children, UN-Doc. A/51/306, 26. August 1996, Ziff. 98.

Völkermord, der ca. 800.000 Ruandern das Leben kostete, sind vielfältig. Heute ist nachgewiesen, daß die Vereinten Nationen von den Vorbereitungen zum Völkermord Kenntnis hatten. Beispielsweise erlangte die UNAMIR-Führung Informationen über Todeslisten, die Ausbildung von paramilitärischen Truppen und die Errichtung von Waffenarsenalen.[17] Nach einem unveröffentlichten UN-internen Memorandum hatten Informanten die Vereinten Nationen auch über die Planung eines Attentats auf den ruandischen Präsidenten informiert, den Auslöser der Verfolgung der Volksgruppe der Tutsi durch Militäreinheiten der Hutus.[18] Die öffentliche Kritik an den Vereinten Nationen konzentrierte sich vor allem auf den UN-Sicherheitsrat, der durch seine Passivität eine Erweiterung des UNAMIR-Mandats verhindert hatte. Der Sicherheitsrat ordnete statt dessen den Abzug von UNAMIR aus Ruanda an, nachdem zehn belgische UNAMIR-Soldaten durch Hutus getötet worden waren. Die abziehenden UNAMIR-Truppen ließen dabei die zu den UN-Camps flüchtenden Tutsi zurück. Die vom UN-Generalsekretär im Mai 1999 einberufene unabhängige Untersuchungskommission stellte diesbezüglich fest: „During the early days of the genocide, thousand of civilians congregated in places where UN troops were stationed, i. a. the Amahoro Stadium and the Ecole Technique (ETO) at Kicukiro. (…) When the UNAMIR contingent at ETO left, there could not have been any doubt as to the risk of massacre which awaited the civilian who had taken refuge with them. (…) The manner in which the troops left including attempts to pretend to the refugees that they were not in fact leaving, was disgraceful."[19] Neben dem Vorwurf, die Zivilbevölkerung dem Völkermord ausgeliefert zu haben, wird UNAMIR auch Passivität im Hinblick auf den Schutz der politischen Führer des Landes zur Last gelegt. Zwei Zivilklagen drohen derzeit den Vereinten Nationen vor US-amerikanischen Gerichten. Die Schadensersatzsansprüche werden von der Witwe JOSEPH KAVARUGANDAS, dem ehemaligen Präsidenten des ruandischen Verfassungsgerichtshofs, und der Schwester LANDOVALD NDASINGWAS, dem ehemaligen Arbeitsminister der ruandischen Regierung, geltend gemacht. Beide Politiker wurden im April 1994 ermordet, obwohl sie unter dem Schutz von UNAMIR-Soldaten standen. Letztere waren nach Aussage der Klägerinnen zum Teil geflohen, zum Teil sympathisierten sie offen mit den Tätern.[20]

---

[17] Die Dokumente, die über die Kenntnis der Vereinten Nationen Auskunft geben, sind abgedr. in: der FAZ, „Völkermord in Ruanda 1994: Man wußte vieles, unternahm nichts", 2. Februar 2002, Nr. 28, S. 8.

[18] ST. EDWARDS, Memo contradicts UN claims on assassination probe, in: National Post, Artikel vom 31. März 2000 (http://pages.infinit.net/glp/rwanda).

[19] Report of the independent inquiry into the actions of the United Nations during the 1994 Genocide in Rwanda, 15. December 1999, Kapitel 12 (http://www.un.org).

[20] J. TAYLOR, UN being sued for complicity in Rwanda genocide, in: Daily Mail & Guadian, Artikel vom 10. Januar 2000 (http://www.mg.co.za).

Generalsekretär Annan setzte mit Zustimmung des Sicherheitsrates[21] im Mai 1999 eine unabhängige UNAMIR-Untersuchungskommission ein, bestehend aus dem ehemaligen schwedischen Ministerpräsidenten INGVAR CARLSSON, dem ehemaligen Außenminister der Republik Korea HAN SUNG-JOO und dem ehemaligen Leiter von UNTSO General RUFUS JUPOLATO aus Nigeria. Der Arbeitsauftrag lautete „to establish the facts and draw conclusions as to the response of the Organizations to the tragedy."[22] Am 15. Dezember 1999 legte die Kommission ihren 80seitigen Bericht vor, in dem nicht nur die relevanten Fakten des Genozids dargestellt werden, sondern auch die Verantwortlichkeit für die Vorgänge und Versäumnisse zugewiesen wird.[23] Im Hinblick auf den Zusammenbruch der Kommandogewalt von UNAMIR stellte die Kommission fest: „The responsibility for this situation must be shared between the leadership of UNAMR, the Secretariat and troop contribution countries." Für die Reduzierung der Truppenstärke von UNAMIR angesichts der Vorgänge in Ruanda machte die Kommission den Sicherheitsrat verantwortlich „The Security Council bears a responsibility for its lack of political will to do more to stop the killing." Bezogen auf das Versagen, die örtlichen Politiker zu schützen, heißt es im Bericht: „The failure in theses instances seems to be attributable in some instances to a lack of direction from UNAMIR Headquarters, but also to the peacekeepers themselves, who by not resisting the threat to the persons they were protecting in some cases outlined above, as would have been covered by their Rules of Engagement, showed a lack of resolve to fulfil their mission." Im Hinblick auf die Vorgänge an der Ecole Technique bei Kicukiro enthält sich die Kommission einer konkreten Zuweisung der Verantwortlichkeit. Der abschließenden Aufforderung der Kommission an die Vereinten Nationen und ihre Mitgliedstaaten, sich für das Versagen zu entschuldigen, kam Generalsekretär ANNAN am 16. Dezember 1999 nach: „All of us must bitterly regret that we did not do more to prevent (the genocide). There was a United Nations force in the country at the time, but it was neither mandated nor equipped for the kind of forceful action which would have been needed to prevent or halt the genocide. On behalf of the United Nations, I acknowledge this failure and express my deep remorse."[24] Während

---

[21] Anfrage K. ANNAN, UN-Doc. S/1999/339 26. März 1999, Antwort des Präsidenten des Sicherheitsrates Q. HUASUN, UN-Doc. S/1999/340, 26. März 1999.

[22] UN-Doc. S/1999/339, 26. März 1999.

[23] Report of the Independent Inquiry into the Actions of the United Nations during the Genocide in Rwanda, UN-Doc. S/1999/1257, 16. Dezember 1999, Annex.

[24] Statement of receiving the Report of the Independent Inquiry into the Action of the United Nations during the 1994 Genocide in Rwanda, 16. Dezember 1999 (www.un.org/) Auch der UN-Sicherheitsrat hat sich am 15. April 2000 für seine Passivität offiziell durch seinen Präsidenten LLOYD AXWORTHY entschuldigt, allerdings ohne dieser Entschuldigung die Form einer Resolution oder einer förmlichen Stellungnahme zu geben.

der Untersuchungsbericht nicht klar herausstellt, ob die „responsibility" der Vereinten Nationen und ihrer Mitgliedstaaten eine *rechtliche* Verantwortlichkeit nach internationalem Recht darstellt, oder ob es sich lediglich um eine *politische* Verantwortlichkeit handelt, geht der Generalsekretär einen Schritt weiter: Er stellt seine förmliche Entschuldigung in den Kontext einer rechtlichen Verantwortlichkeit der Vereinten Nationen, begründet durch eine Verletzung von Art. 1 der Völkermordkonvention von 1948 bzw. der entsprechenden gewohnheitsrechtlichen Norm:

> Art. 1: „The contracting Parties confirm that genocide, whether comitted in time of peace or in time of war, is a crime under international law *which they undertake to prevent and to punish.*"[25]

Die von der Kommission geforderte und von Annan ausgesprochene Entschuldigung zählt im Recht der Staatenverantwortlichkeit zu den anerkannten Formen der Wiedergutmachung eines internationalen Unrechts (satisfaction).[26] Die Vereinten Nationen haben allerdings den Schritt von der rechtlichen Verantwortlichkeit für das völkerrechtswidrige Unterlassen hin zu einer finanziellen Haftung gegenüber den Geschädigten bzw. ihren Hinterbliebenen nicht vollzogen. Diese Aussage läßt sich treffen, obwohl die UNAMIR-Akten im UN-Archiv bis auf weiteres der Öffentlichkeit verschlossen bleiben.[27] Angesichts der Masse an potentiellen Anspruchsinhabern wäre eine etwaige Kompensationspraxis kaum der öffentlichen Aufmerksamkeit entgangen bzw. hätte sich merkbar im UN-Haushalt niedergeschlagen. Im übrigen haben die Vereinten Nationen im Fall der Schadensersatzforderungen der Hinterbliebenen von KAVARUGANDA und NDASINGWA gegenüber den Anwälten die rechtliche Verantwortlichkeit der Organisation für die Todesfälle bestritten.[28]

Ein mit Ruanda vergleichbares Ergebnis fand im Jahr 1995 in Bosnien-Herzegowina statt: Gemäß der Sicherheitsratsresolution 817 vom 16. April 1993 war die Stadt Srebrenica im Osten Bosnien-Herzegowinas von den Vereinten Nationen zu einer sog. „safe area" erklärt. In Srebrenica befanden sich Tausende von moslemischen Flüchtlingen unter dem Schutz des niederländischen Kontingents der Peace-keeping-Truppe UNPROFOR. Anfang Juli 1995 begannen die Angriffe der bosnisch-serbischen Armee auf Srebrenica, am 11. Juli fiel die

---

[25] UNTS Bd. 78, S. 277 (Hervorhebung hier).

[26] Vgl. Art. 37 ILC-Entwurf zum Recht der Staatenverantwortlichkeit (Entwurf Nov. 2001), GAOR 56th Sess., Suppl. No. 10.

[27] UN-Dokumente beiben für die Dauer von 20 Jahren der Öffentlichkeit unzugänglich; Dokuente die das kriminelle Verhalten von UN-Mitarbeitern bzw. Peace-keeping-Mitgliedern zum Gegenstand haben, bleiben aus Gründen des Datenschutz generell unzugänglich.

[28] Auskunft des United Nations Office of Legal Affairs vom 8. Mai 2002.

Stadt. Unter den Augen von UNPROFOR wurden ca. 8.000 männliche Erwachsene und Jugendliche systematisch umgebracht. In dem Bericht des Generalsekretärs heißt es: „It is true that the UNPROFOR troops in Srebrenica never fired at the attacking Serbs. They fired warning shots over the Serbs' heads and their mortars fired flares, but they never fired directly on any Serb units. Had they engaged the attacking Serbs directly it is possible that events would have unfolded differently. At the same time, it must be recognized that the 150 fighting men of Duchbat[29] were lightly armed and in indefensible positions, and were faced with 2,000 Serbs advancing with the support of armour and artillery."[30] Eine unabhängige Untersuchungskommission wie im Fall Ruanda wurde von den Vereinten Nationen nicht eingesetzt. Am 16. April 2002 übernahm die niederländische Regierung unter Ministerpräsident KOK durch ihren Rücktritt die politische Verantwortung für die schlechte Vorbereitung des niederländischen Kontingents auf seinen Einsatz im Rahmen von UNPROFOR.[31]

Die Fälle Somalia, Ruanda und Bosnien-Herzegowina gehören zu den prominenten Beispielen, in denen ein folgenschweres Fehlverhalten von einzelnen Peace-keeping-Soldaten oder ganzen Kontingenten nachgewiesen werden konnte. Die Vorkommnisse werfen eine Reihe Fragen zur rechtlichen Verantwortlichkeit der Vereinten Nationen und ihrer finanziellen Haftung auf. Aber auch abseits dieser weltweit beachteten Vorfälle ist die Schadensgeneigtheit der Peace-keeping-Einsätze in den letzten zehn Jahren angesichts komplexer Mandate in einem beachtlichen Maße angestiegen. Die Vereinten Nationen sehen sich mit einer wachsenden Zahl von Antragstellern aus der Zivilbevölkerung konfrontiert, die Kompensation für erlittene Schäden durch Peace-keeping-Soldaten begehren. Dabei steigt nicht nur die Anzahl der geltendgemachten Bagatellschäden, sondern auch die Zahl der Forderungen, die auf keiner rechtlichen Grundlage zu begründen sind („frivolous claims"[32]). Zu letzterer Gattung rechneten die Vereinten Nationen die von der bosnischen Regierung geltendge-

---

29 Dutch Bataillon UNPROFOR.

30 Report of the Secretary-General pursuant to General Assembly Resolution 53/35 „The fall of Srebrenica", UN-Doc. A/54/549 vom 15. November 1999, Ziff. 472. (www.un.org/peace/srebrenica.pdf).

31 Der Rücktritt der niederländischen Regierung ist auf ein Gutachten des Niederländischen Instituts für Kriegsdokumentation (Nederlands Instituut voor Oorlogsdocumentatie) vom 10. April 2002 zurückzuführen, das von der niederländischen Regierung in Auftrag gegeben worden war (www.riod.nl/srebrenica.html). In diesem Gutachten wird auch den Vereinten Nationen die Mitschuld an dem Völkermord in Srebrenica gegeben, da sie trotz entsprechender Bitten keine ausreichende militärische Unterstützung gewährt hätten.

32 Report of the Secretary-General, „Administrative and budgetary aspects of financing the United Nations peacekeeping operations", 20. September 1996, GA 51st Sess., Agenda item 129 and 140 (a), UN-Doc. A/51/389, Ziff. 26.

machten Straßenschäden i.H.v. 70.600.000 US-Dollar, verursacht durch die Fahrzeuge von UNPROFOR.[33] Die Vereinten Nationen haben – wie auch die NATO – die Forderung mit dem Verweis auf operative Notwendigkeit der (Ab-) Nutzung der Straßen durch Militärfahrzeuge abgelehnt.

Eine detaillierte Untersuchung der überaus fallreichen Haftungspraxis der Vereinten Nationen nach 1990 stößt auf erhebliche Schwierigkeiten, da die Einzelfallbeurteilungen der Claims Review Boards aufgrund der zeitlichen Sperrfrist von 20 Jahren derzeit noch nicht der Öffentlichkeit zugänglich sind. Die wachsende Zahl von Schadensersatzforderungen gegen die Vereinten Nationen haben den Generalsekretär und die Generalversammlung allerdings dazu bewogen, sich öffentlich mit den Themen „Außervertragliche Haftung" und „Haftungslimitierung" auseinanderzusetzen. Auf der Basis dieser Quellen läßt sich die weitere Entwicklung der Haftungspraxis für die UN-Missionen der letzten zehn Jahre aufzeigen. Die nachfolgende Untersuchung konzentriert sich dabei auf die neuralgischen Punkte des UN-Haftungsrechts: Das praktizierte Regulierungsverfahren unter Berücksichtigung seiner menschenrechtlichen Dimension (2.), die militärische Kommandogewalt als entscheidendes Zurechnungskriterium auf dem Weg zur Haftung (3.), das Prinzip operational necessity als mandatsbezogenem Ausschluß der Haftung (4.) und die 1998 von der Generalversammlung beschlossene Begrenzung der Haftung (5.).

2. Regulierungspraxis der Vereinten Nationen

a) Local Claims Review Boards: Der Fall UNPROFOR

Das seit UNEF I erprobte UN-interne Regulierungsverfahren durch die Local Claims Review Boards ist im Rahmen der jüngeren Peace-keeping-Missionen beibehalten worden: Das Claims Review Board ist ein UN-Verwaltungsorgan, das organisatorisch der jeweiligen Mission zuzuordnen ist. Seine Aufgabe besteht in der Ermittlung der Tatsachen, auf denen der geltendgemachte Individualanspruch gegen die Vereinten Nationen beruht, und seine rechtliche Bewertung. Hat der Geschädigte nach UN-internem Haftungsrecht einen Anspruch auf

[33] UN-Doc. A/51/491, S. 5 Annex („Undocumented Claims in the Submission of 11 May 1996 of the Government of Bosnia and Herzegovina"). Kroatien und Bosnien-Herzegowina machten die Straßenschäden auch gegen die NATO bzw. die Vereinigten Staaten geltend, nachdem die Vereinten Nationen die Begleichung der Straßenschäden abgelehnt hatten: J. M. PRESCOTT, Operational Claims in Bosnia-Herzegovina and Croatia, The Army Lawer 1998, S. 1, 7. Siehe zur Schadensregulierung durch die NATO S. 556 ff.

Schadensersatz oder übernehmen die Vereinten Nationen die moralische Verantwortung für den Schaden, unterbreitet das Claims Review Board dem Anspruchsinhaber ein Streitschlichtungsangebot und bewirkt – im Falle der Annahme des Angebots – die Auszahlung der Entschädigungsleistung. Die Local Claims Review Boards haben seit UNEF I vergleichsweise reibungslos außervertragliche Ansprüche Dritter gegen die Vereinten Nationen abgewickelt. Erst mit Beginn der komplexen Peace-keeping-, Peace Enforcement- und Peacebuilding-Einsätze in der letzten Dekade des 20. Jahrhunderts wurde die Arbeit der Local Claims Review Boards zunehmend kritisch bewertet. Ein Beispiel hierfür gibt der Einsatz der Vereinten Nationen im ehemaligen Jugoslawien 1992 bis 1999.

Auf dem Staatsgebiet des ehemaligen Jugoslawiens war von 1992 bis 1995 ausschließlich UNPROFOR stationiert, bis der Sicherheitsrat am 31. März 1995 die Mission restrukturierte und in drei regional getrennt operierende Peace-keeping-Streitkräfte aufteilte.[34] UNPROFOR blieb im Anschluß an die Sicherheitsratsresolution 982 (1995) bis Ende 1995 ausschließlich für Bosnien-Herzegowina zuständig, UNCRO bis Anfang 1996 für Kroatien und UNPREDEP bis Anfang 1999 für Mazedonien. Das gemeinsame Hauptquartier der drei Missionen – UNSF[35] – befand sich bis zu seiner Auflösung Anfang 1996 in Zagreb, wo auch das Claims Review Board für alle drei Missionen stationiert war. Die drei überaus personalintensiven und politisch problematischen Peace-keeping-Missionen unter dem Dach von UNSF führten zu einer Flut von Schadensersatzansprüchen gegen die Vereinten Nationen, die das UNSF-Claims Review Board in Zagreb kaum in einem adäquaten Zeitraum bewältigen konnte. Im September 1996, also fast ein Jahr nach Auflösung von UNSF, mußte Generalsekretär ANNAN feststellen, daß noch insgesamt 151 Anträge gegen UNSF anhängig waren, davon 37 Anträge mit einem Streitwert von insgesamt 28.800.000 US-Dollar.[36] Der Vielzahl von Bagatellschäden und mißbräuchlichen Schadensersatzforderungen – gleichwohl zeitintensiv in der Tatsachenermittlung – stand ein UNSF-Claims Review Board gegenüber, das sich in seiner personellen Besetzung kaum vom UNEF-Claims Review Board der ersten Peace-keeping-Generation unterschied. Zudem führten die unklaren rechtlichen Eigentumsverhältnisse im ehemaligen Jugoslawien zu einer aufwendigen Ermittlung der Aktivlegitimation der geschädigten Landbesitzer. Eine weitere Zeitverzögerung verursachte die begrenzte Kompetenz des Claims Review

---

34 SC-Res. 982 vom 31. März 1995, SCOR, Resolutions and Decisions 1995, S. 25.

35 „United Nations Security Force“ (UNSF) ist der übergreifende Name für alle drei Operationen UNPROFOR, UNPREDEP und UNCRO.

36 UN-Doc. A/51/389 (Fn. 32), Rn. 52.

Boards, eigenständig eine einvernehmliche Lösung mit dem Antragsteller herbeizuführen. Gemäß der vom UN-Controller delegierten Kompetenz konnte das Claims Review Board in Zagreb lediglich Forderungen bis zu 1.500 US-Dollar ohne Rücksprache und Billigung des UN-Sekretariats in New York befriedigen.[37] Das zeitintensive Verfahren bis zur einvernehmlichen Streitbeilegung und der erhebliche Rückstau an unbearbeiteten Anträgen führte zu einer großen Unzufriedenheit der Antragsteller, aber auch der Aufenthaltsstaaten.[38] PESCOTT weiß zu berichten, daß vor allem in den serbisch kontrollierten Teilen von Bosnien-Herzegowina die Zivilbevölkerung zur Selbsthilfe griff und anstelle des langwierigen Verfahrens vor dem UNSF-Claims Review Board kurzerhand UN-Fahrzeuge entwendete.[39] Angesichts dieser Probleme resümierte Generalsekretär ANNAN: „(...) the existing mechanism and procedure for dealing with third-party claims were not inadequate, per se, but that in order to cope with the large numbers and amounts of claims a series of measures, such as provision of additional personnel, increasing the financial authority of local claims review boards or increasing their numbers in the field, were suggested.“[40]

b) Standing Claims Commission

Die Streitbeilegung durch die Local Claims Review Boards erfolgt seit UNEF I im Vorfeld eines streitigen Verfahrens vor der Standing Claims Commission. Die Institution der Standing Claims Commission wurde regelmäßig in den Statusabkommen der älteren Peace-keeping-Missionen verankert, aber nie aktiviert. Insofern ist es bemerkenswert, daß das Modell-Statusabkommen[41] für Peace-keeping-Streitkräfte vom 9. Oktober 1990 in der Tradition der Statusabkommen vergangener Peace-keeping-Operationen an dem Konzept der Standing Claims Commission festhält:

---

[37] J. M. PRESCOTT, Claims, in: Fleck, The Handbook of the Law of Visiting Forces, 2001, S. 171 dort Fn. 128.

[38] PRESCOTT (Fn. 37), S. 171.

[39] PRESCOTT (Fn. 37), S. 172.

[40] UN-Doc. A/51/903 (Fn. 44), Ziff. 9.

[41] Das Modell-Statusabkommen der Vereinten Nationen ist das konzeptionelle Vorbild der völkerrechtlichen Verträge, die zwischen den Vereinten Nationen und den jeweiligen Aufenthaltsstaaten abgeschlossen werden; das Modell-Statusabkommen ist insofern im völkerrechtsverkehr nicht rechtsverbindlich. Allerdings kommt es in der Praxis vor, daß der Sicherheitsrat das Modell-Statusabkommen in seiner nach Art. 25 UN-Charta rechtsverbindlichen Resolution für vorübergehend anwendbar erklärt, bis ein entsprechendes Abkommen geschlossen worden ist; siehe z.B SC-Res. 1270 (1999) Ziff. 16 vom 22. Oktober 1999 zur United Nations Mission in Sierra Leone (UNAMSIL), SCOR, Resolutions and Decisions 1999, S. 9 ff.

VII. Settlement of Disputes
51. „Except as provided in paragraph 53, any dispute or claim of a private law character to which the United Nations peace-keeping operation or any member thereof is a party and over which the courts of (host country/territory) do not have jurisdiction because of any provision of the present Agreement, shall be settled by a standing claims commission to be established for that purpose. One member of the commission shall be appointed by the Secretary-General of the United Nations, one member by the Government and a chairman jointly by the Secretary-General and the Government. (...) The commission shall determine its own procedures, provided that any two members shall constitute a quorum for all purposes (...) and all decisions shall require the approval of any two members. The award of the commission shall be final and binding, unless the Secretary-General of the United Nations and the Government permit an appeal to a tribunal established in accordance the paragraph 3.“[42]

Das Modell-Statusabkommen enthält – abweichend von seinen Vorgängermodellen (z.B. UNEF I, ONUC, UNFICYP) – Vorschriften über die Entscheidungsfindung des Gremiums, bestehend aus zwei Kommissionsmitgliedern und einem Vorsitzenden: Die von den Vereinten Nationen und dem Aufenthaltsstaat zu ernennenden Kommissionsmitglieder müssen zur Entscheidungsfähigkeit des Gremiums anwesend sein (Quorum). Alle Entscheidungen[43] verlangen ein positives Votum beider Mitglieder, nicht dagegen des Vorsitzenden. Die Konzeption des Art. 51 legt die Annahme nahe, daß sowohl die Vereinten Nationen als auch der Aufenthaltsstaat jeweils einen Interessenvertreter in die Standing Claims Commission entsenden; nur für die Person des Vorsitzenden ist die richterliche Neutralität durch das besondere Berufungsverfahren gewährleistet. Die Standing Claims Commission erscheint daher im Lichte des Art. 51 Modell-SOFA weniger ein unparteiisches richterliches Gremium als ein Forum für die diplomatische Einigung zwischen den Vereinten Nationen und dem Aufenthaltsstaat zu sein. Auch wenn Art. 51 die richterliche Neutralität der Kommissionsmitglieder nicht sicherstellt, gehen die Vereinten Nationen doch von der Unparteilichkeit der Standing Claims Commission aus. Nach ihren Vorstellungen ist das Schiedsgericht bei der Rechtsfindung nicht an die Interessen der Vereinten Nationen oder des Aufenthaltsstaates gebunden, sondern nur dem objektiven Recht verpflichtet.[44] Generalsekretär Annan hebt in diesem Zusammenhang die

---

[42] Report of the Secretary-General, „Model status-of-forces agreement for peace-keeping operations“, GA 45th Sess., 9. Oktober 1990, Agenda item 76, UN-Doc. A/45/594.

[43] Nach dem Sinn und Zweck der Vorschrift sich Art. 51 hier nur auf *zusprechende* Entscheidungen beziehen.

[44] Report of the Secretary-General, „Administrative and budgetary aspects of the financing of the United Nations peacekeeping operations“, 21. Mai 1997, GA 51st Sess., Agenda item 140 (a), UN-Doc. A/51/903, Ziff. 10.

Waffengleichheit der Streitparteien Vereinte Nationen und Geschädigter vor der Kommission hervor: „... article 51 of the model agreement (...) provides for a tripartite procedure for the settlement of disputes, in which both the organizations and the claimant are treated on a par.“ [45]

Art. 51 Modell-SOFA ist vor allem aufgrund seiner fehlenden praktischen Relevanz auf UN-interne Kritik gestoßen. Das Advisory Committee on Administrative and Budgetary Questions stellte diesbezüglich fest: „The Committee requests that the Secretary-General review the current provisions of article 51 which have proved to be unrealistic or ineffective, with a view to proposing, in the light of the acquired experience in this matter, new procedures for the handling of this type of third-party claim.“[46] Der Generalsekretär hat in seinem Bericht vom 21. Mai 1997 die Kritik des Advisory Committee aufgegriffen, aber mit einer ausführlichen Begründung für die Beibehaltung des Art. 51 plädiert: „8. There is (...) no acquired operational experience against which the effectiveness or ineffectiveness of such a procedure can be judged. This may have been the result of a lack of political interest on the part of the host States, or because the claimants themselves may have found the existing procedure of local claims review boards expeditious, impartial and generally satisfactory. (...) 10. Local claims review boards, just and efficient as they may be, are United Nations bodies, in which the organization, rightly of wrongly, may be perceived as acting as a judge in its own case. Based on the principle that justice should not only be done but also be seen to be done, a procedure involves a neutral third party should be retained in the text of the status-of-forces agreement as an option for potential claimants.“[47] Die Gründe, die Generalsekretär ANNAN für die unterbliebene Aktivierung der Standing Claims Commission anführt, sind zumindest im Spiegel der Einsätze von UNEF I und II, ONUC und UNFICYP korrekturbedürftig. Es waren vor allem die Vereinten Nationen, die zeitaufwendige und kostenintensive Verfahren vor der Standing Claims Commission umgehen wollten, nicht zuletzt aufgrund ihres ungewissen Ausgangs. Im Rahmen des UNEF-Einsatzes hing die Vergleichsbereitschaft der Vereinten Nationen gegenüber den Geschädigten entscheidend mit dieser Vermeidungsstrategie zusammen.[48] Im übrigen steht dem geschädigten Individuum ohne den diplomatischen Schutz des Aufenthaltsstaates kein verfahrensrechtliches Mittel zur Verfügung, um die

---

45 UN-Doc. A/51/903 (Fn. 44), Ziff. 10.

46 Report of the Advisory Committee on Administrative and Budgetary Questions, 14. Oktober 1996, UN-Doc. A/51/491 Ziff. 9.

47 UN-Doc. A/51/903 (Fn. 44), Ziff. 8 und 10.

48 Siehe zu UNEF S. 242 ff.

Errichtung einer Standing Claims Commission zu erzwingen.[49] Das fehlende politische Interesse der Vereinten Nationen *und* des Aufenthaltsstaates – z.B. der Republik Zypern im Fall von UNFICYP – an der Errichtung einer Standing Claim Commission hat letztlich dazu geführt, daß sich die einvernehmliche Streitbeilegung durch Konsens (UNEF) zur Streitentscheidung durch Adjudikation (UNFICYP) entwickelt hat. Es sind die unterentwickelten Verfahrensrechte des Individuums gegenüber den Vereinten Nationen, die dem Vorwurf, die Vereinten Nationen träten als Richter in eigenen Angelegenheiten auf, einen fruchtbaren Nährboden bereiten.[50] Aber nicht nur das vom Generalsekretär betonte subjektive Empfinden des Anspruchsinhabers läßt die Einrichtung einer unabhängigen richterlichen Streitbeilegungsinstanz sachdienlich erscheinen. Im Fall der Claims Review Boards, die ausschließlich UN-Recht anwenden, stellt sich die systemimmanente Frage: *Quis custodit custodes*?

c) Schadensregulierung durch UN-Territorialverwaltungen

Die politische Strategie, ein Territorium zur Friedenssicherung unter die treuhänderische Verwaltung der Vereinten Nationen zu stellen, hat seit 1990 eine erhebliche Aufwertung erfahren. Nach dem Ende des Ost-West-Konflikts haben die folgenschweren Umwälzungen in der Staatenlandschaft das Bedürfnis der Staatengemeinschaft verstärkt, Territorien mit unsicherem Status durch eine internationale Interimsverwaltung im Inneren zu stabilisieren und ihre Überleitung in eine neue Staatlichkeit vorzubereiten. Die Verwaltung von Territorien durch eine Internationale Organisation ist allerdings kein Novum in der Völkerrechtsgeschichte. Auf die Verwaltung des Saargebiets durch den Völkerbund von 1920 bis 1935 wurde hier bereits ausführlich eingegangen,[51] ebenso auf die siebenmonatige UN-Verwaltung von Westneuguinea 1962/63 durch die Vereinten Nationen (UNTEA).[52] Im Jahr 1967 riefen die Vereinten Nationen den „UN-Council for Namibia“ ins Leben und betrauten das UN-Organ mit der Aufgabe, das Gebiet bis zu seiner Unabhängigkeit zu verwalten. Da allerdings die ehemalige Mandatsmacht Südafrika – Inhaber der Territorialgewalt – den Rückzug aus Namibia verweigerte, konnte der Rat zu keinem Zeitpunkt seine administrativen

---

[49] Siehe aber die Auffassung der Vereinten Nationen im Hinblick auf die besonders gestaltete Streitbeilegungsklausel des ONUC-Statusabkommens (Anrufung eines Schiedsgerichts durch eine Streitpartei), hier S. 310; in der ONUC-Praxis wurden die Globalentschädigungsabkommen von den Vereinten Nationen präferiert, um das schiedsgerichtliche Verfahren zu vermeiden.

[50] Siehe zu UNFICYP S. 413 ff.

[51] Siehe S. 112 ff.

[52] Siehe S. 429 ff.

Aufgaben innerhalb des Territoriums erfüllen.[53] Erst die neue Einigkeit im Sicherheitsrat Anfang der 90er Jahre rückte die Möglichkeit einer UN-Territorialverwaltung wieder in das Blickfeld politischer Konfliktlösungsstrategien. 1992 wurde die „United Nations Transitional Authority in Cambodia" (UNTAC) durch die Sicherheitsratsresolution 745 (1992) vom 28. Februar 1992 eingesetzt.[54] Das Mandat von UNTAC umfaßte die zivile Verwaltung Kambodschas, die Wiederherstellung und Aufrechterhaltung der inneren Sicherheit des Landes sowie die Durchführung von Wahlen. Die Mission endete nach 18 Monaten im September 1993 mit dem Zusammentreten der demokratisch gewählten kambodschanischen Regierung. Im Jahr 1996 errichtete der Sicherheitsrat die „United Nations Transitional Administration in Eastern Slavonia, Baranja and Western Sirmium".[55] UNTAES sollte ursprünglich die Region für zwölf Monate bis zur friedlichen Integration in Kroatien verwalten. Nach zweimaliger Verlängerung des Mandats[56] wurde die Mission im Januar 1998 erfolgreich beendet.

Im Jahr 1999 sahen sich die Vereinten Nationen mit einer der größten organisatorischen Herausforderungen in ihrer Geschichte konfrontiert, die Etablierung einer UN-Übergangsverwaltung für das Kosovo (UNMIK) und – vier Monate später – die Einrichtung einer UN-Übergangsverwaltung für Ost Timor (UNTAET). Neben der weltweiten Anerkennung, die den Vereinten Nationen für diese komplexen Einsätze gezollt wird, erheben sich auch vermehrt kritische Stimmen, die das ambivalente Verhältnis der Vereinten Nationen zu ihrem eigenen hoheitlichen Unrecht zum Gegenstand haben.

---

[53] Allerdings erließ der Namibiarat am 27. September 1974 in Ausübung seiner legislativen Kompetenzen ein Dekret über den Schutz der natürlichen Ressourcen von Namibia, dessen rechtliche Bindungswirkung im Zentrum des wissenschaftlichen Interesses steht, s. F. RIGAUX, The Decree for the Protection of the Natural Resources of Namibia, RDH 9 (1976), S. 451 ff.; H. G. SCHERMERS, The Namibia Decree in National Courts, ICLQ 26 (1977), S. 81 ff.; A. C. KISS, Namibia and international Human Rights Conventions, RDH 9 (1976), S. 438 ff.

[54] P. BARDEHLE, Kambodscha: ein Frieden mit Minen, VN 41 (1993), S. 81 ff.

[55] Die Errichtung von UNTAES basiert auf dem Basisabkommen über die Region Ostslavonien, Baranja und Westsirmium vom 12. November 1995, das die friedliche Integration der Gebiete in Kroatien regelt, UN-Doc. S/1995/951, Annex. Siehe auch den Bericht des Generalsekretärs vom 13. Dezember 1995, UN-Doc. S/1995/1028 über das Basisabkommen und dem daran anknüpfenden Einsetzungsbeschluß des Sicherheitsrates SC Res. 1037 (1996) vom 15. Januar 1996, UN-Doc. S/Res/1037.

[56] SC-Res. 1079 (1996) vom 15. November 1996, SCOR Resolutions and Decision 1996, S. 89, und SC-Res. 1120 (1997) vom 14. Juni 1997, SCOR Resolutions and Decision 1997, S. 17.

aa) UN-Interimsverwaltung im Kosovo (UNMIK): Der rechtliche Rahmen

Die UN-Verwaltung des Kosovos nimmt ihren historischen Ausgangspunkt im innerjugoslawischen Konflikt zwischen dem serbischen Militär und den Befreiungskämpfern der Kosovo-Albaner. Nachrichten von einer weitreichenden Vertreibung der albanischen Bevölkerungsgruppe aus ihren angestammten Siedlungsgebieten im Kosovo und das Scheitern der Friedensverhandlungen in Rambouillet[57] führten am 24. März 1999 zu einer militärischen Offensive der NATO im Kosovo. Der NATO-Luftwaffeneinsatz über der Bundesrepublik Jugoslawien und dem Kosovo (Operation Allied Force) wurde in der Wissenschaft kontrovers diskutiert, da der Sicherheitsrat die NATO zu diesem Vorgehen nicht ermächtigt hatte.[58] Militärisch war der NATO-Operation Erfolg beschieden. Am letzten Tag der NATO-Offensive, am 10. Juni 1999, verabschiedete der Sicherheitsrat auf Basis des VII. Kapitels der UN-Charta die Resolution 1244 (1999), dessen operativer Teil in Ziff. 10 den Generalsekretär ermächtigt, eine zivile UN-Interimsverwaltung für den Kosovo aufzubauen:

> „10. (...) under which the people of Kosovo can enjoy substantial autonomy within the Federal Republic of Yugoslavia, and which will provide transitional administration while establishing and overseeing the development or provisional democratic self-governing institutions to ensure condition for a peaceful and normal life for all inhabitants of Kosovo; (…).“[59]

In seinem ersten Bericht zur SC-Res. 1244 (1999) legte Generalsekretär ANNAN die Grundzüge der UN-Interimsverwaltung fest.[60] UNMIK wird von einem Sonderbeauftragten des Generalsekretärs geleitet (Special Representative of the Secretary-General), ernannt vom Generalsekretär in Absprache mit dem Sicherheitsrat.[61] UNMIK ruht auf vier operativen Säulen:[62] Die erste Säule umfaßt das Ressort Polizei und Justiz unter der direkten Leitung der Vereinten Nationen. Die zweite Säule ist die zivile Verwaltung des Kosovo, ebenfalls unter Führung der Vereinten Nationen. Der Aufbau demokratischer und institu-

---

57 Der Vertrag von Rambouillet, dem die Bundesrepublik Jugoslawien die Zustimmung verweigert hat, ist abgedr. in: UN-Doc. S/1999/648 vom 7. Juni 1999.

58 Literaturnachweise S. 541, dort Fn.6 ff.

59 SC-Res. 1244 (1999), SCOR, Resolutions and Decisions 1999, S. 35.

60 Report of the Secretary-General pursuant to paragraph 10 of Security Council Resolution 1244 (1999), 12. Juni 1999, UN-Doc. S/1999/672.

61 Am 2. Juli 1999 trat der erste Sonderbeauftragte BERNHARD KOUCHNER sein Amt im Kosovo an; s. G. BRUNNER, Völkerrecht und Selbstbestimmungsrecht in Kosovo, in: K. Clewing/J. Reuter (Hrsg.), Der Kosovo-Konflikt, 2000, S. 117, 134.

62 Die UN-Verwaltung des Kosovos durchlief mehrere Vorphasen. Die endgültige Konzeption der vier Säulen wurde im Februar 2000 eingeführt, s. M. WAGNER, Das erste Jahr von UNMIK, VN 48 (2000), S. 132, 133 f.

tioneller Strukturen im Kosovo – die dritte Säule – wird von der OSCE geleitet. Die vierte und letzte Säule betrifft den wirtschaftlichen Wiederaufbau und unterliegt der Verantwortung der Europäischen Union. Alle vier Säulen UNMIKs unterstehen der Person des Sonderbeauftragten, in dem sich die gesamte Herrschaftsgewalt im Kosovo bündelt, wie die UNMIK-Verordnung 1999/1 verdeutlicht:

> § 1.1: „All legislative and executive authority with respect of Kosovo, including the administration of the judiciary, is vested in UNMIK and is exercised by the Special Representative of the Secretary-General."[63]

Im Bereich der Gesetzgebung folgen die Kompetenzen von UNMIK dem bewährten Muster einer internationalen Territorialverwaltung: Grundsätzlich gilt das territoriale Recht kraft besonderem internationalem Anwendungsbefehl weiter. Ursprünglich sah UNMIK-VO 1999/1 vor, daß nur diejenigen Normen weitergelten sollten, die im Kosovo am 24. März 1999 in Kraft waren. Der Stichttag der NATO-Luftoffensive – vor allem aus Gründen der Rechtskontinuität von UNMIK ausgewählt[64] – stieß auf den Widerstand der einheimischen politischen Führer. Mit der UNMIK-VO 1999/24 ist nun der 22. März 1989 der Sichttag für das geltende Recht, dem Tag vor der Aufhebung des Autonomiestatus des Kosovos durch die jugoslawische Zentralregierung.[65] Die Rechtsordnung des Kosovo unter UNMIK-Verwaltung setzt sich aus dem übergeleiteten „alten" Recht und den „neuen" UNMIK-Verordnungen (Regulations) zusammen, die die übergeleitete Rechtsordnung im Rahmen des Notwendigen modifizieren und ergänzen. Neben dem übergeleiteten Recht und den UNMIK-Verordungen beanspruchen auch die Normen des internationalen Rechts Geltung im Kosovo, sei es, weil sie vor dem 22. März 1989 Teil der jugoslawischen Rechtsordnung waren, sei es kraft eines besonderen Anwendungsbefehls durch die Vereinten Nationen. UNMIK-VO 1999/24 verweist in diesem Zusammenhang explizit auf die Geltung der internationalen Menschenrechtsstandards im Kosovo:

> § 3: „In exercising their functions, all persons undertaking public duties or holding public office in Kosovo shall observe internationally recognized human rights standards, as reflected in particular in:

---

[63] UN-Doc. UNMIK/REG/1999/1 vom 25. Juli 1999.

[64] H. STROHMEYER, Collapse and Reconstruction of a Juridical System: The United Nations Mission in Kosovo and East Timor, AJIL 95 (2001), S. 46, 58.

[65] Unter besonderen rechtlichen Bedingungen gilt in Ausnahmefällen auch das lokale Recht zwischen 22. März 1989 und 24. März 1999, siehe UNMIK/REG/1999/24 § 1 Ziff. 3; zur staatsrechtlichen Stellung des Kosovo in der Bundesrepublik Jugoslawien s. BRUNNER (Fn. 61), S. 117 ff.

> The Universal Declaration of Human Rights of 10 December 1948;
> The European Convention for the Protection of Human Rights and Fundamental Freedoms of 4 November 1950 and the Protocols thereto;
> The International Covenant on Civil and Political Rights of 16 December 1966 and the Protocols thereto; (...).“

Das Rechtssystem des Kosovo stellt sich nach alledem als Normenpyramide dar: An der Spitze steht das internationale Mandat von UNMIK in Konformität mit der UN-Charta, gefolgt von den internationalen Menschenrechtskodifikationen, den UNMIK-Verordnungen und – als letzte Stufe – dem übergeleiteten Recht, das am 22. März 1989 auf dem Gebiet des Kosovo in Kraft war.[66] Die Gesetzesbindung UNMIKs und seiner Organwalter an das Recht des Kosovo wird in UNMIK-VO 2000/54 normiert:

> § 1.2: „The Special Representative of the Secretary-General may appoint any person to perform functions in the civil administration on Kosovo, including the judiciary, or remove such person. *Such functions shall be exercised in accordance with the applicable law, as specified in UNMIK Regulations No. 1999/24.*“[67]

Die Gesetzesbindung bezieht sich auf den gesamten UNMIK-Verwaltungsapparat inklusive der Kosovo Schutz-Corps und der internationalen Polizeitruppe.[68] Dagegen fallen KFOR-Schutztruppen aus dem Anwendungsbereich der UNMIK-VO 2000/54 heraus, obwohl diese als Peace-keeping-Truppen öffentliche Aufgaben wahrnehmen.[69] Der Status der KFOR-Schutztruppe im Kosovo, die mit Ausnahme des russischen Kontingents[70] unter dem militärischen Kom-

---

66 M. RUFFERT, The Administration of Kosovo and East-Timor by the International Community, ICLQ 50 (2001), S. 613, 623.

67 UNMIK/REG/1999/1 vom 25. Juli 1999, ergänzt durch UNMIK/REG/54 vom 27. September 2000 (Hervorhebung hier).

68 Siehe zu den Kosovo Schutz Korps und der internationalen Polizeitruppe WAGNER (Fn. 62), S. 135 f.

69 R. BÜLLESBACH, Aufgaben öffentlicher Sicherheit für KFOR-Soldaten im Kosovo, Humanitäres Völkerrecht 14 (2001), S. 83 ff.

70 Aufgrund der Meinungsverschiedenheit zwischen der NATO und Rußland über die NATO-Luftangriffe auf die Bundesrepublik Jugoslawien (Operation Allied Force) wurde die Teilnahme Rußlands an KFOR unter ein besonderes Regime gestellt. Am 18. Juni 1999 haben die Vereinigten Staaten und Rußland das „Agreement on Russian Participation in the International Security Force (KFOR)“ in Helsinki abgeschlossen. Gemäß des Abkommens wird das russische Kontingent primär in den deutschen und französischen KFOR-Sektoren eingesetzt. Im Anhang des Abkommens werden die besonderen Kommandostrukturen von KFOR graphisch verdeutlicht. Danach übt der NATO-Rat die operative Kontrolle über KFOR aus, via SACEUR und den Commander-in-Chief Allied Force South. Die russische Regierung, die das operative Kommando und die Kontrolle über ihre Kontingente behält, fällt damit aus den Kommandostrukturen von KFOR heraus. Die Einheit des Kommandos wird durch

mando der NATO steht, verhält sich analog zum Status der UN-Peace-keeping-Streitkräfte in ihrem Aufenthaltsstaat: KFOR ist organisatorisch und militärisch von UNMIK unabhängig, d.h. die internationale Schutztruppe ist kein UNMIK-Organ. Die Schutztruppe leitet ihr Aufenthaltsrecht im Kosovo aus der Zustimmung des UN-Sicherheitsrates ab [SC-Res. 1244 (1999) Ziff. 7]. Die Streitkräfte und ihre Mitglieder unterliegen – wie alle übrigen Rechtspersonen innerhalb des Territoriums des Kosovo – der kosovarischen Rechtsordnung. Auch in diesem Punkt unterscheidet sich der Status von KFOR nicht von dem gewöhnlichen Status einer internationalen Truppe in ihrem Aufenthaltsstaat. Eine Gemeinsame Deklaration von UNMIK und KFOR vom 17. August 2000 hebt die Bindung KFORs und UNMIKs an das Recht des Kosovo und das Primat des internationalen Mandats explizit hervor:

> Art. 2: „UNMIK and KFOR personnel shall respect the laws and regulations applicable within Kosovo in accordance with UNMIK regulations 1999/1 and 1999/24 insofar as they do not conflict with the fulfilment of the mandates given to UNMIK and KFOR by the Security Council."[71]

Diese für Statusabkommen typische Rechtsbindungsklausel muß im Kontext der weitreichenden Jurisdiktionsimmunität gesehen werden, die UNMIK, KFOR und ihr Personal im Kosovo genießen.[72] In UNMIK-VO 2000/47 heißt es:

> § 2.4: „KFOR personnel (...) shall be: (a) immune from jurisdiction before courts in Kosovo in respect of any administrative, civil or criminal act committed by them in the territory of Kosovo. Such personnel shall be subject to the exclusive jurisdiction of their respective sending States; (...)."

> § 3.3: „UNMIK personnel, including locally recruited personnel, shall be immune from legal process in respect of words spoken and all acts performed by them in their official capacity."[73]

Die Juridiktionsimmunität von UNMIK vor den Gerichten des Kosovo hat weitreichende Konsequenzen. Im Hinblick auf die Kassation rechtswidriger Ho-

---

Liaisonkontakte im NATO-Rat und den NATO-Hauptquartieren SHAPE und AFSOUTH hergestellt.

[71] UNMIK/KFOR Joint Declaration 17. August 2000, abgedr. in: D. FLECK (Hrsg.), Handbook of the Law of the Visiting Forces, 2001, S. 596 f.

[72] Im Fall von UNTAET in Ost Timor fehlt es an einer vergleichbaren Immunitätsverordnung. Dennoch wird in der Praxis UNTAET und seinem Organwaltern vor den Gerichten Ost Timors absolute Immunität für dienstliche Handlungen gewährt, s. Bericht von AMESTY INTERNATIONAL, East Timor, Justice past, present and future, 27. Juli 2001, AI-Index: ASA 57/001/2001, Ziff. 5.5.

[73] UNMIK/REG/2000/47 vom 18. August 2000.

heitsakte ist festzustellen, daß derzeit keine Verwaltungsgerichtsbarkeit im Kosovo existiert. Eine gerichtliche Überprüfung von schädigenden UNMIK-Hoheitsakten wäre insofern nur im Rahmen von (Staats-) Haftungsprozessen vor der Zivilgerichtsbarkeit möglich. Der Beschreitung dieses Rechtswegs steht indes die umfassende Jurisdiktionsimmununität UNMIKs entgegen.

Für Personen, die eine Schädigung durch die UNMIK-Interimsverwaltung bzw. durch seine Organwalter behaupteten, bietet die UNMIK-Verordnung 2000/47 einen Ersatzrechtsweg an. Unter der Überschrift „Third Party Liability" regelt § 7:

> § 7: „Third party claims for property loss or damage and for personal injury, illness or death arising from or directly attributed to KFOR, UNMIK or their respective personnel and which do not arise from ‚operational necessity' of either international presence, shall be settled by Claims Commissions established by KFOR and UNMIK, in the manner to be provided for."

KFOR hat im Anschluß an UNMIK-VO 2000/47 eine Claims Commission eingerichtet. Auf das Streitbeilegungsverfahren vor dieser Kommission wird im Rahmen des Kapitels über die NATO noch zurückzukommen sein.[74] Dagegen ist UNMIK bis heute passiv geblieben.[75] Durch Administrative Instruction No. 18/99 vom 30. November 1999[76] wurde innerhalb der UNMIK-Verwaltung ein UNMIK-Claims Review Board errichtet. Der Ausschuß – ein UNMIK-Organ – untersucht Schadensersatzansprüche Dritter im Zusammenhang mit Amtshandlungen von UNMIK-Organwaltern und Mitgliedern der internationalen Polizeitruppe. Die Kompetenzen des Ausschusses – eigenständige Streitbeilegung bei geringfügigem Streitwert, darüber hinaus lediglich Streitbeilegungsempfehlungen an die UNMIK-Verwaltung – sind identisch mit den Befugnissen der Local Claims Review Boards klassischer Peace-keeping-Missionen.[77] Eine gerichtliche oder schiedsgerichtliche Instanz, die diese UNMIK-interne Entscheidung überprüfen könnte, steht geschädigten Privatpersonen zur Zeit nicht zur Verfügung.[78] Ihre einzige Möglichkeit, die UNMIK-Verwaltung zu einer Kassa-

---

[74] Siehe S. 556 ff.

[75] Siehe aber den ersten Jahresbericht des Ombudsmannes 2000 – 2001, S. 14 (http://www.ombudspersonkosovo.org/): Am 28. Juni 2001 informierte der UNMIK-Sonderbeauftragte die Institution des Ombudsmannes im Kosovo, daß die Errichtung einer Claims Commission unter Begutachtung sei und derzeit Konsultationen mit dem UN-Hauptquartier stattfänden.

[76] Erlassen von MARYAN BAQUEROT (Director of Administration UNMIK), unveröffentlicht.

[77] Siehe für das UNEF-Claims Review Board S. 238 ff.

[78] Stand Mai 2003.

tion ihrer abweisenden Entscheidung zu bewegen, besteht darin, ihre Beschwer dem Ombudsmann des Kosovo vorzutragen.

Die OSCE richtete am 21. November 2000 das Institut des Ombudsmannes im Kosovo ein, ermächtigt durch UNMIK-VO 2000/38 vom 31. Juni 2000 (Ombudsperson Institution in Kosovo). Der Ombudsmann ist ursprünglich eine schwedische Einrichtung des 18. Jahrhunderts („umbodhsmadhr"), die 1806 in der schwedischen Verfassung förmlich verankert wurde. Als staatliche Einrichtung fungiert der Ombudsmann seit dieser Zeit als Interessenvertreter des Volkes, der Individualbeschwerden gegen den Staat und seine Einrichtungen prüft und einen begründeten Vorwurf gegenüber dem Staat vertritt.[79] In der zweiten Hälfte des 20. Jahrhunderts hat die Institution des Ombudsmannes eine weltweite Verbreitung erfahren, so auch innerhalb der UN-Territorialverwaltung des Kosovo und von Ost Timor. Der Ombudsmann des Kosovo übt seine Funktion unabhängig aus, d.h. er ist weder an Weisungen des UNMIK-Sonderbeauftragten noch der Vereinten Nationen und ihrer Mitgliedstaaten gebunden.[80] Seine Aufgabe im Kosovo wird in § 1 UNMIK-VO 2000/38 näher definiert:

> § 1.1.: „The Ombudsperson shall promote and protect the rights and freedoms of individuals and legal entities and ensure that all persons in Kosovo are able to exercise effectively the human rights and fundamental freedoms safeguarded by international human rights standards, in particular the European Convention on Human Rights and its Protocols and the International Covenant on Civil and Political Rights."

Bei der Erfüllung dieser Aufgabe[81] steht dem Ombudsmann ausschließlich das Mittel der politischen Einflußnahme zur Verfügung: Er hat das Recht der Akteneinsicht, nur beschränkbar durch den UNMIK-Sonderauftragten.[82] Stellt der Ombudsmann Verstöße der UNMIK-Interimsverwaltung gegen Menschenrechte fest, kann er gegenüber den zuständigen UNMIK-Behörden Empfehlungen aussprechen und zur Abhilfe auffordern.[83] Zeitigen diese Maßnahmen keine Wirkung, bleibt dem Ombudsmann der Gang zum UNMIK-Sonderbeauftragten und an die Öffentlichkeit. Eine darüber hinausgehende Kompetenz – z.B.

---

[79] P. GJERLOEFF BONNOR, The European Ombudsman: a novel source of soft law in the European Union, ELR 25 (2000), S. 39, 39 f.; K. WELLENS, Remedies against international organisations, 2002, S. 178 ff.

[80] § 2 UNMIK-VO 2000/38.

[81] Der Ombudsmann ist unzuständig für (1) Beschwerden, die sich auf UNMIK-Handlungen vor dem 30. Juni 2000 beziehen, (2) Bescherden gegen KFOR, (3) Streitkeiten zwischen UNMIK und UNMIK-Personal, sowie (4) Fälle außerhalb des Kosovo.

[82] § 4.7 UNMIK-VO 2000/38.

[83] § 4.10 UNMIK-VO 2000/38.

UNMIK-Entscheidungen aufzuheben oder geschädigten Individuen Kompensation zuzusprechen – besitzt der Ombudsmann nicht.

bb) Jurisdiktionsimmunität der UN-Territorialverwaltung
1. Sonderbericht des Ombudsmannes im Kosovo vom 26. April 2001

Am 26. April 2001 veröffentlichte Ombudsmann MARCEL ANTONI NOWICKI seinen ersten Sonderbericht gem. § 4.3 und § 4.9 UNMIK-VO 2000/38.[84] Gegenstand dieses Berichtes ist die UNMIK-VO 2000/47, welche UNMIK und ihren Organwaltern weitgehende Immunität vor den Zivil- und Strafgerichten des Kosovo einräumt. Die umfassende Kritik des Ombudsmannes an der UNMIK-VO 2000/47 setzt an den klassischen Gründen für die Gewährung von Immunität an.[85] In erster Linie wird Internationalen Organisationen in den Mitgliedstaaten Immunität eingeräumt, damit diese unbeeinträchtigt von staatlichen Interventionen ihre Funktionen erfüllen können.[86] Auf dieser Basis lassen sich vor allem mit Blick auf den Individualrechtsschutz unvermeidbare Einbrüche in das Rechtsschutzsystem der nationalen Rechtsordnungen rechtfertigen. Die Legitimationsgrundlage der Immunität – Schutz vor Interventionen der Mitgliedstaaten – ist nach Auffassung NOWICKIS im Fall von UNMIK nicht gegeben: „The rationale for classical grants of immunity, however, does not apply to the circumstances prevailing in Kosovo, where the interim civilian administration (United Nations Mission in Kosovo – UNMIK) in fact acts as a surrogate state."[87] In der Tat ist nicht zu übersehen, daß das Bedürfnis nach Schutz der UNMIK-Territorialverwaltung vor Beeinträchtigung seiner Funktionsausübung vor allem in dem Mißtrauen gegenüber dem im Aufbau befindlichen kosovarischen Gerichtswesen wurzelt. Darüber hinaus werden auch politische Gründe UNMIK zur Immunitätsverleihung bewogen haben, z.B. bezogen auf die Wünsche der Entsendestaaten der internationalen Polizeitruppe des Kosovo. So hat beispielsweise die kurzfristige Verhaftung eines österreichischen UNMIK-Polizisten am 26. Februar 2002 zu einer Beschwerde Österreichs an den UN-Generalsekretär geführt. Der verhaftete Polizist war von UNMIK beschuldigt worden,

[84] M. A. NOWICKI (Ombudsperson in Kosovo), Special Report No. 1, UNMIK Regulation No. 2000/47 on the Status and Privileges and Immunities of KFOR and UNMIK and Their Personnel on Kosovo, 26. April 2001, Ziff. 68 (www.ombudspersonkosovo.org/).

[85] Allgemein zur Jurisdiktionsimmunität in der internationalen Praxis S. 86 ff.

[86] NOWICKI (Fn. 84), Ziff. 23; so ausdrücklich auch der Europäische Menschenrechtsgerichtshof im Fall Waite and Kennedy v. Germany, 18. Februar 1999, ECHR Series A: Reports of Judgments and Decisions, Bd. 1999-I, S. 393, Rn. 63. Zu anderen Rechtfertigungsmodellen (Ableitung aus der Staatenimmunität, Prestige und Würde der Internationalen Organisation; Natur der Sache) siehe M. WENCKSTERN, Die Immunität internationaler Organisationen, 1994, Rn. 55 ff.

[87] NOWICKI (Fn. 84), Ziff. 23.

im Rahmen eines Verhörs Mißhandlungen vorgenommen zu haben. In einem Dringlichkeitsantrag von Abgeordneten des österreichischen Nationalrates wird zu der immunitätswidrigen Verhaftung des Polizisten ausgeführt: „Der Fall des österreichischen UN-Polizisten (...) hat (...) aufgezeigt, dass Angehörige der Exekutive und Zivilpersonen, die im Ausland im Rahmen von UN-Missionen zum Einsatz kommen, aufgrund der für sie geltenden rechtlichen Regelungen der Gefahr ausgesetzt sind, der lokalen Strafgerichtsbarkeit unterworfen zu werden. Das bedeutet, dass Polizisten im internationalen Einsatz jederzeit damit rechnen müsse, lokalen Kräften und Institutionen ausgeliefert zu sein, die durchaus auch in einem Konflikt- und Spannungsverhältnis zu den internationalen Einheiten stehen können und deren Standards nicht jenen des Entsendelandes entsprechen."[88]

Trotz eines durchaus bestehenden politischen Bedürfnisses nach partieller Immunitätsgewährung wird sich auf Basis des von NOWICKI angeführten Rechtfertigungsgrundes – Schutz vor staatlicher Intervention – die UNMIK-VO 2000/47 nicht legitimieren lassen. Darüber hinaus läßt sich die absolute Immunität einer internationalen Territorialverwaltung innerhalb des verwalteten Gebietes auch nicht auf Völkergewohnheitsrecht stützen. So waren beispielsweise die vom Völkerbund eingesetzte Regierungskommission des Saargebietes und ihre Organwalter uneingeschränkt der örtlichen Gerichtsbarkeit unterworfen.[89] Auch im Rahmen der siebenmonatigen UN-Verwaltung von West Neuguinea konnten zivile UNTEA-Organwalter keine Immunität vor den lokalen Gerichten beanspruchen.[90] Allerdings steht es UNMIK als quasi-staatlichem Gesetzgeber grundsätzlich frei, sich in den Grenzen des internationalen Rechts verfahrensrechtliche Freiräume innerhalb des territorialen Rechtsschutzsystems zu verschaffen. Die Verleihung einer *absoluten* Immunität ist freilich innerhalb der europäischen Rechtsordnungen unbekannt – ein Umstand, auf den auch NOWICKI hinweist: „The Ombudsperson further recalls that no democratic state operating under the rule of law accords itself total immunity from any administrative, civil or criminal responsibility. Such blanket lack of accountability paves the way for the impunity of the state."[91] Im europäischen Rechtsraum sind gerade mit Blick auf die Europäische Menschenrechtskonvention Immunitätsbarrieren weitgehend beseitigt worden, wenn auch nicht vollständig,

---

[88] Dringlicher Antrag gem. §§ 74a Abs.1 i.V.m. 93 Abs. 1 GOG-NR des Abgeordneten KRÜGER vom 21. März 2002, österreichischer Nationalrat, Reg. 646/AE XXI. GP.

[89] Hier ausführlich S. 469 ff.

[90] Siehe S. 432 ff.

[91] NOWICKI (Fn. 84), Ziff. 23.

wie die nicht-justiziablen „actes de gouvernement“ in Frankreich bzw. „acts of state“ im Vereinigten Königreich zeigen.[92]

Im Hinblick auf die absolute Immunität von UNMIK und seinen Organwaltern ist im Rahmen des kosovarischen Rechtssystems Art. 13 EMRK zu beachten, der dem Individuum das Recht auf wirksame Beschwerde gegen menschenrechtswidrige Hoheitsakte einräumt.[93] Die in Art. 13 EMRK enthaltene Wendung – „notwithstanding that the violation has been committed by persons acting in an official capacity“ – wurde 1950 gerade mit Blick auf die weitreichende innerstaatliche Immunität der britischen Krone in den Normtext eingefügt.[94] Art. 13 EMRK verlangt grundsätzlich keinen *gerichtlichen* Rechtsschutz gegen Menschenrechtsverletzungen.[95] Ausreichend ist das Vorhandensein einer unabhängigen Behörde mit der Kompetenz, effektive Abhilfe („relief“) zu leisten,[96] vor allem finanzielle Wiedergutmachung.[97] Die Institution des Ombudsmannes im Kosovo wird trotz seiner Weisungsfreiheit unter dem Gesichtspunkt der effektiven Abhilfe kaum den Anforderungen des Art. 13 EMRK genügen. Der Ombudsmann besitzt nach UNMIK-VO 2000/38 weder die Befugnis zur Gestaltung der Rechtslage noch die Kompetenz zur Anweisung von Schadensersatzzahlungen; sein Mittel der faktischen Einflußnahme auf die UNMIK-Verwaltung besteht in der Abgabe von Empfehlungen, die den Anforderungen des Art. 13 EMRK nicht genügen.[98] Der Mangel an effektiven Be-

---

92 D. Shelton, Remedies in International Human Rights Law, 1999, S. 64.

93 Siehe § 3 UNMIK-VO 1999/24, hier abgedr. S. 463.

94 J. A. Frowein, in: Frowein/Peukert, Europäische Menschenrechtskonvention, 1996, Art. 13, Rn. 5; H. Guradze, Die Europäische Menschenrechtskonvention, 1968, Art. 13, Rn. 8.

95 Miehsler/Vogler, in: Karl (Hrsg.), Internationaler Kommentar zur EMRK, Art. 6, Rn. 281.

96 Soering v. United Kingdom, 7. Juli 1989, ECHR Series A: Judgments and Decisions, Bd.161, Rn. 210; Vilvarajah v. United Kingdom, 30. Oktober 1992, ECHR Series A: Judments and Decisions, Bd. 215, Rn. 122: „Its (Art. 13) effect it thus to require the provision of a domestic remedy allowing the competent ‚national authority' both to deal with the substance of the relevant Convention complaint and to grant appropriate relief“.

97 Assenov et al. v. Bulgaria, 28. Oktober 1998, ECHR Series A: Reports and Decisions, Bd. 1999 VIII, S. 3269, Rn. 117; s. auch Frowein (Fn. 94), Rn. 6.

98 Frowein (Fn. 94), Rn. 3. Von einer Verletzung des Art. 13 EMRK wegen fehlender Beschwerdemöglichkeit gegenüber einer unabhängigen *entscheidungsbefugten* Behörde im Kosovo geht auch der Ombudsmann im Kosovo aus, siehe Hamdi Rashica v. UNMIK, Report Ombudsperson Institution in Kosovo No. 52/01 vom 31. Oktober 2001. Im Hinblick auf die faktische Wirksamkeit der Interventionen des Ombudsmannes im Kosovo s. den Jahresbericht 2000 - 2001, 18. Juli 2001: Die insg. vier Aufforderungen an UNMIK im Hinblick auf politische Maßnahmen blieben ohne Resonanz; von fünf Anträgen auf vorläufige Maßnahmen waren zwei erfolgreich (Quelle: http://ombudspersonkosovo.org/).

schwerdemöglichkeiten gegen Akte der öffentlichen Gewalt (Art. 13 EMRK) läßt sich allerdings durch Verfahren von Zivilgerichten kompensieren, soweit diese die Kompetenz besitzen, eine finanzielle Haftung des Hoheitsträgers für rechtswidrige Eingriffe in individuelle Rechtspositionen rechtsverbindlich auszusprechen. Die Rechtsweggarantie des Art. 6 Abs. 1 EMRK ist in diesem Bereich im Verhältnis zu Art. 13 EMRK das vorrangige Menschenrecht.[99] Aber auch im Hinblick auf Art. 6 EMRK gilt der Befund, daß die UNMIK-VO 2000/47 der Geltendmachung von zivilrechtlichen Ansprüchen auf Schadensersatz gegen UNMIK vor kosovarischen Zivilgerichten entgegensteht.

d) Analyse: Regulierungspraxis und Justizgewährungsanspruch

Die derzeitige Praxis der UNMIK-Interimsverwaltung im Kosovo, außervertragliche Individualansprüche gegen die Territorialverwaltung bzw. ihre Organwalter durch eigene Verwaltungsorgane (UNMIK-Claims Review Boards) zu prüfen und gegebenenfalls zu befriedigen, steht konzeptionell in der Tradition der Local Claims Review Boards klassischer Peace-keeping-Einsätze. Die von den Vereinten Nationen missionsübergreifend präferierte Streitbeilegung durch weisungsgebundene UN-Organe wird freilich von Mission zu Mission rechtlich unterschiedlich beurteilt werden müssen. Die Streitbeilegungspraxis von UNMIK hat sich vor allem an Art. 6 EMRK zu messen, aber auch an Art. 8, 10 AEMR und Art. 14 Abs. 1 Satz 2 IPBPR. Die genannten Menschenrechte, nach UNMIK-VO 1999/24 Bestandteil der kosovarischen Rechtsordnung, verbürgen einen innerstaatlichen Justizgewährungsanspruch des Individuums (Rechtsschutzgarantie) und ein daraus abgeleitetes Recht auf ein faires Verfahren. Zu den zentralen Anforderungen des Art. 6 Abs. 1 EMRK gehört, daß zivilrechtliche Ansprüche von einem unabhängigen und unparteiischen Gericht verhandelt werden. Dieses Gebot wird durch eine innerbehördliche, weisungsabhängige Streitschlichtungsinstanz zweifelsohne nicht erfüllt.

Die Mißachtung des Art. 6 EMRK durch UNMIK-VO 2000/47 kann damit allenfalls auf der Basis von Art. 15 EMRK gerechtfertigt werden. Die Abweichung von menschenrechtlichen Standards in Zeiten des Krieges und des öffentlichen Notstandes läßt die Außerkraftsetzung der genannten Normen in den Grenzen des Erforderlichen zu. Art. 15 EMRK wird vor allem unter dem Gesichtspunkt des Wiederaufbaus in einer unmittelbaren Nachkriegsphase für das Kosovo erwägenswert sein.[100] Gegen die Einschlägigkeit der Norm spricht indes, daß die erste Phase des vorläufigen Aufbaus der UNMIK-Verwaltung, die

---

[99] SHELTON (Fn. 92), S. 23.
[100] NOWICKI (Fn. 84), Ziff. 34.

primär der Herstellung grundlegender Stabilität diente, bereits Anfang 2000 abgeschlossen wurde.[101] Zudem erklärte die UNMIK-VO 1999/24 die Europäische Menschenrechtskonvention uneingeschränkt für anwendbar, ohne sich auf notstandsfeste Rechte zu beschränkten. Schließlich verweist Art. 15 EMRK auf die sonstigen völkerrechtlichen Verpflichtungen des Hoheitsträgers, insbesondere Art. 4 IPBPR.[102] An der von Art. 4 IPBPR verlangten Bekanntmachung des öffentlichen Notstandes fehlt es im Fall des Kosovo. Dagegen hat sich die UNMIK-Interimsverwaltung noch im Juni 2001 auf den öffentlichen Notstand im Kosovo berufen, und zwar zur Rechtfertigung der administativen Haftanordnungen ohne Einschaltung der lokalen Gerichte (contra Art. 5 Abs. 3 EMRK): „... Kosovo still ranks as an *internationally-recognized emergency*. For such circumstances, international human rights standards accepted the need for special measures that, in the wider interest of security, and under prescribed legal conditions, allow authorities to respond to the findings of intelligence that are not able to be presented to the court system."[103] Aber selbst bei Anerkennung eines öffentlichen Notstandes in der Nachkriegsphase des Kosovo muß UNMIK die Anforderungen des Art. 15 EMRK beachten. Das dort verlangte „unbedingte Erfordernis" der Weiterführung der Notstand-Praxis – hier Streitbeilegung durch ein weisungsgebundenes Exekutivorgan – wird schon angesichts der durch UNMIK-VO 2000/47 (§ 7[104]) vorgesehenen Standing Claims Commission nicht zu begründen sein. Ob in der Praxis die in § 7 UNMIK-VO 2000/47 anvisierte Claims Commission im Falle ihrer Errichtung die menschenrechtlichen Defizite der UNMIK-Streitbeilegung beseitigen kann, ob also die Kommission als unabhängiges und unparteiisches Rechtsprechungsorgan konzipiert wird, läßt sich im derzeitigen Stadium der Rechtsentwicklung nicht beurteilen.[105]

Die besonderen menschenrechtlichen Rahmenbedingungen der UNMIK-Territorialverwaltung lassen sich freilich nicht spiegelbildlich auf alle klassischen UN-Peace-keeping-Einsätze übertragen. Die Local Claims Review Boards der

---

[101] UNMIK-Verordnung 2000/1 vom 14. Januar 2000.

[102] Branningan v. McBride, 26. Mai 1993, ECHR Series A: Judgments and Decisions, Bd. 258, Rn. 56 f.

[103] UNMIK News No. 98, 25.6.2001, Hervorhebung hier, (http://www.unmikonline.org/). Als Reaktion auf die Kritik des Ombudsmanns (Sonderbericht Nr. 3 und 4) an dem praktizierte Haftverfahren operiert seit August 2001 eine internationale „Detention Review Commission", die rechtsverbindlich die Rechtmäßig- bzw. Rechtswidrigkeit der administrative angeordneten Haft feststellt. Das dreimonatige Mandat der Kommission wurde nicht verlängert. Seit Dezember 2001 überprüfen die Gerichte des Kosovo die Fortdauer der Haft, insbesondere der Oberste Gerichtshof des Kosovo.

[104] Abgedr. S. 466.

[105] Stand: Mai 2002; siehe aber auch die Kritik von NOVICKI (Fn. 84) Rn 70 ff.

klassischen Peace-keeping-Missionen agieren innerhalb eines nach innen und außen handlungsfähigen Staates; der Justizgewährungsanspruch des einzelnen richtet sich damit in erster Linie gegen den menschenrechtsverpflichteten Aufenthaltsstaat.[106] Für den Aufenthaltsstaat gilt die Grundregel, daß er trotz seiner völkerrechtlichen Verpflichtungen aus Art. 6 EMRK bzw. Art. 14 Abs. 1 Satz 2 IPBPR befugt ist, Internationalen Organisationen auf seinem Territorium Jurisdiktionsimmunität einzuräumen. Der Europäische Gerichtshof für Menschenrechte hat dieses noch einmal ausdrücklich im Fall *Waite v. Germany* (1999) hervorgehoben: „The Court recalls that the right of access to the courts secured by Article 6 § 1 of the Convention is not absolute, but may be subject to limitations; (...)."[107] Unter Hinweis auf den legitimen Zweck der Immunität, der Funktionserfüllung frei von staatlichen Interventionen, fährt der Gerichtshof fort: „For the Court, a material factor in determining whether granting ESA immunity from German jurisdiction is permissible under the Convention is whether the applicants had available to them reasonable alternative means to protect effectively their rights under the Convention."[108] Für die immunitätsbezogene Interpretation des Art. 6 Abs. 1 EMRK ist von besonderer Bedeutung, daß der Gerichtshof in diesem Kontext die Unabhängigkeit des ESA-Appeals Boards hervorhebt (ESA-Staff-Regulation No. 33 § 3). Auch das Vorgutachten der Europäischen Menschenrechtskommission im Fall *Waite v. Germany* hebt das Vorhandensein eines äquivalenten Ersatzrechtsschutzes durch die Internationale Organisation hervor. Im Fall ESA bestand beispielsweise für die Kläger die Möglichkeit, die Bundesrepublik Deutschland zu ersuchen, den Streit gemäß der ESA-Satzung vor ein internationales Schiedsgericht zu bringen.[109] Mit der Rechtsprechung des Europäischen Menschenrechtsgerichtshofs zum Fall *Waite v. Germany* hat das Verfahrensrecht aus Art. 6 Abs. 1 EMRK gerade im Hinblick auf die Grenzen der menschenrechtskonformen Immunitätsgewährung eine erhebliche Aufwertung erfahren.[110]

Die Praxis der Vereinten Nationen, im Rahmen von Peace-keeping-Missionen die Streitbeilegung durch ein weisungsgebundenes UN-Organ vorzunehmen, wird für europäische Aufenthaltsstaaten im Lichte der Rechtsprechung des Europäischen Menschenrechtsgerichtshofs zu einem völkerrechtlichen Problem. Gerade mit Blick auf die Rechtsprechung des Europäischen Menschenrechtsge-

---

[106] A. REINISCH, International Organizations before National Courts, 2000, S. 289.

[107] ECHR (Fn. 86), Rn. 59.

[108] ECHR(Fn. 86), Rn. 68.

[109] ECHR (Fn. 86), Annex, Opinion of the European Commission of Human Rights, 2. Dezember 1997, S. 413, Rn. 74 und 77.

[110] Siehe die restriktive Interpretation des Art. 6 Abs. 1 EMRK auf Basis der Gutachten der Europäischen Menschenrechtskommission bei WENCKSTERN (Fn. 86), Rn. 181 ff.

richtshofs muß Art. 6 Abs. 1 EMRK als verletzt gelten, wenn der europäische Aufenthaltsstaat die Einsetzung einer unabhängigen Standing Claims Commission nicht aktiv gegenüber den Vereinten Nationen betreibt.[111] Das konventionswidrige Verhalten des Aufenthaltsstaates wirkt sich allerdings nur beschränkt auf die Rechtsstellung des Individuums aus.[112] Es läßt sich kaum argumentieren, der Verstoß des Aufenthaltsstaates gegen Art. 6 Abs. 1 EMRK führe zum Aufleben der Jurisdiktionsbefugnis der nationalen Gerichte über den zivilrechtlichen Anspruch gegen die Vereinten Nationen.[113] Diese Konstruktion hätte zur Folge, daß der Aufenthaltsstaat kraft einer extensiv ausgelegten EMRK seine völkerrechtlichen Verpflichtungen aus dem Statusabkommen oder der UN-Immunitätenkonvention verletzen müßte. Daß diese Interpretation nicht mit dem Geist der EMRK vereinbar ist, stellt der Europäische Menschenrechtsgerichtshof im Al-Adsani-Fall nachdrücklich heraus: „The Court should as far as possible interpret in harmony with other rules of international law of which it forms part, including those relating to the grant of State immunity."[114] Aus Art. 6 Abs. 1 EMRK läßt sich daher nur ein Anspruch des Individuums gegen den Aufenthaltsstaat ableiten, und zwar auf Sicherstellung seiner internationalen Verfahrensrechte. Art. 6 Abs. 1 EMRK verpflichtet also den Aufenthaltsstaat, die ihm völkerrechtlich eingeräumten Möglichkeiten des Statusabkommens auszuschöpfen und auf die Einsetzung einer unabhängigen Standing Claims Commission nach Art. 51 Modell-SOFA hinzuwirken. Da diese Handlungspflicht des Aufenthaltsstaates aus dem menschenrechtlichen Justizgewährungsanspruchs fließt, steht sie außerhalb des Rechtsinstituts des diplomatischen Schutzes. Eine Verletzung des Art. 6 Abs. 1 EMRK kann zu einem Sekundäranspruch des Geschädigten gegen den Aufenthaltsstaat führen, gegebenenfalls auf Schadensersatz gerichtet.[115]

Verweigern die Vereinten Nationen gegenüber dem Aufenthaltsstaat die Einsetzung der Standing Claims Commission und verletzt diese Verweigerungshaltung ein Recht des Aufenthaltsstaates aus dem Statusabkommen, dann hat der Aufenthaltsstaat nach allgemeinem Völkerrecht grundsätzlich das Recht zu

---

[111] Als Beispiel kann hier die Politik Zyperns genannt werden (UNFICYP); zur Schadensreguierung im Rahmen des UNFICYP-Einsatz siehe S. 410 ff.

[112] Zur möglichen Verfassungswidrigkeit der Immuntitätsgewährung durch die Bundesrepublik Deutschland bei rechtsstaatlichen Defiziten des Ersatzrechtsschutzes der Internationalen Organisationen siehe WENCKSTERN (Fn. 86), Rn. 163 ff.

[113] Von dieser Rechtsfolge scheint der EGMR im Fall Waite v. Germany auszugehen (Fn. 86), Ziff. 73.

[114] ECHR, Case of Al-Adsani v. The United Kingdom (Appl. no. 35763/97), Judgment, 21. November 2001, Rn. 55, abgedr.: HRLJ 23 (2002), S. 39 ff.

[115] Zu den staatshaftungsrechtlichen Implikationen der Verletzung des Jusizgewährungsanspruchs s. WENCKSTERN (Rn. 86), Rn. 173 ff.

Gegenmaßnahmen (countermeasure). Zu denken wäre hier an eine temporäre Aussetzung der Jurisdiktionsimmunität der Peace-keeping-Streitkräfte, bis die Vereinten Nationen ihrer Verpflichtung aus dem Statusabkommen nachkommen. Auch wenn dieses Mittel politisch kaum angezeigt sein dürfte, so wird man ihm auf rechtlicher Ebene wenig entgegen halten können:[116] Dem Völkerrecht läßt sich keine positive Aussage zur Repressalienfestigkeit der funktionalen Immunität von Internationalen Organisationen entnehmen.[117] Allenfalls ließe sich gegen die „Selbsthilfemaßnahme" des Aufenthaltsstaates einwenden, die verfahrensrechtlichen Vorschriften[118] über die Beilegung von Streitigkeiten zwischen dem Aufenthaltsstaat und den Vereinten Nationen seien gegenüber Repressalien vorrangig bzw. exklusiv (self-contained regime). In diesem Zusammenhang ist allerdings anzumerken, daß auch die Vereinten Nationen in der Vergangenheit zu Selbsthilfemaßnahmen mit Repressaliencharakter gegriffen haben, wenn der Aufenthaltsstaat seinen Verpflichtungen aus dem Statusabkommen nicht nachgekommen ist.[119]

Unabhängig von der völkerrechtlichen Zulässigkeit einer temporären Aussetzung der Jurisdiktionsimmunität gilt jedenfalls für die Rechtsposition des Individuums: Eine *Pflicht* des Aufenthaltsstaates, derartige Gegenmaßnahmen gegenüber den Vereinten Nationen zu ergreifen, läßt sich Art. 6 Abs. 1 EMRK nicht entnehmen.[120] Angesichts dessen ist es für das Individuum von besonderem Interesse, ob es einen *direkten* menschenrechtlichen Justizgewährungsanspruch gegenüber den Vereinten Nationen hat. In diesem Kontext steht beispielsweise das UNESCO-Urteil des Cour d'Appel de Paris vom 19. Juni 1998.[121] Ein Angestellter von UNESCO wollte den vom UNESCO-Abkommen

---

[116] Offen gelassen von der ILC, Commentaries to the draft articles on Responsibility of States for internationally wrongful acts, 2001, GAOR 56th Session, Suppl. No. 10 (UN-Doc A/56/10), S. 340 a.E.

[117] Siehe den Katalog des Art. 50 Abs. 2 lit. b des ILC-Entwurfs zur Staatenverantwortlichkeit, 2001, GAOR 56th Session, Suppl. No. 10 (UN-Doc A/56/10).

[118] Art. 53, 54 Modell-Statusabkommen; als self-contained Regime hat der IGH die Diplomatenrechtskonvention und die Konsularrechtskonvention eingestuft, United States Diplomatic and Consular Staff in Tehran, I.C.J. Reports 1980, S. 3, 40 Para. 86.

[119] Z.B. die nichtkonsensuale Inbezitznahme von Privatgrundstücken, siehe hierzu S. 271 ff.

[120] Zum politischen Entschließungsspielraum („legitimate aim") der Staaten bei der Einschränkung des Justizgewährungsanspruchs aus Art. 6 EMRK, s. ECHR (Fn. 114), Ziff. 53 f.

[121] Cour d'Appel de Paris, 19. Juni 1998, Rs. 97/26549 (unveröffentlicht), siehe zum Urteil E. J. HABSCHEID, Die durch Art. 6 EMRK beschränkte Immunität internationaler Organisationen im Erkenntnisverfahren, IPRax 2001, S. 396, 399.

vorgesehenen Ersatzrechtsschutz wahrnehmen und seine Dienstrechtsstreitigkeit vor ein französisches Schiedsgericht bringen. Da UNESCO die Bestellung des Schiedsgerichtes verschleppte, beantragte der Angestellte die Bestellung durch ein französisches Gericht. Der Cour d'Appel verwarf den von UNESCO vorgebrachten Einwand der Immunität mit der Erwägung, die Verweigerung von UNESCO sei *déni de justice* und ein Verstoß gegen Art. 6 Abs. 1 EMRK. Auf dieser Grundlage erklärte das Gericht die Ernennung des Schiedsrichters durch das französische Gericht für rechtmäßig.

Im Hinblick auf die Menschenrechtsbindung der Vereinten Nationen gilt grundsätzlich der Befund, daß die Vereinten Nationen weder der Europäischen Menschenrechtskonvention noch dem Internationalen Pakt für bürgerliche und politische Rechte beigetreten sind. Eine Verpflichtung auf menschenrechtliche Standards kann daher nur auf Basis des Völkergewohnheitsrechts angenommen werden. Die Vereinten Nationen haben ihre Bindung an menschenrechtliche Prinzipien vor allem im Rahmen von Territorialverwaltungen explizit herausgestellt, also in Situationen, in denen die Organisation wie ein Staat Hoheitsrechte gegenüber dem Individuum ausübt.[122] Die Frage, ob die Vereinten Nationen darüber hinaus an menschenrechtliche Mindeststandards gebunden sind – z.B. bei der Verhängung von Wirtschaftssanktionen durch den UN-Sicherheitsrat – wird in der Literatur bejaht,[123] zum Teil unter Begrenzung auf ius cogens-Normen.[124] Die Vereinten Nationen haben ihre Bindung an die Menschenrechte nie explizit bestritten. Ihre Respektierung hat die Organisation beispielsweise durch die Errichtung eines UN-Verwaltungsgerichtshofes zum Ausdruck gebracht. In diesem Zusammenhang führt der IGH aus: „It would, in the opinion of the Court, hardly be consistent with the expressed aim of the Charter to promote freedom and justice for the individuals and with the constant preoccupation of the United Nations Organization to promote this aim that it should afford no judicial or arbitral remedy to its own staff for the settlement of any disputes which may arise between it and them."[125] Die Zielsetzungen der Vereinten Nationen in Art. 1 Abs. 3 UN-Charta werden hier zum Anknüpfungspunkt für eine implizite Kom-

[122] Siehe insbesondere im Rahmen der Verwaltung von West Neuguinea S. 438 ff.

[123] M. BEDJAOUI, The New World Order and the Security Council, 1994, S. 32; T. D. GILL, Legal and some political Limitations on the Power of the UN Security Council, NYIL 26 (1995), S. 33, 74 ff.; J. HERBST, Rechtskontrolle des UN-Sicherheitsrates, 1999, S. 380 ff.; siehe auch die umfangreiche Literatur zur Bindung der Vereinten Nationen an das völkergewohnheitsrechtlich gesicherte humanitäre Völkerrecht, hier S. 541, Fn. 208.

[124] D. STARCK, Die Rechtmäßigkeit von UNO-Wirtschaftssanktionen in Anbetracht ihrer Auswirkungen auf die Zivilbevölkerung, 2000, S. 392.

[125] Effect of awards of compensation made by the U.N. Administrative Tribunal, Order of July 13th, 1954: I.C.J. Reports 1954, S. 47, 57.

petenz der Vereinten Nationen im Bereich der Justizgewährung gemacht. Freilich läßt sich von der *Kompetenz* zur Errichtung eines unabhängigen Gerichtshofs nicht auf die *Verpflichtung* der Vereinten Nationen zu eben dieser Maßnahme schließen.

Die Beantwortung der Frage, ob die Vereinten Nationen einer gewohnheitsrechtlichen Justizgewährungspflicht unterliegen, muß mit dem Telos dieses Menschenrechts beginnen. Der Justizgewährungsanspruch des einzelnen ist die rechtliche Konsequenz des staatlichen Gewaltmonopols, sowie des Selbsthilfeverbots und der Friedenspflicht des Bürgers.[126] Verletzen die Vereinten Nationen auf dem Territorium eines Aufenthaltsstaates die Güter eines Individuums, dann ist dem Geschädigten die Befriedigung seiner Ansprüche gegen die Vereinten Nationen („claims of a private law character") im Wege der Selbsthilfe aufgrund des Gewaltmonopols des Aufenthaltsstaates verwehrt.[127] Aus diesem Grunde richtet sich sein Justizgewährungsanspruch primär gegen den Aufenthaltsstaat und nicht gegen die Vereinten Nationen. Allein der Umstand, daß die Vereinten Nationen Immunität beanspruchen, ändert nichts an dem bestehenden Gewaltmonopol des Aufenthaltsstaates und der daraus fließenden Verpflichtung auf Bereitstellung eines Rechtsweges.[128] Diese Rechtslage ändert sich erst, wenn kein Aufenthaltsstaat mit funktionierender Staatsgewalt im operativen Umfeld der Vereinten Nationen exisiert, wie z.B. im Fall Somalia. In einem „failed state" werden allerdings nur die unabdingbaren Menschenrechte Geltung beanspruchen können (Art. 4 IPBRR; Art. 15 EMRK). Der Justizgewährungsanspruch – d.h. die Streitbeilegung durch eine unabhängige Streitbeilegungsinstanz – fällt angesichts des öffentlichen Notstandes bzw. Kriegszustandes im Territorium auch für die Vereinten Nationen aus dem Kreis der notstandsfesten Menschenrechte. Die grundsätzliche Verpflichtung der Vereinten Nationen zur Streitbeilegung z.B. durch ein Local Claims Review Board wird sich in einem „failed state" direkt oder analog aus den Art. 42 ff. HLKO ergeben (occupatio bellica bzw. pacifica).[129] Wandelt sich die Präsenz der Vereinten Nationen dagegen in eine zivile Verwaltung des Territoriums, dann werden je nach tatsächli-

---

[126] P. M. HUBER, in: v. Mangold/Klein/Starck (Hrsg.), Grundgesetz Kommentar, Bd. 1, 1999, Art. 19 IV, Rn. 363.

[127] Siehe aber für die Praxis S. 457.

[128] REINISCH (Fn. 106), S. 289 und S. 306.

[129] Auf dieser rechtlichen Basis hat das australische Kontingent von UNITAF die Streitbeilegung in Somalia durch einen Organwalter aus den eigenen Reihen vornehmen lassen, siehe S. 479 ff.; siehe zur Position der Vereinten Nationen: Report of the Commission of Inquiry, established pursuant to Security Council Resolution 885 (1993) to Investigate Armed Attacks on UNOSOM II Personnel which led to Casulties Among Them, UN-Doc. S/1994/653, Ziff. 253.

cher Befriedung des Territoriums *mutatis mutandis* die Grundsätze gelten, die zu Beginn des Kapitels für UNMIK im Kosovo aufgestellt worden sind:[130] Die Vereinten Nationen sind verpflichtet, gemäß der menschenrechtlichen Standards (Art. 6 Abs. 1 EMRK, Art. 14 Abs. 1 Satz 2 IPBPR) den Bewohnern des Territoriums Zugang zu einem unabhängigen Gericht zu gewähren, vor dem sie Ansprüche gegen die Territorialverwaltung geltend machen können.

3. Militärische Kommandogewalt und Verantwortlichkeit: Der Fall Somalia

Die rechtliche Verantwortlichkeit der Vereinten Nationen für Militärakte von UN-Truppen ist seit dem Korea-Einsatz mit dem militärischen Kommando und der Kontrolle über die Streitkräfte verknüpft (operational command & control[131]). Diese militärische Kompetenz lag bei den älteren Peace-keeping-Missionen – also den Einsätzen bis 1990 – immer bei den Vereinten Nationen.[132] Das daran anknüpfende klare Verantwortungskonzept verschwimmt jedoch im Rahmen der jüngeren Peace Enforcement-Aktionen der Vereinten Nationen. So wurde bei einigen Einsätzen den Peace-keeping-Streitkräften zur Sicherung des Operationsumfeldes nationale Kampfeinheiten zugeordnet, ohne daß diese nationalen Truppen in die Kommandostruktur der Peace-keeping-Streitkräfte integriert worden wären (z.B die Rapid Reaction Force bei UNPROFOR, die Quick Reaction Force bei UNOSOM II). Während derartig koordinierte Operationen noch ein verhältnismäßig klares Bild von der Verteilung der rechtlichen Verantwortlichkeit liefern, werfen die Kommandostrukturen innerhalb der Peace-keeping-Streitkräfte gerade in jüngerer Zeit einige haftungsrechtliche Fragen auf. Die Problematik liegt in der Tendenz einiger Entsendestaaten, sich bei einem Peace-Enforcement-Mandat gegenüber den Vereinten Nationen vorzubehalten, über Umfang und Grenzen der Kampfeinsätze ihrer nationalen Kontingente letztverbindlich zu entscheiden. In diesen Fällen stellt sich die haftungsrechtlich bedeutsame Frage, wer Inhaber des operativen Kommandos über die Peace-keeping-Kontingente ist – die Vereinten Nationen oder der Entsendestaat. Ein besonders anschauliches Beispiel für die Problematik einer unklaren Kommandostruktur gibt der UN-Einsatz in Somalia 1992 bis 1995.

---

[130] Siehe S. 468 ff.

[131] Zu den Begriffen siehe S. 107 ff.; s. auch: Report of the Secretary General, Command and control of United Nations peace-keeping operations, UN-Doc. A/49/681, 21. November 1994, Ziff. 6.

[132] Siehe hier für UNEF S. 218 ff., für ONUC S. 301 und für UNFICYP S. 407.

Der staatliche Niedergang der Republik Somalia am Horn von Afrika begann mit dem Machtkampf zwischen dem Interimspräsidenten ALI MAHDI MOHAMMED und dem Milizführer MOHAMMED FARAH AIDEED. Angesichts des humanitären Notstandes in dem führungslosen Land empfahl Generalsekretär BOUTROS-GHALI dem Sicherheitsrat die Entsendung von 50 Militärbeobachtern und einer 500 Mann starken Einheit zur Sicherung der humanitären Hilfeleistungen (UNOSOM I).[133] Eingesetzt durch die Sicherheitsratsresolution 751 (1992) vom 24. April 1992 begann UNOSOM I am 5. Juli 1992 sein operatives Mandat in Somalia. Da die Mission jedoch in dem „failed state" auf den bewaffneten Widerstand von irregulären Truppen und gesetzlosen Banden stieß, beschloß der UN-Sicherheitsrat am 3. Dezember 1992 einstimmig die Resolution 794 (1992) auf Basis des VII. Kapitels der UN-Charta. Diese Resolution ermächtigte die Vereinigten Staaten, unter ihrem militärischen Kommando („unified command and control"[134]) eine militärische Koalition von freiwilligen Staaten zu organisieren – UNITAF – um mit den militärisch notwendigen Mitteln ein sicheres Umfeld für die humanitären Hilfeleistungen herzustellen. Am 8. Dezember 1992 landeten die ersten Einheiten der US-Army in Mogadischu, Mitte Dezember stießen UNITAF-Kontingente aus Frankreich, Kanada, Belgien, Italien, Marokko und Australien hinzu. Das UNITAF-Kommando wurde von den Vereinigten Staaten Lieutenant General ROBERT JOHNSTON (US Marine Corps) überantwortet. UNOSOM I unterhielt lediglich Liaisonkontakte zu UNITAF.[135] Der gesamte UNITAF-Einsatz zeichnete sich dadurch aus, daß die einzelnen nationalen Kontingente einem bestimmten Gebiet zugewiesen waren, für dessen Sicherheit sie ausschließlich zuständig waren. Alle nationalen Kontingente von UNITAF unterstanden ihm Rahmen ihrer Mission dem operativen Kommando der Vereinigten Staaten, d.h. dem United States Central Command (CENTCOM).[136]

Hinsichtlich der Schadensregulierung wurde zwischen den Vereinigten Staaten und den übrigen Entsendestaaten eine spezielle Abrede[137] getroffen. Danach fiel die Abwicklung etwaiger Ansprüche gegen die nationalen UNITAF-Kontingente in den Zuständigkeitsbereich der betreffenden Entsendestaaten, so auch

---

[133] UN-Doc. S/23829.

[134] SC-Res. 794 (1992) vom 3. Dezember 1993, Ziff. 10, SCOR, Resolutions and Decisions 1992, S. 69.

[135] UNITED NATIONS, Blue Helmets, 1996, S. 295.

[136] M. KELLY, Restoring and Maintaining Order in Complex Peace Operations, 1999, S. 36.

[137] Sog. Memorandum of Understanding.

die Ansprüche gegen das australische UNITAF-Kontingent.[138] Australien etablierte aus diesem Grunde in ihrem südsomalischen Einsatzgebiet ein spezielles „Claims-Regime". Alle Personen, die behaupteten, Schäden an Eigentum oder Gesundheit durch das australische Kontingent erlitten zu haben, konnten sich an den Rechtsberater des Kontingents wenden. Dieser ermittelte die zugrundeliegenden Tatsachen und stellte gegebenenfalls eine finanzielle Haftung Australiens fest. MICHAEL KELLY, der in dieser Funktion in Südsomalia tätig war, berichtet von insgesamt 17 Schadensersatzforderungen, von denen letztlich neun von Australien akzeptiert wurden.[139] Die Verpflichtung zur Einrichtung eines derartigen Streitbeilegungsverfahrens für die Zivilbevölkerung leitete Australien aus dem Recht der besetzten Gebiete nach Haager und Genfer Recht ab.[140] Die Höhe der geleisteten Kompensation richtete sich – in Absprache mit den übrigen UNITAF-Kontingenten – nach lokalen Standards, im moslemischen Somalia also primär nach dem Diyet (Diya), eine Form von Blutpreis des islamischen Gewohnheitsrechts.[141] Wie schon die Vereinten Nationen im Rahmen von UNEF[142] stieß auch der australische Legal Officer KELLY bei der Festsetzung des Kompensationsumfanges bei Todesfällen auf gewisse Umsetzungsschwierigkeiten: „Under Somali custom, the death claim had to be paid in terms of the 'Dia' (…), which involved the provision by one clan to another of either 100 camels for the loss of a male or 50 camels for the loss of a female. Not having a stock of camels to faciliate such a settlement, an assessment was made as to the value of the camel. It was eventually determined that the camel was worth US $ 100."[143]

---

[138] Memorandum of Understanding between the United States Department of Defence and (...) concerning UNITAF (unveröffentlicht); derartige Klauseln sind typisch für eine Koalition von Streitkräften unter einem Unified Command; sie wurden bereits im Rahmen des Korea-Einsatzes 1950 von den Vereinigten Staaten in die Truppenabkommen eingefügt, siehe S. 200 f. Siehe auch das Memorandum of Understanding zwischen dem britischen Verteidigungsministerium etc. und dem türkischen Generalstab „concerning arrangements and relating matters in the International Security Assistance Force (ISAF) Afghanistan" vom 4. Januar 2002 (unveröffentlicht): 15.2 (b) Injury of Third Party: Claims arising from any act, negligence or omission of a Participant, or any of its (...) agents which results in injury, death or damage will be dealt with and settled by that Participant at its own cost."

[139] KELLY (Fn. 136), S. 39.

[140] KELLY (Fn. 136), S. 39.

[141] H. KRÜGER, Vermögensrechtliches Privatrecht and Shari'a am Beispiel der Vereinigten Arabischen Emirate, ZVglRWiss 97 (1998), S. 360, 371; Encyclopaedia of Islam, Stichwort: Diya, Bd. 2, 1965, S. 340 ff.

[142] Siehe hierzu S. 281 ff.

[143] KELLY (Fn. 136), S. 39.

Die UNITAF-Operation endete nach fünf Monaten. Am 3. März 1993 empfahl Generalsekretär BOUTROS-GHALI dem Sicherheitsrat, UNITAF in die UN-Mission UNOSOM II überzuleiten.[144] Gemäß des Operationsplans des Generalsekretärs übergab General HOWE am 4. Mai 1993 die Leitung der militärischen Operation an UNOSOM II-Truppenkommandeur Lieutenant General BIR aus der Türkei. Die Überleitung der Truppenkontingente von UNITAF zu UNOSOM II war nicht in allen Fällen mit der Übertragung des militärischen Kommandos auf die Vereinten Nationen verbunden. Die australische Regierung räumte den Vereinten Nationen lediglich die niedrigste militärische Befehlskompetenz – tactical control[145] – über ihr ehemaliges UNITAF-Kontigent ein und zog ihre Truppen zwei Wochen später aus Somalia ab. Für die Vereinigten Staaten war UNOSOM II die erste Teilnahme an einer Peace-keeping-Mission. Die Regierung unterstellte allerdings ihre Truppen ausdrücklich *nicht* dem operativen Kommando (operational command) der Vereinten Nationen. US-Präsident CLINTON führt in seiner im Anschluß an den Somalia-Einsatz erlassene „Presidential Decision Directive" zur US-Politik im Hinblick auf multinationale Friedenseinsätze aus:

> „B. Definition of Command: No President has ever relinquished command over U.S. forces. Command constitutes the authority to issue orders covering every aspect of military operations and administration. The sole source of legitimacy for U.S. commanders originates from the U.S. Constitution, federal law and the Uniform Code of Military Justice and flows from the President to the lowest U.S. Commander in the field. The Chain of command from President to the lowest U.S. commander in the field remains inviolate. The chain of command from the President to the lowest U.S. commander in the field remains inviolate."[146]

Die Vereinigten Staaten überstellten statt dessen die Logistikeinheiten der US-Force der operativen Kontrolle (operational control) der Vereinten Nationen,

---

[144] Further Report of the Secretary-General submitted in pursuance of Paragraph 18 and 19 of Resolution 794 (1992), UN-Doc. S/25354 vom 3. März 1993.

[145] Zum Begriff S. 111.

[146] Presidential Decision Directive (PDD) vom 3. Mai 1994 wurde von US-Präsident Clinton gerade mit Blick auf den abgeschlossenen Somalia-Einsatz erlassen. Das Dokument ist als streng vertraulich klassifiziert worden und weder für Staaten, Internationale Organisationen oder die Öffentlichkeit zugänglich. Die hier zitierte Passage ist Teil einer Zusammenfassung, veröffentlicht in ILM 33 (1994), S. 795, 808. „Key elements of the Clinton Administration's Policy on Reforming Multilateral Peace Operations. Introduction: The Role of Peace Operations in U.S. Foreign Policy."

einem Unterfall des operativen Kommandos.[147] In der Presidential Directive heißt es diesbezüglich:

> „C. Definition of Operational Control: (...) Within the limits of operational control, a foreign UN Commander cannot: change the mission or deploy U.S. forces outside the area of responsibility agreed to by the President, separate units, divide their supplies, administer discipline, promote anyone, or change their internal organization.“ [148]

Die Übertragung dieser eingeschränkten Befehlsgewalt hatte zur Folge, daß der UNOSOM II-Kommandeur die Truppen nur in den Grenzen der von der US-Regierung genehmigten Einsätze operativ verwenden konnte, während die US-amerikanische Regierung auch weiterhin in der Lage blieb, ihren Kontingente Einzelanweisungen zu geben.[149] Die von den Vereinigten Staaten zur militärischen Flankierung von UNOSOM II zur Verfügung gestellte US-Kampfeinheit „Quick Reaction Force“ und die zur Jagd auf Clanchef AIDEED eingesetzten US-Ranger und Delta-Force-Truppen blieben dagegen unter dem operativen Kommando *und* der operativen Kontrolle der US-amerikanischen Regierung, genauer des United States Central Command (CENTCOM).[150] Auch die Bundesrepublik Deutschland entschied sich gegen die Übertragung des operativen Kommandos über die UNOSOM II-Bundeswehreinheiten auf die Vereinten Nationen. Die Regierung faßte am 21. April 1993 den Beschluß: „... entsprechend der mit Note der Vereinten Nationen vom 12. April 1993 unterbreiteten Bitte, die Operation der Vereinten Nationen in Somalia durch Entsendung eines verstärkten Nachschub- und Transportbataillons der Bundeswehr zu unterstützen. (...) Der Kommandeur von UNOSOM II erhält *wie üblich* ‚operational control'; die Befehls- und Kommandogewalt bleibt bei dem Bundesminister der Verteidigung.“[151] Generalsekretär BOUTROS-GHALI bestätigte am 24. April, „... the authority of operational command will rest with the Federal Minister of Defence“, bezeichnenderweise unter Auslassung des Passus „as customarily“, den die Bundesregierung in ihrem Schreiben verwendet.[152] General NAUMANN beschrieb im So-

---

[147] C. K. HARPER (Legal Adviser, Department of State), Statement before the Legislation and Nations Security Subcommittee of the House of Government Operations Committee, 3. März 1994, ILM 33 (1994), S. 822, 827; siehe hier S. 107 ff.

[148] Presidential Decision Directive (Fn. 146), S. 808.

[149] K. ALLARD, Somalia Operations: Lessons Learned, 1995, S. 25 und 29.

[150] ALLARD (Fn. 149), S. 72.

[151] Regierungsbulletin Nr. 32/1993 vom 23. April 1993, S. 280 ff. (Hervorhebung hier).

[152] Zitate nach K. DAU/G. WÖHRMANN (Hrsg.), Der Auslandseinsatz deutscher Streitkräfte, 1996, S. 609.

malia-Verfahren vor dem Bundesverfassungsgericht[153] die diffizile Verteilung der Kommandogewalt zwischen den Vereinten Nationen und der Bundesrepublik Deutschland: Der deutsche Befehlshaber des Bundeswehr-Truppenkontingents vor Ort mußte während der Teilnahme an UNOSOM II bei jedem Einsatzauftrag, den er von dem UN-Kommando in Mogadischu erhielt, prüfen, ob sich dieser Einsatzauftrag im Rahmen des von der Bundesrepublik Deutschland gebilligten Einsatzkonzeptes von UNOSOM II bewegt. Stellte er fest, daß dies nicht der Fall ist, mußte er sich an den Inhaber der Befehls- und Kommandogewalt – also den Inhaber des „operational commands" – wenden, im Fall des Somalia-Einsatzes also das deutsche Verteidigungsministerium.[154]

Der Verbleib des operativen Kommandos beim Entsendestaat, wie es sich die Vereinigten Staaten und die Bundesrepublik Deutschland für ihre UNOSOM II-Kontingente ausbedungen haben, wirft die haftungsrechtlich zentrale Frage auf, ob die Akte dieser Kontingente den Vereinten Nationen zurechenbar sind. Gerade unter dem Blickwinkel des oben dargestellten US-amerikanischen operational control-Verständnisses erscheint UNOSOM II aus dem traditionellen Peace-keeping-Konzept herauszufallen. In diesem Zusammenhang ist bemerkenswert, daß sich auch der UN-Generalsekretär bei der Konzeption von UNOSOM II der US-amerikanischen Terminologie bediente:

> „Phase I
> 81. In this phase, military operations would concentrate on the transition of *operational control* from UNITAF to UNOSOM II (...).
> Phase II
> 85. Military operations in phase II would be designed to consolidate United Nations *operational control* over all assigned elements and designated activities. (...)"[155]

Die Bezeichnung der Kommandogewalt der Vereinten Nationen als „operational control" steht im auffälligen Kontrast zu der sonst gepflegten UN-Terminologie in Zusammenhang mit älteren Peace-keeping-Einsätzen. In deren Rahmen wurde regelmäßig von „command authority"[156] oder „United Nations Com-

---

[153] Organstreitverfahren vor dem Bundesverfassungsgericht Akz. 2 BvE 3/92 (Aida-Einsatz der Bundeswehr); 2 BvE 5/93 (AWACS-Verfahren) und BvE 8/93 (Somalia-Verfahren), Urteil vom 12. Juli 1994: BVerfGE 90, 286 ff. (Adria/AWACS/Somalia).

[154] DAU/WÖHRMANN (Fn. 152), S. 735.

[155] Further Report of the Secretary-General Submitted in Pursuance of Paragraphs 18 and 19 of Resolution 794 (1992), UN-Doc. S/25354 vom 3. März 1993, Ziff. 81 und 85 (Hervorhebung hier).

[156] Vgl. Art. 11 des Truppenstatuts von UNEF I.

mand"[157] gesprochen; letztere Bezeichnung wurde vom Generalsekretär ausdrücklich dem militärischen Konzept des *operational command* zugeordnet.[158] Andere UN-Quellen weisen indes dem UNOSOM II-Verband traditionelle Peace-keeping-Strukturen zu. Im Anforderungsschreiben des Generalsekretärs BOUTROS-GHALI an die Entsendestaaten vom 12. April 1993 heißt es: „All military personnel deployed to Somalia come under the command of the Force Commander on arrival on the mission area or upon assignment to UNOSOM II."[159] Im Rückblick bezeichnete BOUTROS-GHALI UNOSOM II als „... first peace-enforcement authorized and commanded be the United Nations ..."[160].

Die Zitate zeigen, daß der Generalsekretär das klassische Peace-keeping-Konzept des „United Nations Command" auch im Fall von UNOSOM II verwirklicht sah. Nach dem Selbstverständnis der Vereinten Nationen wurde UNOSOM II in der Tradition der vorangegangenen Peace-keeping-Missionen als *Nebenorgan* des Sicherheitsrates mit der entsprechenden organisatorischen und befehlsmäßigen Anbindung an den Sicherheitsrat bzw. den Generalsekretär konstituiert.[161] Von der Organeigenschaft des UNOSOM II-Verbandes ging im übrigen auch die Bundesregierung aus. Im Rahmen des Somalia-Verfahrens vor dem Bundesverfassungsgericht[162] ließen sich die Regierungsvertreter ein: „Der VN-Verband (UNOSOM II), der nach außen (...) als Organ der Vereinten Nationen handelt, besteht intern aus in einem Kooperationsmechanismus zusammenarbeitenden nationalen Verbänden."[163] Bemerkenswert ist dabei, daß die Bundesregierung trotz der Organstellung von UNOSOM II in bezug auf das deutsche Kontingent eine *Organleihe* an die Vereinten Nationen verneinte, und zwar mit Verweis auf die fehlende Übertragung des operativen Kommandos: Die deutschen Soldaten seien weder vollständig aus dem eigenen staatlichen Hoheitsverband ausgegliedert, noch vollständig in die internationale UN-Befehlsstruktur eingegliedert worden.[164] Diese Argumentation – die in letzter Konsequenz zur völkerrechtlichen Verantwortlichkeit Deutschlands für die schädigenden Handlungen ihrer UNOSOM-Soldaten führen würde – ist rechtlich kaum haltbar. Die internationale Organleihe zeichnet sich gerade im Fall

---

157 Report of the Secretary-General, Command and control of United Nations peace-keeping operations, UN-Doc. A/49/681 vom 21. November 1994, Ziff. 6.

158 UN-Doc. A/49/681 (Fn. 157), Ziff. 6.

159 Zitiert nach DAU/WÖHRMANN (Fn. 152), S. 608.

160 B. BOUTROS-GHALI, United Nations and Somalia, Introduction, 1996, S. 43 Ziff. 124.

161 Vgl. auch U. FINK, Kollektive Friedenssicherung, Bd. 2, 1999, S. 749.

162 Verfahren Akz. 2 BvE 8/93, BVerfGE 90, 286 ff.

163 Zitiert nach DAU/WÖHRMANN (Fn. 152), S. 649.

164 DAU/WÖHRMANN (Fn. 152), S. 640.

von Peace-keeping-Missionen dadurch aus, daß keine vollständige Eingliederung der Kontingente in den Peace-keeping-Verband erfolgt. Die Entsendestaaten behalten seit dem ersten Peace-keeping-Einsatz (UNEF I) nicht nur die Straf- und Disziplinargewalt über ihre „entliehenen" Soldaten, sondern auch alle Beförderungs- und Versetzungsrechte. Die nationalen Kontingente und ihre Mitglieder bleiben de iure-Organe ihrer Entsendestaaten und damit weiterhin deren Dienstgewalt unterworfen.[165] Der unberührte nationale Organstatus hatte bereits im Rahmen der Einsätze von UNEF und ONUC zur Folge, daß sich der Generalsekretär z.B. mit der Möglichkeit eines unabgesprochenen Abzugbefehls seitens der Entsendestaaten befassen mußte.[166] Angesichts der traditionell begrenzten Befehlsgewalt der Vereinten Nationen über die Peace-keeping-Kontingente stellt das Bundesverfassungsgericht zu Recht fest: „In dieser Praxis der Aufstellung von Friedenstruppen, die unter einheitlichem VN-Kommando operieren, ordnet sich die Vereinbarung über die deutsche Beteiligung am Somalia-Einsatz der Vereinten Nationen ein."[167] Auch in der US-amerikanischen Literatur wird die Bereitstellung der US-amerikanischen Logistikeinheiten für UNOSOM II als Fall der Organleihe erachtet. KENNETH ALLARD führt diesbezüglich aus: „The logistical components of U.S. Forces in Somalis were OPCON (i.e. under operational control as 'leased' forces) to the United Nations, while the Quick Reaction Force was still commanded and controlled (i.e. as 'owned' forces) by CENTCOM."[168]

Damit entpuppt sich die Problematik der eingeschränkten Befehlsgewalt über UNOSOM II als rein terminologisches, nicht als konzeptionelles Problem. Die von der Bundesregierung und den Vereinigten Staaten herausgestrichene Unterscheidung zwischen „operational command" und „operational control" ist kein Eingriff in die traditionelle UN-Kommandostruktur, sondern die von nationalen Interessen gesteuerte Fokussierung auf verbleibende nationale Handlungsmöglichkeiten im Rahmen von UN-Militärmissionen. Dennoch ist nicht zu verkennen, daß die Einflußnahme der Entsendestaaten auf die Durchführung von UN-Missionen seit 1990 erheblich zugenommen hat. Diese Entwicklung hat die Vereinten Nationen dazu bewogen, die Einheit des militärischen Kommandos als unabdingbare Voraussetzungen für einen erfolgreichen UN-Militäreinsatz

[165] Siehe hier S. 103 ff.

[166] Siehe hier S. 301. Die „Convention on the Safety of United Nations and Associated Personnel" vom 17. Februar 1995 erkennt das Recht des Entsendestaates auf Abzug seiner Kontingente ausdrücklich in Art. 20 an, ILM 34 (1995), S. 484, 492.

[167] BVerfGE 90, 286, 353 (Adria/AWACS/Somalia).

[168] ALLARD (Fn. 149), S. 72.

verstärkt zu betonen und sich vorzubehalten, die Auswahl potentieller Entsendestaaten an diesem Kriterium auszurichten.[169]

Der Umstand, daß die UNOSOM II-Kontingente unter dem militärischen Kommando der Vereinten Nationen operierten, in der *nationalen* Militärsprache als operational control bezeichnet,[170] während die Quick Reaction Force unter dem ausschließlichen Kommando der US-amerikanischen Regierung blieb, hat sich in der Haftungspraxis niedergeschlagen. Nach der Transformation von UNITAF in UNOSOM II richteten die Vereinten Nationen nach bewährtem Konzept vor Ort ein UNOSOM-Claims Review Board ein. Alle somalische Staatsangehörigen, die Schäden durch die Quick Reaction Force behaupteten, wurden formlos an die zuständigen Stellen der US-Truppen in Somalia verwiesen.[171] Die Vereinigten Staaten verfuhren in diesen Fällen nach ihrem speziellen innerstaatlichen Kompensationsrecht, dem Foreign Claims Act.[172] Dagegen wurden die durch UNOSOM II-Kontingente und ihre Mitglieder verursachten Schäden in gewohnter Weise vom UNOSOM-Claims Office bearbeitet und gegebenenfalls finanziell kompensiert.[173] Dieses Verfahren wurde auch im Fall der Bundeswehreinheiten angewendet.[174] Soweit Entsendstaaten ihre verbleibende oberste Befehlsgewalt dazu genutzt haben, ihren UNOSOM II-Kontingenten eigene Dienstaufträge zu erteilen, verschob sich die rechtliche Verantwortlich-

---

[169] GA-Res. 48/43 vom 10. Dezember 1993, „Strengthening United Nations command and control capabilities"; Report of the Secretary-General, Command and control of United Nations peace-keeping operations, UN-Doc. A/49/681 vom 21. November 1994; A. T. ABRASZEWSKI/R. V. HENNES/B. P. KRASULIN/K. I. OTHMAN (Joint Inspection Unit, United Nations): Military Component of United Nations Peace-Operations, 1995, UN-Doc. A/50/576.

[170] Auch die NATO differenziert wie die Staaten zwischen „operational control" und „operational command", siehe hier S. 107 ff.

[171] UN-Doc. A/51/389 (Fn. 32), Ziff. 19.

[172] Zum Einsatz des Foreign Claims Act im Rahmen des Korea-Einsatzes siehe S. 200 ff.

[173] Report of the Secretary-General, Procedures in place for implementation of article VIII, section 29, of the Convention on the Privileges and Immunities of the Untied Nations, UN-Doc. A/C.5/49/65 vom 24. April 1995, Ziff. 20, s. auch UN-Doc. A/51/389 (Fn. 32), Ziff. 26. Gegen die Vereinten Nationen wurde in Zusammenhang mit UNOSOM I und II vor dem US-District Court Klage durch einen somalischen Staatsangehörigen erhoben auf Zahlung von Schadensersatz i.H.v. US $ 190 Millionen wegen rechtswidriger Besetzung von Immobilien in Somalia. Die Klage wurde mit Veweis auf die Immunität der Vereinten Nationen und ihrer Bediensteten abgewiesen, *Askir v. Boutros-Ghali et al.*, US-District Court for the Southern District of New York, Urteil vom 29. Juli 1996, F. Supp., Bd. 933, S. 368 ff.

[174] Nach Auskunft des Bundesamtes für Wehrverwaltung wurden auch die Schäden der Bundeswehrsoldaten des UNOSOM II-Kontingentes durch die Vereinten Nationen beglichen, nachdem die Bundesrepublik Deutschland aus Gründen der schnelleren Abwicklung gegenüber den betroffenen Bundeswehrsoldaten in Vorleistung getreten war.

keit für diese Militärakte auf den Entsendestaat. Der Entsendestaat hatte mit dem konkreten Handlungsbefehl die effektive Kontrolle über die Akte seiner Soldaten ausgeübt, mit der haftungsrechtlichen Folge, daß ihr schädigendes Verhalten nunmehr ihm zugerechnet wurde.[175] Als Beispiel für eine derartige Verlagerung der rechtlichen Verantwortlichkeit auf den Entsendestaat kann das Handeln des Kommandeurs des italienischen UNOSOM II-Kontingents dienen. Dieser hatte mit Zustimmung Italiens separate Verhandlungen mit dem von der Quick Reaction Force gesuchten AIDEED geführt. Auf Bitten der Vereinigten Staaten ersuchten die Vereinten Nationen Italien, den Kommandeur zu repatriieren, allerdings ohne Erfolg. KENNETH ALLARD kommentiert diesen Vorfall als „... useful demonstration of both the fundamental existence of parallel lines of authority and the fundamental difficulties of commanding a coalition force under combat condition. "[176]

4. Operational Necessity

Das Prinzip *operational necessity* ist seit dem ersten Peace-keeping-Einsatz UNEF I[177] kontinuierlich von den Local Claims Review Boards angewendet worden, jüngst z.B. im Fall der von Bosnien-Herzegowina und Kroatien gegen die Vereinten Nationen geltendgemachten Straßenschäden durch UNPROFOR-Fahrzeuge.[178] Der operational necessity-Grundsatz findet zwei systematisch zu unterscheidende Anwendungsfelder: (a) Die nichtkonsensuale Inanspruchnahme von privaten Immobilien und (b) die Schädigung von Privateigentum. In beiden Fällen weist der Einwand der operativen Notwendigkeit – wie sein kriegsrechtliches Pendant *military necessity*[179] – auf die Rechtmäßigkeit der betreffenden Maßnahme hin.[180] Unter Bezugnahme auf die bisherige UN-Haftungspraxis hat der UN-Generalsekretär in seinem Bericht über die Haftung der Vereinten Nationen im Rahmen von Peace-keeping- und Peace Enforcement-Einsätzen (1996) den operational necessity-Grundsatz konkretisiert und weiterentwickelt.[181]

---

[175] UN-Doc. A/51/389 (Fn. 32), Ziff. 18.

[176] ALLARD (Fn. 149), S. 71 f.

[177] Ausführlich hierzu S. 267 ff.

[178] Siehe S. 455.

[179] Hierzu S. 386 ff.

[180] D. SHRAGA, UN Peacekeeping Operations: Applicability of International Humanitarian law and Responsibility of Operations-related Damages, AJIL 94 (2000), S. 406, 410.

[181] UN-Doc. A/51/389 (Fn. 32), Ziff. 9. ff.

a) Nichtkonsensuale Inanspruchnahme von Privateigentum

Im Hinblick auf nichtkonsensuale Inanspruchnahme von Privatgrundstücken bestätigt der Bericht des Generalsekretärs die bisherige UN-Praxis: Soweit ein Aufenthaltsstaat seiner internationalen Verpflichtung gegenüber den Vereinten Nationen nicht nachkommt, indem er gar keine bzw. nicht in ausreichender Zahl Immobilien zur Verfügung stellt, greift das mandatsimmanente Sekundärrecht der Vereinten Nationen: Die Vereinten Nationen dürfen sich unter Eingriff in die Souveränität des Aufenthaltsstaates das operativ notwendige Gelände im Wege der Selbsthilfe beschaffen, insbesondere durch die Beschlagnahme privater Immobilien.[182] Die im Lichte des Mandats rechtmäßige Selbsthilfemaßnahme führt dazu, daß weder der Privateigentümer noch der Aufenthaltsstaat einen Schadensersatzanspruch gegen die Vereinten Nationen geltend machen kann. Allerdings hat der Privateigentümer gegen die Vereinten Nationen einen Anspruch auf adäquate Entschädigung, wie Generalsekretär ANNAN in seinem ersten Bericht herausstellt: „The legality of the occupancy under these conditions does not, however, exempt the Organization from liability to pay adequate compensation ...“[183]. Die Pflicht der Vereinten Nationen zur Entschädigung des Privateigentümers ergibt sich aus den Normen des internationalen Eigentumsschutzes.[184] Der Umfang der Entschädigungsleistung – *adäquate* Entschädigung, gleichzusetzen mit *voller* Entschädigung[185] – folgt dem internationalen Standard, wie er in der vielzitierten Hull-Formel zum Ausdruck kommt. In einer Note des amerikanischen Secretary of State HULL an den mexikanischen Botschafter in Washington vom 22. August 1938 hieß es: „... but when from the necessity or policy of the Government it appropriates or destroys the property or property rights of an alien it is held to make full and adequate recompense therefor.“[186] In der Praxis wird der Privateigentümer – je nach vorangegangenem Gebrauch des Grundeigentums – für den Nutzungsausfall, den Mietausfall oder für die Abnutzung (wear and tear) entschädigt.[187] Soweit die Vereinten Nationen auf staatliches Eigentum ohne Einwilligung des Aufenthaltsstaates Rückgriff nehmen, entsteht kein Entschädigungsanspruch des Aufenthaltsstaates. Dies ist die logi-

[182] Siehe ausführlich im Rahmen des UNEF-Einsatzes S. 277 ff.

[183] UN-Doc. A/51/389 (Fn. 32), Ziff. 12.

[184] Vgl. S. 275 ff.; die Vereinten Nationen scheinen dagegen ihre Kompensationspflicht gegenüber dem Privateigentümer als Selbstverpflichtung aufgefaßt zu haben „... the Organization nevertheless considers itself liable to pay the private owner adequate compensation ...“, UN-Doc. A/51/903 (Fn. 44), Ziff. 30.

[185] GLORIA, in: Ipsen (Hrsg.), Völkerrecht, 1999, § 47, Rn. 21.

[186] Abgedr. in: AJIL 32 (1938) Suppl. 191, 193.

[187] UN-Doc. A/51/903 (Fn. 44), Ziff. 30, im Hinblick auf den Aspekt der Abnutzung der besetzten Immobilien vor allem in Abgrenzung zu Zerstörung und Beschädigung des Eigentums, a.a.O. Ziff. 33.

sche Konsequenz der internationalen Verpflichtung des Aufenthaltsstaates, den Vereinten Nationen *kostenfrei* das zur Erfüllung des Mandats notwendige Gelände zur Verfügung zu stellen (Art. 16 Modell-SOFA[188]). Auf Basis dieser Verpflichtung entsteht im Zeitpunkt der tatsächlichen Entschädigung des Privateigentümers ein internationaler Regreßanspruch der Vereinten Nationen gegen den Aufenthaltsstaat. Wann sich eine Immobilie im Privateigentum befindet bzw. wann sie als staatliches Eigentum angesehen werden kann, soll nach Auffassung des Generalsekretärs in analoger Anwendung des Rechts der besetzten Gebiete entschieden werden: „In the absence of a definition of what constitutes State-owned property, or a test of ownership in case of doubt or mixed ownership, the notion of State property should be interpreted strictly. By analogy with article 56 of the Hague Regulations, the property of municipalities should be considered for the purposes of peacekeeping operations as private property."[189]

Die dargestellten Grundsätze der Entschädigungspflicht und des Regreßanspruchs der Vereinten Nationen beziehen sich auf klassische Peace-keeping-Missionen, d.h. Militäreinsätze mit Zustimmung des Aufenthaltsstaates. Kollabiert der Aufenthaltsstaat nach Beginn der Peace-keeping-Mission, wie z.B. im Fall von ONUC[190], dann ist der Regreßanspruch der Vereinten Nationen gegen den Aufenthaltsstaat bereits faktisch nicht durchsetzbar. Dieser Umstand hat freilich keinen Einfluß auf die Entschädigungspflicht der Vereinten Nationen gegenüber dem Privateigentümer. Erfolgt die nichtkonsensuale Inanspruchnahme von Privateigentum im Rahmen einer militärischen Zwangsmaßnahme gegen den Aufenthaltsstaat (VII. Kapitel der UN-Charta), durchgeführt durch UN-Organe, werden die dargestellten Grundsätze ebenfalls keine Anwendung finden. Die Entschädigungspflicht der Vereinten Nationen gegenüber dem Privateigentümer für die Beschlagnahme seiner Immobilien fließt im Fall der militärischen Zwangsmaßnahme direkt aus Art. 52 Abs. 3 Haager Landkriegsordnung, da eine kriegerische Besetzung des staatlichen Territoriums bejaht werden muß.[191] Ein allgemeiner Regreßanspruch der Vereinten Nationen gegen den staatlichen Adressaten der militärischen Zwangsmaßnahme zur Abwälzung der Kosten des Militäreinsatzes besteht nach internationalem Recht allerdings nicht.[192] Ist wie im Fall von UNOSOM II in Somalia von vornherein kein hand-

---

[188] Siehe Fn. 42.
[189] UN-Doc. A/51/389 (Fn. 32), dort Fn. 3.
[190] Siehe S. 295 ff.
[191] Siehe hier S. 354 ff.
[192] Dies zeigt auch die Praxis der United Nations Compensation Commission, einem Nebenorgan des UN-Sicherheitsrates, eingerichtet zur Abwicklung der Schadensersatzansprüche gegen den Irak in Folge der Kuwait-Invasion, SC-Res. 687 (1991) Ziff. 16 [„Re-

lungsfähiger Staat vorhanden, erscheint es sachgerecht, aufgrund der strukturellen Ähnlichkeit zwischen kriegerischer Besetzung und zeitlich begrenzter humanitärer Intervention das internationale Recht der friedlichen Besetzung (*occupatio pacifica*[193]) anzuwenden. Für die Inbesitznahme von Privateigentum und die daran anknüpfende Entschädigungspflicht gilt folglich Art. 52 HLKO in analoger Anwendung.[194]

Eine Sonderstellung innerhalb der aufgezeigten Systematik nimmt die UN-Territorialverwaltung ein, z.B. UNMIK.[195] Die UN-Interimsverwaltung des Kosovo durch UNMIK stellt eine Zwangsmaßnahme nach dem VII. Kapitel der UN-Charta gegenüber der Bundesrepublik Jugoslawien dar, auch wenn sich die Bundesrepublik Jugoslawien – Inhaber der territorialen Souveränität über das Kosovo – nach ihrer militärischen Niederlage mit der Etablierung einer UN-Interimsverwaltung einverstanden erklärt hat.[196] Die Frage, ob die oben dargestellten Grundsätze der *occupatio bellica* auf die zivile UNMIK-Verwaltung Anwendung finden, stellt sich allerdings nicht: Die Vereinten Nationen haben die universellen und europäischen Menschenrechtskodifikationen durch UNMIK-Verordnung 1999/24 uneingeschränkt zum geltenden Recht des Kosovo erklärt.[197] UNMIK und seine Organe haben sich damit auf die Verwirklichung eines höheren Menschenrechtsstandards im Kosovo verpflichtet, als das Recht der besetzten Gebiete ihnen abverlangt hätte. Diesen Befund nimmt Kosovo-Ombudsmann NOWICKI zum Anlaß, in seinem ersten Sonderbericht vom 26. April 2001 die nichtkonsensuale Inbesitznahme von Privateigentum anhand von Art. 1 des 1. Protokolls der EMRK zu überprüfen.[198] Die Kritik des Ombudsmannes setzt an der fehlenden rechtlichen Grundlage für die Inanspruchnahme des Privateigentums durch UNMIK an, ohne allerdings die übergeleiteten Enteignungsge-

---

affirms that Iraq (...) is liable under international law for any direct loss, damage .... .], SCOR, Resolutions and Decisions 1991, S. 11. In der Entscheidung Nr. 19 des Governing Council of the United Nations Compensations Commission vom 24. März 1994 heißt es: „The Governing Council confirms that the costs of the Allied Coalition Force including those of military operations against Iraq, are not eligible for compensation." UN-Doc. S/AC.26/Dec.19 (1994); s. auch UN-Doc. S/AC.26/2001/15, Ziff. 23 ff. (Military Costs).

193 Zum Begriff KELLY (Fn. 136), S. 129, insb. dort Fn. 94.

194 Kritisch zum Rückgriff der „Besatzungsmacht" auf privates Grundeigentum im Rahmen der occupatio pacifica KELLY (Fn. 136), S. 141.

195 RUFFERT (Fn. 66), S. 620; auch die UN-Interimsverwaltung von Ost Timor (seit 1999) kann sich auf ein Mandat nach dem VII. Kapitel der UN-Charta berufen, s. SC-Res. 1272 (1999) vom 25. Oktober 1999, SCOR, Resolutions and Decisions 1999, S. 142.

196 Siehe SC-Res 1244 (1999), 10. Juli 1999, hinsichtlich des Konsenses der Bundesrepublik Jugoslawien insb. Ziff. 5, UN-Doc. S/RES/1244 (1999).

197 Siehe S. 463 ff.; zur Problematik des öffentlichen Notstandes siehe S. 471 ff.

198 Ombudsperson (Fn. 84), Ziff. 30 – 34.

setze der nationalen Rechtsordnung in seine Erwägungen einzubeziehen.[199] Unter Bezugnahme auf den von UNMIK vertretenen „international anerkannten Notzustand" im Kosovo[200] und der damit verbundenen rechtlichen Möglichkeit, von Art. 1 des 1. Zusatzprotokolls der EMRK abzuweichen (Art. 15 EMRK), verweist NOWICKI auf die notstandsfesten internationalen Verpflichtungen der Vereinten Nationen. Zu diesen „sonstigen" internationalen Verpflichtungen i.S.d. Art. 15 EMRK zählt – so NOWICKI – die adäquate, effektive und sofortige Entschädigung des Privateigentümers für die Inanspruchnahme seiner Immobilie. Diese Entschädigungspflicht der Vereinten Nationen leitet NOWICKI aus dem internationalen Fremdenrecht ab: „The Ombudsperson considers that the situation of individuals in Kosovo whose property has been appropiated by KFOR and/or UNMIK are in a situation analogous to that of non-nationals in the traditional international legal context. Individuals in or from Kosovo have not had an adequate opportunity to participate in any political process with regard to the designation of law makers empowered to pass legislation governing the taking of private property."[201] Nach internationalem Fremdenrecht ist die Enteignung eines Ausländers durch den Aufenthaltsstaat adäquat zu entschädigen.[202]

b) Schädigung von Privateigentum

Der Rechtsbegriff *operational necessity* ist in den Anfängen der Peace-keeping-Praxis vor allem zur Begründung der Rechtmäßigkeit der nichtkonsensualen Inanspruchnahme von Privatgrundstücken geprägt worden.[203] Im Rahmen der jüngeren Peace-keeping-Einsätze steht der Grundsatz nunmehr schwerpunktmäßig im Kontext von Schäden, z.B. der Zerstörung von Ernten und Baumbeständen. Gerade in diesen Fällen wirkt sich die operative Notwendigkeit einer schädigenden Maßnahme zu Lasten des betroffenen Privateigentümers aus, da dem Haftungsausschluß der Vereinten Nationen kein Entschädigungsanspruch gegen die Vereinten Nationen gegenübersteht. Die Frage, ob der *Aufenthaltsstaat* die Geschädigten kompensiert, ist eine Frage des innerstaatlichen Rechts und wird von den Vereinten Nationen im Rahmen ihrer eigenen Haftungspolitik nicht berücksichtigt.[204] Aufgrund der folgenschweren Bedeutung

---

[199] Ombudsperson (Fn. 84), Ziff. 32.

[200] „internationally-recognized emergency"; siehe S. 471 ff.

[201] Ombudsperson (Fn. 84), Ziff. 37.

[202] Siehe hier S. 275 f.

[203] Siehe im Rahmen von UNEF S. 267 ff.

[204] In der deutschen Literatur wird ein Anspruch des Geschädigten gegen die Bundesrepublik Deutschland aus enteigungsgleichem Eingriff (Rechtsschutzverweigerung für vermögenswerte Ansprüche) von WENCKSTERN (Fn. 86), Rn. 173 ff. vertreten; s. auch L. GRAMLICH, Diplomatic Protection against Acts of Intergovernmental Organs, GYIL 27

des operational necessity-Grundsatzes für den geschädigten Privateigentümer konkretisiert der Bericht des Generalsekretärs vom 20. September 1996 erstmalig die Grenzen der operativen Notwendigkeit einer schadensverursachenden Maßnahme (Ziff. 14):

> „It is, of course, difficult, if not impossible to determine in advance what would constitute ‚operational necessity' in any given situation. That decision must remain within the discretionary power of the force commander, who must attempt to strike a balance between the operational necessity of the force and the respect for private property. In deciding upon the operational necessity of any given measure the following must be taken into account:
>
> (a) There must be a good-faith conviction on the part of the force commander that an 'operational necessity' exists;
>
> (b) The operational need that prompted the action must be strictly necessary and not a matter of mere convenience or expediency. It must also leave little or no time for the commander to pursue another less destructive option;
>
> (c) The act must be executed in pursuance of an operational plan and not the result of a rash individual action;
>
> (d) The damage caused should be proportional to what is strictly necessary in order to achieve the operational goal."[205]

Diese detaillierten Richtlinien zur Handhabung des operational necessity-Grundsatzes sind einzigartig für die Haftungspraxis der Vereinten Nationen, die sich in ihrer bisherigen Entwicklung vor allem durch fehlende Transparenz auszeichnet. Der rechtliche Maßstab, der nach der Richtlinie des Generalsekretärs an die Notwendigkeit einer schadensverursachenden Maßnahme zu legen ist, enthält eine subjektive und eine objektive Ebene: Als subjektives Element nennt der oben zitierte Bericht die Gutgläubigkeit des befehlenden Kommandeurs (good-faith conviction). Objektive Voraussetzung für die Rechtmäßigkeit der schadensverursachenden Maßnahme ist (1) das Beruhen der Maßnahme auf einem operativen Plan, (2) die Erforderlichkeit der Maßnahme zur Zielerreichung in zeitlicher und militärischer Hinsicht sowie (3) die Verhältnismäßigkeit zwischen dem angestrebten operativem Ziel und dem verursachten Schaden. Vor allem das subjektive Element bedarf einer näheren Betrachtung, da der Gutglaubensschutz gewöhnlich das Vertrauen in den Schein einer konkreten Rechtslage honoriert, obwohl die Rechtslage objektiv nicht vorliegt. Bereits die Nennung

---

(1984), S. 386, 409; anknüpfend an den Anspruch auf diplomatischen Schutz verneinend: G. Ress, Mangelhafte diplomatische Protektion und Staatshaftung, ZaöRV 32 (1972), S. 420, 468 f.; für einen Aufopferungsanspruch gegen die Bundesrepublik Deutschland ist I. Seidl-Hohenveldern, Dienstrechtliche Klagen gegen Internationale Organisationen, FS Schlochauer, 1981, S. 615, 627 f.

[205] UN-Doc. A/51/389 (Fn. 32), Ziff. 14.

des subjektiven Kriteriums vor den objektiven Elementen zeigt, daß die operative Notwendigkeit einer schadensverursachenden Maßnahme vor allem voraussetzt, daß der Kommandeur bei der Beurteilung der konkreten Situation nicht fahrlässig – d.h. objektiv sorgfaltswidrig – zu seinem Urteil gelangt ist. Kann der Vorwurf der Sorgfaltspflichtverletzung in der konkreten Befehlssituation nicht erhoben werden, dann ist die befohlene Maßnahme rechtmäßig, auch wenn nachträgliche Erkenntnisse zu einer anderen Bewertung der Lage führen (z.B. keine strikte Erforderlichkeit). Das Fehlen eines der drei objektiven Kriterien – operativer Plan, operatives Bedürfnis und Verhältnismäßigkeit – wird allerdings den Sorgfaltsverstoß des Kommandeurs bei der Beurteilung der Situation in der Regel indizieren.

Die vom Generalsekretär aufgestellten Kriterien zur Konkretisierung des Rechtsbegriffs *operational necessity* sind auf alle schädigenden Maßnahmen außerhalb von bewaffneten Kampfhandlungen anwendbar. Für letztere gilt der gleichgelagerte Grundsatz *military necessity*, der allerdings von den Vereinten Nationen weder im Rahmen des ONUC-Einsatzes noch nachfolgend im gleichen Maße konkretisiert worden ist.[206] Beiden Prinzipen ist gemein, daß sie sich dem geltenden internationalen Recht unterzuordnen haben. Weder die operative noch die militärische Notwendigkeit einer Maßnahme kann einen Verstoß gegen internationale Primärnormen legitimieren, wenn diese Normen den Anspruch erheben, das völkerrechtlich gebotene Verhalten für die konkrete Situation abschließend zu regeln. In diesem Sinne rechtfertigt der Grundsatz der militärischen Notwendigkeit keine Verstöße gegen das humanitäre Völkerrecht, während auf Basis des Grundsatzes der operativen Notwendigkeit von den Vereinten Nationen keine Menschenrechtsverletzungen begangen werden dürfen (Art. 17 Abs. 2 AEMR: „Niemand darf *willkürlich* seines Eigentums beraubt werden."[207]). Darüber hinaus werden beide Grundsätze durch das Verhältnismäßigkeitsprinzip begrenzt (principle of proportionality).[208]

---

206 Vgl. UN-Doc. A/C.5/49/65 (Fn. 173), Ziff. 20: „The question of how to assess and handle the category of claims for personal injury of death and/or property loss or damage arising from ‚enforcement actions' of UNOSOM II (involving the use of force) is currently under study by the relevant Secretariat offices as this matter raises complex issues of public international law that must eventually be reviewed by the Generally Assembly."

207 Hervorhebung hier.

208 F. J. HAMPSON, Proportionality and Necessity in the Gulf Conflict, ASIL Proceedings, 86th Annual Meeting, 1992, S. 45 ff.

c) Rechtliche Verankerung des operational necessity-Grundsatzes

Die Resolution 52/247 der Generalversammlung vom 17. Juli 1998 über die Begrenzung der außervertraglichen Haftung der Vereinten Nationen greift den Punkt der operativen Notwendigkeit einer schadensverursachenden Handlung auf:

> „6. *Endorses* the view of the Secretary-General that liability is not engaged in relation to third-party claims resulting from or attributable to the activities of members of peace-keeping operations arising from 'operational necessity', as described in paragraph 14 of the first report of the Secretary-General on third-party liability; ...“[209]

Die einleitende Formulierung „*Endorses* the view of the Secretary-General ...“ ist im Hinblick auf die rechtliche Verankerung des operational necessity-Grundsatzes aussagekräftig: Es handelt sich um ein Prinzip, das implizit im speziellen internationalen Peace-keeping-Mandat verankert ist und damit grundsätzlich auf dem Konsens des Aufenthaltsstaates beruht. Operativ notwendige Maßnahmen sind trotz ihrer unvermeidbaren Schadensfolge mandatskonform und damit rechtmäßig. Die vom Generalsekretär vorgenommene Konkretisierung der operativen Notwendigkeit einer drittschädigenden Handlung ist in diesem Lichte nichts weiter als die Formulierung der impliziten operativen Kompetenzen der Vereinten Nationen aus einem internationalen Peace-keeping-Mandat. Da der Sicherheitsrat seit dem UNEF I-Einsatz das entscheidungsbefugte UN-Organ bei Einsetzung von Peace-keeping-Missionen ist, bedeutet die Zuordnung des operational necessity-Grundsatzes zum internationalen Mandat zugleich, daß der Sicherheitsrat das kompetente Organ ist, die vom Generalsekretär vorgenommene Interpretation des Grundsatzes zu bestätigen oder zu verwerfen. Die Passivität des Sicherheitsrates kann hier zweifelsohne als stillschweigende Zustimmung gewertet werden.

d) Streitbeilegung über Fragen der operativen Notwendigkeit

Der UN-Generalsekretär hat im Hinblick auf die Streitbelegung empfohlen, die Zuständigkeit der Standing Claims Commission auf die Streitigkeiten zu begrenzen, die nicht operativ notwendige UN-Handlungen betreffen:

> „Art. 51 Model status-of-forces agreement (draft):
> Except as provided in paragraph 53, any dispute or claim of a private law character, *not resulting from the operational necessity of the United Nations peace-keeping operation,* to which the United Nations peace-keeping-operation or any member thereof is a party

---

[209] GA-Res. 52/247, 17. Juli 1998 „Third-party liability: temporal and financial limitations“, GA 52nd Sess., Agenda item 142 (a), UN-Doc. A/Res/52/247 Ziff. 6.

(...) shall be settled by a standing claims commission to be established for that purpose. ..."[210]

Der Vorschlag zur Änderung des Modell-Statusabkommens[211] ist bisher nicht umgesetzt worden. Allerdings hat UNMIK im Rahmen der Verwaltung des Kosovo die Verordnung 2000/47 erlassen, die in Anlehnung an den oben zitierten Entwurf die Zuständigkeit der Claims Commission für Schäden aus operativ notwendigen Handlungen ausschließt.[212] Der Ombudsmann im Kosovo hat sich in seinem ersten Sonderbericht vom 26. April 2001 äußerst kritisch zu dieser operational necessity-Klausel geäußert: „... the Ombudsperson observes that not only are no objective criteria for the determination of ‚operational necessity' provided, but the regulation itself establishes a unilateral declaration by (...) UNMIK that the act at issue did not arise from ‚operational necessity' as a condition precedent for the claim to be addressed at all."[213] Die Kritik des Ombudsmannes NOWICKI an der Unbestimmtheit des Begriffs „operational necessity" ist zumindest mit Blick auf die vom Generalsekretär aufgestellten Richtlinien unberechtigt. Der zweite Kritikpunkt, die fehlende richterliche Kontrolle über Umfang und Grenzen des Prinzips, erscheint dagegen unter der Herrschaft der „rule of law" begründet. In diesem Zusammenhang ist festzuhalten, daß im Rahmen von klassischen Peace-keeping-Einsätzen auch ohne die vorgeschlagene Änderung des Art. 51 Modell-SOFA die Überprüfung der operativ notwendigen aber schädigenden Handlung nicht in den Zuständigkeitsbereich der Standing Claims Commission fallen würde. Wie dargelegt, wird der operational necessity-Grundsatz dem internationalen Mandat zugeordnet. Damit ergibt sich bereits aus Art. 53 Modell-SOFA, daß die Standing Claims Commission nach Art. 51 Modell-SOFA nicht über die Frage entscheiden darf, ob der operational necessity-Grundsatz mit seiner haftungsausschließenden Wirkung gegen internationales Recht verstößt.[214] Auch die Abgrenzung zwischen operativ unnötigen – also rechtswidrigen – schädigenden Akten und operativ notwendigen Akten ist aufgrund der Bezüge zum internationalen Mandat außerhalb der Jurisdiktionsgewalt der Standing Claims Commission.

Die mangelnde Justitiabilität des Rechtsbegriffs *operational necessity* erscheint in seinen Folgen allerdings dadurch abgemildert, daß der Aufenthaltsstaat die Grenzen des internationalen Mandats durch schiedsgerichtliche Entscheidung (Art. 53 Modell-SOFA) oder – weitaus praxisnäher – durch infor-

---

[210] UN-Doc. A/51/389 (Fn. 32), Ziff. 15 (Hervorhebung hier).

[211] Siehe Fn. 42.

[212] UNMIK/REG/2000/47 § 7 („Third Party liability"); Text abgedr. S. 466.

[213] Ombudsperson (Fn. 84) Ziff. 68.

[214] Siehe hierzu S. 489 f.

melle Verhandlungen mit den Vereinten Nationen klären kann. Dagegen ist im Fall der UNMIK-Territorialverwaltung kein Aufenthaltsstaat vorhanden, der sich für die individuellen Eigentumsrechte einsetzen könnte. Im Hinblick auf den effektiven Rechtsschutz im Kosovo kommt es daher entscheidend darauf an, ob die durch UNMIK-VO 2000/47 § 7[215] anvisierte Claims Commission die Kompetenz besitzen wird, über das Vorliegen einer operativen Notwendigkeit auf Basis der oben zitierten UN-internen Richtlinien zu entscheiden. Dabei wird freilich zu berücksichtigen sein, daß ein Beurteilungs- bzw. Ermessensspielraum der Exekutive bei Eingriffen in individuelle Rechtspositionen nicht per se gegen den internationalen Justizgewährungsanspruch verstößt.[216]

5. Haftungslimitierung

In seinem ersten Bericht zur außervertraglichen Haftung der Vereinten Nationen vom 20. September 1996 (im folgenden: 1. Bericht) regte der Generalsekretär eine Haftungslimitierung zugunsten der Vereinten Nationen unter vier Gesichtspunkten an: (1) Die Begrenzung des Umfangs der Haftung, (2) die zeitliche Begrenzung der Haftung, (3) die Aufrechung mit Forderungen vor allem gegen den Aufenthaltsstaat und (4) der finanzielle Rückgriff auf die Entsendestaaten bei grob fahrlässigen und vorsätzlichen Schädigungshandlungen ihrer Kontingentsmitglieder.[217] Auf die beiden letztgenannten Vorschläge des Generalsekretärs wird in diesem Kapitel nicht näher eingegangen, da sie keine Haftungslimitierung im rechtlichen Sinne darstellen. In den Fällen der Aufrechnung und des Regresses steht die rechtliche Verantwortlichkeit *und* die daran anknüpfende finanzielle Haftung der Vereinten Nationen gegenüber dem Geschädigten fest; die Vereinten Nationen sichern sich lediglich gegen Liquiditätsrisiken ab (Aufrechnung im Außenverhältnis) bzw. verteilen die finanziellen Lasten des Peace-keeping-Einsatzes um (Regreß im Innenverhältnis). Eine Haftungslimitierung wirkt sich dagegen – der Aufrechnung und dem Regreß vorgelagert – auf die finanzielle Haftung der Vereinten Nationen im Verhältnis zum Geschädigten aus: Trotz Erfüllung eines deliktischen Haftungstatbestandes entfällt durch die Haftungslimitierung der Anspruch des Geschädigten auf vollständigen Ersatz seiner Schäden. Die Grenzen der finanziellen Haftung der Vereinten Nationen hat die Generalversammlung am 17. Juli 1998 in der GA-Res. 52/247 festgelegt.

---

[215] Text S. 466.

[216] M. BRENNER, Der Gestaltungsauftrag der Verwaltung der Europäischen Union, 1996, S. 406 ff.

[217] UN-Doc. A/51/389 (Fn. 32), Ziff. 38.

a) Anwendungsbereich der Haftungslimitierungsresolution

Am 7. Juni 1996 beauftragte die Generalversammlung den Generalsekretär, seine Studien zum Thema Haftungslimitierung zu vertiefen.[218] Aufbauend auf dem ausführlichen Bericht des Generalsekretärs vom 21. Mai 1997[219] (im folgenden: 2. Bericht) zu den Möglichkeiten einer Begrenzung der außervertraglichen Haftung der Vereinten Nationen verabschiedete die Generalversammlung am 17. Juli 1998 die Resolution 52/247 mit dem Titel: „Third-party Liability: temporal and financial limitations“:

> „The General Assembly, (...)
> 5. *Decides* that the temporal and financial limitations set out in paragraphs 8 to 11 below shall apply to third-party claims against the Organization for personal injury, illness or death, and for property loss or damage (including non-consensual use of premises) resulting from or attributable to the activities of members of peacekeeping operations in the performance of their official duties, as described in paragraph 13 of the report of the Secretary-General (UN-Doc A/51/903). …“[220]

Aus dem in Ziff. 5 umrissenen Anwendungsbereich der Haftungslimitierungsresolution fallen *ratione materiae* einige Schadensursachen heraus, die in der Vergangenheit einen Großteil der Arbeit der Claims Review Boards ausgemacht haben. Aufgrund der weltweiten Kfz-Versicherung der Vereinten Nationen sind Ansprüche aus Verkehrsunfällen mit UN-Beteiligung nicht von der Haftungslimitierung betroffen.[221] Die Versicherungsgesellschaft, deren Kompensationspflicht sich aus der Versicherungspolice i.V.m. dem Recht des Unfallortes ergibt, kann sich daher nicht zur Begrenzung ihrer eigenen Haftung auf die GA-Res. 52/247 berufen.[222] Ebenfalls vom Anwendungsbereich der Resolution ausgenommen sind vertragliche Ansprüche gegen die Vereinten Nationen.[223] Im übrigen beschränkt sich die Haftungslimitierung auf Drittschäden im Rahmen von *Peace-keeping*-Operationen. Diese thematische Einschränkung wird schon durch die Einleitung der GA-Res. 52/247 verdeutlicht: „... third party liability against the United Nations resulting from peacekeeping-operations …“[224]. Der Generalsekretär hatte noch in seinem 1. Bericht[225] die Vorschläge zur Haftungslimitierung auf Kampfeinsätze (Peace Enforcement) erstreckt, während

---

[218] General Assembly, 50th Sess., 120th Meeting, 7. Juni 1996, Resolution A/Res/50/235 Ziff. 16.
[219] UN-Doc. A/51/903 (Fn. 44).
[220] UN-Doc. A/Res/52/247 (Fn. 209), Ziff. 5.
[221] UN-Doc. A/51/903 (Fn. 44), dort Fn. 3 i.V.m. UN-Doc. A/51/389 (Fn. 32), dort Fn. 1.
[222] UN-Doc. A/51/389 (Fn. 32), dort Fn. 1.
[223] UN-Doc. A/51/389 (Fn. 32), dort Fn. 1.
[224] UN-Doc. A/Res/52/247 (Fn. 209), 1. Absatz.
[225] Siehe Fn. 32.

sich sein 2. Bericht bereits auf gewöhnliche Peace-keeping-Operationen beschränkte. Der Grund für diese Eingrenzung wird durch Ziff. 12 des 2. Berichts deutlich: „The limitation on the liability of the Organization as a means of allocating the risks of peacekeeping operations between the United Nations and host States is premised on the assumption that consensual peacekeeping operations are conducted for the benefit of the country in whose territory they are deployed, and that having expressly or implicitly agreed to the deployment of a peacekeeping operation in its territory, the host country must be deemed to bear the risk of the operation and assume, in part at least, liability for damages arising from such an operation. (...) In limiting the liability of the Organization with regard to third-party claims arising from peacekeeping operations it is expected that the host Government will assume responsibility for providing any additional compensation that may appear warranted under the circumstances."[226] Die Legitimität der einseitigen Haftungslimitierung durch die Vereinten Nationen sieht der Generalsekretär vor allem in dem besonderen Interesse des Aufenthaltsstaates an der Durchführung des internationalen Mandats. Nach Auffassung des Generalsekretärs steckt dieses Interesse den Rahmen der zulässigen Haftungslimitierung ab.

Die Generalversammlung nimmt in ihrer Resolution 52/247 zwar prinzipiell vom 2. Bericht des Generalsekretärs Kenntnis („1. Takes note of the report of the Secretary-General on third-party liability"), billigt allerdings nicht explizit die oben zitierten Ausführungen zur Rechtfertigung einer einseitigen Haftungslimitierung. Das grundsätzliche Einverständnis in die Erwägungen spiegelt sich allerdings indirekt in der Begrenzung der Haftungslimitierung auf *Peace-keeping*-Operationen wider. Durch diese Begriffswahl wird angezeigt, daß alle militärischen Zwangsmaßnahmen der Vereinten Nationen nach dem VII. Kapitel der UN-Charta aus dem Rahmen der GA-Res. 52/247 fallen, ebenso wie die Schäden aus der nachfolgenden Besetzung und Verwaltung des Gebiets durch UN-Truppen (occupatio bellica). Soweit der Einsatz in einem sog. *failed states* stattfindet, wird auch hier die Kompetenzgrundlage grundsätzlich im VII. Kapitel zu suchen sein, da der Konsens des Aufenthaltsstaates mangels Existenz naturgemäß nicht vorliegen kann (vgl. UNOSOM II in Somalia). Weit schwieriger sind dagegen diejenigen UN-Einsätze in die GA-Res. 52/247 einzuordnen, die anfänglich auf dem Konsens des Aufenthaltsstaates beruhten, durch das nachträgliche Kollabieren der Staatsgewalt jedoch nachträglich eine andere rechtliche Qualität erlangen. Ebenso problematisch ist die Haftungslimitierung bei Einsätzen, in denen der Aufenthaltsstaat den ursprünglichen Konsens partiell aufkündigt oder in denen die UN-Truppen die Erfüllung des einvernehmlich er-

[226] UN-Doc A/51/903 (Fn. 44), Ziff. 12.

teilten Mandats mit Waffengewalt sicherstellen, z.B. ihre Bewegungsfreiheit in allen Teilen des Einsatzgebiets (Robustes Peace-keeping[227]). Im Lichte des 2. Berichts des Generalsekretärs ist es gerechtfertigt, den von der GA-Res. 52/247 verwendeten Begriff der „Peace-keeping-Operation“ eng auszulegen, also im Sinne seiner klassischen, auf dem Konsens des Aufenthaltsstaates beruhenden Konzeption. Robuste Peace-keeping-Einsätze nehmen daher in bezug auf die Möglichkeit einer Haftungslimitierung eine Zwitterstellung ein: Soweit ein Schaden in einem militärisch gesicherten Umfeld entsteht – das Vorhandensein einer mehr oder weniger effektiven Staatsgewalt unterstellt – greifen die Grundsätze der Haftungslimitierung. Sind die Schäden dagegen Folge des flankierenden Kampfeinsatzes, vorgenommen zur Sicherung bzw. Durchsetzung des Peace-keeping-Mandats im umkämpften Terrain, fallen die Ersatzansprüche ratione materiae aus dem Anwendungsbereich der GA-Res. 52/247 heraus und sind grundsätzlich unbeschränkt zu befriedigen.

Aber auch bei klassischen Peace-keeping-Einsätzen wirkt sich die UN-Haftungslimitierung nach dem Willen der Generalversammlung nicht auf alle Drittschäden aus. Anknüpfend an das schadensverursachende Verhalten des UN-Mitglieds haften die Vereinten Nationen nach GA-Res. 52/247 auch dann weiterhin unbeschränkt, wenn der UN-Organwalter den Schaden vorsätzlich oder grob fahrlässig verursacht hat.[228] Der Anwendungsbereich der UN-Haftungslimitierung ist im ganzen betrachtet denkbar schmal: GA-Res. 52/247 entfaltet seine rechtliche Wirkung nur bei Schadensersatzansprüchen gegen die Vereinten Nationen im Rahmen von konsensualen Peace-keeping-Einsätzen in einem Territorium mit vorhandener Staatsgewalt. Ist die rechtliche Verantwortlichkeit der Vereinten Nationen für einen Schaden auf Basis der UN-Haftungsregeln festgestellt, greift die Haftungslimitierung in dem Teilausschnitt des leicht fahrlässig verursachten Schadens an Gütern Dritter.

b) Haftungslimitierung als Folge rechtlicher Verantwortung: Rechtswidrigkeit und Zurechnung des schädigenden Aktes

Das Bedürfnis, die Haftung zu limitieren, entfällt naturgemäß in den Bereichen, in denen eine Haftung bereits auf Basis rechtlicher Erwägungen verneint werden kann. Schäden aus operativ notwendigen Handlungen (operational necessity[229]) liegen folglich außerhalb des Anwendungsbereichs der Haftungslimitierungsresolution.[230] Mit Blick auf die rechtlichen Grenzen der

---

227 Zum Begriff siehe S. 166 ff.

228 UN-Doc. A/Res/52/247 (Fn. 209), Ziff. 7 i.V.m. UN-Doc. A/51/903 (Fn. 44), Ziff. 14.

229 Siehe hierzu S. 487 ff. und im einzelnen bei den jeweiligen Einsätzen.

230 UN-Doc. A/Res/52/247 (Fn. 209), Ziff. 6.

Verantwortlichkeit der Vereinten Nationen klammert GA-Res. 52/247 durch Verweis auf Ziff. 13 des 2. Berichts des Generalsekretärs ausdrücklich alle Schadensersatzansprüche aus dem Anwendungsbereich der GA-Res. 52/247 aus, die durch *private* Handlungen der Truppenmitglieder verursacht worden sind. Darunter fallen Freizeitaktivitäten (off duty acts), aber auch Handlungen während der Dienstzeit ohne inhaltlichen Bezug zu den Dienstpflichten („... activities of members of a peacekeeping operation not relating to official duties ...“[231]). Für Schäden aus diesen Akten sind die Vereinten Nationen mangels Zurechnung nicht rechtlich verantwortlich, eine UN-Haftungslimitierung erübrigt sich dementsprechend. Die haftungsrechtliche Unterscheidung zwischen dienstlichen und privaten Handlungen wird bereits in Art. 46 des Modell-Statusabkommens vollzogen.[232] Diese Norm gewährt Truppenmitgliedern Jurisdiktionsimmunität vor den Staatsorganen des Aufenthaltsstaates, allerdings nur für „acts performed by them in their official capacity“, also nicht für private Akte. Betrachtet man dagegen die Haftungsgeschichte der früheren Peace-keeping-Einsätze, dann verschwimmen die Grenzen der Zurechnung und damit der rechtlichen Verantwortlichkeit der Vereinten Nationen durch ihre großzügige Kompensationspraxis. So entsprach es zumindest bis 1980 der Praxis von UNFICYP, auch off duty-Schäden zu ersetzen.[233]

Die rechtliche Unsicherheit, die mit der Frage der Dienstbezogenheit eines schädigenden Aktes während der Dienstzeit verbunden ist (unautorisierte Akte), wird durch die GA-Res. 52/247 nicht beseitigt. Zumindest läßt sich aus dem Passus „... activities ... not relating to official duties ...“ schließen, daß Schäden aus Diensthandlungen, die eine konkrete oder allgemeine Dienstanweisung verletzen, durchaus einer Haftungslimitierung zugänglich sind. Wann allerdings eine regelverletzende Diensthandlung in einen privaten Akt umschlägt, also keine Bezüge zu den Dienstaufgaben aufweist, bleibt offen. Vor allem ist auffällig, daß der Generalsekretär die im Recht der Staatenverantwortlichkeit gängige Formel des *äußeren Anscheins* einer Diensthandlung in seinem Bericht nicht aufgreift, um auf international anerkannte Weise dienstliche Militärakte von privaten abzugrenzen.[234] Auch auf Basis der hier analysierten älteren Peacekeeping-Praxis läßt sich das Berücksichtigen des äußeren Anscheins durch die Claims Rewiew Boards nicht nachweisen, wie der EL BAKKA-Fall im Rahmen von UNEF I veranschaulicht.[235] Die Zurückhaltung des Generalsekretärs bei der

[231] Ausdrücklich A/51/903 (Fn. 44), Ziff. 13, dort Fußnote 3.

[232] Siehe Fn. 42.

[233] Hierzu S. 423 f. und 426 f.

[234] Kommentar der ILC zum Entwurf des Art. 7 des Rechts der Staatenverantwortlichkeit (Fassung Nov. 2001), GAOR 56th Sess., Suppl. No. 10, UN-Doc. A/56/10, S. 102.

[235] Siehe S. 255 ff.

Konkretisierung der Zurechnungskriterien läßt sich mit Art. 49 Modell-SOFA erklären: Es obliegt dem Special Representative of the Secretary General bzw. dem Truppenkommandeur zu entscheiden, ob eine drittschädigende Handlung Bezüge zu Peace-keeping-Dienstpflichten aufweist oder nicht. Anknüpfend an diese UN-intern getroffene Wertung entscheidet sich auf Basis des Statusabkommens, ob ein nationales Zivilgericht oder die Standing Claims Commission für den Streitfall zuständig ist. Damit ist die Gefahr, daß eine richterliche Instanz eine von den Vereinten Nationen nicht getragene Zuordnung der schadensverursachenden Handlung zu den Dienstaufgaben vornimmt, weitgehend gebannt.

c) Umfang der Haftung

aa) Personenschäden

Die ersetzbaren Schäden bei Körperverletzungen oder Todesfällen beschränken sich nach Ziff. 9 lit. a der Resolution auf wirtschaftliche Nachteile: Ersetzbar sind die Kosten der medizinischen Behandlung und Rehabilitation, die Transportkosten in Zusammenhang mit der medizinischen Behandlung und der Verdienstausfall. Im Falle des Todes wird neben den Beerdigungskosten auch der Ausfall der Unterstützung für abhängige Familienmitglieder ausgeglichen. Obwohl in der bisherigen UN-Praxis die Kosten des Rechtsbeistandes regelmäßig nicht erstattet wurden, bezieht GA-Res 52/247 auch diese Posten in die ersatzfähigen Schäden ein (legal expenses).[236] Eine Ausnahme von der Ersatzfähigkeit wirtschaftlicher Schäden macht GA-Res. 52/247 Ziff. 9 lit. c im Fall nicht nachweisbarer bzw. nicht kalkulierbarer Schäden, wie z.B. die unentgeltliche Hausarbeit (homemaker services).[237] Nicht ersatzfähig sind im übrigen wirtschaftliche Schäden, die nicht unmittelbar auf den Personenschaden zurückzuführen sind (Ziff. 9 lit. c: „... not directly related to the injury or loss itself ..."). Diese Haftungsbegrenzung betrifft *mittelbare* Schäden, die durch eine eigene Willensentschließung des Geschädigten entstanden sind, z.B. durch das Absehen von einer Reise. Ausnahmen von diesem Grundsatz macht die Resolution nur in einigen wenigen Punkten, z.B. bei entgangenem Gewinn und bei den Kosten des Rechtsbeistands. *Immaterielle* Schäden schließt die GA-Res. 52/247 Ziff. 9 explizit aus dem Kanon der ersatzfähigen Schäden deraus:

---

[236] Siehe UN-Doc. A/51/903 (Fn. 44), Ziff. 26, dort auch Fn. 12.

[237] UN-Doc. A/Res/52/247 (Fn. 209), Ziff. 8. Nach deutschem Zivilrecht ist der Schaden, der durch den Ausfall unentgeltlich erbrachter Hausarbeit entstanden ist, durch die Kosten einer Ersatzkraft zu kalkulieren, BGHZ 38, 59.

Ziff. 9 (b) „No compensation shall be payable by the United Nations for non-economic loss, such as pain and suffering or moral anguish, as well as punitive or moral damages; (…).“

In bezug auf die Höhe der Haftung bestimmt Ziff. 9 lit. d, daß bei Personenschäden der Höchstbetrag der im Einzelfall zu zahlenden Kompensation den Betrag von 50.000 US-Dollar grundsätzlich nicht übersteigen darf. Dabei ist die Höhe der Haftung auch weiterhin nach lokalen Standards zu bemessen, wie es auch der bisherigen Peace-keeping-Praxis entsprach.[238] Unabhängig von den örtlichen Kompensationsmaßstäben gilt allerdings weltweit die Haftungsobergrenze von 50.000 US-Dollar. Dieses Limit wird damit vor allem in Einsatzgebieten spürbar, deren hoher Lebensstandard die Gefahr von entsprechend hohen wirtschaftlichen Schäden nach sich zieht. Um hier unbillige Folgen zu vermeiden, enthält Ziff. 9 lit. e eine Ausnahmeklausel:

Ziff. 9 (e): „In exceptional circumstances, the Secretary-General may recommend to the General-Assembly for its approval, that the limitation of 50,000 dollars (…) be exceeded in a particular case if the Secretary-General, after carrying out the required investigation, finds that there are compelling reasons for exceeding the limitation.“

bb) Schäden am beweglichen Eigentum

Bei rechtswidriger Beeinträchtigung von beweglichem Privateigentum sollen nach GA-Res 52/247 Ziff. 11 angemessene Reparaturkosten oder Neuanschaffungskosten ersetzt werden, es sei denn, die geltendgemachten Schäden sind nach Auffassung des Generalsekretärs nicht zu kalkulieren bzw. nicht unmittelbar auf die Beschädigung bzw. Zerstörung des beweglichen Eigentums zurückzuführen. Anders als bei Personenschäden sind bei Sachschäden die Anwaltskosten keine ersatzfähigen Posten, da die Generalversammlung die Ersatzfähigkeit nicht explizit herausgestellt hat und derartige Ausgaben auf einer eigenen Willensentscheidung des Geschädigten beruhen, also *mittelbare* Schäden darstellen.[239]

cc) Immobiliarschäden

Im Fall der nichtkonsensualen Besetzung von Grundstücken – nach internationalem Mandatsrecht eine rechtmäßige Handlung[240] – regelt Ziff. 10 lit. a die

---

238 Vgl. für UNEF S. 281 ff.

239 Zur internationalen Rechtsprechung im Hinblick auf den Ersatz von Anwaltsschäden s. K. WELLENS, Remedies against International Organisations, 2002, S. 145 f.

240 Siehe ausführlich S. 277 ff. und 487 ff.

Höhe des Entschädigungsanspruchs des Privateigentümers. Dieser kann sich einzelfallbezogen nach den lokalen Mietstandards *vor* Beginn der Peace-keeping-Operation richten, ermittelt durch die technische Vorhut der Peace-keeping-Mission (technical survey team). Als Alternative kann die technische Vorhut für das gesamte Missionsgebiet eine allgemeine Höchstgrenze der pro Quadratmeter/Hektar zu zahlenden Beträge festlegen. In letzterem Fall obliegt es dem Generalsekretär, basierend auf den Erkenntnissen der technischen Vorhut über eine angemessene Kalkulationsgrundslage für die Entschädigungsansprüche des einzelnen zu entscheiden.

Soweit Schäden an besetztem oder aus anderen Gründen in Mitleidenschaft gezogenem Grundeigentum (Grundstücke und Gebäude) weder aus operativ notwendigen Handlungen erwachsen, noch – im Fall der Besetzung – als gewöhnliche Abnutzungsschäden einzustufen sind,[241] regelt Ziff. 10 lit. b die Kalkulation des Schadensersatzanspruches des Privateigentümers. Drei verschiedene Berechungsgrundlagen bietet die GA-Res 52/247 Ziff. 10 lit. b an: Zahlbar ist (1) der ortsübliche Miet- bzw. Pachtzins für eine bestimmte Anzahl von Monaten[242] oder (2) ein Prozentsatz des ortsüblichen Miet- bzw. Pachtzinses für die gesamte Dauer der Nutzung der Immobilie durch die Vereinten Nationen oder (3) ein festgelegter Prozentsatz der Reparaturkosten. Auch im Fall der Immobiliarschäden gilt der Grundsatz, daß mittelbare Schäden wie Anwaltskosten nicht kompensationsfähig sind.

d) Ausschlußfrist

In Ziff. 8 der GA-Res. 52/247 heißt es:

> Ziff. 8. „*Decides* that, where the liability of the Organization is engaged in relation to third-party claims against the Organization resulting from peacekeeping-operations, the Organization will not pay compensation in regard to such claims submitted after six months from the time the damage, injury or loss was sustained, or from the time it was discovered by the claimant, and in any event, after one year from the termination of the mandate of the peacekeeping operation, provided that in exceptional circumstances, such as described in paragraph 20 of the report of the Secretary-General, the Secretary-General may accept for considerations a claim made at a later date; (...).“

---

241 Im Fall der operativen Notwendigkeit (operational necessity) entfällt ein Ersatzanspruch völlig (siehe S. 487 ff.). Entstehen durch die nichtkonsensuale Nutzung von privatem Grundeigentum gewöhnliche Abnutzungsschäden, dann werden diese Schäden bereits durch die nutzungsbezogene Entschädigungsleistung der Vereinten Nationen abgeglichen (siehe S. 488).

242 Im 2. Bericht wurden vom Generalsekretär zwei Monate vorgeschlagen, UN-Doc. A/51/903 (Fn. 44) Ziff. 34; die GA-Res. 52/247 (Fn. 209) legt sich diesbezüglich nicht fest.

Das Bedürfnis der Vereinten Nationen, in zeitlicher Hinsicht ihre Haftung zu limitieren, wurde das erste Mal im Rahmen des ONUC-Einsatzes spürbar. Die Schadensfälle dieser robusten Peace-keeping-Mission beschäftigten das UN-Legal Office in New York noch bis in die späten 70er Jahre, mehr als 15 Jahre nach Abzug der ONUC-Truppen aus dem Kongo. Schon während des laufenden Einsatzes hatte das ONUC-Claims Review Board erwogen, eine Frist zu setzen, nach dessen Ablauf keine Ersatzansprüche gegen die Vereinten Nationen akzeptiert werden sollten. Dieses Vorhaben scheiterte in erster Linie an dem Bedürfnis der Vereinten Nationen, im Rahmen ihres ersten Kampfeinsatzes ihre schrankenlose Bereitschaft zur Wiedergutmachung kriegsrechtlichen Unrechts zu demonstrieren. Daneben stieß die Einführung von Ausschlußfristen auch auf das Problem, einen widerspruchsfreien Rückhalt in der entsprechenden internationalen Praxis zu finden. IRENE LORENZO, ONUC-Claims Officer, berichtete 1963 dem UN-Hauptquartier: „The manner of reporting necessitates a certain standardization and a deadline must be set beyond which no claims would be accepted. In some international cases, however, it has been stated that prescription does not exist, in others it has been stated that prescription is a rule of equity and, as such, may be applied by a tribunal following international law and equity; and in others still, it has been stated that, while prescription will not defeat a well-founded claim in international law, it may affect the quantum of damages."[243]

Soweit ersichtlich, ist nach dem ONUC-Einsatz die Einführung von Ausschlußfristen nicht mehr von den Local Claims Review Boards erwogen worden. In seinem 1. Bericht zur Haftung der Vereinten Nationen greift der Generalsekretär die Möglichkeit einer zeitlichen Haftungsbegrenzung mit dem Argument auf, die Ermittlung der relevanten Fakten müsse zeitnah und ortsnah erfolgen.[244] Zur rechtlichen Untermauerung der Einführung einer Ausschlußfrist für „claims of a private law character"[245] verweist der Generalsekretär auf eine Reihe internationaler Haftungskonventionen, die Ausschlußfristen für die Geltendmachung von zivilrechtlichen Ansprüchen von privaten Geschädigten kennen,[246] z.B. Art. 21 Convention on Damage Caused by Foreign Aircraft to Third

---

[243] I. LORENZO (Claims Officer), Memorandum an O. Schachter (Director of the General Legal Division) vom 8. Juli 1963, „Claims arising out of death and injury", UN Archives N.Y., Akte Vickers, OLA, Personal Injury and property loss on damage claims against the UN – 1963, Box 106.

[244] UN-Doc. A/51/389 (Fn. 32), Ziff. 40.

[245] Vgl. Art. 51 Modell-SOFA, näher zur Bedeutung des Passus S. 231 ff.

[246] UN-Doc. A/51/389 (Fn. 32), dort Fn. 10.

Parties on the Surface.[247] Gemäß GA-Res. 52/247 sind Ansprüche gegen die Vereinten Nationen sechs Monate nach Schadensentstehung bzw. Kenntnis vom Schaden verfristet. Die endgültige Präklusion aller Ansprüche, also auch von unentdeckten Schäden, tritt ein Jahr nach der offiziellen Beendigung des Peace-keeping-Einsatzes ein. Da der Sicherheitsrat zwar das Ende eines Einsatzes datumsgenau festlegt, sich nach diesem Zeitpunkt in der Regel aber eine längere Abwicklungsphase anschließt, sieht GA-Res. 52/247 Ziff. 8 eine Sonderregelung vor: Für Schäden, die ohne Kenntnis des Geschädigten innerhalb der Abwicklungsphase entstehen, kann der Generalsekretär die Ausschlußfrist von einem Jahr, beginnend mit dem offiziellen Ende des Einsatzes, aufheben.

e) Organkompetenz der Generalversammlung zur Haftungslimitierung

UN-Generalsekretär ANNAN hat in seinem 2. Bericht drei Wege vorgeschlagen, einer Haftungslimitierung bei Peace-keeping-Operationen rechtsverbindliche Geltung zu verschaffen: (a) die Verabschiedung einer entsprechenden Resolution durch die UN-Generalversammlung, (b) die Inkorporation dieser Resolution in die Statusabkommen und (c) die Inkorporation der Resolution in die Dienstanweisungen (terms of reference) der Local Claims Review Boards.[248]

Der ersten Empfehlung ist die Generalversammlung durch Verabschiedung der Res. 52/247 nachgekommen. Rechtsgrundslage dieser Resolution ist Art. 17 Abs. 1 und 2 UN-Charta:

> Art. 17 (1): "The General Assembly shall consider and approve the budget of the Organization."
> (2) "The expenses of the Organization shall be born by the Members as apportioned by the General Assembly."

Die Finanzhoheit der Generalversammlung nach Art. 17 Abs. 1 UN-Charta umfaßt die Festlegung der Höhe und der Struktur von Ausgaben der Organisation. Über die Mittelbewilligung kann die Generalversammlung die Ausgaben

---

[247] Abkommen vom 7. Oktober 1952, UNTS Bd. 310, S. 181 ff.; siehe auch: Art. 8 Convention on Third Party Liability in the Field of Nuclear Energy, 29. Juli 1960, UNTS Bd. 956, S. 252 ff.; Art. 20 United Nations Convention on the Carriage of Goods by Sea (Hamburger Konvention), 30. März 1978 UNTS Bd. 1695, S. 3 ff.; Art. 29 Convention for the Unification of Certain Rules Relation to International Carriage by Air (Warschauer Konvention), 12. Oktober 1929, UNTS Bd. 137, S. 1 ff.; Art. VIII International Convention on Civil Liability for Oil Pollution Damage, 29 November 1969, UNTS Bd. 973, S. 3 ff.

[248] UN-Doc. A/51/903 (Fn. 44), Ziff. 38.

der Organisation steuern und vor allem der Höhe nach begrenzen.[249] Basierend auf ihrer Organkompetenz im Bereich des Haushaltes bewilligt die Generalversammlung auch die Ausgaben der Vereinten Nationen für Peace-keeping-Operationen.[250] Der Generalsekretär begründete in seinem 2. Bericht die Notwendigkeit einer Generalversammlungsresolution: „A General Assembly resolution stipulating the temporal and financial limitations is necessary to give the Organization the legislative authority for limiting its liability vis-à-vis Member States. A General Assembly resolution on the limitation of the financial liability of the Organization in the context of peacekeeping operations would be taken within its budgetary authority under Article 17 of the Charter of the United Nations. Article 17 entrusts the Assembly with the control over the finances of the Organization, the levying of the amounts necessary to defray the costs of carrying out its functions and the apportionment of such expenses among Members of the Organization in a legally binding manner."[251] Die Kompetenz der Generalversammlung, auf Basis ihrer Budgethoheit die Kosten der Organisation im Wege einer Haftungslimitierung rechtsverbindlich zu begrenzen, muß dennoch hinterfragt werden. Denn das Recht, die Höhe der Ausgaben durch Finanzierungsentscheidungen nach Art. 17 UN-Charta zu steuern, findet seine Grenzen in den nicht disponiblen bzw. bereits entstandenen finanziellen Verbindlichkeiten der Vereinten Nationen gegenüber Dritten. Darüber hinaus hat die Generalversammlung die Entscheidungen der anderen Hauptorgane – insbesondere des Sicherheitsrates – durch ausreichende Mittelzuweisung zu honorieren.[252] Der IGH stellte diese Grenzen der Budgethoheit der Generalversammlung in seinem Gutachten zu den Urteilen des UN-Verwaltungsgerichtshofs klar heraus: „... (T)he function of approving the Budget does not mean that the General Assembly has an absolute power to approve or disapprove the expenditure proposed to it; for some part of that expenditure arises out of obligations already incurred by the organization, and to this extent the General Assembly has no alternative but to honour these engagements."[253]

---

249 T. MIZUTANI/J. MÜLLER/W. MÜNCH, Ergebnisorientiertes Haushalten, VN 48 (2000), S. 59.

250 I. DETTER, Law Making by International Orgaizations, 1965, S. 102; W. KOSCHORRECK, in: Simma (Hrsg.), The Charter of the United Nations, Bd. 1, 2002, Art. 17, Rn. 66 f.

251 UN-Doc. A/51/903 (Fn. 44), Ziff. 39.

252 W. KOSCHORRECK, in: Simma (Fn. 250), Art. 17, Rn. 45.

253 IGH, Effects of awards of compensation made by the U.N. Administrative Tribunal, Advisory Opinion of July 13th, 1954, I.C.J. Reports 1954, S. 47, 59.

aa) Bindung des Sicherheitsrates an die Generalversammlungresolution

Übertragen auf Peace-keeping-Operationen bedeutet die IGH-Rechtsprechung zur Budgethoheit der Generalversammlung, daß die Generalversammlung die Entscheidungen des Sicherheitsrates, eine Peace-keeping-Mission einzusetzen, durch die notwendige Mittelzuweisung honorieren muß. Was die Ausgaben der Organisation im Hinblick auf Peace-keeping-Operationen sind, legt dem Grunde nach der Sicherheitsrat durch seinen Einsetzungsbeschluß fest, seinerseits gebunden an die Ziele der UN-Charta.[254] Die operativen Kosten, die im Rahmen der Funktionserfüllung der Vereinten Nationen anfallen und von der Generalversammlung haushaltsrechtlich bedient werden müssen, wurzeln in der Entscheidung des Sicherheitsrates über das internationale Mandat. Das Haftungsrecht ist dabei grundsätzlich dem internationalen Mandat, also dem Sachrecht, zuzuordnen, nicht dagegen dem formellen Haushaltsrecht. Diese Grundregel verdeutlicht auch die Generalversammlungsresolution 41/210, die 1986 eine Haftungslimitierung für den Hauptquartiersdistrikt eingeführt hat.[255] Diese einseitige und rechtsverbindliche Haftungslimitierung ist Teil der sog. Headquarters-Regulations[256], also Vorschriften über die Verwaltung und das damit verbundene Hausrecht der Vereinten Nationen. Die Generalversammlung hat im Bereich der Organisationsverwaltung die Kompetenz, das Hauptverwaltungsorgan – den Generalsekretär – zu kontrollieren und entsprechende legislative Vorgaben zu machen.[257] Auch im Rahmen der vergangenen Peace-keeping-Einsätze folgte das Haftungsrecht immer der materiellen Kompetenz. Der Sicherheitsrat, das zuständige Organ für die Errichtung von Friedensmissionen, delegiert die Durchführung der Peace-keeping-Missionen regelmäßig an den Generalsekretär. Auf Grundlage dieser innerorganisatorischen Kompetenzzuweisung hat der Generalsekretär bei den vergangenen Peace-keeping-Einsätzen das UN-intere Haftungsrecht geschaffen und bereits in diesem Rahmen Haftungslimitierungen eingeführt, z.B. durch das kontinuierliche Nichterstatten der Kosten des Rechts-

---

[254] Dies ergibt sich auch aus IGH, Certain Expenses of the United Nations (Article 17, Paragraph 2, of the Charter), Advisory Opinion, 20 July 1962, I.C.J. 1962, 151, 167.

[255] UN-Doc. A/Res/41/210 vom 11. Dezember 1986, siehe hier P. C. SZASZ, The United Nations Legislates to Limit its Liability, AJIL 81 (1987), S. 739 ff.

[256] Siehe Art. III, Section 7 lit. b und Section 8 des Hauptquartiersabkommens der Vereinten Nationen mit den Vereinigten Staaten, die die Vereinten Nationen ermächtigten, „to make regulations, operative within the headquarters district, for the purpose of establishing therein conditions in all respects necessary for the full execution of its function." In GA-Res. 169 A(II) billigte die Generalversammlung das Hauptquartiersabkommen und delegierte zugleich die Kompetenz zur Rechtssetzung an den Generalsekretär, UN-Doc. A/1641 vom 8. Dezember 1950, GAOR 5th Sess., Annexes Agenda item 55, S. 3 f.; GA-Res. 481 (V), GAOR 5th Sess, Resolution 19 Sept. – 15 Dec. 1950, S. 75 f.

[257] Vgl. IGH (Fn. 253), S. 60 in bezug auf Art. 101.

beistandes.[258] Dagegen liegt es im Kompetenzbereich der Generalversammlung, die so determinierten Kosten der Organisation haushaltsrechtlich umzusetzen, z.B. durch die rechtsverbindliche Verteilung der Kosten auf die Mitgliedstaaten oder die Aufforderung, durch freiwillige Zuwendungen den Sonderfonds auszugleichen.[259]

Trotz der Anbindung des Haftungsrechts an die materielle Kompetenz des Sicherheitsrates ist die Organkompetenz der Generalversammlung zur Haftungslimitierung im Ergebnis zu bejahen. Die Kompetenz erklärt sich mit der begrenzten rechtlichen Wirkung der Resolution *im Innenverhältnis* der Vereinten Nationen: Die Generalversammlung hat im Rahmen ihrer Budgethoheit die Kompetenz, die *künftigen* Ausgaben der Organisation zu steuern, auch wenn diese Ausgaben von anderen UN-Organen im Außenverhältnis begründet werden. Die Wirkung der Res. 52/247 besteht vor allen darin, den *Sicherheitsrat* in seiner Möglichkeit zu begrenzen, Ausgaben zu tätigen. Mit anderen Worten: Bei der Einsetzung neuer Peace-keeping-Missionen hat der Sicherheitsrat die Entscheidung der Generalversammlung dergestalt zu berücksichtigen, daß er die Implementierung einer Haftungslimitierung im Außenverhältnis nach dem von der Generalversammlung entworfenen Konzept vornimmt. In der Praxis wird hier der Generalsekretär tätig, der vom Sicherheitsrat mit der Durchführung der Peace-keeping-Missionen betraut wird. Zur Ergreifung dieser Implementierungsmaßnahmen ist der Sicherheitsrat respektive der Generalsekretär satzungsrechtlich verpflichtet, da sich nach der vorangegangenen Finanzierungsentscheidung der Generalversammlung die Ausgaben der Organisation im Bereich der außervertraglichen Haftung nur in diesem Rahmen bewegen dürfen.[260] Die vom Generalsekretär in seinem 2. Bericht[261] vorgeschlagene Einarbeitung der Haftungslimitierung in das Statusabkommen und die Ausgabe von Regulierungsanweisungen an die Claims Review Boards sind damit Maßnahmen, die auf der vom Sicherheitsrat delegierten Durchführungskompetenz des Generalsekretärs beruhen.

bb) Bindung der Mitgliedstaaten an die Generalversammlungsresolution

Der Generalsekretär hat in seinem 2. Bericht hervorgehoben, eine Haftungslimitierung durch die Generalversammlung diene vor allem dazu, die *UN-Mitgliedstaaten* rechtlich zu binden. Da die Haftungslimitierung *ratione materiae*

---

[258] Siehe S. 501.
[259] IGH (Fn. 254), S. 169.
[260] Nur bezogen auf Bindungswirkung gegenüber dem Generalsekretär: SHRAGA (Fn. 180), S. 411.
[261] UN-Doc. A/51/903 (Fn. 42), Ziff. 38.

allerdings im Verhältnis zu dritten Parteien wirken soll (third party liability), also das Außenverhältnis der Vereinten Nationen betrifft, erscheint eine Rechtsbindung der Mitgliedstaaten im Innenverhältnis kaum bedeutsam: Die Mitgliedstaaten sind nach Art. 17 Abs. 2 UN-Charta verpflichtet, die Kosten der Organisation nach Maßgabe der Finanzierungsentscheidung der Generalversammlung auszugleichen. Die Haftungslimitierung wirkt sich im Hinblick auf die Kostentragungslast allenfalls als *Reduzierung* des zu erbringenden Anteils aus und bietet damit kaum Anknüpfungspunkte für Meinungsverschiedenheiten zwischen den Vereinten Nationen und ihren Mitgliedstaaten. Bedeutung erlangt die Rechtsbindung der Mitgliedstaaten an GA-Res. 52/247 vor allem dann, wenn sie sich als Heimatstaaten der geschädigten Individuen auf den Standpunkt stellen, die Vereinten Nationen hätten ihre staatlichen, internationalen Rechte in der Person des geschädigten Staatsangehörigen verletzt.[262] Ob die Vereinten Nationen in diesem Fall erfolgreich auf die Haftungslimitierung nach GA-Res. 52/247 verweisen können, hängt entscheidend davon ab, ob der Heimatstaat bei der Geltendmachung von internationalen Schadensersatzansprüchen als „dritte Partei" auftritt, oder als Mitgliedstaat der Vereinten Nationen. Der Generalsekretär geht in seinem 2. Bericht erkennbar von letzterem Fall aus: Die Kompetenz der Generalversammlung, die Kosten der Organisation auf die Mitgliedstaaten zu verteilen (Art. 17 Abs. 2 UN-Charta) enthält als graduelles Minus die Kompetenz der Generalversammlung, die Kosten der Organisation im Vorfeld im Verhältnis zu den Mitgliedstaaten zu reduzieren. Die Ausübung dieser impliziten Komptenz hat zur Folge, daß der Mitgliedstaat seinen *eigenen* internationalen Schadensersatzanspruch gegen die Vereinten Nationen – der sich der Höhe nach am konkreten Individualschaden orientiert – nur nach Maßgabe der GA-Res.52/247 gegenüber den Vereinten Nationen geltend machen kann.

cc) Haftungslimitierung gegenüber den geschädigten Individuums

Aus Sicht der Vereinten Nationen kann die Bindungswirkung die rechtsverbindliche Haftungslimitierung gegenüber den Mitgliedstaaten – hier in ihrer Rolle als Heimatstaaten der geschädigten Individuen – nur von untergeordneter Bedeutung sein. Bereits im Rahmen des UNEF-Einsatzes hatten die Vereinten Nationen nachdrücklich die Position vertreten, nicht der Heimatstaat sei Inhaber des außervertraglichen Schadensersatzanspruches gegen die Vereinten Nationen, sondern das geschädigte Individuum.[263] Auch beim Abschluß eines Globalentschädigungsabkommens (lump-sum-agreement) im Rahmen des ONUC-Ein-

---

[262] Eine derartige Auffassung entspricht dem traditionellen Konzept des diplomatischen Schutzes, siehe hier S. 242 ff. (UNEF) und S. 332 ff. (ONUC).

[263] Siehe S. 242 ff.

satzes bleiben die Vereinten Nationen ihrem Standpunkt treu.[264] In seinem 1. Bericht zur Haftung der Vereinten Nationen betont der Generalsekretär jüngst noch einmal: „A lumps-sum settlement of claims by which the Organization negotiates a settlement directly with the Government *acting on behalf of its nationals*, offers the Organization the advantages of (...) limitation of liability. Under this mode of settlement, the Government (normally the host state) in the exercise of its right to diplomatic protection of its nationals, espouses their claims, aggregates and submits them to the United Nations and negotiates *on their behalf* a lump-sum amount in settlement of the claims."[265]

Soweit sich die Vereinten Nationen gegenüber den Heimatstaaten mit ihrer Rechtsauffassung durchsetzen können, endet zwangsläufig die Rechtswirkung der Generalversammlungsresolution zur Haftungslimitierung, da das Außenverhältnis der Vereinten Nationen betroffen ist. Hier muß – wie ausgeführt[266] – der Sicherheitsrat respektive der von ihm beauftrage Generalsekretär haftungslimitierend tätig werden, um im Rahmen des konkreten Einsatzes den Kompensationsanspruch des geschädigten Individuums gegen die Vereinten Nationen nach Umfang und Höhe zu begrenzen. Dabei hat das handelnde UN-Organ zu berücksichtigen, welches Gremium über die Zulässigkeit und Begründetheit des Ersatzanspruchs entscheidet. Wird die Standing Claims Commission des Art. 51 Modell-SOFA[267] eingesetzt, kann dieses Streitbeilegungsorgan im Rahmen seiner Rechtswahlfreiheit nach nationalem oder nach internationalem Recht judizieren, und zwar unter vorrangiger Beachtung des internationalen Mandats und des Statusabkommens.[268] Um der Haftungslimitierung vor der Standing Claims Commission Beachtung zu verschaffen, bedarf es also der Integration der GA-Resolution in das Statusabkommen, wie im 2. Bericht des Generalsekretärs unter (b) vorgeschlagen:

> „Third party claims for property loss and for personal injury (...) shall be settled by the United Nations in the manner provided for in article 51 of the present agreement, provided that the claims is submitted within six months (...). The United Nations shall pay compensation within the financial limitations approved by the General Assembly in its resolution ..."[269]

Die grundsätzlich positive Einstellung der Vereinten Nationen zur bisherigen Praxis – die Streitbeilegung durch Local Claims Review Boards – legt die Ver-

---

264 Siehe S. 332 ff.
265 UN-Doc. A/51/389 (Fn. 32), Ziff. 34 (Hervorhebung hier).
266 Siehe S. 507 ff.
267 Siehe Fn. 42.
268 Vgl. S. 226 ff. und S. 283 ff.
269 UN-Doc. A/51/903 (Fn. 44), Ziff. 40.

mutung nahe, daß die Errichtung einer Standing Claims Commission auch künftig nicht auf der Tagesordnung der Peace-keeping-Missionen stehen wird. Im Rahmen der einvernehmlichen Streitbeilegung durch das Local Claims Review Board haben die Vereinten Nationen dem geschädigten Individuum einen Entschädigungsanspruch nach Maßgabe ihres UN-internen Haftungsrechts eingeräumt. Über die Begründetheit des Anspruchs nach UN-internem Recht entscheidet vor Ort das an die Mission angebundene Claims Review Board, also ein UN-Organ. Da die Haftungspraxis der Vereinten Nationen auf keinem formellen Rechtsakt beruht, läßt sich im Hinblick auf die Rechtsquelle von einem UN-Haftungsgewohnheitsrecht sprechen: Die Kapitel über UNEF I, II und UNFICYP haben verdeutlicht, daß die Haftungsregeln mit großer Kontinuität missionsübergreifend angewendet werden. Um hier der Haftungslimitierung im Außenverhältnis Geltung zu verschaffen, muß auf die vom Generalsekretär unter (c) vorgeschlagene Implementierungsvariante zurückgegriffen werden[270]: Für das Claims Review Board reicht eine UN-interne Dienstanweisung aus, damit der Ausschuß sein Streitbeilegungsangebot unter Zugrundelegung der Haftungslimitierung entwickelt.

Die Qualifizierung der UN-internen Haftungsregeln als anspruchsbegründende Normen[271] steht der haftungsbegrenzenden Änderung dieser Normen nicht entgegen. Das UN-interne Haftungsrecht kann durchaus von Einsatz zu Einsatz einem Wandel unterliegen, da die Vereinten Nationen als Normgeber ihre Akte grundsätzlich kraft ihrer Normsetzungsbefugnis ändern können. Die Grenze der Normsetzungsfreiheit der Vereinten Nationen im Bereich des Haftungsrechts ist allerdings erreicht, wenn höherrangiges Recht durch den Rechtswandel verletzt wird. In diesem Zusammenhang ist an das menschenrechtliche Diskriminierungsverbot[272] und das Rechtsprinzip „rule of law“[273] als normative Grundlage eines besonderen Vertrauensschutzes des Geschädigten zu denken. Allerdings können diese menschenrechtlichen Grundsätze allenfalls *innerhalb* eines Peace-keeping-Einsatzes die Vereinten Nationen rechtlich daran hindern, von ihren einmal praktizierten normativen Haftungsstandard abzuweichen.[274] Wenn dagegen die haftungslimitierende Dienstanweisung vom ersten Tag des

270 UN-Doc. A/51/903 (Fn. 44).

271 Siehe S. 286 ff.

272 Art. 7 Allgemeine Erklärung der Menschenrechte; Art. 26 IPBPR.

273 I. BROWNLIE, The Rule of Law in International Affairs, 1998, S. 212 ff.

274 Die Änderung eines bestehenden Rechtszustandes durch neue Rechtsakte der Internationalen Organisation wird – bezogen auf die Rechtsstellung der Organisationsbeamten – vor allem vor den organisationsinternen Verwaltungsgerichten thematisiert, siehe hierzu B. M. DE VUYST, The Use of Discretionary Authority by International Organizations in their Relations with International Civil Servants, DenJILP 12 (1983), S. 237, 242 ff.

Einsatzes die Regulierungspraxis des Claims Review Boards beherrscht, steht dem Geschädigten nur ein Anspruch nach Maßgabe der Haftungslimitierungsresolution zu.

Teil 4: Haftungspraxis regionaler Organisationen

A. Einleitung: Militäreinsätze regionaler Organisationen

Im Bewußtsein der Weltöffentlichkeit sind kollektive Sicherheitsmaßnahmen wie internationales „Peace-keeping“ und „Peace Enforcement“ eng mit dem Namen der Vereinten Nationen verknüpft. Dabei gerät das ein ums andere Mal in Vergessenheit, daß auch regionale Organisationen in der Vergangenheit ihren Beitrag zur Friedenserhaltung geleistet haben. Unter Subsidiaritäts- und Effektivitätsgesichtspunkten ist es ohnehin naheliegend, bei lokalen Streitigkeiten das Konzept der kollektiven Friedenssicherung durch regionale Systeme zu verwirklichen. So betont auch Art. 52 Abs. 2 UN-Charta das Primat der friedlichen Beilegung örtlich begrenzter Streitigkeiten durch regionale Abmachungen und Einrichtungen – ohne freilich damit die Hauptverantwortung des Sicherheitsrates nach Art. 24 UN-Charta in Frage zu stellen.[1] Der Subsidiaritätsgedanke des Art. 52 Abs. 2 UN-Charta bezieht sich allerdings nur auf die *friedliche* Streitbeilegung durch regionale Organisationen, nicht auf Zwangsmaßnahmen. Regionale Organisationen dürfen jenseits des mitgliedstaatlichen Rechts auf kollektive Selbstverteidigung (Art. 51 UN-Charta) nur dann militärische Gewalt anwenden, wenn eine Ermächtigung durch den Sicherheitsrat vorliegt (Art. 53 Abs. 1 Satz 2 UN-Charta).

Die rechtlichen Möglichkeiten und Grenzen einer regionalen Friedenssicherung unter der Herrschaft der UN-Charta haben in der Wissenschaft viel Aufmerksamkeit erfahren.[2] Das VIII. Kapitel der UN-Charta wirft in der Tat einige

---

[1] E. THEUERMANN, Regionale Friedenssicherung im Lichte von Kapitel VIII der Satzung der Vereinten Nationen: Juristische und politische Probleme, in: Kühne (Hrsg.), Blauhelme in einer turbulenten Welt, 1993, S. 231, 242; s. auch Report of the Secretary-General on the Situation in Bosnia and Herzegovina, UN-Doc. S/24333, 21. Juli 1992, § 8.

[2] Siehe z.B. CH. WALTER, Vereinte Nationen und Regionalorganisationen, 1996, C. SCHMOLENSKY, Friedenssicherung durch regionale Systeme kollektiver Sicherheit, 2000; H. KÖRBS, Die Friedenssicherung durch die Vereinten Nationen und Regionalorganisationen nach Kapitel VIII der Satzung der Vereinten Nationen, 1997; L. FAWCETT/A. HURRELL (Hrsg.), Regionalism in World Politics. Regional Organisation and International Order, 1995.

Fragen auf, z.B. nach der Definitionsfähigkeit des Begriffs „regionale Einrichtungen", aber auch nach den Anforderungen, die an den Akt der Ermächtigung i.S.d. Art. 53 Abs. 1 Satz 2 UN-Charta zu stellen sind.[3] So spricht der Sicherheitsrat auf der einen Seite selten eine ausdrückliche Ermächtigung zur Gewaltanwendung nach Art. 53 UN-Charta aus (z.B. 1992 im Fall von Bosnien-Herzegowina[4] und 1998 im Fall des ECOMOG-Einsatzes in Guinea Bissau[5]). Auf der anderen Seite haben sich die militärisch engagierten regionalen Organisationen, wie beispielsweise die NATO und ECOWAS, bei der militärischen Realisierung ihrer friedenssichernden Ziele vom Schweigen des Sicherheitsrates wenig beeindruckt gezeigt. Angesichts einer Reihe von unautorisierten Militäreinsätzen regionaler Organisationen in der Geschichte der Vereinten Nationen stellt sich also die Frage, ob die Praxis dem interpretationsoffenen Wortlaut des Art. 53 Abs. 1 Satz 2 UN-Charta die Bedeutung gibt, daß eine konkludente und/oder nachträgliche Ermächtigung seitens des Sicherheitsrates ausreicht. Für eine derartige extensive Interpretation des Art. 53 Abs. 1 Satz 2 UN-Charta ließe sich anführen, daß die Vereinten Nationen oft an die militärischen Erfolge der eigenmächtig handelnden Regionalorganisationen anknüpfen und sie zur Grundlage ihrer eigenen friedenssichernden Bemühungen machen (z.B. bei den militärischen Erfolgen von ECOWAS in Liberia 1990 und der NATO im Kosovo 1999). Auch loben die Vereinten Nationen gelegentlich die Kooperation der „eigenmächtigen" Regionalorganisationen mit der parallel operierenden UN-Mission.[6] Mit Blick auf diese Praxis läßt es sich vertreten, *konkludente* Ermächtigungen in den Begriff „authorization" (Art. 53 Abs. 1 Satz 2 UN-Charta) einzubeziehen, auch wenn das bloße Aufbauen der Vereinten Nationen auf den militärischen Erfolgen der „eigenmächtigen" Regionalorganisation nicht ausreichen dürfte.

---

[3] Es ist umstritten, ob die Ermächtigung eindeutig und vorhergehend sein muß; bejahend J. WOLF, Regional Arrangements and the UN-Charter, EPIL Bd. IV, S. 91, 95; a.A. G. RESS/J.BRÖHMER, in: Simma (Hrsg.), The Charter of the United Nations, Vol. I, Art. 53, Rn. 25; WALTER (Fn. 2), S. 374 Ziff. 8.

[4] SC-Res. 787 (1992), SCOR, Resolution and Decisions 1992, S. 29 ff.; während des Ost-West-Konfliktes (1945 bis 1990) hat der Sicherheitsrat nur einmal, 1964 in der Kongo-Krise, eine regionale Organisation – die OAU – unter Bezugnahme auf Art. 52, 54 UN-Charta zur friedlichen Streitbeilegung aufgefordert.

[5] SC-Res. 1216 (1998) vom 21. Dezember 1998: „6. Affirms that the ECOMOG interposition force may be required to take action to ensure the security and freedom of movement of its personnel in the discharge of its mandate; ...)." SCOR, Resolutions and Decisions 1998, S. 135.

[6] Im Fall der Pan-African Peace-keeping Force der OAU im Tschad hat der Sicherheitsrat durch Resolution 504 (1982) einen Fonds ins Leben gerufen, aus dem die OAU-Peace-keeping-Truppe im Tschad finanziell unterstützt werden sollte; SCOR, Resolutions and Decisions 1982, S. 16.

Letztlich kann hier jedoch dahinstehen, welche Bedingungen der Ermächtigungsvorbehalt des Art. 53 UN-Charta an die militärischen Aktivitäten regionaler Organisationen knüpft. Der Fokus der vorliegenden Untersuchung liegt auf dem Haftungsrecht; die friedenssichernden Maßnahmen regionaler Organisationen – autorisiert oder unautorisiert – komplettieren das bisher aufgezeigte Bild von der Haftungspraxis Internationaler Organisationen. Allerdings ist gerade bei Regionalorganisationen die Zugänglichkeit von haftungsbezogenen Dokumenten und Informationen äußerst beschränkt. Insofern werfen die nachfolgenden Ausführungen lediglich Schlaglichter auf die Verantwortlichkeit und/oder Haftung militärisch aktiver Regionalorganisationen.

Das nachfolgende Kapitel B behandelt diejenigen Peace-keeping- bzw. Peace Enforcement-Einsätze regionaler Organisationen, die aufgrund einer lückenhaften Informationslage keine abschließende Schlußfolgerung über das konkrete Haftungssubjekt und die praktizierten Haftungsregeln zulassen. Haftungsrechtlich ergiebiger sind dagegen die Militäreinsätze der Organisation Amerikanischer Staaten, der NATO und der Europäischen Union, die in den Kapiteln C, D und E einer haftungsrechtlichen Analyse unterzogen werden.

B. Arabische Liga, OAU, ECOWAS und GUS

I. Arabische Liga in Kuwait (1961 - 1963) und im Libanon (1976 – 1983)

Die Arabische Liga (Pacte de la Ligue des Etats Arabes) wurde am 22. April 1945 durch Vertrag zwischen den Staaten Ägypten, Irak, Jemen, Libanon, Saudi-Arabien, Syrien und Transjordanien gegründet.[1] Heute hat die Regionalorganisation 22 Mitgliedstaaten, darunter auch Palästina.[2]

Ebenso wie die UN-Charta etabliert die Charta der Arabischen Liga ein System kollektiver Sicherheit, in dessen Rahmen verschiedene Verfahren zur friedlichen Streitbeilegung angeboten werden.[3] Auch wenn die Charta der Arabischen Liga – wie die UN-Charta – keine Vorschriften den Einsatz von Peacekeeping-Truppen enthält,[4] so wurden doch in der Geschichte der Regionalorganisation bislang drei Streitkräfte durch den Ligarat eingesetzt: zum einen die Arab League Force, die von September 1961 bis Oktober 1963 in Kuwait stationiert war, zum anderen die Symbolic Arab Security Force und die Arab Deterrent Force, die im Rahmen einer Operation sukzessive von 1976 bis 1983 im Libanon aktiv waren.

---

1 UNTS Bd. 70, S. 237 ff. Zur Entstehungsgeschichte s. A. GOMAA, The Foundation of the League of Arab States, 1977.

2 Palästina wurde 1976 auf Basis eines einstimmigen Beschlusses des Rates der Liga aufgenommen, obwohl die zentrale Aufnahmevoraussetzung nach Art. 1 der Charta der Arabischen Liga – das Kriterium des unabhängigen arabischen Staates – im Jahr 1976 nicht erfüllt war und auch heute noch nicht erfüllt ist.

3 Beispielsweise kann der Ligarat nach Art. 5 der Charta schiedsgerichtlich einen Konflikt zwischen Mitgliedstaaten entscheiden, wenn diese sich mit dem Unterfangen einverstanden erklären. Die Entscheidung des Ligarates über die Rechtslage wird dann allerdings ohne Beteiligung der Streitparteien getroffen und ist für diese verbindlich.

4 Siehe aber die Regelung im Joint Defence Treaty von 12. April 1950 über die Möglichkeit, die arabischen Streitkräfte unter ein einheitliches Kommando zu stellen (Art. 5 Anhang); daraus leitet BOTHE die Kompetenz der Liga zur Schaffung der genannten drei Organisationsstreitkräfte ab, M. BOTHE, Streitkräfte internationaler Organisationen, 1968, S. 80.

Die Arab League Force wurde 1961 aus Anlaß von Annexionsdrohnung des Iraks gegen Kuwait ins Leben gerufen.[5] Der Liga-Rat hatte Kuwait im Zuge der Krise die effektive Unterstützung bei der Sicherung seiner Unabhängigkeit zugesagt (Resolution Nr. 1777). Der Generalsekretär, der mit der Durchführung der Resolution Nr. 1777 betraut wurde, wandte sich an die Mitgliedstaaten mit der Bitte, Kontingente zur Bildung einer Arab League Force zur Verfügung zu stellen. Die ingesamt 3.300 Mann starke Arab League Force setzte sich aus Kontigenten aus der Vereinigten Arabischen Republik (Ägypten und Syrien), Saudi-Arabien, dem Sudan, Jordanien und Tunesien zusammen. Über die institutionelle Zuordnung der Streitkräfte, ihre Immunitäten und Privilegien sowie über die Kommandostruktur gibt ein detailliertes Statusabkommen Auskunft, geschlossen zwischen der Liga und Kuwait am 12. August 1961.[6] Das Statusabkommen ist in weiten Teilen an das UNEF I-Statusabkommen aus dem Jahr 1956 angelehnt.[7] Zu den zentralen Regelungsmaterien des Statusabkommens der Arab League Force gehört die klare rechtliche Einordnung der Truppe in das institutionelle Gefüge der Liga (Ziff. 23: „The Arab League Security Force, as a subsidiary organ of the League of Arab States established by a resolution of the League´s Council ...)". Die Organisationsstruktur der Truppe ist derjenigen von UNEF nachgebildet. Vor allem wurden die nationalen Kontingente der militärischen Kommandogewalt eines von der Liga bestimmten Kommandeurs unterstellt, der wiederum nur dem Liga-Generalsekretär politisch wie militärisch verantwortlich war.[8] Schießlich wurden der Arab League Force diejenigen Immunitäten und Privilegien zugewiesen, die die Arabische Liga selbst genießt (Ziff. 23 des Statusabkommens). Haftungsrechtliche Vorschriften sind im Statusabkommen nicht enthalten, wohl aber eine Streitbeilegungsklausel für Streitigkeiten zwischen Truppenmitgliedern und Dritten (Ziff. 12 des Statusabkommens). Allerdings ist der Anwendungsbereich der Streitbeilegungsklausel auf diejenigen Streitigkeiten beschränkt, die durch private Akte des Truppenmitgliedes entstanden sind („outside the scope of the ... official duties"). Dagegen fehlen Vorschriften über die Streitbelegung in Fällen, in denen Schäden bei der Ausführung von Dienstaufgaben entstanden sind. Hierin liegt ein wesentlicher Unterschied zwischen dem Statusabkommen der Arab League Force und dem UNEF-Statusabkommen. Über die Gründe, die die Arabische Liga dazu veranlaßt haben, die Streitbeilegungsvorschrift des UNEF-SOFA gerade in diesem Punkt zu modifizieren, kann heute nur noch spekuliert werden. Da die Standing Claims Commission nach Art. 38 UNEF-SOFA von den Vereinten Nationen

[5] Siehe zu den Hintergründen der Krise H. A. HASSOUNA, The League of Arab States and Regional Disputes, 1975, S. 91 f.

[6] Abgedr. in: UN-Doc S/5007, SCOR 16th Year, Oct. – Dec. 1961, S. 162 ff.

[7] Zum UNEF-Statusabkommen S. 205 ff.

[8] HASSOUNA (Fn. 5), S.124.

nicht eingesetzt worden ist, die Vorschrift in der Praxis des UNEF-Einsatzes also keine Bedeutung entfaltet hat, liegt es zumindest im Bereich des Möglichen, daß die Arabische Liga das Statusabkommen nicht mit „realitätsfernen" Klauseln belasten wollte und statt dessen von vornherein ein informelles Streitbeilegungsverfahren nach dem Vorbild des UNEF-Claims Review Board anvisiert hatte.[9] Dokumente, die eine informelle Schadesnregierung belegen könnten, sind allerdings nicht zugänglich.

Haftungsrechtlich unergiebig ist auch der zweite Peace-keeping-Einsatz unter der Ägide der Arabischen Liga. Das militärische Engagement der Arabischen Liga im bürgerkriegsgeschüttelten Libanon unterscheidet sich in rechtlicher wie in tatsächlicher Hinsicht grundlegend vom Kuwait-Einsatz: Im Fall der Symbolic Arab Security Force und der Arab Deterrent Force wurde zwischen der Arabischen Liga und dem Libanon kein förmliches Statusabkommen über die rechtlichen Grundlagen des Aufenthalts der Streitkräfte geschlossen. Militärischer Erfolg war der Libanon-Mission auch nicht beschieden; während die Symbolic Arab Security Force aufgrund ihrer geringen Stärke ihr Mandat von vornherein nicht effektiv erfüllen konnte, wurde die 30.000 Mann starke Arab Deterrent Force schnell in die Bürgerkriegskämpfe involviert und konnte aus diesem Grund ihr Mandat – die Sicherung der Waffenstillstandsvereinbarungen, die Wiederherstellung der inneren Sicherheit des Libanon und die Einziehung der schweren Waffen – nicht erfüllen. Schließlich wird die Zurechnung der Akte der Arab Deterrent Force zur Arabischen Liga aufgrund der fehlenden politischen und militärischen Kontrolle der Liga über die Streitkräfte im Ergebnis zu verneinen sein. Die Peace-keeping-Truppe wurde durch den Beschluß von sechs Mitgliedstaaten der Arabischen Liga auf einer Konferenz in Riyadh (sog. Limited Arab Summit Conference) geschaffen. Im sog. Riyadh-Beschluß heißt es in Ziff. 2: „That existing Arab security forces should be expanded to 30.000 men so that they might become a deterrent force operation inside Lebanon *under the personal command of the President of the Lebanese Republic* ..."[10] Diesen Beschluß hat sich der Ligarat am 26. Oktober 1976 ohne Zustimmung der Ligamitglieder Irak und Libyen zu eigen gemacht.

Betrachtet man die außergewöhnliche Konzeption der Arab Deterrent Force, dann läßt sich eine de iure-Organstellung der Truppe innerhalb der Liga nicht begründen. Auch der libanesische Präsident SARKIS ging davon aus, daß die Truppe nach dem Beschluß der Liga institutionell dem Libanon zugeordnet wer-

---

9 Siehe zum UNEF-Claims Review Board S. 238 ff.

10 Abgedr. in: I. POGANY, The Arab League and Peacekeeping in the Lebanon, 1987, Appendix III, S. 190 f. (Hervorhebung hier).

den müsse: „When the participants at the Riyadh Conference decided that this force should be placed at the disposal of the Lebanese head of state they were intending to create a judicial and institutional link which would not amount to effective military command."[11] Der Nachsatz SARKIS verdeutlicht darüber hinaus, daß auch eine faktische Zurechnung der Handlungen der Streitkräfte zur Liga – und zum Libanon – im Ergebnis scheitern muß. In der Praxis stand vor allem das zahlenmäßig dominierende Kontingent aus Syrien unter der ausschließlichen operativen Kommandogewalt seines Entsendestaates.[12] Ob die Liga oder der Libanon aus diesem Umstand haftungsrechtliche Konsequenzen gezogen hat, ist nicht dokumentiert.

II. OAU im Tschad (1981)

Auch die Organisation für Afrikanische Einheit (OAU) hat sich im Bereich der regionalen Friedenssicherung engagiert, wenn auch primär durch die Entsendung von Beobachtermissionen.[13] Die Aufstellung einer Pan-Afrikanischen Peace-keeping-Truppe für den Tschad im Jahr 1981 ist bislang die ambitionierteste Maßnahme der OAU geblieben.[14] Der blutige Bürgerkrieg im Tschad und die Intervention von Drittstaaten (Frankreich und Liberia) hatten die OAU veranlaßt, mit der Einwilligung der Provisorischen Regierung des Tschad Peace-keeping-Steitkräfte mit dem Auftrag zu entsenden, das Land und seine Regierung zu stabilisieren.[15] Insgesamt 3265 Soldaten aus Nigeria, dem Senegal und Zaire bildeten die internationale Truppe, die schnell in die bewaffneten Feindseligkeiten verwickelt wurde. Die OAU beendete das Mandat der Pan-Afrikanischen Peace-keeping-Truppe deshalb schon nach einem Jahr, was dem gesamten Einsatz das Stigma des Fehlschlages einbrachte. Den Status der Streitkräfte im Tschad regelte ein unveröffentlichtes Abkommen zwischen der Übergangsregie-

---

[11] Zitiert nach POGANY (Fn. 10), S. 112.

[12] J. P. ISSELÉ, The Arab Deterrent Force in Lebanon, in: Cassese (Hrsg.), Current Legal Regulations of the Use of Force, 1986, S. 195 ff.

[13] Die „Neutral Military Oberver Mission I" in Ruanda wurde von der OAU im Juli 1992 aufgestellt, gefolgt von einer 2. Mission im August 1993; die „Observer Mission in Burundi" rief die OAU im April 1994 ins Leben; im Dezember 1997 entsandte die OAU eine Beobachtermission zu den Komoren.

[14] Zu den Hintergründen siehe G. J. NALID, Peace-keeping Attempts by the Organisation of African Unity, ICLQ 34 (1985), S. 593 ff.

[15] Resolution AHG/Res-102/XVIII/Rev. 1, beschlossen auf der 18. OAU-Versammlung in Nairobi am 24. Juni 1981; siehe zum Konflikt: J.-P. COT, The Role of the Inter-African Peace-keeping Force in Chad, in: Cassese (Hrsg.), The Current Legal Regulation of the Use of Force, 1986, S. 171.

rung (Transitional National Union Government) und der OAU.[16] In diesem Abkommen heißt es in Art. 4 zur Organstellung der internationalen Truppe:

> Art. 4 lit. a: „The OAU Peace-keeping Force is an organ of the OAU and is composed of the Force Commander and all the staff placed under his command by the Member States. The members of the Force, although they remain part of their national service, constitute, during the whole period of their appointment to the Force, an international staff under the OAU authority. The tasks of this Force are exclusively international and the members composing it will carry out these tasks and behave by bearing in mind the only interests of the OAU."

Auch zur Kommandogewalt der OAU enthält das Abkommen explizite Aussagen:

> Art. 4 lit h: „In performing their duties, the troops of the Force will receive orders only from the Force Commander and the command hierarchy established by him."

Das Statusabkommen der Pan-African Peace-Keeping-Force ist erkennbar den Statusabkommen der UN-Peace-keeping-Truppen nachgebildet. Um so mehr muß es überraschen, daß eine Streitbeilegungsvorschrift über „claims of a private character", wie sie die UN-Statusabkommen regelmäßig aufweisen[17], hier fehlt. Angesichts des Umstandes, daß die Truppenmitglieder nach Art. 4 lit. e des Tschad-Statusabkommens Jurisdiktionsimmunität für ihre Diensthandlungen genießen, ist diese Lücke besonders augenfällig. Sie läßt aber keineswegs den Schluß zu, die OAU habe sich durch das Statusabkommen im Tschad haftungsrechtlich freigestellt. Gerade die informelle Regulierungspraxis der Vereinten Nationen abseits geschriebener Streitbeilegungsklauseln hat gezeigt, daß letztere oft keine praktische Wirkung entfalten. Da Informationen über eine informelle Regulierungspraxis vor Ort bzw. etwaige Haftungsabreden der OAU mit den Entsendestaaten nicht zugänglich sind, kann der Fall der Pan-Afrikanischen Peace-keeping-Truppe keinen Aufschluß über die Haftungspraxis der OAU geben.

---

[16] Das Abkommen wurde am 28. November 1981 in Nairobi vom Vorsitzenden des OAU-Rates, dem OAU-Generalsekretär und dem Präsidenten der Übergangsregierung des Tschad unterzeichnet.

[17] Siehe S. 226 (UNEF I), S. 304 (ONUC), S. 410 (UNFICYP) und S. 458 (Modell-Statusabkommen).

III. ECOWAS in Liberia (1990)

Ebenso unergiebig für Fragen der Haftung von Regionalorganisationen ist der ECOMOG Peace-Enforcement-Einsatz im westafrikanischen Staat Liberia, der 1990 von der afrikanischen Regionalorganisation ECOWAS initiiert und militärisch von Nigeria dominiert wurde.[18] Wegen der nur rudimentären administrativen und politischen Leitungsfunktion von ECOWAS wird in der Literatur die Zurechenbarkeit des im Ergebnis erfolgreichen[19] Militäreinsatzes zu ECOWAS in Zweifel gezogen.[20] Haftungsrechtlich aufschlußreiche Dokumente sind nicht öffentlich zugänglich. Erst im Juni 1998 – also acht Jahre nach der Stationierung von ECOMOG – wurde auf der OAU-Konferenz in Burkina Faso ein – unveröffentlichtes – Statusabkommen zwischen ECOWAS und Liberia unterzeichnet, das in klassischer Peace-keeping-Tradition die Jurisdiktionsimmunität, die Privilegien und das Mandat der Truppe in Liberia regelt.[21] In dem Statusabkommen wird ECOMOG offiziell unter die Leitung der ECOWAS-Authority gestellt. Erkenntnisse über eine informelle Haftungspraxis von ECOWAS gibt es nicht. Auch bei den nachfolgenden ECOMOG-Einsätzen in Sierra Leone[22] (1998) und in Guinea Bissau[23] (1999) fehlt es an haftungsrechtlich aufschlußreichen Dokumenten bzw. Informationen; die haftungsrechtliche Rolle von ECOWAS im Rahmen dieser Militäreinsätze ist daher ebenfalls einer wissenschaftlichen Untersuchung nicht zugänglich.

---

[18] ECOMOG wurde in Liberia durch den Ghanaer GENERAL QUAINOO kommandiert, allerdings stellte Nigeria – neben Ghana und Guinea – die Mehrzahl der insgesamt 3000 Mann.

[19] Zum ECOMOG-Einsatz siehe J. O. C. JONAH, ECOMOG: A Successful Example of Peacemaking and Peace-keeping by a Regional Organization in the Third World, in: Kühne, Blauhelme in einer turbulenten Welt, 1993, S. 303 ff.; G. NOLTE, Eingreifen auf Einladung, 1999, S. 409 ff.; WALTER (Fn. 2), S. 95 ff, 340 ff.

[20] E. G. BERMAN/K. E. SAMS, Limitations of African Peacekeeping Efforts, in: Constructive Disengagement. Western Efforts to Develop African Peacekeeping, ISS Monograph Nr. 33, 1998, S. 62.

[21] United Nations Office for the Coordination of Humanitarian Affairs, Integrated Regional Information Network for West Africa Update 288 vom 12. Juni 1998.

[22] Die Zurechnung des ECOMOG-Einsatzes in Sierra Leone zu ECOWAS ist hoch problematisch, da das institutionelle Bindeglied zwischen der Organisation und der Peacekeeping-Truppe überaus schwach ist: Nigeria wurde eigenmächtig unter ECOMOG-Flagge militärisch aktiv; der ECOWAS-Rat der Staats- und Regierungschefs – das Hauptentscheidungsorgan der Regionalorganisation – billigte den umstrittenen Einsatz erst drei Monate nach Beginn der Operation.

[23] Siehe hierzu SC-Res. 1216 (1998) vom 21. Dezember 1998 (Fn. 5), in der ECOMOG angehalten wird, sich in Guinea Bissau neutral und unparteiisch nach UN-Peace-keeping Standards zu verhalten.

VI. GUS-Peace-keeping-Einsätze

Eine weitere Regionalorganisation mit Peace-keeping- und Peace Enforcement-Erfahrung ist die Gemeinschaft Unabhängiger Staaten (GUS). Die Organisation wurde anläßlich der Auflösung der Sowjetunion im Jahr 1991 von Rußland, Weißrußland und der Ukraine gegründet.[24] Auch wenn eine eigenständige internationale Rechtspersönlichkeit der GUS von den Gründungsmitgliedern anfänglich wohl nicht intendiert war, wird heute die GUS als Internationale Organisation zu qualifizieren sein.[25] Innerhalb des lockeren Staatenbundes kooperieren derzeit zwölf Teilrepubliken der ehemaligen Sowjetunion. Die politisch instabilen Verhältnisse und ethnischen Konflikte in diesen jungen Staaten haben dazu geführt, daß seit 1990 eine Reihe von multinationalen Peace-keeping Einsätzen stattgefunden hat – beispielsweise in Moldawien/Transnistrien (1992), Tadschikistan (1993), Georgien/Süd-Ossetien (1994) und Georgien/Abchasien (1994). Allerdings kann nur die Operation in Tadschikistan auf ein klares GUS-Mandat blicken, erteilt von den Staats- und Regierungschefs aller GUS-Staaten. Es ist auch die einzige Peace-keeping-Operation, deren militärisches Kommando der politischen Direktive eines GUS-Organs ausgesetzt war, dem GUS-Rat der Staats- und Regierungschefs, der Außenminister und der Verteidigungsminister.[26] Insofern läßt sich unter rechtlichen Gesichtspunkten allenfalls der Tadschikistan-Einsatz als eine GUS-Peace-keeping-Maßnahme bezeichnen.

Unabhängig von der völkerrechtlichen Zurechnung der genannten kollektiven Militäreinsätze zur GUS hat die Organisation seit 1992 eine Reihe von Instrumenten zur Durchführung friedenserhaltender Maßnahmen entwickelt, die GUS-Peace-keeping-Einsätzen zumindest in der Theorie einen verhältnismäßig eng normierten Rahmen geben. Darunter befindet sich das Abkommen über militärische Beobachtergruppen und kollektive friedenserhaltende Streitkräfte vom 20. März 1992, ergänzt durch drei Protokolle vom 15. März 1992.[27] Hinzu tritt das Abkommen über kollektive Friedensstreitkräfte vom 24. September 1992, er-

---

[24] Agreements establishing the Commonwealth of Independent States, 8. Dezember 1991, ILM 31 (1992), S. 138 ff.

[25] EPPING, in: Ipsen (Hrsg.), Völkerrecht, 1999, § 34 Rn. 18.

[26] A. NIKITIN, Past and Future Cooperation in Peace keeping: Lessons Learned from the 1990s, in: Oznobishchev/Brusstar (Hrsg.), U.S.-Russian Partnership: Meeting the New Millennium, 1999.

[27] Informationsbulletin des GUS-Rates der Staatsoberhäupter und des GUS-Rates der Regierungschefs1992, Nr. 4 S. 9 f. und Nr. 5 S. 25 ff.

gänzt durch das Protokoll vom 10. Februar 1995.[28] Am 19. Januar 1996 nahm der Rat der Staatsoberhäupter der GUS schließlich das Statut der kollektiven friedenserhaltenden Streitkräfte an (Modell-Statusabkommen).[29] In diesem Abkommen wird in Art. 39 durch Bezugnahme auf die UN-Immunitätenkonvention die Jurisdiktionsimmunität der GUS-Peace-keeping-Streitkräfte festgeschrieben. Im übrigen verweist das Statusabkommen vom 19. Januar 1996 auf das Protokoll über den Status der „Gruppen der Militärbeobachter und kollektiven Kräfte zur Förderung des Friedens" in den GUS-Staaten vom 15. Mai 1992 (Modell-Statusprotokoll).[30] Dort heißt es in Art. 23:

> Art. 23: „Wird in irgendeinem Gericht des annehmenden Staates gegen ein Mitglied der Gruppe zur Förderung des Friedens eine bürgerlich-rechtliche Angelegenheit erörtert, wird der Befehlshaber der Gruppe hierüber unverzüglich in Kenntnis gesetzt. Der Befehlshaber unterrichtet das Gericht, ob diese Angelegenheit zu den von dem betreffenden Mitglied zu erfüllenden Dienstpflichten gehört. Bestätigt der Befehlshaber, daß die betreffende Angelegenheit zu den Dienstpflichten gehört, wird das Verfahren eingestellt. Bestätigt der Befehlshaber, daß die betreffende Angelegenheit nicht zu den Dienstpflichten gehört, kann das Gerichtsverfahren fortgesetzt werden."[31]

Art. 23 statuiert eine Immunitätsregel, die auch die Vereinten Nationen für sich in Anspruch nehmen: Die Entscheidung darüber, ob aufgrund der Dienstbezogenheit der schädigenden Handlung diese von der Immunität umfasst wird oder nicht, obliegt der Organisation – nicht dem Aufenthaltsstaat. Dagegen folgt das GUS-Modell-Statusprotokoll dem UN-Modell-Statusabkommen in einem Punkt nicht: Vorschriften über ein Streitbeilegungsverfahren zwischen der GUS und dem Geschädigten sind im Protokoll nicht enthalten.[32] Allerdings lassen sich – wie bereits betont – aus diesem Umstand keine positiven Schlüsse auf eine etwaige Haftungsverweigerung der GUS ziehen. Es fehlen Informationen über eine etwaige Schadensregulierung durch die GUS, so daß auch über diese Regionalorganisation keine haftungsrechtlichen Erkenntnisse zu gewinnen sind.

---

[28] Informationsbulletin des GUS-Rates der Staatsoberhäupter und des GUS-Rates der Regierungschefs 1993, Nr. 4, S. 54 ff. und 1995 Nr. 1, S. 32 ff.; zu den Abkommen siehe R. SIEKMANN, CIS Peace-keeping, in: International Peacekeeping 1994, S. 23 ff.

[29] UN-Doc A/51/62 vom 31. Januar 1996, s.auch ILM 35 (1996), S. 783 ff.

[30] MMD 1993, Nr. 6 S. 1 ff.

[31] Nichtamtliche Übersetzung.

[32] Siehe aber zum UN-Modell-Statusabkommen S. 457 ff.

C. Organisation Amerikanischer Staaten (OAS)

I. Einleitung

Die Organisation Amerikanischer Staaten wurde 1948 durch die Bogotá-Charta (auch genannt OAS-Charta)[1] ins Leben gerufen und zählt heute zu den klassischen regionalen Systemen kollektiver Sicherheit, wie sie das VIII. Kapitel der UN-Charta vor Augen hat. In Art. 1 der Bogotá-Charta heißt es: „Within the United Nations, the Organization of American States is a regional agency". Die OAS gilt unstreitig als Internationale Organisation mit Völkerrechtsfähigkeit.[2] Sie ist nicht nur formal nach Art. 53 der Bogotá-Charta mit Vertragsschlußkompetenz ausgestattet ist, sondern hat diese Fähigkeit auch beim Abschluß einer Reihe von völkerrechtlichen Abkommen eingesetzt.[3]

Die Bogotá-Charta skizziert die friedliche Streitbeilegung nur in ihren Grundzügen (Art. 23 bis 25); ausgestaltet wird das System durch das Interamerikanische Beistandsabkommen, den sog. Rio-Pakt von 1947[4], und den Bogotá-Pakt aus dem Jahr 1948.[5] Art. 8 des Rio-Paktes erlaubt bei friedensgefährdenden Situationen unter anderem den Einsatz von bewaffneter Gewalt, und zwar unabhängig davon, ob eine Selbstverteidigungssituation (Art. 51 UN-Charta) vorliegt. Nach Art. 20 des Rio-Paktes sind entsprechende Entscheidungen des zuständigen OAS-Organs für alle Mitgliedstaaten bindend. Obwohl der Sache nach naheliegend, war Art. 8 des Rio-Paktes 1965 nicht die Ermächtigungsgrundlage für das militärische Engagement der Inter-American Peace-Force in der Dominikanischen Republik. Die Mitgliedstaaten der OAS konnten sich nicht darauf

---

1 Die Wurzeln gehen auf die International Union of American Republics aus dem Jahr 1890 zurück.

2 Siehe noch die andere Auffassung von G. BALLADORE PALLIERI, Diritto internazionale pubblico, 1956, S. 171.

3 UNTS Bd. 119, S. 48 ff.

4 UNTS Bd. 21, S. 77, s. auch das Änderungsprotokoll von 1975, ILM 1975, S. 1117.

5 UNTS Bd. 39, S. 55 ff. Der Bogotá-Pakt hat in der Praxis keine Bedeutung erlangt, da er nur von 14 Mitgliedstaaten der OAS – z.T. unter weitreichenden Vorbehalten – ratifiziert worden ist; siehe zum Sanktionsmechanismus der OAS R. DOLZER, Enforcement of International Obligations through Regional Arrangements: Structure and Experience of the OAS, ZaöRV 47 (1987), S. 113, 126.

einigen, den Dominikanischen Bürgerkrieg als Fall einer Bedrohung des regionalen Friedens i.S.d. Art. 8 des Rio-Paktes zu werten. Statt also die Anwendung von bewaffneter Gewalt auf den Rio-Pakt zu stützen, wurden die allgemeiner gefaßte Bogotá-Charta und der Bogotá-Pakt als Ermächtigungsgrundlagen für die Einsetzung einer Friedenstruppe herangezogen.[6]

II. Historischer Hintergrund: Dominikanische Republik 1965

Der Kreation der Inter-American Peace-Force (IAPF) durch die OAS war der Ausbruch des Dominikanischen Bürgerkriegs vorangegangen. Er hatte sich am 24. April 1965 an einer Revolte des 1963 durch einen Militärputsch entmachteten Präsidenten JUAN BOSCH entzündet. Der US-amerikanische Präsident JOHNSON entsendete daraufhin am 28. April 1965 eine 23.000 Mann starke Truppe in das Krisengebiet,[7] offiziell zum Schutz der amerikanischen Staatsbürger.[8] Die Kritik vieler Staaten an der militärischen Intervention führte dazu, daß sich die USA zwecks politischer Rückendeckung an den OAS-Rat wandten, der die weiteren Entscheidungen dem Konsultationstreffen der OAS-Außenminister überantwortete.[9]

Als ersten Vermittlungserfolg konnte die OAS verzeichnen, daß die beiden Bürgerkriegsparteien am 5. Mai 1965 die „Akte von Santo Domingo" unterzeichneten. In dieser Akte verpflichteten sich die Kriegsgegner, eine Sicherheitszone zu akzeptieren, „... within which there is guaranteed, in the manner that the Organization of American States may deem appropriate, adequate protection and safety for all persons found within that zone of refuge."[10] Am 6. Mai 1965 beschlossen die OAS-Außenminister auf ihrem 10. Konsultationstreffen die Aufstellung einer „Inter-American Peace-Force" (IAPF), die innerhalb der Sicherheitszone stationiert werden sollte.[11] Die internationale Truppe wurde

---

[6] M. BOTHE, Streitkräfte Internationaler Organisationen, 1968, S. 75 f.

[7] Siehe UN-Doc. S/6310, SCOR 20th Year, Suppl. April – June 1965; s. auch R. GEROLD, Die Sicherung des Friedens durch die Organisation der Amerikanischen Staaten, 1971, S. 177 f.

[8] S. D. MURPHY, Humanitarian Intervention, 1996, S. 95.

[9] Zur Krise s. P. PIRRONE, The Use of Force in the framework of the Organization of American States, in: Cassese (Hrsg.), The Current Legal Regulation of the Use of Force, 1986, S. 229 ff.

[10] UN-Doc S/6364, SCOR 20th meeting, Suppl. April – June, S. 140.

[11] UN-Doc S/6333/Rev. 1, s. auch UN-Doc S/PV.1202 Ziff. 36, SCOR 1202nd meeting, 6. Mai 1965, S. 7 ff. ergänzend siehe UN-Doc S/6377, SCOR 20th Year, Suppl. April – June, S. 174; Namensfestlegung s. UN-Doc S/6400, SCOR 20th Year, Suppl. April – June, S. 215.

durch einen vertragsförmigen Einsetzungsakt[12] am 23. Mai 1965 formiert. In der IAPF gingen die schon vor Ort befindlichen US-amerikanischen Truppen auf; sie bildeten das zahlenmäßig größte Kontingent der internationalen Streitkräfte. Hinzu kamen Kontingente aus Brasilien, Honduras, Nicaragua und Paraguay, die sog. Latin-American Brigade. Das Mandat der IAPF bestand im Schutz der Zivilbevölkerung, der Verhinderung von Menschenrechtsverletzungen und der Wiederherstellung eines sicheren Umfeldes als Voraussetzung für die Wiedererstarkung demokratischer Strukturen in der Dominikanischen Republik.[13] In Erfüllung dieses Mandats kontrollierte die IAPF vor allem die Sicherheitszone und stellte sich als Puffer zwischen die Bürgerkriegsparteien.[14] Der Einsatz der IAPF wurde flankiert von den diplomatischen Vermittlungsbemühungen der OAS, die trotz einiger Rückschläge letztlich Erfolg zeitigten. Die Bürgerkriegsparteien stimmten am 31. August 1965 einer sog. „Akte der dominikanischen Versöhnung“[15] zu, auf deren Grundlage eine provisorische Regierung eingesetzt wurde und eine vorläufige Verfassung in Kraft trat. Am 3. September 1965 wurde GARCIA-GODOY als provisorischer Präsident vereidigt, der auch förmlich in den Aufenthalt der IAPF einwilligte. In der folgenden Zeit, die noch von vereinzelten Unruhen geprägt war, kooperierte die IAPF mit der provisorischen Regierung. Im September 1966, drei Monate nach demokratischen Wahlen und zwei Monate nach dem Amtsantritt des neuen Präsidenten BALAGUER, verließen die letzten IAPF-Einheiten das Land.[16]

Auch wenn sich die IAPF nach ihrem Mandat als klassische Peace-keeping-Mission präsentierte, herrschte doch von Beginn an Streit über die Frage, ob es sich bei dem Einsatz um eine Peace Enforcement-Maßnahme handle, mit der Folge der Anwendbarkeit von Art. 53 UN-Charta, oder lediglich um eine Peace-keeping-Maßnahme, die noch unter die Rubrik der friedlichen Streitbeilegung fallen würde. Dieser Streit – der vor allem in den Organen der Vereinten Nationen ausgetragen wurde – entzündete sich allerdings weniger an der Ermächtigung der IAPF zum Einsatz von Waffengewalt, als an der fehlenden Einwilligung des Aufenthaltsstaates in die Stationierung der IAPF. Denn letztlich hatte keine völkerrechtlich anerkannte Regierung in die Maßnahmen der OAS eingewilligt, sondern nur die beiden Bürgerkriegsparteien durch die Akte von Santo

---

[12] Der Einsetzungsakt wurde unterzeichnet vom OAS-Generalsekretär in Vertretung des 10. Konsultationstreffens der OAS-Außenminister, sowie den Vertretern von Brasilien, Costa Rica, den USA, Honduras und Nicaragua.

[13] UN-Doc S/6333/Rev. 1 (Fn. 11).

[14] M. BOTHE, Peace-keeping, in: Simma (Hrsg.), The Charta of the United Nations, 2002, S. 696, Rn. 128.

[15] UN-Doc S/6655, abgedr. In UNYB 1965, S. 157.

[16] MURPHY (Fn. 8), S. 95.

Domingo. Abgesehen von der Problematik des fehlenden völkerrechtlichen Konsenses war die IAPF während des Einsatzes in bewaffnete Auseinandersetzungen verstrickt. Auch unter diesem Gesichtspunkt verläßt die Mission den Rahmen des klassischen Peace-keeping-Konzepts und nähert sich dem Konzept des sog. robusten Peace-keepings.[17] Im Ganzen betrachtet weist der IAPF-Einsatz deutliche Parallelen zum ONUC-Einsatz[18] der Vereinten Nationen auf.

III. Inter-American Peace-Force: Institutionelle Zuordnung

In der Resolution des 10. Konsultationstreffens der OAS-Außenminister heißt es zur institutionellen Zuordnung der Inter-American Peace-Force:

> „The formation of an Inter-American force will signify ipso facto the transformation of the forces presently in Dominican territory into another force that will not be that of one States or of a group of States but that of the Organization of American States, which Organization is charged with the responsibility of interpreting the democratic will of its members."[19]

Trotz der vergleichsweise klaren Aussage der Resolution stellt kein OAS-Dokument die IAPF explizit als Organ der OAS heraus; eine de iure-Organstellung innerhalb des institutionellen Gefüges der OAS wurde also trotz vorhandener UN-Vorbilder (UNEF I und ONUC) nicht ausgesprochen.[20] Auch erfolgte die Gründung der IAPF nicht durch einen förmlichen Bestellungsakt der OAS, sondern durch Abschluß eines völkerrechtlichen Vertrages zwischen der OAS und den potentiellen Entsendestaaten.[21] Die Armbinde mit OAS-Emblem und die offizielle Bezeichnung der Truppe als „Force of the Organization of American States"[22] kann nur mit Vorsicht als Indiz für eine Organstellung der IAPF herangezogen werden; dies lehrt schon die irreführende Bezeichnung der multinationalen Streitkräfte in Korea als „United Nations Force".[23] Allerdings lassen sich aus dem historischen Beispiel der multinationalen Korea-Streitkräfte keine

---

[17] Zur Unterscheidung siehe S. 166 ff.

[18] Siehe S. 295 ff.

[19] UN-Doc S/6333/Rev. 1 (Fn. 11).

[20] Entsprechend vorsichtig argumentiert auch BOTHE (Fn. 6), S. 76 ff. zugunsten einer Organstellung der IAPF innerhalb der OAS.

[21] Siehe Einsetzungsabkommen vom 23. Mai 1965 („Act establishing the Inter-American Armed Force"), UN-Doc S/6381, SCOR 20th meeting, Suppl. April – June, S. 177.

[22] „The Inter-American Force is established as a Force of the Organization of American States", siehe UN-Doc S/6381 Annex, SCOR (Fn. 21), S. 178.

[23] Zum Koreakonflikt siehe S. 173 ff.

Schlüsse auf den Status der IAPF ziehen.[24] Etwaige Ähnlichkeiten, die auch innerhalb der OAS thematisiert wurden,[25] enden bei den unterschiedlichen Kommandostrukturen der beiden Streitkräfte. Gemäß der Resolution des 10. Konsultationstreffens der OAS-Außenminister – selbst ein OAS-Organ – operierte die IAPF „under the authority of this Tenth Meeting of Consultation".[26] Die IAPF wurde durch die OAS einem „unified command of the Organization of American States"unterstellt, „for the co-ordinated and effective action of the Inter-American armed force."[27] Das Unified Command setzte sich zusammen aus dem „Commander of the Inter-American Force"[28], der von Brasilien ernannt wurde, und seinem „Deputy Commander"[29] aus den Vereinigten Staaten. Obwohl die Nominierung der Kommandeure durch Brasilien und die USA auf eine starke politische Position der Mitgliedstaaten hinweist, führte im Fall der IAPF – im Gegensatz zu den Korea-Streitkräften – die Kommandokette nicht zu den USA oder Brasilien, sondern zur OAS. Im Annex zum Einsetzungsakt der Inter-American Peace Force vom 23. Mai 1965 heißt es:

> I. (...)
> „4. The Commander of the Inter-American Force shall exercise tactical control of all the elements of the Force, shall ensure that the Force performs the function assigned to it by the Organization of American States, and shall take responsibility for the deployment and assignment of the units making up the force."[30]

Der Begriff „tactical control" – in der NATO-Militärsprache üblicherweise die niedrigste Stufe des militärischen Kommandos[31] – muß im Kontext der OAS-Mission als operative Kommandobefugnis[32] des IAPF-Kommandeurs verstanden werden. Dies verdeutlicht die Kompetenz des IAPF-Kommandeurs, die Stationierung und die Aufgaben der IAPF-Einheiten festzulegen. Der IAPF-Kommandeur unterstand dabei der politischen Direktive der OAS, wie der Gründungsakt vom 23. Mai 1965 in Titel II unzweideutig zum Ausdruck bringt:

> "1. The Commander of the Inter-American Force shall keep the Meeting of Consultation informed concerning the activities of the force.

[24] Die Korea-Streitkräfte waren aufgrund des operativen Kommandos der Vereinigten Staaten auch de facto kein UN-Organ, siehe S. 181 ff.
[25] Siehe BOTHE (Fn. 6), S. 77 dort Fn. 354 m.w.N.
[26] UN-Doc S/6333/Rev. 1 (Fn. 11) Operativer Teil der Resolution Abs. 1.
[27] UN-Doc S/6333/Rev. 1 (Fn. 11) Operativer Teil der Resolution Abs. 3.
[28] GENERAL HUGO PANASCO ALVIM, s. UN-Doc S/6333/Rev. 1 (Fn. 11) III. Ziff. 1.
[29] LT.-GENERAL BRUCE PALMER, s. UN-Doc S/6333/Rev. 1 (Fn. 11) III. Ziff. 1.
[30] UN-Doc S/6381, SCOR 20th meeting, Suppl. April – June, S. 177, 178.
[31] Siehe S. 111 f.
[32] Siehe zum Begriff des „operational command and control" S. 108 f.

2. The Meeting of Consultation shall transmit political directives to the Inter-American Force through its Commander.“[33]

Es wird berichtet, daß in der Praxis die Kommandokette zwischen IAPF und der OAS oft durch die Heimatstaaten der IAPF-Kommandeure gestört wurde. Vor allem die Sowjetunion äußerte entsprechende Mutmaßungen.[34] Ob die Mitgliedstaaten das operative Kommando der OAS tatsächlich in einem militärisch relevanten Maße untergraben haben, ist nicht nachweisbar. Auf die völkerrechtliche Zurechnung der IAPF-Akte hatte der Vorwurf der mitgliedstaatlichen Einmischung allerdings keinen unmittelbaren Einfluß. Zumindest die Haftungspraxis der OAS belegt, daß sich die Organisation als völkerrechtliches Zurechnungssubjekt der IAPF-Akte in der Dominikanischen Republik betrachtet hat.

VI. Regulierungspraxis[35]

1. Verfahren

Das Hauptquartier des Unified Command Inter-American Peace Force hat am 25. März 1966 Vorschriften erlassen, die die Regulierung von Ansprüchen Privater gegen die IAPF zum Gegenstand haben (im folgenden: Claims-Regulations).[36] In diesem Regelwerk werden die Zuständigkeit zur Streitbeilegung, das konkrete Verfahren, die materiellen Haftungsvoraussetzungen, sowie die Beweislast in ihren Grundzügen geregelt. Die OAS hat allerdings erst im Juli 1966 – also kurz vor Ende der Mission – Geldmittel für Entschädigungsleistungen zur Verfügung gestellt.[37] Bis zu diesem Zeitpunkt haben die Entsendestaaten die jeweils von ihren Kontingentsmitgliedern verursachten Schäden kompensiert bzw. ihre Regulierung veranlaßt. So verneinten die Entsendestaaten der Latin American-Brigade die Zurechnung der schädigenden Handlungen ihrer IAPF-Kontingentsmitglieder zum Staat und verpflichteten diese zur Begleichung der Schäden aus eigenen, privaten Mitteln.[38] Eine andere Politik betrieben die Vereinten

---

33 UN-Doc S/6381 (Fn. 30).

34 Vgl. BOTHE (Fn. 6), S. 78, dort Fn. 358.

35 Diese und die nachfolgenden Informationen entstammen einem unveröffentlichen Bericht von J. H. ROUSE, Assistant Chief U.S. Army Claims Service, Paper presented to the Inter-American Bas Association, Meeting at San Jose, Costa Rica 9 – 15 April 1967, S. 2 lit b.

36 Regulation Number 25-1 vom 25. März 1966, Headquarters United Command Inter-American Peace Force Dominican Republic (unveröffentlicht).

37 Dagegen war für die Begleichung vertraglicher und quasivertraglicher Ansprüche ein Fonds von der OAS errichtet worden.

38 ROUSE (Fn. 35), S. 3 lit c.

Staaten von Amerika. Sie kompensierten Individualschäden nach dem Foreign Claims Act[39], und zwar nicht nur für den Zeitraum in dem die US-Truppen unter US-Kommando standen (28. April 1965 bis 23. Mai 1965), sondern auch nach der Integration der US-Truppen in die IAPF und nach Bereitstellung von Geldmitteln durch die OAS. Diese Praxis wurde bis zum Abzug des US-amerikanischen IAPF-Kontingents beibehalten, d.h. die OAS hat zu keinem Zeitpunkt Schäden kompensiert, die von US-amerikanischen Truppenmitgliedern verursacht worden sind. Aus dieser Praxis läßt sich allerdings nicht folgern, die USA habe ihr IAPF-Kontingent nicht als integralen Teil von IAPF angesehen. Kompensationsleistungen nach dem Foreign Claims Act werden nach dem erklärten Normzweck nicht in der Erfüllung einer etwaigen völkerrechtlichen Pflicht erbracht; die Kompensationspraxis der USA sagt also nichts über das völkerrechtliche Zurechnungssubjekt von Handlungen des US-amerikanischen IAPF-Kontingents aus.[40] Im übrigen stützen die Vorschriften der IAPF-Claims Regulation die Annahme, daß die OAS von der völkerrechtlichen Zurechnung der Akte des US-Kontigents zur OAS ausging. So wurde die Verteilung der Regulierungszuständigkeit zwischen der OAS und den USA flexibel ausgestaltet und ein gewisses Maß an Kontrolle über die US-amerikanische Regulierungspraxis sichergestellt:

Claims against the Inter-American Peace-Force[41]

> 10. ACofS-C5. The Assistant Chief of Staff, C5, this Headquarters, is responsible for the supervision and administration of claims activities within the Force, and the implementation of this regulation. (...).
>
> 11. CG, USFORDOMREP. The Commanding General of the United States Forces in the Dominican Republic is responsible for:
> a. The investigation and processing of claims involving U.S. military and civilian personnel following the procedures delineated in pertinent U.S. military regulations.
> b. The submission to this Headquarters of claims which, because of the equities involved, would be more appropriately processed under the provision of this regulation.
> c. Furnishing this Headquarters, by the 10th day of each month a statistical report of the claims submitted by residents of the Dominican Republic against the U.S. incident to activities or presence of the Force; the report should include the number of cases pending, received, and settled and the total of the amounts allowed during the reporting period.

---

[39] Siehe zum US-amerikanischen Foreign Claims Act S. 200 ff.

[40] A. V. FREEMAN, Responsibility of States für Unlawful Acts of their Armed Forces, RdC 88 (1955 II), S. 350, dort Fn. 1.

[41] Regulations (Fn. 36).

Erst mit der Bereitstellung von Geldmitteln für die außervertragliche Haftung der OAS im Juli 1966 konnten sich Geschädigte direkt an den Assistant Chief of Staff im IAPF-Hauptquartier wenden. Nur wenn die geltend gemachten Schäden auf Akte des US-Kontingents zurückzuführen waren, wurde der Geschädigte sofort an die dort zuständige Stelle verwiesen. Das Verfahren der OAS-Streitbeilegung nahm seinen Ausgangspunkt bei den Offizieren der lateinamerikanischen Kontingente, die mit der Ermittlung der relevanten Tatsachen betraut waren. Deren Einschätzung wurde vom IAPF-Hauptquartier auf ihre rechtliche und tatsächliche Fundiertheit überprüft. Das Hauptquartier konnte auf dieser rechtlichen Grundlage den Anspruch ablehnen oder an den jeweiligen Entsendestaat bzw. an die OAS weiterleiten.[42] Wurden Ansprüche an die lateinamerikanischen Entsendestaaten weitergeleitet, sollte nach Ziff. 19 der Claims-Regulations der Schadensersatzanspruch nach den Gesetzen des jeweiligen Landes beglichen werden; das Hauptquartier empfahl dem Entsendestaat lediglich die Begleichung der Forderung.[43] Geschädigte, die sich mit der Schadensregulierung der USA bzw. der lateinamerikanischen Entsendestaaten unzufrieden zeigten, wandten sich nicht selten an die OAS zwecks Überprüfung der staatlichen Entscheidung. Die OAS hat sich allerdings nicht als „Berufungsinstanz" verstanden und keine erneute Bearbeitung und Entscheidung in der Sache vorgenommen.[44] Angesichts der prinzipiellen Zurechnung der Schädigenden Akte der IAPF-Mitglieder zur OAS ist diese Haltung rechtlich kaum haltbar, wurde allerdings – soweit ersichtlich – von der Regierung der Dominikanischen Republik nicht beanstandet.

In den Fällen, in denen der Anspruch vom IAPF-Hauptquartier direkt an die OAS weitergeleitet wurde, setzte sich die Organisation über diplomatische Kanäle mit dem Entsendestaat des Schädigers (Latin-American Brigade) auseinander oder beglich die Forderung aus dem dafür eingerichteten OAS-Fonds. Im letztgenannten Fall wurde direkt mit dem Geschädigten über die Höhe der Kompensationsleistungen verhandelt und das Ergebnis vertraglich fixiert (sog. Settlement Agreement).[45] Die Zahlungen erfolgten auf Basis dieser Vereinbarungen.[46]

---

42 Regulations (Fn. 36), Sec. V (Procedures), Ziff. 19.
43 Regulations (Fn. 36), Sec. V (Procedures), Ziff. 19 lit b.
44 Rouse (Fn. 35), S. 8 lit f.
45 Rouse (Fn. 35), S. 6 Ziff. 2.
46 Regulations (Fn. 36), Sec. V (Procedures), Ziff. 18 lit e (5).

2. Materielle Haftungsregeln

Die IAPF-Claims-Regulations normieren nicht nur das Regulierungsverfahren sondern auch die für OAS-Schadensersatzleistungen notwendigen materiellen Haftungsvoraussetzungen. Die OAS kompensierte grundsätzlich diejenigen Schäden, die von Tod, Körperverletzung und Eigentumsverletzung herrührten.[47] Bei Personenschäden wurden vor allem die Kosten der medizinischen Behandlung, Schmerzensgeld und Verdienstausfall ersetzt. Voraussetzung für die Wiedergutmachung war, daß der Anspruch innerhalb einer bestimmten Frist geltend gemacht wurde. Es mag auf die negativen Erfahrungen der Vereinten Nationen mit Altansprüchen zurückzuführen sein, daß die OAS alle Anträge wegen Verfristung ablehnte, die erst ein Jahr nach dem Schadensereignis eingereicht wurden.[48] Bemerkenswert ist zudem, daß die Regierung der Dominikanischen Republik über die Individualansprüche disponieren durfte. Unter der Claims-Regulation wurden keine Ansprüche befriedigt, wenn und soweit die Regierung auf sie verzichtet oder sich ihrer angenommen hatte. Die Verfügungsbefugnis der Dominikanischen Republik zeigt, daß die OAS die Individualansprüche zugleich auch als Ansprüche der Dominikanischen Republik gegen die OAS angesehen hat, also dem klassischen Konzept des diplomatischen Schutzes im Grundsatz gefolgt ist.[49]

Soweit die Latin-American Brigade aus operativen Gründen Privatgrundstücke oder Häuser besetzen mußte, wurden die entsprechenden außervertraglichen Entschädigungsansprüche (real property claims) rechtstechnisch wie vertragliche Miet- bzw. Pachtansprüche behandelt. Unter die Rubrik „vertragliche Ansprüche" fielen auch solche Forderungen, die auf der operativ notwendigen Einziehung von Baumaterialien zur Errichtung von IAPF-Posten gründeten.[50] Die Begleichung der Baumaterial-Schäden durch die OAS ist allerdings ein Sonderfall, der sich von der Behandlung anderer „operational necessity-claims" abhebt. Grundsätzlich verweigerte die OAS die Regulierung sog. operativer Schäden. Erachtete also das IAPF-Hauptquartier einen schädigenden Akt als operativ notwendig, und den daraus resultierenden Schaden am Privateigentum als operativ unvermeidbar, dann wendete die OAS – wie die Vereinten Nationen[51] – den Rechtfertigungsgrund „operational necessity" an, mit der Folge, daß die Schäden des Privateigentümers nicht kompensiert wurden. Soweit Schäden

---

[47] Regulation (Fn. 36) Sec. II (Claims Cognizable), Ziff. 5 und 6.

[48] Regulation (Fn. 36) Sec. III (Claims Not Cognizable), Ziff. 9 lit a.

[49] Siehe zur der entsprechenden Position der Vereinten Nationen im Rahmen des ONUC-Einsatzes S. 344 ff.

[50] ROUSE (Fn. 35), S. 10 lit c.

[51] Siehe S. 267 ff.

direkt oder indirekt auf Kampfhandlungen zurückgeführt werden konnten, verweigerte die OAS ebenfalls die Zahlung von Schadensersatz. In den Claims-Regulations wird dabei unspezifisch jeder kampfbezogene Schaden ausgeschlossen:

> „8. No claim will be considered under this regulation if the alleged damage resulted from combat activities of the Force in the performance of its mission in the Dominican Republic.“[52]

Der überkommene Rechtfertigungsgrund der militärischen Notwendigkeit[53] findet keine Erwähnung, woraus geschlossen werden kann, daß die OAS – wie auch die USA – grundsätzlich nicht zwischen notwendigen und willkürlichen Militärakten unterschieden hat. Allerdings ist es durchaus denkbar, daß willkürliche Gewaltakte von Soldaten der Latin-American-Brigade während der Kampfhandlungen als ultra-vires-Akte und damit als private Handlungen der Soldaten angesehen wurden. Mit dieser Begründung konnten die Schäden auf Grundlage der Claims-Regulations beglichen werden, da die OAS im Rahmen ihrer Regulierungspraxis nicht zwischen Dienstakten und privaten Akten unterschied. Schäden aus privaten Akten nichtvertraglicher Art wurden immer nach Maßgabe der Claims-Regulations beglichen.[54] Im übrigen bestand die Möglichkeit, außerhalb des Anwendungsbereichs der Claims-Regulations ex-gratia-Zahlungen an die Kriegsgeschädigten zu leisten.

Die provisorische und später die gewählte Regierung der Dominikanischen Republik haben grundsätzlich keine Schäden der Einwohner kompensiert, die auf IAPF-Aktivitäten zurückgeführt werden konnten. Allerdings setzte sie eine ad hoc-Kommission ein, deren Aufgabe in der Begutachtung und Regulierung von *Kriegsschäden* bestand. Die Einsetzung dieser Kommission wurde seitens der Regierung für notwendig befunden, da sowohl die OAS als auch die Entsendestaaten die Kompensation von Schäden verweigerten, die direkt oder indirekt auf Kriegshandlungen zurückzuführen waren.

Betrachtet man die Regulierungspraxis der OAS in ihrer Gesamtheit, dann ist augenfällig, daß sie weitgehend dem US-amerikanischen Foreign Claims Act nachempfunden ist und sich damit der Praxis des US-amerikanischen IAPF-Kontingents anpasst. Eine bewußte Anlehnung an die Haftungspraxis der Vereinten Nationen (UNEF I und ONUC) ist nicht dokumentiert, auch wenn einige

---

52 Regulation (Fn. 36), Sec. III (Claims not cognizable) Ziff. 8.

53 Siehe hierzu S. 386 ff.

54 Eine Ausnahme wurde bei Kindesunterhalt gemacht (sog. bastardy claims), Regulation (Fn. 36), Sec. III (Claims not cognizable), Ziff. 9 lit. g.

Parallelen – z.B. bei der Anwendung des operational necessity-Grundsatzes – augenfällig sind.

V. Zusammenfassung und Ausblick

Die Regulierungspraxis der OAS ist ein Beispiel dafür, daß Internationale Organisationen grundsätzlich die rechtliche Verantwortlichkeit für Drittschäden übernehmen, wenn sie die militärische Kontrolle über Streitkräfte ausüben. Zugleich zeigt der Peace-keeping-Einsatz der OAS in der Dominikanischen Republik, daß die Schadensregulierung in weitem Maße durch Abreden zwischen den Entsendestaaten und der Internationalen Organisation gesteuert wird. Die Abwälzung der Kompensationslast auf die Entsendestaaten, wie sie von der OAS in der Dominikanischen Republik präferiert wurde, wird noch heute von der NATO und der EU praktiziert[55] und ist insofern kein historischer Einzelfall.

[55] Siehe hier S. 556.

D. NATO

I. Einleitung

Die North Atlantic Treaty Organization (NATO) wurde am 4. April 1949 in Washington als Verteidigungsbündnis von zwölf Staaten des nordatlantischen Raumes gegründet.[1] Gründungszweck der NATO ist die Wahrung von Sicherheit und Freiheit der Mitgliedstaaten, und zwar unter Einsatz von politischen und militärischen Mitteln in Übereinstimmung mit den Prinzipien der UN-Charta (Art. 1 NATO-Satzung). Organisatorisch besteht die NATO aus komplexen militärischen und zivilen Strukturen. Zum zivilen Teil der NATO-Organisation gehören alle Gremien und Organe, die sich aus zivilen Entscheidungsträgern zusammensetzen, allen voran der NATO-Rat und der NATO-Generalsekretär mit seinem internationalen Stab. Die militärische Komponente der NATO-Organisation bilden alle militärisch besetzten Komitees und Organe, insbesondere der Militärausschuß (Military Committee) und die Alliierten Oberkommandierenden (Strategic Commanders). Der Militärausschuß ist für die strategische Planung der gemeinsamen Verteidigung zuständig; dem NATO-Organ unterstehen die Alliierten Oberkommandierenden für Europa (SACEUR) und für den Atlantischen Raum (SACLANT), die wiederum die Leitung und das militärische Kommando über die direkt der NATO unterstellten Truppenverbände ausüben.[2] Die NATO besitzt keine stehenden NATO-Streitkräfte; ihre Militärmacht basiert auf den Truppen der Mitgliedstaaten. Allerdings können Teile der nationalen Streitkräfte schon zu Friedenszeiten dem NATO-Kommando unterstellt werden, sog. Assigned Forces.

Sowohl die zivilen als auch die militärischen Organe der NATO unterstehen dem NATO-Rat (North Atlantic Council[3]), dem höchsten politischen Leitungsorgan der Allianz. In diesem Organ vereinigen sich die politischen Repräsentanten aller Mitgliedstaaten auf Minister- oder Staatschefebene, die durch einstimmige Beschlüsse den Willen der Organisation formen.[4] Trotz der Einstimmigkeit der Beschlußfassung im Rat steht die Völkerrechtssubjektivität der NATO – und damit ihre Rechtsqualität als Internationale Organisation –au-

---

[1] Nordatlantikvertrag vom 4. April 1949, UNTS Bd. 34, S. 243 ff.

[2] NATO-Handbook, 2001, S. 241; zu den verschiedenen Formen der Kommandogewalt in der NATO siehe hier S 107 ff.

[3] Art. 9 NATO-Satzung.

[4] H. F. KÖCK/P. FISCHER, Das Recht der Internationalen Organisationen, 1997, S. 403.

ßer Frage.[5] Vor allem hat die NATO im Völkerrechtsverkehr internationale Abkommen abgeschlossen und damit jeden verbleibenden Zweifel an ihrer Völkerrechtssubjektivität ausgeräumt.[6]

Mit dem Ende des Kalten Krieges und der Auflösung des Warschauer Paktes hat der Charakter der NATO eine entscheidende Wandlung erfahren, fort von einem reinen Verteidigungsbündnis, hin zu einem System kollektiver Sicherheit.[7] Im Zuge dieser Neuorientierung wurden neue strategische Konzepte entwickelt, sowie der NATO-Kooperationsrat gegründet, ein Forum für den Dialog mit den ehemaligen Mitgliedstaaten des Warschauer Paktes. Im übrigen bekundete der NATO-Rat die grundsätzliche Bereitschaft der Allianz, ihr militärisches Potential für internationale friedenserhaltende und friedensschaffende Aktionen zur Verfügung zu stellen. Dieser Funktionswandel wirkt sich auch auf die Verantwortlichkeit und Haftung der NATO aus. Gab es in den Zeiten des Kalten Krieges vor allem Stationierungsschäden in den NATO-Mitgliedstaaten zu regulieren (hierzu Kapitel II), so mußte sich dies ändern, als die NATO ihre militärische Kraft das erste Mal „out of area“ zum Einsatz brachte: Der Kosovo-Krieg (hierzu Kapitel III) ist im Hinblick auf materielle Haftungsregeln des Kriegsrechts unergiebig, verdeutlicht aber die rechtlichen Probleme, die mit der Zurechnung von Militärakten zur NATO verbunden sind. Schießlich ist die NATO gemäß ihrem neuen strategischen Konzept im Rahmen der kollektiven Friedenssicherung tätig geworden. Diese Einsätze – Task Force Fox in der ehemaligen jugoslawischen Republik Mazedonien (2001), IFOR/SFOR in Bosnien-Herzegowina, KFOR im Kosovo und ISAF in Afghanistan – folgen als robuste Peace-keeping-Einsätze eigenen Regeln (hierzu Kapitel IV).

---

5 Siehe die Einlassung des NATO-Mitgliedstaates Frankreich vor dem Europäischen Menschenrechtsgerichtshof: „... NATO, an organization with an international legal personality separate from that of the (Member states).“ EGMR, Bancović et al. v. Belgium and 16 other contracting States, Urteil vom 12. Dezember 2001, Application No. 52207/99, Rn. 32 (http://www.echr.coe.int/); siehe auch das BVerfGE 104, 151, 155 (PDS-Organstreit); allgemein zur Völkerrechtssubjektivität Internationaler Organisationen S. 55 ff.

6 Siehe z.B. Agreement concerning the NATO satellite communications earth terminal in the United Staates, 10. July 1970, UNTS Bd. 764, S. 226 ff.

7 BVerfGE 90, 286, 351 (Adria/AWACS/Somalia).

II. Stationierungs- und Manöverschäden in NATO-Mitgliedstaaten

Der NATO kommt innerhalb der Rechtsordnungen ihrer Mitgliedstaaten Rechts- und Handlungsfähigkeit sowie Prozeßfähigkeit zu. Zur Wahrung ihrer politischen Unabhängigkeit genießt die Organisation vor den nationalen Organen Jurisdiktionsimmunität (Art. 4, 5 NATO-Statusabkommen), ein faktisch unüberwindbares Verfahrenshindernis bei der Durchsetzung von Schadensersatzansprüchen gegen die NATO.[1] Als Ausgleich für den fehlenden nationalen Rechtsschutz sieht Art. 24 NATO-Statusabkommen eine Streitbeilegungsklausel nach dem Vorbild des Art. VIII § 29 UN-Immunitätenkonvention[2] vor. Im Hinblick auf den Rechtsstatus der NATO in den Aufenthaltsstaaten hebt sich die Allianz nicht von anderen Internationalen Organisationen ab.

In den ersten 45 Jahren der NATO-Geschichte dominierten vor allem Stationierungs- und Manöverschäden die Haftungspraxis der Organisation, verursacht von den Truppen der NATO-Mitgliedstaaten auf dem Territorium der NATO-Mitgliedstaaten. Im Jahr 1951 wurde mit dem Abschluß des NATO-Truppenstatusabkommens (NATO-SOFA) für alle NATO-Mitgliedstaaten ein Schadensregulierungskonzept eingeführt, das schon im 2. Weltkrieg vom Vereinigten Königreich und den Vereinigten Staaten erprobt worden war.[3] Das spezielle Haftungsregime des NATO-SOFA für außervertragliche Ansprüche gegen Truppenmitglieder bzw. Mitglieder des zivilen Gefolges hat in der deutschen Literatur viel Aufmerksamkeit gefunden.[4] Als Aufenthaltsstaat einer großen Anzahl von Streitkräften der NATO-Mitgliedstaaten ist das Recht der Wiedergutmachung von Truppenschäden für die Bundesrepublik Deutschland von besonderer praktischer Relevanz. Art. VIII Abs. 5 bis Abs. 7 NATO-SOFA regelt detailliert das Verfahren, das bei der Regulierung außervertraglicher Ansprüche einzuschlagen ist. Das in der Vorschrift zum Ausdruck kommende Haftungskonzept stellt einen Kompromiß zwischen dem Recht der Flagge des Entsendestaates und dem Prinzip der territorialen Souveränität des Aufenthaltsstaates dar.[5] Für dienstlich verursachte Schäden gilt, daß sich die Haftung nach dem

---

1 UNTS Bd. 200, S. 3 ff.; zur Rechtsfähigkeit und Immunität Internationaler Organisationen allgemein S. 41 ff. und S. 86 ff.

2 UNTS Bd. 1, S. 16. ff.

3 W. R. MULLINS, The International Responsibility of a State for Torts of its Military Forces, Military Law Review 33 (1933), S. 59, 67.

4 Siehe z.B. W. RIEGER, Stationierungsschädenrecht, 1963, S. 63 ff.; B. V. HOFMANN, in: Staudinger, Kommentar zum BGB, Art. 38 EGBGB, Rn. 230 ff. m.w.N.

5 MULLINS (Fn. 3), S. 65.

Recht des Aufenthaltsstaates richtet. Haben Soldaten des Entsendestaates einen Schaden verursacht, so ist dieser Schaden rechtlich so zu behandeln, als wäre er durch Soldaten des Aufenthaltsstaates verursacht worden.[6] Die Schadensregulierung richtet sich folglich nach dem Staatshaftungsrecht des Aufenthaltsstaates. Dabei gilt allerdings: Nicht der Aufenthaltsstaat sondern der Entsendestaat ist Schuldner des materiellen Entschädigungsanspruchs.[7] In prozessualer Hinsicht tritt der Aufenthaltsstaat in Prozeßstandschaft für den Entsendestaat vor den nationalen Gerichten auf.[8] Hat der Geschädigte nach nationalem Staatshaftungsrecht einen Ersatzanspruch gegen den Entsendestaat, so begleicht der Aufenthaltsstaat die Schuld (Art. VIII Abs. 5 lit. b NATO-SOFA). Zugleich entsteht ein Regreßanspruch gegen den Entsendestaat, und zwar bis zu 75% der gezahlten Summe. Die verbleibenden 25% der Ersatzleistung an den Geschädigten fallen dem Aufenthaltsstaat zur Last. Rechtlicher Anknüpfungspunkt für diesen Eigenanteil ist die Zustimmung des Aufenthaltsstaates zum Aufenthalt der multinationalen Truppen auf seinem Territorium (*ius in praesentiam*). Anknüpfungspunkt für die Haftung des Entsendestaates i.H.v. 75% ist die organschaftliche Verbindung des schädigenden Truppenmitgliedes zum Entsendestaat. Eine Sonderregelung enthält Art. VIII Abs. 6 NATO-SOFA für außerdienstlich, d.h. privat verursachte Schäden. In diesen Fällen kann der Entsendestaat entscheiden, ob er im Wege von ex gratia-Zahlungen den Geschädigten moralische Genugtuung verschafft.

Nach dem NATO-SOFA sind die Entsendestaaten – nicht die NATO als Organisation – rechtlich für etwaige Schäden verantwortlich, die Truppenmitglieder in Ausübung ihrer Dienstpflichten im Aufenthaltsstaat verursacht haben. Die Zuweisung der rechtlichen Verantwortlichkeit zum Entsendestaat kommt im Wortlaut des Art. VIII Abs. 5 lit. e NATO-SOFA klar zum Ausdruck:

> Art. VIII (5) e: „Where one sending State alone is responsible, the amount awarded or adjudged shall be distributed ..."

Diese Haftungsregelung erscheint konsequent: Die Truppen der NATO-Mitgliedstaaten stehen in Friedenszeiten in der Regel nicht unter dem militärischen Kommando der NATO oder des Aufenthaltsstaates, sondern allein unter dem Kommando des Entsendestaates. Allerdings findet die Haftungsregel des

---

[6] H. GRÄFE, Die Abgeltung der Truppenschäden nach dem NATO-Truppenstatut in der Bundesrepublik Deutschland, NJW 1961, S. 1841 ff.; B. v. HOFFMANN, in: Staudinger, Kommentar zum Bürgerlichen Gesetzbuch, Art. 38 EGBGB, Rn. 233 m.w.N.

[7] HOFMANN, in: Staudinger (Fn. 4), Art. 38 Rn. 233.

[8] Art. 25 des Gesetzes zum NATO-Truppenstatut und zu den Zusatzvereinbarungen, BGBl. II, S. 1183, s. auch M. GEIßLER, Die Geltendmachung und Betreibung von Ansprüchen nach dem NATO-Truppenstatut, NJW 1980, S. 2615, 2616.

Art. VIII Abs. 5 NATO-SOFA – u.U. ergänzt durch Sonderabkommen – auch auf multinationale Truppen mehrerer NATO-Staaten Anwendung, wenn diese unter dem direkten NATO-Kommando stehen (sog. Assigned Forces). Angesichts dessen läßt sich kaum pauschal konstatieren, Art. VIII folge mit seiner Haftungsregel der militärischen Kommandogewalt über die Streitkräfte. Art. VIII Abs. 5 NATO-SOFA ist vielmehr eine vertragliche Haftungsabrede zwischen den NATO-Staaten, die als *lex specialis* den völkergewohnheitsrechtlich verankerten Grundsatz überlagert, der besagt, daß die effektive militärische Kontrolle über Truppenverbände die völkerrechtliche Verantwortlichkeit und Haftung für schädigende Militärakte nach sich zieht.[9] Soweit ein Schaden durch einen militärischen oder zivilen Mitarbeiter der NATO-Hauptquartiere SHAPE, SACLANT oder eines untergeordneten Hauptquartiers verursacht wird, ist Art. VIII NATO-SOFA nicht anwendbar. Die Hauptquartiere besitzen eine eigene Rechtspersönlichkeit;[10] sie sind verantwortlich für die Regulierung der ihnen zurechenbaren Schäden. Nach dem Pariser Protokoll vom 28. August 1952[11] ist Art. VIII NATO-SOFA *mutatis mutandis* anwendbar, d.h. die NATO-Hauptquartiere treten an die Stelle des Entsendestaates, soweit ein Mitarbeiter des Hauptquartiers in Ausübung seiner Dienstpflicht einen Schaden verursacht hat (Art. 8 des Pariser Protokolls: „The claims ... arising out of acts ... for which an Allied Headquarter is legally responsible."). Das Hauptquartier kann als Anspruchsgegner im gerichtlichen Verfahren auftreten oder sich vom Aufenthaltsstaat vertreten lassen (Art. 11 Abs. 1 des Pariser Protokolls: „acting on behalf of the Supreme Headquarters"). Bei außerdienstlichen Schädigungshandlungen durch einen Mitarbeiter des Hauptquartiers hat der Staat, in dessen (Militär-) Dienst der Schädiger steht, über das Erbringen von ex gratia-Zahlungen an den Geschädigten zu befinden. Im Fall eines direkten Anstellungsverhältnisses zwischen Schädiger und Hauptquartier ist dieses für ex gratia-Leistungen zuständig (Art. 4 lit. d des Pariser Protokolls). Seit dem Beginn des Partnership for Peace-Programms mit den ehemaligen Mitgliedstaaten des Warschauer Paktes finden NATO-Manöver auch außerhalb der Staatsgebiete von NATO-Mitgliedstaaten statt. Das Brüsseler Abkommen vom 19. Juni 1995 regelt den Status der Truppen von NATO-Mitgliedstaaten innerhalb der Partnership for Peace-Staaten und *vice versa* (sog. PFP-Statusabkommen).[12] Art. 1 dieses Abkommens verweist auf das NATO-SOFA, und zwar auch auf die Haftungsregeln in Art. VIII Abs. 5.

---

[9] Siehe hierzu S. 107 ff. und S. 478 ff.

[10] Art. 10 Paris Protocol on the Status of International Military Headquarters set up Pursuant to the North Atlantic Treaty, 28. August 1852, UNTS Bd. 200 S. 340 ff.

[11] Nachweis Fn. 10.

[12] Das Abkommen ist abgedr. in: D. FLECK (Hrsg.), The Handbook of the Law of Visiting Forces, 2001, Annex B, S. 577.

III. Völkerrechtliche Verantwortlichkeit der NATO im Rahmen von Out of Area-Einsätzen: Der Fall Kosovo

Die NATO mußte sich in der Vergangenheit nur selten die Frage stellen, ob sie für die Verletzung *völkerrechtlicher* Normen als Organisation völkerrechtlich verantwortlich zeichnet. Beschlüsse zu einem NATO-Militäreinsatz fehlten gänzlich; nur selten gaben politische Entscheidungen des NATO-Rates Anlaß zu völkerrechtlichen Bedenken.[1] Diese Ausgangslage änderte sich drastisch, als am 24. März 1999 die „Operation Allied Force“ begann. Am 30. Januar 1999 hatte der NATO-Rat beschlossen, die Beachtung des Waffenstillstandes durch Jugoslawien[2] und seinen militärischen Rückzug aus dem Kosovo mit Waffengewalt durchzusetzen:

> Ziff. 5: „The Council has therefore agreed today that the NATO Secretary General may authorise air strikes against targets on FRY territory.“[3]

Am 23. März 1999 erklärte der damalige NATO-Generalsekretär SOLANA der Öffentlichkeit: „I have just directed SACEUR, General Clark, to initiate air operations in the Federal Republic of Yugoslavia.“[4] Die intensiven Luftangriffe dauerten 78 Tage, bis Jugoslawien den Forderungen der NATO nachgab und dem Abzug seiner Militäreinheiten aus dem Kosovo, sowie der Stationierung einer internationalen Friedenstruppe im Kosovo zustimmte.

1. NATO: ius ad bellum?

Die völkerrechtliche Beurteilung der NATO-Luftangriffe auf die Bundesrepublik Jugoslawien knüpft an zwei voneinander zu trennenden völkerrechtlichen Normenkomplexen an: Zum einen ist die Entscheidung des NATO-Rates, Waffengewalt einzusetzen, am allgemeinen Gewaltverbot und seinen limitierten

---

[1] Völkerrechtlich problematisch ist z.B. die Drohung der NATO mit einem Atomwaffeneinsatz; s. hierzu – allerdings ohne direkte Bezüge zur NATO-Politik – das IGH-Gutachten vom 8. Juli 1996, Legality of the Threat of Use of Nuclear Weapons, Advisory Opinion, I.C.J. Reports 1996, S. 66, Ziff. 64 ff.; in der Literatur siehe TH. MARAUHN/ K. OELLERS-FRAHM, Atomwaffen, Völkerrecht und die internationale Gerichtsbarkeit, EuGRZ 1997, S. 221, 232 ff.

[2] Der damalige Staatsname „Bundesrepublik Jugoslawien“ (Federal Republic of Yugoslavia) ist seit dem 4. Februar 2003 geändert in „Serbien und Montenegro“.

[3] NATO-Press Release (1999) 12, 30. Januar 1998 „Statement by the North Atlantic Council on Kosovo“ (http://www.nato.int/docu/press.htm).

[4] NATO-Press Release (1999) 040, 23. März 1999, „Press Statement by Dr. Javier Solana, Secretary of NATO“ (http://www.nato.int/docu/press.htm).

Ausnahmetatbeständen zu messen, dem *ius ad bellum*. Zum anderen unterliegt die NATO-Kriegsführung völkerrechtlichen Regeln, dem *ius in bello*. Dabei steht die Pflicht zur völkerrechtskonformen Kriegsführung weitgehend isoliert neben der Frage der Völkerrechtsmäßigkeit des Beschlusses zur Gewaltanwendung.[5] Vor allem ist die Geltung des *ius in bello* nicht bedingt durch die Völkerrechtskonformität des Waffenganges.

Angesichts der fehlenden Sicherheitsratsermächtigung der NATO zur Gewaltanwendung (Kapitel VII und VIII der UN-Charta) hat sich die Wissenschaft eingehend mit der Frage der Völkerrechtskonformität des NATO-Einsatzes beschäftigt (*ius ad bellum*) und entsprechend viele Meinungsfacetten hervorgebracht:[6] Erwogen wird die Rechtmäßigkeit der humanitären Intervention zugunsten fremder Staatsangehöriger im Fall von schwerwiegenden Menschenrechtsverletzungen.[7] Darüber hinaus wird die Rechtfertigung des Einsatzes als kollektive Nothilfsmaßnahme gegenüber der kosovarischen Bevölkerung erörtert,[8] ebenso wie die Bildung eines neuen Völkergewohnheitsrechts zugunsten einer regionalen humanitären Intervention.[9] Die Interpretation der Sicherheitsratsresolution 1244 (1999) als nachträgliche Billigung der NATO-Luftangriffe wird weitgehend abgelehnt,[10] obwohl sie eine NATO-geführte bewaffnete Friedenstruppe (KFOR) für den Einsatz im Kosovo mandatiert und damit auf den Erfolgen der Luftangriffe aufbaut. Überhaupt spricht sich im Ergebnis die Mehrheit des Schrifttums gegen die Rechtmäßigkeit der NATO-Luftangriffe

---

[5] Vgl. D. THÜRER, Der Kosovo-Konflikt im Lichte des Völkerrechts, AVR 38 (2000), S. 1, 10.

[6] Einen Überblick über den Meinungsstand vermittelt D. DEISEROTH, „Humanitäre Intervention" und Völkerrecht, NJW 1999, 3084 ff.; zu den gemischten Reaktionen der Staaten auf den NATO-Einsatz s. G. NOLTE, Kosovo und Konstitutionalisierung: Zur humanitären Intervention der NATO-Staaten, ZaöRV 59 (1999), S. 941, 946 f.

[7] K. DOEHRING, Völkerrecht, 1999, § 20, Rn. 1013; K. Ipsen, Der Kosovo-Einsatz – Illegal? Gerechtfertigt? Entschuldbar?, Friedens-Warte 1999, S. 19, 21; CH. TOMUSCHAT, Völkerrechtliche Aspekte des Kosovo-Konflikts, in: Friedens-Warte 74 (1999), S. 33, 35; kritisch: D. KRITSIOTIS, The Kosovo Crisis and NATO's Application of Armed Force against the Federal Republic of Yugoslavia, ICLO 2000, S. 330, 358.

[8] R. WEDGWOOD, NATO's Campaign in Yugoslavia, AJIL 93 (1999), S. 828, 833; C. KREß, Staat und Individuum in Krieg und Bürgerkrieg, NJW 1999, S. 3077, 3081 f.; im Ergebnis kritisch ST. HOBE, NATO-Intervention im Kosovo, in: FS Schiedermair, 2001, S. 819, 829; kritisch gegenüber dem tatsächlichen Vorliegen einer humanitären Katastrophe im Kosovo vor Eingreifen der NATO: J. I. CHARNEY, Anticipatory Humanitarian Intervention in Kosovo, AJIL 93 (1999), S. 834, 839 f.

[9] Eingehend hierzu U. FINK, Der Kosovo-Konflikt und die Entstehung von Völkergewohnheitsrecht, in: FS Schiedermair, 2001, S. 803, 806 ff.

[10] HOBE (Fn. 8), S. 831.

aus. Die Autoren setzen dabei voraus, daß das Verhalten *der NATO* einer Rechtfertigung bedurft hätte, nicht dagegen das Verhalten der NATO-Mitgliedstaaten, deren Soldaten schließlich die Bomben über Jugoslawien abgeworfen haben. Aber eben diese Frage der Zurechnung der Luftangriffe und die daran anknüpfende Verteilung der völkerrechtlichen Verantwortlichkeit zwischen der NATO und ihren Mitgliedstaaten hat vor internationalen Gerichten praktische Bedeutung erlangt.

2. NATO-Mitgliedstaaten vor dem IGH

Die Bundesrepublik Jugoslawien – durch die Luftangriffe in ihrer territorialen Integrität verletzt – hat am 29. April 1999 Klage vor dem IGH gegen zehn NATO-Mitgliedstaaten erhoben. Jugoslawien macht u.a. die Verletzung des Gewaltverbotes (*ius ad bellum*) und der Normen des humanitären Völkerrechts (*ius in bello*) durch die beklagten Staaten geltend:

> „The Government of the Federal Republic of Yugoslavia requests the International Court of Justice to adjudge and declare:
> – by taking part in the bombing of the territory of the Federal Republic of Yugoslavia, the Kingdom of Belgium has acted against the Federal Republic of Yugoslavia in breach of its obligation not to use force against another State; (...)
> – by taking part in attacks on civilian targets, the Kingdom of Belgium has acted against the Federal Republic of Yugoslavia in the breach of its obligation to spare civilian population, civilians and civilian objects; ...“[11]

Die von Jugoslawien zugleich beantragten vorläufigen Maßnahmen nach Art. 41, 48 IGH-Statut wurden am 2. Juni 1999 vom IGH auf Basis der fehlenden *prima facie* Zuständigkeit des Gerichtshofes abgelehnt.[12] Die Entscheidung im Hauptverfahren steht noch aus.[13]

---

[11] IGH, Case concerning Legality of Use of Force (Yugoslavia v. Belgium), Request for the Indication of Provisional Measures, Order 2 June 1999, Ziff. 4, ILM 38 (1999), S. 951 ff.

[12] IGH (Fn. 11); der Gerichtshof verneint seine Jurisdiktionsbefugnis auf der Grundlage, daß sich Jugoslawien seiner Gerichtsbarkeit für die Vorgänge nach dem 23. April 1999 unterworfen hat, obwohl die Luftangriffe, die in ihrer Gesamtheit als Streitgegenstand anzusehen sind, am 24. März begonnen haben [IGH (Fn. 11), Rn. 29]; im übrigen lehnt der IGH die Anwendbarkeit der Genozidkonvention auf die Luftwaffenangriffe ab [IGH (Fn. 11), Rn. 40]; hierzu P. H. F. BEKKER, Urteilsanmerkung, AJIL 93 (1999), S. 928 ff.

[13] Stand: Dezember 2003; am 22. März 2002 hat der Gerichtshof der Bitte Jugoslawiens entsprochen und die Frist für die schriftliche Erwiderung auf die vorbereitenden Stellungnahmen der beklagten Staaten um ein weiteres Jahr verlängert. Jugoslawien hatte um Fristverlängerung gebeten, weil die dramatischen und andauernden Veränderungen in

In der mündlichen Verhandlung vom 10. bis 12. Mai 1999 lag das Augenmerk der Prozeßbeteiligten auf der umstrittenen Jurisdiktionsbefugnis des IGH. Lediglich am Rande wurde die Frage der Zurechnung der NATO-Luftangriffe zu den Mitgliedstaaten thematisiert. Vor allem die Bundesrepublik Jugoslawien, die aufgrund des Art. 34 Abs. 1 IGH-Statut gerichtlich nur gegen die NATO-Mitgliedstaaten vorgehen konnte, nicht hingegen gegen die NATO als Internationale Organisation, konnte die Frage der Zurechnung der Militärakte kaum umgehen. Dabei ist auffällig, daß sich die jugoslawischen Prozeßbevollmächtigten bei der Begründung der Zurechnung ausschließlich auf das Element der militärischen Kontrolle konzentrierten, von anderen rechtlichen Konstruktionen dagegen Abstand nahmen. So zog sich die Bundesrepublik Jugoslawien nicht auf den Standpunkt zurück, sie habe die NATO als Internationale Organisation nicht anerkannt und könne aus diesem Grunde auf die Mitgliedstaaten durchgreifen.[14] Auch ein mögliches ultra vires-Handeln der NATO – gemessen an Art. 5 der NATO-Satzung – wurde nicht zum Anknüpfungspunkt einer Verantwortlichkeit der NATO-Mitgliedstaaten gemacht.[15] Der Prozeßbevollmächtigte ETINSKI hob statt dessen hervor, daß die bewaffnete Gewalt von Organen der Mitgliedstaaten ausgegangen sei. Diese Mitgliedstaaten, nicht die NATO, würden gemäß Art. 5 NATO-Satzung einzeln und gemeinsam agieren („individually and in concert").[16] In diesem Zusammenhang verweist ETINSKI auch auf das Prinzip der einstimmigen Beschlußfassung im NATO-Rat und – daran anknüpfend – auf die politische Kontrolle des NATO-Rates über die integrierten NATO-Truppen: „So, even as a part of the integrated military force of NATO, military forces of

---

Jugoslawien den Fall nunmehr in einem anderen Licht darstellen würden, s. IGH, Press Release 2002/10 vom 22. März 2002 (http://www.icj-cij.org/).

[14] So aber T. STEIN, Attribution of Possible Internationally Wrongful Acts: responsibility of NATO or of its Member States? in: Tomuschat (Hrsg.), Kosovo and the International Community, 2002, S. 818, 186; im Hinblick auf die Frage, ob die Mitgliedstaaten gegenüber einem Staat haften, der die Internationale Organisation nicht anerkannt hat, sind die Meinungen im Schrifttum geteilt; bejahend: W. MENG, Internationale Organisationen im völkerrechtlichen Deliktsrecht, ZaöRV 45 (1985), S. 324, 326 f.; I. v. Münch, Das völkerrechtliche Delikt, 1963, S. 256; siehe hier S. 64; verneinend: M. HARDWIG, Die Haftung der Mitgliedstaaten für Internationale Organisationen, 1993, S. 42 f.; I. PERNICE, Die Haftung internationaler Organisationen und ihrer Mitarbeiter, AVR 26 (1988), S. 406, 416 f.

[15] Die indirekte Verantwortlichkeit der Mitgliedstaaten für externe ultra vires-Akte ihrer Internationalen Organisation vertritt CH. PITSCHAS, Die völkerrechtliche Verantwortlichkeit der Europäischen Gemeinschaft und ihrer Mitgliedstaaten, 2001, S. 92 ff.; zu den geänderten Fundamenten der NATO schon im November 1991 s. BVerfG, Urteil vom 22. November 2001, (Fn. 5), Rn. 18.

[16] IGH, Case concerning Legality of Use of Force (Yugoslavia v. Belgium), Request for the Indication of Provisional Measures, Öffentliche Sitzung am 10. Mai 1999, CR99/14, Ziff. 5 (http://www.icj-cij/org/).

the Respondents are under their control and guidance“[17]. Dieser Argumentation folgt auch der Prozeßbevollmächtigte BROWNLIE: „The command structure of NATO constitutes an instrumentality of the respondent States, acting as their agent. (...) (T)he respondent States are jointly and severally responsible for the action of the NATO military command structure, which in my submission constitutes an instrumentality of the respondent States.“[18]

Es ist auffällig, daß sich die beklagten NATO-Mitgliedstaaten zum Teil gar nicht, zum Teil nur am Rande zur Frage des Zurechnungssubjekts geäußert haben. Betont wird vor allem, daß es sich bei dem Jugoslawien-Einsatz um eine „Action de l'OTAN“, „NATO-Air Operation“ oder um „NATO-Forces“ gehandelt habe. Allein Kanada wendet sich mit rechtlichen Erwägungen gegen eine mögliche Verantwortlichkeit der NATO-Mitgliedstaaten anstelle der NATO:[19] Eine etwaige Haftung der Mitgliedstaaten („jointly and severely liable“) bedürfe eines rechtlichen Anknüpfungspunktes im NATO-Vertrag oder im NATO-Handbuch, so der kanadische Prozeßbevollmächtigte KIRSCH, der allerdings fehle. KIRSCH wendet sich mit dieser Argumentation vor allem gegen die *mittelbare* Haftung der Mitgliedstaaten für die Obliegenheiten ihrer Internationalen Organisation, ein Konzept, das vor allem im Rahmen des berühmten Tin Council-Falls vor britischen Gerichten thematisiert worden ist.[20] Das in der völkerrechtlichen Literatur eingehend diskutierte Modell der mittelbaren Haftung von Mitgliedstaaten ist dadurch gekennzeichnet, daß die schadensverursachende Handlung der Internationalen Organisation als eigenständiges Völkerrechtssubjekt zugerechnet wird und *dennoch* die Mitgliedstaaten haften.[21] Die mündlichen Einlassungen vor dem IGH verdeutlichen also im Ergebnis, daß die Mitgliedstaaten der NATO von der völkerrechtlichen Zurechnung der Kriegsakte zur NATO ausgegangen sind.[22]

---

[17] ETINSKI (Fn. 16), Öffentliche Sitzung am 10. Mai 1999, CR99/14, Ziff. 5.4/5.4.

[18] BROWNLIE (Fn. 16), Öffentliche Sitzung am 10. Mai 1999, CR99/14, Ziff. I.

[19] KIRSCH (Fn. 16), Öffentliche Sitzung am 12. Mai 1999, CR99/27, „Joint and several liability“.

[20] Siehe vor allem das Verfahren Maclain Watson & Co Ltd. v. Department of Trade and Industry, All ER 1988, Bd. 3, S. 257, 351, 357 (Vorbringen der Kläger zur mittelbaren Haftung); gegen einen entsprechenden völkerrechtlichen Satz Court of Appeal, Civil Division, All ER 1988 Bd. 3, S. 354 (Judge Gibson), S. 306 (Judge Kerr), S. 330 (Judge Nourse); bestätigt durch das House of Lords, All ER 1989, Bd. 3, S. 523 ff.

[21] HARTWIG (Fn. 14), S. 76; P. KLEIN, La Responsabilité des Organisations Internationales, 1998, S. 493 ff (responsabilité subsidiaire); F. KLEIN, Die mittelbare Haftung im Völkerrecht, 1941, S. 6.

[22] Siehe aber auch die Einlassung des belgischen Prozeßbevollmächtigten, ERGEC (Fn. 16), in der öffentlichen Sitzung des IGH an 12. März 1999 (CR99/27): „Un autre point important c'est l'imputabilité, ne fusse qu'apparent, des reproches formulés au Royaume de

Da der IGH den Fall Jugoslawien noch nicht in der Hauptsache entschieden hat, fehlt es an der richterlichen Bewertung der Zurechnungsfrage bei NATO-mandatierten Kampfeinsätzen. Angesichts der politischen Umwälzungen in der Bundesrepublik Jugoslawien und der damit verbundenen Annäherung an die westliche Staatenwelt ist damit zu rechnen, daß das Verfahren vom Kläger nicht weiter fortgeführt werden wird (Art. 88 f. IGH-Statut).

3. NATO-Mitgliedstaaten vor dem EGMR

Am 20. Oktober 1999 erhoben sechs jugoslawische Staatsangehörige gegen die 17 europäischen Mitgliedstaaten des transatlantischen NATO-Bündnisses Beschwerde vor dem Europäischen Gerichtshof für Menschenrechte.[23] Hintergrund der Beschwerde ist die Zerstörung des Gebäudes von Radio Televizije Srbije (RTS) in Belgrad durch die NATO-Luftangriffe; die NATO hatte dem Radiosender pro-serbische Propaganda vorgeworfen. Die Beschwerdeführer machten vor dem Europäischen Menschenrechtsgerichtshof u.a. menschenrechtswidrige Kriegsführung geltend (*ius in bello*), vor allem die Verletzung von Art. 2 EMRK (Recht auf Leben) und Art. 10 EMRK (Meinungsfreiheit).

Auch das Verfahren vor dem Europäischen Menschenrechtsgerichtshof zeichnet sich dadurch aus, daß die absolute Mehrheit der 17 verklagten NATO-Mitgliedstaaten den naheliegenden Verweis auf die NATO meidet. Lediglich Frankreich argumentiert, „that the bombardment was not imputable to the respondent States but to the NATO, an organization with an international legal personality separate from that of the respondent States."[24] Der Europäische Menschenrechtsgerichtshof geht indes in seinem beschwerdeabweisenden Urteil vom 12. Dezember 2001 mit keinem Wort auf die Argumentation Frankreichs ein. Statt dessen stellt der Gerichtshof fest, die extraterritorialen Akte des Bombardements seien nicht geeignet, die Beschwerdeführer der Hoheitsgewalt

---

Belgique. On parle de destruction, (...) d'utilisation d'armes prohibées, mais nulle part on n'a produit d'éléments qui puissent établir prima facie que ces faits sont *imputables aux forces militaires appartenant au Royaume de Belgique*." In ihrem Gesamtzusammenhang erscheint diese Stellungnahme allerdings weniger als ein Eingeständnis an die prinzipielle Zurechnung der Akte belgischer NATO-Kampfjets zum belgischen Staat, als vielmehr als eine Hilfsargumentation, sollte der IGH die Zurechnung der Kampfhandlungen zum belgischen Staat bejahen.

[23] EGMR, Bancović v. Belgium and 16 other contracting States (Fn. 5); zu den beklagten NATO-Mitgliedstaaten gehörte auch Island, das mangels eigener Armee im NATO-Militärausschuß zur Zeit der NATO-Angriffe nur durch einen zivilen Repräsentanten vertreten war.

[24] EGMR, Bancović v. Belgium (Fn. 5), Rn. 32.

NATO-Mitgliedstaaten (zugleich EMRK-Vertragsstaaten) zu unterstellen, wie es Art. 1 EMRK verlange.[25] Im Wege der Auslegung der Norm kommt der Gerichtshof zu dem Ergebnis, daß die Hoheitsgewalt der EMRK-Vertragsstaaten (jurisdiction) im Rahmen des Art. 1 EMRK vor allem territorial zu verstehen sei. Nur im Fall der militärischen Besetzung eines fremden Territoriums oder im Fall der Zustimmung des Aufenthaltsstaates in die Ausübung von Hoheitsgewalt könnte der Anwendungsbereich der EMRK auf das Territorium eines Nichtvertragsstaates erstreckt werden. Dagegen falle die extraterritoriale Wirkung von Hoheitsakten auf ein fremdes Territorium – im konkreten Fall das Abwerfen von Bomben – nicht unter den Anwendungsbereich der EMRK: „In short, the Convention is a multi-lateral treaty operating (...) in an essentially regional context and notably in the legal space (espace juridique) of the Contracting States. (...) The Convention was not designed to be applied throughout the world, *even in respect of the conduct of Contracting States*."[26]

Für die Identifizierung des Zurechnungssubjekts der Militärmaßnahmen gegen die Bundesrepublik Jugoslawien ist das Urteil des Europäischen Gerichtshofs wenig ergiebig. Zwei Aspekte des Banović-Urteils sich allerdings bemerkenswert: Der Gerichtshof hat zum einen *nicht* argumentiert, die EMRK-Vertragsstaaten seien im Rahmen der EMRK für ein konventionskonformes Verhalten *der NATO* verantwortlich, weil sie durch den Beitritt zum NATO-Vertrag die Kriegsführungskompetenz auf die NATO übertragen hätten. Zum anderen hat der Gerichtshof *nicht* auf seine frühere Rechtsprechung rekurriert, nach der eine *fortlaufende* Verantwortlichkeit der EMRK-Vertragsstaaten für die Sicherstellung der Einhaltung von Konventionsrecht besteht, wenn die Konventionsrechte durch Akte ihrer Internationalen Organisationen gefährdet werden.[27] Ein Verweis auf diese Rechtsprechung hätte indes zur Verständlichkeit des Urteils einiges beigetragen: Unter dem Gesichtspunkt der „Sicherstellungsverantwortlichkeit" der EMRK-Staaten könnte argumentiert werden, daß die 17 EMRK-Mitgliedstaaten bei menschenrechtlich problematischen NATO-Einsatzzielen ein Veto im NATO-Militärausschuß hätten einlegen müssen, um ihrer speziellen EMRK-Verpflichtung zur Sicherstellung der Konventionsrechte nachzukommen.[28] Da sie dies nicht getan haben, wären sie grundsätzlich für den konkreten Abwurf der Bomben nach der EMRK verantwortlich, wenn nicht – und hier setzt letztlich der Gerichtshof an – Art. 1 der EMRK die Anwendungsbereich

---

[25] EGMR, Bancović v. Belgium (Fn. 5), Rn. 59 ff.

[26] EGMR, Bancović v. Belgium (Fn. 5), Rn. 80 (Hervorhebung hier).

[27] EGMR, Matthews v. United Kingdom, Judgment, 18. Februar 1999, abgedr. in: EuGRZ 1999, S. 200, Rn. 32 ff.; zu den Stimmen in der Literatur s. CH. GRABENWARTER, Europäische Menschenrechtskonvention, 2003, § 4 Rn. 4 ff..

[28] Siehe zum Verfahren im NATO-Militärausschuß S. 547.

der EMRK in der Regel auf das Territorium der Vertragsstaaten beschränken würde.

4. Analyse: Zurechnungssubjekt NATO

Nicht nur die NATO-Mitgliedstaaten, sondern auch der IGH und der EGMR haben die Beantwortung der Frage vermieden, ob die Kriegshandlungen in Jugoslawien der NATO als Internationale Organisation zurechenbar sind.[29] Der EGMR konnte die Frage der Zurechnung der Bombenabwürfe zur NATO in der Tat unbeantwortet lassen, wenn er – auf Basis der hier unterstellen Argumentation – von einer eigenen „Sicherstellungsverantwortlichkeit" der NATO-Mitgliedstaaten im Rahmen EMRK ausgeht. Der Grund für die Zurückhaltung des IGH, der über die Verletzung des Gewaltverbots zu befinden hat, könnte in den rechtlich schwer zu erfassenden, diffizilen Kommandostrukturen der NATO liegen. Im Rahmen des Jugoslawien-Einsatzes, der sich auf Luftangriffe beschränkt hat, wurde ein besonderes Beschlußverfahren bei der strategischen Festlegung der einzelnen militärischen Angriffsziele praktiziert. Der NATO-Kommandostab unter GENERAL CLARK suchte strategisch geeignete Angriffsziele aus und gab sie zur Bestätigung an den NATO-Militärausschuß weiter. Die dort versammelten Ständigen Repräsentanten der NATO-Mitgliedstaaten entschieden über die Realisierung des konkreten Angriffsziels, in einigen Fällen unter Rücksprache mit ihrer Regierung.[30] Sobald nur ein Repräsentant von den insgesamt 20 Mitgliedern des Militärausschusses ablehnend votierte, wurde das Ziel verworfen. Nur im Fall der einstimmigen Genehmigung des Angriffsziels gab der NATO-Kommandeur die Zielvorgabe an die Kommandeure der nationalen Flugstaffeln weiter. Auf diese Weise wurde das Einverständnis jedes einzelnen Mitgliedstaates mit jedem einzelnen Angriffsziel sichergestellt.

Dennoch: Allein der Umstand, daß die militärischen Ziele der Bestätigung aller mitgliedstaatlichen Repräsentanten bedurften, reicht zur Begründung der Zurechnung der Militärakte zu den Mitgliedstaaten nicht aus. Das Einstimmig-

---

[29] So auch das Landgericht Bonn in seinem Urteil vom 10. Dezember 2003, Az. 1 O 361/02 (zur Zeit der Druchlegung noch nicht rechtskräftig). Dem Urteil liegt eine Klage von 35 jugoslawischen Opfern des NATO-Luftangriffe im Rahmen des Kosovo-Krieges aus der serbischen Kleistadt Varvarin zugrunde. Das Gericht stützt sein klageabweisendes Urteil auf die Erwägung, daß Individuen nach Völkerrecht kein unmittelbarer Schadensersatzanspruch gegen die Bundesrepublik Deutschland zustehe und das deutsche Staatshaftungsrecht in Fällen von bewaffneten Konflikten nicht zur Anwendung kommt. Die Frage der Zurechnung der NATO-Luftangriffe zur Bundesrepublik Deutschland wurde nicht problematisiert.

[30] Antwort der Bundesregierung auf eine Große Anfrage im Deutschen Bundestag vom 28. März 2001, BT-Drs. 14/5677, Nr. 42, S. 35.; s. auch BT-Drs. 14/1788, S. 3.

keitserfordernis in den Organen einer Internationalen Organisation hat nicht zwangsläufig zur Folge, daß die im Konsensverfahren gefaßten Beschlüsse nur den aufeinander abgestimmten Willen der einzelnen Mitgliedstaaten widerspiegeln, also im Endeffekt nicht mehr darstellen als eine zwischenstaatliche Willenseinigung.[31] Internationale Organisationen können auch dann einen eigenen, von den Mitgliedstaaten getrennten Willen bilden, wenn ihre Satzung das Erfordernis einer souveränitätsschonenden Einstimmigkeit vorschreibt. Der Einfluß und die Kontrolle, die jeder Mitgliedstaat kraft seines notwendig positiven Votums über den Willen und die Handlungen der Organisation ausübt, werden in diesen Fällen ausgeglichen durch die Kontrolle, die die Internationale Organisation über die Handlungen der Mitgliedstaaten bei der Durchführung der Beschlüsse ausübt.[32] Im übrigen weist PITSCHAS zu Recht darauf hin, daß zwar die effektive Kontrolle *eines* Mitgliedstaates über die Organisation denkbar ist, wenn dieser Staat die Organisation für seine Zwecke instrumentalisiert, daß dagegen eine effektive Kontrolle *aller* Mitgliedstaaten über die Willensbildung der Organisation schon aufgrund ihrer unterschiedlichen Interessen ausscheiden muß.[33] Auf den NATO-Einsatz übertragen bedeutet dies, daß der einzelne NATO-Mitgliedstaat nur im negativen Sinne effektive Kontrolle über die Auswahl der einzelnen Angriffsziele hatte; er konnte zwar kraft seines eigenen Willens durch seine Ablehnung einen positiven Beschluß über ein Angriffsziel verhindern, aber niemals einen positiven Beschluß über ein von ihm gewünschtes Angriffsziel aus eigener Machtvollkommenheit herbeiführen.

Das Beschlußverfahren im NATO-Militärausschuß bietet insofern keinen geeigneten Anknüpfungspunkt für die Zurechnung der einzelnen Luftangriffe zu den Mitgliedstaaten. Als alternatives Zurechnungsmodell kann also nur noch die militärische Kontrolle der Mitgliedstaaten über ihre *eigenen* Militärkontingente innerhalb des NATO-Truppenverbandes dienen. Denn hier steht nicht die Kontrolle der Mitgliedstaaten über eine Internationale Organisation in Rede, sondern die Kontrolle über nationale Organe innerhalb einer internationalen Mission (sog. doppelte Organstellung[34]). Schon die Peace-keeping-Einsätze der Vereinten Nationen haben verdeutlicht, daß die Entsendestaaten von Truppenkontingenten nie den militärischen Oberbefehl völlig aus der Hand geben.[35] In der NATO-Terminologie wird entweder *operational command* oder – als graduelles

---

[31] PERNICE (Fn. 14), S. 420; A. PELLET, L'imputabilité d'éventuels actes illicites. Responsabilité de l'OTAN ou des États membres, in: Tomuschat (Hrsg.), Kosovo and the International Community, 2002, S. 193, 197 f.

[32] PELLET (Fn. 31), S. 197.

[33] PITSCHAS (Fn. 15), S. 84 m.w.N.

[34] Siehe hierzu S. 99 ff.

[35] Siehe hier der Fall Somalia S. 478 ff.

Minus – *operational control* über die nationalen Kontingente auf die NATO transferiert.[36] Wie im Rahmen des UNOSOM II-Einsatzes erörtert, stellt auch die Übertragung der operativen Kontrolle über nationale Militäreinheiten auf die Internationale Organisation eine internationale Organleihe[37] an letztere dar, obwohl das operative Kommando beim Entsendestaat bleibt. Der Umstand, daß der Kommandeur der nationalen Kontingente im Einzelfall überprüft, ob sich jeder einzelne Einsatzbefehl des internationalen Kommandos im Rahmen der vom Entsendestaat gebilligten Mission bewegt, u.U. unter Rücksprache mit dem Verteidigungsministerium, ändert nichts an der Zurechnung der Militärakte zur Internationalen Organisation. Die Zurechnung endet erst, wenn der nationale Oberbefehlshaber seinem Kontingent trotz Organleihe einen *nationalen* Einsatzbefehl erteilt. In diesen Fällen liegt das effektive Kommando beim Entsendestaat, mit der Folge, daß dieser für die Akte rechtlich verantwortlich zeichnet und – unter Umständen – für den Schaden haftet. Aber gerade diese nationalen Alleingänge werden durch das Konsensverfahren innerhalb der NATO verhindert. Im Ergebnis ist damit die Notwendigkeit, jedes Angriffsziel auf die Zustimmung *aller* NATO-Mitgliedstaaten zurückzuführen, das entscheidende Merkmal für die Zurechnung der Militärakte zur NATO.

Das Zwischenergebnis, daß es sich bei den Luftangriffen um eine Militärmaßnahme der NATO gehandelt hat, führt zu einem Folgeproblem der mittelbaren Haftung der Mitgliedstaaten für die (internationalen) Verbindlichkeiten der Internationalen Organisation.[38] In diesem Zusammenhang steht auch die Einlassung Kanadas vor dem IGH, die Haftung der NATO-Mitgliedstaaten anstelle der NATO sei in der NATO-Satzung nicht vereinbart worden, dies wäre aber notwendige Voraussetzung für die Konstruktion einer „jointly and severely liability" der NATO-Mitgliedstaaten.[39] Im übrigen – so der kanadische Prozeßvertreter vor dem IGH – zeige die Rechtsprechung im Tin Council-Fall, daß die Mitgliedstaaten gerade nicht für die Verbindlichkeiten einer Internationalen Organisation einzustehen hätten, auch wenn die Organisation ihre Verpflichtungen

---

[36] D. FLECK, in: Fleck (Hrsg), The Handbook of the Law of Visiting Forces, 2001, S. 38 f.; zur Terminologie siehe hier S. 107 ff.

[37] Zur internationalen Organleihe siehe S. 103 ff.

[38] Siehe hierzu M. HARTWIG, Die Haftung der Mitgliedstaaten für Internationale Organisationen, 1991, S. 56 ff.; M. HIRSCH, The Responsibility of International Organizations towards Third Parties, 1995, S. 96 ff.; PITSCHAS (Fn. 15), S. 71 ff.

[39] Siehe Nachweis S. 545; so auch C. F. AMERASINGHE, Liability to Third Parties of Member States of International Organizations: Practice, Principles and Juridical Precedent, AJIL 85 (1991), S. 259, 279.

gegenüber Dritten nicht erfüllen könne.[40] Dagegen sieht STEIN in der unzureichenden Finanzausstattung der NATO den Rechtsgrund für die mittelbare Haftung der Mitgliedstaaten, wenn es um die Wiedergutmachung der erheblichen Kriegsschäden in der Bundesrepublik Jugoslawien geht.[41] Da die NATO keine Internationale Organisation sei, die bestimmungsgemäß Verbindlichkeiten gegenüber Dritten begründe, wären – so STEIN – die richterlichen Erkenntnisse im Tin Council-Fall nicht auf die NATO übertragbar. Letztlich ist freilich die Frage, ob Jugoslawien bei etwaiger Finanznot der NATO Durchgriffsrechte auf die liquiden NATO-Mitgliedstaaten besitzt, oder ob Jugoslawien die Mitgliedstaaten zu Beitragszahlungen an die NATO verpflichten kann,[42] im Fall der NATO ein eher theoretisches Problem als eine praxisrelevante Haftungsfrage. Sie soll daher im Rahmen dieser Untersuchung, die sich auf die Haftung *Internationaler Organisationen* konzentriert, unbeantwortet bleiben. Im übrigen ist in diesem Zusammenhang auf die IFOR/SFOR- und KFOR-Schadensregulierung zu verweisen, die die Verteilung der Finanzlast zwischen NATO-Mitgliedstaaten und NATO bei der Wiedergutmachung rechtswidriger Schäden aus NATO-Militäreinsätzen verdeutlicht.

---

[40] Maclaine Watson v. Department of Trade and Industry, UK Court of Appeal, Civil Division, Urteil vom 27. April 1988, All ER 1988, Bd. 3, S. 257 ff.; House of Lords, Urteil vom 26. Oktober 1989, All ER 1989, Bd. 3, S. 523 ff.; zu diesen Urteilen ausführlich HARTWIG (Fn. 38), S. 324 ff.

[41] STEIN (Fn. 14), S. 192; zum Kriterium der nicht ausreichenden Finanzkraft als Anknüpfungspunkt einer mittelbaren Haftung der Mitgliedstaaten s. M. HERDEGEN, The Insolvency of International Organizations and the Legal Position of Creditors, NILR 35 (1988), S. 135, 140 ff.

[42] Von einem Einforderungsrecht des Gläubigerstaates im Hinblick auf noch ausstehende Mitgliedschaftsbeiträge an die Internationale Organisation geht HARTWIG (Fn. 38), S. 299 f. aus.

III. NATO-Peace-keeping im ehemaligen Jugoslawien

1. Die Krisengebiete

Die erste Peace-keeping-Mission der NATO diente dem Zweck, einen Bürgerkrieg im krisengeschüttelten Mazedonien zu verhindern. Am 22. August 2001 bat der Präsident der ehemaligen jugoslawischen Republik die NATO um Unterstützung bei dem Unterfangen, die slawo-mazedonische Nationale Befreiungsfront und albanisch-makedonische Gruppen auf dem mazedonischen Territorium zu entwaffnen, um einen bewaffneten Konflikt zwischen den Parteien zu verhindern. Der NATO-Rat autorisierte daraufhin eine zeitlich auf 30 Tage begrenzte NATO-Operation mit dem Codenamen „Essential Harvest". Die rund 5000 mit der Durchführung betrauten NATO-Soldaten – die Task Force Harvest – beendeten fristgerecht und erfolgreich am 26. September 2001 ihren Einsatz.[1] Zur Unterstützung der im Land verbleibenden EU- und OSZE-Beobachter erklärte sich die NATO allerdings bereit, eine 1000 Mann starke Task Force Fox zum Schutz der internationalen Beobachter im Lande zu belassen (Operation Amber Fox). Ende des Jahres 2002 endete die Operation; eine verkleinerte NATO-Truppe blieb zur Durchführung weiterer vertrauensbildender Maßnahmen in Mazedonien (Operation Allied Harmony), bis auch diese schließlich am 31. März 2003 durch die erste EU-geführte Militäroperation „Concordia" abgelöst wurde.[2]

Das friedenssichernde Engagement der NATO auf dem Territorium des ehemaligen Jugoslawiens erschöpft sich allerdings nicht im Mazedonien-Einsatz. Der Sezessionskrieg um Bosnien-Herzegowina, der im April 1992 ausbrach, führte bald zur zweiten Peace-keeping-Mission der NATO.[3] Bereits im Juni 1992 hatte der NATO-Rat die politische Entscheidung getroffen, auf einer ad hoc-Basis die Friedensmissionen der OSZE auf dem Balkan zu unterstützen. Im Dezember 1992 erweiterte der NATO-Rat seine Kooperationsbereitschaft auf UN-Peace-keeping-Missionen. Diese Absichtserklärung zielte vor allem auf UNPROFOR, die UN-Truppe auf dem Gebiet des ehemaligen Jugoslawiens. Angesichts der eskalierenden Gewalttaten in Bosnien-Herzegowina, die Serben und Kroaten vor allem gegen die bosnischen Moslems richteten, verlagerten die

---

1 P. DREIST, Die Task Force Harvest und die Task Force Fox, Humanitäres Völkerrecht 1 (2002), S. 4 und 6 f.

2 Siehe zur EU-Operation „Concordia" S. 571 ff.

3 Die Informationen sind dem Bericht des Generalsekretärs Kofi Annan vom 14. November 1999, über den Fall von Srebrenica entnommen, UN-Doc A/54/549, GA 54th Sess. Agenda item 42, The Situation in Bosnia and Herzegovina (http://www.un.org/).

Vereinten Nationen Teile von UNPROFOR aus dem Einsatzgebiet Kroatien nach Bosnien-Herzegowina. Die Bemühungen der UNPROFOR um Friedenserhaltung und -schaffung in der Region waren von einer Reihe von Fehlschlägen begleitet, vor allem im Zusammenhang mit der Errichtung von Sicherheitszonen. Da es offenkundig war, daß UNPROFOR mit seinen begrenzten militärischen Mitteln die Bevölkerung in den Zonen nicht ausreichend schützen konnte, begannen Verhandlungen über einen flankierenden Militäreinsatz der NATO-Luftwaffe. Am 9. August 1993 beschloß der NATO-Rat, daß ein NATO-Militäreinsatz in Bosnien auf eine Autorisierung durch den UN-Generalsekretär zurückgehen müsse. Die militärische Durchführung des NATO-Einsatzes sollte auf der Kooperation des UNPROFOR-Kommandeurs und des NATO-Commander-in-Chief of Allied Forces South gründen.[4] Aufgrund politischer Meinungsverschiedenheiten dauerte es jedoch bis zum März 1994, bis die NATO-Luftunterstützung auf Bitten UNPROFORs einsetzte. NATO-Kampfflugzeuge sicherten seit diesem Zeitpunkt die UNPROFOR-Mission und versuchten durch Luftangriffe, die Einkesselungen von Sarajevo und anderen Sicherheitszonen zu beenden. Auch wenn die NATO die Katastrophe von Srebrenica im Juli 1995[5] nicht verhindern konnte, führten die Lufteinsätze dazu, daß UNPROFOR seit September 1995 sein friedenssicherndes Mandat bei vollständiger Bewegungsfreiheit im Einsatzgebiet ungestört erfüllen konnte.[6] Der NATO-Luftwaffeneinsatz über Bosnien-Herzegowina („Operation Deliberate Force“) übte zudem Druck auf die intensiven Friedensverhandlungen aus, die am 1. November 1995 in Dayton begannen. Unter US-amerikanischer Leitung wurde die politische Führung der Serben, Bosnier und Kroaten am US-amerikanischen Luftwaffenstützpunkt in Dayton/Ohio so lange an den Verhandlungstisch gezwungen, bis nach drei Wochen, am 21. November 1995, das Friedensabkommen von Dayton unterschriftsreif war.

Das Abkommen von Dayton[7] erhielt den jungen, kaum lebensfähigen Staat Bosnien-Herzegowina, teilte ihn aber in zwei Gebiete mit hohem Autonomiestatus, die serbische Republika Srpska und die bosnisch-kroatische Föderation.[8] Das Abkommen entwirft einen komplexen Friedenssicherungsplan, durchge-

---

[4] Bericht des Generalsekretärs (Fn. 3), Rn. 109.

[5] Siehe hierzu S. 453 f.

[6] Bericht des Generalsekretärs (Fn. 3), Rn. 465.

[7] Das Dayton Abkommen wurde am 14. Dezember 1995 in Paris unterzeichnet, ILM 35 (1996), S. 89 ff.

[8] M. WELLER, Peace-keeping and Peace-Enforcement in the Republic of Bosnia and Herzegovina, ZaöRV 56 (1996), S. 70, 163.

führt von einem Geflecht verschiedener Internationaler Organisationen.[9] Der NATO wurde durch das Dayton-Abkommen in Annex A-I der Auftrag erteilt, die militärischen Sicherheitsfunktionen in Bosnien-Herzegowina zu übernehmen. Sicherheitsratsresolution 1031 (1995) vom 15. Dezember 1995 ermächtigt schließlich alle UN-Mitgliedstaaten, sich an der Militäraktion zu beteiligen:

> „14. Authorizes the Member States acting through or in cooperation with the organization referred to in Annex A-I of the Peace-Agreement to establish a multinational implementation force (IFOR) under unified command and control in order to fulfil the role specified in Annex 1-A and Annex 2 of the Peace Agreement.“[10]

IFOR begann seine Operation „Joint Endeavour“ am 16. Dezember 1995. Eine Vorhut von 2.600 Soldaten war schon am 2. Dezember 1995 in Bosnien und Kroatien eingetroffen. Die Hauptstreitkräfte von insgesamt 60.000 Soldaten nahmen ihre Aktivitäten am 16. Dezember 1995, nach einem vom NATO-Rat beschlossenen operativen Plan, auf. Mit der Durchführung von friedlichen Wahlen in Bosnien-Herzegowina war im September 1996 die Mission von IFOR im Grundsatz erfüllt. Angesichts der noch immer verhältnismäßig instabilen Sicherheitslage beschlossen die Verteidigungsminister im NATO-Rat jedoch, Stabilisierungsstreitkräfte (SFOR) aufzustellen. Die Ermächtigung der UN-Mitgliedstaaten zur Teilnahme an SFOR hält die Sicherheitsratsresolution 1088 (1996) vom 12. Dezember 1996 (Ziff. 18) bereit. SFOR wurde am 20. Dezember 1996 aktiviert, dem Tag, an dem das Mandat von IFOR endete. Beide Missionen haben identische militärische Strukturen; die SFOR-Mission dauert bis heute an.

Das dritte Einsatzgebiet der NATO ist die Provinz Kosovo. Mit dem Ende der NATO-Luftangriffe[11] auf die Bundesrepublik Jugoslawien und dem Abzug der jugoslawischen Armee aus dem Kosovo verabschiedete der UN-Sicherheitsrat am 10. Juni 1999 die Resolution 1244 (1999):

> „19. *Decides* that the international civil and security presences are established for an initial period of 12 months, to continue thereafter unless the Security Council decides otherwise; ...“[12]

Der Sicherheitsratsresolution folgend begann die KFOR-Operation „Joint Guardian“ im Kosovo. Die ersten Truppenteile betraten am 12. Juni 1999 das Land. Die serbischen Sicherheitsstreitkräfte hatten sich am 20. Juni 1999 vollständig aus dem Kosovo zurückgezogen. Das Mandat von KFOR besteht bis

---

9 A. STRIGLMAYR, Wiederaufbau – Probleme der internationalen Verwaltung von Wiederaufbaugebieten, in: Humanitäres Völkerrecht 3 (2000), S. 160.

10 UN-Doc. S/RES/1031 (1995) vom 15. Dezember 1995.

11 Siehe zum Einsatz S. 540.

12 UN-Doc. S/RES/1244 (1999) vom 10. Juni 1999.

heute im Aufbau eines sicheren Umfeldes für die Einwohner des Kosovo und für die UNMIK-Verwaltung.[13] In institutioneller, militärischer und haftungsrechtlicher Hinsicht folgen die drei NATO-Peace-keeping-Missionen in Mazedonien, Bosnien-Herzegowina und im Kosovo einem weitgehend einheitlichen Muster. Aus diesem Grunde beschränkt sich die nachfolgende Untersuchung auf den in haftungsrechtlicher Hinsicht exemplarischen IFOR/SFOR-Einsatz.[14]

2. Institutionelle Zuordnung von IFOR/SFOR

Jede Überlegung zur institutionellen Zuordnung von IFOR/SFOR muß im Dayton Abkommen ihren Ausgangspunkt nehmen. Dessen Annex A-1 ermächtigt die NATO, eine internationale Truppe – die Implementation Force – auf dem Territorium des jungen Staates Bosnien-Herzegowina zu stationieren:

> Art. I Abs. 1:
> "(a) ... The Parties understand and agree that this Implementation Force may be composed of ground, air and maritime units from NATO and non-NATO nations, deployed to Bosnia and Herzegovina to help ensure compliance with the provisions of this Agreement. …
> (b) It is understood and agreed that NATO may establish such a force, which will operate under the authority and subject to the direction and political control of the North Atlantic Council (NAC) through the NATO chain of command. ..."[15]

Die vom Dayton-Abkommen anvisierte internationale Zusammensetzung von IFOR – später SFOR – wurde in der Praxis auch umgesetzt. Nicht nur 16 NATO-Staaten stellen für die internationale Truppe Kontingente zur Verfügung, sondern auch eine Reihe von Nichtmitgliedern, darunter bis zum 14. Juni 2003 die russische Föderation.[16] Mit Ausnahme Rußlands haben alle Nicht-NATO-Mitglieder ihre nationalen Kontingente in gleicher Weise wie die NATO-Staaten ohne Vorbehalt unter das „unified command" der NATO gestellt.[17] Die militärische Kommandogewalt über IFOR/SFOR liegt in den Händen eines NATO-Organs, des Supreme Allied Commander Europe (SACEUR)[18], der wiederum der

---

13 Zu UNMIK s. 462 ff.

14 Für die Schadensregulierung durch KFOR s. M. S. JOHNSON, Headquarters KFOR, in: Fleck (Fn. 35), S. 339, 345.

15 ILM 35 (1996), S. 92.

16 Stand: November 2003.

17 NATO-Handbuch, 2001, Kapitel 5 „SFOR's Command Structure".

18 Am 19. Februar 2001 hat SACEUR (SHAPE) das operative Kommando an die Commander-in-Chief Allied Force South (AFSOUTH) delegiert.

politischen Leitung und Kontrolle des NATO-Rates untersteht.[19] Bis zum 14. Juni 2003 nahm im Rahmen dieser Kommandokette das russische Kontingent eine Sonderstellung ein. Dessen Teilnahme an IFOR/SFOR basierte auf einer speziellen Abrede, die der besonderen Beziehung der NATO zu seinem ehemaligen Gegner Rechnung trug: Dem IFOR/SFOR-Oberbefehlshaber (SACEUR) wurde ein russischer Stellvertreter zur Seite gestellt, *durch* den SACEUR das operative Kommando über die russischen Einheiten ausüben sollte.[20] In der Praxis bedeutete dies, daß alle Missionen des russischen Kontingents von SACEUR unter beratender Mitwirkung des russischen Stellvertreters ausgearbeitet und *über* den russischen Stellvertreter angeordnet wurden. Am Einsatzort befand sich das russischen Kontingents unter der taktischen Kontrolle (tactical control[21]) des Kommandeurs der Multinational Division North, der nördlichen SFOR-Division unter US-amerikanischer Führung. Die Zuweisung der niedrigsten Stufe militärischer Kommandogewalt an den Divisionskommandeur hatte zur Folge, daß die US-Offiziere keine eigenen Aufträge an die russische Brigade erteilen durften. Sie stellten lediglich die Durchführung der von SACEUR bzw. seinem russischen Stellvertreter erteilten Aufträge sicher und koordinierten den Einsatz des russischen Kontingents mit den übrigen Einheiten.

Die Teilnahme von Nicht-NATO-Staaten am IFOR/SFOR-Einsatz, insbesondere die exzeptionelle Stellung Rußlands, erschwert die institutionelle Einordnung der IFOR/SFOR-Streitkräfte. Kein NATO-Dokument bezeichnet die Peace-keeping-Truppe als NATO-Organ, obwohl die politische Leitung und Kontrolle des NATO-Rates und das militärische Oberkommando von SACEUR eine Organqualität nahelegen. Daß es die NATO vermieden hat, IFOR/SFOR eine de iure-Organstellung innerhalb der NATO-Strukturen zuzuweisen, wird unter anderem auf die politische Sensibilität Rußlands und anderer Nicht-NATO-Mitglieder zurückzuführen sein. Der internationalen, d.h. über den Rahmen der NATO hinausgehenden Zusammensetzung von IFOR/SFOR hat die NATO Rechnung getragen und einen Militärverband mit eigener Völkerrechts-

---

[19] NATO-Handbuch (Fn. 17). Die Nichtmitglieder, die SFOR Truppen zur Verfügung stellen, unterhalten Liaisonbüros im Supreme Headquarters Allied Powers Europe (SHAPE). In die Operationsplanung werden sie über das Brüsseler NATO-Hauptquartier im Wege von Besprechungen einbezogen, die ihnen Gelegenheit zur Stellungnahme geben. Eine Stimmberechtigung im NATO-Rat ist mit diesem Informations- und Konsultationsverfahren nicht verbunden.

[20] Die nachfolgenden Informationen entstammen: NATO Parliamentary Assembly, Summary of the Meeting at NATO and SHAPE of the Joint Monitoring Group on the NATO-Russia Founding Act, 28. Februar bis 1. März 2002 [(http://nato-pa.int/) link: Special Publications: Russian and Ukraine Documents)].

[21] Zum Begriff s. S. 111.

persönlichkeit geschaffen. So wurde das Technical Arrangement vom 23. Dezember 1995, das die verfahrensrechtliche Grundlage der Stationierung von IFOR/SFOR rechtsverbindlich regelt (Art. 1 der Abrede), zwischen dem Aufenthaltsstaat Bosnien-Herzegowina und der „Implementation Force" geschlossen, ohne jeden Hinweis auf die NATO.[22] Das Technical Arrangement mit dem Aufenthaltsstaat Kroatien vom 30. März 1996 wurde dagegen von der NATO unterzeichnet, allerdings „on behalf of the Implementation Force". Angesichts dieser Vertragspraxis streitet viel dafür, IFOR/SFOR als institutionell außerhalb der NATO angesiedelten internationalen Truppenverband anzusehen, der unter dem „unified command" der NATO steht. In dieses Konzept fügt sich, daß in den offiziellen NATO-Dokumenten lediglich von der „NATO-led Implementation Force" gesprochen wird.[23] Auf der anderen Seite verpflichtet das von IFOR geschlossene Technical Arrangement die NATO als Organisation zu bestimmten Kompensationsleistungen im Außenverhältnis.[24] Wenn aber IFOR die Rechtsmacht besitzt, die NATO auf völkerrechtlicher Ebene zu verpflichten, dann spricht dies für eine Organeigenschaft der IFOR innerhalb der NATO. Im Ergebnis weist die Vertragspraxis von IFOR/SFOR also auf eine Doppelnatur des Truppenverbandes hin - zum einen Organ der NATO, zum anderen eigenständiges Völkerrechtssubjekt. Diese Konstruktion ist dem Völkerrecht nicht unbekannt. Auch Nebenorgane der Vereinten Nationen treten im internationalen Rechtsverkehr als eigenständige Völkerrechtssubjekte auf, so beispielsweise UNICEF.[25]

3. Schadensregulierung im Rahmen von IFOR/SFOR[26]

Das Dayton Abkommen behandelt in Annex A-I, Appendix B Ziff. 15 die Regulierung von außervertraglichen Ansprüchen gegen IFOR:

> „15. Claims for damage or injury to Government personnel or property, or to private personnel or property of the Republic of Bosnia and Herzegovina shall be submitted

[22] Unveröffentlicht, Text liegt Verf. vor.

[23] So z.B. im Technischen Abkommen zwischen der Regierung von Bosnien-Herzegowina und IFOR vom 23. Dezemeber 1995 (unveröffentlicht).

[24] Siehe Ziffe 4 des Claim Annex zum Technischen Abkommen von 23. Dezember 1995, hier abgedr. S. 560.

[25] Siehe hierzu H. G. SCHERMERS/N. M. BLOKKER, International Institutional Law 1995, § 1572.

[26] Zur Schadensregulierung durch KFOR s. M. S. JOHNSON, Headquarters KFOR, in: D. FLECK, The Handbook of The Law of Visiting Forces, 2001, S. 339, 345.

> through governmental authorities of the Republic of Bosnia and Herzegovina to the designated NATO Representatives."[27]

Diesem Artikel liegen lange Verhandlungen mit Bosnien-Herzegowina und Kroatien zugrunde. Aufgrund ihrer schlechten Erfahrungen mit dem UN-internen Claims Review Board-System drangen die künftigen Aufenthaltsstaaten von IFOR auf die Implementierung eines gemeinsamen Regulierungsverfahrens.[28] Der damalige NATO-Generalsekretär BALANZINO kam den Wünschen von Bosnien-Herzegowina und Kroatien entgegen und richtete am 23. November 1995 an beide Staaten einen Brief, der das künftige Regulierungsverfahren in seinen Grundzügen zum Inhalt hatte. Es sollte eine paritätisch besetzte Standing Claims Commission errichtet werden, mit der Möglichkeit der Berufung vor ein Schiedsgericht.[29] Die Standing Claims Commission sollte nur für Schäden aus dienstlichen Handlungen zuständig sein. Zur Entscheidungskompetenz über den dienstlichen Bezug einer Schadenshandlung führt BALANZINO aus: „Moreover, it is NATO's understanding, which reflects the customary principles regarding the implementation of a model SOFA as defined by the U.N., that if any civil proceeding is instituted against a member of NATO personnel (...) before any Bosnia and Herzegovina Court, the NATO Commander shall be notified immediately and he shall certify to the Court whether or not the proceedings is related to the official functions and duties of the person concerned."[30] Einen Monat später, am 23. Dezember 1995, schloß IFOR mit ihrem Aufenthaltsstaat Bosnien-Herzegowina ein Technical Arrangement, das die Vorstellungen BALANZINOs weitgehend umsetzt:

> „2. This Annex provides for claims procedures and for settling disputes which arise from injurious acts or events caused by members of IFOR forces acting to the disadvantage of the Republic of Bosnia and Herzegovina, the legal persons of the citizens of the Republic of Bosnia and Herzegovina, as well as procedures for addressing damages claims by IFOR."[31]

Art. 3 des Abkommens bestimmt, daß eine vierköpfige Claims Commission errichtet wird, von der zwei Mitglieder Repräsentanten von IFOR und zwei Repräsentanten des Aufenthaltsstaates sind. Nach Art. 5 ist Berufung vor ein

---

27 Veröffentlicht in: ILM 35 (1996), S. 89 ff.

28 M. PRESCOTT, Operational Claims in Bosnia-Herzegovina and Croatia, The Army Lawyer 1998, S. 1, dt. Übersetzung des Beitrages in NZWehrr 1998, S. 67 ff.; zu den Problemen des UNPROFOR- und UNSF-Claims Review Board siehe S. 456 ff.

29 PRESCOTT (Fn. 28), S. 4.

30 Unveröffentlicht, Text liegt Verf. vor.

31 Unveröffentlicht, Text liegt Verf. vor; es wurde ein gleichlautendes Technisches Abkommen mit Kroatien abgeschlossen.

Schiedsgericht möglich, dessen Entscheidungen für alle Parteien rechtlich verbindlich sind. Das Regulierungsverfahren des Technical Arrangements wurde im April 1996 durch eine ergänzende Vereinbarung der IFOR mit den Aufenthaltsstaaten modifiziert: Das Streitbeilegungsverfahren soll auf der untersten Ebene beginnen, d.h. innerhalb der nationalen Kontingente.[32] Nach der „IFOR-Claims Office Sarajevo Standard Operation Instruction" vom 21. Juni 1996 ist jeder Entsendestaat dafür verantwortlich, Ansprüche gegen sein Kontingent oder ein Kontingentsmitglied durch ein eigenes Streitbeilegungsverfahren zu regulieren.[33] Der Grund für das vorgeschaltete informelle Regulierungsverfahren liegt im Kostenübernahmeversprechen der Entsendestaaten von IFOR/SFOR. Damit ist – entgegen der ursprünglichen Wünsche der Aufenthaltsstaaten – in der Praxis der Weg einer internen Schadensregulierung eingeschlagen worden, die dem UN-Vorbild der Claims Review Boards entspricht. Der Unterschied zum UN-Verfahren liegt allein darin, daß eine Standing Claims Commission tatsächlich errichtet worden ist. Die interne Schadensregulierung durch die Entsendestaaten soll hier am Beispiel des IFOR/SFOR-Entsendestaates Bundesrepublik Deutschland veranschaulicht werden.[34]

Die Bundesrepublik Deutschland unterhält in Bosnien-Herzegowina einen Schadenssachbearbeiter für Schadensfälle bis zu € 12.500; Ansprüche mit einem höheren Streitwert werden an das Bundesamt für Wehrverwaltung in Bonn weitergeleitet. Nach einer internen Dienstanweisung durch den Bundesminister der Verteidigung ist über die Ersatzfähigkeit der geltend gemachten Schäden in analoger Anwendung des deutschen Amtshaftungsrechts (§ 839 BGB) zu entscheiden. Soweit nach deutschem Amtshaftungsrecht ein Ersatzanspruch begründet ist, wird direkt an den Geschädigten Schadensersatz geleistet, dessen Höhe sich nach örtlichen Standards richtet. Wie auch die übrigen Entsendestaaten von IFOR/SFOR[35] lehnt die Bundesrepublik Deutschland jede Rechtspflicht zur Ersatzleistung ab und kompensiert im Außenverhältnis lediglich auf ex gratia-Basis. Diese Praxis der Schadensregulierung durch die Bundesrepublik Deutschland bestätigt das im Rahmen der UN-Peace-keeping-Einsätze gewonnene Ergebnis, daß Entsendestaaten für rechtswidrige Akte ihres Kontingents

---

[32] Protocol made April 4th, 1996 between the Ministry of Justice of the Federation of Bosnia and Herzegovina and the IFOR Claims Officer (unveröffentlicht); identische Abkommen wurden mit Kroatien und der Republika Srpska abgeschlossen.

[33] PRESCOTT (Fn. 28), S. 1.

[34] Die nachfolgenden Informationen wurden vom Bundesamt für Wehrverwaltung in Bonn an die Verf. weitergeben.

[35] Die Vereinigten Staaten regulieren die Schäden ihrer IFOR/SFOR-Kontingente über den Foreign Claims Act [1 U.S.C. § 2734 (1994)], s. hierzu PRESCOTT (Fn. 28), S. 1; siehe zum US-amerikanischen Foreign Claims Act hier S. 200 ff.

bzw. Soldaten völkerrechtlich dann nicht verantwortlich sind, wenn der Entsendestaat das operative Kommando über das nationale Kontingent auf einen anderen Rechtsträger delegiert hat und letzterer das Kommando auch effektiv ausübt.[36]

Wie im Technical Arrangement zwischen IFOR und Bosnien-Herzegowina festgeschrieben, endet die Schadensregulierung nicht bei der Entscheidung der Entsendestaaten über etwaige ex gratia-Zahlungen. Dem negativ beschiedenen Geschädigten steht die Möglichkeit offen, seine Ansprüche einer Claims Commission vorzutragen. Die Kommission besteht aus vier Kommissionsmitgliedern, von denen der Aufenthaltsstaat zwei entsendet. Eines der beiden IFOR/SFOR-Kommissionsmitglieder entstammt dem deutschen Kontingent. Das deutsche Mitglied ist an die Weisung des Bundesverteidigungsministeriums gebunden, d.h. es entscheidet nicht in richterlicher Unabhängigkeit. In der Kommission ist Einstimmigkeit verlangt, um zu einem Urteil zu kommen.[37] Schon die Struktur der IFOR/SFOR-Claims Commission, die *mutatis mutandis* der UN-Standing Claims Commission des Art. 51 Modell-SOFA entspricht, zeigt, daß die Kommission nicht als Gremium mit richterlicher Unabhängigkeit konzipiert wurde, sondern als Forum des diplomatischen Diskurses. Die Beteiligung eines weisungsgebundenen Vertreters des beklagten Entsendestaates, kombiniert mit dem Einstimmigkeitserfordernis, steht einem unparteiischen Urteil im Wege. Die NATO-Standing Claims Commission wird daher kaum den Anforderungen des Art. 6 Abs. 1 EMRK (Justizgewährungsanspruch) genügen.

Gegen die Entscheidung der Claims Commission ist die Berufung vor ein Schiedsgericht möglich (Arbitration Tribunal). Das Schiedsgericht setzt sich aus drei Schiedsrichtern zusammen, von denen einer vom Aufenthaltsstaat und einer von IFOR/SFOR entsendet wird; der Vorsitzende gehört einer dritten Organisation an und wird in den Schiedsurteilen ausdrücklich als „Independent Member“ bezeichnet. Die Bundesrepublik Deutschland ist als Entsendestaat weder im Kreis der Schiedsrichter vertreten, noch stehen ihr Anhörungsrechte zu. Die Entscheidung des Schiedsgerichts ergeht im schriftlichen Verfahren ohne Nennung von Anspruchsnormen und Rechtsgründen:

> „The Arbitration Tribunal decided that the SFOR German Contingent is liable for the damage. Regarding the quantum of damages to be paid, (the claimant) should receive the amount of (...) as compensation for the damage. ...

---

36 Siehe Ausführungen S. 478 ff.

37 Ist die Kommission unfähig, zu einem einstimmigen Urteil zu kommen, ist der Fall zur endgültigen Entscheidung an das Schiedsgericht weiterzuleiten, Appendix zum Claims Annex des Technical Arrangements (unveröffentlicht, Text liegt Verf. vor).

In accordance with the Claims Annex to the Technical Arrangement between the SFOR and the Republic Bosnia-Herzegovina, this decision of the Tribunal is final and binding for both parties."[38]

Das Schiedsgericht kann – im Gegensatz zur vorinstanzlichen Claims Commission – aufgrund seiner Zusammensetzung durchaus als unabhängiges Gericht bezeichnet werden, auch wenn seine Urteile weder Anspruchsgrundlagen noch Entscheidungsgründe enthalten. Die fehlende Transparenz der Schiedsurteile wird unter der Herrschaft des Art. 6 Abs. 1 EMRK menschenrechtlich nicht zu beanstanden sein, da für den Kläger gegen die Entscheidungen kein Rechtsmittel zulässig ist.[39] Allerdings hat bereits die Vorinstanz, die Claims Commission, ihre Entscheidung ohne Begründung ausgefertigt, so daß dem Kläger die Grundlagen beider Urteile verschlossen bleiben.

Obwohl die Urteile des Schiedsgerichts nach dem Technical Arrangement endgültig und rechtlich verbindlich sind, nimmt die Bundesrepublik Deutschland – wie auch die übrigen Entsendestaaten[40] – für sich in Anspruch, einzelne Entscheidungen nicht anzuerkennen.[41] Auf diese Position können sich die Entsendestaaten auf dem Boden des Rechts zurückziehen, da sie nicht Vertragsparteien des Technical Arrangements sind. Verweigert der Entsendestaat trotz der Entscheidung des Schiedsgerichts die Zahlung der zugesprochenen Entschädigung, wird der Fall an das NATO-Hauptquartier in Brüssel weitergeleitet. Nach dem Claims Annex zum Technical Arrangement ist die NATO verpflichtet, im Falle der Zahlungsverweigerung des Entsendestaates Schadensersatz zu leisten:

„4. If damage is caused by any member of the IFOR to persons in paragraph two[42] above, the payment shall be effected from NATO or national funds as appropriate. (...)

---

[38] Auszug aus einer Entscheidung des Arbitration Tribunal (unveröffentlicht).

[39] J. A. FROWEIN/W. PEUKERT, EMRK-Kommentar, 1996, Art. 6 Rn. 114.

[40] Für die Vereinigten Staaten s. PRESCOTT (Fn. 28), S. 6.

[41] Es ist für internationale Streitbelegungsverfahren nicht ungewöhnlich, daß Verbindlichkeit des Urteils vom Akzept der Parteien abhängt, s. hierzu ST. HOBE, Die rechtlichen Rahmenbedingungen der wirtschaftlichen Nutzung des Weltraums, 1992, S. 151 f.

[42] Para. 2 "This Annex provides for claims procedures and for settling disputes which may arise from injurious acts or events caused by members of IFOR acting to the disadvantage of the Republic of Bosnia and Herzegovina, the legal persons of the citizens of the Republic of Bosnia and Herzegovina, as well as procedures for adressing damage claims by IFOR."

In the event that a payment order is not complied with by any IFOR national, it shall be submitted to NATO headquarters, Brussels, for payment."[43]

Dieser Passus des Claims Annex zum Technical Arrangement greift die völkergewohnheitsrechtlich fundierte Regel auf, daß die NATO als Inhaberin des effektiven operativen Kommandos ihres Organs IFOR/SFOR für die rechtswidrige schädigende Militärakte verantwortlich ist. Dieses Verantwortlichkeit zieht grundsätzlich auch die Haftung für die rechtswidrig verursachten Schäden nach sich, wenn nicht eine spezielle Abrede im Innenverhältnis zwischen NATO und Entsendestaat letzterem die Kostenlast aufbürdet. In jedem Fall bleibt die NATO bei der Verletzung der internen Absprache durch den Entsendestaat im Außenverhältnis das Haftungssubjekt, es sei denn der Aufenthaltsstaat hat sich mit der Haftungsübernahme einverstanden erklärt. An dieser Stelle trifft Ziff. 4 des Technical Arrangements eine klare Aussage: Bosnien-Herzegowina hat in eine Haftungsfreistellung der NATO nicht eingewilligt.

In der Praxis entfaltet Ziff. 4 des Technical Arrangements allerdings keine größere Wirkung. Zwar wird im Falle einer Zahlungsverweigerung eines Entsendestaates der Vorgang an das Brüsseler Hauptquartier weitergeleitet, allerdings primär um dort eine politische Lösung des Konflikts mit dem Entsendestaat zu erreichen.[44]

---

[43] Ziff 4 steht unter der Überschrift „Terms of Reference of the Commission", bezieht sich also in systematischer Hinsicht auf die paritätisch besetzte Claims Commission. Der in der Vorschrift zum Ausdruck kommende Rechtsgedanke muß aber auch für Urteile des Schiedsgerichts gelten, die zwar nach der technischen Abrede rechtlich verbindlich sind, aber von den Entsendetaaten u.U. nicht befolgt werden.

[44] Siehe J. A. BURGER, Lessons Learned in the Former Republic of Yugoslavia, in: Fleck (Fn. 26), S. 507, 521.

IV. ISAF-Peace-keeping in Afghanistan

Seit dem 11. August 2003 zählt die ISAF-Peace-keeping-Mission in Afghanistan zu den „out of area"- Einsätzen der NATO. Die 5500 Mann starke multinationale Truppe – die International Security Assistance Force (ISAF) – wurde auf Basis des sog. Bonner Abkommens[1] vom 5. Dezember 2001 in Afghanistan stationiert. ISAF operiert wie eine klassische Peace-keeping-Truppe mit dem Konsens des Aufenthaltsstaates.[2] Militärisch steht ISAF unter der Leitung einer sog. „lead nation". Nachdem das Vereinigte Königreich, die Türkei und Deutschland zusammen mit den Niederlanden jeweils sechs Monate diese Funktion innehatten, befürwortete der NATO-Rat am 16. April 2003 die Übernahme der Aufgabe durch die NATO, nicht zuletzt weil 90% der ISAF-Streitkräfte von NATO-Mitgliedstaaten gestellt werden. Die wichtigste Konsequenz der neuen Aufgabe der NATO ist die Einsetzung eines NATO-Kommandeur für ISAF. Hinzu tritt die strategische Koordination sowie das operative Kommando und die operative Kontrolle des ISAF-Einsatzes durch das Supreme Headquarters Allied Powers Europe (SHAPE).

In institutioneller Hinsicht wurde ISAF im Jahr 2001 als multinationaler Truppenverband mit eigener Völkerrechtspersönlichkeit gegründet, der unter einem einheitlichen militärischen Kommando der „lead nation" im Einsatzgebiet operiert. Auch mit Eintritt der NATO in die internationale Unternehmung hat sich an dieser organisatorischen Konzeption von ISAF nichts geändert. Das Military Technical Agreement zwischen der afghanischen Interimsregierung und ISAF vom 4. Januar 2002 charkterisiert ISAF wie folgt:

> Art. IV Ziff. 1: „UNSCR 1386 authorises the establishment for six months of an international force to assist the Interim Administration in the maintenance of security in the Area of Responsibility. The Interim Administration understands and agrees that the ISAF is *the international force* authorised by UNSCR 1386 and may be composed of ground, air and maritime units *from the international community*."[3]

Im Hinblick auf die Regulierung von rechtswidrig verursachten Drittschäden durch ISAF-Mitglieder ist die NATO in die bestehenden, seit Beginn des Ein-

---

[1] Agreement on Provisional Arrangements in Afghanistan pending the Re-establishment of Permanent Government Institutions, abgedr. in: UN-Doc S/2001/1154.

[2] Neben ISAF operiert in Afghanistan die sog. Koalitionstruppe, eine US-geführte internationale Koalition mit dem speziellen Auftrag der Terrorismusbekämpfung.

[3] Military Technical Agreement between the International Security Assistance Force (ISAF) and the Interim Administration of Afghanistan, 4. Janaur 2003, ILM XLI (2002), S. 1032 ff.

satzes praktizierten Regulierungsmechanismen eingetreten. Nach dem Military Technical Agreement vom 4. Januar 2001 ist ISAF und sein Personal vor afghanischen Gerichten und Behörden immun; dieses Verfahrenshindernis für nationale Haftungsprozesse wird im Abkommen ergänzt durch einen materiellen Haftungsausschluß, der ISAF und seine Mitglieder auf völkerrechtlicher Ebene von jeder Haftung für Sachschäden freistellt:

> Annex A Ziff. 10: „The ISAF and its personnel will not be liable for any damages to civilian or governmental property caused by any activity in pursuit of the ISAF Mission. Claims for other damage or injury to Interim Administration personnel or property, or to private personnel or property will be submitted through Interim Administration to the ISAF.“ [4]

Zumindest im Bereich der Sachschäden hat die Interimsregierung über etwaige Individualansprüche gegen ISAF disponiert, d.h. auf ihre Geltendmachung völkerrechtswirksam verzichtet. Im Bereich der Personenschäden sollen nach den Buchstaben des Abkommens entsprechende Ansprüche gegen ISAF bzw. ihr Personal durch die afghanische Interimsregierung an ISAF weitergeleitet werden. Dieses Verfahren ist allerdings aufgrund der fehlenden effektiven Verwaltung bzw. Regierung in Afghanistan reine Theorie geblieben. In der Praxis wenden sich die Geschädigten direkt an den Entsendestaat des Schädigers, der über die Begründetheit der Ansprüche entscheidet und sie gegebenenfalls informell auf ex gratia-Basis bereinigt. An dieser informellen Verfahrensweise hat sich auch seit der Einrichtung eines NATO-Kommandos nichts geändert. Eine Claims Commission bzw. ein Schiedsgericht nach dem Vorbild des IFOR/SFOR-Einsatzes in Bosnien-Herzegowina wurde in Afghanistan bislang nicht eingerichtet.

V. Zusammenfassung und Ausblick

Die Haftungspraxis der NATO im Rahmen ihrer Militäreinsätze innerhalb und außerhalb ihres Bündnisgebietes bestätigt zumindest in Teilen die haftungsrechtlichen Grundsätze, die in den vorangegangenen Kapiteln aus der UN-Praxis abgeleitet werden konnten. Das Haftungsregime für Schäden, die innerhalb der NATO-Mitgliedstaaten verursacht werden, unterliegt speziellen Regeln (Art. VIII Abs. 5 NATO-SOFA), die keine Rückschlüsse auf internationale Normen des Haftungsgewohnheitsrechts zulassen. Im Rahmen des umstrittenen Out of Area-Luftwaffeneinsatzes gegen die Bundesrepublik Jugoslawien fehlt es zwar an einer aussagekräftigen Haftungspraxis, die die NATO als Zurechnungs-

---

[4] Military Technical Agreement (Fn. 3), S. 1036.

subjekt etwaiger völkerrechtswidriger Militärakte identifizieren könnte, allerdings läßt sich den völkergewohnheitsrechtlichen Regeln über die Verteilung der Verantwortlichkeit zwischen einer Internationalen Organisation und ihren Mitgliedstaaten entnehmen, daß die NATO Zurechnungssubjekt der Militäreinsätze ist. Ansatzpunkt für diese Zurechnung ist die einstimmige Entscheidung im NATO-Rat über die Gewaltanwendung und die einstimmige Entscheidung im NATO-Militärausschuß über die anzufliegenden Ziele.

Im Fall der NATO-Peace-keeping-Einsätze im ehemaligen Jugoslawien bestätigt der IFOR/SFOR-Einsatz die völkergewohnheitsrechtliche Regel, daß die völkerrechtliche Verantwortlichkeit – und gegebenfalls Haftung – für rechtswidrige Schäden beim Inhaber des effektiven Kommandos über die Streitkräfte lastet. Es ist vor allem das Technical Arrangement zwischen IFOR und Bosnien-Herzegowina, das die gleichförmige Regulierungspraxis im direkten Vergleich zwischen NATO und den Vereinten Nationen verdeutlicht. Im Gegensatz zu den Vereinten Nationen hat die NATO allerdings den Schritt unternommen, nicht nur eine Claims Commission als Streitbeilegungsmechanismus einzurichten, sondern auch ein unparteiisches Schiedsgericht als Berufungsinstanz zur Verfügung zu stellen. Im ganzen ist das Streitbeilegungsverfahren im Hinblick auf den Justizgewährungsanspruch des einzelnen ein Fortschritt, auch wenn die NATO-Streitbeilegung in der Praxis von einem Pragmatismus gekennzeichnet ist, der auch die UN-Peace-keeping-Missionen auszeichnet.

E. Europäische Union

I. Einleitung

1. Völkerrechtspersönlichkeit der Europäischen Union

Wenn die Verantwortlichkeit bzw. Haftung der Europäischen Union im Kontext ihrer militärischen Aktivitäten in Rede steht, stellt sich zwangsläufig die Frage nach der Völkerrechtssubjektivität der Europäischen Union.[1] Die Frage, ob die Union nach ihrem gegenwärtigen Integrationsstand als eigenständige Internationale Organisation neben den Gemeinschaften agiert, ist bekannter Maßen umstritten.[2] Als die Europäische Union mit dem Vertrag von Maastricht (1993) gegründet wurde, schien die Intention der Mitgliedstaaten klar zu Tage zu treten: Die Mitgliedstaaten verzichteten auf eine explizite Verleihung von Rechtspersönlichkeit nach dem Vorbild des Art. 281 EGV, um gerade in den sensiblen Politikbereichen der Gemeinsamen Außen- und Sicherheitspolitik (GASP) und der Zusammenarbeit in den Bereichen Justiz und Inneres (ZBJI)[3] ihre Rolle als unangefochtene und alleinige Akteure in den Bereichen intergouvernamentaler Zusammenarbeit sicherzustellen. Entsprechende Stellungnahmen einzelner Mitgliedstaaten[4] – allen voran des Vereinigten Königreiches – untermauern diese Annahme, ebenso wie die Unfähigkeit der Mitgliedstaaten, sich bei den Verhandlungen zum Vertrag von Amsterdam auf eine explizite Persönlichkeitsklausel zu einigen.[5] So nimmt es nicht Wunder, daß ein Großteil der Literatur unter Verweis auf die fehlende explizite Verleihung von Völkerrechtspersönlichkeit jede implizite Zuweisung auf Basis materieller Vertragsvor-

---

[1] Siehe zur Völkerrechtssubjektivität S. 55 ff.

[2] Einen Überblick über den Streitstand bietet J. CH. WICHARD, in: Calliess/Ruffert, Kommentar zurm EU-Vertrag und EG-Vertrag, 2002, Art. 1 EG-Vertrag, Rn. 5 ff.

[3] Seit dem Vertrag von Amsterdam (ABl.EG C 340/1 vom 10. November 1997) wurde die dritte Säule beschränkt auf die Polizeiliche und Justitielle Zusammenarbeit in Strafsachen (PJZS).

[4] Weißbuch der britischen Regierung zur Regierungskonferenz „A Partnership of Nations“, 1996, S. 4, zitiert nach: Ch. HILLGRUBER, Das Verhältnis der Europäischen Gemeinschaft und der Europäischen Union zu ihren Mitgliedstaaten, AVR 34 (1996), S 347, 354 dort Fn. 27.

[5] Hierauf stellen M PECHSTEIN/CH. KOENIG, Die Europäische Union, 2000, Rn. 65 ff., ab.

schriften ablehnt.[6] Die Befürworter einer eigenständigen Rechtspersönlichkeit schauen dagegen auf einzelne Vorschriften des EU-Vertrages,[7] beispielsweise Art. 24 EU-Vertrag, der den Abschluß von internationalen Übereinkünften zur Durchführung der Gemeinsamen Außen- und Sicherheitspolitik ermöglicht. Mit Blick auf diese Norm wird man in der Tat eine partielle Völkerrechtspersönlichkeit der Europäischen Union bejahen müssen.[8] Es ist durchaus naheliegend, daß die Vorschrift 1997 (Vertrag von Amsterdam) mit der Intention in den EU-Vertrag aufgenommen wurde, den Rat in die Lage zu versetzen, *im Namen aller Mitgliedstaaten* völkerrechtliche Abkommen mit Dritten zu schließen. Rechtlich hätte eine derartige Interpretation des Art. 24 EU-Vertrag zur Folge, daß nur die Mitgliedstaaten durch das Abkommen Träger von völkerrechtlichen Rechten und Pflichten würden, nicht dagegen die Union. Die Praxis hat allerdings der Norm eine eigene Dynamik gegeben, die auf eine partielle und partikulare Völkerrechtssubjektivität der Europäischen Union hindeutet. So tritt die Europäische Union nicht nur unter dieser Bezeichnung im völkerrechtlichen Verkehr auf, sondern schließt auch als „Europäische Union“ völkerrechtliche Abkommen. Die Zahl der Abkommen, die auf Basis des Art. 24 EU-Vertrag von der Europäischen Union unterzeichnet wurden und ausdrücklich die Europäische Union als vertragsschließende Partei hervorheben, ist in den letzten Jahren sprunghaft angestiegen. So wurde im Jahr 2001 ein Abkommen zwischen der Europäischen Union und der Bundesrepublik Jugoslawien über die dortige Tätigkeit der EU-Überwachungsmission geschlossen.[9] Im Oktober 2002 folgte ein Abkommen zwischen der Europäischen Union und Bosnien-Herzegowina über die dortige Tätigkeit der European Union Police Mission;[10] im Jahr 2003 schloß die Europäische Union ein Abkommen mit Mazedonien über den Status der EU-geführten Streitkräfte in Mazedonien.[11] Auch die jeweiligen Abkommen mit den elf an der Aktion teilnehmenden Nicht-EU-Mitgliedstaaten bezeichnet die Europäische Union als vertragsschließende Partei. Schon diese Vertragspraxis zeigt, daß die Europäische Union implizit nach dem EU-Vertrag die Fähigkeit hat, Trägerin von Rechten und Pflichten im Völkerrecht zu sein, und diese Fähigkeit auch von Drittstaaten anerkannt wird. Zumindest wäre eine Berufung der EU-Mitgliedstaaten auf die fehlende Völkerrechtssubjektivität der Europäischen Union gegenüber den Vertragspartnern rechtsmißbräuchlich.

---

6 Siehe WICHARD, in: Calliess/Ruffert (Fn. 2), Rn. 8 m.w.N.

7 Siehe statt vieler S. KADELBACH, Einheit der Rechtsordnung als Verfassungsprinzip, EuR Beiheft 2/1998, S. 51, 60 ff.; M. ZULEEG, Die Organisationsstruktur der Europäischen Union, EuR Beiheft 2/1998, S. 151, 152 ff.

8 A.A. M. PECHSTEIN, in: Streinz (Hrsg.), EUV/EGV, 2003, Art. 1 EUV, Rn. 19.

9 Veröffentlicht in ABl.EG 2001 L 125/1.

10 Veröffentlicht in ABl.EG 2002 L 293/2.

11 Veröffentlicht in ABl.EG 2003 L 82/45

2. Europäische Sicherheits- und Verteidigungspolitik

Die Pläne der europäischen Staaten, im Kontext der europäischen Einigung bei der Außen-, Verteidigungs- und Sicherheitspolitik gemeinsame Wege zu finden, sind so alt wie das Scheitern eben dieser Pläne. Nach dem Fehlschlagen der Gründung einer Europäischen Verteidigungsgemeinschaft im Jahr 1954[12] kam es zur Gründung einer außerhalb des Integrationsprozesses stehenden Organisation, der Westeuropäischen Union (WEU).[13] Deren Aufgabe sollte primär in der Verteidigung des Bündnisgebietes bestehen. Die WEU, die als Verteidigungsbündnis nie aus dem Schatten der NATO herausgetreten ist, übernahm mit dem Ende des Kalten Krieges Anfang der 90er Jahre neue Aufgaben (sog. Petersberger-Aufgaben), u.a. die Durchführung humanitärer Einsätze, friedenserhaltender und friedensaufbauender Maßnahmen sowie „our of area"-Kampfeinsätze zur akuten Krisenbewältigung.[14] Die Zuweisung dieser neuen Aufgaben durch die WEU-Mitgliedstaaten ging Hand in Hand mit der verstärkten außen- und sicherheitspolitischen Profilsuche der Europäischen Union. Seit dem Maastrichter Vertrag von 1992 verfügt die Europäische Union über eine gemeinsame Außen- und Sicherheitspolitik (GASP), konzipiert als eine Säule der intergouvernamentalen Zusammenarbeit. Art. 17 Abs. 1 EU-Vertrag in der Fassung des Maastrichter Vertrages bezeichnete die WEU – trotz eigenständiger Völkerrechtspersönlichkeit[15] – als integralen Bestandteil der Entwicklung der Union; im Rahmen dieser institutionellen Verknüpfung sollte die Union die Kompetenz besitzen, die WEU um Ausarbeitung und Durchführung der verteidigungspolitischen Entscheidungen und Aktionen der Union zu ersuchen. Der Amsterdamer Vertrag wird hinsichtlich der Kooperation apodiktischer: Im Rahmen des Art. 17 EU-Vertrag konnte die Union nun die WEU „in Anspruch nehmen", um Beschlüsse im Rahmen der GASP durchzuführen. Die Beibehaltung des in Art. 17 EU-Vertrag fixierten Tandems WEU – Union war notwendig, da die Union zum Zeitpunkt der Unterzeichnung des Amsterdamer Vertrages (1997) im Gegensatz

---

[12] Siehe hierzu TH. JÜRGENS, Die gemeinsame Außen- und Sicherheitspolitik, 1994, S. 52 ff.

[13] K. GERTEISER, Die Sicherheits- und Verteidigungspolitik der Europäischen Union, 2002, S.29 f.; J. HERBST, Peace-keeping by the European Union, in: Bodgnar/Kowalski/Raible/Schorkopf (Hrsg.), The Emerging Constitutional Law of the European Union – German and Polish Perspective, 2003, S. 413, 416 ff.

[14] Humanitarian and Rescue Tasks, Peacekeeping Tasks, Tasks of Combat Forces in Crisis Management, including Peacemaking, WEU Ministerial Council, 19. Juni 1992 in Petersberg/Bonn, abgedr. in: Bulletin der Bundesregierung Nr. 68 vom 23. Juni 1992, S. 649 ff.; einen Überblick über die militärische Einsätzen der WEU gewährt GERTEISER (Fn. 13), S. 58 ff.

[15] H. C. CREMER, in: Calliess/Ruffert (Hrsg.), EU-/EG-Vertrag, Art. 17 EUV, Rn. 2; verneinend GERTEISER (Fn. 13), S. 36.

zur WEU keine eigene militärisch-operative Handlungsfähigkeit besaß. Dieses Defizit, das vor allem im Angesicht der Balkan-Krise als nicht länger hinnehmbar empfunden wurde,[16] ist heute weitgehend beseitigt. Der Europäische Rat hatte 1999 in Köln beschlossen, die operativen Fähigkeiten der Union zu stärken um die Petersberger-Aufgaben der WEU künftig mit eigenen militärischen Mitteln durchzuführen. Mit Erreichung dieses Ziels habe – so die Erklärung des Europäischen Rates – die WEU als Organisation ihren Zweck erfüllt.[17] Die WEU hat sich der ambitionierten Pläne der Union nicht verschlossen. Mit der Erklärung des WEU-Ministerrates in Marseille vom 13. November 2000 zog sich die Organisation aus dem internationalen Krisenmanagement zurück und überließ diese Aufgabe der Europäischen Union.[18] Zurück bleibt eine WEU als Rumpforganisation mit Reservefunktion, die lediglich im Bereich der Verteidigung noch eigene Aufgaben wahrnimmt.[19] Völlig konsequent fehlt nun in Art. 17 EU-Vertrag (Vertrag von Nizza 2002) jede Bezugnahme auf die WEU als integraler Bestandteil der Union. Schon im Januar 2001 – im Vorgriff auf den Vertrag von Nizza – gab sich die Union militärische Strukturen als notwendige Voraussetzung einer EU-Handlungsfähigkeit im internationalen Krisenmanagement: Der Rat der Europäischen Union schuf im Januar 2001 einen EU-Militärausschuß[20] (Military Commitee) und einen EU-Militärstab (Military Staff)[21]. Ebenfalls im Januar 2001 wurde durch Ratsbeschluß das Politische und Sicherheitspolitische Komitee eingesetzt,[22] als politisches Instrumentarium der gemeinsamen Sicherheits- und Verteidigungspolitik und Leitungsorgan für die militärischen EU-Strukturen.[23] Schließlich konnte der Europäische Rat in Laeken (14./15. Dezember 2001) im Dezember 2001 feststellen, daß die opera-

---

[16] J. SOLANA, The European Security and Defence Policy – from Ambition of Reality, in: Hoyer/Kaldrack (Hrsg.), Europäische Sicherheits- und Verteidigungspolitik, 2002, S. 108.

[17] Europäischer Rat in Köln, Schlußfolgerung des Vorsitzes Ziff. 5.5, Bulletin EU 6-1999 I.22 i.V.m. Anhang 3.

[18] WEU Ministerial Council, Marseille Declaration, 13. November 2000.

[19] M. WARNKEN, Die Handlungsrahmen der Europäischen Union im Bereich der Sicherheits- und Verteidigungspolitik, 2002, S. 212, mit Verweis auf die Marsaille Erklärung des WEU Ministerrates vom 13. November 2000, Ziff. 1.

[20] Entscheidung des Rates vom 22. Januar 2002 (2001/79/CFSP) zur Schaffung eines Militärausschusses der Europäischen Union, ABl.EG 2001 L 27/4 vom 30. Januar 2001.

[21] Entscheidung des Rates vom 22. Januar 2002 (2001/80/CFSP) zur Schaffung eines Militärstabes der Europäischen Union, ABl.EG 2001 L 27/7 vom 30. Januar 2001.

[22] Entscheidung des Rates vom 22. Januar 2002 (2001/78/CFSP) zur Schaffung eines Politischen und Sicherheitspolitischen Komitees, ABl.EG 2001 L 27/1 vom 30. Januar 2001.

[23] H. J. CREMER, in: Calliess/Ruffert (Hrsg.), EU-/EG-Vertrag, Art. 25 EU-Vertrag, Rn. 5.

tiven Kapazitäten der Union zur Durchführung von Krisenmanagementoperationen nun vorhanden seien.[24]

Zu den nichtmilitärischen Operationen der Europäischen Union, die schon vor der Erklärung von Laeken von der EU wahrgenommen werden konnten und wurden,[25] gehört die Verwaltung der bosnischen Stadt Mostar von 1994 bis 1996.[26] Nachdem die Union am 1. Juli 2001 die Verantwortung für den multilateralen Polizeiberaterstab in Albanien (MAPE) von der WEU übernommen hat,[27] unterhält und kontrolliert sie seit Januar 2003 auch in Bosnien-Herzegowina eine eigene 500 Mann starke European Union Police Mission (EUPM).[28] Militärisch ist die Europäische Union seit der Erklärung von Laeken insgesamt in zwei Krisenregionen aktiv geworden: Am 27. Januar 2003 beschloß der Rat der Europäischen Union eine Gemeinsame Aktion über die militärische Operation der Europäischen Union in der ehemaligen jugoslawischen Republik Mazedonien (Operation Concordia, hierzu Kapitel II).[29] Am 29. September 2003 hat der Rat der Europäischen Union flankierend zum Militäreinsatz die Errichtung einer EU-Polizeimission (EUPOL „Proxima") für Mazedonien beschlossen.[30] Schließlich findet unter der Ägide der Union seit Juni 2003 die Operation Artemis in der Demokratischen Republik Kongo statt. Frankreich stellt als sog. „Rahmennation" (framework nation) der EU-Truppe Hauptquartiere und andere Einrichtungen zur Verfügung, sowie das Gros der EU-Truppen. Mit dem Konzept der Rahmennation wurde ein Rückgriff auf NATO-Ressourcen vermieden.[31] Die Operation Artemis ist in bezug auf die politische Kontrolle sowie die

---

[24] Siehe zu den einzelnen Schlußfolgerungen des Europäischen Rates G. VUKOVICH, Die Gemeinsame Europäische Sicherheits- und Verteidigungspolitik, in: Hummer (Hrsg.) Rechtsfragen in der Anwendung des Amsterdamer Vertrages, 2001, S. 167, 170 ff..

[25] SOLANA (Fn. 16), S. 108.

[26] Siehe hier W. HUMMER, Mostar – ein Beispiel internationaler Stadtverwaltung durch die Europäische Union, in: FS Ginther, 1999, S. 377 ff.

[27] Bulletin EU 4-2001 Ziff. 1.6.49.

[28] Gemeinsame Aktion 2002/210/GASP des Rates vom 11. März 2002 über die Polizeimission der Europäischen Union, ABl.EG 2002 L 070/1 vom 13. März 2002.

[29] Gemeinsame Aktion 2003/92/GASP des Rates vom 27. Januar 2003 über die militärische Operation der Europäischen Union in der ehemaligen jugoslawischen Republik Mazedonien, ABl.EG 2003 L 34/26 vom 11. Februar 2003.

[30] Gemeinsame Aktion 2003/681/GASP des Rates vom 29. September 2003 über die Polizeimission der Europäischen Union in der ehemaligen jugoslawischen Republik Mazedonien (EUPOL „Proxima"), ABl.EG 2003 L 249/66 vom 1. Oktober 2003.

[31] Gemeinsame Aktion 2003/423/GASP des Rates vom 5. Juni 2003 über die militärische Operation der Europäischen Union in der Demokratischen Republik Kongo, ABl.EG 2003 L 143/50 vom 11. Juni 2003.

strategische und militärische Leitung[32] der Einsatzkräfte wie die Operation Concordia in Mazedonien konzipiert. Das gleiche gilt für die Kostenverteilung, die den Entsendestaaten weitgehend die operationsbezogene Ausgabenlast aufbürdet.[33] Die Haftungspraxis der Europäischen Union wird daher hier am Beispiel der Operation Concordia dargestellt und analysiert.

---

[32] Politsche Kontrolle und strategische Leitung der Operation Artemis: Politisches und Sicherheitspolitisches Komitee der EU, Art. 7 der Gemeinsamen Aktion 2003/423/GASP; militärisch Leitung der Operation Artemis: EU-Militärausschluß, Art.8 der Gemeinsamen Aktion 2003/423/GASP (Fn. 31). Siehe auch die Genehmigung der militärischen Operation und die Ermächtigung des Operation Commander, das operative Kommando auszuführen, Ratsbeschluß 2003/432/GASP vom 12. Juni 2003 über die Einleitung der militärischen Operation der Europäischen Union in der Demokratischen Republik Kongo, ABl.EG 2003 L 147/42.

[33] Siehe das Abkommen zwischen der Europäischen Union und der Republik Zypern über die Beteiligung der Republik Zypern an den EU-Einsatzkräften in der Demokratischen Republik Kongo, ABl.EG 2003 L 253/23 vom 7. Oktober 2003.

II. Operation Concordia in Mazedonien (2003)

1. Historischer Hintergrund

„Concordia" ist der Codename für die erste EU-geführte Militäroperation, die im Zuge der neuen sicherheitspolitischen Handlungsfähigkeit der EU durchgeführt wird. Einsatzort von Concordia ist die ehemalige jugoslawische Republik Mazedonien (im folgenden: Mazedonien). Der junge Staat Mazedonien ist seit seiner Abspaltung von der Sozialistischen Föderation der Republik Jugoslawien Schauplatz bewaffneter Auseinandersetzungen zwischen Vertretern der slawomazedonischen Volksgruppe und der albanisch-mazedonischen Volksgruppe. Am 31. August 2001 wurde zwischen den Parteien das Abkommen von Ohrid unterzeichnet, das der albanischen Minderheit mehr Rechte einräumt, die Abgabe der Waffen vereinbart und die Wiederherstellung der staatlichen Gewalt auf dem gesamten Gebiet Mazedoniens zum Ziel hat. Die NATO übernahm in der Folgezeit die Aufgabe, neben dem zivilen Krisenmanagement der EU und der OSZE die Implementierung des Abkommens militärisch zu flankieren. Die NATO-Operationen Essential Harvest, Amber Fox und die stark verkleinerte Operation Allied Harmony verhinderten eine Destabilisierung der politischen Verhältnisse und gewährleisteten den Schutz der OSZE- und EU-Beobachter im Lande. Dennoch konnte die NATO-Präsenz die Sicherheitslage in Mazedonien nicht nachhaltig positiv beeinflussen. Vor diesem Hintergrund forderte der mazedonische Präsident TRAJKOWSKI Anfang 2003 die Europäische Union auf, die Nachfolge der NATO-Operation Allied Harmony zu übernehmen, allerdings unter der Voraussetzung, daß die Übernahme im Einvernehmen mit der NATO erfolgt.

Die Einsetzung der sog. EU-geführten Einsatzkräfte (EUFOR[1]) fand in enger Abstimmung mit der NATO statt. Das operative Zusammenwirken von NATO und Union basiert rechtlich auf einer Dauervereinbarung zwischen den Organisationen, der sog. Berlin Plus-Abrede. Die Operation Concordia begann am 31. März 2003 mit einer Stärke von 320 Militärpersonen und 80 Mann zivilem Personal. Die Mitglieder von EUFOR werden von 27 Nationen gestellt,

---

[1] Die Bezeichnung der Streitkräfte in den EU-Dokumenten ist uneinheitlich: anfänglich werden die Streitkräfte mit dem Akronym EUF für „EU-geführte Einsatzkräfte" tituliert (s. das Statusabkommen mit Mazedonien, ABl.EG L 82/45 vom 29. März 2001), später wird in den offiziellen Beschlüssen von EUROFOR gesprochen (s. Beschluß 2003/563/GASP des Rates vom 29. Juli 2003 über die Verlängerung der militärischen Operation der Europäischen Union in der ehemaligen jugoslawischen Republik Mazedonien, ABl.EG L 190/20 vom 30. Juli 2003).

darunter 13 EU-Mitgliedstaaten und 14 Staaten vor allem aus dem osteuropäischen Raum.

2. Institutioneller und militärischer Rahmen von EUFOR

Die EU-geführten Einsatzkräfte EUFOR wurden durch Beschluß des Rates der Europäischen Union vom 27. Januar 2003 ins Leben gerufen.[2] In einem Annex zu dem Beschluß werden die wichtigsten Strukturen von EUFOR festgelegt, insbesondere die politische Leitung und das militärische Kommando der Truppe. Die Rechtsstellung der Truppe wird zudem in einem Statusabkommen mit dem Aufenthaltsstaat Mazedonien konkretisiert.[3] Der Begriff der „EU-geführten Einsatzkräfte“ wird in diesem Abkommen definiert als die „militärischen Hauptquartiere der EU und die zu der Operation beitragenden nationalen Einheiten/Truppenteile“. Diese an NATO-Terminologie angelehnte Bezeichnung steht grundsätzlich einer EU-Organstellung der Hauptquartiere nicht im Wege. Daß dennoch weder das Statusabkommen noch der Ratsbeschluß EUFOR explizit als Organ der Europäischen Union identifiziert, mag in dem Umstand begründet sein, daß auf der einen Seite die Rechtspersönlichkeit der Europäischen Union die notwendige Voraussetzung für eine Organeigenschaft von EUROR ist, sich aber auf der anderen Seite die Rechtspersönlichkeit der Europäischen Union in einem von EU-Organen und Mitgliedstaaten nicht explizit aufgedeckten Entwicklungsprozeß befindet.[4] Die unklare institutionelle Zuordnung von EUFOR setzt sich in den Immunitätsvorschriften fort. So wird in Art. 6 Abs. 1 des EUFOR-Statusabkommens dem militärischen und zivilen Personal von EUFOR vor mazedonischen Gerichten und Behörden Jurisdiktionsimmunität eingeräumt, nicht aber EUFOR selbst; Art. 5 des Statusabkommens bestimmt hier lediglich, daß die Gebäude und Einrichtungen von EUFOR unverletzlich sind und verdeutlicht einmal mehr die Zurückhaltung der Union bei der Festschreibung eines institutionellen Status von EUFOR.

Weniger Zurückhaltung übt die Europäische Union bei der Festlegung der militärischen Kommandostrukturen der Concordia-Operation. Wie schon die Bezeichnung „EU-geführte Einsatzkräfte“ verdeutlicht, übt die Union die militä-

---

2 Gemeinsame Aktion 2003/92/GASP des Rates vom 27. Januar 2003 über die militärische Operation der Europäischen Union in der ehemaligen jugoslawischen Republik Mazedonien, ABl.EG L 34/26 vom 11. Februar 2003.

3 Abkommen zwischen der Europäischen Union und der ehemaligen jugoslawischen Republik Mazedonien, ABl.EG L 82/45 vom 29. März 2003.

4 Siehe zur Völkerrechtssubjektivität S. 565 ff.

rische und politische Kontrolle über den Militäreinsatz aus. Nach dem Ratbeschluß vom 27. Januar 2003 nimmt das Politische und Sicherheitspolitische Komitee die politische Kontrolle und die strategische Leitung der EU-geführten Operation wahr. Als Operation Commander hat der Rat Admiral FEIST ernannt, der zugleich der stellvertretende Oberste Alliierte Befehlshaber der NATO für Europa ist. Diese Organleihe ist Frucht des Kooperationsverhältnisses zwischen NATO und Union (Berlin-Plus-Vereinbarung), das sich auch in dem zur Verfügung stellen des NATO-Hauptquartiers der Alliierten Mächte in Europa (SHAPE) als Operatives Hauptquartier von EUFOR realisiert. Die militärische Leitung der Operation Concordia wird in Art. 5 des Ratsbeschlusses dem EU-Militärausschuß überantwortet, der in der Person des Vorsitzenden des EU-Militärausschusses direkten Kontakt zum Operativen Kommandeur unterhält.

3. Haftung für Schäden Dritter

Das EUFOR-Statusabkommen, geschlossen zwischen Mazedonien und der Europäischen Union, regelt explizit die Frage der Haftung für Drittschäden. Unter der Überschrift „Ansprüche wegen Todes, Körperverletzung, Schäden oder Verluste“ heißt es in Art. 13:

> (1) Ansprüche, die sich aus Maßnahmen im Zusammenhang mit Unruhen in der Bevölkerung, dem Schutz der EUF oder operativen Erfordernissen ergeben, werden nicht von den Mitgliedstaaten oder anderen an der Operation teilnehmenden Staaten oder dem Operativen Finanzmechanismus befriedigt, der durch Beschluß des Rates der Union vom 27. Januar 2003 zur Finanzierung der gemeinsamen Kosten der Operation eingesetzt worden ist.
>
> (2) Alle anderen Ansprüche werden von einer Gemeinsamen Beschwerdekommission geprüft, die von der Gemeinsamen Koordinationsgruppe gemäß Artikel 14, der Vertreter der EUF und der zuständigen Behörden angehören, eingesetzt wird. Die Regulierung der Ansprüche erfolgt nach Zustimmung des betreffenden Staates oder des Mechanismus.“[5]

Art. 13 Abs. 2 des Statusabkommens orientiert sich bei der Auswahl des Haftungssubjektes nicht nach allgemeinen Zurechnungsregeln, sondern nach einer speziellen Haftungsabsprache zwischen der Union und den einzelnen Entsendestaaten. Im Grundsatz unterscheidet das Abkommen zwischen allgemeinen und speziellen Kosten, wobei unter letztere Kategorie etwaige Kosten für die Wiedergutmachung von Drittschäden fallen. Diese speziellen Kosten werden grundsätzlich von den Entsendestaaten getragen und nur in Ausnahmefällen

---

5 Quelle Fn. 3.

vom Operativen Finanzmechanismus der Union, wie folgende Klausel in dem Abkommen der Union mit Tschechien exemplarisch verdeutlicht:

> Art. 6 (2) Bewilligt die Gemeinsame Beschwerdekommission natürlichen oder juristischen Personen in der ehemaligen jugoslawischen Republik Mazedonien Schadensersatz, so übernimmt die Tschechische Republik die Entschädigungszahlung, wenn durch Personal oder Mittel der Tschechischen Republik Todesfälle, Körperverletzungen, Schäden oder Verluste verursacht werden, sofern nicht der Mechanismus gemäß Artikel 9 Absatz 3 des Beschlusses des Rates vom 27. Januar 2003 betreffend die Einrichtung des Mechanismus die Schadensersatzleistung beschließt.[6]

In verfahrensrechtlicher Hinsicht folgt Art. 13 des EUFOR-Abkommens einem in der völkerrechtlichen Praxis gängigen Streitbeilegungsmechanismus: Eine paritätisch besetzte Gemeinsame Beschwerdekommission (Joint Claims Commission) befaßt sich mit den geltendgemachten Ansprüchen, ohne daß freilich die Kommission als unabhängiges Gericht im Sinne von Art. 6 Abs.1 EMRK angesehen werden könnte. Im übrigen sind die Entscheidungen der Beschwerdekommission über Ersatzansprüche rechtlich unverbindlich, da die Regulierung der Ansprüche unter dem Vorbehalt der Zustimmung des jeweiligen Kostenträgers steht – also des Entsendestaates oder des Operativen Mechanismus. Im Innenverhältnis haben sich die Entsendestaaten allerdings gegenüber der Europäischen Union vertraglich verpflichtet, die empfohlenen Entschädigungszahlungen zu übernehmen (s.o. Art. 6 Abs. 2), wenn nicht der Operative Mechanismus beschließt, die Schadensersatzleistung an den Geschädigten selbst zu leisten. In verfahrensrechtlicher Hinsicht folgte die Haftungsvorschrift des EUFOR-Statusabkommens im wesentlichen den erprobten Wegen der Schadensregulierung im Rahmen von Peace-keeping-Einsätzen: Die Internationale Organisation trifft im Innenverhältnis spezielle Haftungsübernahmeabreden mit den Entsendestaaten, die im Falle des Akzepts des Aufenthaltsstaates auch im Außenverhältnis als *lex specialis* die allgemeinen völkerrechtlichen Regeln über die Haftung für rechtswidrige Akte der Streitkräfte überlagern.[7]

In materieller Hinsicht bestätigt Art. 13 Abs. 1 des EUFOR-Statusabkommens die fundamentalen Haftungsgrundsätze, die schon im Rahmen der UN- und NATO-Peace-keeping-Einsätze zum Tragen gekommen sind: Die Haftung ist ausgeschlossen, wenn die schädigende Handlung (1) als Selbstverteidigungshandlung gerechtfertigt ist, (2) auf den allgemeinen Sicherheitszustand im Auf-

---

6 Abkommen zwischen der Europäischen Union und der Tschechischen Republik über die Beteiligung der Tschechischen Republik an den EU-geführten Einsatzkräften in der ehemaligen jugoslawischen Republik Mazedonien, ABl.EG 2003 L 229/39 vom 13. September 2003.

7 Siehe hierzu auch im Rahmen der NATO der Fall IFOR/SFOR, S. 556 ff.

enthaltsstaat zurückzuführen ist und damit EUFOR nicht zugerechnet werden kann, oder (3) die aufgrund operativer Notwendigkeit der schädigenden Handlung unvermeidbar ist. Die Europäische Union greift folglich auf Haftungsregeln zurück, die bereits von den Vereinten Nationen im Rahmen ihrer Peace-keeping-Missionen erprobt worden sind.[8]

III. Zusammenfassung und Ausblick

Die Haftungspraxis der Europäischen Union im Rahmen der Operation Concordia bestätigt in verfahrensrechtlicher Hinsicht die Tendenz Internationaler Organisationen, Haftungsübernahmen mit den Entsendestaaten der nationalen Kontingente zu vereinbaren. Auch die materiellrechtlichen Haftungsregeln, die das EUFOR-Statusabkommen normiert, fügen sich nahtlos in die bisher gewonnenen Ergebnisse: Die Internationale Organisation ist rechtlich nicht verantwortlich für operativ notwendige Handlungen, Selbstverteidigungsmaßnahmen und Unruhen im Einsatzort; eine Haftung für daraus resultierende Schäden scheidet mangels Zurechnung (Unruhen) oder wegen Rechtmäßigkeit der Maßnahme (Selbstverteidigung, operative Notwendigkeiten) aus. An dieser Stelle zeigt sich besonders deutlich, daß militärisch aktive Internationale Organisationen vor allem dort zu einer organisationsüberschreitenden Praxis finden, wo eine Beschränkung der Haftung gegenüber Dritten erreicht werden soll.

---

[8] Siehe zur Selbstverteidigung als Rechtfertigungsgrund S.262 ff (UNEF), S. 384 ff. (ONUC) und S. 417 ff. (UNFICYP); zu Schäden aufgrund der schlechten Sicherheitslage im Aufenthaltsstaat S. 376 ff.; zum operational necessity-Grundsatz S. 267 ff. (UNEF) und S. 487 ff. (UN-Praxis seit 1990).

Teil 5: Haftungspraxis und Gewohnheitsrecht

A. Bildung eines organisationsinternen Haftungsrechts mit einsatzübergreifendem Geltungsanspruch

Die vorangegangenen Kapitel haben gezeigt, daß die Haftungspraxis Internationaler Organisationen durchaus Beständigkeiten kennt. Diese Beständigkeiten erscheinen kaum bemerkenswert, wenn sie durch ein und dieselbe Organisation gepflegt werden. Denn schon aus praktischen Gründen liegt es nahe, an bewährten Streitbeilegungsverfahren und Haftungskonzepten festzuhalten. Aber nicht nur Praktikabilitätserwägungen führen zum Festhalten an bewährten Haftungskonzepten. Hinter einer konstanten Haftungspraxis einer Internationalen Organisation verbirgt sich auch eine rechtliche Dimension, die insbesondere für das geschädigte Individuum bedeutungsvoll sein kann. Für den Geschädigten, der bei der Einschätzung seiner Schadensersatzansprüche auf kein geschriebenes internationales Haftungsrecht zurückgreifen kann, stellt sich nämlich die Frage, ob es der betreffenden Internationalen Organisation ihre eigene vergangene Haftungspraxis anspruchsbegründend entgegenhalten kann. Aber nicht nur für den Geschädigten, sondern auch für den schutzgewährenden Heimat- bzw. Aufenthaltsstaat kann es von zentralem Interesse sein, außervertragliche Ansprüche gegen die Internationale Organisation auf „alte“ Präzedenzfälle, also auf ein *einsatzübergreifendes* internes Organisationsrecht zu stützen. Denn gerade am Anfang eines neuen friedensichernden Militäreinsatzes fehlt es an „jungen“ einsatzbezogenen Präzedenzfällen, auf die etwaige Schadensersatzansprüche gestützt werden könnten.

I. Einleitung: internes Organisationsrecht

Internationale Organisationen werden in vielfältiger Weise rechtsetzend tätig, in erster Linie im Verhältnis zu ihren Mitgliedstaaten. Das wesensbestimmende Element des eigenen Willens versetzt die Internationale Organisation in die Lage, die Mitgliedstaaten an ihre Beschlüsse rechtlich zu binden. Je nach Ausgestaltung der Satzung können diese Beschlüsse einzelfallbezogene Maßnahmen darstellen, oder aber abstrakt-generelle Normbefehle enthalten.[1] Da der Geltungsgrund dieser Rechtssetzungsakte im Gründungsvertrag der Internationalen Organisation wurzelt, also in einem internationalen Vertrag, handelt es sich bei diesen Rechtsakten um Völkerrecht im weitesten Sinne,[2] allgemein als *internes Organisationsrecht* bezeichnet.[3] Aber nicht nur die Mitgliedstaaten können Adressaten von derartigen internen Organisationsakten sein. Kraft ihrer Organisationsgewalt und Personalhoheit erlassen Internationale Organisationen eine Vielzahl von abstrakt-generellen Rechtssätzen, die ihre Organe (z.B. Verfahrensordnungen) und Organwalter (z.B. staff-regulations) binden.[4]

Wie das nationale Recht und das allgemeine Völkerrecht kennt auch das interne Organisationsrecht die klassischen ungeschriebenen Rechtsquellen. Das prominenteste Beispiel für die Bildung von ungeschriebenem Verfahrensrecht ist die Beschlußfähigkeit des UN-Sicherheitsrates bei Abwesenheit eines ständigen Mitgliedes. Der Internationale Gerichtshof hat in seinem Namibia-Gutachten aus dem Jahr 1971 zur Begründung einer entsprechenden ungeschriebenen Verfahrensregel festgestellt: „This procedure followed by the Security Council, which has continued unchanged after the amendment in 1965 of Article 27 of the Charter, has been generally accepted by the Members of the United Nations and evidences a general practice of that Organisation."[5] Die Regeln der Bildung des organisationsinternen Gewohnheitsrechts folgen hier *mutatis mutandis* den üblichen Regeln gewohnheitsrechtlicher Rechtsbildung: Notwendig ist eine gleichförmige tatsächliche Übung, die von den Beteiligten als rechtsverbindlich

---

[1] Gegen die Einbeziehung von Einzelfallentscheidungen K. SKUBISZEWSKI, Enactment of Law by International Organizations, BYIL XLI (1966), S. 198, 201 f.; wie hier R. BERNHARDT, Qualifikation und Anwendungsbereich des internen Rechts internationaler Organisationen, BDGV 12 (1973), S. 7, 16.

[2] I. SEIDL-HOHENVELDERN/G. LOIBL, Das Recht der Internationalen Organisationen einschließlich der Supranationalen Gemeinschaften, 2000, Rn. 1503 (dort: internes Staatengemeinschaftsrecht); W. FRIEDMANN, The Changing Structur of International Law, 1961, S. 218; autonomes System eigener Art, daß sich vom Recht der Staaten und dem Internationalen Recht unterscheidet: PH. CAHIER, L'ordre juridique interne des organisations internationales, in: Dupuy (Hrsg.), A Handbook on International Organizations, 1988, S. 237, 247.

[3] H. G. SCHERMER /N. M. BLOKKER, International Institutional Law, 1995, § 1196 ff. (internal rules); PH. SAND/P. KLEIN, Bowett's Law of International Institutions, 2001, Rn. 14-002 ff. (internal law of the organization).

[4] SAND/KLEIN (Fn. 3), Rn. 14-032.

[5] Legal Consequences for States of the Continued Presence of South Africa in Namibia (South West Africa) notwithstanding Security Council Resolution 276 (1970), Advisory Opinion, I.C.J. Reports 1971, S. 16, 22, Rn. 22.

anerkannt wird. Das organisationsinterne Gewohnheitsrecht tritt als ungeschriebenes Recht ergänzend neben das förmliche Organisationsrecht.[6] Aber nicht nur die Verfahrensregeln von Organen könnten durch Gewohnheitsrecht konkretisiert bzw. modifiziert werden. Internationale Organisationen kennen auch eine sog. Verwaltungspraxis im Verhältnis zu ihren Bediensteten, die von den internationalen Verwaltungsgerichtshöfen als eigenständige Rechtsquelle angewendet wird. So entschied das ILO-Administrative Tribunal in seinem Urteil Nr. 323 von 1977: „Many of the obligations put upon the Organization by the Regulation are in general terms, leaving the Organization free to choose its own method of discharging them. The method chosen may be announced in an administrative circular of similar documents or it may become established by practice. Once it is settled, it becomes, until it is altered, part of the obligation."[7] Diese organisationsinterne Verwaltungspraxis kann – im Falle ihres Rechtscharakters – durchaus mit SEYERSTED als Gewohnheitsrecht bezeichnet werden.[8] Allerdings ist bei Verwendung des Begriffs „Gewohnheitsrecht" zu berücksichtigen, daß die normbildende Verwaltungspraxis – wie AKEHURST herausstreicht – unilateral durch die Organisationsverwaltung gestaltet wird, und sich in diesem Sinne strikt vom Völkergewohnheitsrecht unterscheidet: Letzteres erwächst aus der Übung und Rechtsüberzeugung von Völkerrechtssubjekten, die auf *Gegenseitigkeit* beruht.[9]

Neben die ungeschriebene Verwaltungspraxis einer Internationalen Organisation – das organisationsinterne Gewohnheitsrecht – tritt eine weitere ungeschriebene Rechtsquelle, die allgemeinen Rechtsgrundsätze nationaler Verwaltungsrechtsordnung. Das IMF-Administrative Tribunal führt diesbezüglich aus: „There are two unwritten sources of law, within the internal law of the (International Monetary) Fund. First, the administrative practice of the organization may, in certain circumstances, give rise to legal rights and obligations. Second, certain general principles of international administrative law, such as the right to be heard (the doctrine of *audi alternam partem*) are so widely accepted and well-established in different legal systems that they are regarded as generally applicable to all decisions taken by international organizations, including the

6 K. WOLFKE, Custom in Present International Law, 1993, S. 79.

7 ILO-Administrative Tribunal, Connolly-Battisti (No. 5) v. FAO, Judgment No. 323, 21. Novmeber 1977, S. 10; auf dieses Urteil bezugnehmend IMF-Administrativ Tribunal, B. v. International Monetary Fund, Judgment No. 1997-2, 23. Dezember 1997, Rn. 37 f..

8 F. SEYERSTED, Applicable Law in Relations between Intergovernmental Organizations and Private Parties, RdC 1967 III, S. 427, 444.

9 M. B. AKEHURST, The Law Governing Employment in International Organizations, 1967, S. 95, dort Fn. 1.

Fund."[10] Das so konkretisierte ungeschriebene Organisationsrecht ist Teil der geschlossenen, normenhierarchisch strukturierten Rechtsordnung der Internationalen Organisation. In welcher Normenhierarchie die Rechtsquellen des organisationsinternen Rechts zueinander stehen, hängt von verschiedenen Faktoren ab, insbesondere der jeweiligen Organisationsstruktur. In der Regel wird das förmlich gesetzte organisationsinterne Recht (Resolutionen, Verwaltungsvorschriften etc.) dem durch die Praxis geformten ungeschriebenen Gewohnheitsrecht vorgehen. Die Internationale Organisation, die nicht nur bei förmlichem Organisationsrecht, sondern auch bei der Bildung von organisationsinternem Gewohnheitsrecht als Normsetzer agiert, ist schließlich im Rahmen der Normsetzung an höherrangiges Recht gebunden. Hier sind vor allem die verpflichtenden Normen des allgemeinen Völkerrechts und die von der Organisation geschlossenen völkerrechtlichen Verträge zu beachten. Aus der zitierten Entscheidung des ILM-Administrative Tribunal wird zudem deutlich, daß eine Internationale Organisation auch an allgemeine Rechtsgrundsätze thematisch einschlägiger nationaler Rechtsregeln gebunden sein kann, die *alle* Internationalen Organisationen in ihrer Funktion als Normsetzer gleichermaßen binden.

Die zitierte Judikatur der Internationalen Verwaltungsgerichtshöfe bezieht sich auf den Teilbereich des organisationsinternen Rechts, der das Rechtsverhältnis zwischen Organisationsbediensteten und Organisation gestaltet. Allerdings erschöpft sich der Anwendungsbereich des geschriebenen und ungeschriebenen Organisationsrechts nicht im internationalen Dienstrecht. Unter die Kategorie des Rechts Internationaler Organisationen fallen auch Normen, die sich mit der Rechtsstellung von Personen *außerhalb* der Organisationsverwaltung befaßt.[11] Das bekannteste Beispiel für derartige Akte Internationaler Organisationen mit Außenwirkung ist das Sekundärrecht der Europäischen Gemeinschaft, das unmittelbar Rechte und Pflichten für den „Unionsbürger" begründet. Allerdings sind nicht nur supranationale Organisationen wie die Europäische Gemeinschaft kompetent, Rechte und Pflichten für außenstehende Individuen rechtsverbindlich zu begründen. Gerade Internationale Organisationen mit militärischem Mandat können in vielfältiger Weise Dritte zum Adressaten von Zwangsmaßnahmen und Regelungen machen. Es handelt sich dabei nicht um *„internes"* Organisationsrecht im eigentlichen Sinne, sondern eher um

[10] ILO-Administrative Tribunal (Fn. 7) Rn. 37 (Hervorhebung dort); es handelt sich bei der wiedergegebenen Textstelle um ein Fremdzitat des Gerichtshofs aus einem unbenannten Kommentar zu Art. 3 des Gerichtshofstatuts („Anwendbares Recht"). Mit Verweis auf diesen Kommentar erkennt der Gerichtshof die ungeschriebenen Rechtsquellen „Verwaltungspraxis" und „allgemeine Rechtsgrundsätze" als anwendbares Recht an.

[11] SAND/KLEIN (Fn. 3), Rn. 14-032.

„Mandatsrecht", d.h. um Organisationsrecht mit Außenwirkung, das das internationale Mandat der Organisation konkretisiert.

II. Haftungsgewohnheitsrecht im Rahmen von Militäreinsätzen

Die Bildung eines eigenen Haftungsrechts durch militärisch aktive Internationale Organisationen ist nicht zwingend. So kann die Internationale Organisation – wie der NATO-Einsatz im Kosovo zeigt – kraft spezieller Abrede die Schadensregulierung den Mitgliedstaaten, einer paritätisch besetzten Claims Kommission oder einem unabhängigen Schiedsgericht überantworten. Sobald allerdings eine Internationale Organisation die Schäden durch *eigene Organe* reguliert, wird in der Regel von der Bildung eines organisationsinternen Haftungsrechts auszugehen sein. Dieses Haftungsrecht kann durch offizielle Organisationsdokumente oder verwaltungsinterne Rundschreiben schriftlich fixiert sein, oder aber auf einer tatsächlichen Regulierungspraxis beruhen. Pflegen die mit Haftungsfragen befaßten Organe der Internationalen Organisation bei der Abwicklung tatbestandlich identischer oder zumindest vergleichbarer Schadensfälle (Schäden aus militärischer Gewaltanwendung oder sog. Peace-keeping-Schäden) eine gleichförmige Haftungspraxis, dann hat sich ein organisationsinternes Haftungs*gewohnheits*recht entwickelt. Zusammen mit dem geschriebenen organisationsinternen Haftungsrecht ist es für die vor Ort regulierenden Organisationsorgane die rechtliche Grundlage für die Gewährung oder Ablehnung von ex-gratia- und Schadensersatzzahlungen.

Die geschriebenen und ungeschriebenen Haftungsregeln entfalten ihre rechtliche Wirkung in erster Linie innerhalb der Verwaltungshierarchie der Internationalen Organisation: Rechtlich gebunden sind die Vollzugsorgane, d.h. vor allem die organisationseigenen Regulierungsorgane am Ort des Militäreinsatzes. Beschränkt sich die Rechtswirkung des organisationsinternen Haftungsrechts auf die Organisationsverwaltung, dann erlebt das geschädigte Individuum dieses Innenrecht lediglich als Rechtsreflex, nämlich in Form eines zivilrechtlichen Vergleichsangebotes seitens der Internationalen Organisation. Allerdings ist es durchaus denkbar, daß dem haftungsbezogenen Innenrecht eine Doppelnatur zukommt. In diesem Fall ist es nicht nur innerhalb der Organisation rechtsverbindlich, sondern entfaltet auch Rechtswirkung im Außenverhältnis gegenüber den Geschädigten in Form eines konkreten Anspruchs. Freilich kann der Nachweis einer unmittelbaren Rechtsposition des Geschädigten Schwierigkeiten bereiten; es wird hier entscheidend auf die Umstände des Einzelfalls ankommen, vor allem auf den erkennbaren Willen der Organisation, durch das interne Haftungsrecht subjektive Rechte zu verleihen.[12] Läßt sich nachweisen, daß die Haftungspraxis einer Internationalen Organisation im Außenverhältnis unmittelbar Ansprüche des Geschädigten begründen soll, dann kann sich das Individuum zur Konkretisierung seines Rechtsanspruchs auf die vergangene Haftungspraxis innerhalb des konkreten Militäreinsatzes berufen. Darüber hinaus kann die vergangene Haftungspraxis der Organisation aus vorangegangenen oder parallelen Militäreinsätzen Aufschluß über Haftungsgewohnheitsrecht geben; z.B. könnten prinzipiell aus der Haftungspraxis der UN auf Zypern (UNFICYP) Rückschlüsse gezogen werden auf etwaige gewohnheitsrechtlich fundierte Schadensersatzansprüche im Rahmen des UN-Einsatzes im Libanon. Die internen UNFICYP-Dokumente haben gezeigt, daß sich das UNFICYP-Claims Review Board nicht selten bei der Schadenregulierung an der UN-Haftungspraxis im Libanon orientiert habe. Der Geschädigte befindet sich beim Nachweis eines einsatzübergreifenden Haftungsgewohnheitsrechts freilich in einer schlechteren Ausgangsposition. Selbst wenn dem Geschädigten entsprechende Informationen über eine konkrete Haftungspraxis zur Verfügung stehen, kann sich die Internationale Organisation immer auf eine Änderung der schadensregulierenden Verwaltungspraxis bzw. eine abweichende förmliche Rechtssetzung berufen. Die Internationale Organisation ist bei der Gestaltung ihrer Haftungspraxis als *unilateraler Normsetzer* tätig und kann in den Grenzen ihrer völkerrechtlichen Verpflichtungen die Rechtslage gestalten. Vor allem ist zu beachten, daß jedem Militäreinsatz ein individuelles Mandat zugrunde liegt, das sich erheblich auf Inhalt und Umfang der rechtlichen Haftung der Internationalen Organisation auswirken kann.

Unter diesen Gesichtspunkten wird der Nachweis eines einsatzübergreifenden Haftungsgewohnheitsrechts vor allem bei „allgemeinen“ haftungsbegründenden Merkmalen gelingen, insbesondere bei der Zurechnung, der Kausalität und dem Verschulden des Organwalters. Aber schon bei der Frage der Rechtmäßigkeit einer schadensverursachenden Handlung wird das spezifische Mandat des konkreten Militäreinsatzes die Haftungsregeln dominieren. Das Mandat kann insofern – in den Grenzen des Völkerrechts – für jeden konkreten Einsatz die Reichweite des Selbstverteidigungsrechts sowie das Ausmaß der operativ oder militärisch notwendigen Handlungen normativ gestalten. Und schließlich hat die Untersuchung der Regulierungspraxis Internationaler Organisationen gezeigt, daß die Schadensersatzhöhe von Einsatz zu Einsatz divergiert, da sie sich an den lokalen Standards orientiert. Im Ergebnis gilt: Angesichts einer wenig transparenten Haftungspraxis wird der Verweis auf eine vergangene oder parallele Regulierungspraxis der betreffenden Internationalen Organisationen schon aus tat-

[12] Siehe zum entsprechenden Willen der UN S. 283 ff.

sächlichen Gründen an Grenzen stoßen. Darüber hinaus können auch rechtliche Gründe der Bildung eines einsatzübergreifenden Haftungsgewohnheitsrechts entgegenstehen. Zumindest wird sich die Internationale Organisation auf die Besonderheiten des konkreten Mandates berufen können und in diesem Kontext – z.B. bei Haftungslimitierungen – auf ihre Freiheiten als unilateraler Normsetzer.

III. Haftungsgewohnheitsrecht im Rahmen von Territorialverwaltungen

Die Haftungspraxis Internationaler Organisationen folgt im Bereich einer internationalen Territorialverwaltung eigenen Regeln. Wie die Beispiele der Verwaltung des Saargebiets durch den Völkerbund und die Verwaltung West Neuguineas durch die Vereinten Nationen gezeigt haben, sind internationale Verwaltungen durch Rechtskontinuität gekennzeichnet, d.h. das alte nationale Recht wird zu großen Teilen in die neue Rechtsordnung der internationalen Territorialverwaltung übergeleitet. Da die internationale Territorialverwaltung umfänglich in die Rechtsposition des abgelösten Souveräns eintritt, unterfällt sie in der Regel dem Kanon an staatshaftungsrechtlichen Normen; fehlt es an diesen Normen, ist in erster Linie die internationale Territorialverwaltung als neuer *förmlicher* Gesetzgeber gefragt. Bleiben dennoch haftungsrechtliche Lücken, können diese durch Gewohnheitsrecht und Richterrecht aufgefüllt werden.

In den Fällen der Territorialverwaltungen von Osttimor und dem Kosovo durch die Vereinten Nationen wurde allerdings der Gang vor die lokalen Gerichte durch die umfassende Jurisdiktionsimmunität der Territorialverwaltung und ihrer Organwalter verhindert – eine unter menschenrechtlichen Gesichtspunkten bedenkliche Praxis. Die im Kosovo und in Osttimor eingesetzten Local Claims Review Boards sind Organe der UN-Territorialverwaltung und als solche grundsätzlich kompetent, Haftungsrecht zu entwickeln. Angesichts der materiellen Rechtsbindung der UN-Territorialverwaltung an die übergeleiteten nationalen Gesetze dürfte allerdings auch in diesen Fällen das übergeleitete Staatshaftungsrecht – soweit es menschenrechtskonform ist – die Haftung der Organisation regeln Die Frage der anspruchsbegründenden Qualität dieses Rechts für den Geschädigten wird zu bejahen sein, da sich die Internationale Organisation in der Position eines Territorialstaates befindet. Anders als bei Einsätzen innerhalb eines Aufenthaltsstaates ist im Falle einer Territorialverwaltung die Internationale Organisation unter menschenrechtlichen Gesichtspunkten verpflichtet, den Geschädigten im Rahmen dieses Haftungsrechts subjektive Rechte zu gewähren.

B. Bildung eines internationalen Haftungsrechts mit organisationsübergreifendem Geltungsanspruch

Ob sich ein geschädigtes Individuum bei der Konkretisierung seiner Ansprüche auf die Haftungspraxis einer *anderen* Internationalen Organisation berufen kann, hängt davon ab, ob sich auf internationaler Ebene ein entsprechendes allgemeines organisationsüberschreitendes Völkerrecht herausgebildet hat („common law of international organisations“[1]). Zwei Ansatzpunkte bieten sich für die Bildung eines derartigen allgemeinen Haftungsrechts an: die Statusabkommen der Internationalen Organisationen mit den Aufenthaltsstaaten ihrer Streitkräfte und die haftungsbezogenen Regeln innerhalb des Mandatsrechtes der Internationalen Organisation.

Im Hinblick auf die Statusabkommen Internationaler Organisationen zeigt die Analyse der internationalen Praxis, daß materielle Haftungsregeln in der Regel keinen Eingang in die völkerrechtlichen Vereinbarungen mit dem Aufenthaltsstaat gefunden haben.[2] Insofern bieten die Truppenstatusabkommen isoliert betrachtet keinen Nachweis für eine allgemeine internationale Haftungspraxis, die von den Beteiligten als Recht anerkannt wird. Zurückhaltung ist aber auch bei der Herleitung allgemeingültiger Haftungsnormen aus dem Mandatsrecht eines speziellen Einsatzes geboten: Zum einen führen Haftungsübernahmeabreden mit den Entsendestaaten dazu, daß viele Internationale Organisationen kein internes, an das erteilte Mandat anknüpfendes Haftungsrecht entwickelt haben. Zum anderen läßt sich der Rechtscharakter der Haftungspraxis Internationaler Organisationen nicht immer zweifelsfrei feststellen. Existieren geschriebene und ungeschriebene Haftungsregeln, dann sind sie in ihrer Gesamtheit betrachtet zu vielfältig und zu mandatsbezogen, als daß sie ohne weiteres eine eigenständige internationale Rechtsquelle bilden könnten, die für *alle* militärisch aktiven Internationalen Organisationen gleichermaßen völkerrechtlich verbindlich sind. Mit Blick auf die untersuchte Haftungspraxis läßt sich allerdings folgendes festhalten: Grundsätzlich knüpft die völkerrechtliche Verantwortlichkeit einer Internationalen Organisation für schädigende Militärakte an dem operativen Kommando über die Streitkräfte an. Aufgrund der verbreiteten Kompensationspraxis

---

1 So bezeichnet von E. LAUTERPACHT, The development of law of International Organisations by the decisions of International Tribunals, RdC 1976-IV, S. 377, 396; s. auch PH. SANDS/P. KLEIN, Bowett's Law of International Institutions, 2001, S. 460, Rn. 14-039 ff.

2 Siehe aber das EUFOR-Statusabkommen, hier S. 573 ff.

militärisch aktiver Internationaler Organisationen ist die prinzipielle, an bestimmte Tatbestandsvoraussetzungen knüpfende Entschädigungspflicht ein allgemeiner Rechtsgrundsatz des Haftungsrechts Internationaler Organisationen. Eine rechtsgrundlose Verweigerung der Kompensation rechtswidrig geschädigter Individuen wäre damit völkerrechtswidrig. Rechtsgrund für die Kompensationsverweigerung kann allerdings eine entsprechende völkerrechtliche Abrede mit dem Aufenthaltsstaat der Streitkräfte sein. Im Detail sind Haftungsregeln sehr vielfältig; schon bei der Kompensation von Schäden aus off duty- und ultra vires-Akten zeigt die Praxis Internationaler Organisationen wenig Gleichförmigkeit. Ein organisationsüberschreitendes Vorkommen von uniformen Haftungsregeln läßt sich vor allem im Bereich der Haftungsbegrenzung nachweisen: So kann die prinzipielle Geltung des Rechtfertigungsgrundes der Selbstverteidigung sowie des Rechtfertigungsgrundes der operativen und militärischen Notwendigkeit einer schädigenden Handlung als anerkanntes Völkergewohnheitsrecht bzw. als allgemeine Rechtsgrundsätze des Haftungsrechts Internationaler Organisationen bezeichnet werden, da das Gros der militärisch aktiven Internationalen Organisationen – beispielsweise die Vereinten Nationen, die NATO, die OAS und die EU – auf diese Prinzipien verweist, um Schadensersatzansprüche abzuwenden. Aber auch hier gilt: Die tatbestandliche Reichweite der genannten Rechtfertigungsgründe kann – in den Grenzen des Völkerrechts – von Einsatz zu Einsatz und von Organisation zu Organisation nach Maßgabe des spezifischen Mandats variieren.

Gesamtergebnis

1. Internationale Organisationen, deren Mandate in der Verteidigung und/oder der kollektiven Friedenssicherung bestehen, besitzen nach dem derzeitigen Stand der Rechtsentwicklung keine selbstrekrutierten Streitkräfte. Sowohl die Vereinten Nationen als auch die NATO beziehen die für ihre Aufgabenerfüllung notwendigen Truppen aus den Ressourcen der Mitgliedstaaten. Die Eingliederung der organisationsfremden Verbände in den Truppenverband der Internationalen Organisation kann rechtsförmlich oder faktisch erfolgen. Da die nationalen Kontingente an die Organisation entliehen werden, entsteht bei der förmlichen Integration eine doppelte de iure-Organstellung der Kontingente und ihrer Mitglieder. Daneben können nationale Truppenkontingente konkludent in die Organisationsstreitkräfte integriert werden (z.B. durch Kennzeichnung) oder faktisch wie ein Organisationsorgan auftreten (durch Unterstellung unter das internationale Kommando). Bei allen drei Varianten kommt es für die Frage der Zuweisung völkerrechtlicher Verantwortlichkeit nicht auf die förmliche Organstellung der nationalen Kontingente im Verband an, sondern auf das militärische Kommando (operational command & control). In diesem Punkt unterscheidet sich das Haftungsrecht der Internationalen Organisationen nicht von demjenigen der Staaten. Der Gleichklang der Zurechnungsregel „command & control" im Recht der Staatenverantwortlichkeit und im Recht der Internationalen Organisationen ist geradezu notwendig, da es bei internationalen Streitkräften im Kern um die Verteilung der rechtlichen Verantwortlichkeit zwischen der Internationalen Organisation und den Entsendestaaten geht.

2. Wird eine Internationale Organisation im Wege einer militärischen Zwangsmaßnahme gegenüber Staaten tätig, und ist ihr kraft ihres militärischen Kommandos das Verhalten der Soldaten zurechenbar, dann ist sie im Fall einer Verletzung völkerrechtlicher Normen auf internationaler Ebene verantwortlich. Allerdings setzt dies voraus, daß die Internationale Organisation an die Normen gebunden ist, die im Rahmen einer kriegerischen Auseinandersetzung Geltung beanspruchen. Internationale Organisationen sind grundsätzlich sehr zurückhaltend mit antizipierten Bindungserklärungen. Allerdings haben die Vereinten Nationen die Anwendbarkeit kriegsrechtlicher Normen *mutatis mutandis* akzeptiert, soweit diese Normen das Verhalten der Soldaten regeln. Dies gilt auch für den Grundsatz der militärischen Notwendigkeit, der eine schädigende Kampfhandlung im Lichte des internationalen Kriegsrechts rechtfertigt. Dagegen ist die

Anwendbarkeit des Rechts der besetzten Gebiete auf Internationale Organisationen bis heute nicht abschließend geklärt. Hier bleibt nur der Rückgriff auf allgemeine Analogieüberlegungen, insbesondere unter Berufung auf die Vergleichbarkeit der Sachverhalte zwischen staatlicher *occupatio bellica* und dem operativen Mandat einer Internationalen Organisation z.B. in einem „failed state".

3. Die Tätigkeit der Vereinten Nationen liegt im Schwerpunkt auf Peacekeeping-Einsätzen, die mit Zustimmung des Aufenthaltsstaates stattfinden. Die Streitkräfte, ihre Organe und Organwalter, sind während ihres Aufenthalts an das Recht des Aufenthaltsstaates gebunden. Verletzungshandlungen begründen daher für den Geschädigten in erster Linie einen deliktischen Anspruch nach nationalem Recht. Die umfassende Jurisdiktionsimmunität der Organisation, und im Bereich der Diensthandlungen auch ihrer Organwalter, führt allerdings in der Regel zu einem unüberwindbaren Verfahrenshindernis: Dem Geschädigten bleibt nur die Möglichkeit, sich an seinen Heimatstaat zu wenden (diplomatischer Schutz) oder direkt die Internationale Organisation zu kontaktieren (Ersatzrechtsschutz). Soweit nicht ein besonderes Interesse der Internationalen Organisation an einer direkten völkerrechtlichen Einigung mit dem Heimatstaat besteht, insb. am Abschluß eines Globalentschädigungsabkommens, ist der Ersatzrechtsschutz der Internationalen Organisation vorrangig (local remedies rule). Besteht dieser Ersatzrechtsschutz allerdings nur in Vergleichsverhandlungen mit einem Organ der Internationalen Organisation, gilt die *local remedies rule* nicht. Hier hängt die Stärke der Verhandlungsposition des Geschädigten entscheidend vom diplomatischen Schutz des Heimatstaates ab. Das international verankerte Recht des Heimatstaates auf Ausübung des diplomatischen Schutzes darf die Organisation in den Fällen informeller Vergleichsverhandlungen nicht verweigern.

4. Das Streitbeilegungsverfahren, das die Vereinten Nationen anbieten, besteht aus einem Local Claims Review Board, also einem UN-Organ, das zu Verhandlungsführungen im Außenverhältnis befugt ist. Diese Form der Streitbeilegung ist keineswegs ein Spezifikum Internationaler Organisationen. Auch die Mitgliedstaaten der NATO regulieren in erster Instanz die Drittschäden über Administrativorgane (USA: Foreign Claims Office; Bundesrepublik Deutschland: Bundesamt für Wehrverwaltung). Die Vereinten Nationen haben die Streitbeilegung ursprünglich als Vergleichsverhandlung konzipiert. Mit dem Rückzug des Aufenthaltsstaates aus der Schadensregulierungspraxis hat sich die Streitbeilegung durch das Local Claims Review Board allerdings zur Adjudikation entwickelt, die dem Geschädigten keinen Einfluß auf das Ergebnis läßt. Im Gegensatz zur NATO haben die Vereinten Nationen keine Standing Claims

Commission als nächste Instanz eingerichtet. Obwohl die Standing Claims Commission nach Art. 51 Modell-Statusabkommen kein Organ der Vereinten Nationen sein wird, bestehen an ihrer Unparteilichkeit im Falle ihrer Errichtung erhebliche Zweifel. Die Vereinten Nationen dürfen nach Art. 51 Modell-Statusabkommen ein Gremiumsmitglied bestellen, das über das Erfordernis der Einstimmigkeit auf die Entscheidungen maßgebenden Einfluß hat. Die Standing Claims Commission wird sich in dieser Konzeption lediglich als weiteres Forum für Vergleichsverhandlungen zwischen den Vereinten Nationen und dem Aufenthaltsstaat präsentieren. Die von der NATO und ihren Aufenthaltsstaaten eingerichtete Standing Claims Commission, deren Mitglieder weisungsgebunden sind, stützt diese Prognose.

5. Der menschenrechtliche Justizgewährungsanspruch steht der Praxis der Streitbeilegung durch UN-eigene Organe nicht *per se* entgegen. Art. VIII § 29 UN-Immunitätenkonvention verlangt lediglich die Bereithaltung eines geeigneten Streitbeilegungsverfahrens. Dagegen sind die Vereinten Nationen nicht unmittelbar an die Menschenrechte gebunden, wenn sie innerhalb eines Aufenthaltsstaates mit effektiver Staatsgewalt operieren. Es obliegt dem Aufenthaltsstaat, seinen menschenrechtlichen Verpflichtungen nachzukommen und auf internationaler Ebene die Immunität seines „Gastes" durch das Hinwirken auf die Einsetzung eines unparteiischen richterlichen Organs abzufedern.

6. Die Vereinten Nationen wenden im Rahmen ihrer Regulierungspraxis UN-interne Haftungsregeln an. Dieses UN-Haftungsrecht gewährt dem Geschädigten einen Anspruch auf Entschädigung nach Maßgabe dieser Regeln. Die ungeschriebenen Haftungsnormen stützen sich auf verschiedene Rechtsquellen, insbesondere die allgemeinen Rechtsgrundsätze und – begrenzt auf Fragen der Schadenshöhe – die lokalen Standards. Im übrigen berücksichtigt das UN-Haftungsrecht höherrangiges Recht, insbesondere das Recht des internationalen Mandats, das vom Konsens des Aufenthaltsstaates getragen wird. Das Recht des internationalen Mandats begründen dann auch die beiden wichtigsten Rechtfertigungsgründe für ein schadensverursachendes Verhalten: das Selbstverteidigungsrecht und der Grundsatz der operativen Notwendigkeit. Der Grundsatz der operativen Notwendigkeit betrifft die nichtkonsensuale Inanspruchnahme von Privatimmobilien und die unvermeidbare Schädigung von Privateigentum. Grundsätzlich ist der Aufenthaltsstaat aus dem internationalen Mandat verpflichtet, den Vereinten Nationen kostenfrei die notwendigen Immobilien zur Verfügung zu stellen, im Notfall durch Einziehung. Kommt der Aufenthaltsstaat dieser Pflicht nicht nach, können die Vereinten Nationen auf Basis eines internationalen Sekundärrechts im Wege der Selbsthilfe tätig werden. Der geschädigte Privateigentümer hat allerdings einen internationalen Entschädigungsan-

spruch gegen die Vereinten Nationen. Kommen die Vereinten Nationen ihrer Entschädigungspflicht nach, können sie den Aufenthaltsstaat für die Auslagen in Regreß nehmen, und zwar unabhängig davon, ob der Aufenthaltsstaat nach nationalem Enteignungsrecht Entschädigung hätte leisten müssen. Ist die Schädigung von Privateigentum die unvermeidbare Folge der Erfüllung des Mandats (z.B. die Zerstörung einer Ernte), ist die Maßnahme bereits auf Basis des internationalen Mandats rechtmäßig und damit ohne haftungsrechtliche Folge für die Vereinten Nationen. Ein Entschädigungsanspruch des Privateigentümers besteht nicht; er muß sich direkt an den Aufenthaltsstaat wenden.

7. Verwaltet eine Internationale Organisation ein Territorium wie ein Staat, richtet sich ihre Haftung nach der Rechtsordnung dieses Territoriums. Diese Rechtsordnung ist internationaler Rechtsnatur, da sie ihren Geltungsgrund in einem entsprechenden Beschluß der Internationalen Organisation hat: Grundsätzlich wird das alte Recht, das vor dem Beginn der internationalen Verwaltung in Kraft war in die neue Territorialrechtsordnung transformiert. Ausnahmen gelten nur dann, wenn das „alte“ Recht gegen höherrangiges internationales Recht verstößt. Darüber hinaus steht der internationalen Verwaltung das Gesetzgebungsrecht zu. Die „Verfassung“ der Territorialverwaltung bildet der Einsetzungsbeschluß der Internationalen Organisation, gegebenenfalls in Verbindung mit einem internationalen Vertrag. Im Rahmen der Ausübung der Herrschaftsgewalt über die Bewohner des Territoriums ist die Administration an die Menschenrechte gebunden. Gewährt sie sich und ihren Organen durch Gesetz umfassende Jurisdiktionsimmunität, verlangt der Justizgewährungsanspruch, daß dem Geschädigten ein adäquater Ersatzrechtsschutz durch eine unabhängige Streitbeilegungsinstanz zur Verfügung gestellt wird.

8. Individuen können sich gegenüber einer Internationalen Organisation auf Haftungsregeln vergangener Einsätze berufen, wenn sich innerhalb der Organisation ein einsatzübergreifendes Haftungsgewohnheitsrecht entwickelt hat. Eine von Rechtsüberzeugung getragene konstante Übung der Organisationsorgane wird sich vor allem bei „allgemeinen“ haftungsbegründenden Merkmalen begründen lassen, insbesondere bei der Zurechnung, der Kausalität und dem Verschulden des Organwalters. Aber schon bei der Frage der Rechtmäßigkeit einer schadensverursachenden Handlung kann das spezifische Mandat des konkreten Militäreinsatzes die Haftungsregeln dominieren. Das Mandat kann insofern für jeden konkreten Einsatz die Reichweite des Selbstverteidigungsrechts sowie der operativ oder militärisch notwendigen Handlungen normativ gestalten. Auch die Höhe des ersetzbaren Schadens kann von Einsatz zu Einsatz divergieren, da sie sich an den lokalen Standards orientiert.

9. Ein organisationsübergreifendes „allgemeines“ Haftungsrecht, das für alle militärisch aktiven Internationalen Organisationen gleichermaßen verbindlich ist, wird sich nur in wenigen Bereichen begründen lassen. Hierzu zählt die völkerrechtliche Verantwortlichkeit einer Internationalen Organisation für rechtswidrige und schädigende Militärakte, wenn die Organisation das effektive militärische Kommando über die Streitkräfte ausübt. Hinzu tritt die allgemeine Kompensationspflicht der Internationalen Organisation bei rechtswidriger Schädigung Dritter, die allerdings durch spezielle Abreden überlagert werden kann und in der Praxis auch oft überlagert wird. Schließlich können die haftungsausschließenden Rechtfertigungsgründe der Selbstverteidigung sowie der militärischen und operativen Notwendigkeit auf eine breite, auf Rechtsüberzeugung gründende internationale Praxis blicken.

English Summary

1. **Subject of the study:** The present paper discusses the liability practice of international organisations in connection with military operations and the administration of territories. The study focuses on the organisation-specific settlement of damages that third parties incur in areas of operation. The details of settlement practice are largely taken from internal documents produced by the organisations, including the unpublished correspondence of their legal departments, unofficial statistics and reports prepared by the claims handlers working in the regions concerned. However, the *internal* deliberations of an international organisation on the extent and limits of its liability can only be studied where documents are available. Thus the embargo period of 20 years before unpublished United Nations (UN) documents are released is problematic, for example, because the number of UN operations of interest from the point of view of liability mushroomed at the beginning of the 1990s. The archive material used here therefore cannot claim to fully document all historic cases of liability. Nevertheless, the records that are available do provide useful insight into the liability practice of international organisations, on the basis of which regular practice and substantive liability rules can be identified and the procedures used to settle disputes can be analysed.

2. **Integration of armed forces into an organisation's structure:** Under the current legal position, international organisations with an operational mandate for defence and/or collective peacekeeping operations do not recruit armed forces themselves. Like the UN, the North Atlantic Treaty Organisation (NATO), the League of Arab States and the Organization of American States (OAS) all draw the troops they need to fulfil their duties from the military resources of their members states. National contingents drawn from outside the organisation can be integrated into the international organisation's troops either formally by law or de facto. As the national contingents are "lent" to the organisations by the member states, if they are formally integrated into the international forces, the national contingents and their members acquire a dual de jure role: On the one hand, they continue to be organs of the sending nations for the entire duration of the operation; at the same time, however, as a result of the status of the organisation's armed forces as an organ of that organisation, they also form part of an organ of the relevant international organisation. If they are not formally integrated, the national contingents can be implicitly integrated into

the organisation's armed forces (e.g. by their characterisation as such) or they can de facto act as part of an organ of the organisation's armed forces (by being subject in practice to the organisation's international command and control).

3. **General attribution rule for military operations:** Under the current legal position, the national contingents and their members continue to be an organ of their sending nation for the entire duration of the international operation, which means that whether or not they are formally an organ of the international organisation cannot be used to decide the issue of the attribution of their conduct. It is therefore irrelevant in legal terms whether the national contingents have been integrated formally, implicitly or de facto into the international forces. Harmful conduct by a member of the contingent can only be attributed to the international organisation if the person concerned was subject to the organisation's military command at the time the act was carried out. The law governing the liability of international organisations does not differ from that of the nation states on this point. The attribution rules have to be identical because it is essentially a matter of allocating legal responsibility between the international organisations and their member states. Members of the troops are either effectively subject to the military command of the sending member state or of the recipient international organisation during their period of service. The liability practice shows that, without exception, the de facto command is the decisive element for allocating responsibility between member states and the international organisation.

A harmful act cannot be attributed to the international organisation if it concerns "off-duty damages", i.e. damages that a member of the contingent causes as a private individual while he or she is off duty. This can be inferred above all from the various status-of-forces agreements that apply to international troops. Any compensation for damages paid by an international organisation to the injured party, e.g. by the UN in connection with the United Nations Peacekeeping Force in Cyprus (UNFICYP) operation, cannot necessarily be taken to mean that the organisation thus accepts attribution and hence legal responsibility for the harmful off-duty act. In practice, payments are often not explicitly referred to as ex gratia payments, even if they are made solely on moral grounds. Problems arise in those cases in which a member of the troops commits an unauthorised act while on duty (*ultra vires* acts). There is little documentation on liability practice in such cases, and it is therefore of limited use here. One case is documented in connection with the First United Nations Emergency Force (UNEF I) in which the UN rejected the attribution of unauthorised acts of troops on duty. However, this single case is hardly representative. In principle, on account of their immunity alone, international organisations are entitled to make the difficult distinction between an unauthorised official act that can be attributed to the organisation and a purely private act. If a member of a contingent acts as a private individual, as a rule he or she is subject to national jurisdiction. The UN has enshrined the right to definitively determine whether or not an act was official in the status-of-forces agreements for its peacekeeping troops (cf. para. 49 of the Model Status-of-Forces Agreement for Peacekeeping Operations). Incidentally, as the practice of the UN and OAS shows, international organisations are often very generous in terms of their willingness to pay compensation, but they remain vague about their legal obligation to do so in order to avoid setting a precedence.

4. **Procedures for settling disputes in connection with peacekeeping operations**: Historically speaking, the military activities of the UN focus on peacekeeping operations that are carried out with the consent of the host country. The armed forces, their organs and administrators are governed by the law of the host country for the duration of their stay. Injurious acts therefore primarily create a claim for the injured party under the national law of torts. However, the organisation's comprehensive immunity from jurisdiction, and that of its organ administrators in connection with official acts, usually creates a procedural bar that cannot be overcome: All the injured party can do is claim diplomatic protection from his or her state of nationality or contact the international organisation directly. Unless the international organisation has a particular interest in reaching a direct agreement with the state of nationality under international law, in particular in concluding a global settlement agreement, the direct judicial relief provided by the judicial or quasi-judicial procedure for settling disputes enshrined in the status-of-forces agreement takes precedence (local remedies rule). However, if the legal protection offered by the international organisation consists merely in conciliation negotiations with an administrative organ of the international organisation, the local remedies rule does not apply. The strength of the injured party's negotiating position heavily depends on the diplomatic protection afforded by his or her state of nationality here. In cases of informal conciliation negotiations, the organisation may not deny the internationally established right of the state of nationality to diplomatic protection of its nationals.

The procedure offered by the UN for settling disputes involves the injured party bringing the matter before a Local Claims Review Board. This board is a UN organ that operates in the country of operation and reports to the UN Secretary-General. The Claims Review Board is authorised to conduct negotiations with the injured party and is also authorised to commit the UN to pay a set amount up to a ceiling of compensation. The UN originally designed the dispute settlement procedure merely as conciliation negotiations. However, as host countries withdrew from the claim settlement practice, the settlement of disputes by the Local Claims Review Board has developed into a form of adjudication that does not allow the injured party to have any significant influence on the result. This mode of settling disputes is by no means unusual. The member states of NATO also settle third-party claims in connection with the Stabilisation Force in Bosnia and Herzegovina (SFOR) and the Kosovo Force (KFOR) operations in the first instance through administrative organs (USA: Foreign Claims Office; Germany: *Bundesamt für Wehrverwaltung* – Federal Armed Forces Administration). However, in contrast to NATO, the UN has not set up a second judicial instance for settling disputes (Standing Claims Commission) to decide a dispute if a consensual agreement cannot be reached.

The right to have justice administered, a right enshrined in humanitarian law, does not automatically preclude the practice of settling disputes by the United Nation's own organs. Art. VIII, para. 29 of the UN Convention on Privileges and Immunities merely provides that the UN "shall make provisions for appropriate modes of settlement of disputes." In contrast, the UN is not directly bound by humanitarian law if it operates within a host country with effective state authority. It is the duty of the host country to fulfil its obligations under humanitarian law and to cushion the impact of the immunity of its "guest" at international level by working towards the establishment of an impartial judicial organ.

5. **Liability in connection with peacekeeping operations:** In connection with their settlement practice, the UN applies internal UN liability rules. This UN liability law entitles the injured party to compensation in accordance with these rules. The unwritten provisions on liability are based on various legal sources, particularly on the general legal principles of national liability rules and (limited to issues concerning the amount of compensation) on local provisions. Moreover, the UN liability law takes account of higher law, particularly the law of the international mandate based on the consent of the host country. The law of the international mandate also provides the two major legal justifications for harmful conduct: the right to self-defence and the principle of operational necessity of a harmful act. The principle of operational necessity is analogous to the established principle of military necessary, a recognised legal justification in the international laws of war. The principle of operational necessity above all justifies the non-consensual use and the inevitable damaging of private property.

Basically, the international mandate obliges the host country to provide the UN with the required premises free of charge, if necessary by taking possession of them. The UN now regards this obligation as being enshrined in customary law. If the host country does not fulfil its obligation, the UN can seize land and premises itself. However, the injured private owner has an international right to compensation from the UN. If the UN fulfils this obligation to provide compensation to the private owner, it can recover its expenses from the host country regardless of whether or not the host country would have had to provide compensation under the national law of expropriation. If the damage caused to private property is inevitable in pursuance of the organisation's mandate, e.g. the destruction of a harvest, the measure itself is lawful on the basis of the international mandate alone and thus has no consequences for the UN in terms of liability. The private owner is not entitled to claim compensation; the most he or she can do, if anything, is to claim compensation from the host country directly.

In addition to the UN, OAS and NATO have also rejected claims for compensation on the grounds of the operational necessity of a harmful act.

6. **Modes of settling disputes in connection with peace enforcement operations:** Due to their use of armed force, peace enforcement operations entail a large number of claims, and an international organisation can be faced with considerable administrative problems in settling these claims promptly and efficiently. In the United Nations Operation in the Congo (ONUC), the UN settled individual claims asserted by non-Congolese nationals by concluding global settlement agreements with the relevant states of nationality. Funds were then distributed by the country of nationality. In parallel to this, the other claims not covered by the global settlement agreements were dealt with by the well-established Claims Review Boards. The operation in the Congo is the only case in the history of the UN to date in which claims for compensation were settled through global settlement agreements. Liability issues arising during the UN operations in Somalia and in the former Yugoslavia were dealt with by Local Claims Review Boards, as in conventional peacekeeping operations.

7. **Liability in connection with peace enforcement operations:** If an international organisation takes coercive military action against states, and if the soldiers are subject to the organisation's military command and control and their conduct can therefore be attributed to the organisation, the latter is responsible at international level if rules of international law are violated. However, this presumes that the international organisation is subject to the rules that apply in connection with a military dispute. International organisations are in principle very

cautious about making anticipatory declarations of commitment. However, the UN has accepted the applicability of provisions of the laws of war mutatis mutandis to the extent that these rules govern the conduct of soldiers. This also applies to the principle of military necessity, which justifies a harmful military act in the light of the international laws of war. In contrast, the applicability of the law of the occupied territories to international organisations has still not been definitively settled. All that can be done here is to consider analogous cases, particularly by pointing out the comparability of belligerent occupation by a state and the operational mandate of an international organisation, e.g. in a "failed state".

8. **Liability in connection with the administration of territories:** If an international organisation administers a territory like a state, its liability is governed by the legal system of this territory. This legal system is by nature international law, because it is applicable on the basis of a relevant decision adopted by the international organisation: In principle, the old law that was in force before the international administration began is transformed into the new territorial legal system. Exceptions only apply if the "old" law breaches higher international law. In addition, the international administration is authorised to enact legislation. The "constitution" of the administration of the territory is the decision taken by the international organisation to administer the territory, where appropriate in conjunction with an international treaty. In connection with the exercise of sovereign authority over the inhabitants of the territory, the administration is bound by humanitarian law. If it grants itself and its organs comprehensive judicial immunity by law, the right to have justice administered requires that provisions are made for adequate alternative legal protection for injured parties in the form of an independent arbitration court.

One historical example of liability of an international territorial administration is the Saar region in Germany, which was administered by the League of Nations through a governing commission from 1920 to 1935. The liability practice of the governing commission shows the importance of legal continuity in liability issues too: The liability of the governing commission for damages was governed by the transformed German state liability law. The UN also placed importance on legal continuity when it administered West New Guinea from 1962 to 1963: Here, the transformed Dutch liability law basically continued to apply to the extent that harmful acts could be attributed to the administration of the territory. In contrast, the principle of legal continuity when territories are internationally administered does not apply to the UN administration of Kosovo since 1999: Although the UN Interim Administration Mission in Kosovo

(UNMIK) is bound by transformed substantive Yugoslavian law, the immunity of UNMIK and the administrators of its organs from local jurisdiction creates a procedural bar on claiming damages.

9. **Liability practice and customary law:** International organisations with military operations are not obliged to create a liability law of their own. Thus, as the NATO operation in Kosovo shows, the international organisation can enter into special agreements to transfer responsibility for settling claims to the members states or to a judicial Standing Claims Commission. However, as soon as an international organisation settles the claims through *organs of its own*, the organisation can usually be assumed to have created an internal liability law. This liability law can be documented in writing by official organisation documents or internal administrative circulars, or it can be based on actual settlement practice. If the organs of the international organisation that deal with liability issues settle liability issues in the same way when dealing with identical or at least comparable claims (claims arising from the use of military force or so-called peacekeeping claims), this means that an internal *customary* liability law has been developed within an organisation. In conjunction with an organisation's written internal liability law, this forms the legal basis for the organisation's organs operating in the country concerned when granting or rejecting ex gratia and compensation payments.

The written and unwritten liability rules primarily take legal effect within the administrative hierarchy of the international organisation: The executive organs, i.e. above all the organisation's own settlement organs in the country in which the military operation is carried out, are legally bound by these rules. If the legal effect of the organisation's internal liability law is limited to the organisation's administration, the injured party will experience this internal law merely as a legal reflex, namely in the form of a settlement offer by the international organisation under civil law. However, internal law relating to liability issues can be of a dual nature. In this case, it is not only legally binding within the organisation as internal law, it also takes legal effect in the relationship with the injured party in the form of a specific claim for damages against the organisation. Admittedly, it may be difficult to demonstrate a direct entitlement on the basis of internal liability rules. The circumstances of the individual case play a decisive role here, above all the organisation's recognisable intention of granting subjective rights through its internal liability law.

If it can be demonstrated that the liability practice of an international organisation in its relations with third parties is intended to directly substantiate claims by the injured party, then the individual can rely on past liability practice *within* the specific military operation to translate his or her legal claim into concrete terms. In addition, the organisation's liability practice from *previous* or *parallel* military operations can provide insight into customary liability law. For example, the UN's liability practice in Cyprus could in principle be used to draw conclusions about any claims for damages on the basis of customary law in connection with the UN's operations in Lebanon. The internal UNFICYP documents have shown that, when settling claims, the UNFICYP Claims Review Board has not infrequently been guided in its decisions by the UN's liability practice in Lebanon. Admittedly, the injured party is in a more difficult starting position when it comes to demonstrating customary liability law not limited to one particular operation. Even if the injured party has relevant information about a specific liability practice, the international organisation can submit that it has changed its administrative practice of settling claims or can rely on divergent formal legislation. In establishing its liability practice, the international organisation acts as a *unilateral legislator* and can establish the legal position within the limits of its obligations under international law. Most importantly, each military operation is based on an individual mandate that can have a considerable impact on the content and extent of the international organisation's legal liability.

Whether or not an injured party can rely on the liability practice of a *different* international organisation to substantiate his or her claims depends on whether general legal principles of non-contractual liability law have been established for international organisations at international level. However, under the current legal position, caution is warranted with respect to this kind of international rule: Firstly, special liability-agreements with sending states lead to the fact that relatively few international organisations have developed liability practice. Secondly, the legal nature of the organisation's settlement practice cannot always be unequivocally determined. If written and unwritten liability rules exist, they are too varied and too heavily dependent on the individual mandate to be able to automatically form an independent source of international law that is binding under international law for *all* militarily active international organisations alike. However, in the light of the liability practice reviewed here, it can be concluded that, on account of the widespread compensation practice by international organisations with military operations, the principal obligation to provide compensation – provided that the facts of the case fulfil certain conditions – is a general legal principle of the liability law of international organisations. The refusal to pay compensation to individuals unlawfully damaged through negligence or wilful intent would therefore constitute a violation of international law.

Moreover, the legal justification of a harmful act on the grounds of self-defence as well as its operational and military necessity can be said to be a general legal principle of international liability law, because this principle has been pleaded as a defence with impressive consistency by international organisations with military operations such as den EU, NATO, OAS and the UN in order to ward off claims for damages.

Literaturverzeichnis

A

ABRASZEWSKI, ANDRZEJ T./HENNES, RICHARD V./KRASULIN, BORIS P. /OTHMAN KHALIL ISSA (Joint Inspection Unit, United Nations): Military Component of United Nations Peace-Keeping Operations, Geneva 1995, veröffentlicht als UN-Doc A/50/576.

ACCIOLY, HILDEBRANDO: Principes Généraux de la Responsabilité Internationale d'après la Doctrine et la Jurisprudence, RdC 96 (1959 I), S. 349 ff.

AFRICAN RIGHTS (Hrsg.), Report Somalia: Human Rights abuses by the United Nations Forces, London 1993.

AGO, ROBERTO: Communauté internationale et organisation internationale, in: René-Jean Dupuy, (Hrsg.): Manuel sur les Organisations Internationales/A Handbook on International Organizations, Dortrecht/Boston/Lancaster 1988, S. 3 ff.

ders. : La responsabilità indiretta nel diritto internazionale, Archivio di diritto pubblico 1 (1936), S. 33 ff.

AKEHURST, MICHAEL B.: The Law Governing Employment in International Organizations, Cambridge 1967.

AKL, JOSEPH: The Legal Status, Privileges and Immunities of the International Tribunal for the Law of the Sea, in: Max Planck Yearbook of United Nations Law, Bd. 2, London/The Hague/Boston 1998, S. 341 ff.

ALDRICH, GEORGE, H.: Individuals as Subjects of International Humanitarian Law, in: J. Makarczyk (Hrsg.), Essays in honor of Jerzy Skubiszewski, Theory of International Law at the Threshold of the 21st Century, The Hague 1996, S. 851 ff.

ALLARD, KENNETH: Somalia Operations: Lessons Learned, Washington 1995 (Volltext auch unter http://www.ndu.edu/).

ALLOT, ALEXANDRE: Le Bassin de la Sarre, Organisation Politique et Administrative, Finances, Douanes; Nancy/Paris/Strasbourg 1924.

AMERASINGHE, CHITTHARANJAN FELIX: The Future of International Administrative Law, ICLQ 45 (1996), S. 773 ff.

ders.: Principles of Institutional Law of International Organizations, Cambridge 1996.

ders.: Local Remedies in International Law, Cambridge 2003.

ders.: Liability to Third Parties of Member States of International Organizations: Practice, Principles and Juridical Precedent, AJIL 85 (1991), S. 259 ff.

AMERICAN JURISPRUDENCE 2d (1965), Bd. 18b, Corporations §§ 1168 – 2168, 2. Auflage, Rochester/New York 1985.

AMERICAN LAW INSTITUTE, Restatement of the Law Third, The Foreign Relations Law of the United States, Bd. 1, §§ 1-488, St. Paul, Minn. 1987.

AMERICAN SOCIETY OF INTERNATIONAL LAW, Proceedings April 24 – 26 1952, Washington 1952.

AMRALLAH, BORHAN: The International Responsibility of the United Nations for Activities Carried out by U.N. Peace-Keeping Forces, Revue Egyptienne de Droit International 32 (1976), S. 57 ff.

AMESTY INTERNATIONAL, East Timor, Justice past, present and future, 27. Juli 2001, AI-Index: ASA 57/001/2001.

AMNESTY INTERNATIONAL, Peace-Keeping and Human Rights, Januar 1994, AI-Index IOR 40/01/94,

ANDRES, OTTO: Grundlagen des Rechts im Saargebiet, Berlin 1926.

ANZILOTTI, DIONISIO: Corso di diritto internazionale, Rom 1928.
in dt. Übersetzung: Lehrbuch des Völkerrechts Bd. 1, Berlin/Leipzig 1929 (Übersetzung von C. Bruns und K. Schmidt)

ders.: Gli organi comuni nelle società di Stati, Rivista di Diritto Internazionale 1914, S. 156 ff.

ders.: Teoria generale della responsabilità dello Stato nel diritto internazionale, 1902 ;
im Nachdruck: Scitti de diritto internazionale pubblico, Bd. 1, Padova 1956.

ARSANJANI, MAHNOUSH H.: Claims Against International Organizations: Quis custodiet ipsos custodes, The Yale Journal of World Public Order 7 (1981), S. 131 ff.

ATIYAH, PATRICK S.: Vicarious Liability in the Law of Torts, London 1967.

ATTIA, GAMAL EL DIN: Les Forces Armées des Nations Unies en Corée et au Moyen-Orient, Genève 1963.

AUSTIN, JOHN: Austin on Jurisprudence Vol. II, 5th ed. by R. Campbell, London 1885.

AUSWÄRTIGES AMT DEUTSCHLAND (Sprachendienst): Terminologie des Seerechtsübereinkommens, 1992.

AZCARATE, PABLO DE: The League of Nations and National Minorities (Übersetzung aus dem Spanischen: E. E. Brooke), Washington 1945.

B

BALLADORE PALLIERI, GIORGIO: La personalita' delle organizzazioni internazionali, Diritto Internationale 14 (1960), S. 230 ff.

ders.: Diritto internazionale pubblico, 7. Auflage, Milano 1956.

BAR, M. L. VON: Condition Juridique des Associations Internationales, AIDI 25 (1913), S. 466 ff.

BARBERIS, JULIO A.: Nouvelles Questions concernant la personnalité juridique internationale, RdC 179 (1983-I), S. 145 ff.

BARDEHLE, PETER: Soldaten für den Frieden, Grundlagen und Formen des UN-Peace-Keeping, Europa-Archiv 43 (1988), S. 591 ff.

ders.: Kambodscha: ein Frieden mit Minen, Die UNTAC als Friedensoperation der Superlative, VN 41 (1993), S. 81 ff.

BARTH, KARL: Die Verwaltungsorganisation des Saargebietes unter der Völkerbundsregierung, in: Grabowsky/Stante (Hrsg.), Die Grundlagen des Saarkampfes, Berlin 1934, S. 257 ff.

BARTON, G. P.: Foreign Armed Forces: Immunity from Supervisory Jurisdiction, BYIL 26 (1949), S. 380 ff.

BAXTER, RICHARD R.: Constitutional Forms and some Legal Problems of International Military Command, BYIL 29 (1952), S. 325 ff..

BEDJAOUI, MOHAMMED: The New World Order and the Security Council. Testing the Legality of its Acts, Dordrecht/Bosten/London 1994.

BECKER, FLORIAN: Die Bedeutung der ultra vires-Lehre als Maßstab richterlicher Kontrolle öffentlicher Gewalt in England, ZaöRV 61 (2001), S. 85 ff.

BEITZKE, GÜNTHER: Zivilrechtsfähigkeit von auf Staatsvertrag beruhenden internationalen Organisationen und juristischen Personen, BDGV 9 (1967). S. 77 ff.

BEKKER, PETER HENRI FREDERICUS: The Legal Position of Intergovernmental Organizations, Dortrecht/Bosten/London 1995.

ders.: Urteilsanmerkung zu IGH, Case concerning Legality of Use of Force (Yugoslavia v. Belgium), Request for the Indication of Provisional Measures, Order 2 June 1999, AJIL 93 (1999), S. 928 ff.

BENEDEK, WOLFGANG: Die Rechtsnatur des GATT aus völkerrechtlicher Sicht, Berlin/Heidelberg/New York 1990.

BENNOUNA, MOHAMED: La protection diplomatique, un droit de l'Etat ?, in: Boutros Boutros-Ghali amicorum discipulorumque liber, Bruxelles 1998, S. 245 ff.

BERBER, FRIEDRICH: Lehrbuch des Völkerrechts
Bd. 1 (Allgemeines Friedensrecht), München 1975;
Bd. 2 (Kriegsrecht), München/Berlin 1962;
Bd. 3 (Streiterledigung, Kriegsverhütung, Integration), München 1977.

BERGEMANN, EDWALD: Die Gesetzgebung im Saargebiet, Mönchen-Gladbach 1924.

BERMAN, ERIC G. / SAMS, KATIE E.: Limitations of African Peacekeeping Efforts, in: Constructive Disengagement. Western Efforts to Develop African Peacekeeping, ISS Monograph Nr. 33, 1998 (www.iss.co.za/Pubs/Monographs/No33/Limitations.html).

BERNHARDT, RUDOLF: Qualifikation und Anwendungsberich des internen Rechts internationaler Organisationen, BDGV 12 (1973), S. 7 ff.

BEUS, J. D. DE: The Jurisprudence of the General Claims Commission United States and Mexico under the Convention of September 8, 1923, The Hague 1938.

BIERZANEK, REMIGIUSZ: The Responsibility of States in Armed Conflicts, PYIL 11 (1981/82), S. 93 ff.

BINDSCHEDLER, RUDOLF, L.: Die Anerkennung im Völkerrecht, AVR 9 (1961/62), S. 377 ff.

ders.: Die Unterscheidung zwischen Zivilbevölkerung und bewaffneten Kräften in heutiger Zeit, in: Internationale FS für Alfred Verdross, München 1971, 55 ff.

ders: Die Vereinten Nationen und das Kriegsrecht, FS Andrassy, The Haye, 1968, S. 78 ff.

BISSCHOP, WILLEN R.: The Saar Controversy, London 1924.

BLACK'S LAW DICTIONARY: Definitions of Terms and Phrases of American and English Jurisprudence, Ancient and Modern, Henry Campbell Black (Hrsg.), 4. Auflage, St. Paul Minn. 1951; 7. Auflage St. Paul Minn. 1999.

BLECKMANN, ALBERT: Völkerrecht und Landesrecht, Berlin 1975.

ders.: Die Verbindlichkeit des allgemeinen Völkerrechts für internationale Organisationen, ZaöRV 37 (1977), S. 107 ff.

ders.: Internationale Beamtenstreitigkeiten vor nationalen Gerichten, Materialien zum Recht der internationalen Organisationen und zur Immunität, Berlin 1980.

ders. Die Benelux-Wirtschaftsunion, ZaöRV 22 (1962), S. 239 ff.

BLUNTSCHLI, Johann Caspar: Die Organisation des europäischen Staatenvereins, Gesammelte kleine Schriften, 2. (Schluss-) Band, Aufsätze über Politik und Völkerrecht, Nördlingen 1881.

ders. Gutachten für den 6. Deutschen Juristentag 1867, Verhandlungen Bd. 1, Berlin 1865, S. 45 ff.

BÖHMER, FRIEDERIKE: Die Ermächtigung zu militärischer Gewaltanwendung durch den Sicherheitsrat, Baden-Baden 1997.

BÖTTCHER, HANS VICTOR: Die völkerrechtliche Lage der freien Stadt Danzig seit 1945, Göttingen 1958.

BONNER KOMMENTAR, Kommentar zum Bonner Grundgesetz (Loseblattsammlung), R. Dolzer/K. Vogel (Hrsg.), Heidelberg (zit.: Bearbeiter in: Bonner Kommentar)

BORCHARD, EDWIN M.: The Diplomatic Protection of Citizens Abroad or The Law of International Claims, New York 1915, Neudruck: New York 1928.

ders.: Private Pecuniary Claims Arising out of War, AJIL Bd. 9 (1915), S. 113 ff.

BOTHE, MICHAEL: Die Stellung der Europäischen Gemeinschaften im Völkerrecht, ZaöRV 37 (1977), S. 122 ff.

ders.: Streitkräfte internationaler Organisationen. Zugleich ein Beitrag zu völkerrechtlichen Grundfragen der Anwesenheit fremder Truppen, Köln/Berlin 1968.

ders.: Internationale Organisationen und das Rechtsstaatsprinzip, FS Karl Josef Partsch, Berlin 1989, S. 493 ff.

ders.: Die Bedeutung der Rechtsvergleichung in der Praxis internationaler Gerichte, ZaöRV 36 (1976), S. 280 ff.

ders.: Droit de la Guerre et les Nations Unies. A propos des incidents armés au Congo, in: Etudes et Travaux de L'Institut Universitaire des Hautes Etudes Internationales, No. 5, Genève 1967, S. 135 ff.

BOTHE, MICHAEL/PARTSCH, KARL JOSEF/SOLF, WALDEMAR A,: New Rules for Victims of Armed Conflicts. Commentary on the Two 1977 Protocols Additional to the Geneva Conventions of 1949, The Hague/Boston/London 1982.

BOUSTANY, KATIA: Brocklebank: A Questionable Decision of the Court Martial Appeal Court of Canada, YIHL 1 (1998), S. 371 ff.

BOUTROS-GHALI, Boutros: Introduction in: United Nations and Somalia 1992 – 1996, United Nations Blue Book Series Vol. VIII, New York 1996.

BOWETT, DEREK W.: United Nations Forces. A Legal Study of United Nations Practice, London 1964.

ders: The Law of International Institutions, 4th ed London 1982.

BOYD, JAMES M.: United Nations Peace-Keeping Operations: A Military and Political Appraisal, New York/Washington/London 1971.

BOYLE, ALAN E.: State Responsibility and International Liability for Injurious Consequences of Acts not prohibited by International Law: a Necessary Distinction?, International and Comparative Law Quarterly 39 (1990), S. 1 ff.

BRENNER, MICHAEL: Der Gestaltungsauftrag der Verwaltung der Europäischen Union, Tübingen 1996.

BROCKHAUS in 15 Bänden, Leipzig/Mannheim 1999.

BROWN, GAVIN/BARKER, BARRY/BURKE, TERRY, Police as Peace-keepers, Melbourne: UNCIVPOL, 1984.

BROWNLIE, IAN: Principles of Public International Law, 4th edition, Oxford 1990.

ders.: The Rule of Law in International Affairs, The Hague/London/Boston 1998.

ders.: State Responsibility, System of the Law of Nations Part 1, Oxford 1983.

BRUNET, RENE: La Société des Nations et la France, Paris 1921.

BRUNNER, GEORG: Völkerrecht und Selbstbestimmungsrecht in Kosovo, in: K. Clewing/ J. Reuter (Hrsg.), Der Kosovo-Konflikt, München 2000, S. 117 ff.

BUCKLEY, R. A., The Modern Law of Negligence, 2. Auflage, London/Dublin/Edinburgh 1993.

BÜLLESBACH, RICHARD: Aufgaben öffentlicher Sicherheit für KFOR-Soldaten im Kosovo, Humanitäres Völkerrecht 14 (2001), S. 83 ff.

BUMILLER, JOSEPH M.: Die völkerrechtliche Stellung der fremden Truppen im Saargebiet, Berlin/Leipzig 1928.

BURMEISTER, JOACHIM: Verträge und Absprachen zwischen Verwaltung und Privaten, VVDStRL 52 (1993), S. 190 ff.

BURNE, CORONEL A. H. S.: The International Force in the Saar, The New Commonwealth, Series A, No. 8, 1936, S 5 ff.

BUß, REGINA: Der Kombattantenstatus. Die kriegsrechtliche Entstehung eines Rechtsbegriffs und seine Ausgestaltung in Verträgen des 19. und 20. Jahrhunderts, Bochum 1992.

BUTKIEWICZ, EWA: The Premisses of International Responsibility of Inter-governmental Organizations, Polish Yearbook of International Law 11 (1981/82), S. 117 ff.

C

CAFLISCH, LUCIUS: La pratique suisse en matière de droit international public 1977, SZIER 34 (1978), S. 46 ff.

ders. La pratique suisse en matière de droit international public 1995, SZIER 4 (1996), S. 539 ff.

CAHIER, PHILIPPE: Le problème des effets des traités à l'égard des Etats tiers, RdC 1974 III, S. 589 ff.

CAHN, HANS JOSEPH: Das Kriegsschadensrecht der Nationen, Bd. I/1. Buch, Zürich 1947.

CALLIESS, CHRISTIAN/RUFFERT, MATTHIAS: Kommentar des Vertrages über die Europäische Union und des Vertrages zur Gründung der Europäischen Gemeinschaft, Neuwied/Kriftel 1999 (zit.: Bearbeiter, in: Calliess/Ruffert).

CARBONNIER, JEAN: Droit civil, Bd. 1 Les Personnes, 18. Auflage, Paris 1992.

CARNAHAN, BURRUS M.: Lincoln, Lieber and the Law of War: The Origins and Limits of the Principle of Military Necessity, AJIL 92 (1998), S. 213 ff.

CARROZ, J. E./ROCHE, A. G.: The proposed International Commission for the Conversation of Atlanic Tunas, AJIL 61 (1967), S. 673 ff.

CASSESE, ANTONIO: L'immunité de juridiction civile des organisations internationales dans la jurisprudence italienne, AFDI 30 (1984), S. 556 ff.

CAVAGLIERI, ARRIGO: Lezioni di Diritto Internazionale, Napoli 1925.

ders.: I soggetti del diritto internazionale, Rivista di Diritto Internazionale Bd. 4 (1925), S. 18 ff.

CHARNEY, JONATHAN I.: Anticipatory Humanitarian Intervention in Kosovo, AJIL 93 (1999), S. 834 ff.

COBETTE, P E.: What is the League of Nations, BYIL 5 (1924), S. 119 ff.

COESTER, ROBERT: Die Haftung des Staates für Amtsdelikte bei Ausübung der öffentlichen Gewalt nach preußischem Recht, JöR 5 (1911), S. 285 ff.

COMBACAU, J./ALLAND, D.: „Primary" and „Secondary" Rules of Law of State Responsibility Categorising International Obligations, in: NYIL 16 (1985), S. 81 ff.

COT, JEAN-PIERRE: The Role of the Inter-African Peace-keeping Force in Chad, in: A. Cassese (Hrsg.), The Current Legal Regulation of the Use of Force, Dortrecht/Boston/Lancaster 1986, S. 167 ff.

D

DAHM, GEORG: Völkerrecht
Bd. 1, Stuttgart 1958;
Bd. 3, Stuttgart 1961.

DAHM, GEORG/DELBRÜCK, JOST/WOLFRUM, RÜDIGER: Völkerrecht
Bd. I/1: Die Grundlagen. Die Völkerrechtssubjekte, 2. Auflage, Berlin, New York 1989.
Bd. I/3: Die Formen des völkerrechtlichen Handelns; Die inhaltliche Ordnung der internationalen Gemeinschaft, 2. Auflage, Berlin 2002.

DRAPER, G. I. A. D.: The Legal Limitations upon the Employment of Weapons by the United Nations Force in the Congo, ICLQ 12 (1963), S. 387 ff.

ders.: The Geneva Conventions of 1949, RdC 114 (1965 I), S. 63 ff.

DAU, KLAUS/WÖHRMANN, GOTTHARD (Hrsg.): Der Auslandseinsatz deutscher Streitkräfte. Eine Dokumentation des AWACS-, des Somalia- und des Adria-Verfahrens vor dem Bundesverfassungsgericht, Heidelberg 1996.

DEEN, THALIF: A hard look at UN peace keeping, Artikel vom 3. Juli 1997, in: Mail & Guardian (http://www.mg.co.za).

DEISEROTH, DIETER: „Humanitäre Intervention" und Völkerrecht, NJW 1999, 3084 ff.

DELIUS, HANS: Die Beamtenhaftpflicht des Reiches und der Bundesstaaten, 2. Auflage, Berlin 1909.

DETTER, INGRID: Law Making by International Organizations, Stockholm 1965.

DEWAST, PHILIPPE: Quelques Aspects du Statut des „Casques Bleus", Revue Générale de Droit International Public 81 (1977), S. 1007 ff.

DI BLASE, ANTONIETTA: Sulla Responsabilita' internazionale per attivita' dell'ONU, Rivista di Dritto Internazionale 1974, S. 250 ff.

DOEHRING, KARL: Völkerrecht. Ein Lehrbuch, Heidelberg 1999.

ders.: Die Pflicht des Staates zur Gewährung diplomatischen Schutzes, Köln/Berlin 1959.

ders.: Handelt es sich bei einem Recht, das durch diplomatischen Schutz eingefordert wird, um ein solches, das dem die Protektion ausübenden Staat zusteht, oder geht es um die Erzwingung von Rechten des betroffenen Individuums, S. 13 ff., in: Ress/Stein (Hrsg.). Der diplomatische Schutz im Völker- und Europarecht, Baden-Baden 1996 (zit: K. Doehring, Diplomatischer Schutz)

DOLZER, RUDOLF: Eigentum, Enteignung und Entschädigung im geltenden Völkerrecht, Berlin/Heidelberg/New York/Tokyo 1985.

ders.: Enforcement of International Obligations through Regional Arrangements: Structure and Experience of the OAS, ZaöRV 47 (1987), S. 113 ff.

DOMINICÉ, CHRISTIAN: La nature et l'étendue de l'immunité de juridiction des organisations internationales, in: FS Seidl-Hohenveldern, hrsg. v. K. -H. Böckstiegel, H. E. Folz, J. M. Mössner, K. Zemanek, Köln, Berlin, Bonn, München 1988, S. 77 ff.

ders. : Immunité de juridiction et d'exécution des organisations internationales, RdC 189 (1984-IV), S. 145 ff.

DONALD, ROBERT: A Danger Spot in Europe and its Government by the League of Nations, London 1925.

DOWNEY, WILLIAM GERALD: The Law of War and Military Necessity, AJIL 47 (1953), S. 251 ff.

DREIER, HORST: Verantwortung im demokratischen Verfassungsstaat, in: U. Neumann/ L. Schulz (Hrsg.), Verantwortung in Recht und Moral, Referate der Tagung der deutschen Sektion der internationalen Vereinigung für Rechts- und Sozialphilosophie, Stuttgart 2000, S. 9 ff.

DREIST, PETER: Die Task Force Harvest und die Task Force Fox, Humanitäres Völkerrecht 1 (2002), S. 4 ff.

DUNBAR, N. C. H.: Military Necessity in War Crime Trials, BYIL 29 (1952), S. 442 ff.

DUNNETT, D. R. R: The European Investment Bank: Autonomous Instrument of Common Policy?, CMLRev. 31 (1994), S. 721 ff.

DUPUY, RENE-JEAN: Manuel sur les organisations internationales/A Handbook on International Organisations, 1988 Dordrecht/Boston/Lancaster (zit.: Bearbeiter, in: Dupuy)

E

EAGLETON, CLYDE: International Organizations and the Law of Responsibility, in: Recueil des Cours 1950-I, S. 323 ff.

ders.: The Responsibility of States in International Law, New York 1928, Reprint New York 1970.

ders. International Government, 4. Auflage, New York 1982.

EDWARDS, STEVEN: Memo contradicts UN claims on assassination probe, in: National Post, Artikel vom 31. März 2000 (http://pages.infinit.net/glp/rwanda).

EICHHORN, BERT W.: Reparationen als völkerrechtliche Deliktshaftung: rechtliche und praktische Probleme unter besonderer Berücksichtigung Deutschlands (1818 – 1990), Baden-Baden 1992.

ELARABY, NABIL A.: UN Peacekeeping: The Egyptian Experience, in: H. Wisemann, Peacekeeping-Appraisal and Proposals, New York/Oxford/Toronto/Paris/Frankfurt/Sydney/ Tokyo 1983, S. 65 ff.

EMANUELLE, CLAUDE: Les forces des Nations Unies et le droit international humanitaire, in: The United Nations and International Humanitarian Law, Université de Genève (Hrsg.), Paris 1996, S. 345 ff.

ENCYCLOPEDIA OF PUBLIC INTERNATIONAL LAW, R. Bernhardt (Hrsg.), Bd. 1 (A-D), North Holland 1992

Bd. 2 (E-I), North Holland 1995
Bd. 3 (J-P), Elsevier 1997
Bd. 4 (Q-Z), North Holland 2000
(zit.: Bearbeiter, in: EPIL).

ENCYCLOPAEDIA OF ISLAM, B. Lewis, Ch. Pellat, J. Schacht (Hrsg.), Bd. 2 Leiden/London 1965.

ENNECCERUS, LUDWIG/NIPPERDEY, HANS CARL: Allgemeiner Teil des Bürgerlichen Rechts, 1. Halbband, 15. Auflage, Tübingen 1959.

EÖRSI, GYULA, International Encyclopedia of Comparative Law, Vol. XI Torts, Chapter 4, Private and Governmental Liability for the Torts of Employees and Organs, R. David (Hrsg.), Tübingen/Mouton/The Hague/Paris.

EPINEY, ASTRID: Die völkerrechtliche Verantwortlichkeit von Staaten für rechtswidriges Verhalten im Zusammenhang mit Aktionen Privater, Baden-Baden 1992.

F

FABIAN, LARRY L.: Soldiers without Enemies, Washington 1971.

FABRICIUS, FRITZ: Relativität der Rechtsfähigkeit, München/Berlin 1963.

FAßBENDER, BARDO: Die Völkerrechtssubjektivität internationaler Organisationen, ÖZöRV 37 (1986), S. 17 ff.

FASTENRATH, ULRICH (Hrsg.): Dokumente der Konferenz über Sicherheit und Zusammenarbeit in Europa, Loseblattsammlung, Neuwied/Kriftel/Berlin 1992.

ders.: Lücken im Völkerrecht. Zu Rechtscharakter, Quellen, Systemzusammenhang, Methodenlehre und Funktionen des Völkerrechts, Berlin 1991.

FAUCHILLE, PAUL: Traité de droit international public, Bd. 1, Paris 1922.

FAWCETT, LUISE/HURRELL Andrew (Hrsg.): Regionalism in World Politics. Regional Organisation and International Order, Oxfort 1995.

FRANKFURTER ALLGEMEINE ZEITUNG, „Völkermord in Ruanda 1994: Man wußte vieles, unternahm nichts", Artikel vom 2. Februar 2002 Nr. 28, S. 8.

FELD, WERNER J./JORDAN, ROBERT S.: International Organizations. A comparative Approach, 2. Auflage, New York/Westport/Connecticut/London, 1988.

FELLER, ARBRAHAM. H.: The Mexican Claims Commissions 1923-1934, New York 1935.

FINK, UDO: Kollektive Friedenssicherung. Kapitel VII UN-Charta in der Praxis des Sicherheitsrates der Vereinten Nationen, Teil 1 und 2, Frankfurt a. M./Berlin/Bern/New York/Paris/Wien 1999.

ders.: Der Konflikt zwischen Irak und Kuwait und die internationale Friedensordnung, AVR 29 (1991), S. 452 ff.

ders.: Der Kosovo-Konflikt und die Entstehung von Völkergewohnheitsrecht, in: FS H. Schiedermair, Heidelberg 2001, S. 803 ff.

FLUME WERNER: Allgemeiner Teil des Bürgerlichen Rechts Bd. I/2 Die juristische Person, Berlin 1983.

FLECK, DIETER (HRSG.): The Handbook of The Law of Visiting Forces, Oxford 2001 (zit: Bearbeiter, in: Fleck)

ders (Hrsg.); Handbuch des humanitären Völkerrechts in Bewaffneten Konflikten, München 1994 (zit.: Bearbeiter, in: Fleck).

ders.: Neue Ansätze für den völkerrechtlichen Schutz des Menschen in bewaffneten Konflikten, Jahrbuch für Internationales Recht 16 (1973), S. 113 ff.

FRANKE, DIETRICH: Streitkräfte der Vereinten Nationen, AVR 1979/80, S. 149 ff.

FREEMAN, ALWYN V.: Responsibility of States for Unlawful Acts of their Armed Forces, RdC 88 (1955 II), S. 267 ff.

ders.: The International Responsibility of States for Denial of Justice, Liége 1938.

FRIEDMAN, LEON: The Law of War. A Documentary History Bd. I, New York 1972.

FROWEIN, JOCHEN ABR.: Die Entscheidung des britischen Court of Appeal in Sachen „Carl-Zeiss-Stiftung v. Rayner & Keeler Ltd. and others" zur Bedeutung der Nichtanerkennung der DDR, ZaöRV 25 (1965), S. 517 ff.

FROWEIN, JOCHEN ABR./PEUKERT, WOLFGANG: Europäische Menschenrechtskonvention, EMRK-Kommentar, 2. Auflage, Kehl/Straßburg/Arlington 1996 (zit.: Bearbeiter, in:).

FRYE, WILLIAM R.: A United Nations Peace Force, London 1957.

FUß, ERNST-WERNER: Die Überschreitung des Wirkungskreises juristischer Personen des öffentlichen Rechts, DÖV 1956, 566 ff.

G

GARCIA AMADOR RODRIGEZ, FRANCISCO V.: State Responsibility. Some New Problems, RdC 94 (1958 II), S. 365 ff.

GASSER, HANS-PETER: Die Anwendbarkeit des humanitären Völkerrechts auf militärische Operationen der Vereinten Nationen, SZIER 5 (1994), S. 443 ff.

GECK, WILHELM KARL: Der Anspruch des Staatsbürgers auf Schutz gegenüber dem Ausland nach deutschem Recht, ZaöRV 17 (1956/57), S. 476 ff.

GEIGER, RUDOLF: EG-Vertrag, Kommentar zu dem Vertrag zur Gründung der Europäischen Gemeinschaft, 3. Auflage, München 2000.

GEIßLER, MARKUS: Die Geltendmachung und Betreibung von Ansprüchen nach dem NATO-Truppenstatut, NJW 1980, S. 2615 ff.

GEROLD, RUDOLF: Die Sicherung des Friedens durch die Organisation der Amerikanischen Staaten (OAS), Berlin 1971.

GERTEISER, KRISTINA: Die Sicherheits- und Verteidigungspolitik der Europäischen Union, Frankfurt a.M./Berlin/Bern/Bruxelles/New York/Oxford/Wien 2002.

GIERKE, OTTO VON: Das Wesen menschlicher Verbände, 1902, Sonderausgabe, Darmstadt 1975.

GIERSBERG, WALTER: Gesetzgebungsgewalt und richterliches Nachprüfungsrecht, JW 1926, S. 304 ff.

GILL, T. D.: Legal and some political Limitations on the Power of the UN Security Council to exercise its Enforcement Powers under Chapter VII of the Charter, NYIL 26 (1995), S. 33 ff.

GINTHER, KONRAD: Die völkerrechtliche Verantwortlichkeit internationaler Organisationen gegenüber Drittstaaten, 1969.

GJERLOEFF BONNOR, PETER: The European Ombudsman: a novel source of soft law in the European Union, ELR 25 (2000), S. 39 ff.

GLAHN, GERHARD VON: The Occupation of Enemy Territory, A Commentary on the Law and Practice of Belligerent Occupations, Minneapolis 1957.

GLICK, RICHARD D.: Lip service to the laws of war: humanitarian law and the United Nations armed forces, Michigan Journal of International Law 17 (1995), S. 53 ff.

GÖPPERT, OTTO: Der Völkerbund. Organisation und Tätigkeit. Erste Abteilung des Vierten Bandes „Völkerrecht und Internationales Politisches Staatssystem“ in: Handbuch des Völkerrechts, G. A. Walz (Hrsg.), Stuttgart 1938.

GÖRGEN, JOSEF M. : Kompetenzregelung zwischen Völkerbundrat und Saarregierung, Zeitschrift für Politik 19 (1930), S. 81 ff.

GOMAA, AHMED: The Foundation of the League of Arab States. Wartime diplomacy and inter-Arab politics 1941 . 1945, London 1977.

GONZALES, MANUEL PEREZ: Les Organisations Internationales et le Droit de la Responsabilité, RGDIP 63 (1988), S. 63 ff.

GOODRICH, LELAND M.: Korea. A Study of U.S. Policy in the United Nations, New York 1956.

GOODRICH, LELAND M./HAMBRO, EDVARD: Charter of the United Nations. Commentary and Documents, 2. Auflage, Boston 1949.

GOTTHARDT, PETER: Frankreich, in: Christian v. Bar (Hrsg.), Deliktsrecht in Europa, Landesberichte Frankreich, Griechenland, Köln/Berlin/Bonn/München 1993.

GRABENWARTER, CHRISTOPH: Europäische Menschenrechtskonvention, München/Wien 2003.

GRABITZ, EBERHARD/HILF, MEINFARD (Hrsg.): Das Recht der Europäischen Union, Bd. 1 EUV/EGV (Amsterdamer Fassung), Loseblattsammlung, München 2000. (zit.: Mitarbeiter, in: Grabitz/Hilf)

GRÄFE, HORST: Die Abgeltung der Truppenschäden nach dem NATO-Truppenstatut in der Bundesrepublik Deutschland, NJW 1961, S. 1841 ff.

GRAMLICH, LUDWIG: Diplomatic Protection against Acts of Intergovernmental Organs, GYIL 27 (1984), S. 386 ff.

GRECO, E.: Third Party Peace-Keeping and the Interaction between Russian and the OSCE the CIS Area, in: Bothe (Hrsg.), The OSCE in the Maintenance of Peace and Security, The Hague 1997, S. 267 ff.

GREEN, L. C.: The Nature of the War in Korea, ILO 1951, S. 462 ff.

GREENWOOD, Christopher: International Humanitarian Law and United Nations Military Operations, in: YIHL 1 (1998), S. 3 ff.

GREY, ARTHUR L. Jr.: The Thirty-Eighth Parallel, Foreign Affairs 29 (1950/51), S. 482 ff.

GROEBEN, HANS V. D./THIESING, JOCHEN/EHLERMANN, CLAUS-DIETER (Hrsg.): Kommentar zum EU-/EG-Vertrag, Bd. 5, 5. Auflage, Baden-Baden 1999.

GROSS, LEO: Voting in the Security Council: Abstention from Voting and Absence from Meetings, Yale Law Journal 1951, S. 209 ff.

GROTEN, CURT: Die Kontrolle des Völkerbundes über die Tätigkeit der Regierungskommission des Saargebietes, Saarbrücken 1929.

GROTIUS, HUGO: De Jure Belli ac Pacis Libri Tres, Amsterdam MDCXLVI, abgedr. in: The Classics of International Law, J. Brown Scott (Hrsg.), Washington 1913.

GROUX, JEAN/ MANIN, PHILIPPE: Die Europäischen Gemeinschaften in der Völkerrechtsordnung, Kommission der Europäischen Gemeinschaften (Hrsg.), Brüssel 1985.

GRUNSKY. WOLFGANG: Anmerkung zu BAG, Urteil vom 25. Januar 1973 Az. 5AZR 399/72 (ESRO-Fall), AP Nr. 3 zu Art. 25 GG.

GURADZE, HEINZ: Die Europäische Menschenrechtskonvention, Berlin/Frankfurt a.M. 1968.

H

HACKWORTH, GREEN HAYWOOD: Digest of International Law, Vol. V, Chapters XVI-XVIII, Washington 1943.

HABSCHEID EDGAR J. Die durch Art. 6 EMRK beschränkte Immunität internationaler Organisationen im Erkenntnisverfahren, IPRax 2001, S. 396 ff.

HÄFELIN, ULRICH: Die Rechtspersönlichkeit des Staates, I. Teil Dogmengeschichtliche Darstellung, Tübingen 1959.

HAMEL, WALTER: Die staatsrechtliche Stellung des Saargebietes, in: Grabowsky/Stante (Hrsg.), Die Grundlagen des Saarkampfes, Berlin 1934, S. 129 ff.

HAMPSON, Françoise J.: States' military operations authorized by the United Nations, in: Les Nations Unies et le Droit International Humanitaire, Université de Genève, Paris 1996, S. 371 ff.

dies.: Proportionality and Necessity in the Gulf Conflict, ASIL Proceedings, 86th Annual Meeting, 1992, S. 45 ff.

HARBOTTLE, MICHAEL: The Impartial Soldier, London/New York/Toronto 1970.

HARPIGNIES, R. H.: Settlement of Disputes of a Private Law Character to which the United Nations is a Party - A Case in Point: The Arbitral Award of 24. September 1969 in re Starways v. The United Nations, Revue belge de droit international, 1971 S. 451 ff.

HARRIS, JEFFREY L: Grenada – A Claims Perspective, The Army Lawyer 1986, S. 7 ff.

HARTWIG, MATTHIAS: Die Haftung der Mitgliedstaaten für Internationale Organisationen, Berlin/Heidelberg/New York 1993.

HASSOUNA, HUSSEIN A.: The League of Arab States and Regional Disputes, Dobbs Ferry, New York, Leiden, 1975.

HEITMANN, KLAUS: Die Benutzung von Liegenschaft durch ausländische Streitkräfte in der Bundesrepublik Deutschland, NJW 1989, S. 432 ff.

HEFFTER, AUGUST WILHELM: Beiträge zum deutschen Staats- und Fürstenrecht Bd. 1, Erste Lieferung, Berlin 1829.

HEGELSOM, G. J. VAN: The Law of Armed Conflict and United Nations Peace-Keeping and Peace-Enforcement Operations, HYIL 6 (1993), S. 45 ff.

HEMPEL, MICHAEL: Die Völkerrechtssubjektivität internationaler nichtstaatlicher Organisationen, Berlin 1999.

HERBST, JOCHEN: Rechtskontrolle des UN-Sicherheitsrates, Frankfurt a.M./Berlin/Bern/New York/Paris/Wien 1999.

ders: Peace-keeping by the European Union, in: Bodgnar/Kowalski/Raible/Schorkopf (Hrsg.), The Emerging Constitutional Law of the European Union – German and Polish Perspective, Berlin/Heidelberg/New York/Barchelona 2003, S. 413 ff.

HERDEGEN, MATTHIAS: Zur Geschäftsführung ohne Auftrag (negotiorum gestio) im Völkerrecht, FS Doehring, Berlin/Heidelberg/New York/London/Paris/Tokyo/Hong Kong 1989, S. 303 ff.

ders.: The Insolvency of International Organizations and the Legal Position of Creditors: Some Observations in the Light of the International Tin Council Crisis, NILR 35 (1988), S. 135 ff.

HERMSDÖRFER, WILLIBALD: Zur Immunität der Angehörigen einer Friedenstruppe der Vereinten Nationen, NZWehrr 1997, S. 100 ff.

HESS, MARTIN: Die Anwendbarkeit des humanitären Völkerrechts, insbesondere in gemischten Konflikten, Zürich 1985.

HIGGINS, ROSALYN: Problems and Process: International Law and how we use it, Oxford 1994.

dies.: United Nations Peacekeeping 1946 – 1967, Documents and Commentary, Bd. I, Middle East, London, New York, Toronto 1969.

dies.: United Nations Peacekeeping 1946 – 1967, Documents and Commentary Bd. II, Asia, London/Bombay/Karachi/Kuala Lumpur 1970.

dies.: United Nations Peacekeeping 1946 – 1967, Documents and Commentary Bd. III, Africa, Oxford/New York/Toronto/Melbourne 1980

dies.: United Nations Peacekeeping, Documents and Commentary, Bd. IV Europe 1946 – 1979, Oxford/New York/Toronto/Melbourne 1981.

HILDENBRAND, JAN CHRISTIAN: Zur Krisenreaktionsfähigkeit der Friedenstruppe der Vereinten Nationen, Baden-Baden 2001.

HILLGRUBER, CHRISTIAN: Das Verhältnis der Europäischen Gemeinschaft und der Europäischen Union zu ihren Mitgliedstaaten - staats- und völkerrechtlich betrachtet, AVR 34 (1996), S 347 ff.

ders.: Die Rechtsnatur der Europäischen Union nach dem Amsterdamer Vertrag, in: W. Kluth (Hrsg.), Die Europäische Union nach dem Amsterdamer Vertrag, Baden-Baden 2000, S. 15 ff.

ders.: Die Aufnahme neuer Staaten in die Völkerrechtsgemeinschaft, Das völkerrechtliche Institut der Anerkennung von Neustaaten in der Praxis des 19. und 20 Jahrhunderts, Frankfurt a.M./Berlin/Bern/New York/Paris/Wien 1998.

HIRSCH, MOSHE: The Responsibility of International Organizations toward Third Parties, Dordrecht/Boston/London, 1995.

HIRTE, HERIBERT/HEBER, MARCO: Haftung bei Gefälligkeitsfahrten im Straßenverkehr, JuS 2002, S. 241 ff.

HOBE, STEPHAN: NATO-Intervention im Kosovo – Rückkehr zur Lehre vom gerechten Krieg?, in: FS H. Schiedermair, Heidelberg 2001, S. 819 ff.

ders.: Die rechtlichen Rahmenbedingungen der wirtschaftlichen Nutzung des Weltraums, Berlin 1992.

ders.: Der Rechtsstatus der Nichtregierungsorganisationen nach gegenwärtigem Völkerrecht, AVR 37 (1999), S. 152 ff.

HOFER, Cuno: Der Schadenersatz im Landkriegsrecht, Diss. Zürich 1910 (veröffentlicht Tübingen 1923).

HOFMANNSTHAL, EMIL: Saarurteile, Juristische Wochenschrift 1926, S. 1931 f.

HOLTZENDORFF, FRANZ VON: Les Droits riverains de la Roumanie sur le Danube, Leipzig 1884.

HOOGH, ANDRÉ J. J. A. DE: Articles 4 und 8 of the 2001 Articels on State Responibility, the Tadic Case and Attribution of Acts of Bosnian Serb Authorities to the Federal Republic of Yugoslavia, BYIL LXXII (2001), S. 255 ff.

HORBACH, NATHALIE L. J. T.: The Confusion about State Responsibility and International Liability, LJIL 4 (1991), S. 47 ff.

HOUCK, JAMES W.: The Command and Control of United Nations Forces in the Era of „Peace Enforcement", Duke Journal of Comparative & International Law 4 (1993), S. 1 ff.

HUBER, MAX: Die kriegrechtlichen Verträge and die Kriegsraison, Zeitschrift für Völkerrecht 7 (1913), S. 351 ff.

ders.: Besprechung von Schücking/Wehberg, Die Satzung des Völkerbundes, ZfV 12 (1923), S. 369 ff.

ders.: Die allgemeinen politischen Grundlagen des Völkerbundsvertrages, Zeitschrift des Bernischen Juristenvereins 56 (1920), S. 97 ff.

ders.: Die Fortbildung des Völkerrechts auf dem Gebiete des Prozess- und Landkriegsrechts durch die II. internationale Friedenskonferenz im Haag 1907, JöR 2 (1908), S. 470 ff.

HUDSON, Manley O.: The Permanent Court of International Justice 1920 – 1942, New York 1943, Neudruck: New York 1972.

HUG, DIETER: Die Rechtsstellung der in der Schweiz niedergelassenen internationalen Organisationen, Bern/Frankfurt a. M./Nancy/New York, 1984.

HUMMER, WALDEMAR: Mostar – ein Beispiel internationaler Stadtverwaltung durch die Europäische Union, in: FS K. Ginther, Frankfurt a.M. 1999, S. 377 ff.

HUSSERL, GERHART: Rechtssubjekt und Rechtsperson, in: AcP 127 (1927), S. 129 ff.

HYDE, CHARLES CHENEY: International Law, Bd. 2, Boston 1947.

I

IPSEN, KNUT (Hrsg.): Völkerrecht, 4. Auflage, München 1999 (zit.: Bearbeiter, in: Ipsen).

ders.: Der Kosovo-Einsatz – Illegal? Gerechtfertigt? Entschuldbar?, Friedens-Warte 1999, S. 19 ff.

ISSELÉ, JEAN PIERRE: The Arab Deterrent Force in Lebanon, in: Cassese (Hrsg.), A. Current Legal Regulations of the Use of Force, Dortrecht/Boston/Lancaster 1986, S. 179 ff.

J

JAMES, PHILIP S.: Introduction to English Law, London 1966.

JELLINEK, GEORG: Allgemeine Staatslehre 3. Auflage, Berlin 1914; 4. Nachdruck Berlin 1922.

ders.: Die Lehre von den Staatenverbindungen, Wien, 1882

JENKS, C. WILFRED: The Legal Personality of International Organizations, BYIL 22 (1945), S. 267 ff.

ders: The Proper Law of International Organisations, London 1962.

ders. International Immunities, New York 1961.

JENKS, EDWARD: A Digest of English Civil Law Vol. I, 3rd ed. by W. J. Geldart, R. W. Lee, W. S. Holdsworth, J. C. Miles, London 1938.

JENNINGS, ROBERT Y.: Nullity and Effectiveness in International Law, in: Cambridge Essays in International Law, Essays on Honour of Lord McNair, 1965, S. 64 ff.

JESSUP, Philip C.: A Modern Law of Nations, New York 1950.

JIMÉNEZ DE ARÉCHAGA, EDUARDO: International Responsibility, in: Sørensen (Hrsg.), Manual of Public International Law London/Melbourne/Toronto 1968.

JONAH, JAMES O. C.: ECOMOG: A Successful Example of Peacemaking and Peace-keeping by a Regional Organization in the Third World, in: W. Kühne, Blauhelme in einer turbulenten Welt, Baden-Baden 1993, S. 303 ff.

JONES, MICHAEL A.: Textbook on Torts, 4. Auflage, London 1993.

JOWITT, EARL: The Dictionary of English Law, Vol. 2, London 1959.

JÜRGENS, THOMAS: Die gemeinsame Außen- und Sicherheitspolitik, Studien zum internationalen Wirtschaftsrecht und Atomrecht Bd. 90, Göttingen 1994.

K

KADELBACH, STEFAN: Einheit der Rechtsordnung als Verfassungsprinzip, EuR Beiheft 2/1998, S. 51 ff.

KARL, WOLFRAM: Vertrag und spätere Praxis im Völkerrecht. Zum Einfluß der Praxis auf Inhalt und Bestand völkerrechtlicher Verträge, Berlin/Heidelberg/New York/Tokyo 1983.

ders. (Hrsg.): Internationaler Kommentar zur Europäischen Menschenrechtskonvention (Loseblatt: Stand 2002), Köln/Berlin/Bonn/München (zit.: Bearbeiter, in: Karl).

KARLSHOVEN, FRITS: State Responsibility for Warlike Acts of the Armed Forces, ICLQ 40 (1991), S. 827 ff.

KATSCH, HELLMUT: Regierung und Volksvertretung im Saargebiet, Leipzig 1930.

KAUFMANN, WILHELM: Moderne nicht-staatliche internationale Verbände und Kongresse und das internationale Recht, in: Zeitschrift für Völkerrecht und Bundesstaatsrecht Bd. 2 (1908), S. 419 ff.

KEGEL, GERHARD/SCHURIG, KLAUS, Internationales Privatrecht, 8. Auflage, München 2001.

KELLY, MICHAEL J.: Restoring and Maintaining Order in Complex Peace Operations. The Search for a Legal Framework, The Hague/London/Boston 1999.

KELLY, MICHAEL J./MCCORMACK, Timothy L.H.: Military Intervention in States Fragmented by Multicultural Conflict, Foreign Policy 89 (1992/93), S. 20 ff

KELSEN, HANS: Principles of International Law, New York 1952, Neudruck 1967.

ders.: The Law of the United Nations. A Critical Analysis of its Fundamental Problems, London 1950.

ders.: Recent Trends in the Law of the United Nations, A Supplement to „The Law of the United Nations", London 1951.

KEMPEN, BERNHARD: Die deutsch-polnische Grenze nach der Friedensregelung des Zwei-Plus-Vier-Vertrages, Frankfurt a.M./Berlin/New York/Paris/Wien 1997.

ders.: Der Fall Distomo: griechische Reparationsforderungen gegen die Bundesrepublik Deutschland, in: FS H. Steinberger, Tradition und Weltoffenheit des Rechts, Berlin/ Heidelberg/New York/Barcelona etc. 2002, S. 179 ff.

KER-LINDSAY, JAMES: The Origins of UN Presence in Cyprus, in: O. Richmond/J. Ker-Lindsay (Hrsg.), The Work of the UN in Cyprus, S. 56 ff., Basingstoke 2001.

KIESGEN, KARL HEINZ: Sachliche Indemnität der Staaten, internationaler Organisationen und ihrer Organe, Dissertation, Bonn 1970.

KIESSELBACH, WILHELM: Probleme und Entscheidungen der Deutsch-Amerikanischen Schadens-Commission, Mannheim/Berlin/Leipzig 1927.

KING, ARCHIBALD: Jurisdiction over Friendly Foreign Armed Forces, AJIL 36 (1942), S. 539 ff.

KISS, ALEXANDRE C.: Namibia and International Human Rights Conventions, Revue des droits de l'homme 9 (1976), S. 438 ff.

KLEIN, FRIEDRICH: Die mittelbare Haftung im Völkerrecht, Frankfurt a.M. 1941.

KLEIN, PIERRE: La responsabilité des organisations internationales dans les ordres juridiques internes et en droit des gens, Bruxelles 1998.

KNOEPFLER, FRANÇOIS/SCHWEIZER, PHILIPPE: Jurisprudence suisse en matière d'arbitrage international, SZIER 5 (1995), S. 547 ff.

KÖCK, HERIBERT FRANZ/FISCHER, PETER: Das Recht der Internationalen Organisationen, 3. Auflage, Wien 1997.

dies.: Grundzüge des Rechts der Internationalen Organisationen, Eisenstadt 1981.

KÖCK, HERIBERT FRANZ: Die „implied powers" der Europäischen Gemeinschaft als Anwendungsfall der „implied powers" internationaler Organisationen selbst, in: FS Seidl-Hohenveldern, Köln/Berlin/Bonn/München 1988, S. 279 ff.

KOESSLER, MAXIMILIAN: Government Espousal of Private Claims before International Tribunals, The University of Chicago Law Review 13 (1945 – 46), S. 180 ff.

KÖRBS, HARTMUT: Die Friedenssicherung durch die Vereinten Nationen und Regionalorganisationen nach Kapitel VIII der Satzung der Vereinten Nationen, Bochum 1997.

KÖTZ, HEIN: Deliktsrecht, 6. Auflage Neuwied/Küftel/Berlin 1994.

KOHL, JÜRGEN: Die Lehre von der Unrechtsunfähigkeit des Staates. Ein Beitrag zur Dogmatik des öffentlichen Ersatzleistungsrechts, Köln/Berlin/Bonn/München 1977.

KOHLER, JOSEF: Der Savarkar-Streitfall zwischen Frankreich und England, in: W. Schücking (Hrsg.), Das Werk vom Haag, Serie 2 Bd. I 3. Teil § 10, München/Leipzig 1914.

KOLLER, PETER: Theorie des Rechts. Eine Einführung, Wien/Köln/Weimar, 2. Auflage 1997.

KOLLMEYER, CORD-HENRICH: Die Lehre vom Schutzrecht und die Praxis der internationalen Schiedsgerichte in Claimssachen, Diss. Berlin 1940.

KREß, CLAUS: Staat und Individuum in Krieg und Bürgerkrieg, NJW 1999, S. 3077 ff.

KRITSIOTIS, DINO: The Kosovo Crisis and NATO's Application of Armed Force against the Federal Republic of Yugoslavia, ICLO 2000, S. 330 ff.

KROPHOLLER, JAN: Internationales Privatrecht, 3. Auflage Tübingen 1997.

KROPHOLLER, JAN/KRÜGER, HILMER/RIERING, WOLFGANG/SAMTLEBEN, JÜRGEN/SIEHR, KURT (Hrsg.): Außereuropäische IPR-Gesetze, Hamburg/Würzburg 1999.

KRÜGER, HILMAR: Das Zivilrecht der Staaten des ägyptischen Rechtskreises, in: Recht van de Islam Bd. 14, Maastricht 1997, S: 67 ff.

ders.: Vermögensrechtliches Privatrecht und Shari'a am Beispiel der Vereinigten Arabischen Emirate, ZVglRWiss 97 (1998), S. 360 ff.

KUBE, DAGMAR: Private Kriegsschäden in der völkerrechtlichen Praxis: ein Betrag zur Staatenverantwortlichkeit im Kriege, Heidelberg 1971.

KUNZ, JOSEF L. : Die Staatenverbindungen, in: F. Stier-Somlo (Hrsg.), Handbuch des Völkerrechts, 4. Abteilung, Stuttgart 1929.

ders.: Privileges and Immunities of International Organizations, AJIL 14 (1947), S. 828 ff.

KUNZ-HALLSTEIN, HANS PETER: Privilegien und Immunitäten internationaler Organisationen im Bereich nicht hoheitlicher Privatrechtsgeschäfte, NJW 1992, S. 3069 ff.

KURATOWSKI, R. K: Torts in Private International Law, ILQ 1 (1947), S. 172 ff.

L

LALIVE, JEAN-FLAVIEN: L'immunité de juridiction des états et des organisations internationales, RdC 1953 III, S. 204 ff.

LANGEMEIJER, GERARD EDUARD: Der gerichtliche Rechtsschutz des Einzelnen gegenüber der vollziehenden Gewalt in den Niederlanden, in: Gerichtsschutz gegen die Exekutive, Bd. 2, Länderberichte, Köln 1970, S. 793 ff.

LANGENFELDER, OTTO: Die völkerrechtliche Rückgliederung der Saar, Diss. Greifswald 1936

LASSAR, GERHARD: Zur Lehre der beschränkten Handlungsfähigkeit öffentlich-rechtlicher juristischer Personen nach preußischen Recht, VerwArch 38 (1933), S. 31 ff.

LAUTERPACHT, ELIHU: The Legal Effects of Illegal Acts of International Organizations, in: Cambridge Essays in International Law, Essays in honour of Lord McNair, London,, Dobbs Ferry, New York, 1965, S. 88 ff.

ders.: The Development of the Law of International Organisations by the Decisions of International Tribunals, RdC 1976-IV, S. 377.

LAUTERPACHT, HERSCH: The Development of International Law by the International Court, London 1958.

LAWRENCE, THOMAS JOSEPH: The Principles of International Law, 7th edition London 1923.

LAZAREFF, SERGE: Status of Military Forces under Current International Law, Leyden 1971.

LEFEVER, ERNEST W. /JOSHUA, WYNFRED: United Nations Peacekeeping in the Congo: 1960 – 1964, An analysis of political, executive and military control., Bd. 2, Washington 1966 (prepared for the U.S. Arms Control and Disarmament Agency)

LIE, TRYGVE: In the Cause of Peace. Seven Years with the United Nations, New York 1954.

ders.: A Report on the United Nations, in: A. W. CORDIER/W: FOOTE (ed.), Public Papers of the Secretaries General of the United Nations, Bd. 1 Trygve Lie, New York/London 1969, S. 347 ff.

LIERMANN, HANS: Der Völkerbund als Privatrechtssubjekt, ZfV 15 (1929), S. 20 ff.

LIGUE BELGE POUR LA DEFENSE DES DROITS DE L'HOMME, Commission Scientifique pour l'O.N.U., Mai 1963, Expose des Motifs, (unveröffentlicht).

LILLICH, RICHARD B./ WESTON, BURNS H., International Claims: Their Settlement by Lump Sum Agreement, Bd. 1: The Commentary; Bd. 2: The Agreements, Charlottesville 1975.

LILLICH, RICHARD B.: Lump Sum Agreements: Their Continuing Contribution to the Law of International Claims, AJIL 82 (1988), S. 69 ff.

ders.: International Claims: Their Adjudication by National Commissions, Syracuse 1962.

ders.: The Rigidity of Barcelona, AJIL 65 (1971), S. 522 ff.

LODDE, PAUL: Rechtsfragen der Organleihe im Bund-Länder-Verhältnis unter besonderer Berücksichtigung der Bundesbauverwaltung, Siss Münster 1990, S. 31 ff.

LOENING, EDGAR: Die Haftung des Staates aus rechtswidrigen Handlungen seiner Beamten nach deutschem Privatrecht und Staatsrecht, Frankfurt a.M. 1879.

LORENZ, F. M.: The U.S. Perspective of Operation Restore Hope, in: R. B.Oakley/M. J. Dziedzic/E. M. Goldberg (Hrsg.), Policing the New World Disorder, Washington 1998, S. 433 ff.

LORIMER, JAMES: Proposition d'un congrès international, basé sur le principe de facto, RDILC Bd. III (1871), S. 1. ff.

LUPI, NATALIA: Report by the Enquiry Commission on the Behaviour of Italian Peace-Keeping Troops in Somalia, YIHL 1 (1998), S. 375 ff.

LYONS, A. B.: Was the League of Nations a Charity?, BYIL 27 (1950), S. 434 ff.

M

MACDOUGALL, HOLLY: United Nations Operations: Who Should be in Charge? Revue de droit militaire et de droit de la Guerre 33 (1994), S. 20 ff.

MANGOLD, HERMANN V./KLEIN, FRIEDRICH/STARCK, CHRISTIAN (Hrsg.), Das Bonner Grundgesetz, Kommentar, Bd. 1, München 1999, (zit.: Bearbeiter, in: v. Mangold/Klein/Strack).

MANN, F. A.: International Corporations and Nations Law, BYIL 42 (1967), S. 145 ff.

MANTELL, JÜRGEN: Wirkungsgrenzen juristischer Personen im Deutschen und anglo-amerikanischen Recht, Dissertation, Bonn, 1972.

MARAUHN, THILO/OELLERS-FRAHM/KARIN: Atomwaffen, Völkerrecht und die internationale Gerichtsbarkeit, EuGRZ 1997, S. 221 ff.

MARSTON, GEOFFREY: United Kingdom Materials on International Law 1978, BYIL (1978), S. 329 ff.

MARTIN MARTINEZ, MAGDALENA: National Sovereignty and International Organizations, The Hague/Boston/London 1996.

MAURER, HARTMUT: Allgemeines Verwaltungsrecht, 11. Auflage München 1999.

MCCOUBREY, HILAIRE: International Humanitarian Law. Modern Developments in the Limitation of Warfare, Aldershot/Brookfield USA/Singapore/Sydney 1998.

McCoubrey, Hilaire/White, Nigel D.: The Blue Helmets: Legal Regulations of United Nations Military Operations, Darmouth 1996.

McDougal, Myres S. /Gardner, Richard N.: The Veto and the Charter: An Interpretation for Survival, Yale Law Journal 1951, S. 258 ff.

Mechelynck, Albert: La Convention de la Haye concernant Les Lois et Coutumes de la Guerre sur Terre d'après les Actes et Documents des Conférences de Bruxelles de 1873 et de La Haye de 1899 et 1907, Gand 1915.

Meng, Werner: Internationale Organisationen im völkerrechtlichen Deliktsrecht, ZaöRV 45 (1985), S. 325 ff.

Meulen, Jacob Ter: Der Gedanke der Internationalen Organisation in seiner Entwicklung Bd. 2, Zweites Stück; 1867-1889, Haag 1940.

Military Situation in the Far East, Hearings before the Committee on Armed Services and the Committee of Foreign Relations United States Senate, Part 1 - 4, Washington 1951.

Mittmann, Patrick: Die Rechtsfortbildung der Europäischen Gemeinschaften und die Rechtsstellung der Mitgliedstaaten der Europäischen Union, Frankfurt a.M., Berlin, Bern, Bruxelles, New York, Oxford, Wien 2000.

Mizutani, Tomiji/Müller, Joachim/Münch, Wolfgang: Ergebnisorientiertes Haushalten. Erste Erfahrungen mit einem neuen Budgetverfahren im Verband der Vereinten Nationen, VN 48 (2000), S. 59 ff.

Moore, John Bassett: A Digest of International Law, Bd. 6, Washington 1906.

ders., International Law and some Current Illusions and other essays, New York 1924.

Morse, C. G. J.: Choice of Law in Tort: A Comparative Survey, American Journal of Comparative Law 32 (1984), S. 51 ff.

Mosler, Hermann: Die Erweiterung des Kreises der Völkerrechtssubjekte, ZaöRV 22 (1962), S. 1 ff.

ders.: , in: Mosler/Bernhard (Hrsg.), Juridical Settlement of International Disputes. An International Symposium, Berlin, Heidelberg, New York 1974.

ders.: Völkerrecht als Rechtsordnung, ZaöRV 36 (1976), S. 6 ff.

ders.: Rechtsvergleichung vor völkerrechtlichen Gerichten, Internationale FS Verdross, München/Salzburg 1971, S. 381 ff.

Mouri, Allahyar: The International Law of Expropriation as reflected in the Work of the Iran-U.S. Claims Tribunal, Dordrecht/Boston/London 1994.

Müller, Paul: Die Rechtsnatur des Völkerbundes, Dissertation Greifswald 1926.

Münch, Ingo von: Das völkerrechtliche Delikt in der modernen Entwicklung der Völkerrechtsgemeinschaft, Frankfurt am Main 1963.

Münch, Fritz: Internationale Organisationen mit Hoheitsrechten, in: FS Hans Wehberg, Rechtsfragen der Internationalen Organisation, Frankfurt a.M. 1956.

ders. Die Martens'sche Klausel und die Grundlagen des Völkerrechts, ZaöRV 36 (1976), S. 347 ff.

MÜNCHENER KOMMENTAR zum Bürgerlichen Gesetzbuch,
Bd. 1 Allgemeiner Teil, 4. Auflage, München 2001;
Bd. 11 Internationales Gesellschaftsrecht, 4. Auflage, München 2001.
(zit.: Bearbeiter: in: Münchener Kommentar).

MULLER, ALEXANDER SAMUEL: International Organizations and their Host State. Aspects of their Legal Relationship, Proefschrift 1995.

MULLINS, WILLIAM R.: The international Responsibility of a State for Torts of its Military Forces, Military Law Review 33 (1933), S. 59 ff.

MURPHY, SEAN D.: Humanitarian Intervention, Philadelphia 1996.

N

NALID, G. J.: Peace-keeping Attempts by the Organisation of African Unity, ICLQ 34 (1985), S. 593 ff.

NATO-Handbook, Büssel 2001 (http://nato.int/handbook/2001/)

A. NIKITIN, Past and Future Cooperation in Peace keeping: Lessons Learned from in the 1990s, in: Oznobishchev/Brusstar (Hrsg.). U.S.-Russion Partnership: Meeting the New Millenium, Washington 1999 (http://isuisse.ifrance.com/emmaf2/USRUS/usrp15.html).

NØRGAARD, CARL AAGE: The Position of the Individual in International Law, Copenhagen 1962.

NOLTE, GEORG: Kosovo und Konstitutionalisierung: Zur humanitären Intervention der NATO-Staaten, ZaöRV 59 (1999), S. 941 ff.

ders.: Eingreifen auf Einladung. Zur völkerrechtlichen Zulässigkeit des Einsatzes fremder Truppen im internen Konflikt auf Einladung der Regierung, Berlin/Heidelberg/ NewYork/Barcelona 1999.

NOWICKI M. A. (Ombudsperson in Kosovo): Special Report No. 1, UNMIK Regulation No. 2000/47 on the Status and Privileges and Immunities of KFOR and UNMIK and Their Personnel on Kosovo, 26. April 2001, Ziff. 68,
Quelle: (http://www.ombudspersonkosovo.org/).

NURICK, LESTER: The Distinction between Combatant and Noncombatant in the Law of War, AJIL 39 (1945), S. 680 ff.

O

OETER, STEFAN: Kampfmittel und Kampfmethoden in bewaffneten Konflikten und ihre Vereinbarkeit mit dem humanitären Völkerrecht, in: Hasse/Miller/Schneider (Hrsg,), Humanitäres Völkerrecht, Baden-Baden 2001, S. 78 ff.

OLDIGES, MARTIN: Die Verbandskompetenz, DÖV 1989, S. 873 ff.

OPPENHEIM, L. : Le caractère essentiel de la Société des Nations, Revue générale de droit international public 26 (1919), S. 234 ff.

OPPENHEIM, L/LAUTERPACHT, H.: International Law. A Treatise,
Bd. 1 Peace, 8th ed. London/New York/Toronto 1955;
Bd. 2 Disputes, War and Neutrality, 7th ed. London/New York/Toronto 1952.

OSIEKE, EBERE: Ultra Vires Acts in International Organizations – The Experience of the International Labour Organization, BYIL 48 (1976), S. 260 ff.

ders.: Legal Validity of Ultra Vires Decisions of International Organizations, AJIL77 (1983), S. 239 ff.

OSSENBÜHL, FRITZ: Staatshaftungsrecht, München 1998.

OTLET, PAUL: Les Associations internationales. Leur rôle dans l'organisation internationale, in: Annuaire de la vie internationale, 2nde série, Bd. 1, 1908-1909, S. 29 ff.

P

PALANDT, Bürgerliches Gesetzbuch, 59. Auflage, München 2000 (zit: Bearbeiter, in: Palandt).

PATON, GEORGE WHITECROSS. A Textbook of Jurisprudence, 3. Auflage, ed. by D. P. Derham, Oxford 1963.

PECHSTEIN, MATTHIAS/ KOENIG, CHRISTIAN: Die Europäische Union, Tübingen 2000.

PELLET, ALAIN: L'imputabilité d'éventuels actes illicites. Responsabilité de l'OTAN ou des États membres, in: Tomuschat (Hrsg.), Kosovo and the International Community, 2002, S. 193 ff.

PERNICE, INGOLF: Die Haftung internationaler Organisationen und ihrer Mitarbeiter, AVR 26 (1988), S. 406,

PERRIN, GEORGES: Les Privilèges et Immunités des Représentants des États auprès des Organisations Internationales, RGDIP 60 (1956), S. 195 ff.

PFAB, SUSANNE: Staatshaftung in Deutschland, München 1997.

PICTET, JEAN. S.: Les Conventions de Genève, Commentaire Bd. III, Genève 1958.

ders.: Commentaire Bd. IV, La Convention de Genève relative à la Protection des Personnes Civiles en temps de Guerre, Genève 1956.

ders.: The Principles of International Humanitarian Law, Geneva 1966.

PINTO, M. C. W.: Reflections on International Liability for Injurious Consequences arising out of acts not prohibited by International Law, NYIL 16 (1985), S. 17 ff.

PIRRONE, Pasquale: The Use of Force in the Framework of the Organization of American States, in: A. Cassese (Hrsg.), The Current Legal Regulation of the Use of Force, Dortrecht/Boston/Lancaster 1986, S. 223 ff.

POGANY, ISTVAN S.: The Arab League and peacekeeping in the Lebanon, New York 1987.

POLITIS, M. N.: Condition juridique des associations internationales, in: Annuaire de l'Institut de Droit International 30 (1923), S. 97 ff.

POTTER, PITMAN P.: Origin of the Term International Organization, in: AJIL 39 (1945), S. 803 ff.

PITSCHAS, CHRISTIAN: Die völkerrechtliche Verantwortlichkeit der Europäischen Gemeinschaft und ihrer Mitgliedstaaten, Berlin 2001.

PRESCOTT, JODY M.: Operational Claims in Bosnia-Herzegovina and Croatia, The Army Lawer 1998, S. 1 ff.

dies.: Einsatzbedingte Schäden in Bosnien-Herzegowina and Kroatien, NZWehr 1998, S. 67 ff.

PRIESS, HANS-JOACHIM: Internationale Verwaltungsgerichte und Beschwerdeausschüsse. Eine Studie zum gerichtlichen Rechtsschutz für Beamte internationaler Organisationen, Berlin 1989.

PRINS, W. F.: Länderbericht Niederlande, in: Max-Planck-Institut für ausländisches öffentliches Recht und Völkerrecht (Hrsg.), Haftung des Staates für rechtswidriges Verhalten seiner Organe, Länderberichte und Rechtsvergleichung, Köln 1967, S. 487 ff.

R

RALSTON, JACKSON H.: The Law and Procedure of International Tribunals, Stanford 1926.

RAMA-MONTALDO, MANUEL: International Legal Personality and Implied Powers of International Organisations, BYIL 44 (1979), S. 111 ff.

RAUSCHNING, DIETER: Verantwortlichkeit der Staaten für völkerrechtswidriges Verhalten, in: Berichte der Deutschen Gesellschaft für Völkerrecht 24 (1984), S. 7 ff.

RAY, JEAN: Commentaire du Pacte de la Société des Nations, Paris 1930.

REDSLOB, ROBERT: Théorie de la Société des Nations, Paris 1927.

ders.: Le Statut International de la Sarre, Revue de Droit International 1925, S. 283 ff.

REINISCH, AUGUST: International Organizations before National Courts, Cambridge 2000.

REINSCH, P. S.: Public international Unions, their work and organization, 2. Auflage, Boston 1906.

RENSMANN, THILO: Internationale Organisationen im Privatrechtsverkehr, AVR 36 (1998), S. 305 ff.

RESS, GEORG: Entwicklungstendenzen der Immunität ausländischer Staaten, ZaöRV 1980, S. 217 ff.

ders.: Mangelhafte diplomatische Protektion und Staatshaftung, ZaöRV 32 (1972), S. 420 ff.

REST, ALFRED: International Protection of the Environment and Liability, Beiträge zur Umweltgestaltung Heft A 56, Berlin 1978.

REUTER, PAUL/COMBACAU, JEAN: Institutions et Relations Internationales, 4. Auflage, Paris 1988.

RIEGER, WALTER, Stationierungsschädenrecht, Kommentar, München/Berlin 1963.

RIGAUX, FRANÇOIS: The Decree for the Protection of the Natural Resources of Namibia, Revue des droit de l'homme 9 (1976), S. 451 ff.

RIKHYE, INDAR JIT/HARBOTTLE, MICHAEL/EGGE, BJØRN: The Thin Blue Line, New Haven/London 1974.

RISSE, HORST: Der Einsatz militärischer Kräfte durch die Vereinten Nationen und das Kriegsvölkerrecht, Frankfurt a. M./Bern/New York/Paris 1988.

RITTER, JEAN-PIERRE: La Protection Diplon atique à l'égard d'une Organisation Internationale, Annuaire français de droit international 8 (1962), S. 426 ff.

ROBERTS, ADAM: What is Military Occupation, BYIL 55 (1984), S. 249 ff.

ROSENNE, SHABTAI: The Law and Practice of the International Court, 1920-1990, Bd. 3 Procedure, The Hague/Boston/London 1997.

ROSNER, GABRIELLA: The United Nations Emergency Force, New York/London 1963.

ROUSE, JOSEPH H.: Claims arising from Acts or Omissions of a Multinational Peacekeeping Force, Paper to be presented to the Inter-American Bar Association, Meeting at San Jose, Costa Rica, 9. – 15. April 1967 (unveröffentlicht).

ROWE, PETER: Maintaining Discipline in United Nations Peace Support Operations: The Legal Quagmire for Military Contingents, Journal of Conflict and Security Law 5 (2000), S. 45 ff.

RÜHLAND, C. /BÖHMERT, V: Die rechtliche Unzulässigkeit der Verwendung französischer Truppen im Saargebiet, Kiel 1934.

RUFFERT, MATTHIAS: Diplomatischer und konsularischer Schutz zwischen Völker- und Europarecht, AVR 35 (1997), S. 459 ff.

ders.: The Administration of Kosovo and East-Timor by the International Community, ICLQ 50 (2001), S. 613 ff.

RZYMANEK, JERZY: Legal Problems of United Nations Peacekeeping: UNEF-2 and UNDOF Experiences, Polish Yearbook of International Law XVI (1987), S. 85 ff.

S

SALMOND, JOHN WILLIAM: Salmond on Jurisprudence: 8th ed. by C. A. W. Manning, 1930; 11th ed. by E. Williams, London 1957; 12th ed. by P. L. Fitzgerald, London 1966.

SALMON, JEAN J. A.: Les Accords Spaak-U Thant du 20 Février 1965, Annuaire de Français de Droit International 1965, S. 468 ff.

SANDS, PHILIPP/ KLEIN PIERRE: BOWETT's Law of International Institutions, 5. Auflage, London 2001.

SANDOZ, YVES/SWINARSKI, CHRISTOPHE /ZIMMERMANN, BRUNO (Hrsg.): Commentary on the Additional Protocols of 8 June 1977 to the Geneva Conventions of 12 August 1949, Geneva 1987.

SAUER, WILHELM: Juristische Methodenlehre, Stuttgart 1940, Neudruck Aalen 1970.

SCHACHTER, OSKAR: The Place of Law in the United Nations, Annual Review of United Nations Affairs 1950, S. 205 ff.

ders.: Authorized Uses of Forces by the United Nations and Regional Organizations, L. F. Fisler/D. J. Scheffer (Hrsg.), Law and Force in the New International Order, Boulder/San Francisco/Oxford 1991, S. 65 ff.

ders.: The Development of International Law through the Legal Opinions of United Nations Secretariat, BYIL 25 (1948), S. 90 ff.

SCHADE, ERNST: Experiences with regard to the U.N. Peace-keeping Forces in Mozambique, Redd Barna, Norwegen 1995.

SCHÄTZEL, WALTER: Privatparteien vor den Gemischten Schiedsgerichten, JW 55 (1926), S. 1934 f.

SCHERMERS, HENRY G./BLOKKER, NIELS M.: International Institutional Law, The Hague/London/Boston 1995.

SCHERMERS, HENRY G.: The Namibia Decree in National Courts, ICLQ 26 (1977), S. 81 ff.

SCHIEDERMAIR, HARTMUT: Der völkerrechtliche Status Berlins nach dem Viermächte-Abkommen vom 3. September 1971, Berlin/Heidelberg/New York 1975.

ders.: Effektive Herrschaftsgewalt und Rechtsfähigkeit im Völkerrecht, JA 1984, S. 638 ff.

ders.: Staatenintegration, in: Staatslexikon der Görres-Gesellschaft, 6. Auflage, 1970, S. 294 ff.

ders.: Völkerrecht, in: Politisch-Pädagogisches Handwörterbuch, 2. Auflage 1985, S. 326 ff.

SCHINDLER, DIETRICH: Die Verbindlichkeit der Beschlüsse des Völkerbundes, Zürich 1927.

ders.: United Nations and International Humanitarian Law, in: Swinarski (Hrsg.), Etudes et essais sur le droit international humanitaire et sur les principes de la Croix-Rouge en l'honneur de Jean Pictet, Den Haag 1984, S. 521 ff.

SCHIRRMEISTER, GUSTAV: Das Bürgerliche Recht Englands, Bd. 1 Allgemeiner Teil, erste Hälfte, Berlin 1906.

SCHLOCHAUER, HANS-JÜRGEN: Die Entwicklung des völkerrechtlichen Deliktsrechts, AVR 16 (1974 – 1975), S. 239 ff.

SCHMALENBACH, KIRSTEN: Die Beurteilung von grenzüberschreitenden Militäreinsätzen gegen den internationalen Terrorismus, NZWehrR 5 (2000), S. 177 ff.

SCHMIDT, KARSTEN: Gesellschaftsrecht, 3. Auflage Köln/Berlin/Bonn/München 1997.

SCHMITT, CARL: Die Kernfrage des Völkerbundes, Berlin 1926.

SCHNEIDER, JOHANNES, WILHELMUS: Treaty-Making Power of International Organizations, Genève 1959.

SCHMOLENSKY, CORNELIA: Friedenssicherung durch regionale Systeme kollektiver Sicherheit, Berlin 2000.

SCHOEN, PAUL: Die völkerrechtliche Haftung der Staaten aus unerlaubter Handlung, Zeitschrift für Völkerrecht Ergänzungsband zu Bd. 10 (1917), S.1 ff.

ders.: Zur Lehre von den Subjekten des Völkerrechts, Zeitschrift für Völkerrecht 23 (1939), S. 411 ff.

ders.: Die völkerrechtliche Haftung der Staaten aus unerlaubten Handlungen, Breslau 1917.

SCHOTTEN, GREGOR: Der aktuelle Fall: Verbrechen italienischer UN-Soldaten in Somalia – who guards the guards, Humanitäres Völkerrecht 4 (1997), S. 222 ff.

SCHÜCKING, WALTHER: Rechtsstellung der Saarbeamten, Deutsche Juristen-Zeitung 1925, S. 284 ff.

SCHÜCKING, WALTHER/WEHBERG, HANS: Die Satzung des Völkerbundes Bd. 1, 3. Auflage, Berlin 1931

SCHWALB, MAXIMILIAN: Die „Staatlichkeit" des Saargebietes, in: Grabowsky/Stante (Hrsg.), Die Grundlagen des Saarkampfes, Berlin 1934, S. 160 ff.

SCHWARZENBERGER, GEORG: International Law as applied by International Courts and Tribunals, Vol. III International Constitutional Law, London 1976.

SEIDL-HOHENVELDERN, IGNAZ/LOIBL, GERHARD, Das Recht der Internationalen Organisationen einschließlich der Supranationalen Gemeinschaften, 7. Auflage, Köln/Berlin/Bonn/ München 2000.

SEIDL-HOHENVELDERN, IGNAZ/STEIN, TORSTEN, Völkerrecht, 10. Auflage, Köln/Berlin/Bonn/ München 2000.

SEIDL-HOHENVELDERN, IGNAZ: Die völkerrechtliche Haftung für Handlungen internationaler Organisationen im Verhältnis zu Nichtmitgliedern, ÖZöR 1961, S. 497 ff.

ders.: Responsibility of Member States of an International Organization for Acts of that Organizations, in: International Law at the Time of its Codification, Essays in Honor of Roberto Ago (III), Milano 1987, S. 415 ff.

ders.: Anmerkung zum Beschluß des Österr. OGH vom 11. Juni 1992, RIW 1993, S. 237 f.

ders.: Dienstrechtliche Klagen gegen Internationale Organisationen, FS Schlochauer, Berlin/New York 1981, S. 615 ff.

ders.: Gemeinsame zwischenstaatliche Unternehmen, in: FS Bernhard C. H. Aubin, Straßburg 1979, S. 193 ff.

ders., Rechtsfähigkeit des Internationalen Suchdienstes, IPrax 1994, S. 420 ff.

ders., The Legal Personality of International and Supranational Organizations, Revue Egyptienne de Droit International 21 (1965), S. 35 ff.

ders.: Die Immunität internationaler Organisationen in Dienstrechtsstreitfällen, Rechtsgutachten für Eurocontrol, Berlin 1981.

ders.: Functional Immunity of International Organizations, in: FS Konrad Ginther, Frankfurt am Main/Berlin/Bern/Bruelles/New York/Wien 1999, S. 137 ff.

ders.: Internationales Konfiskations- und Enteignungsrecht, Berlin/Tübingen 1952.

SERENI, ANGELO PIETRO: La Représentation en Droit International, RdC 73 (1948 II), S. 69 ff.

ders.: Agency in International Law, AJIL 34 (1940), S. 638 ff.

SEYERSTED, FINN: International Personality of Intergovernmental Organizations. Do their Capacity really depend upon their Constitutions? Indian Journal of International Law 4 (1964), S. 1 ff.

ders.: Is the International Personality of Intergovernmental Organizations valid vis-à-vis Non-Members, Indian Journal of International Law 4 (1964), S. 233 ff.

ders.: Objective International Personality of Intergovernmental Organizations, Nordisk Tidsskrift for International Ret 34 (1964), S. 1 ff;

ders.: The Legal Nature of International Organizations, Nordisk Tidsskrift for International Ret 51 (1982), S. 203 ff.

ders.: Jurisdiction over Organs and Officials of States, The Holy See and International Organisations Teil 1 und 2, ICLQ 14 (1965), S. 31 ff., 493 ff.

ders.: Applicable Law in Relations between Intergovernmental Organizations and Private Parties, RdC 1967 III, S. 427 ff.

ders: United Nations Forces in the Law of Peace and War, Leyden 1966.

ders: United Nations Forces. Some Legal Problems, BYIL 37 (1961), S. 351 ff.

SHAW, JOSEPHINE: England and Wales, in: Christian v. Bar (Hrsg.), Deliktsrecht in Europa, Landesberichte Dänemark, England und Wales, Köln/Berlin/Bonn/München 1993.

SHEIKH, AHMED: UN-Peace-keeping Forces. A Reappraisal of Relevant Charter Provisions, Revue belge de droit international 1971, S. 469 ff.

SHELTON, DINAH: Remedies in International Human Rights Law, Oxford 1999.

SHRAGA, DAPHNA: The United Nations as an Actor Bound by International Humanitarian Law, in: International Peacekeeping 5 (1998), S. 64 ff.; ebenfalls abgedr. in: The United Nations and International Humanitarian Law, Actes du Colloque International, Université de Genève, Paris1996, S. 317 ff.

dies.: UN Peacekeeping Operations: Applicability of International Humanitarian law and Responsibility of Operations-related Damages, AJIL 94 (2000), S. 406

SIEKMANN, ROBERT C. R.: National Contingents in United Nations Peace-Keeping Forces, The Hague 1991.

ders.: CIS Peace-keeping, in: International Peacekeeping 1994, S. 23 ff.

SIMMA, BRUNO: The Charter of the United Nations, A Commentary, Bd. 1 (Art. 1 – 54), Bd. 2 (Art. 55 – 111), 2. Auflage, München 2002 (zit.: Bearbeiter, in: Simma).

SIMMONDS, R.: Legal Problems arising from the United Nations Military Operations in the Congo, The Hague 1968.

SIMONS, WALTER: Die völkerrechtliche Stellung des Saargebietes, in: Adolf Grabowsky/Georg W. Stante (Hrsg.), Die Grundlagen des Saarkampfes, Handbuch zur Volksabstimmung, Berlin 1934.

SINGER, MICHAEL: Jurisdictional Immunity of International Organizations: Human Rights and Functional Necessity Concerns, Virginia Journal of International Law 36 (1995), S. 53 ff.

SIOTTO -PINTOR, MANFREDI: Les Sujets du Droit International autres que les Etats, RdC 41 (1932 III), S. 245 ff.

SIRAUD, PIERRE: Le Tribunal Administratif de la Société des Nations, Paris 1942.

SKUBISZEWSKI, KRZYSZTOF: Enactment of Law by International Organizations, BYIL XLI (1966), S. 198 ff.

SOERGEL, HANS THEODOR (Begr.): Bürgerliches Gesetzbuch
Bd. 1, Allgemeiner Teil (§§ 1-103), 12. Auflage, Stuttgart/Berlin/Köln/Mainz 2000;
Bd. 5/2, Schuldrecht IV/2 (§§ 823-853) 12. Auflage, Stuttgart/Berlin/Köln/Mainz 1999;
Hrgs. v. J. Siebert (zit: Bearbeiter, in: Soergel).

SOLANA, JAVIER: The European Security and Defence Policy – from Ambition of Reality, in: W. Hoyer/G. F. Kaldrack (Hrsg.), Europäische Sicherheits- und Verteidigungspolitik, Baden-Baden 2002, S. 108 ff.

SOMMEREYNS, RAYMONDE: United Nations Peace-keeping Forces in the Middle East, Brooklyn Journal of International Law 6 (1980), S. 1 ff.

SØRENSEN, MAX (Hrsg.), Manual of Public International Law, New York 1968.

STARCK, DOROTHEE: Die Rechtmäßigkeit von UNO-Wirtschaftssanktionen in Anbetracht ihrer Auswirkungen auf die Zivilbevölkerung, Berlin 2000.

STAUDINGER, JULIUS V.: Kommentar zum Bürgerlichen Gesetzbuch mit Einführungsgesetz und Nebengesetzen, Art. 38 EGBGB, 13. Auflage, Berlin 1998.

STEIN, LORENZ VON: Die Verwaltungslehre, Erster Theil, 1. Abteilung, Die vollziehende Gewalt, 2. Auflage, Stuttgart 1869.

STEIN, TORSTEN: Attribution of Possible Internationally Wrongful Acts: responsibility of NATO or of its Member States? in: Tomuschat (Hrsg.), Kosovo and the International Community, A Legal Assessment, The Hague 2002, S. 818 ff.

STEINKAMM, ARMIN A.: Die Streitkräfte im Kriegsvölkerrecht, Würzburg 1967.

STELKENS, ULRICH: Verwaltungshaftungsrecht, Berlin 1998.

STONE, JULIUS: International Guarantees of Minority Rights: Procedures of the Council of the League of Nations in Theory and Practice, London/Oxford 1932.

ders.: Legal Controls of International Conflict: a treatise on the dynamics of disputes- and war-law, 2. Auflage, London 1959.

STOPFORD, MICHAEL: Peace-keeping or Peace-Enforcement: Stark Choices for Grey Areas, University of Detroit Mercy Law review 73 (1996), S. 499 ff.

STRASSER, WOLFGANG: Die Beteiligung nationaler Kontingente an Hilfseinsätzen internationaler Organisation, ZaöRV 34 (1974), S. 689 ff.

STREINZ, RUDOLF (Hrsg.) : EUV/EGV, Kommentar, München 2003.

STRIGLMAYR, ALEXANDER: Wiederaufbau – Probleme der internationalen Verwaltung von Wiederaufbaugebieten, in: Humanitäres Völkerrecht 3 (2000), S. 160 ff.

STROHMEYER, HANSJÖRG: Collapse and Reconstruction of a Juridical System: The United Nations Mission in Kosovo and East Timor, AJIL 95 (2001), S. 46 ff.

STRUPP, KARL/SCHLOCHAUER, HANS-JÜRGEN: Wörterbuch des Völkerrechts (3 Bände), Berlin 1961/1962 (zit.: Bearbeiter, in: Strupp/Schlochauer).

STRUPP, KARL: Theorie und Praxis des Völkerrechts, Ein Grundriß zum akademischen Gebrauch und zum Selbststudium, Berlin 1925.

ders.: Das völkerrechtliche Delikt, in: Fritz Stier-Somlo (Hrsg.), Handbuch des Völkerrechts Bd. 3, Leipzig 1920.

ders.: Das internationale Landkriegsrecht, Frankfurt a.M. 1914.

ders.: Les Règles Générales du Droit de la Paix, RdC 47 (1934 I), S. 263 ff.

STYPMANN, ROLF: Zivilschutz und Völkerrecht Bd. 3, Bonn-Bad-Godesberg1977.

SZASZ, PAUL C. The United Nations Legislates to Limit its Liability, AJIL 81 (1987), S. 739 ff.

T

TARDIEU, ANDRE: La Paix, Paris 1921.

TAYLOR, JACK: UN Being sued for complicity in Rwanda genocide, Artikel vom 10. Januar 2000 in: Daily Mail & Guadian (http://wwwmg.co.za).

TEMPERLEY, H. W. V.: A History of the Peace Conference of Paris, Bd. 2, London 1920.

THEUERMANN, ENGELBERT: Regionale Friedenssicherung im Lichte von Kapitel VIII der Satzung der Vereinten Nationen: Juristische und politische Probleme, in: W. Kühne (Hrsg.) Blauhelme in einer turbulenten Welt, Baden-Baden 1993, S. 231 ff.

THEVENAZ, HENRI: La Suisse, Etat mandataire, SJIR 6 (1944), S. 9 ff.

THÜRER, DANIEL: Der Kosovo-Konflikt im Lichte des Völkerrechts: Von drei – echten und scheinbaren – Dilemmata, AVR 38 (2000), S. 1 ff.

TOMUSCHAT, CHRISTIAN: Völkerrechtliche Aspekte des Kosovo-Konflikts, in: Friedens-Warte 74 (1999), S. 33 ff.

ders.: Die Beitragsverweigerung in internationalen Organisationen, FS F. A. Mann, Internationales Recht und Wirtschaftsordnung, München 1977, S. 439 ff.

TOWNSEND, GREGORY: State responsibility of acts of De Facto Agents, Arizona journal of international and comparative law 4 (1997), S. 635 ff.

TRAUBENFELD, HOWARD J.: International Armed Forces and the Rules of War, AJIL 45 (1951), S. 671 ff.

TRIEPEL, HEINRICH: Völkerrecht und Landesrecht, Leipzig 1899.

TRINDADE, ANTÔNIO AUGUSTO CANÇADO: Exhaustion of Local Remedies and the Law of International Organization, Revue de Droit International 57 (1979), S. 81 ff.

TRUHART, HERBERT V.: Der Völkerbund und Minderheitenpetitionen, Wien 1931.

TUNKIN, GRIGORY J.:,General Principles of Law' in International Law, in: Internationale FS Verdross, 1971, S. 523 ff

U

UHLER, OSCAR M.: Der völkerrechtliche Schutz der Bevölkerung eines besetzten Gebietes gegen Maßnahmen der Okkupationsmacht, Zürich 1950.

UNITED NATIONS: The Blue Helmets. A Review of United Nations Peace-keeping, 3. Auflage, New York 1996.

V

VATTEL, ETTEL DE: Le Droit des Gens ou Principes de la Loi Naturelle, 1758, Buch II, Washington 1916 (Nachdruck).

VERDROSS, ALFRED: Völkerrecht, 5. Auflage unter Mitarbeit von Stephan Verosta und Karl Zemanek, Wien 1964.

ders.: Theorie der mittelbaren Staatshaftung, ÖzöR 1 (1948), S. 388 ff.

ders.: Die Quellen des universellen Völkerrechts, Freiburg 1973.

VERPLAETSE, JULIAN G.: The ius in bello and Military Operations in Korea 1950 – 1953, ZaöRV 23 (1963), S. 679 ff.

VIGNES, DANIEL: L'absence de personnalité juridique de l'Union européenne: Amsterdam persiste et signe, FS Seidl-Hohenveldern, 1998, S. 757 ff.

VIETMEIER, HANS: Die staatlichen Aufgabe der Kommunen und ihrer Organe - Auftragsverwaltung und Organleihe in Nordrhein-Westfalen, Berlin 1992.

VINEY, Geneviève: Le Déclin de la Responsabilité Individuelle, Paris 1965.

VIRALLY, MICHEL: Definition and classification: a legal approach, International Social Science Journal 29 (1977), S. 58 ff.

ders: De la Classification des Organisations Internationales, in: Ganshof von der Meersch (Hrsg.) Miscellanea Vol. I, 1972, S. 373 ff.

ders.: La Notion de Fonction dans la Théorie de l'Organisation Internationale in: Mélanges Offertes à Charles Rousseau - La Communauté Internationale, 1974, S. 277 ff.

VISSCHER, PAUL DE: Les conditions d'application des lois de la guerre aux opérations militaires des Nations Unies. AnnIDI 54 (1971), Bd. 1, S. 1 ff.

ders.: Observations sur le fondement et la mise en oeuvre du principe de la responsabilité de l'Organisation des Nations Unies, Revue de Droit international et de Droit Comparé 1963, S. 165 ff.

ders.: Le Fondement du Principe de la Responsabilité de l'ONU, in: Annales de Droit et de Sciences Politiques 23 (1963), S. 134 ff.

VITZTHUM, WOLFGANG GRAF (Hrsg.): Völkerrecht, Berlin/New York, 2. Auflage 2001 (zit.: Bearbeiter, in: Vitzthum).

VUKOVICH, GYORGY: Die Gemeinsame Europäische Sicherheits- und Verteidigungspolitik, in: W. Hummer (Hrsg.) Rechtsfragen in der Anwendung des Amsterdamer Vertrages, Wien 2001, S. 167 ff.

VUYST, BRUNO MICHEL DE: The Use of Discretionary Authority by International Organizations in their Relations with International Civil Servants, DenJILP 12 (1983), S. 237 ff.

W

WAGNER, MARKUS: Das erste Jahr von UNMIK, VN 48 (2000), S. 132 ff.

WALDOCK, HUMPHREY: General Course on Public International Law, RdC 106 (1962 II), S. 1 ff.

WAIBEL, ERICH: Die Verschuldensfähigkeit des Minderjährigen im Zivilrecht, Berlin 1970.

WALKER, DAVID M.: The Oxford Companion to Law, Oxford 1980.

WALTER, CHRISTIAN: Vereinten Natione und Regionalorganisationen, Eine Untersuchung zu Kapitel VIII der Satzung der Vereinten Nationen, Berlin/Heidelberg/New York/Barcelona 1996.

WALTERS, F. P.: A History of the League of Nations, Bd. 1 und 2, London/New York/Toronto 1952.

WARNKEN, MONJA: Die Handlungsrahmen der Europäischen Union im Bereich der Sicherheits- und Verteidigungspolitik, Baden-Baden 2002.

WARREN, Edward H.: Torts by Corporations in Ultra Vires Undertakings, Cambridge Law Journal 2 (1924 – 1926), S. 180 ff.

WEDGWOOD, RUTH: NATO's Campaign in Yugoslavia, AJIL 93 (1999), S. 828 ff.

WEISSBERG, GUENTER: The International Status of the United Nations, New York/London 1961.

WELLENS, KAREL: Remedies against international organisations, Cambridge 2002.

WELLER, MARC: Peace-keeping and Peace-Enforcement in the Republic of Bosnia and Herzegovina, ZaöRV 56 (1996), S. 70 ff.

WENCKSTERN, MANFRED: Die Immunität internationaler Organisationen, Handbuch des Internationalen Zivilverfahrensrechts Band II/1, Tübingen 1994.

WENGLER, WILHELM: Völkerrecht Band II, Berlin/Göttingen/Heidelberg 1964.

WHITMAN, JIM/BARTHOLOMEW, IAN: Collective Control of UN Peace Support Operations. A Policy Proposal, in: Security Dialogue 25 (1994), S. 77 ff.

WHITEMAN, MARJORIE M.: Damages in International Law Bd. 2, Washington 1937.

WOLF, JOACHIM: Die Haftung der Staaten für Privatpersonen nach Völkerrecht, Berlin 1997.

WOLFF, HANS, J./BACHOF, OTTO/STOBER, ROLF, Verwaltungsrecht Bd. I, 11. Auflage, München 1999.

WOLFKE, KAROL: Custom in Present International Law, 2. Auflage, Dortrecht/Bosten/London 1993.

WOLFRUM, RÜDIGER (Hrsg.): Handbuch der Vereinten Nationen, 2. Auflage, München 1991 (zit. Bearbeiter, in: Wolfrum).

WOOLSEY, LESTER H. : The Leticia Dispute between Columbia and Peru, AJIL 27 (1933), S. 317 ff., 525 ff. sowie AJIL 29 (1935), S. 94 ff.

WORMSER, RENÉ: Collection of International War Damage Claims, New York 1944.

WRIGHT, QUINCY: The Prevention of Aggression, AJIL 50 (1956), S. 514 ff.

Y

YOUNG, ROBERT M./MOLINA, MARIA: IHL and Peace Operations, Sharing Canada's lessons learned from Somalia, YIHL 1 (1998), S. 362 ff.

Z

ZACKLIN, RALPH: The Ways and Means of International Organizations, in: P.M. Dupuy, (Hrsg.): Manuel sur les Organisations Internationales/A Handbook on International Organizations, Dordrecht/Bosten/Lancaster 1988, S. 179 ff.

ZEIDAN, ABDEL-LATIF M.: The United Nations Emergency Force 1956 - 1967, Stockholm 1976.

ZEMANEK, KARL: Das Vertragsrecht der Internationalen Organisation, Wien 1957.

ders.: Schuld- und Erfolgshaftung im Entwurf über Staatenverantwortlichkeit, FS Bindschedler, Bern 1980, S. 315 ff.

ZOEPFL, HEINRICH: Grundsätze des gemeinen und des constitutionell-monarchischen deutschen Staatsrechts, 3. Auflage Heidelberg 1846.

ZULEEG, MANFRED: Die Organisationsstruktur der Europäischen Union, EuR Beiheft 2/1998, S. 151 ff.

Rechtsquellenverzeichnis

A. Völkerbund: Unveröffentlichte Dokumente

AGHNIDES, THANASSIS (leitender Direktor des Sekretariats), Schreiben an den Generalsekretär M. J. A. AVENOL vom 7. Dezember 1937, LoN Archives Geneva, Doc Registry No. 2 C, Doc. No. 15223/ Doss. No. 15223, Box R 3741.

AU (Neunkirchen), Petition an den Völkerbundsrat, LoN Archives Geneva, Administrative Commission: Saar Bassin, Classement No. 3, Doss. No. 13216, Box R. 103.

BRIND, JOHN EDWARD SPENCER (Major General): Report by the Commander-in-Chief, International Force in the Saar. For the Information of the Council of the League of Nations, LoN Achives Geneva, Registry No. 2c, 21560, 15223; Box R 3741 (veröffentlicht im Reprint: International Information Center on Peacekeeping, Documentation 1968, No. 29)

KNOX, GEOFFREY GEORGE: Präsident der Regierungskommission (1932 – 1935), „La Question du Plebiscite du Saar, vom 29. Januar 1934, LoN Archives Geneva, Doc 2c, Doc No. 2745, Doss. No. 5425, Box R 3713.

LARNAUDE, FERDINAND: La Société des Nations, Paris 1920.

LAUER. M.: Petition an den Völkerbundsrat, LoN Archives Geneva, Administrative Commission: Saar Bassin, Classement No. 3, Doss. No. 19356, Box R. 107.

LEAGUE OF NATIONS, Financial Committee, Saar, 24. April 1934 (Strictly Confidential No. 94, Serial No 22, LoN Archives Geneva, Doc 2c, Doc. No. 9902, Doss. No. 5425, Box. R 3732.

LEAGUE OF NATIONS, Information Section, Bericht No. 7106 vom 25. September 1934, LoN Archives Geneva, Doc 2c, Doc. No. 12744, Doss. No. 5425, Box R 3734.

LEAGUE OF NATIONS, Finanziellen Regulierung des Plebiszitfonds, LoN Archives Geneva, Doc 2c/Doc No. 17456, Doss. No. 5425, Box 3738.

LoN-Secretariat, Memorandum „Claims of the five Former Saar Officials", LoN Archives Geneva, Section files, Legal Section, Box S. 584.

MAGNUS (Landgerichtspräsidenten Saarbrücken), Rechtsgutachten zur Haftung der Regierungskommission, 12. März 1921, LoN Archives Geneva, Commission du Governement de la Sarre, Justice 1920 - 1922, Box C 520.

REGIERUNGSKOMMISSION, General-Akten, Abt. Justizverwaltung, Betr. Zivilprozesse einschließlich Prozesse gegen den Fiskus, LoN Archives Geneva, Commission du Gouvernement de la Sarre, Justice 1920 – 1935, Box C 493.

REICHSKOMMISSIONARS FÜR DIE RÜCKGLIEDERUNG DES SAARGEBIETES, Schreiben an das Auswärtige Amt vom 3. August 1935, LoN Archives Geneva, Doc Registry No. 2 C, Doc. No. 15408/ Doss. No. 15223, Box R 3741.

WAR OFFICE LONDON, Schreiben an den Secretary-General, League of Nations vom 4. September 1935, LoN Doc. Registry No 2. C, Doc. No. 15408/ Doss. No. 15223, LoN Archives Geneva, Box R 3741.

WELPS, P.: Internal Control Office, 22. Juni 1935, LoN Archives Geneva, Doc 2c, Doc. No. 17456, Doss. No. 5425, Box R 3738.

ders.: Schreiben an das War Office London vom 2. August 1935, LoN Archives Geneva, Doc Registry No. 2 C, Doc. No. 15408/ Doss. No. 15223, Box R 3741.

ders.: Internal Control Office LoN an den Schatzmeister vom 31. Oktober 1935, LoN Archives Geneva, Doc. Registry No 2. C, Doc. No. 15408/ Doss. No. 15223, Box R 3741.

ders..: Korrespondenz vom 17. Oktober 1935, LoN Archives Geneva, Doc. Registry No 2. C, Doc. No. 15408/ Doss. No. 15223, Box R 3741.

B. Vereinte Nationen: Unveröffentlichte Dokumente

Anmerkung zum Auffinden der Dokumente: Das Archiv der Vereinten Nationen in New York benutzt verschiedene Systeme der Kennzeichnung von Dokumenten. Grundsätzlich befinden sich die Dokumente in Boxen. Nach dem alten Kennzeichnungssystem ist die Box über die Namen des UN-Mitarbeiters zu finden, der die Akten angelegt hat (z.B. Akte Stavropoulos Box 3). Nach dem neueren Kennzeichungssystem entfällt der persönliche Name und wird durch das Symbol DAG ersetzt (z.B. DAG-13/.... als Kennzeichnung der Abteilung Office of Legal Affairs), teilweise aber auch mit anderen Symbol versehen z.B Box S-0467-0517. Die in den Boxen enthaltenen Akten haben zum Teil eigene Registernummern (z.B. File No. S-0537-0382), zum Teil sind sie über den Titel (z.B. UNEF accidents 1956 – 58) auffindbar.

KOREA

Korrespondenz: Executive Assistant to the Secretary General (1946-1961 A. Cordier) UN Archives N.Y., Series 18, Box 3, File 1, Acc. A/85.

ÄGYPTEN: UNEF I und II

ÄGYPTISCHE REGIERUNG, Aide-mémoire (Übersetzt aus dem Arabischen durch die Vereinten Nationen),
UN Archives N.Y., Akte Stavropoulos, Office of Legal Affairs, UNEF-Sloan, Legal Adviser 1951-1958, Office of Legal Affairs, Box 45.

ATACK L. (Chief Logistic Officer UNEF) Memorandum an das indische Bataillon [AD 632 (2)(Logs)] vom 25. Februar 1966,
UN Archives N.Y., File No. S-0530-0106, Legal, Privileges, Immunities of UNEF, Box DAG-13/3.11.0.0.-103.

Brief on UNEF Function in the Gaza Strip, 8. August 1957 (UNEF-Eingangsstempel), UN Archives N.Y., File No. S-0530-0101 (Legal), UN Emergency Force I, Box DAG-13/3.11.0.0-101.

BURNS (Commander UNEF), Memorandum, „Claims against UNEF for Use of land", 23. Oktober 1957, Ziff. 4, UN Archives N.Y., File No. S-0530-0107, Legal, Privileges, Immunities of UNEF, Box DAG-13/3.11.0.0-107.

COBUS, A. E. (Wing-Commander, Legal) Vermerk vom 19. Januar 1957, „Workman's Accident, 27 Dec 56, Port Said, Abdel Rahman Selim Mustafa"
UN Archives N.Y., File No. S-0530-0102, Legal: Privileges, Immunities of UNEF, Box DAG-13/3.11.0.0.-102.

COX, W. W. (UN Legal Adviser) Memorandum an Captain Khamis El Shafay (Legal Officer, Egyptian Liaison Staff Headquarter, GAZA), vom 24. August 1957,
UN Archives N.Y., File No. S-0530-0102, Legal: Privileges, Immunities of UNEF, Box DAG-13/3.11.0.0.-102.

ders. Memorandum an Captain Khamis El Shafay (Legal Officer, Egyptian Liaison Headquarters) vom 26. Juni 1957, „Claims re land adjacent to ADL" Ziff. 3, UN Archives N.Y., File No. S-0530-0107, Legal, Privileges, Immunities of UNEF, Box DAG-13/3.11.0.0.-107.

ders.: Memorandum vom 15. Oktober 1957, an R. B. Stedman (Chief Administrative Officer, UNEF),
UN Archives N.Y., File No. S-0530-0107, Legal, Privileges, Immunities of UNEF, Box DAG-13/3.11.0.0-107.

CUENCA, CARLOS (Legal and Political Adviser UNEF), Memorandum vom 22. Juli 1965, Incident at Deir el Ballah von 14 April 1965,
UN Archives N.Y., File No. S-0530-0150, Firing accidents – C-25 (1965), Box DAG-13/3.11.1.0.-16.

ders.: Memorandum an B. Sloan (General Legal Division) vom 14. Februar 1968, „UNEF-Claims Against States", UN Archives, N.Y., Akte Cuenca, Office of Legal Affairs, UNEF Claims 1968- 1969 Box 1.

GORGÉ, RÉMY (UN Legal and Political Adviser, UNEF), Schreiben an Captain Kandil (Legal Officer, Egyptian Liaison Staff Headquarter), 18. April 1958, UN Archives N.Y., File No. S-0530-0102, Legal, Privileges, Immunities of UNEF, Box DAG-13/3.11.0.0.-102.

ders.: Schreiben an Captain A. Kandil (Legal Officer, Egyptian Liaison Staff Headquarter), 20. Juni 1958, UN Archives N.Y. File No. S-0530-0107, Legal, Privileges, Immunities of UNEF, Box Dag13/3.11.0.0-107.

ders.: Schreiben an C. A. Stavropoulos (UN-Legal Counsel) vom 2. April 1959, UN Archives N.Y., File No. S-0530-0149, A. Stavropoulos 1958-1959, Box DAG-13/3.11.1.0.-15.

ders.: Memorandum an C. A. Stavropoulos (UN-Legal Councel) vom 12. August 1958, „Operational Land and Premises", UN-Archives N.Y., File No. S-0530-0107, Legal, Privileges, Immunities of UNEF, Box DAG-13/3.11.0.0.-107.

ders.: Memorandum vom 5. Mai 1958 an den UNEF I-Kommandeur Burns, „Fire in Israel field", UN Archives N.Y., File No.S-0530-0105 (Legal), Box DAG-13/3.11.0.0-105.

GYANI (Commander UNEF), Military Personelle Section, Traffic Accident major involving UNEF Vehicle No. 972, UN Archives N.Y., File No. S-0530-0102, Legal, Privileges, Immunities of UNEF, Box DAG-13/3.11.0.0-102.

HASSOUNA, MOHAMED ESAM EL-DIN (Director of Legal Affairs of the Gaza Administration): Schreiben an UNEF vom 26. April 1958, UN Achives N.Y., Akte Stavropoulos, Office of Legal Affairs, Death and Disability Cases, DAG 3, Box 46.

HILMY II, AMIN (Leiter des ägyptischen Liaison Headquarters in Gaza), Schreiben an Rémy Gorgé (UN Legal and Political Adviser UNEF) vom 28. April 1958, UN Archives N.Y. File No. S-0530-0107, Legal, Privileges, Immunities of UNEF, Box DAG 13/3.11.0.0-107.

JOAG, V. G. (Chief Operations Officer, UNEF Headquarters), Memorandum vom 9. Juli 1965, Firing incident in Camp Rafah 23 May 1965, UN Archives N.Y., File No. S-0530-0150, Firing accidents – C 25 (1965), Box DAG-13/3.11.1.0.-16.

KOZEZA, ANTE (Chief of Military Personnel) Brief for closing of Case by Commander, No. 1015-11-2-1/62, 12. März 1992, UN Archives N.Y., File No. S-0530-0105, Legal. Privileges, Immunities of UNEF, Box DAG-13/3.11.0.0.-105.

ROSENGRON, E. (Acting Commander UNEF), Memorandum vom 8. Oktober 1957, „Report on fatal shooting incident in Gaza", 16 March 1957, Legal Implications, UN Archives N.Y. File No. S-0530-0102, Legal, Privileges, Immunities of UNEF, Box DAG-13/3.11.0.0.-102.

RUEDAS, PATRICIO: Assistant Secretary-General for Financial Service, Brief an den ägyptischen Botschafter bei den Vereinten Nationen, N. A. Elaraby, vom 11. April 1980,

UN Archives N.Y., Akte J. P. Simpson, Office of Legal Affairs, UNEF 1979 - 1980, Box 10.

SARMENTO (UNEF I-Kommandeur), Rundschreiben an alle UNEF-Einheiten, 1965, UN Archives N.Y., Akte Cuenca, Office of Legal Affairs, Vehicle Accidents 1964 – 1966, Box 4.

SCHREIBER, MARC (UN-General Legal Devision, Office of Legal Affairs), Schreiben an G. Lansky (UN-Field Operation Service), UNCURK, 12. August 1956, UN Archives N.Y., Akte Scott, Office of Legal Affairs, Claims, Box 25.

SCOTT J. F. (Acting Director General Legal Division), Schreiben an G. Lansky (Director Field Operations Service) vom 7. November 1978 „UNFICYP Property Survex Board", UN Archives N.Y., File No. S-0465-0115, UNFICYP-Claims 1975 – 1980, Box LA 28.3.1 (a) PT.1.

SECRETARY-GENERAL OF THE UNITED NATIONS, Aide-mémoire handed to the Foreign Minister of Egypt am 8. November 1957, UN Archives N.Y., Akte Stavropoulos, Office of Legal Affairs, UNEF-Sloan, Legal Adviser 1951-1958, Office of Legal Affairs, Box 45.

SLOAN, B. (UN Legal Adviser, UNEF), Schreiben an R. B. Stedman (Chief Administrative Officer UNEF) vom 24. März 1958, Land Claims: Playing fields, UN Archives N.Y. File No. S-0530-0107, Legal, Privileges, Immunities of UNEF, Box DAG 13/3.11.0.0-107.

ders: Memorandum an R. B. Stedman (UNEF-Chief Adminstrative Officer) vom 20. Dezember 1957, „Fatal Shooting of Rafeek Mahmoud Adwan on 5 June 1957", UN Archives N.Y. File No. S-0530-0102, Legal, Privileges, Immunities of UNEF, Box DAG-13/3.11.0.0.-102.

ders.: (UN Legal Adviser), Memorandum an R. B. Stedman (Chief Administrative Officer) vom 13. Januar 1958, „Compensation Claim for death of Mohamed Abu Sarriya on ADL on night of 13 – 14 June 1957", UN Archives N.Y. File No. S-0530-0102, Legal Privileges, Immunities of UNEF, Box-DAG-13/3.11.0.0-102.

ders.: Memorandum vom 5. Juni 1958, „Claims against UNEF: Assessment of Compensation in Death and Disability Cases", UN Archives N.Y. Akte Stavropoulos, Office of Legal Affairs, UNEF, Death and disability cases, DAG 3 Box 46.

ders.: Schreiben an Am. Hilmy II (Brigadier-General, Egyptian Liaison Staff Headquarters) vom 11. Dezember 1957, UN Archives N.Y., Akte Stavropoulos, Office of Legal Affairs, „UNEF-Sloan 1951-1958", Box 45.

STANDING ORDERS (1962/1967), Military Personnel Section, Headquarters United Nations Emergency Force, UN Archives N.Y., Series No. DAG-13/3.11.1.1. Box No. 45.

STAVROPOULOS, CONSTANTIN A.: Schreiben an Michael Bothe, Max-Planck-Institut für internationales und ausländisches öffentliches Recht in Heidelberg, vom 17. Juni 1996, UN Archives N.Y., Akte Sloan, Office of Legal Affairs, Claims, Box 32.

STEDMAN, R. B. (Chief Administrative Officer UNEF I), Schreiben an B. Sloan (UN Legal Adviser) vom 22. März 1958, UN Archives N.Y., File No. S-0530-0102, Legal Privileges, Immunities of UNEF, Box DAG-13/3.11.0.0-102.

ders.: Schreiben an B. Sloan (UN Legal Adviser), Schreiben vom 15. Januar 1958, Traffic Accident Claims: Injury to 2 ½ year old Boy by UNEF 519;
UN Archives N.Y., File No. S-0530-0102, Legal: Privileges, Immunities of UNEF, Box DAG-13/3.11.0.0-102.

UNEF Administrative Report No. 37, Item 23, Gaza 11. April 1958, Anhang eines Interoffice Memorandum von G. Lansky, Chief, Field Operations Service, an O. Schacher, General Legal Devision, vom 22. April 1958
UN Archive N.Y., Akte Sloan, Office of Legal Affairs, Box 66.

UNEF Administrative Reports No. 39 vom 13. April 1958, „Claims by Hassan Sirhan Ghannam for injuries suffered in accidental shooting“, UN Archives N.Y., Akte S-0530-0102, Legal, Privileges, Immunities of UNEF, Box DAG-13/3.11.0.0.-102.

UNEF Administrative Report No. 99, Item 7, 26. Oktober 1957,
UN Archives N.Y., File No. S-0530-0105, Legal, Privileges, Immunities of UNEF, Box DAG-13/3.11.0.0.-105.

UNEF-Claims Review Board, Death Claims: Accidental Shootings involving Egyptian and Palestinian Fatalities,
UN Archives, N.Y., Akte Sloan, Office of Legal Affairs, Traffic accidents - fatal injuries, Property Damage, March - June 1958, Box 66.

UNEF-Claims Review Board,
UN-Archives, Akte Cuenca, Office of Legal Affairs, Vehicle Accidents 1964-1966, Box 4.

UNEF-Claims Review Board, File No. 1015-1/156, 21. Februar 1964 (Accident involving UNEF vehicle No. 156 on 5 November 1962),
UN Archives N.Y., Akte Cuenca, Office of Legal Affairs, Vehicle accident claims 1964, Box 4.

UNEF-Claims Review Board, File No. AD 442/A-5-476/2007, 10. Juni 1966 (Accident involving UNEF Vehicle No. 2007),
UN Archives N.Y., Akte Cuenca, Office of Legal Affairs, Vehicle Accidents 1964 – 1966, Box 4.

UNEF-Claims Review Board, File No. AD 442/A-5-375/1445, 16. Juli 1964 (Accident involving UNEF Vehicle 1445),
UN Archives N.Y., Akte Cuenca Office of Legal Affairs, Vehicle Accidents 1964 – 1966, Box 4.

UNEF-Claims Review Board, File No. PE 000/C-1-GEN, 25. März 1967,
UN Archives N.Y., File No. S-0530-0151, Traffic Accidents E-52 (1966-1967), Box DAG-13/3.11.1.0-17.

UNEF-Claims Review Board, File No. AD 442/A-5-442/5001, 22. April 1966, UN Archives N.Y., File No. S-0530-0151, Casualties, Box DAG-13/3.11.1.0-17.

WEIL, ALICE E. (Office of Legal Affairs) Schreiben an O. Hagerbrant, Headquarters Property Survey Board, Proposed Claims against Governments, UNEF Vehicles loss or damage, 12. Oktober 1979, UN-Achives N.Y., Akte James M. Simpson, Office of Legal Affairs, UNEF 1979 - 1980, Box 10.

dies.: Interoffice Memorandum, UNEF - Claims presented by the Government of Egypt, 29. Februar 1980 UN Archives N.Y., Akte James P. Simpson, Office of Legal Affairs, UNEF 1979 - 1980, Box 10.

dies.: Schreiben an P. Ruedas, Assistant Secretary-General, Office of Financial Services, 30. Juni 1981, Peacekeeping: Liability of Governments for gross negligence of members of national contingents, UN Archives N.Y., Akte James M. Simpson, Office of Legal Affairs, Gross Negligence, Box 10.

KONGO: ONUC

BUNCHE, RALPH J. (Under-Secretary for Special Political Affairs), Memorandum an R. K. A. Gardiner, Officer-in-Charge, ONUC) vom 22. März 1963 „Establishment of the arbitral procedure provided for in paragraph 11 of the Status Agreement" UN Archives N.Y., Akte Vickers, Office of Legal Affairs, Personal injury and property loss on damage claims against the UN- 1963, Box 106.

CLAIMS UNIT, Katanga Claims (relating to events August 1961 to January 1962), UN Archives N.Y., Akte Vickers, Office of Legal Affairs, Personal injury and property loss and damage claims against the UN – 1962, Box 106.

COX, W. W.: Deputy Director, Office of Legal Counsel, Schreiben vom 27. Juli 1962 an Mr. Holland, UN Archives N.Y., Akte Vickers, Office of Legal Affairs, Congo Claims 1961 – 1962, Box 5.

HEENAN, M.: (Deputy Director General Legal Devision) Schreiben an G. Lansky (Chief Field Operations Service) vom 15. August 1967, Claims by Mr. Matala, UN Archives N.Y., Alkte Heenen, Office of Legal Affairs, Congo Claims 1967 – 1972, Box 32.

Katanga Cases, Classification based on Preliminary Review, April 1962, UN Archives N.Y. Akte Vickers, Office of Legal Affairs, Personal injury and property loss and damage claims against UN – 1962, Bob 106.

LANDAU, STEPHEN (Chief Claims Officer), Schreiben vom 7. Februar 1963 an Oscar Schachter (Director, General Legal Division), „Claim arising out of common assault by ONUC serviceman", UN Archives N.Y., Akte Vickers, Office of Legal Affairs, Personal injury and property loss and damage claims against the UN – 1963, Box 106.

LANSKY G. (Deputy Chief Field Operations Cervice), Memorandum an W. MCCAW (Deputy Controller) vom 14. November 1960, UN Archives N.Y., Akte Vickers, Office of Legal Affairs, Personal injury and property loss or damage against UN – 1960, Box 60.

LORENZO, IRENE (Claims Officer, ONUC), Schreiben an O. Schachter, Director of the General Legal Division, vom 8. Juli 1963, „Claims arising out of death and injury", UN Archives N.Y., Akte Vickers, Office of Legal Affairs, Personal injury and property loss on damage claims against the UN – 1963, Box 106.

dies.: Memorandum an O. Schachter (Director Division of General Legal Questions, Office of Legal Affairs) vom 15. April 1966, „Report on the activities of the ONUC Claims Unit during the period 1 April 1965 to 31 March 1966", UN Archives N.Y., Akte Vickers, Office of Legal Affairs, Personal injury and property loss on damage claims against the UN – 1966, Box 105.

ONUC-Claims Review Board, Meeting 6 April 1967, UN Archives N.Y., Akte Vickers, Office of Legal Affairs, DAG 3.27.2.0., Box 5.

ONUC-Claims Review Board, Case 0040, Minutes of 15th Meeting 7 Aug. 1961, UN Archives N.Y., Akte ONUC Claims Board, Office of Legal Affairs 1946 – 1998, Box S-0467-0517.

ONUC-Calims Review Board, Minutes of 15th Meeting, 7. August 1961, Case 0036, UN Archives N.Y. Akte: ONUC Claims, Office of Legal Affairs 1946 – 1998, Box S-0467-0517 (Office of Legal Affairs).

ONUC-Claims Review Board, Minutes of 17th Meeting, 25. August 1961, S. 4 (Case No. 0010 Remorques Ray-Congo), S. 5 (Case No. 0015 Ferrari), S. 6 (Case No. 0048 Hoel de Fleuve, Bumba) etc., UN Archives N.Y., Akte: ONUC Claims Board, Office of Legal Affairs 1946 – 1998, Box S-0467-0517 (Office of Legal Affairs).

SCHACHTER, OSCAR (Director, General Legal Devision), Schreiben an R. Bal (Secretary of Embassy, Permanent Mission of Belgiun to the United Nations) vom 12. Juli 1963, Aide-mémoire, UN Archives N.Y., Akte Vickers, Personal injury and property loss on damage claims againt the UN- 1963, Box 106.

ders.: Antwortschreiben vom 20. März 1963 an S. Landau, Claims arising out of common assault by ONUC serviceman, UN Archives N.Y., Akte Vickers, Office of Legal Affairs, Personal injury and property loss and damage claims against the UN – 1963, Box 106.

SLOAN, BLAIN (Director General Legal Division), Memorandum an B. R. Turner (Assistant Secretary-General, Controller) vom 8. Oktober 1969, „Settlement of Starways Arbitration", UN Archives N.Y. Akte Sloan, Arbitration – Starways, Box 33.

STAVROPOULOS, CONSTANTIN A. (Under-Secretary, Legal Counsel), Memorandum vom 6. Oktober 1965 an den UN-Generalsekretär, Compensation for damage suffered by Congolese national in the course of ONUC operations, UN Archives N.Y., Akte Vickers, Office of Legal Affairs, Personal injury and property loss on damage claims against UN-1967, Box 105.

ders.: Memorandum an B. Turner (Under-Secretary, Controller) vom 4. Mai 1966, „Settlement of claims filed be French national for damage to persons and property arising our of the operation of ONUC", UN Archives N.Y., Akte Stavropoulos, Office of Legal Affairs, Claims-ONUC, Box 26.

ders.: Memorandum an R. J. Bunche (Under-Secretary for Special Political Affairs) vom 19. Januar 1967, „Claims filed by Congolese nationals for damage arising out of the operation of ONUC", Akte Vickers, Office of Legal Affairs, Personal injury and property loss on damage claims against the UN-1967, Box 105.

ders.: Memorandum an Kurt Waltheim (UN-Generalsekretär) vom 27. Juni 1973, United Kingdom Congo Claims, UN Archives N.Y. Akte Stavropoulos, Office of Legal Affairs, Claims – ONUC, Box 26.

STAVROPOULOS, CONSTANTIN A. (Legal Counsel) und TURNER, B. R. (Controller), Memorandum an den UN-Generalsekretär UThant vom 10. Dezember 1964, „Settlement of outstanding United Nations and Belgian claims arising out of the Congo operation", UN Archives N.Y., Akte Scott, Office of Legal Affairs, Financing Peace-keeping Operations, ONUC, Box 25.

Summaries of Claims made by United Kingdom Nationals, in: UN Archives N. Y. Akte Vickers, Office of Legal Affairs, Box 6.

Terms of Reference of the Legal claims Office at Elisabethville, UN Archives N.Y., Akte Stavropoulos, Office of Legal Affairs, Claims-ONUC, Box 26.

TSHOME, MOISE (Ministerpräsident der Demokratischen Republik Kongo), Schreiben an UThant, UN-Generalsekretär vom 9. Juni 1965 (Übersetzung der Vereinten Nationen), UN Archives N.Y., Akte Vickers, Office of Legal Affairs, Personal injury and property loss on damage claims against the UN – 1967, Box 105.

TESLENKO, NICKOLAS (Office of Legal Affairs) Memorandum vom 25. Januar 1967 an C. Stavropoulos (Under-Secretary) und B. Sloan (Director of the Legal Devision), „Settlement of claims of U.S. nationals for damage arising out of the operation of ONUC" vom 25. Januar 1967, UN Archives N.Y. Akte Vickers, Office of Legal Affairs, Personal injury and property loss on damage claims against the UN – 1967, Box 105.

TURNER B. (Under-Secretary, Controller), Schreiben an C. A. Stavropoulos (Under-Secretary, Legal Counsel) vom 4. Mai 1966, Settlement of claims filed by French nationals for damage to persons and property out of the operation of ONUC, UN Archives N.Y., Akte Stavropoulos, Office of Legal Affairs, Claims ONUC, Box 26.

UN-Generalsekretär, Schreiben vom November 1961 an den Ständigen Vertreter von Belgien bei den Vereinten Nationen, UN Archives N.Y., Akte Accommodation Claims 1961 - 1969, Office of Legal Affairs 1949 – 1998, Box S-0467-0517.

UN-interes Memorandum, „Draft Terms of Reference of the Senior Officer at ONUC", UN Archives N.Y., Akte Vickers, Office of Legal Affairs, Personal injury and property loss on damage claim against the UN – 1962, Box 106.

UN-Legal Office, Note from the File on the settlement with Belgium of question arising out of ONUC operations, 8. März 1965, UN Archives N.Y., Akte Stavropoulos, Claims – ONUC, Box 28.

VICKERS, BURNELL (Office of Legal Affairs), Draft Directive for the Guidance of the Proposed Claims Office in Leopoldville, 9. Juli 1962, UN Archives, N.Y., Akte Stavropoulos, Office of Legal Affairs, Congo-Claims, Box 26.

ders.: Memorandum vom 22. Juli 1969, Policy concerning the settlement of claims by Congolese nationals for damage or injury allegedly inflicted by ONUC, Akte Vickers, Office of Legal Affairs, Personal injury and property loss on damage claims against the UN, 1967, Box 104.

ders.: Aktennotiz vom 22. Juli 1969, „The Question as to whether any payment offered in Respect of Mr. Karalis' Claims would be on an ex-gratia basis", Akte Vickers, Office of Legal Affairs, Karalis Basile 1962 – 1970, Box 7.

ders.: Note for the Record, Re: U.K. Congo Claims, 9. Februar 1970, UN Archives N.Y., Akte Heenan, Congo Claims UK Nations 1968 – 1970, Box 32.

ders.: Memorandum vom 19. Juni 1992, „Protection of the Organization on Congo against outside claims", UN Archives N.Y., Akte Vickers, Mr. Teslenko's file on Congo Claims 1962 – 1967, Box 5.

Vertrag zwischen ONUC und Mobil Oil Congo vom 10.3.1964 rückwirkend für die Übergabe der Waffen durch Mobil Oil im August 1960, „Receipt & Undertaking", UN Archives N.Y., Akte Vickers, Office of Legal Affairs, UK Congo Claims Box 6.

Zypern: UNFICYP

Administrative Rules and Instructions Covering the Use of UN Vehicles (Accidents), 20. Januar 1954 (Field Service General Instruction), UN Archives N.Y., Akte CYP/ADM/C Local Claims Board, DAG-22/1116, Box 59, File 1.

D'ANGELO G. (Office of Legal Affairs) Memorandum an J. M. Simpson (Principal Legal Officer, General Legal Division) vom 4. Dezember 1980, „UNFICYP Claims Review Board", UN Archives N.Y. Akte Simpson, Office of Legal Affairs, 1973 – 1981, Box 10.

HAUSNER, R. S.: (Chief Administrative Officer), Schreiben am 2. Oktober 1969 an George Lansky (Chief, Field Operations Service, Office of General Service), UN Archives N.Y. Akte CYP/B-2, Local Claims Board 1969, DAG 22/1.6. Box 47, File No. 11.

ders.: Memorandum an G. Lansky (Chief Field Operations Service) vom 3. Januar 1969 „UNFICYP Claims Review Board", UN Archives N.Y. Akte CYP/B2 Local Claims Board 1969, DAG-22/1.6. Box 47 File 11.

HEENAN M.: (Acting Director, General Legal Devision) Schreiben an G. Issaevitch (Administrative Officer for Peace-keeping Matters) vom 31. März 1971, Akte Heenan, UNFICYP-Claims 1967 – 1972, Box 34.

HO, D.: (Office of Legal Affairs) Guidelines on Claims against Members of the United Kingdom Contingent, Note for the File, 4. August 1967, UN Archives N.Y., Akte Heeman, UNFICYP-Claims 1967 – 1972, Box 34.

ders.: Interoffice Memorandum am B. Sloan (Director, General legal Division) vom 1. März 1971, „UNFICYP: Draft agreement with the United Kingdom on Settlement of Third Party Claims", Akte Heenan, UNFICYP – Claims 1967 – 1972, Box 34.

SLOAN B.: (Dicector General Legal Division), Schreiben an Weinschenk, Anwalt von Mr. Nissan vom 17. September 1976, UN Archives N.Y., Peacekeeping Operations UNFICYP – Claims, LA 28.3.I (F) PT.1. Box S-0465-0116.

ders.: Memorandum an C. A Stavropoulos (Under-Secretary, Legal Counsel), vom 4. Juni 1964, Akte Sloan, (Office of Legal Affairs), Participating States Agreements, Box 51.

ders.: Interoffice Memorandum an G. Issaevitch (Assistant Director for Peace-keeping Matters) vom 23. März 1977, „UNFILCYP Claims Review Board, Traffic Accident – 16 October 1975", UN Archives N.Y. Akte CYP/FIN/D-5 1977, UK – Canada Third Party Claims, DAG 22/1.6 Box 72, File 6.

ders.: Memorandum an J. M. Simpson vom 11. December 1976, „Cornaro Hotel Cyprus claim by Mr. Nian Nissan", UN Archives N.Y., Akte S-0465-0116, Peacekeeping Operations UNFICYP – Claims, LA 28.3.I (F) PT.1.

ders.: Schreiben an F. Weinschenk, Anwalt von Nissan, vom 19. September 1975, UN Archives N.Y., Peacekeeping Operations UNFICYP – Claims, LA 28.3.I (F) PT.1., Box S-0465-0116

UNFICYP-Administrative Report No. 46, 16. November 1978 S. 8 (Punkt V No. 16). UN Archives N.Y. Akte Cyp/ADM/B 1978, Local Claims Board, DAG 22/116 Box 78, File 1.

UNFICYP-Claims Review Board, Case No. 9/0619/B/PROP (1 bis 5), Akz. UNFICYP/CRB/MINS/142, S. 3 „Notes of the Secretary" UN Archives N.Y., Akte Simpson,1973 – 1981, Box 10.

WEIL, A. E.: (Director General Legal Division), Memorandum an G. Issaevitch (Assistant Director, Peace-keeping Matters) vom 23. Dezember 1980, UNFICYP Claims Review Board – 142th Meeting", UN Archives N.Y. Akte Simpson, Office of Legal Affairs, 1973 – 1981, Box 10.

West-Neuguinea: UNTEA

ABDOH D.: (UN-Administrator) Memorandum an C. V. Narasimhan (UN-Chef de Cabinet) vom 27. Februar 1963, „Papuan Volunteer Corps" Ziff. 4, UN Archives N.Y., Akte S-0491-0008, UN Temp. Executive Authority in West Irian 1962 – 1969, Box DAG-13/2.1.0.1.-5.

ders.: Report an den Generalsekretär für den Monat März 1963, 6. April 1963, UN Archives N.Y., Report of the Administrator II, Subject-files 1962 – 1964, Box S-0075-0004.

GOEDHART L. J.: (Chief of the Netherlands Liaison Mission to UNTEA), Schreiben an Marin (UNTEA, Director of the Department of Justice) vom 16. April 1963, UN Archives N.Y., Akte S-0491-0021, UN Temp. Executive Authority in West Irian 1962 – 1969, Box DAG/2.1.0.1-18.

HOMMES J. R.: (UNTEA, Head Personnel Affairs) Memorandum an RAMIREZ DE LA VEGA (UNTEA, Director of Finance) vom 11. Oktober 1962, UN Archives N.Y., Akte S-0491-0025, UN Temp. Executive Authority in West Irian (UNTEA) 1962 – 1969, Box DAG-13/2.1.0.1-22.

JANECEK G. J.: (UNTEA, Executive Secretary), Memorandum an alle Direktoren von UNTEA vom 30. November 1962 „UNTEA-Personnel“, UN Archives N.Y. Akte S-0491-0025, UN Temp. Executive Authority in West Irian (UNTEA) 1962 – 1969, Box DAG-13/2.1.0.1-22.

MARIN, M. A.: (UNTEA, Director of Social Affairs and Justice) Memorandum an G. J. Janecek (Chief Administrative Officer) vom 6. Februar 1963, „Accident involving UNTEA vehicle, which occurred on 20 October 1962, UN Archives N.Y., Akte S-0491-0021, UN Temp. Executive Authority in West Irian (UNTEA) 1962 – 1969, Box-13/2.1.0.1-18.

STAVROPOULOS C. A.: (Legal Counsel, UN-Office of Legal Affairs), Interoffice Memorandum an Rolz-Bennett (Under Secretary-General, UN Hauptquartier) vom 4. April 1963, „Ex gratia payment to two persons injured at Sarong on 12 December 1962, UN Archives N.Y. Legal Political Correspondence, Box S-0045-0002

UNTEA-Head of Legal Branch (Department of Social Affairs and Justice) Memorandum an M. A. Marin (Director of Social Affairs and Justice) vom 28. März 1963 „Indicents at Doom in Sorong on 12 December 1962“,UN Archives N.Y. Akte S-0491-0021, UN Temp. Executive Authority in West Guinea 1962 – 1969), Box DAG-13/2.1.0.1-18.

UNTEA, „Ordinance concerning the Administration of Justice and modification of legal forms”, UN-Administrator, UN Archives N.Y., Akte S-0491-0028, UN Temporary Executive Authority in West Irian (UNTEA) 1962 – 1969, Box DAG-13/2.1.0.1-25.

UNTEA-Report vom 14. Dezember 1962, Akte S-0491-0021, UN Temp. Executive Authority in West Irian 1962 – 1969, Box DAG-13/2.1.0.1-18.

UNTEA-Report on New Guinea II, UN Archives N.Y. Akte S-0075-0003, Subject-Files 1962-1964.

U THANT (UN-Generalsekretär), Schreiben an ABDOH (UNTEA-Administrator) vom 1. November 1962, S. 2, UN Archives N.Y., „Legal Policy Correspondence“, Subject-Files 1962 – 1964, Box S-0045-0002.

VICKERS D. B. H.: (UNTEA, Legal Adviser), Memorandum an D. ABDOH (UN-Administrator) vom 30. Dezember 1962, „Report on the legal and juridical functions of UNTEA (1 Oct. 1962 to 31 Dec. 1962), Annex A S. 9, UN Archives N.Y., Akte S-0491-0001, UN Temp. in Executive Authority West Irian (UNTEA) 1962 – 1969, Box-13/2.1.0.1-1.

ders.: Entwurf eines Schreibens an die Anwälte des Geschädigten VAN DEN BOS vom 18. März 1963, UN Archives N.Y. Akte S-0491-0021, UN Temp. Executive Authority in West Guinea 1962 – 1969), Box DAG-13/2.1.0.1-18.

C. Dokumentensammlungen

BLAUSTEIN, ALBERT P. /FLANZ, GISBERT H. (Hrsg.) Constitutions of the Countries of the World), Loseblattsammlung, Dobbs Ferry/New York.

COMITE INTERNATIONAL DE LA CROIX-ROUGE: Le Comité International de la Croix-Rouge et le conflit de Corée, Recueil de Documents Bd. 1, 1950 - 1951, Genève 1952.

KNIPPING, FRANZ/V. MANGOLDT, HANS V./RITTBERGER VOLKER (Hrsg): Das System der Vereinten Nationen und seine Vorläufer, Bd. II: Vorläufer der Vereinten Nationen, 19. Jahrhundert und Völkerbundszeit, München 1996.

LUCKAU, ALMA: The German Delegation at the Paris Peace Conference, New York 1914.

MATERIALIEN betreffend die Friedensverhandlungen, Der Notenkampf um den Frieden von Versailles; Reden und Noten Teil I, Charlottenburg 1919,

SIEKMANN, ROBERT C. R.: Basic Documents on United Nations and Related Peace-Keeping 2. Auflage, Forces, Dordrecht/Boston/Lancaster 1989.

UNITED NATIONS LEGISLATIVE SERIES, Legislative Texts and Treaty Provisions concerning the Legal Status, Privileges and Immunities of International Organizations, Bd. 1 New York 1959 (UN-Doc. ST/LEG/SER.B/10), Bd. 2 New York 1961 (UN-Doc. ST/LEG/SER.B/11).

UNITED STATES POLICY IN THE KOREAN CRISES, Department of State Publication, Washington 1950.

UNITED STATES POLICY IN THE MIDDLE EAST, Sept. 1956 - June 1957, Department of State Publications, Washington 1957.

VUYST, BRUNO M. DE: Statutes and Rules of Procedure of International Administrative Tribunals Vol. I, Hrsg: World Bank Administrative Tribunal, Office of Exekutive Secretary, 1981.

WEIßBUCH DER DEUTSCHEN REGIERUNG, Das Saargebiet unter der Herrschaft des Waffenstillstandsabkommen und des Vertrags von Versailles. Als Weißbuch von der deutschen Regierung dem Reichstag vorgelegt, Berlin 1921.

D. Entscheidungen internationaler Gerichte

Ständiger Internationaler Gerichtshof

Case of the free Zones of Upper Savoy and the District of Gex, Urteil vom 7. Juni 1932: P.C.I.J. Serie A/B, No. 46.

Chorzów Factory (Merits), Urteil vom 13. September 1928: P.C.I.J. Series A, No. 13.

Competence of the ILO to Regulate Incidentally the Personal Work of the Employer, Gutachten vom 23. Juli 1926: P.C.I.J. Series B, No. 13.

Jurisdicition of the European Commission of the Danube, Gutachten vom 8. Dezember 1928: P.C.I.J, Series B No. 14.

Mavrommatis Palestine Concessions, Urteil vom 30. August 1924, P.C.I.J Series A No. 2.

Panevezys-Saldutiskis Railway Case, Urteil vom 28. Februar 1939: P.C.I.J. Series A/B No. 76

Reparation for injuries suffered in the service of the United Nations, Advisory Opinion: E.C.J. Reports 1949, S. 174 ff.

Internationaler Gerichtshof

Barcelona Traction, Light and Power Company Ltd., Urteil vom 15. Februar 1970: I.C.J. Reports 1970, S. 3 ff.

Case concerning Legality of Use of Force (Yugoslavia v. Belgium), Request for the Indication of Provisional Measures), Order of 2 June 1999 (n.n.i.Slg.), ILM 38 (1999), S. 951 ff.

Certain Phosphate Lands in Nauru (Nauru v. Australia), Preliminary Objections, Urteil vom 2. Juni 1992: I.C.J. Reports 1992, S. 240 ff.

Certain Expenses of the United Nations, Gutachten von 20. Juli 1962: I.C.J. Reports 1962, S. 150 ff.

Corfu Channel Case (Merits), Urteil vom 9. April 1949: I.C.J. Reports 1949, S. 4 ff.

Differences relating to Immunity from Legal Process of a Special Rapporteur of the Commission on Human Rights, Urteil vom 29. April 1999: I.C.J. Reports 1999, S. 62 ff.

Effects of awards of compensation made by the U.N. Administrative Tribunal, Gutachten vom 13. Juli 1954: I.C.J. Reports 1954, S. 47 ff.

International Status of South-West Africa, Gutachten vom 11. Juli 1950: I.C.J. Reports 1950, S. 128 ff.

Legal Consequences for States of the Continued Presence of South Africa in Namibia (South West Africa) notwithstanding Security Council Resolution 276 (1970), Gutachten vom21 Juni 1971: I.C.J. Reports 1971, S. 16

Legality of the Threat of Use of Nuclear Weapons, Gutachten vom 8. Juli 1996: I.C.J. Reports 1996, S. 66 ff.

Military and Paramilitary Activities in and against Nicaragua (Nicaragua v. United States of America), Merits, Urteil vom 27. Juni 1986: I.C.J. Reports 1986, S. 14 ff.

Nottebohm Case (second phase), Urteil vom 6. April 1955: I.C.J. Reports 1955, S. 4 ff.

Reparation for injuries suffered in the service of the United Nations, Advisory Opinion: I.C.J. Reports 1949, S. 174 ff.

United States Diplomatic and Consular Staff in Tehran, Urteil vom 24. Mai 1980: I.C.J. Reports 1980, S. 3 ff.

Europäischer Gerichtshof für Menschenrechte

Al-Adsani v. The United Kingdom (Appl. no. 35763/97), Urteil vom 21. November 2001, abgedr.: HRLJ 23 (2002), S. 39 ff.

Assenov et al. v. Bulgaria, Urteil vom 28. Oktober 1998, Series A: Reports of Judgments and Decisions Bd. 1998 VIII No. 96, S. 3269 ff.

Bancović et al. v.Belgium and 16 other contracting States, Urteil vom 12. Dezember 2001, Application No. 52207/99, Rn. 32 (http://www.echr.coe.int/)

Branningan v. McBride, Urteil vom 26. Mai 1993, Series A: Judgments and Decisions, Bd. 258-B.

Loizidou v. Turkey, Urteil vom 18. Dezember 1996, Rn. 63, Reports of Judgements and Decisions 1996 VI, S. 2216 ff.

Matthews v. United Kingdom, Judgment, 18. Februar 1999, abgedr. in: EuGRZ 1999, S. 200 ff.

Soering v. United Kingdom, Urteil vom 7. Juli 1989, Series A: Judgments and Decisions, Bd.161.

Vilvarajah v. United Kingdom, Urteil vom 30. Oktober 1992, Series A: Judments and Decisions, Bd. 215.

Waite and Kennedy v. Germany, Urteil vom 18. Februar 1999, ECHR Series A: Reports of Judgments and Decisions, Bd. 1999-I, S. 393 ff.

Europäischer Gerichtshof

AETR, Rs. 22/70, Urteil vom 31. März 1971, EuGH Slg. 1971, S. 261 ff.

Internationale Verwaltungsgerichte, Strafgerichte, Tribunale und Schiedsgerichte

B. v. International Monetary Fund, IMF-Administrativ Tribunal, Judgment No. 1997-2, Urteil vom 23. Dezember 1997.

Caire-Fall: Französisch-mexikanischen Claims Commission, Urteil vom 7. Juni 1929, abgedr. in: Report of International Arbitral Awards, Bd. 5, S. 516 ff.

Chevreau-Fall: Frankreich v. Großbritannien, Schiedsspruch vom 9. Juni 1931 (Beichmann), abgedr. H. LAUTERPACHT, Annual Digest of International Public Law 1931, S. 205 ff.

Connolly-Battisti (No. 5) v. FAO, ILO-Administrative Tribunal, Judgment No. 232, Urteil vom 21. November 1977.

European Molecular Biology Laboratory (EMBL) v. Germany, ILR 105 (1997), Schiedsspruch vom 29. Juni 1990, S. 1 ff.

Home Frontier and Foreign Missionary Society of the United Brethren in Christ (United States) v. Great Britain, Claims Commission (1930), abgedr. in: Report of International Arbitral Awards, Bd. 6, S. 42 f.

Island of Palma (Netherlands v. USA), Schiedsspruch vom 4. April 1928 (Max Huber), abgedr. in: Reports of International Arbitral Awards, Bd. 2, S. 830 ff

Jeannaud (Frankreich) v. United States (1880), französisch-amerikanische Claims Commission, abgedr. in: Moore, International Arbitration, 1898, Bd. 3, S. 3000 ff.

Kenneth P. Yeager-Fall: Iran-U.S.-Claims Tribunal, Iran-U.S. Claims Tribunal Reports 1987, Bd. 4, S. 92 ff.

Lillie S. Kling-Fall (1931), U.S.-Mexican General Claims Commission, Auszüge in: G. H. HACKWORTH, Digest of International Law, Vol. V, 1943, S. 575.

LIST et al., United States Military Tribunal (Nürnberger Tribunal), Urteil vom 19. Februar 1948, abgedr. in: Lauterpacht, Annual Digest and Reports of Public International Law Cases 15 (1948), S. 632 ff.

Mead (USA) v. United Mexican States, General Claims Commission, Urteil vom 29. Oktober 1930, abgedr. in: Reports of International Arbitral Awards, Bd. IV, S. 653 ff.

Prosecutor v. Celebići, ICTY, Appeals Chamber, Urteil vom 20. Februar 2001, abgedr.: ILM 40 (2001), S. 630 ff,

Prosecutor v. Dusko Tadic, ICTY, Appeals Chamber, Urteil vom 15. Juli 1999, abgedr.: ILM 38 (1999), S. 1518 ff.

Prosecutor v. Dusko Tadic, ICTY, Appeals Chamber, Urteil vom 2. Oktober 1995, abgedr.: HRLJ 16 (1995), S. 437 ff.

Starways v. United Nations, Schiedsurteil von HOWARD H.BACHRACH (Arbitrator) vom 24. September 1969, New York (unveröffentlicht), UN Archives N.Y., Starways vs. The United Nations, Some relevant Documents and Correspondence, Akte Sloan, Office of Legal Affairs, Box 33.

Stephens et al. (USA) v. United Mexican States, U.S.-Mexican Claims Commission, Urteil vom 15. Juli 1917, abgedr. in: Report of International Arbitral Awards, Bd. 4, S. 266 ff,

Youmans (USA) v. United Mexican States, U.S.-Mexican Claims Commission, Urteil vom 23. November 1926, Reports of International Arbitral Awards, Bd. 4, S. 110, 116 f.

Zafiro Fall: S. Earnshaw et al. (Great Britain) v. United States, Arbitral Tribunal (Great Britain-United States), Schiedsspruch vom 30. November 1925, abgedr. in: Reports of International Arbitral Award Bd. VI, United Nations Publication, S. 160 ff.

E. Entscheidungen nationaler Gerichte

Belgien

Manderlier v. Organisation des Nations Unies and État Belge (Ministre des Affairs Etrangères), Tribunal Civil de Bruxelles, 11. Mai 1966, ILM 45 (1972), S. 446 ff; Cour d'appel de Bruxelles, Urteil vom 15. September 1969, abgedr. in: Revue critique de jurisprudence belge 25 (1971), S. 449 ff.

United Nations and UNRRA v. B., Tribunal Civil de Bruxelles, 27. März 1952, abgedr. in: ILR 19 (1952), S. 490.

Bundesrepublik Deutschland

Adria/AWACS/Somalia-Entscheidung, Bundesverfassungsgericht, Az. 2 BvE 3/93, 5/93, 7/93, 8/93, Urteil vom 12. Juli 1994, BVerfGE 90, 286 ff.

AWACS-Entscheidung, Bundesverfassungsgericht, Az. 2 BvE 5/93 und 2 BvQ 11/93, Einstweilige Anordnung, Urteil vom 8. April 1993, BVerfGE 88, 174 ff.

Botschaftskonten-Entscheidung, Bundesverfassungsgericht, Az. 2 BvM 1/76, Urteil vom 13. Dezember 1977, BVerfGE 46, 342 ff.

Distomo-Fall, Bundesgerichtshof, Az. III ZR 245/98, Urteil vom 26. Juni 2003, NJW 2003, S. 3488

Entschädigung für Hausarbeit, Bundesgerichtshof, Az. III ZR 201/61, Urteil vom 24. September 1962, BGHZ 38, 59 ff.

ESRO-Entscheidung, Bundesarbeitsgericht, Urteil vom 25. Januar 1973, Az. 5 AZR 399/72, AP Nr. 3 zu Art. 25 GG

Europäische Schule, bay VGH, Urteil vom 15. März 1995, abgedr. in: bay VGHE 49, S. 35 ff.

Internationaler Suchdienst, Bundesarbeitsgericht, Urteil vom 24. August 1993, Az. 3 AZR 183/93, abgedr. in IPrax 1994, S. 445 f.

Organleihe-Entscheidung, Bundesverfassungsgericht, Az. 2 BvL 23/81, Urteil vom 12. Januar 1983, BVerfGE 63. 1

PDS-Entscheidung, Bundesverfassungsgericht, Az. 2 BvE 6/99, Urteil vom 22. November 2001, BVerfGE 104, 151 ff.

Staatenimmunität-Entscheidung, Bundesverfassungsgericht, Az. 2 BvM 1/62, Urteil vom 30. April 1965, BVerfGE 16, 27 ff.

Teilrechtsfähigkeit-Entscheidung, Bundesgerichtshof, Az. I ZR 84/54, Urteil vom 28. Februar 1956, BGHZ 20, 119 ff.

Ultra-Vires-Entscheidung, Bundesgerichtshof, Az. VI ZR 256/77, Urteil vom 20. Februar 1979, NJW 1980, S. 115 f.

Somalia-Entscheidung, Bundesverfassungsgericht, Az. 2 BvQ 17/93, Einstweilige Anordnung, Urteil vom 23. Juni 1993, BVerfGE 89, 38 ff.

Frankreich

International Institute of Refrigeration v. Elkaim, Cour de Cassation, Urteil vom 8. November 1988, abgedr. in: Annuaire français de droit international 35 (1989), S. 875 ff.

Agence de Cooperation Culturelle et Technique v. Housson, Cour d'Appel de Bordeaux, Urteil vom 18. November 1982, Lexis File No. 3665

X v. UNESCO, Cour d'Appel de Paris, Urteil vom 19. Juni 1998, Rs. Nr. 97/26549 (unveröffentlicht).

Italien

Bari Institute of International Centre for Advanced Mediterranean Agronomic Studies v. Jasbez, Corte di Cassazione, Urteil vom 21. Oktober 1977, abgedr. in: ILR 77 (1988), S. 602, 604.

Branno v. Ministry of War, Corte di Cassatione, Urteil vom 14. Juni 1954, abgedr. in: ILR 22 (1955), S. 756 ff.

Cristiani v. Italian Latin-American Institute, Corte di Cassazione, Urteil vom 25. November 1985, abgedr. in: ILR 87 (1992), S. 20 ff.

FAO v. INPDAI, Corte di Cassazione, Urteil vom 18. Oktober 1982, abgedr. in: ILR 87 (1992), S. 1, 6 f.;

ICEM v. Chiti, Corte di Cassazione, Urteil vom 7. November 1973, abgedr. in: Italian Yearbook of International Law 2 (1976), S. 348 ff.

ICEM v. Di Banella Schirone, Corte di Cassazione, Urteil vom 8. April 1975, abgedr. in: ILR 77 (1988), S. 572 f.

Mininni v. Bari Institute of the International Centre for advanced Mediterranean Agronomic Studies, Corte di Cassazione, Urteil vom 4. April 1986, abgedr. in: ILR 84 (1992), S. 29 ff.

Tribunale Militare di Roma, Urteil vom 15. April 1935, Foro Italiano 60 (1935), S. 382 f.

Japan

Shimoda et al. v. Japan, Landgerichts Tokio, Urteil der 24. Zivilkammer vom 7. Dezember 1963, abgedr. in: ZaöRV 24 (1964), S. 711 ff.

Niederlande

A. S. v. Iran-United States Claims Tribunal, Kantonsgerecht Den Haag, Urteil vom 8. Juni 1983, NYIL 1984 (15), S. 429 ff; abgedr. in: ILR 94 (1994), S. 323 ff; Rechtbank Den Haag, Urteil vom 9. Juli 1984, abgedr. in: ILR 94, S. 326 ff.; Hoge Raad, Urteil vom 20. Dezember 1985, abgedr. in: ILR 94 (1994), S, 327 ff.

Eckhardt v. Organizations for the Safety of Air Navigation (Eurocontrol), Rechtbank Maastricht, Urteil vom 12. Januar 1984, abgedr. in: ILR 94 (1994), S. 331 ff.

United Nations Relief and Rehabilitation Administration v. Daan, Hoge Raad, Urteil vom 19. Mai 1950, abgedr. in: ILR 16 (1949), S. 337 ff.

Österreich

E-GmBH v. Europäische Patentorganisation, Oberster Gerichtshof, Urteil vom 11. Juni 1992, Österr. JZ 1992, S. 661 f.

Oberlandesgericht Wien, Rs. 14 R 31/79, Entscheidung vom 26. Februar 1979, ÖZöR 31 (1980), S. 310 ff.

Saargebiet 1920 – 1935

Urteil des 2. Zivilsenats vom 3. Juni 1930, Rs. L.U. 122/28, in: Entscheidung des Obersten Gerichtshofs und des Oberverwaltungsgerichtes des Saargebiets in Saarlouis, 1930, S. 14.

Urteil des Zivilsenats des Obersten Gerichtshofs in Saarlouis vom 19. März 1924, Rs. 1924 1 U 369/20, in: Entscheidungssammlung des Obersten Gerichtshofs und des Verwaltungsgerichts des Saargebiets in Saarlouis 1924, S. 5 f.

Urteil des Oberverwaltungsgerichts des Saargebiets vom 27. November 1922, Rs. A 26/22, Entscheidungssammlung 1924, S. 23.

Urteil des Oberwaltungsgerichts des Saargebiets vom 27. April 1931, Rs. A 7/31, Entscheidungssammlung 1932, S. 31 f.

Schweiz

Arab Organizations for Industrialization v. Westland Helicopters, Schweizer Bundesgericht, Urteil vom 19. Juli 1988, abgedruckt in: ILR 80 (1989), S. 622 ff.

Emirates Arabes Unis v. Westland Helicopters, Schweizerisches Bundesgericht, Urteil vom 19. April 1994, abgedruckt in: SZIER 5 (1995), S. 564 ff.

Italian Republic, Italian Ministry of Transport and Italian State Railways v. Beta Holding SA et al, Schweizerisches Bundesgericht, Urteil vom 22. Juni 1966, ILM 65 (1984), S. 394 ff.

X v. La Ligue des Etats Arabes, Schweizerisches Bundesgericht, Urteil vom 25. Januar 1999, IPrax 1999, S. 257 f.

Vereinigte Staaten

Abdi Hosh Askir v. Boutros Boutros-Ghali et al., United States District Court for the Southern district of New York, Urteil vom 29. Juli 1996, Federal Supplement Bd. 933, S. 368 ff.

Broadbent v. OAS, United States District Court, District Columbia, Urteil vom 28. März 1978, Court of Appeal for the District of Columbia, Urteil vom 8. Januar 1980, ILR 63 (1980), S. 162 f. und S. 337 ff.

Balfour, Guthrie & Co. Ltd. et al v. United States et al, District Court for the Northern District of California, Urteil vom 5. Mai 1950, ILR 17 (1950), S. 323 ff.

Morgan v. IBRD, District Court for the District of Columbia, Urteil vom 13. September 1990, Federal Supplement Bd. 752, S. 492 ff.

People v. Weiner, Criminal Court of the City of New York, Urteil vom 19. Januar 1976, in Auszügen abgedr. in: United Nations Juridical Yearbook 1976, S. 249 f.

Tuck v. Pan American Health Organization, Court of Appeals for the District of Columbia, Urteil vom 13. November 1981, in Auszügen abgedr. in: United Nations Juridical Yearbook 1981, S. 177 f.

Vereinigtes Königreich

Arab Monetary Fund v. Hashim, High Court, Chancery Division, Urteil vom 14. November 1989, All ER 1990 Bd. 1 S. 685 ff; Court of Appeal, Urteil vom 9. April 1990, All ER 1990 Bd. 2, S. 769 ff.; House of Lords, Urteil vom 21. Februar 1991, All ER 1991 Bd. 1, S. 871 ff.

Ashbury Railway Carriage and Iron Co v. Riche, 1875, House of Lords, The Law Times Report Bd. 33, S. 450.

Brownlow v. Metropolitan Board of Works (1864) zitiert nach: P. S. ATIYAH, Vicarious Liability in the Law of Torts, 1967, S. 230 und S. 384.

Carl-Zeiss-Stiftung v. Rayner & Keeler Ltd., Court of Appeal, Urteil vom 17. Dezember 1964, All ER 1965 Bd. 1, S. 300 ff.

Civil War Claimants Association v. The King, House of Lords, Urteil vom 19. November 1931, abgedr. in: Lauterpacht, Annual Digest and Reports of Public International Law Cases 6 (1931/32), S. 237 ff.

Dickinson v. Del Solar, King's Bench Division, Urteil vom 31. Juli 1929, Law Reports KB Bd. 1, S. 376 ff.

Hesperides Hotels Limited v. Aegean Turkish Holidays Limited, House of Lords, Urteil vom 23. Mai 1977, abgedr. in: Weekly Law Reports 1977 Bd. 3, S. 656 ff.

Maclaine Watson & Co Ltd. v. Department of Trade and Industry, High Court, Chancery Division, Urteil vom 29. Juli 1987, abgedr. in: ILM 80 (1989), S. 39 ff.; Court of Appeal, Urteil vom 27. April 1988, abgedr. in: ILR 80 (1989), S. 47 ff., All ER 1988, Bd. 3, S. 257 ff. ; House of Lords, Urteil vom 26. Oktober 1989, abgedr. in: ILR 81 (1990), S. 671 ff.; All ER 1989, Bd. 3 S. 523 ff.

Nissan v. Attorney-General, Court of Appeal, Civil Division, Urteil vom 29. Juni 1967, All ER. 1967 II, S. 1238 ff.; House of Lords, Urteil vom 11. Februar 1969, abgedr. in: All ER 1969 II, S. 639 ff.

Poulton v. London (1867), zitiert nach: P. S. ATIYAH, Vicarious Liability in the Law of Torts, 1967, S. 230 und S. 384.

Westland Helicopters Ltd. v. Arab Organisation for Industrialisation, High Court, Queen's Bench Division, 3. August 1994, abgedr. in: All ER 1995 Bd. 2, S. 387, ILR 108 (1998), S. 564 ff.

Sachregister

Kölner Schriften zu Recht und Staat

Herausgegeben von
Hartmut Schiedermair und Bernhard Kempen

Band 1 Bernhard Kempen: Die deutsch-polnische Grenze nach der Friedensregelung des Zwei-plus-Vier-Vertrages. 1997.

Band 2 Hans-Georg Maaßen: Die Rechtsstellung des Asylbewerbers im Völkerrecht. Überlegungen zu den völkerrechtlichen Rahmenbedingungen einer europäischen Asylrechtsharmonisierung. 1997.

Band 3 Udo Fink: Kollektive Friedenssicherung. Kapitel VII UN-Charta in der Praxis des Sicherheitsrats der Vereinten Nationen. 1999.

Band 4 Stephan Grigolli: Sprachliche Minderheiten in Italien, insbesondere Südtirol, und in Europa. Der Gebrauch der Sprache vor Behörden und Gerichten und die Vergabe öffentlicher Stellen. 1997.

Band 5 Uta Stoy-Schnell: Das Bundesverfassungsgericht und die Corte costituzionale. Ein Vergleich der Verfassungsgerichtsbarkeiten in Deutschland und Italien. 1998.

Band 6 Christian Hillgruber: Die Aufnahme neuer Staaten in die Völkerrechtsgemeinschaft. Das völkerrechtliche Institut der Anerkennung von Neustaaten in der Praxis des 19. und 20. Jahrhunderts. 1998.

Band 7 Jochen Seitz: Planungshoheit und Grundeigentum. Die verfassungsrechtlichen Schranken der städtebaulichen Entwicklungsmaßnahmen. 1999.

Band 8 Jochen Herbst: Rechtskontrolle des UN-Sicherheitsrates. 1999.

Band 9 Kristin Möller: Die Beschaffung naturschutzrechtlicher Ausgleichsflächen im Baurecht. 1999.

Band 10 Klaus Löffelbein: Genehmigungsfreies Bauen und Nachbarrechtsschutz. Die baurechtlichen Anzeige- und Freistellungsverfahren der Länder aus nachbarlicher Sicht. 2000.

Band 11 Patrick Mittmann: Die Rechtsfortbildung durch den Gerichtshof der Europäischen Gemeinschaften und die Rechtsstellung der Mitgliedstaaten der Europäischen Union. 2000.

Band 12 Martin R. Albus: Zur Notwendigkeit eines Internationalen Umweltgerichtshofs. Zugleich eine Analyse der Staatenpraxis zum Internationalen Umwelthaftungsrecht und der Rechtsschutzmöglichkeiten bei grenzüberschreitenden Umweltbeeinträchtigungen. 2000.

Band 13 Irene Baur: Die Haftung der Europäischen Zentralbank. 2001.

Band 14 Tobias R. Ehlen: Zentralisierungsmöglichkeiten der deutschen Börsenaufsicht. 2003.

Band 15 Ulrich Steiner: Wertsicherungsklauseln. Zur Europarechtskonformität des neuen § 2 PaPkG. 2003.

Band 16 Stephanie Vogel: Der Prüfungsumfang des Bundesverfassungsgerichts bei Verfassungsbeschwerden am Beispiel der Kunstfreiheitsrechtsprechung. 2004.

Band 17 Thomas Schmidt: Deutsche Hochschulräte. Begriff, Darstellung und rechtliche Analyse. 2004.

Band 18 Kirsten Schmalenbach: Die Haftung Internationaler Organisationen im Rahmen von Militäreinsätzen und Territorialverwaltungen. 2004.

Kolibri 360 GmbH
Ferdinand-Jühlke-Straße 7
99095 Erfurt, Deutschland
produktsicherheit@kolibri360.de

Druck:
CPI Druckdienstleistungen GmbH
im Auftrag der
Kolibri 360 GmbH
Ferdinand-Jühlke-Str. 7
99095 Erfurt